2019—2020
IAMAC 年度系列研究课题集
Proceedings of IAMAC Annual Series Research Projects

中国保险资产管理业协会 编

（上 册）

上海财经大学出版社

图书在版编目(CIP)数据

2019—2020IAMAC年度系列研究课题集 / 中国保险资产管理业协会编. —上海：上海财经大学出版社，2021.3
(IAMAC系列丛书)
ISBN 978-7-5642-3686-1/F·3686

Ⅰ.①2… Ⅱ.①中… Ⅲ.①保险-文集 Ⅳ.①F84-53

中国版本图书馆CIP数据核字(2021)第008283号

□ 责任编辑　刘　兵
□ 封面设计　张克瑶

2019—2020IAMAC年度系列研究课题集
中国保险资产管理业协会　编

上海财经大学出版社出版发行
(上海市中山北一路369号　邮编200083)
网　　址:http://www.sufep.com
电子邮箱:webmaster@sufep.com
全国新华书店经销
上海华业装潢印刷厂印刷装订
2021年3月第1版　2021年3月第1次印刷

787mm×1092mm　1/16　67.5印张(插页:1)　1205千字
定价:228.00元
(共上下两册)

编 委 会

主　任：曹德云

副主任：张　坤

编委会委员：（按姓氏拼音排序）

　　蔡红标　陈奕伦　龚新宇　黄登稳　李慧杰　李振宇
　　刘　忠　吕　雯　沙　卫　宋玲玲　肖　鹏　谢　朵
　　徐　钢　许传胤　闫　衍　姚　俊　于春玲　张漫春
　　张仲明　朱　杰

主　编：梁风波

副主编：寿静菁

编　辑：（按姓氏拼音排序）

　　刘晓彤　王文豪　谢　薇

助力战略前沿研究　　推动行业稳健发展

2020年以来,受突如其来的新冠肺炎疫情影响,全球经济经历严重衰退,复苏道路一波三折。以习近平同志为核心的党中央统揽全局、运筹帷幄,带领中国经济率先企稳回升,加快构建"国内大循环为主体、国内国际双循环相互促进"的新发展格局。保险行业积极推动金融科技赋能行业转型,整体仍然延续稳步发展势头,表现出超乎寻常的韧劲。保险资管行业在疫情冲击、宏观下行、金融市场剧烈波动的环境下,继续服务好保险主业,发挥保险资金优势,服务实体经济和国家战略,积极为"六保"和"六稳"贡献力量。

经历近20年的壮大发展,保险资管行业逐渐成为我国金融体系和金融市场的重要组成部分,经历了由无到有、由小到大、由弱到强、由稚嫩到成熟的发展历程。2021年恰逢我国"十四五"开局之年和建党100周年,保险资管行业发展既面临全球经济疫情后、回归常态过程中的诸多不确定性,又恰逢金融行业深化开放、监管政策体系重塑保险资管行业发展格局的广阔前景和战略机遇期。面对新的历史起点和新的历史交汇期,保险资管行业要与保险业协同稳健发展,截至2020年末,保费收入达4.5万亿元,同比增长6.1%,为保险资管行业提供了长期、稳定的资金来源,保险资金运用余额为21.7万亿元,同比增长17%;巩固长期、稳健的投资风格,发挥长久期资金的管理优势,注重长期投资、价值投资和责任投资;顺应监管政策改革思路,把握"1+3"政策体系出台契机,进一步拓宽保险资金运用渠道和投资品种,助力资本市场发展和支持实体经济。

中国保险资产管理业协会(以下简称"协会")始终高度重视行业研究,并于成立之初就推出了"IAMAC年度课题"活动,得到了业界的积极响应和广泛参与。目前,协会已成功举办了2015、2016、2017—2018、2019—2020年度4届课题研究活动。其中,2019年共有31家业内会员单位、5家业外金融机构和2所高等院校参与,主要围绕低利率市场环境、保险资金助力实体经济、保险资管机构发展和第三方业务拓展、大类资产配置以及新形势下行业风险防范与业务创新等问题,开展研究和探索,累计完成55项、超170万字的课题研究成果。我们精选了20项成果,纳入协会IAMAC系列丛书——《2019—2020IAMAC年度系列研究课题集》,与社会各界人士共享行业学术盛宴。未来,协会将继续汇集业内外智力资源,围绕保险资产管理领域的宏观战略、理论前沿、重要业务及行业热点等问题开展深入研究和创新探索,助力监管决策和行业发展。

中国保险资产管理业协会
执行副会长兼秘书长
2021年2月

目 录

助力战略前沿研究　推动行业稳健发展 …………………………………（1）

行业发展篇

保险资金支持民营经济发展路径选择研究
　　…………………………………… 中国人民保险集团股份有限公司（3）
保险资金纾困上市民营公司路径研究 …………… 生命保险资产管理有限公司（40）
基于金融周期视角下的保险资管行业转型发展研究
　　…………………………………………………… 太平资产管理有限公司（83）
保险资产管理机构参与养老金第三支柱建设路径研究
　　………………………………………………… 新华养老保险股份有限公司（143）
保险机构参与养老金第三支柱建设路径研究
　　………………………………………………… 同方全球人寿保险有限公司（185）

公司战略篇

保险资产管理机构参与纾困基金理论与实务研究
　　……………………………………………… 华安财保资产管理有限责任公司（225）
保险资产管理机构设立纾困基金理论与实务研究
　　…………………………………………………… 宁波鼎一资产管理有限公司（263）
保险资金投资永续债路径与风险防范
　　………………………………………………… 光大永明资产管理股份有限公司（305）
债权投资计划估值方法研究 ………………… 中诚信国际信用评级有限责任公司（371）

风险管理篇

保险资产管理机构应对违约债券策略研究
——量化预警角度的探讨 …………… 生命保险资产管理有限公司（405）
非金融周期性行业债券违约预警系统在保险资产管理机构的应用
………………………………… 远东资信评估有限公司（464）
中国债券市场违约问题研究 …………… 联合资信评估股份有限公司（513）
保险资产管理机构应对债券违约的策略研究
………………………………… 中证鹏元资信评估股份有限公司（558）

资产配置篇

利率不确定环境下保险资金配置策略研究……… 中国人保资产管理有限公司（611）
海外保险资管机构国际化发展经验及其资产配置研究
………………………………… 太平资产管理有限公司（690）
IFRS9新趋势下保险资金权益资产配置研究
………………………………… 中再资产管理股份有限公司（762）
IFRS9影响下保险资金权益资产配置研究
——基于ESG指数投资的视角 ………… 上海华证指数信息服务有限公司（817）

业务创新篇

固定收益另类投资决策分析模型
………… 中国人民保险集团股份有限公司、中国人保资产管理有限公司（881）
衍生工具在保险资金运用中的应用研究………… 泰康资产管理有限责任公司（903）
"区块链"发展背景下保险机构支持中小微企业融资模式创新研究
………………………………… 北京联合天成价值网络科技有限公司（1017）

后记 …………………………………………………………………………（1062）

行业发展篇

保险资金支持民营经济发展路径选择研究

中国人民保险集团股份有限公司

龚新宇　崔　浩　黄　斌　林　丽
任　杰　高　磊　周映筱

摘要

"融资难、融资贵"已经成为困扰民营经济发展的主要难题。我国金融服务体系的不平衡，在一定程度上制约了民营经济的金融可得性，同时民营经济融资渠道单一、缺少有效担保机制，容易造成信息不对称等问题综合导致出现"融资难、融资贵"的现象。

作为金融市场的重要组成部分，保险资金在支持民营经济发展中扮演着重要角色。保险资金具有期限长、规模大、来源稳定、运用方式灵活的特征，可以有效帮助民营经济解决现实融资困境。

本课题从民营企业"融资难、融资贵"的成因入手，结合保险资金特性和优势，借鉴国际保险资金支持实体经济发展的方式，探讨我国保险资金支持民营经济发展的路径。在解决民营经济"融资难、融资贵"的问题和助力民营经济转型升级方面，保险资金大有可为，可以从直接路径和间接路径两方面为民营经济发展提供支持。作为直接路径，保险资金要发挥优势，可以通过提高融资效率、降低融资成本、增加融资规模、拓宽融资渠道、优化融资结构、降低融资风险等方式来解决民营企业"融资难、融资贵"的问题；作为间接路径，针对民营经济整体发展质量不高、转型升级存在困难等长远问题，保险资金可以借助保险行业风险保障、资金融通和社会治理的特性，通过构建全面风险保障体系、引导民营企业创新发展、建立健全长效发展机制等手段来帮助民营经济转型升级，确保民营经济提质增效。

关键词

民营经济　保险资金　融资增信　路径选择

第一章　概　述

习近平总书记在民营经济发展座谈会上指出,我国民营经济已经成为推动我国发展不可或缺的力量,强调了民营经济对经济发展的重大作用。我国经济增长方式正在发生转变,已由高速增长阶段转向高质量发展阶段,经济扩张速度放缓、新旧动能转变必然给企业带来转型升级压力,民营经济融资困境在经济结构优化过程中显得更加严峻。民营经济"融资难、融资贵"已经成为迫切需要解决的问题,其融资难体现在制度因素、金融市场、融资机制、自身发展的方方面面。在解决民营经济融资难题方面,保险资金应发挥长期稳定的投资优势,积极拓展支持民营企业的渠道和方式,通过有效路径,帮助民营经济提高融资效率、降低融资成本、扩大融资规模,切实解决民营企业的实际困难,使其集中精力于生产经营,降低民营企业融资风险,助力民营经济高质量发展。

第一节　研究背景

民营经济是国民经济发展的生力军,在稳增长、保就业、促创新、扩大市场和满足需求等方面,发挥着重要的作用。2018年11月,习近平总书记在民营企业座谈会上指出,民营经济已经成为推动我国发展不可或缺的力量,成为创业就业的主要领域、技术创新的重要主体、国家税收的重要来源。随着经济的发展,国家对民营经济、民间投资的认识不断深化,出台了许多重要的政策和制度。民营经济在党的方针政策指引下从小到大、由弱变强。民营企业对于经济发展的重要性不言而喻,必须坚持毫不动摇地鼓励、支持、引导、保护民营经济的发展。

民营经济目前发展的障碍集中体现在"融资难、融资贵"。随着国内经济下行压力加大、国内外形势复杂多变等情况变化,民营企业融资难的问题日益突出,债务违约也呈增长态势,市场主体对于民营企业表示出避险态度。在此背景下,银保监会针对民营企业特别是小微企业"融资难、融资贵"的问题,相继出台和发布了《关于保险资产管理公司设立专项产品有关事项的通知》和《保险资金投资股权管理办法(征求意见稿)》,允许保险资金参与化解上市公司股票质押流动性风险,鼓励保险资金"输血"非上市企业,积极支持民营经济发展。

近年来,随着保费规模的大幅增长,保险资金可运用余额较大幅度增加,保险资金可投资范围也在不断放开,保险资金越来越成为促进经济发展的重要力量。随着保险行业回归本源,保险服务实体经济的效率和水平持续提高,保险资金也正不断加大对实体经济的支持力度,民营企业将因此获益。

第二节 概 念 界 定

一、民营经济

(一) 定义

"民营经济"这一称谓自20世纪90年代中期起被我国逐渐提及,到目前已被广泛使用。民营经济和民营企业体现了社会主义体制的特征,是具有中国特色的经济形态。

民营经济的内涵随着时间的推移在不断深化。早期对于民营经济的理解,主要基于经营主体视角,其定义可以概括为经济体系中除国营或官营以外的由我国公民经营或控股经营的经济成分(王磊,2019)。进入新世纪,随着我国社会主义市场经济体制的初步建立和逐步完善,民营经济的内涵也不断丰富演变。目前主流观点认为,民营经济可以定义为除国有和国有控股企业、外商和港澳台商独资及其控股企业以外的多种所有制经济的统称,民营经济本质上是我国经济制度的内在要素。

随着我国改革开放的不断深入,作为社会主义市场经济的重要组成部分,民营经济经历了四十余年跨越式发展,在国民经济中的地位不断提高,在国民经济中所起的作用日益凸显,正如2018年11月习近平总书记在给"万企帮万村"行动中受表彰的民营企业家回信中所指出的,"民营经济的历史贡献不可磨灭,民营经济的地位作用不容置疑"。

(二) 民营经济发展成就

自改革开放以来,我国一直鼓励民营企业的发展,在相关政策的扶持和人民的积

极参与下,民营企业由小到大、由弱到强。目前,民营经济已经逐步成为我国国民经济重要的组成部分和最为活跃的经济增长点。民营企业不仅成为我国税收的主要来源,还成为我国解决就业的重要渠道,为国家经济的稳定和持续发展做出了重要贡献。主要体现在:一是民营经济是我国稳增长的主要动力,对我国经济增长的贡献不断提升,目前我国GDP的60%是由民营经济创造的;二是民营经济为我国整体税收保持稳定可持续增长做出了重大贡献,目前我国税收收入有半数以上来源于民营经济;三是民营经济是我国稳就业的重要力量,已成为我国带动就业增长的主力军,吸纳了平均超过80%的新增城镇劳动力就业;四是民营经济的自主研发能力和创新能力不断提升,创造了我国70%以上的技术创新成果,成为助推我国经济创新发展和转型升级的重要力量;五是民营经济主体素质和发展质量得到持续优化和稳步提升,有效满足了经济社会需求,已成为助力供给侧结构性改革、推动经济高质量发展的重要主体。当前政策形势和经济环境为民营企业的发展提供了良好的契机,众多市场向技术水平高、业界评价好的民营企业张开了双臂,民营企业不再受制于自身的身份,而是在市场中靠实力行走,用业绩来争取市场中的话语权。

总体来看,民营经济作为拉动经济增长的重要力量,已覆盖国民经济三大产业,与国有经济相辅相成、相得益彰,成为我国经济结构中最活跃、最积极、最具竞争力的经济成分(何忠国,2006)。民营企业的健康发展,对于我国规范市场秩序、优化资源配置、提高市场竞争效果等将起到积极的作用,对于我国供给侧改革等工作将产生积极的影响。

(三)民营经济面临的问题

目前民营经济面临的问题主要有以下几个方面:一是作为民营经济主体的民营企业仍然面临较高的隐性市场准入壁垒。一些民间资本家具有较前卫的市场眼光和投资意识,但是在投资市场或产品市场存在着难以进入或名义可进入,实质上排斥民间资本的情况,导致民间资本或民营企业难以进入相关市场领域。二是民营企业转型存在困难。在传统行业普遍受到市场冲击的情况下,民营企业也面临转型的迫切需求。但在转型过程中,想要走出传统,进行创新,又面临着创新难的问题。创新人才不足是民营企业的一个普遍问题,人才的缺乏直接导致民营企业转型能力不足,甚至会产生转型失败的风险。三是市场环境和政策环境还未对民营企业提供足够的扶持和保护。目前来说,地方政府对于地方民营企业的支持力度还不够充分,其相关政策制度较容易倾向于地方性国有企业。对于处于成长期的民营企业来说,有效的扶持和保护机制尚未形成,这使得民营企业很难顺利度过成长期,导致民营企业在发展过程中缺乏安全感和方向感。四是民营企业面临融资难问题。隐性市场壁垒、转型升级难、政策环境问题都突出体现在民营企业"融资难、融资贵"的问题上。民营企业"融资难、融资贵"是制约民营企业发展的重大难题。资金是一个企业的生命线。一方面，目前要素市场价格高企，而消费市场动力不足，盈利空间被大大压缩。另一方面，由于市场中信用风险加大等因素，银行信贷不良资产增加，导致银行贷款发放愈发谨慎，民营企业首当其冲，而且就算通过各种努力申请到了银行信贷资金，也将面临利率高、期限短的问题，这无疑加大了民营企业的负担。

二、保险资金

（一）定义

保险资金泛指保险公司资本金、公积金、未分配利润、各项准备金及其他资金，其中保险责任准备金是保险资金的主要来源。保险资金主要用于对外投资获取收益，承担被保险人经济补偿和给付责任，是保险公司赖以生存和持续发展的基础。保险资金运用与承保业务是推动保险业发展的两大驱动力，而为了保险公司的健康发展，需要加强资产负债的有效匹配。由于保险公司资本金和保险责任准备金的特殊性以及保险资金运用监管工作的特殊性，使得保险资金呈现出规模大、期限长、来源稳定、运用方式灵活等特征。具体而言，规模大一方面是指保险行业经过多年快速发展，保险体系内沉淀了大量保费收入资金；另一方面是指由于保险资金运用有其特殊性，单一项目所涉及的投融资金额一般相对较高。期限长是指作为保险资金来源的保险公司负债端（特别是寿险和年金）期限远高于银行存款、公募基金、信托等其他金融产品。来源稳定是指保险资金来源中期缴型寿险产品的保费收入占比较高，相对不稳定的第三方资金占比低，现金流整体上较为稳定，加之我国保险公司当前仍处于上升发展阶段，在相当长的一段时期内有能力提供持续的现金流。运用方式灵活是指随着保险资金运用的相关政策不断完善和逐步放开，保险资金运用的领域已不断拓宽，投资方式不断丰富。

相比市场中的其他资金，保险资金规模大、期限长、来源稳定、运用方式灵活等特征，使其在支持国家基础设施建设、为企业提供长期股权投资以及债权融资等领域呈现出较为显著的竞争优势，特别是在解决民营企业融资问题时，保险资金可以通过公开市场、项目融资等诸多渠道为民营企业提供直接融资支持，成为除以银行为主的间接融资渠道外的重要补充。

（二）保险资金运用发展历程

保险资金管理模式演变经历了从粗放到精细、从单一到多主体、从无序到市场化的过程，主要有五种模式：粗放式管理模式、自主投资模式、委托保险资产管理公司模

式、委托业外第三方资产管理公司模式和混合投资管理模式。

粗放式管理模式是在行业发展初期和资金规模较小时的特定历史阶段产物。1984年,国务院颁布《关于加快发展我国保险事业的报告》,首次允许保险公司开展资金运用,开启我国保险资金运用试点。这一时期保险资金运用定位尚不明确,国家对保险资金运用尚未有专门监管。试点初期,保险资金运用主要限定在人民银行批准的贷款额度,投资范围仅限于存款、购买国债、流动性资金贷款和金融债券买卖,资金运用比例较低,收益不高。1991年后,随着我国经济体制转型和经济形势好转,保险资金运用开始进入房地产、有价证券、信托等热点领域。由于监管缺失和投资经验不足,保险资金运用很快出现无序和失控的局面,导致保险公司资产质量急剧恶化。

自主投资管理模式是依法监管形势下保险公司资金运用需求进一步扩大的结果。1995年10月,我国颁布第一部《保险法》,对保险资金运用范围和形式做出严格规定,明确保险资金不得用于设立证券经营机构和向企业投资,国家开始对保险资金运用依法监管,保险资金运用进入自主投资管理模式。1998年11月,保监会成立,明确了保险资金运用监管机构。与此同时,我国保险业保费收入增长明显,保险资金运用规模有所扩大,资金运用渠道不断拓宽,对于组织和人员要求也不断提高,保险资金集中管理形成共识,保险公司开始内设资金运用部,后来进一步演变成为资金运用管理中心或者投资管理部。这一时期,中国人保、中国人寿等大型保险公司基本上都建立了管理完备的保险投资管理部门。

委托保险资产管理公司管理模式是传统保险资金运用向现代保险资金运用转变的内生要求。2003年前,保险资金主要依靠保险公司内部投资部门或者财务部门投资运作,缺乏市场化环境和专业化团队。一方面,随着保险公司保费规模不断增加,偿付能力监管对保险资金运用专业化要求不断提高,保险公司既有资金运用部门管理保险资金压力越来越大。另一方面,随着金融市场不断发展壮大,保险投资渠道不断拓展,在制度管理、风险管理、专业人员、组织架构等方面对保险资金运用要求更加全面,客观要求传统保险资金管理模式加快向专业化、市场化方向转变。一些中小保险公司投资管理水平不够,难以达到保险资金运用相应收益率要求,因此也愿意选择将资金委托给专业的保险资产管理机构管理。2003年7月,中国人保资产管理公司成立,开创保险资金运用专业化的先河。目前,行业内已经成立27家保险资产管理公司,保险公司资金委托保险资产管理公司管理模式成为主流。

委托业外第三方资产管理公司模式是资产管理市场竞争优化的结果。随着资产管理市场发展日益成熟,各类资产管理公司市场化水平持续提升,符合保险公司保资金运用要求的第三方资产管理公司逐渐增多。根据中国保险资产管理业协会披露的数据,行业外金融机构受托管理保险资金规模总计达3 264.91亿元。获得受托管理保险资金资格备案的114家业外机构中,公募基金公司有68家,受托规模达2 640.47亿元;证券公司及证券资产管理公司有46家,受托规模达624.44亿元。不过,目前保险公司委托业外资产管理公司管理的资金规模占比还比较小,尚不足以对行业产生重大影响。

混合投资管理模式是大型保险公司提高资金运用竞争性的一次探索。随着保险公司资金运用规模持续扩大,一些大型保险集团公司开始探索混合投资管理模式,在委托自己旗下的保险资产管理公司外,同时引入外部第三方投资管理机构。混合投资管理模式不仅能确保保险资金运用的安全性和稳定性,还允许保险集团公司参考风险和费用调整后的业绩回报率,并以此选择优秀的第三方资产管理人,借助外部专业能力提升公司保险资金投资收益水平,倒逼公司下属保险资产管理公司提高竞争意识、提升投资能力,成为以盈利为目标的市场主体。

第三节 文献综述

一、民营经济发展与金融支持

作为国民经济的重要力量,当前民营经济发展面临的主要难题之一就在于如何突破融资障碍,切实缓解"融资难、融资贵"的问题,使之在面临国内经济下行、国内外形势复杂多变的情况下实现健康可持续发展。围绕这一议题,学者展开了一系列研究与探索。从表象上来看,民营企业面临的融资难题体现在诸多方面,如融资结构不合理、融资成本较高、融资环境不完善、融资渠道不畅通等(张杰,2000;杨屹等,2019)。然而要寻找缓解民营企业融资困境的方案,就需要从本质上认清造成这一局面的根源。对于造成民营企业"融资难、融资贵"问题的原因,由于研究视角的不同,存在着"仁者见仁,智者见智"的解读,不同的研究从不同的角度进行了阐述。部分研究立足于民营企业和民营经济自身发展过程中存在的问题,认为民营企业经营过程中信息不对称性较高、风险特征相对复杂是造成"融资难、融资贵"的根源(郭威和崔德永,2019)。部分研究从金融机构角度出发,分析了金融机构信贷歧视、增信手段不足、创新工具缺乏等因素是造成民营企业融资问题的重要外因(胡杨,2019)。也有部分研究基于货币政策传导视角,指出利率传导渠道不通畅是导致民营企业融资成本难以显著下降的重要原因

(赵恒,2019;王小广和钟颉,2019)。通过上述研究不难发现,造成当前民营企业融资难题的各类原因并非孤立的,正是这些因素相互交织在一起,使得解决民营企业融资难题变得复杂困难。

基于上述民营经济和民营企业面临的融资困境及原因的研究,如何通过完善金融对民营经济发展的支持提高民营企业融资可得性、如何在多重限制条件下形成实质上的改善成为国内学者重点讨论的议题。国内关于金融支持民营经济和民营企业发展的研究主要从两个层面展开:一方面是立足于某一个金融行业,例如银行业、保险业、证券业,重点探讨该行业改善民营企业融资难题的方法、工具,并结合行业管理实践提出可行性建议(邓建平和曾勇,2011;杨俊,2018;鲍建安,2019;宋江立和董文欣,2018;连平,2019);另一方面更关注行业间、机构间、工具间的配合,通过优势互补、风险分担,提高民营企业的融资可得性(刘存亮,2019;金秋和金雪军,2019;姚洋,2018;郭威和杨弘业,2019)。上述研究为通过金融手段缓解民营经济和民营企业发展的融资难题提供了一些可供参考借鉴的思路,但这些研究主要还集中于定性分析,对于操作性、应用性方面的论述还不够充分。此外,客观上的政策限制和监管约束,导致部分解决方案直接应用于实践上仍然存在一定困难。

综合来看,上述文献都提到了"融资难、融资贵"的问题是限制民营企业转型发展的主要障碍,指出如何有效地改善民营企业面临的"融资难、融资贵"困境是当下金融机构需要重点关注的问题,也研究并提出了一些解决方案。虽然已有的金融支持手段对于缓解民营经济发展桎梏具有积极的作用,但是仍然无法满足民营经济发展的需要,特别是广大的中小微民营企业能够获得的金融资源非常有限,提升金融支持民营经济发展质效是当前一段时期内的重要工作。

二、保险资金支持民营经济发展

作为金融行业的重要组成部分,关于保险业支持民营经济发展的话题探讨热度虽然无法与银行业相比,但也正逐渐引起更多学者参与到讨论之中。越来越多的学者对于保险业在支持民营经济发展中所起的作用给予了肯定和期望(曹光中,2017;董方冉,2018;戴梦希,2019)。

保险资金运用作为保险业开展的重要业务之一,不仅可以为民营企业提供直接融资支持,还可以发挥风险保障功效助力民营企业转型升级。从目前已有的研究来看,涉及保险资金支持民营经济发展密切相关的研究主要集中于"为什么""怎么做"两个议题。尽管我国的保险公司对支持民营经济发展的重视程度与日俱增,但前期理论和实践积累均相对不足,目前还未形成系统性的研究体系。

从"为什么"议题来看,不同的研究从不同的角度进行了阐述。部分学者围绕保险资金支持民营经济发展的政策端优势、负债端优势和资产端优势展开探讨,指出支持民营经济发展应发挥保险资金的长期优势(郭金龙和胡宏兵,2009;张凤鸣,2019)。部分学者则详细分析了保险资金在服务民营经济与民营企业中的直接作用与间接作用(朱南军和张富瑜,2019)。

从"怎么做"议题来看,主要围绕当前保险资金对于支持中小微企业发展、民营企业转型升级等实践展开,着重介绍了保险公司通过公开市场和项目融资等渠道对民营经济发展的支持(黄薇,2009;王军辉,2019;郑丽莎,2019;刘钢等,2019;李璐和王素,2019;常川,2019),具体分为以下几个方面:

从保险资金配置角度看,刘树枫等(2019)认为保险资金具有规模大、稳定性高的特点,保险资金配置方式也应随着时代发展而发生变化,保险资金应选取风险相对较小、收益相对较高的资产项目作为保险资金新的投资方向。战略性新兴产业中的民营企业符合保险资金拓宽投资方向的需求。

从优化民企融资结构角度看,保险资金长期稳定的特性可以帮助民营企业改善融资结构,有助于民营企业稳定经营。丁璐莎和王自牧(2019)认为保险资金在支农支小上可以利用保险业务积累产生的对生产经营的经验来防范化解融资上存在的风险,提高保险资金利用效率,助力民营经济发展。朱南军和张富瑜(2019)从保险资金改善民营企业的发展环境角度,提出保险资金有效地改善了我国的金融结构,有助于金融市场协调发展。王绪瑾和王翀(2019)认为保险资金在支持民营经济发展中起到了重大的作用,但同时要注意风险的防范。

从促进民企"走出去"角度看,"一带一路"倡议为保险资金服务民营企业"走出去"提供了机遇。庄显鹏(2019)指出"一带一路"倡议可以有效拓宽保险资金使用范围。基础设施建设、高附加值产业、高新技术产业等具有优势的民营企业可以在保险资金的助力下走出国门,取得更好发展。

除上述议题外,对于当前保险资金支持民营经济发展面临的挑战、国际保险资金如何支持实体经济发展、保险公司如何与其他金融机构合作以便更好地发挥保险资金支持民营企业发展质效等重要议题的系统性深入研究也极为缺乏,鲜有专门针对上述议题的研究文献,这也使得当前研究对于实践的指导意义存在一定不足。综上所述,目前对于保险资金如何支持民营经济发展、可以从哪些方面解决民营经济面临的融资障碍等问题的系统性研究基本还处于起步状态,缺乏立足于保险资金本源的深入探讨

和分析,对保险资金如何服务民营经济发展的具体路径还不够清晰。基于此,本课题的研究对于拓展保险资金支持民营经济发展研究具有一定的开拓意义。

三、文献述评

当前,对于保险资金支持民营经济发展的相关研究仍处于起步阶段,缺乏系统的研究文献。尽管现有文献在介绍当前保险资金支持民营经济方面做出了一些探索,但是大部分研究对于保险资金应采取何种路径来支持民营经济发展还缺少深入研究。必须承认,与其他市场资金相比,保险资金的特性较为鲜明,精准判断保险资金运用的相关政策走向存在一定难度,影响保险资金运用创新的不确定性因素亦较为复杂。因此,在参考当前已有研究文献基础上,要以发展的眼光从保险资金本源出发寻找适合保险资金支持民营经济发展的方式和举措,进一步拓展和深化保险资管相关领域的研究成果。

第二章 民营经济获得资金支持的现实困境

世界银行发布的《2020营商环境报告》中中国整体营商环境为第31位,但在信贷获得难易程度上中国得分仅为60,处于所有评价指标的末位,排在全球第80位。民营经济虽然贡献了国民经济中90%以上的企业数量,但是其在信贷获得方面,"融资难、融资贵"的现象尤为突出。金融市场结构不平衡、融资主体条件不平等等外部因素叠加,导致民营经济自身局限性严重影响了民营企业融资效率,提高了民营企业融资成本,加大了民营企业的融资风险,使得民营经济陷入融资困境。与此同时,这些影响因素在一定程度上为保险资金解决民营企业融资困境、支持民营经济发展方面创造了空间。

第一节 金融市场结构不平衡

一、金融市场结构不平衡的表现

党的十九大报告指出,提高直接融资比重,促进多层次资本市场健康发展,应稳步提高直接融资特别是股权融资的比重,拓展多层次、多元化、互补型股权融资渠道;积极发展债券市场,扩大债券市场的品种和规模,增强债券市场服务实体经济的能力;改善间接融资结构。

金融市场结构不平衡主要是指在服务实体经济的金融市场结构上以间接融资为主,除商业银行外的其他金融机构服务能力较弱。2019年9月,中国社会融资总规模的存量中信贷的比重占到67.83%,如果加上银行通过委托贷款、信托贷款发放的资金,银行渠道提供的资金占比达到了将近77%。从增量上来看,信贷增量比重占到社会融资规模增量的77.5%。

截至目前,我国还是以间接融资为主、直接融资为辅的融资体系,商业银行在金融体系中占比过高,企业融资过分依赖银行体系。截至2018年底,我国共有银行业金融机构4 588家,机构类型20余种,其中包括政策性银行、大型银行、股份制银行、外资银行等全国性商业银行,城市商业银行、民营银行、农村合作金融机构、村镇银行等机构。2019年二季度末,金融机构总资产为308.96万亿元,银行业总资产总量为281.58万亿元,占总资产的比重为91.14%,其中大型银行资产总额为114.4万亿元,占银行业金融机构的比例为40.63%。相比之下,其他非银金融机构资产总量占比过小。证券业资产总额为7.88万亿元,保险业资产总额为19.5万亿元(见图2-1)。金融服务体系过分依赖银行,呈现出结构不平衡的特征。

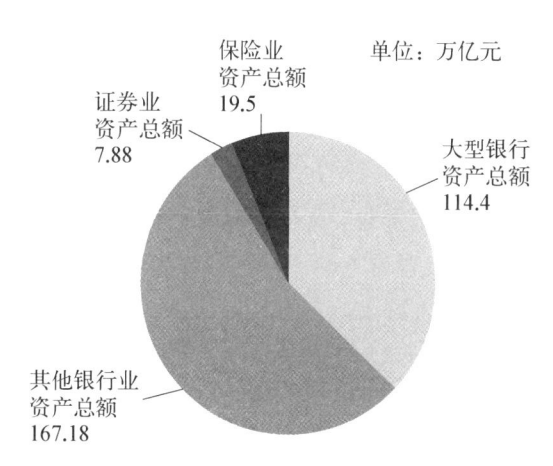

资料来源:中国银保监会。

图2-1 金融机构资产对比情况

我国直接融资体系经过多年发展,已经初步形成多层次的资本市场体系,但仍然难以撼动间接融资的主导地位。以间接融资为主导的金融体系也带来了许多问题,例

如通过中介进行融资增加了交易成本、存在信息不对称，容易产生道德风险和逆向选择等。以间接融资为主的金融服务体系难以满足经济发展的需要，并且推高了实体经济的杠杆。过分依赖间接融资导致民营企业融资结构出现不平衡，同时重抵押品的特征对于众多民营企业融资并不友好，降低了民营企业的融资效率。

二、金融市场结构不平衡产生的原因

（一）与传统重工业发展模式相对应

我国以间接融资为主体的金融服务体系是与传统重工业发展模式相对应的。在以商业银行为主体的传统融资模式下，大银行服务大客户，银行贷款是企业获得资金来源的主要渠道。在传统重工业发展模式下，金融需求是大规模、标准化、集中式的，因此以商业银行为主的间接融资体系完全对应重工业发展模式。

（二）高储蓄率特征支撑商业银行发展

我国储蓄率一直以来都处于高位，一方面是居民"爱存钱、慎消费"的特征决定的，另一方面是因为其他投资渠道较少，把钱存到银行可以取得一定收益。尽管近些年我国消费在经济增长中的地位越来越重要，居民消费水平也在不断提高，但储蓄率仍然维持较高水平。跟美国相比，我国储蓄率高达50%，而美国仅仅只有5%。美国的直接融资比重要远远高于我国。

（三）新兴业态难以撼动商业银行地位

近年来，我国的金融产业获得了迅猛发展，金融市场也在不断发展壮大，金融机构呈现出多点开花的局面，基本形成了银行、证券、保险、信托、基金、租赁等传统金融行业和消费金融、小额信贷等互联网金融行业并举的多元化结构。新兴金融是相对传统金融而言的，既包括出现新的金融业态，又包括传统金融的演进、延伸和补充。但无论从资产规模还是支持经济发展程度上面，新兴业态的发展都难以撼动间接融资的主体地位，更多是作为商业银行的补充，同时与之相匹配的市场环境、法律制度、监管框架尚不成熟，因此在一定时间内，我国金融市场结构不平衡现象还将持续存在。

第二节　融资主体条件不平等

一、融资主体条件不平等的表现

党的十九大报告明确提出要"增强金融服务实体经济能力"。第五次全国金融工

作会议也强调,金融要把服务实体经济作为出发点和落脚点。民营企业对社会经济发展的贡献不容忽视,是我国经济发展的动力和社会稳定的重要基础。相对国有企业而言,民营企业的生存期较短。大量处于初创期、急需资金支持的民营企业往往因为缺少资金支持而难以持续经营。融资主体条件不平等主要是指在金融机构提供服务时,国企更容易从市场上获得融资,而民营企业和中小企业难以依赖外源性融资进行经营。

国有金融体制在一定程度上强化了上述问题,主要金融机构对国有企业的金融支持要远远大于对民营企业的支持,客观上加剧了民营经济的融资困境。2018年末,非金融企业及其他单位贷款余额为89.03万亿元,其中不包含住户经营性贷款的民营企业贷款余额为32.8万亿元(见图2-2),普惠小微贷款余额为8万亿元。[①] 尽管贷款余额增速可观,但占比较小,对于数量众多的民营小微企业来说,金融支持力度显然不够。

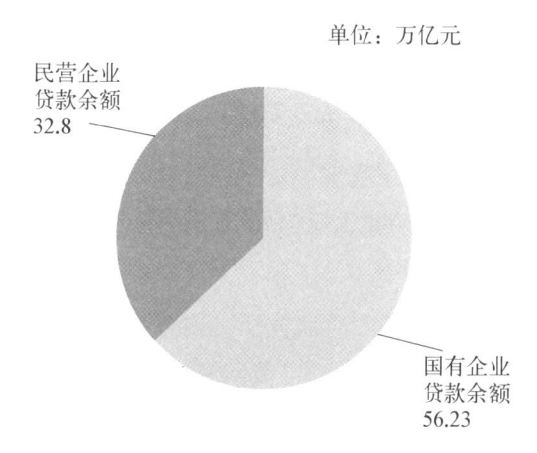

单位:万亿元

民营企业贷款余额 32.8

国有企业贷款余额 56.23

资料来源:中国人民银行。

图2-2 民营企业贷款余额与国有企业贷款余额对比

二、融资主体条件不平等形成的原因

一是竞争中性尚未充分体现,国企相对民企仍有信贷优势。一直以来,国有企业融资具有渠道优势、成本低廉、数量巨大、政策优惠等特征。在金融市场充分发展起来之前,财政拨款是国有企业获得资金的主流方式,单一化的国家垄断信用也使得大部分资金流向了国有企业。随着融资制度的发展,银行信贷成为国有企业外部资金的主

[①] 资料来源于中国人民银行发布的《2018年第四季度中国货币政策执行报告》和《2018年金融机构贷款投向统计报告》。

流渠道。国有企业大都属于上游资源性企业,通常掌握国家经济命脉,拥有充足的抵押品和稳定的经营模式,为低成本和高额度融资打下了基础。

二是民企与国企在融资成本上存在显著差距。民营企业不仅"融资难",而且"融资贵"的问题也非常突出。跟国有企业相比,民营企业融资成本往往高于国有企业。民营企业所面临的风险波动性更大、承受风险能力更弱,金融机构在对民营企业放贷时需要额外的风险溢价作为补偿。根据鹏元评级的报告,2018年民营企业平均发债利率为6.69%,国有企业平均发债利率为5.37%,利差为132 BP。如果按照债券评级来看,那么民企高评级的债券利差要大于低评级的债券利差,但仍显著高于国有企业发债利率。投资者更偏好于主体评级更高的国有企业债券。

在风险偏好下降的背景下,对于信用资质相对较弱的民企表内融资更为不利,民营企业信用利差上升幅度明显高于国有企业,使得民企的融资环境进一步恶化。

三是外部金融环境不利于民营企业融资。从金融机构布局来看,大型金融机构资产规模较大,在国有企业融资方面扮演了主要角色;中小金融机构数量缺乏、资产占比少,专门服务民营企业的专有金融机构尚未产生,挤压了民营企业的资金供给,提高了民营企业的融资成本,严重压缩了民营企业的融资空间。从金融机构主观意愿来看,对于放贷给国有企业具有明显的强意愿,如成本小、收益稳定、坏账少。放贷不具备规模优势,体量越小越分散的客户对于商业银行来说放贷成本越高。所以无论是从成本收益还是放贷意愿来看,商业银行都会优先满足国有企业的融资需求。

计划经济时期的金融发展格局奠定了我国现有的以商业银行为主体的金融体系。商业银行在改革开放之后迅速发展,但股东大都为地方政府或者国企。商业银行结构体系以大中型商业银行为主,服务民营企业的小型银行为辅。可喜的是,近些年普惠金融的发展在一定程度上帮助民营经济解决了融资难题,但与民营经济发展的贡献仍不匹配,难以满足其经营发展需要。融资主体不平等直接推高了民营企业的融资成本,对于扩大融资规模也存在不利影响。

第三节 民营经济自身局限性

一是民营企业融资渠道单一,难以满足贷款条件,容易陷入"短、小、频、急、贵"的融资困境。民营企业出现融资困难的局面一部分原因是融资渠道单一,过于依赖银行贷款,但大部分民营企业经营时间不长、信用累积不足,难以满足商业银行的贷款条件,民营企业融资呈现出"短、小、频、急、贵"的融资特征。"短"是指民营企业融资期限短。在当前融资环境下,民营企业融资大多是缓解流动性资金压力,满足短期资金周转需要。"小"是指单次融资规模小。众多民营企业本身经营规模不大,缺乏大规模融资所需的抵押品,难以实现大规模融资。"频"是指融资频率高。民营企业本身融资渠道窄、融资方式单一,因此在需要资金时需不断地借助银行贷款进行周转。"急"是指融资时效性强。民营企业出现资金缺口时难以通过变卖资产或者利用资产证券化等金融工具来弥补,融资需求时效性较强。"贵"是指融资成本高。民营企业在银行难以贷到款、债权和股权难以实施的情况下,往往借助高息的民间借贷来经营,融资成本过高。民营企业"短、小、频、急、贵"的融资特点降低了金融机构提供资金的偏好,再加上相当一部分民营企业还存在着公司治理缺陷和经营资产质量等问题,获得融资的难度进一步提高。

二是民营企业缺少有效担保机制降低信息不对称,逆向选择影响金融机构资金偏好。民营企业缺少可靠的抵押品来帮助降低信息不对称以获得金融支持。民营企业和金融机构之间的信息不对称主要表现在:民营企业更加熟悉自身经营情况、信用状况、项目前景以及未来违约概率,为了更加容易获得融资,民营企业倾向于隐藏或者弱化这些信息。金融机构难以获得上述情况的真实信息,出于风险因素考虑,只有通过提高利率来保证风险收益。信息不对称容易产生"劣币驱逐良币"的逆向选择问题。民营经济和商业银行之间的信息不对称包括贷款前和贷款后。民营经济是拥有信息优势的一方,即便在贷款前经营良好,也难以保证民营企业不会利用信息优势来得到贷款。贷款前的抵押品质量、企业经营情况以及贷款后的用途、是否能够产生预期经济效益等信息不对称的存在会导致商业银行谨慎放款。股权市场对于民营经济来说门槛过高、成本过大、时间过长,所以众多中小民营企业无法借助权益市场来实现融资。违约概率高的民营企业会选择继续融资,信用状况好的民营企业因难以承受资金使用成本而退出贷款市场,这推升了金融机构的坏账率,最终导致金融机构停止对上述企业放贷来规避违约风险。民营企业不得不转向民间借贷等途径融资来支撑经营,但过高的利息和经济增速放缓压力叠加导致民营企业融资困境更加恶化。

三是民营企业风险意识淡薄,缺乏有效的风险管理机制,潜在风险因素增加了融资难度。众多民营企业由家庭经济演化而来,尚未建立现代企业制度。在经营决策上,往往出现"一言堂",缺乏科学论证和可行性分析,欠缺对于风险的考虑,风险意识淡薄。民营企业除了决策上缺乏科学性之外,在执行决策方面也存在着风险隐患。对于风险问题的不重视也直接导致很多民营企业缺少健全的风险管理体制机制,难以化

解重大风险带来的问题。

缺乏风险管理机制容易导致经营问题、财务问题以及抵御风险的能力。在经营方面,按现代企业制度,重大事项决策,如发行债券融资或进行并购决策,往往要通过董事会审议和股东大会批准,并由风险管理专门机构监督。但民营企业通常因为成本考虑而简化流程,导致经营风险隐患增加。在财务方面,民营企业容易产生财务杠杆风险。民营企业"融资难、融资贵",所以一旦获得融资,民营企业更容易采取激进的经营策略,例如加大财务杠杆、扩张规模,企图获取更大的收益。在有风险管理机制的情况下,民营企业加大财务杠杆或者投资新项目都要经过风险识别、风险评估、风险监测、风险处理等流程来最小化可能面临的风险。在风险管理机制缺失的情况下,民营企业容易对财务杠杆的风险估计不足,在融资过程中表现出不够冷静的盲目做法,导致融资成本高于资产收益率,产生财务杠杆风险。在抵御风险能力方面,民营企业短板显而易见。由于规模小、资金体量小、融资渠道单一等问题,民营企业难以抵御重大风险。民营企业在发展初期,资金更多来源于资本原始积累。在银行信贷等融资渠道不畅的时候,民营企业只能通过民间借贷来维持经营。高成本和短期限的民间借贷往往成为压倒民营经济的最后一根稻草,资金链断裂风险隐患持续存在。

缺乏风险管理机制导致民营企业存在众多风险隐患,因此民营企业很难通过银行贷款和发行债券等方式进行融资。难以得到发展所需资金致使民营企业更加节约成本,也更难以建立完善的风险管理机制,从而陷入恶性循环。

第三章 保险资金支持民营经济发展的优势及挑战

第一节 保险资金支持民营经济发展的优势

一、保险资金运用的特征

保险资金大类资产配置主要受宏观经济、市场、环境、负债四个方面的影响。宏观经济层面对保险资金大类资产配置的影响主要包括经济增长、金融环境、尾端风险等因素,决定了保险资金的整体风险偏好及对市场的中长期判断;市场层面对保险资金大类资产配置的影响主要包括资产的估值、基本面、市场流动性、市场情绪等因素,决定了中短期保险资金对各大类资产的相对偏好及配置比例变化;环境层面对保险资金大类资产配置的影响主要包括偿付能力、会计准则、市场规范等因素,短期会直接改变保险资金大类资产配置的比例与选择;负债层面对保险资金的影响主要包括保险资金的规模、增速、成本、久期等因素,决定了保险资金运用的长期特征与约束。

保险资产管理公司进行资产配置的管理目标是以资产负债匹配为主,资产端风险与收益平衡为辅。在目标指导下,保险资金运用呈现出以下几个特征。

（一）强调资产负债匹配

保险资金运用的硬约束大部分来源于负债端的保费收入。因此,强调资产负债匹配是保险资金运用最为重要的特征。

在最初的负债管理框架下,保险公司销售保险产品为主营业务,由此产生负债,而投资业务只是用于被动匹配负债需求,满足预定偿付支出并保证财务稳健性的一种手段。保险公司的负债端是比较稳定且难以调整的,而资金运用作为承保业务的附属活动,可以通过调整资产结构来适应保险公司的负债情况,同时对于保险投资产生收益的要求较低,更多的是负债驱动资产。主要是因为在保险行业发展初期,保险公司长期处于较稳定的经济环境中,产品形态相对简单,负债支出和资产回报也较容易预测,偿付压力较小。保险公司自身也几乎不关注资产方和负债方之间的联系,而且由于当时整个金融市场处在发展之中,资金运用方式受限,所以当时的资产管理模式是负债管理,负债驱动资产。

但随着保险行业的不断发展,传统保险向现代保险演变,对保险资金运用的要求也在不断提高,资产负债管理应运而生。资产负债管理能力是保险公司的一项基础核心能力,良好的资产负债管理是保险业可持续发展的基石,也是支持保险业在日益复杂的风险环境中保持稳健发展、防范系统性风险的重要保障。保险公司受其承保的业务风险影响,负债端现金流的不确定性往往要高于资产端。有效的资产负债管理的根本需要依托于资产端与负债端的有机互动,本质上也就是承保和投资两大业务板块之间的有机互动。资产负债匹配管理主要体现在以下三个方面:一是资产与负债在规模上的匹配。一方面,要使投资资产与负债在规模上保持整体平衡,避免因投资资金不足导致收益无法满足负债需求;另一方面,要保持保险投资资金流入与资产配置上的匹配,避免因新流入保险投资资金的闲置而承担过高的机会成本。二是资产与负债

在期限上的匹配。保险公司负债的重要特点就是期限较长。保险资产需要与预期负债相匹配,这意味着投资通常是长期的,以确保投资收入能够支付所有的预计负债,甚至是未来10年或更长时间的负债。从投资角度看,长期限投资通常对应较高的风险溢价需求,如果投资期限无法满足负债期限要求,就需要不断将到期的资产进行再投资,增加了再投资的不确定性以及收益的波动性。三是资产收益与负债成本之间的匹配。利差损是保险公司面临的重要风险之一,避免利差损就要做好保险资金的投资管理工作。从资产负债管理的角度看,就是要加强资金流动性风险与市场风险管理。承保业务和投资业务不再是单向的决定关系,而是相互联动并彼此影响的。保险公司要充分考虑业务发展的需求,并将负债方需求引入投资策略的制定过程中。承保业务发展必须参照当期的投资环境约束,并兼顾资本市场所能提供的可行空间,两者相辅相成。

(二)强调绝对收益

保险资产管理与其他资产管理最大的区别在于保险资金运用的负债约束。保险产品隐含最低收益率保障,具有确定的资金成本,因此需要以一个确定的正收益率为投资基准,并树立"绝对收益"理念指导投资过程。"绝对收益"投资理念是指无论市场环境如何,始终以获得长期、稳定的正收益为投资目标。

一是以固定收益为主确保绝对收益。在负债成本的刚性约束下,全球领先的保险资产管理公司的资产配置呈现出的最主要特征是以固定收益类资产持有为主。保险资产管理公司在固定收益资产研究和投资方面时间长、经验足,并且通过不断的研究深化,已经形成自己的投资逻辑,在获得绝对收益方面有领先优势。保险资产的固定收益投资通常会遵循清晰的资产负债管理框架和信用指引,固定收益的投资更多以买入持有策略为主,并不频繁进行主动型交易。国际保险资金运用中固定收益类产品配置主要基于资产负债匹配的考虑。在风险偏好边界和偿付能力的双重要求下,保险资产管理公司配置大量固定收益类资产不仅能保证有充足流动性,还降低了系统性风险。

二是另类资产成为补充绝对收益的重要途径。当前市场与宏观因素错综复杂,保险资金大类资产配置的难度不断增大,保险资金获取超额收益的难度与成本亦不断提高。与此同时,保险公司负债端成本具有刚性,短期难以下降,目标投资收益率压力较大。在无风险收益率长期走低的环境下,保险资金需要在传统投资资产外寻找能够获得稳定超额收益的资产类别。另类投资具有长期性、收益性、稳定性等特征,符合保险资金运用的目标选择。另类投资的长期性质很好地匹配了长期债务,增加了投资效益,降低了收益的波动性。低流动性另类资产所获得的流动性溢价,将成为无风险利率下降后,弥补保险资金运用绝对收益的重要途径。

三是通过第三方资产管理业务拓展收益渠道。为增强保险集团业务经营的稳定性、降低利润周期性波动,在全球化混业经营背景下,保险机构开始增加第三方资产管理业务的收入占比,大力发展第三方资产管理业务。在发达国家的保险资管公司内,第三方资金占比不断提高。无论是通过并购方式还是借助政策东风,保险资产管理公司都把第三方资金放在了越来越重要的位置上。

（三）资产配置呈现多元化

多元化能够以较低的成本提升投资组合的整体风险收益水平,是保险资金大类资产配置的重要特征之一。在当前市场复杂度日益提升的环境下,保险资产管理公司根据多元化配置指引,对大类资产内部的风险因子进行深入剖析,采取有效的风险对冲手段,降低投资组合的整体风险水平。大类资产配置策略的最终落地执行,离不开丰富多样且不断迭代创新的产品体系的支撑。产品的广度对于满足差异化的投资需求至关重要。

多元化资产配置也是保险资产负债匹配管理的要求,单一类型资产无法满足资产负债在久期、规模以及收益上的匹配,因此保险资产管理多元化配置是大势所趋。丰富的产品体系对于分散风险、降低组合资产的相关性至关重要。覆盖不同资产类别、不同投资策略、不同投资周期、不同客群的产品体系是领先的保险资产管理公司保持竞争优势的主要原因。

（四）国际化投资特征明显

国际保险资产管理公司将海外市场拓展作为盈利的主要来源之一。国际保险资产管理公司大都具有强大的全球资产配置能力,通过资产全球化配置,可以平滑不同金融市场的周期波动,并在全球范围内有效分散资产管理的市场风险,同时抓住全球各个经济区域财富增长的机遇,取得长期稳健的收益。

国际化投资不仅可以分散投资组合风险,还可以优化投资配置。一方面,保险资产全球化配置是分散投资风险的重要手段,能够降低投资组合的系统风险,通过更广泛的资产选择将投资曲线向更有利的方向移动。另一方面,海外市场有着国内市场不可比拟的优势。优秀外部管理人可运用其投研优势为保险资金的权益投资提供更高的收益,海外成熟市场投资可降低组合整体相关性。在目标收益率和风险边界等约束下,领先的保险资产管理公司以全球化视角寻找满足保险资金安全性和收益性的优质资产。

二、保险资金支持民营经济发展的先天优势

上文已经分析,与国有企业相比,民营企业融资具有直接融资渠道较窄、融资费用较高、贷款抵押和担保较难等特点,尤其是融资短期化和融资来源不稳定极大限制了寻求长期稳定经营的民营企业发展,而民营企业这种资金需求正好契合了保险资金期限长、稳定性高的性质和特点。保险行业在解决民营企业、小微企业"融资难、融资贵"与促进民营企业发展方面,可以发挥其他行业无法替代的作用。

一是保险资金运用的政策环境持续优化,有益于改善民营企业融资环境。国务院"新国十条"明确提出:"鼓励设立不动产、基础设施、养老等专业保险资产管理机构,允许专业保险资产管理机构设立夹层基金、并购基金、不动产基金等私募基金。"《中国保监会关于保险业支持实体经济发展的指导意见》提出,要大力引导保险资金服务国家发展战略,支持"一带一路"建设,鼓励保险资金服务京津冀协同发展等国家战略,不断拓宽保险资金运用渠道,持续改善政策环境。截至2019年底,保险资金运用余额为18.53万亿元,规模进一步扩大。2019年上半年,债权计划和股权计划共注册(备案)1 161项,分别达到2.39万亿元和3 100亿元,合计规模达2.7万亿元,为通过战略直投支持民营经济打下了基础。保险资金有能力也有意愿在民营企业融资增信环节、增加民营企业融资渠道、优化民营企业融资结构等方面服务民营经济发展。

二是保险资金追求长期稳定收益,有利于促进民营经济健康平稳运行。保险资金来源于保费收入,具有资金规模大、期限长、来源稳定的优势,可以通过股权投资、私募股权基金、专项产品以及股票、债券等多种形式,为民营企业提供长期低成本资金支持,改善民营企业融资"短、小、频、急、贵"的局面。截至2019年底,保险行业原保险保费收入为4.26万亿元,其中人身险收入为3.10万亿元,占比高达72.77%。[①] 人身险业务带来的保费收入大部分为中长期资金,久期较长。保险资金长久期负债特征决定了保险资金更注重长期回报,并不盲目追求短期收益,因而可以给予民营企业更大的发展空间。保险资金的长期稳定特性有助于引导民营企业将精力集中于经营发展上,使民营企业能在获得良好收益后反哺于保险资金,形成长效发展机制,助力民营企业提质增效。

---

① 资料来源于银保监会。

三是保险资金天然携带风险管理基因,有助于降低民营企业运营风险。民营企业在经营过程中容易形成风险防范意识不强、风险管理能力不高、风险分散机制弱化的现象,不仅影响民营企业获得金融支持的能力,而且不利于民营企业长久安定发展。保险行业最本质的特征是风险管理,能为民营企业提供全生命周期的风险保障。保险资金天然携带风险管理基因,在回归本源、突出主业、做精专业的要求下,能切实解决民营企业的实际困难,构建全面风险保障体系,帮助民营企业防范化解风险,护航民营经济平稳健康发展。

保险资金相对于其他融资方式来说,具有明显的自身特色。例如保险资金可以发挥风险保障功能,在责任、履约保证保险等方面为民营企业增强风险防范和控制。又如通过"保险+"方式,为民营企业融资提供增信措施。具体为通过"保险+信贷""保险+期货""保险+融资""保险+科技"等众多方式来加强保险资金和其他资金的联动,使民营企业的融资方式和渠道变得更加多元化,解决民营企业融资过程中担保不足的问题。再如保险资金直投,利用保险资金长期稳定的特征,为民营企业提供中长期发展契机,避免民营企业融资难以续期的问题。

尽管保险资金具有支持民营经济发展的先天优势,但具体到如何解决民营企业"融资难、融资贵"的问题,以及如何助力民营经济转型升级等路径问题,还有待深入研究。

第二节　保险资金支持民营经济发展的挑战

保险资金在支持民营经济发展上具有相当大的优势,但当前保险资金在壮大自身实力、提高服务民营经济的竞争力以及扩大服务民营经济覆盖面等方面,还存在着一定的挑战。

一、市场环境

对于保险资金运用来说,市场环境在近些年大幅改善,保险资金已经成为金融市场发展的重要力量,在服务民营经济发展方面扮演着越来越重要的角色。但在当前市场环境下,保险资金仍面临着利率长期处于低位、金融产品供给不足、信用风险过于集中等问题,这些问题在一定程度上限制了保险资金对民营经济发展的支持力度。

一是长期利率走低风险。长期利率走低,保险资金不仅会面临资产配置问题,同

时还会面临再投资风险。一方面,保险资金运用难度增加。作为长期资金,保险公司尤其是寿险公司风险偏好较低,追求稳定的长期收益。在低利率环境下,固定收益类资产收益率持续下降。保险资金资产配置中的银行理财、信用债等收益率下降将直接影响保险资金收益。另一方面,保险公司资产负债匹配难度增大。保险公司尤其是寿险公司存在久期缺口,对利率敏感性较高。长期利率走低容易引发保险公司利差损和流动性问题。近年来,寿险业持续优化产品结构,大力发展长期保障性业务,负债久期不断拉长。但相应的民营企业可供保险资金投资的长期稳定标的较少,难以满足保险公司资产负债匹配的需求。

二是金融产品供给不足。我国金融市场近些年来不断发展,金融结构也趋于完善,但对于保险资金运用来说,整体上可投资的项目种类和数量都较为有限。2018年,我国债券累计发行13.67万亿元,其中政府债券为7.71万亿元,包含国有企业的企业债券共发行2 412亿元。对于主要投资于固定收益的保险资金来说,债券市场总量和种类难以满足其需求。民营企业债券在发行规模和数量上都存在供给不足的问题,客观上减少了保险资金服务民营经济的资金规模。

三是信用风险集中爆发。保险资金具有风险容忍度低,追求长期、稳健投资回报的特征。保险业面临的主要信用风险,集中体现在投资标的风险。保险资金运用集中于银行存款、债券等固定收益产品。当前,经济增速放缓和供给侧结构性改革持续推进,高杠杆融资行为得到有效抑制,但现阶段加速了风险集中暴露,导致债券市场违约事件不断增加,违约券种范围不断扩大,信用风险事件的发生已经常态化,保险资金运用面临的信用风险持续加大。例如光大永明发行的营口港债权投资计划出现违约,影响到中国人寿、中国平安、新华人寿等十多家保险公司。

二、行业发展

保险行业在服务民营经济方面具有独到的优势,但在大资管时代,行业整体竞争力还比较小,同时专业化程度也有待提高。

一是在行业整体竞争力方面尚显不足。近些年,随着保费的持续增加,我国保险资金运用余额也在不断增长。2001年,我国保险资金运用余额为2 109亿元,而截至2019年底,保险资金运用余额已达到18.5万亿元。与本行业相比,保险资金每年保持了较为可观的增长速度,但相对于商业银行资产来讲,保险行业资金体量较小,在大资管时代,其服务民营经济的竞争力不强。

二是在专业化程度方面还有待提高。保险公司的资金运用和资产管理是适应金融综合经营趋势逐步发展起来的,且日益成为保险机构的重要利润来源。保险资产管理规模的持续增加使专业化的保险资产管理机构应运而生,这些保险资产管理机构通过并购扩张、专业化管理等方式提高专业化水平,增强保险公司的经营能力和抗风险能力。但目前保险资金运用仍存在着专业化程度不够、专业人才缺乏的现象。对于支持民营经济方面,保险资金在风险识别和风险控制的专业化程度上亦存在提升空间。由于小微民营企业普遍存在缺乏抵质押物的问题,无力为其融资需求提供有效担保,且融资多为流动资金贷款,而目前的保险资产管理机构缺乏有效的手段识别民营企业经营风险,难以提供相应的融资需求和支持服务。

三是在金融科技融合方面有待加强。人工智能、大数据、区块链等科技深度改变了金融行业的发展。金融科技的使用可以大大提升保险资金服务民营经济的竞争力。人工智能应用主要包括智能投研、智能投资、智能投顾等方面,能有效提升保险投研效率;大数据应用可以在信用风险监控、量化投资、精准营销方面,帮助保险投资从被动应对风险转变为主动防御;区块链应用的场景包括支付转账、金融智能合约、金融审计等,未来将在养老、医疗方面助力保险资金运用。目前,保险与金融科技融合程度不强,尚未充分认识金融科技对未来发展的重要影响。保险资产管理行业应积极创新,拥抱科技,抓住科技发展带来的机遇,提高保险与金融科技的融合程度,推进保险资产管理行业的变革。

三、监管政策

保险资金运用监管逐渐向精细化监管转变,保险投资范围不断扩大,保险法律制度不断完善,保险监管能力不断提高。在保险资金开展直接股权投资的行业范围方面,2018年10月发布的《保险资金投资股权管理办法(征求意见稿)》取消了保险资金的行业投资范围。

但是监管政策对于保险资产运用方面,仍然存在一定的限制,例如比例限制、行业限制、资本金限制等,保险资金在支持民营经济发展方面尚未发挥全部能量。从国际经验看,保险资金运用限制较少,有些发达国家的保险资金参与贷款市场,直接为实体经济发展提供了更好的流动性。

监管限制在一定程度上规范了保险资金运用行为,避免了大量风险事件的爆发,但也约束了保险公司根据自身发展和社会需要灵活配置资金的能力。因此,建议监管当局在风险可控的前提下给予保险资金更大的自主权,更好地发挥保险资金在服务民营经济发展上的作用。

第四章　国际保险资金支持实体经济发展的实践与经验

第一节　国际保险资金支持实体经济发展的特征

从国际上看,保险资金利用自身特性,在服务实体经济发展方面扮演着重要角色。相对于我国,国际保险资金服务实体经济的覆盖面更全、空间更广、支持力度更大、方式更多样化,对于我国保险资金服务民营经济发展有很好的借鉴意义。国际保险资金不仅可以凭借资金融通功能参与贷款市场等方式服务实体经济,为金融市场提供流动性,提高企业融资效率,还可以发挥长期战略的影响,通过建立长效发展机制来帮助实体经济发展。

一、国际保险资金参与贷款市场

国际保险机构是贷款市场的主要参与者,在贷款的细分市场中发挥着巨大的作用。例如,在商业房地产贷款市场,美国保险公司约占未偿贷款的16%。在农业抵押贷款市场,美国保险公司是仅次于存款机构的第二大非政府贷款机构,控制着非政府发放的未偿贷款的约12%。保险公司与银行、政府机构、家庭一起,为帮助美国农民购买土地和设备的抵押贷款提供支持。在私募债券市场,美国保险公司占到未偿债务总额的10%以上。保险公司参与贷款市场,能有效发挥资金融通功能,用低成本的长期资金来降低企业融资成本,提高企业融资效率。

二、国际保险机构为金融市场提供流动性

在低利率环境下,寻找向市场提供流动性的机会,已成为保险公司整体战略中越来越重要的一部分。保险公司关注更长的久期,通过向交易频率较低的资产类型提供所需的流动性,来获得额外的收益。在当前的宏观经济利率周期和特定资产类别中,提供额外的流动性尤为重要。当债券的周转率较低时,保险公司愿意购买债券。通过向金融市场提供流动性,保险资金可以扩大金融供给,提高企业发债成功率,有效增加企业融资规模。在美国,与交易量大的债券相比,保险资金更倾向于投资交易频率低的债券。通过购买这些交易频率较低的债券,保险公司能够向债券市场提供流动性,助力债券交易市场健康运行。保险公司越来越多地寻找为金融市场提供流动性的机会,以期在不增加信用风险的情况下获得收益。

三、发挥长期战略影响来帮助实体经济发展

国际保险投资的长期性有利于建立长效发展机制来减轻短期管理决策的潜在负面影响。数据表明,美国投资者持有股票的时间越来越短。在这种环境下,市场预期和投资者压力可能会鼓励企业领导人以短期眼光看待公司战略,而忽视推动长久成功的深层战略思考。与这些专注于实现交易短期收益的投资者不同,保险公司是追求20年或更长期回报的机构投资者,可以为长期资本支出和基础设施项目提供资金来帮助实体经济发展,因此有助于企业主向长期经营思维转变。同时,保险公司长期资金特征可以帮助企业对具有长期效益的项目进行投资来获得长远发展。通过资金支持和对企业主经营思维的影响,保险资金能够建立起服务实体经济发展的长效机制,并在企业的长期发展中受益。

第二节 国际保险资金支持实体经济发展的主要经验

一、美国保险资金支持实体经济发展的经验

保险投资对美国经济的影响主要表现在三个方面。

一是保险公司在资本市场中扮演着独特的角色。美国保险公司的目标是投资期限更长、风险更低的资产,用来偿还未来很长一段时间的负债。美国保险公司比其他投资者持有更长期的非流动性投资的头寸并获得"流动性溢价",确保对长期、正回报项目的投资。由于长期投资者能够承担额外的流动性风险,保险公司能够起到稳定金融市场的作用。作为美国资本市场的重要组成部分,保险公司以其独特的投资策略扮演着机构投资者的重要角色。通过对投保人的保费进行投资,以预测未来的索赔需求,美国保险公司即是将资金配置在期限较长、波动性相对较低的投资上。这些投资支持企业、家庭和地方政府,是金融市场稳定的重要来源。

二是保险公司投资聚焦于公司债券。保险公司的投资方式与其他投资者不同,因

为负债期限很长,所以只考虑承担更少的信用风险。按照这些投资标准产生的资产配置符合美国企业的发展需求,因此保险公司更多的投资于公司债券。美国的保险公司倾向于投资交易频率较低的债券,其长期投资期限与股票市场上较短的投资持有期限形成了鲜明对比。

三是保险资金投资项目多元化。除在固定收益方面提供资金外,保险公司在某些特定类型的投资和项目中也扮演着重要的角色。保险投资通过为基础设施建设、住房以及商业投资提供资金来推动美国经济的增长。美国保险公司通过投资急需的基础设施建设,支持建造商业和居民住宅,帮助农民获得土地、建筑物和设备,同时支持各种商业活动为美国实体经济发展提供长期资金。投资品种的丰富不仅体现在大类资产配置上的种类增加,还包括在每个大类资产下投资品种和标的的丰富。在固定收益领域,债券品种主要有:市政债券、美国国债、联邦政府债券、企业债券、抵押类债券、资产支持债券和贷款抵押债券等。其中,资产支持类债券的可证券化资产种类不断丰富,从贷款类到收入类,再到各类应收账款。美国保险资产管理公司的投资标的丰富,但不同类型的资产管理公司会根据市场情况和投资者风险偏好,结合自身优势来进行资产配置。

二、德国保险资金支持实体经济发展的经验

同中国类似,德国也是以商业银行为主导的金融服务体系,通常这类金融服务体系要比直接融资体系更加稳健。德国同时拥有与之相适应的监管体系和金融环境。因此,德国保险资金运用比美国相对保守。

德国保险公司是其资管行业最大的机构投资者,目前保险机构总资产规模约为1.6万亿欧元。与美国类似,德国保险资金通过投资贷款和公司债券,有效地支持了实体经济的发展。作为承担社会保障职责的行业,德国保险业更加注重安全性,其资产配置以固定收益为主,权益占比较低。在对固定收益类资产的投资中,贷款占比较高,几乎与债券相同。

德国保险资金更加注重安全性,风险管理能力强,能有效帮助实体经济防范化解经营风险。作为德国最大的保险集团,安联保险集团在进行资金运用时会协调保险业务和投资业务,将全面风险管理贯穿于公司决策经营的全过程,增加现有资本的预期收益,控制不必要承担的风险敞口,降低潜在非预期损失的可能性。安联保险集团保险资金运用的突出特点就是对所投资企业进行长期跟踪和实地调研,对其生产和销售等经营环节的风险进行逐一排查,以确保投资的安全性。德国保险机构以全面风险管

理机制为依托,采取多样化的资金运用方式,在助力实体经济发展、防范风险方面发挥了重要作用。

三、日本保险资金支持实体经济发展的经验

日本保险资金运用与日本经济发展密切相关。在日本经济高速发展时期,日本保险资金更多地被用于贷款和房地产投资。在泡沫经济时期,日本保险资金配置类别转向有价证券,股票在经济最热的时候占比约为20%。但泡沫破灭后,保险公司遭受了巨大损失。在经济复苏阶段,日本保险资金运用采取稳健策略,强调风险管理,将更多的配置转向债券。

日本保险资金运用对于金融市场的发展和稳定非常重要。日本自然灾害发生率高,消费者对于保险的需求度和认可度高。因此,日本保险公司通过提供多元化的服务和完善的保险品种获得了大量的保费,并通过贷款等方式直接支持实体经济。战后日本经济的恢复和发展为保险业的发展提供了条件,而保险业的发展反过来又有力地支持了日本经济的高速发展。在20世纪80年代,贷款是保险资金运用最高的资产类别,高达60%。经济高速发展为保险资金提供了丰厚且稳定的收益来源。

第五章 保险资金支持民营经济发展的路径选择

上文已经对民营经济和保险资金特征、民营经济获得资金的现实困境以及保险资金支持民营经济发展的优势和挑战做了阐述。通过分析发现,保险资金在服务民营经济发展方面大有可为,现在比较迫切的任务是解决"怎么做"的问题。结合国际保险资金支持实体经济发展的经验,本章认为,保险资金支持民营经济发展的路径可以分为直接路径和间接路径。

直接路径是指针对民营经济发展面临的最主要的"融资难、融资贵"问题,保险资金凭借期限长、规模大、来源稳定等优势,通过提高融资效率、降低融资成本、增加融资规模、拓宽融资渠道、优化融资结构、降低融资风险等方式来解决民营企业"融资难、融资贵"的问题。

间接路径是指针对民营经济整体发展质量不高、转型升级存在困难等长远发展问

题,保险资金借助保险行业风险保障、资金融通和社会治理的特性,通过构建全面风险保障体系、引导民营企业创新发展、建立健全长效发展机制等手段来帮助民营经济转型升级,确保民营经济提质增效。

第一节　保险资金支持民营经济发展的直接路径

一、聚焦融资增信环节,提高民营企业融资效率

民营企业缺乏有效担保机制,抵押品不足,信用评级低。金融机构面临高昂的信息不对称和监督成本,需要花费大量人力物力来审核民营企业是否符合放贷标准,导致民营企业融资效率低下。保险资金可以有效利用自身优势,为民营企业融资提供信用增级服务,合理分担银行放贷风险,引导信贷资源流向民营经济,提高民营企业的融资效率。一方面要推广信用保证保险的成功经验,提高民营企业信用评级,让金融机构"敢贷"。2015年,原中国保监会联合人民银行等四部委联合出台《关于大力发展信用保证保险服务和支持小微企业的指导意见》,其中明确了信用保证保险在提供融资增信服务、支持小微企业发展中的重要地位。保险公司通过搭建政府、银行、保险三方风险共担机制,形成"政银保"等相对成熟的业务模式,为借款人提供保证保险。由银行提供贷款、政府提供政策支持,打通民营企业金融服务链,共同扶持中小微企业和民营企业发展。信用保证保险起到"抵押品"的作用,将有效消除民营企业融资中的"隐形壁垒",缓解金融机构"惧贷"行为,缩短民营企业的融资链条。另一方面要探索发展债券信用保险,完善债券增信机制,让金融机构"愿贷"。2019年5月15日,银保监会发布《关于保险资金参与信用风险缓释工具和信用保护工具业务的通知》,该通知丰富了保险资金参与信用风险管理的手段,有利于改善民企债券投资者结构,提高民企债券的流动性并促进民企债券的发行。美国债券保险公司发行的信用风险缓释工具在结构化金融产品信用增级手段中所占份额超过一半。我国债券保险增信则尚处在起步阶段,具有较大的成长空间,保险资金在参与信用风险缓释工具和信用保护工具业务上大有可为。

二、着眼资金融通功能,降低民营企业融资成本

民营企业除了融资难度大,融资成本也高居不下。民营企业在商业银行的融资成

本普遍比国有企业高30%,更多无法取得银行贷款的民营企业主要依靠小贷公司或者民间借贷获得资金,融资成本大幅提高,严重挤压了民营企业的利润空间,打击了民营企业持续经营的意愿。保险资金通过发挥资金融通功能,可解决民营企业融资成本高企的痛点,带动民营企业增收。一是发行专属保险资产管理产品,开展支农支小业务。保险资管产品具有交易架构清晰、投资链条短、直接对接实体项目等优势,利用业务累积的客户数据,能够多维度为民营企业画像,弥补了其信用体系不健全的问题。保险资金不能直接对接小贷业务,但发行专属保险资管产品可加强保险业务与贷款业务的联系,优先为符合国家战略发展方向的先进制造业、高新产业等领域的民营企业提供长期资金。二是创新保证保险,减少民营企业保证金占用,增加流动性。从民营企业的资金需求入手,创新开发履约类、关税类保证保险,减少民营企业资金占用,缓解因流动性紧张产生的融资压力,从源头上降低融资成本。履约保证保险对民营建筑工程企业、关税保证保险对民营出口企业不仅能提高资金周转率,缓解流动性压力,而且由于保证保险费用低,还能显著降低民营企业资金成本。

三、增加金融有效供给,扩大民营企业融资规模

民营企业融资规模通常受限于资金端有效供给不足。无论是制度因素还是出于风险控制考虑,金融机构往往不愿为民营企业提供资金,民营企业旺盛的融资需求得不到满足。保险资金可以通过发行和参与投资债权类金融产品,进一步扩大民营企业的融资规模。例如,发行债权投资计划产品。保险资金来源于保费,具有较长久期,保单存续期内保费波动性小、资金稳定性高,具备开发长期债权投资计划的能力。近年来,严监管政策提高了中长期保障产品的占比,负债端久期进一步拉长,意味着需要长久期资产与之匹配。保险资金长期稳定的特征有利于保险资管机构根据民营企业具体融资需求进行差异化债权产品计划发行,自由设定融资方式和融资期限。如此,民营企业对长期稳定资金的需求将被激发,融资规模也将进一步扩大。又如,参与投资金融机构相关债权产品。保险资金参与购买金融机构发行的小微企业专项债、"三农"专项债,助力资金精准帮扶民营企业和中小微企业。建议监管当局探索放开保险资金支持民营经济发展方面的债权、股权限制,增加有效金融供给,助力民营企业扩大融资规模。

四、创新险资运用方式,增加民营企业融资渠道

银保监会发布的《2019年1—12月保险行业经营数据》显示(见图5-1),截至

2019年底,保险资金运用余额为18.53万亿元。其中,银行存款为2.52万亿元,占比13.6%;债券为6.4万亿元,占比34.54%;股票和证券投资基金为2.44万亿元,占比13.17%。

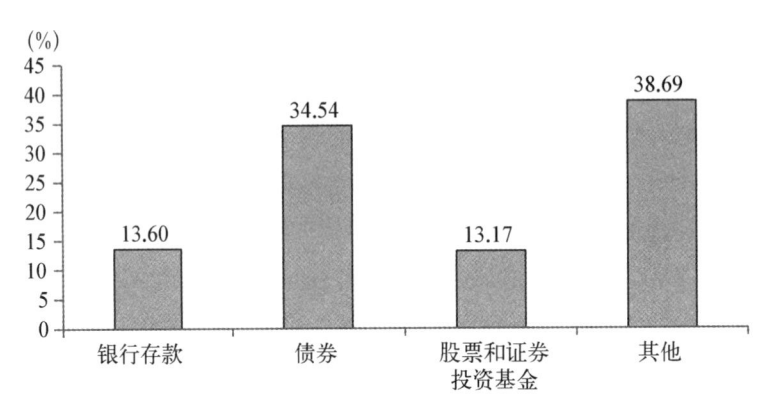

资料来源:中国银保监会。

图5-1 保险资金运用情况

由此可见,保险资金投向固定收益类资产占比最高,高达49.57%,权益类资产占比仅为12.61%[①],具有较大的上升空间。2019年2月,中办、国办联合印发《关于加强金融服务民营企业的若干意见》(简称《若干意见》),明确指出要研究取消保险资金开展财务性股权投资行业范围限制。保险资金可借此契机,稳步加大权益类投资力度,拓展民营企业融资渠道。一是发展"保险+融资"的解决方案,为民营企业提供综合金融服务。保险资金以保险资管产品为载体,依托保险的保障功能,创新整合信用保证保险、知识产权质押融资和科创基金险资直投,通过股债结合形式为民营企业的生产经营提供"保险+融资"的综合金融服务,以拓展民企融资渠道,从根本上改善民营企业融资难的困境。中国人保集团的"苏州科技基金"模式是服务民营科创企业的典型成功例证。二是多种形式参与私募股权基金,为优质民企发展提供长期资本支持。私募股权投资基金的投资期限较长、市场化程度较高,有助于推进优化国家产业结构。未来,保险资金可通过设立民营企业发展支持基金,大力支持符合国家政策发展的医养健康、绿色环保、高新科技等产业的民营企业,服务民营企业转型升级。截至2019年6月,保险私募基金注册规模已达1 613亿元。三是探索开展资产证券化业务,助力民营企业盘活资产。资产证券化作为20世纪最独特的金融创新,能有效盘活企业

---

① 资料来源于银保监会。

存量资产,缓解流动性压力。保险业参与资产证券化的方式多种多样,既可以投资民营企业资产证券化项目,又可以发行以保险资产为基础资产的证券化项目。

五、发展战略股权直投,优化民营企业融资结构

《若干意见》明确提出,要研究取消保险资金开展财务性股权投资行业范围限制,规范实施战略性股权投资。按照现有监管规定,保险资金直接投资仅限于保险类企业、非保险类金融企业和与保险业务相关企业的股权。此次为保险资金投资"松绑",将有利于拓展保险资金配置空间,推动保险公司发挥机构投资者的积极作用,促进民营经济提质增效,加快战略性投资健康、养老、医疗、汽车等产业链上优质民营企业股权项目,发掘有较强品牌、技术和资源的民营企业投资对象,助力降低民营企业杠杆水平,加快民营企业转型升级。

民营企业融资来源单一,长期以来主要依靠内源性融资,但大多数民营企业自有资金不足,同时大多数民营企业公司治理并不完善,权益融资渠道不畅通。部分民营企业依靠民间借贷来维持经营,融资成本过高。民营企业在内外交困的局面下,呈现出畸形的融资结构。保险资金战略股权直投对民营企业发展意义重大,既可以让民营企业获得远高于债权融资的资金额度,又可以消除民营企业还款压力,聚焦生产经营,还可以借助保险资金入股开展深度合作,完善风险保障体系,加快转型升级。例如,中国人寿参与投资多家民营企业,包括入股通威股份。在股权合作的基础上,中国人寿与通威股份在综合金融服务领域开展深度协作,促进民营经济提质增效。

六、实施风险减量管理,化解民营企业融资风险

在过去,保险业一直承担着风险转移和补偿的角色,更多的是被动接受客观存在的风险。但随着数字化社会的到来,保险业主动管理风险的能力不断加强,风险减量管理思维得到推广。对于保险资金来说,风险减量管理意味着在投前精准识别风险,投后主动管理风险。化解民营企业融资风险,保险机构一方面需要强化对民营企业投资项目的风险全过程管控,防范与化解融资风险。根据民营企业投资项目特点,融合风险管理经验和创新技术应用,精准识别风险。同时要密切关注民营企业经营动向,做好险前"预警",将风险苗头扼杀在摇篮里。另一方面需要持续精准纾困优质民营上市企业,化解股权质押风险。保险投资机构根据民营企业基础资产情况,持续探索提供权益类、混合类纾困质押金融服务,对当前暂时遇到困难,但发展前景好、技术潜力大的民营企业精准纾困,避免股权质押风险外溢。人保资管、国寿资管、太平资管等资产管理公司均设立了"纾困基金",向有前景、有市场、有技术优势,暂时出现流动性困难的优质上市公司提供融资支持。

第二节 保险资金支持民营经济发展的间接路径

《若干意见》明确提出,要聚焦民营企业融资增信环节,提高信用保险和债券信用增进机构覆盖范围。加快推广信用保证保险,充分发挥其融资增信功能,做好民营企业外部增信服务,有利于消除当前民营企业融资中的"隐性壁垒",有效缓解金融机构"拒贷"与民营企业"不能贷"的问题。保险资金服务民营经济转型升级要借助保险风险保障功能,充分运用保险机构在保险产品开发、风险管理等方面的优势,加强承保端和投资端的有效联动,在发挥保险资金服务民营经济直接路径作用的基础上,构建支持民营企业发展的长效机制。

一、构建全面风险保障体系,护航民营经济平稳健康发展

民营企业是国民经济价值链条上数量最大、行业分布最广泛的群体,吸收就业和税收贡献巨大,对实体经济发展至关重要。针对民营企业,特别是民营小微企业抗风险能力弱、经营效益不稳定的特点,保险资金可以充分发挥风险管理与损失补偿功能,积极协助民营企业防范化解生产流通、经营管理等方面的风险隐患,切实保障民营经济平稳健康发展。保险行业不仅可以提供民营企业急需的责任险、保证保险等产品,还可以根据民营企业发展的需要提供风险咨询、管理、评估、防灾减损等全面的风险保障服务。

一方面,利用专业化的风险管理为民营企业创造价值,着力解决企业风险保障不足的痛点问题。要基于客户的风险管理需求,努力构建灾前预防与灾后赔偿并重的风险管理新体系,以专业化的风险管理服务为民营企业创造价值。针对不同类型民营企业的经营特点,发挥保险的风险管理功能,保险行业可以有效开发构建包括综合保障与单一保障、保险服务与融资服务等在内的多维度、多层次的保险产品体系,为民营企业和小微企业提供全生命周期的风险保障,全面覆盖企业日常经营风险。开发特定行业专属保险产品,引导保险公司自主开发个性化、多样化、区域化的保险条款费率,同时以民营经济中的龙头企业为突破口,为民营企业"量身定做"保险服务。例如,中国人保集团推出制造业中小企业专属产品"安业保"、零售业中小企业专属产品"安福

保",截至2018年底,已为3 000家企业提供近20亿元风险保障。中国人寿集团开发区域特色农险、指数保险、"保险＋期货"产品达293个,有效助力民营企业防范风险。开发一揽子组合保险产品,例如针对小型民营企业,可适当开发定额保险业务,简化投保流程,按照不同行业小微企业提供定额定制方案,以企业财产险为主险,将意外险、责任险等进行灵活组合,有效满足小微企业多样化的风险保障需求。针对行业龙头民营企业,可充分依托传统车险、企财险发展"一揽子"综合产品;创新开发可按照行业类别进行"量身定制",选择方案多、简单易懂且能自动核保的组合产品。自2015年起,在银保监会的大力支持下,保险行业开始探索开展支农和支持小微企业融资试点业务,以保险资管产品为载体,依托保险行业人员优势,为民营企业的生产经营提供综合金融服务。与银行传统信贷业务不同,融资试点主要依托保险的保障功能,充实客户第一还款来源,从根本上提高客户融资能力,以改善客户融资难的困境。

另一方面,大力拓展责任保险覆盖范围,服务民营企业安全生产,有效管控经营风险。责任保险具有风险转嫁能力强、事故预防能力突出、注重应急救援和第三者伤害补偿等特点,对维护企业经营稳定作用明显。为避免民营企业因意外事故、自然灾害、操作失误等遭受重大损失,保险行业可以积极参与安全生产责任险、环境污染责任险、雇主责任险等试点,扩大保险承保面,为民营企业编织起一张"安全网"。例如,在安全生产责任保险领域,大力推动安全生产强制责任保险,积极探索保险参与企业安全生产管理的新路径,为企业提供安全巡查、安全培训等专业服务,促使企业改善安全生产条件,减少安全生产事故的发生。2019年8月27日,应急管理部发布《安全生产责任保险事故预防技术服务规范》,强调保险机构对事故预防技术服务的质量负责。对于保险行业来说,提高事故预防的技术和服务是未来保障民营经济发展的重中之重。在环境污染责任保险领域,保险行业可以通过为企业提供全过程环境风险评估和检查服务,提升企业风险预防和应急处置能力,为提升全社会环境风险治理能力、打好防治污染攻坚战发挥显著作用。保险行业内已有众多公司开展了环境污染责任险,如中国人寿、中国人保、新华人寿、中华联合财险等,其中中国平安集团是进行首家赔付环境污染责任保险的保险公司。

二、引导民营企业创新发展,激发民营经济活力和创造力

保险资金不仅要发挥风险保障功能,还要贯彻供给侧结构性改革的政策要求,履行好金融服务实体经济的天职,积极创新保险与投资机制,引导民营企业创新发展,激发民营经济活力和创造力,大力支持民营企业发展。

（一）开发专利保险，确保民营企业知识产权的保护和成果转化

分散科技民企的创新风险，降低企业专利维权成本，为科技企业自主创新、融资、并购等提供全方位的保险服务。党的十九大报告提出要"倡导创新文化，强化知识产权创造、保护、运用"。在保护知识产权方面，设立专利保险是保险行业引导民营企业创新发展的重要抓手。原中国保监会在《中国保监会关于保险业支持实体经济发展的指导意见》中要求保险行业"研究开展专利保险试点工作，分散科技企业创新风险，降低企业专利维权成本，为科技企业自主创新、融资、并购等提供全方位的保险服务"。在国家知识产权局的支持下，保险公司开发出专利保险，保护民营企业知识产权，并提供综合金融服务助力企业实现专利质押融资。截至目前，行业内有人保财险、平安产险以及太平洋保险等专利保险，其中人保财险已经在行业内推出了7款专利保险专属产品，逐步形成了"产品体系完善、保障范围广泛、金融服务综合"的基本格局。

（二）大力投资新兴领域，促进民营经济转型升级

习近平总书记在主持中央政治局集体学习时指出，要疏通金融进入实体经济的渠道，积极规范发展多层次资本市场，扩大直接融资。相对于间接融资，直接融资信息更加透明和对称，市场化程度更高，资源配置效率更高。在英美等发达国家，保险资金是直接融资的重要来源，寿险公司股票资产比例保持在30%左右。保险资产管理公司要坚持服务实体经济，把服务国家重大发展战略、重大改革举措作为投资的主攻方向，在服务实体经济中积极把握和深入挖掘投资机会，积极服务"一带一路"倡议，以及京津冀协同发展和雄安新区建设等国家重大战略，围绕供给侧结构性改革、国企降杠杆和军民融合、产融结合等重大投资主题，推进相关项目的落地，同时加大对重大基础设施、棚户区改造、城镇化建设等民生工程和国家重大项目的支持力度，持续提高服务实体经济的广度和深度。

保险行业可运用资金余额高达18.5万亿元，未来可充分发挥保险资金长期稳健投资的优势，瞄准市场消费需求和技术发展前沿，重点支持有前途、有市场、有技术的行业和领域的民营经济。

三、建立健全长效发展机制，提升保险服务民营经济质效

习近平总书记强调指出，要"把更多金融资源配置到经济社会发展的重点领域和薄弱环节""促进融资便利化、降低实体经济成本"。保险行业应充分发挥县域机构网点布局和风险管理技术优势，有效降低"三农"和民营企业的融资成本，补强民营经济发展最薄弱环节。

一方面,构建普惠金融业务发展长效机制,为解决小微企业"融资贵"创造有利的市场环境。《若干意见》提出,要"精准分析民营企业融资难、融资贵背后的制度性、结构性原因,注重优化结构性制度安排,建立健全长效机制"。在制度优化方面,应加强保险行业服务普惠金融业务专职机构和相关制度建设。各保险公司应加快推进各级分支机构普惠金融业务队伍的专职专业化建设,推进建立健全普惠金融业务专项评价、考核激励、尽职免责和容错纠错等方面的管理制度,充分激发保险公司服务民营企业的内生动力。在政策环境方面,从国际经验看,美国、日本等发达国家保险市场都允许运用保险资金直接提供贷款服务,因此建议金融监管部门研究进一步放开保险资金投资渠道的可行性,允许保险资金在一定范围内开展直接融资服务,实现保险业务与贷款业务的紧密结合,降低融资成本,促使普惠金融能够成为保险资金直接支持民营企业和小微企业的长效机制。

另一方面,积极参与融资服务基础设施建设,着力解决融资信息不对称问题。《若干意见》提出,要"强化融资服务基础设施建设""从战略高度抓紧抓好信息服务平台建设"。为有效落实《若干意见》要求,未来应从推动数据共享交换、信息高效对接、加大守信激励和失信惩戒等方面发力,形成多方合力,破解民营企业信息不对称、信用不充分等问题。一是加强保险行业与监管部门的沟通,强化民营企业信息管理,在确保信息安全的前提下,推动依法开放相关业务和财务信息资源,利用好公共信息资源为开发民营企业信用产品创造条件。二是加强保险与金融税务、市场监管、社保、海关、司法等之间的协同,构建大数据服务平台,促进跨层级、跨部门、跨地域的互联互通,实现对民营和小微企业经营风险状况的精准画像。三是参与构建民营企业信用评级体系,针对存在恶意逃废债、骗保等行为的企业建立黑名单制度,提高客户履约意愿,确保金融服务民营企业持续健康发展。

当前,民营企业"融资难、融资贵"已成为迫切需要解决的问题。对我国民营企业来说,尽管随着融资政策不断加码,融资问题有所缓解,但仍缺乏解决问题的长效机制。作为金融市场重要组成部分的保险资金,在支持民营经济发展上具有不可比拟的优势。保险资金不仅可以通过直接路径来对民营企业提供融资支持,如利用聚焦融资增信、增加有效供给、创新融资工具、进行风险减量管理等手段提高融资效率、降低融资成本、扩大融资规模、降低融资风险等,还可以通过间接路径来助力民营经济转型升级,如通过构建全面风险保障体系、引导民营企业创新发展、建立健全长效发展机制等手段来帮助民营经济提质增效。

保险资金在支持民营经济发展上还有很大空间,建议监管机构进一步放宽保险资

金投资渠道,允许保险资金在一定范围内开展直融业务,这样更有助于直接服务民营小微企业融资。未来,保险资金将依托于国家政策,持续探索支持民营经济转型升级的发展路径,建立健全长效发展机制,助力民营经济提质增效。

参考文献

[1] 鲍建安.破解民营和小微融资难题[J].中国金融,2019(18):84—87.
[2] 曹光中.保险支持实体经济着力点[J].中国金融,2017(19):32—34.
[3] 常川.出口信保服务民营经济[J].中国金融,2019(3):31—32.
[4] 戴梦希.险资为实体经济注入更多金融"活水"[N].金融时报,2019-02-13(9).
[5] 邓建平,曾勇.金融关联能否缓解民营企业的融资约束[J].金融研究,2011(8):78—92.
[6] 丁潞莎,王自牧.创新保险资金运用形式开展支农和支持小微企业融资[J].中国保险,2019(2):42—45.
[7] 董方冉.保险与担保:支持小微作用独特[J].中国金融家,2018(8):56—57.
[8] 郭金龙,胡宏兵.我国保险资金运用现状、问题及策略研究[J].保险研究,2009(9):16—27.
[9] 郭威,崔德永.以复合型融资工具破解小微企业融资难题[J].银行家,2019(9):106—108.
[10] 郭威,杨弘业.金融支持民营经济发展的逻辑机理与政策选择[J].农村金融研究,2019(2):14—18.
[11] 何忠国.以和谐看待发展[D].北京:中共中央党校,2006.
[12] 胡杨.制约民营企业获取中长期贷款的三方面障碍[J].银行家,2019(9):63—65.
[13] 黄薇.中国保险机构资金运用效率研究:基于资源型两阶段DEA模型[J].经济研究,2009,44(8):37—49.
[14] 金秋,金雪军.纾解民营企业融资困境需要金融组合创新[J].农村金融研究,2019(2):19—23.
[15] 李璐,王素.为支持民营企业做大做强,中国信保做了什么?[J].进出口经理人,2019(4):62—63.
[16] 连平.健全和完善银行业民营经济金融服务体系[J].金融经济,2019(1):7.
[17] 刘存亮."四个围绕"缓解融资难题[J].中国金融,2019(3):26—27.
[18] 刘钢,涂东阳,张胜利.提升民营经济保险服务质效[J].中国金融,2019(4):48—49.
[19] 刘树枫,鲜芮,余家楣."一带一路"背景下保险资金资产配置优化研究[J].金融理论与实践,2019(5):95—102.
[20] 罗党论,唐清泉.中国民营上市公司制度环境与绩效问题研究[J].经济研究,2009,44(2):106—118.
[21] 罗党论,甄丽明.民营控制、政治关系与企业融资约束——基于中国民营上市公司的经验证据[J].金融研究,2008(12):164—178.
[22] 宋江立,董文欣.信用风险缓释工具缓解民企融资难题[J].银行家,2018(12):75—77.
[23] 王军辉.保险资金服务实体经济创新[J].中国金融,2019(18):34—37.

[24] 王磊.推动民营经济高质量发展的制度创新研究[D].北京：中国社会科学院研究生院,2019.

[25] 王小广,钟颉.金融支持民营经济发展长短策[J].农村金融研究,2019(2)：9—13.

[26] 王绪瑾,王翀.信用保证保险为民企保驾护航[J].中国金融,2019(3)：33—34.

[27] 杨俊.对金融支持民营经济问题的探析[J].中国银行业,2018(12)：55+57.

[28] 杨屹,杨悦欣,王崇艳,陈重任.关注民营小微企业融资难问题[J].金融博览,2019(10)：60.

[29] 姚洋.金融如何支持民营企业发展[J].企业观察家,2018(12)：54.

[30] 余明桂,潘红波.政治关系、制度环境与民营企业银行贷款[J].管理世界,2008(8)：9—21+39+187.

[31] 张凤鸣.发挥保险另类投资优势[J].中国金融,2019(16)：66—68.

[32] 张杰.民营经济的金融困境与融资次序[J].经济研究,2000(4)：3—10+78.

[33] 赵恒.如何解决民营企业融资难题——基于货币政策传导视角[J].现代管理科学,2019(10)：58—60.

[34] 郑丽莎.发挥保险资金优势[J].国际公关,2019(6)：281—282+284.

[35] 中共中央办公厅,国务院办公厅.关于加强金融服务民营企业的若干意见[EB/OL].[2019-02-14].http://www.gov.cn/zhengce/2019-02/14/content_5365818.htm.

[36] 朱南军,张富瑜.强化保险服务民营经济的作用[J].中国金融,2019(4)：53—54.

[37] 庄显鹏."一带一路"给保险业带来潜在重大机遇[J].课程教育研究,2019(11)：7.

保险资金纾困上市民营公司路径研究

生命保险资产管理有限公司

张仲明　张漫春　肖志成

摘要

2018年我国上市民营公司出现流动性困难的案例显著增多。本课题从宏观债务周期和结构因素两个角度分析，认为上市民营公司出现的问题，本质上是债务周期见顶、国家宏观去杠杆背景下，受传统金融轻视影响的民营经济出现流动性困难，以及对不规范经营的肃清。一方面，伴随降杠杆政策，宏观经济周期市场出清。2008年以来中国总债务、信用利差、GDP增速等数据显示，中国债务正处于达里奥债务周期理论的见顶、进入衰退或低速发展阶段。另一方面，民营经济长期受到传统金融轻视且并未得到根本性改善，因此在总债务收缩时首先受影响的群体是民营经济。正由于金融供给难以匹配金融需求，实体融资出现结构性问题，2018年下半年以来金融供给侧结构性改革应运而生，其中被中央及地方政府大力推动的一项举措即纾困民营经济。

保险资金作为供给侧特有的长期限资金，应积极响应国家金融服务实体经济的要求，探索多种路径支持民营经济发展。筛选去杠杆背景下出现短暂流动性困境但业务发展前景良好的企业，提供长期限资金支持此类企业度过流动性困难，并获得相应的长期收益。这类投资可充分体现保险资金运用的特点，符合拓宽保险资金运用渠道的内在需求。

本课题回顾了自2018年第四季度开始的金融市场纾困民营经济的六种主要方式，提出保险资金投资上市民营公司以支持其度过流动性困难的可选策略，同时也分析了可能面临的风险,并对监管政策提出建议。

关键词

民营经济　民营纾困　债务周期　金融供给侧结构性改革　保险资金

第一章　引　　言

一、民营经济面临的传统金融轻视

民营经济是我国经济发展中的重要组成部分,然而一直以来大量研究都证明民营经济面临"融资难、融资贵"的困境。张维迎(2006)曾从制度经济学的角度讨论民营企业在金融市场可能受到的歧视。平新乔和杨暮云(2009)、王雅炯(2012)、谢云峰(2018)、邹丽华(2018)等通过实证数据分析了我国民营企业融资困境和脆弱性,并对潜在原因进行了研究。

造成民营企业融资难困境的因素包括:一方面,民营企业自身存在诸多局限性,如家族管理与现代企业制度的巨大差距导致经营不稳定、财务报表不规范、内控有效性相对较差等;另一方面,在我国典型的银行主导型金融体制下,国有银行长期为公有制经济提供刚性的信贷支持,为国有企业提供预算软约束,同时严重挤出非公有制经济的信贷资源效率(邢志平,2016)。从经济发展阶段市场结构来看,中国作为新兴市场与发达市场存在不同之处:中国市场行业集中度相对不高,公司竞争力主要依靠规模或来自外部的特许支持;在对待发行人违约的态度上,中国市场的容忍度低。上述两方面因素作用于国有企业与民营企业的再融资能力,影响金融市场信用风险评估(苏奎武,2013),使两类企业在金融市场上的融资待遇差距进一步拉大。

有学者认为,上市民营公司作为民营企业的头部群体,其"融资难、融资贵"的问题正逐渐得到缓解,但相对于国有企业而言,上市民营公司依然面临融资约束。在宏观降杠杆、外部融资收紧的背景下,民营企业首先受到较大冲击,2018年以来违约事件大幅增加。特别是其中代表高质量发展部分的民营经济在金融行业"去杠杆、强监管"的背景下,出现流动性不足等突出问题。市场对民营企业债券的担忧显著增加。

二、债务周期理论

20世纪后半叶,一些学者开始深入研究债务与经济周期的关系。众多研究成果达成一个共识,认为经济中的总体债务水平波动是市场经济的本质特征,与经济发展周期有密切的联系。其中桥水基金创始人瑞·达里奥(Ray Dalio)在其著作《债务危机：我的应对原则》(A Template For Understanding Big Debt Crises)中构建了一个基于债务周期、经济周期、商业周期的研究框架。他认为,个人或整个国家的借款都会形成周期,即借钱—超支—节支的过程,债务周期的上行和下行阶段都会自我强化,不同时期的债务危机往往由相同逻辑推动,并且反复发生。

达里奥从完全市场经济角度分析,指出大型债务周期产生的主要原因是,政府为追求经济增长而选择信贷宽松,进而导致市场的盲目乐观、泡沫的产生和破裂。

达里奥认为,整个债务周期可分为以下7个阶段(见图1-1)。

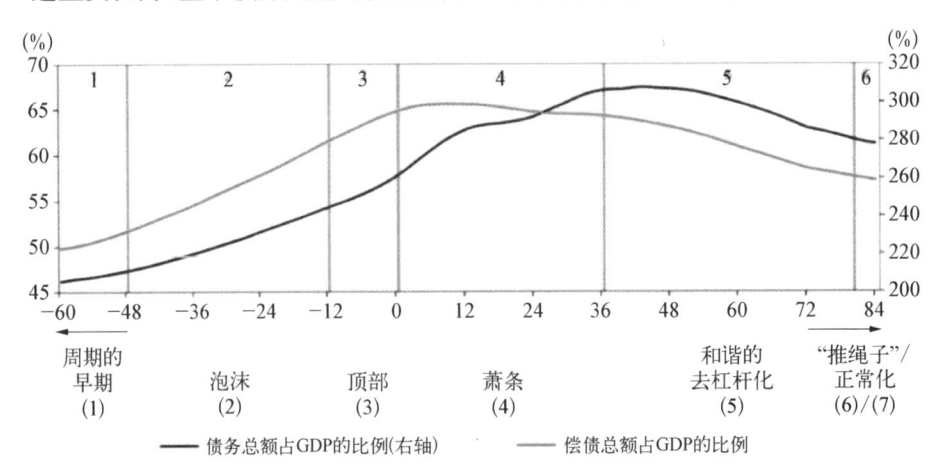

资料来源：瑞·达里奥,《债务危机：我的应对原则》。

图1-1 瑞·达里奥的长期债务周期

（1）周期的早期阶段。在债务周期的早期,债务增速并不比收入增速更高,因为此时的债务可创造出快速的收入增速。这时资产负债表较健康,债务上限较低。债务增速、经济增速和通货膨胀均较为温和。

（2）泡沫阶段。在泡沫初期,债务增长快于收入增长,债务可提供高额的资产回报。这时候收入、资产、个人身价等的快速增长会自我循环、自我强化。在该阶段,经济基本面日趋向好,央行亦会降息从而推动新一轮的资产价格上涨。在这个过程中,越来越多的投机者进入,银行降低贷款门槛,大量的影子银行也日益活跃。在大量获利的投机者、放贷者们参与下,投机行为被进一步强化。

（3）顶部。当每个人都持续对市场保持高度乐观时，往往就到了市场的顶部。虽然有诸多因素会导致顶部出现，但一个最常见的信号是央行开始紧缩货币，提高利率。很多时候，也是泡沫导致了通货膨胀，带来了加息。当资产价格开始下跌时，市场的财富效应转向负面，放贷者开始担心回款问题。再加上有时债务无法延期，借款人的支出增速减缓。通常情况下，此类信贷/债务问题会比经济周期峰值早半年出现。风险最高的债务人开始无法按时还款，债权人开始担心，信贷利差上升，高风险贷款增速放缓。市场开始抛售高风险资产，选择持有低风险资产，造成收缩范围扩大。

在顶部的早期阶段，短期利率上升，与长期利率的利差逐渐缩小或消除，与持有现金相比，贷款的吸引力下降。短期利率通常在股市触顶前几个月达到峰值，此时的信贷紧缩速度也是最快的。在泡沫刚刚破裂的这段时期，资产价格变动造成的财富效应对经济增长率的影响大于货币政策的影响，但人们往往会忽视财富效应毁灭带来的影响。在这种影响下，人们的收入、财富出现下降。

（4）萧条阶段。在大部分的衰退中，货币政策依然有效，因此可以通过不断降息来遏制衰退。此时经济受到刺激，财富效应也逐渐转正，债务问题会在一定程度上得到缓解。但是在严重萧条中该政策效果将大打折扣，因利率水平已降至最低点，本币会出现大幅度的贬值。大萧条中将出现大量债务违约和重组，尤其是加杠杆的放贷者。此时因人们的低风险偏好，相对于较高风险的金融资产，人们更偏好于现金。央行需再次印钞，否则债务违约将进一步扩大。

一般而言，应对萧条的措施有：财政紧缩、债务违约/重组、债务货币化/印钞、财富转移。其中关于债务违约/重组也有几种做法。一是提供流动性，包括紧急贷款、银行担保等；二是支持贷款人的偿付能力，包括银行重组、资本重组、债务国有化等；三是处置坏账，包括通过集中型资产管理公司来购买这些债务；四是主权违约和重组，其中最常用的还是流动性管理工具，提供紧急贷款和流动资金，债务与资本的重组合并、债务的国有化也是被经常用到的。

（5）和谐的去杠杆化。此阶段的关键在于财政紧缩、债务违约/重组、债务货币化/印钞、财富转移这四种政策措施平衡推进，从而减少难以承受的冲击，降低债务与收入的比率，并保持可接受的经济增长率和通货膨胀率。如果有足够的刺激（印钞/债务货币化和货币贬值）可以抵消通缩性去杠杆化力量（财政紧缩或债务违约），使名义经济增长率高于名义利率，但又不会因刺激过度造成通货膨胀加速、货币严重贬值，引发新的债务泡沫，就可以产生和谐的去杠杆。

（6）"推绳子"窘境。在长期债务周期的后期，央行可能难以将其刺激性政策转化

为支出的增加,因为降息和央行购买债务资产的影响变小了。在这个阶段的主要风险之一,是如果印钞/债务货币化程度太深,或者相对于通缩性力量,货币贬值的幅度太大,就会导致痛苦的通货膨胀性去杠杆化。

(7)正常化阶段。经济活力和资本形成的复苏往往很慢,通常需要5—10年才能使经济活力达到之前的峰值。此外股票价格达到原来的高点需要更长时间。在此期间,投资者需要很长时间才能适应再次持有股票的风险,但系统终究会回归正常。

达里奥还特别分析了新兴国家的债务周期问题。由于固定资产的快速增长不可持续,债务融资支持的房地产、固定投资和基础设施支出的强劲增长往往会伴随还贷风险导致的需求放缓、经济下行,从而引发新兴国家债务危机。此外,收入的相对变化导致新兴国家的出口竞争力发生变化,这可能进一步增强新兴国家经济的周期性。

三、达里奥债务危机和中国金融供给侧结构性改革

(一)对2018年我国债务违约增多的研究

对于中国在2018以来出现的债务违约显著增多的现象,国内大量学者及经济研究人员做了分析。普遍观点认为,自2008年以来我国为应对次贷危机启动了一轮债务扩张,个人居民、企业及政府杠杆率显著提高。伴随房地产价格快速上升、产能过剩等问题的出现,中央政府提出降杠杆、加强监管、治理金融乱象的要求。金融机构在此政策引导下,收缩贷款融资规模,降低风险偏好,导致部分高风险融资主体违约。这是降杠杆政策下市场出清的结果。

对于这一轮降杠杆政策的评价一直热度不减。一方面,降杠杆有助于市场出清、合理控制产能,防止金融资源空转。另一方面,降杠杆的政策仍需优化。例如郑国忠(2019)认为在经济下行期叠加贸易摩擦的背景下,宽泛地去杠杆会加大经济下行压力;去杠杆应注重杠杆资源优化配置,纠正杠杆错配,鼓励和支持好的、合理的杠杆,降低落后的、过剩的、低效的杠杆,从而提高杠杆资源利用效率。刘金全和艾昕(2019)则认为,政府在调控经济杠杆时应将着力点放在扩大直接融资规模上,并利用其他政策加以辅助,同时加强宏观政策的动态管理,为顺利实现杠杆率下降提供稳定的金融环境。

(二)达里奥债务危机理论

达里奥认为,伴随经济泡沫的破裂和透支导致的债务到期无力偿还,市场经济体系很可能在下一阶段进入两种债务危机之一:

一是通缩型衰退。伴随违约大量出现,市场整体风险偏好下降,投资活动大幅减少,人们普遍认为"现金为王"。收入下滑速度超过债务重组速度,使债务违约进一步恶化。在这种情况下,决策者趋向于将利率下调至0,债务重组和紧缩被广泛使用。这种情况主要发生在内向型经济体中,债务大量是本地化货币。例如,日本房地产泡沫破裂、美国次贷危机等。

二是通货膨胀型衰退。资本流入与流出活跃,债务以非本国货币的形式发生。当违约发生,债权人以他国货币回流资金时,直接冲击本国货币币值,并打破外国资本流入创造信用的逻辑,迅速转为紧缩。面临本币的大幅贬值,资本流出抽干了流动性,物价迅速上升,如东南亚金融危机。

在进入债务危机之后,中央银行可以采取三类货币政策,对经济和市场产生不同影响。第一类货币政策是由利率驱动的价格型货币政策,它是最有效的货币政策类型,它对经济有着最广泛的影响;第二类是"量化宽松"(即印钞和购买金融资产);第三类是更直接地为消费者(而非投资者/储蓄者)提供资金,刺激消费。在此基础上,最有效的方法是财政政策和货币政策相结合,这样既能确保提供资金,又能确保这些资金被用于消费。

(三)金融供给侧结构性改革和中国债务风险未来走势

我国传统的经济调控强调"需求侧",主要包括投资、消费、出口三驾马车。与之相对,"供给侧"则包括劳动力、土地、资本、制度、创新等要素。"供给侧结构性改革"指的是对工业,尤其是制造业中的供给过剩行业所采取的包括关停、限产等一系列措施的结构性政策。通过供给侧的量入为出,能缓解过剩产能对宏观杠杆率、经济有机增长等的拖累。执行数年以来,工业供给侧结构性改革已取得显著成效。对于金融供给而言,金融资源的错配正成为经济发展的掣肘,具体表现在:

一是银行业务结构存在问题。主要包括:(1)间接融资的供给主体结构中,大中型银行的占比过高。(2)银行的信贷结构中,国有企业、政府项目、房地产领域占比过高,三农企业、民营企业、小微企业占比太低。(3)商业银行的产品结构中,同质化现象严重。中小客户、创新属性较强客户的多元化、个性化需求无法满足。(4)商业银行内部的制度政策安排、技术能力、内外部激励约束机制导向及风险偏好不利于支持三农企业、民营企业、小微企业。

二是银行信贷与经济转型间的错配。我国的融资渠道以银行业为主,由于银行资金来源于存款人,出于风险考虑银行往往对企业经营有一套较为严格的筛选标准,诸如股东背景、订单、现金流等,或要求企业提供足值抵押品。但在我国经济转型时期,

涌现了大量新兴行业,例如人工智能、物联网、国产芯片、自动驾驶、VR/AR等。这些行业的盈利和前景往往很难用一套固定的标准去判断,给这些企业提供贷款在某种程度上超出了银行的偏好范围,故这类企业从传统渠道获得资金较为困难。

三是有偏性融资市场结构。过去我国的经济增长很大程度上受益于基建、地产等的投资拉动,融资渠道以银行体系为代表的间接融资为主,直接融资的发展则较为滞后。直接融资既包括股权融资,又包括债务融资。提高直接融资特别是股权融资的比重,将有利于稳定我国宏观杠杆率,更好地支持企业发展。2002年,我国资本市场直接融资比重仅为4.9%,到2018年底,这一比例提升至14.8%(企业债券占12.9%,非金融企业股票融资仅占1.9%)[①],但仍显不足。为了满足企业发展所需的资金,资本市场需要继续发展壮大,为不同类型的企业提供一条间接融资以外的有效融资渠道。

四是应对外部压力的需要。以中美贸易摩擦为代表的外部压力加剧后,我国不得不加速新兴战略产业的升级。在技术封锁等严峻的形势下,全面的国产替代迫在眉睫。在此背景下,拓宽新兴战略产业的融资渠道,完成对新兴战略产业的孵化,是提升我国国际竞争力的必由之路。

过去实施的降杠杆政策抑制了部分企业的过度投资,但也挤出了一部分质地优良而信贷优势较弱的企业,造成了金融资源的错配。针对这一现象,自2018年下半年开始,监管机构提出货币政策要从"大水漫灌"向"精准滴灌"转变。2019年2月22日,中央政治局会议又正式明确以下政策方向:(1)深化金融供给侧结构性改革,以金融体系结构调整优化为重点,为实体经济发展提供更高质量、更有效率的金融服务;(2)构建多层次、广覆盖、有差异的银行体系,开发个性化、差异化、定制化金融产品,改进小微企业和"三农"金融服务;(3)建设规范、透明、开放、有活力、有韧性的资本市场,构建全方位、多层次金融支持现代化经济体系建设的服务体系。

以上政策的推行旨在从供给侧优化金融资源的配置,压缩无效供给,增加有效供给。作为逆周期的政策,金融供给侧结构性改革将通过改善金融供给侧对不同融资主体的公平性,缓解民营企业等弱势群体的流动性困难,缓解债务违约趋势进一步恶化。不同于西方市场化经济体,中国社会主义市场经济下的政府干预政策执行力度较强,相应的对经济周期的熨平作用会更快产生,效果更显著。

其中,被中央及地方政府大力推动的一项举措即纾困民营经济。大量研究者对资本市场支持民营经济的路径进行探讨,多数集中在银行资金、国有纾困资金、信托、证

---

① 源自国家统计局社会融资规模增量数据,同花顺提取。

券及基金等资金渠道,对保险资金的分析较少。应该说,针对保险资金这一特定长期资金,系统化分析其支持民营经济路径的问题在此时此刻具有特殊意义。

第二章 对2018年以来上市民营公司违约高峰的讨论

伴随着金融行业"去杠杆、强监管",2018年我国资本市场出现债务违约高峰,其中债券违约主体绝大多数为民营企业。该趋势短期内使金融机构对民营企业融资的风险厌恶程度提高,资金供给进一步恶化。

一、2018年以来的上市民营公司违约高峰回顾

2014年至2019年7月底,A股上市公司或其第一控股股东发行的债券出现违约共142只,占整个债券市场374只违约债数量的38%;违约涉及金额达1 046亿元,占整个债券市场违约金额2 240亿元的47%;相关主体52家,占整个债券市场违约主体个数的34.67%。这些出现债务违约的A股上市公司及股东分布如表2-1,民营企业无论从数量还是金额均占绝大多数。

表2-1　　　　　　A股上市公司债务违约情况

	违约债数量(只)	主体数量(家)	违约金额(亿元)
合　　计	142	52	1 046.49
民营企业	133	45	981.68
国有企业	7	5	23.30
外资及中外合资企业	2	2	41.51

资料来源:大智慧大数据终端。

2014年至2017年上市公司违约的情况还较少,数量及金额均显著低于非上市公司,甚至2017年还出现小幅下降。但2018年和2019年上市公司及股东的违约情况迅速恶化,其违约金额占整个债券市场新增违约的比例分别达到65%和45%,具体如图2-1。代表优质企业的上市公司,尤其是大型民营企业信用风险迅速恶化。

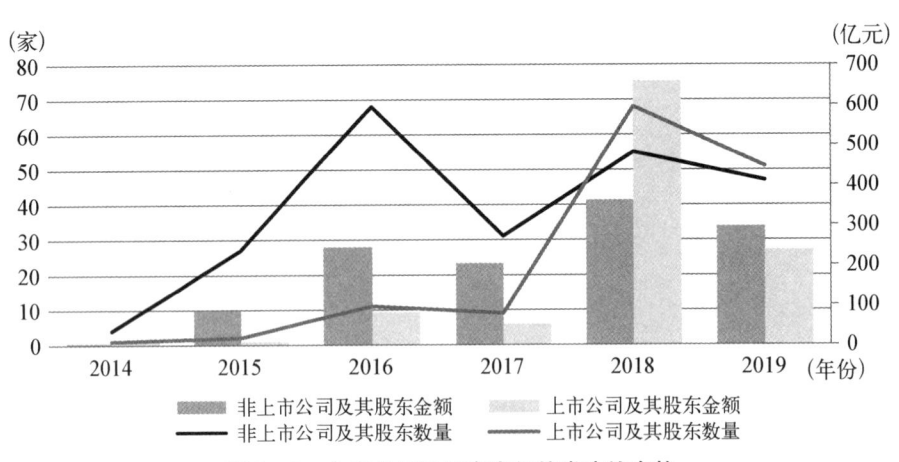

图 2-1 上市公司及股东发行债券违约走势

二、宏观原因：债务周期

（一）从债务周期角度分析此轮去杠杆

2008 年之后，在全球金融危机的冲击下，为了稳定经济增长，中国启动了以"四万亿"为主的一系列经济刺激政策，经济由此进入"债务—投资"驱动增长阶段。从 2008 年下半年开始，非金融企业部门杠杆率[①]出现快速攀升，从 2008 年第三季度末的 96.28% 陡增至 2009 年第二季末的 114.84%。此后直至 2011 年底，该杠杆率均保持小幅平稳上扬。该阶段的特征与达里奥债务周期的早期阶段较为相似（见图 2-2）。

此后又大致经历了两轮加杠杆过程：(1) 2012—2014 年，影子银行和融资平台膨胀，地方政府隐性债务迅速增长；(2) 2015—2016 年，房地产市场行情火爆，居民加杠杆买房导致居民部门快速加杠杆。随之，非金融企业部门杠杆率逐渐上升，于 2017 年第一季度末升至 161.36%，达历史最高水平；另一在相近时间达到历史最高水平的是广义影子银行占 GDP 的比例[②]，于 2016 年底升至最高点 87.02%（见图 2-2）。该两轮加杠杆过程即为达里奥债务周期的泡沫及顶部阶段。

在鼓励金融创新及货币宽松的背景下，银行与非银金融机构纷纷偏离本业，交叉金融产品持续野蛮生长，影子银行与主流金融体系共同向经济注入了宽裕的流动性，显著提升了杠杆水平。

[①] 源自国家资产负债表研究中心数据，同花顺提取；数据区间为 2007 年第二季度至 2019 年第二季度（季度数据）。
[②] 源自穆迪投资者服务公司各期《中国影子银行季度监测报告》，数据区间为 2011—2018 年（年度数据）。

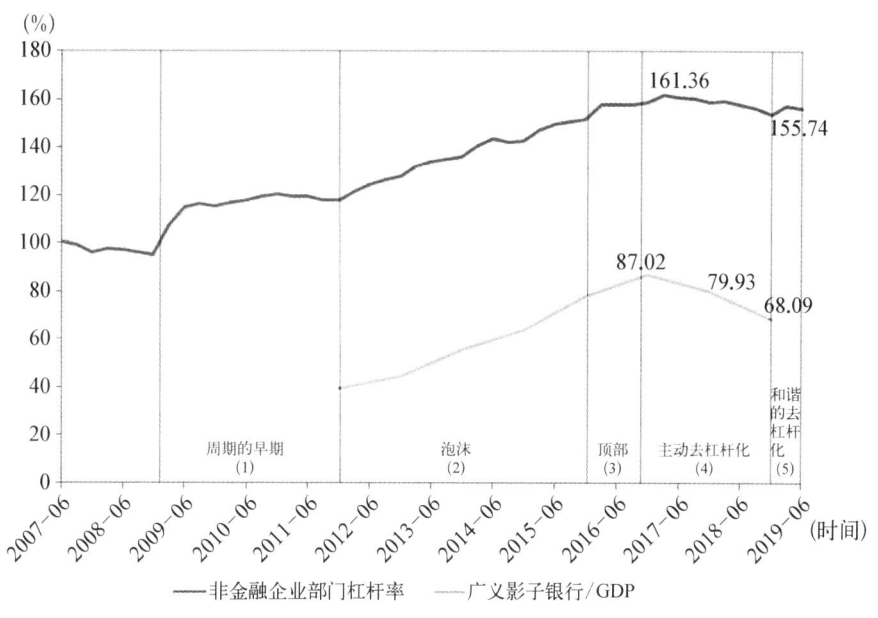

图 2-2 社会融资情况

2017年以来,我国宏观调控重心转向防风险,在"严监管、紧货币、紧信用"的政策基调下,金融机构的去杠杆进程逐步推进,带动非金融部门杠杆率降低。从各方面的数据来看,去杠杆效果显著。非金融企业部门杠杆率持续下降,从2017年第一季度末的最高点161.36%开始,稳步下降至2019年第二季度末的155.74%;广义影子银行占GDP的比例亦从2017年开始出现了历史上的首次下降,至2018年末该比例降至68.09%。此时债务在达里奥周期顶部阶段的过分扩张受到抑制。这一阶段的去杠杆政策缓释了金融风险,但紧缩性去杠杆政策尤其是监管政策出台节奏过快、力度过大也带来了一些负面影响,如利率中枢不断上移、流动性压力持续增大、市场的恐慌情绪有所加重等。这一阶段,随着债务违约的增加,市场对高风险资产的偏好日趋谨慎,信用利差逐步扩大。

2018年4月,中央财经委员会召开第一次会议,首次提出"结构性去杠杆",并将地方政府与国有企业列为去杠杆重点对象,宏观经济政策呈现"严监管、稳货币、结构性紧信用"的特征,去杠杆从金融领域转向实体经济部门。但随着中美贸易摩擦的发酵,内部风险居高不下,经济下行的压力亦有所加大,中国经济面临的外部不确定性有所上升。此时,宏观经济步入达里奥债务周期的"萧条阶段",相应的宏观经济政策再次出现调整,政策由"去杠杆"转向"稳杠杆",其中尤以出台的一系列民企纾困政策为代表。该阶段杠杆率暂时企稳,经济下行得到初步遏制。随着债务违约等不利局面得到缓解,2018年下

半年出现以下两极分化：安全评级债券(AAA、AAA－、AA＋、AA、AA－，下同)信用利差整体震荡下行，市场不再对风险资产有上一阶段那样"全盘否定"的厌恶；风险评级债券(A＋、A、A－，下同)信用利差则整体震荡上行，至2019年趋稳(见图2-3)。

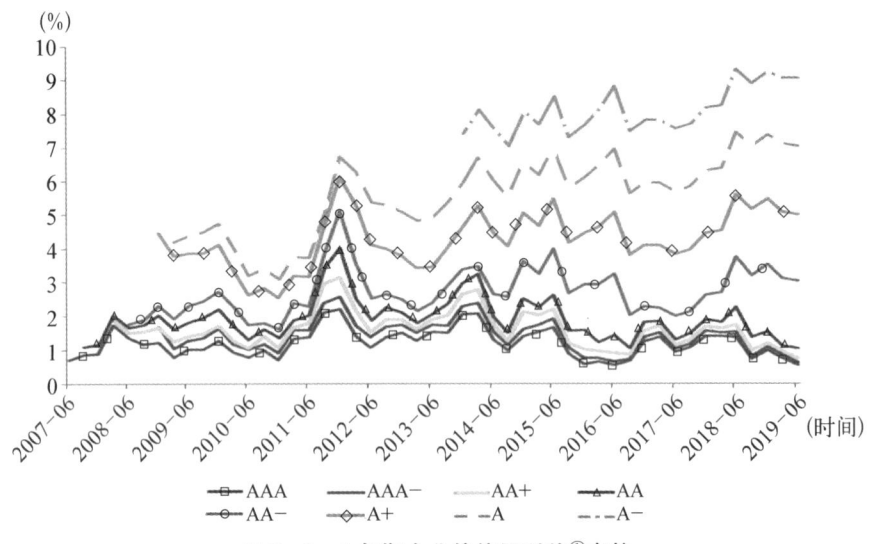

图2-3　3年期企业债信用利差①走势

但是，经济增长是否能恢复至常态，经济结构是否能如期进入"和谐的去杠杆化"或"正常化"阶段，仍取决于财政政策、产业政策的实施效果，以及最重要的市场信心。

(二)债务周期的未来展望

2008年前后的美国和20世纪90年代初期的日本均经历了相对较为完整的债务周期。美国的债务周期始于2000年左右，2008年金融危机前后达到顶峰，此后随着美国经济增长放缓和去杠杆进程的开启，杠杆率高位企稳。日本的债务周期则始于20世纪80年代末，并于20世纪90年代初见顶，此后居民部门和非金融企业部门杠杆率开始快速下滑。

从我国的情况看，近十几年虽未经历完整的达里奥债务周期，但也经历了早期、泡沫、顶部等阶段，同时在监管层主动去杠杆的政策影响下，经历了与达里奥"萧条阶段"不同的"主动去杠杆化"阶段，现正处于"和谐的去杠杆化"阶段。在此背景下，今后的政策措施依然需保持稳增长与稳杠杆间的平衡，一方面需防止去杠杆力度过大造成经济承压，另一方面又要防止政策过度宽松加剧债务扩张再度带动杠杆率上扬。因此，

---

① 以3年期AA级企业债为例，计算公式为：3年期中债企业债到期收益率(AA)季末值－3年期中债国债到期收益率季末值。数据提取自同花顺，数据区间为2007年第二季度至2019年第二季度(季度数据)。

预计未来较长一段时间内货币政策或将延续稳健偏宽松基调,对个别部门的结构化去杠杆仍将继续推行,而纾困民营企业融资难的一系列政策也有望延续。在此政策基调下,杠杆率有望高位趋稳。而对于达里奥债务周期中的"推绳子"阶段,我国因经济增长率及利率较高,货币政策运用空间仍较大,同时有财政政策、产业政策等协调配合,故较难进入这一阶段。因此,在风险得到有效释放、各类政策效果得到充分显现、经济结构得到进一步优化之后,我国经济有望直接进入"正常化"阶段。

三、结构因素:民营经济受到债务融资歧视

截至2018年第三季度,我国民营企业从业人员已达3.6亿人,吸纳了70%以上的农村转移劳动力,提供了80%以上的城镇就业岗位和90%以上的新增就业岗位,每年超过50%的大学毕业生进入民营企业工作。[①] 但是,民营经济长期受到金融歧视且并未得到根本性改善,融资难、融资贵的问题随着企业规模下降更为突显。本课题即以A股民营上市公司为研究对象,通过对比民营上市公司和国有上市公司企业的融资类财务指标数据,以及民营上市公司的债务融资数据分析发现债务融资歧视。本部分数据无单独批注,均来自大智慧大数据终端,时间截至2019年6月底。

(一)民营上市公司发展概况

截至2019年6月底,A股上市公司里国有企业为1 144家,具体包括:中央国有企业6家(均为国有银行)、地方国有企业746家、其他国有企业392家;民营企业2 273家。国有企业数量为民营企业数量的一半左右。2018年国有企业资产规模合计205.37万元,是民营企业资产规模的5.8倍;国有企业年度净利润为2.97万亿元,是民营企业的4.58倍;国有企业员工数量为1 342万人,是民营企业的1.58倍。从这一组数据可见,相比于上市国有公司,上市民营公司相对规模小、单位资产就业人数多、资产利润率相对较高。具体规模与利润如表2-2所示。

表2-2 国企、民企的规模与利润

公 司 属 性	公司数量(家)	2018年资产规模(亿元)	2018年度净利润(亿元)	员工数量(人)
国有企业	1 144	2 053 743.30	29 676.57	13 422 926
民营企业	2 273	354 314.61	6 476.88	8 514 670
国有 vs 民营	50%	580%	458%	158%

---

① 宁吉喆.大力支持民营经济持续健康发展[J].人民论坛,2018(36).

国有企业和民营企业跨行业分布有显著差异(见图2-4、图2-5),据此可将28个申万一级行业分为三类。

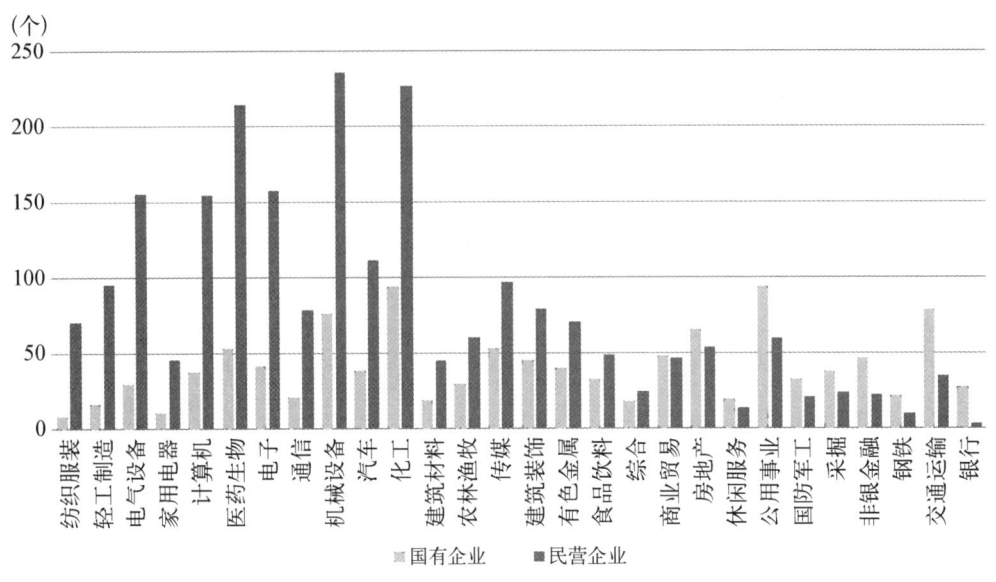

图2-4 民营企业与国有企业行业分布(数量)

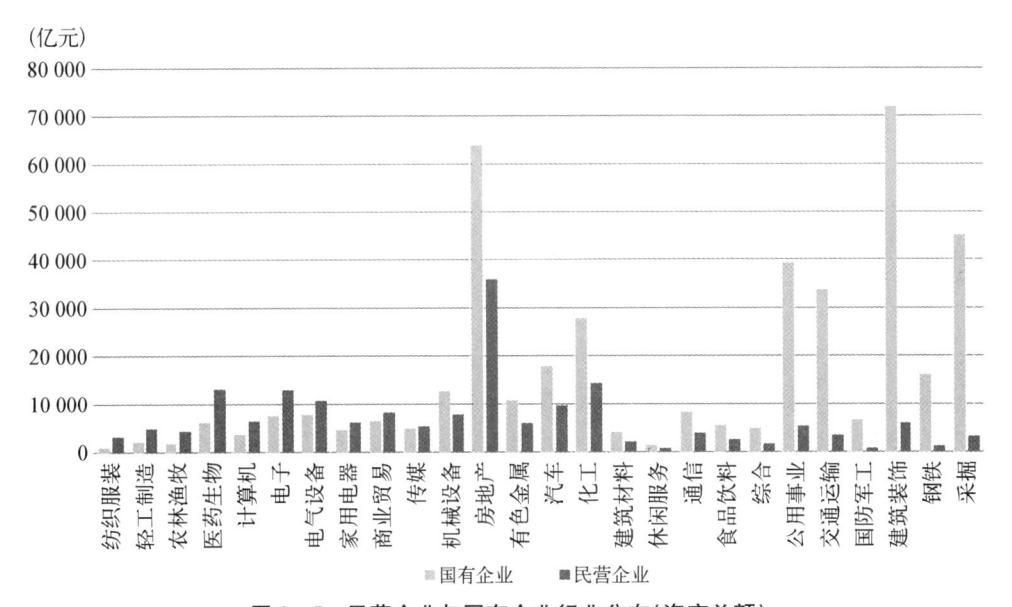

图2-5 民营企业与国有企业行业分布(资产总额)

第一类行业:以民营企业为主,包括纺织服装、轻工制造、农林牧渔、计算机、医药生物、家用电器、电气设备、电子、传媒、商业贸易10个行业。企业个数及资产总规模均大于国有企业。

第二类行业：国有民营分布均匀，包括机械设备、有色金属、汽车、化工、建筑材料、通信、食品饮料、建筑装饰8个行业。民营企业个数多但资产规模小，行业龙头以国有企业为主。

第三类行业：以国有企业为主，主要包括钢铁、采掘、国防军工、交通运输、休闲服务、公用事业、房地产、非银金融、银行、综合10个行业。无论从企业个数还是资产规模而言，国有企业均占主导地位。

（二）民营上市公司受到金融歧视

1. 横向对比：民营上市公司与国有上市公司

本章对民营上市公司和国有上市公司的主要融资类财务指标进行了Wilcoxon差异显著性检验，结果发现民营公司和国有公司存在显著差异[①]。具体财务指标均值及检验P值如表2-3、表2-4所示。

表2-3　　　　　　　　　　财务指标均值（区分行业及企业性质）

分类	行业	资产负债率		带息债务率		流动负债占比		速动比例		经营现金流倍数		有形资产/带息债务	
		国有	民营	国有	民营	国有	民营	国有	民营	国有	民营	国有	民营
	总计	50.8	39.2	27.2	24.0	73.6	84.6	1.3	2.1	81.3	5.7	330.9	74.5
第一类	纺织服装	49.4	33.8	26.7	20.0	81.9	89.8	1.1	1.7	0.2	1.7	30.3	81.8
	轻工制造	44.6	37.7	31.6	24.7	90.8	86.0	1.1	2.4	0.5	2.1	6.2	25.4
	农林牧渔	44.4	40.7	30.8	27.9	80.7	83.6	1.8	1.3	16.6	6.3	151.2	52.5
	计算机	45.3	31.4	17.0	15.6	87.2	90.3	1.7	2.9	4.4	24.8	46.7	289.6
	电子	44.4	42.3	25.0	24.6	83.3	86.3	1.9	2.1	31.5	4.8	211.3	42.0
	电气设备	52.7	41.2	25.9	25.7	86.6	85.6	1.5	2.0	1.6	4.0	34.0	122.3
	医药生物	38.8	32.2	16.8	21.6	85.8	81.9	2.0	2.6	3.3	4.8	18.8	49.2
	家用电器	59.1	41.4	26.7	23.9	94.3	89.2	1.1	1.8	34.8	19.2	220.3	84.0
	传媒	37.3	38.2	11.4	20.5	81.2	84.7	2.2	2.8	37.3	6.8	620.2	62.5
	商业贸易	51.4	50.3	23.7	29.8	87.2	83.2	1.1	1.2	0.1	5.0	4.4	52.5
第二类	机械设备	51.1	35.6	26.3	17.6	83.8	89.2	1.3	2.1	0.1	2.9	16.8	149.3
	化工	40.9	35.4	24.9	24.2	81.5	84.9	1.9	2.2	5.2	3.2	30.1	27.9
	有色金属	49.1	39.2	38.2	29.1	78.2	81.8	1.2	1.7	−0.3	4.2	7.3	22.1
	汽车	53.7	40.0	27.4	23.6	83.1	83.0	1.3	2.0	4.0	4.3	252.1	36.4

---

① 为避免极端数据对均值的影响，本部分的分析剔除了ST、退市股票。

续表

分类	行业	资产负债率 国有	资产负债率 民营	带息债务率 国有	带息债务率 民营	流动负债占比 国有	流动负债占比 民营	速动比例 国有	速动比例 民营	经营现金流倍数 国有	经营现金流倍数 民营	有形资产/带息债务 国有	有形资产/带息债务 民营
第二类	建筑材料	50.8	43.5	34.6	25.2	81.5	84.4	0.9	2.5	0.6	2.6	2.6	69.9
第二类	建筑装饰	67.4	53.0	37.1	27.8	83.2	91.0	1.1	1.4	0.4	1.4	3.2	17.4
第二类	通信	43.0	37.7	15.5	23.0	91.0	90.6	1.8	2.3	1.1	10.8	12.6	93.6
第二类	食品饮料	30.8	32.3	8.1	19.3	86.5	86.8	2.5	2.0	2 689.8	10.3	9 472.0	43.3
第三类	钢铁	59.6	33.0	39.5	8.9	87.2	84.7	0.6	1.5	0.8	43.2	2.9	77.4
第三类	采掘	50.6	41.8	32.6	26.9	73.9	77.7	1.2	1.6	0.7	0.6	5.3	4.6
第三类	国防军工	46.4	29.9	18.3	20.4	88.2	80.7	1.5	3.7	2.3	−0.5	23.4	7.1
第三类	交通运输	45.1	43.6	33.0	27.2	59.1	80.4	1.2	1.7	4.5	1.5	34.6	8.0
第三类	休闲服务	37.7	37.0	20.8	30.2	72.3	82.1	1.6	2.0	9.5	0.4	79.2	5.0
第三类	公用事业	55.6	51.3	43.3	36.4	55.9	70.5	1.5	0.4	1.5	3.1	2.8	37.3
第三类	房地产	67.3	63.9	49.8	44.9	68.0	74.3	0.7	1.0	18.2	−1.2	55.4	19.8
第三类	非银金融	66.6	60.1	7.1	39.0	16.5	47.9	0.3	3.8			0.4	7.6
第三类	银行	92.5	92.1									0.0	
第三类	综合	51.8	43.7	35.2	28.7	77.5	73.7	2.3	2.5	0.1	0.2	1.3	2.6

表 2-4　各行业民企、国企财务指标差异检验 P 值

分类	行业	资产负债率	带息债务率	流动负债占比	速动比例	经营现金流倍数	有形资产/带息债务
	总计	2.2E−16	2.2E−16	2.2E−16	2.2E−16	7.8E−05	2.2E−16
第一类	纺织服装	1.0E−05	2.4E−03	6.4E−04	1.4E−02	8.1E−01	2.1E−03
第一类	轻工制造	4.2E−05	1.5E−03	8.9E−04	1.6E−02	2.3E−01	1.9E−03
第一类	农林牧渔	3.5E−03	7.4E−01	7.1E−01	6.0E−01	7.0E−01	8.0E−01
第一类	计算机	3.3E−10	5.7E−06	3.1E−12	1.7E−11	4.0E−01	4.2E−05
第一类	电子	2.4E−03	5.7E−03	2.3E−05	4.3E−03	1.3E−01	3.0E−03
第一类	电气设备	4.2E−02	2.0E−01	2.8E−04	4.3E−05	1.4E−02	1.3E−01
第一类	医药生物	9.4E−12	6.6E−04	1.8E−02	1.1E−07	8.9E−02	2.2E−02
第一类	家用电器	2.7E−02	2.8E−01	6.5E−04	5.4E−02	4.8E−01	4.9E−01
第一类	传媒	1.6E−04	1.2E−02	2.0E−02	8.6E−06	3.8E−01	4.4E−01
第一类	商业贸易	1.7E−01	1.8E−02	9.7E−01	3.1E−01	5.1E−01	1.5E−02

续表

分类	行业	资产负债率	带息债务率	流动负债占比	速动比例	经营现金流倍数	有形资产/带息债务
第二类	机械设备	3.1E-15	9.1E-11	1.4E-11	7.4E-10	6.0E-01	2.1E-09
	化 工	7.8E-10	1.4E-03	2.7E-05	1.0E-04	3.3E-01	6.3E-04
	有色金属	4.7E-04	4.2E-02	1.4E-01	6.3E-02	4.5E-01	6.2E-02
	汽 车	6.3E-04	4.2E-02	1.1E-02	1.9E-03	1.3E-01	2.6E-02
	建筑材料	1.4E-01	7.9E-02	5.3E-02	6.2E-02	1.0E-01	2.4E-01
	建筑装饰	9.6E-01	1.4E-01	1.2E-05	2.4E-01	1.3E-02	4.9E-02
	通 信	8.5E-03	2.7E-02	7.2E-05	3.7E-04	8.5E-02	8.8E-02
	食品饮料	1.6E-03	6.6E-02	5.1E-02	1.1E-01	1.8E-01	5.6E-02
第三类	钢 铁	6.0E-02	1.9E-01	2.4E-01	1.1E-01	Na	1.5E-01
	采 掘	1.0E+00	8.0E-02	2.6E-01	6.9E-01	3.8E-01	3.0E-01
	国防军工	1.1E-02	2.7E-01	1.4E-01	2.5E-02	4.2E-02	3.3E-01
	交通运输	5.8E-01	3.3E-01	7.1E-01	7.6E-01	4.3E-01	2.5E-01
	休闲服务	3.9E-01	1.0E+00	3.9E-01	3.2E-01	6.8E-01	9.0E-01
	公用事业	8.5E-01	2.1E-02	3.1E-01	7.1E-01	1.7E-01	6.6E-03
	房地产	1.3E-04	3.1E-04	2.7E-02	3.4E-04	1.5E-01	1.2E-02
	非银金融	4.5E-02	1.2E-01	4.8E-02	8.8E-01	9.5E-01	7.5E-02
	银 行	Na	Na	Na	Na	Na	Na
	综 合	3.4E-01	8.8E-01	3.4E-01	9.7E-02	8.8E-01	8.8E-01

根据表2-3、表2-4数据,结合民营上市公司在不同行业的发展分布特征,其获得金融支持的程度呈现以下特点:

(1)除传媒、食品饮料2个行业外,其他所有行业的国有企业平均资产负债率都显著高于民营企业,民营企业资产负债率跨行业平均值不到40%。换言之,国有企业的负债杠杆率更高。

(2)除对有息负债依赖度很低的行业(有息债务率低于20%)以外,其他所有行业的国有企业带息债务率均高于民营企业,结合上述第一条结论,说明金融机构对国有企业的融资支持度显著高于民营企业。

(3)各行业民营企业的平均速动比例均高于国有企业(除了农林牧渔行业和典型的低有息负债依赖的食品饮料行业),说明民营企业实际流动性尚可。

(4)对于国有企业占据头部的第二类行业,民营企业流动负债占比普遍高于国有企业,同时民营企业的经营活动现金流/带息债务倍数也普遍高于国有企业,说明在民营、国有两种性质的企业样本充分但规模分化较明显的第二类行业里(国企规模大、民营规模小),民营企业持有更多现金流、获得的长期金融支持度较低,这是受规模和企业属性同时带来的金融歧视影响。

2. 歧视主要来自债务融资

上市民营公司通过金融市场融资的主要方式包括债务融资(银行贷款、信托产品、应付债券等)和股票融资。金融歧视主要体现在债务融资渠道,受债务有期限的影响,这种歧视易在宏观降杠杆的背景下容易导致企业流动性问题。

(1)债务融资。2018年底,A股上市民营公司借款及应付债券余额合计5.82万亿元。借款以银行贷款为主,审计署公布的《2018年度中央预算执行和其他财政收支的审计工作报告》显示,审计署抽查的18家银行民营企业贷款中信用贷款仅占18.36%,低于平均水平21个百分点,且抵质押时银行大多偏好房产等"硬"资产,专利权等"轻"资产受限较大[①]。

367家上市民营公司曾通过发行债券来融资,数量仅占所有民营上市公司的16%。最新上市公司发债信用评级显示,有291家企业主体信用等级为AA级(包括AA+、AA、AA−),仅22家企业信用等级为AAA,评级分布具体如表2-5所示。

表2-5　　　　　　　　上市民营公司发债信用等级分布

最新信用评级	上市民营发债数量(家)	数量占比(%)
总　　计	367	约100.00
AAA	22	5.99
AA+	67	18.26
AA	157	42.78
AA−	67	18.26
A+	21	5.72
A	7	1.91
A−	2	0.54
BBB+	4	1.09
BBB	2	0.54

---

① 截至2019年3月底。

续表

最新信用评级	上市民营发债数量（家）	数量占比（%）
BBB−	1	0.27
BB	1	0.27
B+	1	0.27
B	1	0.27
C	13	3.54
D	1	0.27

债券市场上，包括上市民营公司在内的民营企业存量债券融资规模占信用债（不含城投债、金融债）的比例仅为18.54%。

（2）股票融资。股市是头部民营公司融资的主要场所，对民营公司的支持力度强。如表2-6所示，截至2019年7月末，民营上市公司通过首次发行股票融资1.2万亿元，2011—2019年增发募资1.74万亿元。在A股市场上，民营公司募资占比显著高于其资产占比，深市主板、创业板、中小板的民营公司募资达到全市场股票融资规模的3/4以上。

表2-6　　　　　　　　民营上市公司股票市场募资情况　　　　　　　单位：万亿元

板　块	首发募资 金　额	首发募资 占比(%)	增发募资 金　额	增发募资 占比(%)	民营募资/全市场募资(%)
总　　计	1.20	100	1.74	100	63
沪市主板	0.44	37	0.56	32	41
深市主板	0.03	2	0.30	17	79
创业板	0.31	26	0.24	14	90
中小板	0.42	35	0.64	37	87

四、对此轮民营企业债务违约的判断

2018年以来上市民营公司出现债务违约的案例显著增多，在债务周期见顶、国家宏观去杠杆背景下，受金融歧视影响的民营经济首先出现金融供给不足的流动性困难，本质上夹杂着对不规范经营的肃清。

（一）违约上市公司的行业分布

2018年信用违约潮具有宏观信用收缩、整体市场出清的典型特征，其相较于以往

违约高峰的特点有所不同,违约主体行业分布不是集中于个别行业,而是广泛分布在各行业。2014年以前曾发生过城投信用事件和地产利差大幅走高的事件,2015—2016年钢铁、煤炭、石油、化工、机械和有色金属等强周期行业受产能过剩影响集中出现违约。然而,2018年信用违约主体并没有明显的行业集中特征,具体违约上市公司行业分布如表2-7所示。

表2-7　　　　　　　　　　违约上市公司行业分布

申万一级行业	总计	民营企业	地方国有企业	其他国有企业	中外合资企业
采掘	1	1	—	—	—
传媒	2	2	—	—	—
电气设备	1	—	—	—	1
电子	1	1	—	—	—
房地产	3	3	—	—	—
纺织服装	—	—	—	—	—
非银金融	1	1	—	—	—
钢铁	2	1	—	1	—
公用事业	6	5	—	—	1
国防军工	—	—	—	—	—
化工	5	4	1	—	—
机械设备	3	2	1	—	—
计算机	1	1	—	—	—
家用电器	—	—	—	—	—
建筑材料	1	1	—	—	—
建筑装饰	—	—	—	—	—
交通运输	2	2	—	—	—
农林牧渔	2	2	—	—	—
汽车	1	1	—	—	—
轻工制造	4	4	—	—	—
商业贸易	5	4	1	—	—
食品饮料	—	—	—	—	—
通信	3	3	—	—	—

续表

申万一级行业	总　计	民营企业	地方国有企业	其他国有企业	中外合资企业
休闲服务	2	2	—	—	—
医药生物	—	—	—	—	—
银　行	—	—	—	—	—
有色金属	3	2	1	—	—
综　合	3	3	—	—	—

（二）量化分析的论据

本部分我们运用建模工具，通过特征变量挖掘及主成分分析法来实证性讨论本轮债券违约上市公司的特征。样本选取2014年1月1日至2019年8月31日到期的、债券发行人为上市公司的短期融资债券（CP&SCP）、企业债、公司债、中期票据、私募债，中债债券隐含评级限定为AA+、AA、AA-、A+、A、A-。违约债券样本仅取首只违约债，共19个，非违约债券的样本数为2 417个。

1. 实证模型建模

（1）特征选取。从债券及其发行人的基本面和信用评级切入，收集违约风险影响因子与相关信号，主要包括：中债隐含评级；债券基本信息（如债券期限、债券类型、省份、所属行业[①]、是否有对应上市公司、是否国有企业）；财务状况[②]（如企业的资本结构、偿债能力、盈利能力、收益质量、成长能力、现金流量、营运能力等）；公司治理状况（信息披露是否违规[③]、审计意见是否标准无保留）；上市公司股价特征、持股冻结、股权质押等信息。

（2）数据收集与清洗。获取每只债券到期（或违约）前180天时的最新信息（如债券基本信息、中债隐含评级、财务指标等）形成面板数据，然后进行数据清洗，包括处理缺失值、重复值、异常值和字段类型。

（3）特征处理与构建。对原有特征进行加工，计算特征近1年和近3年的变化率，与（1）中的特征合计，共64个。

（4）特征降维。由Bartlett检验可以看出，应拒绝各特征独立的假设，即变量间

[①] 申万行业分类一级。
[②] 财务状况指标从债券预测时间点上所能获取的最新一期财报上选取。
[③] 以4月30日作为分界点，如果企业在预测时间点时所能获取的最近一年的年报晚于4月30日披露甚至未披露，则视作违规。

具有较强的相关性。KMO统计量为0.680,接近0.7,说明各变量间信息有一定重叠程度。因此对所有特征进行主成分分析以压缩数据,抽取主要成分因子共31个。

(5)债券违约风险预警模型建模。将主成分因子作为输入变量,对债券违约情况值进行逻辑回归建模。建模采用多次迭代的方法,每次进行逻辑回归都只选择显著因子,直到回归结果中所有因子都是显著的时候,停止迭代,得到最终的逻辑回归模型。

(6)模型评估。由于违约样本非常有限,只有19个,因此不区分训练集和测试集,仅分析建模。

2. 模型结论

经过三次逻辑回归迭代后,六个主成分 $comp_1$、$comp_5$、$comp_6$、$comp_{12}$、$comp_{16}$、$comp_{30}$ 系数的显著水平均在10%以内,逻辑回归方差的系数如表2-8所示。

表2-8　　　　　　　　　　逻辑回归模型参数

截距	$comp_1$	$comp_5$	$comp_6$	$comp_{12}$	$comp_{16}$	$comp_{30}$
−5.903	0.212	0.352	0.403	−0.528	−0.602	−0.660

各主成分归纳解释如表2-9所示。

表2-9　　　　　　　　各主成分因子映射的重要特征变量

主成分	特征变量
$comp_1$	资产规模、负债规模等指标及同比变化率指标;三项费用及同比变化
$comp_5$	有息债务占比、资产负债率、EBIT利息覆盖率、流动资产占比及近一年变化、货币资金/短期债务及变化、货币资金及同比变化率
$comp_6$	过去一年股权质押次数、过去一年最近一次股东股权质押占其持股比例、过去一年股权冻结次数、过去一年最近一次股东股权冻结占其持股比例、过去一年停牌时间长度
$comp_{12}$	有息债务占比近一年、近三年的变化;销售毛利率近一年变化率;流动资产占比近三年变化
$comp_{16}$	投资净现金流变化、经营活动产生的现金流量净额近一年变化率
$comp_{30}$	是否国有

显著影响上市公司风险的特征变量既包括 $comp_1$、$comp_5$、$comp_{12}$ 偿债能力及变化因素,又包括本章讨论的金融歧视下 $comp_{30}$ "是否国有",还包括 $comp_6$ 显性的流动性紧张因素,以及 $comp_{16}$ 过度投资、大幅并购因素。因此,此轮上市公司出现债务违

约,主要诱因并非盈利恶化,而是流动性匮乏、资金链断裂。

此外,特征变量信息披露是否违规、审计意见是否标准无保留的 IV 值显著,部分违约公司存在信息披露违规、财务报表作假等不规范操作问题。

第三章 保险资金纾困上市民营公司的适当性分析

当前资本市场工具单一,保险资金作为供给侧特有的长期限资金,难以充分满足长期限、稳投资的要求。

一、保险资金的长期稳健特征

近年来,我国保险业迅速发展,积累了一定规模的可运用资金。与其他资金相比,保险资金具有长期稳健特征。

传统寿险产品净现金流久期很长,一般在 15 年左右。根据胡瑾瑾(2011),假设投保人为 35 岁男性,传统定期死亡保险现金流入久期为 8.66 年,现金流出久期为 9.2 年;传统终身死亡保险现金流入久期为 8.66 年,现金流出久期为 25.54 年;传统定期生存年金保险现金流入久期为 8.66 年,现金流出久期为 24.98 年;传统终身生存年金保险现金流入久期为 8.66 年,现金流出久期为 26.09 年;传统定期两全保险现金流入久期为 8.81 年,现金流出久期为 17.86 年。

近年来,部分保险公司采取投资驱动型策略,保险产品设计的保障功能逐渐弱化、投资功能显著[1],负债端久期趋短。总体而言,在保险回归本源、服务实体经济的总趋势下,2018 年以来人身险行业积极调整业务结构,大幅压缩趸缴业务和银邮渠道业务,更加注重发展长期储蓄型和保障型产品,以及较多期缴业务和个人代理业务。2018 年 1—4 月,新单期缴业务占新单业务的 45.94%,同比上升 15.12 个百分点;个人代理业务占比 58.93%,同比上升 16.68 个百分点。[2] 在这一背景下,寿险公司的负债久期将进一步拉长。

此外,由于保险行业承担社会保障及风险管理职能,保险资金运用的风险偏好较低,追求绝对收益,因此保险资金又具有稳健特征。

---

[1] 新华社,http://www.xinhuanet.com/2017-08/22/c_1121525072.htm。
[2] 人民网,http://jx.people.com.cn/n2/2018/0602/c186330-31658245.html。

二、保险资金运用面临的困境与挑战

银保监会发布的保险资金运用统计数据显示,截至2019年5月,保险资产总规模为19.07万亿元,资金运用余额为17.02万亿元。其中,固定收益类资产为11.36万亿元,占比66.73%;权益类资产为3.85万亿元,占比22.64%;流动性资产为0.9万亿元,占比5.28%;其他投资为0.91万亿元,占比5.35%。[①]

(一)困境一:可投资的长期资产匮乏

我国金融市场的存款、债券等金融产品集中为中短期,保险资金可投资的长期资产匮乏。

1. 债券

2018年底我国债券市场上剩余期限在5年以内的债券占全部存量债余额达73.11%,仅5.06%的债券期限超过10年。信用类债券期限普遍较短的现象更为突出,剩余期限在5年以内的存量信用债占比达84.96%,超过10年的信用债仅占2.19%。

2. 银行存款、信托产品及银行理财

目前保险公司可以办理的各类存款里期限偏长的为定期存款和协议存款,最长约5年。伴随银行存款收益相对优势的减弱,保险资金投资于存款的占比逐年下降,从2004年的47.05%已降至2018年的14.85%。此外,目前市场上存量信托计划多为2—3年,可计算现金流的、非净值型的银行理财产品期限也普遍较短,多在2年以内。

3. 保险债权/股权投资计划

保险债权投资计划是目前寿险公司可投资固定收益品种中平均期限最长、有利于改善资产负债匹配的品种,但备选投资标的的总体规模有限。截至2019年6月末,债权计划和股权计划共注册(备案)1 161项,分别为2.39万亿元和3 100亿元,合计规模为2.7万亿元。

(二)困境二:资产收益无法满足部分寿险公司负债成本要求

2017年我国寿险公司平均负债成本率(打平收益率[②])为3.93%,行业分化显著。[③]选取63家寿险公司计算得到行业平均投资收益率为4.59%,大部分集中在

[①] 银保监会国新办新闻发布会答问实录(2019年7月4日),http://www.cbirc.gov.cn/cn/doc/9102/910201/53756FE86AB64AAAA47C95C61AA01364.html。

[②] 负债成本率或打平收益率指当税前利润为0时的投资收益率,当投资收益率>打平收益率时,寿险公司才有利润。打平收益率的高低反映了公司保险业务的经营效率,以及死差和费差。

[③] 百度百家号,https://baijiahao.baidu.com/s?id=16030888190340711298&wfr=spider&for=pc。

3%~6%,略高于打平收益率。① 从表3-1可以看出,对于负债端成本较低的寿险公司而言,以固定收益类投资为主能够获得利差益;对于负债成本较高的寿险公司而言,则必须依靠股权投资、房地产投资等获得超额收益才能实现盈利(如华夏人寿),如以固定收益资产为主要投资标的可能根本无法满足盈利要求(如吉祥人寿)。

表3-1　　　　　　　　　部分寿险公司投资收益率　　　　　　　　　单位:%

寿险公司	投资收益率	打平收益率	固定收益投资占比①	固定投资收益占比②	权益投资占比③	权益投资收益占比④
太平人寿	4.17	1.86	71.66	59.41	19.29	32.86
平安人寿	5.65	3.17	63.86	60.45	30.38	39.59
新华人寿	4.89	3.84	75.91	74.70	18.43	18.06
农银人寿⑤	5.54	5.38	71.25	100.68	28.98	−0.68
华夏人寿	7.51	6.34	57.36	22.06	23.01	66.84
吉祥人寿	5.12	8.98	53.08	57.83	42.94	42.17

注:① 固定收益投资占比=固定收益投资/可投资金融资;
② 固定投资收益占比=固定收益利息及已实现收益/(投资收益+公允价值变动损益);
③ 权益投资占比=权益投资/可投资金融资产;
④ 权益投资收益占比=(权益投资股息收入+权益投资已实现收益+公允价值变动损益)/(投资收益+公允价值变动损益);
⑤ 农银人寿公开披露年度报告中无法区分可供出售资产收益,此处均假设为固定收益类投资收益。

(三)挑战:新会计准则下估值方法与保险资金稳健特性的矛盾

财政部明确A+H上市金融公司从2018年1月1日起执行IFRS9,险企延迟至2021年1月1日起执行。新准则下,金融资产分类由现行"四分类"调整为"三分类",即以公允价值计量且其变动计入当期损益的金融资产、持有至到期投资、贷款和应收款项、可供出售金融资产"四分类",调整为以摊余成本计量(AC)、以公允价值计量且变动计入其他综合收益(FVOCI)、以公允价值计量且其变动计入当期损益(FVTPL)"三分类"。非交易性权益工具投资分类为FVOCI后不可逆转,也不能将已划为FVOCI类的资产处置价差计入当期损益。

因此,目前险资企业投资的几大类资产会计分类将出现如下变化:

(1)非长期股权投资的股票类资产大部分计入FVTPL。如果指定为FVOCI,则公允价值变动不会在处置时结转至损益表,而是保持在所有者权益类科目下,且指定不可撤销。(2)基金类资产因不能通过SPPI测试,归类为FVTPL。(3)债券类资产

---

① 搜狐,http://www.sohu.com/a/233064582_481633。

中大多数债券投资仍可以根据业务模式差异,原计入交易性金融资产、持有至到期、可供出售金融资产的,重新分类为FVTPL、AC、FVOCI,计入三个科目;但可转债、减记型二级资本债等品种将无法通过SPPI测试,必须以公允价值计量且其变动计入当期损益的金融资产科目(FVTPL)。(4)非标资产包括信托计划、理财产品等,将有更多资产由原来的AFS科目转入FVTPL。

保险机构当期投资收益将面临巨大波动,而这与保险资金运用的稳健投资要求显然是相矛盾的。以2018年开始实施IFRS9的平安集团为例,其年末"以公允价值计量且其变动计入当期损益的资产"从2017年仅1 412.5亿元增至8 249.39亿元,全年公允价值变动损益从2017年的32.71亿元变为－282.84亿元。

IFRS9新会计准则的挑战带来三点启发:一是长期股权投资不受金融资产重分类的影响;二是AFS资产重分类为FVTPL时,金融产品的估值不会受到影响;三是目前采用摊余成本法估值的资产是否受IFRS9影响的关键取决于资产能否通过SPPI检验,而SPPI检验条件非常严苛。

(四)优势:相比于银行等金融机构,保险资金具有更丰富的股权投资经验

保险机构长期以来一直都是我国金融市场中重要的股票及股权机构投资者。有数据显示,截至2018年5月末,我国保险公司长期股权投资占比为10.43%,投资余额达1.62万亿元,比年初增长将近10%,这些股权投资主要包括上市公司的股票、未上市企业的股权、PE、股权基金以及股权投资计划等。[①] 保险机构积累了大量的股权投资专业人才和投资经验。即使在2017年监管加强对保险公司重大股票投资行为管理、保险资金的上市公司举牌次数持续下降的情况下,一批大型保险公司仍通过股权投资方式对国家鼓励的行业给予资金支持。例如,2018年泰康逾10亿英镑入股英国欣克利角C核电项目,出资20.62亿元投资拜博口腔51.56%股权;太保寿险投资蚂蚁金服集团股权,投资金额约16亿元;等等。

(五)总结与启示

在当前资本市场工具单一、长期资产匮乏且收益无法完全满足保险资金需要的情况下,期限较长的低估值投资资产恰好符合保险资金长期限、稳健的投资要求。从投资形式来看,长期股权投资或能够通过SPPI检验的投资方式成为IFRS9下保险机构的较好选择。

三、上市民营公司的投资价值与风险:好企业与坏企业

在债务周期见顶、国家宏观去杠杆背景下,出现流动性困难的上市民营公司作为

---

① 股吧,http://guba.eastmoney.com/news,cjpl,775716840.html。

"价值低洼地",对持长期投资理念的保险资金而言具有明显的投资价值。在有效风控的前提下,向上市民营公司提供金融支持,以时间换空间帮其走出流动性困境,既符合保险资金的投资特性及风险偏好,又符合国家金融服务于实体经济的改革方向。

目前,上市民营公司估值已显著走低。从PE值来看,在民营企业为主的第一类行业中,上市民营公司绝大部分在2019年6月30日的PE值低于2016年12月31日(见表3-2)。从归母利润来看,2018年利润高于2016年,利润上升的企业数量在部分行业中占多数,如纺织服装、轻工制造、计算机、电子、医药生物、家用电器、商业贸易。

表3-2　　　第一类行业民营上市公司两时点PE值及利润变化对比结果　　　单位:个

申万一级行业	PE下降	PE上升	利润下降	利润上升
纺织服装	44	11	26	42
轻工制造	59	12	35	61
农林牧渔	31	17	31	25
计算机	98	32	69	85
电子	90	20	66	92
电气设备	104	22	93	60
医药生物	139	36	77	139
家用电器	32	3	17	25
传媒	75	20	71	36
商业贸易	37	8	19	31

注:表中利润为归属于母公司所有者的净利润。
资料来源:作者根据大智慧大数据终端数据整理。

具体看上市民营公司违约成因,其不同程度的与各家企业自身战略、经营模式以及内控体系等相关,总体而言可分为坏企业和好企业两类。

坏企业资产质量差、经营投机性和道德风险显著,在融资压力增大的环境下暴露出真实面目,表现有三种:一是企业内控失效、财务真实性存疑,包括关联方恶意占款、挪用资金;二是企业经营乏力、盈利能力恶化;三是实际控制人风险。

好企业则持有优质资产,在去杠杆背景下出现短暂流动性困境,具体表现有两种:一是控股股东流动性紧张传导至子公司,常伴有高股票质押率;二是激进投资,包括激进业务扩张,常涉及业务多元化或转型。

部分上市公司违约成因归类如表3-3所示。

表 3-3 部分好企业与坏企业分析

大　　类	具体表现	涉及企业
劣质企业	内控失效、财务真实性存疑	永泰能源、保千里、乐视网、盛运环保、神雾科技、龙跃实业、雏鹰农牧
	经营乏力、盈利能力恶化	中安科、亿阳集团、凯迪生态
	实际控制人风险	华信国际
优质企业	控股股东流动性紧张	宏图高科、银亿股份、内蒙古博源
	激进投资	新光控股、刚泰集团、利源精制、金鸿控股

因此,筛选出好企业进行投资,对于这些好企业提供长期限资金支持,帮助它们度过流动性困难,从而长期获益,这恰好符合保险资金运用的特点。

第四章　近期金融市场民营纾困模式

继 2018 年 11 月 1 日习近平总书记主持召开民营企业座谈会后,中央及地方相继出台多项纾困政策,同时聚焦民营企业融资难问题。央行增加再贷款和再贴现额度,支持金融机构对小微、民营企业的信贷投放,同时推出民营企业债券融资支持工具,为民企债券发行提供支持。此外,各级政府及金融机构积极成立纾困专项基金,旨在改善民企外部融资环境。有数据显示,截至 2019 年 7 月底,政府设立的民企纾困基金已达 3 090 亿元。市场出现的民企纾困形式多种多样,本课题选择可供保险资金借鉴的六种模式进行分析。

一、通威股份:设立保险专项产品投资上市公司发行的股票或债券

2018 年 10 月 25 日,中国银保监会下发《关于保险资产管理公司设立专项产品有关事项的通知》(银保监发〔2018〕65 号),允许保险资产管理公司设立专项产品,用于化解优质上市公司股票质押流动性风险,投资标的包括上市公司股票、上市公司及其股东公开发行的债券、上市公司股东非公开发行的可交换债券等资产。保险公司投资专项产品的账面余额,不纳入权益类资产计算投资比例,纳入其他金融资产投资比例监管。10 月 29 日,中国人寿已设立保险行业首只专项产品"国寿资产-凤凰系列产品",并经中保保险资产登记交易系统有限公司完成登记,目标规模为200亿元。随后,人保("安稳投资"系列1—6期)、太平、阳光、新华("景星"系列专项产品)、泰康、太平洋("共赢"系列专项产品)等多家保险资产管理公司先后设立了纾困系列专项产品并完成登记手续,合计规模逾860亿元(截至2018年11月末)。

背景:通威股份(600438)以农业饲料生产销售及太阳能光伏为主业,其水产饲料生产能力连续20年位居全国第一,市场占有率20%。同时,早在2007年通威便涉足光伏行业的上游多晶硅的生产销售,2008—2012年行业低谷期采取控制产能、控制亏损的策略,然后自2013年开始大幅并购、自建多晶硅生产项目,总资产规模从2013年的53.26亿元迅速扩大至2018年的384.84亿元,成为国内最大的电池片生产企业。至2018年底,其控股股东通威集团有限公司所持股票质押率为80%,股价自2018年初持续下跌至历史低点4.96元。

模式:2018年11月30日,国寿资产通过设立"中国人寿资管-工商银行-国寿资产-凤凰系列专项产品(第2期)"账户,以大宗交易形式分三笔买入7 397.63万股通威股份公开发行的非限售流通股,金额为5.71亿元,交易结束之日起6个月内不进行转让。交易后"国寿资产-凤凰系列产品"账户持有通威股份1.9%股份。国寿资产曾在2018年第二季度通过"中国人寿-股份分红"账户新进投资通威股份,持股比例为3.09%。上述交易完成后,国寿资产各账户共持有通威股份1.94亿股,约占总股本的5%,纳入股权投资管理。"国寿资产-凤凰系列产品"潜在认购方主要包括保险资金、社保基金及金融机构资产管理产品。

分析:该种方式虽没有直接向上市公司及股东提供增量资金,但通过保险资金增持股份,有助于上市公司的估值修复,并缓解控股股东的股票质押风险。对于专项产品投资人,可以从估值修复中获取超额收益。

二、亨通光电:设立民营企业债券融资支持工具、信用风险缓释凭证

央行于2018年10月22日宣布引导设立民企债券融资支持工具,"民企债券+信用风险缓释凭证(CRMW)"同步发行,其模式具有两大特点:一是在债券发行阶段同步发售信用风险缓释凭证,缓释凭证的发售与债券的发行相互配合、相互支持;二是信用风险缓释凭证采取簿记建档方式定价。

背景:亨通光电(600487)作为国内光纤最大的提供商之一,2017年居全球光纤光缆最具竞争力企业十强榜单第三位,电力电缆产品在国家电网集中采购排名中位居前列。2015—2017年公司净利润年度增幅均在50%以上。但2018年利润增幅降至

20%,且大笔增资子公司,融资规模上升,财务费用同比增长29.98%。截至2019年第一季度,同比增长107.55%。2019年8月9日,亨通光电发行的债券"14亨通01"的中证隐含违约率提升至9.4375%。

模式:2018年12月14日,亨通光电通过簿记建档方式发行公司债1亿元("18亨通01")。与公司债发行同步,证金公司和华泰证券向该期债券认购机构共同创设信用保护工具名义本金3000万元。其中,证金公司提供1500万元名义本金信用保护,华泰证券提供1500万元名义本金信用保护。信用保护工具买方为广发证券和中信证券。这是上交所市场首单证金公司与证券公司联合创设的民营企业债券融资支持工具。

具体交易结构图如图4-1所示。

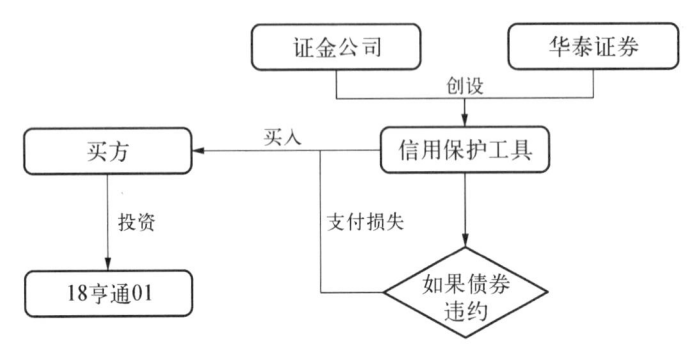

图4-1 亨通光电交易结构

分析:对于亨通光电而言,民营企业债券融资支持工具有证金公司作为增信机构加入,与债券主承销商共同为标的债券提供增信支持,保障亨通光电债券顺利发行,在民营企业债券融资支持工具的配套下,债券发行利率大幅下行,"18亨通01"票面利率为4.9%。同时,由于有证金公司的参与,为债券提供增信,有效的提振了投资者的信心。

三、奥马电器:政府纾困基金通过信托产品参与收益权回购融资

背景:奥马电器(002668)连续10年蝉联中国冰箱出口冠军、连续11年稳居冰箱出口欧盟第一,被誉为"冰箱出口第一股"。但是自2015年起,其在原有冰箱制造主业外开始涉足互联网P2P金融业务。因受P2P暴雷影响,2018年奥马电器全年亏损19.03亿元,2018年下半年出现银行贷款及非标债务工具逾期。奥马冰箱为奥马电器100%持股子公司,是其核心资产,2017年营业收入为62亿元,税后净利润为3.2亿元。

模式:为缓解奥马电器的流动性困难,奥马电器在国资委下属中山金融投资控股

有限公司所管理的纾困基金牵头下,于 2019 年 5 月 20 日与华鑫信托签署《股权收益权转让及回购合同》《股权质押合同》,华鑫信托成立集合资金信托计划为奥马电器提供 9.7 亿元融资,用于偿还奥马电器到期债务。具体交易结构为奥马电器向信托计划转让其持有的核心资产——广东奥马冰箱有限公司的股权收益权,同时约定在 24 个月后奥马电器按约定价格回购该股权收益权。作为增信方式,该股权质押给信托计划,企业控制人提供不可撤销连带责任保证担保。

具体交易结构如图 4-2 所示。

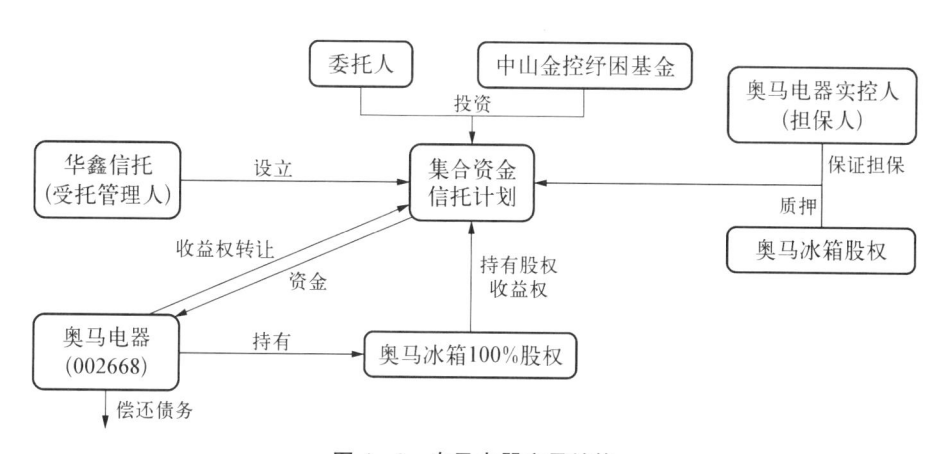

图 4-2 奥马电器交易结构

分析:通过该交易模式,遇到流动性困难的奥马电器获得了急需的资金以偿还到期债务,如期兑付债券"17 奥马 02",同时通过政府纾困资金支持挽回了部分金融机构的信任。其风险在于 2 年过后互联网金融业务带来的负面影响如果未能消除,就可能丧失对核心资产奥马冰箱的股权。目前奥马电器董事会已通过决议终止互金业务。对于华鑫信托而言,信托计划通过结构设计掌握了奥马冰箱这一核心资产,其在可以预见的未来能够正常经营并实现盈利,从而对信托计划投资资金及预期收益起到较好保护作用。

四、博源控股:标转非标的债务收购与重组

背景:内蒙古博源控股集团有限公司(简称"博源控股")是内蒙古自治区一家以"能源·化工"为核心的大型民营企业集团,其核心主业为纯碱和小苏打。博源控股持有的上市公司远兴能源(000683)为其核心资产,是国内碱业龙头。博源控股主营业务虽符合国家政策导向,但受天然碱业务和煤炭行情影响,2014—2017 年连续 4 年亏损,中短期出现了流动性困难。2016 年 12 月 2 日,博源控股超短融无法确保及时兑付,构成实质性违约。截至 2018 年 7 月 18 日,"16 博源 SCP001"(到期日为 2016 年

12月2日)、"12博源MTN1"(到期日为2017年11月21日)和"13博源MTN001"(到期日为2018年7月18日)均已逾期,逾期金额合计30亿元,其持有的上市公司远兴能源股票及其他非上市股权和其他资产都被多轮冻结。

纾困方式:2018年11月30日,信达资产收购博源控股30亿逾期债券,并开展债务收购及重组。信达资产从不同债券投资人手中打折收购已经违约的三种标准化博源控股债券。博源集团和信达资产对债券的偿付达成一致意见,不再通过托管机构兑付,双方签署《逾期债券注销框架协议》,并向银行间市场清算所股份有限公司、中央国债登记结算有限责任公司申请存续债券注销。这是国内首次将违约债券转化为普通债权,保留债券所有权利的范例。当时违约债券收购业务存在一个制度上、技术上的难题,就是违约后的债券无法办理交易过户。因此,双方只能签署收购协议来完成违约债券收购,却不能在证券登记机构办理债券过户,随之而来的不确定性就会增加,收购方的风险很大。信达资产在与监管机构反复沟通、设计后,最终形成了以非交易过户的形式完成违约债券登记过户的一套创新交易模式。

2019年6月28日,博源集团以其持有的内蒙古伊化矿业资源有限责任公司29.96%的股权,抵偿信达资产所持违约债券形成的债务28.61亿元。与此同时,信达资产拟以战略投资目的通过协议转让的方式受让博源集团持有的远兴能源20 000万股股份,占公司总股本的5.096%,股份转让价款为4.55亿元,该部分对价作为博源集团抵偿其欠付信达的到期债务。通过上述股权变化,信达资产收购博源集团的违约债券形成的债务将全部处理完毕。

具体交易结构如图4-3所示。

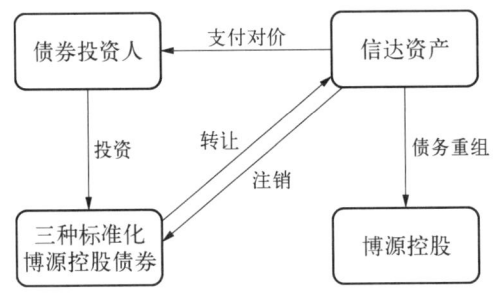

图4-3 博源控股交易结构

纾困效果:对于博源控股,30亿元的巨额逾期债券全部得到了妥善处理,对外的信用得到了修复,博源控股的负债结构得以改善和优化。以2018年9月30日数据为基数,信达资产介入后,流动负债占总股债比例由84.59%降低至70.1%,流动比例由

0.54上升至0.66。对于上市公司远兴能源,上市公司股权冻结被得到了妥善处置,博源控股对上市公司的控制权得到了巩固,有利于上市公司未来的稳定发展。对于债券投资人,提前拿到了债券的部分本金和利息,最大程度保证了自身的权益,避免陷入漫长的诉讼程序。对于信达资产,发挥了其在危机救助、信用修复、风险化解的专业处置优势,践行了政府和监管机构赋予的特殊责任。

在标转非标领域,信达资产是第一个"敢吃螃蟹的人",创造了风险化解、信用修复、债务重组领域的新模式。债务人得到了真正的重组,获得了时间换空间的机会,同时也保障了众多债券投资人的债权权益。

五、赫美集团:成立债务重组基金承接上市公司股权,同时注入非上市优质资产

背景:赫美集团的前身浩宁达,原先是一家主营电能计量仪表的企业,8年时间进行了17次并购,从刚上市的电子仪器仪表到2013年通过并购每克拉美切入了钻石珠宝行业,紧接着踏足P2P,之后转型为国际服装品牌运营商。近年来,受国家全面加强金融监管政策的影响,P2P金融业务出现下滑,资金周转不利,生产经营和盈利能力出现一定的下滑。多次跨界并购之后,赫美集团于2018年计提各项减值准备合计22.04亿元,股价大幅下跌。赫美集团大股东汉桥机械厂股票质押率接近100%,由于多笔债务违约,且被列为失信执行人,导致上市公司控制权不稳定。

方式:2019年3月3日,债务重组基金——赫美联合二期(有限合伙)设立,控股股东汉桥机器厂将上市公司1.58亿股以9.15亿元转让给赫美联合二期以清偿债务;汉桥机器厂有关债权人通过债权出资成为赫美联合二期有限合伙人,通过公司股价的提升获得投资收益,从而实现债务的清偿。本次股份转让完成后,公司控股股东由汉桥机器厂变为赫美联合二期。同时,赫美集团公布重大资产重组预案,拟发行股份吸收合并新三板上市企业英雄互娱(430127.OC)。

在债务重组和并购英雄互娱两个方案共同作用下,如果进展顺利,违约债务就能从二级市场投资获益中实现债务清偿。重组基金对汉桥机械厂统一进行债务重组,对重组债务的期限、利率、还款方式和还款来源等条款重新约定,进而缓解了流动性困境。

具体交易结构如图4-4所示。

纾困效果:对于债务人,通过对逾期债务运用重组基金重组,解决了原债务违约问题,同时确保赫美股权的集中(原处于冻结状态),为后续英雄互娱的借壳扫清了部分障碍。对于原债权人,汉桥机械厂原债权人的逾期债权较为分散,同时对债务人的逾期债务的追偿和对质押股票的控制也难以进行统一安排,通过重组基金的统一重组

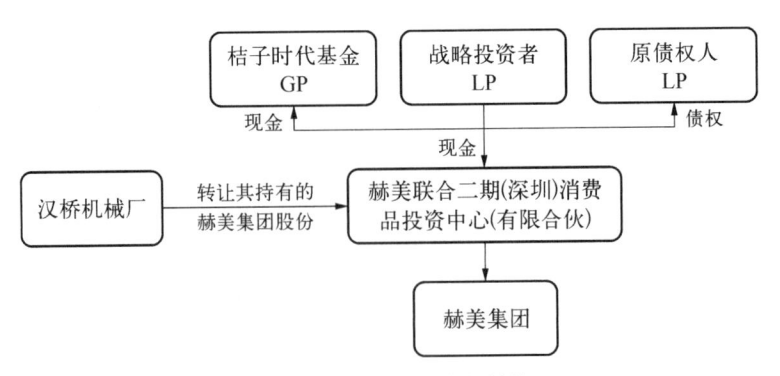

图 4-4 赫美集团交易结构

最大化协调了原债权人之间的矛盾,在英雄互娱借壳成功的前提下能够保障原债权人的利益。对于重组投资人,通过间接为债务人提供增量资金解决原债权人和债务人之间的不信任,获得了上市公司的股票和看涨期权。

债务的重组与英雄互娱的借壳互为前提,英雄互娱的借壳需要原债权人的统一配合,原债权人对债务人重组的成功和未来收益的来源也依赖于英雄互娱的借壳成功。但遗憾的是,由于赫美集团自身问题逐步暴露,加上互联网、游戏和影视行业 2017 年以来无论是并购重组还是再融资都受到政策严管,并非纾困政策鼓励的方向,最终借壳失败,其债务重组安排也只能停留在纸面上。

六、博源控股:光大永明设立远兴共赢债转股定向资产管理产品

光大永明资产管理股份有限公司设立定向资产管理产品,光大银行作为单一投资人,该产品受让内蒙古博源控股集团有限公司持有的河南中源化学股份有限公司股份,用于偿还远兴能源(000683)及其子公司在光大银行的贷款。

具体交易结构如图 4-5 所示。

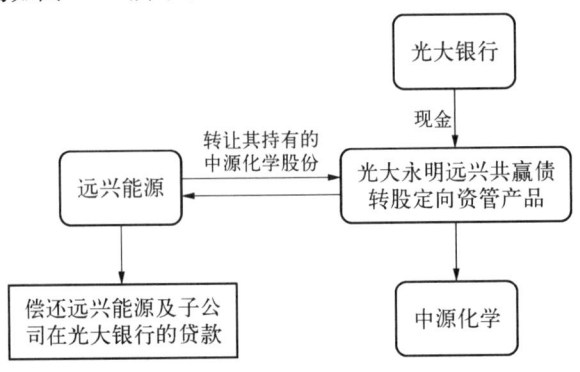

图 4-5 远兴定向保险资管产品交易结构

第五章　保险资金支持上市民营公司的路径选择

就具体的纾困路径而言，保险资金可以选择专项产品、资管产品或股权投资的方式，提高"好企业""坏企业"的区分能力，有效控制风险。

一、支持民营经济的路径选择

（一）路径一：设立/投资专项产品，支持上市民营公司

根据中国银保监会下发的《关于保险资产管理公司设立专项产品有关事项的通知》（银保监发〔2018〕65号，简称"65号文"），保险资产管理公司可设立专项产品，用于化解优质上市公司股票质押流动性风险，投资标的包括上市公司股票、上市公司及其股东公开发行的债券、上市公司股东非公开发行的可交换债券等资产。同时，保险机构投资专项产品的账面余额，不纳入权益类资产计算投资比例，纳入其他金融资产投资比例监管。

按照保险资金运用大类资产比例监管的要求，权益类资产账面余额不高于上季末总资产的30%，其他金融资产账面余额不高于25%，65号文实际上对通过专项产品投资具有流动性风险的上市公司股票给予了投资比例的放松。

1. 参与方式

在这一政策下，保险机构可以采取两种方式参与，也可以兼而有之。

一是充分发挥股票长期投资优势设立专项产品，主动挖掘被当前市场低估的个股或债券进行投资，支持上市公司改善公司治理，提升公司价值，维护公司长期稳健经营。在上市公司价值修复后，专项产品采取股东受让、上市公司回购、大宗交易与协议转让及其他方式平稳退出。

二是投资专项产品，实现对专项产品下个股或债券价值修复的超额收益，并承担相应风险。监管口径方面，将该类投资纳入其他金融资产投资比例监管；会计核算及估值方面，仍按照持有计划及现金流本质划分账户核算。

2. 产品结构

专项产品通过大宗交易或场内竞价交易买入上市民营公司公开发行的非限售流

通股,如"国寿资产-凤凰系列产品"。不得转让期限届满后,通过股票二级市场退出。

在以上基础结构之上,增加债务重组、资产重组的功能,专项产品可以从以下几个层面延伸应用:

(1)将原债权人转化为专项产品的投资人,将原债务人持有的上市公司股票转化为专项产品投资标的,转化过程就是债务重组的过程(参考赫美集团案例)。

(2)收购上市公司发行的债券,转化为非标(参考博源控股案例),与控股股东协商受让上市公司股份抵债,并成为上市公司的战略机构投资者。

(3)持有公司债权或股权后,参与公司并购重组。

(二)路径二:设立保险资管产品

保险资管产品可投资资产范围比保险专项产品更广,封闭期、产品运作等更为灵活,在民营上市公司纾困方面应用空间更大。根据《关于保险资产管理公司开展资产管理产品业务试点有关问题的通知》(保监资金〔2013〕124号),保险资管公司可以作为管理人设立定向资管产品或集合资管产品,投资银行存款、股票、债券、证券投资基金、央行票据、非金融企业债务融资工具、信贷资产支持证券、基础设施投资计划、不动产投资计划、项目资产支持计划及监管认可的其他资产。

从第四章光大永明资管等同业实践来看,在民营纾困、债转股领域,保险资管产品的投资范围有可能扩展到企业股权、优先股、债转股专项基金等。在商业银行压缩表内信贷风险资产的趋势下,最初产品形式往往以银行作为单一投资人的定向资管产品呈现,伴随资金机构对该类业务实质风险的认可,更多资金方参与后逐渐过渡为集合资管产品。

资管新规要求"资产管理产品可以再投资一层资产管理产品,但所投资的资产管理产品不得再投资公募证券投资基金以外的资产管理产品",因此资管产品有别于专项产品,可以投资公开市场之外的多种资产,包括专项基金。这使得其具有足够的灵活性。例如,上市公司可以把核心子公司的股权转让给资管产品,约定未来赎回,并获得一定期限的资金支持。

(三)路径三:通过长期股权投资支持民营企业

长期以来,保险资金积极投资非上市公司和股权基金,在支持实体经济发展上发挥了巨大的作用。截至2017年9月末,保险资金通过直接投资股权、间接投资股权、发起股权基金、设立股权投资计划等方式,累计投资长期股权规模近1.4万亿元,占保险总资产的9.4%。[①] 2018年底,银保监会下发《保险资金投资股权管理办法(征求意

---

① 曹德云在"2017中国私募基金峰会"上的讲话,http://www.sohu.com/a/202681515_465600。

见稿)》,进一步取消保险资金开展股权投资的行业范围限制,通过"负面清单＋正面引导"机制提升保险资金服务实体经济的能力。

对于拥有核心资产、短期受宏观降杠杆政策影响而流动性紧张的民营企业来说,保险资金的参与无疑将为其"雪中送炭"。区别于 Pre-IPO 直接投资后待成熟上市的模式,因为标的企业存在流动性紧张的问题,所以该类操作需对核心资产的识别和隔离,以及退出安排格外注意,确保有效防控风险。

核心资产隔离:参考奥马电器的案例,核心资产即上市公司的下属企业奥马冰箱有限公司,其与奥马电器所开展的互联网金融等其他业务之间具有天然的隔离性,将其股权作为投资标的即能够较好控制风险。在某些情况下,核心资产可能与其他资产混同,而不是干净的属于一家法人主体,在股权投资之前就需要做必要的资产剥离工作。

退出机制:对于间接投资,保险资金可以通过产品到期或赎回产品来实现股权投资的退出。对于直接投资,则需要在投资初期做好退出安排,具体的方式包括控股股东回购、股权转让等。一般而言,控股股东为了不丧失对核心资产的控制,并不愿意将股权直接转让给他人,常见的交易模式就成为"股权收益权转让＋到期回购"的结构,同时提供股权质押作为增信安排。一旦无法实现到期回购,控股股东将面临丧失股权的风险,这种安排既充分考虑企业股权的稳定性,又对股东到期回购、资金成功推出起到一定的保护作用。

核心资产及交易意图的识别:股权投资运用股东回购作为退出安排无法防范终极风险,当核心资产质量恶化、股权本身价值缩水时,股东很可能不履行回购义务并放弃资产。此外,对于股东同意参与此股权投资操作的真实目的是缓解临时流动性风险,还是"金蝉脱壳",需要警惕,严防交易对手道德风险。因此,保险机构必须具备核心资产质量的专业识别能力,确保股权对应资产具有稳定的现金流回报预期和资产增值价值。

(四)对于民企债券融资支持工具的讨论

2019 年 5 月 15 日,银保监会下发《关于保险资金参与信用风险缓释工具和信用保护工具业务的通知》,允许保险资金参与信用风险缓释工具和信用保护工具业务。在投资民营企业债券的同时买入信用保护工具能够有效转移违约风险,但受限于规模过小、期限过短、主体有限等因素,导致该种投资方式无法构成保险机构支持民企的一个有效路径。截至 2019 年 8 月底,市场存量 CRMW 仅为 99.27 亿元,期限多为 1 年以内,标的实体涉及 59 个主体。

此外，政策上新发文没有明确信用保护工具是否可以视同担保，即配有CRMW的债券是否为担保债。根据《保险资金投资债券暂行办法》（保监发〔2012〕58号），保险机构投资无担保非金融企业（公司）债的余额不得超过保险公司上季末总资产的50%。如果将配有CRMW的债券视同无担保非金融企业（公司）债，则相应投资面临该比例限制。

二、风险防控措施

1. 选择优质的"好企业"

所谓"好企业"，应符合保险机构稳健投资的特点，同时满足以下条件：一是长期绩优、回报率高，具有较高投资价值，以在其所属行业内占有重要支配性地位、业绩优良的沪深300成分股公司为代表。二是公司或其股东短期遇到流动性困难需要融资支持，主业经营并未受到流动性困难的影响。三是投资标的应符合国家宏观经济政策（如制造业、高科技等行业），对国家严控的房地产、传媒等需谨慎。保险机构应开展充分的尽职调查，对标的企业价值及未来盈利科学预估，研判行业走势及企业在行业中的地位，以挑选"好企业"。

2. 筛除劣质的"坏企业"

2018年以来上市公司"雷声"不断。一方面，证监会大幅提高对欺诈发行、上市公司虚假信息披露和中介机构提供虚假证明文件等的排查力度和处罚力度，并正在加快推动《证券法》《刑法》修改。截至2019年10月，证监会发出行政处罚决定书98份，较2018年同期105份略有下降，但处罚力度持续加大。另一方面，上市公司发行债务违约的情况比2017年显著增多，2018年和2019年上市公司与控股公司债券违约金额占整个债券市场新增违约的比例分别达到65%和45%，尤其在股票发行人流动性紧张、高股权质押风险爆发后，对个股股票价格造成了冲击。

保险机构比以往任何时候都更有必要擦亮眼睛，提高欺诈识别能力，判断企业是处于违约暴露初期、恶化期还是纾困资金介入期，通过预警以下显性信号来"排雷"，甚或构建预警模型发现隐患。

（1）上市公司业绩出现大幅下滑或亏损，或预期出现重大亏损。

（2）过度投资，商誉/净资产过高。

（3）大股东频繁减持。

（4）行业地位显著削弱。

（5）财务报表被质疑造假或未按期披露。

(6) 财务报表被会计师事务所出具拒绝表示意见或保留意见。

(7) 上市公司被监管机构立案调查或受到证监重大处罚、交易场所谴责等。

由于标的公司存在流动性困难,因此往往存在大股东股权质押比例过高、公司股票被司法冻结比例过高、债务出现违约或信用评级大幅降低、发行债券价格出现异动等情况,此时要仔细分析债务风险程度以及化解的可能性。

3. 筛选企业举例

以沪深300成分股股票中主要股东股票质押率达到85％以上的公司为例(具体见表5-1),除传媒、房地产等非鼓励行业外,存在以下几种情况:

一是大股东大幅减持。应区分原因,明确是因为股票质押比例过高触及平仓线或流动性紧张而被动减持,还是因为不看好企业未来而主动减持。

二是商誉占比过高,投资激进的经营模式本身就意味着高风险。

三是交易所或监管机构发出监管函或提示其信息披露违规,或者财务报表数据不合理需要解释的,应当给予关注。

表5-1　　　　股票质押率达到85％的沪深300上市公司(非金融行业)

公司名称	行业	风险分析
东方财富	传媒	非鼓励行业
东旭光电	电子	2019年5月15日,深交所向东旭光电(000413)下发年报问询函,要求其对存贷双高做出解释 近期债券价格出现异动
光启技术	汽车	主业面临转变,从专业汽车座椅功能件制造商转为超材料技术研发、生产,传统业务行业地位削弱 大股东大幅减持
广汇汽车	汽车	市场地位领先,运营规模庞大,但受杠杆高限制
金科股份	房地产	房地产企业,债务压力大,实际担保总额占净资产比例为348.97％
九州通	医药生物	控股股东楚昌投资及一致行动人与中国信达资产管理股份有限公司已实施债务重组及债转股项目
巨人网络	传媒	非鼓励行业,重大资产重组终止
乐普医疗	医药生物	商誉净资产的30％,关联方应收款集中
龙蟒佰利	化工	大股东减持 2018年实现净利润22.86亿元,同比下降8.66％ 国内钛白粉行业龙头
三六零	计算机	尚可

续表

公司名称	行业	风险分析
申通快递	交通运输	申通快递控股股东与阿里签署购股权协议，赋予阿里或其第三方自2019年12月28日起三年内向德殷投资发出购股权
世纪华通	传媒	商誉净资产的65%
顺丰控股	交通运输	尚可
通化东宝	医药生物	尚可
完美世界	传媒	非鼓励行业
新和成	医药生物	尚可
新湖中宝	房地产	非鼓励行业
延安必康	医药生物	股东大幅减持 深交所就其信息披露违规出具监管函
阳光城	房地产	非鼓励行业

三、关于支持民营上市公司风险的再讨论

（一）金融供给侧结构性改革未改变民营企业融资难、融资贵的本质逻辑

尽管自2018年末以来，中央从政策层面强调金融供给侧结构性改革，推动改善民营企业融资环境，并对大型民营企业定点纾困，但从本质而言，其并未改变民营企业融资难、融资贵的逻辑。

一是民营企业为主导的行业均为轻资产行业，可用作担保和抵押的资产有限、经营风险较大，在强调抵押品的债务融资市场上，这种天然劣势难以在短期内被克服。

二是政府信用及软预算约束依然存在，使得金融机构天然性歧视民营企业，加之利率不完全市场化，使得对民营企业风险过度解读、溢价过高，甚至在当前违约事件频发情况下有可能出现信用紧缩，A级及以下债券信用利差不稳，这加剧了民营企业融资难、融资贵的问题。

三是民营企业自身存在的问题。民营企业很大程度是企业家身影的折射，近几十年中国经济的发展得益于企业家拼搏、大胆的精神，但同时也意味着高风险。再加上财务制度不完善，部分民营企业过度融资，激进扩张，注重短期利益而忽视长期谋划，从而难以得到金融机构的长期资金支持。

因此，对民营企业的投资风险仍值得关注，使纳入中央及地方纾困名单的企业，以及得到信达等头部资管公司支持的企业风险相对可控。

（二）债务危机风险

尽管中国经济受宏观政策的熨平效果显著，硬着陆以及系统性风险是底线，但目前仍需提防经济增速放缓、债务违约成为常态情况下可能出现的信用收缩。

2019年5月包商银行被接管，资金市场流动性出现分层，中小银行以及围绕在中小银行周围的中小非银机构遭遇流行性冲击，而以大型商业银行为主的大型金融机构流行性充足。同时，中央多次强调房地产领域严调控，以及地方政府隐性债务约束没有松动，导致房地产和基建领域信用派生力量被限制。在供需两方面作用下，伴随低等级主体融资难度加大，经济整体信用扩张乏力。如果信用收缩反向作用于经济增长，恶化未来的偿债能力，那么债务危机出现的风险将加大，并可能给民营企业纾困资金带来致命打击。

四、政策建议

保险资金运用具有稳健、长期特征，监管规定对此在资金运用范围、比例限制、资产准入等方面均有体现。纾困上市民营公司是对存在流动性困难的企业提供资金支持，与现有保险资金运用监管制度存在差异。对此，本课题提出以下建议。

（一）放松各类资产投资准入标准

目前，各类别投资资产均有一定的信用等级准入或股票禁选库要求，这虽然能够一定程度确保保险资金投资安全，但由于标准的单一性无法适应外部市场的快速变化，一定程度限制了保险机构自主发挥风险识别能力开展多样化投资，也限制了保险资金介入上市民营公司纾困。以现有监管文件相关条款为例，主要如下：

根据《保险资金投资债券暂行办法》（保监发〔2012〕58号），保险机构投资非金融企业（公司）债券，规定"（三）无担保非金融企业（公司）债券，具有国内信用评级机构评定的AA级或者相当于AA级以上的长期信用级别。其中，短期融资券具有国内信用评级机构评定的A-1级"。

根据《关于保险资金投资有关金融产品的通知》（保监发〔2012〕91号），保险资金投资境内依法发行的商业银行理财产品、银行业金融机构信贷资产支持证券、信托公司集合资金信托计划、证券公司专项资产管理计划等金融产品，信用等级不低于国内信用评级机构评定的A级或者相当于A级的信用级别。

根据《保险机构投资者股票投资管理暂行办法》（保监会令〔2004〕12号），保险机构投资者不得投资下列类型的人民币普通股票："（四）其上市公司已披露业绩大幅下滑、严重亏损或者未来将出现严重亏损的。"

建议监管适度放松保险资金对各类资产投资的准入标准,在"大资管"背景下,允许保险机构发展自身的投资风险研判能力,更精准地服务于实体经济。

(二)拓宽保险资金的可投资类别

尽管《保险资金运用管理办法》(保监会令〔2018〕1号)明确了保险资金运用范围很广,包括银行存款、债券、股票、证券投资基金份额、不动产、股权等种类,但是每一类别相应监管文件对子类品种的更新并未与时俱进,按照"法无明确皆不可为"的原则,未在相关监管文件中明确允许投资的品种都不能投资。

以债券投资为例,《保险资金投资债券暂行办法》(保监发〔2012〕58号)明确保险资金可投资债券品种为:商业银行发行的金融企业(公司)债券、证券公司债券、保险公司发行的各类债券、国际开发机构人民币债券、非金融企业(公司)债券。其中,非金融企业(公司)债券包括非金融机构发行的企业债券、公司债券;中期票据、短期融资券、超短期融资券等非金融企业债务融资工具,可转换为公司债券。但是没有提及永续债。因此,截至目前,在保险机构的实际投资运作中,均未涉足过永续债。此外,商业银行发行的金融企业(公司)债券也未提及最新品种。2019年《保险资金投资银行资本补充债券有关事项的通知》进一步明确,允许保险机构投资符合条件的银行二级资本债券和无固定期限资本债券。

建议调整"法无明确皆不可为"的原则,尤其是在当前中国金融市场快速发展、金融产品层出不穷的背景下,守住底线风险的同时,允许保险机构对可投资类别进行解读和合理的延伸。

(三)深化偿二代框架,向风险管理变革

"偿二代"框架体系的实施从风险管理、价值管理的角度对保险公司负债及资金运用提出了量化的具体要求,使保险公司重新审视资产负债匹配程度,推动其回归到保险业本源。

但是,"偿二代"仍以标准法为基础,对于固定收益投资的风险资产计量取决于其久期和外部信用等级,对于股票投资的风险资产则给定经验系数。虽一定程度确保框架实施的简洁性,但无法使风险管理内生化,甚至可能导致"风险无视化"。尤其对于存在一定风险的民营上市公司纾困策略,以信用等级为依据进行风险资本考核的成本过高,保险公司参与纾困的动力被打折扣,这显然是不合理的。

建议未来"偿二代"逐步参考银行体系的新资本协议,推广使用内部模型方法计量风险资产,将风险管理理念内生化。

第六章　结　　论

本课题从宏观债务周期和结构因素两个角度对2018年以来上市民营公司集中出现债务违约的问题进行分析，认为上市民营公司出现的问题，本质上是债务周期见顶、国家宏观去杠杆背景下，受传统金融轻视影响的民营经济出现的流动性困难，夹杂着对不规范经营的肃清。一方面，伴随降杠杆政策，宏观经济周期市场出清。2008年以来中国总债务、信用利差、GDP增速等数据显示，中国债务正处于达里奥债务周期理论的见顶、进入衰退或低速发展阶段。另一方面，民营经济长期受到传统金融轻视且并未得到根本性改善，因此在总债务收缩时首先受影响的群体是民营经济。正由于金融供给难以匹配金融需求，实体融资出现结构性问题，2018年下半年以来金融供给侧结构性改革应运而生，应该说金融供给侧结构性改革是一项逆债务周期的举措，正在缓解目前资本市场的违约风险。其中，被中央及地方政府大力推动的一项举措即纾困民营经济。

保险资金作为供给侧特有的长期限资金，积极响应国家金融服务实体经济的要求，探索多种路径支持民营经济发展，这样既有意义又符合其拓宽资金运用渠道的内在需求。当前资本市场工具单一，难以充分满足保险资金长期限、稳健投资的要求。尽管目前遇到流动性困难的部分上市民营公司是资产质量差、经营投机性和道德风险显著的"坏企业"，在融资压力增大的环境下暴露出真实面目，但更多的是持有优质资产、在去杠杆背景下出现短暂流动性困境的"好企业"。对于这些好企业，应提供长期限资金支持，帮助它们度过流动性困难，从而长期获益，这恰符合保险资金运用的特点。

本课题回顾了自2018年第四季度开始的金融市场纾困民营经济的六种主要方式，提出保险资金投资于上市民营公司、支持其度过流动性困难的可选策略及应当采取的风险防范措施，同时也分析了可能面临的风险，并对监管政策提出了建议。

参考文献

[1] 胡瑾瑾.寿险公司利率风险管理研究[M].上海：上海财经大学出版社，2011.

[2] 李凤文.取消险资投资行业限制支持民营经济发展[N].中国商报,2018-11-01.

[3] 李梦曦.内蒙古博源集团债券违约案例分析[D].石家庄:河北经贸大学,2019.

[4] 连平.以深化金融改革支持民营经济发展[N].证券时报,2019-01-04.

[5] 刘金全,艾昕."去杠杆"对策选择:货币扩张与供给侧结构性改革[J].浙江社会科学,2019(9).

[6] 宁吉喆.大力支持民营经济持续健康发展[J].人民论坛,2018(36).

[7] 平新乔,杨慕云.信贷市场信息不对称的实证研究——来自中国国有商业银行的证据[J].金融研究,2009(3).

[8] 苏奎武.中国信用债券评级模型构建及评级效果检验[J].债券,2013(10).

[9] 王庆华.债市违约的影响及研判[J].中国金融,2018(13).

[10] 王雅炯.资本监管下中小企业信贷业务困境和市场结构演进——基于银行生态系统的进化博弈分析[J].南方金融,2012(8).

[11] 谢云峰.民营企业贷款需求满足情况的调查和思考[J].武汉金融,2018(9).

[12] 邢志平,靳来群.政府干预的金融资源错配效应研究——以中国国有经济部门与民营经济部门为例的分析[J].上海经济研究,2016(4).

[13] 张维迎.歧视民企损害国家利益[N].中国青年报,2006-12-27.

[14] 张旋宇.建立健全大中型民营企业债务风险预警和应急处理机制[N].联合日报,2018-09-02.

[15] 郑国忠.经济周期、信贷周期叠加贸易摩擦下的去杠杆路径[J].福建金融,2019(9):4—11.

[16] 邹丽华.大中型民营企业融资脆弱性问题分析[J].上海金融,2018(12).

[17] 张漫春,梅宝虎.对我国寿险公司资产负债管理面临困境的讨论[J].中国保险资产管理,2018(6).

[18] [美]瑞·达利欧.债务危机:我的应对原则[M].北京:中信出版社,2019.

(本文获"IAMAC2019—2020年度系列研究课题"优秀奖)

基于金融周期视角下的保险资管行业转型发展研究

太平资产管理有限公司

徐 钢 朱晓明 马 勇

摘要

金融周期理论在全球金融危机后得到了国际社会越来越多的认可,党的十九大报告要求中国人民银行健全双支柱调控框架,即以传统货币政策应对经济周期,宏观审慎应对金融周期,这意味着中国宏观调控和监管框架也因金融周期发生了深刻转型。在此背景下,保险资管行业将受到怎样的影响以及该如何应对值得深入研究。本课题给出了中国金融周期的度量和测算,并基于与欧美金融周期的比较,详细分析了中国金融周期的特征和变化趋势。在此基础上,本课题论证了金融周期对保险资管行业资产端、负债端和行业格局三方面的影响,并提出了保险资管转型发展和应对的相应策略。

关键词

金融周期 经济周期 金融监管 保险资管

第一章 金融周期的度量、特征及国际比较

第一节 研究背景与选题意义

一、关于保险资产管理行业发展的研究综述

近年来,中国保险资产管理行业迎来了快速发展,截至2018年底,保险资金运用余额已经达到16.4万亿元。与此同时,保险资金的投资范围不断扩大,投资品种持续丰富,保险资产管理已成为中国资产管理行业的重要参与者。2018年4月27日,中国人民银行等多部委联合发布《关于规范金融机构资产管理业务的指导意见》(简称《资管新规》),正式把保险资产管理行业列入"大资管"范畴,确认了其在大资管行业格局中的相应地位。

随着保险资产管理行业飞速发展,关于保险资产管理行业发展的研究越来越多,总体上可以分为三类。

(一)保险资管行业发展的国际经验比较

段国圣(2015)通过对比发达国家保险资产管理行业的发展经验,认为保险资产管理的本质是资产管理,应大力发展第三方业务等。王飞(2019)通过比较国内外资产管理行业的发展趋势,重点分析了世界领先保险资产管理公司的成功经验,认为中国保险资产管理公司与国外领先同业相比,在资产规模、投研能力、业务布局等多方面都存在明显差距,主要因为保险母公司对其定位存在问题和自身改革发展不足,未来应推进市场化改革进程,重塑与保险母公司的关系,增强保险资管机构的独立性,逐步向市场化的综合性资产管理机构转型,加强自身的投研能力和扩展第三方业务。吴杰(2019)剖析了大型欧美保险公司在低利率环境下的资产管理经验,认为资产负债的久期匹配是防范长期利差损的关键,未来应重视对资产负债缺口的管理。段国圣(2017)进一步分析了低利率环境下中国保险资产管理面临的挑战,并提出应对策略。秦亚峰(2016)发现,尽管国际知名资产管理机构的成功路径有其特殊性,但仍有一些相通的

经验值得中国资产管理机构借鉴,如积极开拓第三方市场业务、重视产品服务创新、顺应国际化发展趋势和培育综合管理能力,未来中国保险资产管理行业应充分利用行业禀赋,打造成为具有差异化竞争优势的综合资产管理平台。

(二)国家宏观战略和政策转变与保险资管行业发展应对方向

《中国保险业发展"十三五"规划纲要》[①]明确提出要不断深化保险资金运用的市场化改革,发挥市场主体的自主决策机制,在防风险的前提下增强保险资产管理机构的独立性和自主创新能力。刘传葵(2018)强调了保险资产管理行业应将防范风险放在重要位置,呼应了中央提出的三大攻坚战中关于防范化解重大风险的宏观战略。段国圣(2017)针对中央供给侧结构性改革的深入推进,探讨了推进资产管理行业供给侧结构性改革的方案,提出资产管理行业去刚兑、去通道、去嵌套、降风险、补短板的具体措施。此外,还有部分学者认为国家"一带一路"倡议有助于国内保险资金进行多元化和国际化资产配置(凌秀丽,2015)。

(三)保险资管行业政策变化与发展趋势及应对策略

杨明生(2011)首先分析了保险资金运用新规[②]的主要影响,认为新规的实施有助于扩展保险资金的投资渠道,如不动产、未上市企业股权,以及基础设施债权计划等,但新形势下也面临着严峻的挑战。2012年,随着保险资金投资新政[③]等各项规章制度陆续颁布和实施,我国保险投资范围、投资品种和投资比例不断拓宽。唐金成和闭潇丽(2013)分析了这一背景下我国保险资金的运用现状和存在的问题,明确指出未来应进一步深化保险资金运用的市场化和多元化改革,打通保险资金投资通道,加强产品创新能力。此外,代表性学者如刘开俊(2018)、黄金华(2018),均是在《资管新规》推出、金融监管政策格局发生重大调整的新形势下,研究了保险资产管理行业的应对策略和业务发展方向。

上述研究均在特定角度上丰富了保险资产管理行业的研究,但其论述的出发点,均来自宏观经济金融和行业本身发展到特定周期的某一方面的驱动。实际上,无论是保险资产管理行业的国际发展经验,还是国内宏观战略和政策演变,抑或是微观行业层面监管政策的调整和行业生态的演化,均可以纳入一个统一的金融周期的分析框架。国际上行业发展的经验,以及国内宏观和行业政策形势的变化,均是金融周期发展到新阶段的产物。

---

① 2016年原中国保监会印发。
② 主要指的是《保险资金运用管理暂行办法》《保险资金投资股权暂行办法》等。
③ 主要指的是《保险资金投资债券暂行办法》《保险资金委托投资管理暂行办法》等。

二、关于金融周期的研究综述

早期宏观经济学分析主要围绕经济周期展开,重视经济增长和价格稳定。金融对经济的影响主要体现在利率途径,但更多假定在短期存在"货币幻觉",长期不影响实际产出、实际利率和消费等实际变量,即货币是中性的。在研究方法上,传统宏观经济模型通常不考虑金融因素,或有意将金融机构抽象掉以简化分析。因此,早期金融周期只是受到 Minsky(1975)等非主流经济学家的讨论,学界对金融周期明显重视不足。

2008 年全球金融危机的爆发,冲击了传统宏观经济学分析框架。学界的反思是,物价稳定不能保证经济稳定,忽视经济增长背后持续累积的金融风险,可能会造成严重的经济后果。高房价和高债务等金融问题对经济的影响愈加显著。在"低增长、低通货膨胀、低利率"逐渐成为经济新常态后,越来越多的学者意识到完全从经济周期理论视角很难充分理解金融危机后的全球经济演变,而关注信用和房地产的顺周期性对经济影响的金融周期理论更加契合当前社会经济环境。

在研究方法上,为了在模型中分析金融因素对产出等实际变量的影响,主流学术界的做法是开始将金融"friction"加入新凯恩斯动态随机一般均衡模型(DSGE)范式中,但金融因素仍是经济周期的附属。虽强调金融对实体经济的影响,但金融本身的改变更多被设定为外生的。如很多学者研究杠杆对实体经济的影响时,为了研究方便,更多将杠杆视为外生给定的,人为调整杠杆率的高低观察杠杆变动对经济的影响,其中代表性的研究框架是基于"抵押约束"方法引入金融摩擦的 DSGE 模型,主要表现为借贷规模可以随抵押物价值变动而变动,但假定抵押借贷的比率是外生的,即杠杆外生。

当前对金融周期的认识和研究正进入一个新的维度,强调中期视野,即金融周期比经济周期更长;金融周期有自身的发展规律,在经济周期中自我实现和衰减,即金融周期具有很强的内生性。因此,在研究时不仅需要解释金融对经济的实际影响,还需要解释金融如何实现内生增长、杠杆和债务在经济增长的过程中如何自我实现和自我强化。

(一)主流经济思潮和研究方法的衍变

回顾"一战"之后全球经济发展和主流经济思潮的衍变进程,主要可以划分为三个阶段:第一阶段是 20 世纪 70 年代之前以需求管理和凯恩斯主义为主要特点的政策框架(孙国峰,2016),主流经济学认为政府可以通过货币政策和财政政策调节总需求,进而实现失业和通货膨胀的平衡,平滑经济波动。但20世纪70年代末滞胀的出现使得作为凯恩斯主义理论基础的菲利普斯曲线出现了动摇,以传统凯恩斯主义为指导的逆周期政策调控存在严重的时间不一致性,以货币主义和理性预期学派为代表的新古典经济学重新成为主流思潮,并驱动了20世纪80年代开始的市场化改革,包括金融自由化(这是第二阶段)。2008年全球金融危机席卷全球,长期忽视金融市场内在的稳定性导致人们对这次危机的认识过于乐观,出现了明显的系统性偏差,引起了人们对自由市场经济内在不稳定的反思:过于注重稳增长和通货膨胀调节,而忽视金融稳定,会诱发金融危机,最终导致通货紧缩和产出下降。宏观理论思想上再次表现出明显的凯恩斯主义特征(徐忠,2017),但与传统凯恩斯主义并不完全一致,主要表现在如何看待金融这一问题上(这是第三阶段)。

从研究方法来看,传统凯恩斯主义通过引入价格黏性的总量一般均衡模型(IS-LM模型)进行分析,但缺乏微观基础和静态分析的研究模式不可避免地存在"卢卡斯批判"等问题(第一阶段)。以真实经济周期理论(RBC)为代表的新古典主义经济学派逐渐兴起,认为理性预期的存在使得市场始终是有效的,并基于理性预期的假定构建了具有微观基础的一般均衡模型,进行结构化分析。但模型的基本假定明显脱离现实经济(完全市场和不存在金融摩擦),导致RBC将经济波动主要归因于技术冲击,而与金融系统无关,即货币是中性的,因此对政策制定的价值十分有限(第二阶段)。新凯恩斯主义是传统凯恩斯主义和新古典主义的"中和",将传统凯恩斯主义价格黏性和不完全竞争的思想引入RBC模型,如广泛使用的DSGE模型,对现实经济具有更强的解释力,可以有效展开政策评估,已逐渐成为当前宏观经济研究的主流范式。但2008年全球金融危机的爆发使政策层和学界有了深刻反思,进而开始意识到传统宏观经济模型之所以对危机冲击的深度和衰退持续时间普遍估计不足,主要与其未能将金融系统纳入模型进行分析有关。高杠杆稀释了宏观调控的作用,反而使得债务进一步累积,金融资产价格泡沫化现象严重,这促使人们对过去的经济理论进行反思,对研究方法进行改进和完善,具体表现为将金融因素(杠杆、房地产价格等)引入宏观经济学一般均衡分析框架中,根据中国经济发展对模型结构进行更加准确的设定(徐忠,2017)。

(二)经济周期和金融周期的关系

自Fisher(1933)提出对大萧条的"债务-通缩(debt-deflation)"解释开始,就不断有经济学家重视并研究金融因素在经济波动中的作用。其中,明斯基的思想备受关注,Minsky(1975)认为,金融体系具有内在不稳定性和顺周期性,经济长期稳定会

使投资者滋生过高的乐观情绪,风险偏好提升,投资者过度负债,杠杆率持续上升。一旦债务负担超过经济所能承受的临界点时,债务违约将不可避免,资产损失将驱使放贷人回收借款,进而导致资产价格崩溃和投资者资产进一步恶化的负向循环。

20世纪80年代以来,Bernanke等经济学家提出的金融加速器理论(Financial Accelerator)使金融周期在理论上得到突破(Bernanke等,1996)。金融加速器理论着重从信用角度解释金融对实体经济的影响,经济衰退时借款人自身财务状况恶化使其信用下降,引发银行坏账上升,风险偏好下降,进而导致银行惜贷,市场流动性紧张,使得借款人财务状况进一步恶化,形成全市场联动的恶性循环,最终损害家庭消费和企业投资,加剧经济衰退。此外,Diamond等(1983)提出"合约执行成本"(costly enforcement),即借出方只能收回部分债务,用这种方法研究了银行挤兑问题;Iacoviello(2005)提出"抵押约束"(collateral constraints),即借贷规模受限于抵押品价值,从信用角度强化了金融与实体经济的顺周期效应。在这些视角下,诸如银行破产、资产价格下跌等金融因素,不仅仅是经济衰退的表现,还是造成经济衰退的重要原因。2008年美国次贷危机以来,金融因素在宏观经济波动中的作用机制,被越来越多的研究所重视。

金融周期本质上是金融自由化的产物,不仅内生于经济发展,还会随着金融深化和政府隐性或显性担保的促进作用的增强(彭文生,2017),对经济增长和经济结构产生重要的影响。20世纪80年代以来,金融周期对经济周期的影响不断上升,Borio等(2018)认为主要原因有:(1)20世纪80年代以来,主要经济体开启金融自由化进程,监管缺位使得金融的周期性波动特征日益显著,金融成为影响经济的重要因素。(2)货币政策从数量型调控转向价格型调控,越来越多的经济体不再将货币供应量(如M2和信贷)作为货币政策中介目标,通货膨胀成为货币政策决策的核心目标。(3)自20世纪90年代起,中国等新兴经济体日益融入全球经济,产业链分工进程加快,发达经济体通过大量进口使得通货膨胀长期保持低位。

辜朝明的资产负债表衰退理论认为衰退通常发生在严重的资产价格泡沫破灭后。具体来看,资产价格大幅下跌会使得企业或个人把新增收益的大部分用于还债而不是用于再投资,导致信贷需求陷入停滞或减少,中央银行刺激信贷的政策操作会失效,经济出现恶性循环。Rogoff(2016)提出了"债务超级周期"的理论,指出金融危机前企业和家庭债务积累过多,泡沫破灭导致企业和家庭修复资产负债表,进而导致需求不足、经济增长极慢和实际利率下降。债务超级周期理论实质上和金融周期理论一致。陈雨露等(2016)研究发现,在金融稳定时实体经济的增长率更高,金融系统自身更加稳健,金融不稳定时(高涨或衰退)更容易引发危机。骆祚炎和陈博杰(2018)基于金融加速器效应视角建立了包含家庭、厂商、零售商、商业银行和政府五个部门的DSGE模型,在企业部门、居民部门和商业银行部门中嵌入杠杆率,杠杆化程度分别在企业部门、居民部门和商业银行部门的外部融资溢价方程中表现出来。实证检验结果表明,金融加速器效应会使得各变量带来的冲击效应更强。王国静和田国强(2014)对金融因素进行量化,发现金融波动是中国经济波动的最重要来源,对经济总波动的解释力高达80%。康立等(2013)指出,当存在金融摩擦时,来自房地产部门的经济冲击会对制造业产生更加显著的影响。

关于如何缓解金融周期对实体经济的影响,国内外学者也进行了很多卓有成效的分析,强化逆周期的宏观审慎监管成为应对的主要思路。Coimbra和Rey(2017)建议宏观审慎政策和加强微观监管相结合,对创造信贷的金融中介机构实施更严格的微观监管,在金融周期繁荣时,对金融机构实施限制信贷增长和加杠杆等宏观审慎政策工具。胡志鹏(2014)认为仅依靠货币政策工具进行调控可能达不到理想的效果,收紧信贷可以在短期内降低杠杆,但长期来看杠杆率会再次上升,导致宏观风险加剧。Turdaliev和Zhang(2018)以加拿大为研究对象,发现宏观审慎对治理债务问题更加有效,采用对家庭债务进行反应的货币政策会加剧通胀波动,降低借贷者福利。

如上所述,从研究方法上看,众多研究基本框架是将"抵押约束"方法或者"状态确认成本"方法引入含金融摩擦的DSGE模型,几乎没有考虑内生杠杆的研究,这主要是因为引入金融因素会使本已较为复杂的DSGE模型变得更加复杂和不稳定,有必要基于研究目的进行适当的简化和抽象。但是随着金融周期对经济周期的影响越发显著,很多学者不再满足于研究金融周期如何影响实体经济,而是开始探索金融周期的内生决定机制。其中,以Kumhof等(2015)为代表的学者迈出了第一步,通过将信贷资产直接置于贷出方效用函数,结合借入方的内生违约设定讨论了收入分布的变化如何导致高杠杆,进而影响消费并导致危机的机制,即债务和杠杆的产生是内生决定的,主要机制是高收入的人向中低收入的人提供贷款,帮助其扩大消费支出(加杠杆)。更高的债务杠杆使得经济危机发生的概率上升,但高收入人群(偏好财富)在危机期间会进一步积累财富,这使得经济危机对债务杠杆的影响十分有限。

（三）关于金融周期的测度和比较

与经济周期有所不同,目前业界和学界对金融周期尚未形成统一定义,但各方一致认为信贷和资产价格波动（主要是房地产价格）是金融周期的重要体现。Drehmann等（2012）将金融周期的主要特征总结为四个方面：一是信贷和房价是反映金融周期波动的两个核心指标；二是金融周期波动频率远低于经济周期,这意味着金融周期可以跨越多个经济周期；三是金融周期顶部经常伴随着金融危机的发生,实践表明金融周期对历次金融危机有一定的领先性和预测性；四是金融周期的持续时间和影响广度取决于金融体系、货币政策和实体经济体制等因素。此外,Saccomanni(2014)指出,金融机构的同质性也会加剧顺周期性,因为在金融上升期,金融机构追求收益会促使其低估风险、高估市场流动性以及形成羊群效应；而在金融下行期,追寻安全资产成了主导因素,导致人们普遍规避风险、高估对手风险,且同样引起羊群效应。Gourinchas和Rey（2015）证明了资本流动与金融周期之间的正相关性,他采用波动率指数（VIX）[①]反映风险偏好和金融周期,结果发现跨境权益投资、债券投资及银行信贷等资本流动在VIX较低时激增,而在VIX上升时减少,表明跨境资本流动具有极大的波动性和顺周期性。不过,也有部分经济学家认为资本流动和金融周期之间并没有显著的关系。

较早采用量化指标测度金融周期,并进行国家间对比的是国际清算银行（BIS）。在关于金融周期的诸多研究中,来自BIS的Drehmann等人于2012年发表的关于金融周期的研究成果被奉为经典,至今仍被广泛借鉴和引用,成为研究金融周期的典范。具体来看,Drehmann等（2012）综合使用BP滤波法和转折点分析法,以信贷、信贷/GDP、房地产价格为基准指标,以G7国家1960—2011年的季度数据为研究样本,最后测算出各国的金融周期,并进行历史维度和国家维度的双向比较。结果显示,相比经济周期,金融周期持续的时间更长,且在金融周期顶部附近发生金融危机的概率较高。关于在研究金融周期时为什么不考虑股票价格这一关键问题,Claessens（2011）[②]和Drehmann等（2012）均给予了明确的解答,主要是因为股票周期波动过于频繁,与经济周期、信贷周期和房价周期不具有可比性。Drehmann等（2012）采用实际信贷、信贷对GDP比率、实际房地产价格等指标构造分析函数,从周期视角分析金融周期的主要特征。除此之外,部分学者采用其他金融指标分析金融周期对经济的影

---

① VIX指的是芝加哥期权交易所（CBOE）推出的,根据标准普尔500指数期权隐含波动率加权平均计算的指数,又称恐慌指数,主要度量市场的风险偏好。VIX指数值上升,表示市场恐慌程度上升,风险偏好下降。

② 借鉴美国国家经济研究局（NBER）分析经济周期的方法。

响,如Borio等(2018)通过金融周期综合指数、偿债比率、国债收益率的期限溢价三项指标刻画金融周期,结果发现金融周期对经济衰退风险的影响日益显著;偿债比率对3年内的经济衰退风险有显著预测作用,且预测效果优于长短端利率期限利差指标。

尽管国外关于金融周期的研究较多,但主要围绕发达国家进行展开,直接用于测算中国金融周期的文献较少。基于此,很多国内学者将金融周期的思想和测算方法引入国内,对中国金融周期做出具体测算,并围绕中国金融周期进行了很多卓有成效的分析。彭文生(2017)借鉴Drehmann等(2012)的研究成果,以实际信贷、实际房地产价格、信贷/GDP为基准指标,分别测算了中国和主要发达经济体的金融周期,发现金融周期的发生频率较低,但波动比以前要更大;对比不同国家的金融周期走势,可以很明显地发现中国与其他发达经济体金融周期分化显著。与彭文生(2017)等学者不同的是,范小云、袁梦怡和肖立晟(2017)最初在研究时将信贷、信贷/GDP、房地产价格和股票价格作为测算中国金融周期的备选指标,首先验证了股票价格因其高波动性不适合作为中国金融周期的度量指标,在测算中国金融周期时将其剔除;然后对中国金融周期和经济周期进行比较,考察金融周期对经济的影响。研究表明,中国金融周期对实体经济波动具有显著的放大作用。考虑到国房景气指数包含除商品房价格以外的房地产开发投资、资金来源、土地转让收入、土地开发面积等多项指标,涵盖大量与资产价格不完全等同的变量信息,所以伊楠和张斌(2016)选取私人部门信贷、私人部门信贷/GDP和国房景气指数来度量中国的金融周期。朱太辉和黄海晶(2018)采用广义信贷、广义信贷/GDP以及房地产价格测算中国金融周期,该研究的创新之处在于指标口径和周期频率的调整,如构造商品房销售均价来度量中国房地产价格,将金融周期划分为金融短周期和中周期[①]。研究结果表明,金融短周期与国家调控政策高度吻合,金融中周期更能体现金融系统性风险的变化情况。

三、选题意义

金融周期实际上是过去几十年金融自由化政策的结果。2008年美国次贷危机引发全球经济和金融危机,而传统的经济周期分析理论并未能对此给出准确的预警信号,危机前多数国家的通货膨胀均较为稳定,尽管房地产价格和信用债务指标出现了显著上升,但央行是否需对此金融因素做出调控,当时的学界尚未能形成一致的观点。

[①] 没有特别指明的话,金融周期是中周期,经济周期是短周期。

2008年的大危机,说明传统理论忽视了金融因素对经济可持续性运行的影响。BIS对此进行了系统性的反思,在Bernanke等(1996)的金融加速器理论基础上,全面发展了金融周期的分析框架,相关文献如Claessens等(2011)、Drehmann等(2012)、Borio(2014)以及彭文生(2017)等。

根据2017年中国人民银行第三季度货币政策执行报告,评判金融周期最核心的两个指标是广义信贷和房地产价格,前者代表融资条件,后者反映投资者对风险的认知和态度,房地产又是信贷的重要抵押品,两者之间会相互放大,导致自我强化的顺周期波动。此外,房地产作为中国经济的支柱行业,也是地方政府的主要收入来源,牵一发而动全身。从宏观层面看,房贷是居民的主要负债项,举债购房本质上就是加杠杆,因此房地产价格的波动又与杠杆紧密联系在一起,杠杆过高会侵蚀实体经济,债务偿还会引发居民和企业资产负债表缩表,加剧实体经济收缩的幅度。

一般来说,一个完整的经济周期大概持续1—8年,金融周期持续的时间更长,通常持续15—20年,因此一个完整的金融周期可以包括多个完整的经济周期。BIS研究显示,当一国金融周期与经济周期共振,经济自身的波动会明显放大。具体来说,当经济处于衰退阶段,经济增长在金融周期下行时平均下降3.4个百分点,而在金融周期扩张时平均下降2.2个百分点。同理,当经济处于扩张阶段,经济增长在金融周期上半场的增幅会超过下半场。

对比中美欧金融周期,不难发现美、欧正处在金融周期的上升期,而中国金融周期已触顶向下。金融的周期性轮动对中国经济周期以及金融行业本身,均会产生非常重要的影响。在2017年中国人民银行第三季度货币政策执行报告中,央行首次以专栏的形式分析金融周期和央行政策调控的关系,明确提出货币政策主要应对整体经济和总量问题,宏观审慎侧重于金融稳定和防范系统性金融风险。[①] 此举标志着金融周期进入新阶段后,宏观调控和金融监管政策均因之而发生了深刻转型,这将对保险资产管理行业产生怎样的系统性影响?保险资产管理行业应如何合理应对其中的机遇和挑战?目前,业界和学术界尚缺乏系统性的分析,这正是本课题的研究目的和意义所在。

第二节 金融周期的度量

在具体对金融周期展开分析前,首先需对金融周期这一概念进行明确界定。2008

---

① 党的十九大报告明确要求,健全货币政策和宏观审慎双支柱调控框架。

年金融危机后,学界和业界均认识到了金融周期对经济增长的重要影响,但关于金融周期尚未形成统一定义,普遍的看法是信贷和资产价格是金融周期的重要体现(Drehmann 等,2012)。在早期,国际清算银行曾对金融周期进行了定义[①],但这一定义不容易理解,也未得到广泛认可和使用。因此,本课题采用中国人民银行对金融周期的官方定义,即金融周期主要是指"由金融变量扩张与收缩导致的周期性波动"[②]。金融周期的持续时间较长,大概在 15—20 年左右,所以一个金融周期可能包含多个经济周期,因此会出现金融周期上行期在某一时段对应经济周期上行期,但在另一时段对应经济周期下行期,当经济周期和金融周期同向,经济自身的波动幅度(扩张或收缩)会明显放大。

通过梳理国内外研究金融周期的文献,发现 2012 年 BIS 的一篇工作论文第一次系统性提出了金融周期中周期的测算方法,该论文比较了以美国为代表的发达国家的金融周期(Drehmann 等,2012),但并未对中国金融周期进行测算。Borio(2014)等学者描述了金融周期的基本特征,发现信贷和房地产价格是度量金融周期的两个核心变量。基于此,很多国内学者根据这一研究方法研究并测度了中国的金融周期,观测中国金融周期与其他国家金融周期的分化和收敛关系。

如表 1-1 所示,考虑到信贷和房地产的重要影响,这些经典文献在测算金融周期时主要以实际信贷、信贷/GDP 和实际房地产价格三个指标为基准,股票价格并没有被纳入主流框架,这主要是因为股权融资在社会融资中占比较低,且股票价格波动较大,学界更倾向于将其作为短周期的波动变量。

表 1-1 关于金融周期度量的文献梳理

作 者	金融周期的度量指标
Claessens 等(2011)	信贷、房地产价格和股票价格
Borio 等(2018)	金融周期综合指数、偿债比率、国债收益率
Gourinchas 和 Rey(2015)、Cerutti 等(2017)	VIX 指数
Drehmann 等(2012 年)、彭文生(2017)、范小云等(2017)、朱太辉和黄海晶(2018)	信贷、信贷/GDP、房地产价格
伊楠和张斌(2016)	信贷、信贷/GDP、国房景气指数

---

① 定义为:人们对于风险和价值的认知以及面临的资源约束之间的相互作用引起了金融活动的周期性波动。
② 详见《中国人民银行 2017 年第三季度货币政策执行报告》。

信贷如何影响金融周期？首先，从信息不对称视角分析，贷款人和借款人之间的信息不对称带来顺周期性。以银行为例，借款人对某个投资项目向银行申请贷款时处于信息优势方，银行处于信息劣势方，为了减轻借贷双方之间的信息不对称程度，银行通常会要求借款人提供抵押品（主要是房屋等不动产），按抵押品的市价约定一定的折价比例向借款人发放贷款。这意味着在折价比例不变时，房价的波动会直接决定信贷的扩张和收缩，出现房价和信贷相互强化的顺周期波动。

其次，从银行资产负债的期限错配和政府的隐形担保视角分析，稳定的存贷款利差会激励银行扩张信贷规模以获取高收益。与早期存款决定贷款不同，后期银行会主动创造信贷，信贷再转化为存款，然后进一步创造更多的信贷。但是银行扩张信贷的过程也是积累风险的过程，一方面是资产负债错配问题，即存款端（包括银行理财）的期限以短期为主，资产端的期限以长期为主（包括影子银行），这使得银行一旦出现流动性不足（如挤兑风波），会冲击整个金融系统；另一方面政府通常会对银行提供隐性担保，同时对银行等金融机构进行监管，监管放松和收紧都会放大金融机构对实体经济的影响，如金融监管放松是引发金融危机的重要因素。

最后，从预期的视角分析，企业投资和居民消费不仅受当期收益的影响，还取决于经济景气度。当消费者预期未来经济向好时，会提前消费，当期消费增加；当企业预期未来利润增加，会在当期向银行借贷以扩大投资；当银行等金融机构预期未来经济条件改善时，风险偏好上升，会增加信贷供给。

图1-1表示全球主要经济体信贷占GDP比率的变动，2013年开始中国信贷占GDP比率最高，且增速较快。这主要是因为2008年金融危机后，主要发达经济体开启去杠杆过程，资产负债表修复使得信贷占比下降，而中国为了应对金融危机造成的外需不足，启动基建和房地产等逆周期调控模式，在直接融资相对受限的融资结构下，信贷快速增长，使得中国信贷占GDP比重快速提升。2017年防风险和去杠杆成为政府工作的重点，信贷占GDP比率快速上升的势头得到初步遏制。截至2018年底，信贷占GDP比率较最高点下降了4个百分点，但整体仍处于较高水平。

房地产价格如何影响金融周期？相比其他资产，房地产天然适合作为抵押品，因为其价值高，且价格保持相对稳定，长期来看增值属性明显强于其他资产，这意味着房价的高低直接影响了借款者的借款能力和借款意愿。从中国经济增长的实际情况来

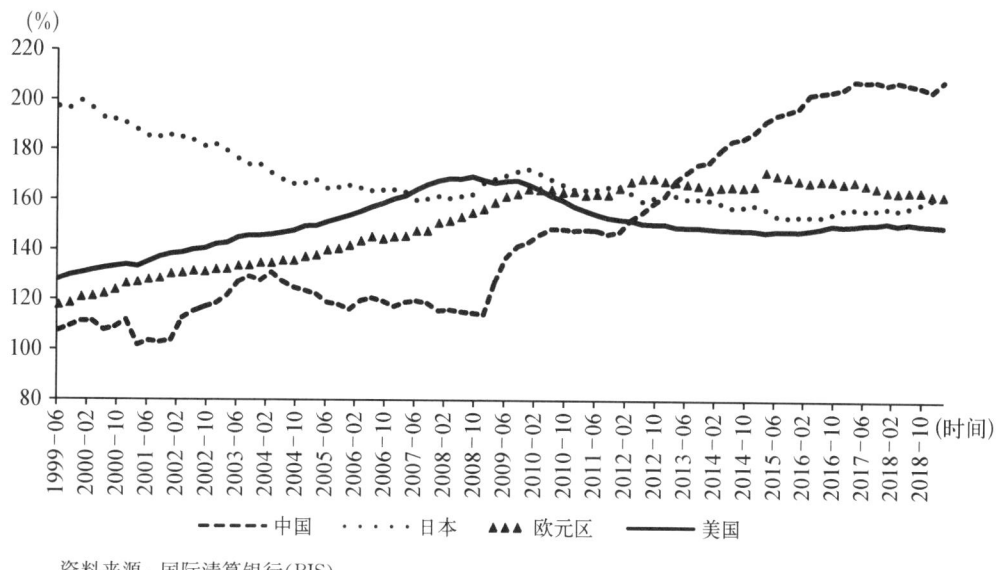

资料来源：国际清算银行（BIS）。

图 1-1 主要经济体信贷占 GDP 比率

看，其一，房地产是中国经济的支柱行业[①]，与房地产相关的长下游产业众多，牵一发而动全身；其二，房地产是金融创新的重要基础性资产，如住房贷款的资产证券化业务正是以房地产市场为前提开展的；其三，相比美国等发达经济体以二手房交易为主，不直接进入国民经济，中国房地产市场则以新房销售为主，房地产投资直接构成 GDP；其四，土地出让金是地方政府收入的重要来源，这是因为中国土地是公有的，土地的供给由政府决定。

图 1-2 表示中美房地产市场的交易结构，不难发现美国以二手房交易为主，新房销售套数仅为二手房销售套数的 10% 左右，而中国以新房交易为主，且结构化特征显著。具体来看，较为发达的一线城市二手房交易更为频繁，三线城市以新房交易为主，二手房交易偏少。比如说，上海新房交易套数为二手房交易套数的 118%，而东营新房交易套数为二手房交易套数的 429%，更多样本数据也表明城市的经济越发达，房地产销售中二手房交易的占比会提升，但中国当前房地产市场仍以新房销售为主导。图 1-3 表示地方政府国有土地出让权收入是地方政府收入的重要来源，截至 2018 年，地方政府国有土地出让权收入在地方政府基金性收入中占比高达 91%，在地方政府总收入中占比高达 43%。

[①] 2003 年 8 月 12 日，国务院发布的《国务院关于促进房地产市场持续健康发展的通知》（简称"18 号文"）提出，"房地产业已经成为国民经济的支柱产业"。

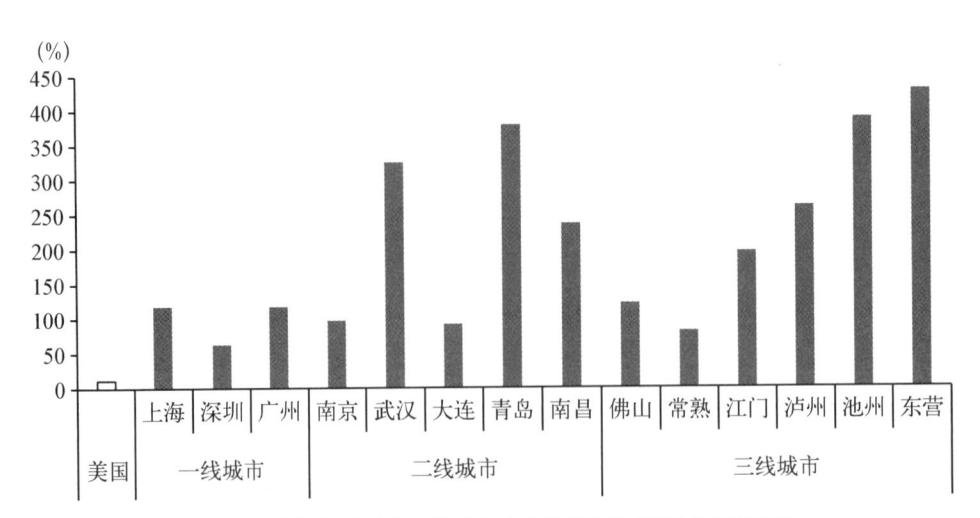

资料来源：美国地产经济商协会、美国商务部、中国各大城市房地产相关的管理部门。

图1-3 中美房地产市场的交易结构①

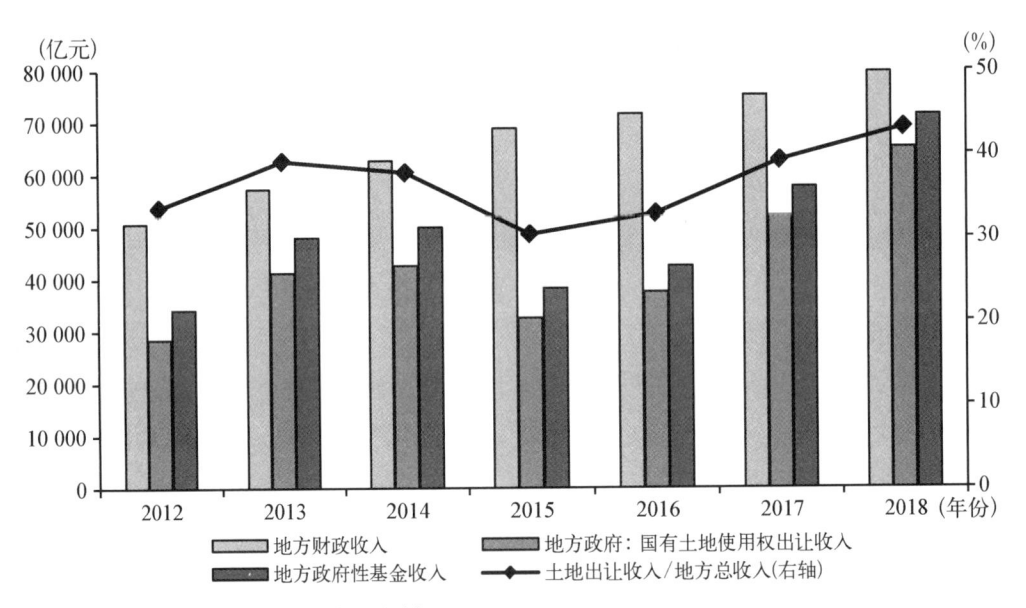

资料来源：中国国家统计局、中国财政部。

图1-3 地方政府财政对土地出让收入的依赖情况②

---

① 中国没有全国层面的二手房交易数据，部分城市也没有二手房交易数据，因而选取有代表性的一线、二线和三线城市进行对比分析。美国主要采用新屋销售套数/成屋销售套数，中国采用商品房成交套数/二手房成交套数，部分城市如上海和佛山采用住宅成交数据。数据采用2017年底的销售数据进行测算，但部分城市由于数据缺失，采用其他年份数据进行测算，如青岛和泸州采用2014年数据测算，武汉采用2015年数据进行测算。

② 地方总收入=地方政府预算内财政收入+地方政府性基金收入。

综上,参考国内外研究文献和各国经济金融发展的实践,我们采用实际信贷、信贷/GDP和房地产价格[①]作为研究金融周期的代理指标,分别研究中国、美国和欧元区的金融周期变动。指标定义如表1-2所示。

表1-2　　　　　　　　金融周期代理指标的具体含义

指标名称	指标含义	处理方法
实际信贷	对私人非金融部门的实际总信贷,数据来自BIS	以特定年份为基期,采用CPI将名义变量转换为实际变量,然后取对数并除以基期
实际房地产价格	采用北京房价数据(数据来自BIS)和总体房价数据(数据来自国家统计局)进行合成	
信贷/GDP	实际信贷/实际GDP(滚动一年求和)	实际GDP(滚动一年求和)由相应时点之前四个季度的实际GDP数据滚动相加,然后计算当期的信贷/GDP,最后除以基期

指标说明:中国和欧元区的信贷口径为银行对私人非金融部门的总信贷,美国的信贷口径为金融机构对私人非金融部门的总信贷(包括但不限于银行),不包含公共部门信贷,这主要是因为该部分带有明显的逆周期成分,表现为在经济衰退时政府扩大赤字进行对冲。信贷/GDP体现经济增长过程中的杠杆状况,考虑到季度GDP数据有一定季节性,遂将过去一年的季度GDP数据滚动求和。美国和欧洲的房价数据直接来自BIS,中国房价数据是综合北京房价数据(来自BIS)和70个大中城市的房价同比数据(来自中国国家统计局)进行测算,得到中国房价指数。为了便于对不同经济体金融周期进行比较,数据主要来自BIS,部分缺失数据来自我国有关部门的官方数据。

数据处理:首先,统一采用CPI将名义变量数据(GDP、信贷、房价)转换为对应的实际变量;然后,计算各指标的当期数据,其中信贷取对数;最后,进行基期调整,考虑到数据的可得性,美国金融周期测算以1985年为基期,中国和欧洲以1997年为基期,数据统一采用季度数据测算。

借鉴朱太辉和黄海晶(2018)、彭文生(2017)、Drehmann等(2012)的最新研究成果,采用BP滤波法[②]分析金融周期,通过剔除各指标时间序列中随机误差构成的高频成分和长期趋势的低频成分,提取变量周期中的波动成分。相比经济周期,金融周期的存续期更长,短期滤波尽管信息量更加丰富,但其中过多的随机噪声会干扰真正的

---

① 主要借鉴彭文生(2017)、Drehmann等(2012)的研究成果。
② 部分文献又称为CF带通滤波法。

金融周期性波动,所以在研究时将滤波频段控制在中周期。具体来看,首先采用 BP 滤波法提取各指标中周期的波动成分(实际信贷、实际房地产价格和信贷/GDP),将参数设定为 32 个季度和 100 个季度;然后采用算术平均法将单个指标的中周期成分进行合成,得到不同经济体的金融周期,主要测算结果参见下节。

第三节 中国金融周期的特征及国际比较

一、中国金融周期开始转入下行阶段

首先来观察中国金融周期具体分项的周期波动。图 1-4 表示中国房地产价格和信贷的中周期变动,信贷和房地产价格的相关性不高,特定时期两者可能变动趋势一致,也可能不一致,表明信贷和房地产价格分别由不同因素驱动,同时纳入这两个指标是合理的。然后分别观察信贷和房地产价格的中周期波动形态,不难发现房地产价格周期从 2018 年初进入下行期,信贷周期从 2013 年底进入下行期,当前正同时处于信贷下行周期和房地产下行周期,两者相互强化会放大金融周期的波动。

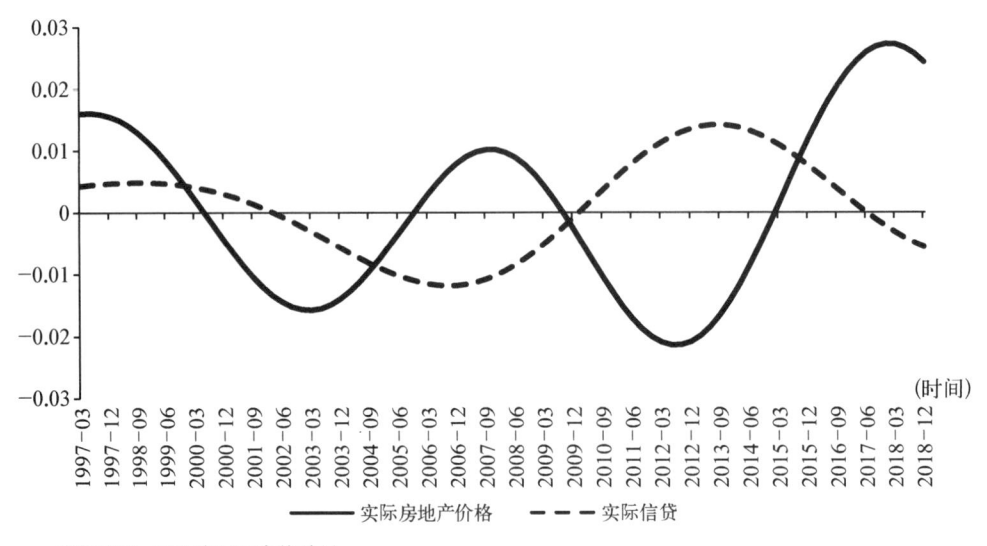

资料来源:BIS、中国国家统计局。

图 1-4 中国房地产价格和信贷的中周期波动

图 1-5 表示信贷/GDP 的中周期波动,信贷/GDP 表示实体经济体的杠杆率。当投资者预期经济向好时,倾向于承担较大风险,会主动增加负债,表现为杠杆率上升,进一步推动经济向好;反之,一旦经济开始衰退,家庭、企业纷纷去杠杆,导致储蓄过剩

和实际利率下降,加深经济衰退的程度。本轮杠杆周期从2015年底开启去杠杆,当前正处于去杠杆的前半段,未来仍将持续较长时间。综合图1-4和图1-5,发现中国金融周期的三个指标(信贷、房地产价格和信贷/GDP)均已进入下行期,距离开启下一轮上升期尚有一段距离,三期叠加或将使得信用收缩更加剧烈。

资料来源:BIS、中国国家统计局。

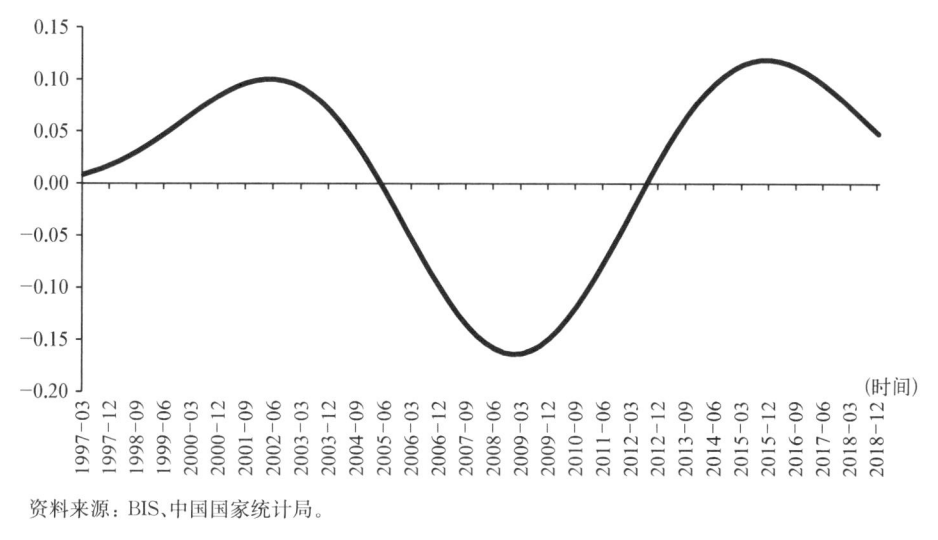

图1-5 中国信贷/GDP的中周期波动

将上述三个中国金融周期分项指标取算数平均,得到反映中国金融周期中周期波动的整体指标。如图1-6所示,中国的金融周期呈现鲜明的周期波动特征。20世纪90年代至今,中国大体上经历了两轮金融周期:20世纪90年代末中国开始进入金融

资料来源:BIS、中国国家统计局。

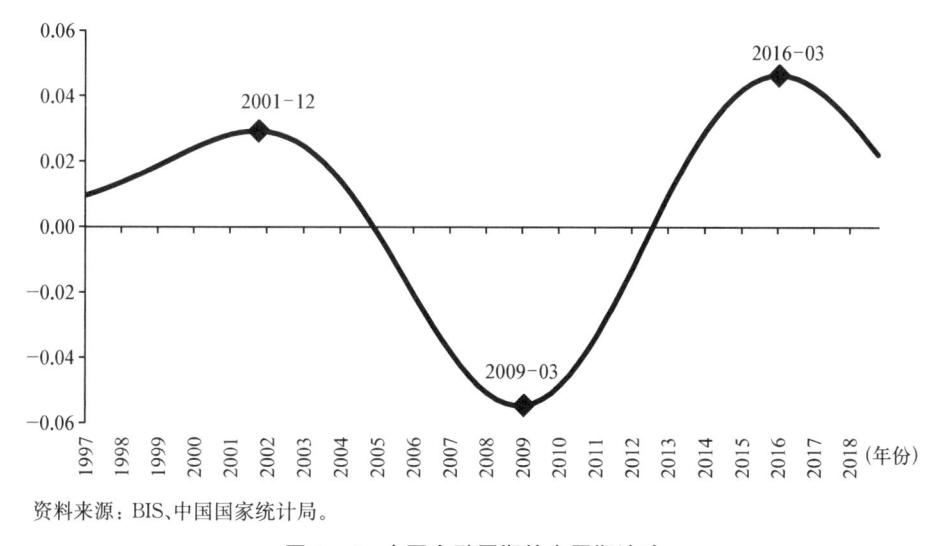

图1-6 中国金融周期的中周期波动

99

周期上行阶段,至2001年第四季度达到顶点,此后逐步下行,历时7年,至2009年第一季度筑底;然后开启新一轮上行周期,历时7年,至2016年第一季度见顶,此后中国重新转入金融周期的下行阶段。中国前两次金融周期的顶点间隔约15年,与15—20年的国际规律大体相符。按照此规律,中国当下金融周期的下行阶段可能才刚刚开始,未来仍将经历3—5年的下行阶段。

已有的研究表明,金融周期会影响经济周期,当金融周期下行时,经济衰退的幅度更大;当金融周期上行时,经济扩张的幅度更大。经济周期可采用GDP度量,利用BP滤波得到其不同周期的波动项,考虑到经济周期更短,将参数设置为4个季度和32个季度。图1-7展示了中国经济周期和金融周期位置和形态的测算结果,测算显示当前中国正同时处于金融周期下行和经济周期下行的阶段。考虑到当前处在金融周期下行期的前半段位置,距离金融周期见底仍有较长一段距离,而且中国经济周期也处在下行期(见图1-7),经济周期下行期和金融周期下行期的叠加,意味着经济下行的压力要比经济周期本身的驱动更大,而未来当经济周期转入复苏期时,由于受金融周期的压制,复苏的动能可能偏弱。

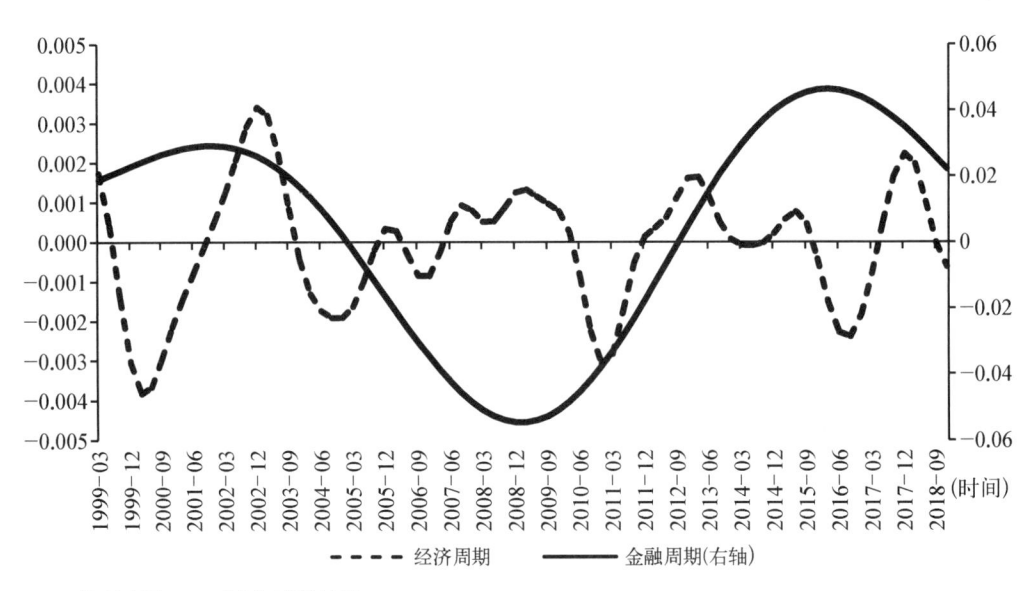

资料来源:BIS、中国国家统计局。

图1-7 中国金融周期与经济周期

二、中国金融周期所处相位与欧美分化明显

如上所述,测量不同经济体金融周期的数据主要来自BIS,统一数据口径使得不同经济体金融周期的测度和比较更有说服力。为了更好地展示金融周期的一般性规律,这

里以美国金融周期为例进行分析,主要考虑到BIS统计中关于美国经济和金融的数据较长。图1-8展示了美国金融周期的中周期波动形态。总体来看,美国金融周期具有明显的周期性波动规律,截至目前已经历两轮完整的金融周期,此时正处于第三轮金融周期的上行期;相邻两次金融周期的顶点间隔大约18年,契合一轮金融周期15—20年的一般性规律;相比反映经济周期的常用指标(GDP增速、通货膨胀和失业率等),金融周期对危机的出现给出了更加准确的预警信号。具体来看,过去两轮金融周期达到顶点的时间分别为1989年第一季度和2007年第三季度,分别对应储贷危机和次贷危机。

资料来源:BIS、美国经济分析局、美国劳工部。

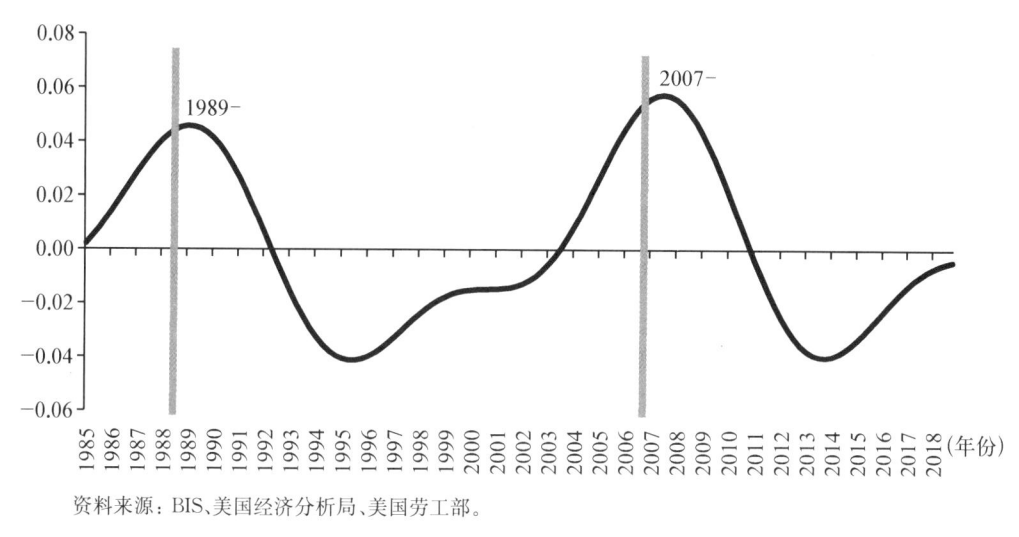

图1-8 美国金融周期

从国际比较来看,图1-9展示了中国、美国和欧元区的金融周期形态,显示当前中国金融周期所处相位与欧美国家分化明显:美欧金融周期扩张,中国金融周期则转入了收缩。具体来看,美国在2013年底开启金融周期的上行,目前处在金融周期上行期的中段靠后位置;欧元区在2017年初开始从金融周期谷底反弹,正逐步确立上行趋势,尚处在金融周期上行期的初期;而中国金融周期在2016年初触顶,目前正处于金融周期下行期的中间偏早阶段。

需要注意的是,尽管金融周期顶点位置对欧美经济危机有一定的预测性,但与欧美金融周期顶部被动爆发危机的模式不同,中国政府采取去杠杆和强监管的策略主动化解风险,使得中国经济在金融周期顶部没有爆发经济危机,如图1-10所示,实体经济杠杆率在达到周期顶部后趋稳。但是,在金融周期下行期,信用明显紧缩,叠加防风险下房地产调控会加速这种紧缩效应,使得经济下行压力明显加大,需兼顾好稳增长和防风险的平衡。

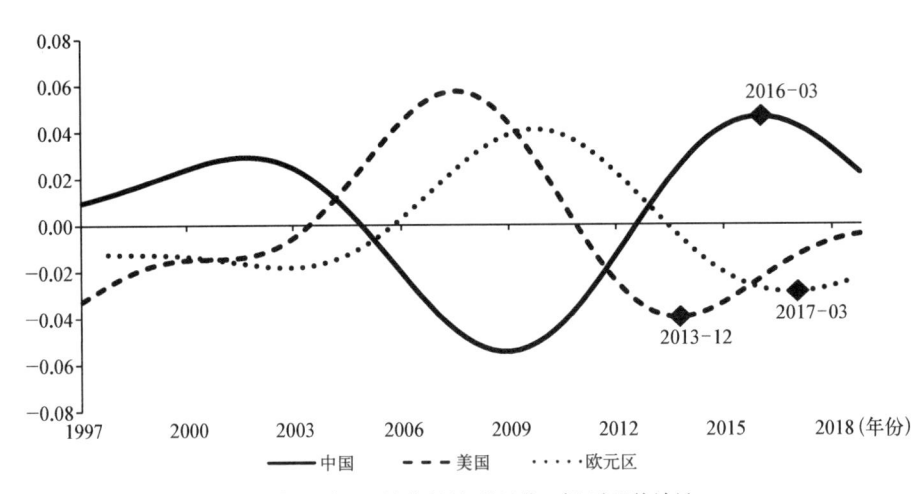

资料来源：BIS、中国国家统计局、美国经济分析局、美国劳工部、欧盟统计局。

图1-9 中美欧金融周期的比较

资料来源：中国国家资产负债表研究中心。

图1-10 中国实体经济部门杠杆率及变动

第二章 金融周期对保险资管行业的影响

第一节 中国资产管理行业的回顾与展望

20世纪90年代中期，中国资产管理机构开始陆续出现，主要代表性事件是公募基金的成立和官方明令禁止民间自发的资产管理业务(段国圣,2019)。早期由于居民财富积累有限,国民资产管理意识和需求不强,整体资产管理规模的增长相对缓慢,但为后期快速发展积累了经验,各类资产管理机构开始陆续出现。具体来看,2003年保险资产管理问世;2004年国内第一只阳光私募成立,商业银行人民币理财问世;2007年国内银行创设私人银行部。随着居民财富快速积累和消费升级,居民投资理财意识日益增强,对金融服务及产品的需求崛起,中国财富管理业务的市场空间日益广阔,居民逐步从被动储蓄转向主动理财,集中表现为存款在居民资产配置中占比下降,而债券、股票、基金、保险、信托、银行理财等金融资产占比上升。如图2-1所示,截至2018年,我国城镇居民人均可支配收入达3.93万元,较1990年提高了26倍,不断积累的财富催生了资产管理需求。此外,由于社会财富分化加剧,高收入人群的财富占比不断提升,较高的储蓄倾向使其对资产保值增值的需求更高,逐渐成为资产管理的主要客户群。图2-2显示高收入家庭对金融资产的需求更高,且高收入家庭与低收入家庭金融资产投资的差距正逐年扩大。

资料来源:中国国家统计局。

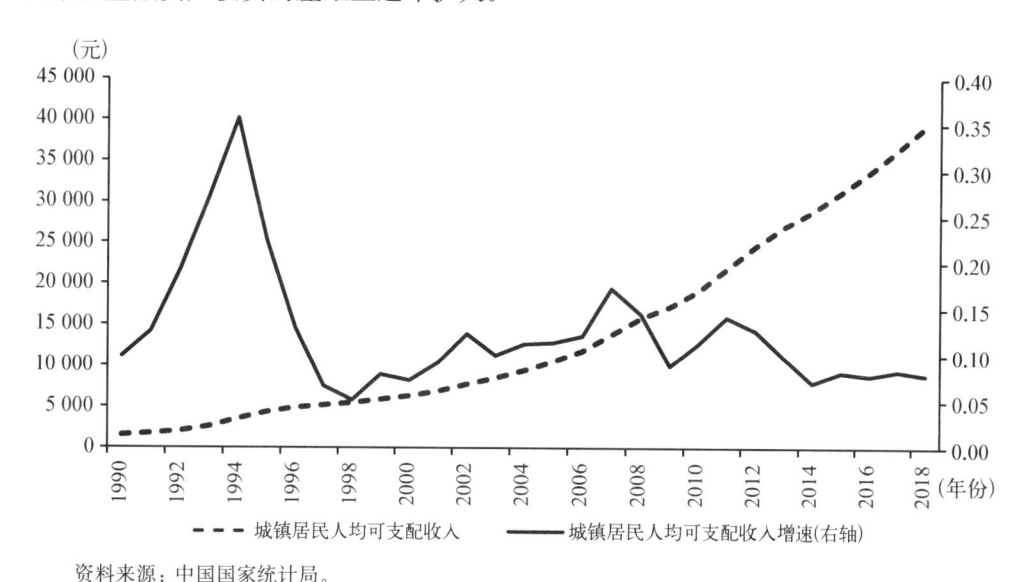

图2-1 城镇居民人均可支配收入和增速

2012年政府开始大幅放宽对资产管理行业的监管,中国资产管理行业进入发展的"快车道"。据统计,从2012年至2016年,中国资产管理规模年复合增长率高达41%,远超实体经济增速。一方面,前期经济快速发展和财富迅速积累为资产管理行业打下了基础,中国经济逐步进入提质增效的新时期,传统粗放式增长难以持续,金融机构更加重视效率和存量博弈,挖掘自身潜力;另一方面,2012年以来,中国金融自由

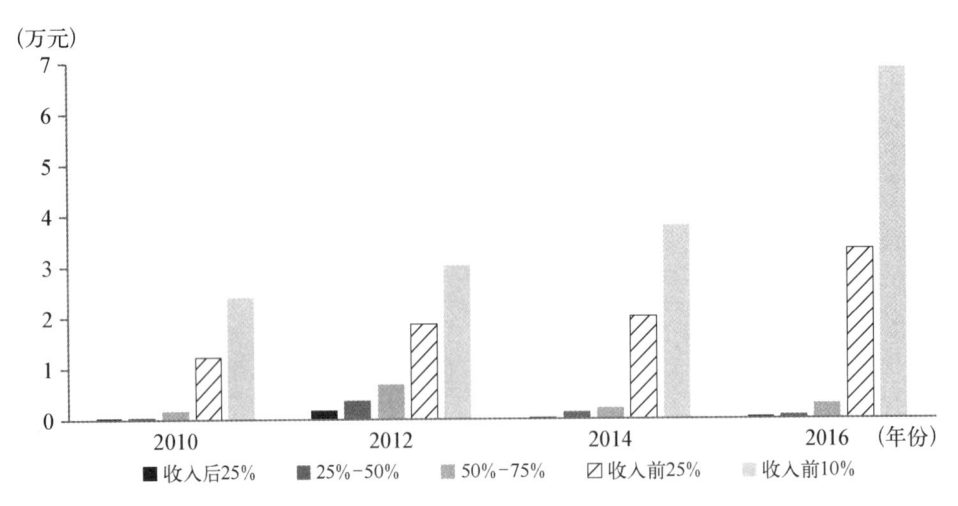

资料来源：北京大学中国社会科学调查中心。

图 2-2　不同收入家庭的平均金融资产投资

化进程加速，金融机构更加多样，金融产品更加多元，交易体系信息化程度提升，逐步推进金融市场对外开放。总的来说，对资产管理的需求促进了资产管理机构的产品创新和供给能力，截至2017年底，中国资产管理行业总规模高达126万亿元，其中银行理财规模约30万亿元，占比约25%，是占比最高的一项；保险资金运用余额约14.92万亿元，是重要组成部分；券商资管、信托、基金公司和基金子公司多点开花，管理的资产规模分别为16.9万亿元、26.3万亿元、5万亿元和7.3万亿元。

在中国资产管理行业飞速发展的同时，监管缺位明显，导致了各类资管产品交叉持有、通道业务占比高、资金池、多层嵌套、影子银行、刚性兑付、资金空转等乱象，各资产管理机构主动资产管理能力较弱，仅依靠渠道优势和经营牌照优势便可以获得高额收益。自2016年起，监管政策开始转向，防风险和去杠杆成为主题，资产管理行业进入强监管周期，通道业务逐步缩减，银证合作、银信合作、银基合作和银保合作等套利模式被强力监管，非标和影子银行业务收缩明显。图2-3展示了2018年以前非标融资一直是快速扩张的，而2018年非标融资缩减了2.9万亿元。在去杠杆和供给侧结构性改革的背景下，《资管新规》等多项监管政策出台补齐了过去资产管理行业存在的监管短板，传统资产管理行业将回归本源，重构生态模式，服务实体经济将成为大势所趋。

展望未来，中国资产管理行业机遇和挑战并存。一方面，经济增速逐步下行，企业盈利下滑，外部不确定性上升，资产管理行业"躺着赚钱"的时代已经过去，利用监管套利赚取超额收益的机会将被消除。此外，随着中国金融市场对外开放进程逐步加快，外资资管公司将进入中国市场，国内商业银行理财子公司横空出世，保险资产管理机

(万亿元)

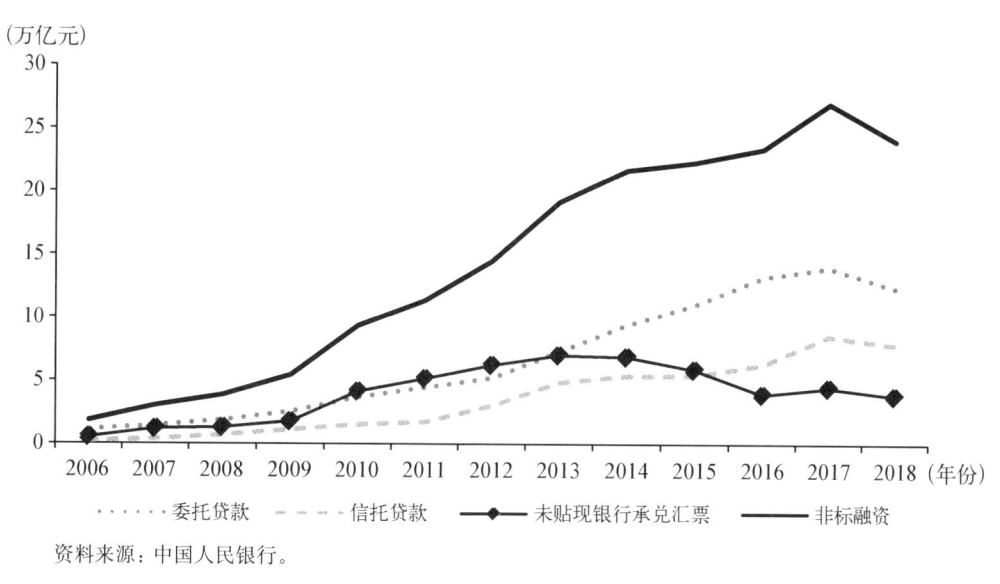

图 2-3 中国主要非标资产走势(社融口径)

资料来源:中国人民银行。

构市场化进程加快,互联网金融快速发展,国内资产管理行业的竞争将空前加大。国内资产管理机构应强化转型意识,加强主动资产管理能力,提供更有特色和多元化的服务和产品。另一方面,尽管竞争加剧,但未来中国资产管理行业存在三大重要机遇:一是房地产调控趋严将提升金融资产配置需求,根据《中国家庭财富调查报告(2018)》(经济日报社编制),房地产是我国家庭财富最主要组成部分,2017 年占比高达66.4%,房地产调控趋严将使居民转向金融资产;二是老龄化加快将促使国内养老金市场快速发展,国家社保基金将随国资划转加速扩容,职业年金和基本养老金市场化管理规模与日俱增(段国圣,2019);三是中国私人财富管理市场仍潜力巨大,根据《2019 中国私人财富报告》(贝恩咨询和招商银行联合发布),2018 年中国个人可投资资产总规模达 190 万亿元。

第二节 中国保险资管行业的主要特征

一般来说,保险资产管理公司的主要股东或母公司为保险公司。早期的保险资管主要服务于股东或母公司保险资金的投资管理,后顺应潮流逐步进行市场化改革,开始独立接受第三方资金的委托管理,自主性和创新能力不断增强,市场竞争力日益提升,逐步发展成为全方位的资产管理机构。

过去十几年是中国金融深化快速推进的黄金发展时期,保险业也获得了快速的发展。2007年中国保险公司总资产为2.9万亿元,到2018年,保险公司总资产已增长到18.3万亿元,增长率达到531%(见图2-4、图2-5)。

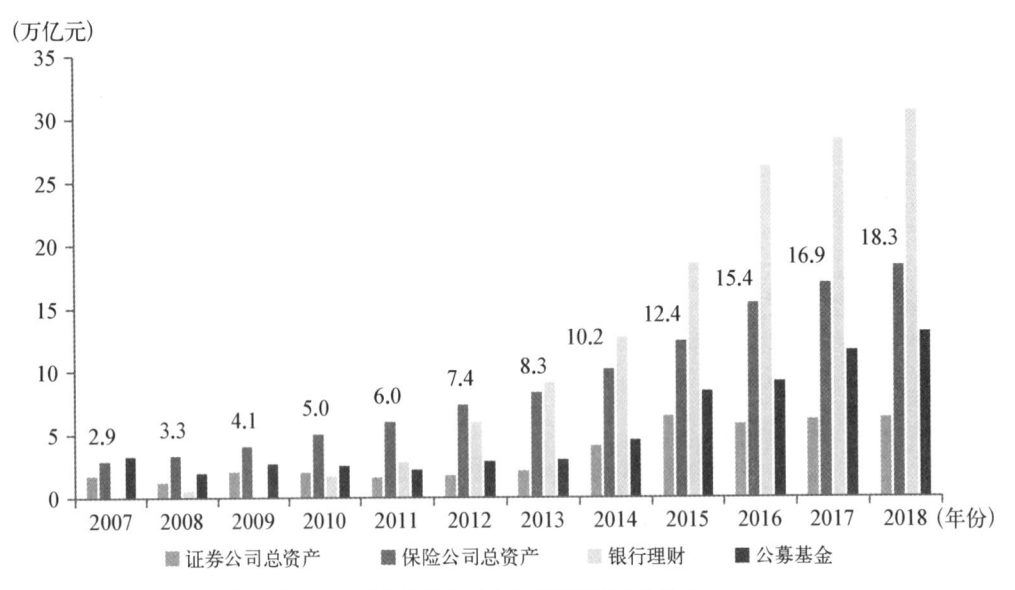

资料来源:中国国家统计局、中国证券业协会、中国证券投资基金业协会。

图2-4 不同资管子行业的资产规模

资料来源:中国国家统计局。

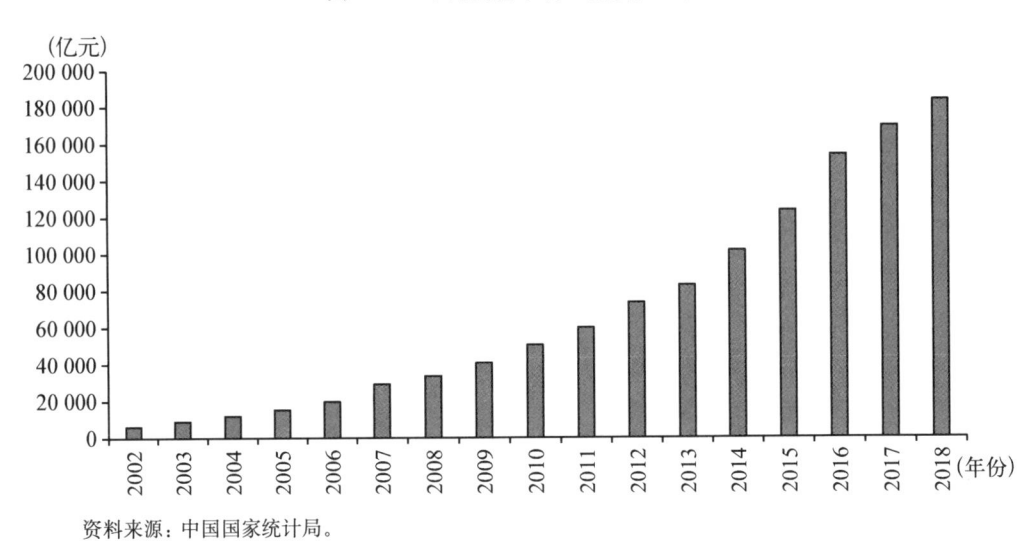

图2-5 2002—2018年保险行业资产总额

图2-6展示了自2003年至2018年,在相当长的一段时期内保险资金总规模持续保持两位数增长,远远超过同期GDP的增长,这不仅表示保险资金的规模增长快于经济增速,还间接预示在国民财富的资金分配中,保险资金和保险理财资金开始占据

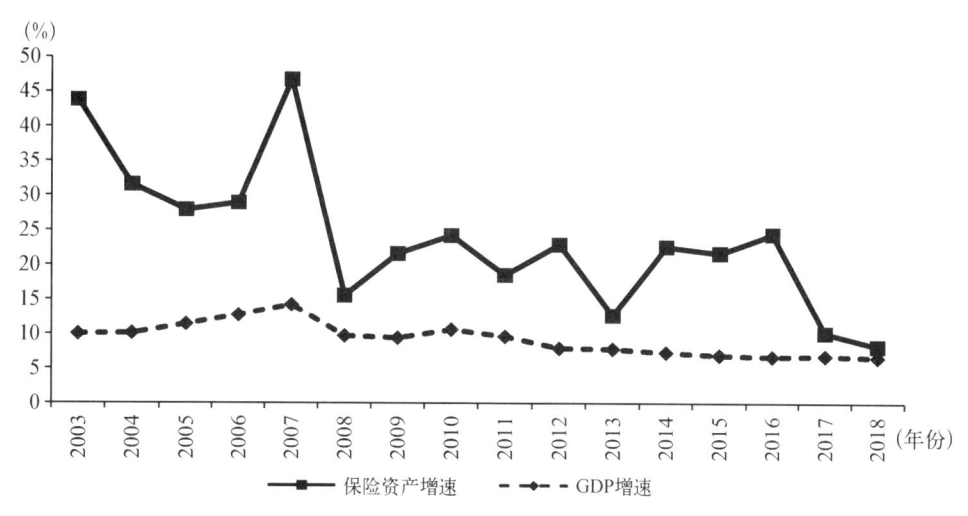

资料来源：中国国家统计局。

图 2-6 2003—2018 年保险资金与 GDP 增速比较

一席之地。2017年以来，保险加速回归保障本源，业务增速明显下降，行业步入高质量发展阶段。

伴随着保险业的快速发展，保险资管行业也迎来了高速发展期，保险资产管理规模迅速增长。图 2-7 显示 2018 年保险资金运用余额为 16.4 万亿元，较 2012 年的 7 万亿元增长 134%。尽管随着经济减速，全行业保费收入增速有所下降，但受益于保险投资端较强的风险管控能力和保险业资产总规模的稳步提升，保险资金运用余额仍保持了稳定增长，2018 年底较年初增长了 9.97%。

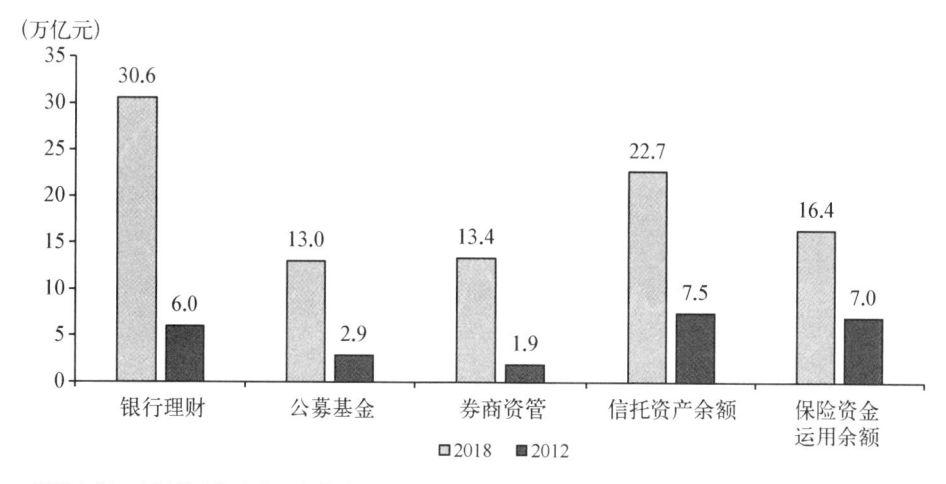

资料来源：中国保险资产管理业协会。

图 2-7 2012 与 2018 年末各行业资产管理规模

同时,保险资产管理公司数量不断增加。如表2-1所示,截至2018年底,全行业正在营业的综合性保险资产管理公司达27家(其中3家是已批复正在筹建的合资保险资产管理公司,包括工银安盛资产管理有限公司、交银康联资产管理有限公司和中信保诚资产管理有限责任公司,此三家公司均有外资背景,也体现了我国保险业的对外开放取得了实质性成果)。

表2-1 保险资产管理公司一览

序　号	机构名称	设立时间
1	中国人保资产管理有限公司	2003年7月
2	中国人寿资产管理有限公司	2003年11月
3	华泰资产管理有限公司	2005年1月
4	中再资产管理股份有限公司	2005年2月
5	平安资产管理有限责任公司	2005年5月
6	泰康资产管理有限责任公司	2006年2月
7	新华资产管理股份有限公司	2006年6月
8	太平洋资产管理有限责任公司	2006年6月
9	太平资产管理股份有限公司	2006年9月
10	安邦资产管理有限责任公司	2011年5月
11	生命保险资产管理有限公司	2011年7月
12	光大永明资产管理股份有限公司	2012年2月
13	合众资产管理股份有限公司	2012年3月
14	民生通惠资产管理有限公司	2012年10月
15	阳光资产管理股份有限公司	2012年11月
16	中英益利资产管理股份有限公司	2013年4月
17	中意资产管理有限责任公司	2013年5月
18	华安财保资产管理有限责任公司	2013年8月
19	长城管理资产管理股份有限公司	2015年3月
20	英大保险资产管理有限公司	2015年3月
21	华夏久赢资产管理有限责任公司	2015年4月
22	建信保险资产管理有限公司	2016年4月
23	百年保险资产管理有限责任公司	2016年11月
24	永诚保险资产管理有限公司	2017年8月

续表

序　号	机构名称	设立时间
25	工银安盛资产管理有限公司	2018年5月(批准筹建)
26	交银康联资产管理有限公司	2018年7月(批准筹建)
27	中信保诚资产管理有限责任公司	2018年9月(批准筹建)

资料来源：中国保险资产管理业协会。

回顾保险资产管理行业的发展历程，2003年是保险资管元年，中国第一家保险资产管理公司宣告成立，保险资管市场开始形成；2012年监管层对保险资金投资限制、投资范围和投资品种大幅松绑，保险资管发展进入"黄金期"；2013年保险资管开始向"大资管"转型[①]，正式允许保险资产管理公司发行定向产品及集合产品；2018年《资管新规》正式把保险资管列入资管子行业，标志着保险资管的市场地位得到正式确认，成为与银行理财、公募基金、证券公司资产管理机构、私募基金等机构展开平等竞争的资产管理子行业。截至2018年底，中国资产管理行业总规模约124万亿元[②]，其中保险资产管理机构总资产管理规模达到15.56万亿元，占比约12.5%，已成为中国资产管理行业的重要组成部分。

2012年以后，监管对保险资管机构的投资限制逐步放开，因为风险隔离使得保险资管的投资品种受到的诸多限制得到一定放松；2013年以后，保险资管机构开始进行资产管理产品业务的试点，保险资管机构的市场化管理能力逐步增强。自此之后，保险资产管理机构逐渐突破以往按照投资指引受托管理母公司保险资金的单一职能，向业务多元、管理模式多元的资产管理本质转型，保险资金运用金额快速增长。如图2-8所示，截至2019年9月，保险资金运用余额约17.8万亿元，较2013年增长了约152%。

国内保险资管机构监管逐步与国外成熟经验接轨。以史为鉴，国际保险资产管理行业的发展历程为中国保险资产管理行业的发展提供了有益经验。具体来看，美国保险资产管理发展经验领先中国，在监管方面，美国的监管经历了从"鸽笼式"向"审慎式"监管的过渡，而过去很长一段时间中国保险资产管理行业的监管都类似于美国"鸽笼式"示范法，将保险资金投资资产分为五大类(流动性资产、固定收益类资产、权益类资产、不动产类资产和其他金融资产)，并对配置大类资产制定了投资能力、上下限比

---

① 中国保监会发布《关于保险资产管理公司开展资产管理产品业务试点有关问题的通知》。
② 数据来自中国证券报、中国财富研究院、星石投资联合编制的《2018年中国资产管理行业报告：回归本源与对外开放，大资管时代再启航》，其中银行理财规模截至2018年5月，其他截至2018年6月。

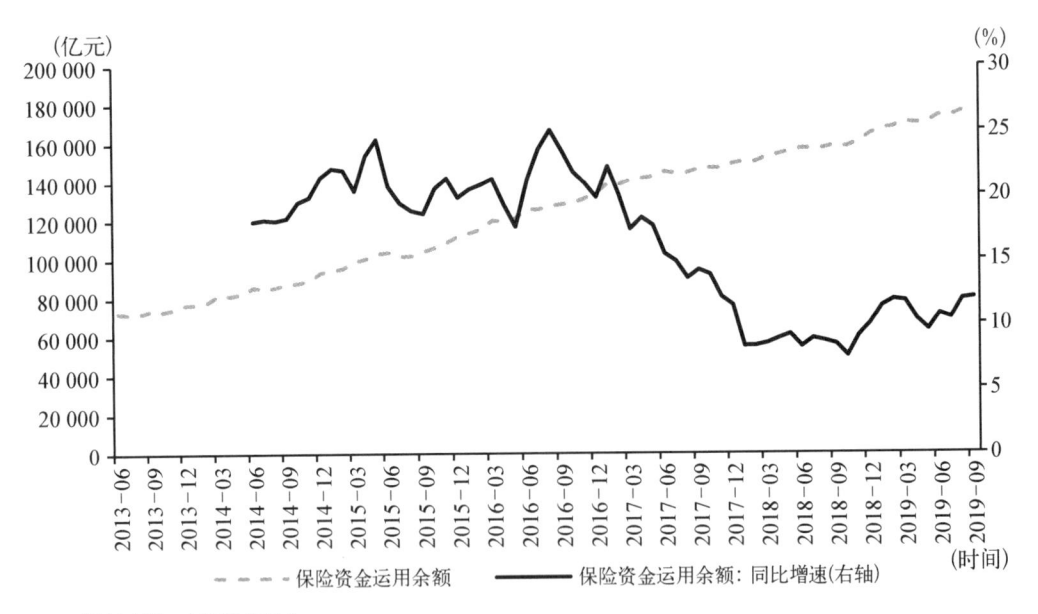

图 2-8 保险资金运用规模和同比增速

资料来源：中国银保监会。

例、集中度风险监管比例、风险监测比例、内控比例、资产负债比例等约束和要求。[①]《资管新规》颁布后，保险资产管理将更加合理，统一标准、审慎监管将是大势所趋，这标志着对中国保险资产管理行业的监管逐步向"审慎式"监管转型。

从投资类别来看，"低利率、低增长、低通货膨胀"的大环境下美国保险资金逐渐减少了对债券和房地产的配置，增加对另类资产的投资，与此类似，中国保险资金投资配置中其他投资占比上升，债券投资占比下降。

展望未来，《资管新规》禁止期限错配和实行净值化管理，在去通道和去杠杆的背景下，银行理财的收益率将下降，券商和信托的竞争力受到影响，保险资产管理机构的期限错配程度较低，保险产品可以通过提供稳定的预定利率兼顾保障功能，逆势向上，打开业务空间。随着金融市场的快速发展，保险资产管理机构应积极适应市场需求，主动加快转型步伐，从过去服务保险母公司的资金管理机构向市场化的综合资产管理机构转变，增强主动资产管理和投研能力，进行多元化投资布局。立足国内经济发展，借鉴国外先进经验，充分利用自身的资金优势，大力发展另类投资，进行全球化资产配置，增强风险管理能力。

特殊的政策监管和发展模式使得中国保险资产管理行业在不断发展过程中既呈

---

① 详见《关于加强和改进保险资金运用比例监管的通知》。

现出一些资产管理行业发展的一般规律,又呈现出一些特殊性。

一是以服务保险主业为主,投资端立足于保险主业负债端的风险收益要求。根据中国保险资产管理业协会的数据,母公司的保费收入是保险资产管理公司的第一大资金来源,截至2017年,保费收入在保险资管资金来源中占比52%;第二大资金来源是接收银行为代表的第三方金融机构的委托资金,占比约34%;第三大资金来源是主动发起设立的保险资管计划,占比约14%。根据中国保险资产管理业协会最新调研的样本数据,2018年样本保险资管机构系统内保险资金占比72.4%,且规模越大的保险资管机构,系统内险资占比越高。图2-9展示了管理规模在5 000亿元以上的保险资管机构中,系统内险资占比达76.7%;管理规模在5 000亿元及以下、1 000亿元以上的保险资管机构在业外业务拓展相对积极,系统内险资占比58.5%。

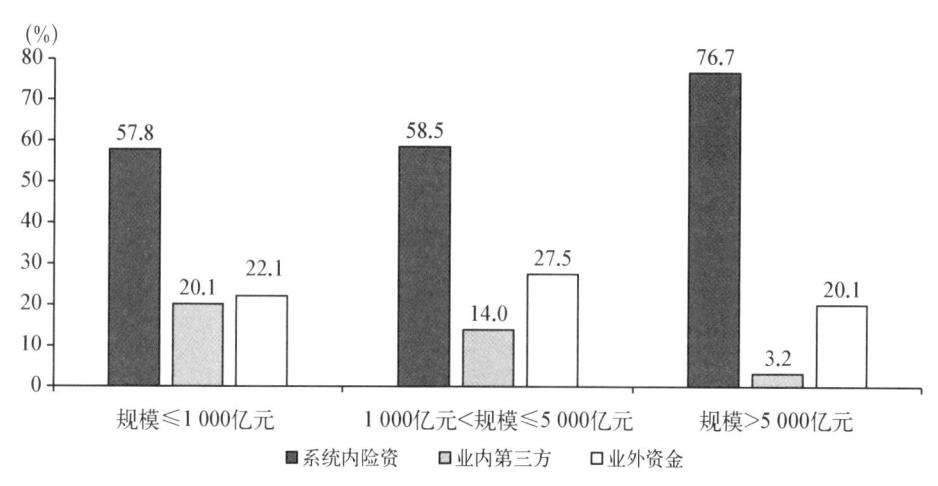

资料来源:中国保险资产管理业协会。

图2-9 不同规模保险资产管理机构管理资金来源情况

保险主业以保费收入为主的负债端结构,决定了保险资管投资端必须立足于负债端的风险收益要求,因此相比于其他类型的资管机构,保险资管机构普遍更倾向于稳健投资、长期投资、价值投资的风格。从保险资管机构的保险资金运用收益的数据来看,历史上保险资金投资收益率与股市表现密切相关,但波动性大大弱于股市,且自2002年至今每年均保持了稳健的正收益,这有效地支持了保险主业的发展。

二是逐步加大以机构客户为主的第三方业务发展。保险资金运用制度改革后,保险资管业务范围得到了很大的拓展,逐渐从主要服务于保险母公司的投资运营管理下属机构转变为市场化的资产管理机构。我国保险资管机构早期定位于股东或母公司保险资金的投资管理,股东背景强大,资金来源以保费收入为主,同时受托管理银行和其他中小险企的资金,更作为独立的资产管理机构发行标准化产品募集资金进行第三方资产管理。

保险资管公司的第三方业务主要以产品化形式拓展,与保险主业资金主要通过账户化管理不同,保险资管第三方业务顺应大资管行业的主流趋势,积极融入市场化竞争趋势,不断进行产品化改革,已经形成包括基础设施债权投资计划、不动产投资计划、股权投资计划、资产支持计划、组合类资管产品五大类系列产品,对推动保险资产管理市场化、提升主动资产管理能力、扩大市场影响力发挥了重要而积极的作用。

保险资管第三方业务的另一大特点是以机构客户为主,如图2-10所示,企业年金是其中最大的单一资金来源,占保险资管机构管理业外资金来源的38%,此外银行资金、基本养老投资管理也是第三方业务的重要资金来源。总的来看,与公募基金、银行理财等个人客户占主导的模式不同,保险资金第三方业务以机构客户为主,资金来源更为集中。

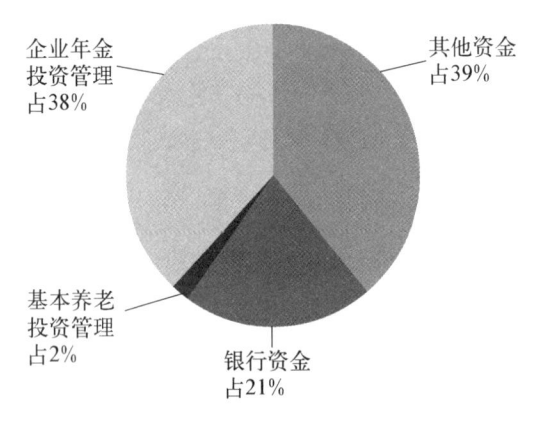

资料来源:中国保险资产管理业协会。

图2-10 保险资管机构管理业外资金来源情况

三是更加重视资产配置,投资结构更加多元。保险资金的快速积累促进了保险资产管理规模的加速增长,保险资金运用逐渐呈现多元化的趋势,投资结构更加合理。具体来看,1995年前,保险资金只能购买银行存款,主要是银行大额协议存款。1995年《保险法》颁布,允许保险资金进行债券投资。由于银行存款利息的降低导致保险公司出现利差损,1999年原保监会允许保险公司通过证券投资基金间接投资证券市场。2004年《保险机构投资者股票投资管理暂行办法》出台,将保险资金投资范围拓展到股票投资,但对股票投资的比例进行限制,规定保险机构持有一家上市公司的股票需低于该上市公司普通股的30%。2012年针对保险资金投资的多项政策陆续出台,逐步允许保险资金进行不动产、非上市场股权、信托、理财产品等非标类投资。

图 2-11 展示了保险资金运用的投资结构。从 2013 年 4 月至 2019 年 9 月，包括非公司股权、不动产投资和信托产品等其他投资的占比显著提升，最新数据显示其他投资占比为 38.7%，已成为保险资金投资中占比最高的一项，表明保险资金主动管理能力及运用效率不断提升。债券投资占比先下降后略有回升，2019 年 9 月债券投资占比为 34.6%，在保险资金投资中占比仅次于其他投资；银行存款占比下降最显著，从 2013 年 6 月的 32.1% 下降至 2019 年 9 月的 14.2%；占比最低的是股票和基金，在保险资金运用中占比保持相对稳定，近年来占比小幅上升，2019 年 9 月占比为 12.6%。总的来看，保险资金投资的主要趋势是银行存款和债券投资占比下降，但两者在保险资金投资中占比仍高达 48.8%，其他投资、股票和基金投资占比上升，充分体现了保险资金投资的"安全性""流动性""收益性"原则，将风险管理放在首位的前提下兼顾收益提升。如图 2-12 所示，目前来看保险资金运行稳健、收益良好，2017 年平均收益率为 5.77%，较 2016 年小幅增加 0.11 个百分点。拉长时期来看，以非标投资为主的其他投资占比上升，具有久期长和收益高等特点，银行存款等收益较低的被动型资产占比下降，使得保险资金的运用收益稳步提升。

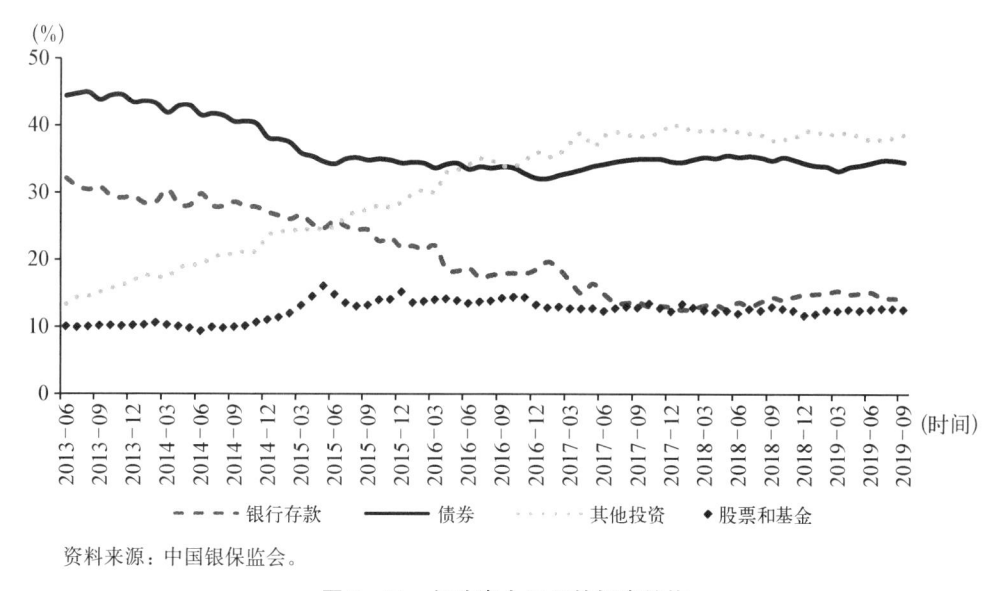

图 2-11 保险资金运用的投资结构

资料来源：中国银保监会。

保险资管机构更加重视资产配置，在大资管行业中具备大类资产配置的相对优势，这一方面受益于保险资管投资范围的全面性，另一方面也来源于保险资管在资产配置方面的长期实践。在长期的投资实践中，保险资金形成了"以固定收益投资为主、

资料来源：中国银保监会。

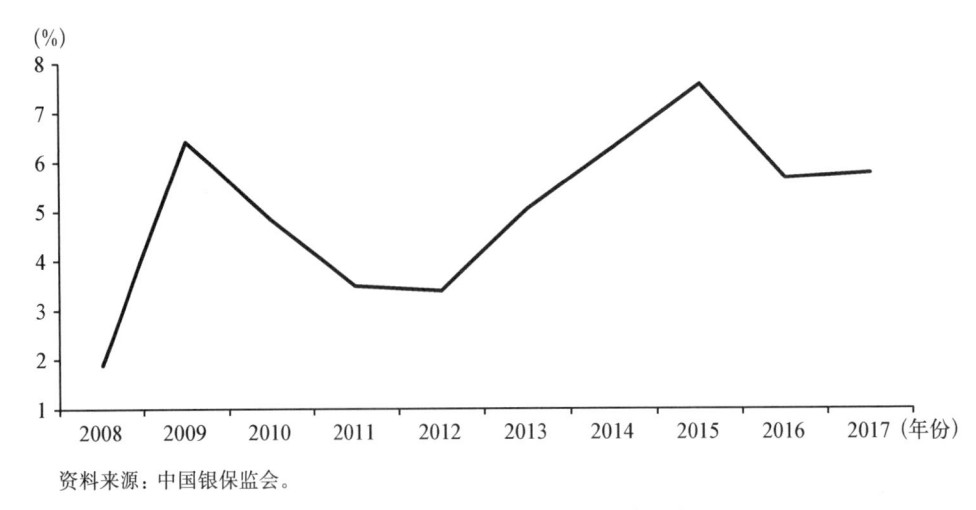

图 2-12　保险资金运用的平均收益率

权益投资为辅"的大类资产配置结构。2012 年以来，以信托为代表的非标资产在保险资产配置的比例逐渐提高，对于优化资产配置结构和改善投资收益发挥了积极作用。2017 年以来，受金融严监管以及非标增速下降的影响，保险资金的非标配置略有下降。

四是追求绝对收益，投资收益趋于稳定。与大资管的其他行业不同，保险资金通常追求绝对收益，这是由其负债端以保费收入为主的属性决定的。保险公司的保险产品通常有预定利率，需要支付给保户。承包端的竞争压力倒逼保险资管投资端必须获得稳健的绝对收益。

绝对收益的要求促使保险资管公司格外重视大类资产配置，充分分散风险，并在投资组合中以波动率较低的固定收益类品种为主。近年来另类投资的快速发展，为保险资金提供了一个长期稳定的"收益垫"，保险资金运用的收益表现趋于稳定，与上证指数的相关性明显下降，如图 2-13 所示。

未来，保险资金仍要坚持多元化的投资策略，重视资产配置，持续追求绝对回报，为保险业务发展奠定基础。

根据第一章对中国金融周期的分析，当前中国金融周期正进入下行周期，这将对经济周期和整个资管行业产生重要影响。为适应金融周期进入新阶段，政策监管和调控思路发生了较大的转变，央行提出双支柱调控框架（以货币政策调控应对传统经济周期，宏观审慎应对金融周期），《资管新规》逐步补齐监管短板，依靠通道进行套利的空间将逐步被消除，这标志着宏观调控和金融监管政策正发生深刻的转变。

具体来看，金融周期从资产端、负债端和行业格局三个方面影响保险资管行业。

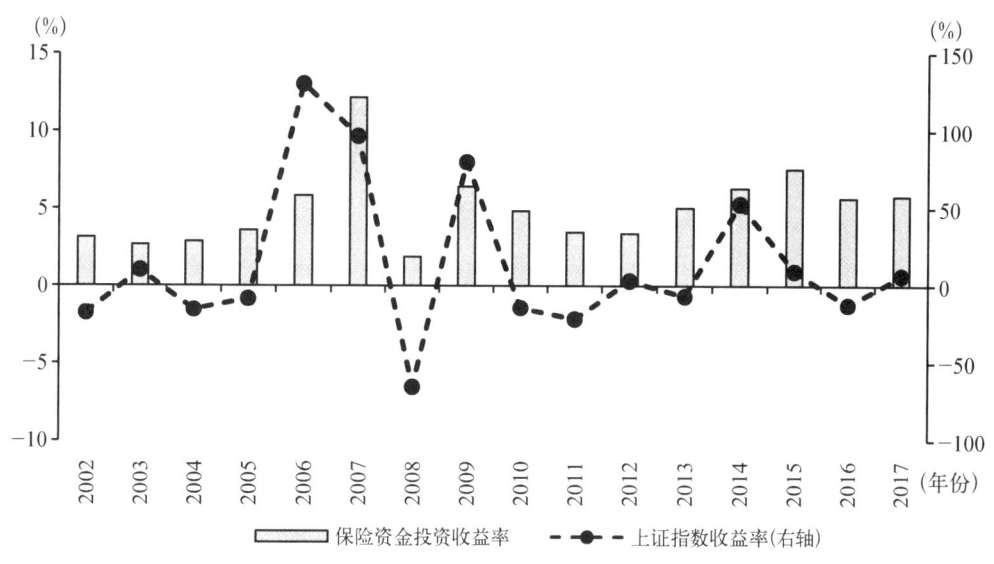

资料来源：上交所、中国银保监会和《证券时报》。

图2-13 2002—2017年末保险资金运用收益率与上证指数比较[1]

第三节 从资产端角度看对保险资管的影响

如果不考虑微观上各家公司的投资能力，那么从宏观层面看，保险资管资产端主要受经济基本面、信用和利率三方面影响。

一、实体经济角度

从实体经济角度来看，金融周期进入下半场后，经济减速带来的资产回报率下降，将使优质资产更受青睐，同时金融风险也将逐步下降。具体来说，金融周期进入下半场后，信用扩张速度下降甚至转为信用收缩，本质是去杠杆的进程。在去杠杆期，经济增长放缓，实体经济所提供的资本回报率趋于下降。以美国为例，通过分析金融周期、经济周期和资本回报率之间的关系，不难发现金融周期下行期前均对应了经济增速的大幅下行，分别对应了美国储贷危机和次贷危机，危机后美国经历了痛苦的去杠杆时期，相比其他时期，去杠杆和信用收缩使得美国经济下行幅度更大。图2-14展示了美国经济周期和金融周期。进一步看，经济增速下行与美国企业利润增速之间具有较高的相关性，即当经济增速下行，美国企业利润增速大概率下行，且在某些时期企业

---

[1] 银保监会未披露2018年和2019年保险资金投资收益率。

利润增速领先经济增速变动。拉长周期分析,如图2-15所示,从1948年至2018年,美国经济增速和企业利润增速的相关性高达0.64。观察金融周期下行期前后企业利润的表现,结果与经济增速一致,金融周期下行期均出现企业利润增速大幅下行。

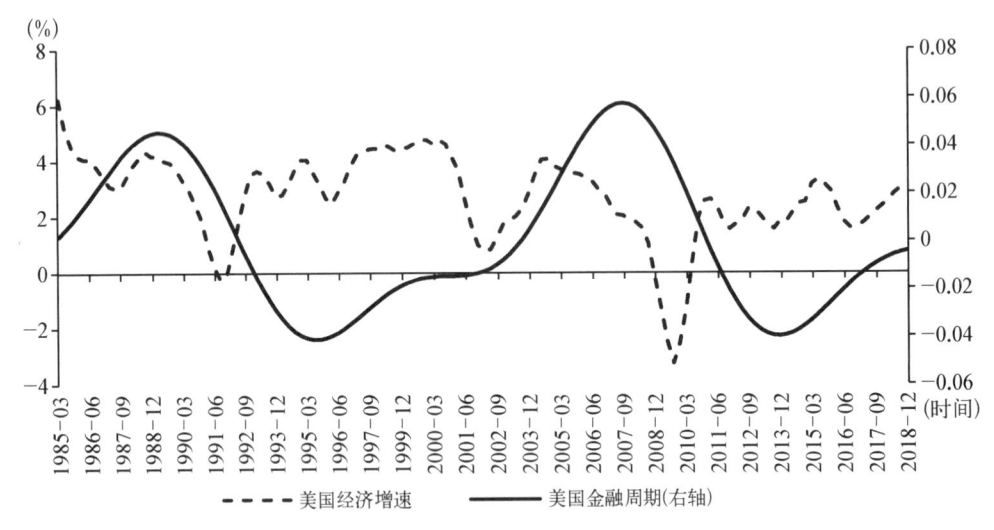

资料来源:BIS、美国经济分析局、美国劳工部。

图2-14 美国经济增速和金融周期

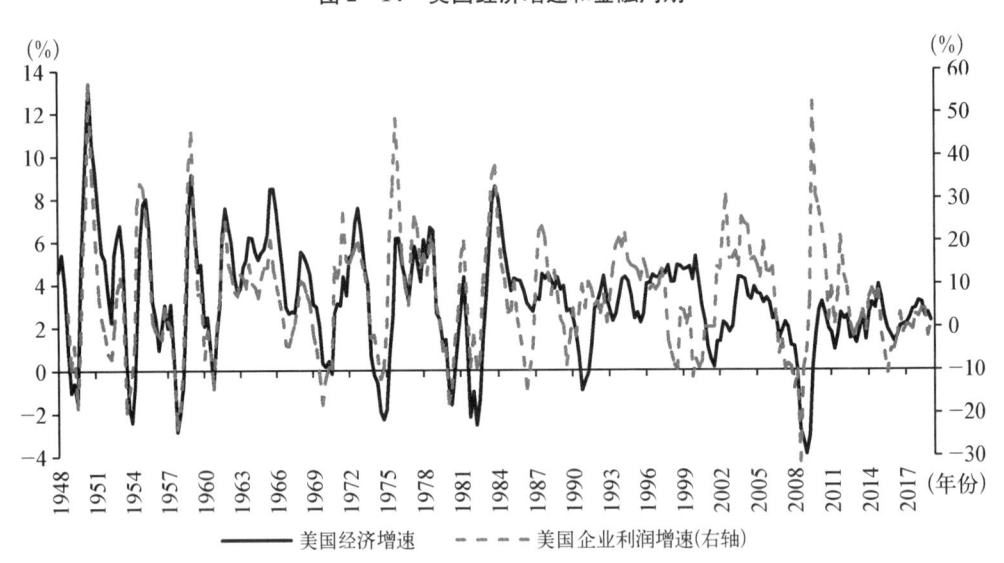

资料来源:美国经济分析局。

图2-15 美国经济增速和企业利润增速

通过对美国上市公司的企业平均盈利状况(ROE)进行验证,可以得到相似的结果。以美国标普500指数为例,如图2-16所示,当经济增速下行,美国上市公司整体

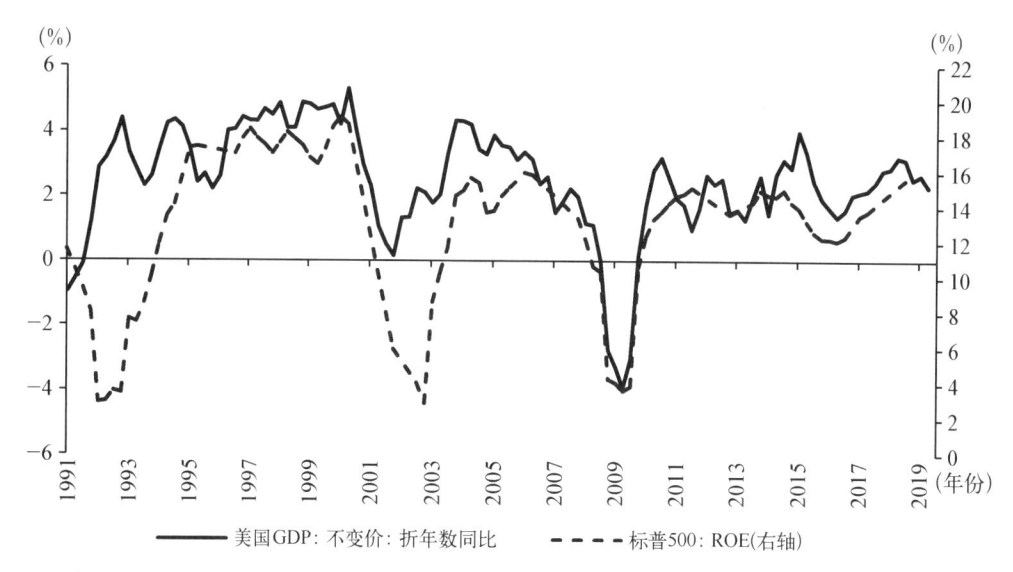

图 2-16 美国经济增速和上市公司平均资本回报率

的资本回报率（ROE）会恶化，其中标普500上市公司整体资本回报率在两次危机时期均出现"断崖式"下滑。因此，从美国来看，在金融周期进入下半场后，经济下行幅度更加明显，影响企业绩效和资产回报率。

进一步分析中国金融周期、经济周期和资本回报率的关系，可以得到与美国相似的结论。如图2-17、图2-18和图2-19所示，相比其他时期，金融周期下行阶段，去

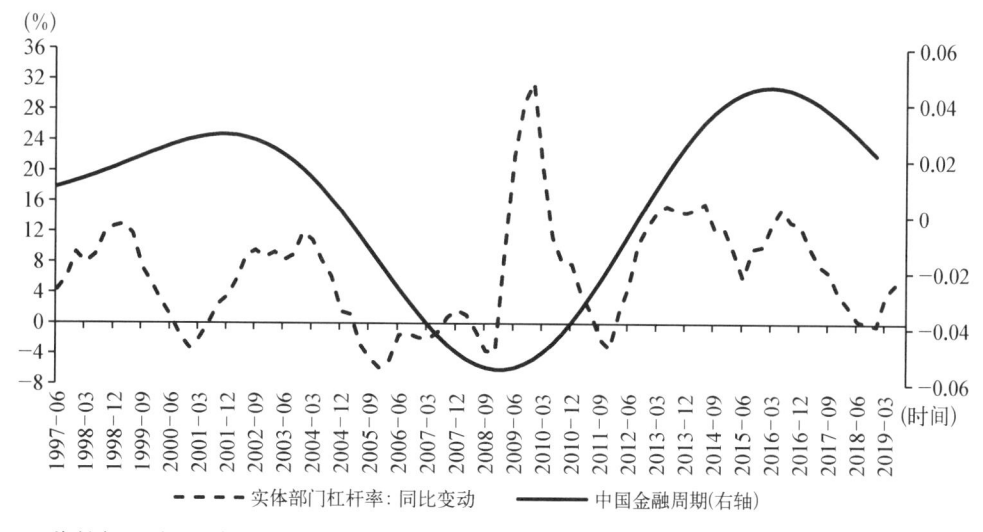

图 2-17 中国金融周期和实体部门杠杆率变动

杠杆意味着实体经济部门削减资本和消费支出,消费和投资下降带来更大的经济下行压力,工业企业利润增速和利润率也会更大幅度下降。

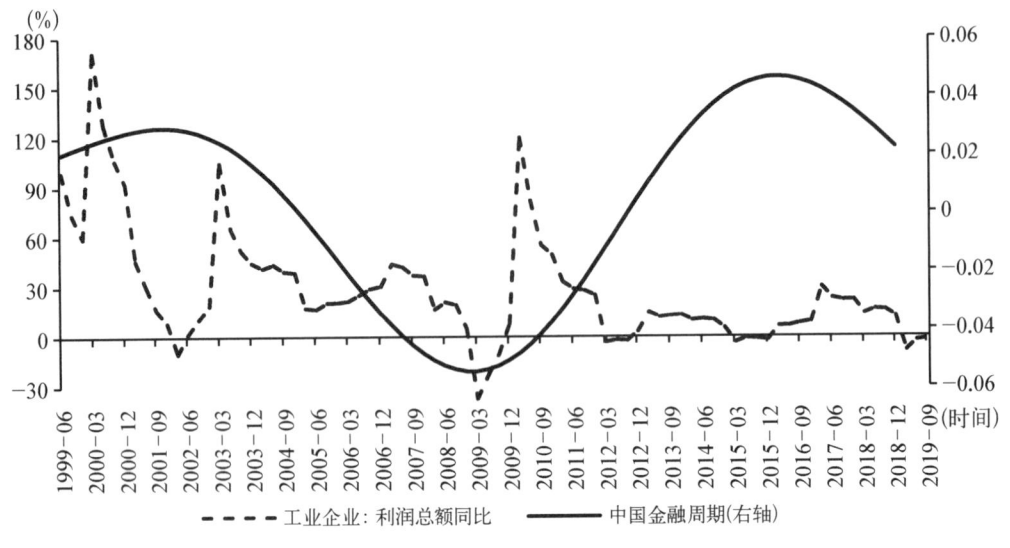

资料来源:BIS、中国国家统计局。

图 2-18 中国金融周期和工业企业利润增速

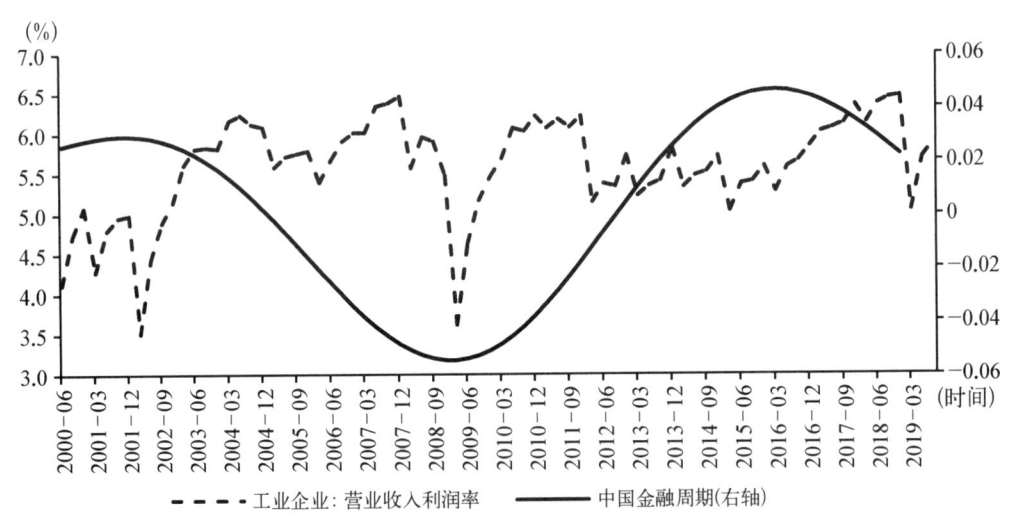

资料来源:BIS、中国国家统计局。

图 2-19 中国金融周期和工业企业营收利润率

从另一个角度来看,随着金融周期进入下半场,房价和信贷螺旋上升的顺周期性被打破,在经济增长减速的同时,信贷错配、错用等结构性问题将得到缓解,金融风险下降,优质资产将更受青睐。以 A 股为例,如图 2-20 所示,业绩较好的股票指数(以申万绩优股指数来表征优质资产)在金融周期下行期明显跑赢大盘指数(申万 A 股指数),获得了更高的相对收益;在金融周期上行期,相比大盘指数,业绩较好的股票指数并未获得明显的相对收益,甚至在特定时期表现不及大盘指数。中国宏观杠杆率及分部分杠杆率如图 2-21 所示。

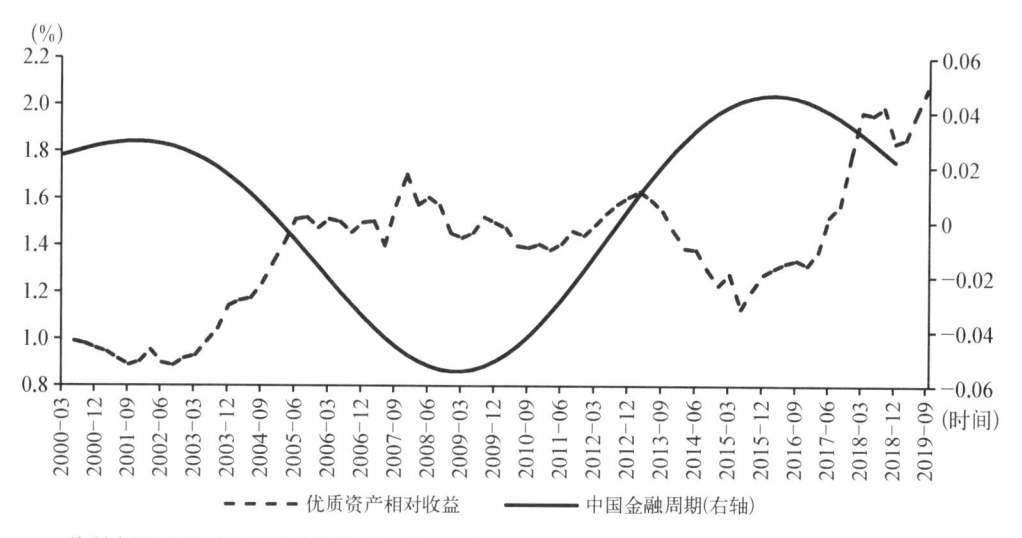

资料来源:BIS、中国国家统计局、申万宏源证券。

图 2-20 中国金融周期和优质资产相对收益(以 A 股为例)①

资料来源:中国国家资产负债表研究中心。

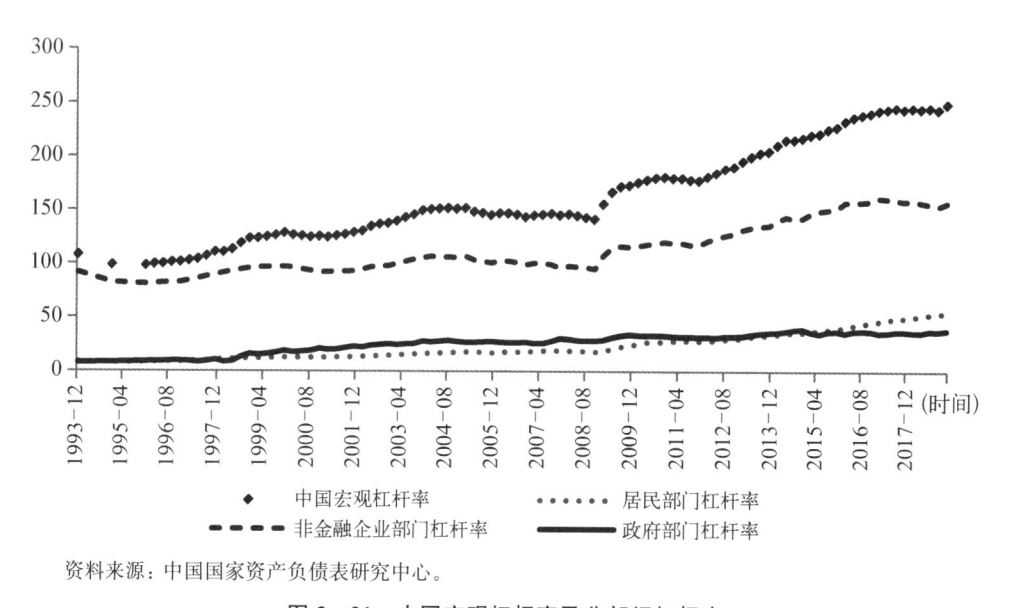

图 2-21 中国宏观杠杆率及分部门杠杆率

---

① 优质资产相对收益=申万绩优股指数/申万 A 股指数。

二、信用角度

从信用角度看,金融周期下行期,对应着"水落石出"的风险,信用风险将上升,但经济结构出现改善。

从欧美经验来看,在金融周期顶部由于流动性和信用收缩,通常容易发生金融危机。即便不是危机式的调整,缓慢的去杠杆过程,也意味着此前扩张期靠信用宽松支撑的某些资产将面临压力,资质较脆弱主体的信用风险上升。图2-22展示了美国金融周期和私人非金融部门信贷缺口高度一致,尽管私人非金融部门信贷缺口波动更大,但长期走势基本相同,即在金融周期下行期,信用环境收紧,去杠杆将使更多的信用风险暴露,如次贷危机时期出现了大量房贷违约。当前美国正处于金融周期的上行期,对应信贷缺口上升,但绝对值仍为负,进一步佐证了美国金融周期上行期仍将持续一段时间。图2-23展示了中国金融周期和私人非金融部门信贷缺口之间的联系,与美国基本一致,两者的长期走势高度相关。此外,与欧美等发达国家在金融周期顶部爆发危机、疾风骤雨式的实现市场出清的模式有所不同,中国政府主动加强监管,采用更温和的出清方式以避免出现经济危机。2016年以来去杠杆和防风险成为政府的重要工作,信贷/GDP缺口快速下降,表明了金融风险在主动调控之下正在积极主动化解,但当前中国金融风险并未完全解除,信贷缺口仍高于欧美国家,需警惕金融周期下行阶段信用风险的加速暴露。

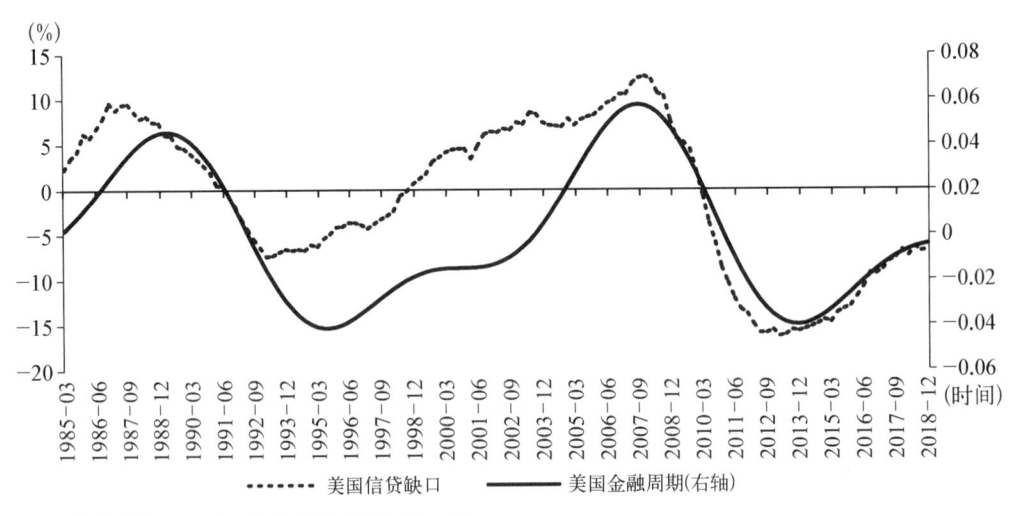

资料来源:BIS、美国经济分析局、美国劳工部。

图2-22 美国金融周期和私人非金融部门信贷缺口

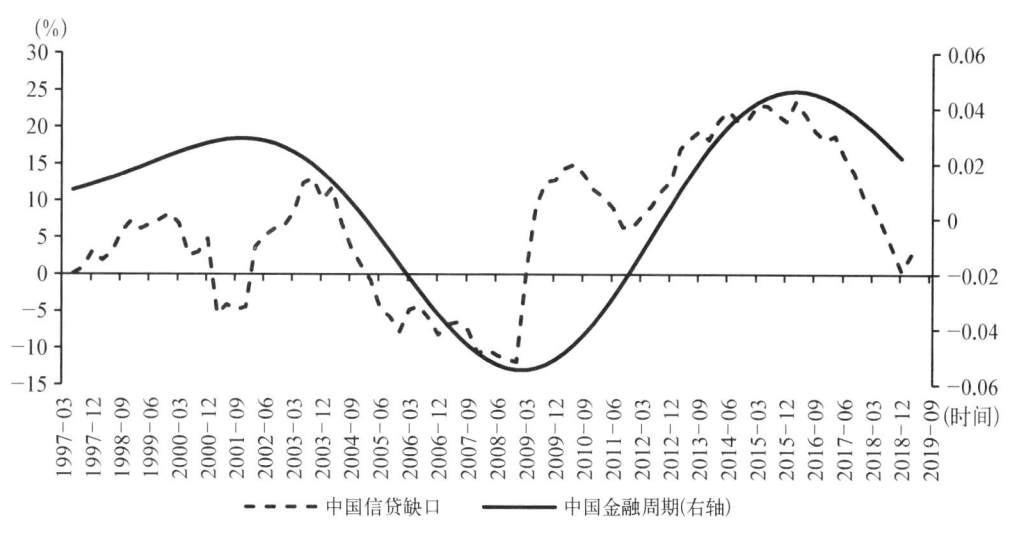

资料来源：BIS、中国国家统计局。

图 2-23　中国金融周期和私人非金融部门信贷缺口

此外，还应关注信用和房地产相互强化带来的顺周期性，金融周期下行期，房地产价格下降会加剧信用风险暴露。回顾历史，20世纪90年代日本房地产市场泡沫破裂，出现了大量的不良贷款，随后日本的房地产和银行体系开始漫长的资产负债表调整，经济持续低迷并伴有通缩压力。2008年美国次贷危机与房地产价格泡沫密切相关，美联储为了抑制房地产泡沫，从2004年开始上调目标利率，随着美联储持续加息，美国房地产价格在2006年达到顶峰后开始下降，房价下降使得以房屋为基础的抵押贷款无法还本付息，导致次级抵押贷款机构破产，进而产生席卷美国乃至全球的金融危机。

房地产作为特殊的资产，兼具投资属性和生产属性，是连接金融和实体经济的重要桥梁。价值高但价格波动小的特性使房地产成为最常见的信贷抵押品，这使得房价的周期波动与信贷紧密相关，直观表现为繁荣时向上动力强，衰退时向下动力也大。图2-24展示了美国金融周期波动和房地产价格增速的关系，从长期来看，尽管房地产价格短期受外部因素扰动而上下波动，但金融周期下行期与房地产价格增速下行期紧密相关，两轮房地产价格增速下行期均领先金融周期下行期，这表明房价下降会加剧社会整体的信用收缩。图2-25展示了中国金融周期波动和房地产市场景气度的关系，与美国的情形基本一致，房地产价格趋势性下行是引发金融周期整体向下的重要动能。展望未来，尽管从短期来看，中国房地产市场仍具有较高的韧性，但国房景气指数开始下滑显示出中国房地产市场动能正在减弱。2019年7月的中央政治局会议更是明确提出"不将房地产作为短期刺激经济的手段"。随着房地产调控日渐趋严,一旦房地产市场全面走弱,信贷和房地产价格的联动将使得全社会的信用风险大幅上升。

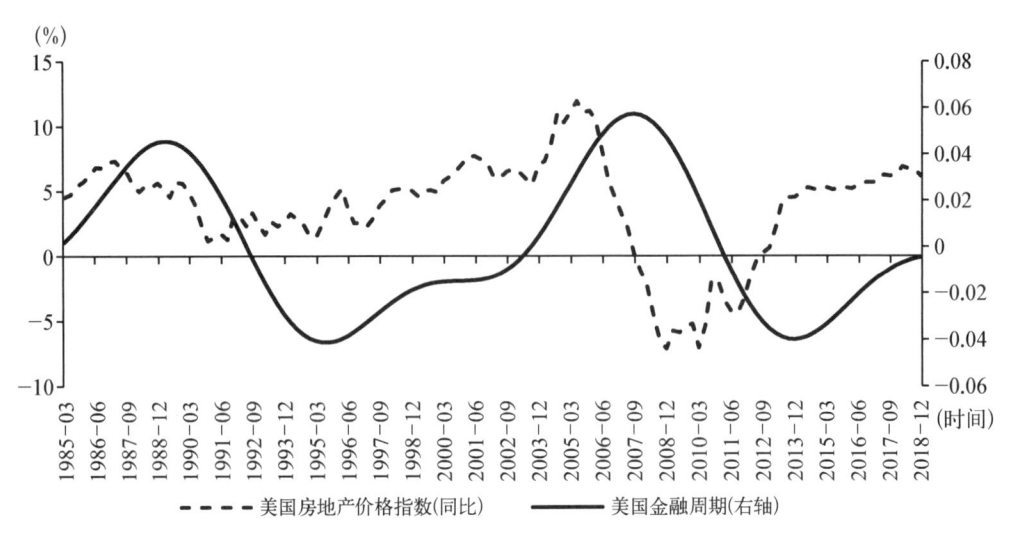

资料来源：BIS、美国经济分析局、美国劳工部、美国联邦住房企业监管办公室。

图 2-24 美国金融周期和房地产价格增速(同比)

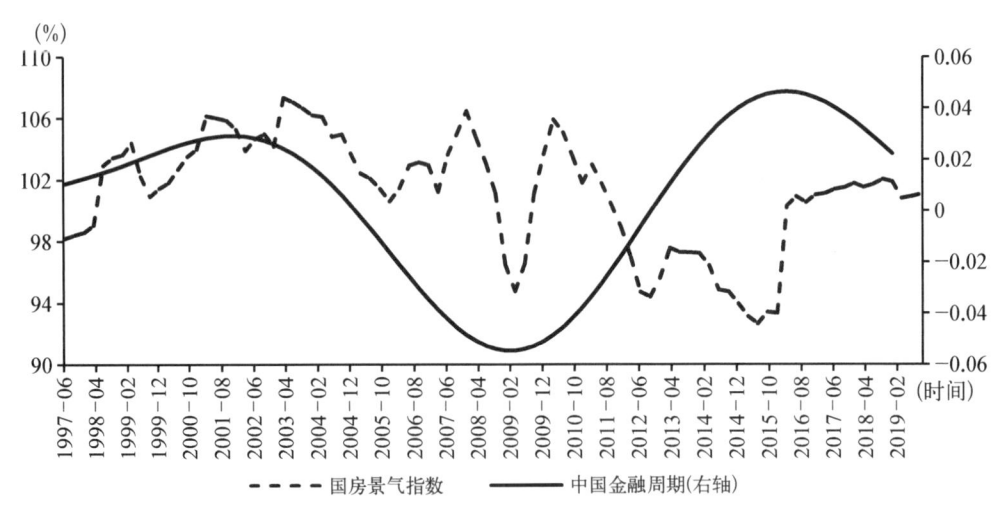

资料来源：BIS、中国国家统计局。

图 2-25 中国金融周期和国房景气指数①

---

① 中国常用的房地产价格指标的期限较短,如百城住宅价格指数、70 个大中城市新建住宅价格指数等。借鉴伊楠和张斌(2016)的研究成果,这里采用国房景气指数,国房景气指数包含了除商品房价格以外的关于房地产开发投资、资金来源、土地转让收入、土地开发面积等多项指标,涵盖了大量与资产价格不完全等同的变量信息。

三、利率角度

从利率角度看,金融周期下半场后,利率趋于下行,但波动性或提高。

经济增速下行期,实体部门资产负债表收缩,社会有效需求不足,储蓄相对于投资增加,均衡利率下行,央行顺势放松银根以引导市场利率向均衡水平收敛。图 2-26、图 2-27 和图 2-28 分别展示了美国、欧元区、中国金融周期和短期基准利率走势,从长期趋势上看,金融周期下行期,去杠杆和信用紧缩将使得均衡利率下行,央行会放松货币政策引导短期政策利率下降。金融周期下行期,政府通常会加杠杆以稳定经济,例如积极的财政政策,央行则牵引政策利率下降用以支撑财政政策扩张效果,包括传统的货币政策(如美联储或欧央行降息)和非常规的货币政策(如量化宽松时美联储或欧央行直接购买政府债券)。

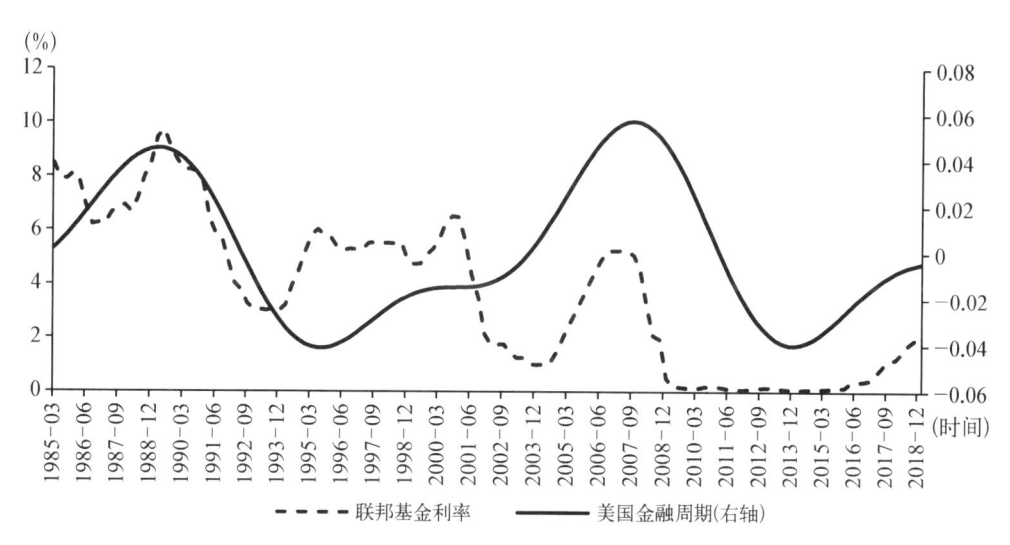

资料来源:BIS、美国经济分析局、美国劳工部、美联储。

图 2-26 美国金融周期和联邦基金利率

但从欧美经验看,市场利率走势具有不确定性。主要有两种情形:一是金融危机爆发,流动性链条的断裂和资产恐慌性抛售或使得利率短期迅速上升;二是银行体系信用扩张遇到瓶颈,信用投放货币赶不上债务偿还或财政扩张需要的流动性,限制了利率下行空间。美国的利率自 20 世纪 70 年代滞胀时期的高点趋势性下行至今,其中的波动相当大。中国在金融周期驱动利率下行的下半场中,同样需要警惕利率波动性增加。

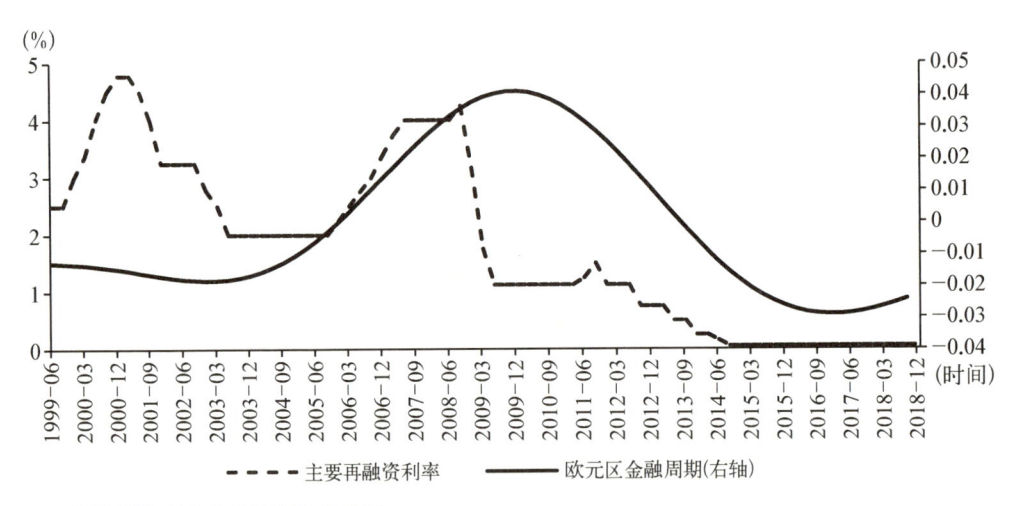

资料来源：BIS、欧盟统计局、欧央行。

图 2-27 欧元区金融周期和主要再融资利率

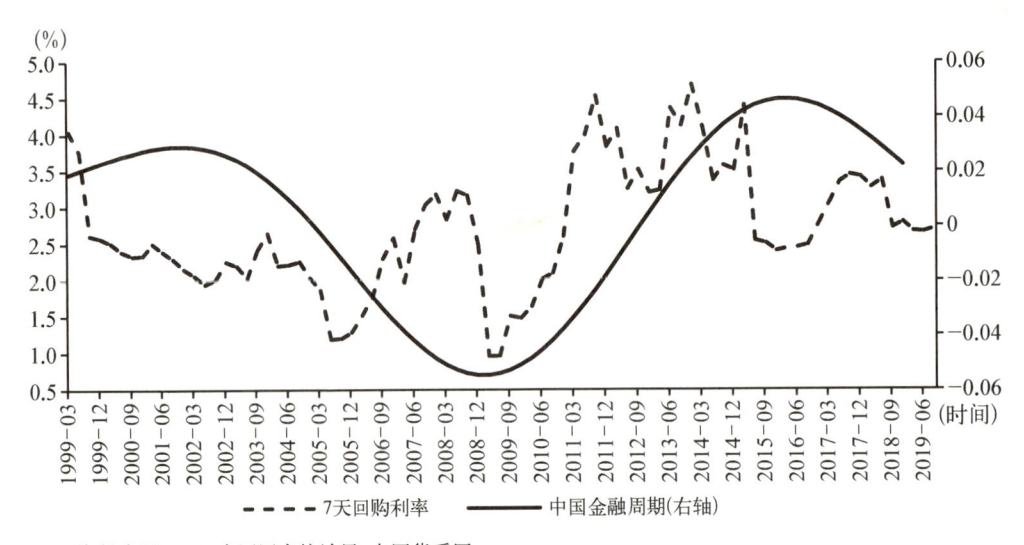

资料来源：BIS、中国国家统计局、中国货币网。

图 2-28 中国金融周期和7天回购利率

第四节 从负债端角度看对保险资管的影响

从负债端角度看，金融周期对保险资管影响主要是通过资产负债表渠道。

一是保险资金负债端回归本源，保险机构间分化趋于加剧。保险资金负债端对利率下行的敏感性较差，通常在利率开始下行后，保险资金负债端成本变化仍呈现明显的滞后性。另外，由于市场竞争，以及保险公司对市场份额、规模的诉求，在利率下行趋势中,保险负债端预定利率也很难迅速跟随下调。因此,在金融周期转入下行期后,资产端的利率中枢趋于下移,但负债端成本的相对刚性,将进一步增加保险资管投资端的压力和保险资管公司之间的竞争压力,也将驱动保险资管行业呈现更明显的头部集中趋势。

二是其他金融机构资产负债表扩张放缓甚至收缩,使保险第三方业务受限,但随着银行理财等资管产品刚兑的逐渐破除,保险产品的预定利率优势将凸显,相对吸引力会增强。与此同时,相比其他资管子行业,保险资管机构期限错配等问题较小,甚至是负债久期大于资产久期,叠加长期相对稳健保守的投资风格使其受监管冲击的影响要更小,这有助于保险资管机构在市场化竞争中获得更大的相对优势。

金融周期上行期,信贷扩张、流动性宽松,金融机构资产负债表普遍大幅扩张。主要体现在保险行业,2014—2016年万能险、投资型理财险这类负债的跃进式扩张,支撑了部分保险机构激进的资产扩张,但此类负债久期短、成本高,容易衍生流动性风险,投资收益如果不能覆盖负债成本,则将影响保险公司的偿付能力。在金融周期转入下行后,信用风险上升,金融机构资产负债表扩张放缓甚至收缩,保险资金回归保障本源,小型保险公司的生存环境被挤压,能够创造优质保障型险种、拥有庞大优质代理人队伍的大型险企将利用渠道优势获得更大的市场占有率,强者恒强的龙头效应将更加凸显。

以万能险为例,国内万能险在2000年[①]推出,随着保险资金运用市场化的快速推进,主要表现为保险资金投资范围和领域逐步放开,万能险出现爆发式增长,成为一些中小保险公司快速冲规模、以实现"弯道超车"的重要工具。从2003年至2016年,国内万能险业务收入从17亿元快速增至11 860亿元,占寿险总规模保费的比重从不足1%增至37%。[②] 相比一般的寿险产品,万能险资金运用范围和比例没有特别规定,只是需要服从于保险资金运用的整体性规定,使用更加灵活。在万能险快速发展的背后,出现了部分保险企业资产负债端短钱长配、杠杆率上升、恶性竞争和对上市公司野蛮收购等问题,导致利差损风险、流动性风险加大,扰乱了行业和资本市场秩序。自2016年3月起,原保监会开始加强对万能险的监管,2017年原保监会连续出台多个加强监管的文件。总的来看,针对高杠杆和期限错配等问题,监管层对症下药,在负债端表现为控制万能险等中短存续期产品规模,在资产端表现为强化保险资金运用监管,遏制违规和激进投资行为,减少恶性竞争。据原保监会发布的数据,2017年万能险在

---

① 2000年太平洋保险推出了中国第一款在银保渠道销售的万能险产品。
② 万能险数据以保监会公布的人身保险公司保户投资款新增交费近似代替。

寿险结构中占比为20.0%,较2016年降低了16.9个百分点,普通寿险业务占比上升了11.1个百分点。图2-29和图2-30展示了万能险收入的增速和市场格局,2016年之前万能险快速增长,借助于万能险中小保险企业快速崛起,市场份额提升;2016年后随着监管收紧,万能险迅速降温。对万能险和投资性理财险等产品的严监管,部分激进的险企短期会面临一定的流动性压力,但负债来源稳定的保险龙头企业受到的影响较小,未来保险资管行业将进入集中度提升、强者恒强的时期。

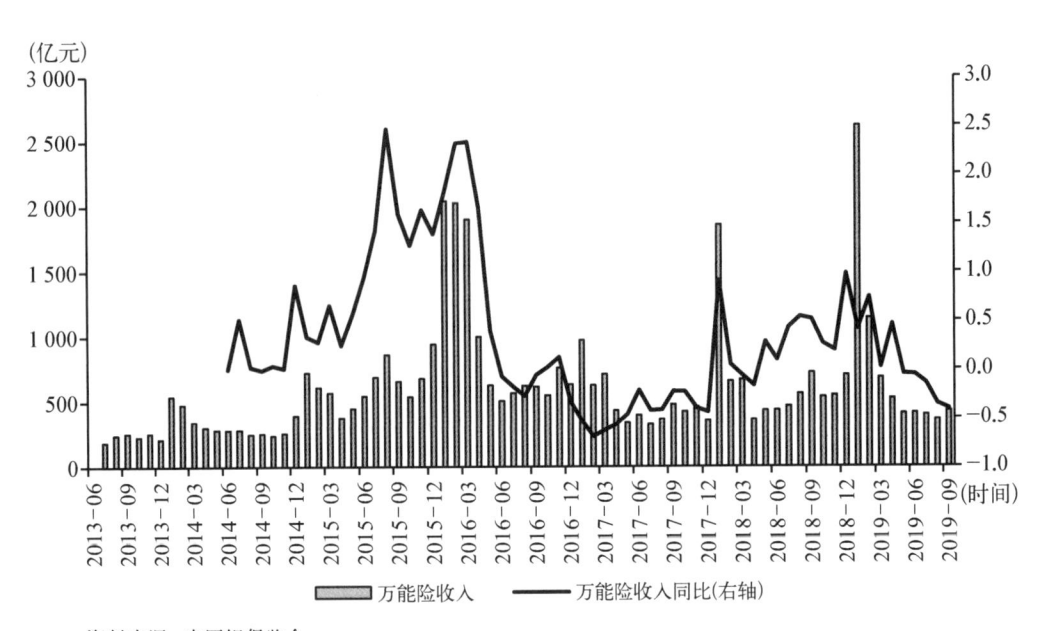

资料来源:中国银保监会。

图2-29 国内万能险收入和增速

《资管新规》将推动行业进入新时代:刚兑打破,真实的无风险利率回归,将释放巨大的资产管理需求;全面资产管理能力将越来越重要,成为核心竞争力;投资风险收益匹配的理念将深入人心;预期收益要求趋于理性;保险资管的投资优势将日益凸显。

《资管新规》要求资管产品实行净值化管理,打破刚兑和去通道、去杠杆的监管要求将使得银行理财产品的收益率下降,未来会有大量的非标产品面临转标的压力,其他金融机构资产负债表扩张会逐渐放缓甚至收缩,保险第三方业务短期受限。但随着银行理财等资管产品刚兑的逐渐破除,保险产品将提供稳定的预定利率兼顾保障功能,相对竞争力也将提升,保险资管要充分把握本轮资产管理行业调整带来的业务扩展机遇,扩大第三方资产管理业务的规模。

展望未来,在强监管和低利率趋势下,刚性兑付将被打破,理财的优势和吸引力下降

资料来源：中国银保监会。

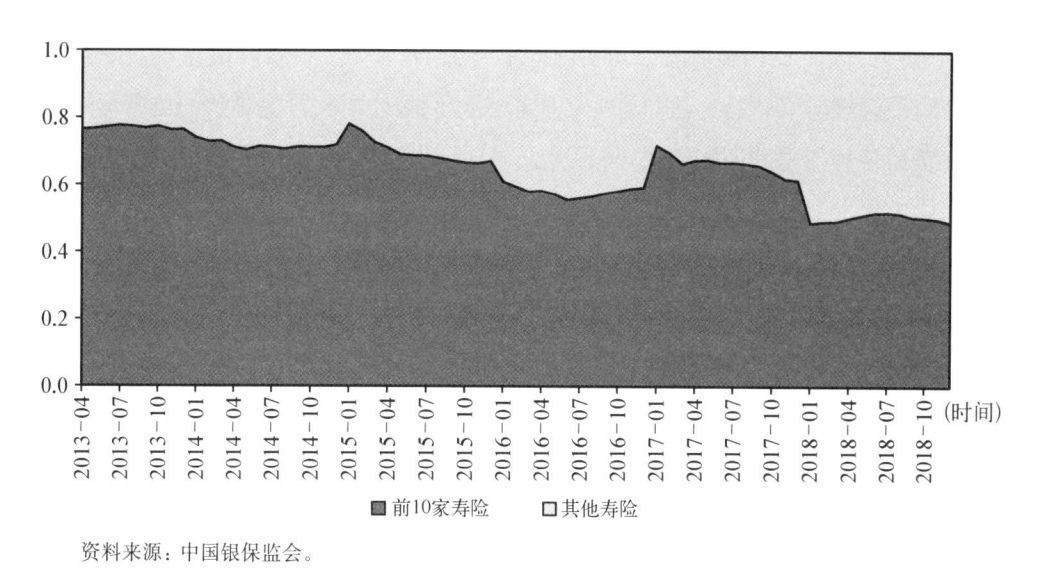

图 2-30 国内万能险市场格局

会使得部分风险偏好较低的资金流向保险产品，保险产品的竞争力和优势将凸显，保险需求将持续释放。与此同时，保险产品的负债期限通常较长，保险资金进行资产配置时，可以适当拉长久期，使整体收益更高、波动更低，有助于吸引更多的高净值客户，通过扩展财富管理领域中更多私人客户提升第三方资产管理规模，更多布局公募基金业务领域，充分把握企业年金与养老金等领域的发展机遇，积极挖掘潜在的优质标的。

第五节 对保险资管行业格局的影响

金融周期对保险资管行业格局的影响主要通过政策渠道。金融周期对经济周期的影响日益显著，其中一个很重要的原因是政策的改变，一方面监管放松，另一方面通过政府的显性和隐性担保会进一步放大金融周期的影响。针对金融领域日益膨胀的系统性金融风险，如高房价和高杠杆正不断侵蚀着实体经济，金融严监管和供给侧结构性改革将是未来金融市场的主线。保险资管行业格局将发生深刻变化，行业间分化格局将加剧，如何分化将取决于以下几个因素。

一、负债端的稳定性、合规性，是否切实回归本源

国内保险业资产负债管理由"软约束"向"硬约束"转变，开启差别化监管序幕。2017年底发布的《保险资产负债管理监管办法（征求意见稿）》明确提出要依据综合评

级结果,对A、B、C、D四类保险公司实施差别化监管。2019年8月银保监会发布《保险资产负债管理监管暂行办法》,进一步明确要对保险公司实行更灵活的监管形式,根据资产负债管理能力和匹配情况,将保险公司划分为"好""较差"和"差"三种。总的来看,"保险姓保"的理念正逐步回归,理应坚持保险服务实体经济的宗旨,引导行业回归本源、突出主业,发挥长期稳健风险管理和保障功能。因此,哪些产品保障功能突出、优质代理人队伍稳定庞大,同时资产端获取优质非标资产能力强的保险机构有望强者恒强,资源将进一步向头部集中。

二、主动管理能力和大类资产配置能力

金融周期下半场对保险资管机构资产负债两端均带来深刻影响,只有据此切实做好符合保险资金资产负债特性的大类资产配置,提升主动管理能力,才有望获得长期稳定的绝对收益,在未来的资管行业竞争中占据有利地位。

从外部环境来看,2008年金融危机后,全球经济复苏缓慢,降息和量化宽松竞相出台,全球负利率环境不断加深。据彭博社估计,全球负利率债券规模不断攀升。最新数据显示(见图2-31),全球负利率债券规模接近15万亿美元,在2019年8月一度高达17万亿美元。进入2019年,中美贸易摩擦持续升级、全球经济增长疲软和地缘政治风险(如英国脱欧)使得全球利率进一步走低,负利率程度加深,截至2019年10月31日,10年美债利率从年初2.66%下行至1.69%,降幅接近100 BP,10年德债利率从年初0.2%下行至−0.42%,降幅达到60 BP左右,均已处在历史低位附近。

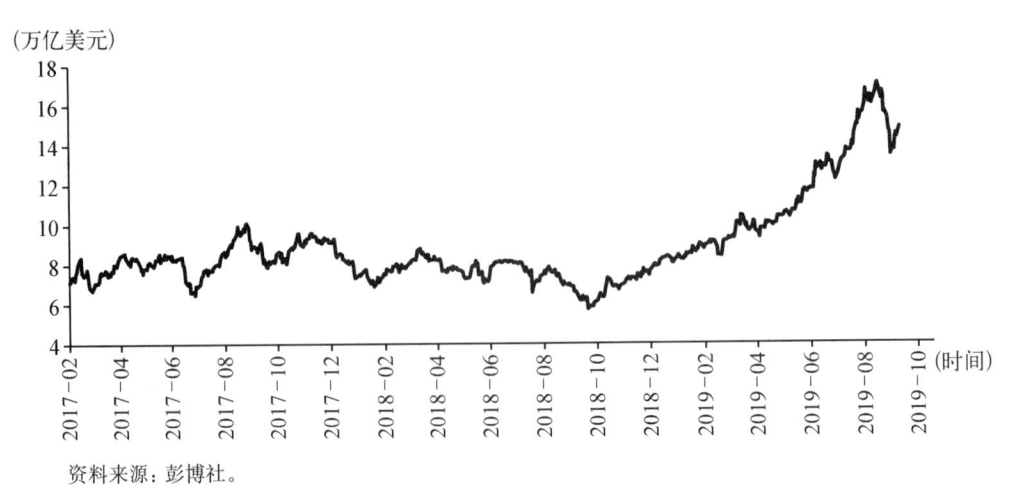

资料来源:彭博社。

图2-31 全球负利率债券规模

从国内环境来看,经济结构转型时期经济下行压力较大,货币政策宽松牵引市场利率持续下行,如图 2-32 所示,10 年国债利率中枢整体是下行的,当前处于历史较低位置,且 10 年国债利率从 2018 年至今处于震荡下行通道,自 2018 年初的 4% 左右下降至 2019 年 10 月底的 3.28%,降幅达 70 BP。金融周期下行期,储蓄高于投资,低利率和低增长渐成常态。保险资金作为长线资金,在控制风险的前提下追求更高的收益,这决定了其资产配置主要以固定收益类资产为主,久期偏长,但对利率变动更加敏感,在长期低利率的环境中容易遭受利差损和流动性问题,进而影响盈利能力。

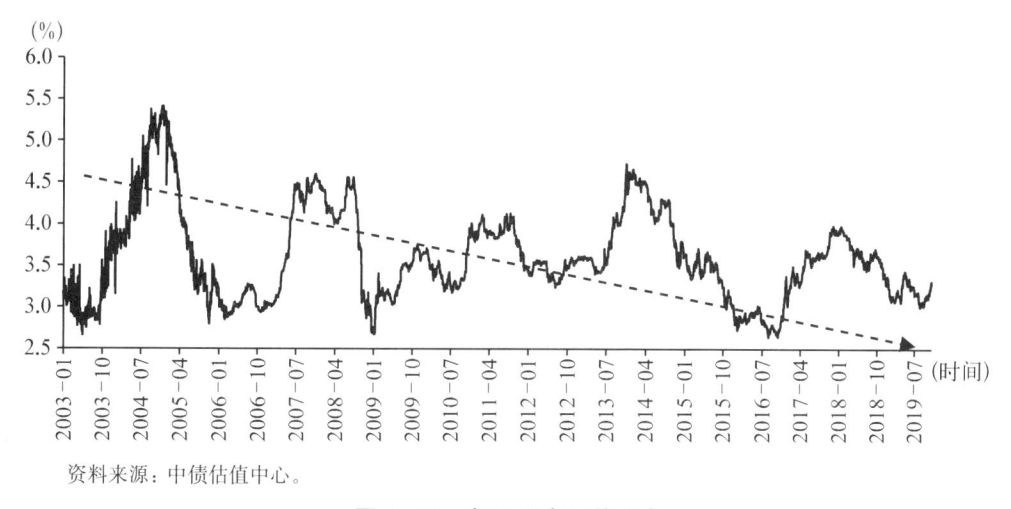

资料来源:中债估值中心。

图 2-32 中国 10 年国债利率

在金融周期下行期和长期低利率的大环境中,以及严控投资风险的前提下,保险资金通过加强主动管理能力提升投资收益是应对的关键。

首先,应坚持稳健投资的风格,借鉴国外先进的投资理念,改善资产配置组合,发挥长线资金优势,创新业务模式。通过合理交易行为,探索更多方式来控制投资风险,诸如运用对冲工具等,根据风险承受能力和风险管理能力确定风险敞口,制定有效的风险控制策略。根据资产和负债久期的配置,合理做好再投资安排。

其次,战略性加强对稳定优质可持续成长的上市公司的投资。低利率时期,权益投资是重要的投资标的。要加强权益资产多元化配置,降低权益投资波动率。在纯多头股票配置之外,加强收益较为稳定的量化对冲产品、高股息组合、优先股组合以及长期股权投资的配置。通过权益资产多元化配置,降低权益投资波动率,努力实现较为稳定的绝对收益目标,还可与产业资本合作开展另类投资。

最后,保险资产管理机构在流动性风险可控的前提下要适当拉长资产配置久期,投资有税收优势的国债、政策金融债和地方政府债,条件允许的前提下适当投资企业

优先股和标的较好的可转债。总的来看,在低利率、强监管和全市场竞争的格局下,保险资金应向主动管理和多元化投资的方向转型。

三、对信用环境变化的风控能力

金融周期下行期通常对应着金融风险、信用风险的释放,保险公司通常在资产端面临较大的信用风险敞口,在信用环境随着金融周期而转换之后,保险资管公司的风控能力至关重要。如果进入风险暴露期,则风控能力的强弱将成为各家保险资管公司在行业内地位甚至生死的关键。

保险资管公司应注意建立并加强伴随投资全流程的风控体系,具体包括以下几个方面。其一,事前的投资决策机制。保险资管公司应在参考外部评级的基础上,逐步加大内部评级在投资决策中的权重。在投资决策制度制定过程中,应赋予风险管理部门一定的投票权。加强研究与判断能力,增强风险防范的前瞻性和主动性。其二,事中的监测预警机制。借助内部的研究、风控、法律合规人才,积极加快推进金融科技的应用,及时跟踪识别和预警各类风险。其三,事后的风险处置机制。这需要加强法务等条线的人员配置,积极介入风险处置过程,尽力减轻风险事件所带来的影响。

四、对监管政策变化的适应能力

历年来对保险资产管理行业的监管政策变动较大,这需要保险机构对政策的敏锐感知和转型发展的决心及执行力。保险资管行业正处于改革、调整、转型、优化的时代,监管需合理平衡发展和稳定,这意味着监管也需顺势而为,监管太紧容易抑制保险资产管理行业的良性发展,监管太松容易出现资金脱实向虚,滋生金融风险。表2-2梳理了1995年以来对中国保险资金运用的主要监管政策和法规,相比同时期的欧美国家,中国出台政策和法规的频率相对较高,这要求保险机构自身增强适应能力,同时理解监管的意图和长期思路。尽管监管政策短期的不确定性较大,但长期来看补短板和减少监管套利的意图是明确的,保险资管机构应加快转型。

表2-2　　　　　　　　中国保险资金投资的监管政策和法规梳理

时间	政策法规	相关内容
1995-06	《保险法》	允许保险资金进行债券投资
1999-10	《保险公司投资证券投资基金管理暂行法》	允许保险公司通过证券投资基金间接入市

续表

时 间	政策法规	相关内容
2004-02	《保险机构投资者股票投资管理暂行办法》	允许保险资金直接入市
2010-08	《保险资金运用管理暂行办法(草案)》	规定保险资金可以从事不动产投资
2010-09	《保险资金投资股权暂行办法》	允许参与非上市公司股权投资
2012-10	《保险资金参与股指期货交易规定》	增加股指期货交易品种
2012-10	《关于保险资金投资有关金融产品的通知》	增加金融产品投资范围,包括银行理财、信贷支持证券、集合理财计划等
2012-10	《基础设施债权投资计划管理暂行规定》	增加保险资金可投资范围,放宽投资限制
2013-02	《关于债权投资计划注册有关事项的通知》	修改债券投资计划为注册制,提高效率
2013-02	《关于加强和改进保险机构投资管理能力建设有关事项的通知》	对保险机构投资业务实施牌照化管理
2014-08	《国务院关于加快发展现代保险服务业的若干意见》	允许设立夹层基金、不动产基金和并购等私募基金
2014-10	《关于保险资金投资优先股有关事项的通知》	允许优先股作为投资标的
2014-12	《关于保险资金投资创业投资基金有关事项的通知》	保险资金可投创业基金,支持小微和创业企业发展
2015-03	《关于调整保险资金境外投资有关政策的通知》	扩大境外投资范围,增加债券投资范围和香港股票投资范围
2015-07	《关于提高保险资金投资蓝筹股票监管比例有关事项的通知》	提升保险资金投资蓝筹股票的比例
2015-09	《关于设立保险私募基金有关事项的通知》	可以设立私募基金,直接投资实体经济
2018-03	《保险公司股权管理办法》	明确单一大股东持股比例不得超过1/3
2018-04	《关于规范金融机构资产管理业务的指导意见》	规范金融机构资产管理业务,统一产品监管标准
2019-08	《保险资产负债管理监管暂行办法》	将保险公司分类,实施差别化监管

增强对监管政策变化的适应能力重点是在严控风险的前提下增强保险资管机构自身的产品创新能力。在国内外经济金融环境均存在较多不确定性的大环境下,风险管控仍是保险资管机构开展业务的重要前提,增强对风险的预判和控制能力有助于应对金融周期下行期信用风险的暴露。随着监管短板逐渐补齐,过去依靠牌照制度进行套利的空间被消除,未来保险资管行业发展的关键在于差异化竞争,应注重加强差异化产品的创新能力,紧紧围绕市场需求开发不同投资策略、不同投资收益目标的产品。

此外,在全面深化改革和创建创新型国家的背景下,保险资产管理业务创新发展的新格局逐渐形成,保险资产管理机构可以充分发挥资金规模大、久期长和负债稳定的特定,积极参与供给侧结构性改革、"一带一路"建设、粤港澳大湾区建设、长江经济带建设等国家重大发展战略和重要民生工程的融资项目,驱动第三方资产管理行业业务的稳健发展。

第三章 金融周期视角下的保险资管转型发展与应对策略

第一节 理解金融周期,找准发展定位

2008年全球金融危机后,金融周期框架成为研究经济和金融问题的重要视角,逐步得到了政策层和学术界的广泛认可。关于金融周期的具体定义,如本课题第一章中所论述,不同的学者有不同的理解,目前并未达成统一共识。考虑到本课题主要聚焦中国问题,故采用中国人民银行的官方定义:主要是指由金融变量扩张与收缩导致的周期性波动。随着中国金融周期进入新阶段(详见第一章第三节),我国宏观调控和金融监管政策均因之而发生了深刻的转型,对我国的经济周期,以及金融行业本身的发展周期,均将产生重要的影响。

如图3-1所示,20世纪90年代以来,中国经历了一轮完整的金融周期,目前正处在第二轮金融周期的顶部向下调整阶段。[①] 根据研究结果,从静态表现来看,中国前两次金融周期的顶点间隔约15年,与15—20年的国际规律大体相符。按照此规律,中国当下金融周期的下行阶段可能才刚刚开始,未来仍将经历3—5年的下行阶段。从动态表现来看,中国正同时处于金融周期下行和经济周期下行的阶段。考虑到当前处在金融周期下行期的前半段位置,距离金融周期见底仍有较长一段距离,这意味着未来经济下行的压力会更大,复苏的动力偏弱。展望未来,中国如何有效应对当前可能面临的双重困境将成为政策的主线。

---

① 具体测算方法详见本文第一章第二节。

图 3-1 中国金融周期与经济周期

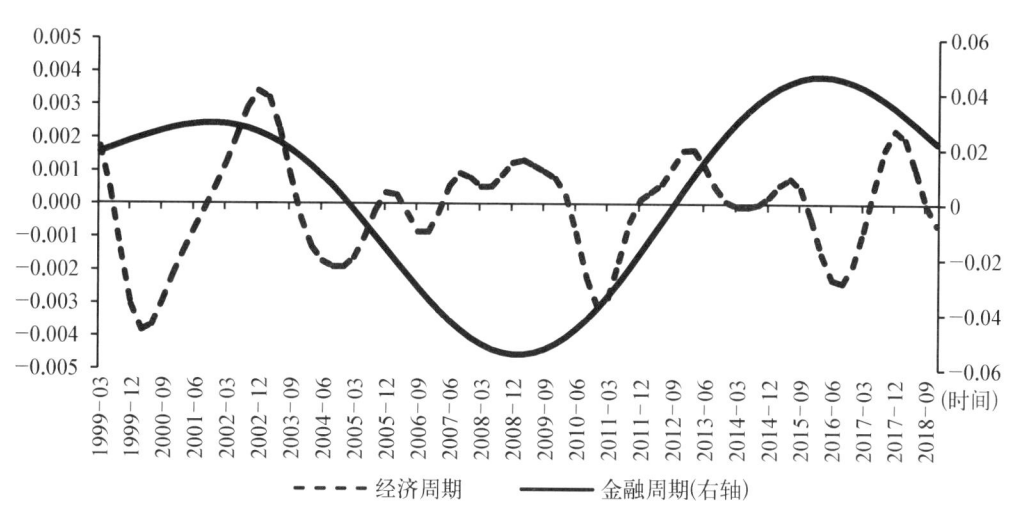

资料来源：BIS、中国国家统计局。

在经济周期和金融周期约束下，现阶段中国可能比较适合"稳货币、宽财政、稳信用"的组合政策。"稳货币"要求货币政策继续保持稳健的立场，在流动性合理充裕的前提下降低实体经济融资成本，疏通货币政策传导是关键。"宽财政"就是发挥财政政策托底功能，对冲国企和居民等部门去杠杆所带来的经济下行压力，从横向比较来看，目前中国政府部门加杠杆潜力依然较大。"稳信用"与过去目标制不同，央行不再将社融或 M2 增速锚定在特定水平上，而是要求实现社融或 M2 增速与名义 GDP 增速的基本匹配。

要从金融周期和经济周期相互作用机制角度，深刻理解金融服务实体经济的重要性，并基于这些理解，找准保险资管的发展定位。本轮金融周期的下行与以往有所不同，同时叠加了四个方面的深刻变化，分别是国际经贸格局、国内大资管行业格局、宏观调控重点转向供给侧、金融立足点回归本源的变化。保险业作为金融业的重要组成，服务实体经济、防范系统性风险是保险业义不容辞的使命。按照刘鹤副总理的指导精神，要形成需求、供给、金融体系的三角支撑，金融体系要更加适配。保险资金作为长期资金，在做好资产配置、把握资产久期、强化资产负债管理、做好中短期动态调整、提升综合投资收益等方面面临挑战。基于上述变化，具体应做到以下几点。

一是立足本源，以服务保险主业为主，以回报委托人为经营导向，切实维护保户利益。从金融周期和经济周期相互作用的角度来理解保险资金回归本源、服务保险主业的重要性。保险资管行业的核心是管理和应用好保险资金，在此基础上持续拓展第三方业务。保险资金运用首要坚持回报委托人和服务保险主业，要做好这一点，核心

还是要立足于保险主业负债端的风险收益要求,通过保险资金运用来实现社会资金的优化配置,促进保险主业发展。

在金融周期度过高点逐步转入下行期时,与之伴随的是监管政策的收缩和规范化。中国人民银行提出,要以货币政策应对经济周期,宏观审慎应对金融周期。中国人民银行于2018年发布的《资管新规》,对资管行业格局影响深远。《资管新规》的正式发布,标志着我国资管业务步入统一监管的新时期。《资管新规》的核心要点包括打破刚性兑付、规范资金池运作、严控杠杆分级、控制投资集中度、消除多层嵌套、产品净值化管理六个方面。可以说,《资管新规》推动行业进入新时代。

在此大背景下,大资管行业都需要回归本源,需要切实加强资管产品业务的监管,落实去通道、去杠杆和去嵌套的工作,对资金运用中的违法违规行为加大惩处力度。而对于保险资管行业来说,回归本源的要求就是强化资金的规范运用,服务保险主业,为保险主业创造价值,反哺保险主业的发展。

二是发挥长期资金优势,服务实体经济结构转型、产业升级和创新发展。金融周期下半场,资产回报率趋于下降,但优质资产依然具备良好的吸引力,有望持续获得估值溢价。保险资金坚持长期价值投资,从长期来看能获得合理回报,同时还可以起到市场稳定器和压舱石的作用,实现资本市场优化配置,也有利于企业股权结构优化,并通过参与合理定价给予企业家精神以正向激励。为鼓励保险资管追求长期投资收益回报的目标,促使其更好地坚持长期价值投资理念,还可以择机引入长期收益考核,将短期收益目标和长期收益目标相结合,逐渐拉长考核周期。

从全国资产管理资金角度来看,由于规模大、期限长、负债明确,保险资金在对接实体经济方面有期限优势。相比其他金融机构,保险资金的净现金流充裕、资金期限长,具有较高的流动性溢价。因此,保险资金应提升对优质安全另类投资产品的配置比例,支持实体经济发展,这是当前金融周期进入下半场环境下保险资金的重要选择。

保险资金主要投向估值较低、分红较高的蓝筹股,以及一些具有较好成长性的新兴行业,这也是支持实体经济产业结构转型升级的有益实践,是给资本市场资金输血,也是给对应的实体或行业输血。保险资金通过坚持长期、稳健、价值投资的理念,不断发挥在改善资本市场投资者结构、提升资本市场稳定性、增强资本市场流动性、引导资本市场参与者更加注重价值投资等方面的重要积极作用。

保险资金还是参与"大众创业、万众创新"的优质资金。近年来,保险资金正探索多样化模式服务实体经济,如放开创业投资基金,支持保险机构发起设立中小微企业投资基金、健康养老基金等,直接服务于中小微企业发展。在金融周期下半场"安全资产荒、市场低利率"的环境下,保险资金参与"双创"优势明显。保险资金作为重要的社会资本,将继续遵循价值投资和长期投资理念,投资创业投资企业和创投母基金。保险资金投资创业投资企业,有利于积极发挥保险资金长期投资的独特优势,促进构建"实体创投"的投资环境,助力创业企业发展;有利于培育多元化、多样性创业投资主体,促进专业运作、产品模式创新,为创新创业企业提供融资便利,化解"融资难、融资贵"等社会难题;有利于支持保险机构深度参与经济转型,支持大众创业、万众创新,推进保险资金参与创新型国家建设。

保险机构发挥保险资金长期价值投资优势,打造穿越周期、追求长期稳定收益的投资能力,积极拓展对接实体经济的方式和路径,加大对科技型企业、小微企业、战略性新兴产业等国家重点支持企业或民生领域的支持力度,不但能更好地服务大众创业、万众创新,还能实现自身的投资价值和价值增长。

保险资金具有规模大、期限长、来源稳定等特点,同时随着保险资金运用政策的放开,运用方式也越来越灵活,在深化金融供给侧结构性改革、服务实体经济、助力高质量发展过程中具有不可替代的作用。保险资金主要来源于保险责任准备金,因而保险责任准备金的特点决定了保险资金的特点,概括起来主要为规模大、期限长、来源稳定。具体体现在以下几个方面:(1)得益于保险行业在21世纪以来的快速发展,积累了大量的保费收入资金。截至2019年9月末,保险业总资产为19.96万亿元,资金运用余额为17.78万亿元。其中,债券投资和其他投资是主要投资项。具体来看,银行存款占比14.18%,债券投资占比34.55%,股票和证券投资基金占比12.59%,其他投资占比38.68%。资产配置结构基本稳定,继续保持多元分散的特点。(2)期限长。主要是因为保险保单中,寿险和年金险占到较大比重,负债期限远高于银行存款、理财、信托、公募基金等其他金融产品。(3)来源稳定。一则由于相当比重的保单为期缴型寿险产品,现金流入较为稳定;二则我国保险行业的发展空间仍较大。我国保险业仍然处于较快发展期,保费总体上维持持续净流入。保险资金的三大特点,意味着在支持重大基础设施建设、为企业提供长期股权或债权融资、稳定资本市场等方面具有独特的优势。此外,保险资金运用重在保障未来的保险赔偿与给付,安全性重于收益性,在确保长期稳健收益的同时,也是实体经济不可多得的低成本长期资金。

今后,伴随监管政策的跨周期创新,保险资金运用于资本市场、实体经济规模和范围的比例将持续扩大,保险资金服务资本市场和实体经济作用将不断增强。保险资产管理行业应借鉴成熟保险市场的发展经验,按照市场化、专业化、创新化、核心化、国际化、科技化的发展方向,加大银保业务融合、加强资产负债匹配,推动行业产品化发展,

积极拓宽第三方业务,更好地应对今后利率下行和金融周期的各种挑战,更加主动服务好实体经济。

三是融入大资管趋势,共同促进大资管行业发展。随着大资管时代的到来,保险资产管理公司不仅承担着提升保险资金投资收益的重任,还面临向市场化资产管理公司转型发展的重大机遇。

随着人口老龄化日益加深,中国养老金市场规模将持续扩大,国家社保基金将随国资划转加速扩容,职业年金和基本养老金市场化管理规模将与日俱增,个人退休账户计划也有望迎来发展良机。保险资管应发挥在养老金市场占据的独特优势,充分利用自身长期资金、长期资产和长期资本管理的核心优势,积极稳妥开展第三方资产管理业务,特别是长久期、长周期的第三方资金运用,促进业务从"单一性、被动型"向"多元化、主动型"转型,向规模更大、业务范围更加丰富的金融服务机构发展,成为能够独立与其他第三方资产管理机构竞争的资管公司。

随着金融周期进入下半场,金融去杠杆、去刚兑、去嵌套,将更有利于保险资管行业发展。保险资金的长期投资和价值投资,可以穿透经济周期、抵御通货膨胀,实现长期稳健的资产配置和财富的保值增值。保险业在资产管理和财富管理中可以发挥"压舱石"的作用,在风险管理、社会治理和社会保障体系建设中更好地为民生经济和国家建设、国家治理服务。

随着资管新规及其细则的不断落实,一方面,保险资管的资产组合管理和大类资产配置比例相互协调,能够更好地控制投资端的风险,发挥保险资管的风险管控优势;另一方面,对于非保险资金的受托管理,安全性和流动性可能并不是其主要的投资原则,寻求较高风险水平下的高收益才是其目标。对于这一类资金,保险资产管理公司作为受托人,应当按照所管理资金的属性要求来获取收益较高、流动性较好和风险较低的资产组合,通过资产配置平滑金融周期的影响,获取风险收益较为稳定的投资回报。

随着我国对外资的进一步开放,我国保险业将进一步激发活力,今后随着金融周期、监管环境和市场主体的改变,"国民待遇原则"和"竞争中性"原则的落实,外资的竞争优势有望提升。同时,外资机构所形成的"鲶鱼效应"必将促使境内保险机构提升自身实力,从而使保险市场和资管市场形成多元化的良性竞争格局,共同促进大资管行业进入高质量发展阶段。

保险资管业在追求自身发展、壮大服务实体经济的过程中,也要防范各种投资风险。投资中必须综合考虑经济周期、金融周期、宏观和微观环境,以及项目特点,将风险降至最低,把防范化解系统性金融风险作为行业的根本性任务。此外,保险资管业更要有大局责任,在积极防范金融风险方面,更好地参与逆周期调节,与其他资管行业一道维护国家金融安全和金融市场健康发展。

第二节　拥抱金融周期,明确发展方向

面对周期性变化,各类金融机构在市场竞争中,谁拥有了抗周期能力和把握长远趋势的能力,谁就在竞争中占据有利位置。保险资产管理行业作为大资管市场和金融体系的重要组成部分,也同样要面对周期变化。保险行业特别是寿险业具有长期性的特点,表现为长期负债、长期资金和长期资产,作为以资产负债匹配管理为核心的金融机构,要求保险机构必须从长计议。

保险资金的长期性决定了其抗周期的能力比较强。这使得保险行业具有了抗周期、跨周期安排长远规划和资产配置、赚取长期利润的能力。为此,保险机构必须从本业出发,认清自己是谁、应该做什么不应该做什么、从哪里来到哪里去,把握好自身运行规律,才能发挥出专长和优势,才能在周期性变化中实现可持续发展。保险资金具有期限长、规模大、稳定性高且运用灵活的独特优势,已经成为推动产业结构调整、支持资本市场发展、促进实体经济转型升级的重要力量。就保险资产管理而言,要把握好以下几个关键点,明确今后转型发展的方向。

一是认清自身特点和规律。近年来,从监管到市场始终强调保险机构要回归本源,坚持"保险姓保"的本质。保险机构的运行机理不同于其他金融机构:在产品上以提供风险保障为目标,在模式上以资产负债匹配管理为基础,在理念上以注重安全稳健责任为核心,在业务上具有专业性、技术性、复杂性较强的特性。特别是在资金上具有长期性特点,如我国保险负债的平均期限是12年,而资产的平均期限是6年。长期性的保险资金主要包括养老金和寿险资金,在保险资金中占比80%左右。截至2019年9月末,我国保险资产管理规模已超过20万亿元,资金运用余额达17.78万亿元,年度保费规模已位列世界第二位。

二是发挥专业特长和特色。保险资金期限长、规模大、来源持续稳定,保险资产配置应与这一特点相匹配。长期以来,保险资产配置注重分散化、多元化、多样化,注重长期配置、大类配置和战略配置,逐渐形成自身特色的资产配置和投资操作风格。保险资产管理行业要发挥这一专业特长,不仅要管理好保险资产,还要在社保基金、企业年金、职业年金、个人年金和养老金资产等长期资产管理中发挥独特作用,灵活高效地

管理长生命周期的风险,成为应对人口老龄化时代的生力军。

三是坚守投资理念和风格。保险资金投资是在资产负债匹配管理基础上的长期投资、价值投资、稳健投资和责任投资,以追求投资收益率长期稳定可持续为目标。这一投资理念要始终坚守不渝。无论市场的调整、环境的变化、政策的改变,保险资金都必须始终强调战略配置或者长期配置。保险资产配置可以调整战术组合、投资策略和配置工具,但长期投资、价值投资的核心理念不能动摇。比如在资本市场投资,保险资金投资股票要从长期投资和价值投资出发,要做成熟的机构投资者,要做市场的稳定器,要坚持发挥长期资金优势,以大盘蓝筹股为主要标的,以大额交易为主要方式,以追求投资标的价值成长为目标,避免散户化的投资方式,成为资本市场的长期资金和"压舱石"。

四是科学推进创新发展。近年来,保险资产管理在体制机制、组织形式、投资渠道、资管产品、技术手段等方面的创新取得重要进展。保险资产管理创新始终坚持安全、稳健、有效的原则,不是为了创新而创新,这也是保险资产风险可控、质量较好、安全性较高的重要原因之一。保险行业是经营风险的行业,是提供安全保障的行业,不能因为盲目追求高回报给投保人带来新的风险。为此,要始终坚持风控第一、安全至上的准则。创新要有真实需求、适合载体、良好机制、简约架构、风险可控,要给市场、给投资者、给投保人带来价值,不断提升客户服务质量和服务水平。

五是注重与大资管协同合作。回顾资产管理市场发展的轨迹,我们会发现,如果说过去几年,一个行业或一家机构在资产管理业务上还可以单打独斗,现在则必须发挥协同效应和开展合作才能取得成功。保险行业是资金运用范围最为广泛的行业,出于多元化配置、有效分散风险、维持收益稳定的需要,保险资金可投资渠道、可配置工具、可应用形式十分丰富,简单概括为:从传统到另类、从公募到私募、从虚拟到实体、从境内到境外。这决定了保险资金运用的交易对手和合作伙伴较多,同时也是保险资金的市场优势之一。为此,保险资产配置需要与其他金融机构和市场主体协作协同完成,各类资管机构之间既要充分竞争,又要更多合作,取长补短,互通有无,才能共赢发展。

六是服务实体经济发展。多年来,保险资金始终坚持服务实体经济,这从保险资产配置结构中得到充分反映。保险资金主要通过间接融资、直接融资和项目融资三种渠道,为实体经济提供长期资金支持,在资金市场上具有不可替代的独特作用。从现在和未来看,保险资金运用要始终围绕实体经济、金融市场、国家战略、民生建设、社会责任展开,把国家需要、社会需要和公众需要与行业自身发展需要有机融合。在资产配置方向上，要选择与社会公众追求美好生活直接相关的衣食住行、"医养健汽旅休"领域，以及与国家发展直接相关的新技术、新能源、新材料、新经济领域，充分发挥资金融通、优化配置、提高效能的积极作用。

当前，保险资管既要在金融周期下行期审慎管理风险，加强大类资产配置能力，又要应对顺周期收缩效应，减少"长钱短配"，还要发挥"长钱"优势，适当加强逆周期思维，一定程度上帮助熨平周期。总之，在快速变化的环境中，在纷繁复杂的形势下，不管经济周期、金融周期、市场周期、政策周期如何改变，包括保险资产管理在内的各类金融机构只有回归本源、不忘初心、把握规律、坚守理念、发挥专长、密切协作、科学创新，才能立于不败之地，才能实现可持续发展。当前，尤其要多措并举，增强发展能力，实现跨周期的转型发展。

第三节　多措并举推动行业可持续高质量健康发展

综上所述，未来一个时期是保险资产管理行业实现持续稳步高质量健康发展的关键转型期，为此，建议从以下五个方面采取综合有效措施。

一是深刻认识金融周期下半场的资管行业资金特性和需求，加强大类资产配置能力，不断完善基于绝对收益的投资策略和风险控制。金融周期下半场，资管行业面临预期回报率下降而波动率上升的复杂局面，绝对收益的理念将越来越深入人心，投资人的保值需求和投资理念也将越来越重视长期稳定的绝对收益，未来绝对收益产品将占据资管行业的主要份额。保险资管公司应发挥和加强大类资产配置方面的优势，应对金融周期下半场资金和资产形式的变化。在负债端开发适应投资人保值需求和投资理念变化的个性化产品，丰富产品线；在资产端不断优化配置结构，注重精选有竞争力的标的进行长期价值投资，高度关注波动率和回撤，力图获得长期稳定的绝对收益。

二是高度重视防范信用风险，提高各类资产的风险定价能力。随着中国金融周期进入下半场，此前积累的风险隐患进入"水落石出"阶段，未来一段时间可能会面临各类金融风险的不断暴露。保险资管机构应进一步加强风险防控，提高风险防范能力，防范化解金融风险。审慎合规经营，严格防范资金运用风险，采取有效措施防范化解信用风险。换个角度来看，保险资管相对于券商、基金等资管机构，在信用风险管理方面具有一定的比较优势，但过去更侧重于配置而非交易，未来可进一步发挥比较优势，提高风险定价能力，在规避信用风险的同时，挖掘信用定价方面的交易机会，发挥行业

的信用风险管理能力,成为成熟稳健的机构投资者。

三是防控顺周期收缩效应,发挥"长钱"优势,适当加强逆周期思维。从历史经验看,金融周期上行期的后半阶段,随着资产负债表的快速扩张,通常容易酝酿错配风险,而金融周期下行通常都是防控风险和出清风险的阶段。例如20世纪90年代金融周期上行末端,我国保险业出现过严重的利差损。还需要注意的是,在周期下行阶段,如刘鹤副总理指示,要"防止顺周期心理和预期带来的某种收缩效应",这就要求金融监管部门和金融机构都要注重适当的逆周期调节。对保险资管来说,在对金融周期的深刻认识基础之上,可以适当加强逆周期投资布局。尽量避免短期决策,把握更长周期变化,发挥保险资金的"长钱"优势,规避顺周期收缩效应,这样可以在一定程度上帮助熨平周期。要保持定力,在价值低估时继续坚持长期价值投资理念,赚企业未来成长、中国经济长期向好的钱;要积极把握政策机遇,适应实体经济需要开展产品创新。后续保险资管业可根据上市公司的个性化需求,通过股、债、可转债、可交换债等多种方式,与优质上市公司共克时艰,还要立足自身特长,开展业务模式创新。

四是推动保险资管产品市场化、产品化、国际化,积极拓展第三方业务,在大资管竞合中获得更大发展。传统的保险资金运用主要以账户或专户形式进行,委托、受托的沟通和管理成本较高,各相关主体间的权责关系和边界不够清晰。金融周期迈入新阶段,且叠加四个新特征,要求保险资管产品加快市场化转型、增加业务类型,满足多样化的投资需求;拓宽客户渠道,加大代销机构覆盖面;推动产品设计更加个性化、定制化、多元化;把握金融对外开放潮流,逐渐推动国际化布局;积极拓展第三方业务,发挥保险资管独特优势,与其他资管机构错位发展。

五是拥抱金融科技,通过技术创新来推动金融供给侧结构性改革和金融服务效率提升。过去一些年来,金融行业的创新基本上只有商业模式的创新,仅仅涉及存量的分配,却没有科学技术创新带来的增量创新,但近年来金融科技的发展为增量创新带来了曙光。随着金融周期迈入下半场,党中央提出了金融供给侧结构性改革,其核心要务是提高金融服务实体经济的效率和能力。保险机构应依托科技发展,积极引入和运用大数据、区块链、人工智能等新技术,不断拓宽金融服务渠道,降低金融服务成本,促进普惠金融发展,努力提高金融支持实体经济的效率,进一步夯实我国经济和金融高质量发展的基础。

总之,保险资管行业应当立足保险资金特性,在资产负债匹配管理基础上,坚持从保险资金运用的规律出发,坚持长期投资、价值投资、稳健审慎的投资理念,通过多元化配置分散风险,同时也通过渠道创新、业务创新、产品创新,改善资产负债匹配状况,穿越金融周期。通过积极服务实体经济、民生事业和国家战略,在竞争日益激烈的资产管理行业中走出一条符合自身特点的可持续高质量健康发展之路。

参考文献

[1] 陈雨露,马勇,阮卓阳.金融周期和金融波动如何影响经济增长与金融稳定?[J].金融研究,2016(2).

[2] 段国圣.保险资产管理公司的定位与转型探析[J].中国保险报,2015(6).

[3] 段国圣.低利率下的保险投资管理[J].上海保险,2017(1).

[4] 段国圣.资产管理业发展的嬗变与未来发展趋势[J].清华金融评论,2019(2).

[5] 范小云,袁梦怡,肖立晟.理解中国的金融周期:理论、测算与分析[J].国际金融研究,2017(1).

[6] 胡志鹏."稳增长"与"控杠杆"双重目标下的货币当局最优政策设定[J].经济研究,2014(12).

[7] 黄金华.新形势下保险资产管理公司业务探讨[J].中国保险资产管理,2018(2).

[8] 康立,龚六堂,陈永伟.金融摩擦、银行净资产与经济波动的行业间传导[J].金融研究,2013(5).

[9] 凌秀丽."一带一路"战略与保险资产管理行业发展[J].中国保险,2015(11).

[10] 刘传葵.金融监管改革新形势与保险资产管理业发展[J].团结,2018(4).

[11] 刘开俊.资管新规下的保险资产管理:挑战、机遇与应对[J].中国保险资产管理,2018(1).

[12] 骆祚炎,陈博杰.高低杠杆下货币政策冲击效应与去杠杆过程中的货币政策平稳性—基于DSGE模型的金融加速器效应检验[J].财贸研究,2018(8).

[13] 彭文生.渐行渐近的金融周期[M].北京:中信出版集团,2017.

[14] 秦亚峰.我国保险资产管理行业发展问题研究[J].保险研究,2016(10).

[15] 孙国峰.货币政策框架转型与中国金融市场发展[J].清华金融评论,2016(1).

[16] 唐金成,闭潇丽.投资新政视角下的我国保险资金运用研究[J].保险市场,2013(8).

[17] 王飞.对打造世界一流保险资产管理公司的思考[J].金融前沿,2019(4).

[18] 王国静,田国强.金融冲击和中国经济波动[J].经济研究,2014(3).

[19] 吴杰.欧美保险巨头的资产负债管理经验及启示[J].大视野,2019(6).

[20] 徐忠.中国稳健货币政策的实践经验与货币政策理论的国际前沿[J].金融研究,2017(1).

[21] 杨明生.保险资金运用新规的历史跨越[J].保险研究,2011(6).

[22] 伊楠,张斌.度量中国的金融周期[J].国际金融研究,2016(6).

[23] 朱太辉,黄海晶.中国金融周期:指标、方法和实证[J].金融研究,2018(12).

[24] Bernanke B, Gertler M, Gilchrist S. The Financial Accelerator and the Flight to Quality [J]. *Review of Economics & Statistics*, 1996(78).

[25] Borio C. The Financial Cycle and Macroeconomics: What Have We Learnt? [J]. *Journal of Banking & Finance*, 2014(45).

[26] Borio C, Drehmann M, Xia F D. The Financial Cycle and Recession Risk[J]. *BIS Quarterly Review*, 2018(13).

[27] Borio C, Furfine C, Lowe P. Procyclicality of the Financial System and Financial Stability: Issues and policy options[J]. *Bis Papers Chapters*, 2014(1).

[28] Borio C, McCauley R, McGuire P. Global Credit and Domestic Credit Booms[J]. *BIS Quarterly Review*, 2011.

[29] Claessens S, Kose M A, Terrones M E. Financial Cycles: What? How? When? [J]. *Nber International Seminar on Macroeconomics*, 2011(7).

[30] Coimbra N, Rey H. Financial Cycles with Heterogeneous Intermediaries[J]. *Social Science Electronic Publishing*, 2017.

[31] Diamond D W, Dybvig P H. Bank Runs, Deposit Insurance, and Liquidity[J]. *Journal of Political Economy*, 1983(3).

[32] Drehmann M, Borio C E V, Tsatsaronis K. Characterising the Financial Cycle: Don't Lose Sight of the Medium Term![J]. *Social Science Electronic Publishing*, 2012(68).

[33] Fisher I. The Debt-Deflation Theory of Great Depressions[J]. *Econometrica*, 1933 (4).

[34] Gourinchas P O, Rey H. External Adjustment, Global Imbalances, Valuation Effects[J]. *Handbook of International Economics*, 2015(4).

[35] Iacoviello M. House Prices, Borrowing Constraints, and Monetary Policy in the Business Cycle[J]. *American Economic Review*, 2005(95).

[36] Kumhof M, Rancière R, Winant P. Inequality, Leverage, and Crises[J]. *American Economic Review*, 2015(105).

[37] Minsky H P. John Maynard Keynes[M]. *New York: Columbia University Press*, 1975.

[38] Saccomanni F. The Subprime Credit Crisis: Origins, Policy Responses, and Reforms[J]. *World Economy*, 2014.

[39] Rogoff K. Debt supercycle, not secular stagnation[J]. *Progress and Confusion: The State of Macroeconomic Policy*, 2016.

[40] Turdaliev N, Zhang Y. Household debt, Macroprudential Rules, and Monetary Policy[J]. *Economic Modeling*, 2018(9).

保险资产管理机构参与养老金
第三支柱建设路径研究

新华养老保险股份有限公司

姜 京　黄登稳　刘 思

摘要

我国是世界上人口老龄化程度较高的国家之一。2018年,中国大陆总人口13.95亿人,其中60岁及以上人口2.49亿人,占总人口的17.85%。据预测,中国60岁及以上老年人口将在2025年达到3亿人,2035年超过4亿人,并在2050年接近5亿人;60岁及以上人口比例将在2050年超过35%。人口老龄化对我国经济社会的发展带来长期挑战,同时也为我国养老金第三支柱事业的发展带来巨大的机遇。

习近平总书记指出,满足数量庞大的老年群众多方面养老保障需求、妥善解决人口老龄化带来的社会问题,事关国家发展全局,事关百姓福祉。习近平总书记在中共中央政治局就我国人口老龄化的形势和对策举行第三十二次集体学习时要求,"党委领导政府主导社会参与全民行动,推动老龄事业全面协调可持续发展"。党的十九大报告强调,积极应对人口老龄化,构建养老、孝老、敬老政策体系和社会环境,推进医养结合,加快老龄事业和产业发展。目前我国在老龄事业中面临的重要问题,是老有所养目标的实现与养老保障体系发展不平衡不充分的矛盾,这也是十九大报告中提到的当前我国社会主要矛盾已转变为人民日益增长的美好生活需要和不平衡不充分的发展之间的矛盾的具体表现。这一重要论述深刻地揭示了当前我国发展状况和人民生活状况的新时代特点,对党和国家各方面工作都提出了新的更高的要求。

2018年4月,财政部、税务总局、人力资源社会保障部、中国银行保险监督管理委

员会、证监会五部委联合发布《关于开展个人税收递延型商业养老保险相关试点的通知》，推进我国养老金第三支柱建设。但就目前而言，国家的养老金制度建设还需要进一步完善，配套的政策制定还需要继续开展。在此基础上，需要鼓励专业化的金融机构开展市场化竞争，特别是保险资产管理机构要积极承担受托、投资管理养老金的历史使命，形成我国养老金第三支柱事业的闭环、良性发展。

金融行业积极参与探索养老金第三支柱建设。保险资产管理机构应该发挥自身管理保险资金和第一支柱、第二支柱养老金的投资管理经验，向老百姓提供第三支柱产品和资产管理等服务，为建设更加科学、均衡、可持续的养老保障第三支柱体系贡献保险资产管理机构的力量；引导个人的储蓄存款等资产向第三支柱个人养老金转移，通过保险资产管理等机构的投资管理，推动我国资本市场形成稳步增长的长期资本性资金，进一步积极主动服务实体经济，推进我国经济高质量发展。保险资产管理机构可以在养老金第三支柱事业中通过发挥自身投资的相对特色优势，促进并支持资本市场和实体经济的发展，充分发挥金融科技在资产管理服务中的重要作用，建设一体化账管服务平台。

金融行业在养老金第三支柱建设方面注重养老金融产品的提供。保险资产管理机构既可以提供养老保障产品，又可以结合精算技术、资产管理能力，将养老金融产品的客户需求分析前置，即向个人投资者提供附带生命周期因素的养老规划安排（模型），引导个人投资者根据自身情况理性看待养老投资，认识到个人养老金资产积累情况与退休后的收入替代率之间的动态关系。个人投资者在评估自身客观情况的基础上可科学、理性安排养老规划，有针对性地选择适当的风险收益水平的养老投资金融产品。保险资产管理机构通过向个人投资者提供养老规划安排（模型）和养老保障产品，引导个人实现符合生命周期特征的养老目标。

关键词

养老金第三支柱建设　个人养老规划模型　保险投资的相对特色优势　一体化账户管理服务

一、我国养老金第三支柱建设情况及问题

人口老龄化将给中国经济社会带来前所未有的挑战，包括劳动力供给的持续萎缩

和社会养老负担的快速增加。劳动力供给的下降将会深刻改变我国劳动力市场上的供求形势,对经济的长期增长产生重要影响。与此同时,老年人口抚养比的快速上升,将加大养老金的支付压力。

党和国家领导人对于我国在养老方面所面临的情况和问题有着清晰的认识。2016年5月,习近平总书记在中共中央政治局就我国人口老龄化的形势和对策举行第三十二次集体学习中强调,妥善解决我国人口老龄化带来的社会问题,事关国家发展全局。

2017年10月,党的十九大报告对我国养老金第三支柱事业提出了发展规划,相关监管机构陆续出台监管政策,自上而下的推动养老金第三支柱事业的全面发展。

我国养老体系中的第一支柱基本养老已经实现较高范围的覆盖,参加人数约9.43亿,第二支柱企业年金、职业年金覆盖范围相对较低,参加人数约0.61亿。同时,从公开可查的第一支柱养老金替代率数据看,近年来已经持续下降至40%左右,与发达国家相比处于相对较低水平。如何发展第三支柱,如何为养老金第三支柱事业提供保险资产管理行业的发展动力,成为相关各方瞩目的焦点。养老金管理机构(主要为保险资产管理机构[①])如何引导老百姓尽早自主定投个人养老金产品,通过长期、稳健投资积累个人养老金储备资产成为重要课题。

目前,我国养老金第三支柱事业刚刚起步,在发展过程中面临一些问题亟待解决。

(一)国家鼓励养老事业发展

习近平总书记在中共中央政治局就我国人口老龄化的形势和对策举行第三十二次集体学习中强调,坚持党委领导、政府主导、社会参与、全民行动相结合,坚持应对人口老龄化和促进经济社会发展相结合,坚持满足老年人需求和解决人口老龄化问题相结合,努力挖掘人口老龄化给国家发展带来的活力和机遇,努力满足老年人日益增长的物质文化需求,推动老龄事业全面协调可持续发展。此后,党和政府对养老事业发展提出明确要求并发布相关政策。继习近平总书记关于老龄事业发展要求之后,党的十九大报告明确提出发展规划,相关监管单位对养老事业发展陆续出台监管政策。

1. 高层推动老龄事业发展

习近平总书记提出,坚持满足老年人需求和解决人口老龄化问题相结合,努力挖掘人口老龄化给国家发展带来的活力和机遇,努力满足老年人日益增长的物质文化需求,推动老龄事业全面协调可持续发展。习近平总书记强调,人口老龄化是世界性问题,对人类社会产生的影响是深刻持久的。我国是世界上人口老龄化程度比较高的国

[①] 本课题的保险资产管理机构是指为养老金第一、第二、第三支柱提供资产管理业务服务的保险行业的各类机构,包括养老保险公司、保险资产管理公司等。

家之一,老年人口数量最多,老龄化速度最快,应对人口老龄化任务最重。满足数量庞大的老年群众多方面需求、妥善解决人口老龄化带来的社会问题,事关国家发展全局,事关百姓福祉,需要我们下大气力来应对。

习近平总书记强调,要着力健全老龄工作体制和机制。要适应时代要求创新思路,推动老龄工作向主动应对转变,向统筹协调转变,向加强人民全生命周期养老准备转变,向同时注重老年人物质文化需求、全面提升老年人生活质量转变。要完善党委统一领导、政府依法行政、部门密切配合、群团组织积极参与、上下左右协同联动的老龄工作机制,形成老龄工作大格局。要保证城乡社区老龄工作有人抓、老年人事情有人管、老年人困难有人帮。要健全社会参与机制,发挥有关社会组织作用,发展为老年人提供志愿服务和慈善事业。

习近平总书记指出,目前我国面临的一个复杂问题,即人口的快速老龄化及由此对经济发展带来的一系列问题。

人口老龄化,有不同的界定。比如百度百科中,对于人口老龄化的界定,是以人口生育率下降和人均寿命延长作为主要原因,总人口中的年轻人口数量减少、老年人口数量增多,导致老年人口的占比相对增长。国际研究则认为一个主权经济体,其中超过一定年龄的人口占全部人口的比重超过一定数值时,即进入了老龄化社会。一个国家或地区进入老龄化社会的标准是60岁以上人口占总人口的比例超过10%,或者65岁以上人口占总人口的比例超过7%。

综合来看,人口老龄化主要包括以下特点:一是老龄人口的绝对数量增多;二是老龄人口占社会总人口的比值持续提升,而且这个数字在较长时间内没有实质性改善。此外,对于老龄人口,是采用60岁还是65岁作为标准,要看经济社会具体的发展阶段。比如我国古代社会中,天干地支纪年以60为周期,一个60年就是一个甲子,这背后反映出的是在生产力不发达的时代,60年是一个非常长的周期,对应的60岁的人也是长寿老龄之人。再比如人类社会在战争结束后,经济社会步入长期稳定的发展阶段,持续的新出生人口会先拉低老龄人口的占比,随着人口结构的动态变化,几十年之后这些人口变为老龄人口,如果同时生育率持续下降,那么老龄人口绝对数量增多、老龄人口占社会总人口的比例持续提高,且社会老龄化趋势难以扭转,全社会进入人口老龄化通道。人口老龄化为经济社会的发展带来了巨大的挑战,也带来了广阔机遇。在日本,很多人达到60岁或65岁退休年龄后,由于个人养老储蓄不足、养老金替代率较低等原因,不得不继续从事劳动以补贴养老支出,但同时日本的养老健康护理产业发展相对较好。

根据国家统计局官方网站发布的数据信息,我国从2000年开始步入老龄化社会,此后老龄化程度持续加深。2000年,我国65岁及以上人口比重达到7%,0—14岁人口比重为22.9%,老年型年龄结构初步形成,中国开始步入老龄化社会。2018年,我国65岁及以上人口比重达到11.9%,0—14岁人口占比降低至16.9%,人口老龄化程度持续加深。我国人口年龄结构从成年型进入老年型仅用了18年左右的时间。人口老龄化的加速显著加大了社会保障和公共服务的压力,减弱了人口红利对经济社会发展的正面影响,对我国社会活力、创新动力和经济潜在增长率形成长期负面的影响,是我国进入新时代人口发展面临的重要风险和挑战。[1]

可以说,人口老龄化是全社会必须面对和正视的问题,是一种潜在的风险。这种风险需要全社会高度重视,在顶层设计上做好应对和化解的准备。

2. 党的十九大报告提出发展要求

人口老龄化带来的未富先老问题困扰着中国未来的长期发展,为此党和政府为养老事业发展提出政策指引。2017年10月,《中国共产党第十九次全国代表大会上的报告》多次提及养老相关问题并提出发展要求,具体内容摘录如下:

一是明确我国养老方面存在诸多不足。"必须清醒看到,我们的工作还存在许多不足,也面临不少困难和挑战。主要是群众在就业、教育、医疗、居住、养老等方面面临不少难题。这些问题,必须着力加以解决。"

二是要求加强社会保障体系建设。"加强社会保障体系建设。按照兜底线、织密网、建机制的要求,全面建成覆盖全民、城乡统筹、权责清晰、保障适度、可持续的多层次社会保障体系。全面实施全民参保计划。完善城镇职工基本养老保险和城乡居民基本养老保险制度,尽快实现养老保险全国统筹。"

三是构建养老政策体系,全面解决养老问题。"积极应对人口老龄化,构建养老、孝老、敬老政策体系和社会环境,推进医养结合,加快老龄事业和产业发展。"

党的十九大报告中将养老与就业、教育、医疗、居住并列提出,说明养老问题是基本的民生问题,而且多处强调必须加以解决,可见国家对解决养老基本问题的决心。同时,将养老作为社会保障体系建设的重要部分,对养老保险制度改革提出了明确方向,即完善城镇职工基本养老保险和城乡居民基本养老保险制度,尽快实现养老保险全国统筹。在老龄事业和产品发展方面,明确提出了政策体系和社会环境目标,即养老、孝老、敬老,同时将医疗与养老有机结合。以上为我国养老体系第三支柱的事业发

---

[1] 数据源自国家统计局官网。

展提出了清晰的蓝图规划和方向指引。

3. 监管配套政策逐项落地

2017年6月29日,国务院办公厅发布了《关于加快发展商业养老保险的若干意见》(国办发〔2017〕59号),要求丰富商业养老保险产品供给,为个人和家庭提供个性化、差异化养老保障。支持商业保险机构开发多样化商业养老保险产品,满足个人和家庭在风险保障、财富管理等方面的需求。积极发展安全性较高、保障性较强、满足长期或终身领取要求的商业养老年金保险。支持符合条件的商业保险机构积极参与个人税收递延型商业养老保险试点。针对独生子女家庭、无子女家庭、"空巢"家庭等特殊群体养老保障需求,探索发展涵盖多种保险产品和服务的综合养老保障计划。允许商业养老保险机构依法合规发展具备长期养老功能、符合生命周期管理特点的个人养老保障管理业务。

(1) 个人税收递延型商业养老保险监管政策落地。为贯彻落实党的十九大精神,推进多层次养老保险体系建设,对养老金第三支柱进行有益探索,2018年4月财政部、税务总局、人社部、银保监会、证监会联合发布《关于开展个人税收递延型商业养老保险试点的通知》,自2018年5月1日起,在上海市、福建省(含厦门市)和苏州工业园区实施个人税收递延型商业养老保险试点,试点期限暂定一年。对试点地区个人通过个人商业养老资金账户购买符合规定的商业养老保险产品的支出,允许在一定标准内税前扣除;计入个人商业养老资金账户的投资收益,暂不征收个人所得税;个人领取商业养老金时再征收个人所得税。

个人税收递延型商业养老保险要求产品要满足参保人对养老账户资金安全性、收益型和长期性管理要求,个人商业养老保险产品以稳健型产品为主、风险型产品为辅的原则选择,采取名录方式确定。试点期间的产品是指由保险公司开发,符合"收益稳健、长期锁定、终身领取、精算平衡"的原则,满足参保人对养老账户资金安全性、收益性和长期性管理要求的商业养老保险产品。相关政策文件如表1-1所示。

表1-1　　　　　　　　个人税收递延型商业养老保险相关政策文件

日　　期	政策文件	文　　号
2018年4月2日	《关于开展个人税收递延型商业养老保险试点的通知》	财税〔2018〕22号
2018年4月25日	《个人税收递延型商业养老保险产品开发指引》	银保监发〔2018〕20号
2018年4月28日	《国家税务总局关于开展个人税收递延型商业养老保险试点有关征管问题的公告》	国家税务总局公告2018年第21号

续表

日　　期	政策文件	文　　号
2018年5月16日	《个人税收递延型商业养老保险业务管理暂行办法》	银保监发〔2018〕23号
2018年6月22日	《个人税收递延型商业养老保险资金运用管理暂行办法》	银保监发〔2018〕32号
2018年5月28日	《关于经营个人税收递延型商业养老保险业务保险公司名单(第一批)的公示》	保监公告〔2018〕11号
2018年7月3日	《关于经营个人税收递延型商业养老保险业务保险公司名单(第二批)的公示》	保监公告〔2018〕13号
2018年9月3日	《关于经营个人税收递延型商业养老保险业务保险公司名单(第三批)的公示》	保监公告〔2018〕17号
2019年1月4日	《关于经营个人税收递延型商业养老保险业务保险公司名单(第四批)的公示》	—
2019年3月26日	《关于经营个人税收递延型商业养老保险业务保险公司名单(第五批)的公告》	—

(2) 养老保障管理业务监管政策落地。养老保障管理业务,是指养老保险公司或养老金管理公司作为管理人,接受政府机关、企事业单位及其他社会组织等团体委托人和个人委托人的委托,为其提供养老保障以及与养老保障相关的资金管理服务,包括方案设计、受托管理、账户管理、投资管理、待遇支付、薪酬递延、福利计划、留才激励等服务事项。养老保险公司或养老金管理公司开展养老保障管理业务的意义,主要体现在三个方面:

一是有利于满足人民群众多层次的养老保障需求。目前,我国人口老龄化形势日趋严峻,养老保障体系(特别是第一支柱方面)面临的压力越来越大,应该充分发挥市场机构的作用,提供多样化的养老保障管理产品和服务,满足人民群众基本养老保障之上更高层次的养老保障需求。

二是有利于满足不同类型企业员工差异化的养老保障需求。企业年金在我国企业发起的养老金管理计划中占据主导地位,门槛相对较高,覆盖面有限。我国企业数量众多,类型不同,发展阶段不同,员工的养老保障需求也不同。提供大量就业岗位的中小企业,特别是科技型企业、创业型企业、小微企业等尚不具备建立企业年金计划的条件,但这类企业在员工的养老保障服务及员工激励等方面也有较大的需求。养老保障管理业务服务内容广、方案设计针对性强,可以为企业提供量身定制的养老保障管理产品和服务,通过发展养老保障管理业务,有利于满足不同类型企业差异化的养老

保障需求。展望未来,团体养老保障管理业务可以为下列资金提供管理及待遇支付等服务:退休养老资金,职工安置、城镇化养老安置、保障民生项目、残疾护理安置资金,政府养老公共事业、商业养老社区与服务等资金,薪酬延付、奖励基金、福利资金递延资金,员工持股计划、国有企业混合所有制改革等资金。

三是有利于发挥养老保险公司的专业优势。养老保险公司是目前市场上唯一专门经营养老金管理业务的专业机构。经过十几年的发展,养老保险公司在企业年金基金管理运营方面积累了丰富的经验,在企业年金最为核心的受托管理、投资管理等领域取得了市场领先地位。养老保障管理业务的管理运作与企业年金相似,开展养老保障管理业务,有利于充分发挥养老保险公司或养老金管理公司在养老金受托管理、账户管理、投资管理、风险管理和年金给付等方面的综合优势,为更多的团体和个人在以养老保障为目的的资金管理方面提供专业服务,更好地实现资金的保值增值。

养老保险公司或养老金管理公司发行、管理的个人养老保障管理产品,具备安全、稳健的特征,能够在相当程度上推动老百姓由存款储蓄养老到投资养老的理念转变,通过探索更多长期化、净值化、多元化、个人税延型的个人养老保障管理产品,服务第三支柱,推动个人进行长期的养老规划。

目前,监管机构对养老保障管理业务出台了详细完善的监管政策。随着《资管新规》的实施,银行理财子公司相继成立,养老保障管理业务面临深度调整、全面适应和再次出航,监管机构多次组织养老保险公司、养老金管理公司围绕业务发展召开监管制度修订座谈会,广泛凝聚养老保险行业力量,稳健谋求养老保障管理业务的长远发展。相关政策文件如表1-2所示。

表1-2　　　　　　　　　现行养老保障管理业务相关政策文件

日　　期	政策文件	文　号
2015年8月26日	《养老保障管理业务管理办法》	保监发〔2015〕73号
2016年11月24日	《关于强化〈养老保障管理业务管理办法〉执行有关问题的通知》	保监寿险〔2016〕99号
2016年11月28日	《关于进一步加强养老保障管理业务监管有关问题的通知》	保监寿险〔2016〕230号

(二)第三支柱发展前景广阔

我国养老金第一、第二支柱经过长期发展出现了扩面、增长瓶颈,第三支柱事业则近年刚起步,相关行业及养老金产品发展前景空间较大。

1. 养老各支柱整体概况

我国养老事业三支柱包括基本养老保险、补充养老保险、个人储蓄养老保险。如图 1-1、图 1-2 所示,截至 2018 年底,我国 GDP 约 90.03 万亿元[①],第一、第二、第三支柱基金整体规模约 7.29 万亿元,合计占 GDP 的比例为 8.10%。总体来看,近年第一、第二支柱规模稳步增长,占 GDP 的比重稳步提高,养老保障积累储备程度逐渐加深;第三支柱刚刚起步,业务规模实现"零"突破。

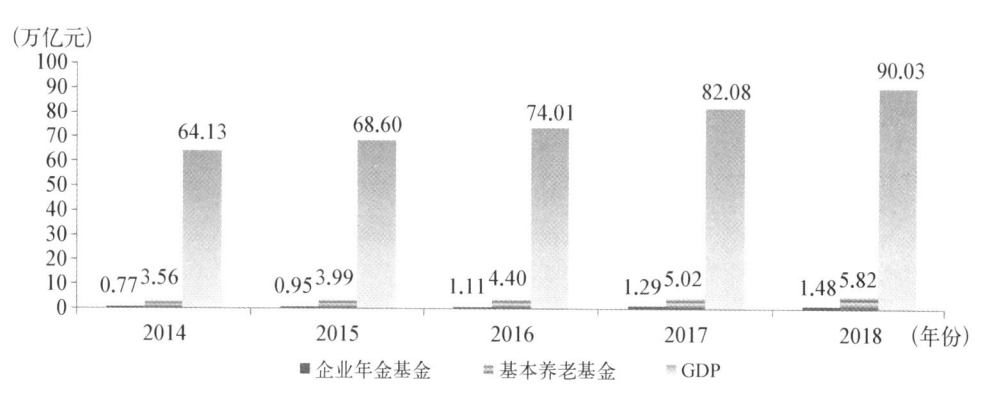

注:GDP 数据为《生产法》口径。
资料来源:Wind。

图 1-1 GDP、基本养老和企业年金规模

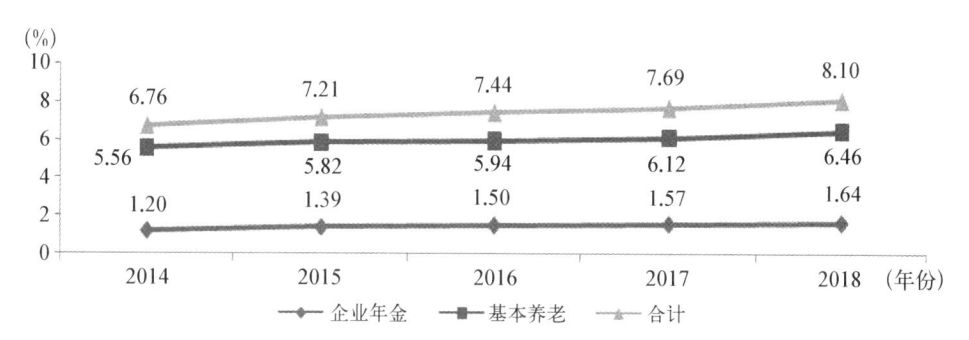

资料来源:根据历年人力资源和社会保障事业发展统计公报、历年全国企业年金基金业务数据摘要和 Wind 整理。

图 1-2 基本养老和企业年金占 GDP 比例

如图 1-3 所示,第一支柱基本养老保险方面,2018 年底参加人数约 9.43 亿,累计结存基金规模约 5.82 万亿元,占 GDP 的比例约 6.44%。第二支柱补充养老保险(包括企业年金和职业年金)方面,2018 年底全国建立企业年金的企业数量约 8.74 万户,参加职工有 2 388 万人,累计结存基金规模约 1.48 万亿元,占 GDP 的比例为 1.64%;2019 年,中央国家机关事业单位和全国各省职业年金基金逐步进入投资运作。第三

支柱个人储蓄养老保险方面,截至2018年底,个人税收递延型养老保险累计实现保费约7 100万元,承保保单件数约4万件,占GDP的份额很小。

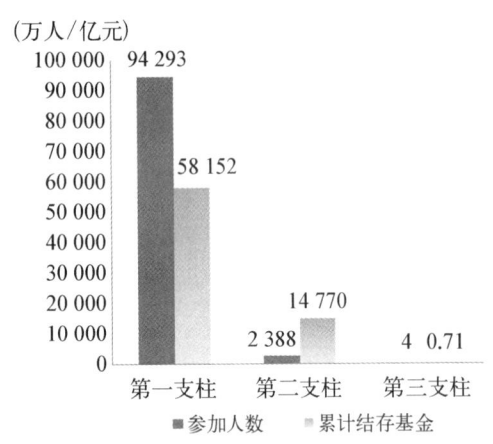

图1-3(a) 2018年第一、第二、第三支柱参加人数与累计结存基金规模

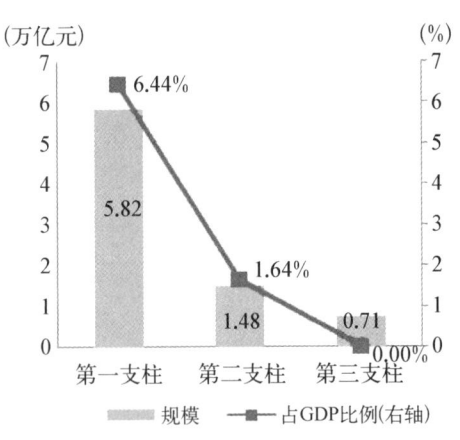

资料来源:根据人力资源和社会保障事业发展统计公报、全国企业年金基金业务数据摘要、Wind、人社部官网等公开信息资料整理。

图1-3(b) 2018年第一、第二、第三支柱规模及占GDP比例

资料来源:根据人力资源和社会保障事业发展统计公报、全国企业年金基金业务数据摘要、Wind、人社部官网等公开信息资料整理。

综合来看,我国养老金的第一、第二支柱的积累程度,无论是绝对规模还是占GDP比例,均处于相对较低水平。在此基础上,2018年开始起步试点的养老金第三支柱的发展空间巨大,而且可以预期第三支柱将承担更多的个人养老责任。

2. 第三支柱发展概况

《关于开展个人税收递延型商业养老保险试点的通知》(财税〔2018〕22号)文中最后部分内容,对于养老金第三支柱试点范围扩大进行了相应规定,具体如下:根据试点情况,结合养老保险第三支柱制度建设的有关情况,有序扩大参与的金融机构和产品范围,将公募基金等产品纳入个人商业养老账户投资范围,相应将中登公司平台作为信息平台,与中保信平台同步运行。第三支柱制度和管理服务信息平台建成以后,中登公司平台、中保信平台与第三支柱制度和管理服务信息平台对接,实现养老保险第三支柱宏观监管。

(1)个人税收递延型商业养老保险。2018年4月12日,财政部等五部委联合发布《关于开展个人税收递延型商业养老保险试点的通知》(财税〔2018〕22号),规定自2018年5月1日起在上海市、福建省、苏州工业园三地实施个人税收递延型商业养老保险试点,试点期限暂定一年,符合税收优惠试点政策的个人自愿投保,投保人每月最高可税前抵扣1 000元。

截至2019年5月,从试点保险公司看(见图1-4),总部位于上海的中国太平洋人寿保险股份有限公司业务量最大,保单件数约1.7万件,实现保费收入约3 580万元,市场份额约50%;中国平安养老保险股份有限公司与中国人寿保险股份有限公司的保单件数约1.1万件和0.6万件,实现保费收入分别约1 150万元和790万元,市场份额分别约16%、11%。除这3家保险公司以外,其余已经开展个税递延型商业养老保险业务的13家保险公司累计实现保费收入约1 640万元,平均每家公司保费为126万元,保费市场份额合计约23%。

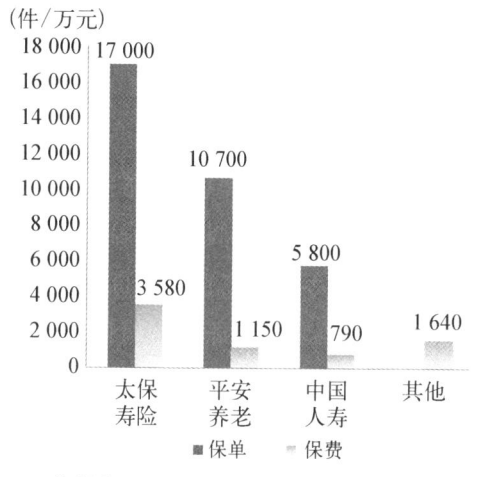

资料来源:根据相关新闻搜集整理。

图1-4(a) 个人税收递延型商业养老保险市场规模与保单情况

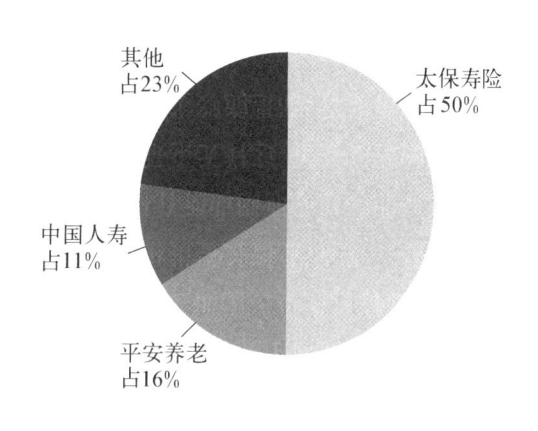

资料来源:根据相关新闻搜集整理。

图1-4(b) 个人税收递延型商业养老保险市场份额情况

从三个试点省市来看,由于上海经济较发达、中高收入人群更多,上海推广和发展状况相对较好。投保个人税收递延型商业养老保险产品的参保人员收入水平,主要集中在月收入为1.7万元至3.7万元的人群。福建地区人均收入相对较低,业务试点开展情况一般。苏州地区由于仅在工业园区试点,截至2018年底没有实质性的进展,仅有很少的保单投保生效。

个人税收递延型商业养老保险试点工作总体上取得了一定的成效,为养老金第三支柱的发展贡献了较多的实际经验,同时也发现了较多的困难情况,值得重点研究。具体包括:一是税收优惠政策覆盖人群比例非常低,不足以调动试点地区个人购买税延型商业养老保险产品的积极性;二是在漫长的养老金积累期,投资收益需要纳税,这不利于提高保险公司和个人的积极性;三是税收优惠额度和比例计算烦琐,税前列支的手续十分繁杂,抑制了个人消费端的积极性。

(2) 养老目标基金。目前在金融市场上有不同养老题材的投资品种,比如公募基金行业近年来非常重视养老题材的基金产品。经过基金全行业的努力推动,监管机构于2018年2月发布了《养老目标证券投资基金指引(试行)》,正式推出了养老题材基金产品,监管文件主要在产品形态、发行资质等方面进行了详细的规定。截至2019年9月底,共有33家基金公司发行养老目标基金56只,资产规模超过173亿元(见表1-3)。[①] 但是值得注意的是,目前养老目标基金产品并未正式纳入第三支柱税优范畴,实际上还是以常规公募基金的形式在销售与管理。如果按照目前试点的税优政策执行,养老目标基金所面对的税优人群与税延养老保险所面对的税优人群,就都是同样的人群,且税优力度和办理手续也是一样的,考虑到以上因素,养老目标基金产品的销售规模可能将会有较大的缩减。

表1-3　　　　　　　　　养老目标基金发行情况　　　　　　　　　单位:亿元

养老目标基金类型	产品数量	产品规模
合　　计	56	173.38
目标日期基金	31	56.60
目标风险基金	25	116.78

注:数据截至2019年9月30日。
资料来源:Wind。

3. 其他国家概况

目前学界和各行业对其他国家养老金制度研究文献材料较多,本课题不再赘述。以下选择美国和智利,从不同角度简要介绍典型国家养老金的发展概况。

美国养老金体系主要包括三个支柱:第一支柱与我国基本养老保险类似;第二支柱为雇主发起的养老金计划,类似我国的企业年金和职业年金;第三支柱为个人储蓄养老金计划,目前我国正在探索试点之中。美国的养老金第二支柱和第三支柱并不是完全割裂的,是有条件互通的。美国第三支柱近年来快速发展,特别是其中的个人退休账户(Individual Retirement Account, IRA)发展较快。截至2019年3月,美国积累的退休金资产总额超过29万亿美元,其中个人退休账户约9.4万亿美元。默认投资选择是美国养老金第三支柱的显著特点,总体来看就是投资者如果没有对其个人养老金账户中的投资选择设置选择偏好,那么养老金系统就自动默认为选择对应投资人条件的目标日期基金。这一便捷、人性的政策使美国个人养老金账户中目标日期基金的投资规模快速扩张。从人类行为的角度考虑,如果一个人在较长的生命周期中,对于一个账户只能投入资金,而不能快速享受收益,那么这个人对这个账户愿意投入的精力就会减少。此时购买一种内嵌投资策略的基金,将投资操作让渡给养老基金投资管理人,是符合投资人自身利益和现实需求的。其实,站在更高的视角看,在美国养老保障第三支柱业务蓬勃发展的目标日期基金产品,主要得益于美国特殊的国情和养老金的制度设计,美国财团对政策立法的影响力非常大。先有顶层设计确定,然后是相应的配套制度和政策,最后是市场机构以何种产品方式提供投资选择。如果仅研究具体养老金产品而忽略养老金制度的顶层设计,则不利于探究美国养老事业蓬勃发展的本源。

其他发达国家在养老保障第一、第二支柱方面与美国相似,德国和日本的养老金制度与美国相比,整体上更加注重保险保障。

智利养老金制度与美国相比有较大不同。其中,第一支柱主要体现在为低收入者提供基础的养老金,这也是大部分国家第一支柱的最主要作用;第二支柱的个人养老金账户缴费积累全部来自个人缴费,雇主不用配套缴费,这与其他国家的第二支柱相比有较大不同;第三支柱是完全个人自主投资、储蓄积累。智利的养老金制度体系中,政府的作用相对较小,市场作用相对较大。

(三)第三支柱面临的问题

目前,我国养老金第三支柱面临的主要问题包括:一是税收优惠政策效果欠佳;二是国内养老金替代率相对较低;三是个人投资者的养老金投资管理和账户管理的需求没有得到有效满足。

理想的养老金第三支柱的税收优惠政策应该能够做到正向激励更多的个人参与,站在顶层设计的角度看,以相对小的税收损失换取个人更多的养老储备资金投入,总体上使得个人有意愿储存、积累更多的养老金资产,能有效减缓国家第一支柱基本养老的支付压力,做到以小撬大。但是目前正在试点的个人税收递延型商业养老保险试点政策效果并不显著。

养老金替代率,是指劳动者退休时的养老金领取水平与退休前工资收入水平之间的比率,它是衡量劳动者退休前后生活保障水平差异的基本指标之一。养老金替代率,是一个国家或地区养老保险制度体系的重要组成部分,是反映退休人员生活水平的经济指标和社会指标。近年来,我国总体养老金替代率呈下降态势,对应的是居民养老保障水平的下降,也反映了国家在养老金支出方面的压力在增大。

虽然近年来学界和行业都在积极推动个人养老金投资管理服务的各种尝试,但

总体看还是处于探索阶段。站在个人角度看,不了解自身的养老储蓄情况和未来养老资产的需求,缺乏有效获取养老投资管理的信息渠道,缺乏对养老投资产品的了解,即使是金融行业甚至是养老行业的从业人员,也未必就清楚了解养老金融市场,实际上目前整体处于一个混沌的状态。站在行业角度看,虽然各机构都在尝试为个人养老投资提供投资管理服务,但是基本上都处于起步阶段,相比个人广泛、紧迫的养老投资需求,行业各机构的养老投资管理服务的供给发展空间仍然较大。

1. 税优效果未达预期

(1) 税优政策力度不强。《关于开展个人税收递延型商业养老保险试点的通知》(财税〔2018〕22号)中,对个人缴费税前扣除标准作出详细规定:取得工资薪金、连续性劳务报酬所得的个人,其缴纳的保费准予在申报扣除当月计算应纳税所得额时予以限额据实扣除,扣除限额按照当月工资薪金、连续性劳务报酬收入的6%和1000元孰低办法确定。

财税〔2018〕22号文体现的税收优惠模式概括起来,是在资金缴费期和资金运用期都是免税,在资金的领取阶段是征税。就是个人通过商业养老资金账户购买符合规定的商业养老保险产品的支出,允许在一定标准内税前扣除;计入个人商业养老资金账户的投资收益,暂不征收个人所得税;个人领取商业养老金时,再按规定征收个人所得税。

财税〔2018〕22号文的税优力度总体看还有提高的空间。每月1000元的扣除限额,如果对应较低档的个人所得税率,比如3%,则节省税金额度几十元,但是为了节省这几十元的额度,要求把1000块钱每月定投且长期锁定,而且在退休领取时要按照7.5%的税率水平缴纳个人所得税。两相对比,目前的税收优惠措施对中低收入人群没有吸引力。

2018年8月31日,第十三届全国人大常委会第五次会议表决通过了关于修改个人所得税法的决定,决定自2019年1月1日起施行,"起征点"提高至每月5000元等部分减税政策从2018年10月1日起先行实施。2018年12月,国家税务总局数据显示,个人所得税改革实施首月,全国个人所得税减税316亿元,有6000多万税改前的纳税人不再缴纳工资薪金所得个人所得税。个税改革导致第三支柱参与人群和缴费规模大幅下降。考虑到第三支柱为自愿参加,如果按照70%参与率计算,则覆盖人群从0.9亿人下降到0.3亿人,每年缴费规模不足2000亿元,而且这0.3亿人与第二支柱企业年金、职业年金覆盖人群大部分重合。因此,应该进一步加大税收优惠,扩大第三支柱覆盖面,使其成为普惠性个人养老制度安排。

(2) 税优政策覆盖人群有限。从购买个人税收递延型商业养老保险人群的收入水平看,投保人群主要集中在月收入1.7万元至3.7万元,这一收入水平即使放在北京、上海、深圳看也是属于中等偏上。如果结合全国各地收入水平看,则更是属于高收入水平,覆盖人群数量非常有限,广大中低收入人群并未有效覆盖。

然而,广大中低收入人群,很可能也没有机会参加第二支柱企业年金或者职业年金,他们本应该是第三支柱个人养老金政策重点引导参与的人群。从目前税收优惠政策看,试点政策参与人群可能与已经参加第二支柱的人群高度重合。笔者认为,这不是第三支柱试点政策希望实现的结果。

对于进一步加大税收优惠力度、扩大制度覆盖面,可以从以下几方面入手:一是可以在税收改革中将第三支柱缴费纳入专项扣除,增强税收激励的精准性。二是养老金领取阶段参考个人所得税模式征收,设置5 000元起征点,实施超额累进,提高吸引力。三是允许没有参加企业年金、职业年金的职工,将其第二支柱4%的个人税收优惠计入第三支柱缴费。四是对于低收入人群参加养老金第三支柱,国家可直接给予财政补贴,增强对非纳税人群、低收入人群的吸引力,吸引、激励尽可能多的个人参加第三支柱。

2. 个人缺乏养老规划安排

我国养老金替代率由1993年的75.98%下降到2015年的42.56%,目前仍然保持下降趋势。世界银行组织建议,要维持退休前的生活水平不下降,养老金替代率应该不低于70%,国际劳工组织建议养老金替代率最低标准为55%。我国个人养老金替代率偏低,给个人晚年退休生活费用支出的充足性带来了挑战,也给国家增加了养老负担隐患。

大多数个人不清楚自己的养老需求,或者对养老方面的定投积累与退休后的生活支出没有具体的金额概念。个人养老金第三支柱制度和政策的推出,可以引导个人投资者关注并实施科学、合理的养老筹资规划安排,有效减轻第一支柱国家养老的负担。

(1) 主要发达国家的私人养老金替代率普遍较高。世界发达国家的养老金替代率水平普遍高于50%,而且各国有所不同(见图1-5)。

中国的公共养老金替代率水平呈逐年下降态势,从1993年的75.98%的水平下降到2015年的42.56%,且看不到有止跌回升的迹象(见图1-6)。总体来看,中国养老金的替代率水平压力较大,主要由基本养老来承担。考虑到人口老龄化加剧,未来基本养老替代率水平下滑压力巨大。

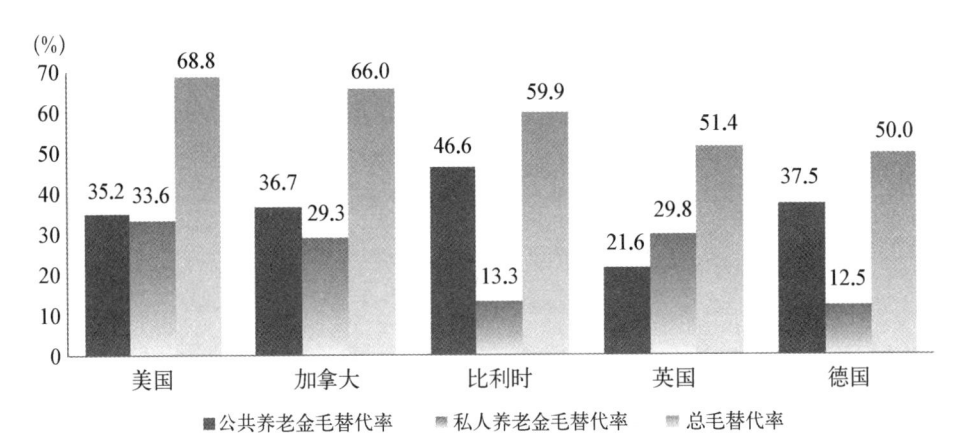

资料来源：根据《中国养老金第三支柱研究报告》数据整理。

图 1-5　发达国家养老金替代率

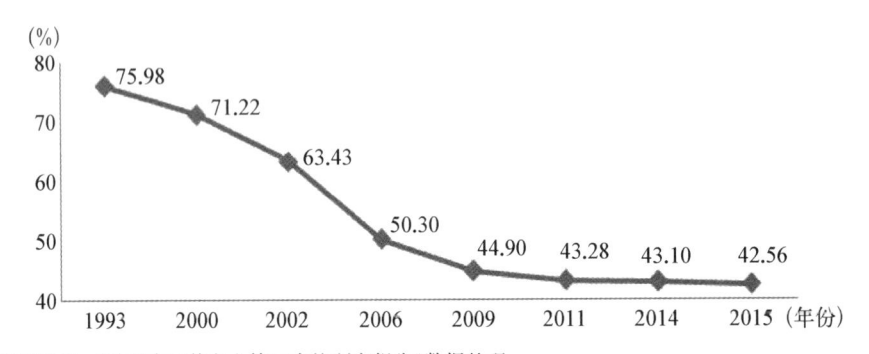

资料来源：根据《中国养老金第三支柱研究报告》数据整理。

图 1-6　中国公共养老保险制度替代率

（2）我国缺乏第三支柱个人养老规划安排。2014—2018 年，我国参加基本养老保险人数和企业年金的人数规模逐年递增，但参加企业年金人数与参加基本养老人数的比值呈现下降趋势。截至 2018 年底，参加企业年金的人数为 0.238 8 亿，占参加基本养老保险人数的比例约 2.53%（见图 1-7）。由此可见，我国绝大部分人群的养老主要依靠国家的基本养老和个人安排，参加第二支柱的人数占比太少，与主要发达国家相比还有相当大的差距。

美国第三支柱个人养老金安排主要依靠个人准备，政府配套有效的税优政策，且税优政策针对个人账户，并不局限于具体产品，产品类型相对丰富，包括保险产品、公募基金等。德国第三支柱个人养老金安排更像是在第二支柱的基础上的一个外延和补充，主要是商业保险机构为个人提供的一种补充养老保险。[1] 美国、德国

---

[1] 摘自《中国养老金第三支柱研究报告》。

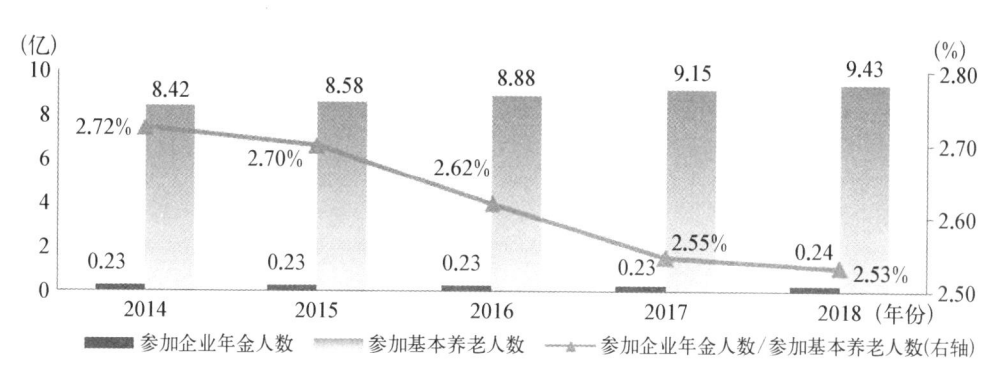

资料来源:根据历年人力资源和社会保障事业发展统计公报、历年全国企业年金基金业务数据摘要整理。

图1-7 2014—2018年参加基本养老与企业年金人数

的第三支柱个人养老金制度安排有所差别,前者侧重投资积累,后者侧重保险保障。

无论哪种安排都是个人在第一支柱基本养老和第二支柱企业年金、职业年金之外的一种自我储备、积累养老金的方式。中国缺乏这样个人储备养老金的安排。个人既不清楚自身的养老需求,又不知道自身条件下如何去实现个性化的养老目标,既不清楚需求又不清楚实现目标的方式。

面对这样的现实情况,保险资产管理机构可以发挥精算技术优势,根据个人养老保障管理产品、保险资产管理产品、企业年金产品、养老金产品的设计、发行、受托和账户管理经验,结合保险资产管理机构的投资管理优势,向个人提供养老规划安排方案,有针对性地提供个人养老需求评估和具体个人养老金产品。

3. 账户与资产的管理需求无法满足

(1) 缺乏统一的账户管理。站在个人角度看,个人在养老资产储备情况、养老金政策以及如何开展养老金投资方面缺乏最基本的了解,在此基础上,想要进行养老规划并且开展具体的养老投资,也没有目标和工具。如果有一个统一的平台,能够为个人提供这样的综合信息服务,同时提供对应的养老规划安排方案和具体的投资品种,那么这样的账户管理平台就能真正的引导个人开展养老金投资。

目前,我国缺乏统一的第三支柱个人养老金账户管理平台。个人的养老储蓄和投资,都是在不同账户平台终端实现。比如,个人在银行客服终端购买银行理财产品,在保险客服终端购买保险产品,在公募基金等销售终端购买基金,还可以通过线下实体网点购买信托产品和券商资管产品等。各种金融产品分散于不同行业、不同公司以及不同的终端平台,增加了个人养老投资的选择难度,也增加了监管部门的统筹难度,不利于国家统一规划个人养老金第三支柱事业发展。

进一步看,目前缺乏的不仅仅是第三支柱个人养老金账户管理平台,与之相关联的第一支柱和第二支柱平台也都是必不可少的。仅仅单独建设一个平台,其功能仍会受到约束,只有多平台实现联动,才能实现养老金三支柱体系的整体协同管理,而这需要国家的顶层设计。

(2)缺乏合适的资产管理产品。个人养老需求千差万别,目前金融机构提供的产品满足了个人的一部分投资需求,但有时无法避免产品同质化。比如一些产品,短期看波动较大,长期看收益也不高,无论以什么样的投资理念去管理,都有其局限性。

个人养老资金是长期资金,期缴定投确保了稳定、规律的资金流入,较长的积累期决定了能够以较大的概率穿越牛熊,从这一资金属性上看,针对个人养老金所发行的资产管理产品,应该需要充分体现个人养老投资需求的特征,而这也考验保险资产管理机构的资产管理能力和投研能力。

目前各行业对于养老投资产品都在探索,在实际行动中,各行业会站在自身的角度,去发挥特色优势。比如一些行业擅长提供优质的理财产品,一些行业擅长提供保障类产品,一些行业擅长提供相对特色的投资产品。站在全行业发展的角度看,顶层设计最好能够充分地调动所有相关行业的积极性、发挥相关行业的特色优势、维持相关行业的适度竞争,这样无论是站在国家的角度还是个人投资者的角度,或是站在金融行业的角度看,都是能够实现多方共赢的。

二、保险资产管理机构在养老金第三支柱事业中的探索

金融行业是经营风险的行业,人口老龄化或者说养老保险问题,从金融角度看也是一种风险,通常的说法即长寿风险。当个人进入生命周期的较晚时期,并且不再从事工作后,会面临常规劳动收入的减少,但是生活支出仍在持续,还可能遇到一些意外情况,需要大额支付。针对这一情况,保险行业擅长推出保险年金产品,其可以较好地应对部分长寿风险。保险资管机构可以在此基础上,针对人口老龄化提供专业的服务,包括专业投资管理能力、特色化产品以及丰富的账户管理服务。

保险资产管理机构可以借鉴保险精算和长期资金投资方面的管理经验,向个人投资者提供个性化的养老规划模型,引导个人理性开展养老金第三支柱方面的养老规划和养老投资,同时巩固、提升自身在长期资金投资管理中的经验积累和相对特色优势,在促进资本市场发展和支持实体经济方面发挥重要作用。

(一)引导个人理性规划养老

个人面对未来的养老需求,需要综合所有的信息进行判断,这些信息包括个人已经积累的养老金资产(包括第一、第二、第三支柱),退休之前所能提供的现金积累(资金投入),以及退休后期望的生活水平(资金领取),此外还需要对所投资的金融产品有基本的风险识别能力。综合所有信息之后,可以由专业的投资管理或咨询机构,协助规划个人的养老投资。

每个人的工作条件、生活情况以及养老预期目标不尽相同,保险资产管理机构可以总结管理长期资金和资管产品的经验,结合不同人的各自条件,计算其对应的养老金第三支柱的替代率目标,为个人提供具有生命周期特征的养老规划模型。[①] 同时,引导个人投资者理性预期,向个人投资者提供不同的风险收益特征的养老保障或养老保险产品。

1. 个人养老规划模型介绍与测算

目前个人养老金的第一支柱和第二支柱都有其固定化的算法,这里主要介绍个人养老金第三支柱的整体规划设想。本部分模型的设计主要在于帮助个人首先了解自身的资金财务现状,然后加入投资情况及替代率的测算,最后给出一定条件下目标投资收益率与目标替代率之间的关系,供个人养老规划决策。

(1)参数介绍。本模型的变量主要考虑到个人从开始工作、退休、到身故的整体生命阶段的可能影响因素,包括期初金额、收入、期缴定投比例、工资增长率、积累年限、领取年限、投资收益率、通货膨胀率、替代率。具体说明如下:

A:期初金额,个人为养老准备的一次性投入的初始金额;

m:退休前缴费、投资的积累年限;

n:退休后第三支柱个人养老金的支取年限;

S_n:替代率,退休后每月从积累基金支取金额与当月含通货膨胀工资的比值,假设每期的S_n均相等,代表真实的相对购买力水平不变;

W_m:第m年的已扣除税、社保和公积金之后的月度工资收入;

G_m:第m年的月度工资增长率;

I:月度投资收益率;

B_m:第m年的月度期缴定投比例;

T:月度通货膨胀率;

[①] 本课题讨论的个人第三支柱养老规划主要涉及货币化收入相关内容,不涉及个人的固定资产等财产性收入,全国各地房产价格、租金收入和变现能力有较大差别,因此暂不讨论。

R_n：退休后第 n 年从积累基金中月度支取的金额；

WT_n：退休后第 n 年考虑通货膨胀因素调整后对应的月度工资收入水平；

C_m：第 m 年的积累基金规模；

P_n：第 n 年的积累基金规模。

(2) 测算公式。公式分为三部分，包括积累阶段、替代率计算、支取阶段。从个人的生命周期看，在退休时点前，劳动收入的一部分持续投入到养老规划中，这个阶段本金投入与投资收益共同构成了养老资产的储备来源；在退休时点后，养老资产的储备持续提供资金领取，且剩余资产仍然处于投资阶段。替代率成为联系退休前积累期和退休后领取期的重要节点，且替代率水平的高低将会影响整体方案中的各个因素，包括预期投资收益率。以下为三部分的具体公式介绍：

第一部分为积累阶段，即积累基金来自各期期缴定投金额及其投资收益。

积累阶段：

$$\begin{cases} C_1 = (A + W_1 \times B_1) \times (1+I) \\ C_2 = (C_1 + W_2 \times B_2) \times (1+I) \\ \cdots\cdots \\ C_m = (C_{m-1} + W_m \times B_m) \times (1+I) \end{cases} \tag{1}$$

第二部分为替代率计算，考虑了从支取期开始之后的每一期的调整通货膨胀因素后的替代率。该部分公式将积累阶段和支取阶段联系起来。

替代率：

$$S_1 = \frac{R_1}{WT_1} = \frac{R_2}{WT_2 \times (1+T)} = \cdots = \frac{R_n}{WT_n (1+T)^{n-1}} \tag{2}$$

第三部分为支取阶段，该部分考虑了支取阶段的每笔支取和剩余资金的再投资收益。

支取阶段：

$$\begin{cases} P_1 = (C_m - R_1) \times (1+I) \\ P_2 = (P_1 - R_2) \times (1+I) \\ \cdots\cdots \\ P_n = (P_{n-1} - R_m) \times (1+I) \end{cases} \tag{3}$$

以上公式联立，得到以上所有因素的综合公式。模型界面示例如表 2-1 所示。

表 2-1　　　　　　　　　　　　　　　模型测算参数

备 注	数据录入区域	
求解目标	年度投资收益率	6.41
参 数	期初资金(元)	0
	期初月度税后工资(元)	10 000
	年度工资增长率	5.00
	税后工资定投比例	5.00
	年度通货膨胀率	3.00
	替代率(每月领取/每期通货膨胀调整后工资)	20.00
	积累缴费年限	35
	领取支出年限	28

以上是模型计算示例展示,模型计算期初资金、工资、工资增长率、期缴定投比例、投资收益率、通货膨胀率、替代率、积累缴费年限、领取支出年限等因素之间的数量关系。参数栏目包括对应的录入参数,求解目标值为对应参数条件下的年度投资收益率。

(3) 模型的应用意义。① 个人可以根据自己的实际收入情况及对未来的预期,录入模型,并录入预期退休后的替代率数值,即能计算对应条件下要求的年度投资收益率。使得个人对自己的工作、生活、养老目标以及对应的投资收益要求有一个综合的相对有参考意义的把握,个人可以据此调试多种养老规划方案。个人通过使用该模型,可以让自己从开始时对未来养老的不了解,转变为有了基本框架性的了解,这种认识上的改变是下一步购买第三支柱金融产品的重要基础。② 该模型融入了《中国人身保险业经验生命表(2010—2013)》中与预期寿命相关的要素信息。该生命表区分了男性和女性,根据生命表的计算结果,男性和女性的预期寿命有较大的差别,女性预期寿命比男性预期寿命长整整 5 年,这对于个人养老规划安排影响较大。女性的养老金支取期超过男性 5 年,女性比男性在养老规划方面面临更多困难。不同年龄时点上,个人的预期寿命也不同,比如 20 岁的男性预期寿命比同一时点上 60 岁的男性少大概 2 年。

如果个人希望更精确地规划养老,或者保险资产管理机构希望根据个人预期寿命提供相对更有针对性的产品设计,一定程度上解决个人长寿风险需要对应的养老金收入,那么这个因素是需要考虑的。

2. 关键要素的选择与权衡

本模型针对相关要素进行不同场景的测算,重点研究哪些因素会影响最终的个人养老第三支柱的替代率,以及个人在进行养老规划安排的时候,如何选择与权衡关键要素。

(1)测算假设及场景。

测算假设:

① 初始积累资金为 0 元;

② 期初工资收入为 10 000 元;

③ 年工资增长率为 5%;

④ 期缴定投比例为 5%;

⑤ 年度通货膨胀率为 3%。

以上测算假设的角度基本上是中性的,在此基础上针对不同场景进行测算,变量包括积累年限、支取年限、替代率、投资收益率。

测算场景:在以上测算假设确定后,按照 5 种替代率水平分别进行测算,替代率分别为 10%、15%、20%、25%、30%。替代率选择这 5 组场景数据,是考虑到目前中国基本养老替代率约 40%,而发达国家的替代率区间为 51%~70%,中国与发达国家养老的替代率差距约为 10%~30%(鉴于第二支柱覆盖面很小,不考虑它对替代率的影响),这样做的替代率数据场景假设有明确的针对性和参考性。

关于积累年限和支取年限,假设分别为积累 5 至 40 年和支取 5 至 28 年。前者对应的场景为积累年限年龄区间为 20 至 55 岁人群,即按照现行 60 岁退休制度,20 岁的人可以积累 40 年,55 岁的人可以积累 5 年。后者对应的场景为支取年限年龄区间为 65 至 88 岁人群,即 60 岁退休之后可以选择领取 5 至 28 年;根据生命表,0 岁女性对应的预期寿命为 88 岁。

(2)测算结论及分析。表 2-2 为不同场景测算结果展示,收益率越高,对应的背景颜色越深。

表 2-2　　场景测算结果展示

场景 1 替代率为 10%		积累年限								
			40	35	30	25	20	15	10	5
支取 年限	5	—	—	—	—	—	0.06%	4.19%	19.23%
	10	1.34%	1.67%	2.17%	2.94%	4.20%	6.48%	11.35%	26.57%

续表

场景1 替代率为10%		积累年限							
		40	35	30	25	20	15	10	5
支取年限	15	3.21%	3.63%	4.23%	5.11%	6.49%	8.87%	13.69%	28.18%
	20	4.25%	4.71%	5.34%	6.25%	7.66%	10.01%	14.68%	28.62%
	25	4.90%	5.37%	6.02%	6.94%	8.32%	10.62%	15.14%	28.76%
	28	5.18%	5.66%	6.30%	7.22%	8.59%	10.85%	15.29%	28.79%

场景2 替代率为15%		积累年限							
		40	35	30	25	20	15	10	5
支取年限	5	—	—	0.13%	0.82%	2.04%	4.39%	9.89%	29.31%
	10	3.25%	3.72%	4.40%	5.42%	7.05%	9.94%	16.02%	35.20%
	15	4.83%	5.38%	6.14%	7.26%	8.98%	11.92%	17.87%	36.26%
	20	5.70%	6.28%	7.07%	8.20%	9.93%	12.81%	18.58%	36.49%
	25	6.24%	6.83%	7.62%	8.75%	10.45%	13.27%	18.88%	36.55%
	28	6.47%	7.06%	7.85%	8.97%	10.65%	13.43%	18.97%	36.56%

场景3 替代率为20%		积累年限							
		40	35	30	25	20	15	10	5
支取年限	5	1.15%	1.52%	2.09%	2.99%	4.51%	7.40%	13.96%	36.98%
	10	4.52%	5.10%	5.91%	7.13%	9.05%	12.41%	19.45%	41.95%
	15	5.93%	6.58%	7.47%	8.76%	10.75%	14.13%	21.00%	42.70%
	20	6.70%	7.37%	8.29%	9.59%	11.57%	14.88%	21.54%	42.84%
	25	7.17%	7.85%	8.77%	10.06%	12.00%	15.24%	21.76%	42.87%
	28	7.37%	8.05%	8.96%	10.24%	12.16%	15.36%	21.82%	42.87%

场景4 替代率为25%		积累年限							
		40	35	30	25	20	15	10	5
支取年限	5	2.38%	2.84%	3.53%	4.59%	6.38%	9.69%	17.15%	43.25%
	10	5.46%	6.12%	7.06%	8.43%	10.58%	14.33%	22.17%	47.57%
	15	6.76%	7.49%	8.49%	9.93%	12.13%	15.88%	23.51%	48.14%
	20	7.46%	8.21%	9.23%	10.67%	12.85%	16.52%	23.96%	48.22%
	25	7.89%	8.64%	9.65%	11.08%	13.23%	16.82%	24.12%	48.24%
	28	8.07%	8.82%	9.82%	11.24%	13.36%	16.91%	24.16%	48.24%

续表

场景 5 替代率为 30%		积累年限							
		40	35	30	25	20	15	10	5
支取年限	5	3.32%	3.86%	4.65%	5.86%	7.86%	11.55%	19.78%	48.58%
	10	6.21%	6.94%	7.97%	9.47%	11.82%	15.91%	24.45%	52.42%
	15	7.42%	8.22%	9.31%	10.87%	13.26%	17.32%	25.63%	52.86%
	20	8.08%	8.89%	9.99%	11.55%	13.92%	17.89%	26.00%	52.92%
	25	8.47%	9.28%	10.38%	11.92%	14.24%	18.14%	26.13%	52.93%
	28	8.63%	9.44%	10.53%	12.06%	14.36%	18.22%	26.16%	52.93%

从模型测算结果可以得到如下结论：

① 个人为了达到特定个人养老第三支柱替代率水平，积累年限越长、支取年限越短，所要求的投资收益率越低；反之则要求越高。在某些极端情景下，不需要投资实现收益，仅靠期缴定投的积累就可以实现目标。比如积累期35年、领取期5年，就可以实现15%的替代率目标；积累期20年、领取期5年，就可以实现10%的替代率目标。

② 如果个人以其退休前收入水平的替代率为主要目标，那么影响因素主要在积累年限、支取年限、投资收益率、通货膨胀率、期缴定投比例、工资增长率以及期初资金量，而与期初的工资绝对水平关系不大。这些因素中，个人能够主动决定的因素包括积累年限、支取年限、期缴定投比例以及期初资金量，能够决定一部分的因素包括工资增长率和投资收益率，被动接受的因素是通货膨胀率。

③ 2007—2018年企业年金年均投资收益率为6.97%，2001—2018年社保基金年均投资收益率为7.82%，这两个收益率数据是个人养老金投资收益率的重要参考指标且真实有效。综合来看，7%的投资收益率水平是一个相对较高的水平，也就是说对于大部分个人养老投资而言，7%以下的投资收益率的实现难度是相对更切实际的，基本上处于每个表格的左上方，具体情况个人可以对应选择。

(二) 重视保险资金投资管理的相对优势特色

个人根据以上模型规划养老后，可以选择适当的风险收益产品。保险资产管理机构在长期保险资金、养老金管理和长期产品设计方面拥有丰富的经验，对于大部分保险资产管理机构而言，这是主营业务，在此方面的经验积累能够较好应对个人养老第三支柱的投资需求。

1. 保险资金长期投资的收益与风险测算

根据马科维茨均值方差原理,结合我国资本市场的历史表现,构建均值方差模型并求解有效边界,对保险资金长期投资的收益和风险进行测算。具体如下:

(1) 参数及模型介绍。模型的大类资产配置假设包括流动类资产、权益类资产和固定收益类资产,对应的代表分别选择货币基金或者逆回购等、沪深 300 指数和中债新综合财富总值指数[①],其中股票和债券的指数数据采用 2003—2018 年 16 个完整年度的收益率数据,流动类资产收益率假定为 2.5%。具体数据如表 2-3 所示。

表 2-3　　　　　　2003—2018 年三大类资产年度投资收益率　　　　　　单位:%

年　度	流 动 类	权　益　类	固定收益类
2003	2.50	8.25	1.70
2004	2.50	−16.30	0.44
2005	2.50	−7.65	7.18
2006	2.50	121.02	2.42
2007	2.50	161.55	0.03
2008	2.50	−65.95	10.45
2009	2.50	96.71	0.14
2010	2.50	−12.51	1.96
2011	2.50	−25.01	5.10
2012	2.50	7.55	3.67
2013	2.50	−7.65	−0.29
2014	2.50	51.66	10.34
2015	2.50	5.58	8.18
2016	2.50	−11.28	1.83
2017	2.50	21.78	0.26
2018	2.50	−25.31	8.21

模型采用经典的马科维茨均值方差原理,对三大类资产的长期收益率数据进行综合建模,利用 Excel VBA 编程。

(2) 有效边界求解。根据以上数据,可以计算得到类别资产的相关系数矩阵(见表 2-4):

---

① 资料来源 Wind。

表 2-4　　　　2003—2018年三大类资产年度投资收益率的相关系数矩阵

	流动类	权益类	固定收益类
流动类	1.000 000	0.000 000	0.000 000
权益类	0.000 000	1.000 000	−0.392 842
固定收益类	0.000 000	−0.392 842	1.000 000

根据《关于规范金融机构资产管理业务的指导意见》(银发〔2018〕106号)对于资管产品流动类资产的比例要求,假设流动类资产在资产配置方案中的最低比例为5%。为了尽可能模拟更多场景,权益类和固定收益类资产的比例均不设置限制。可以计算并推导出有效边界曲线和有效边界点对应的大类资产配置方案,具体如图2-1所示。

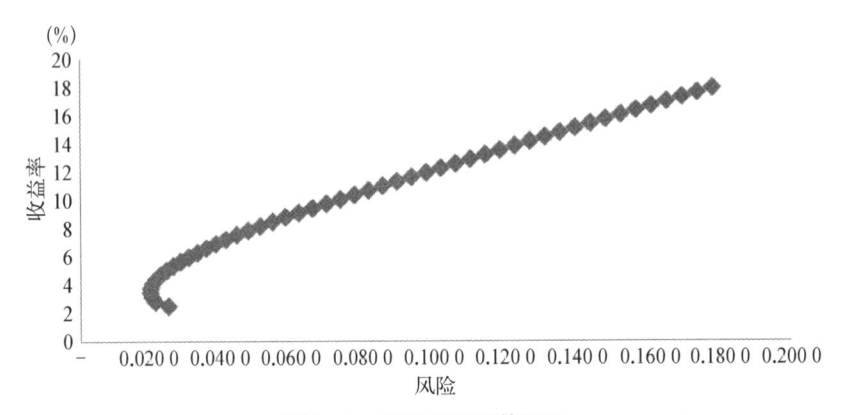

图2-1　有效边界测算结果

从以上模型所推导出的有效边界和对应的资产配置方案(见图2-2),显示了预期收益条件下的最低风险。

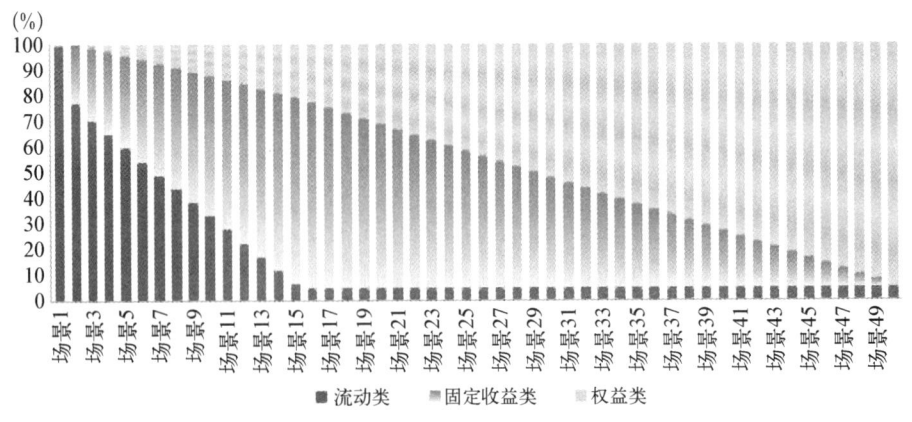

图2-2　有效边界最优资产配置方案测算结果

对于个人投资者而言,如果在计算个人第三支柱养老替代率目标后得到一个投资收益率目标,那么可以找到对应最小风险的资产配置方案。总体来看,个人如果期待相对更高的投资收益率,那么对应最小风险配置方案中的权益占比也对应更高。个人认可了这样的收益率目标,也就要接受这样的风险波动。

只提投资收益率目标要求而不接受对应的风险波动的行为是无效的。对于保险资产管理机构而言,在产品设计方面,可以设计出不同风险收益特征的产品,以满足个人投资者差异化需求。

2. 保险资金长期投资中的相对特色优势

(1) 保险资产管理机构擅长长期投资。以上有效边界求解产生的结果,是在长期资产配置行为中总结出的结果,对应的隐含要求即个人养老金投资行为需要具备长期特征。同样,个人要实现养老第三支柱替代率目标,就要实现对应的投资收益率目标,这就需要长期投资作为前提。长期投资能够穿越牛熊,减少熊市割肉、牛市踏空的概率,并实现复利积累结果,保险资产管理机构一直以来都擅长保险资金和养老金的长期投资。

(2) 多样化的投资范围能够适度降低投资风险。按照经典理论,增加新的风险资产类别,能够适当地降低组合整体风险。但是,个人投资者受限于资金规模,无法自行有效扩大投资范围,因此也就无法享受到通过扩大投资范围以降低组合整体风险的好处。

对应这一情况,保险资金投资范围的相对优势在此显现,即可以为个人提供范围相对更广的投资品种。总体来看,保险资金的投资范围跨度较大,不仅可以投资流动类、固定收益类、权益类等标准化资产,还可以投资非标资产,包括基础设施债权投资计划、不动产投资计划、信托、资产支持证券等。通过投资非标资产,进一步分散、降低组合整体风险,还能够贡献较好的收益稳定性。

(3) 保险资产管理机构投资稳健且高效。保险资产管理机构严格控制长期投资中的各种风险,积累了稳健的业绩表现,且善于获取同样风险水平下的相对高收益,总体表现稳健且高效。

(三) 助力资本市场和实体经济发展

保险资产管理机构管理的保险资金、养老金的内在长期资金属性契合社会经济发展需求,有助于资本市场和实体经济的发展。

从资金来源角度看,购买保险产品服务的行为,很多都具有长期性质,这些资金并不追求短期收益回报,客户通常不急于退保。保险资产管理机构将这些资金集合并投

资与运用,这样操作的保险资金其内在属性就是长期的,而长期资金对于国家发展、资本市场和实体经济的发展都具有重要的支持作用。这也是保险资金与其他行业资金显著不同的地方。

1. 促进资本市场发展

(1) 维护资本市场健康稳定。保险资金是资本市场发展的重要参与方,秉持长期稳健投资理念的保险资金是维护资本市场稳定的重要力量。2018年股票市场大幅下跌,同时部分优质上市公司和民营企业的股票质押流动性风险加大,监管机构引导行业协助化解风险,保险资产管理公司紧跟监管指引,设立保险资产管理专项产品,为化解股票质押流动性风险贡献行业力量。

目前,保险资金投资A股股票市值占A股总市值的3.1%,成为仅次于公募基金的第二大机构投资者;投资债券规模占我国债券市场总规模的6.5%,是继银行之后的第二大机构投资者。保险资金维护资本市场稳定健康发展的作用愈发明显。[1]

保险资金维护资本市场稳定的作用,是与保险资金内在的长期稳健属性相一致的。规律、稳定的保费现金流入使得保险资金可以长期投资而不必追求短期的高收益回报,这其实也是保险资金的顶层特征。在这一总体特征影响下,保险资金的委托投资要求也是追求长期稳健,并不会追求短期较高的超额回报,所制定的战略资产配置方案首先充分考虑了资本市场长期的风险收益特征,然后向下具体到短期战术投资行为,最后在风险水平可控的范围内开展操作。

(2) 丰富个人养老投资选择。个人开展养老投资,常规的投资范围可以包括银行存款、养老保障产品、年金保险产品、公募基金、股票等,对于资金储备相对较多的人,还可以投资信托产品等。每大类资产都有其显著的风险收益特征,保险行业所提供的年金保险产品和个人养老保障产品,是个人养老投资范围中的重要组成部分,为客户提供了不同特色的投资选择,满足了个人的特定投资需求。

特别是养老保险公司、养老金管理公司开发设计、投资管理的个人养老保障产品,丰富了个人养老投资选择。个人养老保障产品与其他保险产品不同之处在于,它是面向大众的公募属性的资管类产品。保险资产管理机构可以将管理长期资金的经验运用到个人养老保障产品的投资管理工作,结合具体的投资策略和投资范围,为个人提供不同风险收益特征的投资选择,进一步丰富养老资管产品种类。保险资管机构可以将符合生命周期需求的投资策略嵌入个人养老保障产品,或者可以将目标日期、目标

---

[1] 袁序成.奋力开创保险资金运用与监管新局面[J].当代金融家,2019(8).

风险投资策略嵌入个人养老保障产品,设置不同的目标风险水平,形成系列化。这些内嵌了目标日期和目标风险投资策略的个人养老保障产品,可以组合为不同风险收益特征的产品池,供不同人群满足养老投资需求。

2. 支持实体经济发展

(1) 保险资金运用属性符合实体经济发展要求。保险资金来源一般主要是中长期限保险产品的保费,对应的投资期限也是中长期。比如按照通常的账户分类方法,保险资金管理的账户包括传统、分红、万能、投连、资本金等,这些账户有各自的负债现金流入、流出规则以及对应的投资要求。其中,传统账户的久期一般较长,能够对应中长期的非标资产。对于基础设施和不动产项目等,一般整体项目运作周期长、资金需求量大、收益稳定,与保险资金的期限特征、资金体量、收益要求有较好的匹配性。从资金运用角度看,保险资金能够较好地契合实体经济发展。

保险资产管理机构通过专业化、集中化和规范化运作,将保险资金投资于实体经济领域,从另一种角度看,就是将社会上分散的资金,以一种相对规范化的形式募集而来,然后按照国家的指引方向投出去,实现了金融资金与实体经济的互相融通。更进一步看,保险行业是国家实现资源管理的有效抓手,有条件也有能力去承担更艰巨的国家建设任务。

(2) 为国家重大项目提供直接融资支持。近年来,保险资金在顶层设计的指引下,围绕国家重大发展战略开展投资,集中投向先进制造业和现代服务业,为国家重大项目提供了直接融资支持。

截至2019年5月,保险资金通过投资股票、债券和发行保险资管产品等方式为实体经济高质量发展提供融资支持近9万亿元。其中,保险资产管理公司累计发起设立各类债权、股权投资计划1139项,合计备案(注册)规模为2.67万亿元,主要投向基础设施建设和民生工程,在支持"一带一路"、长江经济带建设和京津冀协同发展、棚户区改造、清洁能源、污染防治等方面形成了一批有影响力和示范效应的投资项目,有力支持了国家战略。[1]

三、保险资产管理机构参与养老金第三支柱建设路径的建议

保险资产管理机构参与养老金第三支柱建设路径,离不开中国养老三支柱体系的顶层设计。强力监管单位需研究建立统一、可持续发展的养老金制度,妥善制定监管

---

[1] 袁序成.奋力开创保险资金运用与监管新局面[J].当代金融家,2019(8).

政策,同时尊重市场规律和经济规律,用专业的人做专业的事。站在保险资产管理机构助力国家养老金事业发展的角度看,建议在顶层设计方面遵循一个总体原则,即"普惠性";在具体执行方面,可以遵循"政策引导、市场运作、专业管理、强力监管"的基本原则,建立自上而下的高效运行机制,监管的归监管,市场的归市场。

在养老金融事业的制度和政策建立和制定之后,金融机构就可以在这一制度框架内按规则发挥相对优势,开展有序竞争,提供优质化的产品和受托、投资、账管等服务,实现国家、个人和市场机构的共赢,实现老龄事业全面协调可持续发展。

保险资产管理机构在中国的老龄事业和养老金第三支柱中可以发挥更核心的作用,为顶层设计提供决策参考和支持;保险资产管理机构拥有专业保险产品、养老金产品研发能力,具备长期稳健的保险资金和养老金的投资管理能力,具有丰富的受托管理和账户管理服务能力,这些能力都应该保持和发扬。保险资产管理机构在巩固自身核心专业能力的基础上,应提升个人养老金资产管理能力,为养老金第三支柱事业发展贡献行业力量。

(一)不忘初心、牢记使命,在三支柱建设中发挥更大作用

近年来,国家高度重视人口老龄化问题,对老龄事业的全面发展提出了要求和规划。作为专业的养老金管理公司,应该把对国家老龄事业的发展贡献落实到日常的具体工作中,不忘初心、牢记使命,在具体的养老金第二支柱和第三支柱事业领域中,努力前行、探索。

1. 为顶层设计提供决策参考和支持

(1)建设可持续发展的养老保障制度。习近平总书记在庆祝改革开放40周年大会上的讲话中指出,必须坚持完善和发展中国特色社会主义制度,不断发挥和增强我国制度优势。改革开放40年的实践启示我们:制度是关系党和国家事业发展的根本性、全局性、稳定性、长期性问题。

从上述可以看出,在老龄事业和养老金第三支柱事业中,制度建设是根本性的。保险资产管理机构,可以从自身的业务中总结经验,结合我国国情,借鉴外部经验,为我国养老金第三支柱的顶层制度设计提供决策参考和支持。

目前我国的第一支柱经过多年的发展,解决了人民的基本养老问题,但是国家财政压力较大,随着人口老龄化的加剧,第一支柱的可持续性值得重点关注。第二支柱经过近几年的发展,为社会中相对富裕的劳动人群提供了养老补充,然而第二支柱的显著问题是覆盖面很小。目前正在探索中的第三支柱,即个人税收递延型商业养老保险试点工作,从实践效果看不尽人意,问题包括税优政策覆盖人群很少、税优刺激力度

不大、操作烦琐等。以上三支柱面临的问题，都是习近平总书记所强调的推动老龄事业全面协调可持续发展所要解决的问题。建议相关部门梳理目前各支柱发展所面临的各种问题，综合分析，建设一套完善的、可持续发展的养老保障制度框架，做好顶层设计。这样养老金第三支柱的发展就有了制度保障。

在制度建设的过程中，也要考虑到养老金第一、第二、第三支柱之间的关系定位。目前来看，第一支柱基本养老解决了全国人民衣食住行中的衣食的基本生存问题，第二支柱企职业年金解决了一部分人群的生活质量问题，但是第三支柱的定位需要进一步研究。对于有第二支柱的人群，他们的基本生活有了保障，第三支柱的作用应该更偏重辅助他们去追求相对更高的生活质量。对于仅有第一支柱的绝大部分人群，第三支柱的作用应该还是辅助他们去获得一个适中的生活质量。第三支柱的定位问题解决以后，就可以开展政策制定工作。此外，第一、第二、第三支柱之间不是互相封闭的，应该是互通的。

（2）政策制定遵循"普惠性"原则。中国共产党第十九次全国代表大会上的报告中第四部分，对我国从2020年到21世纪中叶分为两个阶段来安排，其中第一个阶段的一个重要目标，就是从2020年到2035年，人民生活更为宽裕，中等收入群体比例明显提高，城乡区域发展差距和居民生活水平差距显著缩小，基本公共服务均等化基本实现，全体人民向共同富裕迈出坚实步伐。

从以上要求可以看到，缩小贫富差距、实现共同富裕是未来二十年我们全社会共同的目标，这对养老金第三支柱的发展指明了大方向。根据这一目标要求，我们的养老金政策的制定应该充分考虑到，引导老百姓尽早开展养老投资储备，同时要注意政府的政策优惠能够覆盖更多的人群。

但是目前，养老金第三支柱领域中的个人税优递延型商业养老保险试点的情况不太理想，真正能享受到税优的人数极为有限，税收引导老百姓养老的目标基本上较难实现，操作上的复杂性降低了试点参与的积极性，更为关键的是，国家在近年开展的降低社保缴费工作，客观上降低了社保基金的征收，但是并未在其他领域实现收入的替代。在基本养老方面征收水平的降低，且未找到合适的领域去增加收入，站在国家的角度看，财政对基本养老的压力，将会部分传递给其他领域，这就要求其他领域比如养老金第三支柱能够承接这部分压力。

这部分压力的传递，需要老百姓自己去承担，国家在政策方面做好充分准备即可。建议国家在养老金第三支柱建设领域的政策制定方面遵循一个基本原则，就是政策的普惠性，养老金第三支柱的税优政策要能够覆盖更多人群，提升税优力度以鼓励人群加入，在具体操作上提升便利性，充分调动人群的参与积极性。

在税优政策方面,第一,建议考虑目前我国实际情况,大量的劳动人群无可持续的劳动收入或者收入水平较低,他们基本上不纳税,因此可以适当地给予补贴,比如每月补贴5元,同时要求个人配套投入100元,具体的比例对应关系可以进行弹性测试。总的目标是能够引导大部分劳动人群的养老投资,以国家的少量财政补贴撬动大量的养老投资,鼓励养老金第三支柱发展,减轻国家在第一支柱方面的压力。

第二,对于缴税的人群,增加一项税前抵扣项目,即养老三支柱税前抵扣项目,个人从税前工资收入中,最多可以列支比如1 000元用于个人第三支柱的投资,刺激这部分人群的参与积极性。

第三,建议在领取阶段,降低缴税水平,对于投资收益部分,可以制定差别化的税率,但是税率的制定标准要充分考虑到能够调动参与者的积极性。否则,如果老百姓发现参与养老金第三支柱无吸引力,那么效果堪忧。

第四,建议税优政策放在个人养老金账户上,比如在个人养老金账户中,所有投资产品所形成的投资收益,综合计算,然后在领取阶段统一计算税率。

第五,建议简化税优政策的执行手续,增加领取的灵活度。目前税优的政策执行较复杂,单位负责计算和代扣代缴,个人无法操作,这实际上增加了单位人事等部门的工作量和难度,但站在企业角度而言,没有实际的收益,不利于后续业务的扩大。在领取方面,第三支柱与第一、第二支柱的定位不同,因此应该提升第三支柱领取的灵活度,降低领取方面的苛刻要求。

(3)监管遵循"政策引导、市场运作、专业管理、强力监管"原则。在养老金第三支柱建设方面,建议遵循以下原则,即"政策引导、市场运作、专业管理、强力监管"。

养老金第三支柱的发展,需要结合我国的实际情况,我们国家的国情决定了需要有一个强力监管部门去协调推进相关工作。目前我国的实际情况是,养老金第三支柱由多头监管,并没有牵头监管单位。在这样责任未定的情况下,难免会出现各说各话的情况,实际上浪费了监管资源,也造成了不必要的恶性竞争。强力监管单位的出现将统一协调各方行为,有助于养老金第三支柱的可持续发展。

在政策引导方面,建议能够覆盖更多人群,同时鼓励或刺激人群在第三支柱方面的投入,也鼓励金融机构充分发挥各自的比较优势,为三支柱提供更多的产品和服务。

在制度和政策都建立和制定后,鼓励市场化运作和专业管理,这两者对于养老金第三支柱的发展是不可分割的。专业化的机构有各自领域的竞争优势,银行、保险、基金、信托等机构有各自的显著优势,让专业机构和人去做专业的事,这不仅是简单的鼓励行业发展,实际上还是尊重客观经济规律。站在投资者教育的角度考虑,国家没有那么多的资源去对所有人群开展投资者教育,也不可能让所有人都懂养老金投资,让专业的机构去做专业的事,本身就是对资源的有效配置。

建立可持续发展的养老保险制度,强力监管、统一协调推进养老事业,相当于制定了游戏规则,在此基础上,由专业化的金融机构开展市场化运作,由此形成国家养老保险事业发展的闭环,保护消费者权益,切实为老百姓服务,实现老有所养的目标,促进老龄事业健康发展。

2. 为三支柱建设发挥更核心的作用

(1)保险资管机构的优势。保险行业特别是保险资产管理机构,结合自身的相对特色优势,可以在养老金第三支柱建设中发挥更核心的作用。

保险资产管理机构是国内少有的,能够实现跨领域投资的专业金融机构,比如可以投资权益类资产、固定收益类资产、实体经济另类资产等,特别是在风险收益确定型投资方面,保险资产管理机构具有丰富的经验,这有利于保险资产管理机构管理养老金资产。

保险行业包括保险资产管理机构,蕴含了一个丰富的财富管理生态,所涉及的业务包括人身险、养老险、财产险等业务,可以说几乎把市场上所有的风险都进行了对应的管理,特别包括养老保险风险。对于个人或家庭,保险行业包括保险资产管理机构,所能提供的服务包括各类风险问题的解决,这些都是个人或家庭财富管理的重要部分。可以说,这些风险解决方案为家庭提供了安全网,在此基础上,老百姓可以毫无顾虑地去追求生活理想。

保险资产管理机构在养老金业务中有其自身的经验优势,对于人的长寿风险有着深刻的理解,比如人身险产品的开发和管理,其最基本的计算基础就是可靠的生命表。可以说保险资产管理机构由于其业务特征,与生俱来的在人的全生命周期的风险管理中具有天然的优势。

保险资产管理机构在第二支柱企业年金业务中获得客户、市场和监管的认可。截至2018年底,虽然机构数量占全部投资管理人的36%,但是所管理的企业年金投资组合规模占全部基金规模的比例超过55%。

养老金第三支柱建设不仅包括对人的全生命周期的风险管理,还包括生命周期的财富管理,这些都是保险资产管理机构所能参与的领域,保险资产管理机构应该发挥更核心的作用。

(2)保险资产管理机构的优势转化。保险资产管理机构应该继续认真研究养老金行业发展规律,继续充分发挥自身的相对特色优势,结合中国国情,将自身优势转化到具体的工作中去,为养老金第三支柱建设贡献力量。

保险资产管理机构可以将对个人生命风险的度量融入养老金第三支柱的产品设计,这一重要概念是产品设计中的基础概念,个人预期寿命不但影响养老金投资的积累,还影响养老金的领取,对这两者的影响不是简单的线性或者比例关系,而是复杂的动态互动关系。

保险资产管理机构经营长期资金的理念与养老金业务的理念是一致的,可以将长期保险资产负债管理理念和经验应用到具体的养老金产品设计和投资管理中。站在对比的角度看,契约型保险业务,保费流入和流出实际上构成了负债端的资金状态,在既定赔付政策的情况下,对资产端提出了投资收益率要求以及资产配置要求。而养老金业务与传统保险业务具有相当大程度的相似性,对于养老金资金的投入,可以看作是负债流入,虽然这些负债并没有硬性的收益率约束,但实际上,客户对此有着较强的投资收益率目标,这本质上是一种表面软约束而实际硬约束的状态。所谓的表面软约束,就是说在产品合同方面,不会对客户有本金和收益率方面的承诺,但实际上,客户选择一款养老金产品后,会拿其他产品来比较其投资收益率,甚至会在一定期限内给出个人的投资收益率目标,会用脚去投票。收益率目标一直都是存在的,在一定期限内若无法达成既定的收益目标,可能就无法满足退休后的替代率要求,这也就意味着个人退休后实际生活水平的下降。

保险资产管理机构还可以将企业年金等账户管理经验融入养老金第三支柱建设。从养老保险投资的角度看,个人在持续投入资金开展养老金投资后,在特定的条件下开始领取,实际上与传统保险业务中的许多险种业务的作业规则是一致的,这种业务特征贯穿于保险行业和保险资产管理机构的日常经营管理中,这也是其他行业很少遇到的情况。站在监管的角度看,在养老金第三支柱建设中,需要有这样的账户管理经验机构为所有人员提供服务,让保险行业和保险资产管理承担这样的责任,也是合理可行的。

(二)提供智能化产品

金融行业已经开展智能化投资服务探索,这样的创新尝试比较难得。目前关于智能化并没有一个统一的正式定义,但是从应用角度看,智能化产品服务至少可以包括:基于IT技术的高效便捷、满足个人养老需求规划的自动计算、符合个人风险偏好的投资选择、线上不依赖于人的自动服务等。保险资产管理机构可以将先进的IT技术手段应用于个人养老规划、产品开发和投资管理,并提供智能化产品服务。

1. 提供个人养老规划模型产品

(1)引导个人规划养老。保险资产管理机构可以尝试结合自身在长期资金投资和产品开发的管理经验,向个人客户提供更精确的个人养老第三支柱规划模型,使得个人投资者相对更精确地掌握自身养老的规划安排。所提供的模型服务，本身内嵌了根据客户需求自动匹配结果方案的功能，这种智能化的快速服务，提升了客户体验，同时可以辅助引导流量购买金融产品。个人养老规划模型对个人投资者而言也是一款产品，是养老投资开始前的重要基础性产品。

（2）模型产品的优化方向。本课题所展示的个人养老规划模型，是我们根据保险精算、资产管理经验整理的初步模型，能够帮助个人投资者基本掌握其养老规划，模型在实际运用中需要不断迭代完善。

保险资产管理机构可以根据自身业务开展情况、经验数据、养老金管理情况等因素，结合国内外成熟的相关模型，开发、运作、完善更具特色化的个人养老第三支柱规划模型。

2. 提供生命周期特征产品

（1）借鉴优势经验开发契约型产品。保险机构具有丰富的长期资金和长期产品管理经验。具体技术包括保险产品精算、资产负债匹配、战略资产配置，其相关经验都可以嫁接到第三支柱养老金融产品中，当然这些技术不是简单的挪用，而是有针对性的调整应用。可以提供个人税收递延型商业养老保险产品，具体包括：A 类产品，即收益确定型产品，是指在积累期提供确定收益率（年复利）的产品，每月结算一次收益。B 类产品，即收益保底型产品，是指在积累期提供保底收益率（年复利），同时可根据投资情况提供额外收益的产品，每月或每季度结算一次收益。根据结算频率不同，分为 B1 款产品（每月结算）和 B2 款产品（每季度结算）。C 类产品，即收益浮动型产品，是指在积累期按照实际投资情况进行结算的产品，至少每周结算一次。

保险资产管理机构可以在生命周期产品开发设计经验和保险资金长期投资优势的基础上，开发适合个人需求的差别化养老金产品，丰富养老金第三支柱的金融产品市场供给。

（2）开发受托型生命周期型个人养老保障产品。保险资产管理机构可以开发生命周期型个人养老保障产品，制定并实施专门的资产配置策略，满足养老资金长期保值增值、控制下行风险的投资目标。配置策略可以包括债务导向型策略、目标日期策略、目标风险策略以及可持续支取策略等。个人通过风险测评后，可以选择与其风险承受能力匹配的生命周期型个人养老保障产品。

生命周期型个人养老保障产品的下滑曲线是产品的重要组成部分，本质上是资产配置中权益资产的比例如何确定的问题。总体上看，在人的生命周期中，年轻的时候能够承担更高的风险，因此可以投资更高比例的权益资产，随着时间的推移，权益类资

产的比例可以逐渐下降，直至退休。具体设计上，要考虑我国的实际情况，初始的权益资产比例不宜过高，比如对于风险承受能力较高的，采用进取投资策略，在初始年龄较低阶段，权益仓位设定为60%，然后逐年下降，退休时下降到10%；对于风险偏好适中的，采用平衡投资策略，初始权益仓位为45%，退休时下降到5%；对于风险偏好较低的，采用保守投资策略，初始权益仓位为30%，退休时下降到0%。具体的权益仓位数值和下降梯度设计可以在产品设计阶段研讨论证，总体目标是设计不同权益仓位的水平和下降梯度，以满足不同风险偏好特征的人群。

同时，也可以提供不同风险收益水平的产品，即目标风险产品，组成全面丰富的个人养老金产品线，供个人客户自由选择。无论是生命周期产品还是目标风险产品，总体目标都是满足个人不同生命阶段的养老投资需求。

（三）提升养老金资产管理能力

保险资金过往投资表现出长期稳健、相对高效的特征。2014年左右监管部门陆续适当扩大保险资金投资范围后，与企业年金可比性更为接近，在投资收益水平方面也较为接近。面对养老金第三支柱领域跨行业竞争，保险资产管理机构应该不断巩固、持续提升养老金资产管理能力。

1. 维持保险资金长期稳健的投资表现

（1）保险资金与社保基金、企业年金的投资业绩比较。企业年金的投资始于2007年，与社保基金和保险资金相比略短。对这三者的投资收益率的比较采用2007—2018年的数据，可以计算得到社保基金、企业年金和保险资金的年化投资收益率，分别为8.29%、6.97%和5.55%。

企业年金和保险资金均在2013年和2014年对投资范围做出较大调整，人社部的《关于扩大企业年金基金投资范围的通知》（人社部发〔2013〕23号）使得企业年金的投资范围增加了商业银行理财产品、信托产品、基础设施债权投资计划、特定资产管理计划、股指期货等。2014年保险资金在投资比例和投资范围方面进行了重大调整，具体如表3-1所示。

表3-1　　　　　　　　　　　2014年保险资金投资政策

日　　期	政策文件	文　号
2014年1月7日	《中国保监会关于保险资金投资创业板上市公司股票等有关问题的通知》	保监发〔2014〕1号
2014年2月19日	《中国保监会关于加强和改进保险资金运用比例监管的通知》	保监发〔2014〕13号

续表

日　　期	政策文件	文　号
2014年3月12日	《中国保监会关于规范保险资金银行存款业务的通知》	保监发〔2014〕18号
2014年5月7日	《关于保险资金投资集合资金信托计划有关事项的通知》	保监发〔2014〕38号
2014年10月17日	《中国保监会关于保险资金投资优先股有关事项的通知》	保监发〔2014〕80号
2014年12月15日	《中国保监会关于保险资金投资创业投资基金有关事项的通知》	保监发〔2014〕101号

针对以上情况,考虑到企业年金和保险资金在扩大投资范围后的可比性,计算2014—2018年的投资收益率,可以发现,企业年金和保险资金的平均年化投资收益率相差不大(见表3-2)。

表3-2　　　　社保基金、企业年金、保险资金的年化投资收益率　　　　单位:%

区　　间	社保基金	企业年金	保险资金
2014—2018年	7.00	6.00	5.91

对2001年以来的社保基金、企业年金和保险资金的投资收益率及风险波动的详细数据分析,具体如图3-1、图3-2所示。

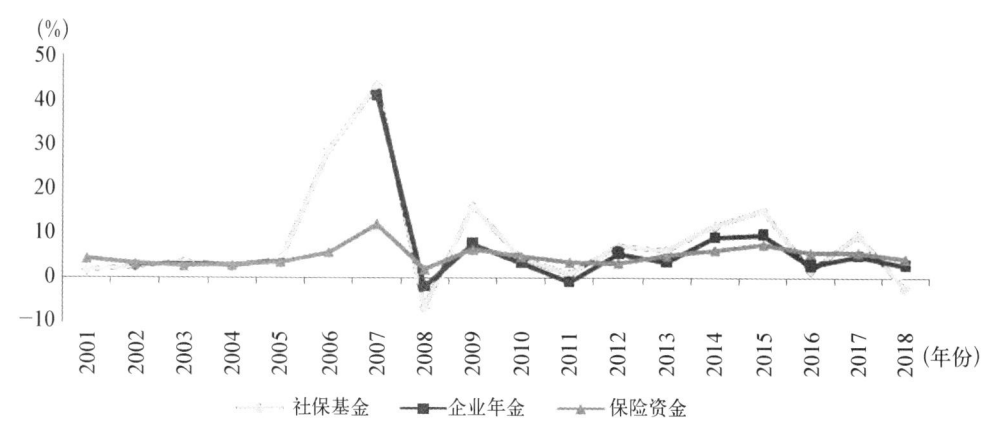

资料来源:根据《2018中国保险业发展年报》《全国企业年金基金业务数据摘要2018年度》及中国银行保险业监督管理委员会官网等公开信息资料整理。

图3-1　社保基金、企业年金和保险资金历年投资收益情况

资料来源：根据《2018中国保险业发展年报》《全国企业年金基金业务数据摘要2018年度》及中国银行保险业监督管理委员会官网等公开信息资料整理。

图 3-2(a) 社保基金、企业年金和保险资金的历年投资波动

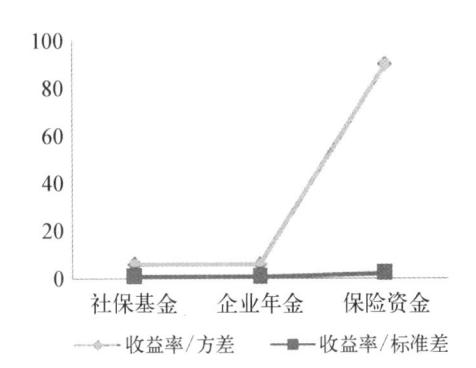

资料来源：根据《2018中国保险业发展年报》《全国企业年金基金业务数据摘要2018年度》及中国银行保险业监督管理委员会官网等公开信息资料整理。

图 3-2(b) 社保基金、企业年金和保险资金的历年投资收益与风险的比较

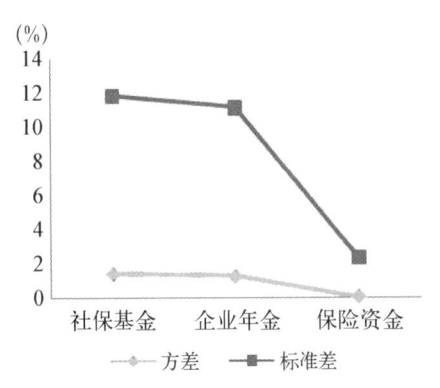

(2) 发挥保险投资管理经验，服务第三支柱。从社保基金、企业年金和保险资金的年度投资收益率看，社保基金的平均年化投资收益率的绝对水平相对较高，企业年金次之，保险资金略低于企业年金。但从三类资金年度投资收益水平的波动性看，保险资金的投资收益波动性最低，其次是企业年金，最后是社保基金。

如果分析投资风险指标（投资收益率/波动性），保险资金单位风险对应的投资收益明显高于社保基金和企业年金，这意味着保险资金在投资过程中承担的单位风险所获得的投资收益是最高的，表明保险资金投资运用强烈厌恶风险，高度重视控制投资波动，限制回撤幅度。

保险资金过往投资所表现出的低波动、高效率，对应的是保险资金相对复杂的外部约束。明确的负债成本率、季度偿付能力评估，要求保险资金投资风格稳健、投资收益水平追求绝对收益。这导致投资过程中相对更严苛的信用评估、更低的投资波动率等。这与社保基金和企业年金的投资目标有所不同。因此，尽管近5年保险资金平均年化投资收益率比企业年金低9BP，但保险资金更加追求投资的安全性，更加追求绝对收益的业绩基准。

保险资产管理机构参与养老金第三支柱，发行生命周期型个人养老保障产品，应该充分发挥保险资产管理机构在投资管理保险资金、企业年金等方面积累的经验，综合养老金业务共性，不断提升个人养老金业务的投资管理能力。

2. 适应第三支柱养老金资管业务竞争

(1) 资管新规对保险资管产品的影响。个人养老保障业务主要受原保监会三份

文件监管,包括:《养老保障管理业务管理办法》(保监发〔2015〕73号)、《关于强化〈养老保障管理业务管理办法〉执行有关问题的通知》(保监寿险〔2016〕99号)、《关于进一步加强养老保障管理业务监管有关问题的通知》(保监寿险〔2016〕230号)。

2018年4月27日,中国人民银行、银保监会、证监会、外汇管理局联合发布《关于规范金融机构资产管理业务的指导意见》,对资管业务提出明确要求。养老保险公司、养老金管理公司发行的个人养老保障管理产品属于资管产品,已经严格按照《资管新规》进行投资运作。保险资产管理机构将会严格按照监管部门的指引,为个人提供更丰富的产品类型,满足个人长期的养老投资需求,并结合养老金的资金属性特征,将个人养老金部分分散投资于非标资产,既支持企业融资需求,又推动实体经济高质量发展。同时,获取与长期资金需求对应的稳定的投资收益回报,实现个人养老金资产的保值增值。

(2)做好配套制度建设。保险资产管理机构参与养老金第三支柱事业,面对的客户需求与传统保险业务有明显区别,应该具备对应的个人养老金业务的资产管理能力要求,建立并完善公司的资产管理制度与投资管理制度,规范公司内部管理和运作,保护投资者权益,维护客户利益。

客户在资金积累投资期间较关注投资收益水平。比如购买基金产品的客户、在互联网平台上购买其他理财产品的客户,对于投资收益水平相对更敏感,由此导致的一系列要求,需要保险资产管理机构去满足。对于客户黏性相对不高的互联网平台客户,在购买同质化的资管产品的时候,更多考虑的是过往业绩水平及投资收益水平的波动性,对应的是客户倾向于赎回低收益、高波动产品,申购高收益、低波动产品。

常规开放式资管产品的销售基本上依靠线上互联网渠道,如果产品运作管理中出现重大问题,在互联网信息快速扩散的背景下就很难有效控制,而且会形成破窗效应,从问题出现到严重到无法挽回几乎难以反转,这对产品管理人提出了更高要求。保险资产管理机构要做好资产管理能力制度建设,从根源上确保资产管理能力的持续提升。同时,保险资产管理机构应该建立并完善投研人才和养老金业务管理人才的培养机制,确保人才建设与公司业务同步发展。

(四)依托金融科技建设一体化账管服务平台

养老金第三支柱事业发展离不开强大的个人账户管理服务能力,保险资产管理机构可以依托金融科技和过往经验,提供一体化账户管理服务,方便个人投资者查询个人账户信息以及监管与税务部门统筹规划,引导全民养老金支持实体经济发展。

1. 提升金融科技实力

（1）金融科技探索创新服务。保险资产管理机构可以借鉴企业年金、职业年金业务的受托管理、投资管理、账户管理的经验，利用金融科技技术，探索个性化的第三支柱个人养老金账户管理服务。

目前人工智能可以实现复杂的自动计算服务，快速处理大数据。比如向个人提出问题，根据回答刻画个人形象，总结个人特征；对大量人群特征进行综合分析，寻找需求机会，在此基础上有针对性的提供产品服务。人工智能还可以辅助提高客服效率，比如通过对知识库或问题库的总结，自动解决客户问题，降低人工成本，提升服务效率。

保险资产管理机构在过往的保险产品业务中积累了丰富的售前售后服务经验，在此基础上可针对资管业务进行相应的开发提炼，转化到个人养老金账户管理服务中，探索创新账管服务。

（2）金融科技助推一体化账管服务平台的建设与应用。保险资产管理机构建设一体化账管服务平台，离不开金融科技的支持。一体化账管平台能够抓取、提供大数据，具体可以包括个人的基本养老数据，个人的货币化资产状况数据，个人的年龄、性别、工作单位、地区分布等数据，以及其他相关数据，这些数据既是账管服务的重要基础，又是未来探索个性化服务的第一手信息来源。第一、第二、第三支柱的业务量数据巨大，十几亿人的个性化养老金账户管理需求对于账管服务平台提出了更高要求，需要高性能计算平台的支撑，以实现高强度的文本处理、数据处理、图像处理等运算管理。

保险资产管理机构应该重视提升金融科技实力，助推一体化账管服务平台的建设与应用。

2. 建设一体化账管服务平台

（1）建设一体化账管服务平台的重要性。当前养老体系中的第一、第二、第三支柱账户管理几乎完全独立，在个人养老金资产管理、国家统筹规划两方面形成不利局面，一体化账管服务平台建设有助于解决上述问题。

账户之间没有形成信息联通机制，导致个人对自身养老金的资产积累、投资收益、领取和支付没有充分的认知，无法进行后续的养老投资规划安排；国家无法有效掌握全民养老资产状况和未来发展趋势，无法有效调动养老资金向政策指引方向开展投资。

建立一体化账管服务平台，使个人能及时掌握自身养老资产积累状况，使国家能够高效地统筹全民养老资金规划,引导养老资金投向实体经济,投向国家鼓励领域和重点项目,辅助解决国家在重大项目中缺少长期、巨量资金的难题。全民个人养老金作为长期、稳定、巨量资金的供给来源,可满足国家对重大项目的资金需求,养老资金供给与国家建设需求实现对接,既支持了实体经济发展,又能够辅助创造就业岗位,对于个人养老与国家发展的意义重大。

在打通第一、第二、第三账户方面,可以结合我国情况,部分借鉴美国打通第二、第三支柱的经验,准许个人养老金的第一、第二、第三支柱之间有条件转移资金。

(2)建设跨行业跨产品的个人养老金统一账户体系。保险资产管理机构可以发挥商业养老金管理机构的账户管理服务优势,为养老金第一、第二、第三支柱建设跨行业跨产品的个人养老金统一账户体系。具体建议如下:

一是为更好推动第三支柱个人养老金体系的建立,建议搭建两个层面的个人养老金管理与服务系统平台,具体包括:建立国家管理层面的一体化个人养老金管理核心信息系统,以及由市场主体提供一站式个人养老金账户管理服务平台。

二是建议国家成立专门的养老金管理局,组织建立一体化个人养老金管理核心信息系统。建立底层的第三支柱制度规则和个人信息库及个人养老资产积累状况。

三是保险资产管理机构向个人提供一体化账户服务,包括第一、第二、第三支柱账户的养老金资产状况和个人缴费信息,并协助评估其个人养老规划安排、风险承受能力,进而可以提供咨询服务、投顾建议。

四是保险资产管理机构向个人提供可投资金融产品池,入池产品可以跨行业,包括养老保障产品、养老保险产品、银行存款、银行理财产品、公募基金、券商资管产品等,产品之间可以实现转换。同时可以向个人提供外延扩展服务,例如公积金、医疗保险、个税计算等。

五是保险资产管理机构与监管机关形成信息互通互联机制,时时向监管机关传输养老金的汇总信息,为监管机关统筹全民养老金规划、引导资金支持实体经济发展提供决策依据。

参考文献

[1] 段国圣.资产管理实务、方法与理论[M].北京:社会科学文献出版社,2018.
[2] 郭树清.发挥银行保险业优势助力养老金体系发展[EB/OL].http://www.xinhuanet.com/fortune/2018-10/26/c_1123618627.htm,2018.

[3] 李全.健康养老产业前景超10万亿,险资机会来临[EB/OL].http：//news.hexun.com/2017-07-11/189987803.html,2017.

[4] 胡继晔,王慧.我国养老金第三支柱制度建设探索[M].中国保险资产管理业协会,2019.

[5] 刘亦工.提升管理服务能力,抢抓市场发展机遇[EB/OL].https：//mp.weixin.qq.com/s/vYcAq2-Gdualcgv3wPxVlQ,2019.

[6] 罗桂连.积累制个人账户养老金养老金的三个核心问题[J].中国保险资产管理,2018.

[7] 人力资源和社会保障部.全国企业年金基金业务数据摘要[EB/OL].http：//www.mohrss.gov.cn/,2019.

[8] 苏罡.养老金管理公司的使命[EB/OL].https：//www.yicai.com/news/5382682.html,2017.

[9] 袁序成.奋力开创保险资金运用与监管新局面[J].当代金融家,2019(8).

[10] 郑秉文.中国养老金发展报告2016[M].北京：经济管理出版社,2016.

[11] 郑秉文.中国养老金精算报告2019—2050[M].北京：中国劳动社会保障出版社,2019.

[12] 中国保险行业协会.中国养老金第三支柱研究报告[M].北京：中国金融出版社,2018.

[13] 中国保险行业协会.2018年中国保险业发展年报[M].北京：经济科学出版社,2018.

[14] 中国财富管理50人论坛课题组.资产管理行业未来市场格局与业务模式研究主报告[C].中国财富管理50人论坛,2019.

[15] 中国精算师协会.中国人身保险业经验生命表(2010—2013)养老类业务表[M].北京：人民日报出版社,2017.

[16] 中国养老金融50人论坛.中国养老金融发展报告(2019)[M].北京：社会科学文献出版社,2019.

[17] 中央财经大学中国精算研究院.中国企业职工基本养老保险精算报告[M].北京：中国劳动社会保障出版社,2019.

保险机构参与养老金第三支柱建设路径研究

同方全球人寿保险有限公司

许传胤　孙　昊　郑　睿　曲海洁

摘要

截至目前,我国第三支柱占比与发达国家之间差距较大,未来发展潜力巨大。保险公司作为商业保险的重要提供方,其个人储蓄性质的养老保险,是对养老保障体系的重要补充,亦是养老第三支柱的重要组成部分。从国际经验来看,商业保险在养老金第三支柱建设中发挥着比较重要的作用。从国内发展来看,党的十九大报告中特别提到,要构建养老、孝老、敬老政策体系和社会环境,推进医养结合,加快老龄事业和产业发展。

本课题主要专注于保险公司如何助力我国养老第三支柱发展。对于主要研究内容,一是采用比较研究法,纵向比较保险公司与其他类金融机构在养老金第三支柱建设的不同功能与优势,横向比较个人税收递延型商业养老保险与市场现有养老年金保险产品的不同特点,为保险公司在养老金第三支柱建设中找准自身定位和部署相关策略。二是探索保险公司如何大力发展养老业务,尤其是2018年5月1日试点的个税递延养老险,保险公司应如何应对精算平衡、产品销售、资负匹配等方面所带来的机遇和挑战。三是从渠道建设、发展路径、投资能力等角度分析保险公司需要如何开展商业养老保险业务来切实提高居民养老金替代率。四是探索保险公司科技建设,利用好保险大数据的分析优势,结合居民退休养老准备指数,满足消费者日益增长的养老保障需求,扩大养老金第三支柱的覆盖范围。

本课题旨在以保险公司的视角去探索,并对保险公司参与养老金第三支柱建设提出建设性意见。

关键词

保险　养老　养老金第三支柱

一、我国养老金三支柱建设情况

我国的养老金三支柱建设构想由来已久。1991年6月,国务院发布了《国务院关于企业职工养老保险制度改革的决定》,其中明确提出了要"逐步建立起基本养老保险与企业补充养老保险和职工个人储蓄性养老保险相结合的制度",这与后来世界银行于1994年正式提出的养老金三支柱模式不谋而合,理念一致。世界银行提出的养老金三支柱模式主要是参考国际上普遍采用的养老金制度建设方式,其目的是为了有效改善单一养老金支柱或养老机制难以应对日益增长的养老费用支出困境,来分担人口老龄化所带来的财务压力。各支柱的内容如表1-1所示。

表1-1　　　　　　　国际上通用的养老三支柱模式及其内容

三支柱模式	内　　容
第一支柱	有政府法律强制效力的社会公共养老金
第二支柱	企业和个人共同承担缴费的职业养老金
第三支柱	个人主动参与养老保障计划收入项目

资料来源:世界银行。

狭义上来讲,养老金第三支柱的定义为个人主动参与的由金融机构提供的养老保障计划收入项目,在保险行业则主要指的是商业养老保险,这也是本课题的讨论重点。广义上来讲,养老金第三支柱还额外包含个人各类金融资产等。本课题将从保险公司的角度出发,探索如何助力我国养老金第三支柱的快速发展,从而进一步完善我国国民养老保障体系。

经过了28年的不懈探索和持续发展,随着养老金第三支柱于2018年取得的突破性进展,我国养老金三支柱格局终于初步形成,如图1-1所示。作为我国养老金的基本保障和核心支柱,养老金第一支柱为国家政府统筹的基本养老保险制度,主要包括城镇职工基本养老保险和城乡居民基本养老保险,共覆盖我国9亿余人。作为养老金的补充保障,养老金第二支柱为雇主(企业和机关单位)发起的年金计划,主要包括企业年金和职业年金。作为养老金的自主保障,养老金第三支柱为居民自主购买的商业养老保障计划,主要包括商业养老保险和养老基金等金融产品,是今后满足养老多样化需求的重要抓手。在现阶段人口老龄化问题逐渐显现、养老金第一支柱不堪重负、第二支柱增长乏力的背景下,第三支柱的重要性前所未有的凸显出来。

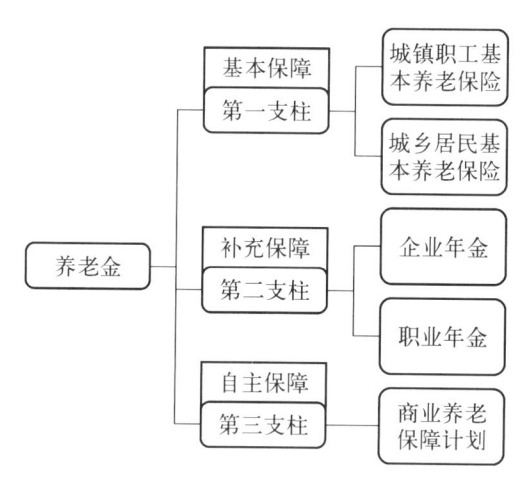

资料来源:根据公开资料整理。

图1-1 我国养老金三支柱

我国养老金发展之路任重而道远,与发达国家之间的差距十分明显。在养老金资产余额方面,国内国外对其有着不同的界定标准,但无论哪个口径下其数据都远落后于发达国家的标准。根据韦莱韬悦[1]在2018年底发布的《2018全球养老金资产研究报告》[2],截至2017年底,我国的养老金资产总额为1 770亿美元,在全球的比例仅占0.43%,与经济地位严重不符;尤其在养老金占GDP比重方面,养老金资产总额TOP2的美国与日本占比分别为131.2%、62.5%,而中国在报告中所有的22个国家中占比最低,仅约为1.5%,与发达国家之间的差距巨大。根据国内2017年同期数据测算,我国养老金第一支柱(基本养老保险年累计结余)资产余额约为5.02万亿元,养老金第二支柱资产余额约为1.3万亿元,第三支柱(商业养老保险)资产余额预计约为1.28万亿元[3],养老金资产总额粗略合计为8.5万亿元,在同期GDP(82万亿元)中的

---

[1] 全球知名咨询机构,英文名为Willis Towers Watson,由韦莱集团(Willis Group Holdings)和韬睿惠悦(Towers Watson Co.)合并而成,总部设在美国纽约。
[2] 报告英文名为《Global Pension Assets Study 2018》,涵盖了世界上22个主要养老金市场数据分析。
[3] 2017年寿险公司总资产为12.83万亿元,因商业养老保险资产无统计数据,此处暂预计为总资产的1/10。

占比约为9.3%,同样远低于同期发达国家。此外,在养老金体系建设方面,根据2018年《墨尔本美世全球养老金指数》报告,中国的综合得分与亚洲的发达国家和主要发展中国家基本处于同一层级,这主要得益于我国良好的养老金第一支柱建设和国民高储蓄率,拉高了充足度①。但也必须注意到,我国与欧美发达国家仍有不小差距,主要是由于养老金第二、第三支柱建设薄弱和人口老龄化加剧所导致。具体对比情况如图1-2所示。

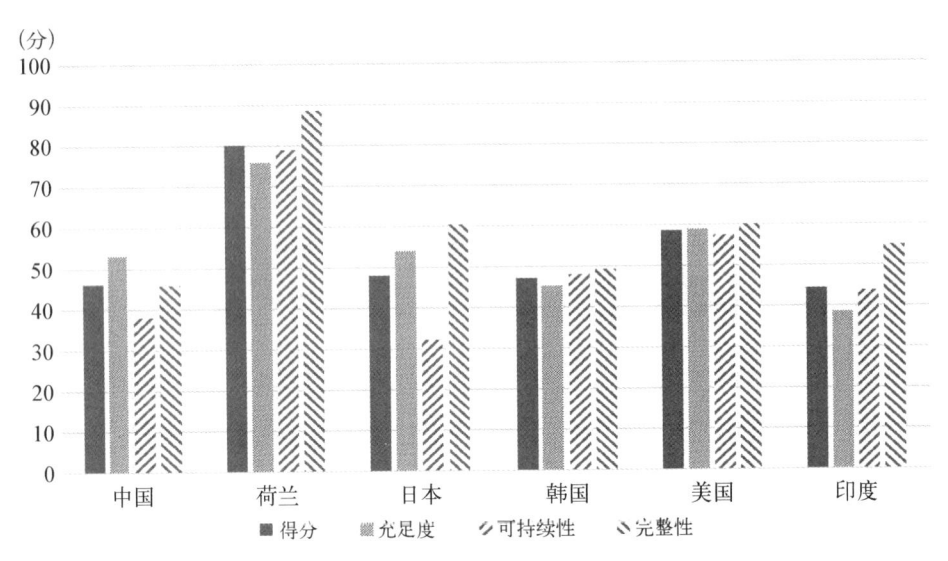

资料来源:2018年《墨尔本美世全球养老金指数》报告。

图1-2 我国与其他国家的养老金综合指数得分情况对比

(一)第一支柱逐步承压

作为我国养老金的基本保障和核心支柱,养老金第一支柱为国家政府统筹的基本养老保险制度。截至2018年底,养老金第一支柱已经覆盖我国约9.4亿居民,人数同比增长3%;基本养老保险基金累计结存已达约5.8万亿元,同比增长15.8%。

人口老龄化形势加剧,未来第一支柱替代率②下降是大势所趋。一是我国现阶段已经开始面临人口老龄化带来的严峻挑战,社保面临支出加大的压力。联合国国际人口学会对人口老龄化的定义是:当一个国家(地区)60周岁及以上人口所占比例达到或超过总人口数的10%,或者65周岁以上人口所占比例达到或超过总人口数的

---

① 充足度在全球养老金指数得分中占比最高,达到40%,由基本福利、养老制度设计、储蓄存款、税收政策支持、居者有其屋计划和资产增长6部分组成。

② "养老金替代率"是劳动者退休时的养老金领取水平与退休前工资收入水平之间的比率。养老金替代率的具体数值,通常是以某年度新退休人员的平均养老金除以同一年度在职职工的平均工资收入来获得。

7%时,该国家即进入了"老龄社会"阶段。根据国家统计局公布的数据,2018年中国60周岁及以上的人口数量已经达到2.5亿,约占全国总人口的17.9%,明显高于国际对"老龄社会"定义的比例;65周岁及以上人口为16 658万人,占总人口的11.9%,亦大幅超过7%标准值。在可预见的未来,中国老龄化程度将继续呈线性速度加深,65岁以上老年人口将不断增长,所占比重不断上升且同比增速不断加快。据有关专家预测,中国60岁以上人口在2030年时将超过3.5亿人;2040年将达3.97亿人,相当于德国、法国、英国、意大利、日本5个国家的人口总和,如图1-3所示。更严重的是,人口预期寿命同样也会持续增长,社会养老保障体系将面临双重压力。二是我国现阶段已经开始面临劳动人口缩减的严峻挑战,社保在收入来源方面已面临缴费缩减的压力。2012年以来,我国劳动人口(年龄16—59岁)数量开始呈现逐年递减的态势,劳动力供给高峰已经悄然远去。截至2018年底,我国劳动人口为8.97亿人,同比减少了470万人;人口占比为64.3%,同比下降了0.6%。其中,全国劳动人口数量也首次出现了下滑,如图1-4所示。因此所带来的影响就是国家的财政负担将持续加重,国家养老保障体系将承压。

资料来源:国家统计局。

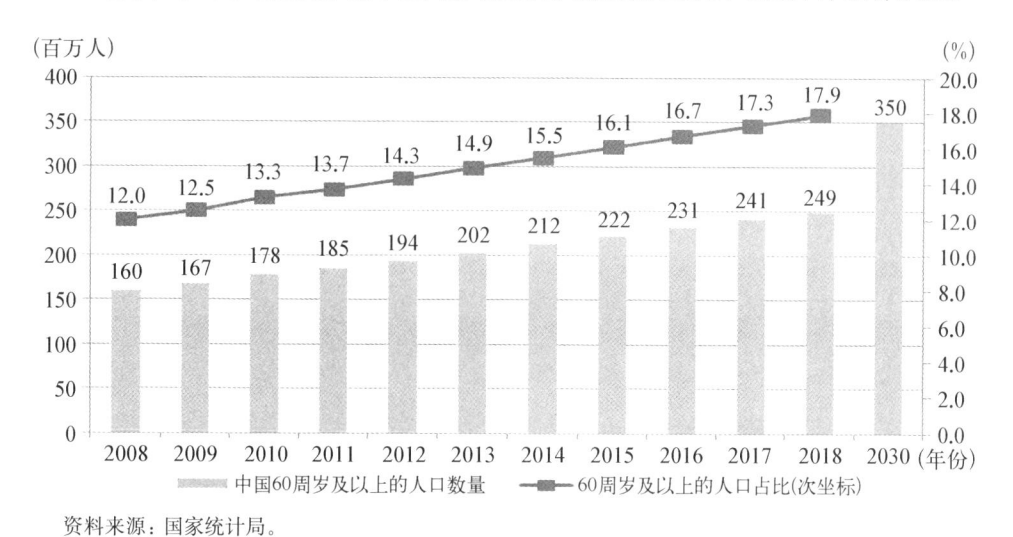

图1-3 我国60岁以上老年人口统计

随着人口老龄化进程的持续深入,养老金第一支柱的缺口将愈发严重,发展的可持续性将遭受严重的挑战。在2019年上半年发布的《中国养老金精算报告(2019—2050)》中,中国社科院世界社保研究中心测算指出,全国城镇企业职工基本养老保险基金累计结余将在2027年达到峰值6.99万亿元,约占当期GDP总额的7%,随后便开始加速下降,在2035年结余金额将由正转负,产生养老金给付缺口。面对这种困境,"节流"的方式既不符合国民利益,又不利于社会经济发展稳定。因此,为了加强第

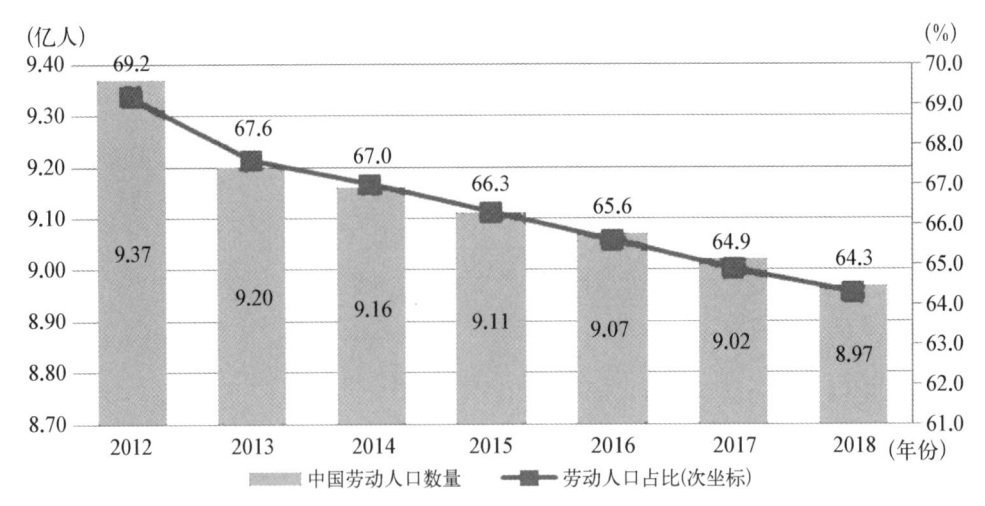

图中数据:
年份	中国劳动人口数量(亿人)	劳动人口占比(%)
2012	9.37	69.2
2013	9.20	67.6
2014	9.16	67.0
2015	9.11	66.3
2016	9.07	65.6
2017	9.02	64.9
2018	8.97	64.3

资料来源：国家统计局。

图 1-4　我国劳动人口统计

一支柱发展与财务收支的可持续性，政府已通过划拨国有资产的方式来充实社保基金，但是长期来看这种方式并不具有可持续性。未来只有通过"开源"的途径才能真正解决养老金紧缺的局面，养老金的结构调整迫在眉睫，尤其是养老金第三支柱的重要性已前所未有的凸显出来。

（二）第二支柱发展趋缓

作为养老金的补充保障，养老金第二支柱为雇主（企业和机关单位）发起的年金计划，包括企业年金和职业年金。在我国养老金第一支柱的替代率不足的背景下，养老金第二支柱成为可以有效弥补这一差距的重要途径。截至2018年底，第二支柱中企业年金覆盖了我国近8万家企业和近2400万企业员工，仅占当期第一支柱覆盖居民人数的2.5%左右，累计金额为1.48万亿元。

现阶段的企业社保费率过高，严重压缩了民营企业参与养老金第二支柱的空间。改革开放以来，民营企业引领着中国经济的繁荣发展。根据国家统计局数据，截至2018年底，城镇非公有制经济就业人员占比从1978年的0.2%提高到83.6%。然而现阶段企业承担的社保费用支出已成为其不小的负担，再加上目前的就业环境整体不乐观，导致民营企业为员工配置企业年金的意愿程度不高。针对社保费率过高的情况，政府已经采取了一系列有效举措来降低企业税负，但并不足以扭转第二支柱的发展颓势。2019年4月1日，国务院办公厅印发了《降低社会保险费率综合方案》，其中明确规定了目前单位养老保险缴费比例高于16%的，可降至16%，这在一定程度上有效降低了企业的税收负担。但在当下的就业市场环境中，这项政策利好仍不足以提高企业为公司员工购买企业年金的能力和意愿。

新时代互联网驱动的个体劳动形式带来了社会就业结构的适应性改变,在很大程度上压制了第二支柱的增量。随着我国互联网平台的火热发展,诞生了如淘宝、滴滴和美团等这样的互联网企业,从而相应催生出个体淘宝卖家、快递小哥、滴滴司机与外卖骑手等个体劳动新形式。截至目前,包含着传统与新兴形式在内的城镇个体就业人员已超过1亿人,占城镇就业人口的24%,而这部分人群无法给第二支柱带来新的增量,一定程度上制约了以企业为主体的养老金第二支柱发展。

(三)第三支柱潜力巨大

作为自主保障,养老基金第三支柱是居民为自己建立的商业养老保障计划。在第一支柱不堪重负和第二支柱增长乏力的背景下,第三支柱的重要性前所未有的凸显出来。此外,养老金第三支柱还具有自主支配、缴费便捷等特点,在积极应对人口老龄化和完善多层次养老保险制度体系等方面发挥着重大作用。

国民养老意识逐渐提高,退休准备愈发充分。根据荷兰全球人寿保险集团(Aegon)2018年的全球调研结果,在被调查的15个国家中,中国的居民退休准备指数上升至第二名,而2017年时中国位居第四。2018年11月底,同方全球人寿保险有限公司联合清华大学经管学院中国保险与风险管理研究中心发布了《中国居民退休准备指数报告》,其中显示2018年我国退休准备指数为6.65,从2016年的6.04起连续两年上升(2017年为6.31),并超过了2015年的6.51,如图1-5所示。退休准备指数由退休责任意识、财务规划认知水平、财务问题理解能力、退休计划完善度、退休储蓄充分度和取得期望收入的信心6部分组成(详见附件二)。其中,退休计划完善度、退休储蓄充分度、取得期望收入的信心,以及与被访者的主观认识和主观行为关联的指标贡献了大部分增长值。具体体现为以下四点:一是居民责任意识提升,此次调研显示我国具有纸面上退休计划的调查人数比例有了显著提高。退休生活质量涉及个人晚年幸福,在政府和企业尽力完善自身职能的同时,个人更应该主动进行合理规划。二是财富自由需求提高,人们对退休后美好生活的向往要求其需要提前进行养老规划。随着第一支柱的养老金替代率出现下降,其他支柱的收入来源就成了提升替代率的关键,以提高退休养老生活品质。三是理财规划水平,国人的金融素养随着经济水平提高呈现出更加成熟的趋势。一般来讲,熟悉使用各类金融工具的人,或是对社会养老保险制度了解更多的人,在为退休准备的金融储蓄方面会有更多的准备。四是社会需求升级,随着人均可支配收入的不断提高(如图1-6所示),人们对于生活各方面品质的要求也相应提高,对养老方面的资金投入也逐渐增加。

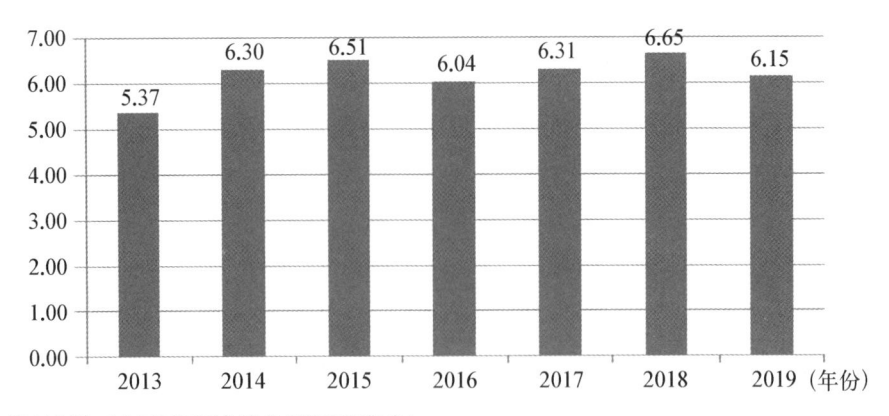

资料来源:《中国居民退休准备指数调研报告》。

图1-5 2013—2019年居民退休准备指数

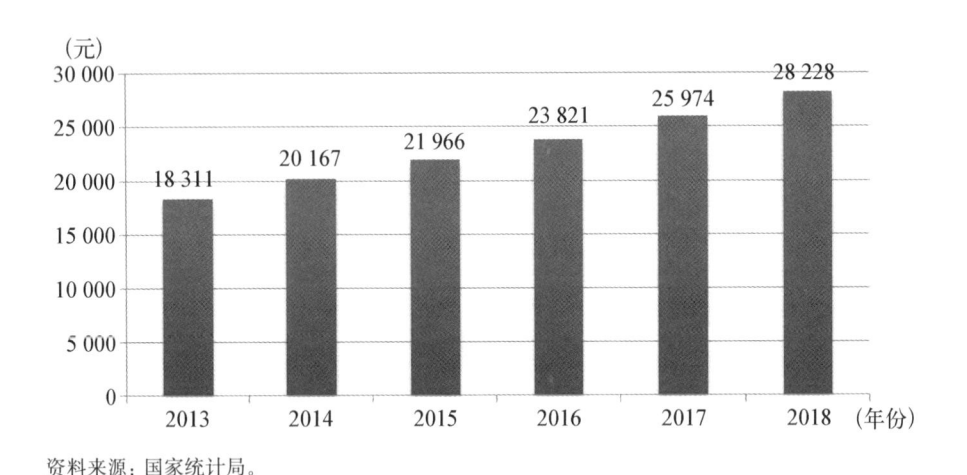

资料来源:国家统计局。

图1-6 2013—2018年居民人均可支配收入

对居民家庭资产而言,加大对养老部分的配置比例有利于提高储蓄资金使用效率。正如保险资金配置效率优化的过程一样,要摆脱对银行存款的依赖,加强其他金融产品在资产配置中的作用,才能真正切实提高资金运用效率。个人也是如此,转化储蓄资金为养老投资在很大程度上提升了家庭收益。进一步来讲,养老金对于资本市场的良性稳健发展同样具有非常强的正效应,这也是国家金融稳定发展的客观需要。早在2017年7月,国务院办公厅就印发了《关于加快发展商业养老保险的若干意见》,为商业养老保险提供了指导意见。随后银保监会同样下发通知,鼓励保险公司加大开发年金险产品力度。不难看出,在庞大市场需求与政策双层的大力支持推动下,商业养老保险迎来了新的发展阶段。

二、个人税收递延型商业养老保险的发展前景

相对于发达国家,健全我国养老金第三支柱尚缺乏高效的投资工具。其中个人税收递延型商业养老保险(简称"税延养老保险")启动了养老金第三支柱建设的新篇章。

(一)元年之始

2018年2月,人社部和财政部共同组织召开会议,会同人民银行、银保监会、证监会、国家发改委和国家税务总局5个相关部门共同成立领导小组,启动建立养老保险第三支柱工作。2018年4月2日,财政部、税务总局、人社部、银保监会和证监会5个部门联合发布了《关于开展个人税收递延型商业养老保险试点的通知》,标志着以税延养老保险为代表的我国养老金第三支柱发展的元年之始。2018年6月7日,税延养老保险的第一张保单由中国太平洋人寿保险股份有限公司上海分公司签发,代表着准备多年的税延养老保险项目已从规划阶段正式进展到落实阶段。根据收益类型,税延养老保险产品可分为A、B、C类产品,分别对应收益确定型、收益保底型、收益浮动型,投资风险程度依次递升。税延养老保险发展时间轴如图2-1所示。

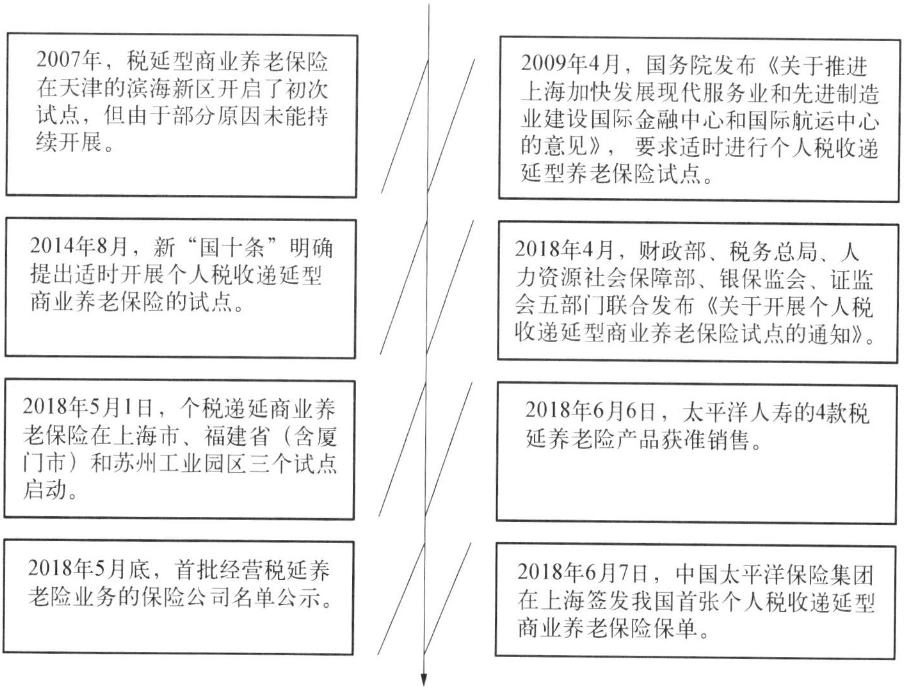

2007年,税延型商业养老保险在天津的滨海新区开启了初次试点,但由于部分原因未能持续开展。	2009年4月,国务院发布《关于推进上海加快发展现代服务业和先进制造业建设国际金融中心和国际航运中心的意见》,要求适时进行个人税收递延型养老保险试点。
2014年8月,新"国十条"明确提出适时开展个人税收递延型商业养老保险的试点。	2018年4月,财政部、税务总局、人力资源社会保障部、银保监会、证监会五部门联合发布《关于开展个人税收递延型商业养老保险试点的通知》。
2018年5月1日,个税递延商业养老保险在上海市、福建省(含厦门市)和苏州工业园区三个试点启动。	2018年6月6日,太平洋人寿的4款税延养老险产品获准销售。
2018年5月底,首批经营税延养老险业务的保险公司名单公示。	2018年6月7日,中国太平洋保险集团在上海签发我国首张个人税收递延型商业养老保险保单。

资料来源:根据公开资料整理。

图2-1 税延养老保险发展时间轴

具体而言，税延养老保险试点政策主要有以下三方面内容。一是明确个人缴费税前扣除标准，税前扣除限额以当月工资薪金、连续性劳务报酬收入的6%和1000元中的较低值为基准。二是账户资金收益暂不征税，需要明确的是，此账户指的是现阶段由中国保险信息技术管理有限责任公司所建立的信息平台登记的个人商业养老资金账户。三是明确个人领取商业养老金征税标准，对养老金收入的25%部分实行免税优惠，剩余部分按照10%的比例税率计算缴纳个人所得税，最终实际税率为7.5%，并计入"其他所得"项目。

由表2-1可以看出，截至目前，共计23家人寿保险公司已获批经营税延养老保险，仅占到我国寿险公司总数的1/4左右。但保险公司对待税延养老保险是一个十分积极的态度，面对养老这样一个未来充满想象空间的蓝海市场，符合条件的保险公司踊跃申请资质，力争为日后发展打下基础做足准备。根据2018年5月颁布的《个人税收递延型商业养老保险业务管理暂行办法》，保险公司开展税延养老保险业务需要具备充足的注册资本金和净资产(不少于15亿元)、较高的综合偿付能力充足率(不低于150%)和核心偿付能力充足率(不低于100%)，许多中小保险公司因此未能达到经营税延养老保险业务的准许门槛。因此，税延养老保险市场在未来很有可能呈现马太效应、强者恒强的局面。

表2-1　　　　　　已获批经营税延养老保险业务的保险公司名单

时间	批次(数量)	保险公司
2018-05-28	第一批次(12家)	中国人寿
		太平洋人寿
		平安养老
		新华人寿
		太平养老
		太平人寿
		泰康养老
		泰康人寿
		阳光人寿
		中信保诚人寿
		中意人寿
		英大人寿

续表

时间	批次（数量）	保险公司
2018-07	第二批次（4家）	人民人寿
		民生人寿
		工银安盛人寿
		东吴人寿
2018-09-03	第三批次（3家）	建信人寿
		恒安标准人寿
		交银康联人寿
2019-01-04	第四批次（1家）	光大永明人寿
2019-03-26	第五批次（3家）	利安人寿
		复星保德信人寿
		合众人寿

资料来源：银保监会。

（二）他山之石

作为最早建立起养老金三支柱体系的国家之一，美国的养老金三支柱体系发展的较为均衡与成熟。1974年，美国国会通过了《雇员退休收入保障法案》（ERISA），标志着美国个人退休账户IRA（Individual Retirement Accounts）计划的正式确立，也被称为传统IRA计划。但彼时IRA仅针对没有参与第二支柱的个人，直至1981年《经济恢复税法》（ERTA）的出台，IRA才适用于全部纳税人。IRA具备纳税延迟的税收优惠属性（EET模式），当期投资金额可以在当期收入中实现税前扣除，只有在退休后账户取款时再补缴个人所得税，其模式与我国的税延养老保险相一致。

1998年，美国又在此基础上推出了罗斯IRA计划，与之前的传统IRA计划不同的是，纳税前置到了投资缴费环节（TEE模式），退休后账户取款时则免征税收，以满足个人自身不同的纳税需求（见表2-2）。现如今美国IRA计划运营的十分成功，截至2018年中，IRA资产总额已达到9.3万亿美元，约占同期美国养老总资产的1/3，成为国家养老保障体系的中流砥柱，从而大大缓解了人口老龄化对美国国家养老保障体系造成的压力。值得注意的是，尽管美国的IRA资产中实际上包含了大量的雇主养老金计划的划入资产，但其仍有诸多优点值得我国去借鉴参考。具体包括但不局限于以下三点：一是税收优惠政策让利明显。我国要依据实际情况给予参与养老金第三

支柱的个人以切实优惠,从而引导国民将个人资产转移到养老资产中来。二是投资产品选择种类丰富。相较于美国企业退休账户401k计划,IRA计划的可投资产品种类更多,包括股票、债券、基金和REITs等。我国要尽快加速养老金第三支柱可配置资产的市场化进程,丰富金融工具的选择。三是税收优惠要做到灵活多样化,这也依赖于我国税收机制的进一步完善。税收优惠政策要不断优化以更好满足国民实际需求。然而在现阶段,我国税收优惠政策过于简易单一,不够多元化和个性化。此外,低收入人群的税收优惠更需要得到落实,要通过机制优化等方式来达到更全面的税收优惠政策覆盖。例如在税延养老保险EET模式的基础上,后续的产品要增加TEE模式,以满足养老账户持有人的不同需求,从而提高养老金第三支柱的覆盖率。

表2-2　　　　　　　　　　传统IRA与罗斯IRA的区别

	传统IRA	罗斯IRA
税收优惠	税前扣除、税收递延	税后缴费、领取免税
年龄要求	70.5岁以下	任何年纪
收入要求	缴费不受收入限制	缴费受收入限制
提前领取	领取缴税+10%罚金	投资收益10%罚金
强迫领取	70.5岁以后	不适用

资料来源:Investopedia。

(三) 朝阳之势

作为高储蓄率国家,我国具有良好的社会经济基础,有助于促进养老保险第三支柱发展。2000年以后,我国国民总储蓄率迅速攀升并在近几年内稳定在50%左右,普遍高于发达经济体平均储蓄率20多个百分点。2008年,我国国民储蓄率达到峰值51.8%,随后便开始慢慢回落。截至2018年,我国国民储蓄率降至45.7%,这与我国人口结构变化和老龄化进程加快有着密切关系。

税延养老保险具有政策性优势,未来发展潜力巨大。横向比较税延养老保险与市场现有养老年金保险产品的不同特点,可以发现目前市面上现有的一般商业养老保险实质上只是年金保险中具有特定目的的一种形态:按照合同规定交纳保费,以换取退休后一定年限(合同规定)内持续的现金流收入。依照表2-3所示,相较于一般商业养老保险,税延养老保险除了具备基本的退休后养老金年金支付功能外,还可以特别提供让利性的残疾和身故保障功能。具体而言,投保税延养老保险的消费者在领取养老年金前(60岁前)如出现身故或全残的情况,不仅可以领取账户内积累的养老金,还能额外领取等值于账户积累价值5%的身故或全残保险金。这是一般商业养老保险所不具备的福利条款,也是税延养老保险在产品设计上的独到优势所在。此外,税延养老保险还具有收费项目较少和费用水平较低等优势。

表2-3 一般商业养老保险与税延养老保险的区别

	一般商业养老保险	税延养老保险
缴纳税收	所缴保费为税后收入	所缴保费纳入税前扣除
领取税收	无税	扣税(保险公司代缴)
领取年限	灵活,依照合同安排	15年≤年限≤终身
投资风险	保本,收益不确定	灵活可选择(三款产品)
额外保障	依照合同具体要求	提供残疾和身故保障

资料来源:《个人税收递延型商业养老保险产品开发指引》。

税收优惠政策驱动养老金第三支柱发展进入快车道。目前税延养老保险的缴费可以实现税前扣除,税前扣除限额以当月工资薪金、连续性劳务报酬收入的6%和1000元中较低值为准。以上海市月收入10000元的个人缴费为例,税延养老保险在当期所带来的减税效果如表2-4所示。

表2-4 税延养老保险的减税效果 单位:元

	2011年9月老税法	2018年10月新税法
养老保险金	800(8%)	
医疗保险金	200(2%)	
失业保险金	50(0.5%)	
基本住房公积金	700(7%)	
共计支出	1 750	
应税工资	8 250	
个人所得税	395	115
应税工资(参险[①])	7 650	
个人所得税(参险)	310	79.5
减税效果(百分比)	下降21.5%	下降30.9%

注:其中新税法下采用累计预扣预缴,因此个人所得税为年度内每月的平均值。
资料来源:《个人税收递延型商业养老保险产品开发指引》。

---

① 此处参险意为购买税延养老保险。

(四)创新之思

税延养老保险方才起步,要取得实质性发展尚需时日。尽管税延养老保险有着诸多优势,但现阶段销售情况却不甚理想。根据保险同业交流数据,截至2018年底,税延养老保险保单共签发了3.9万余件,保费累积约为7 160万元;截至2019年10月底,市面上的税延养老保险已有66款产品,累计实现了保费收入约2亿元,参保人数约4.5万人,与预期情况差距不小。总结原因有如下三点:

一是推广和教育力度不够,群众普遍了解不足。现阶段不仅是普通消费者,还有企业HR部门的相关员工对税延养老保险的了解都十分缺乏,这对税延养老保险的购买主动性产生了很大影响,国民的金融养老教育工作任重而道远。二是受益人群在现行规则下所占比例有限。随着我国个税起征点的提高和抵扣政策的出台,现行的税延养老保险政策对中低收入人群的减税效应出现了减弱,受益人群比例也出现了萎缩,产品吸引力相较之前打了折扣。三是现阶段税延养老保险的抵扣手续申报操作较为烦琐,客户投保体验不佳。具体来说,对于普通个体消费者,购买税延养老保险需要先激活平台的个人账户,然后凭扣税的凭证去企业的HR部门办理抵扣,再加上大部分企业的HR部门员工对此业务尚未熟悉,因此在保单办理的实操中存在不小的困难。

为了实现税延养老保险发展的破局,必须要全面做好相关配套周边工作,包括但不限于以下几点:

一是鼓励群众去学习税延养老保险知识,加大并以激励性的宣传活动来普及教育。随着个人所得税的改革和推广,各级单位需要继续加强教育,只有持续引导国民增强税收优惠认知,税延养老保险才能迎来真正的快速成长。保险公司作为产品发行方,更需要为行业的相关教育做出贡献,做出表率。二是成功地运营好税延养老保险,必须做好IT系统建设、产品开发、前端销售、售后服务等方面工作。工欲善其事,必先利其器,只有税延养老保险的流程设计得足够完善精细,才能支撑起未来的快速发展。三是税延养老保险产品之后要进行必要的升级,在营销客观真实的基础上,突出产品的让利原则,并致力于为消费者带来更好且多样化的产品权益及服务体验。因此,为了更快地推动税延养老保险在我国的发展,监管部门的相关政策改革势在必行。例如在税前扣除标准层面,可以阶梯式提高税前扣除金额;在产品设计层面,可以在税延养老保险的领取阶段提供不同频率的领取金额方案,以满足客户退休后多种方式的资金需要。尤其是税延模式上,需要学习美国第三支柱的罗斯IRA账户增加TEE税收激励模式,这将有利于扩大税延养老保险的利好覆盖人群,从而切实改善税延养老保险的需求端。四是未来要加深与企业的合作关系,即ToB合作,进一步减少保险公司与个人的沟通成本,利用企业平台的聚集效应以迅速提升税延养老保险的销售规模。具体来说,保险公司可以通过企业的人力部门来统一办理企业员工的税延养老保险投保,既充分利用了企业的财税信息平台又加强了企业员工投保的可复制性,为企业后续新员工的投保和老员工追加保单的便利性打下了基础。在现阶段的形势下,只有打开了企业的投保端口,保险公司才能集中精力投入到个人自主投保的业务。

对养老金第三支柱建设而言,税延养老相关政策的出台及税延养老产品的推出,是带动养老金第三支柱发展的关键所在。对国家而言,养老保障体系是否完善亦是国家强大的评判标准之一,因此税延养老保险的发展壮大从基本面上保障了我国发展壮大的稳定性。此外,税延养老保险不仅承担着我国养老金第三支柱的排头兵的角色,还担负着深化财税体系改革和改变金融业发展方式的重担。

三、金融机构在建设养老金第三支柱层面的优势与合作

税延养老保险政策的出台将带动养老行业的跨越式发展。2019年6月,人社部和财政部继续牵头组织,会同相关部门研究制定养老保险第三支柱政策文件,并取得积极进展。后续有望推出养老金第三支柱账户制,并建立统一的信息管理服务平台,符合规定的银行理财、商业养老保险、基金等金融产品都可以成为养老保险第三支柱的产品,相关金融机构利用养老金的独特优势进行长期投资运营管理,从而实现养老金的保值增值。

要成功建设养老金第三支柱不能仅仅依靠保险机构的努力,还需要多类金融机构共同参与进来,各自发挥自身特有的行业优势,以实现功能互补,共同保障消费者的退休养老特定需求。养老金第三支柱的构成需要多元化,以更好地实现结构稳定和风险控制。除了商业养老保险,基金类等金融产品也应该纳入第三支柱中来,共同加强第三支柱的保障属性和投资属性。值得注意的是,2019年6月初,人社部相关负责人表达了将考虑建立个人养老账户的意见,目的是更好地涵盖各类养老金融产品,以扩容丰富养老保险第三支柱。随着未来养老金第三支柱的发展逐渐步入正轨,信托机构、私募股权基金等金融产品也有望加入个人养老资产的金融配置方案中来,这将有利于第三支柱的进一步拓展,让更多的人有更多的养老金融产品选择。

(一)商业银行

渠道是商业银行建设养老金第三支柱的核心优势。相较于其他金融类机构,业务触点深、范围广是商业银行在建设养老金第三支柱的核心竞争力所在。具体来说,商业银行现有的丰富营业网点资源和银行客户经理(BCM)都可以成为其推广养老金第

三支柱业务的渠道。此外,商业银行还具有客户大数据等信息优势,尤其是个人存贷款和工资流水等数据,给银行理财产品的设计提供了准确的参考信息。2018年12月2日,银保监会出台《商业银行理财子公司管理办法》,拉开了商业银行理财子公司建设的大幕,方便了商业银行在以后可以更好地对接和满足消费者对理财产品的专项需求。截至目前,理财子公司具体进展情况如表3-1所示。

表3-1 银行理财子公司情况整理

国有银行	建设银行	建信理财有限责任公司(正式开业)
	中国银行	中银理财有限责任公司(正式开业)
	农业银行	农银理财有限责任公司(正式开业)
	交通银行	交银资产管理有限公司(正式开业)
	工商银行	工银理财有限责任公司(正式开业)
	邮储银行	邮储理财有限责任公司(获批筹建)
股份制银行	光大银行	光大理财有限责任公司(获批筹建)
	招商银行	招银理财有限责任公司(获批筹建)
	兴业银行	兴银资产管理有限公司(获批筹建)
城商行	杭州银行	杭银理财有限责任公司(获批筹建)
	宁波银行	宁银理财有限责任公司(获批筹建)

资料来源:根据公开信息整理。

在资金端方面,《商业银行理财子公司管理办法》的出台进一步放松了对非标业务的管制要求,相对于之前的《商业银行理财业务监督管理办法》,删除了理财资金投资非标债权资产不能超过银行表内总资产4%和同一非标资产不能超过资本净额10%的红线,仅要求非标债权类资产不能超过理财净资产35%的要求,从而留给了非标业务投资更大的处理空间。此外,商业银行在另类投资和非标投资等领域具有投资范围上的优势,非标产品对标的底层固定收益资产更加多元化,这有利于理财子公司产品风险的分散,从而满足养老金管理稳健审慎的要求。

(二)公募基金

资产主动管理能力是公募基金建设养老金第三支柱的核心优势。相较于其他金融类机构,投资领域宽泛、产品策略多元是公募基金在建设养老金第三支柱的核心竞争力所在。具体来说,公募基金作为目前管理养老金的主力机构,在养老金受托业务方面已具备丰富的经验和成熟的模式。

养老目标基金是公募基金布局养老金第三支柱的主力产品。公募基金目前主要通过养老目标基金为代表的产品形态参与养老金第三支柱建设,其中可以细分为养老目标日期基金和养老目标风险基金两种形式。2018年3月,证监会正式出台《养老目标证券投资基金指引(试行)》,对养老目标基金进行了规范与明确,这标志着公募基金布局个人养老投资进入了全新阶段,对我国养老金第三支柱建设也有着重要的意义。相较于税延养老保险而言,养老目标基金给养老金第三支柱的广大参与人民提供了另一种选择(区别情况见表3-2)。尤其是对于风险偏好明确或对于风险收益特征有更高要求的投资者,养老目标基金显然是更为合适的选择。总结来看,养老目标基金具备更高的投资灵活度,适应的群体也更为广泛。

表3-2　　　　　　　　　养老目标基金与税延养老保险的区别

	养老目标基金	税延养老保险
缴纳税收	暂时无优惠	所交保费纳入税前扣除
封闭时间	至少一年	扣税(险企代缴)
领取年限	灵活,依照合同安排	15年≤年限≤终身
投资风险	收益不确定	灵活可选择(三款产品)
额外保障	依照合同具体要求	提供残疾和身故保障

资料来源:根据公开信息整理。

具体来讲,养老目标基金又可以分为养老目标日期基金和养老目标风险基金。相较于养老目标风险基金,养老目标日期基金的封闭期一般较长,首个封闭期多为3—5年。设立封闭期的目的是为了防止消费者多次申购赎回而影响基金的策略执行,从而确保基金收益的稳定性。此外,金融市场环境对养老目标基金的销售也有一定影响,良好的金融市场环境可以给投资者带来积极的市场情绪和风险偏好,从而带动基金的销售。

截至2019年5月底,共有40只养老目标基金获批成立,其中2018年和2019年1—5月各分别有14只和26只。于2018年获证监会批文回复的首批14只养老目标基金,在后续相继成立发行。截至2019年8月23日,14只养老目标基金的净值表现情况如表3-3所示。如养老目标基金下分多款产品,以A款(收益确定型)为准。首批14只养老目标基金中,仅有博时颐泽稳健养老目标基金出现了缩水,其余皆取得不同程度的上涨,其中中欧预见养老目标日期基金取得了1.113 3的最高净值。但由于市面的养老目标基金成立时间皆不足一年,业绩数据尚未经受时间的验证,在市场中

缺乏投资参考性,再加上现阶段的养老目标基金在申购时没有任何税收优惠,缺乏产品吸引力,所以目前仍未被大众所熟知和接受。

表3-3 首批14只养老目标基金(按净值降序排列)

名　　称	投资策略	成立日期	单位净值
中欧预见养老目标日期2035三年持有	目标日期	2018-10-10	1.1133
南方养老目标日期2035三年持有	目标日期	2018-11-06	1.0971
鹏华养老目标日期2035三年持有	目标日期	2018-12-05	1.0672
华夏养老目标日期2040三年持有	目标日期	2018-09-13	1.0618
易方达汇诚养老目标日期2043三年持有	目标日期	2018-12-26	1.0616
银华尊和养老目标日期2035三年持有	目标日期	2018-12-13	1.0559
泰达宏利泰和平衡养老目标三年持有	目标风险	2018-10-25	1.0535
工银瑞信养老目标日期2035三年持有	目标日期	2018-10-31	1.0481
广发稳健养老目标一年持有	目标风险	2018-12-25	1.0456
富国鑫旺稳健养老目标一年持有	目标风险	2018-12-13	1.041
万家稳健养老目标三年持有	目标风险	2018-12-13	1.0396
中银安康稳健养老目标一年定期开放	目标风险	2019-05-08	1.0197
嘉实养老目标日期2040五年持有	目标日期	2019-03-06	1.0128
博时颐泽稳健养老目标一年持有	目标风险	2019-03-20	0.998

资料来源：根据公开信息整理。

税收优惠政策预期将促进养老目标基金的发展。财政部、税务总局、人社部、银保监会和证监会5个部门联合发布的《关于开展个人税收递延型商业养老保险试点的通知》中明确指出,税延养老保险试点结束后,将依照实际情况"有序扩大参与的金融机构和产品范围,将公募基金等产品纳入个人商业养老账户投资范围",这意味着后期养老目标基金有望迎来税收优惠和递延政策。值得一提的是,对于个人来讲,月度的税收优惠额度与基金定投模式在资金量与周期方面高度契合。

(三)保险机构

中国养老金市场主要参与方的角色对比如图3-1所示。

保险机构在管理、资产负债匹配和产品精算等方面有着天然优势,有较为成熟的运作机制和先发优势。在制度建设和监管自律方面,银保监会对保险公司的全流程有着严格的监督管理,中国保险业协会和中国保险资产管理业协会也都采用标准化方法来实现行业自律,这在很大程度上保证了消费者的合法权益。此外,保险产品在保障

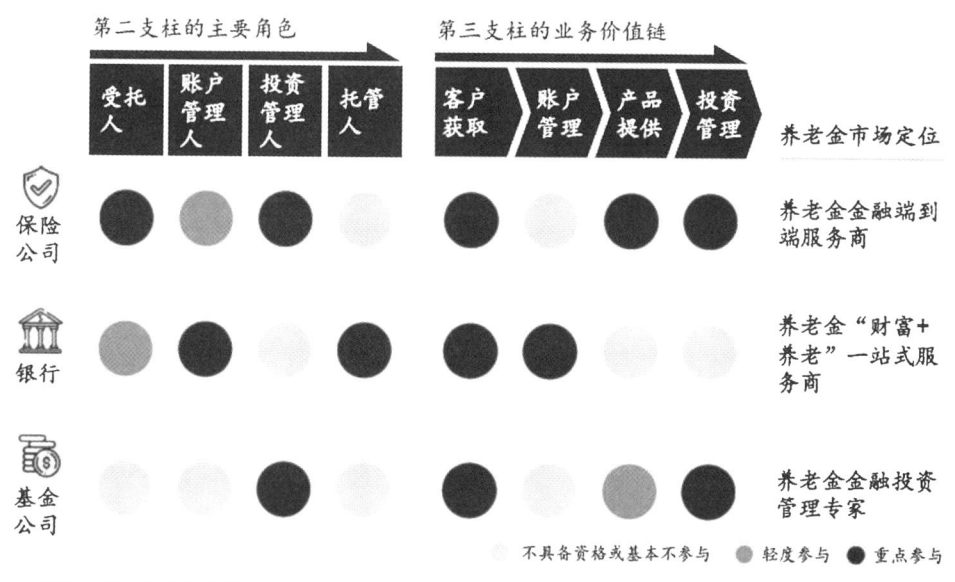

	第二支柱的主要角色				第三支柱的业务价值链				养老金市场定位
	受托人	账户管理人	投资管理人	托管人	客户获取	账户管理	产品提供	投资管理	
保险公司	●	◐	●	○	●	◐	●	●	养老金金融端到端服务商
银行	◐	◐	◐	◐	●	●	◐	○	养老金"财富+养老"一站式服务商
基金公司	○	◐	●	○	○	○	◐	●	养老金金融投资管理专家

○ 不具备资格或基本不参与　◐ 轻度参与　● 重点参与

资料来源：麦肯锡分析。

图 3-1　中国养老金市场主要参与方的角色对比

和储蓄功能方面具有相对优势，应鼓励消费者确保相当比例（例如 50%）的资金配置到保险产品上来，以确保养老资金投资的基本安全性。保险机构的发展优势在于收益的确定性，特别是在《资管新规》后"去刚兑"的背景下，保险产品的保本和保息特点在金融工具中愈发凸显出来。保险公司需要以税延养老保险为抓手，抢占养老金第三支柱这一蓝海市场。尤其是在目前税收优惠期间，应抓住机遇，大力发展培育市场潜能，抢占市场份额。保值是特性，增值是吸引，必须两手都抓。

保险机构推出的商业养老险或年金险在定价时可设定预定利率，这在当前大资管行业去刚兑的背景下凸显出相对优势。自 2018 年 4 月 27 日《资管新规》发布以来，刚性兑付已成为过去式。因此，无论是目标日期基金还是养老目标风险基金，投资皆有风险，净值的最终表现还是由全周期的投资决策决定。相对于养老目标基金而言，有投资"保本"属性的部分税延养老保险（主要指 A、B 类产品）和商业养老险产品具有天然独有的优势。但值得注意的是，银保监会在 2019 年 8 月底发布了《关于完善人身保险业责任准备金评估利率形成机制及调整责任准备金评估利率有关事项的通知》，为了更好地控制行业风险，计划调整部分保险产品的评估利率水平，这就意味着相关产品的预定利率在以后势必将承压下调，从而会削弱该产品的市场竞争力。为了应对预定利率下调所带来的行业增长压力，保险机构要尊重行业规律，加快自身转型力度，开创行业优势，坚持"保险姓保"的理念。未来，税延养老保险保费有望成为行业整体保

费的新增长极,推动我国保险市场继续高速前进。

从养老金第三支柱建设全局发展的角度上来看,应引导各类金融机构在养老金金融产品发行方面做到差异化发展,以更好地利用和发挥各自行业中独特的优势。养老金的合理发展及充足性应该像资产配置一样多元化,而不能由单一类产品去支撑。在当下养老保险第三支柱扩容的趋势下,对保险机构而言,不能回避其他金融机构的挑战,而是需要正视竞争态势并发现自身特点优势,以加强在我国养老保障体系中的地位与市场份额。在未来更加多元开放的养老产品市场中,保险业将与银行业、基金业一起,分别以商业养老保险、银行理财和基金产品的形态展开养老保险三支柱的竞争。具体来说,保险机构要突出自身精算与风控优势,发挥家庭资产配置的基石作用;公募基金要强化自身投资属性,引导投资者培养价值投资的正向风险偏好;商业银行要发挥客户大基数优势,为养老金第三支柱的各类产品提供销售平台。考虑到长期资金对于金融机构具备强吸引力,未来更多的金融机构将以直接或间接的形式参与其中。

四、保险公司创新助力养老金第三支柱建设

伴随着中国经济进入高质量发展阶段,人民群众对未来生活有了更高的向往,对国家养老保障体系同样也有着更高的期待。保险业作为养老保险市场化的主要力量,将充分发挥其专业优势,主动参与养老保障体系健全建设,不断加强养老金体系的稳健性,为探索解决我国人口老龄化问题积极贡献行业力量。特别是拓宽养老金第三支柱的发展空间,保险公司将致力于加强人民群众主动养老意识,尽快提升各类保险公司担当市场主体的内生动力、养老金产品创新能力、养老市场开拓能力和社会公信力。整体来看,保险公司应该主动担当社会责任,在业务端保险回归、保障本源,资金端助力我国实体经济发展,充分发挥风险保障作用,让养老保障业务与我国社保体系互相补足,从而进一步加强完善我国养老保障体系。

(一)加大商业养老保险产品创新,提升吸引力

保险公司要加大产品创新,提升产品供给端的整体质量。养老保险产品需要附加增值服务,尤其是健康相关增值服务可以有效提高商业养老险的竞争力和吸引力,提升养老健康一体化体验,从而建立险企医养创优格局,提升养老产品服务体验。当前保险业正全力回归本源,保险公司要坚决贯彻"保险姓保"的要求,做精专业,对产品结构进行大力优化调整。在2018年4月税延养老保险试点推出后,公募基金也开始推出养老目标基金,市场中的养老金融产品竞争逐渐激烈。因此,保险公司必须以客户为中心加大产品创新,积极参与竞争,以期在养老金第三支柱建设竞争中取得主动。

举例来讲,针对养老年金保险产品中的定期给付与附加条款的设置上可以尝试一些创新。具体来说,相对于市面上普遍的养老年金保险,其收益率应做到更加精确化和市场化,以满足消费者的实际需要。此外,还要坚持以客户为中心来设计保险产品,增加人性化关爱特殊条款能极大地增强产品的市场吸引力,如在明确保单利益不受损害的前提下,给予客户在特殊情况下可以豁免续期保费的权利。

坚持医养创优,全方位应对老龄化的冲击。保险公司要充分运用税延养老保险政策、外延业务开拓医养项目,发力银发保险市场。要积极与医疗、养老机构建立战略合作关系,推动医养产品多渠道销售,尤其是加强养老护理与养老金产品的结合,全方位应对老龄化阶段的挑战。保险公司应及时布局养老护理保险产品,抓住未来政策机遇。2015年,十八届五中全会明确提出要在"十三五"期间全面探索建立长期护理保险制度。2016年,人社部印发《关于开展长期护理保险制度试点的指导意见》,截至目前已有15个城市开始了相关试点。2018年5月31日,国家医疗保障局正式挂牌,后续可能会稳步推出一些顶层设计,将对整个养老照护服务产业的发展起到很重要的促进作用。根据中国长期护理保险市场潜力研究报告的数据,预测我国长期护理保险的费用,到2020年可能是8 000亿元,或者2030年到27 000亿元,这是一个万亿元的巨大市场。借鉴国外的数据来看,长期护理保险的费用在GDP的占比美国是1%,德国或者欧洲的国家整个长期护理保险GDP占比在1.3%~2%,类比到中国在长期护理保险的费用与GDP的占比,与欧美一样也是快速增长的过程,这将是巨大的市场机会。

发展"保险+养老+健康"(简称"保养健")模式,与险资多元化投资理念相契合,发展具备可持续,协同优势尽显。在国家养老、健康政策红利持续铺陈的背景下,保险业对于健康、养老服务行业的规划布局力度逐步加大,传统的商业保险与健康医疗、养老保险结合日趋紧密,健康、养老险业务呈增长态势。同时,多家专业健康、养老保险公司相继成立,如人保健康、和谐健康、平安养老等,目前已有8家专业养老保险公司和7家专业健康险公司,如表4-1所示。目前,保险资金通过多渠道、多层次的方式参与到医疗健康领域中已成为一种趋势,养老产业的格局也已初步形成,相关的商业模式正在持续发展中不断成熟,而保险公司应力争做养老资源的整合者和养老平台的建设者。对于大型保险公司的重资产养老产业模式,要确保养老险销售与"保养健"的协同发展,从而实现将"养老保险产品+实体养老服务"的概念打入中高端市场。对于中小保险公司而言,则要探索以"轻资产"的模式提供全面的个人养老解决方案,整合好养老产业的上下游资源。在丰富养老保险产品的同时,前端以保险产品和养老服务互动结合、后端资金为养老服务和产业提供优质资金支持等方式,为客户提供保险、医疗和养老服务的整体解决方案,将是未来重要的战略发展方向。保险公司还要加大中长期限养老产品的供给,让养老产业服务与之挂钩匹配,有效改善现阶段短周期理财型养老险产品占主导地位的格局,提高长期险养老产品的所占比例。

表4-1　　　　　　　我国现有专业养老保险公司和专业健康险公司

专业养老保险公司	专业健康险公司
中国平安养老保险股份有限公司 太平养老保险股份有限公司 中国人寿养老保险股份有限公司 长江养老保险股份有限公司 泰康养老保险股份有限公司 安邦养老保险股份有限公司 新华养老保险股份有限公司 中国人民养老保险有限责任公司	中国人民健康保险股份有限公司 平安健康保险股份有限公司 昆仑健康保险股份有限公司 和谐健康保险股份有限公司 太保安联健康保险股份有限公司 复星联合健康保险股份有限公司 瑞华健康保险股份有限公司

资料来源:中国银保监会。

(二)搭建养老业务管理平台,提升服务内涵

顺应时代发展,建立一站式在线服务管理平台。保险公司要抓住政策机遇,明确医养创优发展战略,建立在线养老业务管理服务平台(或模块)就是实现战略的第一步,能够为便捷的养老业务管理服务提供坚实基础。对客户而言,可以先满足其日益重要的退休养老服务的多样化便捷、可视化等需求。对公司而言,可以为养老险业务发展带来新的发展动能,并对保险机构各项养老业务起到增值、获客、风控等作用。以智能敏捷和触感反应为手段,填补内外部客户服务、作业、销售平台的流程空白;以客户行为价值方式为参考,形成客户多样化需求和人生周期发展的"数字化服务产品包",全力打造保险公司数字化在线业务生产链,从而让税延养老保险客户真切享受到其带来的实惠。

拓展服务内涵,再造服务流程,提升客户体验。现阶段保险业主要矛盾已逐渐转化为"客户日益增长的便捷化需求与传统老旧的保险产品和服务方式之间的矛盾",因此保险公司需要尽快改变自身的发展策略,通过实现以客户体验为核心的流程再造和推出具有数字化特色的新体验方案,以期在未来能保持竞争力。利用科学智能的在线管理方式提高公司服务客户的作业效率,让客户在接受公司平台提供服务的过程中增加使用黏性。准确理解客户隐性和显性需求,提供便捷与卓越的"接触、需求、投保、服务与推荐"全流程数字化体验。要做到以客户为中心,养老业务管理平台需要满足两

个核心点：一是数字技术的应用；二是提升客户体验。这也是数字化新体验中"接触、销售、投保、服务与推荐"每个环节的出发点与落脚点。在接触环节，要善于倾听客户的心声，通过保险业生态圈的横向关联信息挖掘，针对客户而非产品来组织数据，对客户进行画像并分析其属性，从而更准确地发现目标客户和更多的营销机会。在需求环节，需要尽可能地量身定制价值主张，以此充分满足每位客户的需求和偏好。这其中包括确定最佳提供时机和方式，动态掌握保险市场需求的变化，提升市场竞争力。在客户未明确表达需求的情况下，保险公司的产品推荐应当在客户最有可能接受的时点上，通过最合适的渠道送至客户手中。在投保环节，要紧跟行业科技发展前沿，引入不限于智能规则引擎、人脸识别技术、医院信息互联等数字化新技术，并加以利用以提升投保核保时效水平。在服务环节，要尽快升级 App 或推进微信小程序的建立，丰富保单服务入口并开发 AI 应用，随着时间的推移敏锐感知客户需求、行为及偏好的变化，并相应调整自身产品和互动方式。在推荐环节，要实现客户满意度数字化标注以及可视化线上分享，引入接触点实现整个体验流程的闭环，提高服务效率，降低中间成本。

养老管理服务线上化可以扩展养老保险的保障形式。保险公司进行保险销售时可同时推广养老业务平台，并通过介绍平台上的养老服务项目增加与客户的话题，提高公司获客、黏客的能力，促进业务发展。保险公司助力养老金第三支柱建设的核心任务是加快商业养老保险的推广，这极大考验着保险公司的业务销售能力。积极运用数字化科技技术，在改善传统销售模式的同时，智能打造养老保险新销售服务。一是打造智能营销新平台，提高转化率。新智能营销平台旨在提高现有资源与客户需求的匹配优化度，并利用大数据技术去深入分析挖掘客户需求及信息，建立起灵活的标签体系，从而进行精准客服。同时，利用人工智能技术向客户进行个性化的消息推送，提升客户与平台间的互动从而丰富客户画像，让转化更精准。二是提供个性化保险定价服务，实现精准营销。通过大数据技术，一方面可以实现行业风险的细分，为实现个性化保险定价服务创造了条件；另一方面可以准确掌握市场规律及未来走势，从而掌握客户动态的消费需求，让营销更加贴近客户从而实现精准营销。三是体验式营销，降低出险率，使定价更科学。基于物联网技术的保险产品的精准定价能力强化了保险公司与客户之间的沟通，并帮助客户改善了自身习惯，从源头上降低了出险率，定价也因此更能得到科学依据的支撑。

客户通过使用平台提供的养老服务，实施精准赔付，有效管控产品流程风险，提升客户养老服务满意度。利用数字化科技有效提高客户资源利用率，实现客户价值持续贡献。一是贯通服务链条。保险公司需要改变原有单方面的服务，改为提供全方位立体化的服务，利用互联网平台直接打通投保、保全、理赔、客服等各服务环节，从而与客

户保持无时无刻、无所不在的连接。二是实现服务前置,整合客户资源和数据。通过提供智能穿戴设备和服务,更多参与用户的疾病预防、健康管理、疾病诊疗和急症救治等环节,实现服务前置,强化服务质量,提高续保和留存率。三是推出智能客服,优化服务效率。利用人工智能技术建立的智能客服可以实现柜面业务在线一次性办理、全流程智能化,为每一位客户建立生物识别档案,再通过保险公司的客服中心建立在线智能调度平台,提升服务效率。四是精准识别客户需求。综合运用语音识别、自然语言理解、语音合成和知识图谱等智能语音语义技术,建立客服机器人,通过与客户进行交流,明确客户实际意图和需求,解决客户在投保、核保、运营和理赔等环节遇到的问题,切实提高客户服务满意度。

（三）整合渠道,优化资源,提升效能

保险公司助力养老金第三支柱建设的另一核心任务是加快商业养老保险的推广与销售,这也极大地考验着保险公司销售端的业务能力。下文将针对效能整合、渠道创新和人才建设三个角度进行深入分析。

保险公司要加强协同销售,进一步进行整合优化,推行"线上交叉销售社区",加强社区中各参与方的交融、交互与交付联系。在养老险产品的销售层面上,"线上交叉销售社区"(见图4-1)作为一个在线信息共享中枢,通过业务综合开拓、产品销售服务和产业协同三大手段,极大地增强了服务、产品、渠道与客户之间的融合度,促进了各方协同发展、互利互赢。一是提高一线代理人销售业绩并建立其从业信心。代理人在交叉销售的过程中,既可以拓展业务平台,又能相应提高其综合销售的技能。二是提

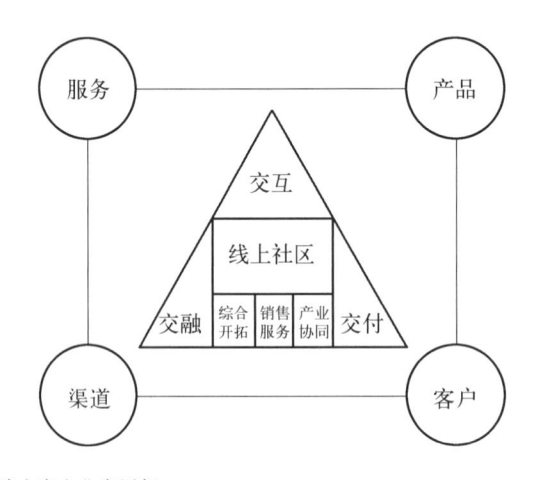

资料来源：同方全球人寿企业发展部。

图4-1　"线上交叉销售社区"概念

升实动,稳定销售团队。通过团个交叉销售,大大提高了代理人的客户拜访量,帮助其积累准客户和获得销售业绩,稳定了一线销售队伍。三是增强客户忠诚度。客户在参与双重渠道的过程中,增加了与公司的互动和依赖程度,有效降低了客户流失率。四是增加公司利润。团个交叉销售有利于公司整合现有销售渠道资源,打通壁垒,降低客户开发成本,从而提高公司利润。

加强创新渠道,提高商业养老保险产品的销售力度。对保险机构销售主体(渠道、代理人和FA)而言,关键在于资源互补、整合优势。一是大力发展自有队伍建设,在业务渠道层面要相应加大内勤岗位、职责和人力设置上的力度。二是降低合作交易成本,通过诸如差异化和创新的方式来降低成本,以实现保险机构的持续养老发展。三是有效把控相关风险,加强渠道整合,这样有利于消除信息不对称所产生的风险,方便保险公司更好整合相关资源。

整合优化公司渠道,加强人才建设,提升人力效能。尽管寿险业现在有约800万的庞大代理人队伍,但由于教育水平与金融素养参差不齐,在养老保障咨询方面仍存在着较大的不足,无法给消费者提供优质全面的养老保障咨询服务。因此,保险公司要持续加强对代理人队伍的养老保障培训教育,将其转化为实际生产力。此外,尽管养老保险是一个蓝海市场,发展前景良好,但目前健康养老产业的人才缺口很大,尤其是相关产业高端人才数量严重匮乏,未能给可持续发展模式创造出一个稳定的盈利模式。其根本原因在于养老健康市场还普遍存在薪酬无优势、工作环境不达标、技术职称申报通道不畅之类的问题,使得人才不愿涌入健康养老市场,企业也不愿持续大规模投入资本。国家要尽快加大政策倾斜,通过提供诸如税收优惠等政策,鼓励资本投入的方式刺激企业发展健康养老市场。此外,还要进一步改善行业薪酬水平,吸引年轻人才投入到健康养老产业当中,实现行业发展正循环。

(四)提升产品投资收益及稳健性

为了进一步规范税延养老保险资金运作,2018年7月6日,银保监会在官网发布了《个人税收递延型商业养老保险资金运用管理暂行办法》(简称《办法》)。作为我国保险业第一次就单一险种制定专门的资金运用的管理制度,显示了银保监会对税延养老保险资金安全性的重视,说明养老保险领域包括未来的养老金管理领域将是一个十分受关注、受重视的业务领域。其主要目的主要有四点:一是强化保险公司的投资能力。通过制定定量和定性的标准,要求保险公司切实提高资产负债管理、大类资产配置、多市场多品种资产投资等能力。二是甄选优质的投资资源对接税延养老保险资金。《办法》通过制定较高的条件要求,引导市场上最优质的资产管理机构为税延养老

保险资金提供投资管理服务。三是强化投资经理和组合经理管理。《办法》首次在保险业设定了投资经理和组合经理的门槛,强调过往业绩要求,对职业道德和专业操守提出了明确标准。四是加强事中事后监管。引导保险公司持续加强行业自律和能力建设,建立健全登记注册制度和教育培训制度,不断提升投资管理人员的专业水平。

保险机构在参与养老金第三支柱建设的过程中,拥有保险资金保值方面的投资优势。从客户角度来看,对养老金的收益偏好一般是保收益与低风险,而这正是保险公司资金运用的优势所在。保险资金一般具有久期长、风控高和收益稳定等特点,因此保险机构在投资风险管控与多元资产配置有着丰富的经验。从险资配置的角度来看,随着近年来另类投资比例的快速提升,险资大类资产配置结构逐渐从集中不均衡状态发展为均衡状态,这有利于中国保险资产管理业风险的分散和市场竞争力的提高。对于配置期限长、流动性要求低的资产,保险公司可以拉长投资久期,提高收益率。此外,保险公司自身具有对长期资金的专业管理优势,并拥有大类资产配置和长期资金投资经验,能够提供长期稳定的投资收益,不受经济周期波动的剧烈影响。同时,保险业还具备能够向客户提供终生年金服务的优势,从而覆盖居民退休后养老全周期,这是其他行业所不具备的。为了继续保持行业优势,保险业要持续优化提升金融服务能力。

尽管保险公司在保值方面具有相对优势,但在增值方面还有所欠缺,主要是因为资产管理能力的不足。为了有效提升保险公司管理养老资金的投资效率,要着力提高在权益投资与另类投资方面的运作能力。

持续提高行业投研水平,有效提升权益投资能力。相较于券商基金,保险机构在权益市场的投资能力相对是个短板。尤其是保险资金的投资体量已发展的较为庞大,在现阶段资产荒的现况下,金额体量较小的资产起不到有效解决保险资金配置需求的作用。因此,市值与可配置险资相匹配的股票自然是保险公司所重点关注的。更重要的是,保险资金还对所配置资产的安全性方面有着严格要求,并期望长期稳定的分红,而符合以上要求的最佳标的就是处于价值洼地的大盘蓝筹股。因此,着重加强对此类大盘蓝筹股的调研分析并探索投资机会,有利于保险资金收益覆盖长期负债成本,从而确保保险机构资产负债匹配和健康的持续发展。在资产配置过程中,要全面审慎地合理配置股票市场中的部分资金,而这部分资金也将成为我国资本市场压舱石的一部分。保险业正处于高速发展期,未来将在金融市场上拥有更多的话语权,同时也肩负着更大的社会责任。保险机构作为重要的机构投资者参与到权益市场,有利于改善其投资者结构,从而加强市场中的稳定投资价值理念,对维护未来我国股票市场稳定具有重大积极的意义。随着险资价值投资形象的建立,也可以对社会资本形成正确的价值导向。此外,还要切实提升保险资金风险管理能力。在风险控制层面,养老资产由于地位特殊性相对较弱,这就要求保险公司在管理养老资金的时候要更加注重风险控制。

加强行业人才能力资源建设,扩大非标资源获取能力优势。在保险资金运用的各类投资中,另类投资以其高灵活性、运用广泛性和收益稳定性等特点得到了保险机构的青睐,但其对投资人才的专业要求也十分高。截至2018年底,我国税延养老保险的在册投资经理共有165人,大部分人具有较高的教育学历和丰富的投资经验,为保险公司在另类投资方面有效运作税延养老保险资金打下了坚实的人才基础,如图4-2所示。通常来讲,另类投资的久期相对较长,有利于缓解保险资产负债错配的症结。此外,另类投资的收益一般高于固定收益投资,而波动性又远小于权益投资,有效提高了投资组合的收益风险比。尤其是在当前的低利率环境下,另类投资的增加可以更好地提高保险资金跨市场周期与利率周期的能力水平,从而利用险资久期较长的资金特性来获得相对较高的投资收益以补偿期间流动性的缺失和下滑的固定收益投资所带来的收益缺口。保险公司要积极坚定地发展另类投资作为收益新的增长点,充分利用其不同于股票和债券的抗跌特性,在丰富保险资金投资工具的同时,亦能够分散投资风险。

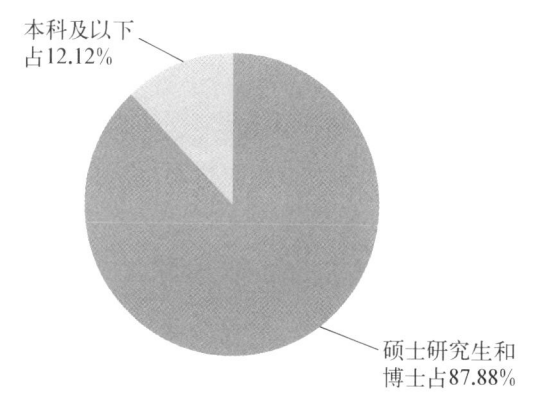

资料来源:中国保险资产管理业协会。

图4-2 我国税延养老保险投资经理学历情况

五、政策建议

(一)国家层面给予全力支持

养老金第三支柱建设与国家税收、社保等多方面联系紧密,需要国家在顶层政策

架构上予以支持。在研究保险机构参与养老金第三支柱建设的过程中,不难发现税收优惠和监管政策等都是非常重要的因素。建议国家相关部委联合成立一个高优先级的专项工作小组,推进落实养老金第三支柱建设。加大税延养老保险推进力度,扩大试点范围并加快进程至全国范围,尽快提升第三支柱建设参与人数基数。

加强宣传教育工作,提高国民养老金融素养。应适当侧重加强对养老金第三支柱的资产保值增值属性的宣传,从"市场"的角度去有效推动第三支柱建设。加强基层社区、企业单位和机构高校对养老金融教育的理念学习。此外,还要提高养老金融产品市场的准入门槛,规范市场发展以保障养老金安全,杜绝打着"养老保障"幌子的高风险金融产品,督促各类金融机构严守道德准则和风险底线。除此之外,相关行业还要加大对养老领域的研究,提升对养老金第三支柱的研究深度与认知水平。举例来讲,2013年以来,同方全球人寿保险有限公司每年联合清华经管学院发布《中国居民退休准备指数调研报告》,旨在洞察中国退休养老市场需求,唤起中国居民对养老问题的重视,呼吁人们为退休后的生活提前规划。

进一步完善有关养老金第三支柱建设的相关法规。2017年7月,国务院办公厅发布了《关于加快发展商业养老保险的若干意见》,首次将发展商业养老保险提到了国家战略的高度。2018年4月,税延养老保险政策正式出炉,但现阶段成效尚不明显,对第三支柱的贡献度还处于起步阶段。2019年政府工作报告中更是明确指出要"推进多层次养老保障体系建设"。要加快推进个人养老金储蓄的相关制度与法规文件,保障养老金市场的良性发展,国家陆续出台了许多养老相关政策(详见附件一)。

(二)建立养老金第三支柱专户机制

尽快建立并完善养老金第三支柱专有账户机制。养老金专有账户的定位应该成为养老金第三支柱的平台和载体。随着专户机制的建立,将实现个人养老资产账户的独立性,不再受到地点与工作单位变化的影响。要完善养老金第三支柱专户建设,需要国家和政府的主导开发以及个人的积极参与,正如上述内容涉及的宣传教育工作已经与政策法规制定相呼应。此外,还需要从四个层面持续推进工作,分别是机构、投资、税收与医养方面,如图5-1所示。

对于机构方面,银行、基金与保险等金融机构之间需要加强合作,利用各自的优势来实现互赢互利,在养老金第三支柱建设发展中发挥更大的作用。

对于投资方面,现阶段养老金第三支柱的税收优惠政策仅对税延养老保险单一产品开放,这在很大程度上抑制了养老金第三支柱的发展活力。为了从根本上解决这一问题,必须尽快建立专户机制,且账户中的资产端需要对金融业保持开放,让个人资金

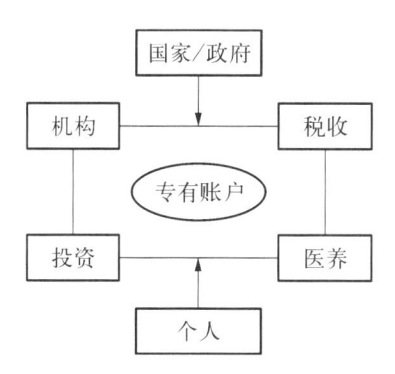

资料来源：同方全球人寿企业发展部。

图 5-1 养老金第三支柱专有账户建设

的投资实现市场自由化运作，这将是我国未来养老金第三支柱迅速发展的基础。

对于投资层面，要丰富供给端选择，满足个人多样化需求。根据储蓄的生命周期理论，人在青年、中年、老年3个时期内的储蓄投资风格都不一样，现阶段税延养老产品的收益确定型、收益保底型（每月结算收益）、收益保底型（每季结算收益）、收益浮动型4款产品远远无法满足需要。因此必须要建立好养老金第三支柱专有账户机制，为之后对接更多机构的投资产品奠定基础，进而形成多样化的养老储蓄投资选择，从根本上实现养老金第三支柱投资选择上的灵活性。建立养老金第三支柱的个人专有账户机制十分重要，可防止部分金融机构、金融产品把养老金包装成为谋求自身利益的不法工具。与此同时，要明确产品期限并加强风险管理，严格区分自主养老金融产品与短期理财产品。

对于税收方面，参考国外发达国家的发展经验，要推动加快我国养老金第三支柱专户的建设规模。一是增加税后缴费（TEE）模式，以及 EET 与 TEE 之间的转化机制，以满足养老金账户持有人的不同需求。二是对于低收入人群要加大关注，对于收入未达到纳税门槛的低收入群体，税延养老保险完全起不到税收优惠的作用。建议对该部分群体推出一些补贴激励机制，从而提高养老金第三支柱的覆盖率。三是加强专户的税务信息建设，以及与我国税务系统的对接，为以后更全面的税收优惠打下信息建设基础，避免以后可能出现的重复征税等问题。

对于医养方面，医养结合已逐渐成为保险公司的重要战略目标。商业保险与医疗养老的融合一直是保险行业关注的焦点。国务院公布的《关于加快发展商业健康保险的若干意见》中，对健康险发展提出了"到2020年，基本建立市场体系完备、产品形态丰富、经营诚信规范的现代商业健康保险服务业，实现商业健康保险赔付支出占卫生总费用比重明显提高"的总要求。对保险公司而言，涉足医疗养老将有利于险企整合

"保养健"产业链条,做强"大健康"。

此外,还要积极运用数字化技术,为专户机制通畅运行提供便利的数字化生态配套服务。现阶段的数字化生态圈,正在不断拓展延伸其业务经营边界。这在给予了国民生活便利性的同时,也成为我国区别于发达国家的数字化竞争力的重要一部分。养老金第三支柱的账户开设,要主动且积极地寻求与互联网发展结合,来建立统一互联的业务平台,这将快速地提升养老金第三支柱的业务进程。在风险防控方面,数字化科技大有可为。尤其是数据隐私性保护层面,区块链技术可以有效解决现阶段信息共享可信度低下、授权困难和信息传导不通畅等问题。因此,随着敏感信息传输流程有了区块链的加持后,养老金专户机制内的各个数据交互通道将得到彻底打通,有效推动养老金第三支柱的建设速度。尽快打通养老专有账户体系,将有利于扩大养老金第三支柱市场的规模,同时也能促进保险公司在养老保险及服务方面的发展,打破进展缓慢的进度瓶颈。

(三) 保险公司探索养老服务产业新模式

要学习领悟"大保险"趋势,先思先行,建立先发优势。尽管个人养老金积累是退休生活的重要保障,但国民的生活水准提高更需要靠医养的发展。保险公司对于目前正处于风口的健康、养老产业已有广泛布局,不再拘泥于推进健康、养老保险产品的销售,而是逐步延伸医养产业链,在多个环节立体式推进"大健康、大养老"的产业布局,打造一个完整的闭环产业链生态。目前有两种主流的运作模式,分别是重资产自营模式和轻资产合作模式。大保险公司普遍采用重资产模式,考验的是保险公司自身的资源整合能力;中小保险公司采用轻资产模式,考验的是打通信息交互壁垒的能力,目的是实现合作共赢。下文将分别以泰康保险集团与同方全球人寿为代表,来具体说明这两种模式。

泰康保险集团所采用的是重资产自营模式。泰康保险致力于打造我国医养行业领先品牌,是国内第一家试点养老社区投资的保险企业。旗下子公司泰康之家现已规划 6 个片区共 15 个养老社区,截至目前已开业 5 家,分别是北京的燕园、上海的申园、成都的蜀园、广州的粤园和苏州的吴园(见表 5-1)。作为践行"保养健"模式的代表,泰康之家自身的天然优势具备发展可持续性。保险机构投资养老健康产业有利于协同支持保险保障功能主业的发展,有利于改善保险经营的盈利结构状况,有利于优化保险资金运用中的资产配置结构,因而具有重要而深远的发展战略意义。泰康之家通过"保单捆绑+押金"的长期持有型发展策略,将养老的期交产品嵌入养老服务中,并且配套养老医疗设施,有效解决了老人就医难等问题。一个养老社区的建立将会带动保险产品的销售,带动医疗、健康险种的推出。同时,养老服务也将是养老社区配套所必需的。通过"保养健"的模式互动和"保养健"商业模型可以有效地提高我国医疗、养老的发展水平,实现供给侧结构性改革,从根本上扭转改善我国医疗、养老的资源紧缺状况。长期来看,随着保险、养老与健康的良性互相协同促进,人的寿命因环境条件改善等因素出现延长现象,从而可以在一定程度上降低保险公司身故赔付额,让死差收益因此趋于稳健增长过程中。综合来看,"保养健"商业模型可以丰富保险产品的产品线,能够为保险受益人提供更多的全方位的保险产品,有利于回归保险/寿险的本源,增加保险产品交叉销售和保险产品在大资管竞争环境下的竞争优势。值得注意的是,这种模式的投资回报周期长,十分考验保险集团的综合运营能力。

表 5-1　　　　　　　　　　　泰康之家医养规划

片　区	养老社区	地　点
东　北	泰康之家·沈园	沈阳市
华　北	泰康之家·燕园(已开业)	北京市
华　中	泰康之家·楚园 泰康之家·湘园	武汉市 长沙市
华　东	泰康之家·申园(已开业) 泰康之家·吴园(已开业) 泰康之家·大清谷 泰康之家·赣园 泰康之家·鹭园 泰康之家·甬园 泰康之家·徽园	上海市 苏州市 杭州市 南昌市 厦门市 宁波市 合肥市
华　南	泰康之家·粤园(已开业) 泰康之家·三亚海棠湾度假村 泰康之家·桂园	广州市 三亚市 南宁市
西　南	泰康之家·蜀园(已开业)	成都市

资料来源:泰康保险集团官网。

同方全球人寿探索以"轻资产"合作的模式提供全面的个人养老解决方案。在丰富养老保险产品的同时,前端以保险产品和养老服务互动结合、后端资金为养老服务和产业提供优质资金支持等方式,为客户提供保险、医疗和养老服务的整体解决方案,将是公司重要的战略发展方向。若以商业保险为核心,链接养老服务相关的医药和器材、养老住宅、健康管理和护理服务,就构成了一个完整的养老生态圈。同方全球人寿的养老探索致力于打造开放的养老生态圈,引入专业服务机构优势互补,实现医养保结合的一站式养老解决方案。同方全球人寿"医养保"相结合试点推出了基于"养老公

寓""养老社区""养老机构"三种模式的养老解决方案。这其中各个合作方各司其职：保险公司提供年金险、长期护理险、健康险、财富管理等专业保险产品，为客户提供养老财务解决方案；医疗健康和护理服务机构提供标准、专业的健康管理及养老护理服务；地产开发商则专注提供养老社区、养老公寓、养老院等重资产，为客户提供适老化的养老住宅。2019年3月，同方全球人寿推出融合保险保障和医疗养老服务于一体的"自得会"医养解决方案，落下其养老布局的第一枚棋子。此方案与"同根同源"的上海天地健康城合作，即天地健康城面向同方全球人寿的高端客户推出定制的"自得会"会籍资格，根据客户的需求提供自得公寓养老服务和医疗服务。同方全球人寿在帮助老人们实现保险保障的同时，根据其需求联合合作方提供养老公寓、健康护理等医养服务，给予老年人更专业周到的照料，免除子女的后顾之忧。同方全球人寿与天地健康城的合作是"养老+医疗+保险"的典范，满足了高端客户养老的一揽子需求。天地健康城是典型的CCRC模式（持续照料型退休养老社区），建有适老化公寓、服务式公寓和护理院，配备有完善的适老化设施，养老社区内的德颐护理院不仅有针对失能、失智老人的专业护理，还有临终关怀照护，覆盖了老人全生命周期的大部分需求。

总而言之，养老金第三支柱的建设正如火如荼地进行，研究和探索的成果正逐渐显现。我国养老金第三支柱建设要吸取国际经验，走出一条适合自身实际情况的科学发展道路。保险机构要持之以恒地推进税延养老保险在我国的发展，让其真正成为第三支柱的中流砥柱，进一步完善我国养老保障体系建设。随着2018年4月五部门联合发布了《关于开展个人税收递延型商业养老保险试点的通知》，意味着我国养老金第三支柱中的养老保险制度实现了从无到有、从0到1的破局，而未来将是保险公司如何实现从有到优、从1到N的发展。

附件一　中国养老相关政策

表6-1　　　　　　　　　　　中国养老相关政策汇总

发布时间	政策名称	主要内容
2013年9月	《国务院关于加快发展养老服务业的若干意见》	到2020年，建成以居家为基础、社区为依托，机构为支撑的养老服务体系
2013年9月	《国务院关于促进健康服务业发展的若干意见》	(1)推进医疗机构与养老机构等加强合作；(2)发展社区健康养老服务；(3)积极开发养老服务相关的商业健康保险产品

续表

发布时间	政策名称	主要内容
2014年8月	《关于做好政府购买养老服务工作的通知》	到2020年,基本建立比较完善的政府购买养老服务制度
2014年9月	《关于加快推进健康与养老服务工程建设的通知》	到2020年,全面建成以居家为基础、社区为依托,机构为支撑的养老服务体系,每千名老年人拥有养老床位数达35—40张
2014年11月	《商务部民政部发布公告鼓励外国投资者在华设立营利性养老机构从事养老服务》	鼓励外国投资者在华独资或与中国公司、企业和其他经济组织合资、合作举办营利性养老机构
2015年2月	《关于鼓励民间资本参与养老服务发展的实施意见》	(1)鼓励民间资本参与居家和社区养老服务;(2)鼓励民间资本参与机构养老服务;(3)支持民间资本参与养老产业发展
2015年3月	《国务院办公厅关于印发全国医疗卫生服务体系规划纲要(2015—2020年)的通知》	(1)推进医疗机构与养老机构等加强合作;(2)发展社区健康养老服务
2015年4月	《关于印发中医药健康服务发展规划(2015—2020年)的通知》	积极发展中医药健康养老服务
2015年11月	《关于推进医疗卫生与养老服务相结合指导意见》	到2017年,医养结合政策体系、标准规范和管理制度初步建立,符合需求的专业化医养结合人才培养制度基本形成,建成一批兼具医疗卫生和养老服务资质和能力的医疗卫生机构或养老机构,逐步提升基层医疗卫生机构为居家老年人提供上门服务的能力,80%以上的医疗机构开设为老年人提供挂号、就医等便利服务的绿色通道,50%以上的养老机构能够以不同形式为入住老年人提供医疗卫生服务,老年人健康养老服务可及性明显提升
2016年2月	《关于印发中医药发展战略规划纲要(2016—2030年)的通知》	发展中医药健康养老服务,推动中医药与养老融合发展,促进中医医疗资源进入养老机构、社区和居民家庭
2016年3月	《关于金融支持养老服务业加快发展的指导意见》	该规划目标到2025年,从金融组织体系、信贷产品、融资渠道、保险体系、金融服务等各个方面为养老服务业提供金融支持
2016年3月	《关于促进医药产业健康发展的指导意见》	开发建设一批集养老、医疗、康复与旅游为一体的医药健康旅游示范基地,进一步健全社会养老、医疗、康复、旅游服务综合体系

续表

发布时间	政策名称	主要内容
2016年3月	《国民经济社会发展第十三个五年规划纲要》	完善基本养老保险制度,构建多层次的养老保险体系,推动医疗卫生和养老服务相结合
2016年3月	《关于2016年深化经济体制改革重点工作的意见》	深化养老服务业综合改革试点,全面放开养老服务市场;鼓励民间资本、外商投资进入养老健康领域;推进多种形式的医养结合;推进个人税收递延型商业养老保险试点、住房反向抵押养老保险试点,出台加快发展现代商业养老保险的若干意见
2016年4月	《关于做好医养结合服务机构许可工作的通知》	支持医疗机构设立养老机构;支持养老机构设立医疗机构
2016年6月	《民政事业发展第十三个五年规划》	全面建成居家为基础、社区为依托、机构为补充、医养相结合的多层次养老服务体系,全面放开养老服务市场
2016年10月	《"健康中国2030"规划纲要》	推进老年医疗服体系建设,推动医疗卫生服务延伸至社区、家庭,健全医疗卫生机构与养老机构合作机制,支持养老机构开展医疗服务;推进中医药与养老融合发展,推动医养结合;鼓励社会力量兴办医养结合机构
2016年11月	《关于确定2016年中央财政支持开展居家和社区养老服务改革试点地区的通知》	确定北京市丰台区等26个市(区)作为2016年中央财政支持开展居家和社区养老服务改革试点地区
2016年11月	《关于支持整合改造闲置社会资源发展养老服务的通知》	鼓励社会力量通过股份制、股份合作制、PPP模式整合改造闲置社会资源发展养老服务;鼓励盘活存量用地用于养老服务设施建设
2016年12月	《国务院办公厅关于全面放开养老服务市场提升养老服务质量的若干意见》	到2020年,养老服务市场全面放开,准入条件进一步放宽,养老服务和产品有效供给能力大幅提升
2017年2月	《国务院关于印发"十三五"国家老龄事业发展和养老体系建设规划的通知》	到2020年,以居家为基础、社区为依托、机构为补充、医养相结合的养老服务体系更加健全
2017年2月	《智慧健康养老产业发展行动计划(2017—2020年)》	到2020年,形成覆盖全生命周期的智慧健康养老产业体系,建立100个以上智慧健康养老应用示范基地,培育100家有引领作用的行业领军企业,打造一体化智慧健康养老服务品牌

续表

发布时间	政策名称	主要内容
2017年6月	《关于印发〈服务业创新发展大纲（2017—2025年）〉的通知》	全面放开养老服务市场，加快发展居家和社区养老服务，支持社会力量举办养老服务机构，鼓励发展智慧养老
2017年6月	《国务院办公厅关于制定和实施老年人照顾服务项目的意见》	发展居家养老服务，为居家养老服务企业发展提供政策支持，加大推进医养结合力度，鼓励医疗卫生机构与养老服务融合发展，倡导社会力量兴办医养结合机构
2017年8月	《关于运用政府和社会资本合作模式支持养老服务业发展的实施意见》	鼓励政府与社会资本合作（PPP），助推养老服务业供给侧结构性改革，加快养老服务业培育与发展
2017年11月	《关于确定第二批中央财政支持开展居家和社区养老服务改革试点地区的通知》	确定北京市西城区等28个市（区）为第二中央财政支持开展居家和社区养老服务改革试点地区
2018年1月	《关于进一步加强和改善老年人残疾人出行服务的实施意见》	以加强和改善老年人、残疾人无障碍出行服务为核心，加快无障碍交通基础设施建设和改造，鼓励推广应用无障碍出行新技术、新设备，提升服务水平
2018年4月	《国务院办公厅关于促进"互联网+医疗健康"发展的意见》	推动智慧健康养老产业发展和应用推广，工业和信息化部、民政部、国家卫生健康委员会在第一批智慧健康养老应用试点示范建设工作的基础上，决定组织开展第二批智慧健康养老应用试点示范工作
2018年4月	财政部等五部委联合发布《关于开展个人税收递延型商业养老保险试点的通知》	自2018年5月1日起，在上海市、福建省、苏州工业园区三地实施税延养老保险试点，投保人每月最高可税前抵扣1000元
2018年5月	民政部、财政部发布《关于确定第三批中央财政支持开展居家和社区养老服务改革试点地区的通知》	确定第三批居家养老试点地区，重点打造社区居家养老示范区
2018年5月	《关于行业标准〈居家老年人康复服务规范〉〈老年人助浴服务规范〉公开征求意见的通知》	发布关于居家老年人康复及助浴服务标准两大意见征求稿
2018年6月	《关于促进护理服务业改革与发展的指导意见》	完善护理服务体系，增强服务团队建设，提高服务供给及服务能力
2018年7月	民政部办公厅《关于贯彻落实国务院常务会议精神做好取消养老机构设立许可有关衔接工作的通知》	激发养老服务业创新活力，做好正式实施养老机构设立许可前管理工作

续表

发布时间	政策名称	主要内容
2018年7月	《中国银保监会关于扩大老年人住房反向抵押养老保险开展范围的通知》	进一步深化商业养老保险供给侧结构性改革,积极发展老年人住房反向抵押养老保险,对传统养老方式形成有益补充,满足老年人差异化、多样化养老保障需求,决定将老年人住房反向抵押养老保险扩大到全国范围开展
2018年8月	民政部办公厅《关于进一步做好养老服务领域防范和处置非法集资有关工作的通知》	针对老年人的非法集资行为进行规范要求,保障老年人合法权益
2018年8月	民政部办公厅、财政部办公厅《关于开展第二批居家和社区养老服务改革试点工作绩效考核的通知》	针对第二批居家社区养老服务改革点进行全面考核
2018年8月	民政部办公厅、财政部办公厅《关于开展居家和社区养老服务改革试点跟踪评估工作的通知》	针对第二批居家社区养老服务改革点进行全面评估
2018年9月	《关于开展第二批智慧健康养老应用试点示范的通知》(工信厅联电子〔2018〕63号)	推动智慧健康养老产业发展和应用推广,做好企业申请智慧养老示范点工作通知安排
2019年1月	《个人所得税专项附加扣除暂行办法》实施	在5 000元基本减除费用扣除和"三险一金"等专项扣除外,还可享受赡养老人等6项专项附加扣除
2019年4月	民政部印发《养老服务领域基层政务公开标准指引》	全面推进养老服务领域政务公开

附件二 中国居民退休准备指数

养老金缺口日益明显,如何实现"老有所养",成为当下中国所迫切需要解决的问题。当下严峻形势对养老金融提出了迫切的需求,需要政府、用人单位、个人、机构及学术界等各方力量共同参与。在此背景下,自2013年起,同方全球人寿联合清华大学经济管理学院中国保险与风险管理研究中心每年发布一次《中国居民退休准备指数报告》,旨在唤起中国居民对养老问题的重视,呼吁人们为退休后的生活提前规划。为了对中国居民的退休准备情况进行科学评价和分析,这里选取了退休责任意识、财务规划认知水平、财务问题理解能力、退休计划完善度、退休储蓄充分和取得期望收入的信心 6 个因素,并赋予相应权重,构建了中国居民退休准备指数。退休准备指数的取值范围为 0—10,其中 8—10 为高准备指数,6—7.9 为中等准备指数,6 以下为低准备指数。具体退休准备相关内容和指数如图 6-1、图 6-2 所示。

1. 退休责任意识
在多大程度上,你觉得自己有责任确保你有足够的退休收入?

2. 财务规划认知水平
你会如何评估你自己在退休计划中的理财意识?

3. 财务问题理解能力
当你在进行退休计划时,你是否能够很好地理解财务问题?

4. 退休计划完善度
请对你目前的退休计划做一个评估?

5. 退休储蓄充分度
请你思考自己已经为退休准备了多少资金,你攒够了吗?

6. 取得期望收入的信心
你认为你会达到退休后所需要的收入水平吗?

资料来源:同方全球人寿、清华大学经济管理学院中国保险和风险管理研究中心,《2019 年中国居民退休准备指数调研报告》。

图 6-1 退休前的几项准备

	2015年	2016年	2017年	2018年
总指数	6.3	6.28	6.3	6.65
退休责任意识	0.89	0.58	0.85	0.61
财务规划认知水平	1.39	1.18	1.16	1.46
财务问题理解能力	1.44	1.28	1.21	1.46
退休计划完善度	1	1.1	1.14	1.12
退休储蓄充分度	1.02	1.35	1.39	1.39
取得期望收入的信心	0.59	0.79	0.55	0.61

资料来源:同方全球人寿、清华大学经济管理学院中国保险和风险管理研究中心,《2019 年中国居民退休准备指数调研报告》。

图 6-2 2015—2018 年中国居民退休准备指数

参考文献

[1] 麦肯锡白皮书.各就其位,蓄势待发——制胜中国养老金融市场[R].麦肯锡咨询,2019.
[2] 胡淼.美国"三支柱"模式对我国养老保障制度的启示[D].开封:河南大学,2013.

［3］胡宇晓,刘涛.个人退休账户(IRA)制度如何助力美国人养老[J].上海保险,2018,No.392(6):17—18.

［4］乔杨,胡振.架起养老保险"第三支柱"[J].中国卫生,2018,No.395(7):47—49.

［5］孙洁.个税递延型养老保险试点[J].中国金融,2019(13):58—60.

［6］王林.根植价值增长,专注养老医疗[J].上海保险,2019(6):7—9.

［7］郑秉文.第三支柱商业养老保险顶层设计:税收的作用及其深远意义[J].中国人民大学学报,2016(1):2—11.

［8］朱俊生.发展商业养老保险,政策落地是关键[J].金融博览,2017(20):71—73.

公司战略篇

保险资产管理机构参与纾困基金理论与实务研究

华安财保资产管理有限责任公司

谢　朵　黄海平

摘要

本课题首先分析纾困基金发展的现状和存在的问题,总结纾困基金的设立形式、投资模式和投资案例。然后结合保险资金的特点,阐述保险资产管理机构参与纾困基金(即专项产品)的意义和总体原则。接着考察国外典型纾困基金和困境投资机构的实践经验及其带来的启示,提出专项产品运作的基本框架和业务范式,涵盖操作规范、决策程序、标的选择、方案设计、风险分析及控制、投后管理、退出机制等方面,以建立满足政策引导方向、企业实际需求、资金收益目标的专项产品运作体系。最后给出促进纾困基金发展的相关政策建议。

关键词

纾困基金　保险资金　专项产品　股票质押

第一章 导 论

第一节 研究背景

近年来,世界经济复杂多变,外部不确定性冲击增加,我国处于经济转型和结构调整期,资本市场大幅波动,作为再融资重要途径的股票质押出现爆仓风险,民营上市公司及其股东面临不同程度流动性压力。2018年10月以来,在监管政策的指引下,地方政府、证券公司、保险公司等通过纾困基金,参与纾缓民营企业的流动性困难。保险资产管理机构作为重要的机构投资者,发挥投资管理和产品管理专业能力,通过设立纾困专项产品,积极参与化解上市公司及其股东的流动性风险,既支持民营企业健康发展,又有利于优化保险资金资产配置,提高保险资金投资回报。

第二节 研究意义

当前,中国的纾困基金普遍存续时间较短,初期参与各方都在实践中边探索边总结。在保险资产管理机构的实际参与中,如何进行有效的标的遴选、模式设置、产品开发、风险控制、投后管理等,都是纾困基金实践中的重点,也是难点,是影响业务成效的重要因素。因此,对参与纾困基金相关问题和解决方法进行系统、深入的探讨和研究,有助于行业内外纾困基金参与各方借鉴经验,更有效地支持实体经济发展,具有重要的现实意义。

从理论方面看,对于纾困基金相关的研究不足,结合保险机构特点的研究更少,因此从理论角度总结纾困基金业务有助于补充投资管理理论,具有重要的理论意义。

第三节 研究思路与框架

遵循理论引导实践、实证发展理论、实务科学规范的原则,从发展现状、理论原理、业务流程、政策建议等方面,以投资实务的视角对保险资产管理机构参与纾困基金进行理论和实务研究。

首先,分析纾困基金的设立形式和投资模式,从模式选择、投资策略等方面分析纾困基金的典型案例;从投资方式、运作模式、标的特征、风控机制、资金来源、面临的障碍等方面梳理纾困基金的发展现状;从支持实体经济发展、提高资金运用收益、增强市场信心等方面阐述保险资金参与纾困基金的意义;从市场化、安全性、防范二次风险等角度提出保险资金参与纾困基金的原则;从现代投资组合理论、困境投资等方面阐述纾困基金的理论基础和投资原理。

其次,考察国外典型纾困基金和困境投资机构的实践经验,总结其为我国纾困基金运作带来的启示。

再次,结合保险资金的特点和发展方向,阐述保险资产管理机构参与纾困基金的操作重点,包括操作流程、投资策略、风险控制、投后管理、退出机制等。其中对业务模式、投资策略和风控策略进行重点论述。根据不同的投资模式规划投资策略,详细分析参与纾困基金面临的各类风险及对应的防范机制。

最后,对保险资产管理机构参与纾困基金业务以及相应的监管政策提出建议。

第二章 纾困基金概况

广义而言,纾困基金指用来解决企业或国家等主体财务困境的救援基金。纾困基金最初被广为人知是在 2008 年金融危机期间,美国政府出台了"问题资产救助计划"(TARP)。该救助计划即是典型的纾困基金。2010 年,欧盟联合国际货币基金组织设立纾困基金,解决希腊债务危机。狭义而言,纾困基金特指 2018 年 10 月以来以帮助民营企业及其股东纾解股票质押风险为目的而设立的专项金融产品或资金。

第一节 纾困基金的设立形式

从参与纾困的目的看,纾困基金分为救助类和投资类两种。救助类主要是政府等非营利机构从维护经济金融系统稳定的角度出发,救助时优先考虑社会效益,同时尽可能减少纾困成本。美国的问题资产救助计划以救助类纾困为主。投资类纾困基金是商业机构从投资收益角度出发进行资金援助,在帮助被纾困标的的同时获得投资回报。

纾困基金的设立形式主要包括私募基金形式和资产管理产品形式。不同纾困基金发起人采取不同的形式设立纾困基金。其中,地方政府倾向于设立私募基金参与纾困,保险资产管理公司等金融机构通过设立资产管理产品参与纾困。

一、纾困专项资产管理产品

(一)证券公司资产管理计划

证券行业通过设立集合资产管理计划以市场化方式参与纾困。资管计划可由多家证券公司联合设立或由单一证券公司独自设立。联合设立的集合资产管理计划采取母子资管计划模式运作,各证券公司根据其自身情况出资,联合设立证券行业纾困母资管计划,子资管计划由各家证券公司自行设立,并从母资管计划获得部分资金支持,同时吸引银行、政府平台等证券行业外的资金参与,帮助民营企业走出流动性困境。此外,证券公司也可根据其资金实力、募资能力和业务发展需求,设立纾困集合资产管理计划。

2018年11月2日,天风证券成立证券行业首项纾困资产管理计划,为优质民营上市公司纾解股权质押困难提供资金支持。

(二)保险资产管理机构专项产品

符合条件的保险资产管理机构通过设立纾困专项产品,向保险机构等投资者募集资金,为上市公司及其股东提供融资支持,帮助其纾解流动性压力。可设立专项产品的保险资产管理机构包括保险资产管理公司和养老保险公司。

2018年11月,中国人寿资产管理公司设立保险行业首只纾困专项产品——"国寿资产-凤凰系列专项产品",帮助有发展前景和经营优势的上市公司缓解因股权质押产生的流动性风险。

(三)信托公司专项信托计划

作为与实体企业有密切联系的金融机构,信托公司通过发行信托计划帮助民营企业缓解流动性压力。

2018年11月9日,厦门国际信托发行成立纾困专项信托计划。该信托计划首期规模为6540万元,其中信托计划发行人出资15.29%,剩余部分由信托计划发行人向合格自然人投资者募集。

根据上市公司奥马电器于2019年2月21日发布的公告,华鑫信托拟发行"华鑫信托·信源72号集合资金信托计划",向奥马电器提供9.7亿元的资金,主要用于偿还上市公司债务。奥马电器控股股东赵国栋将向华鑫信托提供不可撤销的连带责任担保,奥马电器以其持有的奥马冰箱股权(价值1.68亿元)向华鑫信托提供质押担保。

二、以私募基金形式设立的纾困基金

(一)证券公司通过私募投资子公司设立的专项纾困私募基金

证券公司设立私募纾困基金由证券公司的全资私募股权投资基金子公司负责。2018年11月初,银河证券牵头设立总计划规模为600亿元的纾困私募基金——银河发展基金,基金普通合伙人由银河证券全资子公司银河创新资本管理有限公司担任。该基金具有以下几个特点:一是采用子母基金形式,银河发展基金为母基金,通过设立子基金进行投资;二是规定基金投资的原则性要求,其中符合银河证券的业务发展和战略需要是子基金关注的重要方向之一;三是积极争取金融投资机构、央企、地方国企等证券行业以外的资金参与纾困资管计划。

(二)地方政府牵头设立的纾困私募投资基金

地方政府纾困私募基金的主要模式是在地方政府主导下,以地方国资平台作为管理机构,联合证券公司、银行、保险等金融机构设立私募基金,其中政府出资主要来自财政预算、国资委等。具体纾困投资模式如图2-1所示。

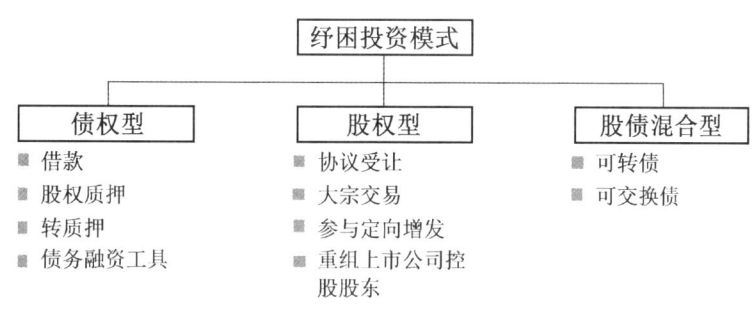

```
                    纾困投资模式
        ┌──────────────┼──────────────┐
      债权型          股权型         股债混合型
     ■ 借款         ■ 协议受让      ■ 可转债
     ■ 股权质押     ■ 大宗交易      ■ 可交换债
     ■ 转质押       ■ 参与定向增发
     ■ 债务融资工具 ■ 重组上市公司控
                      股股东
```

资料来源:Wind资讯。

图2-1 纾困基金投资模式

深圳市政府于2018年10月13日出台支持上市公司改善流动性的若干措施,安排数百亿元纾困资金,用于降低深圳本地上市公司股票质押风险。纾困资金由深圳市国资委协调安排,基于股权投资和债权投资的不同特点,分别委托不同专业机构进行管理,多方式支持民营上市公司股东的融资需求。纾困基金的救助对象由各基金管理机构根据其专业判断并按照市场化原则筛选确定,但需满足上市公司注册在深圳、生产经营状况良好等基本条件。

第二节 投资模式和投资案例

纾困基金旨在通过补充资金、提供战略资源整合、降低负债等方式,减轻上市公司及其股东股票质押产生的流动性压力。目前纾困基金的投资模式主要包括债权模式、股权模式和股债混合模式。

一、债权型投资

债权型投资方式包括借款、股权质押、转质押、投资民企发行的债券等。以转质押为例(见图2-2),上市公司大股东从纾困基金借款获得资金用于赎回原质押股份,然后再将股票质押给纾困基金。例如,2018年11月19日,上市公司奋达科技发布公告,披露公司实际控制人肖某将两年多前质押给国信证券的6 267.31万股解除质押,并将5 384万股质押给深圳市中小企业信用融资担保集团有限公司。通过转质押模式,证券公司对大股东的债权间接转移到纾困基金。

资料来源:Wind资讯。

图 2-2 纾困基金转质押模式

股票经过再次质押,可以延长原债务期限,并且降低质押平仓线,从而缓解了爆仓风险。但大股东需要按照新的股票价格和质押比例补充质押股票。转质押到期后,大股东仍需具备还款的能力。因此,该模式主要适用于只有短期流动性问题的企业。

债权型投资不影响大股东的控股地位,操作相对简便,关键是要有足够的增信措施以保障纾困基金的安全。常用的增信措施包括不动产抵押、股权质押、大股东担保等。

二、股权型投资

股权型投资是指纾困基金通过购买上市公司或其企业股东的股份为民营企业提供资金支持。股权型投资包括协议受让上市公司股份、大宗交易买入上市公司股票、参与上市公司定向增发、重组上市公司控股股东等。

(一)协议受让上市公司股份

协议受让上市公司股份的主要模式是,纾困基金以协议方式受让上市公司大股东持有的一定数量上市公司股份,大股东用所得的股权转让款偿还之前的股权质押借款,解除质押股份,降低总体负债水平。如果协议转让的股份数量占比较高,且受让方希望获得上市公司的控制权,那么通常会有关于表决权委托的补充条款,要求上市公司大股东将其剩余持有股份所对应的一定时期内的表决权委托给受让方。具体模式如图 2-3 所示。

资料来源:Wind 资讯。

图 2-3 纾困基金协议受让上市公司股份模式

2018 年 10 月 8 日,福建省电子信息集团与上市公司合力泰的实际控制人签订协议,受让实际控制人等股东持有的 469 246 605 股合力泰股份。同时,实际控制人同意自股份过户日起五年内,将其所持有的合力泰全部剩余股份所对应的表决权委托给股份受让方。福建省电子信息集团因持有股份和受托表决权成为上市公司的控股股东。

(二)大宗交易买入股份

大宗交易买入股份的投资模式操作简单便捷、涉及金额不高、无过多附加条款、控制权一般不会发生变更。保险资产管理公司专项产品的首笔投资采取的就是该方式。2018 年 11 月 30 日,"国寿资产-凤凰系列专项产品"通过大宗交易买入上市公司通威股份非限售流通股。

(三)参与上市公司定向增发

纾困基金通过认购上市公司非公开发行的股份,向上市公司注入资金。如果上市公司与其大股东都需要资金支持,那么纾困基金在参与上市公司定向增发的同时,可协议受让大股东股份。通过同时使用这两种股权投资方式,纾困基金可获得较多的股份,上市公司控制权可能会相应地转移至纾困基金。具体模式如图 2-4 所示。

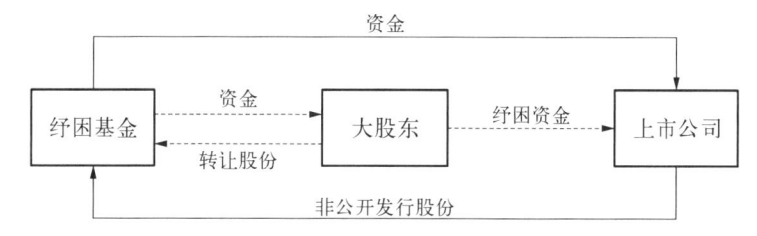

资料来源:Wind 资讯。

图 2-4 纾困基金参与上市公司定向增发模式

2018年10月9日,上市公司英唐智控与深圳市赛格集团签署协议,赛格集团拟以现金全额认购英唐智控非公开发行股份21 000万股。同日,赛格集团拟协议受让英唐智控大股东持有的5 400万股股票。上述两笔交易完成后,赛格集团成为英唐智控的控股股东。

(四)重组上市公司控股股东

如果上市公司控股股东为企业而不是自然人,纾困基金可通过重组上市公司控股股东的方式,为上市公司控股股东及实际控制人提供流动性支持。目前来看,实际中使用该模式纾困的案例整体较少。具体模式如图2-5所示。

资料来源:Wind资讯。

图2-5 纾困基金重组上市公司控股股东模式

2018年9月18日,新疆中泰集团与上市公司广誉远的实际控制人及控股股东西安东盛集团签署协议,中泰集团通过增资扩股及受让东盛集团原股东股权等方式重组东盛集团。

三、股债混合型投资

股债混合型投资模式指纾困基金投资于可转债或可交换公司债等兼具股债特征的产品。纾困基金投资可转债将资金注入上市公司,投资可交换公司债则为上市公司股东提供资金支持。该模式下,纾困基金既可获得固定的利息收入,又有权分享上市公司股价上升的增值收益。

2018年11月14日,山东两家国有资本合计投资4亿元,购买上市公司特锐德的控股股东青岛德锐投资有限公司非公开发行的可交换公司债券。后者将募集资金用于偿其股票质押借款和支持上市公司业务发展。截至2019年5月24日,本期可交换公司债券全部换股完毕,累计完成换股27 529 247股,占上市公司总股本的2.76%。

第三节 纾困基金发展现状

一、相对于目标规模,纾困基金实际落地规模小

自2018年10月以来,在监管政策的指引下,地方政府和各金融机构陆续设立纾

困基金,缓解民营企业的流动性压力。根据公开资料梳理和估计,截至 2019 年 6 月 30 日[①],纾困基金总目标规模约 7 000 亿元,其中地方政府纾困基金约 3 500 亿元,券商资产管理计划约 2 000 亿元,保险资产管理公司专项产品为 1 160 亿元,纾困专项债总额为 303 亿元,信托纾困基金为 61 亿元。

从实际落地规模来看,证券公司支持民营企业资管计划累计投出约 434.4 亿元,所投资标的共涉及 142 家上市公司及其主要股东。保险资产管理公司专项产品合计投资约 22 亿元。与各类基金计划的目标规模相比,当前实际投资金额较少。

二、纾困基金提振市场信心,纾困效果初步显现

随着各项纾困政策的出台、纾困资金的逐步落地,以及股市企稳反弹,股票质押风险逐步下降,纾困措施初显成效(见表 2-1)。

表 2-1　　　　　　　　　　　纾困措施成效

日　　期	质押股数 (亿股)	质押股数占全市场 总股本比例(%)	质押市值占 A 股 总市值比重(%)
2018 年 10 月底	6 427.73	10.14	8.77
2019 年 6 月底	6 134.95	9.35	7.58

资料来源:Wind 资讯。

一是股权质押总额相关指标显著改善。对比 2018 年 10 月底与 2019 年 6 月底的数据,A 股质押数量及其占比、可比质押市值、质押市值占比等指标均明显下降。例如,A 股市场的质押股数从 6 427.73 亿股下降至 6 134.95 亿股,减少 292.78 亿股,降幅为 4.55%;质押市值从 4.40 万亿元变为 4.71 万亿元,剔除同期中证 500 指数 15.87% 的市场涨幅后,可比质押市值下降 9.0%;质押市值占 A 股总市值的比重由 8.77% 下降至 7.85%。

二是单个公司质押风险下降。根据 Chioce 统计,已完成纾困资金注入的 81 家 A 股公司,其质押股份数量合计从 2018 年 10 月底的 236.53 亿股下降至 2019 年 6 月底的 212.75 亿元,降幅 10.05%。

根据 Wind 统计,2018 年以来的质押业务中,跌破平仓线(以 60% 质押比例、130% 平仓线计算)0%~30% 的股票质押业务笔数占当日在押业务的比重,从 2018 年 10 月底的 32.25% 下降到 2019 年 6 月底的 15.48%;跌破平仓线 30% 以上质押笔数比

---

① 如无特别说明,文中数据来自 wind 资讯,截至 2019 年 6 月 30 日。

重,从 2018 年 10 月底的 8.82% 下降至 2019 年 6 月底的 5.74%。

三是获纾困基金支持的企业市值明显增加。Choice 数据显示,A 股已有 81 家上市公司完成受援,自 2018 年 10 月底至 2019 年 6 月底,其股价平均累积涨幅达 25.65%,比同期中证 500 指数高 9.78%,其中科蓝软件以 221% 的涨幅高居榜首。获纾困基金支持公司的优异市场表现,既反映了纾困基金甄选优秀投资标的的能力,又体现了纾困基金在提振市场对相关上市公司的信心实现估值修复,以及切实改善上市公司的财务状况、帮助企业走出困境增加盈利等方面的作用。

三、股权投资收益可观,部分纾困资金开始退出

2019 年上半年股市反弹,以股权模式参与的纾困基金出现大幅浮盈,部分纾困资金综合考虑收益要求、市场环境等因素,开始逐步退出。2019 年 7 月 1 日,湖南省资产管理有限公司宣布计划减持唐人神 1 673 万股,成为纾困资金退出第一单。2018 年 10 月,湖南省资产管理有限公司通过协议受让及大宗交易买入唐人神 7 436 万股,按 7 月 1 日收盘价计算,其纾困受让的股份浮盈 4.7 亿元,收益率达 116.72%。

2019 年 7 月 19 日,隆华科技(300263)公告称,河南高科技创业投资股份有限公司计划减持不超过 900 万股公司股份。而就在 7 个月前,河南高科技创业投资股份有限公司已经受让隆华科技主要股东持有的部分股份,成为隆华科技第四大股东。根据公告日隆华科技收盘价计算,上述持股浮盈 19%。

第四节 存在的问题

总体来说,纾困基金落地进度较慢,受到来自资金、产品运作和企业意愿等多重制约。

在资金供给端,多方面原因导致出资方在选择具体投资标的时态度谨慎。一是纾困标的毕竟是发生流动性困难的上市公司或其大股东。证券公司、保险公司等作为市场化的机构,对纾困标的能多大程度改善困境的信心不足,因此初期多持观望心态。二是困境企业财务状况的改善通常需要经历一个较长期的过程,这要求纾困资金有较长的投资期。出资人找到投资期、收益风险均匹配的项目不易。三是困境企业财务、股权等情况复杂,深入研究和认可纾困标的需要时间,也制约了出资方迅速做出具体投资决策。四是不同出资方的投资要求各异,统一意见需要多轮沟通。

在资金需求端,不同企业的股权结构、负债压力、财务状况等情况差异大,愿承担

的资金成本、能接受的纾困模式、希望转让股权的意愿都不相同,需要一企一策,反复沟通讨论,制约了推动进度。此外,2019年初股市开始反弹,多数上市公司大股东的流动性困难有所缓解,其接受纾困的必要性和迫切性降低,对纾困资金的要求提高,加大了推动纾困项目落地的难度。

在基金投资端,基金管理人需要为出资方的资金安全及收益负责,权衡投资的成本收益比,从存在流动性困难的企业中,筛选出优质标的。然而,要透彻民营企业的财务状况不易,基金管理人决策信心不足,导致项目推进较慢。

在产品运作端,纾困基金在国内处于探索阶段,运行经验缺乏,可借鉴的案例少。对纾困基金管理人,如何设计让出资方和融资方均满意的产品方案、投资后如何提升被纾困企业业绩、纾困基金如何考核,这些问题都考验着管理人的产品设计能力及投后管理能力,也都需要在实践中逐步探索和完善。

第三章　保险资金参与纾困基金的理论概述

第一节　纾困基金相关理论

纾困基金投资的一个重要特点是其拟投资标的正处于不同程度的困境状态,尤其表现为因流动性紧张而影响业务的正常开展。一方面,相比通常的二级市场证券投资,困境投资的不确定性更高、投资周期更长、流动性更低。困境投资理论很好地阐述了投资困境资产时所应秉持的原则、采用的策略以及面临的风险收益特征。另一方面,纾困基金通常不适宜采用集中投资,高度集中下的投资不利会对纾困基金产生严重打击。高度分散下的标的太多,纾困基金没有精力和能力进行深入的研究覆盖。因此,纾困基金适宜采用适度分散的策略。现代投资组合理论提倡的风险分散原理同样适用于纾困基金投资。

一、困境投资理论

困境投资指通过折价买入陷入困境的资产,等待资产的盈利能力和现金流修复后

退出获利。困境投资基金也被称为秃鹫基金,是指主要采用困境投资策略的基金,通常由私募股权基金公司或对冲基金公司管理,资金投向于包括不良资产、陷入困境公司的债券或股票等。橡树资本(Oaktree Capital Management)、阿波罗(Apollo Global Management)等是国际上出色的困境投资机构。

当一家公司陷入困境时,其股票或债券在市场上的流动性会大幅下降,交易的价格往往被打压得很低。但是,这家公司的实际情况可能没有那么差,只是因为缺乏合适的运营,或者由于流动性原因陷入暂时的困境,通过一些时间和努力就可以脱离困境。因此,困境资产投资机构践行逆向投资思维,通过挖掘困境带来的机会,以合适的价格买入,并进行合理的处置,再等到恰当的时机将其出售以获取利润。

困境投资机构根据公司财务、公司治理和宏观经济环境等多方面因素,判断一家公司恢复正常经营的能力。如果判断这家公司很有可能摆脱经营或破产困境,就买进它的股票或债券。即使这家公司可能破产,困境投资基金也会进行复杂的财务和法律评估,计算该公司发行的各种证券在破产清算状态下的公允价值。当确定进行困境投资时,投资人会购入足够数量的公司证券,以对公司重组施加影响。当重组完成后,公司财务报表将大幅改善,其证券价格也将随之上涨。

困境投资策略成功与否高度依赖基金经理对公司前景的判断,深入分析公司和行业状况是困境投资策略成功的前提。基金经理通常从资产状况、财务指标、公司供应商、债权人等多个方面综合分析公司状况。此外,如果判断公司重组的可能性高,基金经理会估计公司重组可能持续的时间、公司资产的分配结构,以及公司重组后的收益等。

困境投资看似是一种高风险的激进投资投策,但事实上,困境策略所投资公司由于财务状况差,其证券价格往往比较低,已充分反映其财务困境。再通过分散投资可构建具有风险适中收益稳健的困境证券组合。通过业绩比较发现,困境投资在各类对冲基金策略中有着较好的业绩表现。表3-1显示,最近20年困境投资的收益率和夏普比率均处于领先水平,其中困境投资的平均收益率最高,夏普比率也仅低于市场中性策略和并购套利。

表3-1　　　　　　　　　1999年至2019年6月各类对冲基金表现

对冲基金策略类型	月均收益率(%)	月度标准差(%)	夏普比率
等权对冲基金指数	0.62	1.93	1.12
可转债套利	0.59	1.45	1.41

续表

对冲基金策略类型	月均收益率(%)	月度标准差(%)	夏普比率
困境证券投资	0.63	1.48	1.47
股票多空	0.56	1.91	1.02
市场中性	0.44	0.65	2.35
事件驱动多策略	0.60	1.62	1.28
固定收益套利	0.44	1.14	1.35
全球宏观	0.41	1.00	1.41
并购套利	0.49	0.76	2.22
FOF多样化	0.37	1.23	1.04
CTA	0.52	2.36	0.76

资料来源：CISDM对冲基金数据库。

困境投资基金分为困境投资对冲基金和困境投资私募股权基金。相比私募股权基金，对冲基金对实际控制权要求较少，更关注困境证券的交易性机会。私募股权基金投资期限长，更关注标的资产长期价值提升，倾向于在投资困境企业后，帮助其完成资产重组，设计完善发展策略，最终通过重新上市或者并购时退出以获取回报。

二、现代投资组合理论

困境投资涉及的标的公司多是经营困难，甚至面临破产的问题企业，投资面临的不确定性高，此时通常需要同时投资多个困境公司的证券以分散风险，防止单一公司出现不利情况时对整个产品/基金产生过大影响。现代投资组合理论（MPT）为分散投资提供了坚实的理论支持。

（一）均值-方差理论

1952年，马科维茨（Markowitz）将数量化方法引入投资组合选择中，提出均值-方差理论，这标志现代投资组合理论的开端。从此，"不要把鸡蛋放在同一个篮子里"这一投资理念有了科学的理论基础和可量化的操作模式。

在均值-方差框架下，投资者用期望收益率和方差进行投资决策以构建投资组合。方差用于各证券或投资组合的风险，投资组合的方差不仅与组合内各证券的方差有关，还与组合内各证券间的相关性有关。只要各证券之间不是完全相关，分散化能降低组合的风险。投资者可以通过最优化方法来得到组合内各证券的具体构成。在使用均值-方差模式时,首先要确定模型的输入参数,包括各备选证券的期望收益率和方差,以及各证券之间的相关性。然后确定自身的目标和约束,是希望承担给定水平的风险获取最大化收益,还是希望获得给定的收益但要承担尽可能小的风险。最后用优化方法得到最优的投资组合,该组合是投资者根据自身对风险/收益的定量要求,在全部备选证券中所能找到的具有最高风险调整收益的组合。

证券两两之间的相关系数是使用均值-方差模型必不可少的输入参数。当组合中证券的数量增多时,计算相关性的工作量会大幅增加。例如,目前沪深市场股票数量约3 500只,得到由3 500只股票构成的组合的方差,需要计算超过612万个相关系数,此时通过证券两两间的相关系数来衡量组合的风险会相当困难。

均值-方差模型存在多方面的局限性,包括假设收益率服从正态分布,这与收益率数据的实际特点不符,从而得到的风险可能被风险;未给出预期收益率的估计方法;对包含很多证券的组合,计算相关系数的工作量太大,在实际中并不具有可操作性。

均值-方差模型提出的在收益率和风险之间进行定量权衡的框架,成为此后数十年投资组合选择理论的基本范式。大量研究基于该范式,例如改进风险度量指标和方法、发展期望收益率估计模型、完善组合优化模型。

(二)单指数模型

单指数模型假定资产收益只与市场总体收益有关,将证券两两之间相关性的计算转为证券与同一指数的相关性,从而大大简化了均值-方差模型中的复杂计算,推动了马科维茨的投资组合选择理论在实际中的应用。单指数模型表明,证券的风险可分为系统性风险和非系统性风险。分散化可以降低非系统性风险,其他条件相同时,组合的分散化程度越高,其非系统性风险越小。

(三)资本资产定价模型和套利定价理论

资本资产定价模型(CAPM)阐述了在投资者都采用马科维茨的理论进行投资决策的条件下市场均衡价格的形成。该模型表明任何一种证券的收益率都与三个因素相关:无风险收益率、风险的大小、风险的价格。它使投资者可以根据度量风险的贝塔值对各种金融资产做出评价和选择,投资者得到更高回报的唯一原因就是投资高风险的资产。

套利定价理论将资本资产定价模型的单一市场因素进行拓展,用多个因素来解释风险资产的收益。该理论认为,如果市场未达到均衡状态,市场上就会存在无风险套利机会,使得风险资产均衡收益与多个因素之间存在线性关系。

第二节　保险资金参与纾困基金的意义

一、有助于支持实体经济发展

保险资金具有期限较长、来源稳定等特点,能给企业较宽裕的时间和空间应对困境,实现稳健发展。保险资产管理机构秉承价值投资理念,发挥投资管理专业优势和组合类产品发行能力,积极设立纾困专项产品,将保险资金等机构资金与企业对接,为暂时存在流动性压力的优质上市公司及其股东提供长期资金,体现了保险资金反哺实体经济的功能。

二、有助于提振市场信心

保险公司作为资本市场的重要参与者,其稳健、专业的投资操作已得到市场的广泛认同。保险资金基于长期稳健投资理念纾困上市公司,能够向市场传递积极的价值判断信号,带来业绩,改善预期,引导市场重新认识上市公司价值,有助于上市公司的估值修复,增强市场信心,促进市场稳定。

三、有助于优化资产配置

纾困基金可以选择股权、债权或股债混合型等模式进行投资。不同模式下的风险收益特征不同,纾困基金通常与二级市场组合收益相关性低,保险资金可根据负债特点和资产的风险收益要求,选择纾困投资模式和投资标的,拓展投资选择空间,优化资产配置。

四、有助于提升资金运用收益

纾困基金投资是一种困境投资,也是一种特殊的价值投资。保险资管机构基于长期以来形成的价值投资视野和能力,在经济下行、市场情绪低迷、上市公司出现暂时财务困难时,能够筛选出有价值的标的,发掘优质上市公司价值被低估的机会,待经济复苏、市场情绪修复、上市公司财务改善时,获得上市公司业绩增长的收益,更多地分享实体经济长期增长成果,提升资金运用收益。

2008年10月,正是金融危机最严重时期,巴菲特的伯克希尔公司出资50亿美元投资高盛,最终获得丰厚回报。这笔投资采用优先股加认购期权的形式,投资回报包括优先股股息收入和高盛股票增值的收益。伯克希尔公司每年收到10%的固定股息,同时还获得在此后五年内有权购买高盛普通股的认购权证。伯克希尔公司在两年多后收回了最初的投资额。2013年10月,伯克希尔公司与高盛结算认股权证时获得了总值约20亿美元的股票。伯克希尔公司当初的50亿美元投资总回报超过35亿美元,近两年半投资期内总收益率超70%。

第三节　保险资金参与纾困基金的原则

一、遵循市场化运作机制

市场化运作机制有助于纾困基金长远发展。尽管纾困基金是保险资管机构响应政策号召设立的一种专项产品,但同其他保险资管产品一样,都应当按照市场化原则运作。保险资产管理机构以公开、透明的程序设立专项产品,通过产品合同明确参与各方合法权益,更好地匹配资金方在收益风险等方面的合理要求,以吸纳保险、社保等机构资金的积极参与,促进纾困资金落地和扩大规模,切实帮助实体企业解决流动性困难。在投资标的的选择上,保险资产管理机构按照市场化、专业化原则自主进行投资决策,以实现预期收益与投资风险的有效权衡。

二、坚持稳健性原则

专项产品的投资应坚持安全性原则,以符合保险资金追求稳健的收益目标,将风险控制在产品设定的可承受风险范围内。一方面,在纾困标的的选择上,做到"救急不救穷"。具体而言,专项产品为暂时出现流动性困难的优质企业提供资金支持。对于长期经营和管理不善、流动性困难难以改善、救助希望不大、前景黯淡的公司,则不进行投资。投资流动性困难、前景黯淡、产能落后的企业,即使能帮助其缓解短期流动性困难,从长期来看,其经营改善、业绩改善和估值提升的可能性也低,专项产品的安全性和收益性难以得到保障。另一方面,专项产品在投资前,对潜在标的要有全面深入的研究以及客观合理的价值和风险判断,并在产品设计、风控机制、风险管理、投后管理等方面有清晰的安排和措施,以尽可能满足稳健性要求。

三、以财务投资为主

专项产品的目的是帮助上市民营公司及其股东缓解流动性困难和债务风险。保险资金在投资方面有优势,但在实业经营管理方面涉及少,因此专项产品应以财务性投资和战略性投资为主,不干涉上市公司的经营,保持上市公司控制权、治理结构和经营权的相对稳定。专项产品通过为民营企业提供资金支持和金融服务领域的协助,在帮助民营企业成长、支持实体经济发展的同时,分享民营企业稳健经营和价值提升带来的投资回报。

四、防范"处置风险的风险"

纾困基金在投资模式、投资期限、退出机制等方面,应以务实的态度,充分考虑被纾困企业的具体困难,对风险的转移和传导机理进行论证和预判,设计一定的风险共担机制来防控纾困给出资方、融资方以及市场可能带来的风险。一是纾困基金不应在风险预警、平仓等环节设置过于严格的条件,避免只是纾一时之困,将被纾困企业的风险延后甚至扩大,进一步诱发风险事件;二是坚持科学客观的投资决策,避免情绪化和随意化决策时将被纾困企业的风险全部转移到出资方;三是在退出方式上首先要考虑尽量避免对二级市场价格产生冲击,综合采取多种方式平稳退出。

第四章 国外纾困基金运作和困境投资的经验与启示

第一节 美国纾困基金的运作

始于 2007 年 4 月的次贷危机,导致美国原本在全球具有竞争力的金融、汽车、房地产等行业遭受重创。为缓解危机对经济和社会的影响,2008 年美国联邦政府出台了"问题资产救助计划",安排 7 000 亿美元的资金,救助陷入困境的金融机构和企业。2010 年总救助规模调降至 4 750 亿美元。该救助计划是由政府出资、政府主导的救助型(相对于投资型而言)纾困基金。救助计划有多个支持方向,包括支持在金融危机中处于破产边缘的金融机构、汽车行业救助计划,房地产业救助计划,小企业贷款计划等。

据美国国会预算办公室估算,截至 2019 年 2 月底,问题资产救助计划共出资

4 430亿美元,总计亏损(即政府付出的救助成本)310亿美元。亏损主要来自救助房屋抵押贷款者、美国国际集团(AIG)与汽车行业。而对银行业的救助通过利息、红利和资本收益的形式实现了正收益。

一、美国问题资产救助计划的构成

根据国会预算办公室的报告,问题资产救助计划的交易包括金融机构支持计划、汽车行业支持计划、合伙型投资、住房抵押支持计划。

(一)金融机构支持计划

美国联邦政府在对金融机构的救助中,总计出资3 130亿美元,其中大部分投资已收回。在扣除救助美国国际集团亏损的150亿美元后,政府获得了90亿美元的净收益。金融机构支持计划包括资本购买计划、目标投资计划、资产担保计划和社区发展资本倡议。

1. 资本购买计划

通过资本购买计划,美国财政部购买了700多家金融机构的优先股。美国财政部在这些交易中的初始投资金额总计2 050亿美元,获得了160亿美元的净收益(包括红利、利息和其他收益)。如果接受救助的金融机构是上市公司,那么政府出资可获得被救助机构的优先股和认股权证。优先股的股息率在前5年为5%,5年后年股息率再增加4%。认股权证赋予政府购买金融机构普通股的权利,金额等于政府持有的优先股面值的15%。如果被救助的金融企业没有公开上市,那么政府出资只获得被救助机构的优先股,但购买价格要低于上市公司的优先股。对资本购买计划仍在支持的机构,其支付给管理人的薪水、支付给股东的红利和回购的普通股数量等都设有严格的限制。

2. 目标投资计划和资产担保计划

除得到资本购买计划的资金支持外,花旗银行和美国银行还得到目标投资计划和资产担保计划的支持。这两家银行各得到20亿美元的目标投资计划支持。财政部也同意对花旗银行3 010亿美元资产池承担最高50亿美元的损失,同时公布了保障美国银行资产的计划。

3. 社区发展资本倡议

社区发展资本倡议的结构与资本购买计划相似。财政部通过社区发展资本倡议总计投资5.7亿美元购买金融机构发行的优先股。优先股在前8年每年支付2%的股息,第8年后年股息率再增加7%。由于大部分时间股息率较低,政府在社区发展资本倡议中损失约 7 000 万美元。

4. 美国国际集团救助计划

财政部通过问题资产救助计划为美国国际集团提供两种资金支持方式：购买 400 亿美元的优先股和为公司提供 300 亿美元的授信额度。后来财政部将美国国际集团的 80 亿美元贷款替换为等额的优先股。2011 年 1 月，财政部同意将价值 480 亿美元的优先股置换为约 11 亿股美国国际集团的普通股。

2011 年，美国国际集团完全退出问题资产救助计划。财政部总计提供 680 亿美元资金支持，共收回 540 亿美元，最终亏损 150 亿美元。

(二) 汽车行业支持计划

美国政府通过问题资产救助计划向汽车业提供 800 亿美元救助资金，救助对象包括通用汽车和克莱斯勒，以及汽车业相关金融中介和供应商。2014 年底，救助资金彻底退出汽车业，总计亏损 120 亿美元。

(三) 合伙投资

为鼓励社会资本投资陷入困境的金融资产，财政部在某些特定行业设立了公私合伙投资计划。政府已完全从合伙型投资中退出，总计获得约 30 亿美元的回报。合伙投资计划的总体目标是恢复信贷市场的流动性以满足小企业和消费者的需求。

1. 定期资产支持证券贷款工具

定期资产支持证券贷款工具为购买高等级资产支持证券的投资者提供融资，资产支持证券底层资产限于汽车贷款、信用卡贷款、学生贷款和小企业管理局担保的企业贷款。财政部最初承诺注资 200 亿美元以弥补定期资产支持证券贷款工具投资者的可能损失。

2. 公私投资计划

公私投资计划通过将私人资本引入遗留证券(legacy securities)市场，进而促进市场功能的发挥。财政部最初承诺为从金融机构购买非流动性资产的公私投资基金(PPIFs)提供 221 亿美元的资金支持。通过恢复遗留证券市场的流动性，该计划帮助金融机构将遗留证券从资产负债表中移出，使得这些金融机构可以获取资金重新为家庭和企业提供贷款。

3. 小企业债券购买计划

财政部购买的底层资产为小企业贷款中政府担保部分的资产支持证券，目的是为市场提供更多流动性以增加商业银行对小企业的贷款。财政部出资 4 亿美元购买该类证券，其底层资产涉及来自 17 个行业的近 700 笔贷款。

(四)住房抵押支持计划

住房抵押支持计划旨在帮助陷入困境的住房抵押借款者避免丧失抵押品赎回权,该计划包括房贷可负担计划和重灾区基金。住房抵押支持计划下的资金属于政府补助而非借款,获得该计划救助的屋主不需要偿还救助款,因此政府的救助成本基本等于出资额。政府最终为该计划出资约310亿美元。

1. 房贷可负担计划

为了协助数百万名屋主重新贷款,或将其房贷付款调整至可负担的程度,政府制定了房贷可负担计划。对满足条件的房屋抵押借款者,政府永久性减少其房贷付款到可负担的金额。该计划帮助超过180万个家庭减轻了房贷负担以避免失去房产。

2. 重灾区基金

重灾区基金为受次贷危机影响最严重的一些州的家庭提供了有针对性的救助。被认定为重灾区的州,其失业率或住宅价格跌幅明显高于平均水平。政府将重灾区基金的资金分配给还款困难的借款者。

二、美国问题资产救助计划的运作体系

美国问题资产救助计划包括政策制定体系、实施体系和监管体系,该计划由财政部制定并经国会审议通过,由财政部负责执行,并设立专门监管机构进行监督。

(一)问题资产救助计划政策制定体系

问题资产救助计划由时任美国财政部长保尔森提出,建议政府直接购买陷入困境金融机构的问题资产,修复金融机构的资产负债表,改善资本状况,帮助金融机构恢复基本借贷业务,以恢复金融体系的正常运行。2008年9月底,救助计划相关议案提交众议院审议时未获通过,这也与大部分公众反对救助华尔街的态度一致。但随着股市大幅下跌,美国大众希望政府救助金融体系的意愿增强,国会中最初对该议案持抵制态度的人不得不做出妥协,2008年10月初,参众两院先后通过了以问题资产救助计划为核心的《紧急经济稳定法案》。

问题资产救助计划出台于美国金融危机最严重时期,由于形势紧迫,其并未经过社会公众与政府内部的广泛讨论和一致认可。当政府考虑动用巨额资金救市的时候,美国各界质疑声不断,其中最受关注的问题是到底谁来以及怎样来判断这是否就是公共利益的需要呢?最终救市方案由代表民意的美国参众两院以法令的形式颁布。

(二)问题资产救助计划实施体系

问题资产救助计划主要由财政部及其下属机构负责实施,美国财政部长被授权制

定实施救助计划的政策、机制和程序,包括确定购买问题资产的机制、问题资产的评估和定价方法,制定选择标的问题资产的标准,拟定所购买的问题资产类别和拟救助问题机构的名单,决定问题资产处置方式和处置价格。

美国财政部长负责组建救助计划的实施机构,在美国财政部内部建立金融稳定办公室。该办公室在美国财政部长领导下直接承办稳定评估、问题机构认定、问题资产购买、问题资产处置事务。

(三)问题资产救助计划监督体系

财政部在被授权执行问题资产救助计划的同时,必须坚持保护纳税人利益的原则,并接受国会严格监督。国会授权新建多家审查监督机构严格全面地监测、评估、报告法案执行情况和效果。

设立金融稳定监督委员会,其主要职责是监督财政部对救助计划的执行情况、评估救助效果、提出合理建议、报告不当行为等。监督财政部部长执行的政策是否与国会通过的法案一致、是否符合美国国家利益、是否符合纳税人的利益。

设立问题资产救助计划特别总检察长,以监督问题资产救助计划的执行情况。特别总检察长的职责包括负责实施和协调对财政部执行救助情况的审计,并收集救助资金在投资、管理、退出等全部环节的相关信息。

设立国会监督小组,负责评估金融市场和监管系统的最新状况,向国会提交救助计划执行情况、效果和影响的常规月度监管报告,以及关于监管改革情况和建议的特别报告。

三、对问题资产救助计划的评价

为避免史无前例的金融危机造成系统性风险和巨额社会成本,政府的救助是必须的。美国政府为应对危机向金融机构和市场注入了大量资金,设计了大量流动性工具,创新了大量救助措施。包括问题资产救助计划在内的救助措施效果显著,金融机构财务状况明显改善,金融体系中的流动性迅速增加,及时阻止了金融危机进一步深化,防止金融风险蔓延,使得美国经济得以逐步复苏。此外,由于经济复苏进程显著好于预期,大多数接受救助的企业提前偿还纾困资金,之前广为各界担忧的巨额救助成本问题也明显好于预期。国会预算办公室的报告显示,截至2019年2月底,问题资产救助计划的总成本约为310亿美元。这一损失远低于该计划设立之初估计的3 500亿美元。

尽管当时形势紧急需要特事特办,但问题资产救助计划自提出开始就一直备受质

疑。关于问题资产救助计划的质疑包括美国财政部长在救助中的权限过大、资金使用随意性大、监管不到位、通货膨胀压力、易诱发金融机构"大而不能倒"的道德风险等。

问题资产救助计划旨在稳定金融市场,提高美国银行业向实体经济的贷款能力,促进实体经济尽快复苏。然后,由于财政部在注资救助美国数百家大小银行时,并没有对资金的使用方向提出具体的要求和约束,一些美国银行并未将纾困资金用得恰到好处,使得救助计划并没有达到预期的效果。

美国财政部在使用救助资金时随意性较大,一方面,救助行业多,除最初确定的金融外,救助资金还用于支持汽车业、房地产业、小企业贷款等多个方向。另一方面,选择确定受救助机构的标准并不明确。

第二节 典型机构橡树资本的困境投资策略

一、橡树资本基本情况

在困境投资机构中,知名投资大师霍华德·马克斯创办的橡树资本最具代表性。橡树资本已有20多年历史,是一家专注于另类投资策略的资产管理公司。凭借专业的研究能力和对周期的敏锐把握,橡树资本成为世界上最大的困境资产投资机构。根据2019年9月底的数据,橡树资本公司管理的资产规模达1 204亿美元,不良资产方向(困境债务和高收益债券)的规模占资产总规模的36.8%(见图4-1)。

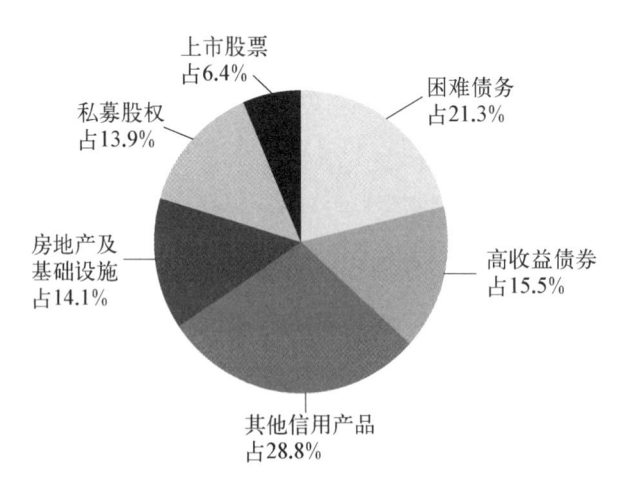

资料来源:橡树资本公司网站。

图4-1 橡树资本投资资产结构

橡树资本的投资组合中,包括困境债务、高收益债券、其他信用产品(包括优先贷款、可转债、新兴市场债务等)、房地产及基础设施、私募股权、上市股票等资产。困境债务策略和高收益债券策略是橡树资本最主要的两类策略。

困境债务策略,通常选择出现暂时经营困难、债务存在违约可能的企业,以低廉的价格购买债权,通过债务重组、成本控制、管理优化等措施使企业恢复偿债能力,在债权价格大幅上升后出售获利。

高收益债策略主要是基于对企业基本面的价值分析,购买价格低于其价值的低信用高收益债券,追求在相同风险水平下超越市场平均的收益。

二、投资理念

橡树资本的投资理念包含六条原则。

一是控制风险。基金经理的目标不是很高的投资收益,而是在相对较低的风险下获得较高的收益。橡树资本认为,在市场行情好时,高于平均水平的收益并不能反映基金经理的投资能力。基金经理只有在整个经济周期中都能持续获得稳定收益,才能表明其确实具有优秀的投资能力。因此,橡树资本不是一味追求潜在的高收益,而是优先避免损失。控制风险的原则总结为"避免沦为输家,自然成为赢家"。

二是追求稳定性。不希望看到投资业绩的大幅波动,例如一些年业绩排名靠前一些年业绩又垫底,而是追求大部分时间都处于中等水平的稳健业绩。由于橡树资本有效的风险控制策略和稳健的投资目标,其在熊市中的表现会远好于平均水平,从而实现持续稳定的长期业绩。

三是寻找不完全有效市场。橡树资本相信好的投资能力和努力工作能产生知识优势,但知识优势并不必然带来好的投资业绩。当市场完全有效时,价格反映当前市场的信息和参与者的行为,知识优势并不能导致更好的结果。当市场不完全有效时,价格没有体现出它应有的价值。价格与价值之间的差价,便是很好的机会。橡树资本只投资于不完全有效的市场,努力挖掘其中定价不合理产生的投资机会。

四是发挥专业化的优势。在参与者众多、竞争充分的市场里,投资者要想获得优势很难。但是在那些参与者相对较少、竞争不充分的市场里,更容易获得优势。因此橡树资本专注于投资通过发挥特长能建立专业优势的市场,如高收益债券、不良债权、新兴市场股票等。

五是宏观预测并非投资成功与否的关键。橡树资本始终坚信,优异的长期业绩只

能通过对行业、公司及其证券的深入研究来取得,而不是通过预测宏观经济、利率、证券市场来实现。因此,基于该原则,橡树资本主要是通过自下而上的公司和证券研究做出投资决策。

六是不预测市场涨跌。橡树资本在管理资金时,只要能买到价格有吸引力的资产,就会满仓。不会因为认为市场要涨了,就用现金买进,认为市场要跌了,就卖出持有现金。橡树资本认为很少人具有能正确预测市场的能力,基于预测结果买入卖出太容易出错。而是应该根据市场状况,调整进取或保守的程度。当市场环境差时,会倾向于增加防御性资产的配置,减少进攻性资产,但不会持有更多现金。

三、橡树资本的成功因素

经过多年的发展,橡树资本已成为一家资产管理规模大、业绩表现优异的对冲基金公司,其成功的因素大致有如下几个方面:

一是拥有优秀的投资研究团队。橡树资本的困境投资团队聚集了全球最为优秀的专业人才,团队拥有管理、法律、会计、估值及咨询方面的多元化背景。在每一次挑选投资标的时,投研团队都会对标的企业进行自下而上的基本面分析、信用风险评估,设计有效的退出方案。面对困境资产的高不确定性前景,只有经过深入细致的研究分析,严谨细致的风险把控,才能在众多困境资产中发掘高确定性、高价值的投资机会。

二是善于把控经济发展趋势。橡树资本善于判断经济周期的阶段,并适时抓住投资时机。当经济处于萧条或衰退期时,很多公司会陷入债务困境。橡树资本秉承价值投资理念,果断投资于非常有潜力且其债券价值被低估的标的,等到经济回暖后,再以高价卖出获利。

三是坚持稳健的投资风格。橡树资本基于其对市场周期相对准确的把握,进行大类资产轮动。在市场下行时,采取较为保守的策略,例如会增加困境债权的投资,减少股票和正常债务的投资。在市场情况向好时,减少防御性资本,增加正常债务和股票的投资。

四是风险控制放在首位。虽然投资的是困境资产这类看似风险极大的投资,但橡树资本还是秉承着将风险控制放在首位的投资理念。首先,坚持优先避免损失,追求较高风险调整后收益的投资目标。其次,坚持分散投资,限制对一家公司的投资比例,避免单一项目失败对总体收益产生过高的不利影响。最后,投资过程中通过多种机制控制下行风险,保护本金安全。

第三节 国外纾困基金的启示

本次纾困政策出台的背景是部分上市民营企业和大股东受短期流动性影响,出现巨大困难,进而对股市、券商及银行等金融机构有所影响,但总体上看,上市公司危机可控,远没有到2008年系统性金融危机的层面。但是,问题资产救助计划作为一次范围广泛、规模巨大、力度空前、效果显著的救助政策,对我国纾困基金的运作具有一定的启示作用。而橡树资本这种优秀的困境投资市场化机构的运作经验,对纾困基金的投资有重要的借鉴意义。

一、建立严谨的纾困基金体系

美国的问题资产救助计划具有救助方式直接、救助手段多样、救助范围广泛、救助对象多元、救助规模庞大等特点,对救助资金来源、救助资金使用、救助资金监管等都有具体要求,形成了一个涵盖政策制定、政策执行、监督管理的完整体系,为救助行动的有效开展提供了纲领性的指导。

美国的问题资产救助计划覆盖面广,将可能需要救助的领域均纳入救助范围,涉及银行业、信贷业、证券市场、不动产业,以及财政部持有的美国国际集团普通股。由于纾困基金时效性强、涉及面广,在纾困基金的政策体系中,要做到体系健全、逻辑贯通、覆盖广泛、机制明晰。

二、处理好社会效益和财务回报的关系

问题资产救助计划由于时间紧迫、影响面广、金额大,不得不采取快速且直接的政府救助形式,同时也通过小规模的合伙投资尝试引导社会资本参与救助。合伙投资计划中政府190亿美元出资获得了30亿美元的收益,回报显著高于问题资金救助计划的平均回报率。可见,市场化机制的效率要远高于非市场机制。因此,政策制定者基于对危机影响程度的判断,在政策性和市场化之间的有效权衡是纾困基金成效的关键要素。

如果全部由政府参与对陷入困境企业的救助,政府会优先考虑社会效益,则不可避免存在资金规模大、效率低、助长道德风险等情况。而如果完全按照市场化决策,纾困基金就失去了纾困的意义。所以,纾困基金的首要任务是明确政府和市场机构参与的边界。对救助成本高的市场化机构原本不会参与,但从社会效益角度又不得不救助

的情形,政府可以完全参与或主导救助。对于商业机构有可能参与的情形,政府可以通过政策、资金等引导商业资本参与,既能提升社会效益,又能满足实现商业机构的投资要求,提高资本效率。

三、严防利益冲突和内幕交易

问题资产救助计划强调对纳税人利益的保护和对救助行动的监管,严防利益冲突和内幕交易。就纾困基金运作而言,要建立客观的决策机制和透明及时的信息披露机制。

纾困基金在选择纾困标的时,要契合投资目标,基于客观的投资标准、严谨的研究结论来做决策,强调科学方法和定量标准对决策的支持作用,避免决策的随意化和情绪化。纾困基金应有清晰的投资目标、明确的投资标准以及完善的决策体系,包括基金最关注的社会效益是什么,希望实现的投资收益标准是多少,投资期限是多长,退出策略是什么,评估纾困项目的风险、收益及社会效益的方法是什么,等等。

纾困基金要建立有效的信息披露和信息公开制度,健全信息沟通机制。纾困基金的出资人无论是政府还是金融机构,纾困基金管理人都要按约定向出资人披露投资决策依据和标准,防止利益输送;上市公司要向市场准确、及时披露接受纾困基金救助的相关重大事项;纾困基金参与各方应按规定向监管部门披露纾困基金相关信息。

第五章 保险资产管理机构参与纾困基金的实践

第一节 保险资产管理机构参与纾困基金的政策背景

2018年10月25日,中国银保监会发布《关于保险资产管理公司设立专项产品有关事项的通知》(简称《通知》),规范了保险资产管理公司设立纾困专项产品的相关要求。

《通知》提出,符合条件的保险资产管理公司或者养老保险公司,可以通过设立专项产品,为民营上市公司及其股东提供流动性支持,缓解股票质押的流动性风险。

《通知》从管理人资质、投资范围、发行对象、风险管理措施、退出机制等方面,详细规范了专项产品业务。一是业务资格方面,要求专项产品的管理人已具有相关资质,不能因为要化解风险就放松对管理人的能力要求,确保业务平稳开展。二是投资范围方面,将专项产品的投资范围设定为股票、债券和可交换债,既可发挥保险资产管理公司的投资专长,又能很大程度上满足企业融资需求。三是发行对象方面,专项产品向保险机构、金融机构资产管理产品等募集资金。保险资产管理公司对上述投资者有深入了解,便于沟通决策,有助于纾困资金的快速到位。四是强调对专项产品的风险管控。具体要求涉及账户隔离、流动性风险防控、风险分散、事前登记、信息披露、禁止内幕交易等违法行为等方面。五是明确专项产品的退出安排和方式,专项产品主要采取二级市场卖出之外的多种方式平稳退出,减少退出对市场的影响。六是明确专项产品不纳入保险公司权益类资产计算投资比例。

《通知》的发布是保险行业支持民营企业发展、维护金融市场稳定的重要举措,体现了鼓励保险资金支持优质民营企业的政策导向。

首先,保险资产管理机构通过设立专项产品,向保险资金、社保资金等长期投资者募集资金,在确保资金安全的前提下,将资金投入到企业和实体经济迫切需要的领域,稳定市场预期。

其次,在专项产品的投资过程中,保险资产管理公司作为商业化机构,需遵循市场化原则,秉承长期形成的价值投资理念,自主选择投资标的。通过投资股权、债券等帮助民营企业融资,切实发挥专项产品资金在维护市场稳定方面的积极作用。

再次,在专项产品的运作方面,保险资产管理公司应进行严格的风险管控,既要维护专项产品出资方的利益,满足保险资金的稳健性要求,又要能精准支持到短期有流动性困难、长期有前景的民营企业,帮助优质企业维持长期稳健运行,还要采取稳定的退出安排,防止退出对市场的冲击。

最后,专项产品不纳入保险公司投资权益类资产的比例,从而给予管理人更大的选择空间,使得保险公司不用担心专项产品的投资会占用权益资产的比例额度。

第二节 保险资产管理机构参与纾困基金的现状

在监管发布保险资产管理公司设立纾困专项产品的政策后,保险资产管理公司积极响应政策号召,迅速落实政策精神,陆续设立专项产品以实际行动支持民营企业发展。

一、专项产品设立情况

在专项产品相关政策明确后,保险资产管理公司迅速行动,《通知》发布后四天内首只专项便完成设立。据统计,已有国寿资产、阳光资产、太平资产、人保资产等10家保险资产管理公司完成了专项产品的登记,产品目标规模合计1 160亿元(见表5-1)。

表5-1　　　　　　　　　保险资产管理公司设立纾困基金概要

设 立 时 间	机构名称	产　品　名　称	目标规模（亿元）
2018年10月29日	国寿资产	国寿资产-凤凰系列专项产品	200
2018年11月5日	太平资产	太平资产-共赢系列专项产品	80
2018年11月5日	太保资产	太保资产-永泉系列专项产品	100
2018年11月5日	阳光资产	阳光稳健专项产品	100
2018年11月6日	人保资产	人保资产安稳投资系列1—6期专项产品	300
2018年11月9日	新华资产	新华资产-景星系列专项产品	100
2018年11月22日	泰康资产	泰康资产-聚力智选专项产品	80
2018年12月11日	中再资产	中再资产-新安系列专项产品	50
2018年12月28日	华泰资产	华泰资产-创赢系列专项产品	50
—	平安资产	—	100
10家保险资产管理公司合计			1 160

注：平安资产专项产品是根据总规模估计的数据。
资料来源：根据公开资料整理。

2018年10月29日,"国寿资产-凤凰系列专项产品"在中保保险资产登记交易系统有限公司完成登记,成为保险行业设立的首只专项产品。

从现有的情况看,专项产品按照政策要求,基本设置了3年的封闭期,5至10年的存续期,并采取一次设立、分期发行的方式。每期产品可以根据潜在认购方、拟融资方等需求,有针对性地设计募资金额、投资模式、存续期限、退出方式等产品要素,更好地匹配投融双方的需求,促进产品投资的尽快落地。

二、专项产品投资情况

各家保险资产管理公司在设立专项产品后,积极与潜在投资者沟通,迅速筛选项目,快速完成投资落地。截至目前,至少有四只专项产品开展了投资,实际落地规模约

22亿元。

2018年11月,首笔保险资产管理公司纾困专项产品投资落地。即国寿资产管理的"国寿资产-凤凰系列专项产品"购买通威股份7 397.63万股(约占上市公司总股本的1.91%)。本次购买后,国寿资产对通威股份的持股占比达到5%,成为通威股份第二大股东。

2018年12月,新华资产-景星系列专项产品的第一笔投资落地,购买了民营企业发行的债券。此外,根据上市公司高伟达2018年年报披露,新华资产-景星系列专项产品持有高伟达239.48万股,占总股本的0.54%。

2018年12月27日,国寿资产-凤凰系列专项产品协议受让万达信息5 500万股,约占万达信息总股本的5%,交易金额为6.325亿元。本次交易价格较当日收盘价折价3.04%。

2018年12月,阳光资产纾困专项产品以大宗交易方式,投资上市公司润和软件的第一大股东江苏润和科技投资集团有限公司发行的可交换公司债券,投资金额为5.6亿元。

2018年12月,人保资产纾困专项产品安稳投资系列1期购买民营上市公司发行的公司债券,投资金额约3.3亿元。

从已经完成的投资来看,专项产品投资呈两个特点:一是标的选择侧重保险资产管理公司前期已经有充分研究的对象。例如,投资通威股份前,国寿资产专项产品已经持有通威股份3.09%的股份,对投资标的所处行业和发展前景已经有深入的长期跟踪研究,从而能快速地做出纾困投资决策。如果前期对拟纾困企业没有深入的了解,那么尽职调查、与参与各方沟通、条款设计等就要花费大量时间,致使纾困资金难以在短时期内落地。另外,专项产品实际落地规模小,反映了保险资产管理机构对困境企业的研究能力偏弱,对项目的筛选与评审比较审慎。二是投资模式多样。专项产品已经落地的7笔投资中,投资模式覆盖全部3种类型,既有债权投资和股权模式,又有股债混合型投资。保险资产管理公司根据自身对收益、风险等的要求和困境企业的实际情况,自主选择合适的模式,因此对各种模式均有需求。

第三节 保险资产管理机构参与纾困基金业务体系

在操作实践中,保险资产管理机构作为专项产品管理人,如何募集资金、如何平衡参与各方的权责设置产品方案、如何选择纾困对象、如何进行风险控制等,是纾困基金所需要关注的核心实务要素。

一、业务模式

当前,专项产品在纾困模式上可以灵活选择股权投资、债权投资、股债混合等多种模式。混合型和债权型投资涉及融资人的还本付息能力,应充分评估信用风险,确立有效的增信措施,保证产品到期本金回收和利息收入的实现。混合型投资还需要关注其中权益型部分的价值分布。股权型投资基于对上市公司投资价值的分析判断,通过多种方式购买上市公司股票。相对于二级市场竞价交易、大宗交易等方式,股权型投资不存在冲击成本,但可能要承担锁定期内不能卖出的流动性风险。因此,权益型投资通常选择或看好有投资价值、愿意持有较长时间的标的。

综合考虑保险资金的特点和上市公司的融资成本,专项产品投资可考虑以股债混合型模式为主,股权型和债权型为辅。一方面,混合型模式提供的固定收益能满足保险资金对收益的稳健要求,降低投资的不确定性,激发保险资金纾困的积极性。同时,专项产品能分享上市公司股价上涨的收益,使得管理人有动力帮助上市公司实现更好发展,促进建立风险共济、收益共享的良性机制。另一方面,作为融资方的上市公司或其大股东,能够以较低的成本获得资金。潜在融资方在发生流动性困难之际,获取资金不仅贵而且难。混合型模式由于隐含了认购权的价值,所要求的固定收益相对较低,为融资方提供了成本中等、操作便捷的融资渠道,减轻了其短期财务压力,实现了"雪中送炭"的效果。此外,从美国困境资产救助计划的经验来看,混合型模式最为成功。在困境资产救助计划的各种投资模式中,优先股附加认购权证的混合模式投资规模最大、救助企业数量最多、效果最好。通过该模式,有数百家机构获得救助,获得的救助资金占政府实际出资的比例约50%。相对于救助资金总体约7%的亏损,政府通过该模式的出资获得了约8%的收益。

二、流程框架

(一)资金端——深入了解机构资金需求

在资金供给端,保险资产管理机构基于其长期管理保险资金积累的经验和对保险资金需求的深入了解,调动公司内外各方力量,通过积极与保险机构、社保基金、银行以及券商等机构投资者提前沟通,了解资金方各种需求,向资金方介绍标的选择思路或投资标的情况,揭示可能存在的信用风险和市场风险等风险,有利于形成共同出力、共享回报的方案。

（二）标的端——专业深入的标的研究

通常情况下，被纾困企业或大股东的债务情况、担保情况、可供处置的资产、隐匿的财产、处置的障碍等情况，基本上都是碎片化的信息。为此，专项产品管理人需要从各种信息中梳理形成系统、有逻辑关系的数据和结论，遴选出符合自身需求的标的，拟定初步的投资范围。此外，专项产品管理人基于投资目的和拟采取的投资模式，决定是否需要聘请专业中介机构对拟投资企业进行相关尽职调查。

如果涉及资产重组、资产注入或控制权的转移，则需要提前进行尽职调查工作。如果专项产品通过大宗交易等方式购买上市公司股份，且不发生控制权的转移，或者投资具有增信保障的债券，则通常无须进行尽职调查，而是依靠保险资产管理机构基于深入研究形成的公司价值判断。

（三）产品端——兼顾各方合理利益的方案设计

在产品设计中，对参与各方的责权利进行细致规定，明确业务模式、投资期限、回报特征、交易结构、风控机制、投资保障措施、退出方式、收益分配机制等内容。

在产品投资模式方面，综合考虑出资方的偏好和被投企业的实际情况，决定采用债权型、股权型还是股债混合型，促成出资方和融资方的双向选择。产品期限设计时，要结合退出方式安排合理的封闭期和存续期，一定程度发挥长期价值机构投资者的作用，使产品资金切实起到维护上市公司长期稳健经营的作用。在产品风控机制上，通过规定增信措施、保证金条款、差额补足条款等保证出资方的资金安全。在投资保证措施上，约定相关大股东的减持行为或条件、限定所获得纾困资金的使用范围、明确对上市公司的监督权力等，以保证纾困基金的有效使用，保护出资人利益。在退出机制方面，充分考虑可能出现的市场情况，尽量避免对二级市场股价的冲击。在收益分配机制上，明确固定收益的支付方式和保障条件、超额收益的分配方式等。

三、投资策略

在产品投资方面，保险资管机构通过建立针对性的筛选标准，多维度挑选出真正有核心竞争力、业绩表现较确定，但是短期遭到市场错杀的上市公司。通过投资较好的行业和基本面尽可能最小化风险。

一是行业不存在重大下行风险。行业选择范围没有特别限制，但应避免政策限制或存在重大下行风险的行业。最好是符合国家战略导向的战略性新兴产业，或者关系国计民生的基础性产业，例如能源、电力等行业，抑或是发展潜力巨大的创新型行业。

二是股权质押风险较高。大股东质押率在 50%～80%。质押率过高则大股东能提供的增信措施少,可能导致专项产品承担过高的风险;质押率过低则大股东的融资能力强,难以发挥纾困的作用。因此,选择的标的质押率应当适中。

三是质地良好。选择经营稳健、主营业务突出、具有良好商业模式的优质公司。从业绩稳定、现金流状况和盈利状况良好等方面设定量化指标,例如要求最近若干年净利润增长均高于10%,平均经营活动现金流为正,ROE均高于10%或逐年递增,资产负债率低于60%或连续下降。

四是估值合理。PE、PB不高于其所属行业的平均水平,前期股价因股权质押等原因出现大幅回调,但公司内在价值较高。

五是剔除存在严重风险的公司。严控风险,避开存在经营困难或财务不确定性高的公司。

首先,应避开近期存在负面信息的公司。负面信息可以参考保险资产管理公司禁投池的要求筛选确定,包括被交易所实行特别处理的、存在终止上市风险的、资产被冻结的、受到监管机构处罚的等。

其次,避开存在经营风险的。例如最近三年公司主业营收显著下滑;最近三年主业持续出现重大变化的;存货与应收占总资产比例太高的;商誉占比过高的。

最后,避开其他需要关注的情况。例如存在复杂关联交易行为的;最近三年存在操纵股价行为的;债务关系复杂难以厘清的。

四、风控策略

为保障出资人的利益,有效发挥纾困基金的作用,保险资产管理机构在专项产品的设立和运作中,应当做好充分有效的风控机制安排。

一是要深化对上市公司的研究,控制市场风险。专项产品投资股票或者可转债、可交换债等包含股权性质的资产时,就面临股价高波动带来的风险。为了避免产品净值因持仓股票价格大幅波动而遭受损失,专项产品在投资标的的选择上应当进行深入研究,救助具备发展前景且只是流动性暂时遇到困难的企业。纾困基金的退出最终取决于上市公司盈利增加、股价上涨或现金流改善。因此,纾困基金应加强基本面的考量,从行业前景、公司治理、盈利指标、成长性、估值高低等方面综合考察被救助公司的投资价值,优选只是暂时出现流动性困难的优质公司。这类优质公司在解除流动性风险后,其资产价值受市场下行波动的影响较小。在市场下行时产品净值稳定性好,在市场上行时又能获得较好的收益。此外,可转债或可交换债这类股债混合型投资模式,也能满足市场下行风险小且能同时分享上行收益的需求。

二是通过增信措施等防范信用风险。若投向债券、可交换债券等具有债权性质的资产,专项产品将面临发债主体的信用风险。为此,保险资产管理公司需加强对上市公司信用风险的评估,优选那些流动性风险解决后偿债能力可以恢复到较好水平的发债主体。积极做好对发债主体的跟踪监测,当其经营情况发生重大不利变化时,及时做出应对,最大程度保障出资方利益。

同时,专项产品在机制上可设计足够的增信措施,如回售选择权条款和保证金条款等。

回售选择权条款的基本方式,是在纾困资金注入满一定期限后或其他双方同意的特定条件(如上市公司派息低于预期收益、股价跌幅达到一定比例等)下,专项产品管理人有权要求大股东回购股票。回购价格应按照产品受让股票本金及预期收益率计算。

保证金条款即要求纾困资金的一小部分作为保证金存入约定的账户用于缓解风险。

三是多措并举,防范流动性风险。由于陷入困境的企业改善财务状况是一个缓慢的过程,专项产品无论是投资股权、债权还是股债混合型产品,其变现退出的过程通常较长,对专项产品流动性风险的管理尤为关键。保险资产管理机构应从流动性风险的来源入手,多措施防范流动性风险。

首先,专项产品分期发行,每期根据投资策略和投资标的的特点设置合理的封闭期。封闭期内产品份额持有人不得赎回,避免因高流动性要求增加投资选择的难度。而保险资金的投资期限长,且专项产品的占比总体小,合理的封闭期不太会影响保险资金对专项产品的投资。

其次,专项产品的投资上应多方面考虑流动性需求。一是所投资资产的总体期限及期限配置要与产品的封闭期及存续期限匹配,并留有一定的余地。二是专项产品设置单一纾困对象集中度上限,避免大额持有单一标的导致变现时的高冲击成本。三是封闭期后保持一定的流动性资产应对可能的赎回。

最后,专项产品设置巨额赎回条款。约定属于巨额赎回的情形,并赋予产品管理人在出现巨额赎回时可以根据当时情况主动灵活应对的权利,避免集中变现冲击市场,给产品造成损失。

四是规范流程,防范投资决策风险。纾困基金投资和退出时,应基于对纾困对象的价值判断自主决策,防止利益输送,尽力保障出资方的资金安全。为此,保险资产管理机构应建立完善专项产品内部管理制度,严格履行各项内部流程,做到研究分析全面深入、尽职调查详细客观、重大事项集体决策,防止投资决策风险。

五是加强风险甄别,防范纾困对象的道德风险。纾困基金的投资决策中,可能存在个别上市公司大股东刻意隐瞒隐性负债、借股权质押变相减持、趁纾困之机套现等情况。因此尽职调查中需进行严格的风险甄别,方案设计中需明确规定融资方应该承担的责任和义务,保障纾困资金的安全和效率。为此,一方面,要对大股东进行详细考察,大股东是否确有紧急的流动性压力、是否有克服困难的坚定决心并付出了不懈努力、是否有接受纾困资金支持的真诚意愿等。另一方面,要约定大股东在纾困期间应承担的责任和义务,如大股东在纾困期间不能减持、大股东的大额投资需要得到纾困基金管理人的同意等。

六是守住底线,防范法律及合规风险。专项产品管理人在产品设计、投资操作、投后管理、退出过程中,应当高度关注相关法律合规问题,切实做到合法合规。在产品设计时,遵守关于产品投资人、投资范围、投资模式的规定;在投资专项产品时,坚持审慎原则,优选投资标的,防止利益输送和内幕交易;在设立和运作过程中,依法履行产品登记、数据报送、信息披露义务;在投资退出时,要遵守监管相关规定。

五、投后管理

由于专项产品投资的标的资产通常具有投资期限长、可预期性低等特点,专业、规范、有效的投后管理对专项产品的保值增值显得尤为重要。一方面,投资管理是防控投资风险的重要手段。由于纾困资金投资的期限长,受助企业的经营和财务状况存在短期内难以改善甚至恶化的可能,保险资产管理机构作为专项产品的管理人,需要持续跟踪纾困企业的经营情况,及时发现潜在风险并采取应对措施。另一方面,投后管理是提升投资价值的重要途径。保险资产管理公司可以协助所投资的困境企业优化治理结构,提升运营效率,提高管理水平,也可以通过创造各种条件与上市公司开展深度协作。通过投后管理帮助企业提升业绩,实现专项产品资产的价值增值。

在专项产品初期,保险资产管理机构可以借鉴其在非标资产投后管理方面的经验,迅速建立专项产品投后管理模式和机制,并在实践中有针对性地不断完善。

六、退出机制

退出环节是专项产品运作流程中的重要一环。退出机制的有效性一定程度上决定了专项产品投资是否成功。专项产品在设立时应明确可能的退出方式、退出时间计划等安排,并据此设置合理的封闭期和存续期,使出资方能够有较为明确的投资时间预期。

保险资产管理公司在设计专项产品的退出机制时,应综合考虑资金的安全性与流动性、融资方的实际情况、对市场的可能影响等因素,选择相应的退出安排实现平稳退出。如果专项产品的退出方式涉及与上市公司或其大股东进行交易,应当签署相应的退出安排的协议文本,包括上市公司或其大股东受让/回购的条件、价格、时间等。

专项产品在退出时,要防范可能出现的风险。一方面,专项产品退出要考虑市场的承受力,尽量不冲击市场,优先采用非二级市场交易的方式退出。另一方面,专项产品退出要关注可能存在的合规风险。专项产品持有的上市公司股份,在退出时需要遵守监管对减持数量和时间的规定。

第六章 政策建议

为构建保险资管机构专项产品发展的长效机制,完善纾困专项产品运作体系,既要考虑宏观政策环境的支持和推动,又要考虑从行业和公司层面建立有效措施,形成有效的激励机制,促进纾困专项产品业务的健康发展。建议从宏观到微观,完善行业和公司层面的各项政策。

第一节 监管政策层面

纾困产品的管理和监督机构应及时增加鼓励纾困基金运作的政策,降低基金的各项风险,以市场化为基础,顺应资产管理产品的运行逻辑,深化对纾困基金的各项支持。

一是明确政策导向,加大对纾困基金的支持。在尊重金融机构市场化、商业化经营原则的基础上,鼓励、引导金融机构开展纾困业务。例如放宽经监管认可的纾困基金的减持政策,包括提高大宗交易的减持比率,缩短大宗交易及协议转让的限售期,旨在通过降低纾困基金的流动性风险,提升纾困基金投资的积极性。此外,纾困基金顺利退出后,收回的资金可继续投资其他标的,从而提高纾困基金的使用效率,帮助更多民营企业解决流动性困难。

二是加大政策力度,拓展纾困基金的业务空间。在严格防范风险的前提下,逐步放宽纾困基金的投资范围和投资模式等,拓展纾困基金的业务空间。目前,专项产品

投资范围已有所拓宽。专项产品最初仅能投资股票、债券和可交换债券,但上市民营公司及其股东对纾困方式有多样化的需求,从而一定程度上制约了专项产品的落地。政策上后来在专项产品的投资范围中适时增加了可投资资管计划和信托计划。建议在专项产品的投资标的中进一步增加优先股。美国纾困基金的运作经验以及优先股自身的特点表明,优先股非常适合作为纾困基金的投资标的,也容易被投融资双方接受。通过发行优先股,上市公司获得资金需求的同时还能保持控制权稳定;保险资金能获得稳定的股息收入,承担比债券更低的信用风险。

三是完善配套政策,建立纾困基金运作的一系列配套机制。完善纾困基金的相关配套机制,确保纾困基金运作各环节都有明确的相关监管规定和要求。如根据纾困基金的类政策属性和市场化运作要求,制定科学合理的绩效评价机制。结合纾困基金的目的,从收益性、社会性、外部性、引导性等多指标加权的绩效考评体系,提高投资与运营团队的激励效能。

四是规范基金运行,依法加强对纾困基金的监管。根据法律法规、基金合同的各种约定条款,监管部门对纾困基金从设立到运作的各个环节进行监管,防范和打击利用纾困基金进行的各种违法违规行为。

第二节 行业层面

就保险行业而言,针对完善保险资管机构的专项产品政策,在各个环节,建立及时、有效的创新和反馈机制,确保保险资金能最大化支持困境企业的恢复。

一是鼓励部分保险资管机构先行先试。专项产品涉及事项多,为促成参与各方达成协议,需要在产品结构、退出机制等方面进行一定的创新,建议有选择地鼓励产品业务经验丰富、风险管理水平较高的保险资管机构先行先试,逐步积累相关经验,及时讨论完善向全行业推广。

二是建立绿色通道机制。专项产品作为一项新业务,其设立和运作过程中可能遇到各种新情况和问题。建议行业层面专人对接,汇总保险资管机构开展专项产品过程中被咨询的各种问题,及时解答,对普遍性的问题总结后,及时向行业发布或更新到相关制度中。

三是完善信息发布机制。基于保险资管机构专项产品注册和信息报送数据,定期公开或发布行业内专项产品的整体情况,包括成立的纾困专项产品数量、资金规模、投资标的数量及类型等。

第三节 保险资产管理机构层面

公司层面,从专项产品的统筹、设计、运行和管理等环节,吸收正常业务的经验,根据纾困基金的特殊目的,在确保保险资金稳健回报的同时,创新和简化各项流程,提升纾困基金的救助效率。

一是加强公司层面统筹协调。专项产品设计和运作可能涉及二级市场投资、信用风险评估、合规法律、风险管理、投行、非标投资等多个部门,有必要从公司层面进行统筹协调,形成合力持续推进专项产品业务。

二是以纾困为契机探讨与优质上市公司更多的合作,发挥产融结合的协同作用。保险资管机构基于对被纾困上市公司及大股东的深入了解,可探讨并购重组等业务机会,推动上市公司做强产业链,提高核心竞争力。

三是加强与其他类型机构的合作。在设立纾困基金的过程中,保险资管机构可加强与券商、私募等机构的合作,就标的上市公司的推介与筛选、方案的设计与落实、资金的募集以及投后增值服务等方面展开合作,实现优势互补,推进专项产品的有效运作。此外,证券公司掌握的上市公司信息多,对上市公司状况的了解深入,接触的优质标的也多,保险资产管理公司可积极研究通过专项产品或直接投资的模式投资证券公司纾困基金的可行性。

四是积极培养专业的纾困基金管理人才。纾困基金的投资与运作的专业性要求极强。困境投资经验不足与专业人才缺乏是多数纾困基金普遍存在的现实问题,也制约了纾困基金的大规模落地。当前保险资产管理机构专项产品投资主要还是采用股票和债券二级市场的投资思路,对困境资产价值挖掘的深度和广度不足,对困境企业改善经营与提升价值的支持力度不够。而困境资产市场的有效性低、投资机会多,保险资产管理机构培养纾困基金投资管理专业人才、加大纾困基金的投资有利于投资策略的多元化,优化资产配置,提高投资收益。

参考文献

[1] 曹东坡,赖小鹏.当前形势下不良资产基金化运作模式、障碍与对策[J].金融发展研究,2019(2):55—60.

[2] 董瑞斌,杨钰.纾困企业流动性风险,危中有机[R].招商证券,2019.

[3] 李奇霖.上市公司纾困模式全解析[R].联讯证券,2018.

[4] 刘晨明,李如娟,许向真.股权质押风险更新——纾困基金进展如何[R].天风证券,2019.

[5] 马勇,陈黉,宦璐.保险资金参与纾困基金及设立专项产品探析[J].中国保险资产管理,2019(1):28—33.

[6] 苏京春,王琰.美国次贷危机后供给侧改革政策实践、评价与启示[J].地方财政研究,2019(2):107—112.

[7] 孙颖.金融危机政府救助:理论与实践[D].长春:吉林大学,2010.

[8] 王剑,李锦儿.纾困基金的设立与模式解析[R].国信证券经济研究所,2018.

[9] 吴梓境,张波.纾困基金的运作机理、投资模式与创新路径[J].河北经贸大学学报,2019(3):40—46.

[10] 杨钰,张景财,周翔宇,董瑞斌.纾困企业特征分析[R].招商证券,2019.

[11] 张继强.民企纾困基金模式解析[R].华泰证券,2019.

[12] 朱颖,任义涛.美国"不良资产救助计划"的实施与评析[J].金融教学与研究,2011(3):9—13.

[13] 邹野.参与纾困的保险资管纾困专项产品应留意的法律及合规问题初探[J].中国保险资产管理,2019(1):34—38.

[14] Allen N Berger. The Benefits and Costs of the TARP Bailouts: A Critical Assessment[J]. *Quarterly Journal of Finance*, 2018(2):1—29.

[15] Bayazitova D, Shivdasani A. Assessing TARP[J]. *Review of Financial Studies*, 2012, 25(2):377—407.

[16] Congressional Budget Office. Report on the Troubled Asset Relief Program—April 2019 [R]. Washington DC, 2019.

[17] Duchin Ran, Sosyura Denis. The Politics of Government Investment [J]. *Journal of Financial Economics*, 2012, 106(1):24—48.

[18] Martin J Whitman, Fernando Diz. Distress Investing: Principles and Technique[M]. *New York: John Wiley & Sons*, 2009.

[19] Veronesi P, Zingales L. Paulson's Gift[J]. *Journal of Financial Economics*, 2010, 97(3):339—368.

[20] Lucian A Bebchuk. Buying Troubled Asset[J]. *Yale Journal on Regulation*, 2009,26(2):343—358.

(本文获"IAMAC2019—2020年度系列研究课题"优秀奖)

保险资产管理机构设立纾困基金理论与实务研究

宁波鼎一资产管理有限公司

宋玲玲　顾苏琦　李秋哲　李若诚

摘要

2018年国内针对上市公司股权质押流动性风险化解的纾困基金，在各项政策和市场需求的推动下相继设立。本课题基于2018年10月中国银保监会发布的《关于保险资产管理公司设立专项产品有关事项的通知》，对本轮纾困基金设立的背景、保险资产管理机构参与的模式、业务进展、优势与难点等各方面进行了整体的梳理与研究，并结合银行、券商及其他机构参与纾困的理论与实践进行了针对性的研究，为保险资产管理机构设立纾困基金、发挥保险资金长期稳健投资优势、参与化解上市公司股票质押流动性风险、减轻上市公司及大股东短期偿债压力、降低二级市场股价波动、加大保险资金投资优质上市公司力度提供研究参考。

关键词

纾困基金　上市公司股票质押　保险机构　案例研究

第一章 国内外研究现状述评及研究意义

第一节 国内外研究现状述评

目前各类纾困基金业务开展实践较短，开展中面临的问题、改善方向以及发展前景等方面研究较少，原因主要在于各类纾困基金成立时间较短，投资项目、交易结构和相关数据并未公开。

纾困是一个口语化的非正式经济学术语，意指出面拯救一个企业或国家免于破产，或防止金融危机蔓延的手段或计划，这个词主要在2008年金融海啸之后流行。

2008年8月美国陷入金融危机后，美国金融体系面临着崩溃的危险，在此背景下，美国推出"不良资产救助计划"（Troubled Asset Relief Program，TARP）。整个计划涉及多个方面，其中对中小企业以及龙头企业的救助类似于目前的纾困基金的概念，是最早纾困的起源。

国外针对纾困基金的研究更多源于欧债危机期间。彼时，欧盟对成员国设立救助基金，2010—2012年期间设立了欧洲金融稳定机构（EFSF）、欧洲金融稳定机制（EFSM）、欧洲稳定机制（ESM）等为欧元区成员国提供救助。2010年5月，欧盟联合国际货币基金组织（IMF）推出用来解决希腊债务危机的7500亿欧元的救援基金。自此之后，海外对于政府如何进行企业纾困进行了一系列研究，该类研究主要包括如何建立救助中小企业的信贷政策、欧债危机过程中纾困基金的效果等。总体来说，海外对于纾困基金的定义与研究较为宽泛，与国内本轮纾困专项基金有所区别。

而我国纾困基金，产生于独特的市场和政策背景下，且尚未有明确的法定概念。目前在我国，本轮纾困基金是指包含专项银行贷款、专项债券、信用保护工具等在内的特定纾困工具中的一种，是帮助上市民营公司及其大股东化解流动性风险和股票质押风险而设立的专项投资载体。与海外欧债危机不同，国内当前制约民营企业发展以及造成民营企业运营困难的主要问题是融资难，而造成"融资难"的原因除了一直以来都存在的民营企业综合资质问题，民营企业因财务成本较高且难以"借新还旧"而面临的破产风险也是影响因素之一。纾困基金的成立，实际上是政府用自身的信用说服并引导金融机构、大型企业将更多资金投入民营企业体系。

目前我国纾困基金形式主要分为资产管理产品形式和私募基金形式两种。资产管理产品形式的纾困基金主要分为证券公司资产管理计划和保险资产管理公司专项产品两类。证券业协会于2018年10月31日组织召开"证券行业支持民营企业发展系列资产管理计划"发起人会议,会议中共有11家证券公司作为联合发起人签署《发起人协议》,约定于2018年11月30日前共同发起总计规模为255亿元(部分公司在此前约定基础上追加了出资)的系列资产管理计划,以支持民营企业发展。银保监会于2018年10月24日发布《关于保险资产管理公司设立专项产品有关事项的通知》,允许保险资产管理公司设立专项产品参与化解上市公司股票质押流动性风险,为优质上市公司和民营企业提供长期融资支持。

商业银行也是重要资金来源之一,目前主要通过加大信贷投放力度等方式参与救市。但考虑《关于规范金融机构资产管理业务的指导意见》(简称《资管新规》)和《商业银行理财业务监督管理办法》(简称《理财细则》)已放开私募理财产品投资于标准和非标准化股权,并允许公募理财产品通过公募基金间接参与股票二级市场投资,《商业银行理财子公司管理办法》又进一步允许理财子公司发行公募理财产品直接投资股票,故不排除商业银行自行或通过其理财子公司以理财产品的形式参与或设立纾困基金的可能。

私募基金形式主要包括三大类型：证券公司通过私募投资子公司设立的专项纾困基金、地方政府牵头设立的私募投资基金、市场中专注于困境资产投资的私募基金。

由于国内纾困基金业务开展的时间较短,未有大量可供分析的案例出现。国内对于纾困基金的分析,仍停留在其产生背景、设立目的、相关政策及业务模式上,较少有针对纾困基金实际运作模式及投资实践进行深入分析的研究报告,关于保险机构纾困基金应如何选择投资标的、通过何种商业模式参与纾困实践及之后的退出路径的探讨更为缺乏。简而言之,国内对于纾困基金的研究,大多数集中在纾困基金产生的政策背景和纾困基金发起设立的前半段流程中,而少有包含完整的纾困基金投资流程、实践效果的讨论与分析。

第二节 研 究 意 义

目前对于纾困基金业务开展面临的问题、解决办法以及发展前景等方面的研究尚少,现阶段的研究主要是对金融机构参与纾困模式的简单梳理。通过这一简单梳理,可以看到在监管的合力推动下,国资、券商、险资、私募基金齐力帮助纾困,纾困资金陆续入场。由于保险资金具有规模大、期限长等特点,其已成为纾困资金中的主力。

在关于保险资金进场的政策支持上,《关于加强和改进保险资金运用比例监管的通知》中明确指出,投资权益类资产的账面余额,合计不高于保险公司上季末总资产的30%,且重大股权投资的账面余额,不高于保险公司上季末净资产。而银保监会允许保险资金设立专项产品参与化解上市公司股票质押流动性风险,不纳入权益投资比例监管,这意味着该部分资产不受30%的比例限制,体现了监管鼓励和支持更多的保险资金配置上市公司股票的态度。

在银保监会对于纾困方向定调之后,各地方政府积极响应,组织当地保险资管机构商讨纾困路径。深圳证监局在2018年11月曾联合深圳银保监局召集深圳地区14家经营规模较大的保险公司及4家保险资管公司召开座谈会。会议中呼吁保险机构主动参与辖区上市公司大股东股票质押风险纾解工作并承诺提供帮助。在深圳之后,各地将陆续出台类似政策。这也从侧面证实了监管机构正着力推动保险资金大规模进入市场。险资越来越成为纾困基金的重要组成部分,基于其重要性,本课题希望在完整梳理目前市场研究成果的基础上,能够从保险资产管理公司角度出发,从纾困理论和纾困实务中深入地对国内本轮纾困基金业务进行分析,并能够为保险机构提供一套可以参考的理论与实操依据。

此外,从市场背景来看,2019年上半年,A股市场的市值出现上行,上市公司股票质押流动性风险出现缓和,上市公司纾困的需求和环境出现了一定变化,但自今年4月以来A股市场进入下行震荡,受到外部贸易争端加剧等全球经济环境动荡的影响。从政策背景来看,习近平总书记在民营企业座谈会上的讲话提到"省级政府和计划单列市可以自筹资金组建政策性救助基金,综合运用多种手段,在严格防止违规举债、严格防范国有资产流失前提下,帮助区域内产业龙头、就业大户、战略新兴行业等关键重点民营企业纾困"。此后监管合力打出一系列"政策组合拳",具体为:央行加大民企信贷投放力度;推动设立民企债券融资支持工具;银保监会允许保险机构设立专项产品参与化解上市公司股票质押流动性风险,保险公司投资专项产品不纳入权益投资比例监管;证券业协会推动设立证券行业支持民营企业发展集合资产管理计划,支持证券公司分别设立若干子资管计划,吸引银行、保险、国有企业和政府平台等资金投资,形成1 000亿元总规模的资管计划;交易所积极研究推出创新型基金等金融工具,帮助困境上市公司纾解股票质押风险。在内部经济环境并未明显改善、地方政府和金融、财政、司法等部门相继开会并发布政策、细则,以及纾困基金计划推动纾困基金业务开展的当下,上市公司股票质押流动性风险依旧存在,纾困基金的设立和实践的研究和讨论仍具有重大的现实意义。

第二章 保险资产管理机构参与纾困基金的理论研究

第一节 保险资产管理机构参与纾困基金的背景研究

一、保险资产管理机构参与纾困的背景

(一)市场背景

1. 民营企业盈利能力下降

自2018年起,民营工业企业亏损单位数增长较快,同比增速上扬,亏损企业单位数在2018年已经逼近国有工业企业亏损单位数,达到35 000家左右(见图2-1),相比国有工业企业,民营企业盈利能力近几年呈现明显下降趋势。

资料来源:国家统计局。

图2-1 民营工业企业与国有工业企业亏损数对比

2. 民营企业负债率不断走高,债务风险积蓄

自2017年下半年起,民营工业企业资产负债率呈现急速上升趋势,2017年底,私

营企业资产负债率约为51.6%,而到2018年底,该值已经上升至56.4%,从2017年底至2018年底上升约5个百分点(见图2-2)。2019年,该上升趋势并未得到抑制,该值维持在58%左右。私营企业的资产负债率的快速提升意味着私营企业的债务风险不断积蓄,使得私营企业面对市场环境变化的应对能力较为脆弱。

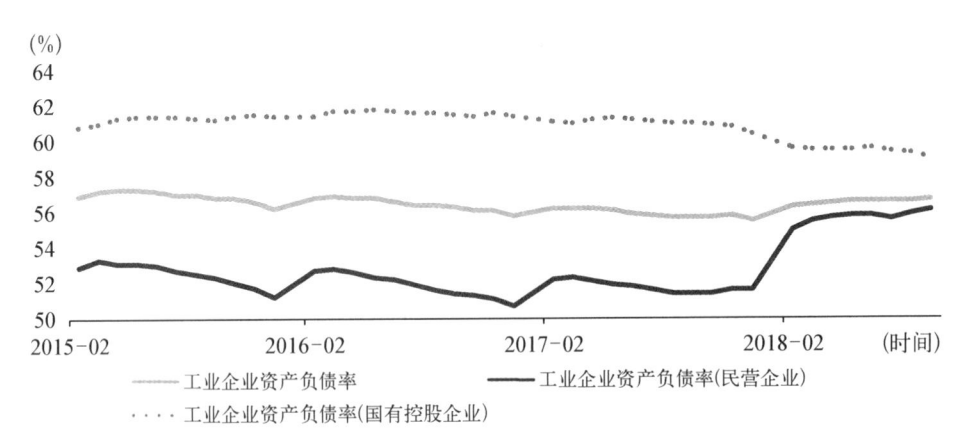

资料来源:国家统计局。

图2-2 民营与国有工业企业资产负债率对比

3. 民营企业偿债能力下降,现金流更为紧张

自2017年底开始,民营工业企业应收账款同比增速快速上涨,应收账款平均回收期快速延长,相比于2017年末,应收账款回收期平均延长约40%,与国有企业的差距已经不断缩小(见图2-3)。

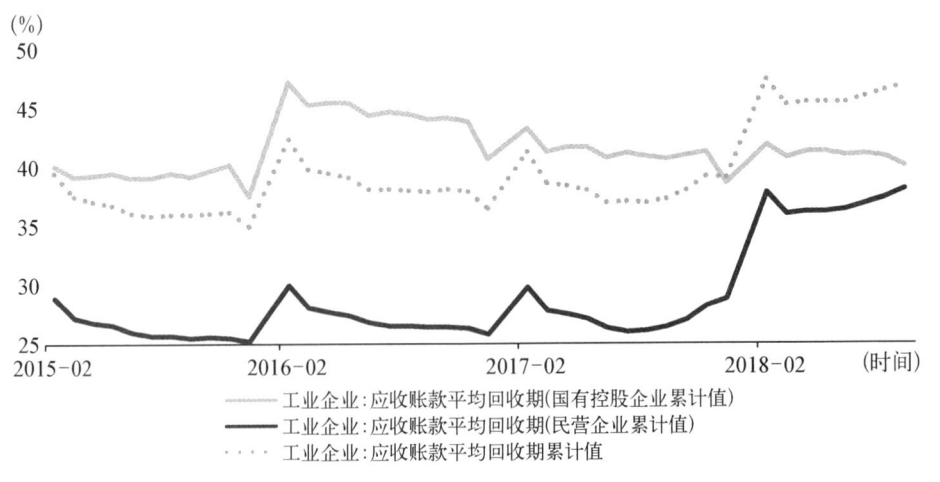

资料来源:国家统计局。

图2-3 民营与国有工业企业应收账款回收期

由于民营企业相比国有企业大多数面临融资难的问题,资金充裕程度一直是决定民营企业发展速度的重要因素,应收账款回收期的延长意味着民营企业偿债能力不断下降,现金流更为紧张。

4. 民营企业融资难度不断提高

自2017年起,民营企业信用利差不断走高,截至2018年下半年,产业债的信用利差(中位数)已经达到360 BP以上,超过了2011年下半年的峰值,处于2010年来的最高水平(见图2-4)。而且民营企业与国有企业信用利差的差距不断拉大,民营企业融资难度相比国企不断提高。

资料来源:Wind资讯。

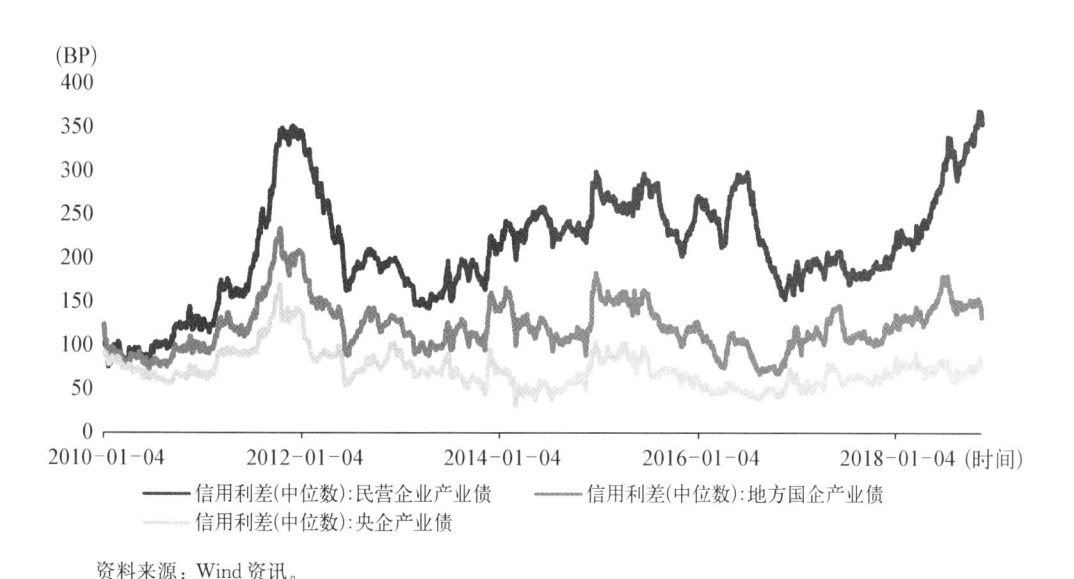

图2-4 民营企业与国有企业信用利差对比

5. 债券违约风险暴露

受《股票质押新规》《资管新规》等相关政策的影响,金融机构降杠杆压力明显,市场资金来源减少,进一步增加了企业大股东的融资难度。信用收缩也导致部分优质企业出现了严重的流动性问题。如图2-5所示,2018年发生的债券违约余额达到1 210亿元,违约债券数量达125只,无论是余额规模还是数量,均超过过去4年发生之和。2019年仅上半年发生的债券违约余额达到833亿元,违约债券数量达114只,与2018年相比仍保持较快增长,累计违约的债券余额规模接近3 000亿元。而从上市公司层面来看,自从2018年起陆续出现大量的上市公司债券违约。2018年首次债券违约的上市公司达到15家,而2014—2017年累计才4家。

图 2-5 信用债券违约发生额及数量

资料来源：Wind 资讯。

民营企业成为本次债券违约风险暴露的重灾区。2019 年上半年，民企违约数量为 89 家，违约金额为 488.464 亿元，违约率占比高达 92.7%，同比增加 242.31%；而 2018 年同期，民企违约率占比为 86.67%，全年民企违约率占比为 84.57%。

相比民企债券违约数量，2019 年上半年国企违约只数仅为 4 只，违约金额为 38 亿元，违约比例为 4.2%。值得注意的是，违约的 4 只债券发行主体均为中国华阳经贸集团有限公司，目前其大股东为中国国际贸易促进委员会直属企业及其下属事业单位中国贸促会资产管理中心（持股 30%）。而 2018 年上半年，国企违约比例为 10%。2018 年，公众企业违约数量为 2 家，违约率为 2.1%。

（二）政策背景

国务院金融稳定发展委员会于 2018 年 10 月 20 日提出特别要聚焦解决中小微企业和民营企业融资难题，实施好民企债券融资支持计划，研究支持民企股权融资。证监会、银保监会、交易所、基金业协会等均发布相关举措推进"纾困"工作的开展。

2018 年 10 月 25 日，银保监会出台《关于保险资产管理公司设立专项产品有关事项的通知》，允许保险资产管理公司设立专项产品，参与化解上市公司股票质押流动性风险，为优质上市公司和民营企业提供长期融资支持，维护金融市场长期健康发展。《通知》对专项产品的主要投资标的、退出方式、监管要求进行了规定。保险资产管理机构设立的专项产品可以投资上市公司股票、上市公司及其股东公开发行的债券、上市公司股东非公开发行的可交换债券以及经银保监会认可的其他资产。主要采取股东受让、上市公司回购、大宗交易与协议转让及其他方式平稳退出。为充分发挥保险资金长期稳健投资的优势,加大保险资金财务性和战略性投资优质上市公司的力度,保险公司投资专项产品的账面余额,不纳入权益类资产计算投资比例,纳入其他金融资产投资比例监管。此前,《关于加强和改进保险资金运用比例监管的通知》中明确指出,投资权益类资产的账面余额,合计不高于保险公司上季末总资产的30%,且重大股权投资的账面余额,不高于保险公司上季末净资产。"不纳入权益类资产计算投资比例",即不受上述30%比例限制,这意味着监管正在鼓励和支持更多的保险资金配置上市公司股票。这无疑有助于稳定市场预期,促进整个金融市场稳定发展,是保险资金参与化解上市公司股票质押流动性风险的针对性举措。

2018年10月26日,银保监会对《保险资金投资股权暂行办法》(保监发〔2010〕79号)进行了修订,并就修订后的《保险资金投资股权管理办法(征求意见稿)》(简称《股权办法》)向社会公开征求意见。本次修订调整的主要内容是取消保险资金开展股权投资的行业范围限制,通过"负面清单+正面引导"机制提升保险资金服务实体经济能力。该修订进一步拓宽了保险资金设立纾困基金后投资标的选取的灵活性。

二、上市公司股票质押市场概况

(一)股票质押的定义

股票质押一般来说是对股票质押式回购交易的简称。股票质押也属于权利质押的一种,与股权质押相比,股票质押是以资金融入方所持有的股票或其他证券为标的进行质押。2013年5月24日,沪深交易所与中登公司共同制定并发布了《股票质押式回购交易及登记结算业务办法(试行)》(深证会〔2013〕44号),对券商开展股票质押的约定式回购交易进行了规范。其中,《股票质押式回购交易及登记结算业务办法(试行)》第二条中对股票质押回购进行了明确的定义:股票质押回购是指符合条件的资金融入方以所持有的股票或其他证券质押,向符合条件的资金融出方融入资金,并约定在未来返还资金、解除质押的交易。

从业务模式上区分,一般会将上市公司股票质押分为场内质押与场外质押。上文中提到由券商主导按照《股票质押式回购交易及登记结算业务办法(试行)》等相关办法进行开展的股票质押业务即为场内质押。

场外质押则一般是由银行、信托、保险等进行主导的股票质押模式。相比而言,场外交易的流程简单且灵活度较高。但是,在场外质押模式中,股票质押双方需要在中登柜台进行登记办理。此外,场外质押也没有对质押期限作出规定,登记方式也一般为券商进行远程办理,无须到中登公司临柜办理。

(二)国内股票质押市场的发展

国内股票质押市场规模的快速扩张是在 2013 年场内质押业务规范化之后。在 2013 年之前,国内市场的股票质押业务主要集中在场外质押。2013 年场内质押业务开始快速发展,带动整个质押规模的快速上涨,并逐渐超过场外质押的规模。2019 年近半年股票质押数量及占比如图 2-6 所示。

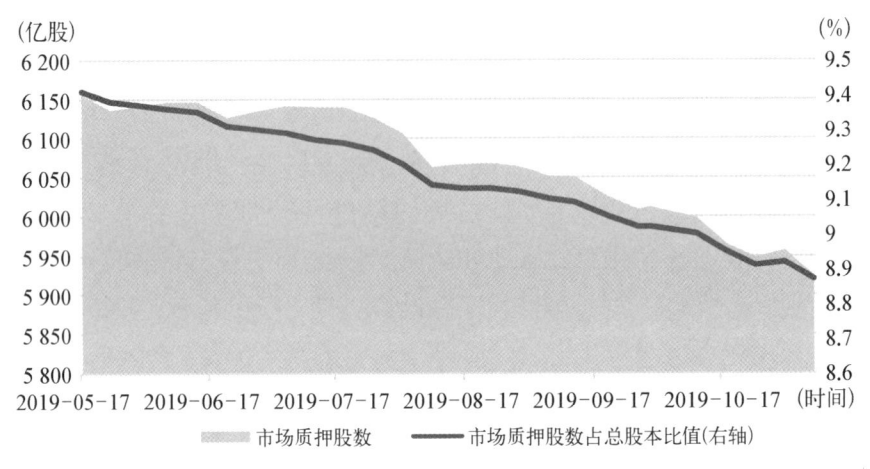

资料来源:Wind 资讯。

图 2-6　近半年股票质押数量及占比

根据 Wind 统计的中登数据,截至 2019 年 11 月 8 日,市场质押股数约 5 923 亿股,质押股数占总股本比例达到 8.87%,质押市值约 4.55 万亿元。2019 年近半年股票质押市值如图 2-7 所示。

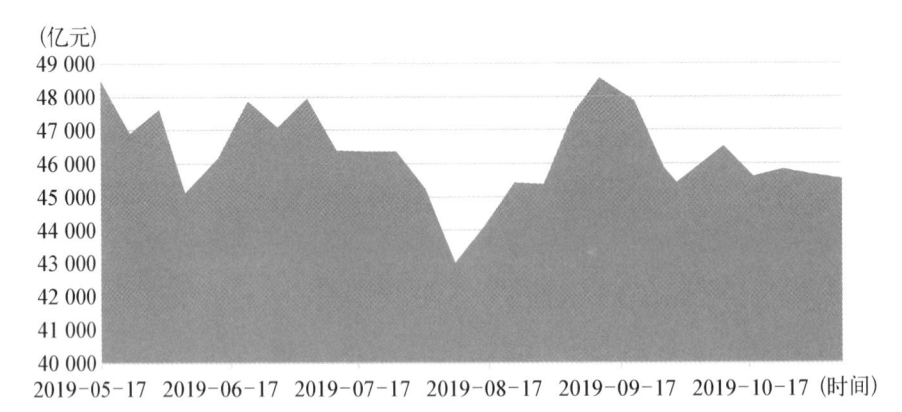

资料来源:Wind 资讯。

图 2-7　近半年股票质押市值

（三）国内股票质押市场的风险

从 2018 年初以来，A 股市场下跌趋势明显，上市公司的市值下滑严重，但早期进行顶格股票质押操作的上市公司并不鲜见。A 股市场的下跌，导致较多进行了高比例股票质押融资的上市公司承受了巨大的补充质押或增加保证金的压力，而没有能力再进行补充增信的上市公司，则面临着股票质押爆仓的巨大风险和难题。

截至 2018 年底，A 股市场第一大股东质押比例达到 95% 以上，估算已跌破平仓线的股票比例超过 15%。

结合大股东比例质押（达 90%）公司数量及股票质押市值来看（见图 2-8），2018 年 3 月 A 股市场股票质押市值达到峰值 6.4 万亿元，当时上市公司大股东高比例质押的数量有 369 家（同期 A 股市场股票市值约 55 万亿元，有 3 600 多家上市公司）。

资料来源：Wind 资讯。

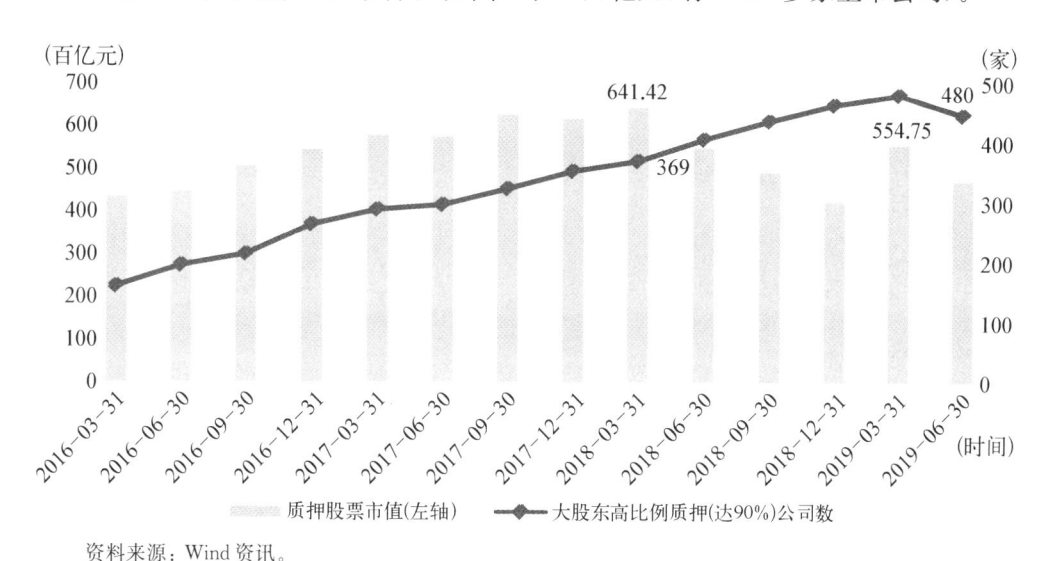

图 2-8 股票质押市值与大股东高比例质押公司数

2019 年 3 月底高比例质押上市公司数量达到峰值 480 家，同期 A 股市场股票质押的市值约 5.5 万亿元。

虽然整体市场股票质押的市值出现了一定程度的下降，但是面临质押风险的高比例质押上市公司数量仍然处于上升趋势，并处于较高的水平。

上市公司控股股东因债务违约，所持股票被司法冻结的负面事件在 2018 年开始激增。自 2018 年第二季度起，上市公司股票冻结数量开始迅猛增加，第二季度新增冻结股数 758.6 亿股，新增涉及股票冻结公司 55 家；第三季度新增冻结股数 1 266.55 亿股，新增涉及股票冻结公司 65 家；第四季度新增冻结股数 1 400.52 亿股，新增涉及股

票冻结公司45家。随着2019年第一季度股票市场回暖,部分股票脱离了平仓线和警戒线的位置,股票冻结的新增态势有所缓和,但规模仍远超上一年同期水平,2019年第二季度更是达到了新的高峰,第二季度新增冻结股数1 723.07亿股(见图2-9)。2017年至2019年第三季度末,已累计有399家上市公司的股票被司法冻结,涉及619名股东。

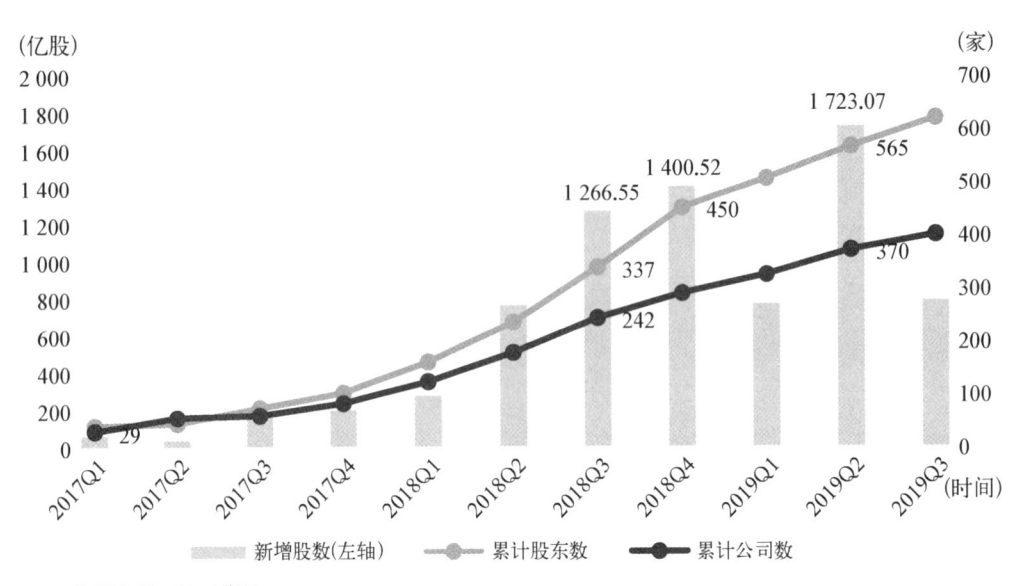

资料来源:Wind资讯。

图2-9 上市公司股票冻结数量迅猛增长

由此可见,虽然与2018年末、2019年初相比,整体市场随着A股市场的上涨,股票质押爆仓的风险出现了一定程度的缓解,但是隐含股票质押爆仓风险的公司依旧不少。因此,对国内优质企业进行困境纾解,缓解优质公司及其股东的暂时性流动性问题,具备探讨和研究的现实意义,纾困基金的设立对当前市场风险化解和民营企业的健康发展亦具备重大意义。

(四)国内股票质押违约处置概况

根据目前市场的处置现状,股票质押式回购交易的违约处置方式可分为执行协议和司法执行两大途径。

1. 执行协议

对于无限售条件的流通股,中国证券登记结算有限责任公司于2016年8月3日修订发布《证券质押登记业务实施细则》,提供了司法途径以外的两种处置途径。

(1)通过证券质押登记状态调整方式处置质押股票(强制平仓)。强制平仓需资金融入方与资金融出方双方(场内质押),或者资金融入方、资金融出方及证券公司三方(场外质押)签署质押处置协议,事先约定同意办理证券质押登记状态调整业务,主要流程为:

① 由资金融出方单方或委托证券公司向交易所提交违约处置申报,经交易所形式核对后,通知中证登公司将证券质押登记状态从"不可卖出质押登记"调整为"可以卖出质押登记";

② 资金融出方或受托的证券公司通过集中竞价或大宗交易处置标的证券,自主决定卖出标的证券的价格、数量、时机、顺序等;

③ 处置所得优先偿还资金融出方,如不足偿还则资金融入方继续承担偿付责任;

④ 如有剩余所得则归还资金融入方,剩余证券解除质押登记。

(2) 通过质押证券处置过户方式和质押股票(以股抵债)。资金融入方不履行到期债务或者发生当事人约定的实现质权的情形时,资金融出方与资金融入方双方根据质押证券处置协议约定,向中登公司申请以质押证券转让抵偿融出方的业务,主要流程为:

① 涉及信息披露的应先履行披露义务,涉及国资委、财政部等部门审批的,应先办理相关审批手续;

② 质押双方以约定的计算方式将全部应付金额折算为相应数量的标的证券,向中登公司申请办理质押证券处置过户业务(中登的实施细则要求,以质押证券转让抵偿质权人应当参照市场价格,处置价格不应低于质押证券处置协议签署日前20个交易日该证券收盘价的平均价的90%);

③ 中登公司对质押双方提交的申请材料进行形式审核;

④ 审核通过的,通过非交易过户的方式将相应全部标的证券过户至资金融出方以抵偿所欠债务。

该种处置方式不仅要质押双方签署质押处置协议,还需双方向中登公司申请办理。换言之,通过这种方式实现质权,需全程双方自愿,如果任何一方不自愿,则该项业务无法办理。实践中,资金融出方一般在股票质押式回购交易协议中便约定其有权选择通过质押证券处置过户进行违约处置,资金融入方应当无条件配合资金融出方办理质押证券处置过户手续并且不持异议。

2. 司法执行

对于限售流通股,或因被司法冻结等影响违约处置的无限售流通股,资金融出方可与资金融入方进行场外了结并终止回购。如未能采取场外了结,资金融出方应通过司法途径实现违约处置。

（1）对于无限售流通股，人民法院执行机关对质押股票进行拍卖、变卖往往需要指定或者委托相关证券公司将质押股票在交易场所通过集中竞价或大宗交易方式转让，相关证券公司在获取同样佣金的前提下应当提供相应的服务。

根据《最高人民法院关于冻结、扣划证券交易结算资金有关问题的通知》第五条规定，对流通证券，人民法院可以指令被执行人所在的证券公司营业部在30个交易日内通过证券交易所将该证券卖出，并将变卖所得的价款直接划付到人民法院指定的账户。

（2）对于限售流通股及被司法冻结的无限售流通股，因无法直接进行平仓变现，故而常见的保障增强措施是资金融入方与资金融出方就交易相关协议办理强制执行公证。当资金融入方发生违约事件时，可由资金融出方向公证处申请执行证书后，再向人民法院申请司法执行标的证券并优先受偿。

人民法院执行机关需比照常规的拍卖、变卖程序，指定评估机构评估标的证券的价值，并在网络拍卖平台上拍卖、变卖；人民法院有权直接裁定以股抵债。

如果股票流拍后将质押股票转让抵偿资金融出方，或者在特定情形下人民法院执行机关决定将股票直接过户给资金融出方的，需要取得中登协助办理过户等相关手续，按照法律规定中登应当提供协助。

经梳理上市公司公告，了解到限制流通股在司法执行过程中，常常采取的是司法划转至申请执行人名下证券账户。

（3）特殊的程序要求。如果执行标的为国有股权的，则对其司法拍卖有以下特殊要求：第一，竞买人应当具备依法受让国有股权的条件；第二，国有股东授权代表单位应履行向主管财政部门的报告和备案义务；第三，买受人应进行股权性质界定，界定后办理股权过户手续。

若持有公司5%以上股份的股东或者实际控制人，其持有股份或者控制公司的情况发生较大变化，上市公司应当立即将有关该重大事件的情况向证监会和交易所报送临时报告，并予以公告；若投资者持有一个上市公司已发行的股份达到5%时，应当在该事实发生之日起3日内，向证监会和交易所做出书面报告，通知该上市公司，并予以公告。

如果对标的证券的拍卖过程中，竞买人累计持有上市公司股份数额达到30%，将会触发《证券法》对上市公司收购程序的规定，人民法院应当中止拍卖程序。竞买人应当依照《证券法》和《上市公司收购管理办法》的相关规定和人民法院的具体要求履行收购程序,包括报告、公告、股权过户等。

(五)减持新规对股票质押违约处置的影响

2017年5月27日,证监会发布《上市公司股东、董监高减持股份的若干规定》(简称《减持新规》),上海、深圳证券交易所也出台了对应的实施细则,均明确将司法强制执行和执行股权质押协议时发生的股票转让纳入上述规范。

因此,司法强制执行时,资金融出方若是上市公司控股股东和持股5%以上股东、董监高,以及持有公司首次公开发行股票前已发行的股份、非公开发行的股份之股东,需遵循《减持新规》的主要限制条件。

(1)不得减持股份的限制。① 上市公司或者大股东、董监高因涉嫌证券期货违法犯罪,在被中国证监会立案调查或者被司法机关立案侦查期间,以及在行政处罚决定、刑事判决作出之后未满6个月的;② 大股东、董监高因违反证券交易所规则,被证券交易所公开谴责未满3个月的;③ 中国证监会规定的其他情形。

(2)影响转让速度的限制。① 大股东减持或者特定股东减持,采取集中竞价交易方式的,在任意连续90个自然日内,减持股份的总数不得超过公司股份总数的1%;② 大股东减持或者特定股东减持,采取大宗交易方式的,在任意连续90个自然日内,减持股份的总数不得超过公司股份总数的2%;③ 大股东减持或者特定股东减持,采取协议转让方式的,单个受让方的受让比例不得低于公司股份总数的5%。

因此,在违约事件发生后,双方通过签订和解协议、调解书等方式将标的证券直接抵偿给资金融出方,属于协议转让的方式,在满足"单个受让方的受让比例不得低于公司股份总数的5%"的前提下是实现质权最快的方式。

第二节 保险资产管理机构参与纾困基金路径与运作模式研究

一、保险资产管理机构参与设立纾困基金路径研究

目前在我国,纾困基金是指帮助上市民营公司及其大股东化解流动性风险和股票质押风险而设立的专项投资载体,其形式主要分为资产管理产品形式和私募基金形式两种。

资产管理产品形式的纾困基金主要指证券公司设立的支持民企专项资管计划、保险资产管理公司设立的专项产品和基金公司设立的类似证券公司的资管计划产品这

三类。根据 Choice 统计,目前发行主要以证券公司的专项资管计划和保险资管的专项产品为主,基金公司设立的产品仅有富诚海富通海富 7 号集合资产管理计划。

私募基金形式的纾困基金主要是以地方政府和地方国资主导设立的地方纾困私募基金、证券公司私募股权投资基金子公司设立的证券公司纾困私募基金两大类为主。

基于此,保险资金介入纾困基金,主要有以下几种模式。

(一) 主动管理模式

第一类为保险资产管理公司设立的具有纾困性质的专项产品,即上文提到的银保监会于 2018 年 10 月发布的《关于保险资产管理公司设立专项产品有关事项的通知》,允许保险资产管理公司设立专项产品参与化解上市公司股票质押流动性风险,为优质上市公司和民营企业提供长期融资支持。该通知发布后一个月,已有 5 家保险资产管理公司根据上述通知设立 5 只目标规模共 780 亿元的专项产品。

(二) 委托管理模式

第二类为委托管理方式,通过保险资金出资于证券公司设立的支持民企专项资管计划或市场化纾困私募股权基金。根据其参与产品形式,也可细分为如下路径。

1. 参与证券公司发起的支持民企专项资管计划

在证券公司设立的资管计划中,证券公司通常会吸引银行、保险、国有企业和政府平台等资金进行共同投资。券商将其自有资金通过 FOF 母基金出资,发起资管计划,撬动银行、保险等金融机构和地方政府及产业资本,由券商资管担任管理人(见图 2 - 10)。保险机构在其中与银行等一同成为主要出资人之一,共同参与纾困基金的后续业务。

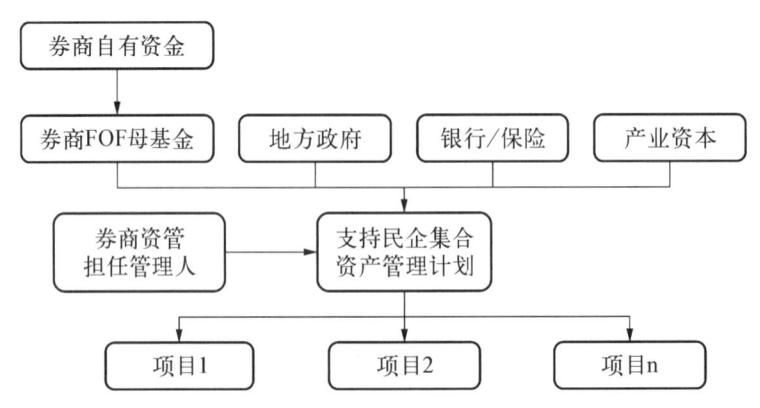

图 2 - 10 保险参与证券公司发起的支持民企专项资管计划模式

2. 参与地方纾困私募股权基金

主要通过投资地方政府和地方国资主导设立的地方纾困私募基金的形式介入纾困基金。地方纾困私募基金通常以设立母基金的形式来开展纾困项目,针对特定项目设立专门的子基金,在子基金层面可以有效引入银行、券商、保险等金融机构资金开展纾困业务。

3. 参与证券公司纾困私募股权基金

上文提到,证券公司通过其全资私募股权基金子公司,可以发起纾困私募基金。与地方纾困私募股权基金类似,保险机构也可以作为投资合作方之一借此参与纾困基金。例如西部证券发起设立的"民营企业扶助发展暨并购重组专项基金"中就有长安信托的参与。

4. 参与其他市场化纾困私募股权投资基金

除由银行、保险、信托和地方政府主导设立的产品和基金外,市场上还存在由市场化的私募基金管理人发起的、以直接收购股权或通过债转股等形式介入的纾困私募股权投资基金。该类基金相比于这批在政策导向下设立的产品和基金,它一般是由长期在市场上进行股权投资、企业重组或困境资产重组的基金管理人发起的。相比而言,该类基金市场化程度、投资的灵活程度一般会更高些。保险机构可以通过筛选优质的这类基金管理人,与其合作共同发起设立或投资于其发起的特定基金间接参与纾困基金。

二、纾困基金运作模式

纾困基金运作模式按照资产的权益属性主要可以分为债权型和股权型。

(一)债权型

债权型,即围绕向上市公司或其大股东提供流动性支持,以向上市公司或其大股东提供债权融资为主要纾困方式的运作模式。因其债权属性,该策略对上市公司或其大股东的持续经营能力和中长期的偿债能力有一定的要求,仅仅是为了解决上市公司或其大股东的短期流动性问题。债权型运作模式常见的包括股票质押、债权转让(转质押)模式。

1. 股票质押业务模式

上市公司进行股票质押融资的模式是最为常见和简单的业务模式。但对纾困基金而言,其面对的交易主体多已经具备较高的质押比例,实际可以用于质押的股票数量有限。该模式的主要难度即在于其是否具有充足的抵质押物。

因此,与传统股票质押业务相比,纾困基金往往在该模式中(见图 2-11)表现得更为灵活,主要体现在以下几个方面。

(1) 除股票质押外,常让融资方提供补充抵质押物,例如非上市公司股权、实物资产等,以期提高债权融资的安全性以及可行性。

(2) 通常可以采取设定尾端的超额浮动收益,提高项目的整体回报,以弥补承担的相应风险。例如将浮动收益与公司未来股票价格挂钩,其虽然是债权形式,但也具备了一定的股权属性。

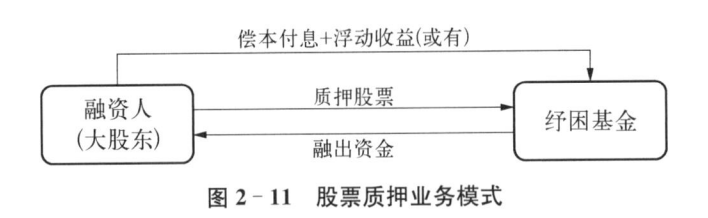

图 2-11 股票质押业务模式

2. 其他抵质押业务模式

与上一种模式类似,只不过该模式更多地以非股票资产作为抵质押物为纾困对象提供流动性支持。

3. 债权转让(转质押)

另一种常见的模式为债权转让(转质押)(见图 2-12)。纾困对象通过将面临质押爆仓风险或即将到期、违约的债权转让给纾困基金,同时办理股票质押的转登记。其本质与前两种方式类似,因此该模式也面临着原债权的增信措施已经存在瑕疵、不完备,纾困对象无较好的补充增信措施的问题。因此,纾困基金往往在该模式中尝试通过以下方式提供纾困项目的安全性、营利性和可行性。

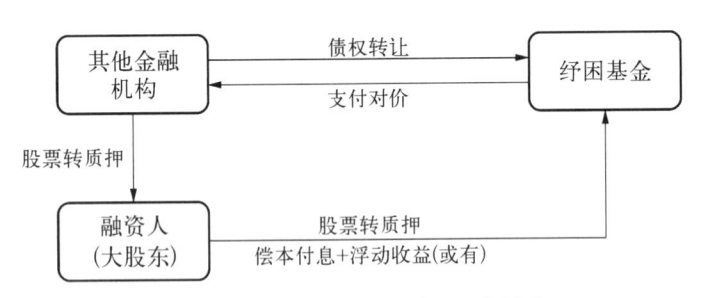

图 2-12 债权转让(转质押)业务模式

(1) 让融资方提供补充其他各种类型的抵质押物,例如非上市公司股权、实物资产等,以期提高债权融资的安全性以及可行性。

（2）与上述方式一致，通常可以采取设定尾端的超额浮动收益，提高项目的整体回报，以弥补承担的相应风险。

（3）债权折扣转让。通过对原债权的本金、利息或罚息等进行折扣转让的方式，让纾困基金具有更高的安全垫。

（二）股权型

股权型根据纾困基金在上市公司中取得的股权比例和对上市公司的控制情况，可以分为财务投资、战略投资和控股投资几种类型。

1. 财务投资

在该种模式下，纾困基金虽然会持有上市公司的股权，但这并不会影响企业的经营管理，它还是更多地承担提供融资的功能。该种模式对退出方式和退出可行性要求较高，要求交易对手能够保障纾困基金退出的可行性和安全性。通常会采取设定回购机制、增加抵质押物、提供担保等措施，降低项目的风险。具体股权转让回购业务模式如图2-13所示。

图2-13 股权（收益权）转让回购业务模式

2. 战略投资

在该种模式下，纾困基金会持有上市公司一定比例的股权，但它并不会直接接管企业的经营管理，更多地会考虑与上市公司之间的战略协同的价值。例如纾困基金具备优质的可供上市公司收购的资产，能够有效帮助上市公司运营，提升公司业绩，在解决企业流动性困难的同时，也能分享上市公司发展的红利。在该种模式下，通常对具体的退出方式和增信措施的要求相比于上一类型要更加弱一些。

3. 控股投资

一般而言，纾困基金获取上市公司控股权进行纾困的模式相比于前两种会更少一些，这对纾困基金后续运营管理能力和资源能力有较高的要求。纾困基金直接通过改变公司控股权等方式来进行纾困，或者通过重组控股股东的方式来获得控

股权。

三、上市公司股票质押纾困的难点

上文以债权角度和股权投资角度两个层面探讨了市场中常见的纾困模式。实际在纾困业务的开展中,往往会遇到各种各样类型的难点,纾困基金需要针对各家上市公司的问题设计合适的交易结构。通过梳理市场上纾困的案例,并结合自身的经验,上市公司股票质押纾困的主要难点包括以下几种类型。

(1) 信用不足。需要纾困基金介入进行纾解困难的上市公司,往往已经无法使用银行信贷体系去解决流动性问题,以债权型投资方式而言,往往意味着没有充足的抵质押物来确保纾困基金的安全性。因此,如何能够保障纾困基金在缓解上市公司流动性问题的同时,仍然具备合理的信用给到纾困基金是需要在投资方式和交易结构中进行设计的。

(2) 纾困的期限。对于上市公司而言,非常短期的纾困救助可能会缓解一时的问题,但等到纾困基金需要退出时,可能并没有彻底解决企业的困境。有些甚至只能深入的债务重组和股权重组才能从根本上解决企业的问题。而对纾困基金而言,产品的期限如果设计过长,潜在的风险和不确定性就会更大。因此,纾困基金在开展纾困业务时,需要明确纾困该企业的最终目的,是仅仅提供短期流动性支持,还是深入根源解决企业的问题。由于在投资方式的选择上存在较多差异,投资者也面临着不同风险收益的抉择。

(3) 交易风险。因为上市公司在纾困的过程中,往往会涉及包括过户、质押与解质押等流程,所以对于相关交易操作,需要核心关注交易过程的风险,关注交易过程中间风险敞口的暴露问题。通过合理的交易形式和交易流程安排,尽可能地缩小这些风险。

(4) 优质标的的筛选。需要纾困的上市公司数量较多,但是能够有效甄别值得纾困的优质上市公司,则需要基金管理人有优秀的投资判断能力。

(5) 瑕疵资产的处置经验。上市公司纾困往往涉及其他违约债权,底层资产可能涉及逾期债权的处置和法律诉讼问题的解决,因此不仅要求基金管理人要了解金融市场,还要对法律情况有深入的了解,并能够在交易结构的设计中有效考虑法律瑕疵对交易的影响,避免因为其他债权的查封、诉讼执行等影响纾困的安全性和退出的通畅性。

第三章　保险资产管理机构参与纾困基金的实务研究

第一节　保险资产管理机构各类路径发展概况

一、各类纾困产品、基金设立概况及项目进展概况

根据 Choice 最新统计，目前市场上主要纾困资金产品分为证券公司资产管理计划、保险公司资产管理计划、私募股权基金、纾困债、基金公司资产管理计划等。

（一）保险机构专项产品设立概况

2018 年 11 月，有五家保险公司完成了专项产品的设立前登记（见表 3-1），包括国寿资产设立的"凤凰系列专项产品"、人保资产设立的"安稳投资系列专项产品"、太平资产设立的"共赢系列专项产品"、阳光资产设立的"阳光稳健专项产品"以及新华资产设立的"景星系列专项产品"。其中，前两项产品投资标的为"有前景、有市场、有技术优势，但受到资本市场波动或股权质押的影响，暂时出现流动性困难的优质上市公司和其股东"；后三项产品的投资标的为"有前景、有市场、技术有优势，但暂时出现流动性困难的优质上市公司和民营企业"。

表 3-1　　部分保险纾困专项产品设立情况

登记时间	公司	保险产品	规模（亿元）
2018-10-29	国寿资管	"凤凰"系列专项产品	200
2018-11-05	太平资管	"共赢"系列专项产品	80
2018-11-05	太保资产	"永泉"系列专项产品	100
2018-11-05	阳光资产	"阳光稳健"专项产品	100
2018-11-06	人保资管	"安稳投资"系列专项产品	300
2018-11-09	新华资管	"景星"系列专项产品	100
2018-11-20	国寿资管	"麒麟"系列专项产品	—

续表

登记时间	公司	保险产品	规模(亿元)
2018-11-22	泰康资管	"泰康聚力智选"专项产品	80
2018-12-11	中再资产	"新安"系列专项产品	50
2018-12-28	华泰资产	"创赢"系列专项产品	50

资料来源：根据Choice、长城证券研究所数据整理。

(二) 证券纾困资产管理计划概况

证券业纾困上市公司股权质押风险产品设立迅速，2018年10月31日，证券业协会组织召开"证券行业支持民营企业发展系列资产管理计划"发起人会议，11家证券公司作为联合发起人签署了发起人协议。与保险机构不同，证券公司发起设立纾困产品一部分也是因其上市公式股票质押业务本身就涉及纾困需求。根据Choice数据统计和长江证券研究，截至3月11日，有42家证券公司成立了62只支持民企发展系列资管计划和17只子计划。部分资管计划情况如表3-2所示。

表3-2 部分证券行业纾困资产管理计划设立情况

序号	产品名称	发行机构名称	产品规模(亿元)
1	证券行业支持民企发展系列之中信建投证券1号单一资产管理计划	中信建投证券股份有限公司	—
2	证券行业支持民企发展系列之中泰资管5号集合资产管理计划	中泰证券(上海)资产管理有限公司	—
3	证券行业支持民企发展系列之中泰资管3号集合资产管理计划	中泰证券(上海)资产管理有限公司	4.6301
4	证券行业支持民企发展系列之中泰资管2号FOF集合资产管理计划	中泰证券(上海)资产管理有限公司	10.1000
5	证券行业支持民企发展系列之中泰资管1号FOF集合资产管理计划	中泰证券(上海)资产管理有限公司	10.1001
6	证券行业支持民企发展系列之中航证券2号集合资产管理计划	中航证券有限公司	0.1000
7	证券行业支持民营企业发展系列之招商证券资管1号FOF集合资产管理计划	招商证券资产管理有限公司	20.1000
8	证券行业支持民营企业发展之银河2号FOF集合资产管理计划	银河金汇证券资产管理有限公司	—

续表

序　号	产品名称	发行机构名称	产品规模（亿元）
9	证券行业支持民营企业发展之银河1号FOF集合资产管理计划	银河金汇证券资产管理有限公司	20.100 0
10	证券行业支持民企发展系列之兴业证券2号集合资产管理计划	兴证证券资产管理有限公司	—
11	证券行业支持民企发展系列之兴业证券1号FOF集合资产管理计划	兴证证券资产管理有限公司	50.000 0
12	证券行业支持民企发展系列之湘财证券1号集合资产管理计划	湘财证券股份有限公司	20.000 0
13	证券行业支持民企发展系列之天风证券2号分级集合资产管理计划	天风证券股份有限公司	—
14	证券行业支持民企发展系列之天风证券1号集合资产管理计划	天风证券股份有限公司	10.500 2
15	证券行业支持民企发展系列之海通证券资管5号集合资产管理计划	上海海通证券资产管理有限公司	0.200 0
16	证券行业支持民企发展系列之东方证券1号单一资产管理计划	上海东方证券资产管理有限公司	—
17	证券行业支持民企发展系列之华泰证券资管1号集合资产管理计划	华泰证券（上海）资产管理有限公司	2.940 0
18	证券行业支持民企发展系列之华林证券1号集合资产管理计划	华林证券股份有限公司	—
19	证券行业支持民企发展系列之华金证券纾困1号集合资产管理计划	华金证券股份有限公司	0.100 0
20	证券行业支持民企发展系列之华金证券纾困集合资产管理计划	华金证券股份有限公司	—
21	华创证券有限责任公司支持民企发展1号集合资产管理计划	华创证券有限责任公司	50.000 0
22	证券行业支持民营企业发展系列之华创证券1号FOF单一资产管理计划	华创证券有限责任公司	10.000 0
23	证券行业支持民企发展系列之华宝证券1号FOF集合资产管理计划	华宝证券有限责任公司	5.000 0
24	证券行业支持民企发展系列之海通证券资管1号FOF资产管理计划	海通证券股份有限公司	—

续表

序号	产品名称	发行机构名称	产品规模（亿元）
25	证券行业支持民企发展系列之国信证券 4 号集合资产管理计划	国信证券股份有限公司	—
26	证券行业支持民企发展系列之国信证券 2 号集合资产管理计划	国信证券股份有限公司	—
27	证券行业支持民企发展系列之国信证券 1 号集合资产管理计划	国信证券股份有限公司	20.0100
28	证券行业支持民营企业发展系列之国君资管 1 号资产管理计划	国泰君安证券股份有限公司	—
29	浔银国盛赣发投"映山红"企业纾困发展集合资产管理计划	国盛证券资产管理有限公司	10.0000
30	证券行业支持民企发展系列之广发资管-浙富控股 1 号集合资产管理计划	广发证券资产管理（广东）有限公司	2.0000
31	证券行业支持民企发展系列之广发资管 FOF 单一资产管理计划	广发证券资产管理（广东）有限公司	—
32	证券行业支持民营企业发展之光证资管 FOF 单一资产管理计划	光大证券股份有限公司	—
33	证券行业支持民企发展系列之东海证券 2 号支持常州民营上市公司发展 FOF 集合资产管理计划	东海证券有限公司	6.0000
34	证券行业支持民企发展系列之第一创业 1 号 FOF 集合资产管理计划	第一创业证券股份有限公司	0.3000
35	财通证券资管支持民企稳定发展系列之通鼎 100 号集合资产管理计划	财通证券资产管理有限公司	0.1000
36	证券行业支持民企发展系列之财富证券纾困 1 号集合资产管理计划	财富证券有限责任公司	3.0100
37	证券行业支持民企发展系列之财达证券 1 号集合资产管理计划	财达证券股份有限公司	—
38	证券行业支持民企发展系列之安信证券 1 号集合资产管理计划	安信证券股份有限公司	20.1000
39	证券行业支持民企发展系列之安信证券 2 号分级集合资产管理计划	安信证券股份有限公司	2.6000

资料来源：Choice。

(三)地方政府纾困基金设立概况

地方政府设立纾困基金援助当地上市民企的力度和体量较大。最早在2018年10月13日,由深圳市政府率先发起首批百亿国资驰援上市公司,提出"建立上市公司债权融资支持机制"和"设立优质上市公司股权投资专项基金",并在当年11月21日举行了"投控共赢股权投资基金"及"投控中证信赢股权投资基金"签约仪式。

随后北京海淀、广东东莞、湖南、浙江等地区陆续发起设立纾困基金(见表3-3)。

表3-3 地方政府设立纾困基金情况

时间	地方政府	部分参与主体或规划	规模(亿元)
2018-10-13	深圳	部分上市公司与深圳国资机构展开合作	100
2018-10-16	北京海淀	北京市海淀区区属国资和东兴证券发起设立支持优质科技企业发展基金	100
2018-10-19	广东东莞	东莞金控、东莞信托、东莞证券、松山湖控股、莞信基金五家国有企业共同出资设立	50
2018年10月中旬	湖南	湖南相关政府部门向省政府提交了援助湖南上市公司的报告,提出包括尽快牵头推动成立上市公司股权投资产业基金在内的四点建议	100
2018-10-26	浙江	浙江省国资与农银金投、农行浙江分行签署合作协议,并开启"浙江省新动力基金"的发起和设立工作	100
2018-10-29	广东汕头	汕头国资企业、海通证券和宜华集团共同出资	50
2018-10-30	四川成都	成都市政府出台上市公司纾困帮扶八条政策措施,建立100亿元上市公司帮扶基金	100
2018-10-30	北京西城	北京西城区拟发起设立北京新动力优质企业发展基金	100
2018-11-03	上海	成立100亿元上市公司纾困基金;为优质中小民营企业提供信用贷款和担保贷款100亿元;逐步将中小微企业政策性融资担保基金规模扩大至100亿元	300
2018-11-05	福建厦门	包括财政出资为主导、社会资本参与的"纾困基金"、市场化运作的"共同发展股权(债券)基金"、国资国企牵头组建的"国企发展战略基金"	100
2018-11-08	福建	福建省多部门联合出台《关于防范化解上市公司股权质押风险的指导意见》,支持省属国企与金融机构加快设立总规模150亿元的省级纾困基金(首期规模20亿元)	150
2018-11-10	广东中山	中山市将通过成立上市公司救助基金的方式为上市公司提供资金"活水",该基金规模将在50亿元左右	50

续表

时间	地方政府	部分参与主体或规划	规模（亿元）
2018-11-14	浙江宁波	设立规模为100亿元的上市公司稳健发展支持基金	100
2018-11-15	山东	中泰证券和山东国惠各出资10亿元投资成立母基金，通过对接银行、保险、国有企业和政府平台等资金，设立多个子基金	100
2018-11-16	河北	河北省资产管理有限公司与中信建投证券签署战略合作协议，计划发起设立总规模100亿元的河北省上市公司新动力纾困基金	100
2018-11-20	安徽	由国元证券、华安证券分别发起设立60亿元和50亿元的纾困基金	110
2018-11-20	浙江杭州	中国工商银行股份有限公司杭州分行和杭州市金融投资集团有限公司共同参与杭州区域资本市场纾困项目	100
2018-11-21	深圳	深圳投控公司设立投控共赢股权投资基金（150亿元）和投控中证信赢股权投资基金（20亿元）	170
2018-11-22	江苏常州	常州市国资委与东海证券联合等联合组建上市公司纾困基金	30
2018-11-23	北京顺义、西城	市、区和社会资金基金共同建立纾困"资金池"	150
2018-11-24	四川成都	成都拟设立3只百亿基金	100
2018-11-27	江西	江西省国资委、江西省财政投资集团及其他省属企业拟组建100亿元的江西国资创新发展基金	100
2018-11-30	山西	筹资50亿元组建山西省民营企业政策性纾困救助基金	50
2018-11-30	江苏苏州	苏民投与民生银行南京分行联合政府、苏民投股东及双方战略合作伙伴共同发起设立江苏民企纾困发展基金	100
2018-12-03	江苏南京	国资混改基金公司分别与光大证券、申万宏源证券、南京证券签署战略合作协议，将发起设立三只基金	200
2018-12-05	湖北	湖北省政府国委组织省出资企业，联合社会资本共同发起设立湖北省新动能发展投资基金	100
2018-12-19	吉林	设立由省属国资平台牵头发起的省级政策性纾困基金，依托省金控集团和央企设立总规模30亿元的吉林产业转型发展基金	100
2018-12-26	内蒙古	内蒙古金融资产管理有限公司与农银金融投资有限公司出资各10亿元作为首期资金	50
2018-12-26	宁夏	宁夏回族自治区政策性纾困基金，总规模为30亿元，其中自治区政府出资6亿元，撬动社会资本24亿元	30

续表

时间	地方政府	部分参与主体或规划	规模（亿元）
2018-12-26	重庆	首期规模不低于100亿元的民营企业纾困基金	100
2018-1-08	河南	河南农开拟设立不低于30亿元的纾困基金	30
2019-1-08	陕西	政府投资引导基金参股10亿元，联合省内国资平台、券商、金融机构共同发行50亿元纾困基金	50
2019-1-11	新疆	新疆资管意向出资比例为20%，申万宏源（包括申万宏源推荐的资金方）意向出资比例20%，其他各类社会资本出资占比60%	50
2019-1-15	天津	天津政府工作报告中提到，将设立50亿元的融资担保发展基金、100亿元的民营企业发展基金、100亿元的民营企业纾困基金	100
2019-1-25	江苏	加快设立100亿元的省级纾困基金，各市设立相应基金	100

资料来源：根据长江证券数据整理。

对比总结来看，受益于保险机构的资金优势，保险机构设立的纾困专项计划体量庞大，覆盖范围较广；证券公司设立的专项计划体量相比保险机构小，但数量上更具优势，主要是发挥证券公司作为资管计划管理人的优势；地方政府设立的纾困计划具有较强的地域特征，投资标的往往专注于本地上市公司及大股东，纾困计划体量与各地经济发展水平及地方政府的资金实力高度相关。

二、纾困基金对纾困标的的要求

纾困基金的设立并不是对所有遭遇困难的上市公司或其大股东提供纾困支持。2018年10月中国银保监会发布的《关于保险资产管理公司设立专项产品有关事项的通知》中，也提到保险机构参与纾困的专项产品主要用于化解优质上市公司股票质押流动性风险。因此，制定挑选优质上市公司的标准是设立纾困基金的基础之一。各个类型的纾困基金在筛选纾困标的的要求上会存在各种差异，但其考察的范围均是大同小异，主要包括纾困标的所在市场板块、注册地、行业、盈利能力、估值水平、交易对手、风险规避措施。

三、纾困基金落地的难点

目前，市场上已经宣布成立的各类纾困基金数量已经不少，预期设立的纾困基金的规模也已经达到数千亿元的资金量。但在实际业务开展的过程中，各个纾困基金的落地速度并不及预期,这主要与纾困业务的特殊性有关。

(1)纾困基金的设立往往是多方资金共同设立,资金的募集与到位需要时间。

(2)需要纾困的企业遇到的问题和自身的经营情况各不一样,每一单纾困项目均需要针对该项目进行新的研究和方案设计,项目落地的速度并不会太快。

(3)待纾困企业遇到的问题往往较为复杂,无法比拟早年券商和银行对企业进行的股票质押业务。纾困时,不仅仅是简单地给上市公司一笔新的流动性资金,还需要化解企业遇到的包括诉讼在内的各种问题。因此,项目落地执行的难度也更大。

(4)纾困基金的决策程序需要时间。因为纾困基金往往涉及多方资金的共同投资,各个资金方要形成一致的投资决策也会遇到不小的挑战,所以需要时间去磨合。

第二节 保险资产管理机构参与纾困基金的案例研究

一、国内典型案例分析

(一)保险资管纾困上市公司首单落地标的——通威股份有限公司

2018年12月1日,上市公司通威股份有限公司(简称"通威股份")发布公告,国寿资产-凤凰专项产品通过大宗交易的方式购买通威股份73 976 300股(约占上市公司总股本的1.91%),交易均价为7.72元/股,总成交金额为5.71亿元。

在此次交易前,国寿资产已经是通威股份的股东,国寿资产发行并管理的"国寿资产-沪深300"账户、国寿资产受托管理的"中国人寿-股份分红"账户,均持有通威股份的股票,国寿资产持股明细如表3-4所示。

表3-4　　　　　　　　　　　国寿资产持股明细

股 东 名 称	本次交易前		本次交易后	
	持股数量(股)	持股比例(%)	持股数量(股)	持股比例(%)
合　　计	120 142 400	3.094 6	194 118 700	5.000 0
国寿资产-凤凰系列专项产品	—	—	73 976 300	1.905 4
国寿资产-沪深300	4 000	0.000 1	4 000	0.000 1
中国人寿-股份分红	120 138 400	3.094 5	120 138 400	3.094 5

资料来源:通威股份公司公告。

通过此次交易,加上已持有约3.09%的股份,中国人寿资产管理有限公司合计持有通威股份194 118 700股,股份占比超过5%,成为该公司第二大股东。

1. 通威股份基本面情况较好,但政策因素导致股价超跌

通威股份于2004年在上海证券交易所上市。通威股份以农业和太阳能光伏双主业运营,农业为传统主业,主营水产饲料、畜禽饲料等研究、生产和销售;光伏太阳能为新兴主业,以多晶硅、太阳能电池的研发、生产、销售为主。

近年来,通威股份基本面情况较好,2016—2018年公司净利润分别为10.23亿元、20.41亿元、20.31亿元,且日常经营活动亦能产生正向现金流。

2018年5月起,受到光伏"531新政"影响,通威股份股价持续大幅下跌,并在2018年10月19日达到4.96元/股低点,与5月13日13.26元/股高点相比跌幅达到60%以上。

2. 上市公司大股东面临股权质押风险

二级市场对于光伏新政的激烈反应导致通威股份股价超跌,进而导致控股股东质押股票面临平仓风险。通威集团有限公司为通威股份第一大股东,持有上市公司20.36亿股,占总股本的52.45%。2018年以来,通威集团10次质押其所持股份,质押股数合计约4.13亿股;截至国寿资产举牌前,其中16.3亿股已被质押,占其所持股份的80.06%,占公司总股本的41.99%。

除通威集团外,通威股份持股1.13%的第六大股东四川巨星企业集团有限公司质押4 400万股,二者合计质押股份占公司总股本的43.13%。

3. 保险资管机构入场将缓解上市公司资金压力

国寿资产投资通威股份,最为直接的影响是通过受让股票为大股东提供资金支持,缓解其流动性风险。从更长远来看,国寿资产将会协调内部各种金融资源,为上市公司后续资本运作提供渠道,帮助上市公司继续做大做强主营业务。同时,国寿资产这类保险机构加重持股比例也是在向其他投资者释放积极信号,有助于提振市场信心,增持公告披露当天,收盘时通威股份股价上涨逾2%达(8.67元/股)。进入2019年之后,叠加光伏平价上网政策带来的良好预期,使通威股份股价持续上涨,截至2019年9月初,通威股份股价已经稳定在14~15元/股。

从标的公司情况来看,通威股份为中国民营企业500强,是从上游高纯晶硅生产、中游高效太阳能电池片生产到终端光伏电站建设的垂直一体化光伏企业,特别是在光伏新能源中的上游制造领域具有较强的核心竞争力。同时,光伏产业符合现阶段及下一阶段能源行业整体发展趋势,市场前景广阔。从国寿资产纾困通威股份可以看出,

保险资管机构理想的投资标的为公司基本面情况较好，主营业务具有一定的技术优势和壁垒，具有良好发展前景的上市公司，这类上市公司在发展过程中受政策因素、行业突发事件等影响出现暂时的流动性困难，大股东通常也面临股票质押风险，需要出售部分股权以缓解自身资金压力。交易双方在此种情形下更容易达成交易，保险公司通过纾困上市公司在逆周期为上市公司提供资金和资源支持，在顺周期时与上市公司共享投资运营收益。

（二）"协议转让+二级市场增持"组合拳：国寿入主万达信息

2018年12月27日，万达信息股份有限公司（简称"万达信息"）发布股权转让公告，国寿资产拟受让5 500万股，国寿资产受让后持股比例将达到5.002 5%。

万达信息成立于1995年12月，是国内专业从事城市信息化领域服务的企业之一。该公司经营范围广泛，涉及高科技投资、资产经营管理、电子产品、通信设备、市政公用建设工程施工等领域。2011年1月25日，万达信息在深圳证券交易所创业板成功上市，目前该公司以行业应用软件、专业IT服务和系统集成作为三大主营业务，为智慧城市提供整体解决方案。

此次国寿资产受让的股份来自万达信息控股股东上海万豪投资有限公司（简称"上海万豪"）。上海万豪于2018年12月27日与国寿资产签署《关于万达信息股份有限公司之股份转让协议》（简称《股份转让协议》），上海万豪拟将其持有的万达信息5 500万股无限售流通股转让给国寿资产，共计占据万达信息目前总股本10.99亿股的5.002 5%。

本次交易前，上海万豪作为控股股东，持有万达信息2.56亿股，占万达信息总股本的23.247 0%；国寿资产未持有万达信息股份。本次交易后，上海万豪持有的股份占万达信息总股本的18.244 5%，仍为万达信息控股股东。

在协议转让价格方面，此次标的股份的每股转让价格为11.50元，不低于股份转让协议签署日前一个交易日目标公司股票收盘价的90%。国寿资产应支付的股份转让价款为6.325亿元。经双方同意，股份转让对价由国寿资产管理的"中国人寿资管-农业银行-国寿资产-凤凰系列专项产品（第3期）"账户以现金方式支付。在《股份转让协议》签署日后3个工作日内，国寿资产应先付股份转让价款的40%，即2.53亿元，剩余款项在中国证券登记结算有限公司办理目标股份过户登记手续交割日后5个工作日内向转让方支付完毕。

上述协议转让完成后，中国人寿通过旗下"中国人寿保险股份有限公司-传统-普通保险产品-005L-CT001深"产品在二级市场多次通过大宗交易和集中竞价方式增持万达信息股票。截至2019年8月7日，该资管计划累计持有万达信息5 491.89万股,合计收购成本约为8.67亿元,持股比例为5%(见表3-5)。加上之前国寿资产-凤凰三期协议转让受让的5 500万股股票,中国人寿及其一致行动人持有上市公司109 972 475股股份,占上市公司总股份的10.025 9%,为上市公司第二大股东。

表3-5　　　　　　　　　　国寿资产二级市场增持万达信息明细

公告日期	股东名称	方向	变动数量（万股）	参考市值（万元）	变动后持股数(万股)	变动后持股比(%)
2019-08-07	中国人寿保险股份有限公司-传统-普通保险产品-005L-CT001深	增持	23.83	203.96	5 491.89	5.00
2019-06-24	中国人寿保险股份有限公司-传统-普通保险产品-005L-CT001深	增持	1 091.67	18 124.76	5 468.06	4.97
2019-04-05	中国人寿保险股份有限公司-传统-普通保险产品-005L-CT001深	增持	489.75	8 249.96	4 376.39	3.98
2019-04-05	中国人寿保险股份有限公司-传统-普通保险产品-005L-CT001深	增持	2 898.88	45 024.49	3 886.64	3.54
2019-04-05	中国人寿保险股份有限公司-传统-普通保险产品-005L-CT001深	增持	399.99	6 346.12	987.76	0.90
2019-04-05	中国人寿保险股份有限公司-传统-普通保险产品-005L-CT001深	增持	97.37	1 440.05	587.77	0.53
2019-04-05	中国人寿保险股份有限公司-传统-普通保险产品-005L-CT001深	增持	300.00	4 476.84	490.40	0.45
2019-04-05	中国人寿保险股份有限公司-传统-普通保险产品-005L-CT001深	增持	190.40	2 793.48	190.40	0.17

资料来源:万达信息公司公告。

1. 控股股东质押比例高,上市公司现金流紧张

与通威股份类似,万达信息同样面临大股东股权质押比例过高的风险,中国人寿协议受让万达信息股权前,控股股东上海万豪共持有上市公司股份255 588 800股,累计质押股份209 377 600股,占其持有上市公司股份总数的81.92%。截至2019年6月底,上海万豪持有上市公司股份200 588 800股,万豪投资累计质押股份190 274 800

股,占其持有上市公司股份总数的94.86%。

除控股股东股权质押风险,上市公司现金流情况亦不容乐观。

万达信息2018年年报显示,公司应收票据及应收账款余额为15.3亿元,较上年增长29.30%,应收账款占流动资产比重接近40%,坏账准备计提比例为7.63%。其中,账龄在3年以上的应收账款余额为1.5亿元。万达信息近年来应收账款周转率持续下滑,2016年为2.60次,2017年为2.42次,2018年为1.63次。

应收账款周转困难导致上市公司经营性现金流情况恶化。2014—2018年,万达信息经营活动现金流量净额连续显著低于净利润。

2. 险资持续看好,曾意欲获取上市公司控股权

上市公司控股股东万豪投资和实际控制人与中国人寿于2019年6月23日签署了附条件生效的《股份转让协议》,约定万豪投资向中国人寿以每股14.44元的价格协议转让公司非限售流通股份55 000 000股,交易总价款为7.942亿元,占上市公司总股本的5.014 2%。

若此次股权转让落地生效,中国人寿及其一致行动人将合计持有上市公司超过15%的股份,原控股股东上海万豪投资持有股份将降至13.25%,退居第二大股东,中国人寿届时将成为上市公司实际控制人。

虽然此次交易于2019年7月23日因出让方上海万豪投资无法达成《股份转让协议》生效条款,交易双方于2019年6月23日签署的《股份转让协议》无法生效,但显示出中国人寿持续看好万达信息基本面,愿意在纾困上市公司过程中更进一步的决心和意愿。

(三)大宗交易受让大股东发行的可交换公司债券:阳光资产纾困润和投资

2018年12月27日,阳光资产纾困专项产品首笔约5.6亿元的投资落地,该笔投资为阳光资产以大宗交易方式投资上市公司润和软件的第一大股东江苏润和科技投资集团有限公司发行的可交换公司债券。

此次阳光资产投资标的为"16润和债",该债券为江苏润和科技投资集团有限公司于2016年8月26日非公开发行的可交换公司债券,证券代码为"117037",发行总额10亿元,票面利率4%,初始债券期限3年,初始换股价格为55元。发行人润和投资将其持有的润和软件无限售条件流通股份130 500 000股登记在可交换私募债券质押专户,用于可交换公司债券持有人交换本公司股票和本期债券的本息偿付提供补充担保。

阳光资产承接5.6亿元可交换公司债券后,润和投资于2019年1月1日修改了

该债券部分发行条款,将本次债券期限修改为5年,即债券到期日为2021年8月26日,对应的换股期限也延长至2021年8月23日。票面利率方面,2018年8月26日至2019年8月25日为12%,2019年8月26日至2020年8月25日为10%,2020年8月26日至2021年8月25日为10%。

目前该可交换公司债券本金余额为6.25亿元,已换股金额为3.75亿元,换股价格均为16元/股,对应换股数为23 437 498股,换股日期为2019年2月28日至2019年8月14日。根据换股情况推测,阳光资产应尚未实行换股,且润和投资延长债权到期日及调高票面利率的条款应为与阳光资产共同协商的结果。阳光资产通过长期持有上市公司可交换公司债券,减少了大股东润和投资短期偿付及换股压力,确保了大股东控股地位的稳固。而润和投资也为阳光资产提供了较高的投资回报收益。因此,阳光资产本次纾困实质为与大股东润和投资及原债权人的债务重组。

此次被纾困企业为润和投资,旗下核心资产为上市公司润和软件,润和软件原为软件外包企业,成立于2006年,于2012年在深圳证券交易所创业板上市。2014—2015年润和软件接连收购捷科智诚、联创智融等企业,切入金融信息化服务业。截至2017年,润和软件形成了以金融信息化、智能终端信息化、智慧能源信息化、智能供应链信息化为主要业务领域的业务格局。

润和软件通过并购切入金融科技服务领域,并且取得了一定的市场占有率和较高的品牌影响力。据IDC中国银行业IT解决方案市场报告,2017年润和软件在中国银行IT解决方案市场占有率排名第八,其中在业务类解决方案市场排名第四,并在核心业务解决方案子市场排名第二,市场占有率达5.7%。

润和软件基本面状况良好,自2012年上市以后,其营业收入的增速除2016年以外均高于20%,年均复合增速达27%。归属母公司净利润从2012年的0.66亿元增长到2018年的3.14亿元,年均复合增速达25%。2019年上半年,润和软件实现营业收入10.66亿元,较上年同期增长21.53%;实现营业利润1.03亿元,较上年同期增长2.96%;实现归母净利润0.99亿元,较上年同期增长6.68%。

二、海外典型案例分析[①]

在海外,虽然没有像中国一样出现这么一大批完全针对股票质押的纾困基金,但是海外对困境企业的投资是非常成熟的。围绕困境企业的资产与负债,海外困境企业

---

① 海外典型案例由鼎一投资整理,部分已经由鼎一投资在其他文章编辑发表过。

投资基金的策略主要包括不良债权投资、困境股权类投资以及地产类投资。其中,不良债权投资即为海外市场化纾困基金的主要模式之一,其主要投资模式为不良债权收购,退出方式包含债务重组、债权转让以及债转股等方式,较为多样化。

海外纾困基金退出方式中较为契合本次国内纾困基金理念的为债转股模式。如果不仅仅是通过债权形式为上市公司简单提供融资性帮助,而是希望能够介入被纾困企业,更深入、更全面地帮助被纾困企业解决问题的话,那么海外困境企业债转股的投资策略值得境内的纾困基金去学习。在债转股模式下,海外纾困基金会以那些运营能力良好但财务状况堪忧的企业为目标,在危机中大量收购目标企业债权,这些债权通常都附有向下保护条款,从而可以在危机中将债权转化为股权,实现对目标企业的控制。然后投资者会用3—5年的时间改善企业财务状况,逐步实现投资退出。该策略的核心在于对标的公司未来前景的预判能力以及投后运营能力。这与我们在纾困基金的投资模式中投资到股权型投资模式中的战略投资和控股投资策略具有较大的相似性。因此,本节除了整理了境内目前纾困基金已经开展的一些案例之外,还整理了海外成熟的困境企业投资基金以债转股为主要手段化解、盘活企业的案例。

(一)违约债权收购后转股:阿波罗资产债转股利安德巴塞尔公司

1. 参与机构

利安德巴塞尔公司、阿波罗资产、花旗集团、债权银行。

2. 公司背景

巴塞尔公司是巴斯夫和壳牌在2000年合并聚烯烃业务成立的合资公司,2005年被两家公司剥离后独立运营。2007年巴塞尔公司斥资190亿美元并购美国利安德公司,改名为利安德巴塞尔。

2008年金融危机到来,市场需求大幅萎缩。休斯敦炼油厂发生安全事故,造成4名员工死亡,且飓风"艾克"的到来使得利安德巴塞尔公司停产。多重打击严重影响了利安德巴塞尔公司的正常经营,2008年底利安德巴塞尔公司大约2 500名员工(占其员工总数的15%)被解雇,资产负债率达到94%。

3. 困境原因

(1)宏观环境。2008年金融危机爆发,利安德巴塞尔公司的主要销售市场美国和欧洲经济遭到重创,业绩大幅下降;石油价格下降,导致存货价值缩水,加大了再融资难度。

(2)公司层面。为扩大生产、占领市场,2007年巴塞尔公司斥资190亿美元杠杆收购美国利安德公司,并购不仅占用了该公司大量资金,还承担了巨额债务。高杠杆负效应在遇到金融危机时爆发,导致该公司无法按时偿还债权人利息。

(3) 其他因素

休斯敦炼油厂发生安全事故,一台大型起重机的吊臂倒塌,造成4名员工死亡,工厂进行安全整改;飓风"艾克"造成利安德巴塞尔公司位于得克萨斯州的工厂停产。

4. 重整过程

阿波罗以折扣价格从花旗集团手中买下了利安德巴塞尔公司的定期贷款债权,并不断以1/5的折扣买进该公司的银行贷款债权。

阿波罗推动利安德巴塞尔公司的破产进程,在破产法庭上将20亿美元的债权转换成利安德巴塞尔公司的大量股权,同时阿波罗还赢得了主持破产融资的控制权。阿波罗主持了80亿美元的破产融资,引入了创新的逐次递增投资策略,把阿波罗公司的部分债权调整到资本结构中更高的位置,并派出3名代表成为利安德巴塞尔公司的董事会成员,他们在公司重组过程中发挥了重要作用。

5. 退出过程

进入破产保护后,利安德巴塞尔公司在管理层和债权人及政府的协调下,采取更换首席执行官、削减人员、引进技术等一系列措施扭转了困境,阿波罗帮助其在2010年4月28日上市,并于2013年11月在二级市场退出,获得了约100亿美元的收益。

(二) 政府主导下的纾困援助:通用汽车债转股

1. 参与机构

通用汽车、美国政府。

2. 公司背景

通用汽车公司成立于1908年9月16日。2008年开始,金融危机使得全球信贷市场崩溃,经济显著放缓,也导致美国汽车生产和销售遭遇几十年来最严重的市场环境。据统计,2009年美国轻型汽车产量同比下跌超过34%,而美国通用汽车公司同比下降尤为严重,其美国生产量下降了48%,克莱斯勒公司美国产量下降了57%。美国轻型车销售也遇到困境,2007年汽车销量超过1 650万台,而2009年暴跌至1 040万台。

由于汽车产业行情的持续下跌,通用公司在银行的信贷来源减少,资金流动性开始出现问题。2008年11月,面临破产危机的通用公司正式向美国政府求助,开始了重组之路。

3. 重组过程

2008年12月,布什政府对通用公司提供了首笔134亿美元贷款,后于2009年4

月和5月分别提供20亿美元和40亿美元贷款,这些贷款使得通用公司在重组过程中可以正常运转。

然而,由于提出的重组计划没有得到债权人同意,通用公司在2009年6月1日申请破产。在破产清算期间,政府提供了最后一笔301亿美元的贷款,促使通用公司重组为一家更精简的公司。美国政府对通用汽车的救助如表3-6所示。

表3-6　　　　　　　　　美国政府对通用汽车的救助　　　　　　　　单位:亿美元

日　　期	收款方	金　　额
2008年12月	老通用公司	134
2009年4月	老通用公司	20
2009年5月	老通用公司	40
2009年5月	通用担保计划	4
2009年6月	老通用/新通用	301
2009年4月至2010年4月	供应商应收款程序	3

资料来源:光大证券研究报告。

为了更好地减轻通用汽车的资金压力从而保证自身的退出,美国政府对通用公司502亿美元的援助资金中,约定其中74亿美元分期偿还,21亿美元转换为优先股,407亿美元转换为新通用公司的60.8%的初始股权。

4. 退出过程

新通用公司于2009年7月成立,成立后采取了更换高层、削减人员、减少经销商等一系列重整措施,最终新通用公司在2010年11月18日完成了美国资本市场历史上最大规模的IPO。通用汽车出售了4.78亿股普通股,每股股价33美元,好于通用预期的25~26美元。2012年12月,美国政府以当时市场价格溢价7.9%,将2 000万股通用股份直接回售给通用公司,并于2014年3月将剩余所有股份出售。

美国政府在第一阶段卖出43.1%的股权后获得了206亿美元,加上8亿美元的分红和1亿美元其他收入,以及2014年3月的股票出售收入,美国政府共计损失约100亿美元。

虽然美国政府并没有获得财务收益,但美国政府对通用公司的债转股解决了几十万退休员工的养老问题以及大量的失业问题,并避免了美国轻型汽车制造业的崩溃,在战略意义上这次债转股取得了极大的成功。

(三) 破产重组后的浴火重生：橡树资本债务重组

1. 参与机构

橡树资本、Aleris、德意志银行、美洲银行。

2. 案例背景

Aleris 成立于 2004 年，是全球领先的铝制品生产商和销售商，主要从事压延产品的生产和回收，原料铝板用于航空、航海、交通、建筑等。Aleris 成立之后，进行了多次并购，最著名的案例莫过于以十多亿美元收购英国 Corus 集团，虽然债务急剧膨胀但收入利润的增长还可以勉强维持还本付息，2006 年 Aleris 的收入达到 47.49 亿美元。

然而 2006 年德州太平洋集团（TPG）以 52.5 美元/股的价格杠杆收购 Aleris，总对价 33 亿美元，其中以 17 亿美元收购 Aleris 的股权，16 亿美元承接债务。收购完成后，Aleris 的长期债务从 2005 年的 6.31 亿美元增至 2006 年的 25.675 亿美元，利息费用达到 2.197 亿美元，比 2005 年高出 4 倍。

此时铝业进入下降周期，2007 年 Aleris 的息税前利润已经无法保证利息偿还，而到 2008 年第三季度，其资产负债率已经攀至 86%。2009 年 2 月 12 日，Aleris 被迫申请破产保护。

3. 重组及退出过程

橡树资本两度买入 Aleris 的债权，第一次在 2008 年第四季度 Aleris 债券价格出现大幅跳水时，橡树资本大量收购 Aleris 的折价债券。第二次是在 Aleris 申请破产保护后的 DIP 融资，根据重整计划，DIP 融资额约为 10.75 亿美元，包括来自橡树和阿波罗的 5 亿美元定期贷款，以及来自德意志银行和美国银行的 5.75 亿美元循环信贷。

2009 年 3 月 18 日，达拉华州破产法庭批准 Aleris 的 DIP 融资。2010 年 2 月 5 日，Aleris 提交了重整计划，重整计划的主要条款包括：第一，贷款持有人可选择收取现金或是股票，也有权认购 Aleris 新发行的股票和债券；第二，橡树资本、阿波罗和贝恩旗下基金组成的救济方承诺在公司重组中投资 6.9 亿美元；第三，重组后的公司将走出破产法 11 章，成为私人公司，控制权在救济方手里；第四，全额支付所有的管理费用，包括 503b9 款的贸易应付款；第五，除银行贷款之外的无担保债权可能获得 25%～50% 的清偿率（本来被减值到 1 万美元）；第六，其他无担保债权在 400 万美元的现金池中进行分配；第七，公司将至少拥有 2.33 亿美元的流动性资金，这些资金通过现金和 5 亿美元的授信额度而获得。

此后 Aleris 发行了 9 152.531 万股普通股，其中向部分原有债权人新发行了 3 071.305 1 万股普通股，向破产申请后新进入的债权投资人发行 6 577.862 3 万股普通

股,向核心管理层发行8.925 9万股普通股。

由此,作为原有债权收购人和破产后的主要债权投资人的橡树资本成为Aleris的主要股东。2011年4月26日,Aleris向纽约证券交易所提交了S-1上市文件,随后橡树资本实现退出。

三、海内外纾困基金案例总结

总体来说,海外纾困基金存在多种投资及退出策略,但各个策略有一个共同点:往往能把握经济萧条或企业运营出现困难的时机,然后以一个较大的折扣价格买入,从而获得较大的退出回报。橡树资本创始人霍华德·马克思在其著作《投资中最重要的事》不止一次提出好的买入是成功投资的一半,但是低价买入也不一定奏效。这句话道出了特殊资产基金的成功要素:一是低于内在价值的买入价格;二是良好的后期运作能力。

从海外纾困基金投资策略的发展来看,纾困投资不等同于简单的财务投资,价值升值过程是投资流程中最为关键的一步,纾困基金不等同于简单的机遇性基金,而是一个系统化、精细化、平台化的生态链。从项目资源获取到投资价值判断,再到投后管理运营,都需要极强的投研能力和管理能力。

目前国内本轮纾困的目的主要是通过纾困基金的进入改善国有企业的公司治理,继续深化去杠杆工作。而国外纾困市场已经较为成熟,上至政府,下至市场化基金,具有广泛的投资基础,即市场化基金低买高卖的盈利行为或由政府直接参与的维稳行为。总体来说,海外债转股更加市场化,实施方式也更加多样化。

此外,国内本轮纾困的出资方大多数只是扮演财务投资者的角色,并不真正参与企业的经营管理,然而通过海外两个纾困案例可以看出,阿波罗资产和美国政府由于盈利以及维稳的目的都积极参与公司治理与重大事项决策,从而实现退出。

这些区别主要是由于美国等发达国家严格遵守着破产法,也极其重视市场经济体制的作用。当企业陷入困境时,企业可以依法申请破产,而所有的债权人可以通过协商决定是进入破产清算阶段还是进行重组。此时一些对重组有信心的投资者就可以选择在公开市场上低价购入债权,然后将债权转换为股权,并对企业实施重组,待企业恢复价值后退出获利。

海外的经验表明,对于陷入债务危机的企业,通过低价购入债权后转换为股权从而取得企业经营权,是可以在市场中作为一项投资进行的。因此,市场化的纾困实际上是通过赔偿要求权的流通将投资者的范围扩大到除原有债权人之外的所有投资者,从而更加有利于重组的顺利进行,也为市场中的纾困基金提供了介入企业重组获利的机会。

随着国内纾困基金的发展,将会涌现越来越多的市场化参与者,对于保险资管机构而言,可灵活通过直接投资或间接投资的方式,发挥其独有的资金规模优势,参与到国内纾困前线,成为纾困领域最为重要的力量之一。

四、保险资管机构纾困实践总结

值得注意的是,目前保险资管机构纾困上市公司鲜有退出案例,一方面原因是保险资管机构最早参与纾困的时间为2018年底,受让的股份通常有6个月以上的锁定期,尚未符合退出条件;另一方面原因是保险资管机构资金投资期限较长,允许其长期持有上市公司股份,保险资产管理机构可以主动选择在上市公司基本面情况好转、二级市场环境稳定之后逐步退出,长线的资金亦是保证上市公司稳定发展的必要条件。

整体来看,此轮纾困起于政策引导与支持,保险资管机构迅速响应,设立了众多的专项纾困产品。与此同时,二级市场持续下行的大环境催生出了上市公司及大股东的纾困需求,为保险资管机构提供了丰富的投资标的和较好的介入时机。

总结以上保险资管机构纾困实践,可以看出本轮纾困的一些特点。下面将从保险资管机构纾困投资标的选择、纾困基金管理模式和纾困基金运作模式三方面来总结。

在投资标的选择上,纾困基金的设立并不是对所有遭遇困难的上市公司或其大股东提供纾困支持。2018年10月中国银保监会发布的《关于保险资产管理公司设立专项产品有关事项的通知》中,也提到保险机构参与纾困的专项产品主要用于化解优质上市公司股票质押流动性风险。虽然各个类型的纾困基金在筛选纾困标的的要求上会存在各种差异,但其考察的范围均是大同小异,主要包括纾困标的所在市场板块、所属地域、行业、盈利能力、估值水平、交易对手、风险规避措施。

从标的公司所属地域来看,通威股份位于四川省成都市,为我国中西部经济发展的头部地区;万达信息位于上海市徐汇区、润和软件位于江苏省南京市,二者均位于长三角经济发展水平较高区域。保险资管机构选择经济发展核心区的上市公司作为纾困选择标的,依托当地较好的经济发展水平,这样上市公司才更有可能脱困,亦降低了保险资管机构的纾困投资风险。

从标的公司所属行业看,通威股份主营太阳能光伏业务,以多晶硅、太阳能电池的研发、生产、销售为主,行业本身具备较好的发展前景,上市公司主要受光伏产业

链补贴滞后影响而陷入困境。万达信息是国内专业从事城市信息化领域服务的企业之一，经营范围涉及高科技投资、资产经营管理、电子产品、通信设备、市政公用建设工程施工等领域。润和软件主营业务为向国内外客户提供以数字化解决方案为基础的综合科技服务，业务聚焦在金融科技以及智能终端信息化、智慧能源信息化等业务领域。保险资管机构更偏好于软件信息服务业、新能源等具备良好发展前景的新兴产业。

从介入时机上看，国寿资产纾困通威股份、万达信息，阳光资产纾困润和软件均在2018年底，为二级市场行情低点，且大股东股票质押比例均比较高。在险资介入后，一定程度上缓解了大股东的质押爆仓风险或债券违约风险，且保险资金的介入向市场释放了积极信号，被纾困企业股价逐渐企稳回升。

从纾困基金的管理模式上看，国寿资产与阳光资产均采用主动管理模式，即通过设立具有纾困性质的专项产品进行纾困实践。保险资管机构采用主动管理模式有以下优点：第一，主动管理模式结构简单，易于操作。在设立专项产品之后，保险资管机构拨入专项资金用于纾困，避免了委托证券公司及私募基金进行管理。第二，主动管理决策链条短，纾困效率更高。主动管理模式的纾困资金均来源于保险资管机构自有资金，决策流程不需要外部机构参与，更能适合二级市场瞬息万变的市场环境，也正是这一优势让保险资管机构纾困专项计划成立不久即有投资落地。

从纾困基金的运作模式上看，保险资管机构采用了股权和债权并举的方式。股权投资主要针对上市公司大股东，通过协议转让及大宗交易等方式受让大股东股票，缓解股票质押爆仓风险；债权投资可以针对上市公司发行的债券或大股东发行的可交换公司债券等，通常通过债务重组的方式进行展期，并进一步提高债券收益率。

本轮保险资管机构纾困的一大特点是市场化程度较高。具体来看，市场化体现在投资标的选择与介入方式两个层面。投资标的选择上，保险机构偏好基本面情况良好，具备发展前景，且介入时股价安全边际较高的上市公司；介入方式上，保险资管机构既有选择通过协议转让、二级市场增持上市公司股票等方式参与纾困，又有通过大宗交易受让大股东发行的可交换公司债券、延长债务期限等方式缓解大股东还款压力。

从纾困效果来看，被纾困的上市公司股价表现稳中向好，保险资管机构纾困行为发挥了股价稳定器的作用。保险资管机构通过受让大股东股票缓解股权质押爆仓风险，减少了因质押爆仓造成的被动减持；通过受让可交债，降低了可交债的偿付和转股压力,使得大股东控股地位稳固。同时,机构资金的介入向市场释放了积极信号,避免了中小股东恐慌式抛售。

第四章 总 结

综上所述,市场经过2019年上半年的股价上涨后,上市公司的股票质押风险得到了一定程度的缓解。然而,目前国内外政治、经济局势错综复杂,未来市场的走向仍有一定的不确定性。上市公司中急需纾困的企业仍不在少数,为了更好地化解当前上市公司股票质押的风险,同时更好地应对未来市场可能产生的波动,纾困基金的设立与发展具有其必要性和延续性。保险资产管理机构作为金融市场的重要组成部分之一,通过参与发起设立纾困基金,能够更好地在当前金融市场中发挥金融机构的职能,也能够借此机会,参与到优秀的上市公司的股权投资中来,丰富自身的资产配置组合,增厚盈利水平。

因此,本课题在这样的背景下,对纾困基金的市场现状、发起设立的理论研究、难点分析以及案例分析等维度进行了一定程度的介绍与剖析,希望为保险资产管理机构参与纾困基金提供一定理论和实务上的参考依据。

参考文献

[1] 熊锦秋.纾困基金的"救"与"投"[J].金融博览(财富),2019(1).

[2] 刘力智.关于对困难国有企业扶危纾困的主要政策[J].中国石化,1998(12).

[3] 尚启.民企纾困是补短板稳增长的战略举措[J].上海企业,2018(12).

[4] 张颖,张婷.民营企业纾困的股权支持模式分析[J].财会月刊,2019(19).

[5] 万建民.民企纾困 信心为要[J].中国企业家,2018(22).

[6] 冯一凡.希腊援助计划:纾困,还是拯救[J].新理财(政府理财),2010(5).

[7] 张利娟.债转股能为企业纾困吗?[J].中国报道,2016(5).

[8] Freixas X. Optimal Bail Out Policy, Conditionality and Creative Ambiguity[R]. Financial Markets Group,1999.

[9] Fengqi C. Building up a Perfect Credit Bail-out Systems for Small & Medium-sized Enterprises (SMEs)[J]. Journal of Finance,2001(5).

[10] Conesa J C, Kehoe T J. Is it too Late to Bail Out the Troubled Countries in the Eurozone?

[J]. *American Economic Review*, 2014, 104(5).

[11] Bofinger P, Enderlein H, Padoa-Schioppa T, et al. Eurozone Needs a Permanent Bail-out Fund[N]. *The Financial Times*, 2010-09-27.

[12] Thomas F Huertas. The Road to Better Resolution: From Bail-Out to Bail-In[J]. *The Euro Area and the Financial Crisis*, 2011, 243.

保险资金投资永续债路径与风险防范

光大永明资产管理股份有限公司

肖 鹏　支静雅　刘 雅　王云艳

摘要

保险资金具有规模大、期限长的特点，保险资金投资永续债有利于保险公司资产与负债相匹配，在相关政策的支持下，永续债已逐渐成为保险资金支持实体经济的重要渠道之一。本课题从永续债特征入手，结合保险资金的特点，梳理保险资金投资永续债的投资路径，分析现行政策对保险资金会计与税务处理方式的影响，针对保险资金投资永续债的风险提出相应的风险管理措施，并从政策、监管、行业三方面发现保险资金投资永续债所面临的主要问题并提出建设性意见。

关键词

永续债　永续债权投资计划　权益工具　续期　风险防范

第一章 永续债概述

第一节 国内外永续债历史沿革

一、海外永续债历史沿革

海外永续债券市场经历了长时间的发展。永续债最早诞生于18世纪的拿破仑时代,由英国政府发行。

全球永续债的发展主要经历了三个阶段。第一个阶段是2008年金融危机前,永续债由于企业对于补充权益资金的强烈需求得到了快速发展。第二个阶段为2008年至2013年,由于金融危机给全球经济带来了冲击,发行趋势减缓,同时全球的金融机构从业人员也从此次金融危机中,对金融体系的稳定以及银行体系的稳定进行了深入思考。巴塞尔委员会于2010年12月发布《巴塞尔协议III》的初稿,并于2011年6月发布了修订版,要求商业银行资本总额对风险加权资产的比率不得低于8%,同时设置了对可计入附加一级资本的资本工具的最低要求,其中包括"该资本工具的期限应该为永续期限,并且不存在价格调升等刺激赎回的条款"。第三个阶段为2013年之后,《巴塞尔协议III》的发布使得境外商业银行开始大量通过永续债补充其他一级资本,全球永续债发行出现了明显增量。

图1-1显示了美元永续债累计发行规模的变化情况。

全球永续债主要以欧元和美元计价。截至2019年6月末,美元永续债最主要的发行主体依然集中在欧洲与北美,美国、英国、法国、中国和卢森堡为永续债发行的前五大国家,发行规模累计占全球永续债总体发行规模的56.81%以上。随着我国"一带一路"倡议的实施以及海外低利率市场的吸引,中国电建、中国五矿、中国华电等大型国有企业也发行了美元永续债,并得到了国际投资者的认可,中国企业已经成为全球美元永续债市场的重要组成部分。

图1-2显示了全球市场美元永续债规模构成。

截至2019年上半年,全球银行美元永续债的累计发行规模超过2 500亿美元,约

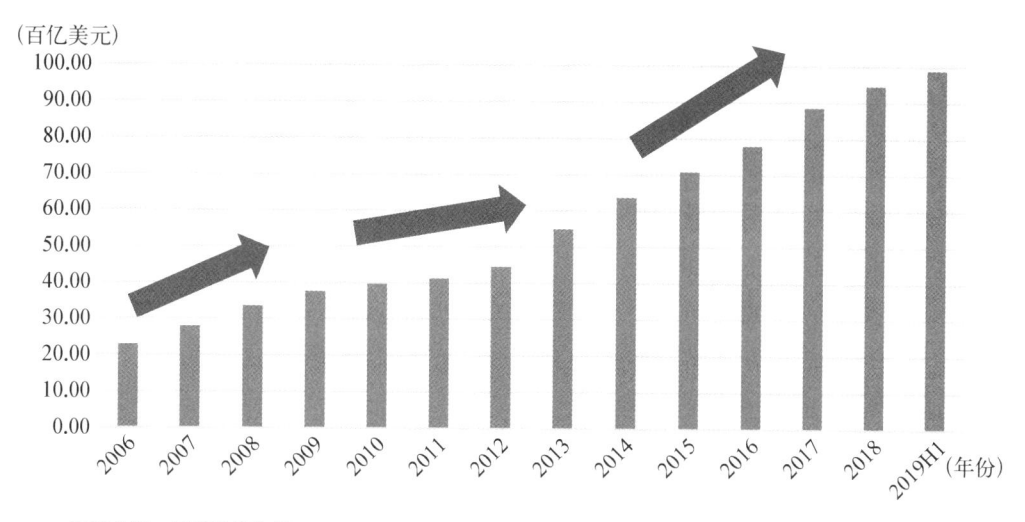

资料来源：彭博数据终端。

图 1‑1　美元永续债发行规模趋势

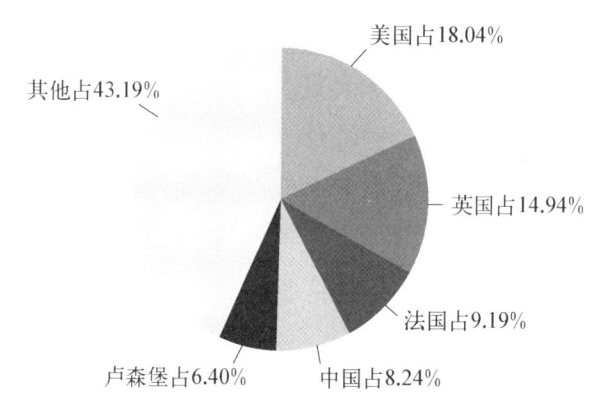

资料来源：彭博数据终端。

图 1‑2　1990—2019 年上半年全球市场美元永续债规模构成

占全球美元永续债总规模的 25%。国内银行永续债经过 2019 年的高速发展，截至 2019 年 9 月底，占国内永续债已发行规模的比例约 18%，较全球市场而言，仍然具有较为广阔的发展前景。

目前，海外银行永续债的投资者主要为长期限的机构投资者，包括保险机构、资产管理公司和养老金机构。根据彭博的数据统计，截至 2018 年底，海外银行永续债前十大投资机构中有 1 家保险公司，6 家资产管理公司，2 家养老金机构和 1 家商业银行。其中，德国安联保险持有规模达到 200 亿美元，显著高于其他机构投资者，表明海外银行永续债持续受到保险机构投资人的青睐。

二、国内永续债历史沿革

(一)国内永续债发行种类逐步拓宽,规模屡创新高

我国的永续债市场较海外市场而言起步较晚。2013年10月29日,武汉地铁集团有限公司发行了我国第一支永续类企业债——"13武汉地铁可续期债",从此掀开了我国永续债发展的大幕。此后,永续债市场发行种类不断扩充。2013年12月18日,国电电力发展股份有限公司发行第一只永续类中期票据"13国电MTN001"。2014年9月18日,兖州煤业股份有限公司发行第一只永续类定向工具"14兖州煤业PPN001"。2015年1月16日,中信建投证券股份有限公司发行第一只永续类证券公司债"15中信建"。2016年3月8日,浙江省交通投资集团有限公司发行第一只永续类公募公司债"16浙交Y1"。2016年6月8日,广西投资集团有限公司发行第一只永续类私募公司债"16桂续01"。2019年1月25日,中国银行股份有限公司发行第一只商业银行无固定期限资本债券"19中国银行永续债01"。

从2013年第一只永续债发行,截至2019年9月30日,我国永续债总发行达2.6万亿元,发行只数逾1500只,存续金额达2.4万亿元。受益于国家供给侧结构性改革及去杠杆相关政策,我国永续债市场不断扩容,发行规模除2016年小幅下滑外逐年递增,占信用债比例虽然较小,但规模呈上升趋势。2019年银行永续债开闸,1—9月永续债发行规模突破8286亿元,占信用债比例达7.78%,创历史新高。

图1-3显示了国内公开市场永续债发行规模的变化。

资料来源:根据WIND数据整理。

图1-3 国内公开市场永续债发行规模趋势

（二）国内永续债发展受政策驱动,得到国家政策的大力支持

自 2015 年起,我国永续债进入了快速发展时期,发行规模较之前一年度有着明显的增长,增幅达到了 337%,这与我国的政策环境有着密切的联系。

1. 企业永续债政策支持

自 2015 年 12 月中央经济工作会议召开后,中央针对当前经济新常态提出了供给侧结构性改革的新战略,并从我国经济发展的阶段性特征出发,形成了"三去一降一补"这一具有重大指导性、前瞻性、针对性的经济工作部署。"去杠杆"已成为"三去一降一补"中的重要任务之一,一方面是供给侧结构性改革的核心内容,另一方面也肩负着促进我国经济健康发展的重任。永续债由于其可计入权益的特性,被融资主体格外青睐,在维持融资规模的基础上,融资主体可以通过永续债这一金融工具来有效降低企业杠杆。

此外,2015 年颁布实施的《公司债券发行与交易管理办法》和《公开发行证券的公司信息披露内容与格式准则第 23 号——公开发行公司债券募集说明书(2015 年修订)》规范了永续债的发行环境,进一步促进了永续债的发展。

在国企、央企去杠杆的政策环境下,永续债在 2018 年再度强劲增长,发行规模和发行只数双双创下历史新高。

2018 年 8 月,发改委、人民银行、财政部、银保监会、国资委发布的《2018 年降低企业杠杆率工作要点》中,提出要"充分发挥国有企业资产负债约束机制作用"。

2018 年 9 月,中共中央办公厅、国务院办公厅印发《关于加强国有企业资产负债约束的指导意见》,提出的目标是促使高负债国有企业资产负债率尽快回归合理水平,推动国有企业平均资产负债率到 2020 年末比 2017 年末降低 2 个百分点左右。目前许多国有企业在降低资产负债率方面存在压力,发行永续债符合国务院关于国有企业"去杠杆"的要求,也成为国有企业压降资产负债率的重要方式之一。

此外,《上海证券交易所公司债券预审核指南(四)特定品种——可续期公司债券》《深圳证券交易所公司债券业务办理指南第 3 号——可续期公司债券业务》于 2017 年 12 月 20 日通过施行,进一步规范了可续期公司债的发行标准和要求。

2. 银行永续债政策支持

2018—2019 年相关部门为支持银行服务实体经济,迅速创设了银行永续债,并出台了一系列政策支持文件。

2018 年 1 月中国银监会、中国人民银行、中国证监会、中国保监会和国家外汇局联合发布《关于进一步支持商业银行资本工具创新的意见》(银监发〔2018〕5 号),支持商业银行资本工具的创新,为商业银行发行无固定期限资本债券创造有利条件。

同期,中国人民银行发布公告2018年第3号,规范银行发行资本补充债券的条件,鼓励银行业金融机构发行新型资本补充债券。

2019年1月24日,中国人民银行、银保监会出台政策《中国银保监会关于保险资金投资银行资本补充债券有关事项的通知》(银保监发〔2019〕7号),支持商业银行发行无固定期限资本债券,同时放开限制,允许保险机构投资符合要求的银行发行的无固定期限资本债券。

同日,中国人民银行发布公告,创设央行票据互换工具(CBS),规定公开市场业务一级交易商可以使用持有的合格银行发行的永续债从中国人民银行换入央行票据以提高银行永续债的流动性。

2019年1月25日,中国银行成功发行境内首单银行永续债。

2019年1月28日,财政部印发《永续债相关会计处理的规定》(财会〔2019〕2号,简称"2号文"或《会计新规》)。

2019年4月16日,财政部与税务总局发布《关于永续债企业所得税政策问题的公告》(财政部税务总局公告2019年第64号,简称"64号文"),针对永续债的会计和税务处理作出进一步明确和细化,为商业银行永续债的发行提供会计处理和税务处理方面的参考和支持。

第二节 永续债的概念、分类、特征和优势

一、永续债的概念

永续债是指附赎回(续期)选择权或无明确到期日的债券。永续债并不是一个债券品种,而是各类债券品种当中具有无固定期限等特征的一类债券的集合。

目前我国永续债没有明确统一的定义。《银行间债券市场债务融资工具产品手册》中提到,永续票据指的是"不规定到期期限,债权人不能要求清偿,但可按期取得利息的一种有价证券,在国际上永续票据为混合债务工具的一种"。《公司债务业务办理指南第3号——可续期公司债务业务》中提到,可续期公司债券是指"发行人依照法定程序发行,附可续期选择权的公司债券"。64号文中对永续债的范围也进行了阐述。

二、永续债的分类

本课题所研究的永续债主要分为两大类:一类为公开市场交易的债券,包括发改

委监管下的可续期企业债,银行间交易商协会管理下的长期限含权中期票据和可续期定向融资工具,证监会监管下的可续期一般公司债(含可续期私募债)、证券公司永续次级债,以及银保监会和中国人民银行监管下的无固定期限资本债券(银行永续债)。另一类为私募市场交易的金融工具,也常被称为"类永续债",包括银保监会监管下的保险资管公司发行的永续债权投资计划和信托公司发行的永续信托计划等。

在公开市场永续债中,长期限含权中期票据占全部已发行永续债规模比例最高,达到56%,可续期一般公司债占比18%,位居第二。

图1-4显示了公开市场永续债种类及占比情况。

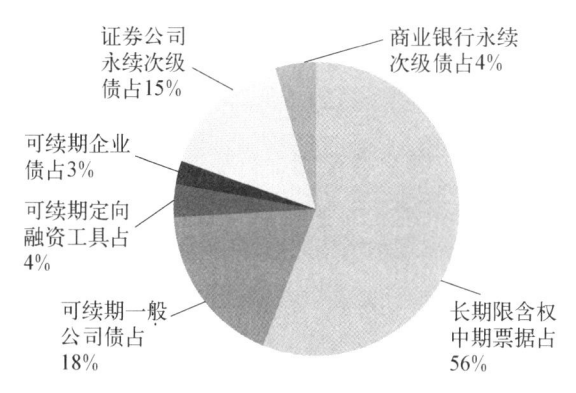

资料来源:根据WIND数据整理。

图1-4 公开市场永续债种类及占比(截至2019年9月底)

三、企业永续债的特征

作为"债券中的股票",企业永续债[①]相比于普通债券,最大的特点在于其不设固定的到期日,同时具有发行人赎回/延期权、利息递延权、利率跳升机制,在符合一定条件的情况下可计入权益的特点。

表1-1显示了企业永续债相较优先股和普通债券的特征。

表1-1 企业永续债特征

特 点	优 先 股	企业永续债	普 通 债 券
期限	没有明确到期时间	没有明确到期时间	有明确到期时间
票息	票息一般较高、较固定	一般较高,多设置利率跳升条款	票息一般较低、较固定
破产时清偿顺序	低于一般债务及永续债,优先于普通股	满足一定条件下等同于一般债务,优先于普通股和优先股	优先于优先股和普通股

[①] 企业永续债包括可续期企业债、长期限含权中期票据、可续期定向融资工具、可续期一般公司债。

续表

特　点	优先股	企业永续债	普通债券
违约事件	可自主决定支付,不构成违约事件	能自主决定延迟付息或强制延迟付息	延期付息即视为违约
违约时处理方式	无违约事件,不可要求偿付	发生违约即可起诉,应付利息及罚息均被法院支持	发生违约即可起诉,应付利息及罚息均被法院支持
会计处理	计入权益	符合一定条件可计入权益	计入负债

结合表1-1,与普通债券和优先股相比,企业永续债券主要有以下几个方面的特征。

(一) 没有明确到期时间

国内的企业永续债通常没有明确到期时间,同时具有赎回选择权或延期选择权。具有赎回选择权的永续债即发行人可在赎回日赎回债券,永续中票、永续定向工具多用此种方式。具有延期选择权的永续债则发行人在到期日可选择续期,可续期公司债、企业债多为此种类型。从永续债的股性来看,赎回日或到期日越晚股性越强。

(二) 具有利率跳升机制

企业永续债通常设置利率跳升机制,在续期的情况发生时给投资人补偿,重置票面利率。永续债的当期票面利率＝当期基准利率＋初始利差。基准利率一般为同期限国债收益率,少数永续债选择一周 Shibor 三年期或五年期均值作为基准利率。一般利率跳升以 300 BP 居多,占比将近 90%。少数债券利率跳升低于 300 BP,利率跳升最高达到 800 BP。利息重置可从第二个重定价周期开始跳升固定基点,此类市场占比 90%,也可每个重定价周期持续累加基点,此类市场占比较少。整体来看,利率跳升的幅度与发行主体的评级、债券期限等并无明显相关性,由发行人自行确定。

从股性上来看,无利率跳升机制或跳升幅度小的永续债股性更强。

(三) 利息可递延支付

我国永续债一般不限制利息递延的次数,但利息递延一般有两条限制条款:"若发行人选择递延支付利息,则直至已递延利息及孳息全部清偿完毕,不得向股东分红、减少注册资本或向偿付顺序劣后于该永续债券的证券进行任何形式的偿付。若发行人在付息日前一定时间内向股东分红、减少注册资本或向偿付顺序劣后于该永续债券的证券进行任何形式的偿付,则发行人应全额支付其已递延的利息及其孳息,且不得继续递延支付。"一般来说,利息递延支付限制越少则股性越强。

(四) 偿付顺序可等同于一般债务

截至 2019 年 9 月底,我国永续债中除券商永续次级债和商业银行永续债以及 4

只永续中票外,清偿顺序均等同于发行人一般债务。国外永续债通常规定破产清算时其清偿顺序要次于普通债券,因此偿付顺序可等同于一般债务,这也是国内企业永续债的一大特点。而2号文发布后,会计师事务所需审慎考虑与普通债务偿还顺序一致是否会导致持有方对发行方承担交付现金或其他金融资产合同义务的预期,永续债的偿付顺序或将面临调整。若企业永续债偿还顺序劣后于普通债务,则企业发生破产时,资金回收率更低,股性将更明显。

四、永续债的融资优势

由于永续债的会计属性介于传统债券和股票之间,兼具两者的优势,因此给发行人提供了很大的灵活性。主要体现在以下几个方面。

(一)降低资产负债率

永续债属于权益性融资工具,满足条件的永续债可计入权益,具有降低企业杠杆率的实际作用,符合国家核心政策导向。

(二)融资规模受限少

发行人累计债券余额不得超过净资产的40%,而发行永续债需满足永续企业债和永续公司债计入权益的部分不超过净资产的40%即可,其中不包含永续中期票据,因此发行永续债在一定程度上可突破净资产40%的限制,能够满足企业大规模的融资需求。

(三)融资成本较其他权益类资产低

相较于发行普通股、可转债等其他权益性融资工具,永续债融资成本更低。

(四)不影响公司治理

一般来讲,永续债的持有人不参与公司治理,不享有投票权,对发行人的经营管理没有影响。

(五)可用于补充资本金

《巴塞尔协议III》对银行的一级资本有了更高的要求,银行等金融机构可以通过发行永续债的方式补充资本金。

(六)利息在满足一定条件下可抵税

满足指定条件的永续债的利息支出可作为财务费用,在计算应纳税所得额时进行扣除,起到抵税的作用。

(七)还本付息具有灵活性

永续债具有递延付息、赎回/延期选择权,与部分企业大型建设项目建设周期长、资金投入大的特质相适应,为企业还本付息提供了缓冲。

第二章 保险资金投资永续债的路径研究

第一节 保险资金特征及永续债投资范围

一、保险资金特征

保险资金相较于银行理财、信托、券商资管、公募及私募基金等其他金融子行业的资金而言,具有规模大、长期性、稳定性、安全性的特点。

第一,保险资金规模大,同时保持稳健增长。2013—2018年,保险资金运用余额由7.69万亿元增长为16.41万亿元,5年内规模翻番,年均复合增长率达到16.37%;截至2019年9月末,保险资金运用余额达17.78万亿元。在经历了多年的高速增长之后,2018年由于寿险业务的调整,保险资金运用余额由高速增长调整为稳健增长。2018年在大资管混业竞争的格局下,截至2018年底,保险资金已经成为仅次于银行理财和信托的资金来源。

图2-1显示了保险资金变化趋势。

资料来源:根据WIND、银保监会数据整理。

图2-1 保险资金变化趋势

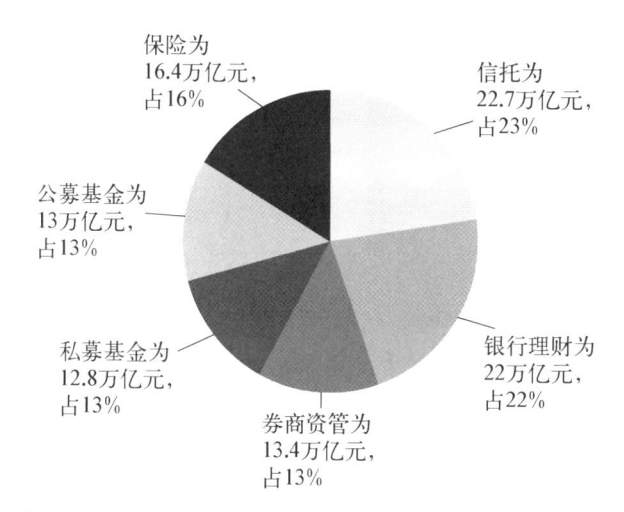

图 2-2 显示了金融子行业管理规模余额。

资料来源:根据信托业协会、中国基金业协会、银保监会、银行业协会数据整理。

图 2-2　金融子行业管理规模余额(截至 2018 年底)

第二,保险资金久期长。保险资金主要来源于保费收入,根据银保监会发布的《2018 年保险统计数据报告》,2018 年原保费收入为 3.8 万亿元,其中寿险业务占比 54.51%,财产险、健康险分别占比 28.33% 和 14.33%。寿险和健康险保单的期限较长、保费收入稳定,因此所产生的保费收入久期较长。

第三,保险资金具有追求稳定收益的特点。保险资金投资范围有限,且安全性要求较高,2013—2018 年保险资金投资平均收益率为 5.77%,实现了较为稳定的收益水平。从资金投向看,近年来,保险资金投向逐步放开,自 2013 年允许保险资金投向信托等其他金融资产后,保险资金其他金融资产投资比例不断提升,于 2016 年超过债券投资占比。而保险资金出于对安全性的要求,保险资金上市权益投资方面以大盘蓝筹股为主,在固定收益类资产中,保险资金对于国债和金融债的配置比例超过一半;在企业债中,配置 AAA 评级的超过 80%,债权投资计划也以 AAA 评级为主。

图 2-3 显示了 2013—2018 年我国保险业资产分布及收益率情况。

二、保险资金投资永续债的投资范围

根据《保险资金投资债券暂行办法》(保监发〔2012〕58 号)和《保险资金运用管理办法》(保监令 2018 年第 1 号),"保险资金投资的债券,应当达到中国保监会认可的信

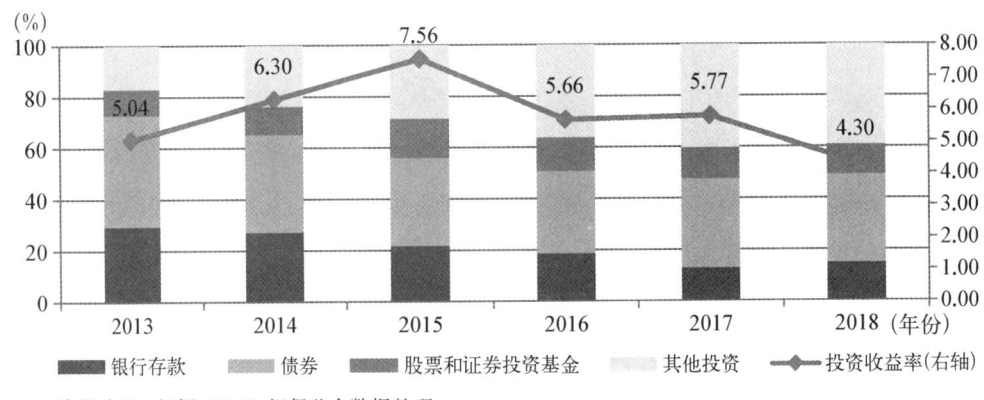

图 2-3 2013—2018 年我国保险业资产分布及收益率情况

用评级机构评定的,且符合规定要求的信用级别,主要包括政府债券、金融债券、企业(公司)债券、非金融企业债务融资工具以及符合规定的其他债券。其中,金融企业(公司)债券包括商业银行可转换债券、混合资本债券、次级债券以及金融债券,证券公司债券,保险公司可转换债券、混合资本债券、次级定期债券和公司债券,国际开发机构人民币债券以及中国保监会规定的投资品种。非金融企业(公司)债券包括非金融机构发行的企业债券、公司债券,中期票据、短期融资券、超短期融资券等非金融企业债务融资工具,可转换公司债券,以及中国保监会规定的其他品种"。定向融资工具(PPN)不属于保险资金可投资范围,因此可续期定向融资工具不属于保险资金的可投资范围。

2019 年 1 月银保监会发布的《关于保险资金投资银行资本补充债券有关事项的通知》(银保监发〔2019〕7 号),明确允许保险资金投资银行发行的无固定期限资本债券。

虽然非金融企业债务融资工具包含长期限含权中期票据,公司债券包含可续期公司债,企业债券包含可续期企业债,金融债券包含证券公司永续次级债,但监管规定并未对保险资金是否可以投资除银行永续债外的无固定期限的债券(永续债)作出明确规定,各家保险公司对于可否投资公开市场企业永续债内部合规有不同的要求。

2015 年首只永续债权投资计划——"平安-中国中铁债权投资计划"成功注册,开启了保险资金投资永续债权投资计划的先河。

2019 年 6 月 19 日发布的《保险资金投资集合资金信托有关事项的通知》(银保监办发〔2019〕144 号)(简称"144 号文")首次对保险资金投资免增信的集合资金信托计

划提出了明确要求。由于永续信托计划一般没有担保等其他增信措施,144号文在一定程度上为保险资金投资永续信托计划扫清了政策障碍,永续信托计划未来的市场可期。

整体而言,截至目前,保险资金在永续债投资领域仍然处于试水阶段,明确可投资的永续债品种包括符合规定的银行永续债、注册发行的永续债权投资计划,同时有更多的保险资金参与投资永续信托计划。

表2-1显示了保险资金永续债的投资范围。

表2-1　　　　　　　　　　保险资金永续债投资范围

	永续债种类	监管机构	保险资金是否可投资	外部评级最低要求
公开市场	长期限含权中期票据	交易商协会	未明确	A
	可续期公司债	证监会	未明确	AA+
	可续期定向融资工具	交易商协会	不可投资	—
	可续期企业债	发改委	未明确	A
	证券公司永续次级债	证监会	未明确	AA
	商业银行永续债	银保监会/中国人民银行	可投资	AAA
私募市场	永续债权投资计划	银保监会	可投资	AAA
	永续信托计划	银保监会	可投资	AAA

第二节　保险资金投资永续债的投资要求

一、保险资金投资永续债的监管要求

随着我国永续债的发展,相关政策法律法规也不断完善。目前保险资金投资公开市场企业永续债由于监管规定尚未明确,主要依据仍为保险资金投资债券的要求。

而针对银行永续债,银保监会制定了明确的投资要求,主要依据为《关于保险资金投资银行资本补充债券有关事项的通知》(银保监发〔2019〕7号)。

针对永续债权投资计划和永续信托计划,目前未有明确的投资要求,主要以银保监会制定的免增信债权投资计划和免增信信托计划的发行标准为参考。

表2-2显示了保险资金投资永续债的投资要求。

表2-2　　　　　　　　　　保险资金投资永续债的投资要求

投资范围	投资要求	发行要求
企业永续债	《保险资金运用管理办法》(保监令2018年第1号)、《保险资金投资债券暂行办法》(保监发〔2012〕58号)	《上海证券交易所公司债券预审核指南(四)特定品种——可续期公司债券》《深圳证券交易所公司债券业务办理指南第3号——可续期公司债券业务》
银行永续债	《关于保险资金投资银行资本补充债券有关事项的通知》(银保监发〔2019〕7号)	中国人民银行发布公告2018年第3号
永续债权[①]投资计划	《基础设施债权投资计划管理暂行规定》(保监发〔2012〕92号)《关于保险资金投资有关金融产品的通知》(保监发〔2012〕91号)《保险资金间接投资基础设施项目管理办法》(保监会令2016年第2号)《关于债权投资计划投资重大工程有关事项的通知》(保监资金〔2017〕135号)	
永续信托计划	《保险资金投资集合资金信托有关事项的通知》(银保监办发〔2019〕144号)	

二、保险资金对银行永续债的投资要求

（一）对发行主体资质要求高，交易对手有限

根据《关于保险资金投资银行资本补充债券有关事项的通知》(银保监发〔2019〕7号)，险资能投资的银行永续债发行主体应满足四个具体规定：(1) 公司治理完善，经营稳健；(2) 最新经审计的总资产不低于1万亿元，净资产不低于500亿元；(3) 核心一级资本充足率不低于8%，一级资本充足率不低于9%，资本充足率不低于11%；(4) 国内信用评级机构评定的AAA级或者相当于AAA级的长期信用级别。

保险资金是债券市场的重要参与机构，其负债期限长、资金规模大，天然适合配置银行永续债，国外的银行资本补充债券保险机构也是主要的机构投资者。经万得筛选，32家上市银行中，保险资金可投资的银行为18家，包括中农工建交5大国有商业银行，招商、兴业、浦发、中信、民生、光大、平安、华夏8家股份制银行，以及北京、上海、江苏、南京、宁波5家城市农商行，近期披露拟发行银行永续债的杭州银行、郑州银行、紫金银行和张家港银行由于总资产、净资产或评级达不到要求而无法成为保险资金的投资标的。

表2-3显示了保险资金可投资的上市银行永续债发行主体情况。

[①] 本表格数据及资料来源截至2019年9月底。2020年9月11日，《债权投资计划实施细则》(银保监办发〔2020〕85号文)发布，同时废止了《基础设施债权投资计划管理暂行规定》(保监发〔2012〕92号)、《关于保险资金投资有关金融产品的通知》(保监发〔2012〕91号)第六条、《关于债权投资计划注册有关事项的通知》(保监资金〔2013〕93号)、《关于债权投资计划投资重大工程有关事项的通知》(保监资金〔2017〕135号)。此后，永续债权投资计划投资及发行要求主要参照《保险资金间接投资基础设施项目管理办法》(保监会令2016年第2号)、《债权投资计划实施细则》(银保监办发〔2020〕85号文)。

表 2-3　　保险资金可投资的上市银行永续债发行主体情况（截至 2018 年底）

证券简称	总资产（亿元）	净资产（亿元）	核心一级资本充足率(%)	一级资本充足率(%)	资本充足率(%)	评级	性质	是否可投资
工商银行	276 995	23 449	13.0	13.5	15.4	AAA	国有商业银行	是
建设银行	232 227	19 916	13.8	14.4	17.2	AAA	国有商业银行	是
农业银行	226 095	16 748	11.6	12.1	15.1	AAA	国有商业银行	是
中国银行	212 673	17 254	11.4	12.3	15.0	AAA	国有商业银行	是
交通银行	95 312	7 053	11.2	12.2	14.4	AAA	国有商业银行	是
招商银行	67 457	5 436	11.8	12.6	15.7	AAA	股份制银行	是
兴业银行	67 117	4 726	9.3	9.9	12.2	AAA	股份制银行	是
浦发银行	62 896	4 784	10.1	10.8	13.7	AAA	股份制银行	是
中信银行	60 667	4 531	8.6	9.4	12.5	AAA	股份制银行	是
民生银行	59 948	4 310	8.9	9.2	11.8	AAA	股份制银行	是
光大银行	43 573	3 225	9.2	10.1	13.0	AAA	股份制银行	是
平安银行	34 186	2 400	8.5	9.4	11.5	AAA	股份制银行	是
华夏银行	26 806	2 187	9.5	10.4	13.2	AAA	股份制银行	是
北京银行	25 729	1 941	8.9	9.9	12.1	AAA	城市农商行	是
上海银行	20 278	1 618	9.8	11.2	13.0	AAA	城市农商行	是
江苏银行	19 258	1 245	8.6	10.3	12.6	AAA	城市农商行	是
南京银行	12 433	788	8.5	9.7	13.0	AAA	城市农商行	是
宁波银行	11 164	812	9.2	11.2	14.9	AAA	城市农商行	否
杭州银行	9 211	572	8.2	9.9	13.2	AAA	城市农商行	否
长沙银行	5 266	318	9.5	9.6	12.2	AAA	城市农商行	否
贵阳银行	5 033	358	9.6	11.2	13.0	AAA	城市农商行	否
成都银行	4 923	313	11.1	11.2	14.1	AAA	城市农商行	否
郑州银行	4 661	379	8.2	10.5	13.2	AAA	城市农商行	否
青岛银行	3 177	275	8.4	11.8	15.7	AAA	城市农商行	否
青农商行	2 941	213	10.6	10.6	12.6	AA+	城市农商行	否
西安银行	2 435	200	11.9	11.9	14.2	AAA	城市农商行	否
紫金银行	1 932	123	9.7	9.7	13.4	AA+	城市农商行	否
常熟银行	1 667	135	10.5	10.5	15.1	AA+	城市农商行	否
无锡银行	1 544	109	10.4	10.4	16.8	AA+	城市农商行	否

续表

证券简称	总资产（亿元）	净资产（亿元）	核心一级资本充足率(%)	一级资本充足率(%)	资本充足率(%)	评级	性　　质	是否可投资
苏农银行	1 168	95	11.0	11.0	14.9	AA+	城市农商行	否
江阴银行	1 149	106	14.0	14.0	15.2	AA+	城市农商行	否
张家港行	1 134	100	11.9	11.9	15.6	AA+	城市农商行	否

资料来源：根据 WIND 数据整理。

（二）投资银行永续债可获得流动性支持

2019年1月，中国人民银行发布公告创设央行票据互换工具（CBS），规定公开市场业务一级交易商可以使用持有的合格银行发行的永续债从中国人民银行换入央行票据以提高银行永续债的流动性。根据《中国人民银行有关负责人就创设央行票据互换工具答记者问》，用于CBS操作的银行永续债发行主体必须满足五大条件：（1）最新季度末的资本充足率不低于8%；（2）最新季度末以逾期90天贷款计算的不良贷款率不高于5%；（3）最近三年累计不亏损；（4）最新季度末资产规模不低于2 000亿元；（5）补充资本后能够加大对实体经济的支持力度。

通过对我国上市商业银行进行筛选，常熟银行、无锡银行、江阴银行、张家港行、苏农银行、紫金银行这六家银行因总资产暂不满足要求，其发行的永续债不能用于CBS操作。而满足保险资金可投资的银行永续债均满足央行票据互换操作的要求，因此保险资金投资银行永续债在一定程度上获得了流动性支持。

三、保险资金对永续债权投资计划的投资要求

本课题所指的债权投资计划是保险资产管理公司等专业管理机构作为受托人，面向委托人发行受益凭证，募集资金以债权方式投资基础设施、不动产项目，按照约定支付预期收益并兑付本金的金融产品，由中国保险资产管理业协会进行注册备案。永续债权投资计划是债权投资计划的一种，区别于公开市场的永续债，是属于私募市场的一种资本性金融工具。相较于公开市场企业永续债，永续债权投资计划的投资和发行要求主要有以下几个特点。

（一）相较于公开市场企业永续债和永续信托，偿债主体资质要求更高[①]

由于永续债权投资计划的偿债主体具有赎回/延期选择权和利息递延支付等权

---

① 本部分数据及资料来源截至2019年9月底。自2020年9月11日《债权投资计划实施细则》（银保监办发〔2020〕85号文）发布后，保险债权投资计划免增信的要求与信托计划免增信的要求一致。

利,基于永续债权投资计划存续期限长和利息支付的滞后性,从保险资金安全性角度考虑,在监管规定和实际操作中,偿债主体的资质比公开市场永续债要求更高,与一般债权投资计划中免增信的条件一致,要求:(1)偿债主体最近两个会计年度净资产不低于300亿元、年营业收入不低于500亿元;(2)偿债主体最近两年发行过无担保债券,其主体及所发行债券信用评级均为AAA级。根据《中国保监会关于债权投资计划投资重大工程有关事项的通知》(保监发〔2017〕135号),如果投资项目为国务院或国务院投资主管部门核准的重大工程,且融资主体为AAA评级,则可免于信用增级,即可发行永续债权投资计划。

从公开市场企业永续债来看,永续公司债发行人主体评级和债项评级需达到AA+及以上。公开市场可续期企业债只要达到企业债发行要求即可:(1)股份有限公司的净资产不低于人民币3 000万元,有限责任公司和其他类型企业的净资产不低于人民币6 000万元;(2)要求企业连续三年盈利。

永续中票的发行条件与中期票据一致,注册即可,无须审批,要求:(1)具有法人资格的非金融企业,企业净资产原则上不低于10亿元;(2)具有稳定的偿债资金来源;(3)拥有连续三年的经审计的会计报表;(4)最近一个会计年度盈利。

相较于公开市场企业永续债,永续债权投资计划对于偿债主体的资产规模、信用资质等方面的要求要高得多。

永续信托计划适用免增信信托计划的要求,要求融资主体信用等级为AAA,且符合下列条件之一:(1)上年末净资产不低于150亿元;(2)最近三年连续盈利;(3)融资主体募投项目为经国务院或国务院投资主管部门核准的重大工程。通过对比发现,若融资主体达到AAA评级,只要净资产或净利润足够高,或项目层级足够高,三者满足其一,即可达到永续信托的发行条件,较永续债权投资计划要求相对更低。

(二)相较于永续信托计划,对于募投项目要求更高,且以基础设施项目为主

对于不动产债权投资计划,目前要求增信方式应符合《基础设施债权投资计划管理暂行规定》的相关要求,不得提供无担保债权融资,因此目前的永续债权投资计划,募投项目主要为基础设施类,且须满足银保监会以及保险资产管理业协会对于一般债权投资计划募投项目的要求,包括项目批复层级、项目证照、可融资规模均需达到监管要求,资金用途不可为补充企业流动资金[①],需投向具体项目。

---

① 本部分数据及资料截至2019年9月底。自2020年9月11日《债权投资计划实施细则》(银保监办发〔2020〕85号文)发布后,债权投资计划投资基础设施项目的,可以使用不超过40%的募集资金用于补充融资主体的营运资金。

永续信托计划与一般信托计划在银保监会备案方面没有显著差别。[①] 对于基础设施类和房地产类项目,均需满足相应的监管要求,对于房地产项目,目前各地银保监局在审批备案要求方面有所不同。对于资金用途为补充流动资金的项目,在实操中,也需要达到流动资金缺口测算中的计算要求。

(三)在免增信基础上,未设置更高要求

证监会专门针对可续期公司债制定了相应的发行规则,且较一般公司债有更高的要求,其发行人主体评级和债项评级需达到AA+及以上。可续期企业债、可续期中期票据、可续期定向工具的发行要求均与一般企业债、中期票据、定向工具保持一致,发改委和银行间交易商协会未再针对可续期企业债、可续期中期票据等制定单独的发行规则。

目前市场上发行的永续债权投资计划交易结构均为免增信的交易结构,即无担保主体对本息进行担保。[②] 在免增信对于主体资质要求的基础上,目前银保监会和保险资产管理业协会尚未对永续债权投资计划设置更高的要求。

(四)累计发行规模不受限

永续债权投资计划每单发行规模不超过30亿元,但可注册多期,总发行规模不受限制。[③]

根据《上海证券交易所公司债券预审核指南(四)特定品种——可续期公司债券》,公开发行的可续期公司债和可续期企业债累计计入权益的债券余额不得超过发行人最近一期净资产的40%。

总体而言,永续债权投资计划的累计规模不受限,能够突破企业净资产40%的限制,同时可计入权益资产,降低企业资产负债率。

第三节 永续债的市场概况

一、永续债市场

截至2019年9月30日,永续债总发行金额达2.6万亿元。我国公开市场永续债在发行期限、发行主体、发行主体所在行业、发行主体评级等方面存在一定特点。

[①] 部分信托公司发行的永续信托计划可按"投资类"进行监管备案,不占"融资类"信托计划的额度,在大幅压降"融资类"信托计划规模的环境下,永续信托计划的管理费显著低于"融资类"信托计划。
[②] 本部分数据及资料截至2019年9月底。
[③] 本部分数据及资料截至2019年9月底。自2020年9月11日《债权投资计划实施细则》(银保监办发〔2020〕85号文)发布后,免增信债权投资计划不受每单发行规模不超过30亿元的限制。

(一) 发行期限

目前我国永续债期限以3+N年、5+N年为主。截至2019年9月30日,根据万得数据统计,我国已发行永续债中3+N年的规模占比为48.98%,5+N年的规模占比为48.68%,二者合计占比达到98%。我国市场上的永续债期限还包括1+N、2+N、4+N、6+N、7+N、10+N年等。其中,首单1+N、2+N、4+N、10+N年的永续债均诞生于2018年,永续债的期限逐渐呈现多样化的态势。

(二) 发行主体企业性质

发行永续债符合国务院关于国有企业"去杠杆"的要求,也是国有企业压降资产负债率的重要方式之一,国有企业已成为当前我国永续债市场的主力军。截至2019年9月30日,地方国企发行永续债金额占比最高,为48.28%,中央企业占比为34.10%,二者合计金额占比达到82%,而民营企业永续债发行规模仅有468亿元,占比不到2%。

图2-4显示了永续债发行主体的规模占比。

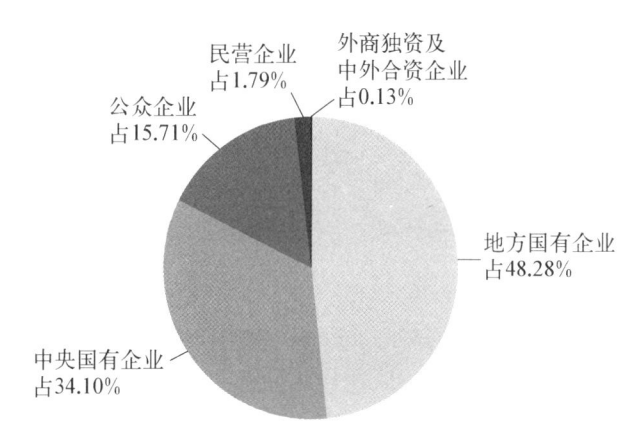

资料来源:根据WIND数据整理。

图2-4 永续债发行主体规模占比

截至2019年9月底,我国永续债发债主体数量已经接近550家。不考虑商业银行和证券公司的次级永续债,永续债发行规模排名前五的是中国大唐集团有限公司、国家电力投资集团有限公司、陕西延长石油(集团)有限责任公司、招商局集团有限公司、中国中铁股份有限公司,发行规模前十大发行人合计发行规模达到3 718.8亿元,占比超过14%,整体集中度较高,其中大唐集团永续债发行规模达到1 015亿元,且前十大发行主体平均资产负债率达到71.34%,较永续债发行主体平均资产负债率的67.50%高出4个百分点,依然存在较为强烈的降负债的需求。

表2-4显示了永续债前十大发行人的发行规模及其资产负债率情况。

表 2-4 永续债前十大发行人的发行规模及其资产负债率情况

	发 行 人	发行规模(亿元)	资产负债率(%)
1	中国大唐集团有限公司	1 015.00	76.43
2	国家电力投资集团有限公司	520.00	78.45
3	陕西延长石油(集团)有限责任公司	340.00	63.79
4	招商局集团有限公司	300.00	59.26
5	中国中铁股份有限公司	300.00	76.43
6	山东高速集团有限公司	285.00	71.07
7	中国华能集团有限公司	275.00	76.98
8	河钢集团有限公司	230.80	72.37
9	四川省铁路产业投资集团有限责任公司	230.00	69.90
10	中国建材股份有限公司	223.00	68.75

注：资产负债率为 2018 年 12 月 31 日数据。
资料来源：根据 WIND 数据整理。

(三)发行主体所在行业

在已发行的永续债中,由于发债主体以地方国企和中央企业为主,因此城投债占比也较大,金额占比达到 23.2%。除城投债外,发行主体行业以制造业、建筑业、能源等重资产、高负债的周期性行业为主。一方面这些行业资产负债率相对较高,发行永续债可以达到改善财务状况的效果。另一方面,此类行业前期投资需求旺盛,后期现金流较为稳定,投资回收期相对较长,与永续债长久期的特性相匹配。

图 2-5 显示了永续债发行主体所在行业的分布情况。

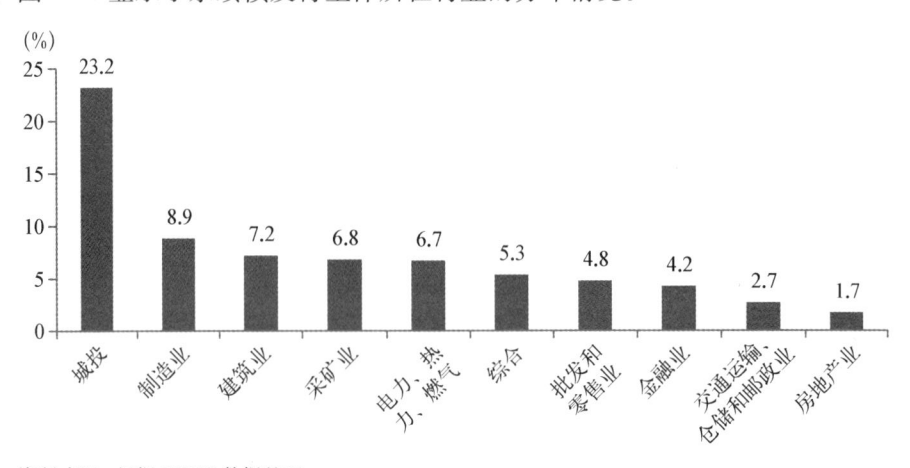

资料来源：根据 WIND 数据整理。

图 2-5 永续债发行主体所在行业分布

(四)发行主体评级

截至2019年9月底,永续债的发行主体评级全部为AA及以上,发行主体整体资质良好,其中AAA占比将近80%,AA占比不到3.62%。从发行主体最新评级来看,部分发行主体资质有所提高,AAA占比有所提升。同时,由于财务指标恶化及信用风险事件的发生,少数发行人评级下调至AA以下,占比为0.96%。

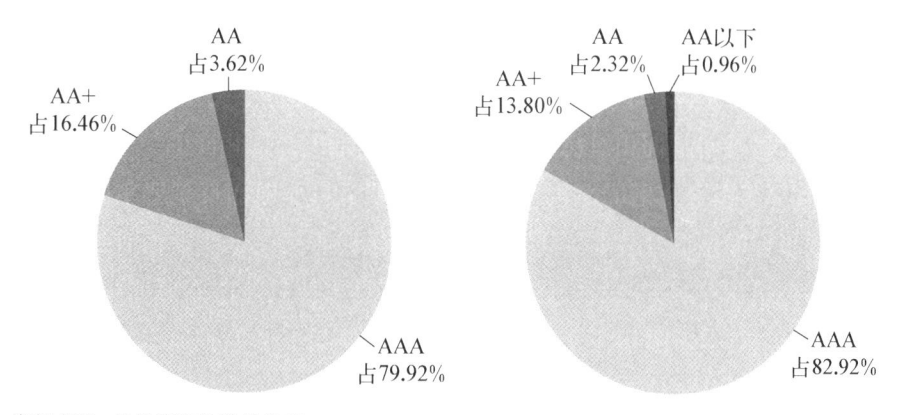

图2-6显示了永续债发行主体发行时评级(左)及最新评级(右)。

资料来源:根据WIND数据整理。

图2-6 永续债发行主体发行时评级及最新评级

二、永续债权投资计划市场

根据公开披露的信息以及市场调研情况,首只永续债权投资计划"平安-中国中铁债权投资计划"于2015年2月成功注册,2017年永续债权投资计划进入快速发展期。截至2019年6月,据不完全统计,目前已发行的永续债权投资计划40余只不到2 000亿元,占2015—2019年保险债权投资计划发行规模的比例不到15%,经过近几年的发展,已逐渐成为保险资金支持实体经济的重要渠道之一。

截至2019年3月31日,已发行的永续债权投资计划发行主体外部评级均为AAA级,发行主体全部为地方国有企业和中央企业,投向聚焦基础设施领域,以交通、能源行业为主。在期限方面,相比于公开市场永续债,永续债权投资计划期限更长,以5+N年期限为主,同时10+N年期限占比较高。

表2-5显示了债权投资计划2015—2018年的注册情况。

表 2-5　　　　　　　　债权投资计划 2015—2018 年的注册情况

	合 计	2015 年	2016 年	2017 年	2018 年
注册数量（只）	659	111	134	204	210
基础设施	301	42	57	81	121
不动产	358	69	77	123	89
注册规模（亿元）	13 292.75	2 047.13	2 479.39	4 579.97	4 186.26
基础设施	7 912.29	1 027.45	1 477.53	2 466.45	2 940.86
不动产	5 380.46	1 019.68	1 001.86	2 113.52	1 245.4

资料来源：根据产品注册动态整理。

表 2-6 显示了典型永续债权投资计划的注册案例。

表 2-6　　　　　　　　典型永续债权投资计划注册案例

债权计划名称	金额（亿）	期限（年）	注册时间	融资主体	外部评级
光大永明-湖北交投棋盘洲长江公路大桥债权投资计划	15.6	5＋N	2019 年 2 月	湖北交投	AAA
光大永明-湖北交投嘉鱼长江公路大桥债权投资计划	12	5＋N	2019 年 2 月	湖北交投	AAA
泰康-大唐集团基础设施债权投资计划	30	5＋N	2018 年 12 月	大唐集团	AAA
阳光-中国五矿集团基础设施债权投资计划（二期）	11.7	10＋N	2018 年 8 月	中国五矿集团	AAA
英大-华能国际基础设施债权投资计划	50	8＋N	2018 年 8 月	华能国际	AAA
建信-四川铁投集团债权投资计划	15	5＋N	2018 年 8 月	四川铁投	AAA
中国人寿-延长石油基础设施债权投资计划（一期）	20	5＋N	2018 年 7 月	延长石油	AAA
中国人寿-延长石油基础设施债权投资计划（二期）	30	5＋N	2018 年 7 月	延长石油	AAA
华泰-招商局集团债权投资计划（1 号）	80	10＋5N 15＋5N	2018 年	招商局集团	AAA
华泰-招商局集团债权投资计划（2 号）			2018 年	招商局集团	AAA
华泰-招商局集团债权投资计划（3 号）			2018 年	招商局集团	AAA
太平-中铝基础设施债权投资计划	30	8＋N	2018 年 2 月	中铝集团	AAA

续表

债权计划名称	金额（亿）	期限（年）	注册时间	融资主体	外部评级
阳光-中国五矿集团基础设施债权投资计划（一期）	18	10+N	2017年12月	中国五矿集团	AAA
长江养老-中国化工集团基础设施债权投资计划（二期）	30	5+N	2017年12月	中国化工集团	AAA
华泰-中国华电债权投资计划（一期）	30	10+5N	2017年10月	中国华电集团	AAA
华泰-中国华电债权投资计划（二期）	30	10+5N	2017年10月	中国华电集团	AAA
华泰-中国商飞债权投资计划（1号）	75	10+5N	2017年8月	中国商飞	AAA
华泰-中国商飞债权投资计划（2号）	75	10+5N	2017年8月	中国商飞	AAA
光大永明-四川铁投集团债权投资计划	30	5+5N	2017年5月	四川铁投	AAA
长江养老-中国化工集团基础设施债权投资计划（一期）	30	5+N	2017年4月	中国化工集团	AAA
华夏久盈-中国化工债权投资计划	30	5+N	2017年2月	中国化工集团	AAA
华泰-中国远洋海运集团债权投资计划	200	10+5N	2016年12月	中国远洋集团	AAA
人保资产-中航国际不动产债权投资计划	18	5+N	2015年12月	中航国际	AAA
平安-中国中铁债权投资计划	20	5+N	2015年2月	中国中铁	AAA

资料来源：根据产品注册动态及市场信息整理。

三、银行永续债市场

（一）银行永续债市场概况

2019年1月25日，中国银行成功发行我国首笔银行永续债，规模为400亿元，期限为5+N年，票面利率为4.5%。2019年5月30日，中国民生银行成功发行我国股份制银行首单永续债，规模为400亿元，期限为5+N年，票面利率为4.85%。

在国家支持商业银行通过发行永续债补充资本，支持实体经济的政策背景下，银行永续债势如破竹。截至2019年9月底，五大行中除建行外均已发行永续债，共计10单，合计4 550亿元，占永续债发行规模约18%，待发行的银行永续债合计规模逾3 000亿元。整体来看，我国银行永续债在发行规模上与国际银行业发行主体相比，起步较晚，但发展迅速。

表2-7显示了已发行的商业银行永续债情况。

表2-7　　已发行的商业银行永续债情况(截至2019年9月底)

发行人类别	发 行 人	发行规模(亿元)	发 行 日 期	发行利率(%)
国有银行	中国银行	400	2019年1月25日	4.50
	工商银行	800	2019年7月26日	4.45
	农业银行	1 200	2019年9月3日 2019年8月16日	4.20 4.39
	交通银行	400	2019年9月18日	4.20
股份制银行	民生银行	400	2019年5月30日	4.85
	华夏银行	400	2019年6月21日	4.85
	浦发银行	300	2019年7月10日	4.73
	广发银行	450	2019年9月25日	4.50
	渤海银行	200	2019年9月11日	4.75

资料来源：根据WIND数据整理。

表2-8显示了商业银行永续债拟发行情况。

表2-8　　商业银行永续债拟发行情况(截至2019年9月底)

发行人类别	发 行 人	拟发行规模(亿元)
国有银行	建设银行	400
股份制银行	兴业银行	300
	中信银行	400
	光大银行	400
	平安银行	500
	招商银行	500
城商行/农商行	杭州银行	100
	徽商银行	100
	哈尔滨银行	150
	盛京银行	90
	锦州银行	40
	郑州银行	100

续表

发行人类别	发 行 人	拟发行规模（亿元）
城商行/农商行	江西银行	—
	张家港行	20
	紫金农商行	30

资料来源：根据公开信息整理。

（二）银行永续债概念

商业银行发行的无固定期限资本债券，具有永续债无固定期限的特点，即为本节中探讨的银行永续债。

根据《巴塞尔协议》与《商业银行资本管理办法（试行）》，商业银行的资本充足率＝（一级资本＋二级资本）/风险加权资产。一级资本又包括核心一级资本和其他一级资本。商业银行的资本充足率应不低于10.5%，一级资本充足率不低于8.5%，核心一级资本充足率不低于7.5%，即在核心一级资本充足率满足7.5%的情况下，其他一级资本充足率应不低于1%。

核心一级资本包括普通股、资本公积、盈余公积、未分配利润、一般风险准备、少数股东损益可计入部分以及可转债的权益部分等；其他一级资本包括其他一级资本工具及其溢价部分、少数股东资本可计入部分；二级资本包括未披露准备金、一般贷款损失、超额贷款损失等。

银行永续债与优先股均可作为商业银行其他一级资本的资本补充工具，以优化商业银行的资本结构，提升银行资本充足率，保护债权人利益，维持金融系统的稳定发展。

表2-9显示了商业银行资本充足率要求及补充资本工具。

表2-9　　　　　　商业银行资本充足率要求及补充资本工具

	资本充足率要求（%）	资本组成	资本补充工具
资本	10.5	—	—
一级资本	8.5	—	—
核心一级资本	7.5	普通股、资本公积、盈余公积、未分配利润、一般风险准备、少数股东损益可计入部分、可转债的权益部分等	普通股、未分配利润、可转债

续表

	资本充足率要求（%）	资本组成	资本补充工具
其他一级资本	—	其他一级资本工具及其溢价部分、少数股东资本可计入部分	优先股、银行永续债
二级资本	—	未披露准备金、一般贷款损失、超额贷款损失等	二级资本债、超额贷款损失准备

资料来源：根据《商业银行资本管理办法（试行）》整理。

在核心一级资本充足率满足7.5%的条件下，其他一级资本充足率大于1%即可满足一级资本充足率不低于8.5%的要求。截至2018年底，32家上市银行中，大部分银行的其他一级资本充足率小于1%，而主要依靠核心一级资本来满足一级资本充足率要求的银行，其补充其他一级资本的需求依然旺盛。

图2-7显示了上市银行其他一级资本充足率情况。

资料来源：根据WIND数据整理。

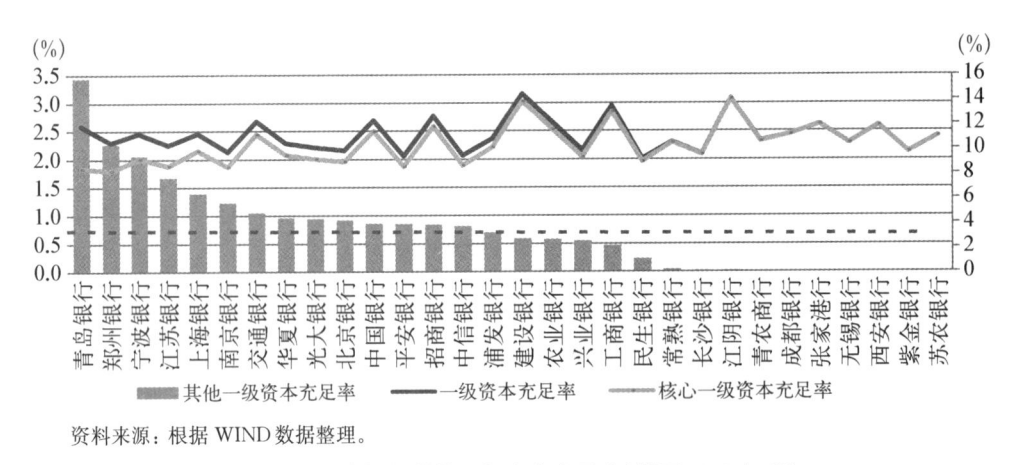

图2-7 上市银行其他一级资本充足率（截至2018年底）

（三）银行永续债特点

1. 与企业永续债相比股性更强

与国内企业永续债相比，银行永续债不含有利率跳升机制和其他赎回激励，但必须含有减记条款，偿付顺序劣后于一般债权人，基本与海外银行永续债相同，股性更强，具有"真永续"的特点。具体来看：（1）无到期日，存续期与发行人持续经营存续期一致。（2）有条件赎回，一般为自发行之日起5年后，发行人有权于每年付息日赎回债券，且须在得到银保监会批准并满足一定条件的前提下行使赎回权。（3）无利率跳升机制和其他赎回激励。（4）须含有减记或转股条款。国内银行永续债均设有减记条款。(5)清偿顺序在存款人、一般债权人和次级债务之后,普通股和优先股之前。

表 2-10 显示了银行永续债与国内企业永续债在条款设计、资金用途、偿付顺序和发行场所方面的异同。

表 2-10　　　　　　　　银行永续债与国内企业永续债对比

	国内银行永续债	国内企业永续债
用途	补充银行其他一级资本	企业融资,降低资产负债率
利率跳升	无	有
利息递延	可取消支付利息,未支付利息不累积至下一付息日	可取消支付利息,未支付利息累积至下一付息日
期限	无,一般5年后可赎回	一般为3+N年
减记或转股条款	含有减记条款	无
偿付顺序	在一般债权人和二级资本债之后,优先股之前	一般等同于一般债权人
发行场所	银行间市场	银行间市场/交易所

2. 与优先股等其他资本补充工具相比具有显著特点

与商业银行其他资本补充工具相比,银行永续债偿付顺序在可转债和二级资本债(次级债)之后,优先股之前,在资金用途、减记条款等方面与其他商业银行资本补充工具有所不同。从规模上看,银行永续债规模仍较小,尚处于起步阶段。

表 2-11 显示了商业银行资本补充工具的特点对比。

表 2-11　　　　　　　　商业银行资本补充工具特点

	银行永续债	银行优先股	银行可转债	二级资本债(次级债)
资金用途	补充其他一级资本	补充其他一级资本	转股后可补充核心一级资本	补充二级资本
利率	4%~6%(每5年调整)	4%~6%(每5年调整)	0.2%~4%(逐年递增)	4%~6%(固定)
期限	无	无	6年居多	5+5年居多
赎回条款	5年后达到一定条件可赎回	达到一定条件可赎回	达到一定条件可赎回	达到一定条件可赎回
回售条款	无	无	一般无	无
减记条款	有	无	无	有

续表

	银行永续债	银行优先股	银行可转债	二级资本债（次级债）
转股条款	转股和减记条款有其一	发行人有权强制转股	投资人有转股权	无
偿付顺序	3	4	1	2
发行场所	银行间	交易所	交易所	银行间
存续规模（2019H1）	1 200亿元	1万亿元	1 200亿元	1.9万亿元

资料来源：根据WIND数据整理。

同属于补充其他一级资本的资本工具，与优先股相比，银行永续债的特点在于以下几点。

第一，流动性较优先股更好。银行永续债可在银行间市场流通，优先股仅可在交易所非公开转让，同时银行永续债可以通过央行出台的CBS工具增加流动性。

第二，保险机构等金融机构持有银行永续债免增值税。根据《关于金融机构同业往来等增值税政策的补充通知》（财税〔2016〕70号）和《营业税改征增值税试点过渡政策的规定》（财税〔2016〕36号），金融债券利息收入属于金融同业往来利息收入，金融机构持有银行永续债可免征增值税。

第三，发行周期短，募投效率更高。银行永续债在银行间市场发行，需获得银保监会批复和中国人民银行的行政许可，审批相对简单且周期短。以中国银行永续债为例，在获得银保监会批复后至起息日仅耗时12日。优先股在交易所市场发行，在获得银保监会批复后，还需获得发审委审核及证监会的核准，通常耗时要在半年以上。

第四，发行主体范围趋同。2019年7月19日，银保监会、证监会发布实施《中国银保监会 中国证监会关于商业银行发行优先股补充一级资本的指导意见（修订）》（简称《指导意见》），删除了关于非上市银行发行优先股应申请在全国中小企业股份转让系统挂牌公开转让股票的要求。此前，优先股的发行基本以上市银行为主，永续债的发行机构则包括非上市企业，因此可以惠及非上市的中小银行。《指导意见》发布后，永续债与优先股均可惠及非上市中小银行，发行主体范围趋同。但从实际情况看，绝大多数未上市的城商行和农商行信用级别不高，从审核到投资者接受程度来看，是否能够实际惠及中小银行尚存疑问。

第五，银行永续债偿付顺序优先于优先股，但损失程度较大。永续债一般包含转股或减记条款,已发行的中国银行永续债包含减记条款,即在银行核心一级资本不足5.125%的情况下会进行减记。而优先股基本都有转股条款,即当银行核心一级资本明显较低时,可转为普通股。对于保险机构投资人来说,转股条款优于减记条款,投资银行永续债可能损失全部本金,投资优先股则可享有普通股的股利分配权利。因此即使银行永续债的偿付顺序在优先股之前,但由于可能损失全部本金,导致损失程度比优先股还要高。对于发行人来说,转股和减记后均能增加核心一级资本,但转股会增加股本,稀释每股指标,因此银行对于减记型的工具依然具有较强需求。

(四)保险资金投资银行永续债情况

保险资金久期长、稳定性较强,同时对流动性要求较小,能够与期限较长的银行永续债相匹配。

根据市场调研情况,中国银行发行的首期永续债,保险资金投资规模约占发行规模的1/4;民生银行发行的第一只股份制银行永续债,发行时点正处于2号文和64号文发布后,保险资金投资规模约占发行规模的10%~20%,较中国银行永续债的参与度有所下降;浦发银行的永续债保险资金的参与规模恢复至25%。

根据中国银行披露的数据,中国银行于2019年7月发行的优先股保险资金认购金额占比7.12%,与此前建设银行、招商银行优先股保险资金的认购比例相近,基本在7%~12%。

表2-12显示了中国银行优先股的投资人认购规模。

表2-12 中国银行优先股的投资人认购规模

认购主体性质	认购规模(亿元)	规模占比(%)	认购主体
基金公司	283	38.77	博时等
信托公司	205	28.08	建信、华润深国投、华宝
企业法人	105	14.38	中国烟草等
保险公司	52	7.12	平安、新华、长江养老、太保、太平
资管公司	50	6.85	交银施罗德
商业银行	35	4.79	邮储、光大

资料来源:根据《发行情况报告书》整理。

由此可见,从保险资金的参与情况来看,受政策开闸影响,在当前市场中,银行永续债较银行优先股更受保险资金的青睐。

第四节　保险资金投资永续债的会计处理

2013年我国发行永续债之初,永续债的会计处理存在不一致的现象,例如"13武汉地铁可续期债"计入了发行人的负债科目,而"13国电MTN001"计入了权益科目。为规范永续债的会计处理,2014年3月,财政部发布《金融负债和权益工具的区分及相关会计处理规定》(财会〔2014〕13号),为永续债的会计处理奠定了法律基础。现行的对永续债会计处理主要依据2017年修订发布的《企业会计准则第22号——金融工具确认和计量》(简称"22号准则")、《企业会计准则第37号——金融工具列报》(财会〔2014〕23号)、《企业会计准则第37号——金融工具列报》(财会〔2017〕14号)(简称"37号准则"),以及2018年财政部出版的《〈企业会计准则第37号——金融工具列报〉应用指南》和2019年1月28日发布的《永续债相关会计处理的规定》。

一、永续债发行人会计处理

(一)金融负债属性

发行人将永续债划分为负债时,发行方应计入"应付债券"项下,以摊余成本计量。公开市场永续债的公允价值与面值在存续期间受利率变化的影响产生的差额以"应付债券——永续债(差额)"科目进行调整。具体账务处理为:

借:银行存款(应按实际收到的金额);

贷:应付债券——永续债(面值);

　　　　　——永续债(差额)。

(二)权益工具属性

发行人将永续债划分为权益工具时,在所有者权益中增设"其他权益工具"项,并通过"其他权益工具——永续债"科目进行会计核算。具体账务处理为:

借:银行存款(按实际收到的金额);

贷:其他权益工具——永续债。

分类为权益工具的永续债所支付的利息应作为利润分配处理,具体账务处理为:

借:利润分配——应付优先股股利、应付永续债利息;

贷:应付股利——优先股股利、永续债利息等。

二、发行人将永续债计入权益工具的要求

根据37号准则,金融负债和权益工具的核心区分原则在于发行方是否有"向其他方交付现金或其他金融资产的合同义务""与其他方交换金融资产或金融负债结算的合同义务"。在实际操作中,由于利率跳升机制和利息递延的惩罚性条款的设置,发行人选择延期付息和续期的可能性很小,这也增加了永续债的债性,但从合同条款的法律层面讲,投资方始终无权要求发行方还本付息,符合会计准则中"不包括支付现金的合同义务",因此从会计准则对于金融负债和权益工具的区分原则上来看,永续债仍可划分为权益。目前市场上除了一单包含回售条款的永续债外,永续债基本都划分为权益工具,计入了权益科目。

而2号文在37号准则的基础上对永续债能否划入权益作了更加细化的规定,主要涉及三部分内容。

(一)关于到期日

若永续债未规定固定到期日但规定了未来的赎回时间,则对于能否计入权益,关键点在于"发行人是否能无条件自主决定不行使赎回权"。一方面,若持有方有权要求发行方赎回该永续债,则通常表明发行方有交付现金或其他金融资产的合同义务,而无法计入权益。另一方面,目前大部分企业永续债含有利率跳升条款,若发行人选择不行使赎回权,则需要接受利率跳升的惩罚,对于跳升幅度在多大的范围下属于"可以无条件决定不行使赎回权",主要参考2号文对利率跳升与间接义务的规定。

(二)清偿顺序

根据2号文,若永续债清偿顺序劣后于企业其他债务,则符合计入权益的条件,若永续债与发行方发行的普通债券和其他债务处于相同清偿顺序的,则应当审慎考虑此清偿顺序是否会导致持有方对发行方承担交付现金或其他金融资产合同义务的预期,以判断是否可计入权益。

我国企业永续债在破产清算时的清偿顺序一般等同于发行人的普通债务。2号文发布后,会计师事务所需对永续债的偿付顺序再次进行审慎评估。

(三)利率跳升与间接义务

2号文规定若永续债存在利率跳升惩罚机制,且跳升不存在封顶或跳升封顶超越行业平均发债成本,则该永续债不得计入权益。若按此规定,则目前市场上部分利率跳升不封顶,或跳升幅度远高于行业平均发债成本的永续债,或将需要被计入负债而非权益。例如"18南京新港MTN002"自第6年起票面利率每5年重置一次,每次利

率重置后,票面利率将在前一期票面利率的基础上上调 800 BP。而根据募集说明书中披露的内容,"18 南京新港 MTN002"按权益性工具进行会计核算。而对于行业平均发债成本的计算,各家会计师事务所又有不同的理解和把握,政策方面并未作出明确的规定。

三、保险机构投资永续债的会计处理

2009 年新金融工具准则(IFRS9)出台,2014 年 7 月发布完整版准则,规定于 2018 年 1 月 1 日生效。在新会计准则出台前,永续债保险机构投资人主要基于 2004 年实行的 IAS39 对金融资产进行确认和计量。由于保险公司的负债新准则 IFRS17 于 2022 年才能实施,为避免保险公司频繁调整会计准则,因此允许满足条件的保险公司于 2022 年再实行 IFRS9。

根据《财政部关于保险公司执行新金融工具相关会计准则有关过渡办法的通知》(财会〔2017〕20 号),境内上市险企中,平安保险不满足过渡标准,已于 2018 年执行新会计准则,其余三家保险公司将延缓至 2022 年执行。

(一)保险资金投资公开市场永续债会计处理

虽然永续债中融资主体有递延付息选择权和赎回选择权,但由于对其选择权的行使进行了相应限制,国内的保险机构根据对公开市场永续债属性的判断、发行人的会计处理、保险公司大类资产分类的情况,部分计入权益工具,部分计入债务工具。根据 2 号文规定,针对投资人是否执行 IFRS9,以及永续债是否属于权益工具,会计处理方式有所不同。

1. 持有方已执行 IFRS9

对于属于权益工具投资的永续债,投资人应当将其分类为以公允价值计量且其变动计入当期损益的金融资产,或在符合条件时对非交易性权益工具投资初始指定为以公允价值计量且其变动计入其他综合收益。对于划分为债务工具的永续债,持有方应当将其分类为以摊余成本计量的金融资产;以公允价值计量且其变动计入其他综合收益的金融资产,或以公允价值计量且其变动计入当期损益的金融资产,保险机构投资人一般记为以摊余成本计量的金融资产。

2. 持有方暂未执行 IFRS9

根据 2 号文规定,对于属于权益工具投资的永续债,持有方应当按照 22 号准则的规定将其分类为以公允价值计量且其变动计入当期损益的金融资产,或可供出售金融资产(权益工具投资)等。对于属于债务工具投资的永续债,持有方应当按照 22 号准

则规定将其分类为以公允价值计量且其变动计入当期损益的金融资产,或可供出售金融资产(债务工具投资)。

(二)保险资金投资银行永续债会计处理

根据市场情况调研,目前部分保险机构将银行永续债按照权益工具核算,与发行人会计核算方式保持一致,部分保险机构按照债务工具核算,各家保险公司根据会计准则进行判断。

(三)保险资金投资永续债权投资计划会计处理

永续债权投资计划作为私募永续产品,其在条款设置上主要参考公开市场企业永续债。根据市场情况调研,目前大部分保险公司都将永续债权投资计划按照债务工具进行核算,放入应收款项类投资或其他会计科目,取得收益分配时,作为利息收入进行核算。若按照新金融工具准则,则一般放入以摊余成本计量的金融资产。少部分保险公司根据对合同条款的判断,将永续债权投资计划按照权益工具核算,放入可供出售类金融资产。也有极少数保险机构投资人根据对永续债合同条款的判断放入长期股权投资。

表2-13显示了保险资金投资永续债的会计处理方式。

表2-13　　　　　　　　　保险资金投资永续债会计处理

会计准则	属　性	公开市场永续债 (含银行永续债)	永续债权投资计划	永续信托计划
旧准则	债务工具	可供出售类或以公允价值计量且其变动计入当期损益的金融资产	贷款及应收账款类投资	贷款及应收账款类投资
	权益工具		可供出售类,少数为长期股权投资	可供出售类
新金融工具准则	债务工具	以收取本金和利息为目的,以摊余成本计量的金融资产 以收取本金和利息以及出售为目的,公允价值计量且变动计入当期损益的金融资产 以公允价值计量且其变动计入其他综合收益的金融资产		
	权益工具	公允价值计量且变动计入当期损益的金融资产 或公允价值计量且变动计入其他综合收益的金融资产		

四、会计新规的影响

(一)发行人会计分类暂无须追溯调整

如果严格按照2号文要求,那么当前市场上发行的永续债或将需要按照债务工具来进行会计核算,发行人永续债的发行意愿将大幅减弱。2号文发布后,截至2019年

9月底,尚未有企业对此前已发行的永续债的会计处理进行追溯调整,据此推断已获得银行间交易商协会备案或通过交易所审核的债券无须根据2号文进行追溯调整。

(二)偿付顺序以及相关风险防范条款或将面临调整

根据市场情况了解,部分2019年4月申报的永续中票和可续期公司债已按照银行间交易商协会和交易所的要求加入次级条款,同时对于"交叉违约条款""累计利率跳升""加速到期"等条款的设置也将在一定程度上影响永续债被认定为权益工具,类似风险防范条款也将面临调整。

经研究发现,2号文发布后到2019年9月底,获得注册并成功发行的企业永续债在条款上尚未有明显调整。以清偿顺序为例,除个别案例外,已发行的企业永续债偿付顺序依然等同于其他债务,这也从另一方面说明清偿顺序的变化或将在一定程度上影响永续债的发行。

(三)对于会计新规的把握存在主观判断的空间

根据市场调研情况,交易所和银行间交易商协会目前的审批标准以审计机构的书面意见为主,审计机构如何认定永续债条款是否满足2号文划入权益工具的条件成为永续债发行的关键点,例如利率跳升多少幅度就应该记为债务工具等。

(四)投资人与发行人会计分类应保持一致

2号文要求永续债持有方在判断持有的永续债属于权益工具投资还是债务工具投资时,应当与发行方对该永续债的会计分类原则保持一致,而目前我国市场上永续债发行主体大部分都按照权益工具核算,与投资人在一定程度上存在不一致的情况,未来保险机构投资人存在会计分类调整的风险。

若保险机构投资永续债的会计分类与发行人严格保持一致,则将计入权益科目,同时或将在大类资产分类、资本占用等方面受到一定程度的约束和影响。

(五)投资者关注股性条款增加后对于投资风险的衡量和对收益的要求

对于新发的永续债,如果监管趋严,股性条款增加,则保险机构投资人需对永续债风险进行判断和衡量。同时,考虑到未来强债性的永续债供给可能减少,此前备案注册的永续债反而更加稀缺,有利于存续的永续债的利差收窄。如果新发的永续债股性进一步增强,则会导致风险溢价提高,利差走扩。永续债定价的差异与新会计准则执行的严格程度相关。

(六)发行规模先降后升,市场在一定程度上已经吸收了会计新规的政策影响

从发行规模上来看,2号文于2019年1月底发布后,当年3月和4月企业永续债发行规模较2018年同期相比均有较大幅度的下降,可理解为2号文发布后的政策真

空期,各发行人、发行机构、投资机构和会计师事务所均处于摸索的阶段。2019年5月之后永续债发行规模恢复高速增长,表明市场在一定程度上已经吸收了2号文的政策影响。

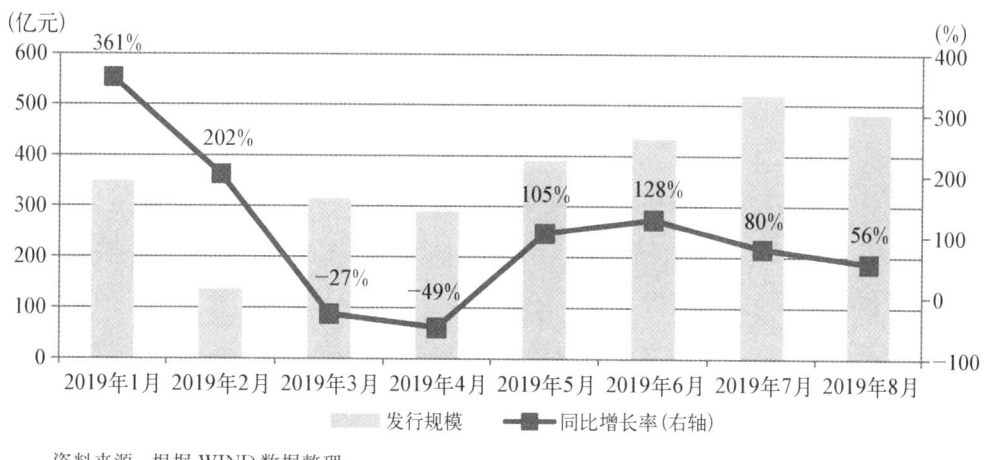

图2-8显示了2号文发布后2019年企业永续债发行规模与变化。

资料来源:根据WIND数据整理。

图2-8 2019年企业永续债发行规模与变化

第五节 保险资金投资永续债的税务处理

一、永续债利息所得税的税务处理依据

永续债企业所得税的税务处理主要依据《企业所得税实施条例》(中华人民共和国国务院令〔2007〕512号)、《国家税务总局关于企业所得税若干问题的公告》(2011年第34号)、《企业混合性投资业务企业所得税处理问题的公告》(国家税务总局公告2013年第41号,简称"41号文"),以及2019年4月16日财政部与税务总局发布的《关于永续债企业所得税政策问题的公告》(财政部税务总局公告2019年第64号,简称"64号文")。

其中,64号文中所约束的永续债是指"经国家发展改革委员会、中国人民银行、中国银行保险监督管理委员会、中国证券监督管理委员会核准,或经中国银行间市场交易商协会注册、中国证券监督管理委员会授权的证券自律组织备案,依照法定程序发行、附赎回(续期)选择权或无明确到期日的债券,包括可续期企业债、可续期公司债、永续债务融资工具(含永续票据)、无固定期限资本债券等",即公开市场永续债券。

二、公开市场永续债企业所得税处理

（一）发行人税务处理

根据 64 号文规定，企业发行的永续债，若适用股息、红利企业所得税政策，则支付的永续债利息不得在企业所得税前扣除。而企业发行的永续债若满足以下 9 条中的 5 条，则支付的永续债利息可在税前扣除。64 号文的发布为发行人和审计机构将永续债在会计上计入权益工具，而利息支出在税前抵扣的税务处理上提供了政策参考和支持。

我们针对 64 号文和会计准则的要求进行对比分析发现，若发行人将永续债计入权益，是否可满足 9 条中的 5 条，同时可以将利息进行税前扣除，从而合理避税。

（1）被投资企业对该项投资具有还本义务。根据会计处理上的 37 号准则，权益工具应当不包括交付现金或其他金融资产给其他方，因此若将永续债计入权益工具，则无法满足此条。

（2）有明确约定的利率和付息频率。永续债通常会明确约定利率和付息频率，此条在永续债计入权益工具的条件下，可满足。

（3）有一定的投资期限。根据会计处理上的 2 号文规定，有明确到期日，发行人在到期日享有延期选择权，可划入权益工具，则可满足此条"有一定的投资期限"的要求；若永续债条款设置为无到期日，固定期限后可赎回，则不一定属于"有一定的投资期限"，虽然可划入权益工具，但不一定满足此条，银行永续债即不满足此条。

（4）投资方对被投资企业净资产不拥有所有权。一般情况下，永续债投资方对被投资企业净资产不拥有所有权。

（5）投资方不参与被投资企业日常生产经营活动。从实际情况看，永续债投资人不会参与到发行人的日常生产经营活动中，因此此条较容易满足。

（6）被投资企业可以赎回，或满足特定条件后可以赎回。在会计处理上，若发行人可自主决定是否行使赎回权，则可分类为权益工具，在此基础上，此条可满足。

（7）被投资企业将该项投资计入负债。此条无法满足。

（8）该项投资不承担被投资企业股东同等的经营风险。从实际情况看，永续债投资人通常不参与发行人的经营活动，不承担与发行人股东同等的经营风险，此条较容易满足。

（9）该项投资的清偿顺序位于被投资企业股东持有的股份之前。计入权益工具的永续债的清偿顺序通常在股东持有的股份之前，因此可满足此条。

综上,若永续债被分类为权益工具,在一定程度上可满足64号文中的(2)(4)(5)(6)(8)(9)的条件,利息可进行税前抵扣。

(二)投资人税务处理

根据64号文规定,投资人和发行人的所得税处理方式应保持一致。即若发行方支付的永续债利息在企业所得税税前扣除,则投资方取得的永续债利息收入应当纳税。若投资人的永续债利息收入适用居民企业之间的股息、红利等权益性投资收益,免征企业所得税,则发行方支付的永续债利息支出不得在企业所得税税前扣除。

在实务中,如果公开市场已发行的永续债利息支出大部分在税前抵扣,且一般在债券募集说明书中公开披露,则利息所得税由投资人缴纳。而当保险机构投资人将永续债计入权益工具,且满足永续债利息适用于股息、红利等权益性投资收益的情况下,由于投资人需与发行人的税务处理方式保持一致,因此一般情况下仍需缴纳所得税。

三、私募永续产品企业所得税处理

(一)融资主体税务处理

由于64号文的约束范围并未包含永续债权投资计划和永续信托计划,永续私募产品主要参考国家税务总局发布的《关于企业混合性投资业务企业所得税处理问题的公告》(国家税务总局公告2013年第41号)进行所得税的税务处理,即对于符合下列条件的混合性投资业务,发行人可确认利息支出,并进行税前扣除。

(1)被投资企业接受投资后,需要按投资合同或协议约定的利率定期支付利息(或定期支付保底利息、固定利润、固定股息,下同);

(2)有明确的投资期限或特定的投资条件,并在投资期满或者满足特定投资条件后,被投资企业需要赎回投资或偿还本金;

(3)投资企业对被投资企业净资产不拥有所有权;

(4)投资企业不具有选举权和被选举权;

(5)投资企业不参与被投资企业日常生产经营活动。

对于第(2)条,永续债权投资计划和永续信托计划在设置条款时,通常会约定在触发某些条件时,例如融资主体经营情况发生重大不利变化时,融资主体需偿还本息,满足第(2)条中"有特定的投资条件"的要求。因此,永续债权投资计划和永续信托计划的条款设计一般既可满足计入权益工具的要求,又可同时满足以上五条规定,其利息

支出能够在税前扣除,以起到税盾的作用。

(二)投资人税务处理

实务中,永续私募产品融资主体利息支出一般在税前抵扣,投资人的利息收入应依法缴纳企业所得税。而当保险机构投资人将永续债权投资计划或永续信托计入权益工具,且满足利息适用于股息、红利等权益性投资收益的情况下,由于投资人需和发行人的税务处理方式保持一致,因此一般情况下仍需缴纳所得税。

四、保险资金投资永续债增值税处理

根据《财政部、国家税务总局关于全面推开营业税改征增值税试点的通知》(财税〔2016〕36号,简称"36号文"),"以货币资金投资收取的固定利润或者保底利润,按照贷款服务缴纳增值税"。保险公司投资公开市场企业永续债和永续债权投资计划等私募产品,取得的收益一般作为利息处理,需缴纳增值税。根据《关于资管产品增值税有关问题的通知》(财税〔2017〕56号),保险机构投资债权投资计划、信托计划应按照3%缴纳增值税,相较于投资公开市场债券增值税税率的6%更低。

而银行永续债属于金融债券,根据《关于金融机构同业往来等增值税政策的补充通知》(财税〔2016〕70号)和36号文,保险公司投资银行永续债可免征增值税。

第六节 保险资金投资永续债资本占用情况

根据《保险公司偿付能力监管规则——问题解答第2号:无固定期限资本债券》(银保监发〔2019〕22号),保险公司投资政策性银行和国有控股大型商业银行的永续债基础风险因子为0.20,投资全国性股份制商业银行的永续债基础风险因子为0.23,低于未上市股权、普通股基、沪深300主板股的风险因子,略高于可转债和上市银行非公开发行优先股(含转股条款且各级资本充足率全部达到监管要求)。风险因子越小,对保险资金最低资本的占用越少。从资本占用的角度考虑,投资银行永续债比投资股性较强的其他权益类资产的资本占用更少。

图2-9显示了保险资金投资权益类资产的风险因子。

目前银保监会尚未对符合保险资金投资要求的城商行银行永续债、公开市场一般企业永续债,以及永续债权投资计划和永续信托计划如何确定最低资本出具更加细化的政策指导。部分中小型保险公司由于偿付能力指标承压,在资产配置时会偏好资本占用较小的债权投资计划。AAA评级基础设施债权计划风险因子极低为0.01,AAA

资产类别	风险因子
创业板股	0.480
劣后级股基	0.450
非沪深300中小板股	0.410
另类资管产品	0.400
沪深300中小板股	0.390
权益类信托计划	0.310
未上市股权投资基金	0.310
未上市股权投资计划	0.310
非沪深300主板股	0.310
上市银行非公开发行优先股	0.300
沪深300主板股	0.295
未上市股权	0.280
权益类资管产品	0.250
普通股基	0.250
股份制银行永续债	0.230
政策性/国有商业银行永续债	0.200
混合类资管产品	0.200
混合基金	0.200
上市银行非公开发行优先股	0.180
可转债	0.180
非金融合营、联营股权	0.150
基础设施股权投资计划	0.120
非金融子公司股权	0.100
优先级股基	0.100
劣后级债基	0.072
固定收益类资管产品	0.060
普通债基	0.060
优先级债基	0.048

资料来源：根据监管规则整理。

图 2-9 保险资金投资权益类资产的风险因子

级固定收益类信托计划风险因子为 0.1。根据市场情况，部分计入长期股权投资的永续债权投资计划可按非金融合营、联营股权的风险因子 0.15 来计算。

第七节 保险资金投资永续债的配置价值

一、保险资金投资企业永续债的配置价值

企业永续债具有相较于公开市场信用债的票息优势。2014 年至今，3＋N 年期限 AAA 评级的永续债的票面利率比 3 年期 AAA 评级企业债平均高出 140 BP 左右，5＋N 年期限 AAA 评级永续债的票面利率比 5 年期 AAA 评级企业债平均高出 100 BP 左右。

图 2-10 显示了 3+N 年期限永续债与 3 年期一般企业债利差。

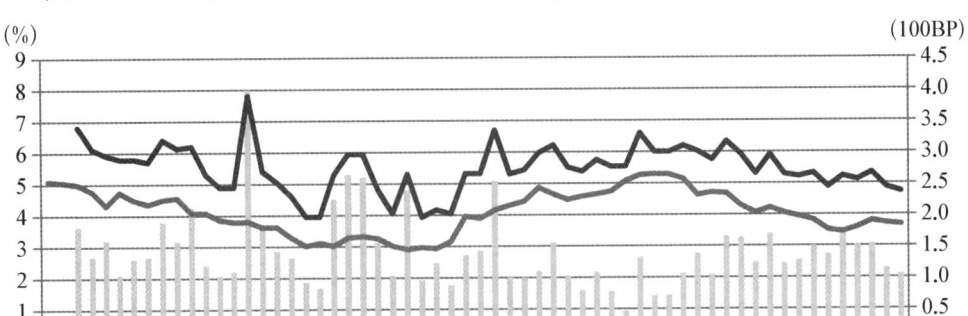

资料来源：根据 WIND 数据整理。

图 2-10 3+N 年期限永续债与 3 年期一般企业债利差

图 2-11 显示了 5+N 年期限永续债与 5 年期一般企业债利差。

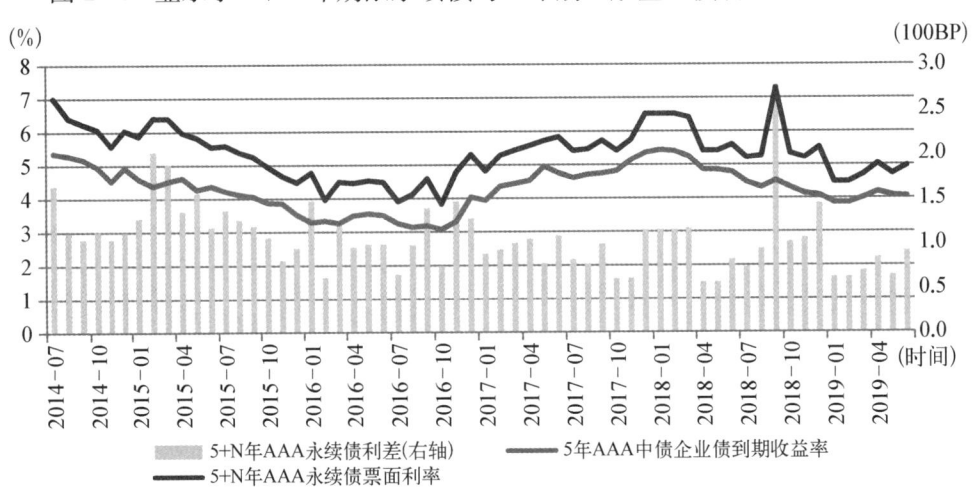

资料来源：根据 WIND 数据整理。

图 2-11 5+N 年期限永续债与 5 年期一般企业债利差

二、保险资金投资银行永续债的配置价值

对于银行永续债，从收益上看，其票面利率显著高于国债，利差较优先股更高。

银行永续债的票面利率等于"基准利率+固定利差"。基准利率一般为发行日前 5 个交易日的 5 年期国债到期收益率平均值，截至 2019 年 7 月底，已发行的银行永续债较 5 年期国债收益率有 170 BP 左右的利差。

表 2-14 显示了银行永续债平均固定利差。

表 2-14 银行永续债固定利差 单位：%

银行永续债发行主体	发行利率	基准利率（5 年期国债到期收益率）	固定利差
中国银行	4.50	2.93	1.570
民生银行	4.85	3.13	1.720
华夏银行	4.85	3.07	1.780
浦发银行	4.73	3.01	1.720
平均值	—	—	1.698

资料来源：根据 WIND 数据整理。

优先股的回报主要是股息，可以先于普通股股东以固定的股息率分红，与永续债的票息性质相似，因此永续债的收益水平可以与优先股相比来看。银行永续债的票面利率与优先股的计算方式基本相同，其中优先股的票息基准利率往往是发行日前 20 个交易日 5 年期国债到期收益率的平均值，每 5 年为一个调整周期。

以中国银行为例，"19 中国银行永续 01"首期票面利率为 4.5%，较基准利率高出 157 BP；2019 年 6 月发行的中国银行优先股票面股息率为 4.5%，固定利差为 143 BP，固定利差低于中国银行于 2019 年发行的永续债。

从风险收益角度考虑，一方面，偿付顺序上银行永续债优于优先股，但银行永续债的减记条款相较于优先股的转股条款，可能存在损失全部本金，可能的最大损失程度比优先股要高。因此，银行永续债的发行利率一般应高于优先股股息。另一方面，目前满足保险资金可投资的银行永续债以国有银行和股份制银行为主，交易主体资质较好，信用风险较低。整体来看，银行永续债属于收益稳定、风险较低的长期投资品种，但由于流动性较差，保险资金在参与投资时还会关注与发行银行未来的合作机会。

三、保险资金投资永续债权投资计划的配置价值

（一）永续债权投资计划可投资性

根据银保监会监管规定，目前公开市场发行的企业永续债没有明确属于保险资金可投资的品种，而永续债权投资计划经保险资产管理业协会注册发行，属于保险资金

可投资的品种。从合规性角度考虑,具有相较于公开市场企业永续债更高的配置价值。

(二)永续债权投资计划收益率分析

对于永续债权投资计划而言,2018年发行的永续债权投资计划的预期收益率与同期限企业债收益率的平均利差在120 BP附近,与同主体发行的公募市场永续债的平均利差在90 BP左右,具有明显的溢价。

图2-12显示了2018年发行的永续债权投资计划与公开市场永续债利差情况。

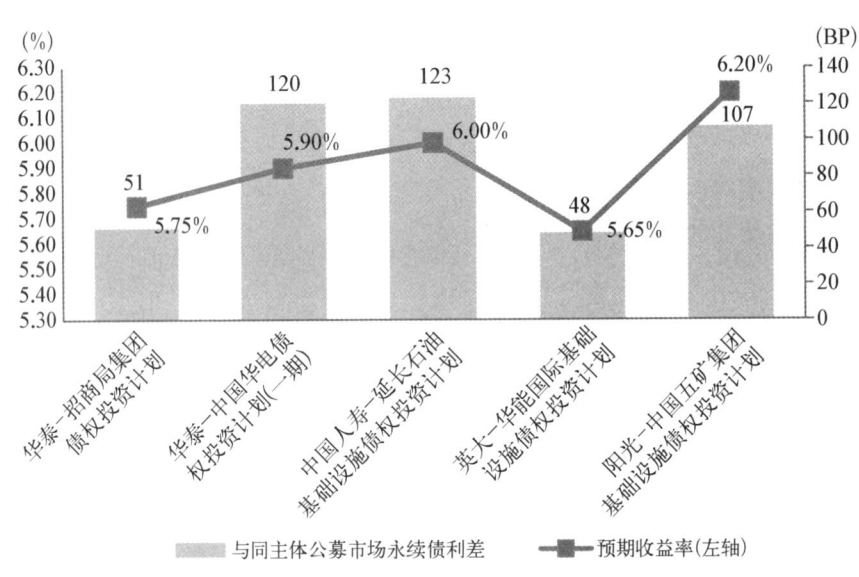

资料来源:根据WIND、公开市场信息整理。

图2-12 2018年发行的永续债权投资计划与公开市场永续债利差

第三章 保险资金投资永续债的风险防范

第一节 保险资金投资永续债的主要风险

银行永续债清偿顺序相对靠后,在触发减记条款的条件后,可能会导致保险资金投资人本息受损。而由于目前对银行永续债发行主体要求较高,以国有银行和股份制银行为主,信用风险相对较低,保险资金更多关注银行永续债的流动性风险。

针对企业永续债而言,由于永续债的合同条款设计对发行人更有利,因此保险资金投资永续债在享受相对较高的收益溢价的同时,也面临相应的风险。主要包括以下几个方面。

一、政策风险

保险资金投资永续债的政策风险主要体现在以下几个方面。

其一,目前监管规定并未明确保险资金能否投资公开市场企业永续债,保险资金投资公开市场企业永续债存在一定的合规风险。

其二,发行人对于永续债认定依据的会计准则和规章若发生变化,同样的条款在不同的政策判断体系中则产生不同的认定后果。例如在2号文发布之前,交叉违约条款的设定不会影响到债券计入权益工具的认定,而2号文发布后,由于交叉违约条款的设置将负担予发行人以潜在不可避免的偿债义务,而被大概率认定为金融负债。在永续债会计处理政策变化的过渡期中,保险资金投资永续债的部分风险防范条款将发生变化,存在一定的政策性风险。

其三,保险资金投资永续债的会计处理原则上应与发行人保持一致,发行人受会计处理政策变化的影响,对永续债为债务工具和权益工具的认定标准若发生变化,则可能导致保险机构投资人会计分类的变化,存在一定的政策性风险。

二、信用风险

在37号文和2号文的体系下,为了实现永续真实的股性且弱化其债的属性,永续债的发行一般都采取纯信用的模式。据统计,截至2019年6月底,公开市场永续企业债附有担保条款的仅42只,而私募永续产品均无担保条款。因此,发行人本身的资信情况与永续债的风险等级直接挂钩。发行人本身所处行业的景气度以及发行人自身的流动管理能力将会是影响企业永续债信用风险的核心因素,而信用风险事件的发生将导致永续债被动续期或者永续债发行主体被动递延支付利息。

若投资银行永续债,在触发减记条款的条件后,则可能导致保险资金投资人本息受损,原因是银行永续债清偿顺序一般位于存款人、一般债权人和次级债务之后,优先股之前,清偿顺序相对靠后。由于目前对银行永续债发行主体要求较高,信用风险整体相对较低,保险资金更多关注银行永续债的流动性风险。

三、利息递延支付的风险

永续债存续期内,除非发生强制付息事件,发行人有权根据约定递延支付利息,而不构成违约。大多数情况下,利息递延支付无利率跳升惩罚,且发行人行使利息递延的次数不受任何限制。若永续债发行人由于流动性不足而被动递延支付利息,或主动选择递延支付利息,则虽然保险机构投资人有权根据约定获得递延利息的孳息等收益,但可能面临利息损失、利息无法按期收回或利息回收期较长的风险。

四、续期的风险

永续债发行人可选择到期不赎回或续期,均不构成违约。永续债续期的风险包括发行人由于信用环境恶化而被动续期,以及没有利率跳升的惩罚机制或较弱而主动续期。

五、市场风险

根据目前市面上存续的永续产品的行业分类来看,制造业、建筑业、能源业等重资产、高负债的周期性行业发行量占比较大,与企业通过发行永续债降杠杆的需求相吻合。这类周期性比较明显的行业一旦出现产品市场价格波动,发行人本身的现金流情况将恶化,从而导致其信用情况的恶化。

六、利率风险

由于永续债无固定期限的特征,对于固定利率类型的永续债券,在利率下行周期时可以锁定较高利率,为保险机构投资人获取更多投资收益。同理在利率上行周期中,保险资金投资永续债将面临利率风险。

鉴于目前我国资本市场正处于利率下行周期,保险资金配置稳定收益的永续债将有利于抵御利率风险。

七、流动性风险

从一方面来看,保险资金投资永续债与投资公开市场信用债都面临一定的流动性风险。但从另一方面来看,由于永续债无固定期限的特点,保险资金投资永续债一般作为长期稳定具有固定收益的资产进行配置,且保险资金的负债结构相对稳定,因此对资产的流动性要求相对银行和公募基金较低。

八、再投资风险

永续债在发行人按条款约定赎回前长期存续,但发行人可于约定好的赎回日赎回永续债。在利率下行区间,保险机构投资人可能难以获得与该永续债投资收益水平相当的投资机会,存在再投资风险。

第二节 永续债续期及违约情况研究

截至2019年9月底,已公告递延付息或展期的永续债共有25只,占发行总只数的1.66%,略高于2018年全年信用债违约只数占当年发行数量的比例,后者约为1.2%。

永续债续期及递延付息的案例于2017年11月首次出现(14首创集团可续期债01),其余均发生在2018年至2019年。2019年1—9月,永续债续期及递延付息的案例已发生15起,超过2018年全年的水平。这与2018—2019年整体宏观经济下行、竞争加剧、实体经济受压有着直接关系。

表3-1显示了永续债续期、递延付息和违约情况统计。

表3-1 永续债续期、递延付息和违约情况统计(截至2019年9月底)

分 类		只 数	代 表 债 券
续 期	主动续期	13	14首创集团可续期01 15北大荒MTN002 16陕煤可续债01
	被动续期	9	15中城建MTN002 15森工集MTN001 15宜化化工MTN002 15海南航空MTN001
递延付息		4	17凤凰MTN001 17凤凰MTN002 15中城建MTN002 15森工集MTN001
实质违约		6	17沪华信MTN001 15中信国安MTN001 15沈机床MTN001

资料来源:根据相关资料整理。

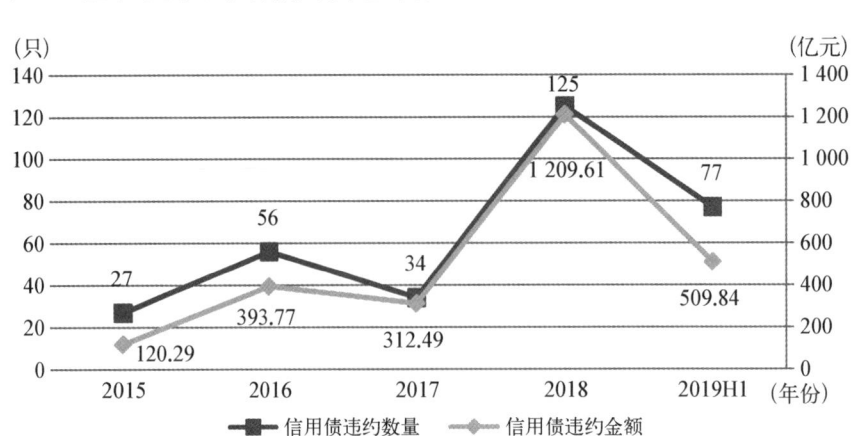

图 3-1 显示了公开市场信用债违约情况。

图 3-1 公开市场信用债违约情况

资料来源：根据 WND 数据整理。

一、续期

截至 2019 年 9 月底，公开市场共有 16 家发行主体，共 22 只永续债到期未赎回，市场对于永续债不延期的一致预期逐渐被打破。续期事件一般触发因素有两类。

（一）主动续期

第一类为条款不友好导致续期的永续债。在续期的永续债中，涉及 9 个主体的 13 只债券是由于利息重置条款有利于发行人而主动续期的。此类债券展期后利率不跳升，发行人出于节约成本，或短期流动性压力较大而选择了续期。

表 3-2 显示了主动续期的永续债情况。

表 3-2　　　主动续期永续债情况（截至 2019 年 9 月底）

债券简称	期限（年）	续期时间	发行利率（%）	续期后票面利率（%）	利率增幅（%）	公司性质	发行主体评级
14 首创集团可续期债 01	3+N	2017-11-3	5.99	4.98	−1.01	国企	AAA
14 首创集团可续期债 02	3+N	2018-6-16	4.60	4.60	0.00	国企	AAA
15 中电投可续期债	3+N	2018-6-8	5.70	4.60	−1.10	国企	AAA
15 山煤 MTN001	3+N	2018-9-9	7.80	8.20	0.40	国企	AAA
15 北大荒 MTN002	3+N	2018-11-25	5.70	5.32	−0.38	国企	AAA
16 广州地铁可续期债 01	3+N	2019-1-26	4.28	3.42	−0.86	国企	AAA
16 广州地铁可续期债 02	3+N	2019-7-25	4.19	3.63	−0.56	国企	AAA

续表

债券简称	期限（年）	续期时间	发行利率（%）	续期后票面利率（%）	利率增幅（%）	公司性质	发行主体评级
16广州地铁可续期债03	3+N	2019-8-16	3.95	3.44	-0.51	国企	AAA
16日照港集MTN001	3+N	2019-2-26	4.28	3.45	-0.83	国企	AA+
16海航集团可续期债01	3+N	2019-4-14	7.00	6.22	-0.78	民企	AA+
16海航集团可续期债02	3+N	2019-8-23	6.20	5.70	-0.50	民企	AA+
16陕煤可续债01	3+N	2019-4-27	5.80	5.03	-0.77	国企	AA+
16武汉地铁可续期债01	3+N	2019-9-27	3.94	3.50	-0.44	国企	AAA

资料来源：根据WIND数据整理。

从表3-2中可以看出，主动续期的发行主体既有广州地铁等国企，又有海航集团等民企，主动续期的选择与企业性质关联性较小，而主要是由于条款设置造成的。

以上永续债的利息重置条款设置为第二个重定价周期无利率跳升，且基准利率为1周Shibor750日平均值。可以看出，以上主动续期的永续债，续期后的利率降幅平均达到了-0.56%，其中11只永续债续期后的利率低于发行利率。永续债续期且无惩罚性的利率跳升机制，采用了浮动利率，当3年后基准利率下降，永续债续期后的利率将低于发行利率。融资成本不升反降，发行人大概率会主动选择续期。同时，投资人也将承担利率下降以及估值变化的损失。

（二）被动续期

第二类为发行人信用恶化而导致续期的永续债。在续期的永续债中，涉及7个主体的9只债券是由于发行人融资环境恶化而被迫续期。续期后，票面利率均有300 BP左右的利率跳升，在票面利率大幅跳升的情况下，发行人仍选择展期，反映出发行人资金链紧张，再融资困难。其中，吉林交投是首家由于信用恶化而导致永续债续期的城投企业。

从表3-3中可以看出，被动续期的永续债发行主体以国企为主，其中4家发行主体评级下调。

表3-3　　　　　　　　被动续期永续债情况（截至2019年9月底）

债券简称	期限	续期时间	发行利率（%）	续期后票面利率（%）	续期利率增幅（%）	公司性质	发行主体评级	当前主体评级
15中城建MTN002	5+N	2017-11-23	5.35	8.35	3.00	外资	AA+	C
15森工集MTN001	3+N	2018-2-4	7.10	10.55	3.45	国企	AA	BB+

续表

债券简称	期限	续期时间	发行利率（%）	续期后票面利率（%）	续期利率增幅（%）	公司性质	发行主体评级	当前主体评级
15 宜化化工 MTN001	3+N	2018-5-19	5.94	9.18	3.24	国企	AA+	A
16 宜化化工 MTN001	3+N	2019-1-21	6.60	9.79	3.19	国企	AA+	A
15 海南航空 MTN001	3+N	2018-10-21	5.40	8.78	3.38	国企	AAA	AAA
16 海南航空 MTN001	3+N	2019-3-11	5.15	8.46	3.31	国企	AAA	AAA
16 天津航空 MTN001	3+N	2019-3-31	6.50	9.90	3.40	国企	AA+	AA+
17 祥鹏 MTN001	3+N	2019-5-5	7.20	9.90	2.70	国企	AA	AA
16 吉林交投 MTN001	3+N	2019-9-29	4.64	7.98	3.34	国企	AA+	AA

资料来源：根据WIND数据整理。

二、实质违约

截至2019年9月底，共有6只永续债已经违约，合计金额为90亿元，发行人涉及中信国安、沈阳机床、华信集团等。具体原因部分与永续债的特性相关，例如"15中信国安MTN001"已经触发了强制付息事件，而未在利息支付日2019年4月28日按期付息。中信国安虽然有利息递延权，但由于设置了强制付息条款，约定付息日前12个月内不得向普通股股东分红。中信国安作为上市公司，其2017年的分红实施日为2018年8月18日，到2019年4月28日不足12个月，因此造成债券违约。

部分永续债的违约原因与永续债特性无关，而与发行主体其他债券的违约原因基本相同。例如"17沪华信MTN001"违约，主要原因为发行人华信集团的控股股东华信能源的董事会主席无法履职，加之负面事件的冲击，华信集团的经营管理受到了重大影响。

第三节 保险资金投资永续债的风险防范措施

相比于普通债券，企业永续债由于不设定固定的到期日，因此通常需要通过其他条款的设计来提高债务人的偿付意愿。同时，永续债的特殊条款也是其定价差异的来源，以对投资人持有债券进行风险补偿。

整体来看，国内企业永续债的条款设计对发行人更有利，保险资金投资一般企业永续债或永续私募产品的风险防范措施主要从信用风险的角度考虑，从合同条款入手，以降低利息递延支付和续期的风险。而由于37号文与2号文的发布，保险资金投资永续债的风险防范条款也呈现出前后两个时期的不同特点。

一、公开市场企业永续债风险防范条款

公开市场企业永续债比永续债权投资计划以及银行永续债在发行数量和发行规模上更大,因此公募企业永续债的风险救济条款是最具有代表性的,一定程度上代表了资本市场对永续类产品的一个风险容忍的底线。

(一)利息重置条款

为了削弱永续债的股性,提高发行人的机会成本,一般约定永续债若到期不赎回则利率跳升 300 BP,或采用累积利率跳升机制,即每次续期后的利率是在上一个投资期限的利率水平上增加固定利差。

根据2号文要求,永续债存在利率跳升惩罚机制,且跳升不存在封顶或跳升封顶超越行业平均发债成本,则该永续债不得计入权益。会计师对于永续债这种在极端情况下利率不断调升至无穷大的债券品种,基于审慎原则会考虑其对发行人造成的成本压力,认定为其呈现出较多的"债"的属性而不一定计入权益。因此对于利率重置后的跳升幅度以及封顶利率的设置成为投资人和发行人以及会计师事务所沟通博弈的关键。

(二)递延付息收取孳息/利率跳升

我国的永续债发行人若递延支付利息,则会产生孳息,孳息以复利的方式计息,且递延的利息将在下一付息日支付。部分永续债还设置了利息递延的惩罚性条款,即利息递延时将伴随利率跳升,从而增加债务人偿还利息的可能,并同时补偿投资者的潜在风险。"15中城建MTN002"已发生利息递延,由于包含利息递延的惩罚性条款,因此发行人将在利息递延期间按当期票面利率再加 300 BP 累计计息。

(三)强制付息条款

企业永续债一般会约定,发行人在付息日前发生如下任意事件,则不得递延支付利息:第一,向普通股东分红;第二,减少注册资本。而国有企业按规定上缴国有资本收益一般不会触发强制付息的事件。对于部分上市公司而言,由于经营业绩和市场表现等因素,一般会进行分红,若设置强制付息条款,则发行人在付息日递延付息将会触发强制付息条款,造成债券违约,从而投资人可以此诉求解除永续债合同,要求发行人偿还本息。

(四)交叉保护条款/交叉违约条款

交叉保护条款(交叉违约条款)是指在发行人与其他金融机构签署的融资合同发生违约或发行人发行的其他债券发生违约时,债券持有人通过会议表决,如豁免方案未通过则触发永续债提前到期。截至2019年6月底,共有130只永续债附有交叉违

约条款，占全部已发行永续债的不到10%，总量较小。这类条款的设置主要是为了避免违约风险的传导，确保尽早实现债权。上述条款的加入有利于投资人提前判断风险并采取法律措施，避免在公司濒临破产等情形下最后要求清偿债权。但也对金融机构的投资后尽职调查与债务人信息披露的充分性要求很高。

在37号文和2号文的要求下，本条是会计师审查永续条款的要点之一，例如安永会计师事务所在一定情况下会认为包含此类条款的永续债不符合权益工具的定义，应当被分类为金融负债。主要由于发行人无法控制其他债务违约的情形，这种交叉保护条款事实上对发行人造成了不可无条件避免的金钱偿付义务。

（五）事先约束条款

截至2019年6月底，据不完全统计，企业永续债包含事先约束条款的债券有100只左右，主要为财务指标的承诺、控制权变更、信用评级下降或其他重大不利变化等。例如，"19大同煤矿MTN003"中约定发行人在本期中期票据存续期间应当确保发行人的合并财务报表/发行人的母公司财务报表资产负债率不超过82%，债券持有人通过会议表决，如豁免方案未通过则触发永续债提前到期。

目前针对事先约束条款，根据市场上永续债的发行情况来看，国内的会计师事务所尚且认可将包含此类条款的永续债计入权益工具，而一些国际上的会计师事务所则不认可。各家会计师事务所对此条是否属于发行人无法无条件地避免还本付息的合同义务仍然存在分歧。

（六）破产清偿顺序

我国企业永续债在破产清算时的清偿顺序一般等同于发行人的普通债务。2号文发布前，仅有1只设有次级条款的企业永续债"18越秀集团MTN007"。2号文发布后到2019年9月底，仅有"19红豆MTN002""19南山开发MTN002""19中铁建MTN001"3只债券具有次级属性。永续债是否劣后于其他普通债权并非法定顺序，而是依据合同法自由约定的。

根据2号文规定，若永续债清偿顺序等同于一般债务，则会计师事务所需再进行审慎评估，并据此确定其会计分类。清偿顺序的变化会在一定程度上降低投资者的投资意愿，提高永续债的溢价水平。

（七）担保条款

截至2019年6月，共有约40只企业永续债包含担保条款，即有第三方对偿债主体的还本付息承担不可撤销的连带担保责任。

根据新会计准则和2号文规定，所有涉及特定条件下的债务偿付都会影响到会计师对永续债的性质判断。一旦第三方向债券持有人偿付了利息或者本金,将会因为担保产生第三方向发行人的追索义务,发行人无法无条件地避免还本付息的合同义务,所以担保条款作为风险防范条款适用的可能性较小,永续债的发行仍将主要依赖发行主体的信用资质。

(八)回售条款

市场上的永续债一般不设置回售条款。截至2019年6月底,仅有"18涪陵Y1"1只永续债设有回售条款而计入了应付债券,未计入权益工具。因此,回售条款作为保险资金投资人的风险防范措施适用性较低。

二、永续债权投资计划风险防范条款

永续债权投资计划在条款方面大多参考公开市场永续债的条款设置。其中,无固定期限、融资主体具有赎回权或延期选择权、利息递延支付、强制付息、利率重置条款是永续债权投资计划区别于一般债权投资计划的特殊条款,与公开市场企业永续债基本相同。

保险资产管理公司发行的永续债权投资计划,在参考了公募永续债的一些风险控制手段之外,也根据保险资金的风险偏好发展出一些特有的风控方式。主要的风险管理手段包括限制利息递延次数、递延付息利率跳升、累计利率跳升、加速到期事项以及提高破产清偿顺序等。目前已发行的永续债权投资计划均无担保条款,部分含有交叉违约条款。

(一)限制利息递延次数

部分永续债权投资计划的融资主体和受托人会在《投资合同》中明确约定递延付息次数不得超过固定的次数,以此来限制融资主体无限期的递延付息,降低偿付风险。另外也可设置特殊的约定条款,例如"光大永明-四川铁投集团债权投资计划"中约定"递延支付收益不得重复递延"。

(二)递延付息利率调升

永续债权投资计划同样通过《投资合同》约定,对递延支付利息的行为增加了利率跳升的义务和融资主体的递延支付成本,从而避免融资主体主动递延利息。例如,"光大永明-四川铁投集团债权投资计划"中采取了每次递延支付利息下投资收益率跳升300BP的模式,在一定程度上敦促了融资主体按时付息。

(三)累计利率跳升+设置利率上限

此种模式在永续债权投资计划中被广为采用。即自基础投资期限之后,每次续期后的利率是在上一个投资期限的利率水平上增加固定利差。由于累计利率跳升会在

一定程度上给融资主体带来不可避免的偿付义务,因此在不改变累计利率跳升的机制下,参照融资主体的历史融资成本对跳升利率设置一个相对较高的上限,成为会计师和投资人都能够接受的一种平衡机制。加入了利率上限后,融资主体续期后利率跳升的次数有限。其设置既对融资主体具有约束力,又符合融资主体的平均融资成本的上限,这成为商务沟通中的关键。

（四）加速到期事项

永续债权投资计划中,经常和普通债权投资计划一样,设定特定的风险事件,例如信用评级下调、实际控制人变更或发生重大不利事件等,在触发风险事件的前提下,受托人可以宣布债权投资计划加速到期。

（五）受托人通过受益人大会决策的授权进行追索或者追加担保

2号文发布后,部分会计师事务所认为由于特定的风险事件不可控,加速到期条款使得融资主体无法无条件避免交付现金的义务,将影响该笔债权投资计划计入权益工具。因此实务中保险资管公司也开始尝试参考公募永续债,在风险警示的前提下,通过受益人大会决策来实现救济。具体参考本章第四节"光大永明-湖北交投棋盘洲长江公路大桥债权投资计划案例分析"。

（六）破产清偿顺位

2号文发布前,破产清算中的顺位问题完全由融资主体与受托人约定,惯常做法是永续债权投资计划的清偿顺位等同于融资主体的普通债务。

2号文发布后,随着监管政策对于永续债等金融工具的会计处理的影响,部分融资主体的审计机构以更加审慎的观点进行会计处理,要求将永续债权投资计划的偿付顺序劣后于其他普通债券及其他债务。

截至2019年9月底,2号文后新发行的公募永续债除个别债券外均未设置次级条款,而部分保险资管机构新发行的永续债权投资计划已包含次级条款。若为达到融资主体审计机构的要求,永续债权投资计划设置次级条款,则对于保险机构投资人而言,收益补偿及风险溢价将在一定程度上有所提高。

第四节 风险防范案例分析

一、光大永明-湖北交投棋盘洲长江公路大桥债权投资计划案例分析

本节以光大永明资产管理股份有限公司于2019年2月注册发行的永续债权投资

计划的成功案例"光大永明-湖北交投棋盘洲长江公路大桥债权投资计划"(简称"本债权投资计划")为例,对保险资金投资永续债的信用风险防范措施进行分析。

表3-4显示了本债权投资计划的交易要素。

表3-4　　光大永明-湖北交投棋盘洲长江公路大桥债权投资计划交易要素

投资计划名称	光大永明-湖北交投棋盘洲长江公路大桥债权投资计划
投资规模	15.6亿元
融资主体	湖北省交通投资集团有限公司
担保主体	无
投资期限	5+N年。投资资金无固定期限,自投资资金划拨日起,于融资主体宣布投资资金到期前长期存续,直至融资主体按照《投资合同》约定宣布投资资金到期。就每一笔投资资金而言,其投资期限分为基础投资期间和后续投资期间。每一笔投资资金的基础投资期间为该笔投资资金的起息日(含)起至届满5年的对应月对应日(不含,如果该日为非工作日,则顺延至该日后的第一个工作日)。每一笔投资资金的后续投资期间指基础投资期间届满后该笔投资资金存续的时间
投资收益率	固定利率。就每一笔投资资金而言,在其基础投资期间的投资收益率为[5.60]%/年。就每一笔投资资金而言,投资期限每满5年之日,投资资金的投资收益率调升一次,每次调升300 BP,具体为: 　　后续投资期间的投资收益率=[5.60]%+K×300 BP(K=1,2,3……) 其中,K为调升投资收益率的次数,在自该笔投资资金的后续投资期间起始日起(含)至后续投资期间起始日起满5年之日(不含)止的期限内,K=1;自后续投资期间起始日起满5年之日(含)至后续投资期间起始日起满10年之日(不含)止的期限内,K=2,以此类推;调升投资收益率的上限为10%
利息递延	就每一笔投资资金而言,除非发生强制付息事件,在本投资计划的每个付息日,融资主体有权选择将当个计息期的应付投资收益和已递延的投资收益及其孳息(如有)推迟至下一个投资收益支付日支付,且不受到任何递延支付投资收益次数的限制。上述递延支付投资收益不属于融资主体违约行为。融资主体选择递延支付投资收益后,递延的投资收益应按孳息率计算递延投资收益的孳息
强制付息事件	如果在任意一个计息期内,融资主体发生下述任一或多个情形,则在该计息期的付息日,融资主体必须按本合同约定支付当期应付投资收益、已经递延支付的投资收益及孳息,以及其他应付款项(如有): (1)向融资主体的股东进行分红;(2)减少注册资本
偿还顺序	融资主体发生破产或清算情形的,本合同项下的投资计划对融资主体享有的债权与融资主体的其他一般性债务的债权人对融资主体享有的债权处于同一顺位

资料来源:根据《光大永明-湖北交投棋盘洲长江公路大桥债权投资计划募集说明书》《光大永明-湖北交投棋盘洲长江公路大桥债权投资计划投资合同》整理。

财政部对于金融负债和权益工具界定的新监管精神体现在2017年修订的《企业会计准则第22号——金融工具确认和计量》和《企业会计准则第37号——金融工具列报》中,虽然没有具体操作层面的细化标准,但是两个规范文件给审计机构提供了原则性的依据,即"企业不能无条件地避免以交付现金或其他金融资产来履行一项合同义务的,该合同义务符合金融负债的定义。有些金融工具虽然没有明确地包含交付现金或其他金融资产义务的条款和条件,但有可能通过其他条款和条件间接地形成合同义务(37号准则第十条)"。

在上述规定的表述下,一旦有可能形成融资主体潜在的金钱给付义务的话,就存在将被认定为金融负债的可能。这项核心内容是永续债的相关政策和以前的法律规定有所区别的地方,也是对现行制度框架下发行永续产品造成制约的一个痛点。

在以往的永续产品的风险防范中,为了保障投资人债权的安全性或者求偿权的执行,一般采取(1)加速到期条款和(2)违约条款来实现风险的防范。在22号准则和37号准则颁布后,此类明显带有金钱偿付义务的条款内容,则很容易成为会计师手中认定为金融负债的依据。因此,如何在现行永续债政策对融资主体的保护下,实现对保险机构投资人的保护,是保险资管公司面临的难题。在我司操作的"光大永明-湖北交投棋盘洲长江公路大桥债权投资计划"项目中,经我司、外部律师和融资主体会计师事务所(立信)的多次谈判磋商后,采取了"重大事项通知+受益人大会决策"的模式,来实现对债权人的保护。

《光大永明-湖北交投棋盘洲长江公路大桥债权投资计划投资合同》(简称"投资合同")第17条"受益人保护机制"中,约定五项通知事项,包含以下五种情形:(1)到期未能支付利息及本金;(2)未递延情形下付息,且持续10日未能消除;(3)违反陈述和保证;(4)融资主体资格变化;(5)对偿债能力的重大影响。

而对应上述事项的通知义务,受托人的救济措施为"有权采取以下任意一项或多项措施保护债权、保障受益人权益,减少或消除不利影响",此时的救济措施是一种选择权利,该种方式区别于传统债权投资救济(触发加速到期先决条件即宣布加速到期)的地方就在于救济措施的可选择性,避开了37号准则第十条所规定的"不能无条件避免"债务的履行,使得本债权投资计划并不必然构成金融负债。

首先,可选择的救济措施包含四类:公开披露、加速到期(风险事件连续持续30个工作日未解除)、停止划款、提交受益人大会决策。具体规定如下:

(1)公开披露有关事项(包括但不限于及时报告全体受益人、向监管机构征求意见,按照监管机构要求进行信息披露工作。联系评级机构,督促评级机构做好跟踪评级,并及时披露评级信息;在受托人关联公司范围内通报融资主体的重大风险事件或者违约行为)。

(2) 宣布加速清偿。如果本合同项下的风险事件发生且一直持续30个连续工作日仍未解除,融资主体应当及时予以公告或以有效的方式告知受托人及受益人,单独或合并持有50%以上有表决权的受益人可通过受益人会议决议,决定未到期的投资资金、投资收益及其他应付款项(如有),立即到期应付。受托人应根据受益人大会的决议向融资主体发送《到期通知书》,融资主体应根据《到期通知书》的要求,返还全部投资资金本金并支付截至融资主体实际还款之日的投资收益、递延投资收益及其孳息(如有)和其他款项。该等情况下,受托人无须征得融资主体的同意,并无须就债务到期向融资主体支付任何形式的赔偿金或者补偿金。

(3) 就注册额度之内尚未向融资主体划付的投资资金,通知托管人停止向投资资金专用账户划款。

(4) 召开受益人大会,受益人大会就风险事件商议投资权益保护有关事宜,受益人大会就风险事件决议通过的相关受益人保护措施,融资主体应当予以履行。

由上可见,救济措施中,直接导致偿付义务的只有加速到期一项,受托人对适用其中之一或者之多,具有选择权。

如果受托人未选择加速到期,融资主体就可以"避免"偿付义务,但是未选择加速到期的情况下,债权人的利益缺乏有效保障。如何解决救济措施的约束力,且又不违反37号准则的要求,能够计入权益工具,成为核心问题。

《投资合同》第17.1.4条约定"受益人大会就风险事件决议通过的相关受益人保护措施,融资主体应当予以履行",一定程度上,在没有必然构成金钱偿付义务的前提下,增强了救济措施对融资主体的约束力。即上升至受益人大会最终决策的相关措施,对融资主体是具有约束力的,此种约束力是受到法律保护的。

如果受托人选择单独选用加速到期的宣告权,是否又构成必然的支付义务而破坏了其权益属性呢?《投资合同》第17.3条约定,"在受托人宣布加速清偿后,如果融资主体在不违反适用法律规定的前提下采取了以下救济措施。(1) 向投资计划提供保证金,且保证金数额足以支付以下各项金额的总和:受托人的合理赔偿、费用和开支;所有应付未付的投资收益、孳息(如有);所有到期应付的投资资金本金(为避免疑义,上述保证金由融资主体向受托人指定的银行账户划付,该账户由融资主体、受托人和银行三方共同监管并签署三方监管协议,在未获得受益人大会通过下,任何一方无权处置保证金)。(2) 相关的风险事件已得到救济或被豁免。(3) 受益人大会同意的其

他措施,单独或合并持有50%以上有表决权的受益人可通过受益人大会决议,由受托人以书面形式通知融资主体,取消加速清偿的决定"。此条约定是平衡会计准则要求和风险保护的典型条款。融资主体面临宣布加速到期可以选择保证金、消除风险事件、受益人大会豁免三种方式消除加速到期带来的金钱偿付义务,但是同时提供了足够的保证金以及风险消除方案来保障债权人的利益。

二、国内首例永续债产品合同解除案例的指导意义

永续产品本身的特性决定了在发行人和投资人之间的风险分配会向有利于发行人的角度倾斜,投资人面临着发行人名为续期实为违约的风险。因此,在债券市场飞速发展的过程中,永续产品作为特殊的债券也产生了许多的纠纷,投资人在纠纷中也会因举证难度以及保护交易安全的司法审判原则而难以得到足够的保护。随着司法实践对于民法精神的发展理解和适用,司法机关也开始更多地关注永续合同条款适用的合理性。

2018年上海市第二中级人民法院(简称"上海市二中院")做出判决的(2018)沪02民终3136号案件,利用法定合同解除权的相关理论为投资人提供了一种新的救济思路,成为国内首例永续债合同解除的案例。对于投资人,尤其是关系到国民经济安全的保险机构投资人来说,当发行人利用永续条款来掩盖其违约意思表示时,法院有可能依据《合同法》第六十八条关于"不安抗辩权"的约定支持投资人解除合同的主张,要求发行人返还投资本金以及赔偿损失。

(一) 基本案情

发行人中国城市建设控股集团有限公司(简称"发行人")于2015年11月在银行间交易商协会发行全称为"15中城建MTN002"的中期票据,总规模为25亿元,约定期限为5+N年,资金用于偿还银行贷款以及补充子公司的运营资金。债券持有人为景顺长城基金管理有限公司(简称"持有人"),持有债券票面金额为5 000万元。

2016年11月起,发行人财务情况出现恶化,陆续出现多笔违约,联合信用评级多次对发行人外部评级进行下调,从AA+下调至C级。持有人经调查发现发行人存在以下情形:(1)募集过程中存在不实陈述,包括未全面披露公司股权情况以及未披露子公司转让情况。(2)债券存续期间,未按照要求披露重大事项且擅自改变募集资金用途,未披露定期报告等。(3)2016年12月至2017年期间存在转移资产的行为。(4)持有人要求发行人兑付本息或提供抵押、质押等担保均被发行人拒绝。基于上述原因,持有人将发行人起诉至法院,要求解除与发行人签订的《募集说明书》,并要求发

行人偿付债券本息。

(二)主要争议点

本案的实体法律关系上并无特别大的分歧,法律关系清晰,证据确凿。争议点在于永续债的模式下,发行人有递延付息的选择权,此时的不履行付息义务是否可以构成实质违约,或者其他什么行为可以构成实质违约,以及违约后是否可以选择解除合同的方式来实现债权。

(三)法院对法律关系的认定

针对以上争议点,法院的判决思路相对比较清晰。

首先,发行人的递延付息并不构成违约,但是发行人未披露公司重大信息、转移资产等行为构成根本违约。

《募集说明书》作为记载持有人与发行人之间权利义务分配的具有法律效力的文件,是约束合同各方当事人行为的最高准则。发行人应当依据记载的具体内容来主张自己享有的合法权利,即获取投资人资金。同时,发行人也应当根据约定,合法的使用投资资金,按时付息,并且不能做出对持有人的债权有损害的行为,还要完整、准确、及时的披露自身的经营信息供投资人来作出合理判断。案例中发行人对公司资产进行秘密的转移构成了对投资人债权的潜在危害,并且在信息披露中隐瞒资产转移的真相,已经构成对《募集说明书》的法律关系的破坏。

上海市二中院的判决从《合同法》第九十四条第四款内容适用的角度也认定了合同解除的合法性,即"有下列情形之一的,当事人可以解除合同:……(四)当事人一方迟延履行债务或者有其他违约行为致使不能实现合同目的……"。判决认为,公开债券市场的重要特征就是债券产品的流动性,持有人即可以通过持有债券到期获取预期利息收入以及收回本金,同时也可以通过快速高效的二级市场交易来实现债券的变现,降低投资风险。发行人在信息披露过程中存在的虚假记载、误导性陈述和重大遗漏都会影响到该品种债券的变现价值,且此种影响是不可逆的,导致持有人通过出售债券实现收益的可行性降低,该种情形在事实上已经由于当事人的虚假陈述导致了合同目的难以实现。

其次,关于"不安抗辩权"的规定主要体现在《合同法》第六十八条和六十九条。六十八条规定"应当先履行债务的当事人,有确切证据证明对方有下列情形之一的,可以中止履行:(1)经营状况严重恶化;(2)转移财产、抽逃资金,以逃避债务;(3)丧失商业信誉;(4)有丧失或者可能丧失履行债务能力的其他情形。当事人没有确切证据中止履行的,应当承担违约责任"。而六十九条规定"当事人依照本法第六十八条的规定中止履行的,应当及时通知对方。对方提供适当担保时,应当恢复履行。中止履行后,对方在合理期限内未恢复履行能力并且未提供适当担保的,中止履行的一方可以解除合同。"

在本案中,债券持有人按照《募集说明书》的要求已经支付债券购买价款,完成了先履行的义务。因此,在出现上述发行人转移财产,严重影响履行债务能力的行为时,符合《合同法》第六十八条规定的触发情形,而持有人就可以援引《合同法》第六十九条的规定来主张解除合同。同时,发行人的虚假信息披露行为,符合《合同法》第九十四条规定的情形,影响到合同目的的实现,法律也赋予持有人要求解除合同的权利。故一审法院判决双方的债权债务关系解除,发行人应当向持有人返还本金及利息。

（四）指导意义

（2018）沪02民终3136号的判决是国内首例判决永续债券提前偿付本息的司法判决,超前性的利用不安抗辩权解决了单一债券持有人对自己的风险救济,而不是通过债券持有人会议的方式。

该案的处理结果一定程度上也显示了法院在处理永续债券合同纠纷上的一些裁判思路。如上文所讲,目前公开市场永续债券的条款设置还是倾向于保护发行人的权益,例如在本案中的"15中城建MTN002"的《募集说明书》中,对于持有人保护的条款仅表述为"如果发生强制付息事件时发行人仍未付息,或发行人违反利息递延下的限制事项,本期中期票据的主承销商、联席主承销商将召集持有人会议,由持有人会议达成相关决议"等程序性的保护措施。单独的债券持有人的诉求需要通过持有人会议来形成合意后才能得到推动,针对不同的持有人面临的挽回损失的机会成本有所区别,略失公平性。即便召开了持有人会议也只能是在交易场所进行公开探讨或者向发行人进行催告,程序上没有问题,但是持有份额较小的持有人只能坐等份额较大的持有人来决策,不利于保护中小持有人的利益。

因此,（2018）沪02民终3136号的指导意义在于为永续类产品的投资人保护机制提供了一个更加灵活的可选项,中小投资人可以通过承销商或者管理人的程序来实现救济,面临紧急情形的时候,也可以选择自诉来保护自己的利益。

三、武汉地铁永续信托计划案例分析

本节以"光大信托-武汉地铁轨道交通集合资金信托计划"为例,分析保险资金通过认购由信托公司发起设立的永续信托计划,对保险资金投资永续信托计划的路径及信用风险防范措施进行分析。

光大信托-武汉地铁轨道交通集合资金信托计划发行规模为50亿元,期限为5+N年,交易结构为将资金以债权形式投向武汉地铁集团有限公司(简称"武汉地铁")旗下的地铁建设项目,解决其项目融资需求,武汉地铁作为融资主体,对信托计划进行还本付息。

表3-5显示了光大信托-武汉地铁轨道交通集合资金信托计划的交易要素。

表3-5　　　光大信托-武汉地铁轨道交通集合资金信托计划交易要素

投资计划名称	光大信托-武汉地铁轨道交通集合资金信托计划
投资规模	50亿元
融资主体	武汉地铁集团有限公司
担保主体	无
投资期限	5+N年。就每一笔信托贷款而言,其信托期限分为基础贷款期间和后续贷款期间。每一笔信托贷款的基础贷款期间为该笔信托贷款的起息日(含)起至届满5年的对应月对应日(不含)。每一笔信托贷款的后续贷款期间指基础贷款期间届满后该笔信托贷款存续的期间。基础贷款期间届满,借款人未选择信托贷款到期的,该笔信托贷款进入后续贷款期间,后续贷款期间起始日为基础贷款期间届满之日。后续贷款期间为自基础贷款期间届满之日(含)起至借款人确定的该笔贷款到期之日
投资收益率	就每一笔信托贷款而言,在其基础贷款期间的贷款利率为5.36%(固定利率) 就每一笔信托贷款而言,基础贷款期限结束之日起,每一年信托贷款利率调升一次,每次调升2.45%,具体为: 　　　　后续贷款期间的贷款利率=[5.36]%+N×2.45%(N=1, 2, 3……) 其中,N为调升贷款利率的次数,在自该笔信托贷款的后续贷款期间起始日起(含)至后续贷款期间起始日起满一年之日(不含)止的期限内,N=1;自后续贷款期间起始日起满一年之日(含)至后续贷款期间起始日起满2年之日(不含)止的期限内,N=2,以此类推,且本息递延不受次数限制,调升后的贷款利率的上限为8%
利息递延	就每一笔信托贷款而言,除非发生强制付息事件,在信托计划的每个付息日,借款人有权选择将当个计划期的应付贷款利息以及已递延的贷款利息及其孳息(如有)推迟至下一个贷款利息支付日支付,且不受到任何递延支付贷款利息次数的限制。上述递延支付贷款利息不属于借款人违约行为。借款人选择递延支付贷款利息后,递延的贷款利息应按孳息率(孳息率为对应的当期贷款利率)计算递延贷款利息的孳息
强制付息事件	如果在任意一个计划期内,借款人发生下述任一或多个情形,则在该计划期的付息日,借款人必须按本合同约定支付当期应付贷款利息、已经递延支付的贷款利息和孳息,以及其他应付款项(如有): (1)向借款人的股东进行分红(按照市国资委相关文件规定向市国资委上缴利润除外);(2)减少注册资本
偿还顺序	借款人发生破产或清算情形的,信托计划对借款人享有的债权劣后于借款人的其他一般性债务的债权人对借款人享有的债权

资料来源:根据《光大信托-武汉地铁轨道交通集合资金信托计划借款合同》整理。

（一）合规性分析

本项目融资主体经中诚信国际评级信用等级为 AAA，同时 2018 年末净资产不低于 150 亿元，符合《保险资金投资集合资金信托有关事项的通知》（银保监办发〔2019〕144 号）对保险资金投资免增信的集合资金信托计划提出的合规要求，因此符合保险资金的投资范围。

（二）基于合同条款的风险防范措施

由于本信托计划的备案在 2 号文发布之后，因此本信托计划需按照 2 号文对于永续产品计入权益工具的要求对条款进行设计。同时设置风险防范条款，以兼顾对保险机构投资人权益的保护。

本信托计划的风险防范条款包括：

（1）利率跳升机制及封顶利率。

（2）交叉违约条款。具体表述为"当发生下列情形时，光大信托有权提前收回本信托项下第 i 期信托贷款及不再发放第 i 期信托贷款，且不构成光大信托的违约。如信托存续期内，如国家有关政策发生重大变化、市场行业出现剧烈变动以及借款人经营情况发生重大不利变化或外部融资出现违约，可能造成本信托与监管政策相冲突或增加业务风险等情况"。

（3）重大事项通知。

（4）违约事件罚息。

（5）采取补救措施。

（6）提交受益人大会决议：光大信托发现借款人发生未能按约定还本付息或借款人丧失偿付能力（指借款人发生破产或被国家机关取缔法人资格等情形）的，光大信托有权按照受益人大会的决议对信托财产进行处置。

由于 2 号文，本信托计划通过特殊条款的设计，在满足融资主体将此笔永续信托计划融资计入权益科目的同时，增强融资主体的还款意愿，保护投资者权益。

（三）投资利差分析

本项目融资主体为武汉地铁，属于强 AAA 主体，还本付息能力强。其作为武汉市轨道交通投资、建设和运营管理的唯一主体，得到了武汉市政府在政策和资金上的大力支持。近年来，武汉地铁客流量和票款收入持续增长，随着新建成地铁线路的开通运营，武汉地铁"网络效应"逐渐显现，带动客流量和票款收入持续较快增长。未来随着在建线路的陆续投入运营，武汉地铁的客流量和票款收入将有更大的增长空间。本信托计划预期收益率为年化 5.2%，较 2019 年 1 月发行的"19 武汉地铁 PPN001"具有83 BP的收益溢价。在当前收益率下行、优质资产供给有限的市场环境下,作为非标资产,具有较好的配置价值,也同样得到了市场的认可。

第四章 保险资金投资永续债面临的问题及建议

永续债已逐渐成为保险资金支持实体经济的重要渠道之一,但仍处于探索阶段。现阶段保险资金投资永续债面临的问题主要涉及政策、监管、行业三个层面,针对保险资金投资永续债面临的问题,本章提出如下建议。

第一节 政策层面

一、明确永续债概念,加强永续债不同监管机构间的统一规划

当前市场上永续债品类繁多,且分属不同监管机构监管。市场中发行的"可续期一般公司债""可续期企业债""长期限含权中期票据""商业银行无固定期限资本债券"实质上均为永续债的一种。广义上看,除了公开市场永续债,还包含永续债权投资计划和永续信托计划等私募永续产品。但对于永续债目前并没有统一的明确的定义。

建议明确永续债的具体概念,梳理相关法律和配套监管政策中对于不同品种永续债的内容,加强对永续债发行与投资的统一规划,减少发改委、证监会、银行间交易商协会、银保监会对于不同永续债类别在注册备案过程中关键条款把握上的不一致,为保险机构投资永续债创造更有利的市场监管环境。

二、持续关注会计新规带来的影响

自我国2013年第一支永续债成功发行,已经有6年时间,永续债的会计和税务处理随着永续债市场的成熟逐渐完善。2019年2号文在一定程度上对于永续债发行人和投资人的会计处理进行了明确。但在实操的过程中,对于永续债究竟属于权益工具还是债务工具,依旧存在模棱两可的情况。

对于发行人而言，发行人承担利率大幅跳升是否属于 2 号文要求的"可以无条件决定不行使赎回权"，对于跳升幅度在多大的范围下属于"可以无条件决定不行使赎回权"，行业平均发债成本如何计算，"审慎考虑"的操作空间有多大这些问题，实务中依然处于永续债发行人和审计机构博弈的状态。不同的审计机构和不同的发行人在发行永续债的时候，会计处理方式不一致，在一定程度上会造成市场的公平性有所缺失，不利于永续债市场的长远发展。

对于保险机构投资人而言，永续债应按照权益工具还是债务工具核算也存在分歧。对于公开市场一般企业永续债，保险机构一般按照债务工具核算；对于银行永续债和私募永续产品，部分保险机构按照权益工具核算，部分按照债务工具核算，与 2 号文对于永续债持有人"应当与发行方对该永续债的会计分类原则保持一致"的要求存在不一致的情况，未来存在会计核算方式变化的风险。

建议相关监管部门进一步明确实务中的会计处理要求，从而减少保险机构投资人会计核算方式变化的风险。对于保险机构投资人而言，也需持续关注会计新规可能带来的条款上的变化以及估值水平的差异。

三、私募永续产品与公开市场永续债的税务政策有待统一

首先，公开市场永续债一般在《募集说明书》中披露所得税税务处理的方式，而私募永续产品目前尚未进行此项内容的披露。由于保险机构投资人的税务处理应与发行主体保持一致，若发行主体的利息没有税前抵扣，投资人层面又缴纳了利息所得税，则可能存在重复纳税的情况。

建议监管层面要求私募永续产品参照公开市场永续债，在《募集说明书》中披露融资主体的所得税税务处理方式，以使保险机构投资人的税收处理能够与融资主体保持一致，避免融资主体和投资人双重纳税的情况出现。

其次，永续债权投资计划和永续信托计划并未纳入《关于永续债企业所得税政策问题的公告》(2019 年第 64 号)的范围内，而是主要参照《关于企业混合性投资业务企业所得税处理问题的公告》(国家税务总局公告 2013 年第 41 号)执行。

发行人利息能否税前抵扣以及投资人的税务处理，私募永续产品和公开市场永续债未能实现统一，这也在一定程度上制约了私募永续产品的发展。因此，建议在税务处理方面，私募永续产品能够与公开市场相统一，从而更好地为保险资金参与私募永续产品的投资与发行提供税务方面的参考和支持。

第二节 保险监管层面

一、明确保险资金投资永续债的投资范围

对于私募市场永续债,现行的监管政策并未单独区分永续债权投资计划和永续信托计划,而是包含在债权计划和信托计划的范畴内进行监管,因此均在一定程度上属于保险资金可投资的范围。

对于公开市场永续债,银保监会于2019年1月发布《关于保险资金投资银行资本补充债券有关事项的通知》(银保监发〔2019〕7号),明确允许保险资金投资银行发行的无固定期限资本债券。在此之前,现行的监管规定并未对保险资金是否可以投资永续债作出明确规定。虽然非金融企业债务融资工具包含长期限含权中期票据,公司债券包含可续期公司债,企业债券包含可续期企业债,金融债券包含证券公司永续次级债,但监管规定并未对保险资金是否可以投资除银行永续债外的无固定期限的债券(永续债)作出明确规定。根据市场了解,各家保险公司对于可否投资公开市场一般企业永续债有不同的要求。

建议监管机构进一步明确保险资金投资永续债的投资范围,在把握风险的基础上,拓展保险资金参与永续债的投资路径,使保险资金能够更广泛地通过永续债支持我国的实体经济建设。

二、进一步完善监管政策中对于私募永续产品的发行标准

我国的证券交易所对永续公司债的发行标准进行了约定,而对于银保监会监管下的永续债权投资计划和永续信托计划,银保监会尚未制定明确的发行标准。由于在交易结构上,永续债权投资计划和永续信托计划均无担保主体,因此目前在发行上主要参考免增信债权投资计划和免增信信托计划的发行要求。

建议监管机构进一步完善监管政策中对于私募永续产品的发行标准,对永续债发行主体的资质要求、行业分布、募投项目等在一定程度上给予窗口指导,以规范永续私募产品的发行,从而更好地引导保险机构投资人参与永续债的投资。

三、积极发挥监管机构和保险资管业协会的作用

保险机构在永续债投资方面虽然积累了一些经验,但仍处于探索阶段。建议银保

监会能够以窗口指导的形式,对保险机构投资永续债的投资路径、私募永续产品的备案注册以及永续债风险防范条款等方面加以指导。一方面能够通过指导加强监督,确保风险可控,另一方面可以为保险机构投资永续债提供更为便利的方式以及更加良好的市场环境。

建议保险资管业协会能够进一步发挥在永续债的政策解读和信息共享方面的优势,促进保险资管机构、保险机构在永续债投资发行领域的交流与合作。针对典型的永续债投资案例,建议在行业内进行培训与推广,从而引导保险机构在守住风险底线的前提下,积极参与永续债的投资。同时,针对目前实务中保险资管机构与保险机构面临的问题和困惑进行梳理和总结,以进一步向监管机构提出相关建议。

第三节 保险资金投资行业层面

一、进一步完善保险资金投资永续债的信用评价标准

国际评级机构会根据永续债的股性强弱来判断发行人发行的永续债与一般信用债在信用资质上的差异。国际上三大主流评级机构惠誉、穆迪和标普一般会将永续债的股性进行分层,从而根据股性的强弱来决定是否下调评级以及下调的幅度。

目前国内发行的一般企业永续债往往股性较弱、债性较强,债项评级与发债主体评级保持一致。对于含有次级条款的永续债"18越秀MTN007",中诚信国际信用评级有限责任公司依旧给予了与主体评级相同的债项评级。对于证券公司永续债,评级公司往往在证券公司主体评级基础上下调一小级,例如中诚信证券评估有限公司在招商证券AAA评级的基础上,给予了"17招商Y1"AA+的债项评级。而对于银行永续债,截至2019年6月底,已发行的银行永续债的债项评级均与主体评级保持一致。

一方面,银保监会要求保险资金投资的银行永续债应满足国内信用评级机构评定的AAA级或者相当于AAA级的长期信用级别,投资证券公司债券应达到AA评级,投资非金融企业(公司)债应达到A评级。另一方面,保险资金投资外部评级不同的永续债的风险因子不同,对于一般公司债而言,外部信用评级越高,基础风险因子越小,偿付能力认可比例越高。而目前,我国评级机构对于永续债评级的逻辑尚不清晰,与国际评级机构的评级逻辑存在不一致的情况,这也在一定程度上影响了评级的客观公正性。

据市场情况了解,目前各大保险机构对于银行永续债和永续债权投资计划、信托

计划的内部评级标准各不相同,部分机构会根据合同条款设计的股性强弱下调子小级。建议保险行业进一步完善保险资金投资永续债的信用标准,建立科学合理的永续债评级体系。一方面通过评级加强对永续债及永续债发行主体信用资质的把握;另一方面通过评级的角度对永续债的条款进行分析,对永续债的股性与债性的强弱进行判断,为保险机构投资人提供参考。

二、永续债债权回收手段相对匮乏,应加强对发行主体信用资质的把握

当前信用风险暴露,市场违约事件频发,而对于保险机构投资人而言,永续债目前的债权回收手段相对匮乏。如果普通的信用债发生实质性违约,投资人就可以启动司法程序,通过强制执行以实现债权。而对于永续债而言,续期条款的设置赋予了发行人单项权利,使得发行人在难以偿还债务时将永续债续期,从而规避债务偿还。

对于保险机构投资人而言,参与永续债投资依然是一种债项的投资行为。对于债项投资行为来说,永续债目前的重要风险点在于利息递延以及续期的风险。风险一方面来源于企业自身的现金流恶化,另一方面与企业的履约意愿相关。因此,永续债核心的投资思路是选择有能力且有意愿支付本息的交易对手。

由于永续债目前债权回收手段相对匮乏,保险机构投资人应加强对发行主体信用资质的把握。这与常规债权投资判断的思路相似,在满足监管要求的同时,选择优质主体作为永续债的发行主体,规避现金流不足、在融资渠道受限的主体,以防止永续债被动续期或者递延付息事件的发生。

三、永续债条款对发行人有利,应加强对永续债条款的甄别

递延支付利息的设置使发行人可以永远不支付利息。利率跳升机制对于发行人续期或递延利息进行了一定程度的惩罚,可以在一定程度上保护投资人的利益。但是由于永续债重定价时基准利率和上调基点变动的影响,可能导致重定价时的票面利率较该只债券发行时还低,这种情况下发行人有债券续期的激励,对投资人不利。

在条款的设计上,永续债对于发行人极为有利。因此,建议保险机构投资人根据发行主体的资质进一步加强对永续债特殊条款的甄别,以防止"真永续"的情况。例如选择交易对手时,对于信用资质强的主体,在永续债特殊条款的设置上可适当放宽;强制付息条款可设置较弱,如仅为破产等。对于信用资质较弱的主体,在特殊条款的设置上应更为严格,例如利率跳升条款的调整幅度设置在 300 BP 以上;强制付息条款需要包括分红。

建议保险机构投资人在满足相关监管规定,以及会计和税务处理要求的同时,通过对永续债风险防范条款的设置,增加发行主体支付本息的意愿,在守住风险底线的同时,通过永续债的投资渠道,参与支持实体经济。

参考文献

[1] 蔡振.国有企业永续债现状、发行动因与风险防范探讨[J].国际商务财会,2018(6).
[2] 陈瑶.永续债会计属性区分问题的案例研究[D].江西:华东交通大学,2017.
[3] 胡国刚.金融工具分类对企业所得税处理的影响[J].注册税务师,2017(4).
[4] 胡怡婷.J集团永续债融资的动因和财务绩效分析[D].江西:江西财经大学,2017.
[5] 黄汉森.PF银行优先股融资研究[D].湖南:长沙理工大学,2015.
[6] 韩海梅.保险资金投资运作研究[J].财讯,2017(4).
[7] 姜超,杜佳.不一样的永续债——国内永续债投资价值分析[EB/OL].https://finance.sina.com.cn/stock/stockzmt/2019-01-03/doc-ihqhqcis2554165.shtml.
[8] 雷雨静.浅析巴塞尔协议Ⅲ的影响及应对措施[J].中外企业文化(下旬刊),2014(1).
[9] 卢烨,邓伟菁.浅析中国保险资金投资信托产品的发展现状及问题[J].中国商论,2018(8).
[10] 刘永立.高级财务会计[M].上海:立信会计出版社,2007.
[11] 李克亮.永续债本质分析[J].新会计,2018(5).
[12] 李诗瑶.恒大集团永续债融资案例分析[D].江西:江西财经大学,2018.
[13] 李向敏.新金融工具列报准则的国际趋同及其影响研究[D].四川:西南财经大学 2016.
[14] 李超,宫飞.永续债的国际经验及在中国银行业的前景[J].银行家,2019(4):14—16.
[15] 明明,吕品.永续债的定价范式与面临的四大风险[EB/OL].[2019-02-13].http://www.sohu.com/a/294568015_618350.
[16] 阚泳.境内永续债券现状与发展——J集团关于永续债券相关问题的探讨[J].中国总会计师,2016(11).
[17] 孙丽丽.首例永续债券合同解除案所带来的法律风险[EB/OL].[2019-04-27].http://www.sohu.com/a/309472961_159412.
[18] 王瑞娟.基于国际评级经验的国内永续债条款分析及信用评价方法[J].债券,2015(7).
[19] 王国华.混合性投资的会计和税务处理规则探析[J].会计师,2014(22).
[20] 王自荣.永续债(券)的性质:分析与认定[J].生产力研究,2014(12).
[21] 杨雨菲.创新融资工具对公司发展的影响分析[J].时代金融(中旬),2017(10).
[22] 虞群娥.金融改革探索[M].浙江:浙江大学出版社,2006.
[23] 赵光宏等.纳税筹划实务与案例[M].四川:西南财经大学,2014.

债权投资计划估值方法研究

中诚信国际信用评级有限责任公司

闫　衍　孔令强　焦彬彬　伍　琴

摘要

本课题紧紧围绕估值对象保险资管产品中债权投资计划而展开,从债权投资计划产品发展历史沿革、产品特征出发,明确了研究其估值的背景及意义,进而总结分析了当前对债权投资计划或类似非标债权产品的估值方法及思路,并从估值原则、估值流程、估值模型、估值方法及适用性等角度提出了本课题的研究思路,同时着重从委托人投资本金及预期收益损失的角度结合信用评级视角对公允价值的估值方法进行详细探究。综合上述分析,得出以下分析结论:

其一,债权投资计划产品本身被定义为非标准化债权类资产,但其具备相对标准的交易结构及完备的注册机制,在研究其估值时具备一定的数据积累优势和可把控性。

其二,债权投资计划产品本身具备两层法律关系,资产端为债权债务关系,资金端为信托关系,资金端更多关注投资本金及预期收益的回收程度,该出发点也是本课题估值模型构建的基准点。

其三,本课题并不一味倡导采用估值技术对产品进行公允价值的评估。其原因为估值方法具有其特殊适用性,对于当前多数以资产持有至到期为目的且仅依赖合同现金流获取收益,同时不具备活跃交易市场、无活跃市场报价的债权投资计划产品来说,更适用于摊余成本法进行确认和计量,但当前缺乏配套的影子定价和定期减值测试等风控手段。而随着产品和金融市场本身的发展及产品净值化管理的政策导向,如何选

取适合的估值技术进行公允价值估计具有前瞻性研究价值,也是本课题研究的重点。

其四,本课题的创新点在于,从资金方视角出发,运用信用评级的分析框架和逻辑,构建了以现金流折现模型为核心,预期损失模型为辅助的估值模型,并通过信用等级的确定引入了公开市场产品估值数据,在一定程度上提升了估值参数的公允性,打通了标准化产品及非标准化产品在估值时的沟通渠道。

其五,本课题认为债权投资计划的估值是个完整的体系,包含估值原则确定、估值方法选取、估值模型构建、基础数据库建设、指标体系建设、模型检验及修正等多个层次的问题。

关键词

债权投资计划　公允价值法　现金流折现模型　预期损失模型

第一章　引　言

第一节　债权投资计划产品概述

一、债权投资计划产品发展历史沿革

保险资金流向实体企业,一方面得益于保费的快速增长,2004年我国保险业资产规模首次突破1万亿元,国务院在《关于投资体制改革的决定》中明确要求"鼓励和促进保险资金间接投资基础设施和重点建设工程项目";另一方面也是金融监管政策趋严、金融产品不断发展创新的产物,传统银行信贷政策日益趋严,企业融资需求日益增强,结构化供求矛盾衍生出了类似信托计划、资管计划等一系列产品,保险资金则以保险债权投资计划、保险资产支持计划、股权投资计划等形式支持实体经济发展,并保持不断增长的规模,是实体企业融资的重要工具之一。从发展历程来看,具体可以分摸索期、试行期和完善期。

第一阶段:摸索期。2004年7月国务院发布的《关于投资体制改革的决定》,明确提出了大规模保险资金运用的方向,一方面通过投资实现保险资金的保值增值,另一方面

明确保险资金间接支持基础设施和重点建设工程项目的投资原则。该文件的发布促使各大保险公司步入摸索如何运用保险资金间接投资基础设施和重大建设工程项目的阶段。

第二阶段：试行期。2006年3月，原中国保监会发布《保险资金间接投资基础设施项目试点管理办法》(保监会令2006年第1号)，初步对保险资金运用投资于基础设施项目的相关细则作出了规定，其中明确保险公司可以通过债权形式投向包括交通、通讯、能源、市政、环境保护等国家级重点基础设施项目。该文件的发布意味着保险资金运用进入试行期。此后，原中国银保监会又陆续发布《保险资金间接投资基础设施债权投资计划管理指引(试行)》《保险业要进一步发挥功能作用支持经济增长》等规章制度，不断细化投资试行规定，保险公司逐步被引入各类基础设施项目，并成功发行了一批债权投资计划。

第三阶段：完善期。2009年至今，原银保监会陆续出台了一系列规范保险资金投资的相关办法，包括《保险资金投资不动产暂行办法》《基础设施债权投资计划管理暂行规定》，以及2016年在原基础上进一步完善的《保险资金间接投资基础设施项目管理办法》。细则逐步完善，产品发行规模不断增长，市场运作逐步规范，债权投资计划的实操也逐步进入完善和成熟时期。

二、债权投资计划定义及典型交易结构

本课题所研究的债权投资计划，是指保险资产管理公司等专业管理机构作为受托人，根据《保险资金间接投资基础设施项目管理办法》(保监会令〔2016〕2号)、《基础设施债权投资计划管理暂行规定》(保监发〔2012〕92号)、《保险资金投资不动产暂行办法》(保监发〔2010〕80号)等相关文件规定，面向委托人发行受益凭证，募集资金以债权方式投资基础设施项目或不动产项目，按照约定支付预期收益并兑付本金的金融产品。

债权投资计划具备相对标准的交易结构。资金端层面，受托人向委托人发行受益凭证募集资金，两者通过签订《受托合同》明确委托人的受益权，受托人按照合同约定分配预期收益和本金。资产端层面，受托人将募集的资金以债权形式投资于融资主体项下的投资项目，两者通过签订《投资合同》明确债权债务关系。同时，根据保监会令〔2016〕2号等相关规定，投资计划应具备明确的还款来源，一般投资项目以计划存续期内的净现金流入及融资主体综合现金流作为重要还款来源。在此基础上，明确规定了除部分特殊满足免增信要求的项目外需采用信用增信方式保障委托人收益的实现，主要包括A、B、C三类增信方式。其中，A类增信方式是指国家专项基金、政策性银

行、上一年度信用评级 AA 级以上(含 AA 级)的国有商业银行或者股份制商业银行,提供本息全额无条件不可撤销连带责任保证担保;B 类增信方式是指在中国境内依法注册成立的且符合相关要求的企业(公司),提供本息全额无条件不可撤销连带责任保证担保;C 类增信方式是指以流动性较高、公允价值不低于债务价值 2 倍,且具有完全处置权的上市公司无限售流通股份提供质押担保,或者以依法可以转让的收费权提供质押担保,或者以依法有权处分且未有任何他项权利附着的、具有增值潜力且易于变现的实物资产提供抵押担保。就目前而言,B 类增信方式最为常用。此外,债权投资计划均要求设立托管人和独立监督人角色,以避免资金混同风险并对资金用途进行监督。

债权投资计划典型交易结构如图 1-1 所示。

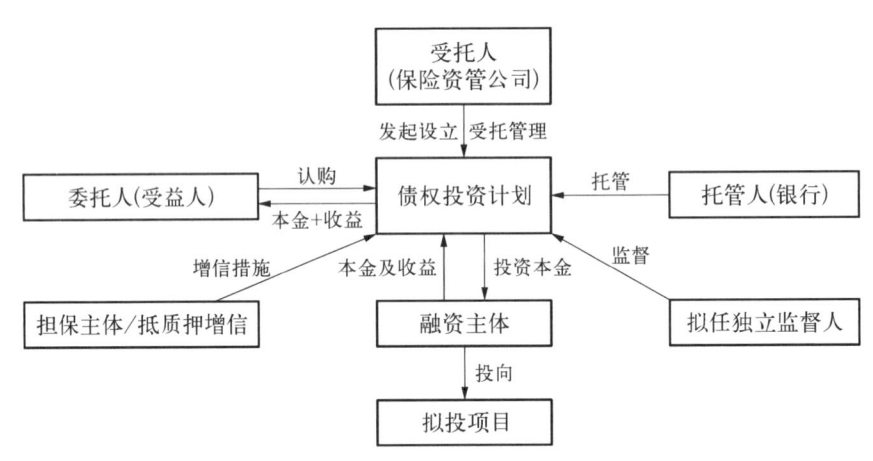

图 1-1 债权投资计划典型交易结构

进一步从产品分类来看,根据中国人民银行、中国银行保险监督管理委员会、中国证券监督管理委员会和国家外汇管理局联合发布的《关于规范金融机构资产管理业务的指导意见》(银发〔2018〕106 号文,简称《资管新规》)中标准化债权类资产的定义,标准化债权类资产应当同时符合以下条件:(1) 等分化,可交易;(2) 信息披露充分;(3) 集中登记,独立托管;(4) 公允定价,流动性机制完善;(5) 在银行间市场、证券交易所市场等经国务院同意设立的交易市场交易。标准化债权类资产之外的债权类资产均为非标准化债权类资产。按上述定义,债权投资计划属于非标准化债权类资产。

三、债权投资计划产品特点

(一)债权投资计划符合保险资金投资偏好

按照《保险资金运用管理办法》(保监会令〔2018〕1 号),保险资金的运用必须遵守以下原则：一是资产负债匹配原则，具体包括期限结构匹配、成本收益匹配、现金流匹配。此外，还包括基础与环境、控制与流程、模型与工具、绩效考核等能力评估。二是稳健审慎和安全性原则，重点在于以服务保险业为主要目标，坚持稳健审慎和安全性原则，符合偿付能力监管要求。保险资金对安全性的要求较高，上述要求也是基于债权投资计划资金端和资产端的特性而衍生的。

从资金端来看，债权投资计划注册成功后资金募集主要面向保险资金。保险资金具有负债性、长期性、增值性和低成本性。

（1）负债性。一方面，保险资金的负债性体现在保险资金均系保险产品收取的保险费用，这部分资金并非保险公司的固有资产，在收取保费的同时需承担保险赔付的义务，保险费用只是暂由保险公司保管。另一方面，保险公司的权益资本也是备付资金。负债经营决定了保险资金投资偏好低风险、收益稳定的资产。

（2）长期性。保险资金保费中占比较高的寿险期限一般10年以上，财产险虽一年居多但连续续保也可视为长期性资金。保险资金久期长的特点需匹配同样期限的资产相对较为困难。

（3）增值性。保险资金来源的产品中寿险保单、万能险、分红险等投资型保险产品均有相关最低收益的保证条款。保险公司在管理大规模保险资产的同时，需选择稳定可靠的投资标的来实现最低收益并在此基础上获取更大的收益。

（4）低成本性。保险资金的资金成本相对较低，这决定着保险资金运用中安全性远重要于收益性，在保证资金安全的要求下获取适度的合理收益即可。因此保险资管发行的债权投资计划选择的投资标的大部分集中在具备AAA主体信用资质的企业。

从资产端来看，基础设施类资产本身具备投资规模大、投资周期长、回收周期长，且收益相对稳定、风险较小的特点，例如高速公路、铁路、电力等重大基础设施。不动产类资产同样也存在投资规模较大、期限较长且具备相对稳定现金流的特点。

基于债权投资计划资金端和资产端特征，衍生出债权投资计划本身的特征也体现在期限、现金流等层面的资产负债匹配，以及稳健性、安全性、长期性、规模性等特征。

（二）债权投资计划法律关系的特殊性

债权投资计划与标准化债券的区别在于，标准化债券中债券投资者与发行人（融资方）直接通过簿记建档系统确定直接债权债务关系，其基础法律关系为债权债务关系。资金端层面，保险资产管理公司作为发行人和受托人，投资者作为委托人，两者通过签订《受托合同》确定委托及受托关系，其本质是信托关系，委托人通过受益凭证表

明受益权,并非债权;资产端层面,受托人与融资主体通过签订《投资合同》确定债权债务关系。因而债权投资计划资金端为信托关系,资产端为债权债务关系,两端法律关系不同但资金端受益权的实现直接高度依赖资产端债权债务关系的实现。这也是估值时需着重考虑的产品特性之一。

四、债权投资计划发行现状

债权投资计划已经成为保险资金进行另类投资的重要投资载体。从保险资产管理业协会(简称"保险资管协会")披露的数据来看,截至 2019 年 6 月末,已有 2.39 万亿元债权投资计划和 3 100 亿元股权投资计划在保险资管协会注册。分年度来看,2018 年,基础设施债权投资计划有 121 项,注册规模为 2 940.86 亿元;不动产债权投资计划有 89 项,注册规模为 1 245.4 亿元;股权投资计划 3 项,注册规模为 361 亿元。[①]从注册数据来看,保险资管产品注册规模保持增长态势,但 2018 年呈现下滑,主要系 2018 年初《资管新规》发布以及监管政策趋严,上半年处于政策观望期,产品发行和储备数量较少所致。从结构来看,2015 年和 2016 年债权投资计划占据当年总注册规模的 75% 以上,2018 年一跃占比达到 90% 以上,主要系监管鼓励真股权投资产品的发行,与原本明股实债居多的股权投资计划相悖离,受保险资管公司对于产品本金及收益的安全性要求及纯股权投资项目经验缺乏的限制,股权投资计划注册规模和数量均大幅下降。保险资管产品注册情况如表 1-1 所示。

表 1-1　　　　　　　　　保险资管产品注册情况

年 份	保险资产管理公司数量(家)	注册规模 金额(亿元)	注册规模 数量(家)	基础设施债权投资计划 金额(亿元)	基础设施债权投资计划 数量(项)	不动产债权投资计划 金额(亿元)	不动产债权投资计划 数量(项)	股权投资计划 金额(亿元)	股权投资计划 数量(项)
2015[②]	18	2 706.13	121	1 027.45	42	1 019.68	69	465.00	5
2016	23	3 174.39	152	1 477.53	57	1 001.86	77	695.00	18
2017	24	5 075.47	216	2 466.45	81	2 113.52	123	495.50	12
2018	26	4 547.26	213	2 940.86	121	1 245.40	89	361.00	3
2019	27	2 580.14	145	1 791.90	82	736.24	60	52.00	3

资料来源:保险资产管理业协会官网。2019 年数据仅包含 1—8 月。

---

① 保险资产管理业协会,https://www.iamac.org.cn/cpzc/zcsj/201902/t20190218_5923.html。
② 2015 年,注册规模中还存在项目资产支持计划 5 个,注册规模为 194 亿元,2016 年起项目资产支持计划改为原保监会审批。

从债权投资计划自身注册情况来看(见图1-2),2015—2017年,总规模持续增长,2018年有所下滑。结构层面,基础设施债权投资计划呈现逐年增长趋势,2018年增长尤其明显。不动产债权投资计划则在2017年达到最大规模,2018年下降幅度近40%,主要系2018年保险资管协会对于不动产债权投资计划中底层商业不动产项目的四证及资本金等要求均趋严,以进一步鼓励保险资金投向基础设施建设和重大民生工程。

资料来源:保险资产管理业协会官网。

图1-2 债权投资计划注册情况

从债权投资计划基础资产投向行业分布来看,主要集中在交通、能源、市政等符合国家产业政策的项目,以及符合政策规定的保障房、商业不动产等项目。

第二节 估值背景及范围界定

一、估值背景

资管产品体系中,二级市场证券投资、私募股权投资、商业银行理财产品均陆续出台了估值指引,逐步建立了各类产品估值及会计核算细则,具备较为完善的估值标准体系。债权投资计划由于缺少市场交易,加之保险资金投资资产配置久期相对要求较长,投资者购买该类产品时绝大多数以持有至到期为目的,产品发行时定价更类似于合意定价机制,即交易价格由参与交易的各方共同商讨决定,产品存续期间则常采用摊余成本法计量。上述交易方式存在一些问题:其一,产品发行采用的合意定价机制主观性相对较强,并不一定完全能反映产品真实的公允价值及风险收益特征;其二,存

续期间采用摊余成本法计量,净值虽稳定,但未能很好地配合影子定价或减值计提等风控手段,无法及时和准确地向投资者揭示产品的风险。

2018年出台的《资管新规》则明确要求资管产品需实行净值化管理,净值生成应当符合企业会计准则规定,及时反映基础金融资产的收益和风险,金融资产坚持公允价值计量原则,鼓励使用市值计量,满足一定条件的可采用摊余成本法计量。但也明确提出,金融机构以摊余成本计量金融资产净值,应当采用适当的风险控制手段,对金融资产净值的公允性进行评估;以摊余成本计量的金融资产的加权平均价格在与资产管理产品实际兑付时,其金融资产价值的偏离度不得达到5%或以上的红线。公允价值的确定则首选活跃市场报价,若无活跃市场报价则采用估值技术确定。无论采用何种方法估值和计量,本质上是均要求公允、真实地反映基础资产的风险和收益。因此,债权投资计划作为保险资金配置的重要产品之一,统一产品估值体系和估值标准指引,一方面符合《资管新规》及新金融工具准则的新政策,另一方面可为产品发行定价和存续期风险管理提供决策参考,同时对于行业规范化管理具有重要的基础意义。

二、估值范围界定

债权投资计划作为估值对象已明确,需进一步明确的是,本课题估值方法的探析虽可以为近期估值的产品提供发行定价参考,但更多的侧重于产品存续期管理和风险揭示。同时,估值对象明确基于资金端视角出发进行估值,估值收益率指资金端预期收益率,因产品资金端预期收益率是资产端投资利率扣除计划应承担的受托管理费、托管费等费用后的收益率,两者存在较为稳定的相对关系,估值时暂且忽略计划承担的各项费用。

第三节 研究思路及框架

本课题首先从债权投资计划产品发展历史沿革、产品特征出发,明确了研究其估值的背景及意义,其次总结分析了当前对债权投资计划或类似非标债权产品的估值方法及思路,并从估值原则、估值方法选取、估值流程及估值方法初探等角度提出了本课题的研究思路,同时着重从委托人投资本金及预期收益损失的角度结合信用等级视角,针对公允价值的估值方法进行详细探究,最后提出本课题的研究结论及相关建议。

第一章为引言,主要对债权投资计划产品的形成和发展历程进行回顾,并剖析了债权投资计划产品本身的特点及发行现状,同时界定了估值背景及估值对象。

第二章为现有非标债权类产品估值方法及经验借鉴。主要总结分析了近期各估值机构及行业自律协会发布债权投资计划、银行理财产品、保险资管产品等估值思路和方法，并提出对本课题研究的相关启发。

第三章为债权投资计划估值思路初探。主要估值从全流程角度出发，明确了产品估值的原则，对估值方法选取及适用性、估值模型构建、估值数据库建立、估值指标体系、估值方法进行了初步思考。

第四章为债权投资计划估值，即公允价值法详析。本章基于委托人视角，结合信用评级分析框架，构建估值模型，分层次阐述估值贴现率及各模型参数确定的逻辑。

第五章为研究结论及建议。主要对本课题的研究结论及债权投资计划等非标债权资产估值体系的构建提出了相关建议。

第二章　现有非标债权产品估值方法及经验借鉴

第一节　中债估值中心债权投资计划估值方法

中央结算下属中债金融估值中心有限公司（简称"中债估值中心"）与上海保险交易所下属中保保险资产登记交易系统有限公司（简称"中保登"）于2019年5月启动保险资管产品估值合作，并于9月10日公布了首批保险资管产品中债权投资计划和资产支持计划的产品估值，并发布了《中债-中保登债权投资计划和资产支持计划估值编制说明》（简称《估值说明》）。

（一）估值对象及适用范围

根据《估值说明》，其估值的对象便是针对保险资产管理公司发行的保险资管产品，包括债权投资计划和资产支持计划。从产品本质来看，保险资产支持计划虽涉及底层资产包，但其发行主要仍依赖于主体信用，资产端本质也是债权。本课题着重探究债权投资计划的估值方法。其估值数据的来源主要来自中保登及各试点会员单位。

（二）估值原理及方法

根据《估值说明》，其估值的方法依然采用广泛应用于债权类资产估值中的现金流

折现法,并在此基础上根据不同项目的合同条款对现金流折现模型中的每期现金流及折现因子进行适应性调整,以得到最终估值结果。

$$PV = \frac{CF_1}{(1+R_{t1})^{t1}} + \frac{CF_2}{(1+R_{t2})^{t2}} + \cdots + \frac{CF_n}{(1+R_{tn})^{m}} \qquad (1)$$

其中,PV 代表资产全价,CF_i 代表现金流日对应的现金流流入,R_{ti} 代表现金流日对应的即期收益率,ti 代表计算日至现金流日的时间,n 代表剩余付息次数。

对于现金流 CF_i,中债估值中心根据债权投资计划募集说明书中所含条款,结合还本付息方式、付息频率、付息区间、利率调整、利息递延等各自特点对现金流分布进行了合理展开。

对于折现率 R_{ti},综合资产的信用因素和流动性因素确定折现率。信用因素主要考量融资主体和担保人的财务信息、外部评级等,结合主体在公开市场发行债券的市场价格信号综合确定。流动性方面,考虑到现阶段保险资产管理产品的流动性偏弱,结合市场及产品给予流动性补偿,确定最终的折现收益率。

此外,对于特殊条款会在估值中进行相应的调整。主要特殊条款及处理方式包含以下几种情况:(1)协商延期或协商提前到期条款。该情形中债估值中心按照行权日及到期日提供两条估值,对于条款规定可协商延期时选择待偿期限较短的估值可信度注为"推荐";对于条款规定为协商提前到期时将待偿期限较长的估值可信度注为"推荐"。(2)赎回部分本金条款。先根据全额赎回的含权资产处理,若行权日未全额赎回则根据赎回比例调整估值。(3)回售部分本金条款。先根据全部回售的含权资产处理,再确定回售方式及比例后调整估值。(4)无固定期限条款。考虑重定价日利率调升比例较大,赎回可能性较大,以下一行权日作为到期日推荐期限较短的估值。(5)浮动利率含上下限条款。计算利息时根据浮动利率上下限修正当期执行利率。(6)利息递延条款。计算现金流考虑利息递延期间利率的调整和额外产生的孳息。

(三)估值指标体系

中债估值中心提供的主要估值指标包括:待偿期(年)、日间估值全价(元/百元)、日间应计利息(元/百元)、估值净价(元/百元)、估值收益率(%)、日终估值全价(元/百元)、日终应计利息(元/百元)、可信度。

中债估值中心具备丰富的估值经验及完善的估值团队、强大的估值公式及数据库,以及中保登和会员单位的强大的数据资源。对于非标债权类的资产估值,因其不存在活跃的市场交易,所以无法根据市场报价来进行估值。本课题理解的中债估值中心的解决办法是根据丰富的标准债市场估值经验,寻找可对标的标准债主体估值数据作为其进行债权计划估值的重要因素之一。但中债估值中心的估值指标中尚未涉及保险资管产品的收益率曲线指标,且未提及其考虑主体信用风险溢价时融资主体和担保主体是如何进行平衡和考量的。

第二节　商业银行理财产品估值方法

中国银行业协会根据《资管新规》及其配套细则的要求,为银行理财产品实现净值化管理和公允价值计量做准备,其理财业务专业委员会于2019年8月出台的《商业银行理财产品估值指引(征求意见稿)》(简称《理财产品估值指引》),针对标准化投资品、非标准化债权类资产、非上市公司股权估值、金融资产减值等进行了详细的估值方法阐述。

(一)估值对象及适用范围

根据《理财产品估值指引》,其所适用的理财产品是指商业银行按照约定条件和实际投资收益情况向投资者支付收益、不保证本金支付和收益水平的非保本理财产品。其中对于非标准化债权类资产的估值,其定义与《资管新规》一致,除《资管新规》中定义的标准化债权类资产外的债权类资产均为非标准化债权类资产。

(二)估值原则

《理财产品估值指引》对于非标准化债权类资产估值原则主要落脚在以下几个方面。

其一,适用性。适用性原则承袭了《资管新规》中相关规定,并不完全一刀切认为非标准化债权类资产都需要用公允价值法计量,而是对摊余成本法及公允价值法的适用对象进行了界定。明确了若资产管理产品为封闭式产品,且所投金融资产以收取合同现金流量为目的并持有到期,或者资产管理产品为封闭式产品,且所投金融资产暂不具备活跃交易市场,或者在活跃市场中没有报价,也无法采用适当的估值技术可靠计量公允价值。上述情形可以采用摊余成本计量,并要求配合适当的风控手段对其公允性进行评估。

其二,一致性。具有相同资产特征的投资每个估值日采用的估值技术应当保持一致。

其三,公允性。在确定非标准化债权类资产的公允价值时,应假设估值日出售该资产,并本着实质重于形式的原则,根据估值日可获取的信息,结合实质性投资条款、

债权自身情况、市场环境、市场参与者等其他因素,审慎选择估值方法,尽可能保证估值结果的公允性。

其四,合理性。这里着重提及采用现金流折现法进行公允价值估计时,需分别合理预测现金流和采用合理的折现率以确定合理的公允价值。(1)现金流确定。银行理财产品管理人可采用合理的假设预测被投资企业未来现金流及预测期后的现金流终值。应对债务人财务状况进行考察和评估,估算能从债务人以现金方式直接收回的本金和利息。当预计债务人将出现不能按合同约定进行本金或利息还款时,还应评判其担保措施等因素对现金流回收的影响。若担保方式为保证,需对保证人财务状况及其还款意愿进行考察和评估,估算能从保证人处收回的净现金额,预测还款金额和时间;若从保证人处收回的是非现金资产,应由相关评估机构或部门进行专业评估后确认;保证担保的法律有效性存在瑕疵的,原则上不予考虑。若担保方式为抵(质)押,需对抵(质)押物合法有效性、处置难度、变现能力、变现年限、以及变现费用评估,估计从抵(质)押物收回的净现金额。(2)折现率确定。折现率的确定应当能够反映现金流预测的内在风险。银行理财产品管理人在确定此方法采用的财务预测、预测期后终值以及经过合理风险调整的折现率时,需要大量的主观判断,折现结果对上述输入值的变化较为敏感。因此,现金流折现法的结果易受各种因素干扰。银行理财产品管理人应当谨慎评估运用现金流折现法的估值风险,综合评价债务人的还款意愿和还款能力,审慎评价融资企业征信状况、风险状况、所处阶段、所属行业、主营业务、股权结构、财务报表、公司评级、流动性补偿等因素,合理确定折现率等输入值。

(三)估值方法

对于采用摊余成本法计量的资产,其估值方法相对简单,以资产初始确认金额扣除已偿还的本金,加上或减去采用实际利率法将该初始确认金额与到期日金额之间的差额进行摊销形成的累计摊销额,扣除计提的累计信用减值准备就可确定估值结果。

对于采用公允价值法计量的资产,均以现金流折现模型为基础,分别针对固定利率、浮动利率、现金流不规则情形、含权情形、可转债等分类提出了详细的公允价值估值方法。

其中,固定利率付息产品按照普通债权现金流折现的方法进行估值;浮动利率则参考浮动利率曲线(上海银行间拆借利率)调整每期的付息现金流;现金流不规则情形则根据还款周期、还本金额等分别对不同时点对应的现金流进行折现。

对于含权(可赎回/可回售)的非标准化债权类资产估值,第一步先计算估值日未来现金流,根据票面利率(或者预期收益率)、付息频率、起息日期、到期日期推算"行权现金流"和"不行权现金流";第二步将行权日后的各期现金流按照折现因子折现至行权日;第三步计算债权在行权日期的未行权到期收益率及行权的收益率,两者进行比较决定是否行权;第四步根据是否行权选取对应的预期现金流以估值日为时点计算折现价值。

对于可转债权价值则将其拆分为一个纯标准债和一个看涨期权的组合,分别根据标准债权和看涨期权定价公式求出两者的价值,加总获得可转债价值。

中国银行业协会推出的《理财产品估值指引》较全面地规范了非标准化债权在各情形下的估值方法,并区分摊余成本法和公允价值法的估值适用范围,并未一味推崇公允价值法,更贴合当前市场实际情况。对于公允价值的估值仍然采用市场普遍接受的现金流折现法,但不明朗的依然是如何确定折现率,也是难点之一。

第三节 债权投资计划估值的经验借鉴

综上所述,中债估值中心及中国银行业协会对非标准化债权类资产采用公允价值评估时,其核心估值模型均使用现金流折现法,这也是传统债权类资产估值时最经典的方法。现金流折现法在估值过程中对于流动性极低且交易极少、含权条款较多的债权投资计划产品,在现金流及折现率的确定时均存在难度,其均未对上述两个变量的确定做充分和详细的披露,而公允价值估值方法的另一难点是如何保证估值结果的相对公允性,如何科学合理地确定现金流及折现率以保证估值结果的合理公允,也是本课题在研究公允价值估值方法时需要着重探索和思考的问题之一。此外,中国银行业协会提出估值方法的可选性和适用性,这点与本课题的研究观点是契合的,对于当前不存在债权投资计划活跃交易和报价的情形下,摊余成本法及其配套风控措施的使用可能更具备实际操作性,但随着产品的发展,交易市场的逐步完善和建立,公允价值估值法具有前瞻性研究价值,但并不意味着完全否定摊余成本法估值方法的价值,适用性则为此提供了合理的解释。综合上述估值方法的经验,认为以下几点尤为重要。

其一,估值基础数据库的建立。采用估值技术和模型对产品进行估值,前提便是相对稳定有效的大量数据源作为基础,基础数据条越多,数据有效性越高,其估值模型的估计结果也会相对更为准确。债权投资计划作为非公开发行产品,数据获取难度很大,中债估值中心采用与中保登合作的形式以获取产品数据。此外,中债估值中心具备丰富的估值公式数据库,有助于含权类产品的估值。因此,基础数据库的建立核心是产品核心要素的标准化登记和集中管理,其次是估值公式及配套数据的辅助和填充。

其二,对于含权类产品的估值思路。中债估值中心在含权产品估值时并未引入复杂的期权定价模型,而是分别提供各类可能情形下的估值结果,并以"可信度"作为标签,供使用者参考,因债权投资计划含权主要体现在协商提前或延期兑付,上述简化处理更具实操性。中国银行业协会在含权条款的估值时,其逻辑是通过分别判断行权日往后行权与不行权的现金流及对应的收益率来确定行权概率和最终现金流,之后再进行估值。两者其实对于含权的处理都简化且更具实际操作性,避免了部分机构采用期权定价模型估值的复杂化。

其三,如何确定估值结果的公允性。对于债权投资计划产品交易极少且无活跃交易报价,如何验证估值结果的公允性是难点之一,也是值得思考的重要问题。

第三章 债权投资计划估值思路初探

第一节 估值原则

债权投资计划估值原则的确定主要取决于估值的使用者和用途。要先明确的是估值结果供谁使用,债权投资计划交易结构中涉及的委托人、受托人、融资主体、担保主体、托管人、独立监督人等众多主体,谁需要估值结果?其一,在一级发行认购环节,委托人(资金方)需要确定认购价格的合理性和认购份额;其二,委托人在认购完以后需要按照投资产品进行会计记录和入账,需要确定计量方法;其三,若发生份额转让及交易,是委托人基于《受托合同》的权利义务的转让,转让价格是否合理亦是需考虑的问题;其四,《资管新规》要求管理人对产品实施净值化管理并向投资者披露,其最终使用方仍是投资者。

基于上述考虑,委托人作为出资方其更需要确定所投资的债权投资计划产品的价值和判断产品存续期间的风险。因此估值使用主体明确为委托人即债权投资计划的投资者,估值的目的和用途主要有两个层面:第一,为债权投资计划的流转和交易提供相对合理的价值参考;第二,满足日常会计记账要求。对于债权投资计划缺乏交易和流转机制的现阶段下,如何满足基本会计处理要求是最基本的原则,同时基于未来流转和交易的考量,如何运用估值技术公允合理地反映债权投资计划的价值亦是非常重要的因素。基于上述考量,债权投资计划估值的基本原则应包含以下几点。

(1) 委托人视角。基于委托人视角对产品进行估值,结合债权投资计划的特殊交易结构不仅要考虑底层债权资产的估值,还应将受托人受益分配以及其他费用的支出等相关要素纳入估值模型当中去。同时,在持有期间的产品风险管理和价值披露也十分重要。

(2) 可计量性。债权投资计划的估值需按照《企业会计准则——基本准则》进行确认和计量。

(3) 一致性。对于同类型的资产估值技术一旦确定,不能轻易变更,应保持资产不同估值日所使用估值方法的连续性和一致性。若有充分证据表明变更估值技术可使计量结果更为公允的,则可根据相应会计准则及自律规则进行变更并及时进行信息披露义务。

(4) 公允性。债权投资计划的估值结果应真实公允反映资产的风险及收益,合理保证估值结果的公允性体现在估值过程合理性、估值模型合理性以及估值结果的验证和修订等全流程估值环节。

第二节 估值方法及适用性

根据新会计准则对金融工具的分类,金融资产根据持有目的不同可分为交易、可售和持有至到期三类,并分别采用不同的确认和计量方法。对于持有至到期的资产可采用摊余成本法计量,对于交易类和可售类资产则需采用公允价值法计量。

一、摊余成本法

摊余成本法是指估值对象买入按成本列示,按照票面利率或商定利率并考虑其买入时的溢价与折价,在其期限内平均摊销,按日计提收益,一般适用于不具备活跃交易市场的资产评估。按照《资管新规》相关规定,摊余成本法仅适用于资管产品为封闭式产品,且所投金融资产以收取合同现金流量为目的并持有到期或所投金融资产暂不具备活跃交易市场,或者在活跃市场中没有报价,也不能采用估值技术可靠计量公允价值的情况。目前大部分非标债权类产品均采用摊余成本法进行计量。

根据《企业会计准则第22号——金融工具确认和计量》的规定,金融资产或金融负债的摊余成本,应当以该金融资产或金融负债的初始确认金额经下列调整后的结果确定：(1)扣除已偿还的本金；(2)加上或减去采用实际利率法将该初始确认金额与到期日金额之间的差额进行摊销形成的累计摊销额；(3)扣除累计计提的损失准备。其中，实际利率法是指计算金融资产或金融负债的摊余成本以及将利息收入或利息费用分摊计入各会计期间的方法。实际利率是指将金融资产或金融负债在预计存续期的未来现金流量估值，折现为该金融资产账面余额或该金融负债摊余成本所使用的利率。在确定实际利率时，应当考虑在金融资产或金融负债所有合同条款的基础上估计预期现金流量，但不应当考虑预期信用损失。

运用摊余成本法进行估值，相对于公允价值法而言，有其特性。一方面，摊余成本法估值可减少债权产品净值波动。其以成本法入账，并考虑摊销，可保持投资账面净值和收益的稳定性，尤其面对市场剧烈波动时，资产账面净值相对稳定，以满足投资人对到期获得稳定回报的要求。另一方面，采用摊余成本法进行计量的债权资产是以持有至到期为目的，其核心风险是信用风险，即产品到期是否违约的风险，而期间的市场波动风险对持有至到期资产的未来合同现金流的影响不大，通过摊余成本法可更真实地反映该类资产的风险和收益特征。因而从某种意义上来讲，摊余成本法本质也是以公允合理符合产品特性为目的的估值方法，但采用摊余成本法时也容易忽略资产减值损失的计提，且并未配套相应的风控措施难以保证估值结果的公允性和风险披露的及时性。

二、公允价值法

根据《企业会计准则39号—公允价值》中对"公允价值"的定义，公允价值是指市场参与者在计量日发生的有序交易中，出售一项资产所能收到或者转移一项负债所需支付的价格，按照公允价值计量相关资产或负债，应当假定计量日出售资产或转移负债的有序交易发生在主要市场(或者不存在主要市场情况下的最有利市场)中，并且使用在当前情况下适用并且有足够可利用数据和其他信息支持的估值技术。若相关资产或负债存在活跃市场公开报价的，应当优先使用相同资产或负债在活跃市场的公开报价。

对于债权投资计划，若其买入时便是以出售或可能交易为目的的，便需要采用公允价值法估值及计量。但该类资产不在银行间市场、证券交易所市场等国务院和金融监督管理部门批准的交易市场交易，不属于具有合理公允价值和较高流动性的债权性资产，没有交易，也就没有交易价格，难以参照市场进行估值(至少缺乏可信的市价参考)，因而当前环境下采用公允价值计量的可操作性不强。但随着债权投资计划等非标准化债权资产规模的迅速发展，交易及流转需求也显著提升，随着资产交易频繁发生,债权投资计划等非标债权资产持有至到期的目的可能随之发生改变,从原先的持有至到期调整为可择机通过交易退出。在这种情况下,资产久期较长的,其摊余成本价格与实际交易价格(公允价值)之间的差距会比较大,采用摊余成本法估值显然不合适。因而如何合理采用估值技术确定债权投资计划可靠公允价值也是本课题研究的重中之重,亦具备前瞻性研究价值。

第三节 估值流程思考

上述针对估值的原则、估值方法的选取和适用性的讨论,其目的很明确,如何真实反映估值对象的风险和收益,合理公允地确定其产品价值。上文也提及如何保证估值结果的公允性,不仅体现在估值方法的选取上,还体现在估值流程、估值模型构建等每一个估值环节的合理性,从而保障最终估值结果的合理和公允。

对债权投资计划等非标准化债权资产进行估值,主要估值步骤包括:(1)确定估值原则;(2)确定产品类型及估值方法;(3)构建估值模型;(4)收集基础数据;(5)确定估值结果指标体系;(6)模型结果检验及调整。

一、确定估值原则

估值原则在本章起始便已进行详细阐述,其核心原则便是委托人视角、可计量性、一致性和公允性。

二、确定产品类型及估值方法

产品类型的确定主要看持有资产的目的,划分为交易、可售和持有至到期三类,并分别采用不同的确认和计量方法。对于持有至到期的资产可采用摊余成本法计量,对于交易类和可售类资产则需采用公允价值法计量。其核心区分要素是业务模式的目标是否以收取合同现金流为目标,若仅以收取合同现金流为目标,则可采用摊余成本法进行确认和计量。若依赖出售或者既以收取合同现金流又依赖出售的情形,则需采用公允价值法进行确认和计量。

三、构建估值模型

对于需采用摊余成本法进行确认和计量的资产,其估值模型相对成熟,直接使用即可,但对于摊余成本法使用时配套风控措施的采用需着重探讨。对于需采用公允价

值法估值的资产,需选取合理的估值技术对其进行估值,不论采取现金流折现或其他方法均需综合考量市场风险、信用风险、流动性风险等影响产品净值的风险因素,结合资产中参与主体、底层项目、交易结构设计、特殊条款等核心要素,对其进行估值。估值模型的构建与产品交易结果、产品特性、还款归集和受益分配等特性高度相关。所构建的估值模型能否反映产品的风险要素,并且通过合理的逻辑关系链接在一起是决定估值结果合理的关键性步骤。

四、收集基础数据

估值模型所需数据通常分为三类:第一类数据为产品基本要素数据,包括产品发行规模、发行利率、发行期限、产品结构、是否含权条款、受益分配机制等;第二类数据为底层项目资产相关数据,包括项目资产类型、存续期内的现金流覆盖倍数、项目内部收益率等;第三类数据为产品中参与主体(融资主体或增信方)的业务数据、财务数据、信用等级评定等。

当前,保险债权投资计划在保险资管协会注册时已设立明确的信息披露标准,产品数据相对齐备,上述所需数据基本均在要求提交的产品募集说明书、尽职调查报告、信用评级报告等注册材料中可获得。若能形成相对完整且系统的数据库更佳。

五、确定估值结果指标体系

中债估值中心针对保险资管产品提供的主要估值指标包括:待偿期(年)、日间估值全价(元/百元)、日间应计利息(元/百元)、估值净价(元/百元)、估值收益率(%)、日终估值全价(元/百元)、日终应计利息(元/百元)、可信度。本课题认为,对于债权投资计划估值时最核心的指标应包含估值收益率、估值全价、待偿期。

六、模型结果检验及模型修正

模型结果是否合理、是否符合市场变动趋势等,需要通过大量数据样本测算后并根据结果进行检验。检验的方法可以参考当前成熟的估值机构的估值逻辑进行处理。首先,中债估值中心对债权投资计划估值时将相关主体公开市场标准化债权产品报价数据作为估值的重要参考因素之一;其次,估值的核心是交易,可采用协会内成员单位对估值对象背对背报价的形式来检测模型结果的准确性;再次,也可以采用多种估值技术交叉验证估值结果的可靠性和准确性。如此反复来调整模型,最终提高模型结果的准确性。

第四节 估值方法初探

基于上述估值流程,对于其中最重要的估值方法和估值模型的构建,本节将对此进行初步思考及探析。

一、"摊余成本法+影子定价+定期减值测试"估值法

《资管新规》明确规定采用摊余成本法计量的金融资产需满足以下两个条件之一:(1)资产管理产品为封闭式产品,且所投金融资产以收取合同现金流量为目的并持有到期;(2)资产管理产品为封闭式产品,且所投金融资产暂不具备活跃交易市场,或者在活跃市场中没有报价,也不能采用估值技术可靠计量公允价值。确定能否采用摊余成本法计量需通过 SPPI 测试,SPPI 测试是指合同现金流量特征评估系统,用于识别合同现金流量是否仅为对本金及以未偿付本金为基础的利息的支付,合同现金流面临的风险应与基本借贷安排相匹配,若发生某些风险敞口导致现金流与基本借贷安排无关,则不符合 SPPI 特征,无法采用摊余成本法计量。

所谓摊余成本法,即产品买入时按照成本列示,按照票面利率或商定利率并考虑买入时的溢价和折价,在其剩余期限内平均摊销每日计提收益,摊余成本是初始确认投资成本减去以实际利率计算的利息后的金额。

本着真实公允反映基础资产风险收益的原则,摊余成本法无法动态反映产品的风险收益,无法独立使用,需设置校准和纠偏的风控手段相配合。参考 2019 年 8 月出台的《理财产品估值指引》相关要求,对于采用摊余成本法估值的产品,还需要配合影子定价作为风控手段,并需定期进行资产减值测试。影子定价机制,本质上是以市场公允价值为衡量基准,设置一定的可容忍偏离度,保证摊余成本法计量的产品净值与公允价值计量的产品净值不存在过分的偏离。《资管新规》中也明确规定以摊余成本计量的金融资产的加权平均价格与资产管理产品实际兑付时金融资产价值的偏离度不得大于等于 5%。因此,即使采用摊余成本法计量,影子定价也仍需以公允价值为参考依据来对摊余成本计量的产品净值进行纠偏。对于保险资金投资的债权投资计划,因无活跃市场交易(极少交易甚至无交易),无法根据市值法确定影子价格,近期权威的第三方估值机构中债估值中心推出保险债权投资计划估值的服务,可尝试参考中债估值中心的保险资管产品估值结果作为影子价格进行纠偏。影子价格的确定系债权投资计划采用摊余成本法估值的难点之一。

此外，根据 IFRS9 准则的相关规定，对于采用摊余成本法计量的金融资产，需定期开展资产减值测试。减值测试采用预期信用损失模型（ECL 模型），该模型需反映：（1）通过评价一系列可能的结果而确定的无偏概率加权金额；（2）货币的时间价值；（3）在无须付出不当成本或努力的情况下可获得的有关过去事项、当前状况及未来经济状况预测的合理及可支持的信息。具体的计算框架为如下：

$$ECL = \sum_t ECL(t) = \sum_t EXP(t) \cdot DF(t) \cdot PD(t) \cdot LGD(t) \qquad (2)$$

其中，t 为存续期的各还款时点；$EXP(t)$ 为截至 t 时点所有应还未还现金流（本金＋利息）折现至 t 时点的货币价值，即 t 时点的剩余未还本金及利息；$DF(t)$ 为将 $EXP(t)$ 折现至报告日（$t=0$ 时点）所适用的折现因子；$PD(t)$ 为 $t-1$ 时点至 t 时点之间的边际违约概率；$LGD(t)$ 为 t 时的违约损失率；$ECL(t)$ 为存续期各还款时点的预期信用损失。违约概率通常与融资主体信用等级存在映射关系，违约损失率则与产品交易结构设计中的增信措施直接相关。

摊余成本法作为目前债权投资计划估值计量的常用方法，从形式上比较符合债权投资计划以收取合同现金流量为目的并持有到期的产品特征，但使用时是否经过 SPPI 测试，是否确实合理设置了影子定价和定期减值的校准和纠偏机制，尚未有明确的规范。

二、现金流折现法

因债权投资计划无明确交易场所，极少甚至不存在交易行为，无活跃市场报价，无法直接采用市值法确定公允价值，因此需采用估值技术来确定产品的公允价值。债权投资计划本质上资产端也是债权，可考虑采用未来现金流折现方法对其进行估值。具体可参考中债估值中心提出的针对保险资管产品进行估值的相关说明。但其并未对如何确定贴现率进行详细阐述。本课题自 2018 年开始研究，其估值的核心模型也是现金流折现法，关于现金流和贴现率确定所考量的因素与中债估值中心和中国银行业协会提出的部分观点有重合之处。不同之处在于贴现率的确定过程中从投资本金和收益回流角度及信用评级出发，分析可能影响委托人投资本金和预期收益回收的风险因素，并通过反复解构确定产品信用等级，通过信用等级链接流动性极低的债权投资计划与流动性相对较好的标准化债券在利率上的映射关系确定基础贴现率，再通过其他相关因素调整确定最终的贴现率。该方法作为本课题的核心研究成果，将在第四章进行详细阐述和分析。

三、因素分解法

如上述现金流折现法所述,贴现率的确定是个十分复杂且难以从实操上解决的难题,且很难单独确定某些因子与贴现率的单独映射关系。为解决上述问题,本课题提出因素分解法,以尝试打通保险债权投资计划作为非标债权资产与标准化信用债之间的连接渠道,将该部分贴现率进行因素分解,寻找已知因素,通过样本数据对未知因素进行探索,进而建立相对稳定的关联函数,用于估值。该方法采用的前提基于保险债权投资计划独有的几个特征:其一,因保险资金投资相对属于风险厌恶型投资,担保主体资质较强,通常为公开市场信用债的发债主体,级别均分布在AA+至AAA,其中以AAA占绝大多数;其二,因保险资金用途需投向底层基础设施或不动产投资项目,基于合规证照等因素考虑,融资主体通常为资质较弱的项目公司。因此,因素分解法更适用于"弱融资主体强担保主体"的情形,对于信用资质较好的融资主体(AA及以上),该方法的适用性较弱。

该方法估值的对象是收益率,可对应现金流折现法中的贴现率。贴现率代表的是投资者对产品风险判断后的要求回报率。将该风险溢价因子进行分解,可进一步分解为担保主体风险溢价(因融资主体较弱,此处只考虑担保主体信用风险)和其他风险溢价。其中,因担保主体资质较好,绝大多数是公开市场发债主体或可在公开市场寻找到类似对标主体近期的融资利率作为参考来确定贴现率。

在剥离主体对应的信用风险溢价后,其余因素对应的贴现率便是其相应的风险溢价。在具有足够样本数据在前提下,可以根据历史发行数据对难以单独确定部分的风险溢价通过模型模拟出相应的参数值和权重。具体思路如下:

$$债权投资计划估值收益率 = 融资主体(免增信情形下)或增信方的信用风险对价 + 其他风险溢价 \quad (3)$$

其中:已知变量为投资人预期收益率M(根据历史发行数据获得),可推导变量为担保主体的信用风险对价N(根据同一主体或对标主体公开发行纯信用债的估值收益率作为参考),则其他风险溢价$Y=M-N$。对于Y的风险溢价可以进一步拆分流动性风险溢价、特殊增信方式风险溢价、特殊含权条款风险溢价等因素并选取相应指标作为变量,通过建模拟合其他风险溢价Y与各变量之间的关系,确定权重系数,构建其他风险溢价Y的估值模型。因分解的溢价因素本身具备相对稳定的特征,所拟合的估值模型可用于存续期的产品估值。第一步,根据产品相关指标运用估值模型计算其

他风险溢价；第二步，确定主体信用风险溢价；第三步，主体信用风险溢价与其他风险溢价相加可得出产品最终的估值收益率。

上述思路其本质上是在打通非标准化产品和标准化产品的沟通渠道，基于标准化产品成熟的估值技术和高流动性的交易特性，加上债权投资计划的特性确定其相关风险溢价，最终确定债权投资计划的估值收益率。此外，具体拟合过程中，可以根据历史数据中基础资产类型将其区分为不动产类、基础设施类，分别得出相应的估值模型。但该模型拟合时需用到发行数据，而债权投资计划发行时的定价更类似于合意定价机制，主观性较强，将主观性较强的结果拆解成客观的定量因素，可能存在误差，且模型设定为线性模型本身可能存在一定局限性。

四、曲线构建法

参考标准化债权市场估值方法，市场上常用的是构建利率期限结构曲线以匹配估值收益率。目前市场上常见的权威第三方估值机构通常以产品品种、级别、行业、到期期限等要素为基准构建分类收益率曲线提供估值参考，曲线构建基础数据主要来自市场交易数据、报价数据等。因债项产品级别以 AAA 为主，债权投资计划可考虑基于产品发行数据构建分行业的收益率曲线，根据行业特征确定不同行业的行业利差，根据 Hermit 插值模型拟合出分行业的估值收益率曲线，再根据不同行业采取不同估值收益率的原则确定估值收益率。此方法的优点在于曲线构建完后使用便捷，局限在于：其一，产品发行数据难以获取，仅保险资管协会可获取到所有产品注册数据，且产品真实发行数据与注册数据仍可能存在差异，数据的有效性和数据量难以保证；其二，产品发行数据收益率主要采用合意定价机制，并非二级市场交易数据或报价数据，是否公允难以判定，仍需进行背对背报价方式不断对曲线进行修正。

五、比较法

比较法是指对于估值日可采用同一受托人发行的同一主体或类似主体及类似结构产品的预期收益率计算产品价值进行比较估值，也可作为摊余成本法中影子定价的参考。采用此估值方法的基础是，最近一次产品发行与估值日时间较近，且最近一次产品发行日至估值日之间参与主体、市场环境、监管政策不存在重大变化。该方法优点在于简单易操作，局限性在于近期产品发行价格仍是合意定价机制确定的，主观性较强，是否公允有待商榷，且产品发行均为私募发行，发行数据难以获取。

六、总结

针对上述五种方法的思考，本课题认为无论使用摊余成本法或公允价值法计量，其本质都追求真实公允反映产品本身的风险收益特征。采用摊余成本法需参考影子定价和定期减值测试，影子定价在某种意义上也是市场的公允价值，现金流折现法、因素分解法、曲线构建法及比较法生成的估值结果在一定程度上可以作为影子定价的参考。而现金流折现法、因素分解法、曲线构建法和比较法往往也不是独立存在使用的，往往是相互穿插、相互佐证共生的存在。本课题在第四章着重分析的债权投资计划公允价值计量的估值模型是以现金流折现模型为基础，同时包含了因素分解的逻辑和比较法的验证思维。

第四章 债权投资计划估值：公允价值法详析

本章通过构建估值模型，并致力于尽可能将估值结果合理公允化。其核心逻辑是以现金流折现模型为基础，基于委托者角度从投资本金及收益回流角度及信用评级出发，分析可能影响委托人投资本金和预期收益回收的风险因素，并通过反复解构风险因素确定产品信用等级，通过信用等级链接流动性极低的债权投资计划与流动性相对较好的标准化债券在利率上的映射关系，来确定基础贴现率，再通过其他相关因素调整确定最终的贴现率。考量更多风险因素及通过信用等级与利率的映射关系将具有交易市场和公允性的价格引入估值模型，以提升估值结果的公允性和可靠性。

第一节 估值模型构建

市场上最为成熟的估值品种主要是信用债产品估值，信用债产品的估值基于债权债务的法律关系而存在，投资者与融资主体之间的债权债务关系通过簿记建档等方式确定，因此估值时核心考量的是主体的信用利差。对于债权投资计划而言，上文提及对于委托人（投资者）而言，债权投资计划属于投资标的，委托人与受托人通过《受托合同》确定的是信托关系，委托人不受最低收益保障的承诺，只享受《受托合同》所载的受

益分配权,同时受托人与融资主体签订《投资合同》确定债权债务关系,委托人与融资主体不存在直接债权债务关系。因此,从委托人本金及预期收益回收的角度来看,需考虑两个层面:第一,资产端债权债务关系的实现是委托人预期收益实现的基础;第二,受托人将资产端本金及利息的回收在扣除相关托管、受托等费用后向委托人进行收益分配。同时,债权投资计划不同于大部分普通信用债产品,为保障资金的安全性和稳定性,除部分符合条件可免增信的产品外,均需设置保证担保、抵押等增信措施。设置该类措施主要目的是提升融资主体违约后损失的回收程度,对于投资者来讲,其核心的关注问题是本金和收益损失程度的高低。因此,设计估值模型时,本课题的创新点在于基于投资者视角,结合信用评级分析框架,分层次确定产品的贴现率,以最大程度贴合债权投资计划产品本身的风险要素及特征,构建的估值模型如下:

$$P = \sum_{t=1}^{T} \frac{C_t}{(1 + A\gamma_{bt} + \varphi_t)^t} \qquad (4)$$

其中:P——债权投资计划的估值全价;

T——待偿时间(估值日与计划到期日的时间);

t——现金流到达的时间;

C_t——产品(本金及收益)现金流;

γ_{bt}——基础贴现率;

A——基础贴现率调整因子,取值范围大于等于1;

φ_t——流动性风险溢价。

此外,为简化模型,假设受托人管理费、托管费等需要债权投资计划本身承担的相关费用为零,以此假设债权投资计划资产端投资利率与资金端产品预期收益率相等。基于该模型,本课题将逐步探析各个变量的确定方法。

第二节 现金流及待偿期的确定

现金流及待偿期的确定通常包含以下几种情形:

(1) 对于无含权条款的产品,其现金流及待偿期依照合同约定的还本付息及收益分配的时间及频率来确定即可。不论是期间付息到期还本的规则情形还是分期还本金额不一致的不规则情形,均可适用此类,依照合同约定确定现金流分布即可。

(2) 对于含权类产品,债权投资计划常见含权条款包括双方协商提前或延期还款、单方提前还款选择权、无固定期限永续类条款等。其中,对于双方或单方提前还款选择权,虽含权,但其对现金流分布和时间的影响相对容易确定,可借鉴中债估值中心的处理方式,提供多种情形下的估值数据条,并根据实际时点标注"可信度"的方式简化处理,避免行权概率的复杂计算。

(3)需着重关注的一点,债权投资计划均包含增信措施即保证担保或抵押增信(特殊免增信产品除外)。因此,除假设融资主体正常还本付息现金流可到期偿付情形外,对于启动保证担保或启动抵押物处置的情形,其在计划到期后因偿债来源发生改变而导致的时间延长及孳息,可以通过调整现金流分布及时间将其纳入极端情形下的估值数据条之一。

第三节 综合贴现率的确定

本部分所研究综合贴现率是指模型中参数 $A\gamma_{bt} + \varphi_t$ 的确定,具体而言分为四步进行确认:一是确定基础贴现率;二是确定基础贴现率调整因子;三是确定流动性风险溢价;四是确定综合贴现率。

一、基础贴现率的确定

基础贴现率的确定核心考虑的是资产端的信用风险。债权投资划还款主要来源于资产端的三个层面:底层投资项目现金流回款、融资主体自有现金流、担保主体代偿现金流或抵质押物变现现金流。因此基础贴现率的确定理应基于上述三大重要风险要素角度出发考虑。

具体而言,债权投资计划第一还款来源通常是投资项目现金流回款。从理论上来讲,投资项目现金回流在计划存续期间内能否在正常情况或极端情况下覆盖本计划债务本息是最重要的考量因素。但实际操作过程中,因现金流预测本身存在诸多假设性因素,且投资项目回款难以实现完全隔离,甚至可能存在本身权利受限情形,因此在确定贴现率时将投资项目整体纳入至融资主体一起考虑。确定贴现率的核心因素主要是考虑融资主体自身的偿还能力和偿还意愿,以及担保主体代偿的能力和意愿,或者抵质押物变现难易程度和变现价值。

基于上述逻辑分析,为合理确定贴现率,本课题引入经典的预期损失模型进行剖析。基于投资者角度,核心关注的是产品的预期损失率,根据预期损失模型:

$$EL = PD \times LGD \tag{5}$$

其中：

EL——Expected Loss，此处指预期损失率，若计算预期损失需在此基础上乘以风险敞口；

PD——Probability of Default，违约概率；

LGD——Loss given default，违约概率既定情形下的违约损失率，亦等于 1 - RR（Recovery Rate，回收率）。

基于上述模型，违约概率主要来源于主体，抵押增信影响违约损失率，综合确定债项信用等级，以此来映射收益率。

第一步，将底层投资项目第一还款来源与融资主体自有现金流第二还款来源合并考虑情形下，融资主体能否按照合同约定按时还本付息是首要需关注的信用风险。该部分的信用风险溢价可根据各行业主体评级方法确定的信用等级来确定，主体的信用评级方法是从宏观、中、微观三个层面考量主体的经营风险、财务风险和外部支持等因素对主体偿债能力及意愿的综合判定。信用等级与主体违约概率存在一一对应关系，因此信用等级的评定间接可获得融资主体的违约概率作为本模型中的初始违约概率 PD_0。

第二步，具备保证担保增信措施的产品中还涉及担保主体作为第二还款来源，此处的保证担保基本均为本息全额不可撤销连带责任保证担保，因此暂不考虑条款的有效程度，均认为具有很强法律效力。基于此，对担保主体代偿能力及代偿意愿需要进行评估，其代偿能力的判定亦可通过信用等级而确定，同样可通过担保主体信用等级映射违约概率 PD_1。通常根据联合违约概率理论，两者同时违约的概率原则上低于单个主体违约的概率，即 $PD_0 \times PD_1$ 小于 PD_0 或者 PD_1，理论上两个主体的违约概率叠加后可降低模型中的 PD，但考虑到 PD_1 仅仅代表担保主体自身违约的概率，更多考量的是自身的偿债能力，并未考虑其作为担保主体的代偿意愿，代偿意愿在一定程度上受两个主体之间关系的影响，存在一定的不愿意代偿风险，对其违约概率减少存在一定程度的抵消。因此保守估计，增加担保主体后联合违约的概率按照担保主体的违约概率来确定，如此取值具备一定合理性。首先，债权投资计划发行时受托人在一定程度上通过交易结构降低了代偿意愿带来的风险，常见的结构多数为母公司为子公司担保或者银行担保，代偿意愿通常较强，因此代偿意愿风险从实操角度来讲可以相对弱化，无须给予很高的风险溢价。其次，将担保主体对应的违约率作为联合违约概率本身是相对更保守的方式,也与公开市场标准债券发行保证担保增信的信用等级确定的常规逻辑相符。再次,从产品发行认购角度来看,由于债权投资计划中常见"弱融资主体强担保主体"的结构,担保主体的信用风险溢价的重要性常常高于融资主体本身,是投资者判定产品安全性的重要考量因素。

第三步:根据历史经验或者国际评级机构确定的违约损失率通常有一个经验初始值LGD_0,该初始值通常代表无抵押增信等措施情形下纯信用债券违约后对应的一个违约损失率。在采用C类增信措施时,债权投资计划常见的且投资者认可对于回收有提升价值的便是不动产抵押增信,为第一顺位抵押,不存在其他权利受限等不合法合规情形。对于该类增信,其本质是在主体发生违约后,通过处置资产获得额外现金流提升投资本金及收益的回收程度,从而减少违约损失率,提升产品的安全性,从而降低产品的风险及预期收益率。通过考察所抵押的资产的变相难易程度和变现后的价值,计算其对投资本金及预期收益回收的提升程度以确定新的LGD_1。

第四步:根据第二步和第三步确定的PD_1和LGD_1计算预期损失率EL。EL与债项信用等级具备映射关系,从而确定基础的债项信用等级。根据该债项信用等级,可参考公开市场权威估值机构发布的不同期限下的平均估值收益率作为本模型中基础贴现率。公开市场估值收益率因根据市场报价而确定,可在一定程度上保证收益率的公允性。

二、基础贴现率调整因子的确定

在基础贴现率基础上设置调整因子,是基于债权投资计划特殊交易结构设置的考量。委托人投资本金及预期收益的实现主要依赖资产端债权债务关系的实现,但同时也依赖于受托人的管理能力。受托人的管理能力对委托人本金及预期收益回收的影响主要体现在投后存续期风险跟踪管理、抵押物处置的能力、催收的能力和向委托人进行收益分配及信息充分披露的能力。因此受托人管理能力作为调整因子嵌入模型中,该因子取值范围大于或等于1,调整的逻辑如下:首先,构建受托人管理能力评价指标体系,可以从股东实力、资本实力、产品管理规模、产品历史发行情况、盈利能力及风险管理能力六个维度构建细分指标,对目前市场上发行债权投资计划产品的三十多家保险资管公司进行评分及排序,作为调整因子设置的重要参考因素。基于重要性考虑,该因子只调增不调减。具体而言,通过打分及排序设置灰名单,将管理能力较弱,尤其是发行产品发生过违约的保险资产管理公司纳入灰名单,进入灰名单的保险资产管理公司所发行的产品在估值时相应调增产品的风险溢价,即$A>1$,给予投资者更高

的风险补偿。对于未进入灰名单的管理人,调整因子取 A=1,表明不对基础贴现率进行调整。

三、流动性风险溢价的确定

流动性风险溢价作为单独的因子符合债权投资计划本身无交易(或极少交易)非公开发行的产品特点。这类产品与公开市场标准化发行的产品相比,其需要更多的流动性风险作补偿。该流动性风险补偿的确定可以参考公开市场不活跃的债券交易品种来确定,也可以通过公司债、PPN 等非公开发行且流动性极低的债务融资工具产品作为标的来确认。具体而言,可寻找同一主体在同时期发行的期限相同的公开发行产品与非公开发行产品之间的收益率利差来确定流动性风险溢价。

第四节 模型检验及修正

通过上述模型分别确定各变量取值,并获得最终的产品估值全价和估值收益率。虽然模型在构建和各变量确定时通过信用等级符号打通了非公开和公开市场的连接渠道,将公开市场公允可靠的估值数据引入该模型中,以最大程度保障结果的合理性。但模型设置和取值过程中仍可能面临模型本身风险及主观风险的影响,模型的可靠性验证及反复校验和修正必不可缺。本课题建议的验证方法包括以下几种。

第一,机构间估值的交叉验证。目前中债估值中心及资金方本身均会对债权投资计划进行估值,根据同一产品估值结果的交叉验证,反向分析其结果差异的影响因素,调整模型参数,优化模型。

第二,模拟市场报价验证。权威估值机构及公开市场债券产品估值的核心依据是报价数据,包括市场成交数据、做市商数据、经纪报价数据等,市场报价是公允性验证的最好方式,可以设置模拟交易市场选取会员单位背对背模拟报价来验证模型结果的合理性。

第三,历史数据验证法。对于已经发行的产品数据进行估值时,可与其发行时或份额转让时的交易价格进行比对,通过大量数据验证来校准模型。

第四,新产品发行验证。采用模型对新发行产品进行估值,可与产品发行实际利率(可以理解为最新交易市场价格)进行比较,以此来验证模型结果的合理性。

第五,纵向校准。模型的校准和修订本身便是一个长期的过程,产品易受行业、宏观、政策等因素的影响,随着外部环境的变化,其模型的影响参数可能随之改变,因此模型应视情况不断修订和校准。

第五章 研究结论及建议

第一节 研究结论

本课题紧紧围绕估值对象保险资管产品中债权投资计划而展开,从债权投资计划产品发展历史沿革、产品特征出发,明确了研究其估值的背景及意义,进而总结分析了当前对债权投资计划或类似非标债权产品的估值方法及思路,并从估值原则、估值方法及适用性、估值流程及估值模型等角度提出了本课题的研究思路,同时着重从委托人投资本金及预期收益损失的角度结合信用评级视角针对公允价值的估值方法进行详细探究。综合上述分析,本课题得出以下分析结论。

其一,债权投资计划产品本身被定义为非标准化债权类资产,但其具备相对标准的交易结构及完备的注册机制,在研究其估值时具备一定的数据积累优势和可把控性。

其二,债权投资计划产品本身具备两层法律关系,资产端为债权债务关系,资金端为信托关系,资金端更多关注投资本金及预期收益的回收程度,该出发点也是本课题估值模型构建的基准点。

其三,本课题并不一味倡导采用估值技术对产品进行公允价值的评估。其原因一方面是估值方法具有其特殊适用性,对于当前多数以资产持有至到期为目的且仅依赖合同现金流获取收益,同时不具备活跃交易市场、无活跃市场报价的债权投资计划产品,更适用于摊余成本法进行确认和计量,但当前缺乏配套的影子定价和定期减值测试等风控手段。而随着产品和金融市场本身的发展及产品净值化管理的政策导向,如何选取适合的估值技术进行公允价值估计,具有前瞻性研究价值,也是本课题研究的重点。

其四,本课题的创新点在于,从资金方视角出发,运用信用评级的分析框架和逻辑,构建了以现金流折现模型为核心,预期损失模型为辅助的估值模型,并通过信用等级的确定引入了公开市场产品估值数据,在一定程度上提升估值参数确定的公允性,打通了标准化产品及非标准化产品在估值时的沟通渠道。

其五，本课题认为债权投资计划的估值是个完整的体系，包含估值原则确定、估值方法选取、估值模型构建、基础数据库建设、指标体系建设、模型检验及修正等多个层次的问题。

第二节　研究建议

债权投资计划等非标债权产品的估值是个系统性工程，同时前期需要相关的政策支持、数据支持、信息披露，这需要行业监管与自律机构以及各家受托机构共同参与，本章就此针对债权投资计划及其衍生出的其他非标准化债权类资产的估值做出简单建议。

一、建立统一估值标准体系

公允价值法估值是《资管新规》的鼓励方向，也是促进非标债权资产交易的重要基础设施。由于非标资产缺乏交易和流动性等特征，往往需要使用估值技术确定公允价值。但问题是估值方法和模型选取各家自成一派，无统一标准，影响了横向可比性。

当前，针对保险资管类产品及非标准化债权类资产，中债估值中心发布了《中债-中保登债权投资计划和资产支持计划估值编制说明》，中国银行业协会发布了《商业银行理财产品估值指引（征求意见稿）》。目前尚未形成统一规范的估值指引，能合理利用第三方估值机构的专业估值能力，制定统一的保险资管产品乃至非标准债权类资产估值的统一标准体系。

二、完善会计核算指引

《资管新规》提出，资管产品净值生成应当符合企业会计准则。因此，对债权投资计划等非标债权产品进行准确会计核算是产品净值化管理的基础，也是估值工作的基础。当前 IFRS9 开始实施，在我国金融工具会计计量方式也随之做趋同调整的环境下，保险资管行业可以积极发挥行业自律组织作用，集中行业内外专家力量，结合保险资管产品业务实际，制定有针对性的会计核算业务指引。对债权投资计划、保险资产支持计划等细分产品，还可以制定更为具体的执行细则。

三、鼓励保险资管产品的流转和交易

从目前市场上较为成熟的中债估值方法来看，估值的核心是有交易、有产品交易

的存在,交易数据才可以保障,估值的结果才有实用性。如果产品没有交易,即使建立出估值体系,短期内也难以落地。未来,随着保险债权产品交易登记场所的建立,亦可运用这些基础交易数据,根据不同的产品模式和资产类型,开发出相应的估值模型,动态发布资产估值价格数据,以获得真正公允的估值结果。

四、完善产品评级制度

当前大部分非标债权资产采用摊余成本法确认和计量,且非标债权信托类产品均无须外部信用等级的评定。在《资管新规》提出净值化管理要求后,尤其在非标债权资产向可流转、可交易方向转变的大背景下,公允价值估值法具有广泛的应用空间,而该方法中涉及的对产品交易要素、参与方和底层项目资产的评估均需引入外部信用评级制度。目前保险资管债权投资计划在该方面的要求及制度相对完备,未来应严格规范评级机构准入制度,统一评级标准,保证评级结果真实公允地反映产品的风险特征,也为产品估值的横向可比性和一致性奠定基础。

五、提升受托管理机构管理能力

受托管理机构的管理能力对于债权投资计划产品的发行、产品估值及存续期风险管理等具有一定的重要意义。完善内部风控架构、人员和准入标准,提升风险管理能力和违约处置能力,是保险资管产品市场不断发展壮大的必要条件之一。

参考文献

[1] 中国人民银行,中国银行保险监督管理委员会,中国证券监督管理委员会,国家外汇管理局.关于规范金融机构资产管理业务的指导意见[Z].银发〔2018〕106号,2018.

[2] 中国银行业协会理财业务专业委员会.商业银行理财产品核算估值指引(征求意见稿)[Z].2019.

[3] 中华人民共和国财政部.企业会计准则第22号——金融工具确认和计量[Z].财会〔2017〕7号,2017.

[4] 中国保险资产管理业协会.保险资金间接投资基础设施项目管理办法[Z].主席令〔2016〕2号,2016.

[5] 中国保险资产管理业协会.保险资金投资不动产暂行办法[Z].保监发〔2010〕80号,2010.

[6] 中国保险资产管理业协会.保险资金运用管理办法[Z].保监发〔2018〕1号,2018.

[7] 中国保险资产管理业协会.关于保险资金投资股权和不动产有关问题的通知[Z].保监发〔2012〕59号,2012.

[8] 中国保险资产管理业协会.关于保险资金投资有关金融产品的通知[Z].保监发〔2012〕91号,2012.

[9] 中国保险资产管理业协会.基础设施债权投资计划管理暂行规定[Z].保监发〔2012〕92号,2012.

[10] 赵艳春,郭夏菁.金融产品估值方法解读[Z].律评资管微信公众号,2018.

[11] 蒋磊.非标债权资产风险定价的实证研究[D].上海交通大学,2015.

[12] 久华.资管新规政策解读与金融机构业务调整[J].中国货币市场,2018(3).

[13] 李彪,慕文涛.立足服务实体经济,坚持稳健审慎投资——资管新规对保险资管行业的影响及行业发展建议[J].中国货币市场,2018(3).

[14] 赵凌,李栋.中债估值在IFRS9预期信用损失模型中的应用探索[J].债券,2017(7).

[15] 中债金融估值中心.中债-中保登债权投资计划和资产支持计划估值编制说明[Z].2019.

风险管理篇

保险资产管理机构应对违约债券策略研究
——量化预警角度的探讨

生命保险资产管理有限公司

张漫春　黄瀚铭　罗常章　李静波　陈柔君

摘要

伴随我国供给侧结构性改革和主动去杠杆进程，近年来我国债券市场信用事件频发，呈现常态化趋势。保险资产管理机构作为信用债的重要机构投资者，面对持续暴露且不断升级的违约态势，应采取积极策略应对债券违约，加快信用风险量化预警工具深度应用，强化信用风险预判及识别能力，实现事前有效控制。

信用评级作为信用风险管理的一种核心技术，是监管及保险机构评估信用债投资风险的关键工具。它能够以符号或量化方式揭示出债务人的违约风险和损失严重程度，其准确性、时效性、稳定性直接决定信用风险管理水平的高低。本课题运用信用评级质量检验方法(Moody,2003)，对目前常用的两种评级：外部评级和经价格信号校准的市场隐含评级，进行准确性、时效性、稳定性、信用风险抵补四个方面的评估分析。结果发现，在中短预测期内(2年内)中债隐含评级较外部评级在准确性、时效性和风险抵补上更优。隐含评级整体稳定性虽然不如外部评级，但是其不稳定性主要表现为高频率的小级别单向变动，以及具有规律性的且主要集中于B以下评级的大级别变动，这对于投资者判断债券的信用风险具有积极作用。同时，隐含评级具有更好的信用风险抵补，可以从收益风险的角度确定各类债券信用风险预警等级。

更进一步的分析显示，尽管中债隐含评级优于外部评级，但其对于未出险债券(AA-及以上)信用风险揭示仍不够充分，预警作用有限，即债券违约前评级下降突

然、剧烈。针对这一不足,为了能够更好地提前揭示违约风险,本课题进一步将中债隐含评级作为输入变量,对全体产业债样本进行数据挖掘的尝试,广泛分析债券基本信息、发行主体基本信息、财务状况、治理状况等领域变量,发现经营规模、资本结构及短期偿债能力、运营健康稳定性、偿债压力及融资难易度、偿债压力异动五类 IV 值显著的特征变量,进行主成分分析后构成五个主成分因子,对之采用逻辑回归方法建立债券违约预警模型并回测。本课题以 2018 年 11 月 30 日为基准日,将数据集按照时间顺序划分为训练集和测试集,债券违约预警模型在 180 天的有效预测期内,预测效果较中债隐含评级具有更高准确性,减低了第 II 类错误率。具体而言,模型以预警 366 只债券违约为代价(占测试集所有债券的 27%),成功覆盖实际违约债券 21 只(占测试集所有违约债券 87.5%),被预警债券群体的违约率为 5.56%,是测试集实际违约率 2.09%的近 3 倍。此外,模型成功对部分当时未违约,但发行人的其他债券后续发生违约的情况进行了预警,如精功集团有限公司、海航基础产业集团有限公司、安徽省外经建设(集团)有限公司,预警分别提前 240 天、225 天、226 天;对一些在 2019 年上半年"暴雷"的发行人做出了预警,如暴风集团、辅仁药业、康美药业等。

为了进一步扩展风险特征集,探索多种类数据的风险揭示能力,本课题以上市公司发行的债券为样本集,基于上市公司更透明的信息披露,对股价及非会计信息等特征值进行筛选和主成分分析,初步构造了另一个风险预警模型。因样本数量有限,此模型仅作为参考以及未来进一步扩展研究的基础。

关键词

债券违约　中债隐含评级　逻辑回归　信用风险　违约预警

第一章　引　言

在服务实体经济、提高企业直接融资比重主导思想下,我国债券市场近年来发展迅速,债券融资占全社会融资比重逐年上升。然而,伴随 2015 年末开始的供给侧结构性改革和主动去杠杆进程,债券市场信用违约开始增多并呈现常态化趋势。保险资产管理机构作为信用债的重要机构投资者,面对持续暴露且不断升级的债券违约态势,应采取积极应对策略,加快信用风险量化工具深度应用,强化信用风险预判及识别能力,实现事前有效控制。

一、国内外研究现状及分析

(一)信用评级

信用评级是债券市场上非常重要的信用风险指标,被广泛应用于债券投资与风险管理。目前可公开获取的信用评级主要包括外部评级(机构评级)和市场隐含评级。

1. 外部评级

信用评级机构的出现和不断扩张得益于金融市场信息的不对称。自一百多年前穆迪首次提供铁路债券信用评级以来,外部信用评级机构一直是金融市场的重要构成主体。美国哥伦比亚大学教授蒙代尔曾表示,对资本市场来说,建立一个独立、有效、公正的信用评级机构至关重要。

然而,近几十年的大量研究表明外部评级有明显的局限性。Partony(2001)的研究通过比较穆迪主动评级与委托评级的评级结果指出,不付费的主动评级级别显著低于付费的委托评级。穆迪对此的解释是,主动评级只以公司的公开信息为依据,评级机构基于声誉的考虑往往采取保守做法,给予公司较低评级。Cornaggia(2011)进一步认为投资者付费评级能够提供更加及时的信息,并量化检验了这种时效性所带来的财富效应。Cantor 和 Packer(1996)指出,评级能够反映相对违约风险,但并未解释绝对违约风险,特定等级反映的违约率不稳定。很多研究显示,评级机构调整债券等级总是滞后于该债券价格发生显著变化几个月。部分学者将此评级滞后现象解释为评级的稳定性准则,即评级机构试图在准确性和稳定性之间寻求平衡(Amato 和 Furfine,2004;Cantor 等,2003;Lffler,2004)。安然事件后,美国 SEC 对评级市场及评级认可标准 NRSRO 进行了历时三年评估,指出评级市场缺乏竞争和透明度,应加强政府监管。2006 年美国信用评级机构改革法正式开始实施。次贷危机中,评级机构的道德风险、利益冲突、问责制度等问题进一步暴露,2010 年《美国金融监管改革法案》开始实施,该法案在三个方面进行了改革:第一,减少评级机构的利益冲突;第二,增强 SEC 对评级机构的监管权;第三,降低金融体系对外部评级的依赖。

国内研究方面,何平和金梦(2010)以 2007—2009 年我国发行的企业债作为研究样本,利用逻辑回归模型研究了信用评级对债券一级市场发行成本的影响,发现高信用评级对降低债券发行成本具有显著影响。同时,何平和金梦(2010)还认为我国信用评级较为集中、评级机构缺乏公信力。王学武(2013)对信用评级虚高现象背后的原因

进行了探讨。刘师媛（2013）认为我国债券信用评级体系发展存在滞后，对于其中存在的问题进行了剖析并提出了相关的建议。周军波（2013）指出我国债券信用质量所存在的问题，包括指标体系不够规范和科学、缺乏跟踪评级体系、缺乏评级结果检验，以及由于付费模式导致评级缺乏客观公正。林加力（2014）分别从信用评级机构、债券发行人、中介机构三个方面出发，与评级质量检验方法结合，交叉验证了信用评级机构评级质量的影响因素。贾紫兰（2018）分析了目前我国债券市场上存在的信用评级虚高、评级质量不足的现象。张艳红等（2018）通过研究信用评级调整对中期票据信用利差的影响发现，信用评级机构的评级倾向于虚高，评级向下调整往往滞后于市场。

2. 市场隐含评级

相对于外部评级，市场隐含评级最大特点是信用等级的确定基于即时的市场价格信号，这使得市场隐含评级可以及时考虑市场参与者对债券信用风险的最新观点，因此常被视为对外部评级的有效改善和提升（Breger，2003）。Kou（2010）通过实证研究证明了通过市场隐含评级能够预测外部评级机构的评级行为，认为市场隐含评级对于信用风险具有更好的预测效果，领先于外部评级。

中债登[①]2008年推出中债隐含评级，现在已基本覆盖国内所有信用债，其对于短期融资债券、私募债等企业债券的评级较外部评级更全更多。中债登每日都会发布市场隐含评级，对于新发债券，中债登初次确定其隐含评级后会对其持续跟踪，及时更新隐含评级。根据中债登发布的编制方法（中债产品编制说明，2019），中债隐含评级的确定主要包括三个步骤。第一步是编制中债收益率曲线，通过已知的期限和对应的收益率，通过Hermite多项式插值法得到所需期限的收益率。编制中债收益率曲线的关键在于如何确定各个隐含评级的样本券，而中债登目前并没有公布具体方法。第二步是获取待评债券的有效市场价格，与各等级的中债收益率曲线作对比，从而确定待评债券隐含评级的上下限，在获取市场价格时要对价格进行可靠性评估，排除非信用因素，如"指导投标""商定利率"等干扰因素。第三步是信用分析校验与修正，为了在评级区间中确定最合理的评级，需要进一步考虑宏观经济环境、行业景气程度、发行主体经营和财务状况、债券保护措施等，对隐含评级进行校验和修正。

依赖于市场价格的评级逻辑导致市场隐含评级面临如下局限性：通过债项评级，而非发行人主体评级；市场的成熟程度以及市场情绪等会通过价格影响市场隐含评级的有效性；流动性差的债券缺乏有效的价格信息，市场隐含评级存在滞后和失真。

---

① 中央国债登记结算有限责任公司，简称"中债登"。

3. 评级符号体系

信用评级符号体系由一套相对严谨、完备的符号系统组成,信用风险的相对大小用不同等级的符号表示,从而达到信用风险度量的目的。

(1)国际评级机构信用等级。国际三大评级机构标普、穆迪和惠誉的信用评级符号体系具有相似性。三大评级机构的评级符号与信用等级具有相似的对应关系,通过从 A 到 C 字母顺序表示信用风险大小,涵盖投资级、投机级和违约三个信用等级。评级机构还可通过添加+、一或者添加字母或者数字,进一步对信用风险进行细分。以标普为例,信用评级符号体系及含义具体如表 1-1、表 1-2 所示。

表 1-1　　　　　　　　　　　标普中长期信用等级

等级	含义
AAA 级	偿还债务能力极强,为标准普尔给予的最高评级
AA 级	偿还债务能力很强,与最高评级差别很小
A 级	偿还债务能力较强,但相对于较高评级的债务/发债人,其偿债能力较易受外在环境及经济状况变动的不利因素影响
BBB 级	目前有足够偿债能力,但若在恶劣的经济条件或外在环境下,其偿债能力可能较脆弱
BB 级	相对于其他投机级评级,违约的可能性最低,但持续的重大不稳定情况或恶劣的商业、金融、经济条件可能令发债人没有足够能力偿还债务
B 级	违约可能性较"BB"级高,发债人目前仍有能力偿还债务,但恶劣的商业、金融或经济情况可能削弱发债人偿还债务的能力和意愿
CCC 级	目前有可能违约,发债人须依赖良好的商业、金融或经济条件才有能力偿还债务。如果商业、金融、经济条件恶化,那么发债人可能会违约
CC 级	目前违约的可能性较高。由于其财务状况,目前正在受监察。在受监察期内,监管机构有权审定某一债务较其他债务有优先偿付权
SD/D 级	当债务到期而发债人未能按期偿还债务时,纵使宽限期未满,标准普尔亦会给予"D"评级,除非标准普尔相信债款可于宽限期内清还。此外,如正在申请破产或已做出类似行动以致债务的偿付受阻时,标准普尔亦会给予"D"评级。当发债人有选择地对某些或某类债务违约时,标准普尔会给予"SD"评级(选择性违约)

注:除 AAA 级、CCC 级以下等级外,每一个信用等级可用"+""-"符号进行微调,表示略高或略低于本等级。

表 1-2　　　　　　　　　　　标普短期信用等级

等级	含义
A-1 级	偿还债务能力强,为标准普尔给予的最高评级。此评级可另加"+"号,以表示发债人偿还债务的能力极强
A-2 级	偿还债务的能力令人满意。不过相对于最高的评级,其偿债能力较易受外在环境或经济状况变动的不利影响

续表

A—3级	目前有足够能力偿还债务。但若经济条件恶化或外在因素改变,其偿债能力可能较脆弱
B级	偿还债务能力脆弱且投机成分相当高。发债人目前仍有能力偿还债务,但持续的重大不稳定因素可能会令发债人没有足够能力偿还债务
C级	目前有可能违约,发债人须倚赖良好的商业、金融或经济条件才有能力偿还债务
R级	由于其财务状况,目前正在受监察。在受监察期内,监管机构有权审定某一债务较其他债务有优先权
SD/D级	当债务到期而发债人未能按期偿还债务时,即使宽限期未满,标准普尔亦会给予"D"评级,除非标准普尔相信债务可于宽限期内偿还。此外,如正在申请破产或已做出类似行动以致债务的付款受阻,标准普尔亦会给予"D"评级。当发债人有选择地对某些或某类债务违约时,标准普尔会给予"SD"评级(选择性违约)

(2) 我国的信用评级符号体系。2006年中国人民银行下发了《中国人民银行信用评级管理指导意见》(银发〔2006〕95号),该文件对银行间债券市场的长期、短期信用评级符号体系,包括信用等级的划分、符号和含义进行了明确的规范,评级符号与标普的基本相同。无论是中债市场隐含评级还是外部评级,评级符号体系都参考了银发〔2006〕95号,相同的信用等级划分、符号和含义为本课题研究市场隐含评级和外部评级的异同、特性提供基础。具体而言,信用等级共划分为三等九级(见表1-3、表1-4)。

表1-3　　　　　　　　　　银行间债券市场长期债券信用等级

AAA级	偿还债务的能力极强,基本不受不利经济环境的影响,违约风险极低
AA级	偿还债务的能力很强,受不利经济环境的影响不大,违约风险很低
A级	偿还债务能力较强,较易受不利经济环境的影响,违约风险较低
BBB级	偿还债务能力一般,受不利经济环境影响较大,违约风险一般
BB级	偿还债务能力较弱,受不利经济环境影响很大,有较高违约风险
B级	偿还债务的能力较大地依赖于良好的经济环境,违约风险很高
CCC级	偿还债务的能力极度依赖于良好的经济环境,违约风险极高
CC级	在破产或重组时可获得保护较小,基本不能保证偿还债务
C级	不能偿还债务

注：除AAA级、CCC级以下等级外,每一个信用等级可用"＋""－"符号进行微调,表示略高或略低于本等级。

表 1-4　　　　　　　　　银行间债券市场短期债券信用等级

A—1级	为最高级短期债券,其还本付息能力最强,安全性最高
A—2级	还本付息能力较强,安全性较高
A—3级	还本付息能力一般,安全性易受不良环境变化的影响
B级	还本付息能力较低,有一定的违约风险
C级	还本付息能力很低,违约风险较高
D级	不能按期还本付息

注：每一个信用等级均不进行微调。

4. 信用评级质量检验

信用评级质量检验主要包括三个方面：一致性（准确性）、时效性和稳定性。一致性检验主要包括违约率检验、信用利差检验、基尼系数检验、平均违约距离。违约率检验是直接一致性检验,通常基于历史违约率数据进行测算；信用利差检验则是间接一致性检验,其测算基于债券的信用利差。

国际评级机构 Moody(2003)认为债券信用评级对信用风险排序的效果可以从两个维度——准确性和稳定性来测量,其中评级准确性度量工具包括 AR 比率、投资级和投机级评级的违约率水平、债券违约前的平均评级等；评级稳定性的度量工具包括评级变动比率、评级大级别变动比率和评级逆转比率等。Altman(2005)提出了信用评级机构在评级的稳定性、时效性和准确性之间进行权衡的量化方法。Metz(2008)系统地介绍了 AR 比率的计算方法和在信用评级质量检验中的具体应用。

Poon(2016)系统地研究了美国债券市场 2002—2014 年市场隐含评级与外部评级的时效性、准确性和稳定性,认为市场隐含评级具有更优的时效性和更差的稳定性,市场隐含评级相对于莫顿模型(Merton,1974)得到的期望违约概率更准确,并且研究发现市场隐含评级与外部评级的级差能够用于预测信用风险事件。

章向东(2015)系统地论述了国内外信用评级质量检验方法,分析了国内相关领域、行业的发展和遇到的困难,并运用信用利差、迁移矩阵和违约率等检验方法评估国内机构评级的质量。张丽红(2012)认为违约率检验方法在我国仍处于探索阶段,难以实施,并通过将信用利差和基尼系数相结合检验国内各大评级机构的信用评级准确性,论证此研究方法在国内的可行性。

（二）信用风险量化模型

由于外部信用评级存在局限性,有能力的机构投资者长期致力于构建自己的评级

体系。次贷危机之后,国际清算银行进一步在 Basel III 中对商业银行提出内部评级模型的监管要求。伴随大数据信息技术的发展,信用风险量化模型在金融机构中的研究和应用得到长足发展。具体而言,信用风险量化模型的构建包括两个关键步骤:一是模型输入变量的选择,即信用特征或信用风险因素的研究;二是信用风险模型的选择。国内外学者在这两方面都展开了诸多的研究。

1. 信用风险因素

宏观层面,Altman(1990)验证了实际 GDP、货币供应量、S&P 指数等宏观经济变量与企业信用利差存在负相关关系。Bevan 和 Garzarelli(2000)将债券信用利差作为宏观经济变量的函数建立相关模型,通过实证发现经济衰退、股价波动率上升时,债券信用风险随之升高。Acharya(2007)通过研究行业萧条时期的违约企业发现债券信用风险受到行业景气度的影响。债券市场的成熟度及信息披露监管等制度因素方面,Fan Yu(2005)研究了信息不对称对企业信用风险的影响,发现拥有较低信息披露质量的企业往往信用风险更大。周宏(2012)通过实证研究检验了债券市场的信息不对称对债券信用利差的影响,信息不对称程度与信用利差呈正相关。周宏(2016)进一步将债券市场中存在的信息问题分为一级市场的信息不对称性和二级市场上的信息不对称性,并通过实证研究检验了两者与信用风险的关系。此外,刘凤(2018)结合中国的政治和体制背景,研究了股权属性对信用风险的影响。

微观层面,King 和 Khang(2002)对债券信用利差影响因素的研究发现,企业杠杆率和股价收益率的波动率是横截面上的显著因素,而市场因子、债务比率和资产波动因子是时间序列上的重要因素。Ike Mathur 等(2013)研究了企业股利分红行为与债券信用利差的关系,股利派发大于正常水平时往往是信用风险增大的信号。吴建华(2014)基于结构信用风险模型,量化分析了信息披露滞后因素对不同期限债券信用风险产生的影响。王雄元(2017)以二级市场的公司债为研究对象,探讨了客户集中度对债券信用利差的影响,认为客户集中度对债券信用风险具有正影响。

2. 信用风险模型

早在 20 世纪,国外诸多学者便着眼于信用风险的量化研究,因此信用风险计量模型多源于国外,包括以定性分析为主的古典分析法和以定量分析为主的统计学和非统计学方法。古典分析法中最具代表性的是 5C 分析法,是最早应用于信用风险评估的方法。随着计量模型的发展和成熟,以定量分析为主的信用风险计量模型应用逐渐广泛。

Altman(1968)基于多变量判别分析法,提出了著名的 5 因子 z-score 模型,随后

Altman(1977)在 z-score 模型的基础上进行了拓展,提出了 ZETA 模型。Ohlson(1980)首次提出使用逻辑回归来预测违约概率,基于美国 1970—1976 年企业数据,他发现资本结构、企业规模、经营业绩和流动性是预测效果非常显著的特征。Laitinen(2004)分别使用逻辑回归和线性回归模型对芬兰 3 500 家企业的违约率进行了预测,两个模型的预测率均为 90%(测试集),没有表现出明显不同。于立勇和詹捷辉(2004)通过逻辑回归模型构建了贷款企业违约概率预测模型,达到比较理想的预测效果。郭小波等(2011)利用逻辑回归模型识别中小企业信用风险,发现定性分类指标比传统财务指标更为重要。Jones 和 Hensher(2004)在逻辑回归的基础上提出了混合逻辑回归模型,研究发现混合逻辑回归相对于逻辑回归在预测公司破产方面具有更高的准确率。程建(2009)根据 1998—2005 年上市公司财报数据,基于 logit 模型建立了一套信用评级体系,并对评级体系的预测效果、样本稳定性等进行了定量研究。

信用风险计量模型还包括基于金融风险理论衍化的测度方法,较为经典的是 Merton 模型(1974)以及基于结构化模型并结合实际业务的 KMV 模型。

近年来,业界基于数据挖掘与机器学习方法研究企业信用风险的实践越来越广泛。Odom and Sharda(1993)首次将神经网络算法应用于公司破产预测,通过与多元判别模型对比发现,神经网络模型预测效果更好。Harris(2015)通过使用集群支持向量机(CSVM)的方法进行信用评分,研究发现 CSVM 较传统的非线性 SVM 方法保持较低的计算代价的同时具有相当的分类性能。汪敏和傅祺炜(2015)运用主成分分析获取信用风险特征,并基于朴素贝叶斯网络建立信用风险模型,研究表明其模型的准确度和稳定性均优于 NB 模型、逻辑回归模型、MLP 神经网络模型和 RBF 神经网络模型。胡蝶(2018)采用随机森林和 Lasso 回归两种方法筛选对于违约预测相关的特征,通过对两个特征集合取交集,得到总负债、是否民营、股东类型等八个对违约预测较为重要的特征。赵天傲等(2018)基于 XGBoost 对德国信用数据集建立信用风险模型,认为 XGBoost 模型相对于决策树、GBDT 和支持向量机等算法具有更好的准确性和分类效果。

二、研究创新点

本课题研究创新点包括以下三个方面。

第一,本课题运用信用评级质量检验工具全面分析评价我国现有公开市场可获得的外部评级和中债隐含评级方法,得出隐含评级优于外部评级的结论,填补了国内关于市场隐含评级方面的空白。

第二,本课题运用数据挖掘方法,挖掘、归纳自 2014 年以来我国债券违约的财务及非财务预警信号,并基于主成分分析+逻辑回归的建模方法,试图构建量化信用风险预警模型,模型在中债隐含评级的基础上,进一步提升了信用风险预警的准确性。

第三,样本及数据方面,本研究选取 2014 年以来宏观降杠杆背景下的违约债券全量数据,具体为 2014 年 1 月 1 日至 2019 年 8 月 31 日之间到期的产业债数据,违约样本多、时间跨度大,具有进步性。

第二章 我国债券市场债券违约状况概览

一、2014 年以来债券违约概况

2014 年中国公募信用债市场出现首例违约事件——"11 超日债",私募债市场也出现多起违约案例。截至 2019 年 8 月 31 日,违约债券[①]共 343 只,涉及金额达 2 254.5 亿元。

2018 年债券市场违约事件数量达到自 2014 年以来的峰值(见图 2-1),涉及违约债券只数达 123 只,违约金额达 1 019.6 亿元,涉及违约发行主体 55 家,其中 46 家首

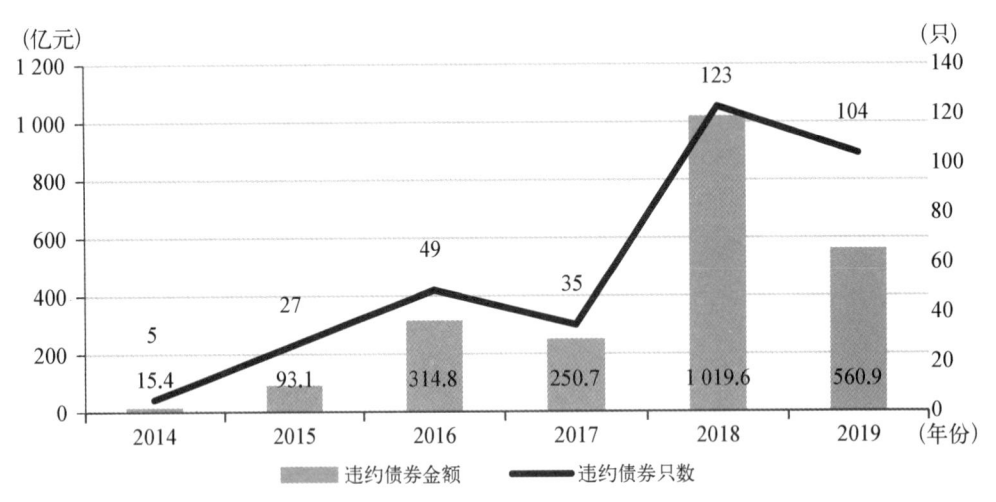

图 2-1 债券总体违约金额和违约只数

资料来源:大智慧财汇金融数据库。

---

① 涉及债券品种包括:短期融资券、私募债、中期票据、企业债、公司债、可转换债券、可交换债券。

次违约。而截至 2019 年 8 月底,违约金额共 560.9 亿元,略多于 2018 年违约金额的一半;涉及违约债券只数 104 只,接近 2018 年全年只数。2019 年债务违约趋势有所缓和,违约数量延续 2018 年的态势。

二、违约债分布情况

城投债信用资质较好,2014 年以来违约债券只有 1 只,如表 2-1 所示。

表 2-1　　　　　　　　　　　城投债历史违约债券

债券简称	发行总额（万元）	债券期限（年）	到期日期	违约日期	违约金额（万元）
14 新密财源债	100 000	7	2017-10-31	2017-09-12	27 280

资料来源:大智慧财汇金融数据库。

产业债中企业债信用资质也较好,2014 年以来违约债券仅 12 只,清单如表 2-2 所示。

表 2-2　　　　　　　　　　产业债中企业债历史违约债券

债券简称	发行总额（万元）	债券期限（年）	到期日期	违约日期	违约金额（万元）
08 二重债	80 000	7	2015-10-14	2015-10-14	33 108
10 川煤债	50 000	8	2018-10-14	2018-10-14	35 000
10 中钢债	200 000	7	2017-10-20	2016-10-20	221 200
11 蒙奈伦债	80 000	7	2018-05-05	2016-05-05	83 675.6
11 新光债	160 000	7	2018-11-23	2018-11-23	172 927.25
12 宁上陵	50 000	6	2018-10-16	2018-10-16	53 696
12 春和债	54 000	6	2018-04-24	2018-04-24	62 402.4
12 三胞债	80 000	7	2019-03-19	2019-03-19	59 554
12 圣达债	30 000	6	2018-12-05	2015-12-05	32 250
13 金特债	55 000	7	2018-05-23	2018-05-23	22 000
12 江泉债	80 000	7	2019-09-30	2017-03-13	17 723.2
13 弘燃气	70 000	7	2020-06-20	2017-06-20	17 172.4

资料来源:大智慧财汇金融数据库。

2019 年以来,违约债券类型以公司债和私募债为主,违约金额分别占比 32.24% 和 35.48%;违约债券以中长期债券为主,违约金额占比 83.78%,违约债券只数占比 82.51%。

2014 年以来违约债券类别逐年分布如图 2-2、图 2-3 所示。

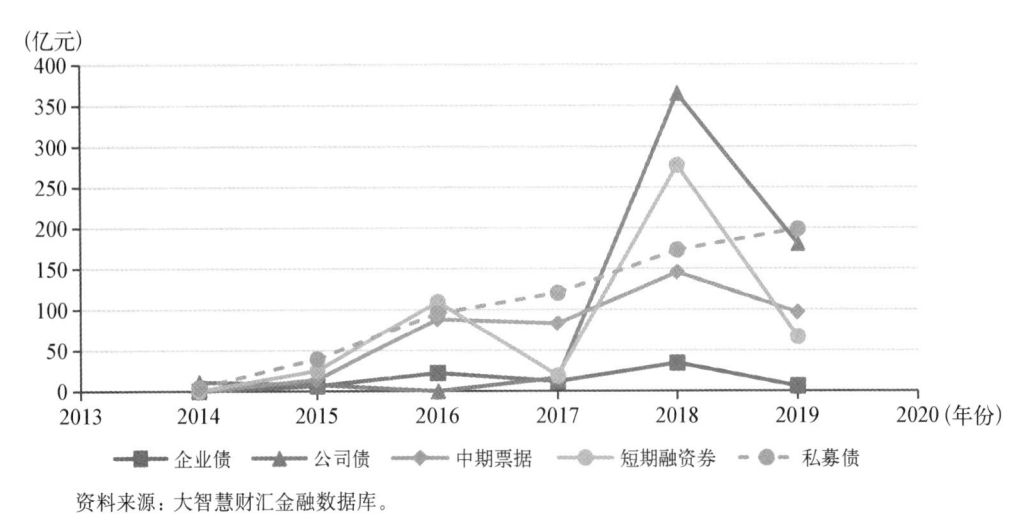

图 2-2 各类债券历年违约金额

资料来源：大智慧财汇金融数据库。

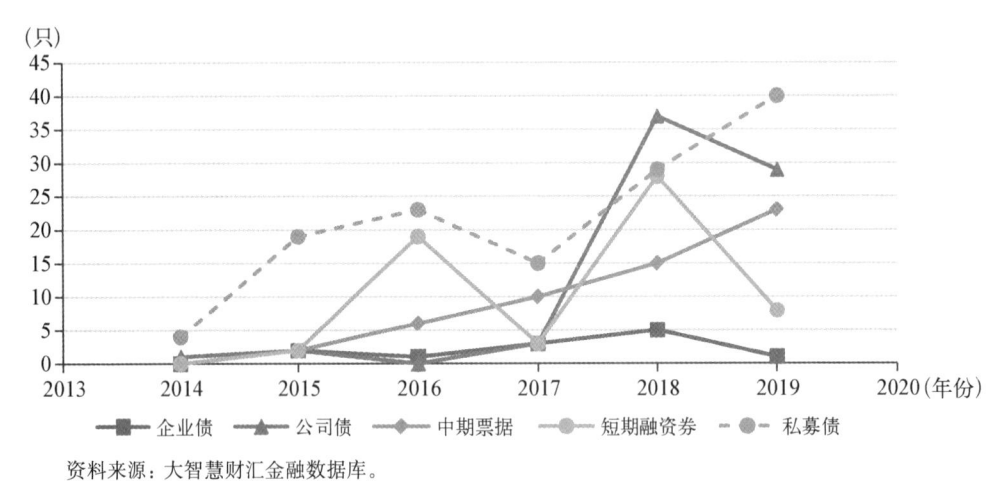

图 2-3 各类债券历年违约只数

资料来源：大智慧财汇金融数据库。

产业债中的私募债违约样本最多，有108只；短期融资券、公司债、中期票据样本个数相近，均在50左右，分别为57、61、44个。

第三章 外部评级和中债隐含评级对比研究

本章运用 Moody(2003)信用评级质量检验方法对我国债券市场当前可公开获得的两类信用评级——中债隐含评级与外部评级进行对比和分析。信用评级质量检验主要包括三个方面：一致性（准确性）、时效性和稳定性。评级一致性检验方法包括违约率检验、信用利差检验、基尼系数检验、平均违约距离等。本课题拟用国际评级机构常用的基尼系数检验（AR比率）的方法测量评级的相对一致性；采用统计学方法（Cornaggia，2011）检验评级时效性，即测量评级对违约债做出特定反应相对于违约提前的时间，观察隐含评级与外部评级对违约债券的预警提前时长是否具有显著差异；采用一年期的评级变动比率、评级大级别变动比率和评级逆转比率检验评级稳定性。

本章最后还计算了两种信用评级的风险抵补（到期收益率—违约率）时间序列，通过风险抵补的大小和稳定性来评估评级的风险识别能力，并应用中债隐含评级的风险抵补确定了各类债券在不同期限下的信用风险预警评级。

一、数据描述

（一）债券数据描述

本章的资料来源为大智慧财汇金融数据库，包括债券数据、债券发行人财务数据以及债券信用评级数据等。

对于债券样本的选取，因城投债的信用资质较好，历史违约样本过少（仅一只），研究其违约率实际意义不大，因此，本章选择产业债作为研究样本。

为了突出研究目的，本章将债券种类限定于企业债、公司债、中期票据、私募债、短期融资债券[①]。本章主要是从信用评级质量检验的角度对外部评级和中债隐含评级进行对比分析，相对于中债隐含评级，外部评级对于短融债券和私募债券的债项评级信息非常少，因此本章主要研究的债券种类为中债隐含评级和外部评级重合度较高的企业债、公司债、中期票据，到期日介于 2014 年 1 月 1 日至 2019 年 8 月 31 日，简称为债券集合 X，共 2 646 个样本，其中包括非违约债券 2 529 个和违约债券 117 个，违约债券中有"首只违约债[②]" 45 个。

第四章主要是建立债券违约风险预警模型，并与中债隐含评级作比较，为了使违约样本更加充足，从而增加模型的说服力，第四章研究的债券种类增加了私募债和短期融资债券。

各类债券的定义如表 3-1 所示。

[①] 包括短期融资券和超短期融资券。
[②] 首只违约债指有过债券违约行为的发行人时间最早的违约债券，如果同一个发行人同一天多只债券违约，则均作为"首只违约债"。

表 3-1 债券分类定义

债券分类	分类说明
公司债	经证监会审批,上市公司依照法定程序发行,在一年以上期限内还本付息
企业债	经发改委审批,由中央政府部门所属机构、国有独资企业或国有控股企业发行的债券
中期票据	在交易商协会注册发行,期限通常在5—10年
短期融资券	在交易商协会注册发行,期限通常在一年内
私募债	承销商向上海和深圳交易所备案后,由未上市中小微型企业以非公开方式发行的公司债券

（二）评级数据描述

对于市场隐含评级,本章选取由中债金融估值中心有限公司推出的"中债市场隐含评级"的评级数据用于研究。对于外部评级,本章选取以下机构的债券评级数据用于研究,市场上99.76%的机构债项评级信息由以下机构评出(见表3-2)。

表 3-2 各外部评级机构信息占比

信用评级机构	评级信息条数占比(%)
大公国际资信评估有限公司	17.4
东方金诚国际信用评估有限公司	3.5
联合信用评级有限公司	5.6
联合资信评估有限公司	16.0
上海新世纪资信评估投资服务有限公司	14.5
中诚信国际信用评级有限责任公司	19.5
中诚信证券评估有限公司	6.7
中债资信评估有限责任公司	8.1
中证鹏元资信评估股份有限公司	8.8

二、实证分析

（一）评级准确性(一致性)检验

1. 评级分布对比

先初步选取2019年1月1日的存量债券(包括城投债和产业债)统计存量债券群组的外部评级和隐含评级的分布情况并画出柱状分布图,初步分析两种评级对债券的评级划分特点。其中,短融样本为1 910个,非短融样本[1]为9 514个。

---

[1] 债券类型与债券集合 X 相同,包括企业债、公司债和中期票据。

(1) 短期融资债券的评级分布。短融的外部评级除1只债券被评为D以外,所有的短融的外部评级集中于A-1,评级信息共424条;而短融的隐含评级则以AA为中心,呈近正态分布(图3-1可以看出,分布是左偏的),分级更多,分布跨度更广、更分散,并且外部评级对短融的评级条数仅424条,远小于隐含评级的1 750条。

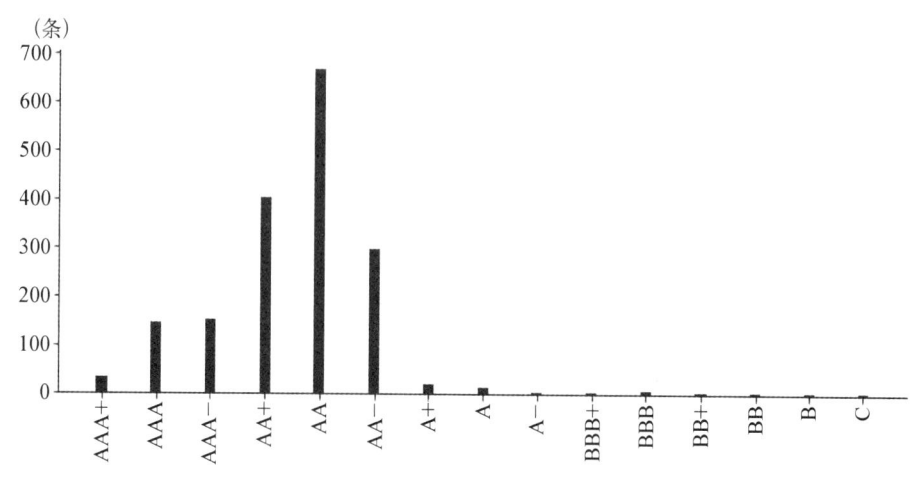

图3-1 短融隐含评级分布

资料来源:大智慧财汇金融数据库。

(2) 非短融债券的评级分布。从图3-2中可以看出外部评级主要集中于AAA、AA+和AA,其中AAA评级的债券最多;隐含评级则以AA为中心,呈近正态分布,分级更多,分布跨度更广、更分散,整体分布相对于外部评级右移,评级整体低于外部

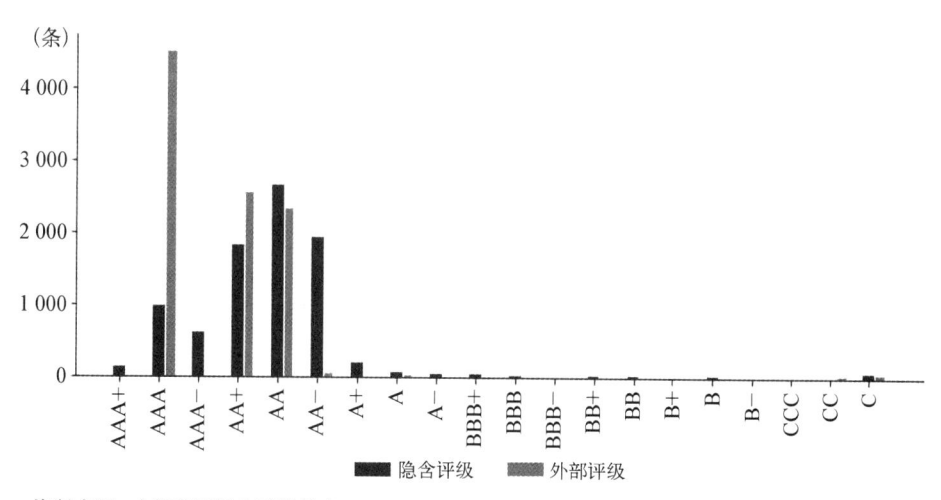

资料来源:大智慧财汇金融数据库。

图3-2 短融债券外部评级与隐含评级分布

评级。从对信用债(不包括短融)的评级信息条数看,隐含评级略少于外部评级,分别为 8 568 条和 9 509 条。

2. 基尼系数检验

本章使用穆迪信用评级准确性的校验方法——基尼系数检验,对外部和隐含信用评级的准确性进行对比。对于债券集合 X,以每年 1 月 1 日的存量债券作为一个债券群组,获取群组当时的评级信息,统计债券群组在不同期限(包括 6 个月、1 年、2 年)之后的违约情况;将各年统计的数据汇总后,计算各评级的累计违约占比和累计到期占比,画出劳伦斯曲线;根据曲线计算基尼系数,即 AR 比率。

AR 比率的计算方法为:

$$AR \text{ 比率} = \text{劳伦斯曲线与随机曲线(对角线)围成的面积}/0.5 \tag{1}$$

其中,0.5 指的是对角线与坐标边界围成的等腰三角形的面积。

从图 3-3、表 3-3 中可以看出,隐含评级的劳伦斯曲线在外部评级之上(2 年期

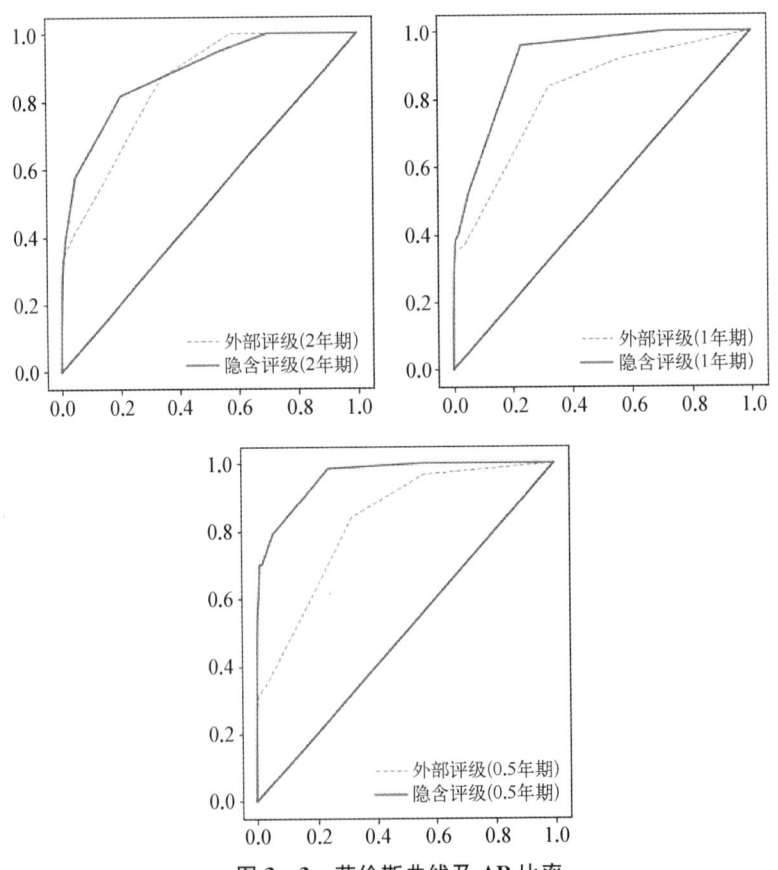

图 3-3 劳伦斯曲线及 AR 比率

有一小部分在外部评级之下),隐含评级在各期限下的 AR 比率均大于外部评级的 AR 比率,说明隐含评级的准确性高于外部评级。随着期限缩短,隐含评级的 AR 比率逐渐上升,准确性随之提高,而外部评级的 AR 比率略有下降,准确性没有提高,说明隐含评级在短期准确性较高,外部评级则在 1 年期限内准确性变化不大,甚至略有下降。

表 3-3　　　　　　　　隐含评级与外部评级各年 AR 比率

评级类型	2 年期 AR 比率	1 年期 AR 比率	6 个月期 AR 比率
隐含评级	0.761	0.827	0.919
外部评级	0.695	0.628	0.659

3. 违约债券违约前评级变动分析

本章选取债券集合 X 的首只违约债券样本 45 个、非违约债券 2 529 个,分别获取违约债券在到期前 3 个月、6 个月、9 个月、12 个月、24 个月的外部评级和隐含评级并将评级数值化,分别计算每个时间点的违约债券的平均评级以及平均评级的级差(见图 3-4),评级与数值的对应关系见表 3-4。若当时没有评级则留空,进行统计分析时取权重为 0。

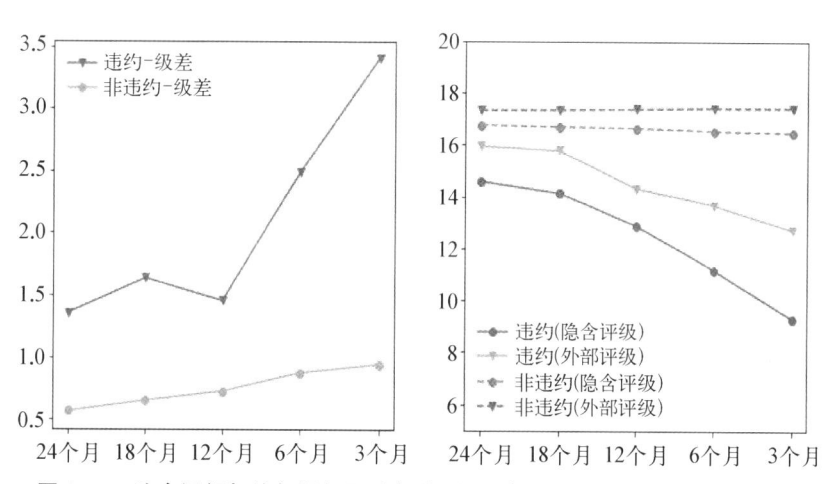

图 3-4　隐含评级与外部评级平均级差(左)、违约债券到期前平均评级(右)

表 3-4　　　　　　　　　评级与数值对应表

评级	C	CC	CCC	B−	B	B+	BB−	BB	BB+	BBB−	BBB	BBB+	A−	A	A+	AA−	AA
数值	0	1	2	3	4	5	6	7	8	9	10	11	12	13	14	15	16

隐含评级更真实地反映违约债券的信用风险。从图3-4可以看出,隐含评级对于违约债券样本的整体评级较外部评级更低,在距债券到期2年时,隐含评级平均比外部评级要低近1.36个评级,随着到期日的临近,评级下调更快,在到期前3个月时,隐含评级平均比外部评级低3.4个评级,隐含评级与外部评级的级差相对于距到期2年时扩大了2.04个评级。对于非违约债,其隐含评级与外部评级的平均级差在距到期2年时为0.57个评级,在距到期3个月时为0.94个评级,级差仅扩大了0.37个评级。通过以上对比可以看出,随着债券到期日的临近,隐含评级更真实地反映违约债券的信用风险大小。

(二)评级时效性检验

评级时效性体现在对于风险事件具有提前预警的效果,因此对于风险事件的提前预警时长是评估评级时效性的重要指标。本章选取债券集合 X 的首只违约债券样本45个,分别统计违约债评级的 X_1 首次降级提前(较违约日期)时长、X_2 首次降至投机级提前时长,并进行差异显著性检验。由于 X_1 和 X_2 明显不服从正态分布,本章使用非参数配对检验——Wilcoxon符号秩检验,*** 表示单尾Wilcoxon符号秩检验的显著水平在1%以内。

从表3-5中可以看出,隐含评级对违约债券首次降级的时间平均提前于债券违约时间662日,而外部评级首次降级平均提前263日,两者差值的中位数为104天,差异显著水平在1%以内;隐含评级对违约债券首次降级至投机级的时间平均提前于债券违约时间137日,而外部评级首次降级至投机级平均提前75日,两者差值的中位数12天,差异显著水平在1%以内。因此,本章认为隐含评级对于债券信用风险反应更加及时,即更具时效性。

表3-5　　　　　　　　　　评级预警时效性检验

	隐含评级 X_1 (1)	隐含评级 X_2 (2)	外部评级 X_1 (3)	外部评级 X_2 (4)	(1)—(3)	(2)—(4)
均值	662	137	263	75	399	63
标准差	679	190	376	208		
5%	2	0	0	0		
50%	450	71	82	3	104***	12***
95%	2 176	513	890	397		
样本个数	45	45	45	45		

(三) 评级稳定性检验

市场隐含评级基于市场价格信号的特质使其能够及时、准确地反映信用风险的大小和变化,造成市场隐含评级的调整更加频繁,从而在一定程度上牺牲了评级的稳定性。外部评级对债券信用风险进行评估时,更加看重发行人基本面信息,如行业前景、行业地位、竞争实力、经营管理水平、公司战略等。基于基本面信息使得外部评级更加注重中长期的稳定性,评级贯穿整个经济周期,因此,外部评级减少了短期、偶然信用因素对评级造成的冲击,从而使得评级更加稳定、减少评级逆转(先降后升或者反之)的可能性。

本章采用穆迪评级稳定性检验方法,通过计算一年期的评级变动比率、评级大级别变动比率和评级逆转比率,对比分析隐含评级和外部评级的稳定性。三个指标的定义如下:

在某一个时间节点 t 确定一个存量债券的群组及其信用评级。

一年期的评级变动比率:时间节点 t 往后一年内,债券群组中信用评级发生大于等于1个子级的变动的债券占比。

一年期的评级大级别变动比率:时间节点 t 往后一年内,债券群组中信用评级发生大于等于3个子级的变动的债券占比。

一年期的评级逆转比率:时间节点 t 往后一年内,债券群组中信用评级发生评级逆转的债券占比。

本章选取债券集合 X,以每年1月1号作为时间节点,分别测量外部评级和隐含评级的一年期的评级变动比率、评级大级别变动比率和评级逆转比率,结果如下。

一般而言,从投资者的角度来说,评级小幅度、单向调整对投资者判断债券信用风险具有积极作用,而评级大幅度调整或者评级发生逆转则对投资者判断债券信用风险具有消极作用。

从表3-6中可以看出,隐含评级的三个指标都要显著大于外部评级,说明隐含评级的稳定性要差于外部评级。同时,可以发现,两种评级方法的大级别变动债券占比都非常小;评级变动比率可以用来代表评级小幅度、单向调整的频率,其越高越说明评级方法对于投资者判断债券的信用风险具有积极作用。此外,用评级大级别变动比率和评级逆转比率代表评级大幅度调整和逆转的频率,其越高越说明评级方法不利于投资者正确地判断债券的信用风险。本章通过时间序列分析和评级分类分析对两种评级方法进行了更加细致的研究。

表 3-6　　　　　　　　　2014—2018 年信用评级稳定性检验　　　　　　　单位：%

信用评级	评级变动比率（1yr）	评级大级别变动比率（1yr）	评级逆转比率（1yr）
隐含评级	21.91	1.62	1.09
外部评级	8.04	1.06	0.08

从时间序列来看（见图 3-5），隐含评级的大级别变动比率自 2018 年起大幅增加，远大于外部评级，但是隐含评级的逆转比率则逐年减小，趋近于外部评级。本章分别计算了隐含评级和外部评级各个信用等级的大级别变动比率，结果如图 3-6 所示。

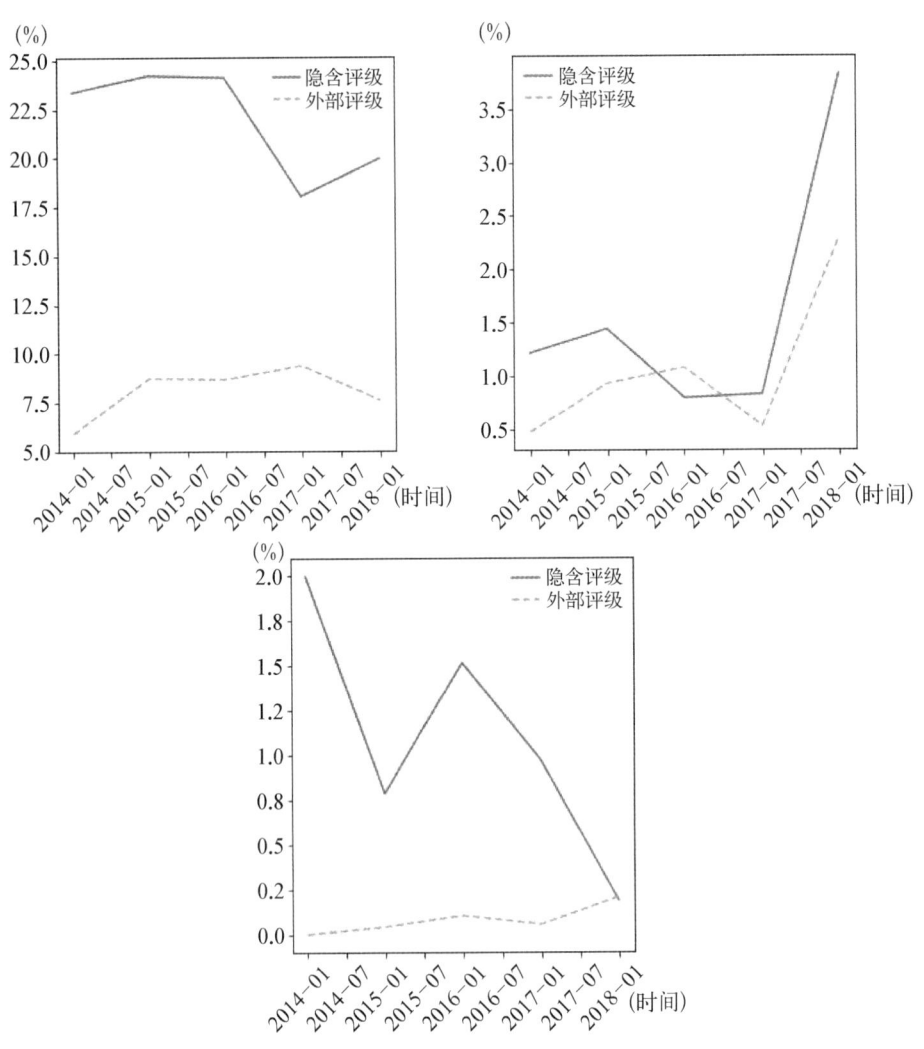

图 3-5　历年评级变动比率（上左）、评级大级别变动比（上右）、评级逆转比率（下）

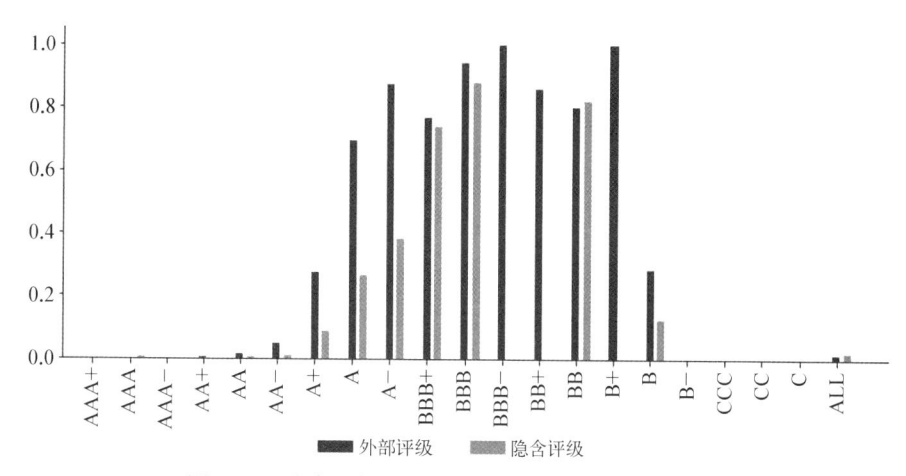

图 3-6　隐含评级和外部评级各等级大级别变动比率

从图 3-6 中可以分析得出,随着评级资质的变差,隐含评级的大级别变动比率逐渐上升,在 BBB 评级达到峰值后逐渐下降;而外部评级在 BBB+ 到 BB 评级的大级别变动比率与隐含评级对应评级相近;对于资质较好的信用评级,隐含评级 A- 及以上评级的大级别变动比率要明显低于外部评级的相应评级。

也就是说,虽然整体上隐含评级的大级别变动比率要远大于外部评级,并且近年来有扩大趋势,但是具体到各个等级时,隐含评级表现出良好的规律性和可预测性,隐含评级的评级大级别变动比率根据评级呈近正态分布,在优质评级(A-1 及以上)的大级别变动比率远小于外部评级,而这对于投资者判断债券的信用风险是有积极影响的。

综上,隐含评级相对于外部评级,具有更加频繁的小幅度、单向的评级变动[①];评级逆转的情况近年来表现逐渐收敛于外部评级。而隐含评级大幅度的、剧烈的评级调整,主要集中于信用较差级别,对于较好评级(A- 及以上),隐含评级稳定性更高。这些特性使得隐含评级整体稳定性虽低于外部评级,但是对于投资者判断债券的信用风险是有积极作用的。

(四)评级信用风险抵补检验

从投资者的角度来看,当债券的信用利差大于其违约率时,投资这只债券才有利可图。因此,对于一种信用评级方法,评级的信用利差与该评级的违约率的差值越大,也就是信用利差对于违约率的抵补越大,说明信用评级方法对于信用风险的识别能力越好。反之,则说明评级中存在某些债券的评级虚高了,或者该评级的违约率变化过于剧烈超出了市场预期。中债中短期票据信用利差如图 3-7、图 3-8 所示。

---

① 由于大级别变动比率和逆转比率远小于评级变动比率,因此可以用评级变动率代表评级的小幅度、单向的变动。

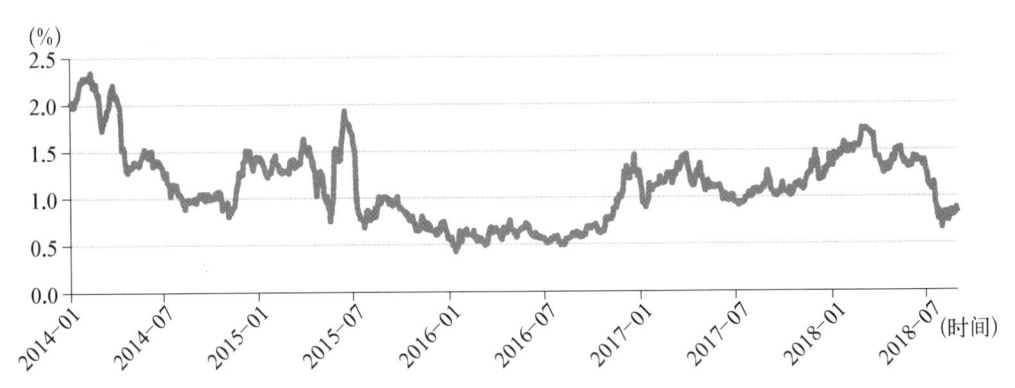

图 3-7 中债中短期票据信用利差(1 年期 AAA)

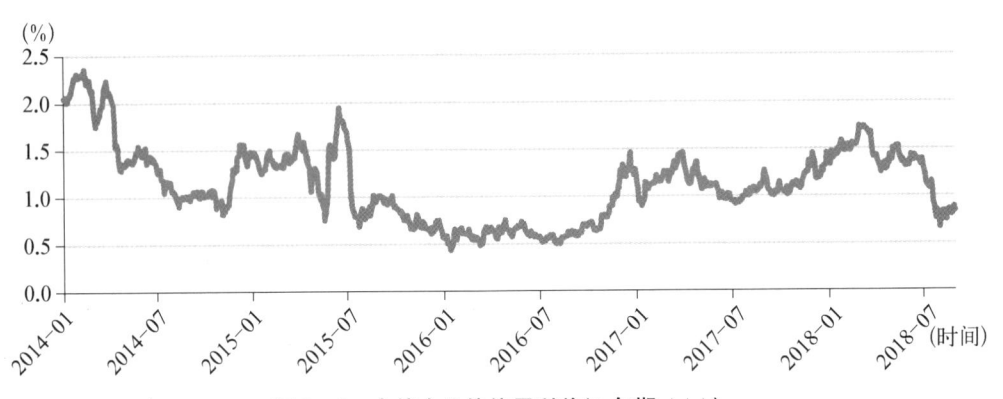

图 3-8 中债企业债信用利差(1 年期 AAA)

本章选取中债企业债收益率曲线数据计算不包括短融的所有债券的违约风险抵补,该简化处理并不影响隐含评级和外部评级的相对违约风险抵补分析比较。同时,在分析信用利差绝对值水平时,需关注自 2015 年以来,相同评级条件下,中债中短期债券收益率要大于中债企业债券收益率,两者相差几十基点。

1. 信用风险抵补计算方法

信用利差的计算采用如下方法:

同一期限、同一评级条件下,信用利差=中债到期收益率-国债收益率;违约风险抵补=信用利差-违约率。

2. 违约率计算方法

由于计算风险抵补时使用的收益率为到期收益率,因此违约率的计算方法与国际惯用的违约率计算方法(Moody,2006)稍有不同,计算方法上同样是群组(静态),但是由于需要考虑不同期限,并且与到期收益率对应,本章考虑的违约率是指期初持有一个特定债券群组至整个群组全部到期,债券群组的违约金额占总到期金额之比。

(1) 计算方法。时间点 $T0$(表示"现在")和 $T1$(表示"未来")之间到期的债券群组为 S,把 $T0$ 作为评级观测点,时间窗口 $W=T1-T0$,债券群组 S 将在时间窗口内到期,债券违约的测量单位为金额。

站在 $T0$ 时刻,时间窗口 $W(T0\sim T1)$ 内到期的债券群组 S 的违约率=(债券群组 S 在时间窗口内的违约金额总和)/(债券群组 S 在时间窗口内到期金额的总和)。

(2) 说明。① 从 $T0$ 至 $T1$ 的到期债券:债券到期日期处于 $T0$ 到 $T1$ 之间;剔除 $T0$ 以前违约的债券。② 从 $T0$ 至 $T1$ 的违约债券:债券违约日期处于 $T0$ 到 $T1$ 之间,且为从 $T0$ 至 $T1$ 的到期债券的子集,不考虑到期时间在 $T1$ 后,但是提前至 $T0$ 到 $T1$ 之间违约的债券。③ 本章不区分某债券发行主体的重复违约与新增违约,认为两种违约债券的信用风险都会体现在信用评级上。④ 本章用发行金额近似替代到期金额,忽略了利息部分,使得计算违约率时,可能会出现违约率略大于 1 的情况,计算违约率高于真实违约率,但是不影响结论。⑤ 债券类型包括:企业债券、公司债券、中期票据、私募债券,但是不包括短期融资券。

(3) 回测时间范围、时间窗口与频率。本章以 $T1$ 作为时间窗口移动的基点,以 2014 年 3 月 30 日为起点,以 2019 年 8 月 31 号作为终点,每次向后移动一个月(即时间窗口为 1 个月),每个月计算一次违约率。

3. 信用利差对于违约率的抵补情况分析

从"中债隐含评级与外部评级的评级分布"的分析可知,外部评级的债券(非短融)集中于 AAA、AA+、AA,而中债隐含评级的债券集中于 AAA、AAA-、AA+、AA、AA-,本节将重点对以上样本数量充足的评级进行研究,以避免出现数据样本过少而数据失真的情况。

(1) 计算不同时间窗口下的违约率时间序列。对于隐含评级,时间窗口小于等于 2 年的 AAA+,AAA,AAA- 评级的违约率一直为 0,保持良好且稳定的信用资质,隐含评级为 AA+ 的债券距到期 1 年内信用资质也较为良好稳定。相比之下,对于外部评级,时间窗口为 1 年的 AAA 债券的违约率在 2017 年 7 月后上升至 2% 的水平,AA+ 的违约率与 AAA 和 AA 的违约率相交,产生评级违约率倒挂现象。由此看出,2017 年以来,中债隐含评级在风险揭示能力上更具优越性,对不同评级的违约率区分更加显著。

此外,通过观察时间窗口为 2 年的违约率时间序列可以发现,隐含评级 AA+、

AA 与 AA−的违约率多次相交,出现违约率倒挂现象,2016 年 10 月后三者区分才渐明显;相比之下,外部评级的 AA+ 与 AA 相交的情况较少,区分更明显。可以认为,仅对历史的违约率观察来看,当时间窗口大于 2 年后,隐含评级对信用风险的区分能力减弱明显,而外部评级对信用风险的区分能力随时间窗口的变化保持相对稳定(见图 3-9 至图 3-16)。

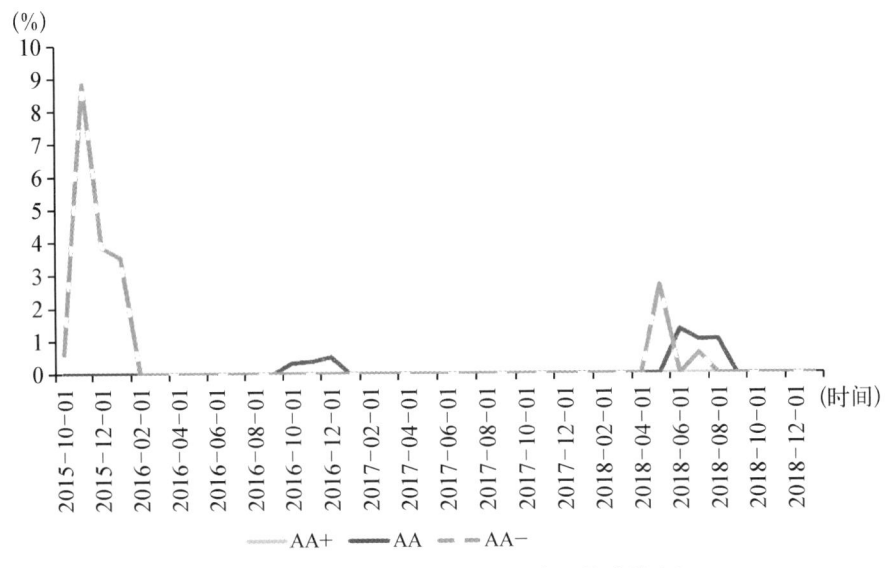

图 3-9 隐含评级(时间窗口为 3 个月的违约率)

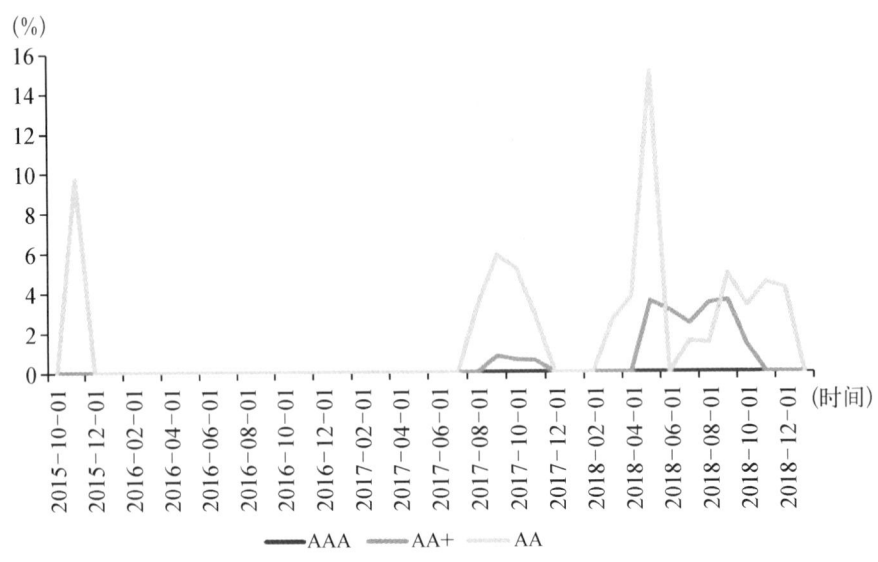

图 3-10 外部评级(时间窗口为 3 个月的违约率)

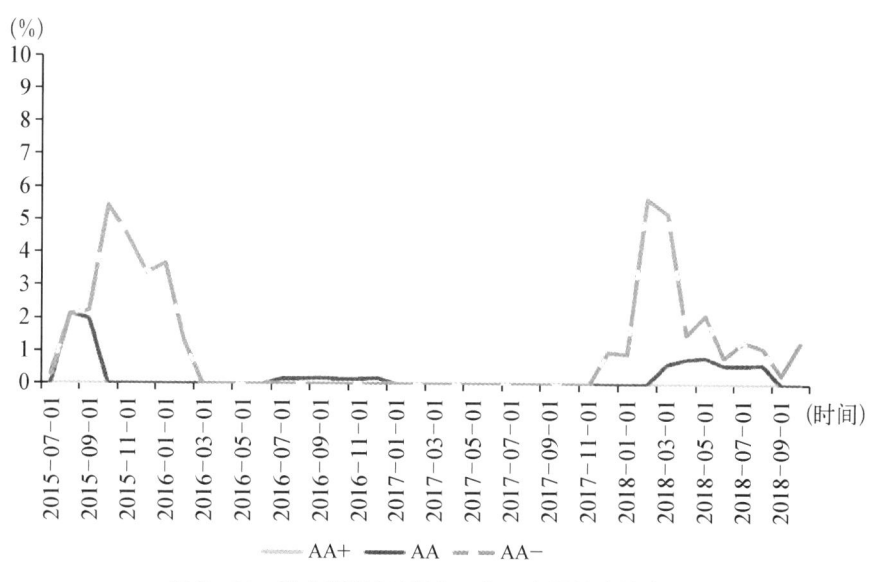

图 3-11　隐含评级(时间窗口为 6 个月的违约率)

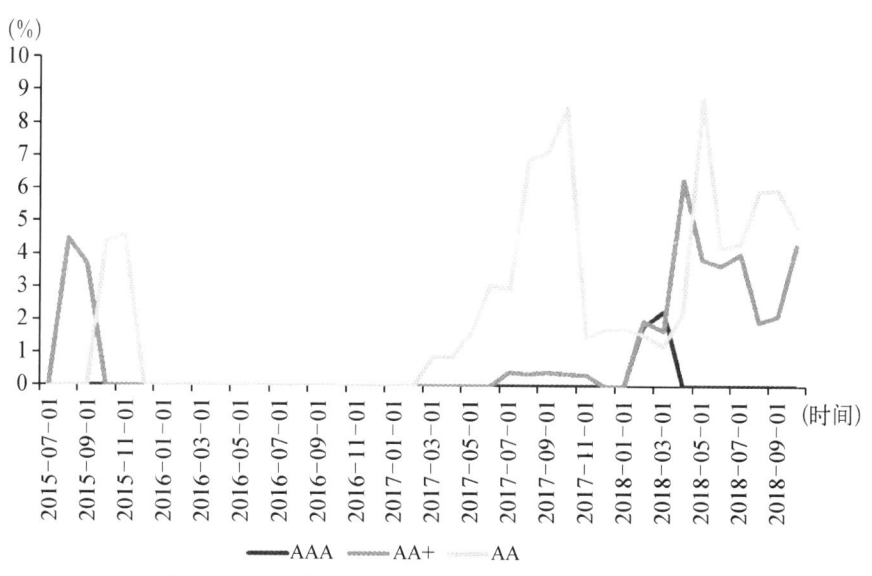

图 3-12　外部评级(时间窗口为 6 个月的违约率)

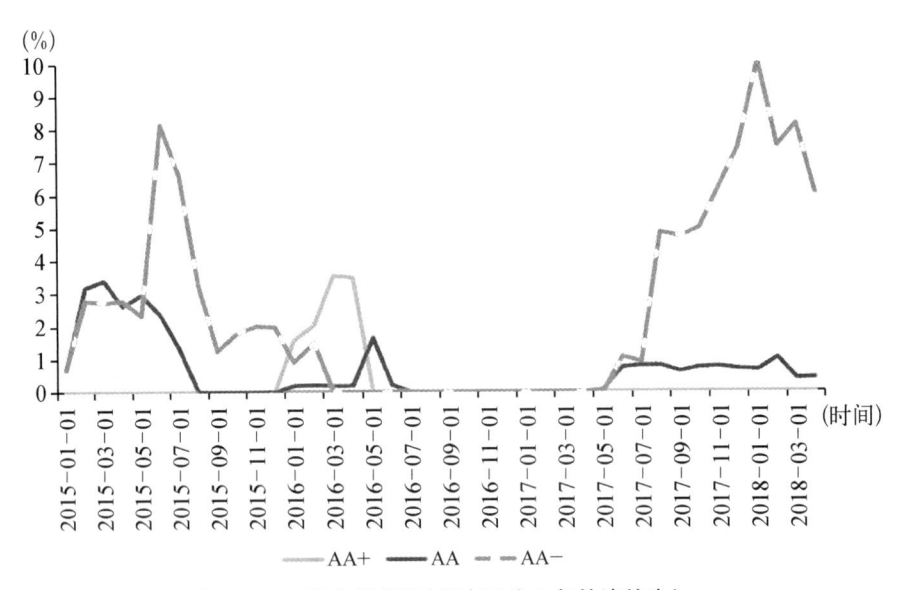

图 3-13　隐含评级(时间窗口为 1 年的违约率)

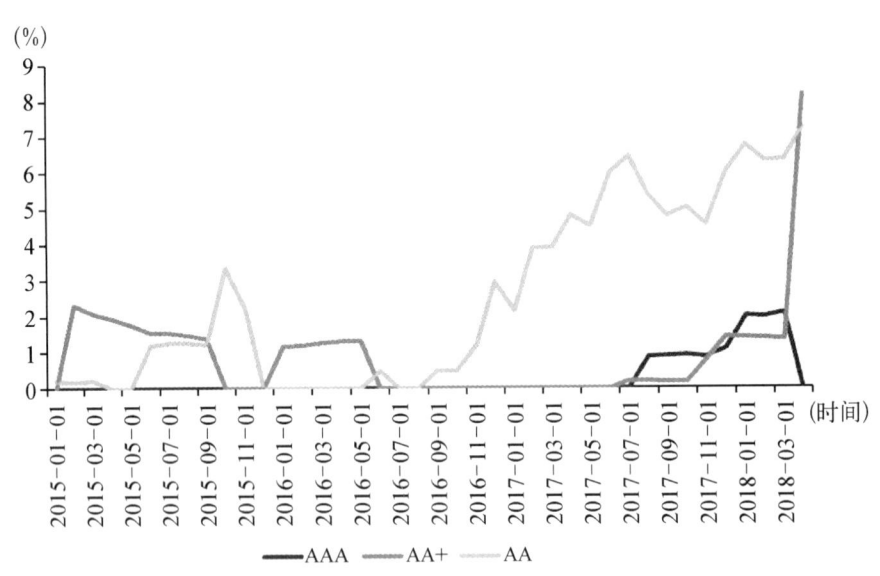

图 3-14　外部评级(时间窗口为 1 年的违约率)

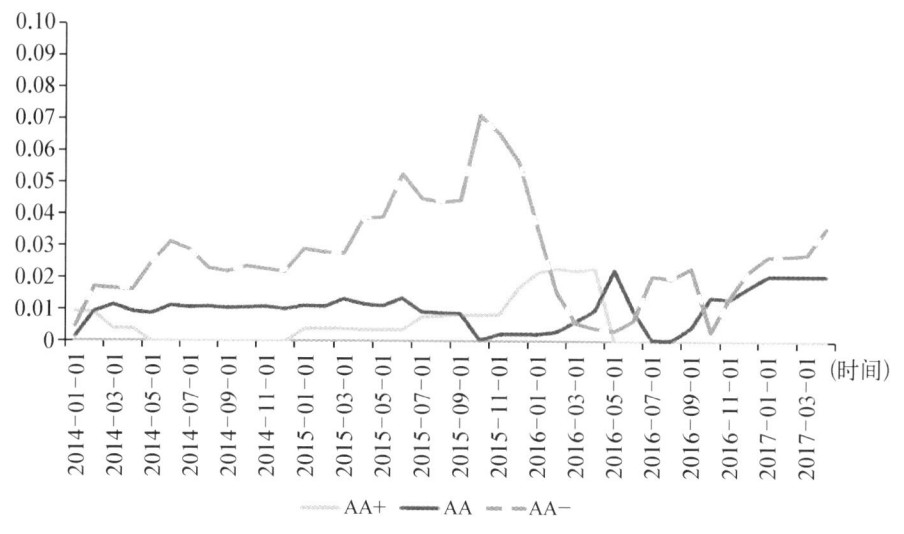

图 3-15 隐含评级(时间窗口为 2 年的违约率)

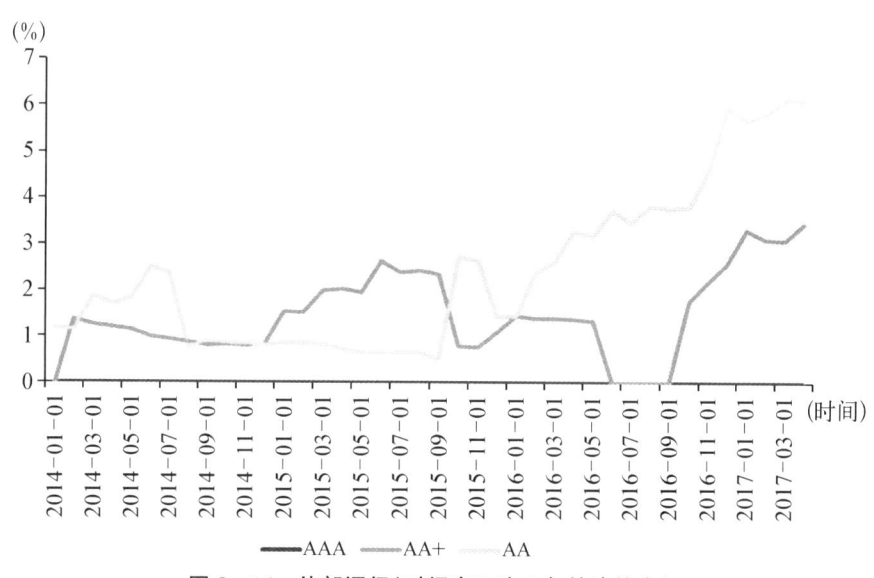

图 3-16 外部评级(时间窗口为 2 年的违约率)

(2) 信用利差对于违约率的抵补情况分析。违约风险抵补时间序列如图 3-17 至图 3-24 所示。

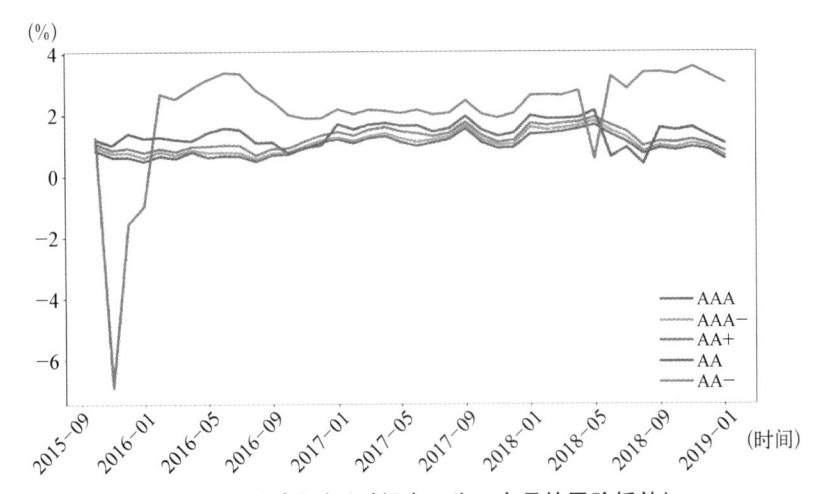

图 3‑17　隐含评级(时间窗口为 3 个月的风险抵补)

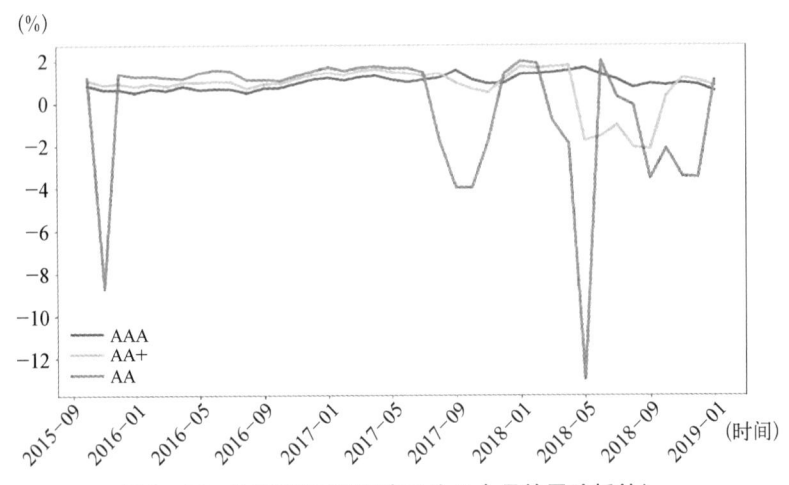

图 3‑18　外部评级(时间窗口为 3 个月的风险抵补)

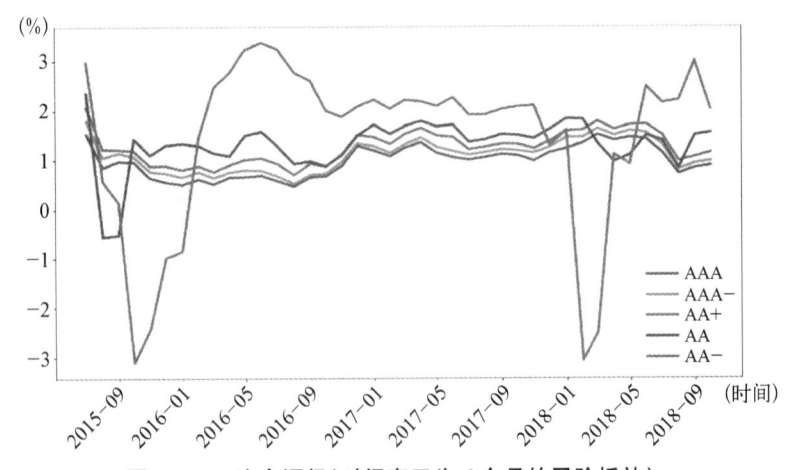

图 3‑19　隐含评级(时间窗口为 6 个月的风险抵补)

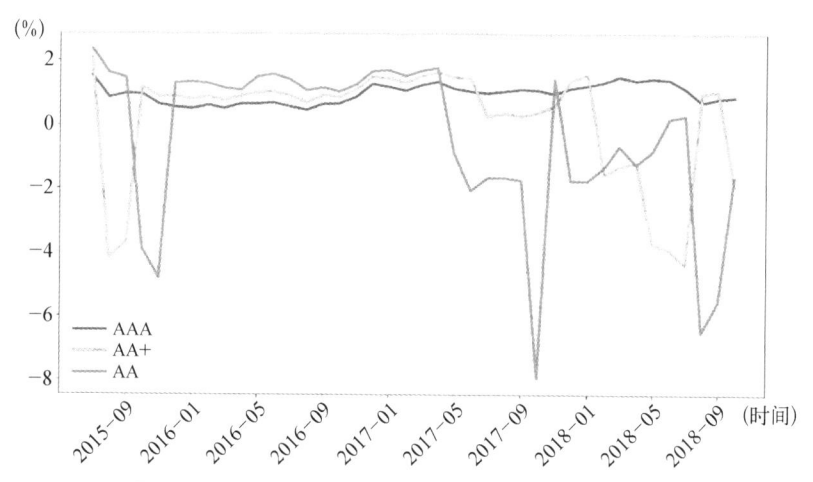

图 3-20 外部评级(时间窗口为 6 个月的风险抵补)

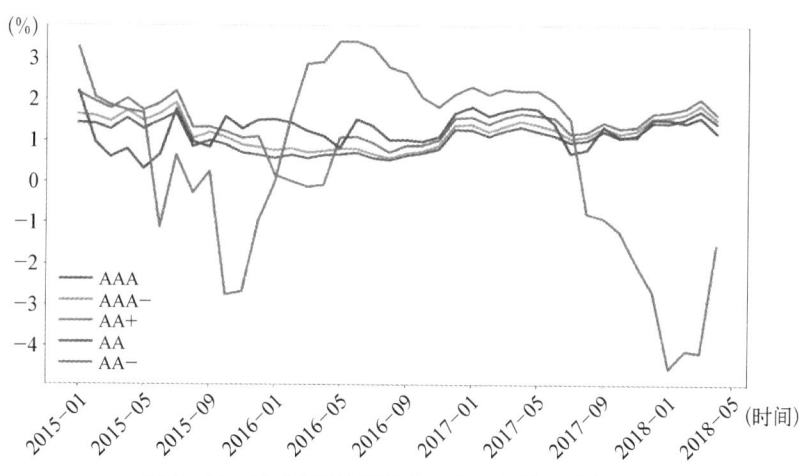

图 3-21 隐含评级(时间窗口为 1 年的风险抵补)

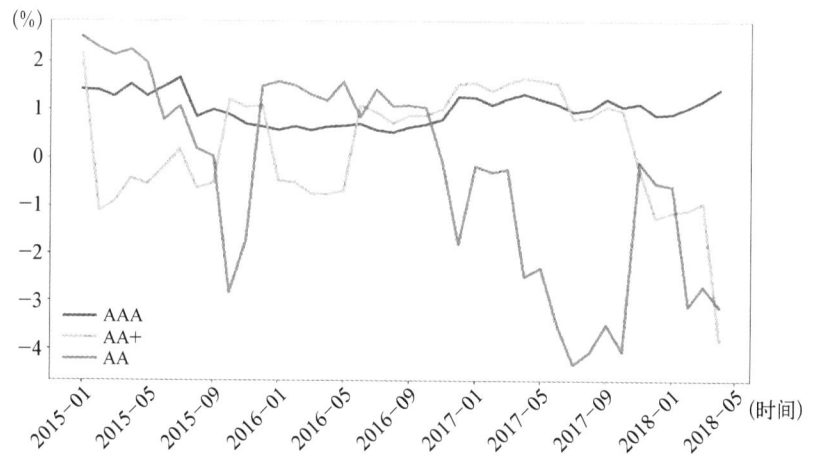

图 3-22 外部评级(时间窗口为 1 年的风险抵补)

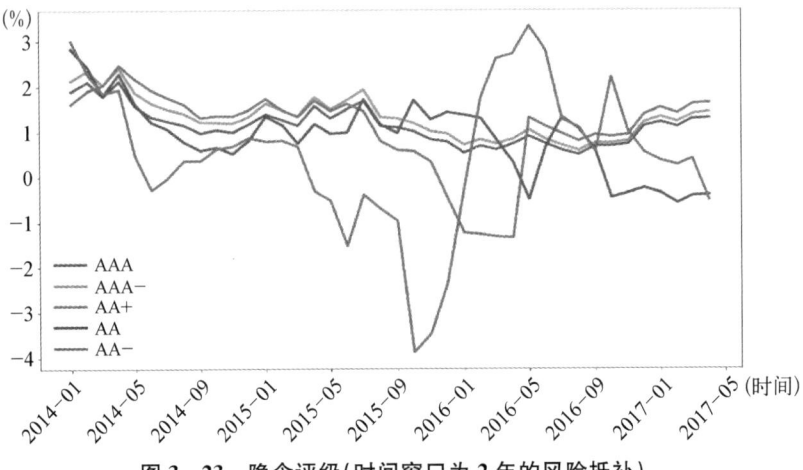

图 3-23 隐含评级(时间窗口为 2 年的风险抵补)

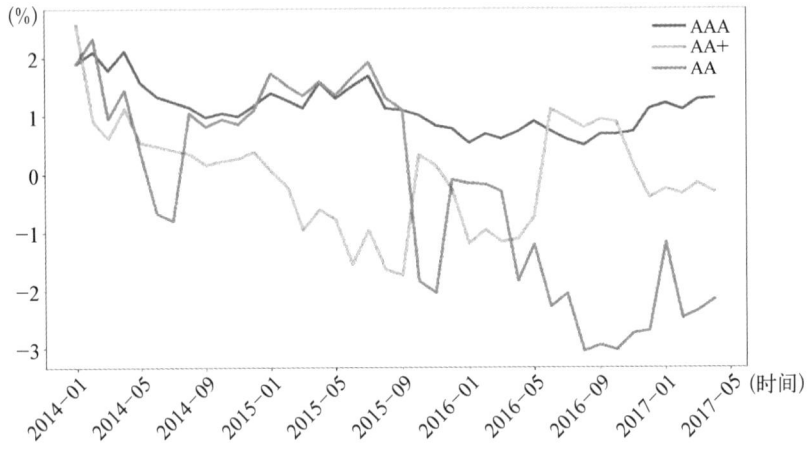

图 3-24 外部评级(时间窗口为 2 年的风险抵补)

一方面,隐含评级具有更好的信用风险抵补。随着时间窗口的增加,越来越多评级出现收益率无法抵补违约率的情形;外部评级的 AA+评级从时间窗口为 3 个月便开始出现相关情形,而隐含评级的 AA+评级在时间窗口为 2 年时才短暂出现。对于相同的评级符号,外部评级的信用风险抵补波动要明显大于隐含评级的信用风险抵补。

另一方面,隐含评级不同评级的违约风险抵补具有更稳定的排序。从图 3-17 至图 3-24 中可以看出,对于隐含评级,随着信用评级的降低,违约风险抵补增加。对于品质较好的隐含评级,如 AA 及以上,不同评级违约风险抵补的排序具有较好的稳定性;在时间窗口较小时(如 6 个月以内),这种分层更加分明,而时间窗口为 2 年时,不同评级的违约风险抵补的层次性开始变得不明显。

对于外部评级,违约风险抵补在不同评级之间的排序性明显不如隐含评级,即使时间窗口为较小的水平(如3个月),不同评级的违约风险抵补也出现较多相交的情况。

4. 通过风险抵补确定违约预警评级

基于上述对隐含评级信用风险抵补效果的讨论,可以找到一个临界评级,其风险抵补为负且不稳定,将其视为预警级别。区别于"信用利差对于违约率的抵补情况分析"部分,这部分的讨论按债券类别分别计算违约风险抵补来确定各债券种类的预警级别。具体来说,对于短期融资债券和中期票据选取中短期票据信用利差数据,对于私募债、企业债、公司债选取企业债信用利差数据。从信用资质最好评级开始,检验每个信用评级的信用风险抵补波动大小以及是否出现小于零的情况,将首个出现相关情形的评级视为预警评级。具体预警评级矩阵如表3-7所示。

表3-7　　　　　　　通过风险抵补确定债券预警的隐含评级级别

债券类型/债券期限	3个月以内	3至6个月	6个月至1年	1至2年
短期融资债券	AA-	AA-	AA-	—
企业债	A+	A+	A+	AA-
公司债	A+	AA-	AA-	AA
中期票据	A+	AA-	AA-	AA+
私募债	A+	A+	AA-	AA+

可以看出,随着预警窗口期间的增加,预警评级的门槛也逐渐提高;从债券种类来看,企业债预警评级门槛要低于其他债券,说明其信用资质更好、更稳定。

(五) 中债隐含评级的缺点

从上文可以看出,中债隐含评级在较小的时间期限内(2年内),隐含评级的准确度要高于外部评级,但是无论是中债隐含评级还是外部评级,均存在共同的缺陷:相当比例的违约债券即使在违约前不久(3个月到6个月),其信用评级依然无法充分地揭示其信用风险。

本部分选取债券集合X的首只违约债券样本45个,分别统计样本违约前180天(6个月)的隐含评级以及外部评级的分布和累计分布,如图3-25、图3-26所示。

首只违约债在其违约前180天时,30%以上的违约债券的隐含评级仍保持在AA-及以上,而对于外部评级,这个比例更高,有70%以上债券的外部评级仍保持在AA-及以上;违约债券的隐含评级集中在AA-和AA上,而外部评级主要集中在AA和AA+。

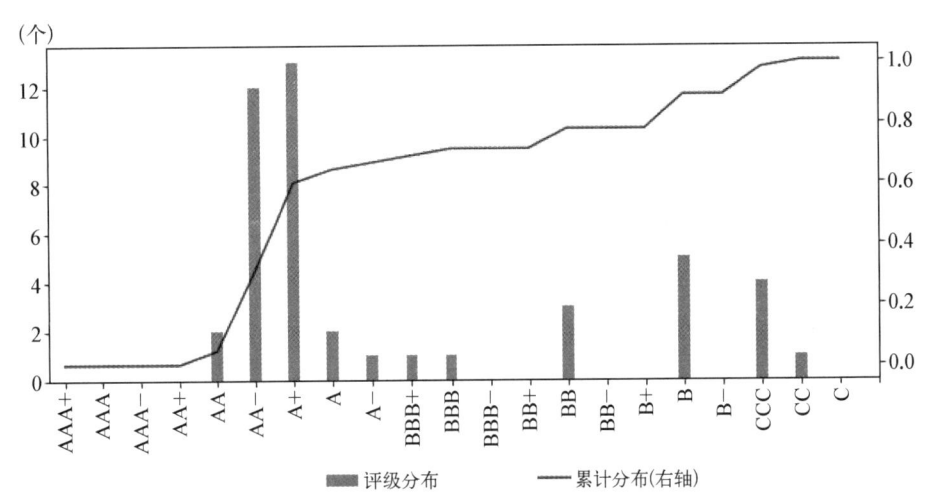

图 3‑25 违约前 6 个月隐含评级分布和累计分布

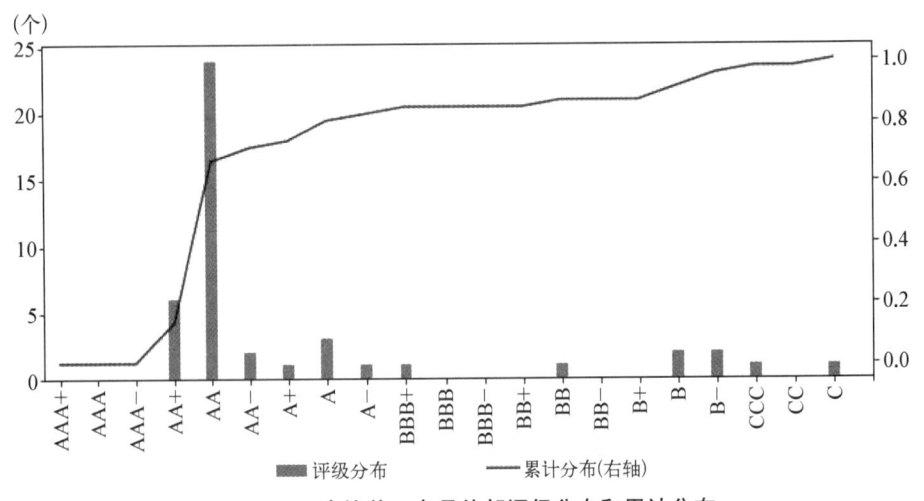

图 3‑26 违约前 6 个月外部评级分布和累计分布

总的来说,近 1/3 的违约债券(首只)在违约前 180 天,其信用评级仍停留在信用资质较好的评级(AA-及以上),而随着违约债券信用风险的暴露,其隐含评级发生剧烈下降,投资者难以在评级突然而剧烈的变动中做出有效的决策和反应,因为随着隐含评级的下调,信用风险也已经反映在债券价格上。如 2019 年 2 月 1 日违约的债券"16 国购 01",其隐含评级于 2018 年 11 月 20 日从 A+骤降 3 个子级至 BBB,之后 3 天再次骤降 7 个子级至 CCC。

三、结论

近年来国内债券市场违约事件的增加,为信用评级质量检验提供了丰富的样本,本章以产业债为研究对象,运用信用评级质量检验方法,分别从准确性、时效性、稳定性、信用风险抵补四个方面对中债隐含评级与外部评级展开了对比分析。

本章认为,中债隐含评级作为以市场价格信号为基础的评级方法,相对于外部评级,在中短预测期内(2年内),更具准确性,能够较好地揭示债券的信用风险;更具时效性,中债隐含评级能够及时地反映债券信用风险的变化。整体稳定性虽然不如外部评级,但是隐含评级的不稳定性主要表现为高频率的小级别单向变动,以及具有规律性的且主要集中于B类以下评级的大级别变动,这对于投资者判断债券的信用风险是有积极作用的。同时,隐含评级具有更好的信用风险抵补,可以从收益风险的角度确定各类债券信用风险预警等级。

中债隐含评级和外部评级都存在相同的不足:评级对于优质债券(AA-以上)信用风险揭示不够充分,债券违约前评级下降突然而剧烈。本课题将在下一章针对中债隐含评级的此项不足,将中债隐含评级作为输入变量之一,建立一个准确性更高的债券违约风险预警模型。

第四章 债券违约风险预警模型
——样本为全部产业债

一、模型选择与建模思路

由上文可知,隐含评级提供的债券违约信用风险揭示不够充分,预警信息相对有限(尤其对于首只违约债)。因此,本章在中债隐含评级的基础上,针对全部产业债的样本集(包括上市与非上市发行主体)建立了债券违约风险预警模型。

建模的主要方法为利用数据挖掘的方法,对债券的基本信息、评级状况以及债券发行主体的财务状况、治理状况进行更加深入的挖掘,找出与债券信用风险显著相关的特征,并利用Logistic回归模型对这些特征进行建模,形成一个相对于中债隐含评级具有更高准确度和区分度的债券信用打分模型。

(一)样本数据及参数

模型预测期限为180天,即通过收集债券到期或者违约前180天的相关信息进行建模,进而利用模型对债券未来的违约风险进行预测。

按照时间顺序对训练集和测试集进行划分,本章采用留出法将样本集划分两个互斥的集合,以2018年11月30日作为建模基准日,以2014年1月1日至2018年11月30日到期(或违约)的债券作为训练集,以2018年12月1日至2019年8月31日到期(或违约)的债券作为测试集。

训练集用于特征工程①和模型训练,测试集用于验证模型的准确性。

(二)模型选择

本章将基于逻辑回归模型建立违约风险预警模型,逻辑回归算法在信用风险评估领域具有较广泛的运用,预测能力良好。

由于逻辑回归模型在较大的特征空间中,容易因为严重的多重共线性影响预测效果,因此本章完成特征选择后将对特征进行主成分分析,并对数据进行降维,把原始特征压缩成若干个互不相关的因子,提高模型的效果。

逻辑回归的基本方程如下:

$$h_\theta(x) = \frac{1}{1+e^{-\theta^T x}},$$
$$\theta^T x = \sum_{i=0}^{n} \theta_i x_i = \theta_0 + \theta_1 x_1 + \cdots + \theta_n x_n \tag{2}$$

其中 θ 为回归方差的系数向量,x 为特征经过主成分分析后得到的主成分因子向量。

(三)模型评估指标

1. ROC曲线与AUC

ROC曲线以虚报概率(假阳性率FPR)为横坐标,以击中概率(真阳性率TPR)为纵坐标。ROC曲线的绘制方法为:首先将样本按照预测评分由大到小排序,对于样本 i,以样本 i 的评分作为阈值,大于等于阈值的样本集被预测为1,小于阈值的样本集被预测为0,再结合实际样本集的值可计算得到样本 i 的坐标 (FPR_i, TPR_i),最后将所有样本的坐标连线便得到ROC曲线。

AUC指标则是在得到ROC曲线后,通过计算ROC曲线下方与坐标轴围成的区域面积得到。AUC一般介于0.5至1之间,越接近1则说明模型的分类效果越好。

2. 混淆矩阵与准确率

混淆矩阵主要用于比较模型分类结果与实际预测结果,在二元分类问题中,预测

---

① 本章在做特征工程时,训练集隔离测试集,单独进行数据预处理;在模型评估时,训练集和测试集合并进行数据预处理。

结果存在四种状况,模型的正确率、第Ⅰ类错误率、第Ⅱ类错误率,计算公式如表4-1中所示。混淆矩阵有助于更加直观地评价模型的预测效果。

表4-1　　　　　　　　逻辑回归模型的混淆矩阵与准确率

		预测值			
		违约	非违约	正确率(%)	错误率(%)
原始值	违约	a	b	$a/(a+b)$	$b/(a+b)$(Ⅰ类)
	非违约	c	d	$d/(c+d)$	$c/(c+d)$(Ⅱ类)
合计				$a+b+c+d$	$(a+d)/(a+b+c+d)$	$(c+b)/(a+b+c+d)$

二、数据预处理

(一)样本选择与数据获取

本章选取2014年1月1日至2019年8月31日到期的产业债作为研究样本,债券类型限定为短期融资债券(CP&SCP)、企业债、公司债、中期票据、私募债;债券样本隐含评级限定为AA+、AA、AA−、A+、A、A−。从评级来看,样本总体的信用资质较好,违约债券仍然处于信用风险潜伏期,明显的风险信号并未出现,后续往往出现剧烈评级下降,是本章研究的重点对象;违约债券样本仅取首只违约债[①],共79个,非违约债券的样本数为9703个,隐含评级分布如表4-2。

表4-2　　　　　　　债券违约前180天时的中债隐含评级分布

中债隐含评级	违约债券数量(个)	债券数量(个)
AA+	0	1 971
AA	6	4 088
AA−	40	2 753
A+、A、A−	33	970

本章的预测期限为180天,对债券信用风险的评估基于债券到期或者违约前180天时所能获得的最新的信息。例如,一只非违约债券在2019年3月1日到期,则这只债券的预测时间点(获取相关数据的日期)为180天前的2018年9月1日,即预测该债券信用风险所需的所有数据都是在2018年9月1日前发布的。

---

① 如果违约主体首次违约时,多只债券同时违约,则按照债券类型各保留一只。

（二）特征收集与特征构建

1. 特征收集

本章将从债券及其发行人的基本面和信用评级切入，收集违约风险影响因子与相关信号，主要包括以下四个方面。

（1）中债隐含评级。本章研究的债券样本隐含评级为 AA＋、AA、AA－、A＋、A、A－，共 6 个子级，违约样本主要集中在 A 类（A＋、A、A－，下同）和 AA－评级，与债券的信用风险表现出较强相关性。

（2）债券基本信息。选取债券基本信息可能与信用风险相关的特征包括：债券期限、债券类型、省份、所属行业（申万行业分类一级）、是否有对应上市公司、是否国有企业。

（3）财务状况。[①] 从企业的资本结构、偿债能力、盈利能力、收益质量、成长能力、现金流量、营运能力 7 个方面选取可能相关的特征。

（4）公司治理状况。公司治理状况方面包括两个特征：信息披露是否违规[②]、审计意见是否标准无保留。

2. 特征构建

（1）计算变量近 1 年和 3 年的变化率。财务指标特征作为一个时间序列，可以通过计算每个指标的变化率来构建新特征。本章分别计算前面选取的每个财务指标近 1 年和近 3 年的变化率。

（2）计算变量的行业排名百分位。[③]

财务指标往往出现极端异常值，但通过求特征在债券所属行业的排名百分位的方法，可以巧妙地将极端异常值转换成 0 到 1 之间的数值，而且同一个指标在不同行业往往差异巨大，求行业排名百分位的方法可以反映企业在所处行业的相对风险。

（3）对连续型变量进行二值化。通过对债券的部分特征进行分析后发现，多数财务指标与信用风险并非单纯的线性关系，而往往是"中间大两头小""中间小两头大"或者更复杂的非线性关系，因此对连续型变量进行二值化处理，有利于简化非线性关系，提高特征的显著性。本章对于特征二值化的示例如下，主要方法包括：

[①] 财务状况指标从债券预测时间点上所能获取的最新一期财报上获取。
[②] 以 4 月 30 日作为分界点，如果企业在预测时间点时所能获取的最近一年的年报晚于 4 月 30 日披露甚至未披露，则视作违规。
[③] 分类标准为申万行业分类一级分类。

对一些变化率指标设立阈值,超过阈值则为1,反之为0;对于行业排名百分位,则构造"是否行业前10%"和"是否行业后10%"两个二值变量。具体示例如表4-3所示。

表4-3　　　　　　　　　　　对连续型变量进行二值化示例

连续型特征	二值化后的特征
近3年已获利息倍数变化率	近3年已获利息倍数变化率是否小于100%
销售毛利率	销售毛利率是否小于40%
近3年总负债变化率	近3年总负债变化率是否小于0或者大于40%
商誉比净资产	商誉比净资产是否大于5%
带息债务比上总负债行业排名	带息债务比总负债是否行业排名最小10%

(三)数据汇总

汇总所有的特征,如表4-4所示。

表4-4　　　　　　　　　　　　数据汇总

特征类型		特征名称
债券信用评级		中债隐含评级
债券基本信息		债券期限、债券类型、省份、所属行业(申万行业分类一级)、是否有对应上市公司、是否国有企业
公司治理状况		信息披露是否违规、审计意见是否标准无保留
财务指标	经营规模	总资产、总负债、存货、固定资产净值、商誉、销售费用、营业费用、管理费用
	资本结构	资产负债率、带息债务比上总负债、流动资产比总资产、货币资金/短期债务、EBITDA利息保障倍数、商誉比净资产、权益乘数、流动负债/长期负债、长期负债/总资产
	偿债能力	货币现金、已获利息倍数、EBITDA利息保障倍数、速动比率、现金比率、有形资产净值/总负债、经营性现金净流量/营业总收入、货币资金/短期债务、现金流动负债比率、总债务/EBITDA、长期负债与营运资本比率、产权比率、有形净值债务率
	盈利能力	成本费用率、销售费用率、管理费用率、财务费用率、营业费用率
	收益质量	销售毛利率、销售净利率、销售成本率、成本费用利润率、营业利润率、经营活动产生的现金流量净额/经营活动净收益、扣除非经常性损益后的净利润、股本报酬率(含少数股权权益)、所得税/利润总额、总资产报酬率、净资产收益率

续表

特征类型		特征名称
财务指标	现金流量	经营活动产生的现金流量净额、投资活动产生的现金流量净额、筹资活动产生的现金流量净额、经营活动净现金/销售收入、现金收入比、现金流动负债比率
	营运能力	应收账款周转率、存货周转率、应收账款周转率、固定资产周转率、营业周期、总资产周转率
	近一年、近三年变化率①	计算以上财务指标近一年和近三年的变化率
	行业排名百分位	计算以上财务指标的行业排名百分位
	变量二值化	对一些变化率指标设立阈值，超过阈值则为1，反之为0

（四）数据清洗

1. 数据清洗

（1）样本重复值和特殊值处理。对于债券样本数据，由于存在同一只债券在多个市场上市交易的情况，本章仅保留其中一只债券，同时债券还会出现偿还部分本金（PR债）、暂停上市的情况，本章对此类债券予以剔除。

（2）特征缺失值处理。对于缺失值的处理对于模型最后的预测效果影响重大。如果因为个别缺失值而直接删除整个债券样本，则会导致隐含在这部分债券的信息丢失，最终影响结果的正确性。因此，本章首先删除缺失值占比过大的行和列（超过20%），然后根据中债隐含评级计算各指标的均值，并依此对缺失值进行填补。

（3）特征异常值处理。数据中往往存在极端异常值，而这会降低数据的正态性，从而增加误差，对模型精度造成不利影响。本章采用图基检验（Tukey test）的方法检测和处理异常值，首先计算四分位距（IQR，为特征上四分位与下四分位的差值），然后分别将特征75%分位+1.5倍IQR和25%分位的数值-1.5倍IQR作为上限和下限，最后将超出上限（下限）的数值用上限（下限）取代。

2. 特征处理

（1）对分类变量进行独热编码、分箱。上文选取的特征"债券类型""省份""所属

---

① 用于揭示特征的异常变化或者公司的成长能力。

行业"均为名义分类变量,分类数据之间相互独立、不存在大小关系。因此,需要对以上特征进行独热编码,将其转换为哑变量。

特征"中债隐含评级"是有序分类变量,分类数据只有存在大小关系,因此可以直接对评级资质由好到坏进行排序直接数值化,本文的隐含评级为[AA+,AA,AA−,A+,A,A−],数值化后为[0,1,2,3,4,5,6]。

对于连续型变量进行分箱处理。对于"行业排名百分位"类指标,"行业排名0%~20%、20%~40%、40%~60%、60%~80%、80%~100%",分别赋值为1、2、3、4、5;对于"近一年、近三年变化率"类指标,"小于−50%、−50%~0%、0%~50%、大于50%"分别赋值为1、2、3、4;对于其他连续型变量,则按照等频率方法分5箱,分别赋值为1、2、3、4、5。

(2) 对数据进行无量纲化处理。对数据进行无量纲化处理可以加快求解速度和提高模型精度。本章采用数据标准化的方法(z-score normalization)对数据进行无量纲化处理。数学公式如下:

$$x' = \frac{x-\mu}{\sigma} \tag{3}$$

其中,μ 为特征的均值,σ 为标准差。

三、特征选择与主成分分析

(一) 特征选择——基于 IV 值

IV 值(Information Value)常用于判断变量的预测强度,IV 值源于信息论(Shannon C E,1948),与互信息(Shannon C E,1949)的概念相似,计算公式如下:

$$IV = \sum (py_i - pn_i) \times \ln\left(\frac{py_i}{pn_i}\right) \tag{4}$$

其中,py_i 是这个组(箱)中响应客户(风险模型中,对应的是违约客户)占所有样本中所有响应客户的比例;pn_i 是这个组中未响应客户占样本中所有未响应客户的比例。

本章通过计算特征的 IV 值,以 0.15 为阈值对特征进行筛选,最后得到 24 个特征,涉及债券基本信息、债券隐含评级、公司治理状况、公司财务状况等各个方面,结果见表 4-5。从表中可以看出,中债隐含评级、销售费用和是否国有企业三个特征的预测强度较为显著,分别为 1.066、0.928、0.728。

表 4-5　　　　　　　　正交旋转后的因子载荷矩阵以及特征 IV 值

序号	特征名称	因子分析	IV 值	主成分因子 0	1	2	3	4
1	存货行业排名		0.462	**0.757**	−0.089	−0.009	0.159	−0.002
2	固定资产		0.589	**−0.722**	0.318	0.083	0.048	0.043
3	固定资产行业排名		0.398	**0.800**	−0.261	−0.015	0.009	−0.028
4	管理费用行业排名		0.488	**0.802**	−0.058	−0.144	0.248	−0.023
5	货币资金		0.376	**−0.817**	−0.139	−0.002	−0.008	0.038
6	经营活动产生的现金流量净额行业排名	经营规模 θ_1	0.282	**0.426**	−0.078	−0.056	−0.015	0.155
7	销售费用		0.928	**−0.692**	−0.054	0.470	−0.168	−0.075
8	销售费用行业排名		0.568	**0.688**	0.039	−0.526	0.206	0.041
9	营业收入行业排名		0.302	**0.859**	−0.023	0.135	0.174	0.059
10	总负债行业排名		0.325	**0.896**	−0.176	0.082	0.085	−0.109
11	总资产行业排名		0.393	**0.905**	−0.094	0.070	0.109	−0.097
12	净资产比总资产行业排名		0.276	−0.464	**0.477**	−0.094	0.065	0.080
13	速动比率	资本结构及短期偿债能力 θ_2	0.453	0.139	**−0.880**	−0.092	0.076	−0.007
14	速动比率行业排名		0.368	−0.088	**0.866**	0.017	−0.110	−0.029
15	营业费用近 3 年变化率	运营健康稳定性 θ_3	0.304	−0.010	0.129	**0.600**	0.066	0.074
16	营业费用率行业排名		0.279	−0.002	0.056	**−0.859**	0.106	−0.021
17	带息债务率行业排名		0.344	0.161	0.000	0.188	**−0.558**	−0.153
18	是否国有	偿债压力及融资难易度 θ_4	0.728	−0.077	0.340	0.014	**−0.381**	−0.039
19	是否信披违规		0.282	0.130	0.003	0.070	**0.386**	−0.153
20	是否中票或短融		0.256	−0.096	0.054	−0.016	**−0.558**	0.064
21	中债隐含评级		1.066	0.302	−0.041	−0.069	**0.641**	0.083
22	财务费用近 1 年变化率		0.283	0.037	−0.128	−0.097	−0.134	**0.752**
23	财务费用率	偿债压力异动 θ_5	0.283	−0.038	0.365	0.169	0.363	**0.469**
24	财务费用率近 3 年变化率		0.290	−0.008	0.067	0.142	0.039	**0.765**

（二）特征降维——基于PCA主成分分析法

1. KMO和球形Bartlett检验

通过KMO和球形Bartlett检验因子分析的适用性。

特征之间可能存在多重共线性，这会降低逻辑回归模型的预测效果和稳健性，而主成分分析可以在尽可能保留原始数据信息的条件下，对特征空间进行降维，提取出少量的而信息互不重合的主成分因子。如表4-6所示，由Bartlett检验可以看出，应拒绝各变量独立的假设，即变量间具有较强的相关性。KMO统计量为0.822，各变量间信息有一定重叠程度，通过主成分分析可以优化模型。

表4-6　　　　　　　　　　　KMO和球形Bartlett检验

KMO统计量	0.844	
球形Bartlett检验	Approx.Chi-Square	139 586.35
	Sig.	0.00

2. 主成分分析与因子正交旋转

本章进一步对筛选出的24个因子进行主成分分析，为了使因子的经济含义更加明显，同时进行因子载荷矩阵正交旋转（用方差最大法），如图4-1所示。碎石图在第5个因子时下降趋势明显放缓，边际方差贡献率下降，故筛选累计方差贡献率达到59.32%时的前5个因子，得到主成分分析的碎石图和累计方差贡献率以及因子载荷矩阵。

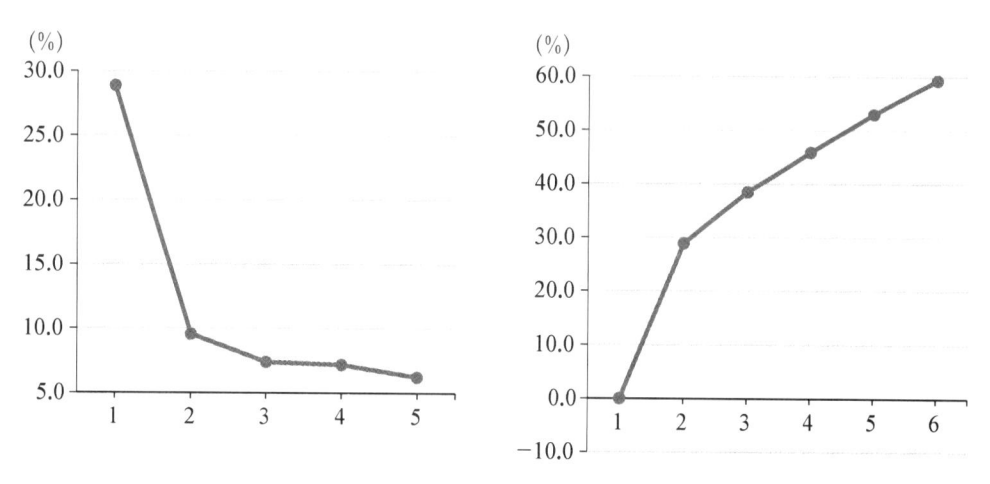

图4-1　碎石检验（左）和累计方差贡献率（右）

从表4-5可以看出,经过正交旋转后的因子载荷矩阵,各主成分因子所代表的经济含义更加明显,分别代表经营规模、经营稳健性、运营健康度变化、偿债压力及纪律、偿债压力变化。第一个主成分因子代表债券发行企业的经营规模,包括总资产行业排名、营业收入行业排名、货币资金等11个特征,累计方差贡献率达28.9%;第二个主成分因子代表债券发行人的资本结构及短期偿债能力,包括净资产比总资产行业排名和速动比率及其行业排名;第三个主成分因子代表发行人运营健康稳定性,包括营业费用近3年变化率和营业费用率行业排名;第四、第五个主成分因子均与偿债压力有关,第四个主成分因子代表偿债压力与融资难易度,由带息债务率行业排名、是否国有、是否信披违规、是否中票或短融、中债隐含评级组成;第五个主成分因子代表偿债压力异动,包括财务费用近1年变化率、财务费用率近3年变化率。财务费用率本身同时映射在第二、四、五主成分上。

四、模型训练与回测

(一)模型参数设置

本章采用基于L2惩罚的logistic回归模型[①]对主成分分析得到因子进行建模,使用交叉验证的方式(折数设为20)确定惩罚参数λ,模型评估指标设为"roc_auc"。

(二)模型训练与回归系数

用训练集数据,即2014年1月1日至2018年11月30日到期(或违约)的债券对模型进行训练,得到模型参数如表4-7所示。

表4-7　　　　　　　　　　逻辑回归模型参数

θ_0(截距)	θ_1	θ_2	θ_3	θ_4	θ_5
-1.176	0.507	-0.393	-0.401	1.321	0.674

可以看到θ_1、θ_4、θ_5系数较大,对模型的贡献较为显著。

(三)模型回测与分析

1. ROC曲线与AUC指标

运用测试集,即2018年12月1日至2019年8月31日到期(或违约)的债券对训练得到的模型进行测试,并根据训练集和测试集的实验结果以及两个集合对应的中债隐含评级,画出相应的ROC曲线并计算AUC,结果如表4-8、图4-2所示。

---

① 建模工具为python的开源库sklearn的子库linear_model.LogisticRegressionCV。

表 4-8 逻辑回归模型与中债隐含评级的 AUC 指标

数据集	逻辑回归模型	中债隐含评级	AUC 提升百分比(%)
训练集	0.866	0.805	7.58
测试集	0.857	0.839	2.15

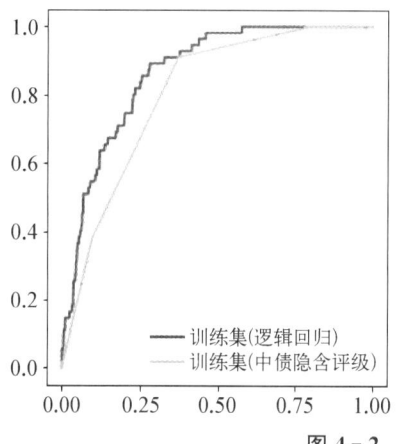

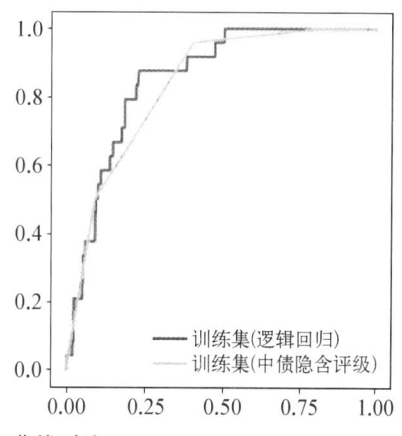

图 4-2 ROC 曲线对比

结合表 4-8 和图 4-2 可知,无论是训练集还是测试集,逻辑回归模型的 ROC 曲线均位于中债隐含评级的 ROC 曲线上方。对于训练集,逻辑回归的 AUC 为 0.866,相对于中债隐含评级提升了 7.58%;对于测试集,逻辑回归的 AUC 为 0.857,与模型对训练集的预测表现相近,相对于中债隐含评级提升了 2.15%,小于对于训练集的提升效果。

以上一方面说明了逻辑回归模型表现出更好的预测能力,能够更加有效地对债券的违约风险进行排序,使风险高的债券尽可能地被划分到较差的评分;另一方面中债隐含评级的预测效果在测试集好于训练集,说明其准确度也在逐渐提升。

2. 混淆矩阵与模型准确率

进一步计算模型和中债隐含评级的混淆矩阵以评估预测准确率。对于中债隐含评级,由于其本身并不存在阈值,为了能够与逻辑回归模型进行比较,需要将中债隐含评级二值化(违约与非违约),本章设 AA 为临界值,把评级为 AA－与 A 的债券视为违约,把 AA 与 AA+的债券视为非违约债。混淆矩阵如表 4-9、表 4-10 所示。

表 4-9　　　　　　　　　逻辑回归模型的混淆矩阵与准确率

		训练集预测值				测试集预测值			
		非违约	违约	正确率（%）	错误率（%）	非违约	违约	正确率（%）	错误率（%）
原始值	违约	6 371	1 957	76.50	23.50（Ⅱ类）	1 030	345	74.91	25.09（Ⅱ类）
原始值	非违约	10	45	81.82	18.18（Ⅰ类）	3	21	87.50	12.50（Ⅰ类）
	合计	8 383		76.54	23.46	1 399		75.13	24.87

表 4-10　　　　　　　　中债隐含评级模型的混淆矩阵与准确率

		训练集预测值				测试集预测值			
		非违约	违约	正确率（%）	错误率（%）	非违约	违约	正确率（%）	错误率（%）
原始值	违约	5 235	3 093	62.86	37.14（Ⅱ类）	818	557	59.49	40.51（Ⅱ类）
原始值	非违约	5	50	90.91	9.09（Ⅰ类）	1	23	95.83	4.17（Ⅰ类）
	合计	8 383		63.04	36.96	1 399		60.11	39.89

从表 4-9、表 4-10 可知，对于测试集，逻辑回归模型的第Ⅰ类错误率为 12.50%，较中债隐含评级的 4.17%增加了约 8.3%；而第Ⅱ类错误率为 25.09%，较隐含评级的 40.51%减少了约 15%。由于测试集违约样本（24 个）远少于非违约样本（1 375 个），实际上，逻辑回归模型以较中债隐含评级少漏报 2 个违约样本（占总样本 0.14%）为代价，减少第Ⅱ类错误样本 212 个（占总样本 15%）。

从总体的正确率看，无论是训练集还是测试集，逻辑回归模型均高于中债隐含评级 10%以上。因此，逻辑回归模型预警成本更小、效率更高，错误率更低。

3. 实际未违约的预警债券分析

本章发现，对于预测集中模型预警的债券，存在债券未违约，但是其发行人后续却发生了违约的情况，其中包括"18 精功 SCP001""16 海航 01""13 皖经建 MTN002""18 民生投资 SCP001"，预警提前时长[①]分别为 240 天、225 天、226 天和 141 天，部分大于 180 天的有效预警时长。此外，预警债券群组还包含了一些在 2019 年上半年发生主体风险的典型发行人，如暴风集团、辅仁药业、康美药业等，虽然样本内债券到期成功兑付，但发行人后续发生了较大的信用风险事件，详见表 4-11。

---

① 预警提前时长为信用风险时间发生日相对于建模基准日（2018 年 11 月 30 日）所提前的时长。

表4-11 预警债券样本发行人后续风险事件

债券代码	债券简称	X1前180天隐含评级	模型评分值	模型分类值	实际是否违约	债券到期日或违约日 X1	风险事件发生日期 X2	预警提前时长（天）	信用风险事件
11800913	18精功SCP001	AA−	0.556	1	0	2019-01-29	2019-07-29	240	发行人违约
135325	16海航01	A	0.727	1	0	2019-03-17	2019-07-14	225	发行人违约
101364014	13皖经建MTN002	AA−	0.542	1	0	2018-12-10	2019-07-15	226	发行人违约
11800348	18民生投资SCP001	AA−	0.600	1	0	2018-12-03	2019-04-21	141	发行人违约
118478	15暴风债	AA−	0.791	1	0	2018-12-25	2019-07-28	239	发行人实际控制人冯某因涉嫌犯罪被公安机关采取强制措施
31800076	18辅仁药业PPN002	AA−	0.917	1	0	2019-02-09	2019-07-26	237	辅仁药业发布公告，称被中国证监会立案调查，涉嫌财务造假
41800158	18康美CP002	A	0.583	1	0	2019-04-20	2018-12-28	27	康美药业收到证监会的《调查通知书》，被指涉嫌信息披露违法违规
							2019-01-23	53	中债隐含评级降至B

五、模型的局限与改进

(一)违约样本有限,数据期限未跨周期

尽管近几年违约债数量显著增多,但对于模型构建而言样本仍显有限。本章在模型构建中尽量覆盖2014年以来所有债券,并选取时间窗口起点时评级正常即隐含评级AA+、AA、AA−、A+、A、A−的集合,但违约债券样本容量依然较小,仅79个,违约债券样本的代表性不够充分,模型的稳定性难以保证。非违约债券的样本数为9703个,数据的不平衡性也比较突出。

数据期限较短,无法保证模型跨周期的稳定性。数据集内2018年和2019年债券违约分别为30个和22个,占比超过65%。从2014年至2019年,数据集内各年的违约率逐年上升,至2018年达到高点后于2019年回落,违约样本在各年份的分布不够均匀和稳定,划分训练/测试集时难以达到数据分布一致性的要求。

因此,由于违约样本的数量有限、样本时间跨度较短,模型的稳定性暂时无法验证,模型的效果因而也缺乏说服力。但是,通过数据挖掘的方法提取信用风险特征,并利用机器学习模型来定量地测量债券违约风险仍是有益尝试,随着打破刚兑和债券市场违约常态化的发展,债券违约样本增多后,模型的有效性也将得到持续验证,应用前景也会变得广阔。

(二)行业因素对信用风险影响的结构性差异被简化忽略

不同行业的经营模式和特性决定了与信用风险相关的财务指标是不同的,例如重资产行业的固定资产占比高、资产负债率高,在重抵质押的金融市场上可能会放松对其盈利能力的考量;轻资产行业则关注现金流管理和盈利能力。同时,不同行业财务指标值的分布有很大差异,不能对行业不加区分地看财务指标绝对值。业内的普遍做法是对不同行业单独建立模型,以行业作为参照系精准刻画企业的信用风险。

本章采用了不同的方法,把财务数据处理转换成行业排名百分位,从另一个角度解决了财务指标绝对值的行业差异问题,甚至能更加凸显地反映企业在所属行业的异常指标。对于本章模型被选取的24个特征,我们对比了同一指标的行业排名和其绝对值的IV值,发现多数指标的行业排名口径预测性高于其绝对值(见表4−12),即其表现出更高的IV值,如营业收入、固定资产、带息债务率。速动比率和销售费用是两个例外,行业排名化的处理未能提升指标的预测性能。

表 4-12　　　　　　　　　　　特征 IV 值

指　标　名　称	指标属性	IV 值
营业收入	全　　局	0.292
	行业排名	0.302
固定资产	全　　局	0.590
	行业排名	0.400
带息债务率	全　　局	0.319
	行业排名	0.344
存货	全　　局	0.361
	行业排名	0.462
经营活动产生的现金流量净额	全　　局	0.281
	行业排名	0.282
速动比率	全　　局	0.453
	行业排名	0.368
销售费用	全　　局	0.928
	行业排名	0.568

尽管如此,行业排名化的处理方法依然忽视了不同财务指标在不同行业信用风险评估时的结构性差异,而简单地认为被选中的指标对不同行业信用风险的贡献度是一样的。

(三) 特征维度不够丰富

本章收集的特征包括中债隐含评级、债券基本信息、财务状况、公司治理状况等,涵盖了企业经营的多个方面,但实际上特征维度还有进一步丰富的巨大空间。一方面,对于财务指标,本章仅考虑了单一财务指标的时间序列,没有基于多个财务指标间关系进一步加工提取,对企业的经营、投融资行为异常逻辑的捕捉能力有限。另一方面,除了本章研究的数据种类,宏观经济运行数据、行业整体分析数据、央行征信数据、法律诉讼、行政处罚、舆情数据、股东关系等更广泛的数据与企业信用风险也存在相关性。如果进一步扩展数据源,深入挖掘信用风险特征,那么模型的准确度、细度、稳定性很可能得到进一步的提升。

(四) 特征预处理方法还可进一步精细化

本章对数据预处理的重要部分就是数据离散化,也就是分箱,分箱的方法主要是

无监督分箱,包括根据指标经济内涵简单分箱、等频法直接分成5等箱。本章对于分箱箱数和频段的确定大多从主观出发,并不一定达到最优,略显粗糙。如果进一步考虑有监督分箱方法、细化分箱箱数确定方法和分箱后的单调性处理,或许就能够进一步提升模型的性能。

六、结论

本章针对中债隐含评级对于优质债券(A−以上)信用风险揭示不够充分,债券违约前评级下降突然而剧烈的缺点,通过数据挖掘的方法,将中债隐含评级作为一个输入变量,并从债券基本信息、债券发行主体的基本信息、财务状况、治理状况等方面出发,深入挖掘与企业的信用风险相关的特征。通过数据收集与清洗、特征处理与构建、特征选择与降维、训练集和测试集划分与参数设置等建模流程后,将显著特征归结为经营规模、经营稳健性、运营健康度变化、偿债压力及纪律、偿债压力变化5个主成分因子,建立了一个预测期限为180天的逻辑回归模型。随后,通过ROC曲线和混淆矩阵等工具,以AUC作为模型评估指标并结合第Ⅰ类、第Ⅱ类错误率等指标,全面评估了所建立的逻辑回归模型与中债隐含评级的预测效果和稳定性。

本章所搭建的逻辑回归模型对于债券信用风险的区分度要高于中债隐含评级,对于债券样本的信用评分排序性更优,以小幅增加第Ⅰ类错误率为代价,大大降低了第Ⅱ类错误率,能够将80%左右的违约债样本划分在20%左右的评分最差的债券群组中,以较小的预警成本规避掉绝大部分违约债券,稳定地表现出较中债隐含评级更好的信用风险识别能力。

第五章 债券违约风险预警模型
——样本为上市产业债

为了进一步扩展风险特征集,探索多种类数据的风险揭示能力,本章以上市公司发行的债券为样本集,基于上市公司更透明的信息披露、更广泛的可获取数据,对股价及非会计信息等特征值进行筛选和主成分分析,初步分析信用风险揭示能力。本章在模型选择、数据处理等方面如无特殊说明,均与前一章保持一致。

一、建模概述

(一) 样本选择

选取 2014 年 1 月 1 日至 2019 年 8 月 31 日到期的、债券发行人限定为上市公司的产业债作为研究样本。债券类型限定为短期融资债券(CP&SCP)、企业债、公司债、中期票据、私募债;债券隐含评级限定为 AA+、AA、AA-、A+、A、A-;违约债券样本仅取首只违约债,共 19 个,非违约债券的样本数为 2 417 个。

(二) 模型选择与建模思路

1. 模型选择与预测期限

模型选择为逻辑回归模型。预测期限为 180 天。

2. 建模流程

(1) 数据收集与清洗。获取每只债券到期(或违约)前 180 天时的最新信息(如债券基本信息、中债隐含评级、财务指标等)形成面板数据。然后进行数据清洗,包括处理缺失值、重复值、异常值和字段类型。

(2) 特征处理与构建。对原有特征进行加工,计算特征近一年和近三年的变化率。

(3) 特征降维。这里的处理与第四章有所不同,首先对所有特征进行主成分分析以压缩数据,抽取主要成分因子。

(4) 债券违约风险预警模型建模。将主成分因子作为输入变量,进行逻辑回归建模。建模采用多次迭代的方法,每次进行逻辑回归都只选择显著的因子,直到回归结果中所有因子都是显著的时候,停止迭代,得到最终的逻辑回归模型。

(5) 模型评估。由于违约样本非常有限,只有 19 个,因此本章不区分训练集和测试集,仅分析建模。

二、数据预处理

(一) 特征收集与构建

1. 特征收集

上市公司信息披露的要求更高,与非上市公司相比,上市公司会披露更多非会计信息。本章对于上市公司相关特征的收集除了第四章所描述的之外,还包括以下两个方面。

(1) 上市公司股价特征。上市公司股价特征包括:上市公司近一年的股价变化

和公司近一年停牌天数。

(2) 持股冻结、股权质押。对于上市公司,处于质押、冻结状态的股份累计超过总股本一定比例时,需要按照相关要求披露信息。持股冻结、股权质押相关特征有:公司近一年股东持股冻结次数、公司近一年股东被冻结占持股比例(最新)、公司近一年股东股权质押次数、公司近一年股东股权质押占持股比例(最新)。

2. 特征构建

本章未考虑财务指标的行业排名,仅计算了财务指标近1年和近3年变化率。

(二) 特征描述

将所有特征汇总、归类,如表5-1所示。

表5-1　　　　　　　　　　　数据汇总

特征类型		特征名称
债券信用评级		中债隐含评级
债券基本信息		债券期限、发行票面利率、债券类型、省份、所属行业(申万行业分类一级)、是否有对应上市公司、是否国有企业
公司治理状况		信息披露是否违规、审计意见是否标准无保留
财务指标	资本结构与偿债能力	基本财务指标:带息债务、货币资金、总负债衍生财务指标:资产负债率、带息债务比上总负债、流动资产比总资产、货币资金/短期债务、EBITDA利息保障倍数、商誉比净资产
	盈利能力与收益质量	基本财务指标:毛利率、扣非净利润、销售费用、财务费用、管理费用
	成长能力	基本财务指标[①]:总资产、营业收入、商誉
	现金流量	基本财务指标:经营活动产生的现金流量净额、投资活动产生的现金流量净额、筹资活动产生的现金流量净额衍生财务指标:现金收入比、现金流动负债比率
	近一年、近三年变化率	计算以上财务指标近一年和近三年的变化率

三、特征降维——基于PCA主成分分析法

数据预处理后,最终获得64个特征,下面对特征进行主成分分析,并进行数据压缩和降维。

---

① 通过计算指标的变化率表示成长能力。

(一) KMO 和球形 Bartlett 检验

通过 KMO 和球形 Bartlett 检验检验因子分析的适用性。

如表 5-2 所示,由 Bartlett 检验可以看出,应拒绝各变量独立的假设,即变量间具有较强的相关性。KMO 统计量为 0.680,接近 0.7,说明各变量间信息有一定重叠程度,通过因子分析可以优化模型。

表 5-2　　　　　　　　　　　KMO 和球形 Bartlett 检验检验

KMO 统计量		0.790
球形 Bartlett 检验	Approx.Chi-Square	140 290.454
	df	2016
	Sig.	0.00

(二) PCA 主成分分析

具体主成分分析如图 5-1 所示。

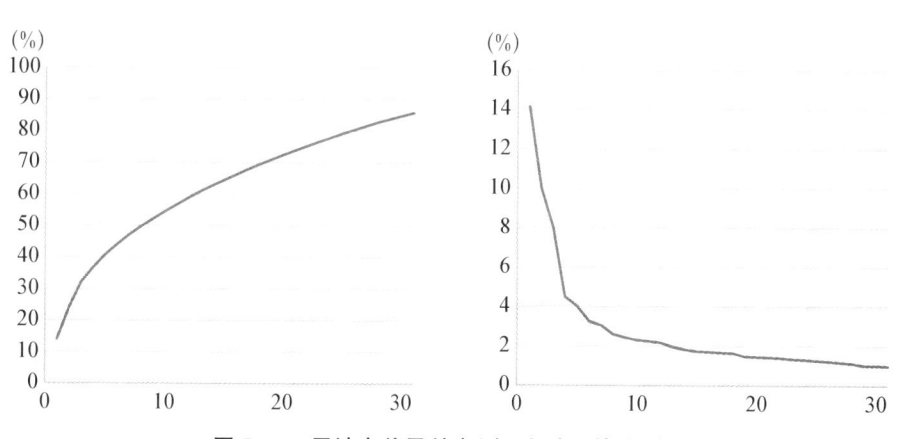

图 5-1　累计方差贡献率(左)和碎石检验(右)

对 64 个特征进行主成分分析,选择前 31 个主成分因子,累计方差贡献率达 85.88%,可以描述 64 个特征的大部分信息,总方差分解如表 5-3 所示。

表 5-3　　　　　　　　　　　总方差分解

主成分	特征值	方差贡献率	累计方差贡献率	主成分	特征值	方差贡献率	累计方差贡献率
1	2.624	0.141	0.141	4	0.299	0.045	0.366
2	1.272	0.100	0.241	5	0.497	0.040	0.407
3	2.251	0.080	0.321	6	0.124	0.033	0.439

续表

主成分	特征值	方差贡献率	累计方差贡献率	主成分	特征值	方差贡献率	累计方差贡献率
7	0.289	0.031	0.470	20	0.021	0.015	0.724
8	0.106	0.026	0.496	21	0.015	0.014	0.738
9	0.082	0.025	0.521	22	0.040	0.014	0.752
10	0.039	0.023	0.544	23	0.019	0.014	0.766
11	0.050	0.023	0.566	24	0.032	0.013	0.779
12	0.134	0.022	0.588	25	0.020	0.013	0.792
13	0.088	0.020	0.608	26	0.033	0.013	0.804
14	0.060	0.018	0.626	27	0.034	0.012	0.816
15	0.011	0.017	0.644	28	0.057	0.011	0.828
16	0.029	0.017	0.661	29	0.005	0.011	0.838
17	0.012	0.017	0.678	30	0.020	0.010	0.849
18	0.104	0.017	0.694	31	0.055	0.010	0.859
19	0.013	0.015	0.709	—	—	—	—

四、逻辑回归建模

（一）建模过程

基于上述31个主成分因子作为模型的初始输入变量，将行业、地区、年份作为控制变量，以债券最终是否违约作为因变量，进行多次逻辑回归，每次逻辑回归都将系数不显著的因子剔除，从而达到特征选择的目的，直到剩下的所有因子在下一轮回归中系数均显著则停止模型的迭代，获得最终模型。具体迭代过程如表5-4所示。

建模过程一共迭代了3次，第一类迭代从31个主成分因子中筛选出了9个主成分因子，分别为 $comp_1$、$comp_5$、$comp_6$、$comp_{12}$、$comp_{16}$、$comp_{21}$、$comp_{23}$、$comp_{28}$、$comp_{30}$；第二轮迭代从9个因子中筛选出6个主成分因子，分别为 $comp_1$、$comp_5$、$comp_6$、$comp_{12}$、$comp_{16}$、$comp_{30}$；第三轮迭代中，由于逻辑回归所有系数的显著水平均在10%以内，此时停止迭代，得到最终模型。

（二）逻辑回归方程参数

逻辑回归方差的系数如表5-5所示。

表 5-4　逻辑回归模型迭代过程

第 1 次迭代			第 2 次迭代			第 3 次迭代		
变量	系数（显著水平）[①]	是否剔除	变量	系数（显著水平）	是否剔除	变量	系数（显著水平）	是否剔除
$comp_1$	0.677**(2.14)	否	$comp_{17}$	−0.426(−1.15)	是	$comp_1$	0.232**(2.01)	否	$comp_1$	0.212*(1.88)	否
$comp_2$	−0.175(−0.76)	是	$comp_{18}$	−0.681(−1.40)	是	$comp_5$	0.395**(2.15)	否	$comp_5$	0.352**(1.96)	否
$comp_3$	0.108(0.54)	是	$comp_{19}$	0.899(1.48)	是	$comp_6$	0.415***(4.27)	否	$comp_6$	0.403***(4.29)	否
$comp_4$	0.070 4(0.32)	是	$comp_{20}$	0.289(0.44)	是	$comp_{12}$	−0.594***(−2.78)	否	$comp_{12}$	−0.528**(−2.52)	否
$comp_5$	0.648**(2.21)	否	$comp_{21}$	0.617*(1.82)	否	$comp_{16}$	−0.635**(−2.31)	否	$comp_{16}$	−0.602**(−2.33)	否
$comp_6$	0.659***(2.78)	否	$comp_{22}$	−0.452(−0.38)	是	$comp_{21}$	0.140(0.54)	是	$comp_{30}$	−0.660**(−2.29)	否
$comp_7$	−0.053 7(−0.22)	是	$comp_{23}$	−1.138*(−1.83)	否	$comp_{23}$	−0.271(−0.95)	是	constant	−5.903***(−6.28)	否

[①] 括号内的数值为显著水平（p）；***代表 p<0.01，**代表 p<0.05，*代表 p<0.1。

续表

	第 1 次迭代			第 2 次迭代			第 3 次迭代		
$comp_8$	0.215 (0.80)	是	$comp_{24}$	−0.361 (−0.89)	是	$comp_{28}$	−0.332 (−1.09)	是	
$comp_9$	−0.562 (−1.12)	是	$comp_{25}$	0.395 (0.64)	是	$comp_{30}$	−0.603** (−2.02)	否	
$comp_{10}$	0.115 (0.26)	是	$comp_{26}$	0.161 (0.34)	是	$constant$	−6.044*** (−6.25)	否	
$comp_{11}$	−0.632 (−1.59)	是	$comp_{27}$	−0.378 (−0.94)	是				
$comp_{12}$	−0.910*** (−2.76)	否	$comp_{28}$	−1.535** (−2.25)	否				
$comp_{13}$	−0.148 (−0.49)	是	$comp_{29}$	0.205 (0.58)	是				
$comp_{14}$	0.257 (1.03)	是	$comp_{30}$	−0.993* (−1.87)	是				
$comp_{15}$	0.006 01 (0.01)	是	$comp_{31}$	−0.663 (−1.55)	是				
$comp_{16}$	−1.015** (−2.16)	否	$constant$	−9.293*** (−4.67)	否				

表 5-5　　　　　　　　　　　逻辑回归模型参数

截距	$comp_1$	$comp_5$	$comp_6$	$comp_{12}$	$comp_{16}$	$comp_{30}$
−5.903	0.212	0.352	0.403	−0.528	−0.602	−0.660

数学表达式如下（$comp$ 简写为 cp）：

$$P = \frac{1}{1+\exp[-(-5.903 + 0.212 \times cp_1 + 0.352 \times cp_5 + 0.403 \times cp_6 - 0.528 \times cp_{12} - 0.602 \times cp_{16} - 0.660 \times cp_{30})]} \tag{5}$$

P 的取值范围是 $[0,1]$，P 的取值越大则说明债券的违约风险越高；可以以 0.5 作为 P 的阈值，对于 P 大于 0.5 的债券进行预警。

（三）分析与讨论

除第四章所描述特征外，本章增加上市公司股价特征、持股冻结、股权质押等相关特征值。经主成分分析发现，这些特征值主要映射在 $comp_5$ 和 $comp_6$ 上，与信用风险的相关度显著。这两个主成分可以被视为揭示上市公司信用风险的特殊信号。具体逻辑回归模型参数如表 5-6 所示。

表 5-6　　　　　　　　　　　逻辑回归模型参数

特征值	$comp_5$	$comp_6$
过去一年股权质押次数	0.231 65	0.669 86
	<0.000 1	<0.000 1
过去一年最近一次股东股权质押占其持股比例	0.273 22	0.695 42
	<0.000 1	<0.000 1
过去一年股权冻结次数	0.162 14	0.541 65
	<0.000 1	<0.000 1
过去一年最近一次股东股权冻结占其持股比例	0.167 29	0.565 13
	<0.000 1	<0.000 1
过去 1 年股价相对沪深 300 下跌幅度	0.041 72	−0.237 54
	0.019 2	<0.000 1
过去一年停牌时间长度	0.093 37	0.145 46
	<0.000 1	<0.000 1

第六章 回顾与总结

本课题对保险资产管理机构在债券违约常态化背景下,应用信用风险量化预警工具实现信用风险预判及识别展开讨论和研究,主要包括以下三个部分。

第一部分梳理了信用风险量化工具的相关研究和实践经验。信用评级是债券投资与风险管理中非常重要的信用风险指标,最常用且公开可获取的两类评级为外部评级(机构评级)和市场隐含评级。在次贷危机之后,伴随信息科技的发展,金融机构越来越多使用量化手段构建信用风险量化模型。

第二部分在简单回顾目前债券市场的违约状况后,使用 Moody(2003)信用评级质量检验方法对我国债券市场的外部评级和中债隐含评级进行准确性、时效性、稳定性、信用风险抵补四个方面的评估分析。结果发现,在中短预测期内(2年内)中债隐含评级较外部评级在准确性、时效性和风险抵补上更优。更进一步的分析显示,尽管中债隐含评级优于外部评级,但其对于未出险债券(AA-及以上)信用风险揭示仍不够充分,预警作用有限,即债券违约前评级下降突然、剧烈。

第三部分针对外部信用评级和隐含评级工具的不足,为了能够更好地提前揭示违约风险,进一步将中债隐含评级作为输入变量,对全体产业债样本进行数据挖掘的尝试,广泛分析债券基本信息、发行主体基本信息、财务状况、治理状况等领域变量,发现经营规模、资本结构及短期偿债能力、运营健康稳定性、偿债压力及融资难易度、偿债压力异动五类 IV 值显著的特征变量,进行主成分分析后构成五个主成分因子,对之采用逻辑回归方法建立债券违约预警模型。债券违约预警模型在 180 天的有效预测期内,预测效果较中债隐含评级具有更高准确性,减低了第Ⅱ类错误率。

最后,为了进一步扩展风险特征集,探索多种类数据的风险揭示能力,本课题以上市公司发行的债券为样本集,基于上市公司更透明的信息披露,对股价及非会计信息等特征值进行筛选和主成分分析,初步构造了另一个风险预警模型,作为未来进一步扩展研究的基础。

参考文献

[1] 何平,金梦.信用评级在中国债券市场的影响力[J].金融研究,2010(4):19—32.

[2] 王学武.评级机构虚高评级的病因及治理对策分析[J].当代经济管理,2013(5):79—83.

[3] 刘师媛.简论我国信用债券的评级质量[J].时代金融,2013(12):236.

[4] 周军波.浅析我国信用评级业存在的主要问题及其原因[J].科技视界,2013(28):127.

[5] 林加力.信用评级机构评级质量影响因素探析[D].杭州:浙江大学,2014.

[6] 贾紫兰.对我国信用评级质量的思考[J].中国市场,2018,No.968(13):51—52.

[7] 张艳红,李亚平,黄泽民.信用评级调整对中期票据信用利差的影响——基于中国银行间中期票据面板数据的实证分析[J].经济经纬,2018,35(2):135—142.

[8] 中央国债登记结算有限责任公司.中债债券收益率曲线和估值基本原则[Z].2019.

[9] 章向东.我国信用评级质量检验研究[D].北京:对外经济贸易大学,2015.

[10] 张丽红,孙崇昌.信用评级结果的检验方法以及在中国的实用性研究[J].征信,2012(3):53—56.

[11] 周宏,林晚发,李国平等.信息不对称与企业债券信用风险估价——基于2008—2011年中国企业债券数据[J].会计研究,2012(12):36—42.

[12] 周宏,林晚发,李国平.信息不确定、信息不对称与债券信用利差[J].统计研究,2014,31(5):66—72.

[13] 刘凤.股权属性、企业债务特征与信用风险[D].湖北:长江大学,2018.

[14] 吴建华,王新军,张颖.企业信息披露滞后对债券违约风险影响的量化分析[J].金融经济学研究,2014,29(6):17—28.

[15] 王雄元,高开娟.客户集中度与公司债二级市场信用利差[J].金融研究,2017(1):134—148.

[16] 于立勇,詹捷辉.基于Logistic回归分析的违约概率预测研究[J].财经研究,2004,30(9):15—23.

[17] 郭小波,王婉婷,周欣.我国中小企业信贷风险识别因子的有效性分析——基于北京地区中小企业的信贷数据[J].国际金融研究,2011(4):62—67.

[18] 程建.信用评级体系的定量验证研究[J].经济问题,2009(1):17—21.

[19] 汪敏,傅祺炜.基于朴素贝叶斯网络的上市公司信用风险预警研究[J].商,2015(16):207—208.

[20] 胡蝶.基于随机森林的债券违约分析[J].当代经济,2018(3):28—30.

[21] 赵天傲,郑山红,李万龙等.基于XGBoost的信用风险分析的研究[J].软件工程,2018,No.228(6):33—36.

[22] 赵国君.从次贷危机看信用评级机构的道德风险及其改革[J].经济论坛,2011(2):185—187.

[23] Acharya V, Bharath S. Does Industry-wide Distress Affect Defaulted Firms? Evidence from Creditor Recoveries[J]. *Journal of Financial Economics*, 2007, 85(3):787—821.

[24] Altman E I, Rijken H A. The Effects of Rating Through the Cycle on Rating Stability, Rating Timeliness and Default Prediction Performance[J]. *Financial Analysts Journal*, 2005:1—39.

[25] Altman E I. Corporate Financial Distress and Bankruptcy[M]. *New York: Wiley*, 1990.

[26] Altman E I. Financial Ratios, Discriminant Analysis and the Prediction of Corporate Bankruptcy[J]. *The Journal of Finance*, 1968, 23(4): 589—609.

[27] Altman E I, Haldeman R G, Narayanan P. ZETATM Analysis A New Model to Identify Bankruptcy Risk of Corporations[J]. *Journal of Banking & Finance*, 1977, 1(1): 0—54.

[28] Albert Metz, Nilay Donmez. Testing The Cross-Sectional Power of The Credit Transition Model[Z]. *Special Comment*, 2008.

[29] Amato J D, Furfine C H. Are credit ratings procyclical? [J]. *Social Science Electronic Publishing*, 2004, 28(11): 2641—2677.

[30] Bevan A, Garzarelli F. Corporate Bond Spreads and the Business Cycle[J]. *The Journal of Fixed Income*, 2000, 9(4): 8—18.

[31] Breger L, Goldberg L, Cheyette O. Market Implied Ratings[J]. *BARRA*, 2003(4): 1—15.

[32] Cantor R, Packer F. Determinants and Impact of Sovereign Credit Ratings[J]. *Journal of Fixed Income*, 1996, 6(10): 37—53.

[33] Cantor, Richard Martin, Mann Christopher. Measuring the Performance of Corporate Bond Ratings[z]. *Special Comment*, 2003.

[34] Cornaggia J, Cornaggia K R. Does the Bond Market Want Informative Credit Ratings? [J]. *Social Science Electronic Publishing*, 2011: 1—74.

[35] Fisher L. Determinants of Risk Premiums on Corporate Bonds[J]. *Journal of Political Economy*, 1959, 67(3): 217—237.

[36] Fan Yu. Accounting Transparency and the Term Structure of Credit Spreads[J]. *Journal of Financial Economics*, 2005, 75(1): 53—84.

[37] Harris T. Credit Scoring Using the Clustered Support Vector Machine[M]. *London: Pergamon Press*, Inc. 2015.

[38] Ike Mathur, Manohar Singh, Ali Nejadmalayeri, Pornsit Jiraporn. How Do Bond Investors Perceive Dividend Payouts? [J]. *Research in International Business and Finance*, 2003, (27): 92—105.

[39] Jones S, Hensher D A. Predicting Firm Financial Distress: A Mixed Logit Model[J]. *Accounting Review*, 2004, 79(4): 1001—1038.

[40] King D, Khang K. On the Cross-sectional and Time-series Relation between Firm Characteristics and Corporate Bond Yield Spreads[R]. *Working Paper: University of Wiscosin-Mulwaukee*, 2002.

[41] Kou J, Varotto S. Timeliness of Spread Implied Ratings[J]. *European Financial Management*, 2010, 14(3): 503—527.

[42] Laitinen E K. Predicting a Corporate Credit Analyst's Risk Estimate by Logistic and Linear Models[J]. *International Review of Financial Analysis*, 2004, 8(99): 97—121.

[43] Lffler G. The Complementary Nature of Ratings and Market-Based Measures of Default Risk[J]. *The Journal of Fixed Income*, 2007, 17(1): 38—47.

[44] Merton R C. Theory of Rational Option Pricing[J]. *The Journal of Finance*, 1974, 29(2): 449—470.

[45] Moody. Measuring The Performance Of Corporate Bond Ratings[Z]. 2003.

[46] Moody. Measuring Corporate Default Rates[Z]. 2006.

[47] Moody. Testing The Cross-Sectional Power Of The Credit Transition Model[Z]. 2008.

[48] Odom M D, Sharda R. A Neural Network for Bankruptcy Prediction[Z]. *Neural Network in Finance and Investing: Using Artificial Intelligence to Improve Real-World Performance*, 1993.

[49] Ohlson J A. Financial Ratios and the Probabilistic Prediction of Bankruptcy[J]. *Journal of Accounting Research*, 1980, 18(1): 109—131.

[50] Partnoy F. The Paradox of Credit Ratings[D]. *University of San Diego School of Law*, 2001.

[51] Poon W P H. Are Market Implied Ratings Viable Alternatives to Credit Ratings? [Z]. *fma. org*, 2016.

[52] Shannon C E. A Mathematical Theory of Communication[Z]. *Bell System Technical Journal*, 1948.

[53] Shannon C E, Weaver W. The Mathematical Theory of Communication[Z]. *Univ of Illinois Press*, 1949.

(本文获"IAMAC2019—2020年度系列研究课题"优秀奖)

非金融周期性行业债券违约预警系统在保险资产管理机构的应用

远东资信评估有限公司

朱 杰　陈心洁　马默坤　简奖平

简尚波　王 博　徐 骥

摘要

中国为全球第二大保险市场，保险资金的运用成为保险公司盈利的重要来源，与国际保险公司相比，中国保险公司对债券的投资占比较低，未来仍有较大提升空间。周期性行业债券在信用债中占比较大，在经济下行周期中周期性行业债券的系统性违约风险逐渐上升，保险资产管理机构投资债券时承受的风险也会相应增大。然而，历史文献对于非金融周期性行业债券违约预警方面的研究较少。本课题分析了自2014年第一支信用债违约以来导致周期性行业债券违约的定性因素和定量因素，并梳理出8个定性指标和20个定量指标作为备选指标。本课题首先针对每个周期性行业的备选指标进行档位划分和阈值确定，以消除行业间差异，再通过专家评分法和定量指标映射法得到每个备选指标的得分。最后，用Logistic回归建模对定性和定量指标进行分析，找出影响发债主体违约概率的敏感指标，并经过不断调试得出预警型评价体系。经测试，本课题得出的预警型评价体系对违约样本和正常样本的预测准确度高达88.24%和94.12%，预测准确度和区分度明显优于仅考虑定性或定量指标的情形，基于这种差异化的研究成果建立的违约预警系统可为保险资产管理机构投资非金融周期性行业企业债券提供有价值的参考。

关键词

周期性行业　违约预警　Logistic 回归

第一章　课题研究背景和意义

第一节　研　究　背　景

中国是全球第二大债券市场、第二大信用债市场,且债券市场规模仍在快速增长。中国金融市场对外开放加速,各类债券被纳入国际指数。中国债券市场具有收益率高、风险相对较低的特征,对投资者吸引力增加。随着中国债券市场化程度提升,"刚兑"逐步打破,债券违约不可避免。本课题将从行业特征入手,分析非金融周期性行业企业债券违约的原因和影响因素,采用定性和定量相结合的方式,分行业进行档位划分,使得行业间信用风险具有可比性,通过专家评分法和指标映射法得到不同行业样本的指标得分,并在此基础上建立违约量化模型,来预警周期性行业债券违约风险。

一、非金融周期性行业企业债券违约情况概览

2005 年短期融资券的发行成为中国债券市场化运作的里程碑,之后,债券市场获得快速发展。但 2014 年之前,中国市场未出现过债券违约事件。2014 年随着"超日债"违约,中国信用债市场违约拉开序幕。由于全球经济增速放缓以及中国"三期叠加"等因素,中国债券市场债券违约明显增加。

本课题研究小组认为,当前中国经济增长仍存在较大下行压力,非金融周期性行业企业债券的信用风险依然不小。非金融周期性行业是指运行状态和宏观经济波动相关性较强的非金融行业,产业链传导效应使得大多数非金融行业均具有周期性,但产品价格、销量或成本波动较大的行业,通常具有较强的周期性,其波动幅度强于国民经济周期性波动。

本课题梳理了自 2014 年以来的违约债券情况后发现,2014 年至 2019 年 1—9

月,中国违约债券金额总体呈现明显增长趋势。其中,2018年中国违约债券余额增速大幅增加,2019年1—9月违约债券余额亦维持高位,截至2019年9月末,累计142个发行人发行的440只债券发生违约,债券余额为3 095.81亿元,规模较大;但从比率来看,债券违约率[违约的信用债/(信用债－银行同业存单)]尚处于0.54%的较低水平。

从违约债券行业结构看,历年来周期性行业企业违约债券余额均较大,截至2019年9月末,周期性行业企业违约债券余额(2014年至2019年9月末所有未兑付的违约债券)达2 568.43亿元,占违约债券余额比达82.96%,占比较高,违约率为0.55%,略高于债券市场平均水平(见表1-1)。

表1-1　　　　2015年以来非金融周期性行业企业新增违约情况　　　　(单位:亿元)

年份	当年新增违约金额	当年新增违约率	非金融周期性行业企业当年新增违约金额	非金融周期性行业企业当年新增违约率	其中:国有企业当年新增违约金额	国有企业当年新增违约率	其中:民营企业当年新增违约金额	民营企业当年新增违约率
2014	13.40	0.04%	12.60	0.05%	0.00	0.00%	12.60	0.26%
2015	141.70	0.15%	118.00	0.13%	66.10	0.07%	57.20	0.06%
2016	317.27	0.41%	313.27	0.52%	180.70	0.45%	118.57	1.14%
2017	305.71	0.29%	279.82	0.34%	50.70	0.09%	217.12	1.27%
2018	1 285.09	0.88%	980.96	0.83%	113.50	0.15%	847.46	3.35%
2019.1-9	1 032.64	0.54%	863.78	0.55%	133.04	0.13%	661.04	1.90%
合计	3 095.81	—	2 568.43	—	544.04	—	1 913.99	—

注:数据统计不包括银行同业存单。
资料来源:Wind资讯,课题研究小组整理。

分行业来看,贸易、综合、建筑装饰、采掘和化工行业周期性强,行业竞争充分,产品同质性较强,受经济和政策影响大,2019年9月末上述行业企业违约债券余额(2014年至2019年9月末所有未兑付的违约债券)依次位居前五,合计为1 506.94亿元,占周期性违约债券余额的72.03%。从企业性质来看,民营企业受到的外部支持力度相对较小,经营管理规范性较弱,违约率较高,2019年1—9月非金融周期性行业民营企业新增违约率为1.9%,明显高于平均水平,而国有企业新增违约率较低,仅为0.13%。

二、国内外保险市场现状与资金运用差异分析

(一) 中国保险市场分析

保险行业是社会保障体系的重要组成部分,可保障国民经济正常运行和居民财产安全。随着中国企业和居民保险意识的提升、可支配收入的增加、保险产品创新,近年来保险行业收入逐年增长,2018年为38 016.62亿元,近5年复合增长率为17.16%,2019年1—9月保险公司保费收入同比增长12.5%至34 520亿元。中国已成为全球第二大保险市场。

大型保险公司具有品牌和资金优势,竞争力较强,且随着中国金融市场的对外开放,外资保险公司亦进入中国保险市场,行业内竞争进一步加剧。保险公司通过降低承保费用争取市场份额,部分中小保险公司甚至出现经营亏损。保险公司开始资产驱动负债的经营模式,保险资金的运用成为保险公司盈利重要来源。2018年末保险公司资金运用余额为164 088.38亿元,近四年复合增长率为15.15%,略慢于营业收入增速。截至2019年9月末,保险公司资金运用余额为177 772亿元,同比增长11.99%。

保险资金运用配置资产包括银行存款、债券投资、股票和基金投资、不动产类投资、股指期货衍生品投资等。2019年9月末银行存款、债券、股票和证券投资基金占资金运用余额比例分别为14.18%、34.55%和12.59%。保险资金对银行存款和债券的投资比重接近一半,体现较低的风险偏好。债券类投资中,国债、地方政府债、高等级信用债为重要的投资标的。2018年受到权益市场下滑影响,保险投资收益率下降1.47个百分点至4.3%(见图1-1)。

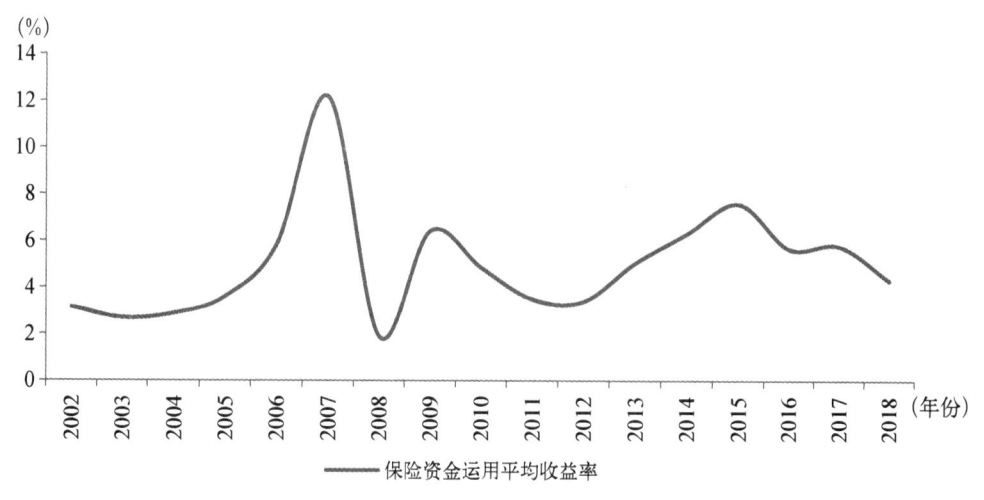

资料来源:Wind资讯,中国银保监会。

图1-1 2002年以来保险资金运用平均收益率

（二）发达国家保险市场分析

美国、英国、日本为全球较大的保险市场。其中，美国为全球最大的保险市场，保险市场深度和密度均位居全球首位。美国保险业实行混业经营，呈现垄断竞争格局，头部企业优势明显，各类创新活动亦较为活跃。美国保险业实行州与联邦政府双重监管，核心监管内容为偿付能力监管。在资金运用中，美国保险公司主要投资收益率相对较高的公司债券和股票类证券。其中，大型保险公司较多使用衍生金融工具，寿险偏好债券和利率衍生品种，财险偏好股票（指）衍生品种合约。

日本保险业经历了由政府扶持向保险自由化和金融改革转变的过程，在此过程中提高了保险市场的竞争力，并促进银行、证券和保险行业的混业经营，银行与保险公司相互持股较为普遍。日本人寿保险公司和财产保险公司可在伤害、疾病、看护三个领域相互渗透经营业务。受到老龄化、人口出生率低和通货紧缩等因素影响，日本保险业通过创新产品、扩大销售渠道拓展市场。日本保险公司注重保险资金运用结构和效率，有价证券占比很高，贷款位居第二，但仍远落后于有价证券。

（三）国内外保险资金运用差异分析

从保险资金运用结构来看，保险资金期限较长，且资金来源较为稳定，而债券具有收益稳定和安全性高的特点，与保险资金要求契合，是国外保险公司投资占比最大的资产，而中国保险公司对于债券配置比例相对较低。同时，与国际保险公司相比，中国保险公司投资股票和基金比例亦较低。

除了对高风险资产的投资比例，国外保险机构对资金运用几乎没有限制。中国保险行业发展尚不成熟，且正在推行金融行业对外开放，银保监会对保险行业监管严格，监管内容包括资产负债匹配管理、偿付能力监管、保险资金投资监管、保险中介渠道管理等。

中国保险资金运用渠道相对较窄，可投资品种亦相对较少，同时，中国保险公司资产负债期限不匹配，存在"长债短投""短债长投"的现象。中国金融市场的不完善以及保险资金运用结构的不合理制约了保险资金使用的效率、安全性和稳定性。国外保险资金投资种类和投资地域范围较广，例如，由于负利率影响，日本、英国保险公司较为重视海外投资。

债券投资是保险投资管理机构重要的投资组合标的，占比达到1/3左右，在大类资产投资组合策略中占有重要地位。保险投资管理机构对投资债券违约率有明确的限制目标。为了保持投资组合的营利性、稳健性，投资标的需要具有风险分散性和相对较高的风险补偿收益，且需根据宏观经济、政策、监管等变化进行动态调整。

现阶段，中国固定收益类产品信用等级偏高，区分度较弱，对债券违约预警程度较低。本课题以非金融周期性行业违约债券为样本,根据周期性行业特征和债券违约原因选取指标建立违约预警体系,运用该体系可得出确切的预测违约概率,从而提高企业信用风险识别区分度。

第二节 国内外研究成果综述

一、国际违约量化模型研究

国际债券市场发展较为成熟,开展债券违约研究时间较长,违约研究亦多通过实证方式探索与债券违约有关的各种因素。较为广泛使用的违约量化模型包括期权定价理论、泊松分布理论、关键财务指标为基础的违约概率测算模型。

新兴的信用风险度量方法包括J. P.摩根的信用计量模型(Credit Metrics)方法、KMV方法和信用风险+(Credit Risk+)方法。其中,1993年由KMV公司开发的模型使用期权定价模型确定实际违约率,该模型将公司负债看作看涨期权的执行价格,比较资产价值和执行价格孰高来判断违约可能性,使用的指标包括上市公司长期负债、短期负债、资产总额等财务指标和股价及其波动。与信用计量模型方法相比,KMV模型使用了更多的市场信息,可更好地预测未来。但该模型需要满足B-S模型的假设条件,且仅适用于上市公司,且没有考虑或有债务及债务的担保和抵押情况,对违约点设置不精确。

信用风险+方法由瑞士信贷金融产品公司(CSFB)于1993年开发,使用泊松分布理论测算违约概率,该理论假设违约是随机的,只考虑违约和不违约两种状态。债务人违约损失的影响因素包括信用风险管理、经济资本配置、积极的组合管理。首先,信用风险管理考虑因素包括违约可能性和违约损失严重程度。之后,可根据损失分布情况,确定在一定置信水平下非预期违约损失,配置经济资本。最后,根据限额设置进行投资组合管理。该模型对违约记录数据依赖较大,忽略了在计算期内发行人信用质量变化、市场利率变化、期权和外汇掉期等信用衍生品的应用。

穆迪公司的风险计算(RiskCalc)模型使用概率回归模型(Probability Unit)测算违约概率,适用于非上市公司,解释变量为企业财务指标,采取逐步回归法选择对违约影响力大的财务指标,最终选择指标为总资产/CPI、存货/产品销售成本、总负债/总资产、总利润增长率、净利润/总资产、速动比率、盈余公积/总资产、销售增长率、现金/总资产、债务偿还保障比率。该模型没有考虑企业非财务因素、宏观经济和外部支持的影响,亦没有对不同行业进行差异处理。此外,穆迪公司还开发了适用于上市公司的信用监控模型(Credit Monitor)和信用优势模型(Credit Edge),用于债项评级的 LossCalc 模型。上述模型具有较好的违约区分度,被国际银行作为内部评级模型广泛使用。但上述模型变量以财务指标为主,对影响企业运营的定性指标关注度较低,且仅能判断被评对象历史信用风险,无法对企业违约做出预警。

此外,Geng 和 Pan(2019)使用莫顿违约模型研究中国债券市场中公开发行的公司债价格合理性,最终得出结论,与美国市场相比,信用利差对中国市场价格发现相对有限。此外,由于政府支持力度不同,国有企业和非国有企业信用利差分化,而企业基本面对其影响相对较小。

Li 和 Chen(2019)以 1992 年至 2013 年美国历史违约数据为样本,使用标准二项方法(binomial correlation approach)度量违约相关性。论证结果显示,违约相关性随着时间增加而增大,信用质量较差、规模较小、流动性差、具有较高贝塔值的企业展现出较高的违约相关性。

二、国内违约量化模型研究

国内违约量化模型研究起步相对较晚,且多以学习国外经验为主。国内亦多使用实证研究方法研究违约预警模型,但部分学者和机构的研究仅涉及定量财务指标与违约之间的联系,而未考虑重要的定性因素,如公司治理、或有负债、融资渠道等,且较多模型假设条件与现实情况不符,使得模型准确性和可预测性较低。部分学者和机构的研究探讨债券违约原因,并结合定性与定量的研究方法建立的违约预警模型,判断发债主体违约风险的大小,但没有考虑因行业特征不同,财务指标存在较大差异,使得模型的使用范围受限。

卢伟(2017)选取了 2014—2016 年 10 月中国债券市场(不包括利率债、金融债、城投债、融资平台)中"两高一剩"产能过剩行业、其他强周期性行业、在经济转型大背景下失去竞争力的处于产业生命周期不景气阶段的行业以及曾出现违约的行业,通过设定指标构建偿债能力加权平均综合指数,建立定量分析框架;同时,考虑政府救助意愿、债券评级机构评级信息、担保信息、债转股政策等定性分析因素,运用该模型评出违约风险较高的发债主体。

潘泽清(2018)选取了 2016—2017 年发生债务违约的 19 家发债主体,样本来自 15 个行业,使用 Logistic 回归模型拟合,得出销售净利率、总资产增长率、资产负债率、流动负债比率与企业债务违约概率有较大关联。

夏昱(2019)认为,上市公司债券违约原因包括盈余操纵行为、债券期限及企业流动性、企业债务结构不合理、公司治理缺陷、宏观经济状况、行业环境和融资管理监管不到位。

蒋书彬(2016)以 2014—2016 年 5 月 23 日期间 22 家具备有效信息的违约企业债券和 44 家非违约企业债券为样本,选取盈利能力、偿债能力、营运能力、成长能力和现金流量 5 类大指标 32 个财务指标,使用评定模型(Logit model)进行拟合,最后选取总资产净利率、营业利润率与营业总收入比、资产负债率、非筹资性现金净流量与负债总额比率、已获利息倍数、应收账款周转率 6 个指标,得出不同行业的指标均值和标准差,并据此参考设定筛选违约债券的阈值。但该文献仅提供了违约债券筛选思路,并未形成最终违约预测模型。

付世豪(2019)以 2017 年上海证券交易所 76 家 ST 企业(违约样本)和 76 家非 ST 企业为样本,选取流动性、杠杆比率、盈利能力、活动比率 4 大类 16 个指标,分别使用单变量和多变量评定模型对其进行回归,统计结果显示,评定模型预测企业违约率的精确度约为 70%。

曹勇等(2016)选择 2011 年中国债券市场公开发行的 100 只债券,从机械设备业、建筑业、金属及非金属业、运输仓储业、批发零售业各选 20 只债券样本。模型解释变量初步由盈利能力、流动性、资本结构、营运能力、成长性、规模 6 类 21 个指标构成;同时,根据债券信用利差计算市场隐含的违约概率,并以此为基础计算概率分位点变换,将其作为被解释变量。之后,通过 Logistic 拟合,分行业分别选取关键指标和建立违约模型,显著提高违约概率预测的精确度。

从现有研究文献来看,尚未有一个通用性较强的违约预警模型能够同时涵盖所有非金融周期性行业,所研究的模型数据亦多为特定时期,没有考虑模型本身穿越经济周期和金融周期的适应性,亦无法进行动态更新,较难满足保险投资管理机构的现实投资需求。

第二章 周期性行业定义和债券违约原因分析

第一节 非金融周期性行业定义

周期性行业是指运行状态和宏观经济波动相关性较强的行业,且波动幅度通常强

于国民经济周期性波动,在经济处于上升时会紧随其扩张,在经济衰退时也会相应衰弱,且波动幅度通常强于国民经济周期性波动。

由于金融行业和非金融行业信用风险研究框架差异较大,本课题仅研究非金融周期性行业债券信用风险。业内对于非金融周期性行业没有统一界定,本课题研究小组在参考申万行业分类的基础上,运用专家评估法,将采掘、化工、钢铁、有色金属、建筑材料、建筑装饰、电气设备、机械设备、国防军工、汽车、家用电器、轻工制造、商业贸易(注:本文仅指其中的二级行业贸易)、电子、计算机、通信、公用事业(注:本文仅指其中的二级行业环保工程及服务)、房地产、综合业定义为非金融周期性行业。如不是特别指明,下文中的"周期性行业"即特指"非金融周期性行业"。

通常情况下,大部分周期性行业为重资产行业,在经济上行周期,需求较好、产品价格上涨导致产能超前建设。在经济下行周期,需求萎缩和较大规模的新增产能导致产能过剩较为严重,激烈的行业竞争使得行业盈利能力下降。持续较大规模的资本支出和流动资金需求导致企业资金链较为紧张,信用风险上升,违约风险增加。在全球经济增长乏力、中美贸易摩擦面临不确定性、中国经济增长下行压力较大的背景下,周期性行业系统性违约风险可能会偏高。

第二节 周期性行业债券违约原因分析

本节主要对周期性行业债券违约原因进行分析,归纳总结出可能导致违约的定性原因和定量因素,并在此基础上得到违约预警量化模型的定性和定量的可能备选指标。

一、定性原因

首先,周期性行业与经济波动相关性较强,对于风险收益不对称的信用债而言,经济周期是企业发生信用风险中至关重要的因素。观察多年违约企业样本发现,信用违约事件在发生时点上具有聚集性,与经济周期密切相关。例如,过去几年信用风险高发时期,都处在经济下行、行业景气度下行时段。2014年至2015年新增违约债券多为新能源行业,与行业前期投资较大而后期出口需求大幅下滑导致产品价格下跌有关;2015年底至2016年,经济下行,产能过剩行业如煤炭、钢铁等亏损严重,造成了大量违约事件。

其次,金融周期对企业信用的影响举足轻重。2018年信用风险高发,与以往几轮违约爆发不同,此次违约更多的受"金融去杠杆"背景下带来的信用收缩的影响。例如2018年金融机构风险偏好下降,债券到期集中导致企业信用风险加大。

再次,在信用收缩、经济下行的环境下,周期性行业企业面临更多的行业风险。第一,筹资环境收紧,内部现金流不佳或波动较大的行业企业信用风险加大。例如基础建设行业,由于施工垫资严重,现金流普遍不佳,尤其是一些PPP项目承接较为激进的公司;贸易行业由于存货和经营性应收账款等科目占用资金较大,企业现金流普遍表现不佳。第二,目前本轮金融监管中,城投和房地产行业再融资渠道收紧明显,尽管还未出现相关重大违约事件,但行业信用风险或将明显上升。第三,传统产能过剩行业,如煤炭、钢铁行业,在供给侧改革的背景下盈利能力普遍改善,但行业内部分化较大,企业在行业内的市场地位、是否具备核心竞争优势等因素都决定了企业是否是真正的受益者。

此外,企业管理也是非常关键的影响指标。第一,企业融资渠道的可获得性、畅通性和稳定性对企业的信用风险影响较大,例如民营企业融资渠道相对受限,违约风险增加。第二,公司治理和内控,也极大地影响了企业的信用风险。稳定的核心管理团队和规范的内控制度有助于保证公司发展战略和经营思路的稳定连贯性。第三,企业运营也会影响企业信用,主要包括市场地位、市场份额、多元化等因素。

最后,在做定量财务分析之前,需要关注企业财务报表等信息质量。例如年报审计意见、审计事务所是否频繁更换等,审计事务所的非正常更换可能是财务质量不佳甚至是信用资质恶化的重要信号。

二、定量因素

首先,现金流的充足程度和稳定性是企业偿债能力的根本保障。第一,企业内部现金流的来源状况是首要的关注因素。(1)内部相对可持续的现金流来源分析,需要深入探讨企业的主营业务的商业模式,例如企业营运能力、经营性现金流指标等;(2)内部不可持续的现金流来源分析,应从流动性、资产质量等入手,重点筛查企业可变卖的资产、被质押的资产等。例如,上市公司大比例的股权、房产质押,股东流动性紧张时,企业违约风险提升。第二,企业外部现金流来源和流出因素也需重点分析。(1)对于外部融资性现金流因素,需要分析企业的再融资能力,如银行授信额度、发行新债、扩股引进新股东等。(2)或有的外部现金流来源主要包括外部支持(政府支持、股东支持)等。(3)或有的对外现金流出因素,关注包括对外担保等隐性债务、可能被

政府部门处罚的罚金等。

其次,企业盈利是现金流的基础,其规模和构成也对企业偿债能力产生影响,如净资产收益率、EBITDA 利润率等。但是,盈利能力强不代表现金流情况一定好,例如一些企业盈利稳定,但应收账款和存货等科目占用资金导致现金流不佳。对于关联方的其他应收款占用现金流,以及一些大额的投资造成自由现金流缺口较大等。因此,企业最终的偿债能力分析,还需落脚到经营性、投资性和筹资性现金流层面。

最后,现金流与债务的期限结构是否匹配,也影响了企业的信用风险。债务在短期内较为集中或者偿债高峰来临,但企业流动性无法充足覆盖,会更容易发生违约事件。需要重点关注短期债务占总债务比重、经营性现金流净额与债务到期的匹配程度、自由现金流净额加最大再融资能力与债务到期的匹配程度等指标。

总之,以上是企业产生信用风险的定性原因和定量因素分析,在实际建立违约预警量化模型时,还应结合具体情况进行定性和定量指标的筛选。

第三章 定性和定量指标选取与赋分

第一节 备选指标选取

违约预警量化模型中的指标分为定性指标和定量指标,定性指标主要包括企业运营与管理方面难以量化的指标,定量指标主要包括通过企业财务信息或二级市场交易数据能计算得到的指标。通过对近年来债券违约的原因进行分析和梳理,并对国内外评级机构已公布的评级方法与模型进行大量研究,本课题研究小组提炼出以下与债券违约相关性较大的定性和定量备选指标。

一、定性备选指标选取

初步确定的 9 个定性指标包括:市场地位、多元化、产业链控制力、融资渠道、公司治理与法律、监管风险、会计信息质量、股东背景和外部支持、或有负债。

市场地位可从市场占有率、所在行业排名、品牌影响力、企业规模等角度衡量;多元化可从产品多元化(产品结构、产能结构、相关产业链布局、产品生态)、业务多元化(销售渠道、细分市场)、地域多元化(生产基地分布、销售范围、原材料分布)等角度衡量;产业链控制力主要关注上下游产业链完整程度、供应链整合能力、技术实力和创新水平等角度;融资渠道可从融资渠道多元化、融资渠道畅通性、融资成本、银行授信额度、与金融机构合作关系稳定性、受限资产占比等角度衡量;公司治理与法律、监管风险可从公司内部治理结构是否完善、内控制度是否健全的角度衡量,尤其要关注近期是否有高管密集离职、股权频繁转让等情况,还要考虑公司是否涉及法律纠纷、潜在诉讼、被监管处罚、合同条款触发负面结果[如交叉违约(母子公司)、债券加速到期并违约]等法律、监管风险;会计信息质量主要关注年报审计意见、最近几年是否频繁更换事务所、信息披露是否规范等情况;股东背景和外部支持可从股东(国有资本、民营资本、政府)持股比例、大股东和各级政府的支持力度(实际、潜在)等角度衡量;或有负债可用担保比例(历史担保余额/净资产)来衡量。

二、定量备选指标选取

初步确定的定量指标共有20个,涉及企业规模、负债水平和债务结构、营运能力、盈利能力、偿债能力、现金流6个方面,如表3-1所示。

表3-1　　　　　　　　　　　　定量指标列表

序号	定量指标名称	类型	序号	定量指标名称	类型
1	总资产	企业规模	12	EBITDA利润率	盈利能力
2	营业总收入		13	毛利率	
3	资产负债率	负债水平和债务结构	14	EBITDA利息保障倍数	偿债能力
4	总债务资本化比率		15	EBITDA/短期债务	
5	总债务/EBITDA		16	流动比率	
6	短期债务/总债务		17	现金收入比	现金流
7	总资产周转率	营运能力	18	自由现金流动负债比	
8	应收账款周转率		19	经营现金流动负债比	
9	存货周转率		20	经营性现金流净额/短期债务	
10	净资产收益率	盈利能力			
11	总资产收益率				

资料来源:课题研究小组整理。

定量指标计算公式具体见表 3-2。

表 3-2　　　　　　　　　　　　　　定量指标计算公式

序号	定量指标计算公式
1	资产负债率＝负债总额/资产总额 〔对于房地产行业,使用调整后的资产负债率,即资产负债率＝(负债总额－预收账款)/(资产总额－预收账款×营业成本/营业收入)〕
2	总债务资本化比率＝总债务/〔总债务＋所有者权益(包括少数股东权益)〕
3	总债务＝短期债务＋长期债务,短期债务＝短期借款＋交易性金融负债＋应付票据＋一年内到期的非流动负债＋其他短期有息债务
4	长期债务＝长期借款＋应付债券＋其他长期有息债务
5	EBITDA＝利润总额＋计入财务费用的利息支出＋固定资产折旧、油气资产折耗、生产性生物资产折旧＋无形资产摊销＋长期待摊费用摊销
6	总资产周转率＝营业收入×2/(期初资产总额＋期末资产总额)
7	应收款项周转率＝营业收入×2/(期初应收票据及应收账款余额＋期末应收票据及应收账款余额)
8	存货周转率＝营业成本×2/(期初存货余额＋期末存货余额)
9	净资产收益率＝净利润×2/(期初净资产余额＋期末净资产余额)
10	总资产收益率＝EBIT×2/(期初资产总额＋期末资产总额)
11	EBITDA 利润率＝EBITDA/营业总收入
12	毛利率＝(营业收入－营业成本)/营业收入
13	EBITDA 利息保障倍数＝EBITDA/(计入财务费用下的利息费用＋资本化利息支出)
14	流动比率＝流动资产/流动负债 调整过的房地产企业流动比率＝(流动资产－预收账款×主营业务成本/主营业务收入)/(流动负债－预收账款)
15	现金收入比＝销售商品、提供劳务收到的现金/营业收入
16	自由现金流动负债比＝自由现金流/流动负债,其中自由现金流＝息税前利润(1－所得税率)＋折旧与摊销－营运资金增加－购建固定无形和长期资产支付的现金
17	息税前利润＝(营业总收入－营业税金及附加)－(营业成本＋利息支出＋手续费及佣金支出＋销售费用＋管理费用＋坏账损失＋存货跌价损失)
18	所得税率＝所得税/利润总额
19	营运资金增加＝期末营运资金－期初营运资金

续表

序号	定量指标计算公式
20	营运资金=(流动资产-货币资金)-(流动负债-短期借款-应付短期债券--年内到期的长期借款--年内到期的应付债券)
21	经营现金流动负债比=经营活动现金流量净额/流动负债 调整过的房地产企业经营现金流动负债比=经营活动现金流量净额/(流动负债-预收账款)

资料来源：课题研究小组整理。

值得注意的是，房地产行业企业相关定量指标计算公式与其他周期性行业企业存在不同。以资产负债率为例，选择调整的房地产行业企业资产负债率作为房地产行业企业负债水平的反映，原因如下：(1)房地产企业预收账款无须现金资产来偿还，因此在分子中，需要从负债总额中扣除预收账款金额；(2)存货科目中，留存有未确认的收入，即预收账款对应的房产已经收到房款但收入并未确认，形成了资产的重复计量，并且由于交付房产为合同义务，该部分重复计量的存货资产不能作为房地产行业企业偿债能力的保障，因此，分母中需要扣除该重复计算的资产。然而，预收账款与预收账款对应的存货比，近似于营业收入与营业成本的比，在计算该部分重复计量的存货资产的账目成本时可以用该公式近似估计。因为一般来说，房地产行业企业的存货入账均由其历史成本计量，而预收账款则来自销售所得，预收账款的成本部分即为对应的重复计算的存货资产，销售存货带来的毛利润是两者之差，而毛利润也可由房地产企业的营业收入与营业成本之差计量。但房地产企业会延时确认营业收入，因而房地产企业的当期确认的毛利润实际是在上一期已实现的销售，房地产企业本期的毛利润变动会影响到该部分重复计量的存货资产的计算。

类似的，对于房地产行业企业的其他指标，如流动比率、经营现金流动负债比等都按照该思路进行调整，其中调整过的房地产企业流动比率=(流动资产-预收账款×主营业务成本/主营业务收入)/(流动负债-预收账款)，调整过的房地产企业经营现金流动负债比=经营活动现金流量净额/(流动负债-预收账款)。值得注意的是，房地产企业除货币资金和应收账款之外，其他主要流动资产科目变现速度较慢。存货中在建或待建的房地产项目较多，以及其他应收款中往来款项以及保证金占比较大，回收时间较长，变现能力与存货基本一致，因而流动比例更多的体现房地产行业企业中长期的偿债能力。在经营活动现金流量净额计算中，由于建安费用等现金流出在短期

内可能难以避免，指标调整过的企业经营现金流动负债比大致衡量一定阶段内的企业偿债能力。

第二节 备选指标档位和阈值确定

确定好定性和定量备选指标后，我们按照信用风险从低到高分为7档给指标赋分，其中1分代表风险极低；2分代表风险很低；3分代表风险较低；4分代表风险程度一般；5分代表风险较高；6分代表风险很高；7分代表风险极高。

考虑到同一指标在不同周期性行业之间是不可比的，针对本课题所涉及的19个周期性行业，本课题对每个行业单独进行定性和定量指标档位划分，包括定性指标档位描述和定量指标阈值确定，并在此基础上进行赋分以消除行业间差异。

一、定性备选指标档位划分

定性指标档位划分和描述主要以国内外信用评级行业的评级技术逻辑为参考，并结合本课题研究小组成员对不同行业信用风险的理解，基于各行业发债企业全样本，对采掘、化工、钢铁、有色金属、建筑材料、建筑装饰、电气设备、机械设备、国防军工、汽车、家用电器、轻工制造、商业贸易-贸易、电子、计算机、通信、公用事业-环保工程及服务、房地产、综合业这19个周期性行业分别进行了定性指标档位划分。

由于篇幅限制，仅在此展示房地产行业和有色金属行业的定性指标评分表，见表3-3和表3-4。

对比房地产行业样本企业与有色金属样本企业定性指标档位划分的标准，可以看出，市场地位指标评分中，除市场份额因素外，房地产行业企业更多关注其签约销售与土地储备规模，有色金属行业企业的行业进入壁垒是影响打分结果的重要因素；多元化指标评分中，房地产行业更多关注项目周边配套和土地储备所属城市，有色金属行业的矿山和矿权数量直接影响了企业多元化业务。

一般来说，不同行业在市场地位、多元化和产业链控制力这三个指标上的档位描述差别较大，定性赋分时需要考虑每个行业的特有属性，同行业内的标准应该是统一的。这样在同行业内对指标赋分就相当于对指标进行了标准化，之后就可将指标纳入违约预警量化模型中统一考量。除这3个指标外，剩下4个定性指标档位描述逻辑较为一致，但赋分时也要考虑该行业的实际情况。

非金融周期性行业债券违约预警系统在保险资产管理机构的应用

表3-3 房地产行业定性指标评分

指标名称	1（风险极低）	2（风险很低）	3（风险较低）	4（风险一般）	5（风险较高）	6（风险很高）	7（风险极高）
市场地位	在行业内市场份额极高，签约销售与土地储备规模极大，区域规模市场前景极好	在行业内市场份额很高，签约销售与土地储备规模很大，区域市场前景很好	在行业内市场份额较高，签约销售与土地储备规模较大，区域市场前景较好	在行业内市场份额一般，签约销售与土地储备规模一般，区域市场前景一般	在行业内市场份额较低，签约销售与土地储备规模较小，区域市场前景较差	在行业内市场份额很低，签约销售与土地储备规模很小，区域市场前景很差	在行业内市场份额极低，签约销售与土地储备规模极小，区域市场前景极差
多元化	全国化布局，签约销售与土地储备以一二线城市为主，项目周边配套完善，包括住宅、商业、写字楼3种及以上业态	全国化布局，签约销售与土地储备在一二线和三四线城市布局相对均衡，项目周边配套很完善，包括住宅、商业、写字楼中的2种业态	全国化布局，签约销售与土地储备以三四线城市为主，项目周边配套较完善，包括住宅、商业、写字楼中的2种业态	重点区域布局，签约销售与土地储备以一二线城市为主，项目周边配套完善程度一般，以住宅、商业等单一业态为主	重点区域布局，签约销售与土地储备以三四线城市为主，项目周边配套完善程度较差，以住宅或商业等单一业态为主	个别城市布局，签约销售与土地储备集中在1-2个一二线城市，项目周边配套完善程度很差，以住宅或商业等单一业态为主	个别城市布局，签约销售与土地储备集中在1-2个三四线城市，项目周边配套完善程度极差，以住宅或商业等单一业态为主
产业链控制力	产业链控制力极强，产品标准化程度极高	产业链控制力很强，产品标准化程度很高	产业链控制力较强，产品标准化程度较高	产业链控制力一般，产品标准化程度一般	产业链控制力较弱，产品标准化程度较低	产业链控制力很弱，产品标准化程度很低	产业链控制力极弱，产品标准化程度极低
融资渠道	融资渠道多元化、融资畅通、融资成本极低、多家银行给予的授信总额度极高	融资渠道较多元化，融资成本较低，多家银行给予的授信总额度很高	融资渠道以银行借款和股东资金支持为主，融资成本适中，多家银行机构给予的授信额度较高	融资渠道集中于银行借款，银行机构给予的授信额度一般	融资渠道单一，仅有少数银行机构给予授信支持，融资成本较高	融资渠道单一，银行机构未给予授信支持，融资成本很高	融资较为困难，基本无融资渠道

479

续表

指标名称	1（风险极低）	2（风险很低）	3（风险较低）	4（风险一般）	5（风险较高）	6（风险很高）	7（风险极高）
公司治理与法律、监管风险	公司内部治理结构完善程度较高，内控制度健全，法律、监管风险极低	内部治理结构完善，内控制度健全，法律、监管风险很低	治理结构较为完善，内控制度较为健全，法律、监管风险较低	公司治理结构及内控制度有待进一步健全，法律、监管风险一般	公司治理结构及内控制度设置不够健全，法律、监管风险较高	公司治理结构及内控制度设置存在一定缺陷，法律、监管风险很高	公司治理结构存在显著缺陷，内控制度缺失，法律、监管风险极高
会计信息质量	年报审计意见为标准的无保留意见，最近5年未更换事务所，信息披露极规范	年报审计意见为标准的无保留意见，最近3年未更换事务所，信息披露很规范	年报审计意见为带强调事项段的无保留意见，最近3年未更换事务所，信息披露较规范	年报审计意见为带强调事项段调意见，最近3年内更换1次事务所，信息披露规范程度一般	年报审计意见为保留意见，最近3年内更换2次事务所，信息披露规范程度较低	年报审计意见为否定意见，最近1年更换事务所，信息披露规范程度很低	年报审计意见为无法表示意见，最近3年更换事务所，信息披露规范程度极低
股东背景和外部支持	公司为中央国有企业或大型上市公司，控股股东或实际控制人系大型央企、大型国有集团型企业、外资或合资企业，外部支持力度极大	公司为地方国有企业或上市公司，实际控制人系省（市）级政府、大型国有集团或合资企业，外部支持力度很大	公司为大型企业，若非上市公司则其实际控制人实力较强，外部支持力度较大	公司为大中型民营企业且实际控制人实力较强，外部支持力度一般	公司性质为一般民营企业，实际控制人实力一般，外部支持力度较小	公司性质为中小民营企业，实际控制人实力较弱，外部支持力度很小	公司为较小规模的民营企业，实际控制人实力很弱，无外部支持

资料来源：本课题研究小组整理。

表3-4 有色金属行业定性指标评分

指标名称	1（风险极低）	2（风险很低）	3（风险较低）	4（风险一般）	5（风险较高）	6（风险很高）	7（风险极高）
市场地位	在行业内市场份额极高，在主要细分领域市场份额极高，主要业务进入壁垒很高	在行业内市场份额很高，在主要细分领域市场份额很高，主要业务进入领域壁垒较高	在行业内市场份额较高或区域性市场份额很高，主要业务有一定的进入壁垒	区域性市场份额较高，主要业务进入区域市场竞争力较强	在区域性市场份额一般、竞争力一般	在区域市场市场份额较小、竞争力较弱	在区域性市场市场份额很小，竞争力很弱
多元化	公司矿山或矿权数量极多，收入来源极为分散，主要产品涵盖三种和金属相关、非相关多元化业务市场竞争力极强	公司矿山或矿权数量很多，收入来源很分散，主要产品涵盖三种金属，非相关多元化业务市场竞争力很强	公司矿山或矿权数量较多，收入来源较为分散，主要产品涵盖两种和金属相关、非相关多元化业务市场竞争力较强	公司矿山或矿权数量一般，收入来源分散程度一般、主要产品涵盖两种金属，非相关多元化业务市场竞争力一般	公司矿山或矿权数量较少，收入来源分散程度较低，只有一种金属产品，非相关多元化业务市场竞争力较弱	公司矿山或矿权数量很少，收入来源分散程度很低，只有一种金属产品，非相关多元化业务市场竞争力很弱	公司矿山或矿权数量极少，收入来源分散程度极低，只有一种金属产品，非相关多元化业务竞争力极弱
产业链掌控力	产业链涉及采选、冶炼和加工，产业链极为完善，技术实力极强	产业链涉及采选、冶炼和加工，产业链很完善，技术实力很强	产业链涉及采选、冶炼和加工，产业链很完善，技术实力较强	产业链以采选加工为主，产业链完善程度一般，技术实力一般	业务以冶炼为主，产业链较完善程度较低，技术实力较弱	业务以低端加工为主，产业链完善程度很低，技术实力很弱	业务以低端加工为主，产业链完善程度极低，技术实力极弱
融资渠道	融资渠道多元化，融资畅通，融资成本低，多家银行给予的授信总额度极高	融资渠道较多元化，融资成本较低，多家银行给予的授信总额度很高	融资渠道以银行借款和股东资金支持为主，融资成本适中，银行机构给予的银行授信额度较高	融资渠道集中于银行借款，银行机构给予的授信额度一般	融资渠道单一，仅有少数银行机构给予融资支持，融资成本较高	融资渠道单一，银行机构不予支持，融资成本很高	融资较为困难，基本无融资渠道

481

续表

指标名称	1（风险极低）	2（风险很低）	3（风险较低）	4（风险一般）	5（风险较高）	6（风险很高）	7（风险极高）
公司治理与法律监管风险	公司内部治理结构完善程度较高，内控制度健全，法律、监管风险很低	内部治理结构完善，内控制度健全，法律、监管风险很低	治理结构及内控制度较为完善，健全，法律、监管风险较低	公司治理结构及内控制度有待进一步健全，法律、监管风险一般	公司治理结构及内控制度设置不够健全，法律、监管风险较高	公司治理结构及内控制度设置存在一定缺陷，法律、监管风险很高	公司治理结构存在显著缺陷，内控制度缺失，法律、监管风险极高
会计信息质量	年报审计意见为标准的无保留意见，最近5年未更换事务所，信息披露极规范	年报审计意见为标准的无保留意见，最近3年未更换事务所，信息披露很规范	年报审计意见为带强调事项段的无保留意见，最近3年未更换事务所，信息披露较规范	年报审计意见为带强调事项段意见，最近3年内更换1次事务所，信息披露规范程度一般	年报审计意见为保留意见，最近3年内更换2次事务所，信息披露规范程度较低	年报审计意见为否定意见，最近1年更换事务所，信息披露规范程度很低	年报审计意见为无法表示意见，最近3年更换3次事务所，信息披露规范程度极低
股东背景和外部支持	公司为中央国有企业或大型上市公司，控股股东或实际控制人系大型央企、外部支持力度极大	公司为地方国有企业或上市公司，实际控制人系省（市/区）级人民政府、大型国有集团或大型央企、外资合资企业，外部支持力度很大	公司为大型企业，若非上市公司则其实际控制人实力较强，外部支持力度较大	公司为大中型民营企业且实力较强，实际控制人实力较强，外部支持力度一般	公司性质为一般民营企业，实际控制人实力一般，外部支持力度较小	公司性质为中小民营企业，实际控制人实力较弱，外部支持力度很小	公司为较小规模的民营企业，实际控制人实力很弱，无外部支持

资料来源：课题研究小组整理。

二、定量备选指标档位划分

定量指标的阈值确定过程是：(1)选取2014年至2019年三季度期间有存量债券的非金融周期性行业企业共4 401家。(2)确定主体后，选取2014年至2018年连续5年所有主体年报数据作为数据集。选取2014—2018年5年数据有以下几个原因：第一，受经济周期因素影响，周期性行业企业的定量指标数据在经济周期的各个阶段（繁荣、衰退、萧条和复苏）变动较大，5年期数据基本覆盖一个基钦周期，能适当消除或平滑经济周期因素对阈值确定的影响；第二，行业存在生命周期，同一时间点，各个行业所处的生命周期阶段（幼稚期、成长期、成熟期和衰退期）不会完全相同，即使处于行业生命周期的同一阶段，不同行业市场增长率、技术变革、需求增长率、进入壁垒等指标也会有较大差异，相应会对企业规模、盈利能力、偿债能力等造成较大影响，用多年数据可做些平滑；第三，企业同样存在生命周期，同一企业处于不同的生命周期阶段（发展、成长、成熟、衰退），定量指标数据也有较大差异，并且首次违约主体违约时间分布在不同时期，不能以某一时间点企业定量数据为标准确定阈值。(3)因为不同行业间定量指标数据范围差别较大，例如不同行业企业规模有较大差异，一个较小规模的钢铁行业企业总资产可能远超一个电子行业较大规模的企业的总资产；房地产行业企业的资产负债率相对较高，其阈值的划分也不适用于其他资产负债率相对较低的行业企业，如通信、计算机等。因此，分别对每一个周期性行业样本企业每一个定量指标数据以15%、29%、43%、57%、71%、85%、100%分位数作为临界值划分为7档来确定阈值，并且根据阈值对其进行赋分。

最终，基于2014—2018年发债企业全样本年报数据，对采掘、化工、钢铁、有色金属、建筑材料、建筑装饰、电气设备、机械设备、国防军工、汽车、家用电器、轻工制造、商业贸易-贸易、电子、计算机、通信、公用事业-环保工程及服务、房地产、综合业这19个周期性行业分别进行了定量指标阈值划分。其中，定量指标分别为总资产、营业总收入、资产负债率、总债务资本化比率、总债务/EBITDA、短期债务/总债务、总资产周转率、应收账款周转率、存货周转率、净资产收益率、总资产收益率、EBITDA利润率、毛利率、EBITDA利息保障倍数、EBITDA/短期债务、流动比率、现金收入比、自由现金流动负债比、经营现金流动负债比、经营性现金流净额/短期债务，共20个。此外，在后续研究中，将会根据最新可获取的周期性行业企业年报数据进行定量指标阈值的更新，更新时都用最近5年可获数据。

由于篇幅限制，仅以采掘和电子行业为例，表3-5和表3-6显示了这两个行业的定量阈值评分表。

表 3 – 5 采掘行业定量指标评分

指标名称	1(风险极低)	2(风险很低)	3(风险较低)	4(风险一般)	5(风险较高)	6(风险很高)	7(风险极高)
总资产(百万元)	[125 579, ∞)	[50 582, 125 579)	[30 881, 50 582)	[18 251, 30 881)	[10 805, 18 251)	[7 057, 10 805)	[0, 7 057)
营业总收入(百万元)	[67 586, ∞)	[27 253, 67 586)	[13 915, 27 253)	[7 084, 13 915)	[3 782, 7 084)	[1 768, 3 782)	[0, 1 768)
资产负债率	[0, 43%)	[43%, 52%)	[52%, 62%)	[62%, 68%)	[68%, 73%)	[73%, 79%)	[79%, ∞)
总债务总本化率	[0, 30%)	[30%, 41%)	[41%, 51%)	[51%, 58%)	[58%, 64%)	[64%, 70%)	[70%, ∞)
总债务/EBITDA	[0, 1.79)	[1.79, 3.70)	[3.70, 5.91)	[5.91, 8.00)	[8.00, 10.59)	[10.59, 14.6)	[14.6, ∞)
短期债务/总债务	[0, 34%)	[34%, 44%)	[44%, 53%)	[53%, 62%)	[62%, 71%)	[71%, 84%)	[84%, 1]
总资产周转率	[0.88, ∞)	[0.61, 0.88)	[0.47, 0.61)	[0.36, 0.47)	[0.29, 0.36)	[0.21, 0.29)	[0, 0.21)
应收账款周转率	[32.49, ∞)	[18.14, 32.49)	[12.01, 18.14)	[8.74, 12.01)	[6.33, 8.74)	[3.94, 6.33)	[0, 3.94)
存货周转率	[18.67, ∞)	[12.21, 18.67)	[9.20, 12.21)	[6.78, 9.20)	[4.86, 6.78)	[2.77, 4.86)	[0, 2.77)
净资产收益率(平均)(%)	[10.84, ∞)	[5.07, 10.84)	[2.67, 5.07)	[0.97, 2.67)	[−0.77, 0.97)	[−10, −0.77)	(−∞, −10)
总资产收益率(%)	[7.14, ∞)	[4.59, 7.14)	[3.34, 4.59)	[2.39, 3.34)	[1.57, 2.39)	[0.10, 1.57)	(−∞, 0.10)
EBITDA利润率(%)	[29.62, ∞)	[20.74, 29.62)	[15.24, 20.74)	[10.40, 15.24)	[7.19, 10.40)	[4.20, 7.19)	(−∞, 4.20)
毛利率(%)	[35.96, ∞)	[27.20, 35.96)	[21.15, 27.20)	[15.62, 21.15)	[11.05, 15.62)	[6.90, 11.05)	(−∞, 6.90)
EBITDA利息保障倍数	[9.92, ∞)	[5.49, 9.92)	[3.85, 5.49)	[2.91, 3.85)	[2.23, 2.91)	[1.40, 2.23)	(−∞, 1.40)
EBITDA/短期债务	[0.87, ∞)	[0.44, 0.87)	[0.27, 0.44)	[0.20, 0.27)	[0.14, 0.20)	[0.08, 0.14)	(−∞, 0.08)
流动比率	[1.46, ∞)	[1.13, 1.46)	[0.90, 1.13)	[0.75, 0.90)	[0.63, 0.75)	[0.50, 0.63)	(−∞, 0.50)
现金收入比	[1.18, ∞)	[1.12, 1.18)	[1.05, 1.12)	[0.98, 1.05)	[0.87, 0.98)	[0.74, 0.87)	[0, 0.74)
自由现金流动负债比	[0.22, ∞)	[0.14, 0.22)	[0.08, 0.14)	[0.02, 0.08)	[−0.06, 0.02)	[−0.18, −0.06)	(−∞, −0.18)
经营现金流动负债比	[0.27, ∞)	[0.17, 0.27)	[0.10, 0.17)	[0.06, 0.10)	[0.03, 0.06)	[0, 0.03)	(−∞, 0)
经营性现金流净额/短期债务	[0.67, ∞)	[0.32, 0.67)	[0.19, 0.32)	[0.11, 0.19)	[0.06, 0.11)	[0, 0.06)	(−∞, 0)

资料来源：课题研究小组整理。

表 3-6 电子行业定量指标评分

指标名称	1(风险极低)	2(风险很低)	3(风险较低)	4(风险一般)	5(风险较高)	6(风险很高)	7(风险极高)
总资产(百万元)	[35 291, ∞)	[19 738, 35 291]	[12 923, 19 738]	[7 489, 12 923]	[4 912, 7 489]	[3 364, 4 912]	[0, 3 364)
营业总收入(百万元)	[21 560, ∞)	[11 692, 21 560]	[5 815, 11 692]	[4 001, 5 815]	[2 502, 4 001]	[925, 2 502]	[0, 925)
资产负债率	[0, 38%)	[38%, 45%]	[45%, 51%]	[51%, 58%]	[58%, 65%]	[65%, 70%]	[70%, ∞)
总债务资本化率	[0, 20%)	[20%, 29%]	[29%, 37%]	[37%, 44%]	[44%, 51%]	[51%, 59%]	[59%, ∞)
总债务/EBITDA	[0, 1.40)	[1.40, 2.43]	[2.43, 3.30]	[3.30, 4.28]	[4.28, 5.38]	[5.38, 6.84]	[6.84, ∞)
短期债务/总债务	[0, 45%)	[45%, 61%]	[61%, 72%]	[72%, 82%]	[82%, 90%]	[90%, 99%]	[99%, 1]
总资产周转率	[1.05, ∞)	[0.78, 1.05]	[0.67, 0.78]	[0.53, 0.67]	[0.40, 0.53]	[0.28, 0.40]	[0, 0.28)
应收账款周转率	[8.18, ∞)	[5.58, 8.18]	[4.51, 5.58]	[3.84, 4.51]	[3.32, 3.84]	[2.62, 3.32]	[0, 2.62)
存货周转率	[10.54, ∞)	[6.85, 10.54]	[4.89, 6.85]	[3.65, 4.89]	[2.89, 3.65]	[2.16, 2.89]	[0, 2.16)
净资产收益率(平均)(%)	[14.59, ∞)	[10.26, 14.59]	[7.53, 10.26]	[5.34, 7.53]	[3.26, 5.34]	[0.90, 3.26]	(−∞, 0.90)
总资产收益率(%)	[8.86, ∞)	[6.68, 8.86]	[5.41, 6.68]	[4.39, 5.41]	[3.12, 4.39]	[2.0, 3.12]	(−∞, 2.0)
EBITDA利润率(%)	[24.72, ∞)	[19.47, 24.72]	[15.56, 19.47]	[12.96, 15.56]	[9.93, 12.96]	[4.90, 9.93]	(−∞, 4.90)
毛利率(%)	[34.57, ∞)	[25.09, 34.57]	[21.56, 25.09]	[17.94, 21.56]	[14.39, 17.94]	[11.00, 14.39]	(−∞, 11.00)
EBITDA利息保障倍数	[16.90, ∞)	[12.41, 16.90]	[8.08, 12.41]	[6.26, 8.08]	[4.41, 6.26]	[2.7, 4.41]	(−∞, 2.70)
EBITDA/短期债务	[0.80, ∞)	[0.53, 0.80]	[0.39, 0.53]	[0.29, 0.39]	[0.23, 0.29]	[0.16, 0.23]	(−∞, 0.16)
流动比率	[2.08, ∞)	[1.66, 2.08]	[1.41, 1.66]	[1.23, 1.41]	[1.10, 1.23]	[0.90, 1.10]	(−∞, 0.90)
现金收入比	[1.10, ∞)	[1.06, 1.10]	[1.00, 1.06]	[0.94, 1.00]	[0.89, 0.94]	[0.82, 0.89]	[0, 0.82)
自由现金流动负债比	[0.12, ∞)	[0.05, 0.12]	[−0.03, 0.05]	[−0.09, −0.03]	[−0.18, −0.09]	[−0.33, −0.18]	(−∞, −0.33)
经营现金流动负债比	[0.24, ∞)	[0.15, 0.24]	[0.09, 0.15]	[0.05, 0.09]	[0.01, 0.05]	[−0.05, 0.01]	(−∞, −0.05)
经营性现金流净额/短期债务	[0.51, ∞)	[0.34, 0.51]	[0.18, 0.34]	[0.09, 0.18]	[0.03, 0.09]	[−0.01, 0.03]	(−∞, −0.01)

资料来源：课题研究小组整理。

通过对比表3-5和表3-6可知，采掘行业和电子行业企业定量指标阈值相差较大，例如一个电子行业企业总资产为300亿元，营业总收入为220亿元，则其总资产和营业总收入指标打分分别为2分（风险很低）和1分（风险极低），但若按照采掘行业企业定量指标阈值划分标准，其总资产和营业总收入指标打分分别落入4分（风险一般）和3分（风险较低）的区间。除规模指标外，其他指标也有较大差异。例如，电子行业企业应收账款周转率较低且相对集中，若一家电子行业企业应收账款周转率为8.2，打分为1分（风险极低），但若按照采掘行业企业阈值则落入5分（风险较高）区间。由此可见，不同行业企业定量指标阈值确定差别很大，进一步验证了定量指标分行业分别打分的必要性，以消除或明显降低行业因素影响。

除采掘和电子行业外，对其余17个周期性行业也分别制定了定量指标评分表。通过观察这些不同行业定量指标阈值，发现很多行业在定量指标上具有不同特征。例如，电气设备行业样本企业总资产收益率分布较为均匀，贸易行业样本企业总资产周转率较高，轻工制造、计算机和通信行业样本企业现金收入比在周期性行业企业中处于较高水平等。

第三节 违约企业和可比企业样本选取及赋分

一、违约企业样本选取

本课题研究小组研究了自2014年第一支信用债违约以来，截至2019年9月30日的所有信用债违约样本，共对应136个不同的债券违约主体。本课题研究小组标记出违约样本的首次违约时间，并通过违约时点企业主营构成来判断该样本所属行业，并将周期性与非周期性行业违约样本区分开。这里的违约样本指2019年9月30日前债券发生实质违约的主体，不包括展期、因操作性原因导致兑付延期等情况。值得注意的是，这里划分样本所属行业时没有用Wind函数直接导出申万行业分类结果，而是通过人工判断企业年报中的主营构成进行分类。这样做的原因有两个：其一是Wind函数只能导出当前时点该样本所属的申万行业，而不是违约时点的，企业主营也许会随着时间发生变化；其二是Wind函数导出的申万行业分类结果可能本身就不准确，必须经过人工确认。

经过课题组成员确认违约样本所属行业，并将非周期性行业违约样本剔除后，共得到89个周期性行业债券违约样本。除家用电器行业外，这些违约样本共涉及前文定义的19个周期性行业中的18个，违约样本行业分布情况见图3-1。

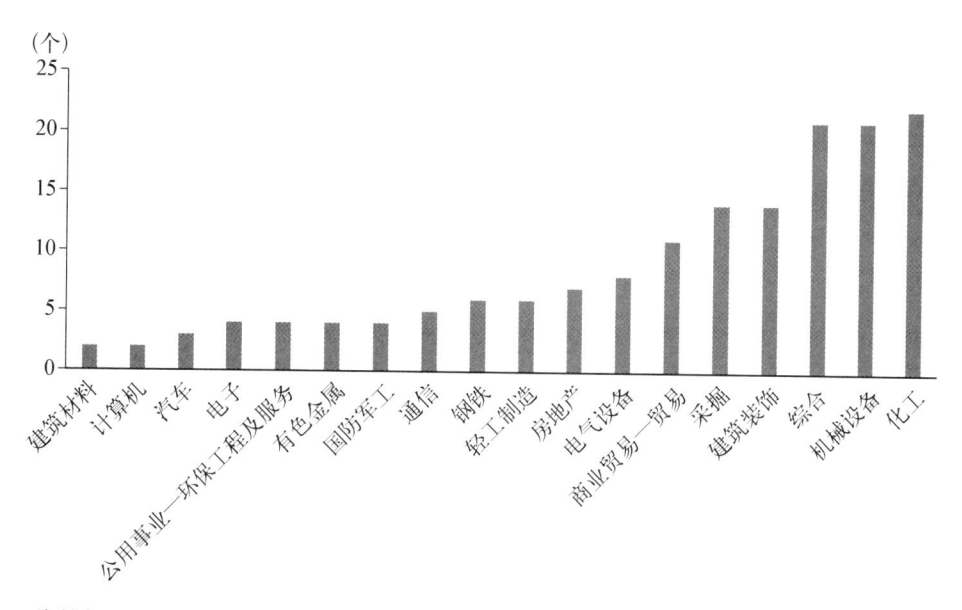

资料来源：Wind资讯，课题研究小组整理。

图 3-1　周期性行业违约样本分布

本课题暂不考虑与债券本身有关的指标（如信用利差、修正久期等），仅对违约主体的基本情况进行研究。对违约样本进行定量指标赋分时，考虑到企业季报未经审计，且为了数据口径的一致性和可比性，实际操作时参考的是企业首次违约前一年的年报，而不是违约前的最新季报。相应地，定性指标赋分时，也是参考企业首次违约前一年的基本情况进行赋分。本课题研究的是债券违约预警系统，从预测的角度出发，选取违约前一年的信息作为参考是合理的。

初步整理的89个违约样本中有一些样本发的是私募债，公开信息很少，存在违约前一年的公司相关信息（如公司公告、评级报告等）以及财务数据不可得的情况。此外，有1个违约样本涉及城投，虽然也属于周期性行业，但与本课题的研究分析逻辑体系不一致。将这些样本剔除后，得到定性和定量指标可以赋分量化的违约主体共54个，见表3-7。

表 3-7　　　　　　　　　　违约企业样本

序号	企业名称	首次违约时间	债券简称
1	协鑫集成科技股份有限公司	2014-03-05	11超日债
2	保定天威集团有限公司	2015-04-21	11天威MTN2
3	珠海中富实业股份有限公司	2015-05-25	12中富01

续表

序号	企 业 名 称	首次违约时间	债券简称
4	中国第二重型机械集团有限公司	2015-09-15	12二重集MTN1
5	保定天威英利新能源有限公司	2015-10-13	10英利MTN1
6	国机重型装备集团股份有限公司	2015-10-14	08二重债
7	山东山水水泥集团有限公司	2015-11-12	15山水SCP001
8	四川圣达集团有限公司	2015-12-07	12圣达债
9	中煤集团山西华昱能源有限公司	2016-04-06	15华昱CP001
10	春和集团有限公司	2016-05-16	15春和CP001
11	四川省煤炭产业集团有限责任公司	2016-06-15	15川煤炭CP001
12	武汉国裕物流产业集团有限公司	2016-08-08	15国裕物流CP001
13	山东迪浩耐磨管道股份有限公司	2016-11-14	14迪浩债
14	大连机床集团有限责任公司	2016-11-21	15机床CP003
15	中国城市建设控股集团有限公司	2016-11-28	14中城建PPN003
16	内蒙古博源控股集团有限公司	2016-12-05	16博源SCP001
17	华盛江泉集团有限公司	2017-03-13	江泉暂停
18	江苏保千里视像科技集团股份有限公司	2017-12-01	16千里01
19	神雾环保技术股份有限公司	2018-03-14	H6环保债
20	中安科股份有限公司	2018-05-07	15中安消
21	阳光凯迪新能源集团有限公司	2018-06-01	H6凯迪债
22	中融双创(北京)科技集团有限公司	2018-06-13	16长城01
23	永泰能源股份有限公司	2018-07-05	17永泰能源CP004
24	中城投集团第六工程局有限公司	2018-08-13	15城六局
25	吉林利源精制股份有限公司	2018-09-25	H4利源债
26	新光控股集团有限公司	2018-09-25	17新光控股CP001
27	刚泰集团有限公司	2018-09-26	16刚集01
28	飞马投资控股有限公司	2018-09-28	16飞投01
29	中国华阳经贸集团有限公司	2018-09-30	15华阳经贸MTN001
30	安徽盛运环保(集团)股份有限公司	2018-10-09	18盛运环保SCP001
31	北京华业资本控股股份有限公司	2018-10-15	17华业资本CP001
32	宁夏上陵实业(集团)有限公司	2018-10-15	12宁夏上陵债

续表

序号	企 业 名 称	首次违约时间	债券简称
33	中弘控股股份有限公司	2018-10-18	16弘债02
34	同益实业集团有限公司	2018-10-19	16同益02
35	山东金茂纺织化工集团有限公司	2018-11-26	15金茂债
36	永泰集团有限公司	2018-12-10	18永泰集团SCP001
37	银亿股份有限公司	2018-12-24	H5银亿01
38	康得新复合材料集团股份有限公司	2019-01-15	18康得新SCP001
39	国购投资有限公司	2019-02-01	16国购01
40	东方金钰股份有限公司	2019-03-18	17金钰债
41	庞大汽贸集团股份有限公司	2019-03-20	16庞大03
42	成都天翔环境股份有限公司	2019-03-25	H6天翔01
43	中信国安集团有限公司	2019-04-28	15中信国安MTN001
44	金洲慈航集团股份有限公司	2019-05-15	17金洲01
45	腾邦集团有限公司	2019-06-10	17腾邦01
46	南京建工产业集团有限公司	2019-06-17	H7丰盛02
47	北讯集团股份有限公司	2019-06-25	18北讯03
48	安徽省外经建设(集团)有限公司	2019-07-15	16皖经02
49	精功集团有限公司	2019-07-15	18精功SCP003
50	沈阳机床(集团)有限责任公司	2019-07-17	15沈机床MTN001
51	天津市浩通物产有限公司	2019-07-25	18浩通01
52	沈阳机床股份有限公司	2019-08-16	15沈机床股MTN001
53	三鼎控股集团有限公司	2019-09-06	17三鼎01
54	青海盐湖工业股份有限公司	2019-09-30	16青海盐湖MTN001

资料来源：Wind资讯，课题研究小组整理。

二、可比企业样本选取

建立违约预警量化模型时，不光要对违约企业进行分析，还应该考虑正常（未违约）企业，这么做不仅可以扩充样本容量，还可以与违约企业做对比分析。本课题选取2019年以前的首次违约样本和可比样本作为训练样本，用于构建违约预警量化模型。

可比样本的选取方法如下：（1）先找出2019年前首次违约的所有样本，剔除掉违

约前一年年报数据不可得的样本后剩下42个违约样本。（2）为每一个违约样本匹配一个可比样本，匹配规则为企业主营业务一致、规模（总资产或营业总收入）相近、首次评级相同或仅相差1个子级。这样操作得到的可比样本行业分布与违约样本基本一致，考虑到训练样本数量较充足，本课题仅以1：1的比例为违约样本匹配可比样本。

可比样本的选取十分重要，既要与违约样本行业分布一致，又要与违约样本指标数据有差异。若可比样本选取不合适，会直接影响模型拟合效果，从而对模型预测效果产生影响，因此课题组成员在可比样本的选取上也进行了大量工作，力求模型拟合效果最优。

三、违约样本与可比样本指标赋分

违约样本与可比样本确定后，便可根据定性和定量指标评分表对每个指标进行赋分，其中定量指标得分可以直接根据评分表中定量指标阈值确定的区间映射得到。注意，这里可比样本定性与定量指标评分参考企业公开信息的时间段与违约样本相同，均为违约前一年年报公布日之前。对于定性指标，本课题研究团队专门组建了专家评分小组进行评分。专家评分小组成员先各自参考企业的公开信息对8个定性指标进行评分，若某一指标评分差异不大则直接取平均分后四舍五入得到指标最终得分；若评分差异较大可对该指标进行二次评分，还无法消除差异就采取去掉最高分和最低分后再取平均分的方式得出最终分数。在评分过程中，专家评分小组力求做到客观、公平、公正，使定性指标得分相对公允。

在定性评分过程中，有部分企业只发行过一支私募债，公司公告中信息很少，也无对应时间的评级报告，专家评分小组无法客观给出该企业定性指标的评分，把这部分无法评分的样本删除后，最终得到78个训练样本（37个违约样本和41个可比样本）。

本课题将2019年首次违约的17个样本和另外随机选取的17个正常样本作为测试样本，用于评价模型预测准确度。由于选取样本时距离2019年结束还有一段时间，全年违约样本还未完全确定，因此正常样本的指标评分参考2017年企业信息和年报，这样选取能确保这些企业2018年都未违约。测试样本与训练样本采取相同的赋分方式，这里不再赘述。

如表3-8所示，序号1—37为训练样本，序号38—54为测试样本，正常企业样本（58个），其中序号1—41为训练样本，42—58为测试样本。

表 3-8　　　　　　　　　　　　　　　正常企业样本

序号	企业名称	评价时间	样本属性
1	杭州锅炉集团股份有限公司	2013-12-31	训练
2	国电南京自动化股份有限公司	2014-12-31	训练
3	青海金瑞矿业发展股份有限公司	2014-12-31	训练
4	大族控股集团有限公司	2014-12-31	训练
5	杭州杭氧股份有限公司	2014-12-31	训练
6	兰州兰石集团有限公司	2014-12-31	训练
7	北方水泥有限公司	2014-12-31	训练
8	深圳市裕同包装科技股份有限公司	2014-12-31	训练
9	山西兰花煤炭实业集团有限公司	2015-12-31	训练
10	山西兰花科技创业股份有限公司	2015-12-31	训练
11	泰州口岸船舶有限公司	2015-12-31	训练
12	福建省船舶工业集团有限公司	2015-12-31	训练
13	唐山三友碱业(集团)有限公司	2015-12-31	训练
14	常州天晟新材料股份有限公司	2015-12-31	训练
15	恒天海龙股份有限公司	2015-12-31	训练
16	巨力集团有限公司	2015-12-31	训练
17	杭州汽轮动力集团有限公司	2015-12-31	训练
18	中国核工业建设集团有限公司	2015-12-31	训练
19	南京纺织品进出口股份有限公司	2015-12-31	训练
20	大族激光科技产业集团股份有限公司	2016-12-31	训练
21	唐山市冀东物贸集团有限责任公司	2016-12-31	训练
22	永城煤电控股集团有限公司	2017-12-31	训练
23	内蒙古伊泰集团有限公司	2017-12-31	训练
24	深圳市中洲投资控股股份有限公司	2017-12-31	训练
25	卧龙地产集团股份有限公司	2017-12-31	训练
26	冠城大通股份有限公司	2017-12-31	训练
27	北京清新环境技术股份有限公司	2017-12-31	训练
28	北京万邦达环保技术股份有限公司	2017-12-31	训练
29	北京碧水源科技股份有限公司	2017-12-31	训练

续表

序号	企业名称	评价时间	样本属性
30	青岛海湾集团有限公司	2017-12-31	训练
31	沈阳化工股份有限公司	2017-12-31	训练
32	邢台钢铁有限责任公司	2017-12-31	训练
33	上海二三四五网络控股集团股份有限公司	2017-12-31	训练
34	广东省广物控股集团有限公司	2017-12-31	训练
35	新疆众和股份有限公司	2017-12-31	训练
36	新疆生产建设兵团第八师天山铝业股份有限公司	2017-12-31	训练
37	浙江远洲控股有限公司	2017-12-31	训练
38	无锡市国联发展(集团)有限公司	2017-12-31	训练
39	伟星集团有限公司	2017-12-31	训练
40	常熟市城市经营投资有限公司	2017-12-31	训练
41	安徽省供销集团有限公司	2017-12-31	训练
42	正泰集团股份有限公司	2017-12-31	测试
43	中国东方电气集团有限公司	2017-12-31	测试
44	上海电气集团股份有限公司	2017-12-31	测试
45	启迪环境科技发展股份有限公司	2017-12-31	测试
46	东江环保股份有限公司	2017-12-31	测试
47	中国商用飞机有限责任公司	2017-12-31	测试
48	浙江恒逸集团有限公司	2017-12-31	测试
49	鲁西化工集团股份有限公司	2017-12-31	测试
50	中国国际海运集装箱(集团)股份有限公司	2017-12-31	测试
51	江苏永钢集团有限公司	2017-12-31	测试
52	山东重工集团有限公司	2017-12-31	测试
53	中国南玻集团股份有限公司	2017-12-31	测试
54	南方水泥有限公司	2017-12-31	测试
55	唐山冀东水泥股份有限公司	2017-12-31	测试
56	富通集团有限公司	2017-12-31	测试
57	昆明钢铁控股有限公司	2017-12-31	测试
58	上海复星高科技(集团)有限公司	2017-12-31	测试

资料来源：Wind资讯，课题研究小组整理。

通过专家评分法和区间映射法对定性和定量指标进行评分,得到训练样本和测试样本的各项指标分值为1分到7分,表3-9展示了部分指标的评分结果,每个指标相当于一个变量。

表 3-9　　　　　　　　　　　　　样本指标评分结果

样 本 名 称	指标1	指标2	指标3	...	指标21	指标22	指标23	...
协鑫集成科技股份有限公司	3	4	4	...	7	7	7	...
杭州锅炉集团股份有限公司	2	3	3	...	6	2	3	...
保定天威集团有限公司	3	3	3	...	5	7	7	...
国电南京自动化股份有限公司	2	2	2	...	4	7	7	...
青海金瑞矿业发展股份有限公司	2	5	3	...	2	6	2	...
四川圣达集团有限公司	4	3	4	...	7	7	7	...
国机重型装备集团股份有限公司	3	4	4	...	7	7	7	...
大族控股集团有限公司	1	2	3	...	1	5	2	...
保定天威英利新能源有限公司	4	5	5	...	7	7	2	...
杭州杭氧股份有限公司	3	3	4	...	5	3	1	...
中国第二重型机械集团有限公司	3	4	4	...	7	7	7	...
兰州兰石集团有限公司	3	3	4	...	7	4	4	...
山东山水水泥集团有限公司	2	2	2	...	5	7	7	...
北方水泥有限公司	3	3	2	...	2	6	5	...
珠海中富实业股份有限公司	4	6	2	...	4	5	4	...
深圳市裕同包装科技股份有限公司	2	5	3	...	2	1	1	...
四川省煤炭产业集团有限责任公司	6	4	4	...	5	7	7	...
山西兰花煤炭实业集团有限公司	6	4	3	...	2	5	5	...
中煤集团山西华昱能源有限公司	6	4	5	...	1	7	7	...
...	...	...	...	...	...	...	...	...
鲁西化工集团股份有限公司	3	2	3	...	2	2	3	...
中国国际海运集装箱(集团)股份有限公司	1	3	2	...	4	3	3	...
江苏永钢集团有限公司	3	6	4	...	3	1	2	...
山东重工集团有限公司	1	2	2	...	3	1	1	...
中国南玻集团股份有限公司	1	4	2	...	4	3	3	...

续表

样 本 名 称	指标1	指标2	指标3	...	指标21	指标22	指标23	...
南方水泥有限公司	1	3	2	...	3	5	5	...
唐山冀东水泥股份有限公司	2	3	2	...	2	6	6	...
富通集团有限公司	3	3	3	...	7	6	4	...
昆明钢铁控股有限公司	3	3	4	...	7	6	5	...
上海复星高科技(集团)有限公司	3	3	3	...	1	4	2	...

资料来源：课题研究小组整理。

注：指标1表示市场地位，指标2表示多元化，指标3表示产业链控制力，…，指标21表示毛利率，指标22表示 EBITDA 利息保障倍数，指标23表示 EBITDA/短期债务。

第四章 违约预警量化模型构建

第一节 量化模型选择

对发债主体进行信用风险评估并预测是否会违约本质上是一个二分类（违约、未违约）问题，可用分类分析法对信用风险进行计量。早在20世纪60年代，阿特曼（Altman）就提出 Z-Score 模型进行线性判别分析。20世纪70年代，萨蒂（Saaty）提出的层次分析法衍生出目前最常用的信用风险计量模型——打分卡模型，国际和国内的主流评级机构都采取打分卡模型对企业进行信用评级。

对于保险资产管理机构等投资机构来说，更关注自身承受的风险程度，光有外部评级是不够的，必须有更为精确的违约概率作为参考。一般的多元线性回归方法（如 OLS 等）在研究违约问题时存在显著缺陷，因变量样本数据类型无法满足模型假设，而广义线性回归中的 Logistic 回归是研究违约概率的基础模型，对研究二分类问题具有明显优势。因此，本课题选择 Logistic 回归模型构建违约预警量化模型。

自 Ohlson(1980)利用 Logit 模型和 Zmijewski(1984)利用 Probit 模型预测企业破产行为后，Logistic 回归逐渐成为信用风险计量的主流工具。在建模过程中，可将当前企业是否违约设为因变量（违约赋值为1，未违约赋值为0），可能导致企业违约的定性和定量指标设为自变量。通过模型拟合,最终可以得到企业的预测违约概率。

第二节 Logistic 回归模型

令 x_{ij} 表示第 i 个企业样本的第 j 个指标,$\beta_j(j=1,\cdots,k)$ 代表该指标的权重,其中 k 表示指标个数,n 表示样本总数,则第 i 个公司的信用风险评分 $Score_i$ 可以表示为:

$$Score_i = \beta_0 + x_{i1}\beta_1 + x_{i2}\beta_2 + \cdots + x_{ik}\beta_k, \quad i=1,\cdots,n, \quad (4-1)$$

即传统的信用评分模型是将影响违约概率的指标进行线性组合得到的。第 i 个公司的违约概率 PD_i 定义为给定 $x_{i1},x_{i2},\cdots,x_{ik}$ 的条件下因变量 Y_i 取 1 的概率,将它表示成信用评分的 Logistic 函数值,即:

$$PD_i = P(Y_i=1 \mid x_{i1},x_{i2},\cdots,x_{ik}) = \frac{\exp(Score_i)}{1+\exp(Score_i)} \quad (4-2)$$

令 $X_i=[1,x_{i1},x_{i2},\cdots,x_{ik}]$,$\beta=[\beta_0,\beta_1,\beta_2,\cdots,\beta_k]^T$,则 $Score_i=X_i\beta$,可将 Logistic 回归模型表示成如下形式:

$$PD_i = P(Y_i=1 \mid X_i) = \frac{\exp(X_i\beta)}{1+\exp(X_i\beta)} \quad (4-3)$$

其中 $X_i \in (-\infty,+\infty)$ 为自变量,$Y_i \in \{0,1\}$ 为因变量。对训练样本进行模型拟合,确定纳入模型的自变量后,经简单变换可得:

$$\ln\left(\frac{PD_i}{1-PD_i}\right) = X_i\beta \quad (4-4)$$

可通过加权最小二乘法或极大似然方法求出系数 β_j 的估计 $\hat{\beta}_j$,再将测试样本的指标得分 $x_{i1},x_{i2},\cdots,x_{ik}$ 代入得:

$$X_i\hat{\beta} = \hat{\beta}_0 + x_{i1}\hat{\beta}_1 + x_{i2}\hat{\beta}_2 + \cdots + x_{ik}\hat{\beta}_k, \quad (4-5)$$

通过 Logistic 逆变换得到:

$$\widehat{PD}_i = \frac{\exp(X_i\hat{\beta})}{1+\exp(X_i\hat{\beta})} \quad (4-6)$$

即测试样本的预测违约概率。一般来说,根据 Logistic 回归模型的定义,预测违约概率大于 0.5 表示将来会违约,预测违约概率小于 0.5 表示将来不会违约。

第三节 Logistic 回归分析

用训练样本建模前,需要先通过统计分析确定应纳入模型的自变量,再进行系数估计和模型拟合度检验,最后才能基于测试样本进行预测。

一、模型指标筛选过程

由于定性和定量备选指标共有 28 个(定性指标 8 个,定量指标 20 个),而训练样本数只有 78 个,相对于样本量来说变量个数过多,会对模型拟合和预测效果产生影响。

首先,对测试样本的 28 个指标数据进行相关性分析,计算出两两相关系数,若两个定量指标之间的相关系数绝对值大于 0.85,则认为这两个指标高度(正或负)相关,只保留其中一个指标,而将另一个指标删除。经测算,资产负债率指标和总债务资本化比率指标之间的相关系数为 0.91,净资产收益率(平均)指标与总资产收益率指标之间的相关系数为 0.90,为了避免产生多重共线性,选择删去总债务资本化比率指标和总资产收益率指标。进行这一步操作后,共保留 26 个指标变量。

下一步,利用 SPSS 22.0 软件将全部 26 个指标纳入模型,选择向前法(向前:LR 或向前:Wald),显著性水平取 0.05,最大迭代次数取 50 次,操作过程如图 4-1 所示。通过向前法,向模型中不断引入新变量,并进行显著性检验,逐步剔除影响模型拟合效果的变量,最后共选出 8 个指标变量保留在模型中。依次纳入模型的 8 个变量分别是

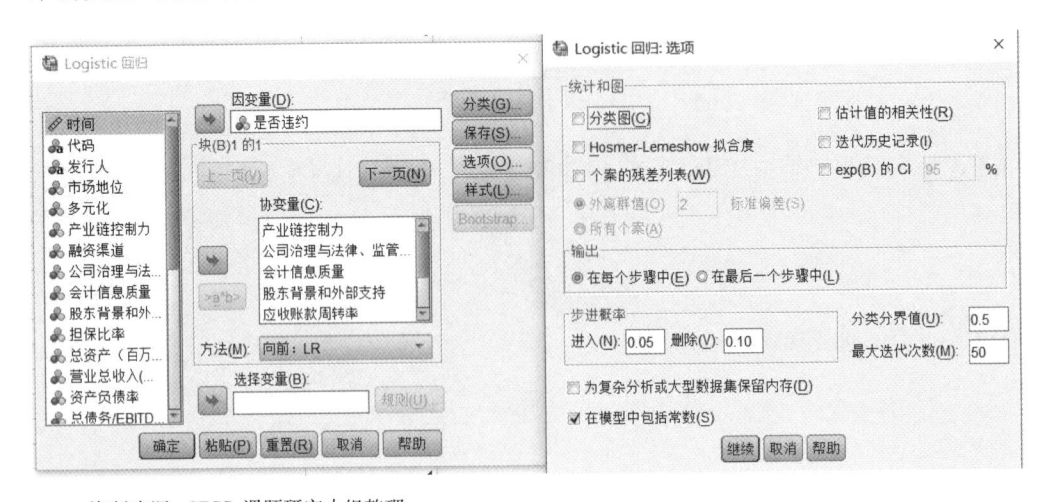

资料来源:SPSS,课题研究小组整理。

图 4-1 Logistic 回归向前法操作步骤

会计信息质量、公司治理与法律、监管风险、应收账款周转率、产业链控制力、EBITDA/短期债务、股东背景和外部支持、自由现金流动负债比、现金收入比,按照定性和定量备选指标顺序,将这8个变量定义为变量x_1—x_8,见表4-1。

表4-1　　　　　　　　　　　向前法筛选出的自变量列

自变量	指标名称	自变量	指标名称
x_1	产业链控制力	x_5	应收账款周转率
x_2	公司治理与法律、监管风险	x_6	EBITDA/短期债务
x_3	会计信息质量	x_7	现金收入比
x_4	股东背景和外部支持	x_8	自由现金流动负债比

资料来源:SPSS,课题研究小组整理。

通过比较发现,多元化指标并未纳入模型中,说明这个指标对违约概率的影响并不显著。对多元化指标进行评分时,有一些产能过剩企业产品线很多,多元化指标得分较低,但并不意味着违约风险较低;还有一些综合类企业,过于多元化导致主营不突出,信用风险反而会增加。此外,规模指标总资产和营业总收入的表现也不显著,虽然把规模指标作为备选指标是本课题的创新点之一,但经统计检验发现规模指标对违约概率的影响并不显著,这说明企业规模大小与债券是否会违约没有明显关系。

在进行模型系数估计之前,通过计算发现变量x_1—x_8之间的两两相关系数绝对值均未超过0.5,不存在多重共线性问题,可以全部纳入Logistic回归模型中,具体相关系数见表4-2。

表4-2　　　　　　　　　　　自变量两两相关系数

	x_1	x_2	x_3	x_4	x_5	x_6	x_7	x_8
x_1	1.0000	0.1993	0.1865	0.1203	0.2355	−0.1251	−0.0240	−0.0595
x_2	0.1993	1.0000	0.3235	0.3480	−0.0368	0.0622	−0.0857	−0.1114
x_3	0.1865	0.3235	1.0000	0.1223	0.1094	0.4977	−0.0470	−0.0629
x_4	0.1203	0.3480	0.1223	1.0000	0.0062	−0.1581	−0.1643	−0.0303
x_5	0.2355	−0.0368	0.1094	0.0062	1.0000	0.0977	−0.0630	−0.0919
x_6	−0.1251	0.0622	0.4977	−0.1581	0.0977	1.0000	0.0637	0.0075
x_7	−0.0240	−0.0857	−0.0470	−0.1643	−0.0630	0.0637	1.0000	0.1473
x_8	−0.0595	−0.1114	−0.0629	−0.0303	−0.0919	0.0075	0.1473	1.0000

资料来源:课题研究小组整理。

二、模型系数估计

确定纳入模型的 8 个指标变量后,可用训练样本进行模型拟合,并进行模型系数估计,本课题研究小组用 SPSS 软件和 Matlab 编程分别进行建模与计算。

（一）SPSS 软件分析结果

首先用 SPSS 22.0 软件进行 Logistic 回归分析,导入训练样本数据后,选择"分析→回归→二元 Logistic",因变量选择"是否违约",协变量依次选择"产业链控制力、公司治理与法律、监管风险、会计信息质量、股东背景和外部支持、应收账款周转率、EBITDA/短期债务、现金收入比、自由现金流动负债比",回归方法选择"输入",Logistic 回归选项与表 4-3 相同,运行结果见表 4-4、表 4-5 和表 4-6。

表 4-3　　　　　　　　模型系数显著性检验和拟合优度检验
Omnibus Tests of Model Coefficients

		Chi-square	df	Sig.
Step 1	Step	92.248	8	0.000
	Block	92.248	8	0.000
	Model	92.248	8	0.000

表 4-4　　　　　　　　　　　　模型估计

Step	−2 Log likelihood	Cox & Snell R Square	Nagelkerke R Square
1	15.678[a]	0.694	0.926

a. Estimation terminated at iteration number 11 because parameter estimates changed by less than .001.
资料来源：SPSS,课题研究小组整理。

由表 4-3 可知,模型系数显著性检验的卡方统计量为 92.248,自由度为 8,p 值为 0.000,说明模型系数整体非常显著;模型 Cox & Snell R^2 为 0.694,Nagelkerke R^2 为 0.926,表明模型拟合程度很高。由于 Logistic 回归不同于一般线性回归,拟合优度检验的 R^2 只是一个参考,即便 R^2 较低也并不代表模型预测效果就会不好。

如表 4-4 所示,表格中第二列为模型系数估计,最后一行为常数项系数。若显著性水平取 0.1,则所有系数估计均十分显著,其中公司治理与法律、监管风险、会计信息质量的 p 值小于 0.05,说明这两个变量在模型中表现尤其显著。

表 4-5　　　　　　　　　　　模型系数估计结果
Variables in the Equation

		B	S.E.	Wald	df	Sig.	Exp(B)
Step 1[a]	产业链控制力	8.500	4.445	3.657	1	0.056	4 912.932
	公司治理与法律、监管风险	8.589	4.353	3.893	1	0.048	5 374.172
	会计信息质量	3.229	1.628	3.935	1	0.047	25.243
	股东背景和外部支持	3.032	1.614	3.530	1	0.060	20.735
	应收账款周转率	2.842	1.760	2.608	1	0.106	17.149
	EBITDA 短期债务	1.826	1.133	2.599	1	0.107	6.212
	现金收入比	−1.482	.903	2.694	1	0.101	0.227
	自由现金流动负债比	1.894	1.052	3.243	1	0.072	6.646
	Constant	−95.431	49.768	3.677	1	0.055	0.000

a. Variable(s) entered on step 1：产业链控制力,公司治理与法律、监管风险,会计信息质量,股东背景和外部支持,应收账款周转率,EBITDA 短期债务,现金收入比,自由现金流动负债比。
资料来源：SPSS,课题研究小组整理。

表 4-6　　　　　　　　　　　模型样本内检验结果
Classification Table[a]

Observed			Predicted		
			是否违约		Percentage Correct
			0	1	
Step 1	是否违约	0	39	2	95.1
		1	1	36	97.3
	Overall Percentage				96.2

a. The cutvalue is 0.500.
资料来源：SPSS,课题研究小组整理。

如表 4-5 所示,模型样本内检验效果非常好,37 个违约样本通过模型可以识别出 36 个,正确率为 96.2%,41 个正常样本通过模型可以识别出 39 个,正确率为 95.1%。

（二）Matlab 编程运行结果

对于广义线性回归模型,可用 Matlab 自带的函数 fitglm 进行分析,代码如下：

$$GM=fitglm(X0,Y0,'Distribution','binomial')$$

其中 X0 为训练样本数据中的自变量部分,Y0 为训练样本数据中的因变量部分,'binomial'表示选择 Logistic 回归。运行结果如下：

Generalized Linear regression model：

$$\text{logit}(y) \sim 1+x1+x2+x3+x4+x5+x6+x7+x8$$

Distribution＝Binomial

Estimated Coefficients：

	Estimate	SE	tStat	pValue
(Intercept)	−95.431	49.767	−1.917 5	0.055 17
x1	8.499 6	4.444 8	1.912 3	0.055 842
x2	8.589 4	4.353 3	1.973 1	0.048 486
x3	3.228 5	1.627 5	1.983 7	0.047 286
x4	3.031 8	1.613 6	1.878 9	0.060 257
x5	2.841 9	1.759 9	1.614 8	0.106 34
x6	1.826 5	1.133 1	1.612	0.106 96
x7	−1.481 6	0.902 61	−1.641 5	0.100 7
x8	1.894	1.051 7	1.800 8	0.071 73

78 observations，69 error degrees of freedom

Dispersion：1

Chi^2-statistic vs. constant model：92.2，p-value＝1.62e-16

由运行结果可见，模型整体的卡方统计量为92.2，对应的 P 值为 $1.62e^{-16}$，非常显著，且与SPSS软件结果相同。此外，通过Matlab函数得到的系数估计结果也与SPSS软件分析结果完全一致。

第四节 模型预测效果评价

一、违约预警量化模型表达式

由Logistic回归分析结果可得，第 i 个测试样本的预测违约概率表达式如下：

$$\widehat{PD}_i = \frac{\exp(X_i\hat{\beta})}{1+\exp(X_i\hat{\beta})} \tag{4-7}$$

其中：

$$X_i\hat{\beta} = -95.431 + 8.4996 x_{i1} + 8.5894 x_{i2} + 3.2285 x_{i3} + 3.0318 x_{i4}$$
$$+ 2.8419 x_{i5} + 1.8265 x_{i6} - 1.4816 x_{i7} + 1.894 x_{i8} \quad (4-8)$$

二、测试样本预测结果

将34个测试样本(17个违约样本和17个正常样本)的指标数据代入表达式,得到预测违约概率结果如表4-7所示。

表4-7　　　　　　　　　　　测试样本预测违约概率

违约样本	预测违约概率	正常样本	预测违约概率
1	1.0000	1	0.0000
2	0.8322	2	0.0000
3	1.0000	3	0.0000
4	1.0000	4	0.0000
5	1.0000	5	0.0004
6	1.0000	6	0.0000
7	1.0000	7	0.0000
8	0.9993	8	0.0000
9	1.0000	9	0.0000
10	1.0000	10	0.5771
11	1.0000	11	0.0000
12	0.0000	12	0.0000
13	1.0000	13	0.0000
14	1.0000	14	0.0000
15	0.1047	15	0.0023
16	1.0000	16	0.0000
17	0.8928	17	0.0000

资料来源:课题研究小组整理。

若以0.5为临界值进行分类(大于0.5判定为违约,小于0.5判定为未违约),则17个违约样本中模型正确识别出15个(只有12号违约样本和15号违约样本未被正确识别),17个正常样本中模型正确识别出16个(只有10号正常样本略超临界值,未被正确识别)。模型样本外检验结果见表4-8。

表 4-8　　　　　　　　　　　　　模型样本外检验结果

测试样本真实情况	预测结果		
	违　约	未违约	正确率(%)
违　约	15 个	2 个	88.24
未违约	1 个	16 个	94.12

资料来源：课题研究小组整理。

从预测正确率的角度来看，本课题构建的违约预警量化模型表现非常好，能达到很好的预警效果。

三、不考虑定性指标的预测结果

前人的研究通常只考虑财务指标，不考虑定性指标，这样会对违约预警效果会产生影响。本课题也研究了只考虑定量指标的情况，若将 18 个定量指标（删去了 2 个与其他变量相关性较大的指标）全部放入模型中，得到的系数估计结果如下：

Estimated Coefficients：

	Estimate	SE	tStat	pValue
(Intercept)	1.394 1	2.533 3	0.550 32	0.582 1
x1	−0.050 217	0.375 79	−0.133 63	0.893 69
x2	0.268 9	0.535 97	0.501 7	0.615 88
x3	0.181 4	0.291 4	0.622 5	0.533 61
x4	−0.429 79	0.212 79	−2.019 8	0.043 404
x5	−0.295 64	0.206 04	−1.434 9	0.151 33
x6	0.104 12	0.407 17	0.255 72	0.798 17
x7	0.261 93	0.190 53	1.374 7	0.169 22
x8	−0.483 41	0.271 51	−1.780 4	0.075 004
x9	−0.134 5	0.231 96	−0.579 85	0.562 02
x10	−0.349 32	0.324 57	−1.076 3	0.281 81
x11	0.062 41	0.211 69	0.294 82	0.768 13
x12	0.041 079	0.242 85	0.169 16	0.865 67
x13	0.951 95	0.423 52	2.247 7	0.024 596
x14	−0.348 5	0.276 75	−1.259 3	0.207 94
x15	−0.256 59	0.182 43	−1.406 5	0.159 56
x16	−0.334 78	0.211 61	−1.582 1	0.113 62

x17	0.354 82	0.320 61	1.106 7	0.268 42
x18	−0.045 429	0.288 23	−0.157 61	0.874 76

78 observations, 59 error degrees of freedom

Dispersion: 1

Chi^2-statistic vs. constant model: 33.9, p-value=0.012 8

可以看到,绝大部分变量都不显著(p 值大于 0.1),说明这些变量不能很好地拟合模型,对测试样本进行预测,结果也并不理想,预测结果如表 4-9 所示。

表 4-9　　　　　　　　　　　测试样本预测违约概率

违约样本	预测违约概率	正常样本	预测违约概率
1	0.415 7	1	0.236 9
2	0.516 9	2	0.027 4
3	0.836 2	3	0.094 7
4	0.782 6	4	0.345 7
5	0.266 8	5	0.390 4
6	0.880 0	6	0.303 0
7	0.258 3	7	0.159 7
8	0.102 7	8	0.223 8
9	0.944 5	9	0.139 3
10	0.937 2	10	0.194 8
11	0.895 4	11	0.052 6
12	0.578 9	12	0.296 1
13	0.774 9	13	0.479 5
14	0.914 6	14	0.400 1
15	0.513 8	15	0.231 7
16	0.872 1	16	0.219 2
17	0.111 6	17	0.067 0

资料来源:课题研究小组整理。

若以 0.5 为临界值,17 个违约样本中有 5 个样本未被正确识别出来,且预测违约概率在 0.5 左右的有 4 个,预测违约概率接近 1 的样本个数很少,模型结果区分度不大,容易出现误判。虽然 17 个正常样本都被正确识别,但预测违约概率小于 0.1 的样本只有 3 个,其他样本都存在或多或少的违约风险。

若先用向前法进行变量筛选,则选出应收账款周转率、EBITDA/短期债务和现金收入比三个变量纳入模型中,得到的系数估计结果如下:

Estimated Coefficients:

	Estimate	SE	tStat	pValue
(Intercept)	−2.171	0.928 06	−2.339 3	0.019 32
x1	0.300 12	0.137 55	2.181 9	0.029 115
x2	0.426 3	0.139 72	3.051 2	0.002 279 7
x3	−0.265 21	0.129 85	−2.042 4	0.041 111

78 observations, 74 error degrees of freedom

Dispersion: 1

Chi^2-statistic vs. constant model: 20.3, p-value=0.000 146

从系数估计结果来看,每一个变量(包括常数项)都特别显著,但由于变量个数较少,预测效果不一定会很好,预测结果见表 4 - 10。

表 4 - 10　　　　　　　　测试样本预测违约概率

违约样本	预测违约概率	正常样本	预测违约概率
1	0.657 6	1	0.312 7
2	0.707 4	2	0.235 3
3	0.710 2	3	0.279 2
4	0.789 6	4	0.175 4
5	0.742 2	5	0.476 1
6	0.933 9	6	0.226 8
7	0.771 7	7	0.377 5
8	0.140 2	8	0.199 8
9	0.912 8	9	0.205 4
10	0.464 3	10	0.217 0
11	0.652 8	11	0.060 9
12	0.641 7	12	0.305 3

续表

违约样本	预测违约概率	正常样本	预测违约概率
13	0.759 2	13	0.717 2
14	0.680 8	14	0.424 6
15	0.641 7	15	0.402 3
16	0.771 7	16	0.377 5
17	0.476 1	17	0.148 8

资料来源：课题研究小组整理。

可以看出，若以0.5为临界值，17个违约样本中有3个样本未被正确识别出来，17个正常样本中有1个样本未被正确识别出来，且仍然存在区分度不够的问题，与表4-7相比，预测违约概率接近1和0的样本都非常少。

综合以上两种情况，若只考虑定量指标不考虑定性指标，模型预测效果会大打折扣。

四、不考虑定量指标的预测结果

若不考虑评分相对客观的定量指标，只考虑定性指标，可能也会导致模型预测效果不佳。利用向前法从8个定性指标中筛选出3个，分别是产业链控制力、公司治理与法律、监管风险和会计信息质量，运行结果如下：

Estimated Coefficients：：

	Estimate	SE	tStat	pValue
(Intercept)	−13.988	3.512 9	−3.981 9	6.835 6e−05
x1	1.446	0.512 21	2.823 1	0.004 755 8
x2	1.860 7	0.562 11	3.310 2	0.000 932 15
x3	1.066 5	0.305 31	3.493 2	0.000 477 3

78 observations，74 error degrees of freedom

Dispersion：1

Chî 2-statistic vs. constant model：60.6，p-value＝4.43e−13

同样地，每一个变量（包括常数项）都特别显著，但由于变量个数较少，预测效果也不一定会很好，预测结果见表4-11。

表 4-11　　　　　　　　　　　测试样本预测违约概率

违约样本	预测违约概率	正常样本	预测违约概率
1	0.999 7	1	0.047 4
2	0.672 6	2	0.015 1
3	0.999 2	3	0.001 8
4	0.937 6	4	0.001 8
5	0.773 7	5	0.174 3
6	0.999 8	6	0.007 7
7	0.957 9	7	0.070 0
8	0.986 6	8	0.672 6
9	0.779 8	9	0.001 8
10	0.989 8	10	0.797 7
11	0.174 3	11	0.001 8
12	0.007 7	12	0.015 1
13	0.957 9	13	0.001 8
14	0.994 8	14	0.001 8
15	0.803 3	15	0.126 2
16	0.999 8	16	0.217 0
17	0.242 2	17	0.047 4

资料来源：课题研究小组整理。

可以看出，若以 0.5 为临界值，17 个违约样本中有 3 个样本未被正确识别出来，17 个正常样本中有 2 个样本未被正确识别出来，且只考虑定性指标同样存在区分度不够的问题，与表 4-7 相比，模型预测效果较差。

第五节　模型实际应用时的注意事项

一、违约预警档位划分

在实际应用时，可对临界值再进行细分，与信用风险类似，也可分为 7 档来衡量企业债券违约的可能性，即：

当预测违约概率小于等于 0.142 9 时，企业违约可能性极低；

当预测违约概率大于 0.142 9、小于等于 0.285 7 时,企业违约可能性很低;
当预测违约概率大于 0.285 7、小于等于 0.428 6 时,企业违约可能性较低;
当预测违约概率大于 0.428 6、小于等于 0.571 4 时,企业违约可能性一般;
当预测违约概率大于 0.571 4、小于等于 0.714 3 时,企业违约可能性较高;
当预测违约概率大于 0.714 3、小于等于 0.857 1 时,企业违约可能性很高;
当预测违约概率大于 0.857 1 时,企业违约可能性极高。

二、违约预警模型定期更新

前面提到,确定定量指标阈值时参照的是发债企业分行业全样本过去五年的财务数据。每过一年,发债企业样本容量会发生变化,对应的定量指标阈值也会发生变化,需要每年对阈值进行更新。此外,每过一年,违约样本数会相应增加,相应地,纳入训练样本中的违约样本和可比样本都会相应增加。根据新的阈值和新的训练样本,会筛选出新的指标变量(不一定还选择这 8 个变量),并得到新的系数估计。因此,为了得到更好的预测效果,本课题的违约预警模型每年更新一次。

在保证模型准确性的前提下,可对全市场的周期性行业债券进行测试,以此作为保险资产管理机构判断债券信用风险的参考。通过分析保险资产管理机构的风险管理现状、投资政策、监管规定,提出保险资产管理机构投资周期性行业债券的建议。

第五章 总 结

第一节 课题的主要工作和创新点

一、定性指标与定量指标相结合

在第一章的国内外研究综述中提到,穆迪公司的 Risk Calc 模型使用 Probit 概率回归模型(Probit 回归模型也是 Logistic 回归模型的一种)测算违约概率,但该模型中解释变量只考虑企业财务指标;潘泽清(2018)、蒋书彬(2016)、付世豪(2019)和曹勇等(2016)都使用了 Logistic 回归进行模型拟合,但都只考虑了定量的财务指标。

本课题的创新点之一就是定性与定量相结合,通过大量的违约案例分析找出可能导致违约的定性和定量指标,并通过专家评分法把定性指标量化并纳入模型当中。通过第四章第四节的模型效果分析可知,将定性指标与定量指标相结合得到的模型比仅考虑定量指标的模型预测效果和预测精度好很多。此外,本课题的模型预测效果和预测精度也明显优于仅考虑定性指标的情况。

二、分行业进行指标赋分

众所周知,不同行业之间财务数据分布(均值、方差、极值等)差异较大,即使只考虑财务比率而不考虑规模指标,也不能简单地把所有财务数据一起放到模型中进行分析。潘泽清(2018)选取了来自15个行业的样本,选择销售净利率、总资产增长率、资产负债率、流动负债比率四个指标进行模型拟合,最后得到样本内的预测正确率为81.6%(违约样本)和78.9%(正常样本),远低于本课题得到的结果97.3%(违约样本)和95.1%(正常样本),且该文章并没有进行样本外预测效果检验。曹勇等(2016)考虑了行业之间的差异性,对机械设备业、建筑业、金属及非金属业、运输仓储业、批发零售业这五个行业分别进行了Logistic回归模型拟合,这样做会导致模型不通用,且无法对不属于这五个行业的样本进行预测。

因此,分行业进行赋分是本课题的另一个创新点,针对不同行业把定性和定量指标划分成7档分别进行赋分(分值为1到7),可完全或明显消除行业间的差异。对新样本进行预测时,只需参照该行业评分表进行赋分,便可直接将指标得分数据放入违约预警量化模型中进行计算。

三、模型具有很强的跨行业上的通用性

曹勇等(2016)只研究了5个行业,潘泽清(2018)研究了15个行业,而本课题的创新点在于首次覆盖了19个周期性行业(17个一级行业、2个二级行业),与前人的研究相比具有很强的通用性。此外,本课题的违约预警模型只有一个通用表达式,而不是每个行业做一个模型,对新样本进行预测时操作更简便。另外,本课题对19个周期性行业一起进行研究还有一个原因是单个行业实际违约样本太少,模型拟合效果会很差,放在一起考虑违约样本数较充足。

四、模型参数是动态更新的

前文提到,本课题的模型每年进行一次更新,具体如何操作可以参看第四章第五

节,这也是本课题的创新点之一。这样做可以保证本课题研究出的违约预警模型永远都不会过时,模型参数每年动态更新对提高模型预测准确度十分有好处。

第二节 课题研究成果在保险资产管理机构的相关应用

本课题构建的量化模型除了能进行债券违约预警之外,在此基础上,同时还能广泛应用到保险机构资产管理的各类场景中。

首先,保险资产管理机构的大多数产品风险偏好稳健,本课题研究成果适用于19个周期性行业,模型预测结果可为保险资金组合债券投资的行业广泛覆盖、充分分散化提供有价值的思考,有利于满足保险资产管理机构的稳健需求。

其次,本课题考虑了过去五年的各行业全样本基本数据,能有效反映出各行业样本在穿越经济周期和金融周期过程中的具体表现情况,有利于分析各行业的数据变动规律。保险资产管理机构的部分产品投资期限较长,需要考察所投资债券对应主体穿越经济周期和金融周期的能力。

再次,本课题所搭建的预警体系,会每年对各行业数据进行更新,动态跟踪每一个行业的最新违约变化情况。定期更新的违约预警系统为保险资产管理机构动态调整资产配置提供支持,具体表现在:(1)根据不同行业整体预测结果进行行业配置;(2)根据样本主体预测结果进行对应样本的个券配置;(3)参考当年全行业整体预测情况对更高层面的大类资产(例如债券、股票、大宗商品、货币等)配置权重进行相应调整。

最后,保险资产管理机构旗下同时拥有不少明显带有投资属性的产品,本课题的研究成果(模型预测违约概率)可将风险分为低、中、高几个挡位,为投资不同风险挡位的债券提供可能的参考。只要债券收益率足够补偿其承担的信用风险,明显带有投资属性的保险产品就可能会配置这些债券,而本课题的预警体系能够在一定程度上将那些信用风险较高的潜在投资标的给区分出来,这为后续的进一步研究提供了基础。

综合以上几点,本课题的研究成果在保险资产管理机构中有广泛应用,通过对全市场的周期性行业债券进行测试,得出的研究结果可为保险资产管理机构判断债券信用风险提供参考。

第三节　课题的局限性和未来可进行的研究

本课题的研究还处在对违约预警量化模型的初步探索阶段，违约样本数量与国外相比还是较少，随着违约样本越来越丰富，对违约研究和思考的也不断深入，未来会将更多可能影响违约概率的指标（如债券的信用利差、修正久期、负面舆情信息监控等）纳入模型中，从而进一步提高模型精度。此外，随着时间的推移，也可以不断对违约样本和可比样本进行扩充，使得模型拟合效果和预测效果不断提高。

本课题目前采取的是每年动态更新一次底层数据和模型参数，由于季报和年报的财务数据不可比，定量指标部分仅以企业年报作为参考，未来可能会对指标进行一定处理，把季报纳入参考范围，以期得到更具时效性的预测结果。

未来还可以将本课题的研究思路与框架与国外的信用风险度量方法（信用计量模型方法、KMV方法、信用风险＋方法等）相结合，将本课题的底层数据应用到更多场景中，从而获得更好的评价体系，可为各保险资产管理机构投资周期性行业债券提供更多有价值的研究参考。

参考文献

[1] Altman, E. I.. Financial Ratios, Discriminant Analysis and the Prediction of Corporate Bankruptcy [J]. Journal of Finance, 1968, 23, p589—609.

[2] 陈健.美国保险业竞争规制对我国的启示[J].商业文化,2011(3).

[3] 曹勇,李孟刚,李刚,洪雅惠.基于信用利差与Logistic回归的公司违约概率测算模型与实证研究[J].运筹与管理,2016(25).

[4] 陈蕾,郑悦.周期性行业的范围界定与阶段性特征：1990—2014年[J].改革,2015(9).

[5] 邓云胜.内部评级模型的比较研究[J].新金融,2005(9).

[6] 付世豪.基于Logit回归的公司违约概率预测[J].金融经济,2019(1).

[7] 冯光华等.信用评级原理与实务[M].北京：中国金融出版社,2019.

[8] Geng, Z., Pan, J.. Price Discovery and Market Segmentation in China's Credit Market, Working Paper, Shanghai Jiaotong University, http://en.saif.sjtu.edu.cn/junpan/.

[9] 蒋书彬.违约发债主体财务指标特征研究[J].债券,2016.

[10] 姬江帆,王海波,雷文斓等.黑天鹅启示录2017—2018——中国信用债市场违约及准违约案例回顾与总结.中金公司,2018.

[11] Leon, L., Carl, C.. The Domino Effect of Credit Defaults: Test of Asymmetric Default Correlations Using Realised Default Data[J]. Applied Economics, 2018, 50, p4803—4813.

[12] 卢伟.债券市场信用重构时代的违约预警.资本市场,2017.

[13] 毛志勇,韩猛.美国、欧盟以及瑞士保险业偿付能力监管的比较研究——基于风险基础资本法[J].未来与发展,2013(5).

[14] Ohlson, J.A.. Financial Ratios and the Probabilistic Prediction of Bankruptcy[J]. Journal of Accounting Research,1980,18,p109—131.

[15] 潘泽清.企业债务违约风险 Logistic 回归预警模型[J].上海经济研究,2018(8).

[16] 裘丽,张建平.周期性行业的企业杠杆特征——基于中国 A 股上市公司的经验研究[J].当代财经,2016(4).

[17] 孙立娟,费清.经济泡沫、保险自由化与改革:日本保险业的发展历程[J].现代日本经济,2017(2).

[18] 王广立.借鉴国际经验提升我国保险资金运用能力的探讨[J].对外经贸实务,2017(8).

[19] 吴江英.我国非上市公司债券违约风险研究——基于 KMV 模型的分析.浙江大学硕士专业学位论文,2019.

[20] 辛欣.基于 CreditRisk+模型的科技型企业贷款组合研究.河南大学研究生硕士学位论文,2007.

[21] 夏昱.上市公司债券违约影响因素文献综述[J].中国经贸导刊,2019.

[22] 许艳,朱梦娜,姬江帆,王瑞娟.黑天鹅启示录 2014—2016——中国信用债市场违约及准违约案例回顾与总结.中金公司,2016.

[23] Zmijewski, M. E.. Methodological Issues Related to the Estimation of Financial Distress Prediction Models[J]. Journal of Accounting Research,1984,22,p59—86.

(本文获"IAMAC2019—2020 年度系列研究课题"优秀奖)

IAMAC

2019—2020
IAMAC年度系列研究课题集

Proceedings of IAMAC Annual Series Research Projects

中国保险资产管理业协会 编

（下 册）

上海财经大学出版社

图书在版编目(CIP)数据

2019—2020IAMAC年度系列研究课题集/中国保险资产管理业协会编.—上海:上海财经大学出版社,2021.3
(IAMAC系列丛书)
ISBN 978-7-5642-3686-1/F·3686

Ⅰ.①2… Ⅱ.①中… Ⅲ.①保险—文集 Ⅳ.①F84-53

中国版本图书馆CIP数据核字(2021)第008283号

□ 责任编辑　刘　兵
□ 封面设计　张克瑶

2019—2020IAMAC年度系列研究课题集
中国保险资产管理业协会　编

上海财经大学出版社出版发行
(上海市中山北一路369号　邮编200083)
网　　址:http://www.sufep.com
电子邮箱:webmaster@sufep.com
全国新华书店经销
上海华业装潢印刷厂印刷装订
2021年3月第1版　2021年3月第1次印刷

787mm×1092mm　1/16　67.5印张(插页:1)　1205千字
定价:228.00元
(共上下两册)

编 委 会

主　任：曹德云

副主任：张　坤

编委会委员：（按姓氏拼音排序）

蔡红标　陈奕伦　龚新宇　黄登稳　李慧杰　李振宇

刘　忠　吕　雯　沙　卫　宋玲玲　肖　鹏　谢　朵

徐　钢　许传胤　闫　衍　姚　俊　于春玲　张漫春

张仲明　朱　杰

主　编：梁风波

副主编：寿静菁

编　辑：（按姓氏拼音排序）

刘晓彤　王文豪　谢　薇

助力战略前沿研究　　推动行业稳健发展

2020年以来,受突如其来的新冠肺炎疫情影响,全球经济经历严重衰退,复苏道路一波三折。以习近平同志为核心的党中央统揽全局、运筹帷幄,带领中国经济率先企稳回升,加快构建"国内大循环为主体、国内国际双循环相互促进"的新发展格局。保险行业积极推动金融科技赋能行业转型,整体仍然延续稳步发展势头,表现出超乎寻常的韧劲。保险资管行业在疫情冲击、宏观下行、金融市场剧烈波动的环境下,继续服务好保险主业,发挥保险资金优势,服务实体经济和国家战略,积极为"六保"和"六稳"贡献力量。

经历近20年的壮大发展,保险资管行业逐渐成为我国金融体系和金融市场的重要组成部分,经历了由无到有、由小到大、由弱到强、由稚嫩到成熟的发展历程。2021年恰逢我国"十四五"开局之年和建党100周年,保险资管行业发展既面临全球经济疫情后、回归常态过程中的诸多不确定性,又恰逢金融行业深化开放、监管政策体系重塑保险资管行业发展格局的广阔前景和战略机遇期。面对新的历史起点和新的历史交汇期,保险资管行业要与保险业协同稳健发展,截至2020年末,保费收入达4.5万亿元,同比增长6.1%,为保险资管行业提供了长期、稳定的资金来源,保险资金运用余额为21.7万亿元,同比增长17%;巩固长期、稳健的投资风格,发挥长久期资金的管理优势,注重长期投资、价值投资和责任投资;顺应监管政策改革思路,把握"1+3"政策体系出台契机,进一步拓宽保险资金运用渠道和投资品种,助力资本市场发展和支持实体经济。

中国保险资产管理业协会(以下简称"协会")始终高度重视行业研究,并于成立之初就推出了"IAMAC年度课题"活动,得到了业界的积极响应和广泛参与。目前,协会已成功举办了2015、2016、2017—2018、2019—2020年度4届课题研究活动。其中,2019年共有31家业内会员单位、5家业外金融机构和2所高等院校参与,主要围绕低利率市场环境、保险资金助力实体经济、保险资管机构发展和第三方业务拓展、大类资产配置以及新形势下行业风险防范与业务创新等问题，开展研究和探索，累计完成55项、超170万字的课题研究成果。我们精选了20项成果，纳入协会IAMAC系列丛书——《2019—2020IAMAC年度系列研究课题集》，与社会各界人士共享行业学术盛宴。未来，协会将继续汇集业内外智力资源，围绕保险资产管理领域的宏观战略、理论前沿、重要业务及行业热点等问题开展深入研究和创新探索，助力监管决策和行业发展。

中国保险资产管理业协会
执行副会长兼秘书长
2021年2月

目 录

助力战略前沿研究　推动行业稳健发展 …………………………………（1）

行业发展篇

保险资金支持民营经济发展路径选择研究
……………………………… 中国人民保险集团股份有限公司（3）
保险资金纾困上市民营公司路径研究 ………… 生命保险资产管理有限公司（40）
基于金融周期视角下的保险资管行业转型发展研究
……………………………………… 太平资产管理有限公司（83）
保险资产管理机构参与养老金第三支柱建设路径研究
…………………………………… 新华养老保险股份有限公司（143）
保险机构参与养老金第三支柱建设路径研究
…………………………………… 同方全球人寿保险有限公司（185）

公司战略篇

保险资产管理机构参与纾困基金理论与实务研究
………………………………… 华安财保资产管理有限责任公司（225）
保险资产管理机构设立纾困基金理论与实务研究
………………………………… 宁波鼎一资产管理有限公司（263）
保险资金投资永续债路径与风险防范
………………………………… 光大永明资产管理股份有限公司（305）
债权投资计划估值方法研究 ………… 中诚信国际信用评级有限责任公司（371）

风险管理篇

保险资产管理机构应对违约债券策略研究
——量化预警角度的探讨 ……………… 生命保险资产管理有限公司(405)

非金融周期性行业债券违约预警系统在保险资产管理机构的应用
……………………………………………… 远东资信评估有限公司(464)

中国债券市场违约问题研究 ……………… 联合资信评估股份有限公司(513)

保险资产管理机构应对债券违约的策略研究
……………………………………… 中证鹏元资信评估股份有限公司(558)

资产配置篇

利率不确定环境下保险资金配置策略研究 ……… 中国人保资产管理有限公司(611)

海外保险资管机构国际化发展经验及其资产配置研究
……………………………………………… 太平资产管理有限公司(690)

IFRS9 新趋势下保险资金权益资产配置研究
……………………………………………… 中再资产管理股份有限公司(762)

IFRS9 影响下保险资金权益资产配置研究
——基于ESG指数投资的视角 ………… 上海华证指数信息服务有限公司(817)

业务创新篇

固定收益另类投资决策分析模型
……………… 中国人民保险集团股份有限公司、中国人保资产管理有限公司(881)

衍生工具在保险资金运用中的应用研究 ……… 泰康资产管理有限责任公司(903)

"区块链"发展背景下保险机构支持中小微企业融资模式创新研究
……………………………………… 北京联合天成价值网络科技有限公司(1017)

后记 …………………………………………………………………………… (1062)

风险管理篇

中国债券市场违约问题研究

联合资信评估股份有限公司

李振宇　刘　艳　夏妍妍　王自迪

摘要

债券市场是我国资本市场的重要组成部分，近年来我国债券市场快速发展，在满足实体经济融资需求、促进经济高质量发展等方面发挥着日益显著的作用。但与此同时，债券违约风险也在不断累积并逐步暴露。2014年"11超日债"发生实质性违约，这是我国公募债券市场上的首例公开债券违约事件。2015年以来，债券市场违约事件时有发生，违约债券类型逐步覆盖短融、超短融、中票、定向工具、企业债和公司债券（含私募债）等主要公司信用类债券，违约主体企业性质逐步扩大至民营企业、央企、地方国企等所有企业类型，违约主体涉及行业不断增多，违约主体地域分布范围不断扩大，我国债券市场违约逐渐步入常态化发展阶段。为保障资金安全、保障投资收益，投资者愈发需要加强风险识别与风险管理能力。本课题对我国债券市场违约发展历程、违约率变化情况、违约特点及原因、违约后处置与回收情况等进行了系统论述，并对未来信用风险发展态势进行展望。在我国债券市场发展日益市场化、国际化的背景下，保险资管机构等投资者应加强对债券市场信用风险的认识及重视程度，同时根据违约发生的特点及未来趋势辅助投资决策，并采取有效措施管控风险。

关键词

债券市场　违约　信用风险　处置　回收

引　言

　　债券市场是我国资本市场的重要组成部分,对经济发展具有重要的作用。近年来,我国债券市场处于快速扩张阶段,债券市场产品更加丰富,短期融资券、中期票据、超短融等先后出现,公司债逐步扩容,同时资产证券化产品、绿色债券、创新创业债券、各类专项债、永续债等创新品种不断推出,债券市场发行量和交易量均明显增长,债券市场在满足实体经济融资需求,促进经济高质量发展方面发挥着日益显著的作用。但与此同时,债券违约风险也在不断累积和逐步暴露。2014 年"11 超日债"发生实质性违约,这是我国公募债券市场上的首例公开债券违约事件。2015 年以来,债券市场违约事件时有发生,违约债券逐步覆盖短融、超短融、中票、定向工具、企业债和公司债券(含私募债)等主要公司信用类债券,违约主体扩大至民营企业、央企、地方国企等所有企业类型,违约涉及行业不断增多,涉及省份范围不断扩大,违约逐渐步入常态化发展阶段。尽管从长期来讲,非系统性违约事件的发生对于消除债券市场定价扭曲、完善市场风险分散分担机制具有积极意义,但客观上也对投资者的风险管控能力提出了更高的要求。债券具有收益稳定的特点,与保险资金安全性、收益性等运用原则相匹配,因此,成为保险资金运用的主要渠道。在我国债券市场违约常态化背景下,信用风险成为保险资金债券投资面临的重要风险,系统性论述中国债券市场违约问题有利于保险资管机构等投资者加强对债券市场信用风险的认识及重视程度,同时根据违约发生的特点及未来趋势辅助投资决策,采取有效措施管控风险,对债券市场其他参与者如监管机构、债券发行人、信用评级机构、信用咨询机构等也有一定的参考和借鉴意义。

第一章　我国债券市场违约发展历程

近十年来,我国债券市场处于快速扩张阶段,发行规模整体呈上升趋势,债券品种更加丰富,债券市场在服务实体经济、促进直接融资、助力经济提质增效方面成效显著。截至 2019 年 9 月 30 日,我国债券市场主要信用债[①]存量约 1.85 万期,存续规模约 19.23 万亿元。

随着我国债券市场的发展壮大,债券融资功能逐渐强化,但市场规模不断扩大的同时信用风险也逐渐累积。受宏观经济周期波动、行业景气度下滑、企业自身经营管理不善等因素影响,2012 年至 2013 年我国债券市场信用风险开始暴露,债券兑付危机时有发生,但最终均在政府、银行等相关机构的协调下如期兑付或由担保机构代为偿付,未有债券发生实质性违约,投资者亦未遭受损失。2014 年我国公募债券市场出现首例债券违约事件——"11 超日债"实质性违约,2014 年也被公认为我国债券市场的"违约元年",自此我国债券市场信用风险进一步暴露,违约事件逐渐进入常态化发生阶段。

一、债券市场"刚兑信仰"形成

债券市场刚性兑付是指在债券发行人因各种原因无法履行偿债责任时,发行人所在地政府、发行人股东等关联方出面协调债务偿还事宜甚至对债务进行兜底,以避免债券发生实质性违约或在违约事件发生后采取必要措施避免投资者遭受损失。鉴于债券市场的稳定发展对我国经济社会健康发展、金融环境稳定等具有重要意义,相当一段时间内政府部门对债券市场保持一定程度的管控,当出现违约风险时,政府部门通常出面协调兑付以化解风险,因此我国债券市场在较长时期内未出现投资者遭受实质损失的情况,市场及投资者普遍存在"刚兑信仰"。

以企业债券为例,我国企业债券融资始于 20 世纪 80 年代初期,当时少量企业在没有政府部门审批的情况下自发地向社会或企业内部融资。1987 年国务院颁布实施

[①] 主要信用债包括短期融资券、超短期融资券、中期票据(含集合票据)、定向工具、企业债(含集合企业债)、公司债(含私募债)、可交换债等,且不包含中国国家铁路集团有限公司和中央汇金投资有限责任公司发行的债券,以下同。

《企业债券管理暂行条例》,企业债券市场步入快速发展阶段。但由于当时发债主体多为地方国有企业或中央国有企业,债券市场作为国有企业进行项目建设融资的补充渠道,债券发行都是按照国家重点项目建设计划、社会投资计划等指令进行的,较少考虑债券偿付风险,在此背景下部分资质较差、偿债能力与偿债意愿均不足的发行人也通过发行企业债券进行融资,导致后续部分企业债券出现兑付危机。1993年起,辽宁、吉林等部分地区陆续发生债券不能如期兑付的情况。截至1997年末,全国约有30亿元的企业债券出现逾期,这也是我国债券市场最早的违约形态。20世纪90年代企业债券的投资者主要为个人,企业债券违约事件发生后,政府部门出于维护社会稳定目的出面协调,通过财政、银行和承销商等多渠道进行了处置,避免了投资者遭受实质损失。

此后,为防范违约风险,政府部门从提高发行主体资质、要求银行为债券提供担保两个方面加强风险管控。1998年至2006年我国债券市场违约风险较低,其间发行的企业债券普遍由银行提供担保。我国债券市场刚性兑付预期初步形成并得以强化。

二、信用风险事件渐次出现以及"刚兑信仰"的延续

(一)"06福禧CP01"信用风险事件

2006年7月福禧投资控股有限公司因涉及上海社保基金案[①]被法院冻结财产,公司实际控制人张某被捕,导致其存续短期融资券"06福禧CP01"出现兑付危机,债券信用等级被降至C级且在二级市场被低价抛售。福禧事件发生后主承销商工商银行牵头协调各方组织成立债权人委员会,在中国人民银行等监管机构及有关部门的指导和支持下按照市场化原则开展维权工作,最终"06福禧CP01"在债券到期日(2007年3月7日)如期完成兑付。

福禧事件是我国债券市场首例重大信用风险事件,同时也是短期融资券市场首次发生偿债危机。福禧事件考验了监管部门、投资者、中介机构等市场参与主体的风险处置能力,为债券市场投资者敲响了信用"警钟",投资者风险防范意识有所增强,监管部门也在信息披露、基金持仓等方面进一步强化监督管理。此外,"06福禧CP01"出现兑付危机后二级市场发生的交易行为也引发市场人士对发展高收益债券市场的思考。[②]

---

① 原上海市劳动和社会保障局局长祝某违规挪用、侵占社会保障基金经济案件,涉案金额达百亿人民币。
② 高收益债券即垃圾债券,是指标普或惠誉评级为BBB-级以下或穆迪评级为Baa3级以下的债券;"06福禧CP01"变为垃圾债券后,第一创业证券股份有限公司曾于2006年9月6日以60元成交价购买面值2 100万元的"06福禧CP01",债券最终兑付后,该笔投资收益率为66%,年化收益率达134.4%。

(二)"技术性违约"首次出现

目前国内外债券市场对"技术性违约"尚无统一定义,国际三大评级机构中仅穆迪给出了"技术性违约(technical defaults)"的定义。穆迪所称"技术性违约"是指除了支付本金和利息外,发行人未能履行债券发行契约所在条款,例如违反最高杠杆率或最低债务覆盖率要求等。穆迪对违约的定义不包括上述界定的所谓"技术性违约",除非债务人未能就此采取补救措施且无法履行由此导致的债务加速清偿义务。

国内评级机构未对"技术性违约"进行定义,仅将其作为有别于"实质性违约"的一种形态。例如,若合同中未设置宽限期,发行人单纯由于技术原因或管理失误而导致债务未能及时兑付的情况,只要不影响其偿债能力和偿债意愿,并能在1~2个工作日得以解决,则不包含在违约定义中。

2009年我国债券市场首次出现发行人因技术原因或管理失误未能及时偿付债券的情况。安庆市城市建设投资发展(集团)有限公司(简称"安庆城投")所发企业债券"07宜城投债"应于2009年11月30日支付2009年度利息;2009年11月30日付息日当天中央国债登记结算有限责任公司(简称"中债登")在中国债券信息网公告称,截至当日17时,仍未能收到"07宜城投债"付息资金;2009年12月1日中债登再次公告称,已于当日10时收到"07宜城投债"年度利息并划付给债券持有人。对于延迟支付利息的具体原因,安庆城投在2009年12月3日的公告中称主要是由于工作失误,相关资金支付经办人员对央行大额支付系统关闭时间不清楚,在履行公司内部审批手续时用时过长,直到2009年11月30日17时左右才递交转账付款单据,导致付息资金未能及时划入中债登结算账户。

此后,2012年1月鞍山钢铁集团有限公司所发3年期中期票据"08鞍钢MTN1"因节假日因素导致发生兑付风波,发行人未能按照协议在兑付日(2012年1月4日)前一工作日将兑付资金划至中债登结算账户,引发市场投资者对债券违约的猜测和担忧。最终"08鞍钢MTN1"兑付资金于兑付日当天到账,按期完成兑付。

(三)短期融资券信用风险系列事件

2012年我国债券市场共发生3起短期融资券信用风险事件。山东海龙股份有限公司(简称"山东海龙")所发短期融资券"11海龙CP01"信用风险事件是国际金融危机后我国债券市场出现的首例债券兑付危机。山东海龙是国内粘胶纤维生产的龙头企业,主要从事粘胶纤维及帘帆布的生产与销售。山东海龙第一大股东为地方国有企业潍坊市投资公司(现改制为潍坊市投资集团有限公司),截至2011年末持股比例为

16.24%,潍坊市投资公司承担着当地政府投融资主体和出资人代表的职能。山东海龙长期大额亏损,且因涉及违规对外担保、未履行信息披露义务等问题被监管机构立案调查,偿债能力严重不足。2011年底山东海龙已陷入资不抵债的困境,"11海龙CP01"(到期日为2012年4月15日)的兑付面临较大的不确定性。最终在监管部门、地方政府的协调下,山东海龙按期足额兑付"11海龙CP01"到期本息,据悉偿债资金来源于恒丰银行。2012年末山东海龙与重组方中国恒天集团有限公司(简称"中国恒天")就重整事宜达成协议,中国恒天收购山东海龙29.77%的股权,山东海龙更名为恒天海龙股份有限公司。

山东海龙事件后,江西赛维LDK太阳能高科技有限公司(简称"江西赛维")、新疆中基实业股份有限公司[①](简称"新中基")同样出现短期融资券兑付危机。最终江西赛维在江西省政府以及国开行等金融机构的融资支持下如期兑付其所发短期融资券"11江西赛维CP001"(到期日为2012年10月21日),新中基所发短期融资券"11新中基CP001"(到期日为2012年11月7日)则由债券担保人、公司第一大股东农六师国有资产经营有限责任公司(现新疆生产建设兵团第六师国有资产经营有限责任公司)代为偿付。

通过地方政府、股东等关联方的协调支持,山东海龙、江西赛维、新中基短期融资券的违约风险均得以化解,我国债券市场"刚兑信仰"进一步强化,外部支持力度较强的债券更加受到市场青睐。

(四)中小企业集合债、集合票据信用风险系列事件

2012年至2013年,我国债券市场中部分中小企业集合债、中小企业集合票据发生信用风险事件,部分集合债、集合票据联合发行人因自身丧失偿债能力而由债券担保方代为偿付,共涉及7家发行人、5期债券。7家发行人分别是北京地杰通信设备有限公司("10中关村"联合发行人之一)、北京康特荣宝电子有限公司("10京经开SMECN1"联合发行人之一)、哈尔滨惠佳贝食品有限公司("10黑龙江SMECN1"联合发行人之一)、常州高力彩钢板有限公司、顶呱呱彩棉服饰有限公司、江苏旺达纸业股份有限公司("11常州SMECNII001"联合发行人)、常州永泰丰化工有限公司("11常州中小债"联合发行人之一)。上述债券均未发生实质性违约,投资者没有遭受损失,发行人构成主体违约。我国债券市场"刚兑信仰"得以延续,履行代偿义务的担保方的偿债能力和偿债意愿成为保障债券市场"刚兑信仰"的关键。

---

① 2016年5月公司已更名为中基健康产业股份有限公司。

三、"刚兑信仰"的打破以及违约日趋常态化

（一）首例公募债券违约事件："11超日债"

2014年3月，受光伏行业景气度下行、市场外部需求减弱以及光伏产品价格大幅下跌等不利因素冲击，国内光伏企业上海超日太阳能科技股份有限公司（简称"超日股份"）[①]经营持续亏损，未能按期足额偿付其存续债券"11超日债"第二期利息，构成实质性违约。2014年6月人民法院裁定受理债权人对超日股份的重整申请。2014年10月超日股份重组方案获法院批准，"11超日债"投资者最终通过企业破产重整方式由重组方全额偿付债券本息。"11超日债"违约事件是我国公募债券市场首例债券违约事件，2014年也被公认为我国债券市场的"违约元年"，市场化违约大幕由此拉开。

作为中国公募债券市场首例发生实质性违约的债券，"11超日债"的违约虽然引发了市场波澜，但该事件的发生对我国债券市场的长远发展具有重要的意义。第一，有利于推动债券市场的市场化进程：实质性违约的出现有利于纠正扭曲的市场信用风险定价机制，使得收益率曲线更加合理有效、信用利差能充分反映信用差异，进而使价格信号成为有效的参考工具，让市场成为资源配置的决定性因素。第二，有利于防范发行人的道德风险问题，减少发行人不计融资成本和偿债压力的盲目融资行为。第三，有利于提升投资者的风险防范意识，修正"刚兑"预期，进一步加强风险判断和定价，正确树立风险自负的投资意识。第四，有利于中介机构的功能归位，减少各方中介机构（包括承销机构、审计机构、评级机构等）在发行过程中对发行人的妥协和倾斜，有助于促使中介机构各司其职，加强在信息披露和合规管理方面的建设。

（二）中小企业私募债违约事件

中小企业私募债以非公开方式发行，对发行人没有净资产和盈利能力的门槛要求，发行人违约风险往往较高。2014年共有7家发行人所发8期中小企业私募债发生违约，违约债券分别为"11华特斯""13中森债""12金泰01""12金泰02""12津天联""13华珠债""12申环01""12蒙农科"。2014年到期应付（包含本金和利息到期）的中小企业私募债共有74期，其中，发生违约的债券期数占比逾10%。中小企业私募债的高频率违约对我国债券市场投资者惯有的"刚兑信仰"形成进一步冲击，强化风

[①] 2015年3月公司完成重整并更名为协鑫集成科技股份有限公司。

险意识、注重对发行主体信用资质的研究逐渐成为市场共识。

从2012年试点到2015年退出历史舞台,[①]中小企业私募债[②]共发行742期,发行规模合计约1 330.14亿元。截至2019年三季度末,据不完全统计,[③]共有38期中小企业私募债发生违约,涉及中小企业30家,违约规模合计约40.78亿元。中小企业私募债违约事件发生时间分布在2014年至2017年。

(三)违约事件发生趋于常态化

2015年以来,在主动转变发展方式、经济增速换挡的大背景下,我国宏观经济下行压力有所增大。随着供给侧结构性改革、去产能、去杠杆等政策措施的持续推进,部分企业出现盈利能力下滑、融资难度加大等经营困难,我国债券市场信用风险加速暴露,违约事件时有发生。公募债券首例本金违约事件("12湘鄂债")、首例中央国有企业违约事件("11天威MTN2")、首例地方国有企业违约事件(东北特钢)、首例投资者遭受损失事件("12二重集MTN1")、银行间债券市场首家破产清算企业(广西有色)、首例可交换债违约事件("16飞马01")等首例、典型事件相继出现。

自2014年"超日债"违约事件以来,我国债券市场新增违约数量整体呈上升态势。截至2019年三季度末,我国债券市场共有174家发行主体发生违约,[④]共涉及到期(包含本金/利息到期,下同)违约债券379期,到期违约债券规模[⑤]合计约2 642.09亿元;违约债券类型已覆盖所有主要信用债品种,违约发行人企业性质包括民营企业、中央国有企业、地方国有企业、外资企业等所有类型,违约发行人所属行业、地域分布范围不断扩大。我国债券市场违约步入常态化发展阶段。

图1-1表示截至2019年三季度末我国债券市场各年新增违约数量,由图可知我

---

① 2012年5月,沪深交易所分别发布《中小企业私募债券业务试点办法》;随后,证券业协会发布《证券公司开展中小企业私募债券承销业务试点办法》,中小企业私募债券开始登上我国债券市场的舞台。2015年1月证监会发布《公司债券发行与交易管理办法》,扩大公司债发行主体范围;与此同时沪深交易所停止了中小企业私募债券的备案,此后私募债基本取代中小企业私募债。

② 此处统计以"中小企业私募债券"或"小企业私募债券"命名的债券。

③ 私募债券信息披露不完善,部分发生违约的中小企业私募债券可能未经公开报道。

④ 本课题认为,当出现下述一个或多个事件时,即可判定债券/主体发生违约:一是债权人未能按照合同约定(包括在既定的宽限期内)及时支付债券本金和/或利息;二是债务人不能清偿到期债务,并且资产不足以清偿全部债务或者明显缺乏清偿能力,债务人被人民法院裁定受理破产申请的,或被接管、被停业、关闭等;三是债务人进行债务重组且其中债权人做出让步或债务重组具有明显的帮助债务人避免债务违约的意图,债权人做出让步的情形包括债权人减免部分债务本金或利息、降低债务利率、延长债务期限、债转股(根据协议将可转换债券转为资本的情况除外)等情况;但以下两种情况发生时,不视作债务/主体违约:一是如果债务有担保,担保人履行担保协议对债务进行如期偿还,则债务视为未违约;二是合同中未设置宽限期的,单纯由于技术原因或管理失误而导致债务未能及时兑付的情况,只要不影响债务人偿还债务的能力和意愿,并能在1~2个工作日得以解决,不包含在违约定义中。

⑤ 到期违约规模是指违约债券未能偿付的本金和利息之和。

国债券市场新增违约数量基本呈现逐年上升态势,除2017年新增违约数量相对较少外,2015年、2016年、2018年及2019年前三季度新增违约主体家数均较多。此外,2018年以来新增违约债券期数和规模明显增多,2019年前三季度新增违约主体家数和新增违约债券期数已接近2018年全年水平。从违约率来看(见图1-2),2013年至2016年我国公募债券市场发行人主体违约率逐年上升;2018年以来违约事件常态化发生,2018年公募债券市场违约率与2016年大致持平;整体来看,我国公募债券市场违约率仍处于较低水平。

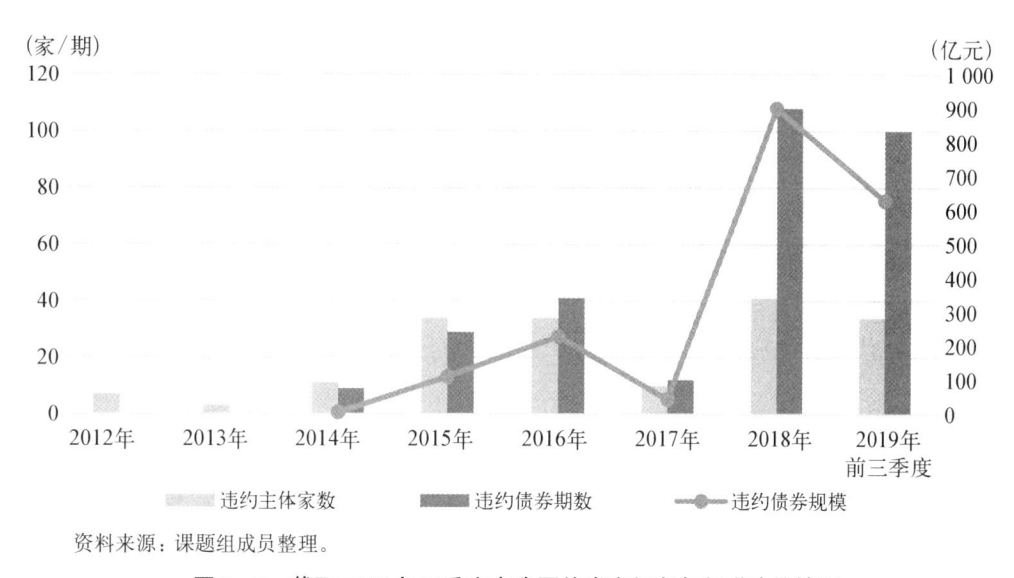

资料来源:课题组成员整理。

图1-1 截至2019年三季度末我国债券市场各年新增违约情况

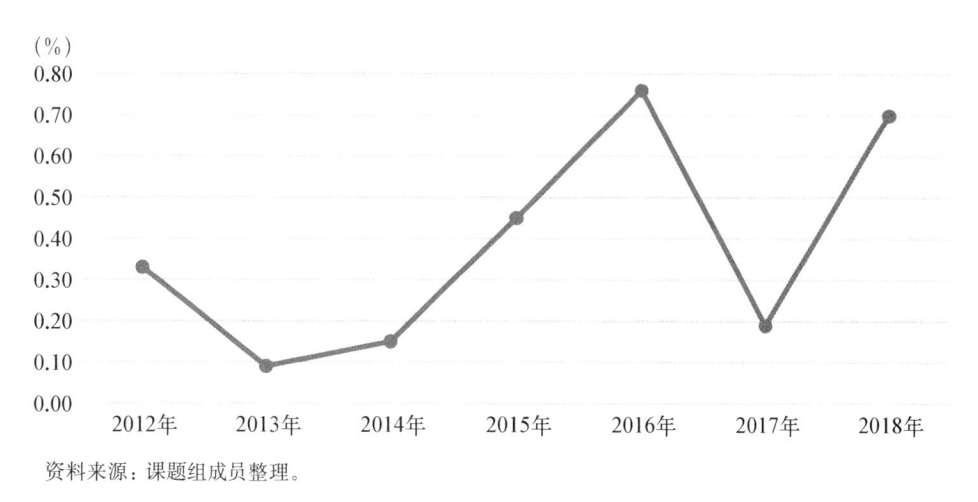

资料来源:课题组成员整理。

图1-2 2012年至2018年我国公募债券市场违约率情况

第二章　我国债券市场违约特征分析

信用风险的存在是市场经济发展的客观规律,违约现象是宏观经济和行业周期性变化下的必然结果,出现违约事件是成熟债券市场的特征之一。"刚兑信仰"不能体现市场风险偏好,导致市场价格信号失灵、资源配置效率下降。打破"刚兑信仰"是对市场扭曲现象的纠正,有利于市场形成良性的风险意识和投资文化。从长期来讲,非系统性违约事件的发生对于消除债券市场定价扭曲、完善市场风险分散分担机制具有积极意义,但客观上也对投资者的风险管控能力提出了更高的要求。对债券市场违约事件特征进行分析,有利于投资者更好地把握违约发生的规律,进而辅助投资决策。

一、违约风险外部因素主要源于宏观经济、行业周期波动及融资环境趋紧

从内部因素来看,经营管理不善、财务状况恶化是债券发行主体发生违约的根本原因;从外部因素来看,宏观经济下行、行业周期波动以及融资环境趋紧等因素可能对企业造成冲击,部分抗风险能力较弱的企业在不利外部环境下极易发生违约。总体来看,2018年以前债券市场违约事件的发生主要受宏观经济下行、行业周期性波动影响,2018年至今大多违约主体则明显受到经济去杠杆、金融强监管导致的融资环境趋紧的不利影响。

我国债券市场违约事件的发展特征与宏观经济金融环境、行业周期波动具有一定关联性。受外部环境恶化和国内经济体制改革等因素影响,2010年以来我国宏观经济进入下行周期,GDP增速逐步回落,部分行业面临周期性调整,市场微观主体盈利能力有所下滑。2013年底中央经济工作会议做出我国经济正处于增长速度换档期、结构调整阵痛期、前期刺激政策消化期"三期叠加"的判断。2014年底中央经济工作会议进一步做出我国经济进入"新常态"的判断,宏观经济从高速增长转向中高速增长。图2-1表示2010年至2019年前三季度我国GDP规模及同比实际增速情况。近十年间我国经济增长稳中有进,GDP规模逐步迈向百万亿元关口,经济运行由高速发展转向中高速发展。但总体来看,我国宏观经济正处于下行周期,经济增长压力有所加大,GDP同比实际增速逐步"下台阶"。2011年GDP同比实际增速跌破10%;2012年、2013年GDP增速进入"8%"时代;2015年以来GDP增速进入"7%"时代;2014年至2019年三季度末,除2017年GDP增速小幅回升外,其他各年GDP增速均

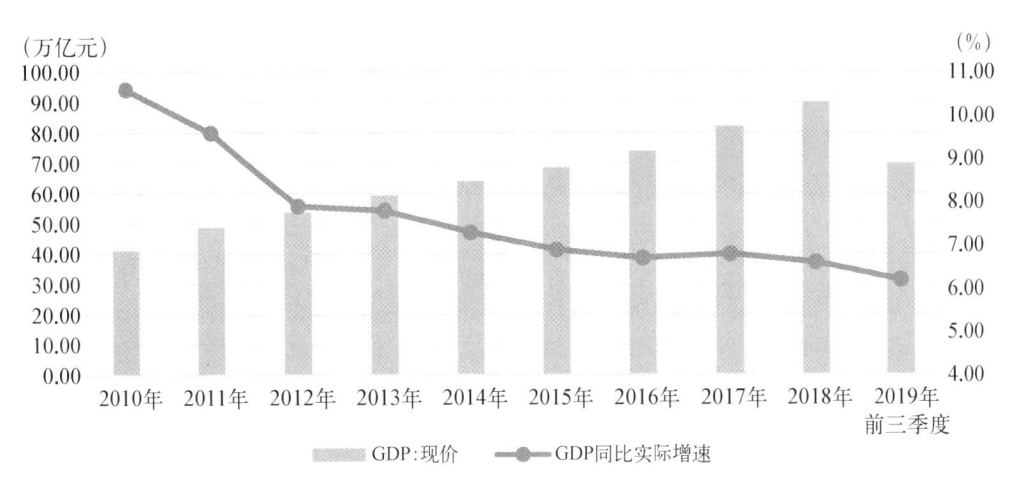

资料来源：Wind，课题组成员整理。

图2-1 2010年至2019年前三季度我国GDP规模及增速情况

连续小幅下行。

2015年底"三去一降一补"供给侧结构性改革开启，煤炭、钢铁、化工等重点领域去产能工作陆续展开，2016年周期性行业去产能逐步深化，产能周期波动造成部分煤炭、钢铁企业盈利能力下滑，发生违约。2017年上游行业去产能逐步完成，盈利能力有所好转，全年违约数量较2015年和2016年明显下降，盈利能力下滑仍然是2017年违约发行人的主要特征（见图2-2）。

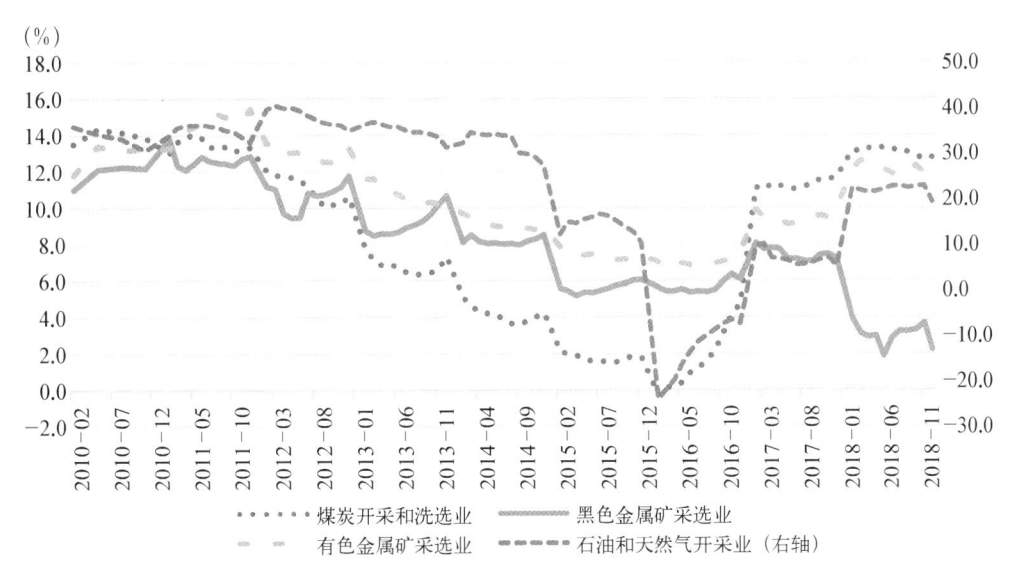

资料来源：Wind，课题组成员整理。

图2-2 2010年至2018年上游资源品领域行业销售利润率变化情况

与 2018 年之前有所区别,2018 年以后债券市场违约事件明显增多主要由于 2018 年以来的金融严监管叠加政府债务严监管对企业的经营和融资造成了一定的影响,前期政策宽松条件下部分企业大量融资,负债扩张较为激进,然而该模式在监管趋严的背景下无法复制。债务集中到期时外部融资环境的变化使得企业资金周转困难。受市场风险偏好下降、规避风险情绪加重的影响,一些企业短期偿债压力巨大再加上无法获得外部融资最终导致资金链断裂发生违约。图 2-3 表示 2010 年末至 2019 年三季度末我国融资规模存量同比增速情况。截至 2019 年三季度末我国社会融资规模存量为 219.04 万亿元,同比增长 10.8%。近十年来我国社会融资规模存量同比增速总体呈现阶梯式下行态势,社融增速的变化反映出实体经济从"去杠杆"到"稳杠杆"的渐进过程。2017 年下半年至 2018 年底经济去杠杆加速、金融强监管加码,社融增速出现明显下滑,由 15% 跌至 10% 左右;融资环境趋紧使得部分企业资金链紧张,这一时期我国债券市场违约风险加速释放。

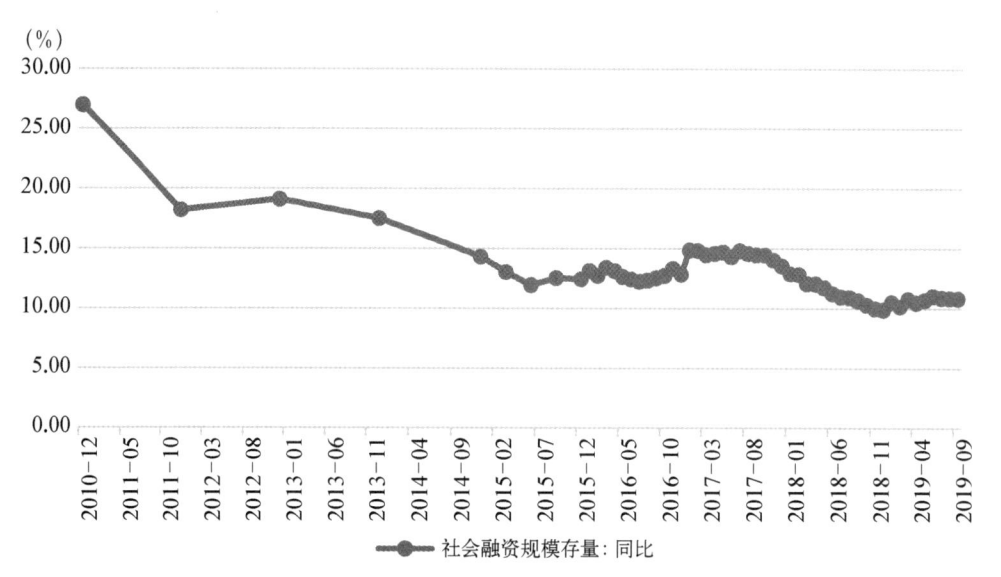

资料来源:Wind,课题组成员整理。

图 2-3　2010 年末至 2019 年三季度末我国社会融资规模增速情况

二、违约发行主体以民营企业为主

在我国宏观经济增速放缓和经济去杠杆的背景下,民营企业盈利能力有限且融资环境较难改善,在债券市场中民营企业"劣势"凸显。与此同时,部分民营企业存在公司治理不完善、激进扩张等问题,企业战略决策失误、关联方及上下游资金占用严重、实际控制人风险及内控风险、区域互保联动风险等因素导致部分民营企业经营和财务状况进一步恶化,最终无法偿还到期债务。

截至 2019 年三季度末,我国债券市场共有 124 家民营企业发生违约,涉及到期违约债券 274 期,到期违约规模约为 1 829.53 亿元。民营企业的违约主体家数、到期违约债券期数、到期违约规模在全市场中的占比分别为 71.26%、72.30%、69.25%。分年来看,2014 年至 2019 年前三季度各年新增违约主体中民营企业的占比均在 60% 以上。2018 年 41 家新增违约主体中有 29 家民营企业(占比 70.73%)。2019 年前三季度新增违约主体中有 28 家民营企业,占比进一步上升至 82.35%。整体来看,我国债券市场违约发行主体以民营企业为主。从 2015 年至 2018 年不同类型企业平均违约率来看,民营企业的四年平均违约率明显高于其他类型企业(图 2-4)。

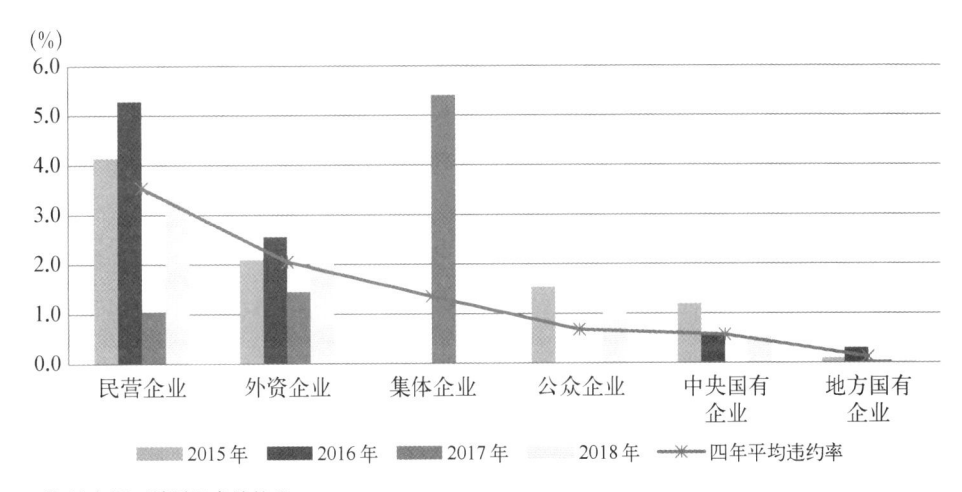

资料来源:课题组成员整理。
注:按近四年平均违约率由高到低进行排序。

图 2-4　2015 年至 2018 年我国公募债券市场分企业类型主体违约率统计

(一)民营企业盈利能力有限、融资环境不佳

图 2-5 表示 2011 年下半年至 2019 年前三季度工业领域国有企业和民营企业的营业利润率变化情况。2017 年开始,国有企业和民营企业的营业利润率表现开始分化,受益于国企改革取得积极成效以及国有工业企业去产能初步完成,国有企业营业利润率开始回升,2017 年一季度至 2019 年前三季度国有企业营业利润均高于民营企业。2018 年以来国有企业与民营企业的营业利润率明显拉开差距,2018 年 6 月末二者差距最大,达 2.46 个百分点。2019 年三季度末民营企业营业利润率为 4.93%,国有企业营业利润率为 6.52%,二者差距仍较大。

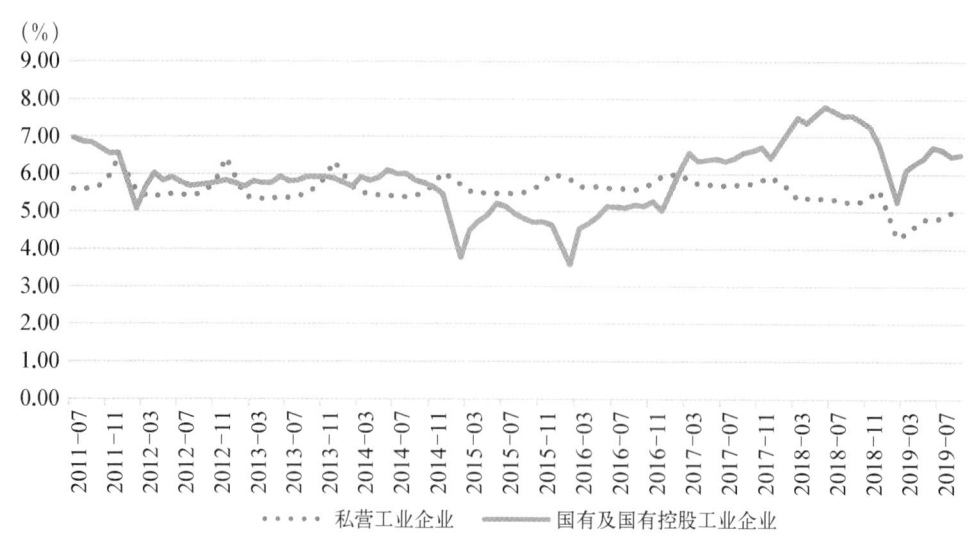

资料来源：Wind，课题组成员整理。

注：此处使用私营工业企业表示民营企业，国有及国有控股工业企业表示国有企业；营业利润率为累计值。

图 2－5　2011 年下半年至 2019 年前三季度工业领域国有企业和民营企业营业利润率对比

经济放缓过程中民营企业盈利能力较弱的特点更为凸显，而融资环境趋紧下民营企业融资难、融资贵的困境更加突出。图 2－6 表示 2010 年至 2019 年前三季度国有企业和民营企业主要信用债净融资额变化情况，图 2－7 表示 2010 年至 2019 年前三季度国有企业和民营企业主要信用债平均发行利率对比情况。2018 年以来民营企业主要信用债净融资额持续为负，2018 年全年民营企业主要信用债净融资额为－1 009.36 亿元，2019 年前三季度民营企业主要信用债净融资额为－1 618.58 亿元。2018 年以来民营企业违约数量较多，债券市场对民营企业发行人的认可度较差，民营企业融资困难与债券违约之间形成负向反馈，民营企业融资环境整体不佳。2019 年以来监管层采取多种货币政策工具维持流动性合理充裕并且通过纾困专项债、信用风险缓释工具支持民企融资，但受违约事件持续发生、监管持续加强及包商银行事件等影响，银行资产端风险偏好进一步降低，并且股权质押条件趋严，限制发行人通过协议式回购进行结构化融资，非标融资受限持续萎缩，民营企业融资环境未明显改善。从发行利率来看，民营企业主要信用债发行成本长期高于国有企业；2018 年下半年以来债券市场资金面保持合理充裕，国有企业和民营企业发行成本均有所下降，但民营企业的平均发行利率降幅显著低于国有企业，二者的差距维持在 100～150 BP 之间。

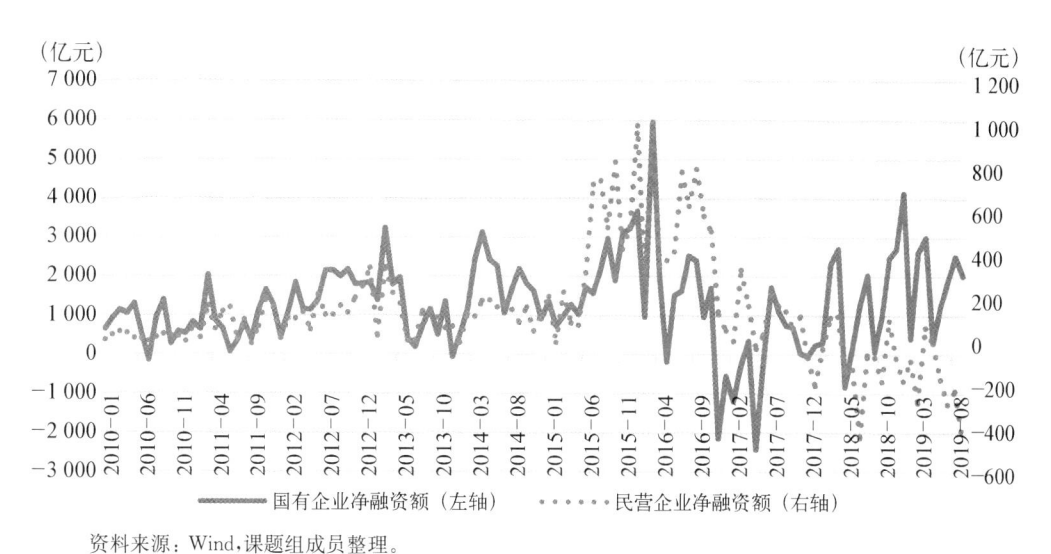

图 2-6　2010 年至 2019 年前三季度国有企业和民营企业主要信用债净融资额情况

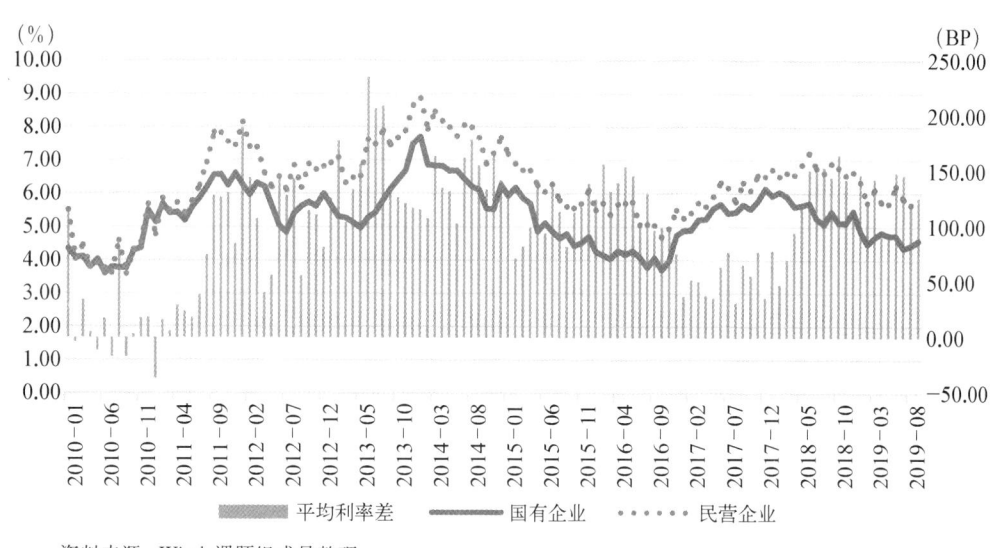

图 2-7　2010 年至 2019 年前三季度国有企业和民营企业主要信用债平均发行利率对比

(二) 民营企业经营管理风险较大

民营企业违约事件多发一定程度上受到宏观经济和融资环境的影响,但违约事件发生的源头是民营企业经营管理过程中存在的诸多弊病。企业战略决策失误、关联方及上下游资金占用严重、内控制度失序、实际控制人风险、区域互保联动风险等不利因素导致部分民营企业经营和财务状况逐步恶化,最终无法偿还到期债券,导致违约发生。

1. 企业经营战略风险

激进扩张与盲目转型是导致企业发生经营战略风险的主要原因。企业实施激进的扩张战略和业务转型战略会造成较大规模的资金占用以及持续性的资本性支出，在自身资金有限的情况下，企业只能通过举借巨额债务进行并购、扩张或转型，即所谓"承债式"发展。随着扩张战略或转型战略的推进，企业对债务融资的依赖性逐步提高，债务规模越来越大，违约风险加大，同时业务转型战略同样也面临失败风险，易导致违约发生。

例如，三胞集团有限公司（简称"三胞集团"）近年来进行多笔大规模并购，造成投资性现金流净流出大幅增长，导致公司过度举债、持有的上市公司股权高比例质押，融资弹性较差。但是三胞集团经营获现能力严重不足，随着银行贷款、债券等债务陆续到期，公司流动性持续紧张，最终流动性枯竭发生违约。此外，庞大汽贸集团股份有限公司、哈尔滨秋林集团股份有限公司、成都天翔环境股份有限公司等发行人违约事件的发生均与大额投资并购事项相关。

此外，激进扩张战略进一步导致关联方及上下游资金占用严重，企业应收款项（含应收账款、应收票据、其他应收款）高企，资产质量较差，内部流动性恶化，如大连天宝绿色食品股份有限公司、宝塔石化集团有限公司、成都天翔环境股份有限公司、南京建工产业集团有限公司、北讯集团股份有限公司等，上述企业应收款项占流动资产比例均在50%以上。其中，成都天翔环境股份有限公司应收款项占流动资产比例更是高达80.89%，资产实际变现能力极其脆弱，内部流动性严重不足。

激进扩张战略下，部分民营企业受困于持续的资本性支出压力以及上下游企业占款，长期资金融资需求旺盛。但在经济去杠杆、金融强监管的影响下，商业银行资产端风险偏好进一步降低，信贷投放趋于谨慎，贷款呈现短期化趋势，企业只能采用"短债长投"方式，不断进行期限错配以缓解流动性缺口，这也导致部分民营企业债务结构偏向短期。企业过度依赖短期限融资将大大降低资金运用的灵活性，使其难以实现资源优化配置，流动性风险极易蔓延至日常经营活动。对于存在"短债长投"的部分民营企业，如河南众品食品有限公司、宝塔石化集团有限公司等，短期债务集中到期无法接续、资金链断裂正是其违约的直接原因。

部分民营企业还因业务战略转型失败导致违约，如金洲慈航集团股份有限公司、大连天宝绿色食品股份有限公司、宝塔石化集团有限公司、国购投资有限公司等。以金洲慈航集团股份有限公司为例，公司主要从事黄金珠宝加工等业务，2015年公司通过收购丰汇租赁有限公司谋求转型，开始涉足融资租赁、委托贷款等金融业务。融资租赁业务对资金需求较高且要求企业具有相当的风险控制能力，新业务的开展短期内为公司贡献了高额利润但业务风险也不断累积。公司融资租赁业务下游客户集中度较高且存在部分风险客户,风险客户的"爆雷"导致公司大额亏损,偿债能力严重恶化。

2. 实际控制人风险及内控风险

实际控制人风险及内控风险对企业经营发展带来较大影响,极易引起再融资环境急剧恶化,大股东资金占用等情况也会导致企业实际流动性不足,最终发生违约。民营企业的经营易受实际控制人影响,实际控制人可能利用职权便利违规挪用占用公司资金,公司也更易出现财务信息造假、信息披露不尽责等问题。例如,山东胜通集团股份有限公司存在虚构客户、虚增收入、固定资产和存货的行为;康得新复合材料集团股份有限公司货币资金被控股股东大规模侵占挪用;秋林集团违规使用募集资金,董事长与副董事长失联;宝塔石化集团有限公司票据业务涉嫌违法犯罪,实际控制人及多名高管被刑事调查。实际控制人风险以及内控风险的发生将对企业的市场声誉造成极大的不利影响,引发的融资环境恶化是企业最终发生违约的直接原因。

3. 对外担保、互保风险

企业大规模对外担保导致的融资受阻和担保代偿也是发生违约的重要原因,同时部分区域内互保现象严重,进一步引发互保联动风险。如东辰控股集团有限公司与山东胜通集团股份有限公司等违约企业存在互保现象。东辰控股集团有限公司与山东胜通集团股份有限公司互保对象中,山东大海集团有限公司、山东金茂纺织化工集团有限公司、山东金信新材料有限公司等已破产重整,引发互保联动风险,互保公司间发生多起担保代偿纠纷,导致公司偿债能力严重恶化。

三、违约行业覆盖面逐步扩大

整体来看,截至 2019 年三季度末我国债券市场新增违约发行人主要集中在化工(23 家)、食品(16 家)、金属、非金属与采矿(13 家)、机械(12 家)、石油、天然气与供消费用燃料(12 家)等行业。2014 年以来,上述违约较为集中的行业基本每年均有新增违约主体出现。其中化工行业和机械行业的新增违约发行人主要集中在 2015 年和 2016 年(见图 2-8)。

2018 年以前,我国债券市场新增违约发行人共涉及行业数量 26 个,近半数违约发行人集中在化工、机械、金属、非金属与采矿、石油、天然气与供消费用燃料、电气设备等产能过剩、强周期行业。2018 年违约发行人涉及行业在原有基础上增加 12 个,同时违约发行人从工业领域逐渐扩大至第三产业,专营零售、多元化零售、商业服务与用品、媒体、互联网软件与服务、信息技术服务等行业陆续出现违约发行人。2019 年上半年违约

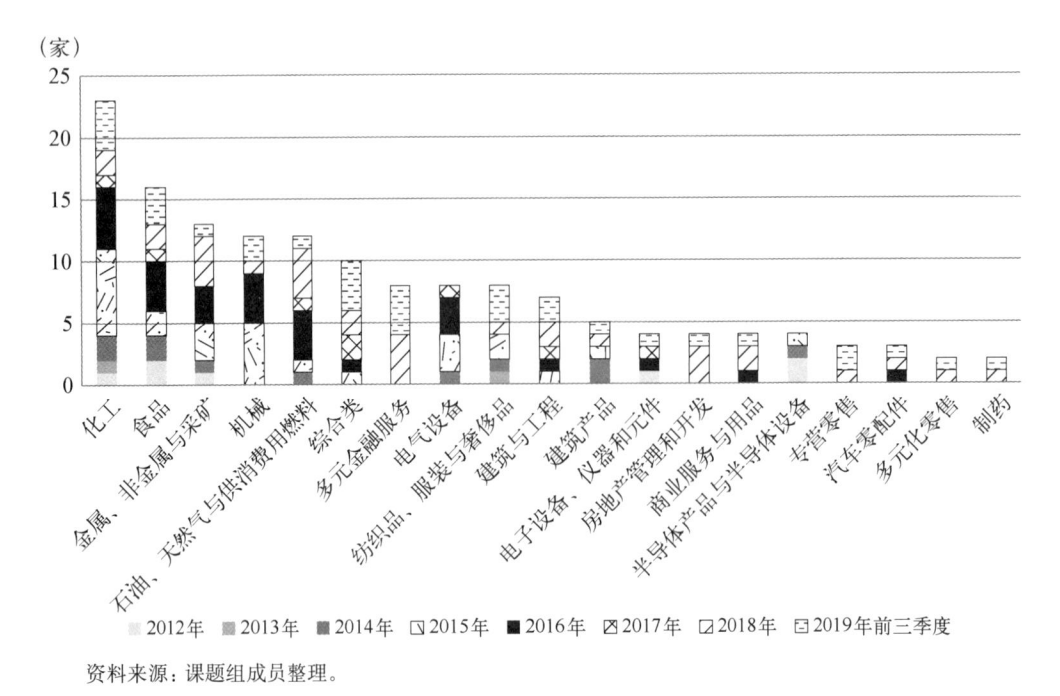

图 2-8 截至 2019 年三季度末我国债券市场每年新增违约发行人行业分布情况

发行人涉及行业未增加,2018 年至 2019 年上半年违约发行人行业分布相对分散。

整体来看,随着债券市场违约风险逐步释放,违约发行人所属行业的覆盖面也进一步扩大,近两年来违约发行人的行业特点逐渐弱化,违约的发生更多与企业自身信用资质相关联。从近四年不同行业企业平均违约率来看,化工、食品、电气设备、机械、石油、天然气与供消费用燃料等行业的四年平均违约率较高,但违约主体的行业分布相对分散,未呈现出明显的行业特征(见图 2-9)。

四、违约主体涉及地区相对集中

截至 2019 年三季度末,我国 34 个省、自治区、直辖市、特别行政区中,除贵州、青海、西藏以及港、澳、台外,其他 28 个省、自治区、直辖市均有发行人发生违约。2015 年和 2016 年,新增违约发行人主要分布在江苏(11 家)、四川(9 家)、福建(7 家)、山东(7 家)等地,其中江苏、四川和福建部分中小企业集合债和中小企业集合票据发行人发生主体违约,导致区域违约较为集中。2017 年至 2019 年前三季度,新增违约发行人主要分布在经济较为发达、民营企业数量较多的地区,北京(11 家)、广东(8 家)、江苏(7 家)、浙江(6 家)、山东(6 家)等地新增违约发行人较多。从近四年不同地区企业平均违约率来看,吉林、内蒙古、四川、福建等地的四年平均违约率较高(见图 2-10)。

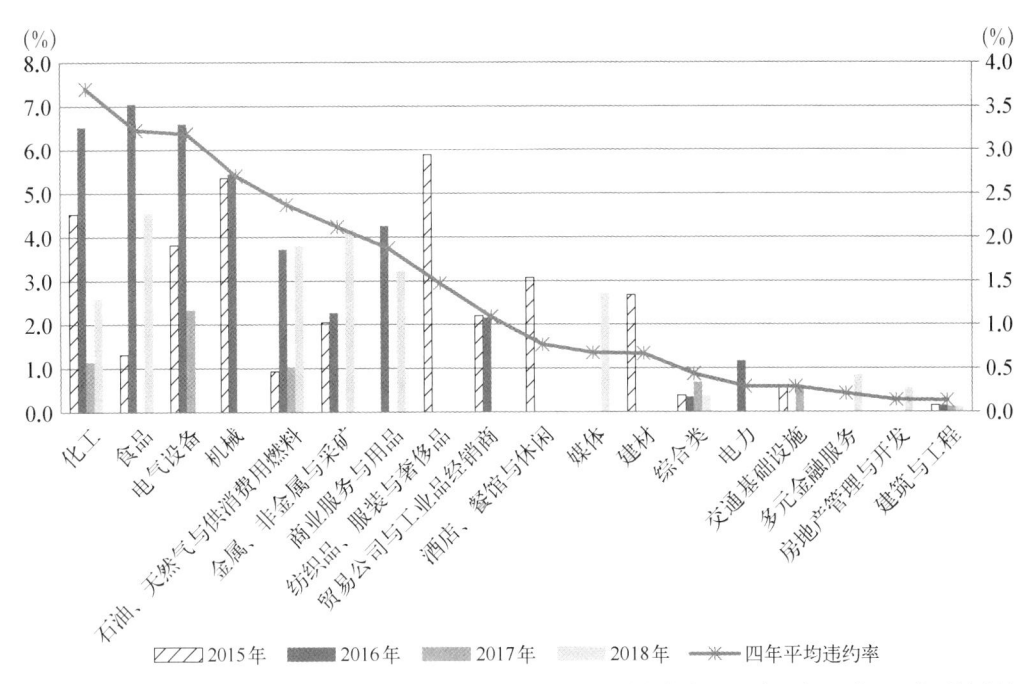

资料来源：课题组成员整理。 注：仅列出2017或2018年样本数多于30家的行业；按近四年平均违约率由高到低进行排序；四年平均违约率依坐标轴右轴，年度违约率依坐标轴左轴。

图 2-9　2015 年至 2018 年我国公募债券市场分行业主体违约率统计

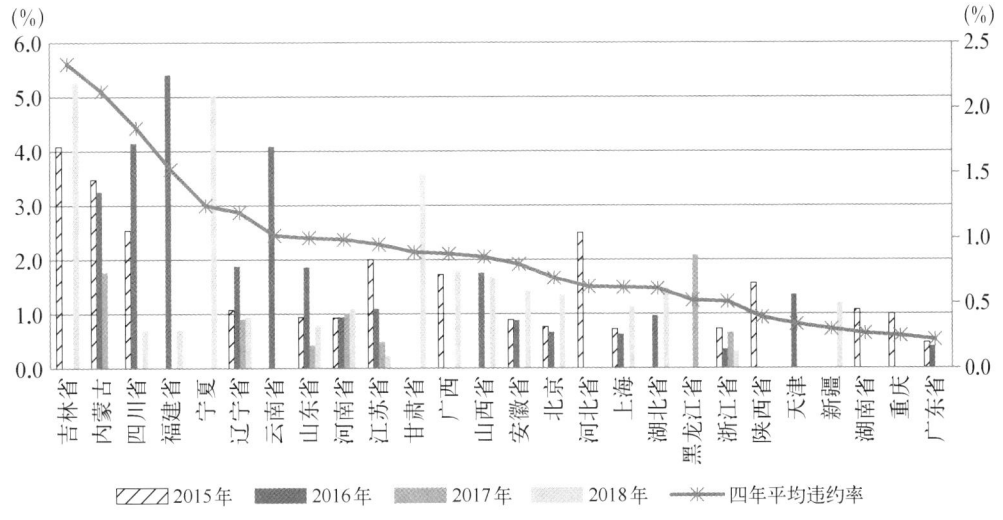

资料来源：课题组成员整理。
注：按近四年平均违约率由高到低进行排序；四年平均违约率依坐标轴右轴，年度违约率依坐标轴左轴。

图 2-10　2015 年至 2018 年我国公募债券市场分地区主体违约率统计

五、上市公司违约有所增多

2018年以前,上市公司发生债券违约的情况较为少见,2018年债券市场新增违约发行人中上市公司占比达41.46%,2019年前三季度这一比例为35.29%,仍维持较高水平(见表2-1)。

表2-1　　　　　　　　我国债券市场历年新增违约上市公司数量

年　份	2012	2013	2014	2015	2016	2017	2018	2019前三季度
上市公司数量	2	0	1	3	2	1	17	12
违约主体数量	7	3	11	34	34	10	41	34
上市公司占比	28.57%	0.00%	9.09%	8.82%	5.88%	10.00%	42.46%	35.29%

资料来源:课题组成员整理。

近两年来上市公司违约事件多发,主要与部分上市公司激进扩张、投资并购、高比例股权质押以及内控制度缺失、违法违规等经营管理问题有关。一是上市公司股东高比例质押股票,导致融资弹性下降,进而容易陷入流动性危机,导致违约的发生,如康得新复合材料集团股份有限公司、北讯集团股份有限公司、金洲慈航集团股份有限公司等;二是并购重组使得一些企业商誉规模快速增长,但一定程度上也可能会低估企业的债务负担,当企业未来的获利能力不能实现,那么将会导致商誉减值,净资产缩水,对企业的信用水平和再融资产生不良影响,如金洲慈航集团股份有限公司、甘肃刚泰控股(集团)股份有限公司等;三是部分上市公司管理风险暴露,在信息披露、财务信息真实性等方面受到监管机构问询函、警示函的频次明显上升,上市公司内控制度不完善导致声誉受损,再融资渠道进一步受限,如康得新复合材料集团股份有限公司、成都天翔环境股份有限公司、大连天宝绿色食品股份有限公司等。

与此同时,外部环境方面,A股市场整体行情以及再融资政策调整间接加速了部分上市公司信用风险的暴露。2017年2月证监会发布《关于修改〈上市公司非公开发行股票实施细则〉的决定》,对部分上市公司过度融资、脱离主业的发展倾向进行纠正,首次对上市公司再融资设置了18个月的融资间隔,并在定向增发的股票增发数量、增发价格以及募集资金用途等方面进行了调整规范,限制了上市公司的融资能力。2017年5月证监会发布《上市公司股东、董监高减持股份的若干规定》,针对上市公司大股东集中、大规模减持现象予以规范,进一步增加了上市公司定向增发的难度。2017

A股再融资市场中,定向增发实际募集资金净额约为6 507亿元,较2016年(11 082亿元)降幅超40%,2018年和2019年前三季度定向增幅实际募集资金净额分别为3 382亿元和780亿元,定向增幅市场发行规模明显收缩,上市公司再融资能力持续减弱。2018年以来A股部分中小上市公司股价大幅下跌,部分上市公司股价"腰斩",股票质押融资平仓风险加剧,上市公司及其股东的融资能力进一步弱化。

第三章 我国债券市场违约案例分析

通过对发行人违约原因进行总结梳理,可以大致将违约风险归因为外部因素和内部因素两个方面。外部因素方面,宏观经济增速有所回落,部分企业经营承压、盈利能力下滑;经济去杠杆、金融监管趋严、信贷政策收紧等因素导致投资者风险偏好下行,部分企业融资难度加大;国际贸易环境恶化、中美贸易摩擦持续,部分外贸出口型企业经营受困;煤炭、钢铁等强周期行业面临阶段性去产能压力,景气度不佳,行业内部分企业盈利能力恶化;产业政策调整、生产安全事故、疫病等不确定风险事件可能导致企业生产停滞、产品积压,陷入经营困境。

内部因素方面,发行人在经营活动、投资活动、筹资活动中存在的风险可能导致经营失败、资金链断裂,最终发生违约。例如部分发行人业务模式存在问题,表现出投资周期长、应收账款大、上下游占款严重等特征,企业易发生"短债长投"、流动性紧张等问题;部分发行人经营战略激进、无序扩张、盲目转型、大额并购投资问题突出,导致企业债务负担沉重,同时面临商誉减值风险;部分发行人债务结构不合理,短期债务占比较高,集中偿债压力较大;部分发行人存在高比例股权质押问题,融资弹性较差;部分发行人公司治理相应制度不完善,存在实际控制人风险以及内部控制风险,实际控制人被调查、被逮捕等突发事件可能造成企业迅速丧失融资能力,而内部控制制度缺失、执行不严可能造成资金侵占挪用、违规对外担保、财务造假、信息披露违规等问题;部分发行人存在关联企业风险,母子公司、区域互保企业等依存度较高、债务关系密切的企业违约风险较易蔓延。

从我国债券市场违约案例来看,违约发行人可能同时存在多重经营弊病,本章选取违约特征相对突出的4家发行人,从行业因素(产能过剩)、经营战略(过度扩张)、内部控制(财务造假和实际控制人风险)等角度具体分析债券违约原因。

一、产能过剩——广西有色

(一)违约主体及债券情况

广西有色金属集团有限公司(简称"广西有色")是广西壮族自治区国资委独资的省级非铝有色金属整合平台,2008年4月由柳州华锡集团有限责任公司等6家国有独资或控股企业组成,为地方国有企业。公司主要从事锡、锌、铅、锑等有色金属矿产品的勘探、开采、选矿、冶炼、深加工,有色金属产品的贸易和建筑安装业务,公司锡生产加工能力位居全国第二位,矿石自给率高达90%,锡资源储量全国第二,铟资源储量世界第一,有一定的规模资源优势。

2015年6月,公司发行的13亿元中期票据出现兑付危机,据悉经国开行广西分行提供授信支持后得以化解。但随后公司未能偿付于2015年11月到期的非公开定向债务融资工具"14桂有色PPN003"(发行规模5亿元),构成实质性违约。2015年12月18日,广西有色由于资不抵债向南宁市中级人民法院提交破产重整申请并获受理。其后因广西有色及破产管理人未能在法院裁定重整之日起六个月内提出重整计划草案且未申请延期,南宁市中级人民法院于2016年9月12日裁定终止广西有色重整程序并宣告公司破产。广西有色成为银行间债券市场首家破产清算企业。

(二)违约原因分析

1. 有色金属行业产能过剩,公司主营业务盈利能力持续下滑

广西有色主营业务产品为铜产品和锡产品,作为公司主要盈利来源,锡铜业务收入占比长期维持在80%以上。2012年开始,有色金属行业持续低迷,市场需求不振、行业产能严重过剩、锡铜价格大幅下跌,行业内企业相继减产停产。不利经营环境下公司未能有效应对,生产成本居高不下,生产效率未见改善。2012年公司盈利能力明显恶化,营业利润率降至6.42%。2013年和2014年公司营业利润率均在5%左右,较2011年(14.62%)大幅下滑。2012年至2015年一季度公司营业利润持续亏损。2014年营业利润亏损达17.19亿元,净利润亏损16.39亿元(见表3-1)。

表3-1　　　　2012年至2015年一季度广西有色经营情况

指标	2012年	2013年	2014年	2015年一季度
营业收入(亿元)	229.64	259.42	211.36	34.76
投资净收益(亿元)	1.58	0.29	0.71	-0.02
营业利润(亿元)	-6.64	-2.81	-17.19	-5.14

续表

指　　标	2012年	2013年	2014年	2015年一季度
营业外收入（亿元）	1.35	2.31	1.36	0.07
净利润（亿元）	−6.22	0.43	−16.39	−4.83
营业利润率（%）	6.42	4.26	5.04	1.57

资料来源：课题组成员整理。

2. 盲目扩张导致负债高企，短期周转压力大，自主偿债能力不足

2012年至2015年，在行业景气度较差的情况下，广西有色激进扩张，下属二级企业由6家增加至20多家，下属三级企业超过160家。盲目扩张导致公司亏损加剧、负债高企，2012年公司全部债务规模达199.50亿元，较2011年增幅将近60%。同时，公司债务结构偏向短期，2012年至2015年一季度短期债务占比维持在70%~80%，短期资金周转及债务偿付压力较大。庞大的债务规模也导致公司财务费用支出较高，进一步侵蚀公司利润，加之公司应收账款和其他应收款规模上升占用营运资金，导致公司经营性净现金流大幅波动。2012年公司经营性净现金流为−38.82亿元；2013年经营性净现金流短暂回升，净流入15.93亿元；2014年至2015年一季度公司经营获现能力持续下降，现金流压力较大。与此同时，广西有色资产流动性不佳，2014年末公司货币资金为32.90亿元，其中过半货币资金（17.30亿元）处于受限状态，公司其他用于担保的存货和非流动资产规模合计约47.50亿元，受限资产合计占总资产的比例约为22%。经营获现能力不足、资产流动性欠佳、短期偿债压力巨大，广西有色自身偿债能力逐步恶化（见表3-2）。

表3-2　　　　　　　　2012年至2015年一季度广西有色债务情况

指　　标	2012年	2013年	2014年	2015年一季度
全部债务（亿元）	199.50	228.67	208.53	209.11
短期债务占比（%）	71.73	75.16	80.30	80.07
资产负债率（%）	88.28	89.51	92.13	93.58
净资产（亿元）	32.18	33.65	23.63	19.42
财务费用（亿元）	9.50	10.36	12.30	3.07
经营净现金流量（亿元）	−38.82	15.93	0.43	−2.72

资料来源：课题组成员整理。

注：全部债务＝长期债务＋短期债务；长期债务＝长期借款＋应付债券；短期债务＝短期借款＋交易性金融负债＋一年内到期的非流动负债＋应付票据，以下同。

3. 公司内部治理混乱，外部支持意愿不足

2015年4月至12月，广西有色包括原董事长、总经理在内的4名高管因涉嫌严重违纪接受组织调查相继"落马"，间接说明公司内部治理的混乱。领导层集体腐败、经营管理失序，在行业下行周期未能及时调整公司发展战略、提高生产效率，公司的管理弊病间接加速了破产。

在自身偿债能力严重不足的情况下，广西有色亦未能获得有效的外部支持。广西有色核心子公司为广西华锡集团股份有限公司（简称"华锡集团"）和广西有色再生金属有限公司（简称"再生金属公司"），再生金属公司亏损较为严重，而华锡集团盈利能力尚可。2014年之前，广西有色向广西交运集团投资有限公司（广西国资委独资企业）转让华锡集团17.18%的股权。2015年6月，公司又通过协议转让方式将华锡集团25%的股权转让给了同为广西国资委独资企业的广西北部湾国际港务集团有限公司，公司所持华锡集团股权比例降至25.02%。鉴于有色金属行业处于低谷且公司严重资不抵债，优质资产转移行为说明地方政府并无兜底意愿，公司最终走向破产清算是市场化选择的必然结果。

（三）案例反思

对于所属行业周期性较强的企业，应密切关注行业周期变化可能对企业经营造成的影响。在广西有色的案例中，我们注意到有色金属行业具有明显的周期性，铜锡等大宗商品中游产品价格面临较大的不确定性。2011年下半年至2015年底有色金属行业周期性下行，产品价格高位回落，铜价由72 000元/吨跌至36 000元/吨附近，价格"腰斩"，行业企业大面积亏损。部分企业应对不利，生产成本高企、经营效率低下，违约风险不断上升，对于此类企业投资者应及时规避。经济形势、政策调控、行业周期等企业生产经营的外部环境变化均可能对企业的信用状况产生影响，投资者应准确判断。

二、过度扩张、高商誉——三胞集团

（一）违约主体及债券情况

三胞集团是江苏省专营零售行业企业，企业性质是民营企业，实际控制人为自然人袁亚非，公司从电子卖场起家，随后进入零售业，经过多年的收购与布局，三胞集团已涉足零售、地产、金融、大健康等多个产业。三胞集团旗下拥有江苏宏图高科技股份有限公司（简称"宏图高科"）和南京新街口百货商店股份有限公司（简称"南京新百"）两家上市企业，截至2019年9月持股比例分别为21.45%和35.99%。

宏图高科是江苏省专营零售行业企业，公司经营业务涉及零售连锁、金融服务、艺术品拍卖、制造业以及房地产业。南京新百是多元零售行业企业，主要从事百货商场经营等业务。

2018年以来，"三胞系"企业深陷流动性危机。三胞集团多款资管计划和理财计划发生违约；三胞（香港）有限公司发生美元票据违约；南京新百和宏图高科股价暴跌，2018年全年累计跌幅均超过60%。2018年11月、12月，宏图高科存续债券"15宏图高科MTN001""18宏图高科SCP002"相继违约。2019年3月19日，三胞集团未能按时偿付"12三胞债"到期本息，首次发生债券违约。此后公司多期债券发生违约，截至2019年9月末，三胞集团共有6期债券发生到期违约，到期违约规模合计约为19.03亿元。

（二）违约原因分析

1. 激进投资、负债高企，短债长投、资金链断裂

激进的扩张战略是导致三胞集团发生违约的主要原因。2014年以来，三胞集团计划打造以宏图高科为平台的"连锁经营＋金融资产"产业、以南京新百为平台的"百货经营＋养老医疗"产业的多元产业布局。为实现多元化经营战略，"三胞系"企业前后共耗费约300亿元资金收购国内外多家百货、医疗等行业企业。通过举债融资实施的大规模并购导致公司债务规模迅速攀升、资产负债率高企。从合并报表来看（见表3-3），近五年来，三胞集团的资产负债率基本保持在70%左右的较高水平；从母公司报表来看（见表3-4），三胞集团2017年和2018年的资产负债率分别为86.86%和95.98%。此外，激进的扩张战略下持续的溢价并购行为导致三胞集团商誉不断增加。截至2018年末，三胞集团商誉高达128.13亿元，商誉占净资产的比例达62.50%，公司面临较高的商誉减值风险（见表3-5）。考虑到商誉价值依附于资产价值，难以独立变现，较高商誉往往导致公司债务负担被低估。剔除商誉后，2014年以来三胞集团的资产负债率保持在80%以上，2018年末公司剔除商誉后的资产负债率高达87.90%。公司债务负担沉重，财务杠杆高企。

同时，三胞集团缺乏足够的长期资金，公司银行贷款期限均较短，短期债务占比长期在50%左右，而公司投资的零售、大健康等产业投资回报期较长，公司"短债长投"现象突出，流动性压力较大。2018年融资环境整体有所收紧，债券市场违约事件多发导致投资者对民营企业的风险偏好下行，民营企业融资难度加大，三胞集团资金链持续紧张。

表 3-3　　　　　　2013 年至 2018 年三胞集团债务情况(合并报表)

年　份	2013	2014	2015	2016	2017	2018
全部债务(亿元)	147.97	299.04	313.67	314.07	380.70	344.11
短期债务占比(%)	67.36	54.28	56.25	49.99	48.35	71.22
资产负债率(%)	71.27	80.00	77.09	73.21	69.40	73.31
全部债务/EBITDA(倍)	19.25	21.21	7.88	8.52	8.15	−12.68

资料来源:课题组成员整理。

表 3-4　　　　　　2013 年至 2018 年三胞集团债务情况(母公司报表)

年　份	2013	2014	2015	2016	2017	2018
全部债务(亿元)	50.70	62.82	67.55	76.58	133.3	127.82
短期债务占比(%)	66.04	62.97	70.13	38.61	29.37	48.38
资产负债率(%)	79.78	83.87	86.77	83.07	86.86	95.98

资料来源:课题组成员整理。

表 3-5　　　　　　2013 年至 2018 年三胞集团商誉规模情况

年　份	2013	2014	2015	2016	2017	2018
商誉(亿元)	5.05	75.28	82.18	84.10	162.55	128.13
商誉占净资产的比值(%)	5.53	64.65	53.04	40.74	60.36	62.50
剔除商誉后公司的资产负债率(%)	72.42	91.88	87.75	82.18	85.12	87.90

资料来源:课题组成员整理。

2.市场竞争激烈,公司盈利滑坡

激进扩张之外,公司盈利能力下滑也是发生违约的重要原因。具体来看,核心子公司宏图高科的主营业务收入来自 3C 零售连锁业务,受近年来互联网以及移动互联技术的发展影响,市场竞争加剧,2017 年以来 3C 零售连锁业务整体业务收入下滑,盈利能力逐渐变弱。核心子公司南京新百主要从事百货零售业务,近年来国内零售行业景气度不高,零售行业增长疲软,南京新百百货零售收入呈现逐年下降趋势。整体来看,三胞集团及其上市子公司宏图高科和南京新百的经营日显疲态,盈利能力有所下降,加之新并购的企业尚未形成利润支撑,受到营业成本和财务费用增加以及子公司资产减值损失确认影响,2018 年三胞集团净利润(−68.88 亿元)大幅亏损,偿债能力严重恶化(见表 3-6)。

表3-6　　　　　　　2015年至2018年三胞集团及核心子公司盈利情况　　　　单位：亿元

公司	2015年 营业收入	2015年 净利润	2016年 营业收入	2016年 净利润	2017年 营业收入	2017年 净利润	2018年 营业收入	2018年 净利润
三胞集团	490.07	7.30	544.84	7.57	559.75	12.93	432.92	−68.88
宏图高科	187.14	4.22	205.13	4.47	190.32	6.08	140.18	−20.34
南京新百	158.53	3.67	162.76	4.00	179.60	7.36	145.41	−8.86

资料来源：课题组成员根据三胞集团、宏图高科和南京新百年报整理,其中子公司净利润为归母口径。

3. 股权质押比例高,融资弹性较差

截至2018年3月末,三胞集团持有的宏图高科和南京新百的股权质押率分别为99.97%和96.52%。除此之外,三胞集团持有的华泰证券、世鼎香港公司股权亦被悉数质押。高比例质押旗下公司股权进行融资,说明三胞集团流动性日趋紧张,逐渐丧失融资弹性。2018年A股市场震荡下行,部分上市公司股价大幅下跌。2018年全年南京新百和宏图高科股价累计下跌比例均超过60%,加剧了三胞集团的流动性压力。2018年下半年,三胞集团先后经历资管计划公开违约、被法院列入执行人名单等负面事件。同时,因涉及合同纠纷,三胞集团持有的宏图高科和南京新百股权被司法冻结,流动性严重恶化,最终丧失偿债能力。

（三）案例反思

三胞集团违约案例中,公司前期激进投资导致债务负担较重,且新并购业务未能形成有效的盈利支撑公司业绩,导致公司流动性缺口不断扩大,违约风险不断上升。只要在多元化投资过程中保持财务指标稳定,企业的多元化经营战略本无可非议,成功的多元化发展战略能够强化公司的盈利能力和抗风险能力,而不恰当的多元化则会对公司主营业务形成拖累。因此,投资者在选择这类标的时应重点关注企业在多元化扩张中的各项债务指标和盈利指标的变化情况。此外,民营企业由于自身的融资能力相对较弱,在市场流动性缩紧时会最先受到冲击,相对于国有企业更易出现风险事件,因此,投资人在投资风格激进的民营企业时应格外关注市场的资金环境,关注宏观经济变化,警惕流动性风险。同时,投资者应警惕公司大规模并购所导致的高额商誉,由于商誉无法单独出售或者变现,并不能用于实际的债务偿还,过高的商誉占比使得企业的债务压力被显著低估,而并购标的受市场需求、公司经营能力等因素影响可能会带来商誉减值风险,导致公司资产规模"缩水"。

在本案例中,虽然从事件发展顺序来看,子公司宏图高科的债券违约在前,三胞集

团的债券违约在后,但通过梳理可知2018年6月份三胞集团就出现了债务逾期的问题,随后风险不断发酵传染,最终导致原本经营水平尚可的子公司宏图高科率先出现了债券违约。因此,投资者对这类公司应该加以重视,合并报表一定程度上会掩盖母公司层面的偿债能力差、盈利能力差、占用子公司资金等问题,因此,对此类母子公司应重点关注母公司的财务报表,考虑母公司层面的资产状况、债务水平、盈利能力及控制水平(见表3-7)。

表3-7 2018年三季度发行人母公司报表与合并报表差异所反映的问题 单位:亿元

	项目	母公司	合并报表	本案例解读
资产	货币资金	10.68	132.31	母公司货币资金在合并范围内占比较低,母公司对现金掌控能力弱
	其他应收款	77.88	74.07	母公司资金被子公司部分占用
偿债能力	短期债务	81.07	234.17	母公司为集团主要融资主体,债务负担较重
	全部债务	144.37	354.24	
	资产负债率	108.75%	64.64%	母公司债务负担很重
盈利能力	营业收入	0.96	372.84	母公司对集团盈利重要性不高
	利润总额	-43.18	-14.84	
	净利润	-43.18	-21.93	
	销售净利率	—	-5.88%	母公司盈利能力较差
控制力	少数股东权益/所有者权益	82.58%		母公司对子公司控制力较弱

资料来源:课题组成员整理。

三、财务造假、股权高比例质押——康得新

(一)违约主体及债券情况

康得新复合材料集团股份有限公司(简称"康得新")是江苏省化工行业企业。公司主营业务包括光学膜和印刷包装类用膜的制造,在国内市场具有领先地位,其中光学膜制造相关的业务是公司的主要收入来源。公司前身为成立于2001年的北京市康得新印刷器材有限公司,2010年7月公司在深圳证券交易所上市,后经多次增资扩股、非公开增发、股权激励及资本公积转股后,2016年5月公司名称变更为现名。康得新为民营企业,控股股东为康得投资集团有限公司(简称"康得集团"),截至2017年末康得集团持股比例为24.06%。

2019年1月15日,康得新未能按时偿付"18康得新SCP001"到期本息10.41亿元,构成实质性违约。此后公司多期债券发生违约,截至2019年9月末,公司共有4期债券到期违约,到期违约规模合计约16.72亿元。

(二)违约原因分析

1. 公司虚增利润,可用货币资金不充裕

2015年以来,康得新账面货币资金规模保持稳定增长态势,2015年末公司账面货币资金为100.87亿元,较2014年末(41.93亿元)实现倍增,2015年末至2017年末公司账面货币资金占总资产的比例均在50%以上。截至2018年末,公司账面货币资金为153.16亿元,在总资产中的比例为44.71%,仍保持较高水平。与此同时,公司债务规模较大,2017年和2018年公司全部债务规模均超百亿元,分别为121.01亿元和117.79亿元。2018年康得新财务费用中利息支出为6.99亿元,而利息收入仅为2.20亿元。手握大笔现金却举债经营并承担较高利息成本,"高存高贷"现象说明康得新财务报表可能存在异常。后经证监会立案调查,证实康得新在2015年至2018年期间共虚增利润达119亿元。康得新通过虚构销售业务方式虚增营业收入,并通过虚构采购成本、生产成本、研发费用、产品运输费用方式虚增营业成本、研发费用和销售费用。通过上述方式,康得新2015年至2018年分别虚增利润总额23.81亿元、30.89亿元、39.74亿元和24.77亿元,公司实际可用货币资金并不充裕。

2. 高比例质押股票加剧流动性恶化,大股东违规占用公司资金

康得新大股东康德集团存在高比例质押上市公司股权的问题,2013年至2017年康得集团所持有的康得新股权质押比例均在90%以上。2017年康得集团对承诺增资90亿元的项目仅出资到位2亿元,2018年康得集团亦未能履行基于其持有康得新股票收益权设立的信托计划的回购义务。整体来看,康得集团融资弹性较差,流动性较为紧张。

2019年1月16日康得新发生债券违约后深圳证券交易所向其发函问询,要求其就货币资金受限情形、存在大额货币资金但未能按时兑付的原因等事项做出说明。2019年1月20日,康得新公告称,在证券监管部门调查过程中,同时经公司自查,发现公司存在大股东占用资金的情况。具体来看,康得集团、康得新、康得新下属三家全资子公司与北京银行签订了《现金管理业务合作协议》,根据协议内容康得新及其子公司的资金将被实时归集到康得集团账户。这种情况下康得新银行账户显示的应计余额尚有资金,但账户余额实际为零,导致债券到期无法支付。

3. 在建工程进度缓慢,资本支出较大,影响企业现金流

2016年至2017年康得新重要在建项目有4个,分别是年产1.02亿平方米先进高

分子膜材料项目、年产1亿片裸眼3D模组产品项目、2亿平方米光学膜项目生产基地改造项目、生产线及配套设备项目。康得新不断加大对四个项目新增投入,但在建工程进度缓慢,产出效果并不理想。根据证监会于2019年7月的调查结果,2015年至2018年康得新持续亏损且亏损额不断扩大,公司四年利润总额分别为－7.35亿元、－7.87亿元、－10.62亿元、－21.35亿元。在此背景下,康得新并未根据企业经营现状适当调整公司战略,降低投入以减少资本支出,而是持续加大投入在建项目以掩盖其经营不佳的现状,最终导致流动性枯竭。

4. 公司虚构利润以推高股价,加重企业成本

2015年12月,康得新通过定向增发募集资金29.82亿元,用于向子公司张家港康得新光电材料有限公司(简称"光电材料")增资,建设年产1.02亿平方米先进高分子膜材料项目;2016年9月,康得新再次定向增发募集资金47.84亿元,用于向光电材料增资,建设年产1亿片裸眼3D模组产品项目和前述先进高分子项目及归还银行贷款。然而,公司募集资金并未真正投进高分子和3D模组产品项目。2018年7月至12月期间,康得新累计将24.53亿元从募集资金专户转出,以支付设备采购款的名义分别支付21.74亿元、2.79亿元,转出的募集资金经过多道流转后主要资金最终回流至康得新,用于归还银行贷款、配合虚增利润,以达到粉饰业绩、推高股价的目的。实际上,康得新因虚增利润导致增加的所得税超10亿元,进一步加剧了企业经营压力。

(三)案例反思

在康得新的违约案例中,由于公司财务舞弊,单从财务数据上看,投资者很难发现企业的经营问题和信用风险;公司盈利能力良好,资产负债率不高,偿债指标正常,财务数据未显示公司信用恶化。为规避财务造假行为造成的违约风险,投资者应重点关注以下问题以准确判断企业真实财务状况。

一是关注发行人异常的财务信息,针对"存贷双高"的企业,可以对比其利息收入与利息支出、平均货币资金收益率与活期存款利率。如果平均货币资金收益率处于活期存款利率附近,甚至低于活期存款利率,就应引起警惕。对比平均货币资金收益率与融资成本,如货币资金收益率明显低于融资成本,也应引起重视。二是关注发行人关联企业信息,例如股东经营状况、上下游企业真实性、客户集中度以及应收、预付账款欠款方情况等。三是关注股权高比例质押问题,若发行人控股股东存在高比例股权质押问题,则发行人后续可能面临实际控制权变更风险,进而影响经营稳定性;若发行人将其所持有的子公司股权高比例质押,则说明其现金流较为紧张,融资弹性较差,可能面临流动性压力。

四、实际控制人风险——上海华信

(一) 违约主体及债券情况

上海华信国际集团有限公司(简称"上海华信")是自然人苏卫忠和郑雄斌通过多层股权关系实际控制的企业,主要从事能源及化工产品的国际国内贸易业务。公司直接控股股东为中国华信能源有限公司(简称"中国华信"),截至 2017 年末持有公司股权比例为 54.14%。公司旗下有一家上市公司安徽华信国际控股股份有限公司(简称"华信国际"),截至 2017 年末持股比例为 60.78%。

2018 年 5 月 21 日,上海华信于 2017 年 8 月 21 日在银行间市场发行的 20 亿元 270 天期超短期融资券("17 沪华信 SCP002")未能按期偿付到期本息,构成实质性违约。此后公司多期债券相继发生违约,截至 2019 年 9 月末,公司共有 13 只债券发生到期违约,到期违约规模合计约 265.64 亿元。

(二) 违约原因分析

1. 公司治理结构不健全,实际控制人风险冲击公司经营

公司控股股东中国华信董事局主席叶简明被调查,该事件对公司及上市子公司造成严重负面影响。公司因面临重大不确定事项无法按期披露 2017 年年报,子公司华信国际 2017 年年报被出具无法表示意见的审计报告,且华信国际董监高人员均无法保证年报内容的真实、准确和完整性。作为华信系统重要的经营实体,公司在经营管理、内部控制等方面存在较大风险,2017 年公司通过质押子公司华信国际股权进行融资,但相关事项未予披露,暴露其财务制度、信息披露制度不健全,同时公司未建立有效的风险事件应对机制,最终在负面事件冲击下资金链断裂、无法正常经营。但突发负面新闻的冲击并不是公司债券违约的根本原因,上海华信自身的问题更值得关注。

2. 高负债扩张带来潜在隐患,公司债务负担沉重

公司 2012 年起转型从事石油、燃料油等能源产品的国际国内贸易业务,2013 年开始高负债扩张加速业务布局,通过并购布局海外能源业务,能源、贸易和金融的杠杆联动效应使得公司资产规模迅速扩大,2013 年公司资产总额 279.93 亿元,较 2012 年(73.21 亿元)增长近 3 倍,此后公司资产总额以近乎每年倍增的速率高速增长,与此同时公司债务规模持续走高,截至 2017 年三季度末,公司资产总额达 1 830.22 亿元,全部债务达 885.55 亿元。此外,公司全部债务中短期债务占比长期偏高,2017 年三季度末公司全部债务中短期债务比例达 62.53%。2018 年公司多期债券到期应付,需要兑付债券本金合计超百亿元,公司面临较大的集中偿债压力。同期受融资环境趋紧影

响,上海华信再融资能力受限,2017年底和2018年初,公司计划发行多笔超短期融资券和公司债,但最终只发出了两笔规模较小的公司债。与此同时,截至2017年6月末,公司获得银行授信总额529亿元,未使用额度106亿元,不能覆盖短期债务。

3. 应收账款规模较大,公司资产质量不佳

公司能源贸易模式为海外采购商品直接转口,业务模式导致公司应收账款规模较大且增长迅速。2016年末的前五大欠款方合计欠款占比近70%,均为境外实体。截至2017年三季度末,公司应收账款规模达818.46亿元,占流动资产的比例为61.02%,占资产总额的比例为44.72%(见表3-8)。2018年一季度,公司负面事件导致子公司华信国际能源贸易业务大幅萎缩,华信国际全资子公司上海华信集团商业保理有限公司、孙公司大势融资租赁(上海)有限公司及全资孙公司华信天然气(香港)有限公司预计发生大规模应收账款逾期,预计报告期内计提减值损失5 149万元。据披露,公司应收账款亦出现大规模逾期,回收率较低,且未知具体金额,公司资产质量不佳。

表3-8 2013年至2017年三季度末上海华信应收账款情况

年 份	2013年	2014年	2015年	2016年	2017年9月
应收账款(亿元)	131.27	233.63	397.13	624.54	818.46
资产总计(亿元)	279.93	427.31	890.19	1 536.71	1 830.22
应收账款/资产总计(%)	46.89	54.67	44.61	40.64	44.72

资料来源:课题组成员整理。

(三)案例反思

关注民营企业实际控制人与核心管理人员动向。自然人股东和高管对民营企业经营管理的影响很大,更容易因为个人相关风险引起突发的资金链断裂,投资者在民企的信用分析过程中应特别关注控制权和管理层的稳定性对于发行人经营可持续性和再融资稳定性的影响。

贸易行业中应关注流动性压力大的发行人。贸易行业为天然的高风险行业,对发行人往来款周转和再融资能力要求较高,在金融去杠杆、再融资渠道整体收紧、债券市场风险偏好下行的环境下,需重点关注这部分低资质发行人、特别是民企发行人的往来款周转和再融资能力变化情况。同时,涉外业务较为复杂且可控性差,资金存在更大不确定性。外方往来款项较多以及海外投资积极的公司,业务和资金相对有更大的不确定性。国际市场经营环境复杂多变,对海外市场风险防范措施不足可能带来经营或财务风险。汇率波动、应收款项回款不确定性、投资支付的前期款项由于并购事项

终止产生无法收回风险,也可能对发行人造成损失。

第四章 我国债券市场违约处置与回收情况

债券发生违约后的处置机制以及求偿情况是投资者较为关注的问题。从国际市场经验来看,自主协商、诉讼求偿机制和破产偿债程序等法治机制是境外债券市场解决违约问题的主要途径。现阶段,我国债券市场的违约处置方式主要包括担保方或第三方代偿、处置抵质押物、延期兑付、司法诉讼、仲裁等,与国际债券市场违约处置方式大致相同。

随着我国债券市场违约常态化发生,违约处置的法治化进程有所加快,2018年以来有22家债券发行人在《破产法》框架下进入破产程序,较2014年至2017年(6家)明显增多。但总体来看我国债券市场处置方式和处置流程的市场化、标准化程度仍不高,债券违约处置的法律制度框架有待进一步完善,投资者求偿与维权时的话语权普遍不高,违约处置面临的不确定性较大。例如部分违约后选择延期兑付的发行人短时间内财务状况无法明显好转,相应的违约债券可能多次展期,实现最终兑付遥遥无期。违约后通过破产诉讼进行求偿时存在程序周期长、回收率不达预期等问题。

一、我国债券违约处置方式分析

我国《合同法》第一百零七条【违约责任】规定,当事人一方不履行合同义务或者履行合同义务不符合约定的,应当承担继续履行、采取补救措施或者赔偿损失等违约责任。实际操作中债券违约的界定,通常是由债务融资工具募集说明书中的条款规定,发行人应当在债券募集说明书中约定构成债券违约的情形、违约责任及其承担方式以及公司债券发生违约后的诉讼、仲裁或其他争议解决机制。

我国现有债券可分为有担保债券和无担保债券(见图4-1)。从我国现行的法律框架和既有的违约处置情况来看,目前债券市场上无担保债券违约处置主要是通过自主协商、仲裁和司法诉讼三种方式。当发行人偿债能力和偿债意愿较高时,债务人和债权人能在一定限度下达成一致,债券违约处置一般采用自主协商方式。当发行人基本上已丧失偿还能力,债权人需通过强制性方法进行债券回收时,采用仲裁或司法诉讼的违约处置方式。其中,仲裁需债务人和债权人达成请求仲裁的协议,将纠纷提交专审机构进行裁决,仲裁具有办理时效较快但费用较高的特点,当事人具有较大自由度。司法诉讼仅需债权人向法院起诉,但在诉讼过程中,债权人和债务人须严格按照诉讼法的规定进行,自由度较低,诉讼费用较低但所需时间较长。司法诉讼可以进一步分为求偿诉讼和破产诉讼。根据《破产法》,企业法人不能清偿到期债务,并且资产不足以清偿全部债务或者明显缺乏清偿能力的,可以向人民法院提出破产诉讼,包括重整、和解、破产清算申请。而求偿诉讼则主要适用于债券到期时债务人还有一定偿付能力,不满足破产诉讼条件的情况。

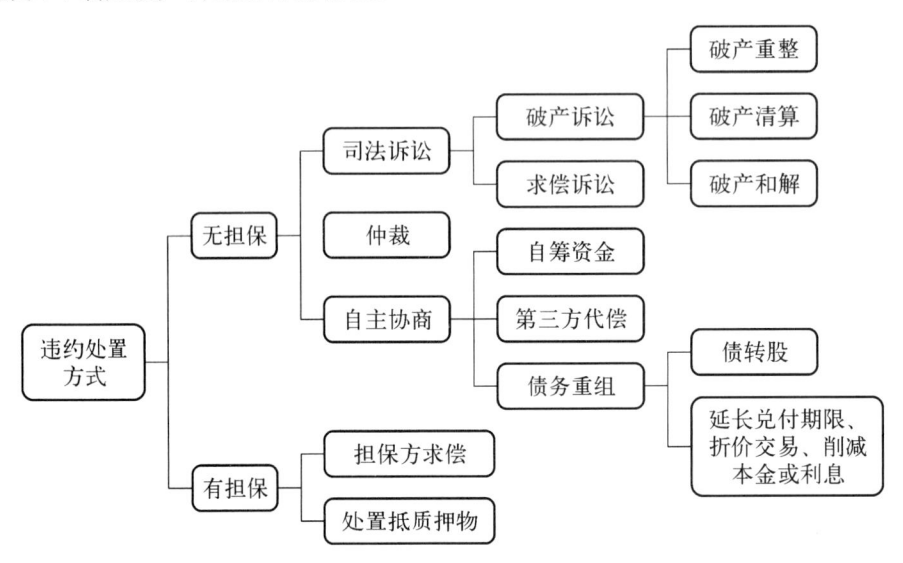

资料来源:课题组成员整理。

图4-1 我国债券违约处置方式

有担保债券按照保证类型可分为保证担保和抵质押担保债券等,债权人可根据债券担保类型分别采用担保方求偿和处置抵质押物的违约处置方式。具体来看,根据《担保法》,保证的方式有一般保证和连带责任保证,一般保证的保证人只有在债务人财产强制执行后仍不能履行债务的情况下才承担保证责任。而对于具有连带责任保证的债务,当债务人未能及时偿付债务时,债权人既可以要求债务人履行债务,也可以要求保证人承担保证责任。对于抵质押物担保,债务人不履行债务时,债权人有权依照《担保法》规定以该财产(动产)折价或者以拍卖、变卖该财产(动产)的价款优先受偿。

二、我国公募债券市场违约处置现状

(一)我国公募债券市场违约处置整体情况

截至2018年末,我国公募债券市场共有141期债券未能按时足额偿付,构成实质性违约,违约规模合计约1 259.63亿元。

从违约公募债券的回收情况来看,截至2018年末,我国公募债券市场的违约债券共21期实现全部回收,回收规模合计约135.34亿元;进行部分回收①的债券有9期,已回收50.31亿元,占相应违约规模(94.86亿元)的53.04%;尚未回收的债券共计103期,违约规模为970.82亿元;此外,另有3家违约发行人②涉及的8期违约债券已完成或部分完成违约处置,涉及违约规模58.61亿元(见图4-2),但由于信息披露较少等原因无法获悉回收规模。截至2018年末,公募债券市场整体回收率③约为15.46%,较2017年末的回收率(28.11%)有所下降,很大程度上是由于我国回收处置周期较长,2018年违约债券数量多、规模大,违约后处置时间仍然较短,因此回收较少。此外,从已经处置完成的31期违约债券的回收情况来看,剔除无法得知回收数据的样本,回收率约为98.34%,较2017年末(99.24%)变化不大。

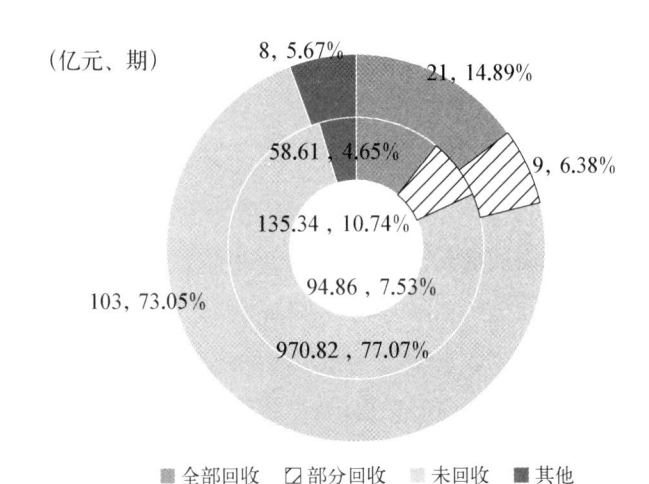

图4-2 截至2018年末我国债券市场违约债券回收情况

资料来源:课题组成员整理。

注:1."其他"指已完成或部分完成违约处置,但由于信息披露等原因无法获悉回收规模;2.内圈为规模占比,外圈为期数占比。

(二)2018年我国公募债券违约处置进展

根据公开数据整理,2018年我国公募债券市场发生违约处置的有9个违约发行人,涉及17期违约债券。违约处置方式涉及债务重组(违约发行人5家、涉及违约债

---

① 包括回收数据公开显示的已处置完成但未实现全额回收和未处置完成但实现部分回收的情况。
② 东北特殊钢集团有限责任公司和柳州化工股份有限公司已完成破产重整,但未披露具体回收金额;信阳市弘昌管道燃气工程有限责任公司已向个人投资者派发回售本金,但其具体金额及机构投资者的回售情况不明。
③ 公募债券市场回收率为回收规模与违约规模的比值,剔除无法获悉回收规模的违约债券,以下同。

券13期)、自筹资金(违约发行人3家、涉及违约债券3期)和破产重整(违约发行人1家、涉及违约债券1期)方式。

1. 债务重组

(1) 债权打折

新疆金特钢铁股份有限公司采用折价兑付的方式进行违约处置。受钢铁行业周期下行、去产能压力较大等不利因素影响,新疆金特钢铁股份有限公司面临设备老化、原燃料库存不足且价格居高不下等多重压力,公司生产经营情况逐渐恶化,出现严重的资不抵债的状况,同时公司处于停产状态,经营状况短期无法好转。2018年5月17日,公司公告称,公司生产经营情况有严重不确定性,为最大化保护债权人利益,决定将"13金特债"的到期日2020年5月23日提前至2018年5月30日,并以60%的折扣比例回购兑付机构投资者持有份额的本金部分。[1] 这是我国首例采取打折回购的方式进行违约处置的案例。由于发行人已资不抵债,一旦进入破产程序,债权人只能收回部分债权,甚至完全收不回任何债权。通过适当的债权减让,发行人能够以低于债务账面价值的现金清偿债务,有利于债权人避免遭受更大损失。

(2) 以非现金资产清偿债务

雏鹰农牧集团股份有限公司拟采用货物偿付的方式[2]进行违约处置。受"猪周期""非洲猪瘟"疫情等不利因素影响,雏鹰农牧集团股份有限公司主营业务明显下滑,公司亏损严重、流动性紧张,2018年公司2期债券"18雏鹰农牧SCP001""18雏鹰农牧SCP002"先后发生违约。2018年11月15日公司公告称,公司生猪等相关产品短时间内难以变现,为了盘活库存、缓解公司现金流紧张的局面,计划对现有债务调整支付方式,本金主要以货币资金方式延期支付,利息部分主要以公司火腿、生态肉礼盒等产品支付,债务范围包括公司现存所有债务。但该方案仅为初步方案,公司与小部分债权人达成初步意向,涉及2期债券,本息总金额2.71亿元,截至2018年末尚未进行产品交割。2015年同处食品加工行业的南京雨润食品有限公司发生商业承兑汇票逾期时也曾拿出以火腿肠产品抵充债务的方案,最终未能成功实施。以产品货物等实物资产进行违约后偿付的方式能否被投资者认可有待进一步确认。

内蒙古博源控股集团有限公司以变更债权、股权偿付债务进行违约处置。受化工行业景气度下行影响,内蒙古博源控股集团有限公司(简称"博源集团")资金链紧张。2016年底至2018年公司所发"16博源SCP001""16博源SCP002""12博源MTN1"

---

[1] 个人投资者本金和利息全额偿付,机构投资者利息全额偿付,利息均计算至2018年5月22日。
[2] 雏鹰农牧集团股份有限公司仅提出货物偿付的违约处置方式,后续未披露实质偿付进展。

"13博源MTN001"相继到期违约,到期违约规模合计逾40亿元。其中,"16博源SCP002"经公司多途径筹措资金,于2017年7月全额完成兑付。"16博源SCP001""12博源MTN1""13博源MTN001"3期违约债券被中国信达资产管理股份有限公司内蒙古自治区分公司收购,收购自2017年11月开始至2018年12月结束,最终3期债券完成注销,违约债券转换为普通债权,相应债权债务关系发生变更。这是我国首例通过变更债权形式进行违约处置的案例。2019年6月博源集团以其持有的内蒙古伊化矿业资源有限责任公司29.96%股权抵偿信达资产收购公司违约债券后形成的债务28.61亿元。与此同时,信达资产以战略投资目的通过协议转让的方式受让博源集团所持有的上市公司内蒙古远兴能源股份有限公司2亿股股份(占总股本的比例为5.096%),股份转让价款为4.55亿元,作为博源集团对信达资产剩余债务的支付对价。

(3) 延长债务兑付期限

山东山水水泥集团有限公司(涉及"13山水MTN1""14山水MTN001""14山水MTN002""15山水SCP001""15山水SCP001"5期债券)和内蒙古霍林河煤业集团有限责任公司(涉及"11霍煤债01"和"11霍煤债02"2期债券)采用延长兑付期限的债务重组方式进行违约处置。两家公司通过与债券持有人协商达成和解,通过自有的生产经营资金分期偿还违约债券,最大限度保障了债券持有人权益。

2. 自筹资金

内蒙古奈伦集团股份有限公司("11蒙奈伦债")、四川省煤炭产业集团有限责任公司("10川煤债")和金鸿控股集团股份有限公司("15金鸿债")3家违约企业采用发行人自筹资金的方式兑付相应的违约债券,主要是由于企业经营状况和融资能力有所好转,偿债能力有所提高。

3. 破产重整

柳州化工股份有限公司采用破产重整方式处置违约债券"11柳化债",对普通债权20万元以下(含20万元)的部分全额现金受偿。20万元至1 000万元(含1 000万元)的部分以现金方式受偿50%,体现了保护中小投资者权益的特点。

总体来看,2018年我国公募债券市场违约后处置方式呈现出市场化、法治化、多元化等特征,违约主体首次通过折价兑付、拟货物偿付、变更债权、股权偿付等创新形式实现违约债券处置,不仅有利于缓解企业资金压力,使企业经营发展进入良性循环,也为未来违约处置提供了可参考的路径。

三、我国公募债券市场违约回收特点

(一)违约处置方式以自筹资金、债务重组和破产诉讼为主,其中破产诉讼的回收水平较低

截至 2018 年末,我国公募债券市场上的违约处置方式仍然以自筹资金、债务重组和破产诉讼为主。在已确定(或拟定)违约处置方式的 58 期公募违约债券中,求偿诉讼、第三方代偿和自筹资金三种违约处置的回收率水平较高,均在 90% 以上;其次为债务重组,回收率达 50% 以上;破产诉讼的回收率水平较低,可能受到违约发行人进入破产诉讼的程序复杂,回收期限长,回收的不确定性较高影响;处置抵质押物违约处置方式的回收率为零,可能是由于抵质押物的变卖时间较长,尚未处置完成。

表 4-1 显示了截至 2018 年末我国债券市场违约债券处置方式及分布情况。

表 4-1　截至 2018 年末我国债券市场违约债券处置方式及分布情况

违约处置方式			违约主体家数	违约债券期数	违约规模(亿元)	回收规模(亿元)	回收率(%)
已确定(或拟定)处置方式			30	58	414.02	185.65	80.64
无担保	司法诉讼	破产诉讼 破产重整	7	19	128.49	0.86	1.10
		破产清算	1	2	6.42	0.00	
		破产和解	—	—	—	—	
		求偿诉讼	1	1	4.02	4.02	100.00
	自主协商	自筹资金	11	14	73.23	67.57	94.49
		第三方代偿	2	3	20.22	19.48	96.34
		债务重组 延长兑付期限	4	10	114.70	58.22	52.53
		折价兑付	1	1	5.47	3.65	
		变更债权形式	1	3	31.85	31.85	
		拟货物偿付	1	2	15.83	0.00	
		其他方式债务重组	1	2	10.57	0.00	
	仲　裁		—	—	—	—	—
有担保	担保方代偿		—	—	—	—	—
	处置抵质押物		1	1	3.22	0.00	0.00
未确定处置方式			25	83	845.61	0.00	0.00
合　计			54	141	1 259.63	185.65	15.46

资料来源:课题组成员根据公开信息整理。

注:1. 因同一发行人涉及的多期违约债券可能采用不同违约处置方式进行回收,因此各违约处置方式涉及的发行人家数总和大于实际违约发行人家数;2. 表中回收率统计已剔除无法得知回收数据的样本。

（二）民营企业违约回收率水平显著低于国有企业回收水平

截至2018年末，我国公募债券市场违约债券发行人中有11家国有企业，涉及债券（25期）违约规模合计213.66亿元，回收规模为62.25亿元，剔除无法得知回收数据的样本，国有企业回收率为39.71%，较上年末回收率水平（59.49%）大幅下降（见图4-3）。

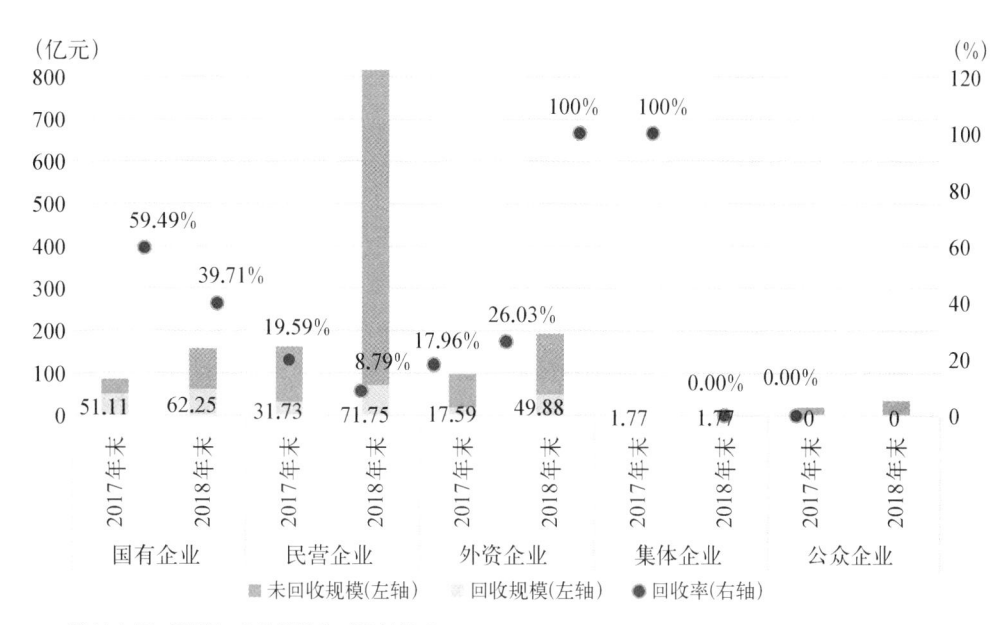

图4-3 截至2018年末国有企业和民营企业所发债券违约回收情况

资料来源：课题组成员根据公开资料整理。

违约发行人中有33家民营企业，涉及债券（92期）违约规模为817.86亿元，回收规模为71.75亿元，剔除无法得知回收数据的样本，回收率仅8.79%，较上年末回收率水平（19.59%）下降10.80个百分点。

整体来看，国有企业和民营企业违约回收率水平均显著下降，民营企业回收率仍显著低于国有企业回收水平，主要是由于民企的融资渠道相对有限。除国有企业和民营企业外，外资企业（8家，涉及债券18期）所发债券违约规模为191.62亿元，回收率为26.03%，较上年末回收率水平（17.96%）有所上升；集体企业（1家，涉及债券1期）所发债券违约规模为1.77亿元，回收率为100%，与上年末回收率水平相同；公众企业（1家，涉及债券5期）所发债券违约规模为34.73亿元，回收率为0，与上年末回收率水平相同。

（三）上市公司违约回收率大幅下降

截至2018年末，我国公募债券市场债券违约涉及的发行人共计54家，包括17家

上市公司和37家非上市公司。目前上市公司所发违约债券(36期)共涉及违约规模246.53亿元,回收规模为18.50亿元,剔除无法得知回收数据的样本,回收率仅7.51%,较2017年末回收率(100%)大幅下降(见图4-4);非上市公司所发违约债券(105期)共涉及违约规模1 013.10亿元,回收规模为167.14亿元,剔除无法得知回收数据的样本,回收率为17.51%,较2017年末回收率(18.81%)小幅下降。一般来看,上市公司由于融资渠道较多,债券回收率较非上市公司更高,但2018年部分上市公司股票质押和受限比例较高,通过大幅举债以及投资并购实现资产规模高速扩张,导致债务负担加重,融资渠道基本丧失,最终出现债券违约,短期内违约后处置困难。17家上市公司中,有11家为上市民营企业,一定程度上也降低了上市公司违约债券的回收率。此外,债券回收率较低也受到违约后处置时间较短的影响。

资料来源:课题组成员根据公开资料整理。

图4-4 截至2018年末上市与非上市公司所发债券违约回收情况

(四)采用债务重组和破产重整方式的回收期限较长,自筹资金和第三方代偿等方式的回收期限相对较短

截至2018年末,在已经完成违约处置的31期违约债券中,违约债券的回收期限主要集中在3个月至1年(13期),其次为1年以上(8期)(见表4-2)。从不同处置方式来看,采用债务重组和破产重整方式的回收期限较长,自筹资金或第三方代偿等回收时间较短。相较自筹资金、第三方代偿方式,债务重组所选取的方式、延长的期限或减免的金额都由双方协商确定,并无明确规定,而破产重整方式程序复杂,这些因素均导致回收的不确定性提高,导致回收时间较长。

表 4-2　　　　　　　　截至 2018 年末违约债券回收期限分布情况

回收期限	违约债券期数（期） 截至2017年末	违约债券期数（期） 截至2018年末	违约规模（亿元） 截至2017年末	违约规模（亿元） 截至2018年末	涉及违约处置方式
<10 天	4	6	22.99	31.97	自筹资金/第三方代偿
10 天至 3 个月	4	4	24.34	24.34	自筹资金/第三方代偿
3 个月至 1 年	9	13	55.14	67.76	破产重整/债务重组/求偿诉讼/自筹资金
1 年以上	5	8	55.81	87.47	债务重组/破产重整

资料来源：课题组成员根据公开资料整理。

整体来看，我国债券市场对于违约债券的市场化、法制化处置机制逐步形成。2018 年以前，我国债券市场对无担保债券违约后的回收大多通过自主协商方式解决，存在较多非市场化干预的情况，违约处置环节的刚性兑付预期仍然较大，通过破产方式处置违约债券的案例较少。2018 年以来，破产重整逐渐成为市场化条件下处置违约债券的标准化路径，亿阳集团、新光控股、中融双创、宁夏上陵实业、金茂纺织、洛娃科技、胜通集团、东辰控股、五洋建设等违约发行人均进入破产重整程序。近两年，相关监管机构在违约债券的处置方面进行了诸多实践探索，例如开展匿名债券拍卖业务、为特定债券提供转让结算服务等，进一步完善了违约处置机制。

第五章　我国债券市场信用风险展望

随着金融领域供给侧结构性改革持续推进，防范化解金融风险特别是防止发生系统性金融风险仍是金融工作的根本性任务，有序处置金融风险、推动债券市场出清将是我国债券市场深化改革发展的方向之一。债券市场各参与方应自足自身，加强对信用风险的管理。监管部门应逐步建立健全债券市场基础设施以及相关制度安排，通过完善持有人会议规程、建立违约处置机制、培育垃圾债市场等措施提高债券市场发展水平及运行效率，并持续强化对发行人、主承销商、受托管理机构、审计机构、评级机构等市场主体的监督管理。主承销商、受托管理机构、审计机构、评级机构等机构应加强内部管理，提高尽责履职能力，及时、准确揭示发行人的信用风险事件。债券市场投资

者应正确认识风险和收益的关系，明确有投资就有风险以及高风险与高收益并存的市场规则，打破刚性兑付的幻想，树立风险自担、损失自担的投资理念，不断提高风险识别、风险控制能力，通过行业选择、分散投资等投资策略实现信用风险精细化管理，并积极运用法律手段维护自己的权益。具体来看，我们认为未来债券市场信用风险将呈现以下几方面特点。

一、违约事件仍将持续发生，但债券市场信用风险总体可控

一方面，违约事件仍将持续发生。一是经济周期对信用风险有基础性的影响，企业违约率与经济增长率呈现出较为明显的负相关关系。当前，全球经济复苏继续放缓、我国经济下行压力仍然较大，上半年工业企业利润负增长，部分企业面临的生产经营压力继续加大，信用违约风险不可忽视。二是在深化金融供给侧结构性改革的背景下，防范化解金融风险特别是防止发生系统性金融风险仍是金融工作的根本性任务，近期的政策导向显示监管层控制杠杆和打破刚兑的决心不减，2019年5月银保监会下发的23号文重提巩固整治金融乱象成果、持续推动重点领域问题整治等，包商银行被银保监会接管事件表明金融领域刚兑有望被逐步打破，市场风险偏好有所下降。在此背景下，一些信用状况较差、经营不佳的企业信用风险将会持续暴露。

另一方面，债券市场信用风险整体可控。在经济下行压力加大的背景下，稳健的货币政策仍将继续保持松紧适度，维持流动性合理充裕，保持货币、信贷及社会融资规模合理增长，利率市场化进程不断推进，利率水平将继续保持合理稳定。在全球货币政策趋向宽松的背景下我国货币政策的操作空间有所加大，将进一步聚焦服务实体经济、深化金融供给侧结构性改革、防范化解重大金融风险。在此背景下，债券市场信用风险总体可控。

二、民营企业仍将是信用风险的主要爆发点，需警惕信用资质较弱、存在激进投资扩张以及发生负面事件的民企信用风险

一是民营企业受外部经济波动和行业因素影响较大，在经济去杠杆和金融强监管的背景下，民企融资难、融资成本高使得信用风险较国企而言更高，加上民企自身存在公司治理方面的缺陷，一些财务状况较差的中低信用等级民营企业容易发生违约，而违约事件频发又使得投资者风险偏好下降，民企融资环境更加恶化，从而导致恶性循环。

二是民企融资环境未有实质改善。2018年下半年以来监管层采取了推出民企债

务融资支持工具等一系列措施支持民企、小微企业债券融资。2019年4月,中共中央办公厅、国务院办公厅印发《关于促进中小企业健康发展的指导意见》,要求进一步完善债券发行机制,提出使用信用风险缓释凭证等债券融资支持工具支持民营企业债券融资等措施。2019年5月,发改委等部门联合发布《关于做好2019年降成本重点工作的通知》,要求推动债券品种创新,扩大优质企业债券发行规模,积极支持符合条件的企业扩大直接融资。未来民企融资仍将得到政策支持,但基于经济存在下行压力以及市场风险偏好下降,未来需要警惕信用资质较弱、存在激进投资扩张以及发生负面事件等的民营企业信用风险。

三、关注重资产强周期行业、石油天然气、房地产、贸易等行业信用风险

重资产强周期行业方面,煤炭、有色金属、机械制造、化工、电力与电网等行业资本密集程度较高,行业整体债务杠杆偏高,受到经济增速放缓以及供给侧结构性改革影响,部分企业经营不善,盈利能力恶化,侵蚀企业的现金流和资产流动性,在外部融资渠道不畅的情况下,偿债压力较大。

石油天然气行业方面,我国石油对外依存度高,炼油产能过剩较为严重,在行业供给过剩、原油价格剧烈波动、人民币对美元贬值以及环保要求趋严的背景下,石油天然气行业企业信用风险整体有所上升,信用分化将进一步加剧,缺乏外部支持、外部融资渠道有限的企业将面临较大的流动性压力,未来可能会因银行抽贷、互保及实际控制人风险等因素导致信用风险事件的发生。

房地产行业方面,2019年初,受益于政策环境略有改善、市场流动性合理充裕,房地产行业融资状况有所改善,但自5月以来,监管层出台了相关措施抑制房地产企业违规融资。《关于开展"巩固治乱象成果合规建设"工作的通知》要求商业银行、信托、租赁等金融机构不得违规进行房地产融资,多家信托公司收到银保监会窗口指导要求控制房地产信托业务规模;《关于对房地产企业发行外债申请备案登记有关要求的通知》要求房地产企业发行外债只能用于置换未来一年内到期的中长期境外债务,房地产融资渠道有所收紧。此外,近期人民币对美元汇率破"7",人民币贬值会加重我国在境外发债房企的偿债压力,总体来看,需重点关注抗风险能力较弱的中小房企及海外发债规模较大同时也没有采取衍生品工具对冲外债风险敞口的房企信用风险。

贸易行业方面,全球经济增速放缓、中美贸易摩擦的反复和不确定性、人民币汇率波动增强等因素叠加或导致相关贸易行业企业经营环境恶化,由于贸易行业自身毛利率偏低,经营环境恶化对企业盈利冲击较大,信用风险将会加大,未来仍需继续关注。

四、城投企业整体信用风险不大,需关注区域经济财政实力下滑、债务集中到期、非标债务及或有债务规模大城投企业信用风险

一方面,城投企业整体信用风险不大。一是当前中国经济面临一定的下行压力,在稳增长稳投资的背景下,基建补短板力度将持续加大,同时宽信用政策仍将延续,城投企业整体再融资环境将保持相对宽松,2019年6月中共中央办公厅、国务院办公厅印发《关于做好地方政府专项债券发行及项目配套融资工作的通知》,允许将专项债券作为符合条件的重大项目资本金,进一步拓宽基建项目资金来源,同时积极鼓励银行、保险公司等金融机构提供配套融资支持,这对参与重大项目建设的城投企业有利;二是监管层加强地方政府债务风险防范、积极推动隐性债务化解,以低息贷款置换高息债务、长期债务置换短期债务,为城投企业缓解债务压力、降低融资成本、推进市场化转型等提供条件,有利于城投企业信用水平保持稳定。

另一方面,城投企业信用状况将进一步分化,刚兑信仰将被逐步打破。据不完全统计,2019年以来城投企业非标产品违约事件较上年同期增长一倍多,违约产品多位信托计划,违约主体集中在贵州、云南、湖南、内蒙古、陕西等中西部地区,随着违约发生常态化及地方政府债务风险管控力度的逐步加强,城投企业与地方政府的信用关联性持续削弱,城投刚兑信仰将被逐步打破。从到期量来看,2019年9月至2020年底,城投债总偿还量约为2.28万亿元,到期偿债压力不减。未来城投企业信用状况分化将加剧,经济发展稳定、信贷环境良好、转型条件较好的城投公司,其发展及信用基本面将得到支撑,区域经济发展相对落后、转型遇到阻碍、债务集中到期、非标债务及或有债务规模大的城投企业的信用风险较高。

结　语

《2018—2019年保险资管业调研报告》显示,2018年底保险资产管理机构总资产管理规模达到15.56万亿元,同比增长率达10.02%。其中,债券投资占比最大为39%,银行存款金融产品类资产占比18.5%,股票和公募基金合计占比10.8%,未上市股权投资占比5.7%,境外投资占比4.6%。对于近年来债券市场违约事件持续发生给保险资管机构经营带来的挑战,保险资管机构应客观看待并理性应对。

首先,目前我国宏观经济处于下行周期,经济发展的内外部冲击和挑战不断加剧,经济下行压力有所加大,市场微观主体经营管理风险有所上升,债券市场信用风险可能持续暴露。对此,保险资管机构应客观看待信用风险,打破刚性兑付幻想,通过有效措施管控和分散信用风险。其次,加强内部评级,不断提高自身信用研究能力、完善风险管控机制等适应债券市场"新常态",在信用债投资过程中,立足宏观经济形势、增强风险意识,准确研判市场环境、行业景气度、行业竞争格局、区域信用风险等并及时调整投资策略。最后,随着我国金融领域深化改革、扩大开放的步伐加快,债券市场发展的市场化水平不断提高,风险与收益的匹配程度将越来越高。保险资管机构应关注违约率、回收率的统计,制定科学合理的投资计划,最大程度保障资金的安全和增值。

参考文献

[1] 联合资信评估有限公司.债市"排雷"——债券市场违约问题研究[M].北京:中国金融出版社,2018.

[2] 刘艳,林青,杨津晶.债券违约:处置方式、回收率及影响因素[J].金融市场研究,2018(2).

[3] 李振宇,刘艳,夏妍妍,杨津晶.高收益债券与评级改进[J].金融市场研究,2018(5).

[4] 吴伟央.债券违约应对处理法律机制探析[J].证券法苑,2014,13(4):189—214.

[5] 窦鹏娟.新常态下我国公司债券违约问题及其解决的法治逻辑[J].法学评论,2016(2):143—153.

[6] 彭兴韵.违约与中国债券市场发展[J].债券,2018(8).

[7] 牛玉锐.债券违约常态化下信用风险防范相关问题探讨[J].债券,2019(3).

(本文获"IAMAC2019—2020年度系列研究课题"优秀奖)

保险资产管理机构应对债券违约的策略研究

中证鹏元资信评估股份有限公司

李慧杰　张　琦　李　萱　史晓姗

摘要

近年来我国债券市场不断发展,截至2019年6月,我国债券市场存量规模已达到91.06万亿元,其中非金融企业信用债券规模达到19.51万亿元。近年来,我国宏观经济下行压力加大,信用债券违约事件频发,截至2019年6月,我国债券市场已有128家发行人违约,规模累计2 725.11亿元。由于债券市场早期刚性兑付的原因,债券投资者对债券违约后的应对经验不足。在刚性兑付打破之后,违约债券的市场化和法制化处置方法逐渐成为债券投资者的关注重点,也是债券投资者维护自身债权利益的重要途径之一。

债券是保险资金的主要投资标的,保险资金对债券的投资规模占比在30%以上,而保险资产管理公司则是保险资金专业化管理的重要载体,受托管理着80%左右的保险资金。但在实际债券投资中,保险资管机构应对违约债券存在三大困境:一是违约数据不足、前期风控制度和信评制度不健全等因素导致的风险预警困境;二是债券持有人会议作用不明显,相关权利的执行与监察制度不完善,回收效率和回收规模较低;三是,违约后缺乏完善的处置经验。因此,在违约常态化背景下,研究违约债券应对策略对提高保险资管机构的经营绩效和风险管理能力具有良好现实意义。

本课题共四章。第一章介绍了我国债券市场与保险资管机构的发展现状;第二章从我国债券市场违约现状出发,分析了我国违约债券的违约特征、原因,以及保险资管机构的违约应对困境；第三章介绍了美国保险资产管理机构应对违约债券的经验；第四章借鉴美国经验，提出我国保险资管应对违约债券的优化策略，以期对保险资管机构的发展有所裨益。

关键词

保险资管　违约　应对策略

第一章　我国债券市场与保险资管的发展现状

第一节　我国债券市场发展情况

一、中国债券市场发展历程

中国债券市场的发展经历了不同的发展阶段，每个阶段有各自的特征，发展过程决定了日后可能出现的问题。

第一阶段：有债无市的萌芽阶段（1986年之前）

1981年1月16日，国务院发布《1981年国库券条例》，标志着中国债券市场的正式起航。随后，国际债券、企业债券、金融债券相继诞生，但市场并没有相应的法律规范、成型的债券交易机制或交易场所。

第二阶段：起步阶段（1986—1997年）

此阶段经历了由柜台实物交易为主转为交易所债券交易为主的过程。随着市场扩容，制度欠缺导致风险暴露，随后陆续颁布《企业债券管理》《关于加强企业内部债券管理的通知》和《企业短期融资券管理暂行办法》，整顿企业债券市场，关闭场外交易市场。

第三阶段：规范整顿阶段（1998—2004年）

随着金融体制改革和商业银行参与债券市场行为的不规范，银行间市场正式兴起，并制定相关规定，对参与主体条件、发行管理等方面有了明确要求。随着准入审批

制改为准入备案制、参与主体由金融机构延伸到个人和包括工商企业在内的非金融机构法人,银行间市场债券品种也不断丰富。该阶段债券市场的管理体制行政色彩浓厚,审批程序较长,属于监管体制形成的萌芽阶段,银行业协会、保险业协会在此阶段相继成立。

第四阶段:监管体系形成和政策调整阶段(2005—2007年)

2005年之前,中国信用债主要是企业债,有国有大型银行担保,违约风险很低。随着2005年央行颁布《短期融资券管理办法》,2007年明确企业债由发改委监管并允许发行无担保信用债券,公司债由证监会监管并颁布《中国债券发行试点办法》,同时银监会禁止银行为项目债券提供信用担保,银行间市场参与者自愿成立银行间市场交易商协会,中国债券市场初步形成了多头监管的格局。此阶段,促进了无担保信用债的发行,银行间市场基础设施逐渐完善。

第五阶段:城投债快速发展,政府性信用从无序扩张到终结,市场结束刚兑(2008—2014年)

2008年金融危机后,中国推出了4万亿元经济刺激政策,城投公司如雨后春笋地冒出来,债务快速积累,城投债规模占比由12%左右上升到35%。随着银行贷款收紧,2011年6月城投危机爆发。企业债发行条件随即提高,并进行分类管理。2014年《国务院关于加强地方政府性债务管理的意见》(即"43号文")的出台终结了城投债的疯狂增长,并开启了城投公司转型的新时期。同年,"11超日债"违约,打破了债券市场的维持已久的刚兑现象。

第六阶段:公司债扩容,企业信用迅速扩张,风险集聚逐步显露(2015—2017年)

2015年公司债发布新政,将发行主体由上市公司扩至所有公司制法人,分成大公募、小公募和私募债进行不同管理。简政放权、宽进严管,促进了公司债市场的发展,发行规模占比由2014年不到3%上升为2017年的30%左右。随着企业信用扩张,私募发行的债券越来越多,发行主体等级下沉,新增风险集聚。2015年供给侧改革的启动,风险从部分产能过剩行业开始爆发。

第七阶段:风险管理地位上升,创新品种快速发展,对外开放步伐加快,大监管时代出现雏形(2017年至今)

2017年起多项针对金融机构、地方政府和债券市场的政策出台,风险管理地位上升,地方政府、金融机构和企业信用不断收缩。随着经济下行压力加大,政策出现调整,定向宽松的趋势逐渐显露,针对特殊领域、行业、地区给予融资便利,债券市场发行出现一定程度的回暖,专项债、绿色债、资产支持证券、可转债等品种快速发展,但市场分化日趋明显。对外开放方面,允许境外评级机构进入中国市场、中国债券纳入彭博巴克莱指数、颁布《境外非金融企业债务融资工具业务指引(试行)》等多个政策,中国债券市场逐步融入全球金融体系,对风险管理及相关产品提出更高的要求。在境内监管制度方面,2018年银行间、交易所债券市场评级机构资质实现互认,同年明确了证监会依法对银行间债券市场、交易所债券市场违法行为开展统一的执法工作,确立了人民银行、证监会、发展改革委协同配合做好债券市场统一执法的协作机制,大监管时代雏形显现。

中国债券市场发展从"无监管无制度"开始,经历了"多头监管过度管理""政策调整、丰富品种""风险集聚爆发",到现在的"信用管理提升、统一监管框架初现",未来针对风险管理、市场主体和产品、交易平台等的多元化发展还有很长路要走。

二、中国债券市场现状

截至2019年6月30日,中国债券市场存量债券共45 113只,存量规模91.06万亿元。其中,利率债的规模占比超过一半,非金融企业信用债规模占比在22%左右。具体来看,信用债市场、银行间市场存量规模占比超过一半,交易所市场规模占比34.8%,企业债市场规模占比12.5%。与2014年相比,交易所市场的规模占比大幅度提升,公司债政策调整带来了公募公司债和私募债的快速发展(见表1-1)。

表1-1　　　　　截至2019年6月份非金融企业债券市场存量情况

债券品种	数量(只)	占比(%)	2014年数量占比(%)	规模(亿元)	占比(%)	2014年规模占比(%)
发改委	2 580	14.2	24.8	24 361.00	12.5	27.2
企业债券	2 580	14.2	24.8	24 361.00	12.5	27.2
交易所市场	6 085	33.4	13.8	67 937.62	34.8	8.3
公募公司债券	2 810	15.4	5.5	35 411.54	18.1	6.2
私募债券	2 907	16.0	7.9	27 015.28	13.8	1.0
可转换债券	219	1.2	0.4	3 154.25	1.6	1.1
可交换债券	149	0.8	0.1	2 356.55	1.2	0.1
银行间市场	9 534	52.4	61.4	102 836.06	52.7	64.5
中期票据	4 729	26.0	25.9	61 069.54	31.3	31.5

续表

债券品种	数量（只）	占比（%）	2014年数量占比（%）	规模（亿元）	占比（%）	2014年规模占比（%）
短期融资券	2 196	12.1	15.8	21 778.20	11.2	16.4
定向工具	2 609	14.3	19.7	19 988.32	10.2	16.6
汇总	18 199	100.0	100.0	195 134.68	100.0	100.0

资料来源：Wind，中证鹏元整理。

注：1. 公募公司债券只包括大公募和小公募；
2. 非公开发行公司债券简称私募债券，统计时仅包含在交易所发行的债券；
3. 非公开定向债务融资工具简称定向工具。

从历年非金融企业债券发行情况看，随着债券市场发行条件放松，2014—2016年整体发行规模上涨，尤其是公募公司债和私募债在2016年出现大幅增长。2019年上半年，非金融企业债券发行规模较2018年同期上涨39.1%，其中企业债上涨76.8%，私募债上涨149.0%，涨幅较大（见图1-1）。

资料来源：Wind，中证鹏元整理。

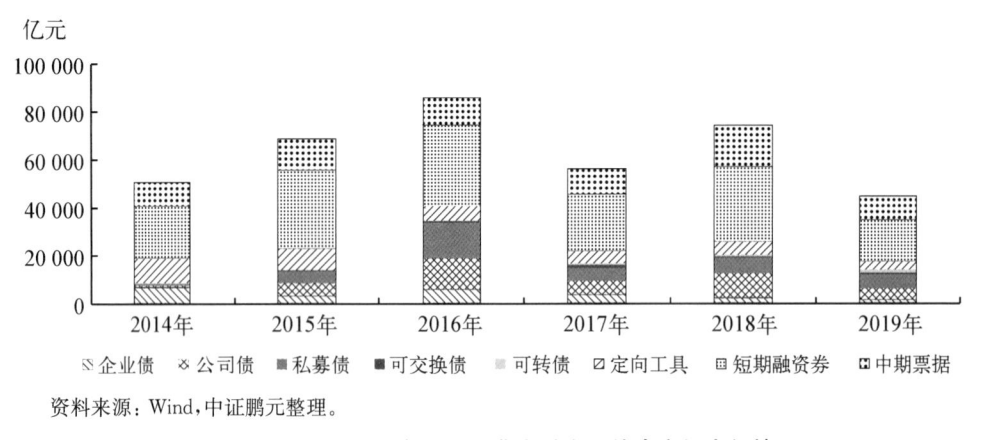

图1-1 2014—2019年6月份非金融企业债券市场发行情况

从新增债券的信用等级来看，整体市场中AAA和AA+级别的信用债规模占比在2014年之后呈现上升趋势，其中2018年和2019年表现明显。低等级债券占比大幅下降，无评级债券占比上升。从发行方式看，公募发行债券的AAA和AA+级占比明显上升；私募发行债券中同级别的占比则明显下降，而无评级债券增加，尤其是2019年，主要是由民营企业发行（见图1-2）。

从行业看，建筑装饰、综合类、公用事业类企业发行规模占比最大，其中建筑装饰发行规模占比呈现波动上升，2019年为18.1%，较上年上升明显；公用事业类规模占比2015年出现明显下降，2019年规模占比为13.2%；房地产行业发行规模占比由2014年的3.4%上升为2016年的11.3%，随后受行业政策收紧的影响下降至2019年

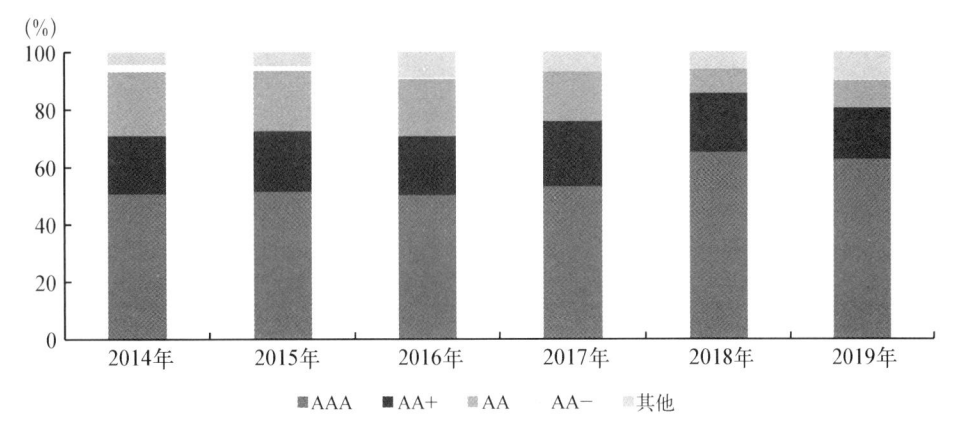

图 1-2 2014—2019 年 6 月份非金融企业债券市场新增债券信用等级分布情况

资料来源：Wind，中证鹏元整理。

的 6.7%；此外，采掘、钢铁、化工、有色和机械设备的债券规模占比明显下降，从 2014 年的 19.3% 下降至 2019 年的 13.7%（见表 1-2）。

表 1-2 2014—2019 年 6 月份非金融企业债券市场新增债券行业分布情况

行　　业	2014 年	2015 年	2016 年	2017 年	2018 年	2019 年
综　　合	16.0%	14.5%	14.8%	18.2%	20.1%	18.7%
建筑装饰	16.3%	12.3%	15.8%	18.9%	14.8%	18.1%
公用事业	16.7%	12.5%	12.6%	12.7%	13.2%	13.2%
交通运输	11.0%	9.1%	9.8%	8.6%	8.9%	8.7%
采　　掘	7.3%	9.7%	5.9%	6.0%	7.2%	6.5%
房地产	3.4%	8.0%	11.3%	4.7%	7.1%	6.7%
商业贸易	4.7%	6.0%	4.7%	4.8%	3.8%	3.2%
钢　　铁	3.1%	3.6%	2.8%	3.2%	3.2%	3.5%
非银金融	1.1%	1.6%	2.0%	2.8%	5.5%	6.1%
有色金属	4.1%	3.6%	2.8%	2.3%	2.4%	2.4%

注：仅列示前十大行业的发行规模占比情况。

发行利差方面，随着发行条件放松、流动性宽松，2014 年—2016 年市场主要品种发行利差是收窄趋势；2016 年违约债券数量上升，市场情绪趋于紧张，2017 年发行利走阔；随着 2018 年政策调整，流动性定向宽松，发行利差收窄。企业债受地方政府债务管理趋严影响，2018 年企业债发行利差整体上扬，在 2019 年市场风险偏好回升，加大地方基建"稳经济"的背景下，企业债利差随即收窄（见图 1-3）。

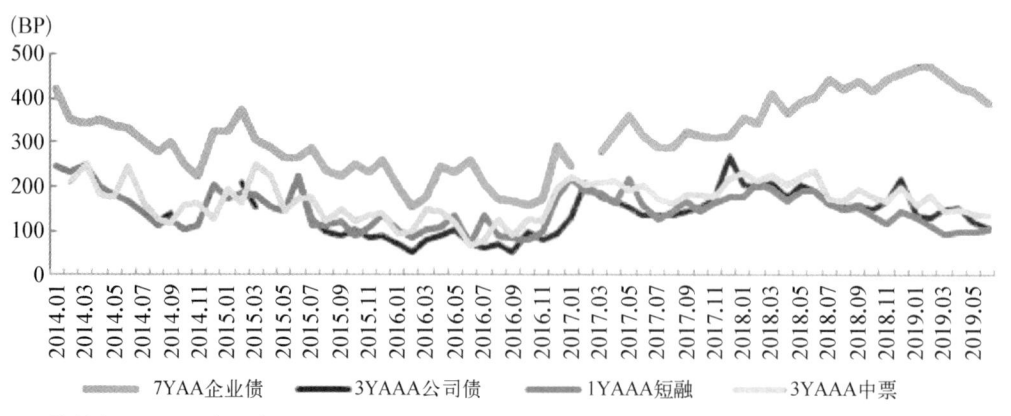

资料来源：Wind，中证鹏元整理。

注：期限选取为不含权期限，例如发行期限为2+3，则为2年期；短融选取主体信用等级；利差为与同期限国债利率的差异。

图1-3　2014—2019年6月份非金融企业债券市场新增债券发行利差走势图

第二节　我国债券市场与保险资管的发展现状

2003年7月，第一家保险资产管理公司正式成立。2004年4月，原保监会颁布《保险资产管理公司管理暂行规定》，就保险资产管理公司的设立、变更、终止，经营范围和经营规则，风险控制和监督管理等方面做出了规定。2010年7月，原保监会发布《保险资金运用管理暂行办法》，2014年4月发布《关于修改〈保险资金运用管理暂行办法〉的决定》，2018年1月《保险资金运用管理办法》正式发布，以规范资金运用行为，进一步防范资金运用风险。

1. 保险行业的稳定发展为保险资产管理机构的发展提供必备保障

根据中国银行保险监督管理委员会的统计，2013—2018年，我国保险行业原保险保费收入规模逐年增长，2013年约1.72万亿元，2018年原保险保费收入是2013年的两倍多。其中，人身险保费收入占比从2013年到2017年一直是增长态势，2018年同比略有回落。2019年上半年，已实现的原保险保费收入为2.55万亿元（见表1-3），人身险保费收入占比77%，财产险占比23%。

保费收入持续增长的同时，保险资金运用余额也在持续扩大。2018年末，保险资金运用余额约为16.41万亿元，是2013年末两倍多。截至2019年6月末，保险资金运用余额已达到17.37万亿元（见表1-4）。

表1-3　　　　　　　2013年至2019年上半年的原保险保费收入情况　　　　　单位：亿元

时间	财产险	人身险				原保险保费收入合计
		寿险	健康险	人身意外伤害险	小计	
2013年	6 212.26	9 425.14	1 123.50	461.34	11 009.98	17 222.24
2014年	7 203.38	10 901.69	1 587.18	542.57	13 031.44	20 234.81
2015年	7 994.97	13 241.52	2 410.47	635.56	16 287.55	24 282.52
2016年	8 724.50	17 442.22	4 042.50	749.89	22 234.61	30 959.10
2017年	9 834.66	21 455.57	4 389.46	901.32	26 746.35	36 581.01
2018年	10 770.08	20 722.86	5 448.13	1 075.55	27 246.54	38 016.62
2019年上半年	5 893.00	15 027.00	3 976.00	641.00	19 644.00	25 537.00

资料来源：中国银行保险监督管理委员会，中证鹏元整理。

表1-4　　　　　　2013—2019年上半年的保险资金运用余额情况　　　　　　单位：亿元

时间	保险资金运用余额	时间	保险资金运用余额
2013年	76 873.41	2017年	149 206.21
2014年	93 314.43	2018年	164 088.38
2015年	111 795.49	2019上半年	173 672.00
2016年	133 910.67		

资料来源：中国银行保险监督管理委员会，中证鹏元整理。

从保险行业总资产规模来看，2013年以来总体上保持稳定增长趋势，2018年末总资产达到18.33万亿元，其中，资产管理公司总资产557.34亿元。2019年6月末，保险行业总资产为19.50万亿元，其中资产管理公司总资产592亿元，是2013年末资产管理公司资产规模的三倍多。近些年来，保险行业的稳定发展，为保险资产管理机构的发展壮大提供坚实的基础性保障（见表1-5）。

表1-5　　　　　　　2013—2019年上半年的保险行业总资产情况　　　　　　单位：亿元

时间	保险业总资产	资产管理公司总资产
2013年	82 886.95	190.77
2014年	101 591.47	240.64
2015年	123 597.76	352.39
2016年	151 169.16	426.29

续表

时 间	保险业总资产	资产管理公司总资产
2017年	167 489.37	491.45
2018年	183 308.92	557.34
2019年上半年	195 026.00	592.00

资料来源：中国银行保险监督管理委员会，中证鹏元整理。

2. 保险资产管理机构是保险资金专业化管理的重要载体

近些年来，我国在保险资金运用方面取得了显著的成就，2015年保险资金投资收益的平均收益率达到了7.56%，是2008年以来的最高收益率，2016年和2017年的投资收益平均收益率也都在5.6%以上。保险资金的有效运用，对于提高保险行业盈利水平、提升资本实力、推动业务创新等都具有非常正面积极的意义。资金运用结构方面，2013—2018年，银行贷款的比重在下滑，2018年末银行贷款占比大约只有2013年末的一半，债券占比在近三年基本稳定在34%左右（见表1-6），同时，股票和证券投资基金的投资占比在2015—2017年也维持在12%上下，其他类型的投资总体上比重在提升，尤其是2017年其他投资占比超过了40%，其中，另类投资的增长速度比较受到瞩目。

表1-6　　　　　2013—2019年上半年的保险资金投资结构情况

时 间	银行贷款占比（%）	债券占比（%）	股票和证券投资基金占比（%）	其他占比（%）
2013年	29.45	43.42	10.23	16.90
2014年	27.12	38.15	11.07	23.66
2015年	21.78	34.39	15.18	28.65
2016年	18.55	32.15	13.28	36.02
2017年	12.92	34.59	12.30	40.19
2018年	14.85	34.36	11.71	39.08
2019年上半年	15.16	34.45	12.61	37.77

资料来源：中国银行保险监督管理委员会，中证鹏元整理。

根据中国保险资产管理业协会发布的《中国保险资产管理业发展报告（2018）》，截至2017年末，我国共有24家综合类保险资产管理公司（另有3家在筹备）、8家养老保险公司。截至2017年末，32家保险资产管理机构的资产管理规模已超过15万亿元,受托保险资金的规模约为11.8万亿元。另外据统计,保险资产管理公司受托管理着80%左右的保险资金,是推动保险资金实现专业化管理的重要载体,在保险资金运用机制的改革发展过程中发挥了积极的作用,对于提升保险资金运用效率和创新能力具有良好的现实意义。

3. 基础设施债权投资计划的注册数量和规模明显提升

基础设施债权投资计划是保险资金另类投资的渠道之一,根据中国保险资产管理业协会公布的产品注册信息,2016—2018年,基础设施债权投资计划的注册资产管理数量和规模均有较为明显的提升。2019年上半年,注册的资产管理产品共105项,注册规模1 681.48亿元。其中,基础设施债权投资计划58项,注册规模1 106亿元;不动产债权投资计划44项,注册规模523.48亿元;股权投资计划3项,注册规模52亿元(见表1-7)。

表1-7　　　　　　　2016—2019年上半年的资产管理产品注册情况　　　　单位:项、亿元

时间	基础设施债权投资计划 数量	基础设施债权投资计划 规模	不动产债权投资计划 数量	不动产债权投资计划 规模	股权投资计划 数量	股权投资计划 规模	合计 数量	合计 规模
2016年	57	1 477.53	77	1 001.86	18	695.00	152	3 174.39
2017年	81	2 466.45	123	2 113.52	12	495.50	216	5 075.47
2018年	121	2 940.86	89	1 245.40	3	361.00	213	4 547.26
2019年上半年	58	1 106.00	44	523.48	3	52.00	105	1 681.48

资料来源:中国保险资产管理业协会,中证鹏元整理。

4. 各家保险资产管理公司在资产规模和经营绩效等方面差异较大

从目前的市场状况来看,各家保险资产管理公司在资产规模、经营绩效等方面差异性较大。就总资产规模而言,截至2018年末,总资产在3亿元以下的保险资产管理公司有4家,3亿元到10亿元之间的有7家,10亿元到50亿元之间的有8家,另有3家的总资产在50亿元到100亿元之间,总资产规模最高的在100亿元以上,从分布情况来看,总资产分布的比较分散(见表1-8)。

表1-8　　　　　2018年末保险资产管理公司总资产规模分布情况

2018年末总资产规模	保险资产管理公司数量(家)	所占比例(%)
3亿元以下	4	17.39
3亿元—10亿元	7	30.43

续表

2018年末总资产规模	保险资产管理公司数量（家）	所占比例（%）
10亿元—50亿元	8	34.78
50亿元—100亿元	3	13.04
100亿元以上	1	4.35
合　　计	23	100.00

资料来源：各保险资产管理公司官方网站，中证鹏元整理。
注：一家公司信息不完整，不在统计范围之内。

就净资产规模来看，截至2018年末，保险资产管理公司的净资产规模主要集中在2亿—20亿元，累计共有15家公司，另有2家公司的净资产规模在2亿元以下，共有6家净资产在20亿元以上（见表1-9）。

表1-9　　　　　2018年末保险资产管理公司净资产规模分布情况

2018年末净资产规模	保险资产管理公司数量（家）	所占比例（%）
2亿元以下	2	8.70
2亿元—5亿元	6	26.09
5亿元—20亿元	9	39.13
20亿元—50亿元	3	13.04
50亿元以上	3	13.04
合　　计	23	100.00

资料来源：各保险资产管理公司官方网站，中证鹏元整理。
注：一家公司信息不完整，不在统计范围之内。

就营业收入规模来看，2018年，保险资产管理公司的营业收入在1亿—10亿元的共有16家，低于1亿元的有2家，超过10亿元的有4家（见表1-10）。

表1-10　　　　　2018年保险资产管理公司营业收入规模分布情况

2018年营业收入规模	保险资产管理公司数量（家）	所占比例（%）
1亿元以下	2	9.09
1亿元—3亿元	8	36.36
3亿元—10亿元	8	36.36
10亿元—30亿元	2	9.09

续表

2018年营业收入规模	保险资产管理公司数量（家）	所占比例（%）
30亿元以上	2	9.09
合　计	22	100.00

资料来源：各保险资产管理公司官方网站，中证鹏元整理。
注：两家公司信息不完整，不在统计范围之内。

就营业利润规模来看，2018年，仅1家保险资产管理公司的营业利润为负，营业利润为正且少于0.5亿元的有6家，0.5亿—3亿元的有7家，3亿—15亿元的有7家，超过15亿元的只有1家（见表1-11）。

表1-11　　　　　2018年保险资产管理公司营业利润规模分布情况

2018年营业利润规模	保险资产管理公司数量（家）	所占比例（%）
营业利润为负	1	4.55
0亿元—0.5亿元	6	27.27
0.5亿元—3亿元	7	31.82
3亿元—15亿元	7	31.82
15亿元以上	1	4.55
合　计	22	100.00

资料来源：各保险资产管理公司官方网站，中证鹏元整理。
注：两家公司信息不完整，不在统计范围之内。

就资产负债率来看，2018年末，绝大部分保险资产管理公司的资产负债率控制在40%以下，另外两家公司的资产负债率分别为58%和85%（见表1-12）。

表1-12　　　　　2018年末保险资产管理公司资产负债率分布情况

2018年末资产负债率（%）	保险资产管理公司数量（家）	所占比例（%）
0～10	2	8.70
10～20	5	21.74
20～30	9	39.13
30～40	5	21.74
40～50	0	0.00
50～60	1	4.35
60～70	0	0.00

续表

2018年末资产负债率(%)	保险资产管理公司数量(家)	所占比例(%)
70~80	0	0.00
80~90	1	4.35
合　计	23	100.00

资料来源：各保险资产管理公司官方网站，中证鹏元整理。

注：一家公司信息不完整，不在统计范围之内。

就净资产收益率来看，2018年，除了一家公司为负值外，有6家保险资产管理公司的净资产收益率介于0%—10%，有7家介于10%—20%，有4家介于20%—30%，有3家介于30%—40%，超过40%的仅1家（见表1－13）。

表1－13　　　　　　　2018年保险资产管理公司净资产收益率分布情况

2018年净资产收益率(%)	保险资产管理公司数量(家)	所占比例(%)
负　　值	1	4.55
0~10	6	27.27
10~20	7	31.82
20~30	4	18.18
30~40	3	13.64
40~50	1	4.55
合　计	22	100.00

资料来源：各保险资产管理公司官方网站，中证鹏元整理。

注：两家公司信息不完整，不在统计范围之内。

5. 保险资产管理机构风险管理机制不断完善

加强风险管理工作逐渐成为保险资产管理机构的普遍共识。一方面，保险资产管理机构在内部控制方面，强化组织机制的建立，借助于科学的控制方法、工作流程和具体措施，形成更加合理的内部控制管理体系。在保险资金运用过程中，突出强调行为的合规性、经营的有效性以及信息的真实性，从控制环境、控制活动、信息沟通和内部监督等多个层面提升保险资产管理机构内部控制工作的效果。另一方面，就外部监管而言，2019年7月，中国银保监会发布了《保险资产负债管理监管暂行办法》，通过差别化监管等多项措施，推动提升保险资产负债管理能力，加强资产负债匹配管理，降低期限结构匹配风险、成本收益匹配风险以及现金流匹配风险等各类风险，引导行业审慎开展资产配置，合理运用资金。在内外部环境的综合影响下，我国保险资产管理机构的风险管理机制建设工作总体上得到了显著提升,有助于提升保险资金管理的稳健性。

第二章 我国债券市场违约现状

第一节 违约相关概念

一、违约

目前,业内机构关于建约尚未有完全统一的界定标准,如各家评级机构对违约分别有自己的定义,债券募集说明书会根据债券的特征对"违约事件"做出相应定义。

(一)违约的一般定义

法律意义上的违约,是指合同当事人一方不履行合同义务或履行合同义务不符合约定。就债券信用评级而言,违约主要考量受评对象所涉及金融债务合同下的偿付义务是否得到履行。从违约事件的范围看,国内外评级机构对违约的定义会有些许差异。

国外评级机构:第一,对于临时原因造成的无法履行兑付义务的行为,在不影响债务人偿债能力和意愿的情况下,三大评级不认定为违约。例如,技术性违约,穆迪定义为未能履行债券发行契约本息支付以外的条款,不认定为违约,除非不能及时修复且触发其他违约事件。此外,宽限期内偿还债务也不认定为违约,无宽限期约定时,只要在短时间内偿还则不认定为违约。第二,对于影响债务人偿债能力和意愿的行为,认定为违约。例如,折价交易、消极债务重组。第三,并未明确区分主体和债项违约定义,标普和惠誉的定义偏向于主体违约,穆迪明确违约定义仅适用于债务或类债务。

国内评级机构:根据违约对象不同,中证鹏元、联合资信和中债资信分别定义债务人违约和债项违约,东方金诚仅定义了债务人违约,中诚信国际和上海新世纪采用较为广义的定义,包括技术性违约和担保代偿(见表2-1)。

表 2‑1　　　　　　　　　国内外评级机构对违约的定义

评级机构		违　约　定　义	违约符号
国外机构	标普	(1) 对任何一项或多项金融债务(评级的或未评级的)发生的支付违约,除非在未规定宽限期时,能在5个工作日内偿付,或在有规定宽限期时较早或30天内可以偿付,包括折价交易;(2) 企业发生申请破产或类似的举动使得债务发生违约。对违约企业的等级分为选择性违约和违约	选择性违约(SD)和违约(D)
	穆迪	(1) 未能按照合约规定支付或延期支付利息或本金(不包括在合约允许的宽限期内支付的情况);(2) 债券发行人或债务人提出申请破产保护或法律接管,使其未来可能不能履行或者延期履行债务协议的支付义务;(3) 发生以下两种情形的低价交易:债务人给债权人提供新的或重组债务,或一组新的证券组合、现金或资产,从而使债务人可以相对于原始债务承担较少的金融义务;该交易可能使债务人避免最终破产或违约;(4) 由主权国家导致的信贷协议或契约的付款条件变化,从而使债务人可以承担较少的金融义务。短期主体和债项违约定义在宽限期设置上严于长期,任何超过5个工作日的宽限期都会视为5天	
	惠誉	出现以下任何一种情况时将构成债务违约:(1) 未能按照债务中的合同条款按时支付债务本金和/或利息;(2) 债务人处于破产申请、破产接管、清算,或者解散等停业状态;(3) 债务人与债权人之间发生债务折价清偿。对于违约主体评级,具体分为有限违约和违约评级	有限违约(RD)和违约(D)①
国内评级机构	新世纪	违约是指金融债务人未能按照债务合同的约定偿还债务本息的状态。同时,对由担保代偿或处置抵质押物得以按时足额兑付的发行主体,亦将其界定为主体违约②	主体:C 债项:中长期债券C,短期债券D
	中诚信国际	只要未按照合同约定的日期按时还款即为违约,包括因技术性原因造成的未按期支付本利的情况	
	联合资信	当出现下述一个或多个事件时,即判断主体和债项违约:(1) 债务人未能按照合约规定支付或延期支付债券本金和/或利息,包括在宽限期内的延期支付;(2) 债务人被法院受理破产申请或进入破产清算程序,被接管,被停业或关闭;(3) 债务人进行债务重组且其中债权人做出让步或债务重组具有的帮助债务人避免债券违约的意图。以下情况不视为债券或主体违约:(1) 担保人如期代偿;(2) 单纯技术活管理失误导致长期债务违约,只要不影响债务人偿债的努力和意愿,并能在1—2个工作日得以解决	

---

① 有限违约是指惠誉认为债务人已经对某一特定类别的债券、贷款或其他重大金融债务发生选择性付款违约或消极债务重组,但债务人尚未发生破产、清算、被接管或停业等结束正常经营的情形。违约评级是指惠誉认为债务人已经发生破产、接管、清算以及其他终止营业的事件。违约评级只有在主体或债务发生实质性违约之后才会给予,在展期或宽限期内完成支付不被视作违约,除非发生了破产或类似事件,或者消极债务重组。

② 来自上海新世纪《2018年债券市场违约率统计年报》、联合资信《2018年度中国债券市场评级表现和评级质量研究报告》。

续表

评级机构		违 约 定 义	违约符号
国内评级机构	东方金诚	受评对象出现以下任何一种情况时都将被视为违约：(1)有充分证据证明受评主体无意愿或无法履行其偿债义务(包括本金、利息和手续费)；(2)发生对债权人不利的债务重组，包括本金、利息和手续费的减免或延期；(3)债券发行人未能按期偿还债务或其他公开发行债务的本金和利息；(4)受评对象申请破产或已经进入破产程序；(5)其他对主体偿债能力和意愿产生严重负面影响的情况	主体：C 债项：中长期债券C，短期债券D
	中证鹏元	将违约分为主体违约和债项违约	

中证鹏元关于违约的定义为：

对于债务人，出现以下行为则视为违约：(1)在债务兑付日或回购日，发行人未能按期足额偿付所涉及金融债务合同下任意一项债务的到期应付本金或利息(宽限期足额偿付的情况除外)。(2)在债券存续期间内，发行人处于破产申请或进入破产清算程序，被接管，被停业或关闭等经营停止状态。(3)发行人不能清偿到期债务并且资产不足以清偿全部债务，明显缺乏清偿能力或书面承认其无力偿还到期债务。(4)发行人与债务人之间发生债务折价清偿。

对于特定债项，出现以下情景则视为违约：(1)在债券兑付日或回购日，发行人未能按合同约定条款如期足额偿付到期应付本金或利息(宽限期外)。(2)债券到期前发生折价清偿。

对于一些债务错过偿还时间是由技术失误或管理失误导致的，只要不涉及债务人偿债的能力和意愿，并且在短时间内(通常为1—2个工作日)做出修正，这样的情况中证鹏元并不认定为违约。综上，债务人违约，债项不一定违约；债项违约，债务人认定为违约。

(二)违约定义的扩展

不同的合约根据债券的特征，会包括不同的违约事件，例如，"17沪华信MTN001"募集说明书中对违约事件的规定有，"违反利息递延下的限制事项：本公司有递延支付利息的情形，在全部清偿已递延利息及其孳息前，发生下列行为：(1)向出资人分配利润；(2)减少注册资本。"

随着投资者保护性条款的应用，违约事件除了"未能如期兑付本息""折价清偿""破产"等传统违约触发条件外，"交叉违约条款""事先约束条款"等特殊约定条款的触发，以及合同约定外的"展期""折价清偿"等，也构成当下的违约事件。本课题将违约类型分为实质性违约、交叉违约和技术性违约。对于特殊条款项下的豁免条款，作为后续违约处置手段看待,即只要条款触发即认为是违约。

二、违约回收率

违约回收率,即债权人从违约债务中可回收价值的比率。它与违约损失率相对应,两者之和为1。

债券回收率一般有两种方式来衡量:

(1) 本息累计回收率＝(违约后累计收到的本金＋利息)/(应收本金＋利息)

这个指标与违约损失率相对应,与国际上大多数机构对回收率的定义一致,本息累计回收率＝1－违约损失率。

(2) 违约部分累计回收率＝违约部分的累计回收值/违约金额

这个指标可以反映违约后的回收效果,不会受不同违约类型的影响。本课题中的违约率,指违约部分的累计回收率,简称违约规模兑付比例或违约率。

三、影响违约回收情况的因素

关于违约债券回收,主要关注两个方面:一是回收率,二是回收效率。后者又极大地影响一定时期内的回收率。面对违约,债权人希望以最短的时间挽回最多的价值。综合已有案例来看,主要有以下几个方面的因素:

第一,宏观外部因素,影响整个市场的信用风险水平,包括经济周期、市场利率、行业发展状况等。

第二,债务人资质,包括经营情况、资产价值和变现能力、信用等级、公司治理情况等,通过影响内外部融资能力来影响偿债能力和违约回收率。

第三,债务人偿债意愿,直接影响回收情况,可能发生逃废债行为。

第四,增信方式有效性,包括担保人偿债能力和意愿、抵质押品变现能力,是债务人出现债务危机时的第一道保障。

第五,违约带来的社会影响程度。从维护社会稳定和当地投资环境的角度,政府有帮扶违约企业的动力,尤其是在当地处于主要地位的企业,但受限于财力和政策法规规定。

第六,债券条款设置及债券流动性情况。前者在一定程度上约束当事人的权利和义务,有利于在违约时更快地进入约定的处置方案。后者决定了债券持有人在债券违约时能否快速止损。

第七,债权人顺序、债权规模和债权人对债务人偿债能力的预期,将通过影响剩余债权规模、再融资空间来影响回收率。

第二节 我国债券市场违约情况及违约特征

一、我国债券市场的违约现状

(一)违约概况

自2014年债券信用风险爆发以来,截至2019年6月末,国内债券市场共有341只[1]债券违约(见图2-1),涉及128家发行人,其中,公募债券市场有193只债券违约,涉及74家发行人。不完全统计,债券市场违约规模共计1 929.85亿元,累计兑付规模251.43亿元,违约回收率13.0%。从时间看,2018年三季度开始,违约债券急剧增长,且除已违约主体存量债券陆续违约,新增违约主体数量也快速增加。2019年违约债券85只,涉及39家违约主体,其中3月违约债券最多,为32只,主要是国购投资有限公司因房地产市场调控出现资金断裂,无法偿还债务,债券持有人会议通过6只存量债券加速到期决议;山东胜通集团股份有限公司于2019年3月15日进入重整程序,9只存量债券到期违约。整体看,2019年上半年违约债券数量较2018年下半年有所下降,与降低民营企业融资成本的政策导向有一定关系。

资料来源:Wind,中证鹏元整理。

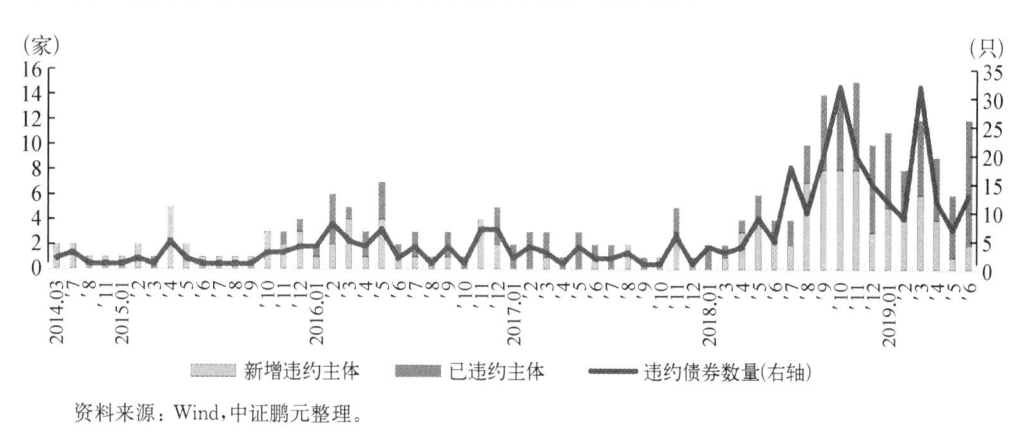

图2-1 2014—2019年6月违约债券情况

(二)违约率

从违约率[2]看,随着违约债券规模的增加,违约率逐步上升,但因为市场存量规模也

---

[1] 不包括地方股权交易所私募债券,本课题的分析,包括技术性违约、交叉违约等广义违约形式。以下分析针对当年新增违约债券。
[2] 违约率=当年违约债券的发行规模/上年末存量债券规模。存量债券包括企业债、公募公司债、私募债、中期票据、短期融资券、定向工具、可交换债、资产支持证券。

在增长,违约率增速低于违约债券规模增速。其中,2018年违约债券数量较多,涉及债券发行规模达到近年高点,当年违约率0.61%。2019年上半年违约债券规模约2018年的一半,2019年上半年违约率0.3%(见图2-2)。分信用等级看,违约债券主要分布在AA级,但受存量规模影响,AA-级的违约率最高,超过50%,AA级次之,为3.8%(见图2-3)。

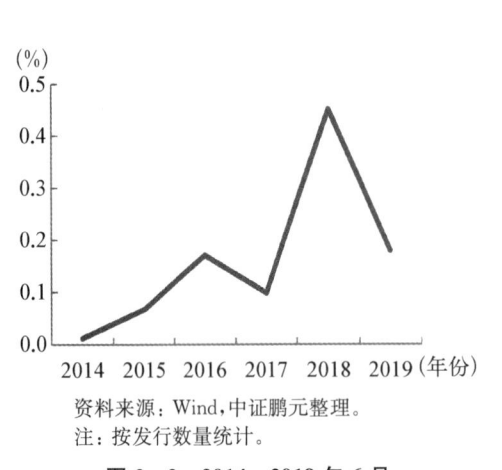

资料来源:Wind,中证鹏元整理。
注:按发行数量统计。

图2-2　2014—2019年6月违约率走势

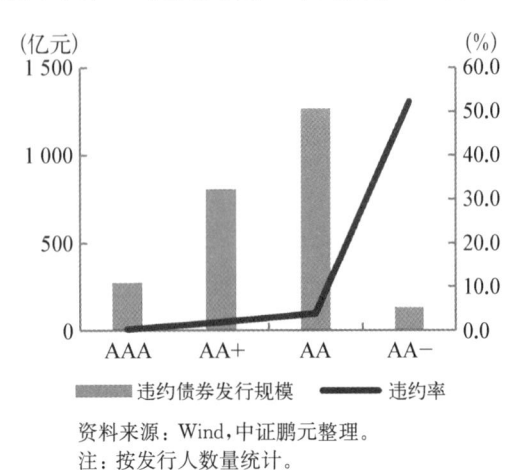

资料来源:Wind,中证鹏元整理。
注:按发行人数量统计。

图2-3　2014—2019年6月不同信用等级违约率分布

分债券类型看,公募公司债和中期票据的违约债券规模最大,受存量债券规模影响,违约率分别为1.9%和1.0%,位于中下水平。私募债和短期融资券受存量规模影响,违约率较高,分别为1.9%和2.6%(见图2-4)。分企业类型看,民营企业违约率远远高于国有企业,为5.3%(见图2-5)。

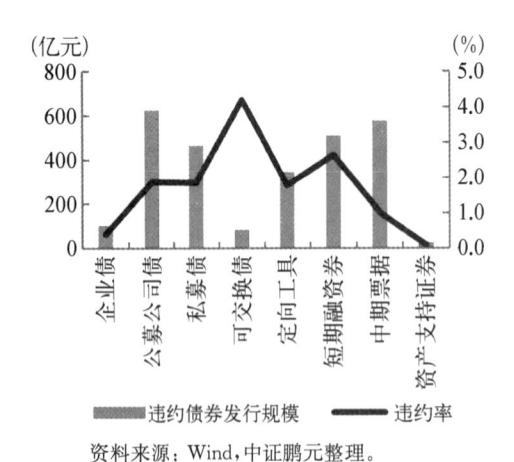

资料来源:Wind,中证鹏元整理。
注:按发行数量统计。

图2-4　2014—2019年6月不同债券品种违约率

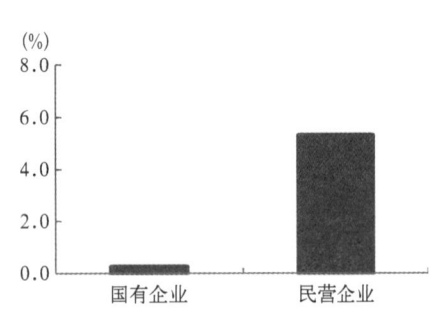

资料来源:Wind,中证鹏元整理。
注:按发行人数量统计。

图2-5　2014—2019年6月不同企业类型违约率

二、我国违约债券的特征

从违约类型看,技术性违约12只,交叉违约30只,实质性违约299只,其中,加速清偿到期违约22只,破产违约22只,其余违约涉及本金、利息或回收款项。随着违约事件的积累,投资者对设置回售权的债券倾向于行权,债券提前到期使得发行人的偿债压力提升。

从债券类型看,341只违约债券主要分布在私募债、公募公司债、短期融资券、中期票据和定向工具。具体看,私募债84只,占比25%;公募公司债和短期融资券分别67只和61只,占比分别为20%和18%;中期票据52只,占比15%;定向工具37只,占比11%;企业债、可交换债和资产支持证券数量较少(见图2-6)。从违约时间看,公司债和私募债是2018年以来的主要违约品种,尤其是2019年以来违约数量增长迅速,自2014年以来共151只违约,占比44.3%(见图2-7)。

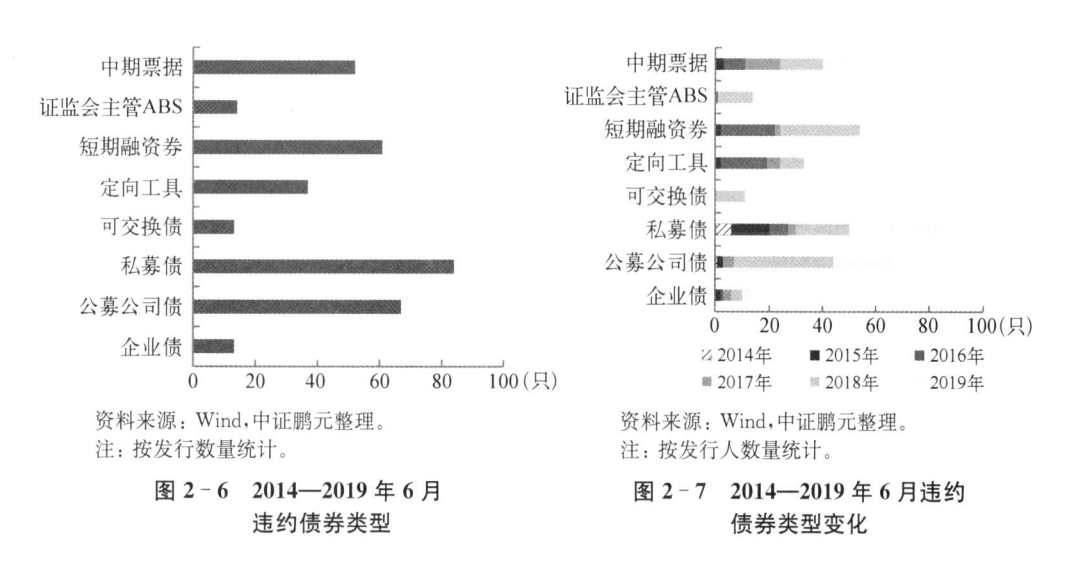

图2-6 2014—2019年6月违约债券类型

资料来源:Wind,中证鹏元整理。
注:按发行数量统计。

图2-7 2014—2019年6月违约债券类型变化

资料来源:Wind,中证鹏元整理。
注:按发行人数量统计。

从违约主体企业性质看,民营企业是主要的违约类型,共计108家,占比84%(见图2-8);地方国有企业13家,占比10%;中央国有企业7家,占比5%。从违约时间看,民营企业从2017年开始违约债券出现快速增长,主要受去产能、去杠杆政策影响,行业出现下行,部分企业受影响。2018年以来金融机构去杠杆,风险偏好下移,民营企业融资渠道收缩。从上市情况看,128家违约主体中上市公司有30家,非上市公司98家。其中,2018年以来新增违约上市公司主体26家,而2018年之前累计违约的上市公司仅有4家(见图2-9)。

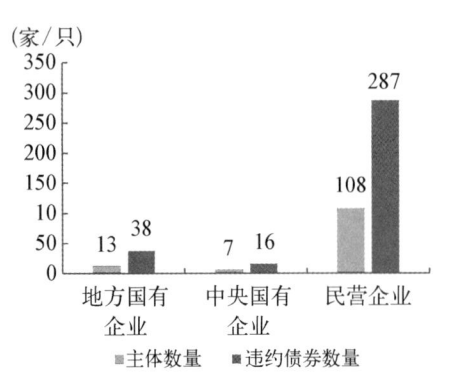

图 2-8 2014—2019 年 6 月
违约主体企业类型

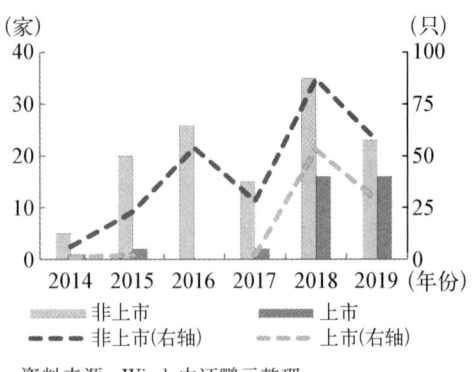

图 2-9 2014—2019 年 6 月
违约主体上市情况

从地区分布看,违约债券主要分布在北京、辽宁、上海、山东等 27 个省市。其中,北京、辽宁、上海、山东、山西、江苏的违约债券在 20 只以上,合计占比 53.1%。从违约时间看,内蒙古和辽宁 2018 年以来违约债券相对放缓,这与新增债券减少有关,而违约数量较多的北京、上海、山西和山东 2018 年以来违约数量相对较多,主要是因为洛娃科技实业集团有限公司、中国华阳经贸集团有限公司、永泰能源股份有限公司、上海华信国际集团有限公司和山东胜通集团股份有限公司的存量债券违约较多,分别有 7 只、7 只、19 只、13 只和 9 只(见图 2-10)。

资料来源:Wind,中证鹏元整理。
注:不包括 ABS。

图 2-10 2014—2019 年 6 月违约债券地区分布

从行业看,违约债券主要分布在 28 个行业,相对集中于商业贸易、综合和采掘行业。从违约时间看,2018 年之前违约行业主要是机械设备、钢铁、化工、采掘等产能过剩行业。2018年以来,部分行业去产能效果明显,行业下行压力减弱,企业经营好转,违约债券数量减少。但公用事业、建筑装饰等行业违约主体增加,化工、综合行业的违约主体依然较多。此外,2018年以来新增行业有房地产、医药生物、传媒、计算机、汽车、家用电器等8个行业,涉及违约债券42只,其中房地产行业5只(见图2-11)。

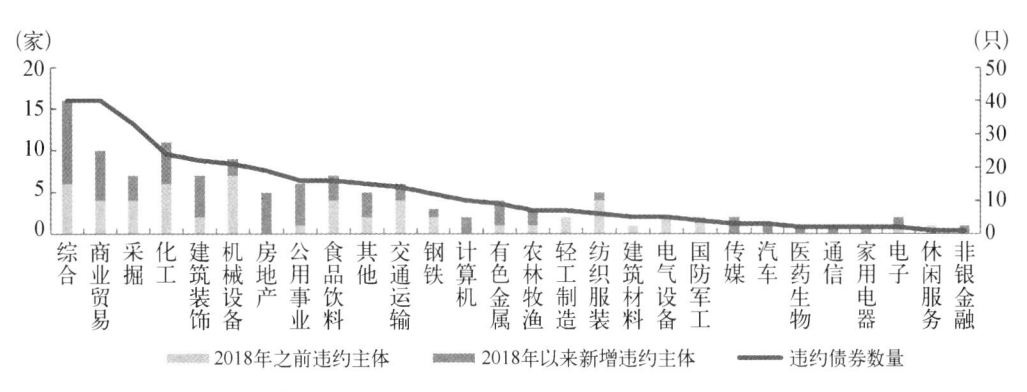

资料来源:Wind,中证鹏元整理。
注:根据申万一级分类统计。

图2-11 2014—2019年6月违约债券行业分布

从信用等级看,违约主体的初评主体等级集中在AA级,共62家(见图2-12),占比48.4%。2018年以来,AAA级主体上海华信国际集团有限公司和中国民生投资股份有限公司相继违约,使得市场上风险偏好维持低位,尤其是对民营企业。

从发行时间(即发行人首次债券违约距离其首次违约债券发行日的时间)看,2016年及以前违约主体的风险事件主要集中在发行日后2年及以内(见图2-13)。2017

资料来源:Wind,中证鹏元整理。
注:按主体信用等级统计。

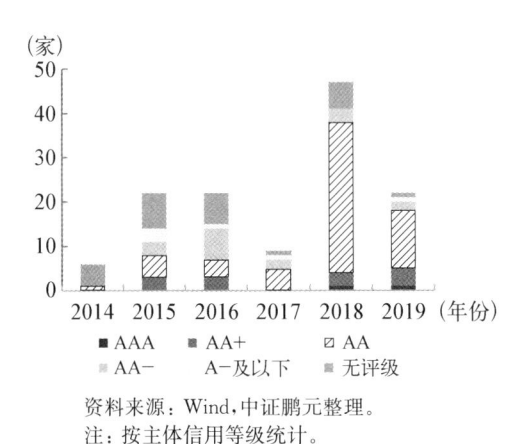

图2-12 2014—2019年6月违约主体等级情况

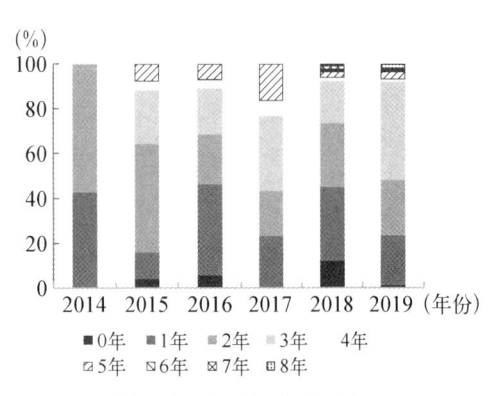

资料来源:Wind,中证鹏元整理。
注:按新增违约债券数量统计。

图2-13 2014—2019年6月违约日距离发行日的分布

年的违约事件,则以发行日后3年及以上的债券为主。2018年,债券在发行后1年和2年内违约数量增加,主要受民营企业融资环境紧张、存量到期债券集中到期的影响。进入2019年,民营企业信用风险再释放,尤其近三年发行短期债券融资的主体。

从期限结构,341只债券中164只债券含特殊期限结构,占比48.1%。其中,初次行权时间在2—3年的有128只,是主要期限品种。因特殊期限违约的有58只,占比17%。从历年看,非到期日违约的债券数量占比有所上升,2018年以来包括提前清偿、加速清偿、交叉违约、破产违约的债券数量明显增加(见图2-14、图2-15)。

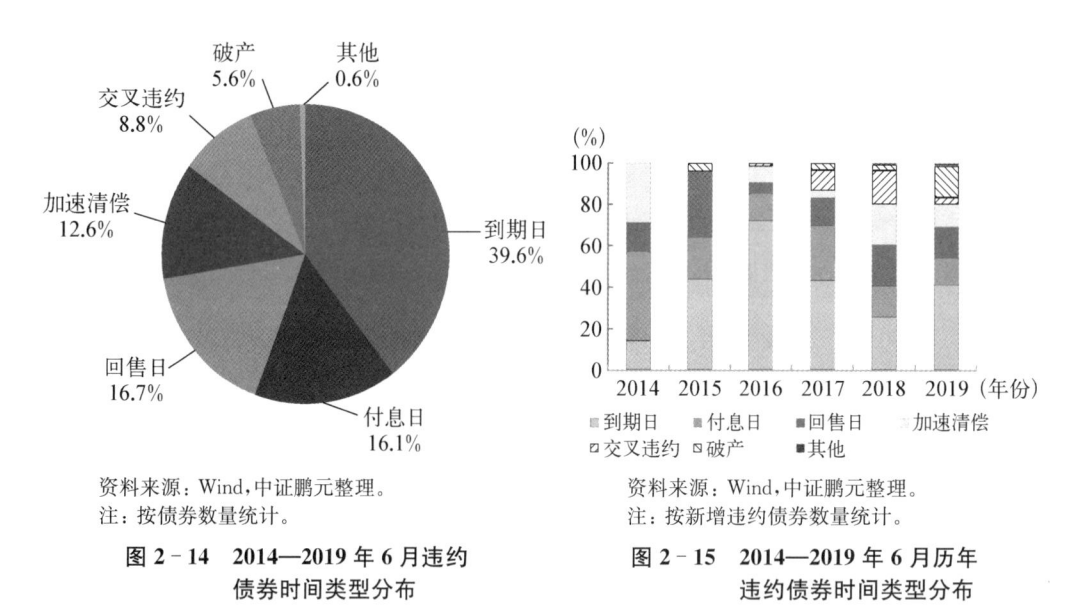

图2-14 2014—2019年6月违约债券时间类型分布

图2-15 2014—2019年6月历年违约债券时间类型分布

从发行利差看,选取AA级无增信的公募发行、不含权期限为3年的公募公司债为样本,通过对25只债券的发行利率与同发行月份同等条件的公司债平均利差相比,仅3只债券低于平均值,其余均高于平均值。

三、我国债券违约的原因

(一)历年违约背景及原因概况

2014—2015年:企业经营不善,外部增信较弱。主要是2013年发行的私募债,发债主体信用等级较弱,无评级和低信用等级主体占比较高,且存在互保、外部担保机构较弱等情况,在经营不善的情况下发生违约。

2015—2016年:供给侧改革启动,产能过剩行业风险爆发。违约债券以定向工具和短期融资券为主,发行人集中度较高,即存量债券到期压力较大的企业为主要违约对象,例如东北特钢、上海云峰、大连机床等。同期,公司债新规出台,发行规模大幅上涨,私募债涨幅明显。

2017年:新增违约较少。2017年针对地方政府债务、银行、资管等一行三会陆续下发的监管政策,整个市场投融资谨慎,多数企业仍在资产负债表修复阶段,再投资比较谨慎。2017年新增违约较少,且市场新发债券出现短期化。

2018年:供给侧延伸至金融机构,民营企业违约增加,尤其是上市公司,信用明显分化,且违约特征覆盖前期,政策出现转向。随着资管新规的落地,金融机构表外业务大幅收缩,债券需求方风险偏好下降,部分企业再融资渠道受限。此外,上市公司股权质押比例随即上升,面临平仓、股东变更风险。违约债券以公司债、短期融资券和私募债违约,发债主体主要包括2015年和2016年的公司债发行人、2017年出现增长的短期融资券发行人,前期高投资高负债埋下风险隐患,在融资渠道收紧时,出现资金断裂。

2018年融资市场情绪依然紧张,但市场流动性随着"逆回购+MLF"的常态组合,较2017年有所宽松平稳,财政政策转向减税降费,支持实体经济发展。"宽货币"政策逐步向"宽信用"转变,债券发行主体出现明显分化,信用等级提升,低信用主体融资难度加大。

2019年:降低实体经济融资成本,保证地方在建项目合理融资;违约出现新特征。2019年以来,市场流动性宽松,随着"宽信用"路径的打通,部分企业融资压力缓解,但以优质民营企业为主。在地方债务方面,出台相关政策,保证地方在建项目合理融资,在一定程度上缓解城投债的资金压力。违约主体出现财务造假、信息披露不及时的情况增加,"延期/展期兑付"和"投资者保护条款"的运用,推升了违约数量。同时,受包商银行事件影响,银行间流动性分层,中小银行资金收紧,对债券需求端形成拖累。

(二)违约微观原因

从上文违约背景可以知道,在不同时期,违约的主要原因有所差异。虽然企业自身原因是最根本的因素,但在不同外部因素的催化下有不同体现。2019年,风险暴露原因包含了历年的众多因素,从经营和融资两个方面看:

经营方面:第一,前期盲目扩张、转型,在经济环境尚未好转的情况下,盈利能力并未好转,随着前期债务的陆续到期,公司流动性趋紧。例如,东方金钰激进的经营投资策略导致高负债高存货,流动性恶化,速动比率持续降低,2019年一季度仅为0.08%。第二,现金回笼能力弱化,造成短期偿债能力下降。例如,东方园林、南京建工(原丰盛集团)承接大量政府项目,应收政府款项规模较大,形成资金占用。第三,公司治理制度存在弊端,逐渐加速风险暴露,也是2019年以来受到重点关注的风险点。一方面,信息披露制度和内部风险不完善、企业财务报告真实性存疑,导致关联方交易、对外担保信息等不能被及时发现,埋下风险隐患。例如,大连天宝绿色食品未及时披露担保风险和资金受限情况,康得新、秋林集团财务真实性存疑,新光控股存在非经营性占用上市公司资金(涉及金额14.35亿元)和要求上市公司为母公司及关联方提供对外担保(涉及金额20.55亿元);另一方面,实际控制人风险,以及高层管理人个人行为对公司经营和融资带来重大不利影响,往往成为风险爆发的导火索。

融资方面:第一,2019年上半年非金融企业待偿还债券规模同比大幅增长,也高于2018年下半年规模,使得部分流动性紧张的企业出现资金断裂。尤其对于已违约企业,存量到期债务压力难以缓解,构成主要的新增违约债券。例如,中信国安混改后大范围扩张,总资产由2013年初约822亿元增长至2018年三季度的2 215亿元,同期负债由670亿元增长至1 783亿元,约1 500亿元的有息债务陆续到期。根据不完全统计,2019年上半年33家已违约主体待偿还债券67只,偿还规模412亿元。其中,目前处于违约状态的有53只,还有35只是2019年陆续到期违约。第二,投资者保护条款和债券持有人会议地位的提升,引爆更多债券风险。例如,2019年1月23日,"16国购债"2019年第一次债券持有人会议通过变更"16国购债"募集说明书中相关内容的议案,增加交叉违约条款。2019年2月1日,"16国购01"无法按时筹措资金用于偿付回售部分本金及利息,导致"16国购债"违约。此外,国购投资有限公司3月债券持有人会议通过6只存量债券加速到期决议,导致存量债券集中到期违约。第三,受限资产过高,尤其是高股权质押比例,易形成负面循环。当债券发行人出现违约时,多数存在资产受限比例过高的情况,尤其是控股股东或发行人及下属公司股权质押比例过高,在股价波动较大的时期存在平仓风险或控制人变更风险,在企业已出现信用风险时,将加快股价下跌,形成负面循环,造成可处置资产价值下降。例如,三胞集团2018年9月公告,其所持有两家核心上市公司子公司南京新街口百货商店股份有限公司和江苏宏图高科技股份有限公司及相关公司股份被冻结,且轮候冻结规模超过其持有的总股权份额。中信国安2019年来持有的上市公司股权被陆续冻结或质押,融资及再融资难度加大,流动性及偿债能力进一步下滑。

第三节 违约债券处置现状

债务处置,涉及不同利益关联方的博弈,包括发行人、债权持有人、承销商、地方政府、监管机构,如破产重整则还涉及战略投资人、非债券持有人等。从已有案例看,债券违约处置经历了简单粗暴的初期后,逐步建立起制度雏形。图2-16针对截至2019年6月末违约债券兑付情况进行了分析。

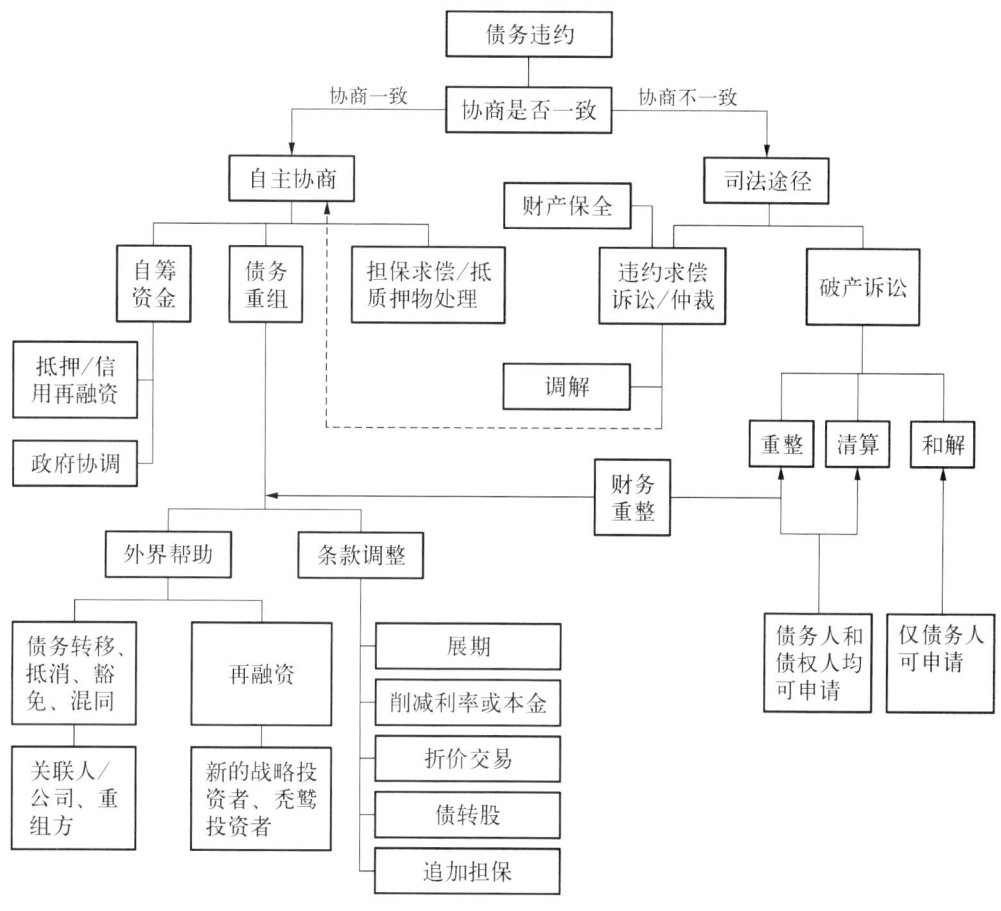

图 2-16 债务违约处理方式

一、目前我国对违约债券采取的措施分析

(一)债券违约后,隐性刚兑仍存在

2014—2015年出现的违约债券,有17只足额或部分兑付,主要通过非法律途径,包括担保方代偿、实际控制人代偿、债转股、资产重组、抵质押物处置等方式。此阶段的兑付比例较高,有以下几方面原因:第一,受违约紧张情绪影响,为减少负面影响,各参与方促成偿债的意愿较高,债券违约后大都尽快采取措施,即实际控制人代偿、资产抵押再融资或直接变现等。另外,此阶段以私募债违约为主,专业机构担保比例较高。第二,部分企业具有战略投资价值,引入投资者,进行债务重组。例如"11超日

债",即在当年完成了兑付。第三,避免法律途径,进行庭外债务和解。例如"12 湘鄂债"。同时,从处置中,也可以看到非法律途径的缺点:第一,抵质押物存在法律瑕疵,处置时间较长。例如,"12 圣达债"的质押物为公司股权,在处置时因被司法冻结而耗时较长。第二,担保方代偿能力较弱,与发行人关联度较高,导致担保能力同时下滑,或专业担保方存在风险较高,例如,"12 蒙恒达""13 中森债"。

从债务处置的阶段看,自主协商是第一步,由债务人和债权人通过非法律途径,以求在短期内获得流动性。适用于债务违约,但尚未资不抵债,仍有可处置资产和核心技术产品的违约主体。具体看债券违约后,首先,考虑债券是否有担保增信或抵质押增信,如有则先进行担保求偿、抵质押品处理,以实现在最短时间里完成偿还。其次,如债券无增信措施,但尚存在自筹资金的空间,则可以通过抵押自有资产、自身信用或政府协调从银行、财务公司等多种渠道筹借资金。最后,如债券无增信措施,而且发行人再融资能力受限,则根据当事人的协商进行"债务重组",包括延长偿还期限、削减利率或本金、折价交易、债转股、追加担保等修改债券条款的方式,也包括以资产清偿债务,例如"18 雏鹰农牧 SCP001",此外,也可以通过"外界帮助"解决偿债问题,包括债务转移、债务抵消、债务豁免等。例如,"11 超日债"引入战略投资人,"12 川煤炭 MTN1"通过政府协调获得短期资金。

(二)刚兑打破,求偿意识法制化

2018 年 5 月,"13 金特债"宣布提前到期、打折兑付,"对机构投资者持有的本金以票面价值的 60% 的比例进行打折兑付,利息进行全额偿还;个人投资者的本息进行全额兑付。"此后,多只债券对个人投资者进行全额兑付,机构投资者延期兑付或打折兑付。刚兑正式被打破,同时随着供给侧改革的推进,2017 年开始违约主体及关联方的运营情况同步恶化,债权人和债务人自主协商往往难以解除债务危机,2018 年以来破产案例逐渐增加,法律途径逐渐被债权人接受。截至 2019 年 6 月,已有近 20 家主体采用司法途径解决债务问题,其中债务人主动申请的数量增加。同时,越来越多的债权人在债券违约后,即开始主张采用司法途径。

这里的司法途径包括违约求偿诉讼或仲裁,以及破产诉讼。其中,违约求偿诉讼或仲裁是破产前采用的最后途径,在诉讼中,债权人可以申请财产保全。需注意,财产保全不代表申请人有优先受偿权,但法律给予首封法院主持分配的权利,在一定程度上保护了先采取保全的债权人。这在一定程度上促使债权人有动力采取司法诉讼途径。对于破产诉讼方式,包括重整、清算、和解。需注意,第一,违约主体须满足"不能清偿到期债务(即债务违约),且明显缺乏偿债能力或资产不足以清偿全部债务"。第二,债务人或者管理人应在法院裁定债务人重整之日起6个月内(特殊情况可延长3个月),同时向人民法院和债权人会议提交重整计划草案,否则人民法院应裁定终止重整程序,并宣告债务人破产此方式适用于已资不抵债、债权人分散的违约主体。第三,破产诉讼中,三种形式之间在满足一定条件的情况下可以转化,其中破产重整是相对积极的化解债务问题的方式(见图2-17)。

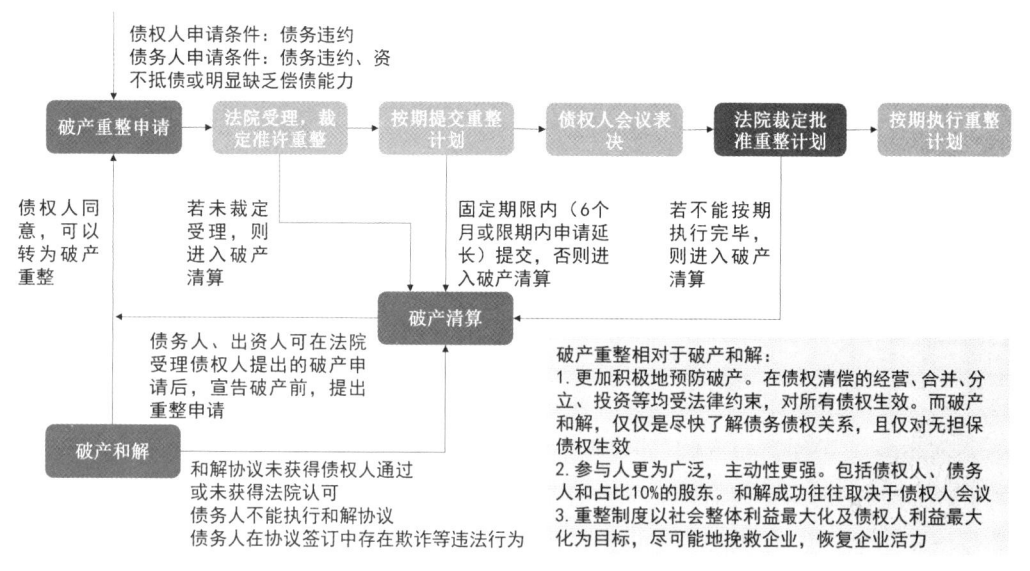

图2-17 破产和解、重组和清算的关系

（三）建立制度雏形

随着违约债券的增加,违约债券的处置制度的正逐步完善,陆续颁布《关于开展债券匿名拍卖业务的通知》(中汇交发〔2018〕192号文)、《关于为上市期间特定债券提供转让结算服务有关事项的通知》,完善违约债券处置机制。同时针对债券回购业务颁布《全国银行间同业拆借中心回购违约处置实施细则(试行)》《中央结算公司担保品违约处置业务指引(试行)》等文件。至此,违约债券市场的处置建立制度雏形：第一,信息披露质量提高。从最初不公开信息到现在定期公告违约债券处置情况,发行主体偿债能力,债券受托人履职情况,信息披露质量逐步提高。第二,陆续有违约债券在交易所和匿名拍卖平台进行交易,提供了风险转移机制。第三,债券投资的相关参与方,开始理性看待违约。从违约初期的"隐性刚兑",到后来的"投资者挤兑",到现在的"协商",地方政府、投资者逐步放弃了刚兑的观念,转向解决问题,通过协商给予发行人一定的时间。

此外,针对市场上不规范的情况予以警示、处罚。目前,被处罚对象包括债券发行

主体、地方政府、银行、证券公司、会计师事务所等市场参与者,处罚原因涉及地方政府违约举债、中介机构未尽到勤勉职责、信息披露质量低(披露不及时、数据有误等)、发行主体违规挪用募集资金、银行违规放贷等。其中,除了警示函、现场调查,也有暂停相关业务的严厉处罚。

(四)政策纾困

为纾困民营企业债务危机,陆续出现了纾困基金、纾困债、信用风险缓释工具等金融产品。截至2019年8月7日,市场发行纾困专项债25只,规模348亿元。信用风险缓释凭证(CRMW)共发行119只,同时,对于参与化解企业存量债务危机的机构予以一定的政策支持。

二、我国违约债券处置结果——回收率分析

通过最新公开数据整理,截至2019年6月30日,341只违约债券中38只已足额兑付,28只违约债券部分兑付,累计违约规模1 908.45亿元,累计兑付规模251亿元,违约部分累计回收率为13.15%。[①] 其中,公募发行的债券中有193只债券违约,涉及74家发行人。23家发行人的28只债券足额兑付,8家发行人的18只债券部分兑付,其中,东北特钢违约兑付债券6只。公募市场累计违约规模共计1 392亿元,已兑付的规模为206亿元,违约规模兑付比例为14.8%;私募债券市场148只债券违约,累计违约规模516亿元,累计兑付规模45亿元,违约规模兑付比例8.7%。分年度看,2014年和2015年违约的债券累计兑付比例较高,2018年违约债券规模大幅上升,且大部分违约债券尚处于处置阶段(见图2-18)。

从公募债券市场的193只债券的违约规模兑付情况看:(1)银行间市场违约规模兑付比例19.1%,高于交易所的4.7%,但低于企业债市场的24%。(2)企业债和短期融资券的兑付比例较高,分别为23.5%和20.8%,中期票据违约规模兑付比例17.2%,公司债兑付比例较低,为4.7%。(3)违约规模较大的山东、北京、上海的兑付比例一般,分别为25%、13%和12%,山西的兑付比例较低,为3%,主要原因是永泰能源股份有限公司正在进行重组(见图2-19)。(4)无担保债券违约规模兑付比例16.3%,高于有担保债券的6.2%。(5)非上市公司违约规模兑付比例17.1%,高于上市公司的7.9%。(6)民营企业违约规模兑付比例13.0%,技术性违约占比较高,国有企业兑付比例46.9%。(7)交叉违约的24只公募债券均未兑付(包括2只豁免

---

① 此部分的"数量兑付比例",指足额兑付和部分兑付的债券在全部违约债券中的占比;"违约规模兑付比例"仅包含公募违约债券,是指累计违约规模中已兑付的比例,仅根据公开数据做不完全统计。

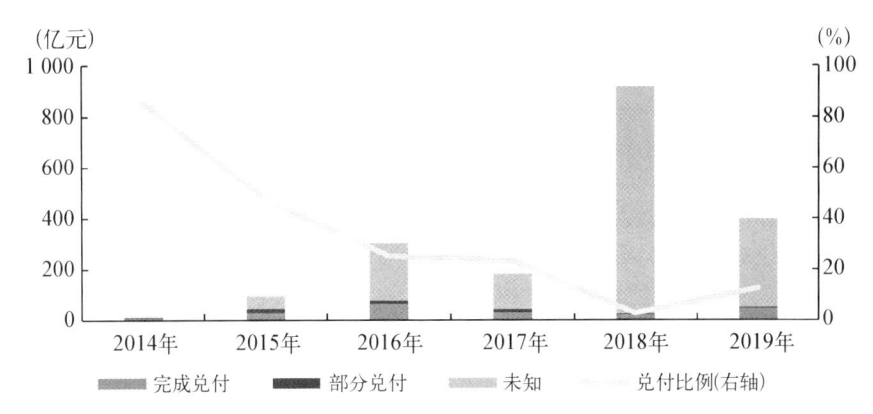

资料来源：Wind，中证鹏元整理。

图 2-18 截至 2018 年 6 月违约债券兑付情况统计

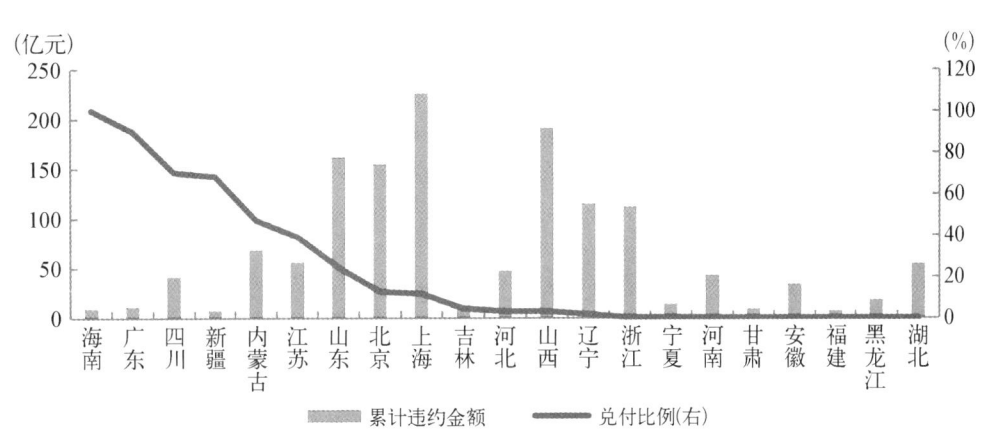

资料来源：Wind，中证鹏元整理。

图 2-19 公募市场违约债券兑付情况地区分布

的违约债券），实质性违约的 159 只债券，18 只足额兑付，18 只部分兑付，违约规模兑付比例 14.9%。

对公募债券市场中，公布兑付方式的 112 只债券的回收情况进行统计分析发现，47 只债券通过非法律途径，累计违约规模 418.01 亿元，累计兑付 103.03 亿元，违约规模兑付比例 24.6%。60 只债券采取法律手段①，涉及 21 家发行人，累计违约规模 409.85 亿元，累计兑付规模 28.88 亿元，违约规模兑付比例为 7.2%。从 2019 年情况看，延期兑付到期后不乏又违约或继续延期的情况。据不完全统计，2018—2019 年 6 月末，宣布延期兑付的 27 只债券中，公募债券 10 只。

从时间来看，2018 年后的破产重整，多是在发行人在首次违约后 6 个月内提出并

---

① 包括破产重整正在申请的情况。同时，不包括采用非法律途径后进入司法程序的情况。

被法院受理,且主要由债务人提出。而2018年之前,破产申请多是在首次债券违约有1—2年后,且由债权人提出的较多。随着实体经济和金融机构供给侧改革的推进,企业经营压力不断累积,同时,破产重整作为债券违约的一种处理方式已经逐渐被接受,相关制度正加紧建设中。

整体来看,债券违约处置,通常先使用非法律途径,在无法获得资金、与债务人达成偿债协议时,才会采用法律途径。从表2-2可以看出,法律方式处置时间较长,但随着破产制度的完善,法律途径的使用频率或将上升,效率得到提升。

表2-2　　　　　　　　2018—2019年6月延期兑付公募债券统计

债券简称	发行人	首次违约日期	累计违约金额(亿元)	事件跟踪
11霍煤债01	内蒙古霍林河煤业集团有限责任公司	2019/4/12	2.00	2019年4月8日公告,11霍煤债01及11霍煤债02的兑付日期均由2019年4月12日展期至2021年4月12日。在债券到期前,债券利率保持不变,并仍以当前施行的季度付息方式支付,即存续期每年的3月、6月、9月、12月每月的21日支付当季利息。同时加入不定期偿还,即,当我公司已筹集到部分或全部可用于债券偿付的资金后,可对本期债券实施部分或全部的本金提前兑付,并按照实际存续天数向持有人支付当期利息
11霍煤债02	内蒙古霍林河煤业集团有限责任公司	2019/4/12	2.00	
13永泰债	永泰能源股份有限公司	2018/8/6	35.90	根据兑付方案:原则上第一年末(按满12个月计算)兑付50%,第二年末(按满24个月计算)兑付50%。展期兑付期间,按本期债券现行票面年利率即7.30%上浮30%调至9.5%计算利息,计息规则不变,按年同步计算支付。同时,控股股东永泰集团公司及实际控制人对展期方案提供连带责任保证担保
16永泰01	永泰能源股份有限公司	2019/3/25	7.60	本金分3年兑付,2020年兑付本金的10%,2021年兑付20%,2022年兑付70%。展期期间利率,将以债权人持有的剩余本金为计算依据,按4.75%/年的利率计算
16永泰02	永泰能源股份有限公司	2019/5/8	13.90	目前公司正处于引进战略投资者和债务重组的关键时期,无法按期偿还本期债券本金。与债券持有人达成展期兑付和解协议,在原到期日后展期3年至2022年5月19日。本金分年兑付,2020年5月19日兑付本金的10%;2021年兑付20%,2022年兑付70%。展期期间利息为4.75%

续表

债券简称	发行人	首次违约日期	累计违约金额（亿元）	事件跟踪
16众品02	河南众品食业股份有限公司	2018/9/28	5.00	2018年9月28日应兑付回售本金49 999.90万元,经协商延期至2019年1月7日完成部分兑付
17金洲01	金洲慈航集团股份有限公司	2019/4/9	1.40	2019年4月9日公告称,经与投资者协商,撤回80%回售,即实际回售金额1.398 8亿元(含利息),同时延期一周到账,即2019年4月15日。到期后依然未能兑付
18雏鹰农牧SCP001	雏鹰农牧集团股份有限公司	2018/11/5	5.28	2018年11月8日公告,本金主要以货币资金方式延期支付,利息主要以火腿、生态肉礼盒等产品支付。债务范围包括公司现有所有债务。方案仅为初步方案
14雏鹰债	雏鹰农牧集团股份有限公司	2019/6/26	8.68	公司目前资金周转困难,无法按期支付本期债券的本息,截至2019年6月28日,已有部分债券投资人(合计持有本期债券占本期债券余额约为98%)同意本期债券展期,其余债券持有人尚未同意
12江泉债	华盛江泉集团有限公司	2017/3/13	1.77	2019年3月12日公司公告,托管在中国证券登记结算有限公司上海分公司的债券按期兑付本息,托管在中央国债登记结算有限责任公司的债券应兑付4.2亿元,实际仅兑付2.2亿元。剩余本金与本期债券银行间投资者达成协议,将在2019年9月30日之前分三期完成兑付,此外,在延期兑付期间,剩余债券偿付利率调整为9%

资料来源：中证鹏元整理。

第四节　保险资管机构违约应对困境

一、债券违约对保险机构的影响

（一）保险资金投资特征

保险资金运用余额，从其来源看，主要来自保费收入，其中寿险占比50%左右，财产险占比接近30%，意外险占比近年有所上升，占比15%左右。2017年开始保险监管趋严，鼓励保险业务回归本质，原保监会下发《关于规范人身保险公司产品开发设计

行为的通知》(即"134号文"),理财险产品流动性吸引力大幅下降,万能险和投连险产品比例下滑,使得寿险占比有所下滑,整体保费收入逐年下滑。从配置需求看,随着保费收入的下滑,保险机构开始加强对投资收益的关注。保险资金具有体量大,投资期限偏长的特征,风险偏好低,追求长期稳定的现金流,配置资产中债券占比超过30%,近年占比有所下滑,2018年为35%。与此同时,其他投资占比持续上升(见图2-20),主要是基础设置建设和支持实体经济发展的债权、股权投资计划快速增长。具体看债券配置需求,利率债(包括国债、地方债和政金债)占比超过50%(见图2-21),信用债以商业银行债、企业债和中期票据为主。需要注意:第一,财险资金负债久期较短,配置需求以短久期债券为主,寿险资金负债久期长成本低,配置需要以长久期的利率债为主。第二,投资受利率债券收益率影响较大,债券市场收益率上行,债券配置价值上升。第三,由于我国中长期金融工具欠缺,使得人身险(包括寿险、健康险、意外险)资产与负债期限错配问题长期存在,长期投资需求较大。

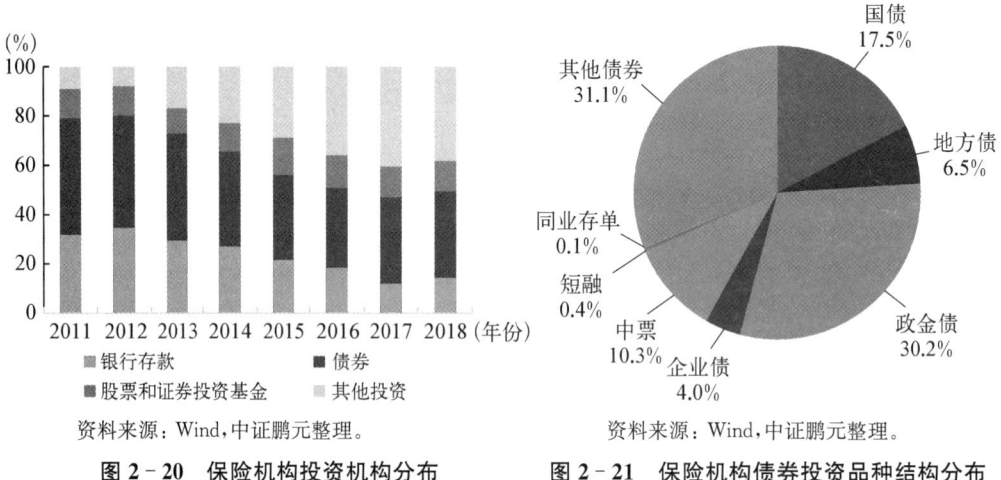

图2-20 保险机构投资机构分布

图2-21 保险机构债券投资品种结构分布

（二）债券违约对保险机构的影响

第一,债券违约对保险机构的直接影响有限。从上文分析可以看出,保险资金是我国债券市场重要资金来源,保险机构投资中信用债规模占比在15%左右,投资品种以中长期限的中票为主。同时,违约债券目前以公募公司债、中期票据、私募债、短期融资券为主,其中,短久期债券占比较高,中期票据违约债券票面金额占比仅20%左右。整体看,目前市场的债券违约对保险机构直接影响有限。同时,受政策影响,2017年以来,保险资金股权投资限制有所放开,鼓励险资参与化解上市公司股票质押流动性风险,同时鼓励参与基础设施建设投资,未来主动型长期权益投资比重和债券投资计划比重或上升。

第二，从目前债券违约特征看，违约主体和关联方的同步性变动显著，投资对象的关联度将影响最后的违约风险。

第三，债券违约的间接影响或连累投资机构。保险机构若对违约主体进行了非债券形式的投资，也将受到间接影响。债券违约，表明发行主体资金链已经断裂，非债券形式的债务或也面临违约。

第四，因保险资金期限错配问题尚存在，若投资对象出现风险，将影响整个投资计划的现金流，带来流动性风险，同时，2012年"中国风险导向偿付能力体系"（简称"偿二代"）自2016年实施以来，保险行业从规模管理转向风险管理，对最低资本和偿付能力充足率提出明确要求，期限错配和债券违约的叠加将影响投资收益率，对上述指标带来较大的冲击。

第五，受保费收入下降，未来保险机构或加大投资比重，尤其是中小保险机构，或增加高收益品种的产品，债券违约对于中小保险机构的影响相对更大。

第六，目前债券回收对于小额投资者实行全额兑付，超过一定比例后实行打折兑付或展期兑付。保险机构如果作为机构投资者，投资规模较大，也面临打折兑付或展期兑付的问题。

此外，保险资金的属性具有负债性和返还性，使得保险资金投资的影响范围较广。

二、保险资管机构应对违约债券的困境

（一）违约债券风险预警困境

有效的风险预警机制可以减少投资者风险。国外债券市场发展时间较长，积累了大量的历史数据，较早建立了违约风险评估体系，进行追偿评级，为债权人提供债务工具违约后回收率的估测参考，并利用金融科技不断完善。目前，国内针对债券违约风险的预警模型尚不完善，事前风险预警能力有待提高：

第一，建立在回收率之上的风险预警模型，涉及众多的影响因素，如前文分析，包括经济周期、市场利率、行业发展状况等宏观因素，债务人经营情况、公司治理情况、偿债意愿等自身原因，还包括社会影响力、增信方式有效性、债券流动性等其他原因。其中一些原因主观性较强，难以量化，使得模型有效性受到影响。第二，国内违约数据有限，不能形成有效的历史数据库，从而影响模型有效性。第三，我国金融科技尚在起步期，人工智能技术不成熟，难以实现对一个目标对象进行信息核实、分析经营轨迹、更准确地识别信用风险要素。第四，目前债券违约和处置市场化程度较低，涉及较多的

非市场化因素，使得数据代表性较低。

（二）违约债券风险回收困境

从上文对违约债券回收的分析可以看出来，违约债券回收目前仍存在一些问题，使得回收效率和回收规模较低。

第一，债券持有人大会地位有待提升。虽然目前在债券违约后，债券持有人大会多根据募集说明书规定及时召开，但大会决议的执行与否最后由发行人决定。例如，对于"追加增信"，部分发行人会以公司非受限资产有限为由拒绝。

第二，当发行主体存量债务较多时，债权人较分散，使得不同债券的持有人从自身利益出发，采用不同的处置方式，例如，同一发行人的两只债券，一只债券通过了追加担保的决议，另一只没有。或者出现一只债券的持有人大会通过了采用司法手段，另一只没有。这样就可能导致剩余债权的变化，影响其他债权人的利益。若有统一的债委会进行统一安排，或可实现整体利益最大化。

第三，由于利益关联方众多，使得债券处置最后结果不以投资者为唯一影响因素。债券承销商（受托管理人）、发行人、地方政府和投资者之间的利益博弈，使得债券处置时间较长，同时采用的方式不一定符合投资者预期。例如，因违约主体在当地具有一定影响力，破产将导致众多的社会和经济问题，使得司法途径受限，或者因存在利益关联，信息存在不对称使得投资者处于劣势地位。

第四，由于保险资管机构分散投资的要求，单只债券占比较低，因此在违约处置过程中，保险资管机构的话语权往往不够。保险资管机构的人员有限也限制了其深入参与后期的追偿。

第五，相关制度待完善，需加强相关职责权利的执行与监察力度。信息披露制度目前亟待完善，从目前的违约案例可以看出，部分公司的财务数据存量失真，资产重组事件未及时披露，投资者不能定期了解募集资金账户及资金使用情况，这些都将为风险埋下伏笔。针对违约债券，在相关政策出台后，信息披露质量有所提高，但部分信息过于简单，不能有效了解违约主体偿债能力情况。此外，随着企业降杠杆，市场出清的要求，破产诉讼的相关制度有待完善。例如，现行立法在制度方面存在缺失，包括缺少简易破产程序、关联企业破产规则、跨境破产制度、预重整制度、庭外重组制度等。此外，未建立完善的社会配套法律与制度来保证破产法市场化实施，使得破产案件受理存在一定障碍。

第六，风险债券交易流通市场不完善。虽然2019年出台了特定债券交易的相关政策，但参与方仅限合格机构投资者，且更适合风险偏好较高、风险承受能力较强并具有一定债券风险处置经验的合格机构投资者参与。而且,目前特定债券市场规模有限,截至2019年7月末,仅有"17盛运01""17三胞03""17三胞02""16凯迪03""16凯迪02""16凯迪01"进入特定债券交易市场。

(三)保险机构在防范和处理债券违约风险方面的问题和挑战

保险机构长期投资以低风险品种为主,导致风险管理缺失,随着债券信用类产品投资比重的提升,信用风险管理面临诸多挑战。同时,由于保险资金的返还性,使得投资安全性要求较高,同时投资标违约的负面冲击较大。

一是债券配置前期风控制度和信评制度不健全,不能有效规避债券违约风险,主要体现在三个方面。第一,随着保险资金规模的扩大,对投资收益的需求提升,但政策制度的不完善,导致保险资金投资运用不规范,使得投资行为不仅没有收到法律保护,反而在后期维权时可能受到限制。第二,在投资前的风险评估中,比较依赖公开资料和外部评级,内部信用评估体制尚不完善,内部信用评估制度停留在满足监管要求水平。第三,风险管理意识有待提高,在之前刚兑下,保险机构对信用风险防范的重视程度不足,如风控制度不完善,相关人员配置不到位等。

二是在债券配置后,对投资对象跟踪不及时,尤其对二级市场了解不足,风险管理的缺失。保险资金投资长期以低风险的银行存款和利率债为主,没有投资风险,使得保险机构没有相应的风险追踪机制。随着信用债和股权投资比重的提升,投资风险逐渐增加,二级市场重要性凸显,但保险机构对于二级市场价格发现功能缺乏敏感度,不能及时发现违约风险。

三是缺乏违约后完善的处置、回收经验。保险机构参与信用债投资的时间较短,同时我国债券市场刚兑打破时间尚短,违约债券处置制度尚不完善,导致保险机构缺乏相关的经验和借鉴案例。

四是当出现违约风险时,尤其是风险初期,债券价格大幅折价,保险机构受制于内部机制限制,往往不能第一时间止损,从而造成更大的损失。

相比银行、私募和信托等机构,保险公司投资信用债的时间尚短,诸多方面存在欠缺。银行存在天然的信息优势,可以根据客户账户情况判断流动性风险。信托由于长期存在刚兑,对风险的把控较为严格,违约的负面冲击相对较弱。私募基金由于投资者多为风险承受度较高的机构投资者,且数量较少,所以债券违约带来的负面冲击弱于保险机构。整体看,保险机构风险管理主动意识有待提升,相关制度有待完善,风险管理人才缺乏,在应对违约债券风险方面面临着诸多挑战。

第三章　美国保险资产管理机构
应对违约债券的经验

从全球的角度来看,美国的保险市场较为发达,在长期的发展过程中积累的丰富的市场经验,在资产投资方面也有着鲜明的特色,同时考虑到美国债券市场的发达程度,因而,这里我们选择以美国为例,分析保险资产管理机构在应对违约债券方面的积极经验,以期为我国保险资产管理机构提供有益的借鉴。

一、美国保险资产管理模式

美国保险资产的管理模式大体上有三种,在简单介绍当前美国保险行业的基本情况之后,我们对这三种不同的管理模式分别加以分析。

（一）美国保险行业概况

据美国国家保险监督官方协会统计,2017年美国共有各类保险公司5 954家。据美国经济分析局的统计,保险及相关活动产值占2017年全国GDP的3.1%。美国劳工部的数据显示,2018年,美国保险行业就业人数为270万人,其中有150多万人直接任职于各类保险公司,包括:人寿保险公司就业人员87万人,财产保险公司就业人员62万人,再保险公司约3万人。

据美国国家保险监督官方协会、标普全球市场财智、保险信息学会的数据,美国保险行业2017年的净保费收入达到1.15万亿美元,其中,人寿保险的净保费收入5 949亿美元,占比52%,财产保险的净保费收入5 582亿美元,占比48%。2017年,人寿保险公司的现金及投资资产总规模达到4.07万亿美元,财产保险公司的现金及投资资产规模为1.69万亿美元,所投资的资产主要为债券,无论人寿保险还是财产保险公司,债券投资占总投资比重均在50%以上。

根据保险信息学会官网公布的数据,2018年,直接保费收入排名前五位的人寿保险公司主要有 MetLife 公司、Prudential 财务公司、纽约人寿保险集团、马萨诸塞州互助人寿保险公司和美国国际集团。2018年直接保费收入排名前五位的财产保险公司主要有 State Farm 互助汽车保险、Berkshire Hathaway 公司、Liberty 互助公司、Progressive 公司以及 Allstate 公司。

(二) 美国保险资产管理的三种模式

在美国市场上,保险资产管理的模式主要可以概括为三种,包括设立专门的保险资产管理机构、在公司内部设立投资部门或者委托外部的第三方进行保险资产管理。前两种资产管理模式出现得比较早,委托第三方资产管理出现相对较晚,但是已经得到越来越多的认可,也成为保险公司的常见选择。

1. 设立专门的保险资产管理机构

设立专门的保险资产管理机构,是很多美国保险公司采取的资产管理模式。在组织结构设计时,将资产管理作为独立的板块,依托于母公司的各类资源,服务于公司整体发展方向和战略规划,通过科学化的管理与运作,提供专业化的资产管理服务,并致力于成为公司重要的利润来源之一。

设立专门的保险资产管理机构,有利于实现资产管理的专业化,借助专业化的人才、策略和技术,实现资产的精细化管理。这样做有利于提升资产管理的效率和资产运作的效果。同时,在母公司的大力支持下,凭借母公司的资产优势,更有助于保险资产管理机构挖掘更多的投资机会。在有条件的情况下,保险资产管理机构还会根据不同的资产类别,分别安排不同的专业团队,实现不同类别资产的分类管理,在既定的投资规则下实现各自的投资目标。

在美国,很多大型保险公司旗下都设有专门的资产管理机构,比如,MetLife公司旗下的MetLife投资管理公司,截至2019年3月31日,所管理资产的估计公允价值约为6 056亿美元,资产类型覆盖了公众公司、抵押贷款、结构金融、现金和短期投资、高收益产品、银行贷款等十五个类别。

2. 公司内部设立投资部门

有些时候,考虑到各种内外部因素,一些保险公司选择在公司内部设立投资部门来实施资产管理职能。独立的投资部门,隶属于公司整体的管理框架之下,根据公司的战略规划和操作规范,从事资产管理业务。在有些情况下,保险公司选择这种资产管理模式,是因为在人力、资金和其他资源方面都不足支撑一个单独设立的保险资产管理机构,或者也可能是因为资产管理规模的限制,当然也有可能是为了方便公司的整体管理以及跨部门的协同合作。

在公司内部设立投资部门来实施资产管理职能,相对来说可以节约管理成本,有助于该部门与其他部门之间的协同合作,因而这种资产管理模式也有其特定的优势,有些大型的保险公司也会选择这种模式进行资产管理。

例如,美国著名的Prudential财务公司下设专门的投资管理部门,提供相关的资产管理服务。在组织框架中,该部门与公司的各类保险部门并列。在投资管理部门内部,分设了八条产品线,以满足不同类型的资产管理需求。投资管理部门的收入来源于资产管理费、交易费、投资收益以及其他形式的收入等。该部门设立专门的投资策略和投资流程,借助投资人员的专业特长实现投资目标。

3. 第三方资产管理

第三方资产管理模式下,保险公司将资产管理工作的全部或者部分,委托给外部的第三方,并通过某种约定的方式向第三方支付资产管理费用。第三方资产管理模式的出现迎合了市场需求,比如对于那些小型保险公司而言,它们没有足够的人力进行专业化的资产管理,那么委托第三方管理将是更加有效的选择。另外,随着专业化分工的不断加深,将资产管理工作委托给外部机构往往会比自己管理取得更好的业绩。因此,第三方资产管理的认可度逐渐提升,越来越多的保险公司将这种资产管理模式纳入考虑之中,第三方资产管理的规模也呈现出上升的趋势,推动了保险资产管理的专业化和科学化发展。

在选择外部资产管理机构时,保险公司往往首先考虑资产管理机构的以往业绩水平,因为这在很大程度上反映了资产管理机构的投资能力。其次,资产管理机构的资产管理规模也是非常重要的量化指标,是资产管理机构市场认可度的一种体现。另外,很多定性的因素也必须予以考虑,包括投资人员的能力、投资技术的研发、投资策略的制定和投资计划的实施等等。

当前,保险公司在委托外部资产管理机构时,有的是把资产管理的全部职能都委托给外部机构,但也有些保险公司只将某类资产的管理工作对外委托。这主要取决于保险公司自身的资源配置策略。现阶段,为了更好地满足保险公司个性化的资产管理需求,很多第三方管理机构都会根据保险公司的特定需求,制定更有针对性的投资计划,以实现预期的资产管理目标。

二、美国保险资产的债券投资

在美国,无论是人寿保险还是财产保险,投资组合中最重要的资产都是债券,人寿保险行业的债券投资比重相对更高。考虑到多种因素,人寿保险行业和财产保险行业在投资方面呈现出各自的特征,所以在此我们对人寿保险行业和财产保险行业的债券投资分别进行讨论。

(一)美国人寿保险行业的债券投资

据统计,2013年至2017年,美国人寿保险行业的现金和投资规模逐年上升,同时,年度投资净收益总体上呈现出增长的态势,详见表3-1。但是,投资资产的净收益率在2013年到2016年间却逐年下滑,从2013年的4.85%下滑至2016年的4.56%,2017年净收益率略有回升,为4.58%。

表3-1　　　美国人寿保险行业的年度投资净收益和投资资产净收益率　　　单位:千美元

类别＼年度	2013年	2014年	2015年	2016年	2017年
投资净收益	167 085 528	171 733 049	170 760 967	173 025 713	182 241 780
全部现金和投资	3 482 338 468	3 631 569 037	3 703 872 525	3 891 873 165	4 074 049 889
投资资产净收益率(%)	4.85	4.83	4.66	4.56	4.58

资料来源:标普全球市场财智、美国联邦保险办公室。

从投资组合的构成情况来分析,首先,2013年至2017年这五年,债券投资的比重始终保持在70%以上,详见表3-2,是最大的投资类别,从期限上能够较好地匹配人寿保险的合同义务。但同时也可以看到,2013年以来债券投资略有下滑,从74.7%下降至2017年的73%,这说明在投资分配上发生了一些细微的调整,以削弱低利率环境对投资收益带来的影响。其次,占比较高的是抵押贷款,比重维持在10%～12%。而其他类别的投资资产占比均在10%以下,包括优先股、普通股、房地产、协议贷款、衍生品、现金和短期投资以及其他类型的投资。

表3-2　　　　　　美国人寿保险行业的投资组合构成　　　　　　单位:%

种类＼年度	2013年	2014年	2015年	2016年	2017年
债券	74.7	73.9	73.8	73.5	73.0
优先股	0.2	0.3	0.3	0.2	0.3
普通股	2.1	2.1	2.0	2.2	2.3
抵押贷款	10.1	10.3	10.9	11.2	11.7
房地产	0.6	0.6	0.6	0.6	0.6
协议贷款	3.7	3.6	3.4	3.3	3.2
衍生品	1.1	1.6	1.5	1.6	1.4
现金和短期投资	2.7	2.8	2.8	2.6	2.6
其他投资	4.7	4.9	4.7	4.7	5.0
全部现金和投资	100	100	100	100	100

资料来源:标普全球市场财智、美国联邦保险办公室。

（二）美国财产保险行业的债券投资

据统计，美国财产保险行业的现金和投资总规模低于人寿保险行业，详见表3-3。从2013年至2017年，现金和投资规模大体上呈现出增长态势。就投资净收益来看，不同年度之间出现一定程度的波动，2014年到2016年三年内逐年下滑，2017年的投资净收益有所回升。就投资资产净收益率来看，整体上低于人寿保险行业，维持在3%到3.7%的范围之内，从2014年至2017年，投资资产净收益率逐年下滑，2017年美国财产保险行业的投资资产净收益率约为3.03%。

表3-3　　　美国财产保险行业的年度投资净收益和投资资产净收益率　　　单位：千美元

项　目	2013年	2014年	2015年	2016年	2017年
投资净收益	49 280 948	54 904 547	48 765 011	47 461 564	49 614 978
全部现金和投资	1 483 929 648	1 532 509 401	1 531 415 182	1 587 548 848	1 687 814 104
投资资产净收益率(%)	3.43%	3.64%	3.18%	3.04%	3.03%

资料来源：标普全球市场财智、美国联邦保险办公室。

从投资组合的构成情况来看，美国财产保险行业和人寿保险行业相比也存在着一些不同。首先，虽然债券投资在投资组合中的比重最高，但低于人寿保险行业的整体水平，2017年债券投资的比重甚至不足60%，详见表3-4。其次，对于财产保险来说，比重排在第二位的是普通股票，各年度占比均在20%以上，2017年甚至达到了24.2%，其余资产类别的投资占比均在10%以下。

表3-4　　　　　　美国财产保险行业的投资组合构成　　　　　　单位：%

种类＼年度	2013年	2014年	2015年	2016年	2017年
债券	62.5	61.5	62.1	61.3	57.9
优先股	0.8	1.0	0.9	0.7	0.3
普通股	21.4	21.5	21.1	21.8	24.2
抵押贷款	0.5	0.7	0.8	0.9	1.0
房地产	0.7	0.7	0.8	0.8	0.8
协议贷款	0.0	0.0	0.0	0.0	0.0
衍生品	0.0	0.0	0.0	0.0	0.0

续表

种类 \ 年度	2013年	2014年	2015年	2016年	2017年
现金和短期投资	5.6	5.9	5.8	5.8	6.8
其他投资	8.4	8.7	8.5	8.6	8.9
全部现金和投资	100	100	100	100	100

资料来源：标普全球市场财智、美国联邦保险办公室。

除此之外，美国财产保险行业和人寿保险行业在投资债券的细分构成方面也存在着明显的差异。比如说，在市政债券投资方面，根据美国国家保险监督官协会的数据，2008—2016年间，人寿行业的市政债券投资规模呈现上升趋势，而财产保险行业则比较波动，但总体上财产保险行业的市政债券投资规模要远远大于人寿保险行业。又比如，在高收益债券的投资方面，截至2016年12月31日，人寿保险行业投资的高收益债券规模要远高于财产保险行业。

三、美国保险资产管理机构的违约债券应对

在美国市场上，债券违约对于债券投资者而言并不新奇，在做出债券投资的决策时，便会面临着债券违约的风险。因而，很多美国债券投资者，尤其是大型的机构投资者，设计并采取了一系列较为完善的风险控制体系来应对债券违约的风险，包括债券违约之前的风险应对和债券违约之后的风险应对。在债券违约之前，投资者采取的措施包括债券托管人制度、信用衍生产品和信用评级等。其中，债券托管人制度最早源于美国，债券托管人按照债券持有人的利益最大化来履行职责。信用衍生产品在美国的发展也比较快，借助信用衍生产品可以实现信用风险的分散和转移，避免信用风险过度集中带来的隐患，所以在综合考虑衍生品定价、期限和相关条款的前提下，有些投资者最终会选择信用衍生产品来减轻债券违约可能带来的损失。此外，信用评级也是投资者比较常见的信用风险管理工具，及时地识别债务人的经营状况、财务状况等信息，动态跟踪信用风险状况，并做出合理的分析与判断，能够帮助投资者在债券违约之前及时采取必要的行动。以上主要是债券违约发生前的一些应对措施。如果债券违约已经发生，如何应对违约债券，这也许是投资者更加困惑的问题，因此，在这里我们着重介绍美国的一些经验，如果按照有无法院介入来划分的话，可以分为两个大类：第一类没有法院的参与，债券的发行人和持有人，或者说债务人和债权人之间直接进行谈判沟通，协商出双方都可以接受的解决方案，这种途径不需要法院的参与和介入，

因而所支付的法律成本相对较低。而第二类途径是按照相关法律进行破产清算和破产重整，这类途径的法律成本通常较高，当然，除了破产清算和破产重整之外，投资者还可以通过过错追责的方式来弥补损失。

（一）债务人和债权人双方和解

债务人和债权人双方和解，是处理违约债券的常见方式。这种方式下，不需要法院的介入，债务人和债权人通过协商谈判来达成新的协议，自主解决问题。这种方式的优势比较明显：第一，采取非公开的方式解决问题，可以在很大程度上保护信息，避免信息不必要的公开，对于发行人未来的经营活动比较有益。第二，不需要法院参与，自主解决的成本相对较低，避免了过高的法律成本，有些时候高昂的法律成本反而会使企业雪上加霜。第三，从时间成本的角度来看，自主和解的时间可以依据双方的协商进度来控制，主动权掌握在双方的手中。总体而言，采取自主和解的方式是一种比较务实的应对方案，在现实中应用广泛。

就和解协议的内容来看，主要就是从债务相关条款的角度做出适当的变更和调整。在双方协商同意的前提下，新的和解协议与原来的债券协议相比，可能做出的调整主要有以下几个方面。一是对债务本金做出调整，适当降低本金有助于改善债务人的杠杆水平，帮助债务人在财务上做出一些积极调整。二是对债务利息做出调整，常见的措施有三种：第一种是全部或者部分免息来一定程度上减轻债务人的财务负担，第二种是改变计息方式或直接调整利率，第三种是改变付息方式等，这些措施都有可能出现在和解协议中。三是对债务期限做出调整，现实中比较常见的情况是延长债务期限，给予债务人更多的时间去化解财务困境，恢复偿债能力。四是变更原债务协议的其他条款，其目的也是为了给债务偿付创造更大的可能。从美国市场的具体实践来看，有些情况下债务人和债权人双方会单独调整本金、利息、期限或其他条款，有些情况下债务人和债权人会同时对上述项目进行调整，以更好地满足双方各自的需求。

在美国市场，比较常见的一种操作手法是折价交易。根据标普发布的《2018年度全球公司违约和评级迁移研究》报告中，标普全球公开评级的违约公司中，大约有38%的公司进行了折价交易。折价交易是债务人和债权人双方协商之后的结果，无论从债务人还是债权人的角度来看都具有正面的意义。一方面，从债务人的角度来看，折价交易直接降低了应偿还的本金金额，缓解短期债务压力，可能会免于破产，并且提升债务的流动性。另一方面，从债权人的角度来看，折价交易可能会降低债务人违约的可能性，同时对违约回收率的提升也有正面的作用。在很多情况下，折价交易中不仅会有本金的调整,利息和期限等其他债务要素也可能会发生调整,形成一个新的债务协议,体现双方共同利益。同时,从税收的角度来看,折价交易也有一定的正向激励,比如美国2009年再投资和复苏法案中允许债务削减收益在五年的时间范围内进行摊销,税法第108(a)条中也允许在破产的前提下永久豁免债务削减收益的纳税义务。

对于债权人来讲,折价交易达成之前需要考虑的因素比较多。债权人需要对违约的可能性进行判断,通过分析债务人的流动性水平来判断其在压力环境下能够持续经营的时间,判断其在短时间内违约的可能性,如果经过分析之后认为债务人破产概率很低,并且债务人正在努力通过折价交易来改善财务杠杆,那么折价交易是一个值得考虑的选项。但是,如果经过分析之后,债权人认为债务人有可能会破产,那么则需要进一步分析债务人的现金流以及破产后会负担的债务规模,据此来决定折价交易对债权人来说是否有利。

另外,债权人在权衡折价交易的利弊时,还会考虑到信用衍生产品的影响。举个例子来说,如果债权人在持有债券的同时还购买了对应的信用违约互换(CDS)产品,那么折价交易从经济的角度来讲可能并不是很好的选择。此外,二级市场的流动性以及交易价格也是折价交易能否达成的重要影响因素。

(二)破产清算和破产重整

首先,对于破产清算而言,法庭将会任命破产财产管理人展开清算程序,对破产财产进行核算并出售,出售获得的资金用来分配给债权人,债权人按照法定的受偿顺序来受偿。在破产清算的情况下,有担保债券的受偿比例也不会很高,而无担保债券的受偿比例可能就更低了,对于债权人而言通常是一种无奈的选择,在破产清算之后债权人不得就该项债务继续追索。

其次,对于破产重整而言,在应对违约债券时比较常见,其主要目的是提升债务人持续经营的可能性,帮助其恢复经营,尽力摆脱财务困境。重整计划经过债权人投票通过之后,还需要经过法官的批准,法官会评估该重整计划是否满足债权人最佳利益测试。在法官允许的前提下,也可以由债权人提出重整计划。

(三)过错追责

除了上述可能采取的措施之外,债权人还可以追查债券发行、托管、销售等一系列环节中相关方是否存在过错,如有,则可以向过错方提出追偿,以弥补违约债券带来的经济损失。第一,如果发现在债券发行过程中存在欺诈情形,则可以向实际控制人、控股股东或保荐人等主张过错赔偿;第二,如果发现在债券托管过程中债券托管人没有

全面履行义务,债权人也可以针对相关过错要求赔偿;第三,如果发现在债券销售过程中存在不当甚至违法情形,也可以提出过错追责。

第四章 优化我国保险资管应对违约债券策略

一、违约债券风险防范措施

保险资管机构应着力完善违约风险防范机制,有助于降低债券违约风险。一是完善风险预警机制,包括完善风险控制制度、内部信用评估体系、风险监测制度,加强跟踪,强化风险测算能力。保险资管机构可以运用宏观经济、行业、信用主体的财务及经营数据,通过内部信用评估模型或风险测算模型对持仓债券主体的信用或风险进行及时更新,对超出可承受风险范围以外的债券密切关注或提前处理。二是利用金融手段控制风险。例如,购入债券时同时购买债券履约保险作为增信措施,或者通过信用违约互换(CDS)、信用风险缓释合约(CRMA)、信用风险缓释凭证(CRMW)等金融工具向第三方出售资产中的信用风险。

二、违约债券风险防范措施

从国内目前保险资管机构及其他债券投资机构在违约应对策略上来看,更侧重于违约之前的风险防范措施。同时,由于国内债券市场在2014年之前存在较强的"刚兑"信仰,在此历史背景下,债券投资者对债券违约之后的应对策略则较为忽视,众多投资机构、发行人以及中介机构均存在违约债券处置或应对经验不足的情形。随着2016年以来债券违约事件日益增加,国企"刚兑"的信仰也逐渐打破,对违约债券应对策略的重视程度也日益增加。从国内外的处置经验来看,由于违约债券的求偿主体存在共性,保险资管机构的违约债务常规应对策略或处置手段与其他投资者并无不同。当债券发生违约后,保险资管机构也主要是通过自主协商、司法诉讼以及剥离违约债券等三种途径来维护自己的利益。针对违约主体所处不同情况和不同求偿阶段,保险资管机构及其他投资者的违约债券处置路径具体如图4-1所示:

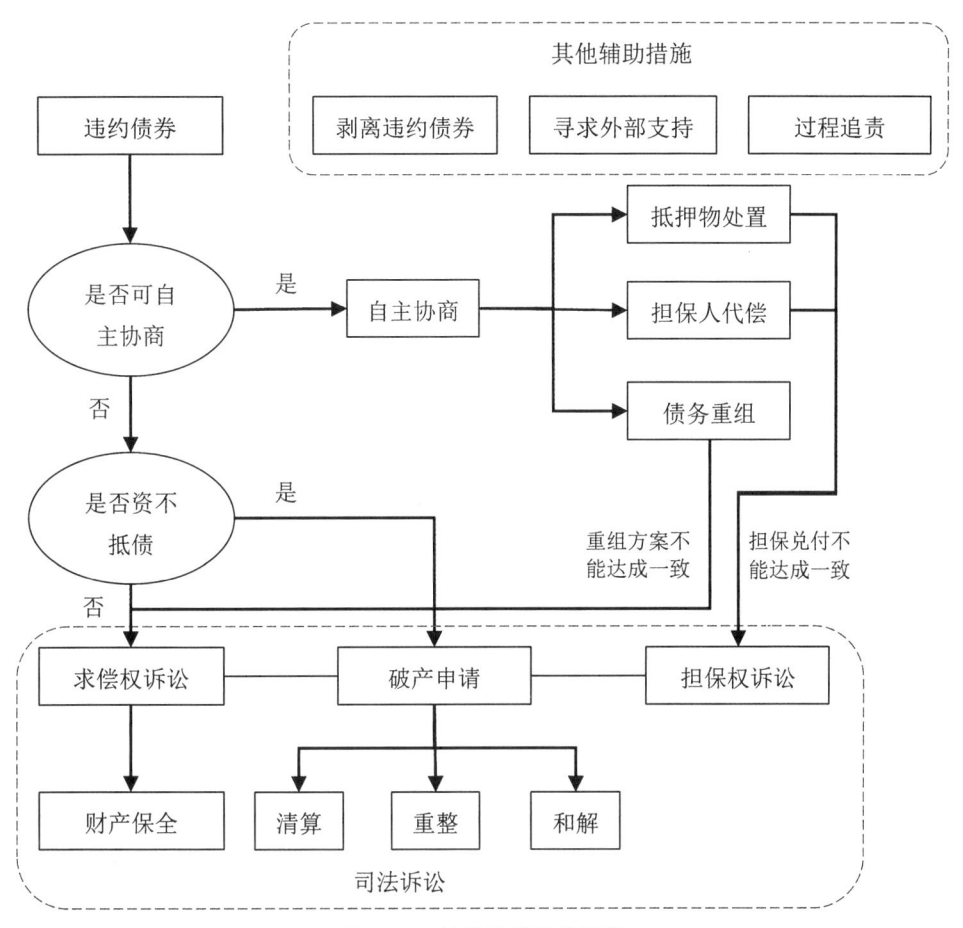

图 4-1 违约债券具体路径

具体而言,当所持债券发生违约之后,包括保险资管机构在内的债券持有人应首先考虑是否能够进行自主协商。考虑到司法诉讼程序的繁杂、时间冗长、费用较高等原因,自主协商是较为高效的违约债券应对方式,具体包括有担保的违约债券的担保人代偿、担保物变现,以及最常见的债务重组等。若不能自主协商一致,若违约主体未出现资不抵债的情况,则以求偿权诉讼为主。对于已经出现资不抵债的违约主体,债券持有人可以提出破产诉讼,申请重整、破产清算或参与债务人申请的和解程序。在不能自主协商一致的情况下,除司法诉讼外,债券持有人还可以通过直接出售资产、委托专业资产管理公司等方式应对违约。

在实际的操作中,违约债券处理并没有统一的模式或流程,同时运用多种处置措施可以一定程度上提高处置效率。通常而言,基于破产程序的缺点,重整和清算通常是违约债券处理的最后选择。

(一)自主协商

在债务违约事件中,部分债券发生违约可能只是财务或者经营状况出现暂时性问题,如主体内部流动性问题或者内部治理等问题,主体的财务状况并未达到资不抵债,且在生产经营上能够维持正常运行。对于这类违约主体,最终偿付的可能性和偿付率通常比较高,如果以司法诉讼的方式来实现债权兑付,并不一定能带来处置上的优势。因此,此类违约债券更适合通过自主协商的方式来进行和解,应对措施包括债务重组、担保人代偿、抵质押物变现。

对于无担保措施的违约债券,应对措施主要为债务重组。而对有担保人的违约债券,在协商过程中可以将担保人代偿和债务重组结合起来,尤其是在担保人履约意愿不强的情境下,自主协商的重点仍在债务重组。对有担保物的违约债券,由于实际中为债券提供担保的抵质押物多为应收账款、股权,以及土地、房屋等固定资产,抵质押物的实际变现能力(包括处理时间、回收价值等)也存在一定不确定性。在自主协商中,可将抵质押物处置与债务重组相结合,但重心仍在后者。

债务重组的具体方式灵活多样,如折价回购和以多种形式偿还债务,对部分债务进行延期处理、债务豁免、债务置换、债转股等,同时还可以就未偿部分追加抵押和担保、提前赎回或回售、介入公司治理、限制财产处置等方面达成一致协议。延期处理中,给予违约主体一定的宽限期去筹措资金,在偿付时,违约主体除支付应付到期的本息之外,宽限期间的仍需按合约或一致协议支付违约金或利息,对于在债券持有人而言,并未受到资金损失。而在其他处置方式中,如折价回购、债务豁免,债务置换、债转股的处置方式中,债券持有人在一定程度上向违约主体让渡了相关利益。如折价回购、豁免方式直接体现为本金或利息损失。债务置换是对原持有人发行利率更低的"新债"来替换"旧债"。债转股方式中债权关系转变为股权关系,股利收入和股权变现等方面更加不确定。在具体债务重组方式的选择上,对不同境况的违约主体采取不同的应对策略。如对有较强外部支持的主体,债券持有人用采用展期的方式,尽力争取外部机构的支持,在此种情况下通常能够获得本金的全额清偿。对于部分自我筹措资金存在困难的违约主体,债券持有人则集中在债务置换,折价交易、部分豁免等求偿方式。相对于司法诉讼,债券持有人通常能通过自主协商在既定的违约情境下争取最大偿付。

此外,保险资管机构在自主协商过程应谨慎依赖主承销商或受托管理人。一是当债券违约之后,依赖受托管理人组织协调或协商,可能效率低下。二是主承销商或受托管理人可能未尽债券持有人大会的通知义务,或者议案不能实现债券持有人利益最大化。三是债券持有人大会的作用对债券持有人的保护不足,从实际情况来看,债券持有人大会常出现"议而不决""决而不执行"等困境,使得债券持有人大会的作用并不能有效发挥。在此情况下,保险资管机构须及时主动行使债权人权益,必要时应配合司法手段来维护自身利益。

(二)债券的违约兑付实现

若违约主体和债券持有人双方在一定期限内在协商过程中或者确定不能达成一致协议时,债券持有人可追加违约求偿诉讼的方式请求偿付。引入司法强制介入求偿过程,有助于对违约主体施加一定压力,推动求偿进程,同时保障自己的债权利益。违约求偿诉讼适用于违约主体还有一定偿付能力,但不满足破产诉讼条件且未能达成自主和解的情况。

违约求偿诉讼主要依据的是《合同法》和《民事诉讼法》。据《合同法》第107条,债务人如不履行按期足额偿还本息的约定,债权人可以向法院申请要求债务人在限期内偿还本息,还可要求债务人承担违约金、损失赔偿额、逾期利息等。根据《民事诉讼法》第九章,在诉前或诉中,如债务人的行为或其他原因,使债权人合法权益受到损害的,债权人可提起诉前财产保全或者诉中财产保全,具体保全方式包括查封、扣押、冻结等。但需要注意的是,申请财产保全最主要的目的在于限制当事人行为、防止财产流失,因此财产保全并不像抵质押物等,相关债券持有人不享有财产保全范围内已设定其他担保物的优先受偿权,并且申请人需要对申请的财产保全提供担保,存在申请保全的成本提起诉讼权财产保全的,需在法院裁定后30日内提起诉讼或申请仲裁。

(三)违约处置中的担保权实现

提供保证担保,抵质担保是发行债券时常见的债券增信措施,实际上是额外给予债权人的偿债保障。对于有保证的债券,债券持有人可直接要求保证人代偿;对于有资产抵质押的债券,债券持有人对于抵质押资产具有优先受偿权,可以通过处置抵质押物获得赔偿。然而在有增信措施违约债券实际处置过程中,可能存在担保法履行担保责任的意愿不强烈或拒不履行,或者担保物权的行使存在困难的情况,债券持有人可以对担保人提起诉讼的方式申请强制求偿,对担保物申请强制处置申请。

鉴于国内债券市场上主流的保证方式是连带责任担保,在违约主体和担保人均不能或拒绝履约的情况下,债券持有人可以单独对担保人提起诉讼,也可以就担保人和债权人提供共同诉讼,提起求偿要求。对已设定担保物的违约债券,违约债券持有人可按照规定将该财产折价或者以拍卖、变卖该财产的价款优先受偿。但需要注意的是,在执行过程中,抵质押物的优先受偿权的顺位仍弱于处置抵质押物的相关费用,尤

其是以土地为抵押物的可能存在需要补交土地使用权出让金的风险。对办理抵押之后的新增建筑物所得价款,抵押权人无权优先受偿等。在担保时效上,一是要注意保证期间,一般是有约定从约定,没有约定的在债务到期6个月以内;二是在关注是否存在提前到期的权利,触发提前到期条款未能履约,也可直接向联保担保人主张权利。在担保物权的实现程序中,则应当尽早办理抵质押物权生效以登记或占有等为条件的登记手续,以防止求偿顺序被动后移。

在破产程序中,对担保人或担保物追索相应的求偿权同样适用,包括:(1)直接向担保人要求全额或部分代偿;(2)或向破产管理人申报债权,在破产案件完结后,要求担保人对未清偿的部分进行代付。

(四)违约处置中的破产程序适用

根据我国现行的《破产法》,并非所有的债券情形都适用破产程序。根据《破产法》的规定,申请破产程序必须同时满足两个条件:一是到期债务没有履约;二是债务人必须资不抵债。虽然在实际操作中,仅满足第一个条件也可以提起破产程序申请,但最终法院裁定债务人是否破产仍然基于同时满足以上两个条件,如在破产宣告前发现债务人不符合破产条件的可裁定驳回申请。因此,能够最终能执行重整或破产清算的条件要求较高。破产程序更适合违约主体已经出现资不抵债或明显缺乏清偿能力,基本面恶化,且债券到期前主体已有多笔债务逾期,甚至主要财产已被其他债权人申请财产保全的情况。

由于破产法律程序复杂、时间长,对违约主体的生产经营产生的影响大,债券持有人追偿也要耗费较大成本与精力,但偿付效率和偿付效果均不佳。对于违约规模占资产组合总规模比例较小的保险资产管理机构而言甚至可能"得不偿失"。因此,债券持有人对此类违约债券更应当谨慎使用破产程序,通常将其作为最后"迫不得已"的处置措施。而重整和和解更适合于债务人经营仍有好转可能,只是财务负担过重导致违约,如甩掉一部分"包袱"后经营状况可能出现实质性好转的情形;破产清算更适用于债务人自身经营出现不可逆转的恶化,即使剥离一部分财务负担仍不能好转,且如不立即清算,偿债能力将继续下降的情形。

在不同的适用程序下,不同类型的债权人的偿付率也具有较大差距。例如,对无担保的债券持有人而言,在重整及和解程序中还能相对占据主动地位,一般可以获得较清算程序更高的偿付金额,如果一旦进入缴破产清算程序,其所处地位相对被动,只能获得破产企业更低的剩余价值偿付。因此,在选择适用法律程序时,债权人还需要考虑自身可获得的最大偿付情况。借鉴美国在债券违约处置经验,则是破产程序中优先达成重整和和解程序,而慎入清算程序。

(五) 其他补偿措施

1. 剥离违约债券

对于已经违约的债券将资产折价出售给专业的不良资产资产管理公司和垃圾债投资者也是常见的违约债券处置方式之一。保险资管机构可以通过卖断或非卖断两种方式进行,单独或与其他持有人共同将违约债券出售给不良资产资产管理公司或垃圾债投资者。卖断出售即将债权出售,出售方不再保留有关后续债权管理权或收益,购买方(即资产管理公司)通过持有资产包并对其选择进行破产清算或重组出售等后续处理,处置收益归购买方。非卖断出售即债权不发生实际转移,债权人支付一定比例的佣金并授权不良资产资产管理公司全权处理违约债券,处置收益归债权人。在引入专门资产管理公司授权处置违约债券的机制中,一方面可以加速债权人的受偿,时效性较强,避免破产清算、重组程序的时间冗长;另一方面,剥离违约债券后,为资产组合减轻"包袱",稳定资产组合的净值波动,增强投资信心。

2. 寻求地方政府和大股东的支持,提高偿付效率

对违约地方国有企业和当地大型民营企业,债券持有人可寻求当地政府和大股东支持。尽管在监管层面上要求打破债券"刚兑",在实际情况中,出于"维稳"的目的,"国企刚兑信仰"在一定程度上仍难以消除,地方政府能为违约债处置创造有利条件。例如,在川煤集团的违约中,四川省政府在早期持续不遗余力地挽救川煤兑付危机,多次牵头召集四川省国资委、省政府金融办、四川银监局以及各债权银行开会协商解决方案。"11 川煤炭 MTN1""15 川煤炭 CP001"等违约债券均在较短时间内获得了银行资金支持,最终完成了全部偿付。其他违约主体,如宏达矿业、江泉集团等在当地政府积极地协调下,也解除了违约危机。此外,大股东的支持力度对债券处置效率也能够起明显的积极作用。如华昱能源出现违约后,其大股东中煤积极应对,出借 6 亿元用于偿还本金。中国二重的违约事件中,其股东国机集团虽然对其支持意愿不足,但可能出于市场影响的考虑最终受让了全部违约债券为其托底。

3. 过错追责机制

在穷极常规追偿和处置措施后,保险资管机作为债权人利益仍未能达到满足,还可以追究违约主体相关方、中介机构以及直接责任人的过错,通过主张赔偿的方式减少损失。具体措施包括:(1)对于违约主体控股股东恶意逃废债的情形,可以主张否定公司独立人格,追究控股股东的连带责任;(2)发行过程中存在违规发行、欺诈、虚假陈述,中介机构没有勤勉尽责等情况,可以追究发行人、主承销商、会计师事务所等中介机构的责任;(3)在销售过程中,存在不当销售的情形,可以向销售机构主张赔

偿;(4)在投资或买入债券时,存在与公司内部人员的利益输送或未尽责问题,可向相关责任人追求连带责任。

鉴于保险资管机构的债券配置通常较为分散,投资品种以长期低风险品种为主。因此,保险资管机构持有信用债券发生了违约事件,其所持有的违约债券的规模在其产品或账户规模所占比例相对较小。通过耗费较多时间与精力参与债务重组协商或司法诉讼程序来进行违约回收,对保险机构而言显得得不偿失。因此,从求偿成本、时效性以及回收率等方面考虑,保险资管机构在债券刚发生违约时,首先应考虑的是自主协商;其次考虑争取保证人、股东及其他外部支持者的偿付支持,或者"折价交易",剥离违约债券。

参考文献

[1] 曹德云.中国保险资产管理业发展现状和趋势[J].上海保险,2019(4).
[2] 陈献.债券违约风险控制与后期处置法律问题研究[D].上海:上海大学,2017.
[3] 邓超.含债券违约风险的保险公司再保险与投资决策研究[D].长沙:湖南大学,2016.
[4] 蒋君豪.保险资金投资风险管理研究[J].时代金融,2018(12).
[5] 柳翠.长周期视角下我国保险资金运用分析[J].市场论坛,2017(11).
[6] 李冠莹,马勇.国际保险资产管理的典范模式比较分析和借鉴——以安盛集团、安联集团和美国国际集团为例[J].上海保险,2018(6).
[7] 李志辉.宏观环境投资策略与我国寿险公司风险研究[J].湖南大学学报(社会科学版),2019(7).
[8] 倪金乾,王雨飞,王小韦.如何把控险资债券回购中的三大风险[N].中国保险报,2017-02-03.
[9] 岑虹瑾.我国保险资金投资的法律监管研究[D].北京:中国政法大学,2017.
[10] 宋向前.复杂宏观形势下保险资金管理配置的方向与策略探讨[N].中国保险报,2019-07-10.
[11] 王瑞娟,姬江帆.债券违约求偿途径及相关问题探讨[J].债券实物,2005(9).
[12] 温家琪.含有违约债券的企业年金最优投资问题研究[D].上海:上海师范大学,2019.
[13] 吴伟央.债券违约应对处理的国际经验[J].中国农村金融,2016(5).
[14] 杨璟.基本养老保险基金的投资风险及防范探析[J].铜陵学院学报,2019(1).
[15] 杨勤宇,潘紫宸.探寻债券违约处置机制[N].中国财经报,2016-05-24.
[16] 应明.债券违约市场化处置方式[J].金融市场,2019(2).
[17] 张立勇.发达国家保险资金运用主要做法中国化的思考[J].保险研究,2012(8).
[18] 张睿.从美国保险市场第三方资产管理看中国保险市场的未来[J].特区经济,2005(10).
[19] 中国保险资产管理业协会.我国保险资产管理业发展分析[J].中国金融,2017(19).
[20] 朱宇轩.公司债券违约风险研究[D].北京:北京邮电大学,2018.

(本文获"IAMAC2019—2020年度系列研究课题"优秀奖)

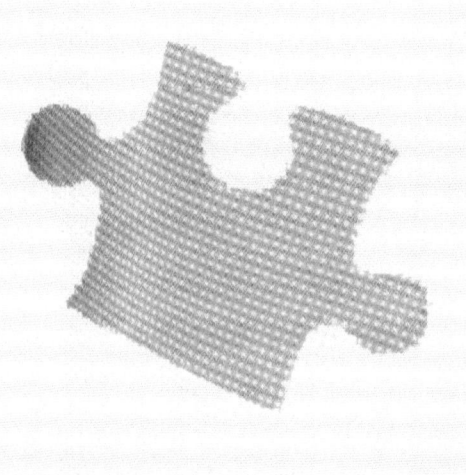

资产配置篇

利率不确定环境下保险资金配置策略研究

中国人保资产管理有限公司

蔡红标　凌秀丽　罗工书　马俊炯

吴　杰　尹　力　唐正明

摘要

利率是经济金融体系中重要的基础变量,也是保险资金配置的重要"风向标"。如何研判我国利率的长期趋势,把握利率的中短期波动,以顺应利率长期趋势制定保险资金配置"战略",并结合利率中短期变化提出具体"战术",是本课题研究的主要目标。

与已有研究相比,本课题有以下创新之处:一是研究思路方面,建立了从利率环境到大类资产走向,再到保险资金配置策略的较为严谨的逻辑链条。将利率的长期确定性和中短期不确定性作为问题的两面,理顺利率的内因和外因、中枢和波动的关系,并最终落实到大类资产走向和保险资金配置策略上。二是研究方法方面,将经验研究和量化分析相结合,对我国长期和中短期利率走向均基于数量模型进行了预测,为大类资产走势判断和保险资金投资策略提供了明确依据。特别是,课题基于国际经验和中国经济金融体系特点,创设了"美林投资时钟"的升级版——以利率为指针,结合实体经济和金融体系分析的资产轮动模型,该模型对我国股债市场的解释度分别高达82%和95%。三是经验研究方面,探讨了海外保险市场在长期低利率环境,尤其是日本和德国"负利率"环境下的保险资金投资管理策略,并着重对海外保险业在利率不确定环境下增强投资收益、把握拉资产久期节奏等方面进行了比较分析。四是研究结论方面,结合我国保险资金实际,从加强利率走势研判、强化保险资产负债管理、多元化布局并优选风险收益相对确定的资产、提高投资能力等四大方面为我国保险资金应对

利率不确定环境提供了立体化、多维度、广视角的全面解决方案。

基于上述研究思路，结合经验研究、案例讨论和量化分析方法，本课题具体从以下五个方面进行阐述。

一是我国长期利率趋势研判。长期利率趋势研判是大类资产配置研究的基础，对于资产负债久期较长的保险资金配置具有极其重要的意义。由于现实中名义利率围绕均衡实际利率上下波动，长期利率的趋势即为均衡实际利率趋势，并最终由经济的潜在增速决定。基于对我国资本存量、劳动供给和全要素生产率的估计，我们预计未来10年内我国经济潜在增速将下降至5.1%左右。由于自然利率与潜在经济增速趋势一致，综合考虑通货膨胀水平和期限利差等因素，预计未来10年以10年期国债收益率为代表的无风险利率中枢水平将逐步下降至2.7%左右。

二是我国中短期利率的影响因素与走势分析。在利率长期趋于下行的背景下，经济周期性波动、逆周期政策调节和海外因素影响均可能带来利率的中短期变化。影响中短期利率的内生变量——经济名义增长是决定利率中枢的基础。外生变量包括货币政策和国际资本流动：央行政策利率是利率体系的源头，货币政策取向对利率中枢走向至关重要。随着主要经济体联动性增强，我国利率水平越来越多地受到海外因素的影响。结合上述因素的变化趋势，我们认为中期内我国利率中枢趋于下行：一是名义GDP增长中枢趋于回落；二是货币政策以疏通传导机制为重，在降低融资成本的目标指引下利率水平仍有一定下行空间；三是资本账户开放程度不断提高，国际间利率联动性增强，全球经济增速下行以及流动性宽裕有利于国内利率中枢下行。同时推动利率波动加大的力量不容忽视，如阶段性通货膨胀压力、多重目标权衡之下货币政策收紧的可能、利率市场化进程以及海外经济政策事件的外溢效应等。我们构建的多因素回归预测模型结果显示，未来3年10年期国债收益率中枢水平将降至3.1%左右，波动范围为2.8%~3.6%。

三是利率走向与大类资产配置。基于前文对我国利率长期趋势和中短期变化的探讨，我们总结了发达国家长期低利率环境下大类资产表现的经验，并建立了以利率为指针的中短期资产轮动分析框架。对发达国家的研究表明，利率长期下行背景下可通过债券获取稳定收益，信用债收益或高于利率债。股市是增厚收益的主要来源，但经济基本面差异会导致市场表现分化。房地产可能出现阶段性上涨，但长期会受到诸多因素制约。低利率背景下黄金是较好的多样化投资标的。大类资产的中短期走向方面，基于中国经济和金融体系特征，我们建立了以利率为指针、结合金融体系货币信用供需和实体经济产出价格变化的分析框架。结果表明金融体系分析能很好地解释债券市场走势,实体经济分析则有效补充了对股票和商品解释的不足,两者相结合后解释力得到较大幅度提升。基于上述经验和方法,从长期配置的角度看,我国债市慢牛的态势不变,股市整体支撑与结构性机遇并存;从中短期择时角度看,可在利率上行阶段加大债券配置并适当拉长久期,股市接近底部区域择机选择配置时点。

四是海外保险资金应对利率不确定环境的经验与启示。从海外保险资金应对利率不确定环境的经验看,美、日、德保险资金在面临本国不同的利率环境时采取了差异化的应对举措,既有成功经验也有深刻教训。在资产负债管理策略方面,近年来国外保险业普遍重视负债端保险产品定价利率的及时调整,并大力发展保障型保险和投资连结、变额年金等险种,此外还注重资产配置结构与资金来源属性的匹配。在久期策略方面,日、德错过了在利率处于高位拉长资产久期的黄金时期,致使其在利率处于低位拉长资产久期变得被动;美国保持了良好的期限匹配,在利率长期下行环境下不仅跟随错配缺口的被动拉长而主动拉长资产久期,还根据利率中短期波动采取灵活的资产久期策略。在收益增强策略方面,普遍采取了拉长资产久期、下沉信用评级和增加非流动性另类资产投资等适度增加风险偏好的举措,通过赚取更多期限利差、信用利差和流动性溢价来提升投资收益。但值得注意的是,不同国家对权益资产的投资偏好差异较大,表现为日本、美国并未加大权益投资比例,但德国自欧债危机以来持续加大了权益资产占比。此外,对于一些本国资产收益匹配负债成本难度较大的国家,适度提升海外投资也是应对利率不确定环境的重要手段,比如日本投资了大量以美国长久期债券为主的海外资产。

五是我国保险资金应对利率不确定环境的策略建议。我们建议可以从以下四方面积极应对利率不确定环境:一是加强利率走势研判。明确拉长资产久期规划,长期要加大对拉长资产久期的重视,中短期可采取灵活的久期投资策略;对匹配长期利率的长期限资产和在利率波动中博取价差收益的中短期限资产做好分类管理。二是强化保险资产负债管理。主动调整保险产品策略,提高负债成本管理的前瞻性和压力测试,加大寿险产品创新,大力发展投资连接型和保障型产品,控制收益保证型产品规模占比,强化成本管控以提升费差益。三是多元化布局并优选风险收益相对确定的资产。权益资产要积极推动权益投资理念的转型升级,加大高分红股票的配置比例,更加注重对"新经济"、与保险主业有协同效应的行业及个股的投资力度;固定收益资产方面要发挥长期利率债在稳定收益方面的基础性作用,信用债投资要以高等级信用债为主,加大对高收益、长久期优质非标资产的配置。四是提高投资能力,提升主动管理能力,强化以"投行"思维挖掘优质资产的能力,提升保险产业链投资能力,加强信用风险管理能力。

关键词

利率 不确定性 保险资金 资产配置

第一章 我国长期利率趋势研判

长期利率趋势研判是大类资产配置研究的基础,对中短期利率不确定性的判断均建立在长期利率趋势基础之上,因而长期利率研判对于期限较长的保险资金配置具有极其重要的意义。本章首先梳理了长期利率研究的基本逻辑,即潜在经济增速决定长期利率的变化方向,然后从国际经验回顾经济增长和长期利率的关系,继而从影响潜在经济增速的主要因素出发,对我国未来潜在经济增速进行定性和定量研究,得出我国长期均衡利率的变化方向,在此基础之上对以10年期国债收益率为代表的长期名义利率进行预测。

第一节 长期利率研究的基本逻辑

分析长期利率趋势需要理顺其背后的基本逻辑。现实中所提到的长期和短期利率均为名义利率,由于在各种经济和市场因素影响下名义利率围绕均衡实际利率上下波动,长期利率研判的核心是确定均衡实际利率的变化方向。

理论上,均衡实际利率是全市场资金需求等于供给,达到均衡状态时的实际利率水平,是一个剔除通货膨胀和市场摩擦等因素的理想化概念。与之相对应的是经济的自然利率,即经济实现理想状态下资源配置的利率水平,此时实际产出等于潜在产出,资本、劳动等生产要素得以充分利用。均衡利率和自然利率分别从金融和经济角度出发,是一个问题的两个方面。此外,现实中由于存在经济和通货膨胀的周期性波动以及货币政策逆周期调节,只有在实际产出等于潜在产出时货币政策保持中性,此时的利率称为中性利率,中性利率水平基本等同于经济的自然利率水平。

由于利率反映了资本的边际回报率,长期来看均衡实际利率或自然利率主要由经济的潜在增速决定,与经济和政策的短期波动关系不大。潜在经济增速主要取决于全要素生产率增长、人口结构变化和投资效率等因素,长期利率的变化也与这些因素密切相关。我们将从这一思路出发研究我国长期利率的变化趋势。

第二节 从国际经验看经济增长和利率

从海外经验来看，经济体的长期利率水平随着经济增速中枢下降而走低。从实际GDP增速数据看，尽管由于经济周期，发达国家经济增长率存在较大幅度的波动，但剔除周期因素后主要发达国家经济增速自1980年代以来呈明显放缓态势(图1-1)。伴随潜在经济增速的走低，与之相适应的货币政策和金融条件也趋于宽松，因而主要发达国家10年期国债收益率出现明显下行(图1-2)。

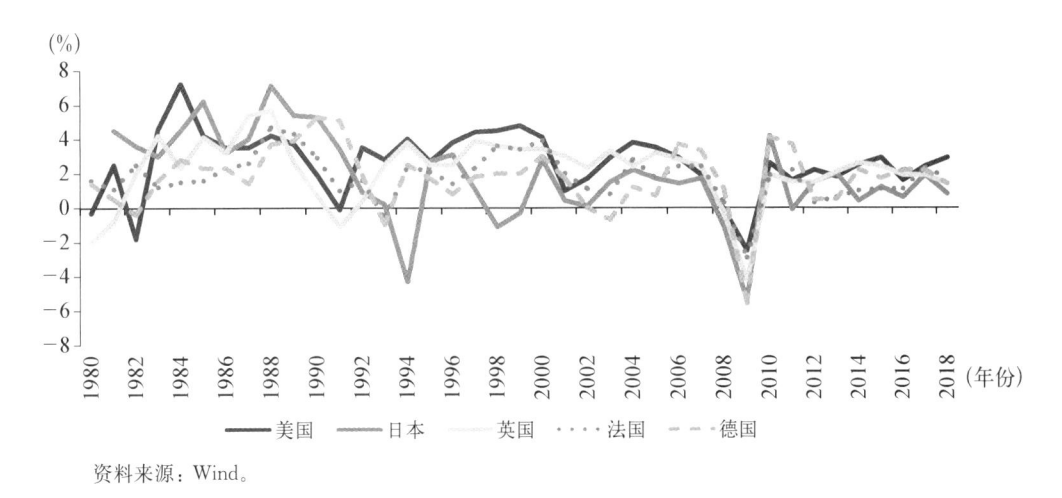

资料来源：Wind。

图1-1 主要发达国家经济增速中枢下行

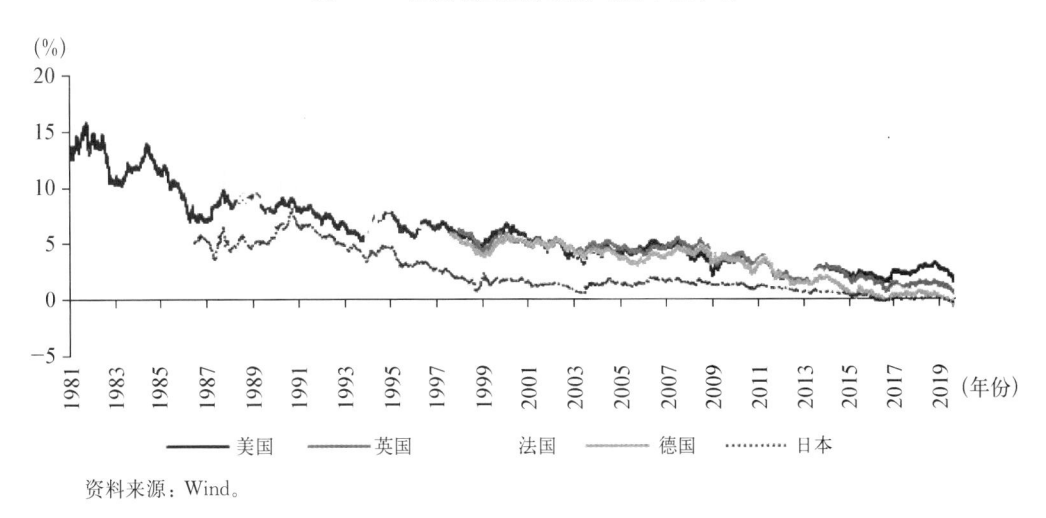

资料来源：Wind。

图1-2 主要发达国家长期国债收益率大幅下行

近40年发达国家经济增速和利率水平下行的主要原因是人口老龄化和全要素生产率增速下降。以德国和日本为例,德国在1980年前后老龄人口明显上升,日本则在1990年左右迎来人口拐点,在此过程中两国经济增速开始明显放缓(图1-3和1-4)。这一方面是因为青壮年人口减少,经济中的劳动力投入下降;另一方面是老龄化导致消费率上升、投资率下降,资本积累也趋于下降。此外,近年来发达国家经济增速的下降与全要素生产率增速下降有关。随着全球政治局势发生变化,贸易保护主义倾向上升,全球化带来的生产率红利趋于消失;与此同时,自20世纪初的互联网革命以后,近年来全球并未出现重大科技突破,发达国家全要素生产率增长也趋于下降。基于以上因素,美国等发达国家长期经济增速放缓和利率中枢下行是不可避免的趋势。

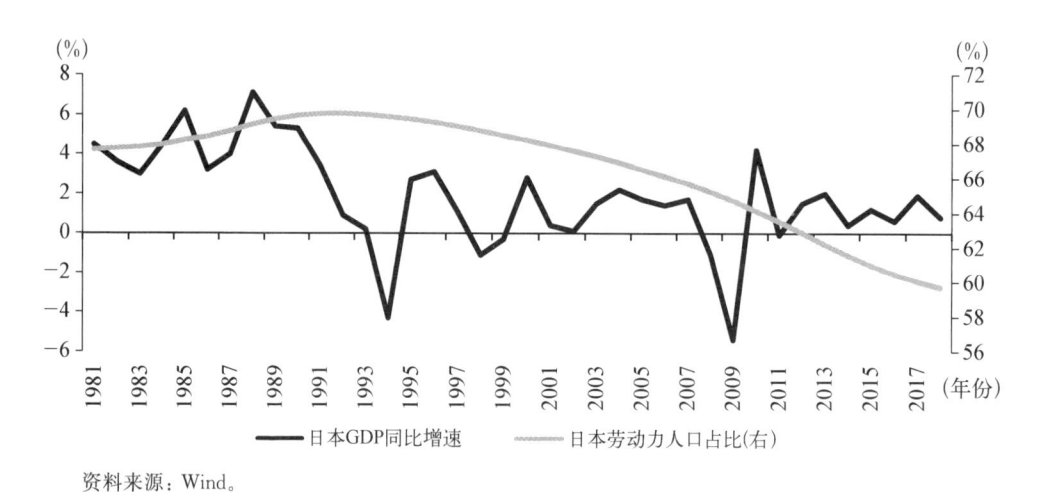

资料来源:Wind。

图1-3 日本劳动力人口占比与经济增速

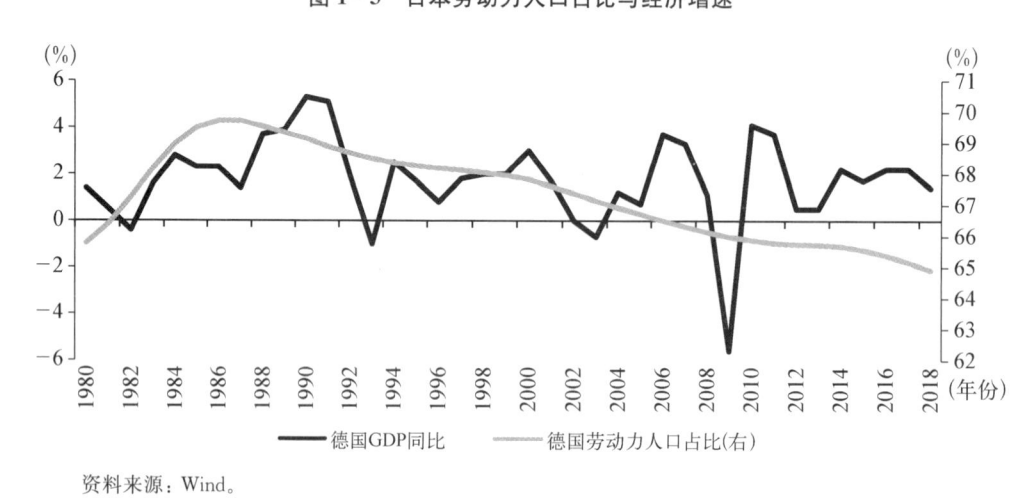

资料来源:Wind。

图1-4 德国劳动力人口占比与经济增速

第三节 我国长期利率影响因素

进入21世纪后,我国GDP增速曾经常年高达两位数,在当时全球主要经济体中增长最快;与之相对应,我国10年期国债收益率曾在2004年底达到5.4%的历史高位。随着我国经济体量的增加和经济结构的转变,经济由10%以上的高速增长逐步回落到6%左右的中高速,而10年期国债收益率目前也处于3.3%左右的相对低位。展望未来,由于劳动力供给下降、资本总投入及其效率边际下滑、全要素生产率低速增长,我国潜在经济增速或延续下降趋势,从而带动利率中枢下行。

一、人口红利趋于消退

劳动力人口拐点的到来与我国经济增速换挡息息相关,并将驱动潜在经济增速下行。根据国家统计局数据,我国15—64岁劳动力人口占比在2011年达到峰值74.4%,此后逐年下滑,2018年尽管我国总人口仍在缓慢增长,但劳动力人口占比已经下降至71.2%,绝对劳动力数量比2011年减少906万人,这意味着中国人口红利的拐点已经到来(图1-5)。由于历史原因,我国劳动力人口减少速度和人口老龄化演变速度会快于主要发达国家。根据中国社科院发布的《人口与劳动绿皮书:中国人口与劳动问题报告》,由于1950—1970年代出生高峰队列将陆续超出劳动年龄,中国劳动年龄人口在未来很长一段时期内将持续地加速减少,到2050年将减少2亿人。劳动力供给下降将是拖累经济增长的重要因素。

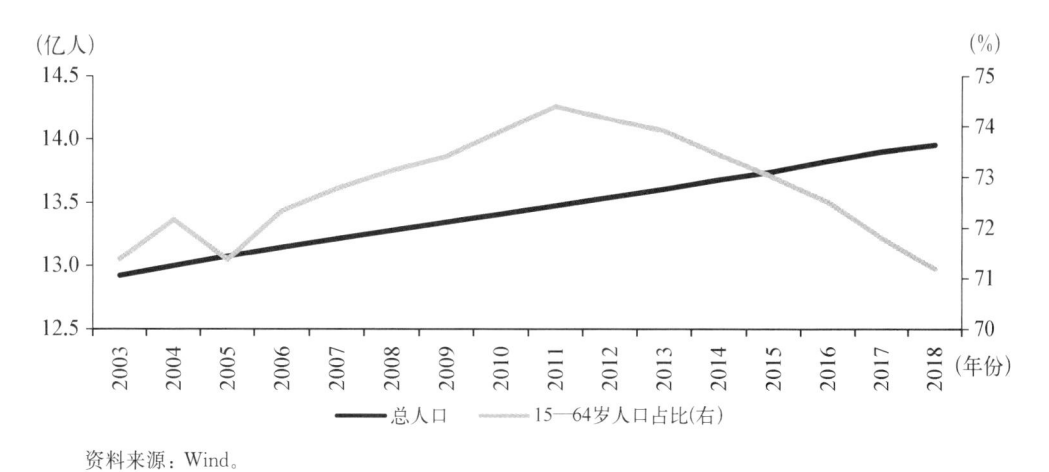

资料来源:Wind。

图1-5 中国总人口和15—64岁人口占比

二、资本投入总量和结构变化

未来我国储蓄率呈下降趋势,资本投入总量的增长将会放缓。近十年来我国总储蓄率远高于世界其他经济体。数据显示,2000年以来我国国民总储蓄率均值为46.45%,而全球、发达国家、新兴市场和发展中经济体总储蓄率分别为26.66%、22.72%、32.66%。随着人口结构变化和社会发展,未来我国储蓄率将逐步下降(图1-6)。首先,劳动力人口占比正在逐年下降,老龄化导致储蓄率下降、消费率上升;其次,我国社会保障体系逐步完善,压制居民消费的因素正在减弱;最后,年轻人口的观念和消费行为发生变化,信用卡等借贷消费的行为越来越多。储蓄率的下降意味着资本投入总量增速将保持边际下滑的态势。

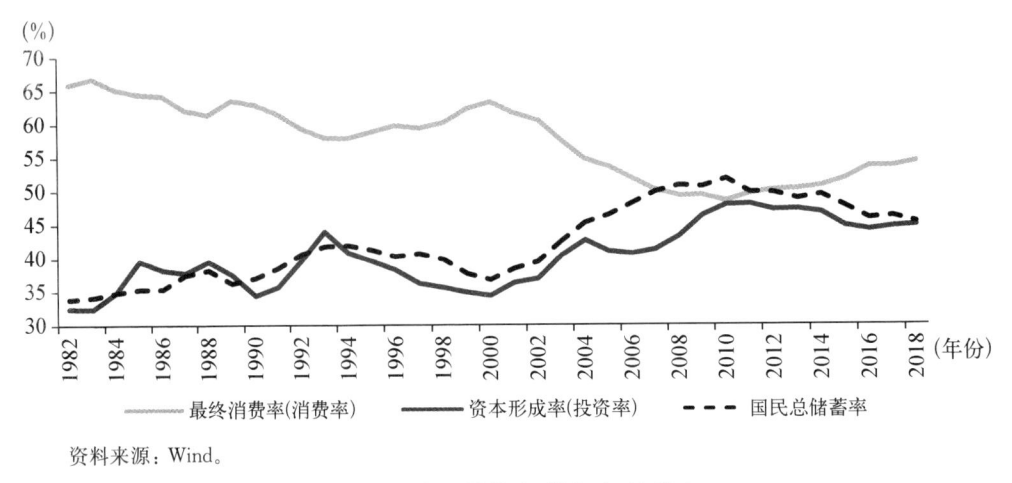

资料来源:Wind。

图1-6 中国储蓄率、投资率、消费率

从投资角度来看,我国经济结构转型将降低资本要素的重要性,从而起到压低长期利率的效果。过去我国经济结构中以工业为主的第二产业占比最高,相比第一产业、第三产业,工业属于资本密集型产业,经济发展对资本投入的依赖程度高,各经济微观主体为了追逐有限的资本会抬高利率。2010年以来,我国经济结构转型趋势明显,第三产业对经济增长的拉动和贡献率逐步提高,取代第二产业成为经济增长的最大拉动力(图1-7)。相比于资本密集型的第二产业,技术对第三产业的重要性大幅提升,资本的重要性下降将驱动利率下行。

三、全要素生产率低速增长

当前我国全要素生产率处于低速增长状态,对潜在经济增速的拉动有限。从理论上讲,实际经济产出可以分为要素投入和全要素生产率(TFP)贡献两部分,后者主要

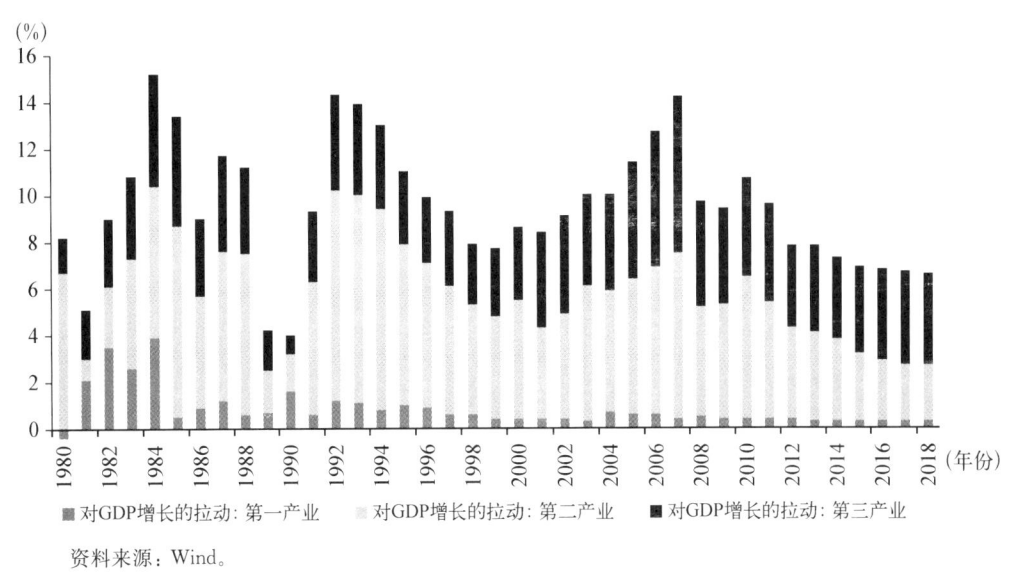

图 1-7 我国三大产业对经济增长的拉动

资料来源：Wind。

来源于人力资本、科技创新、技术外溢、制度变革等因素。我们的研究表明，我国全要素生产率在2008—2016年处于负增长状态，2017年才由负转正（图1-8）。主要原因是2008年全球金融危机后，在"四万亿"财政扩张下，资本要素加速投入，导致资本边际收益递减，造成需求不足、产能过剩等问题，同时挤压了TFP的贡献。2016年以来，我国进行的供给侧结构性改革就是用主动去产能的方式减少无效供给、矫正要素配置扭曲，从而提高全要素生产率。在经济结构转型和创新驱动引领下，预计未来一段时间内我国全要素生产率有望保持小幅增长的态势。

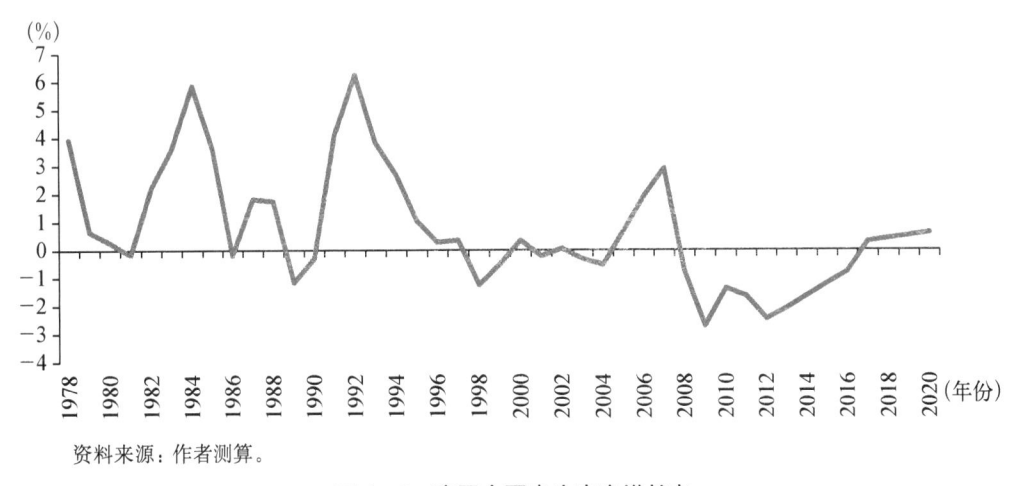

资料来源：作者测算。

图 1-8 我国全要素生产率增长率

第四节 我国潜在经济增长率及长期利率估算

基于前文论述,由于长期利率与潜在经济增速高度相关,本节将通过测算我国潜在经济增速进而判断未来长期利率走向。具体采用生产函数法,利用资本存量和劳动供给等现实数据估算出总量生产函数,并得到全要素生产率。然后基于对未来资本、劳动和生产率的预测给出潜在经济增速变化趋势,并最终得到我国长期利率的趋势判断。

一、我国经济增长主要变量的测算

测算我国资本存量、劳动供给和全要素生产率的具体步骤如下:

一是资本存量的测算。采用永续盘存法,结合公式 $Kt=(1-\delta)Kt-1+It$,Kt 为资本存量,It 为投资,δ 为资本折旧率。投资使用支出法 GDP 中的固定资产形成总额,资本折旧率 δ 设定为 10%。

二是劳动供给的测算。用从业人员数作为劳动力供给指标,但考虑到由于调查口径的变化,1990 年就业人数和经济活动人数存在跳跃,为使数据口径前后一致,利用调整系数(即旧口径统计数与新口径统计数之比)乘以各年原就业人数,对 1990 年之前的就业人数进行调整。

三是全要素生产率(TFP)的测算。结合资本存量和劳动力数据可得到资本和劳动这两大投入要素对经济增长的贡献,再使用产出增长率或 GDP 增速扣除投入要素增长贡献后的残值,可得到索洛余值,即 TFP。

其中,生产函数公式为:

$$Y_t = A_t K_t^\alpha L_t^\beta \tag{1-1}$$

其中,Y_t 为产出或 GDP,L_t 为劳动投入,α 和 β 分别为资本的产出弹性和劳动力的产出弹性,将上式两边同时取自然对数,并假定规模报酬不变 $\alpha+\beta=1$,整理后可得方程:

$$\ln(Y_t/L_t) = \ln(A_t) + \alpha \ln(K_t/L_t) \tag{1-2}$$

利用最小二乘法估计生产函数,中国数据符合 AR(2)过程,参数 α 估计值为 0.78,在 1%置信水平下显著。在估计出弹性参数后,即可利用资本和劳动力数据得到 TFP 增长率(见前文图 1-8)。

二、我国长期利率将伴随潜在经济增速放缓而趋于下行

在以上计算的基础上,我们利用实际经济增长率取 HP 滤波,分解出的趋势部分可被认为是潜在增长率。其中需基于对劳动力、资本投入和全要素生产率的判断进一步估算未来的潜在经济增速。

一是劳动力要素。当前中国已进入老龄化社会,基于中国社科院人口与劳动经济研究所的估计数据,假定 2019—2029 年就业同比增长率由过去五年的平均值 0.25% 逐步下降到 −0.11%。

二是资本投入要素。近年来我国第二产业占 GDP 的比重持续下降,2018 年已降至 36% 左右,而第三产业占比升至 60%。从美、日等发达国家经验看上述趋势还将持续。实证结果显示产业结构(第二产业占 GDP 比重)同资本存量存在协整关系,随着第二产业占比下降,对应的资本增速趋于下降。以 2018 年 8% 的资本增速为基期,假定 2019—2029 年每年增速边际下降 0.5%,对应未来资本增速将降至 2.5%。

三是全要素生产率要素。我国 TFP 增长率自 2008 年起连续负增长,直至 2017 年才由负转正,考虑到经济结构转型需要一个过程,可以预见未来一段时间内 TFP 增长率虽然为正增长但其幅度不会太大。以 2018 年 0.30% 为基准,我们假定 2019—2029 年 TFP 增长率每年分别增长 0.15%,未来我国 TFP 增长率将逐步升至 1.95%。

综上,计算得到 2019—2029 年各要素估计值,带入生产函数可得到中国潜在经济增长率的估计值。结果表明未来 10 年我国经济潜在增速将逐渐下降,到 2029 年将下降至 5.1% 左右(见图 1-9)。

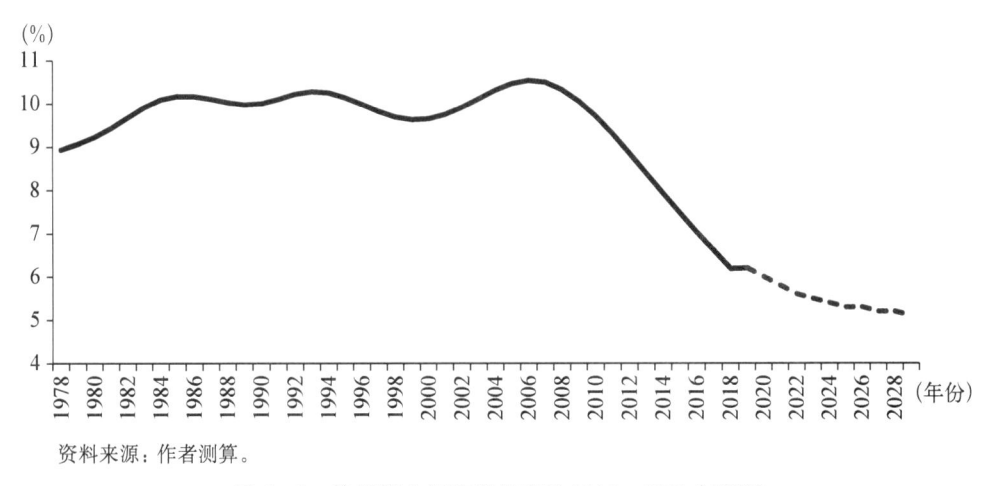

资料来源:作者测算。

图 1-9 我国潜在经济增长率及 2019—2029 年预测

基于我国经济潜在增速的预测进一步给出对长期利率的判断。综合近期文献结论,我国当前自然利率为0.2%左右。[1] 考虑此前较长时间内CPI中枢维持在2%~2.5%区间,则短期名义利率中枢在2.5%左右。当前我国市场利率体系包括货币利率、债券收益率、信贷利率和非标产品利率等方面,其中以债券利率市场化程度最高、与经济基本面结合最为紧密,因而可以作为名义利率的代表。近5年、10年债券收益率10—1年期限利差均在60BP附近,则以10年期国债收益率为代表的长期名义利率中枢在3.1%附近,低于过去10年3.5%左右的水平。结合前文对潜在经济增速趋势的判断,我们预计未来10年内我国自然利率水平将下降至0.15%左右,同时随着经济放缓通货膨胀中枢将可能下降至2%以内,我们预计未来10年10年期国债收益率中枢将逐步下降至2.7%左右(见图1-10)。

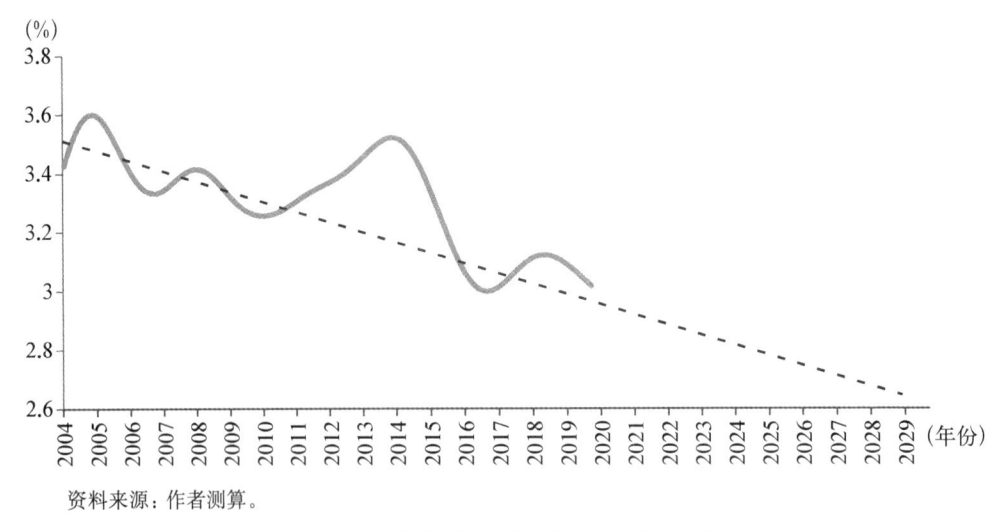

资料来源:作者测算。

图1-10 10年期国债收益率中枢趋于下行

第二章 我国利率中短期影响因素及走势分析

现实中名义利率的变化围绕自然均衡利率波动。一方面,我国长期均衡利率趋于下行的态势较为明确。另一方面,中短期来看,由于经济和通货膨胀的周期波动以及宏观政策的逆周期调节,同时我国正在经历利率市场化改革,加上外部经济和政策的

---

[1] 徐忠、贾彦东(2018),《自然利率与中国宏观政策选择》。

影响,利率变化的不确定性依然存在。不过在此过程中,鉴于"均值回归"规律以及利率变化内生于经济增长的主要逻辑,我们可通过对利率中枢水平以及可能的波动幅度进行判断,更好地指导保险资金投资。

本章分析了影响中短期利率走势的主要因素,化繁为简归结为经济名义增长率这一内生变量以及货币政策、国际资本流动两个外生变量,并对我国利率中短期变化做出了基本判断。

第一节 经济基本面对利率的影响

一、经济基本面是决定利率的基础

正如前文所述,理论上经济潜在增速决定均衡利率水平。在现实中,同样是名义经济增长率决定名义利率,经济增长与通货膨胀仍是决定利率水平的基础。简单来讲,利率可视为资金在供需均衡过程中形成的价格。从资金供需的角度看,以经济增长和通货膨胀水平为主要指标的经济基本面因素反映了"资金需求",是决定利率水平的基础。一般而言,名义增长率高一方面往往意味着更多的资金需求,另一方面也意味着可以承担更高的负债成本,相应名义利率走高,而当名义利率高至一定水平,必将影响经济主体的资金需求,进而反噬经济增长,并带动利率水平趋于回落。图2-1显示,我国10年期国债收益率的走势变化与名义GDP增长速度呈现出较为明显的联动性。

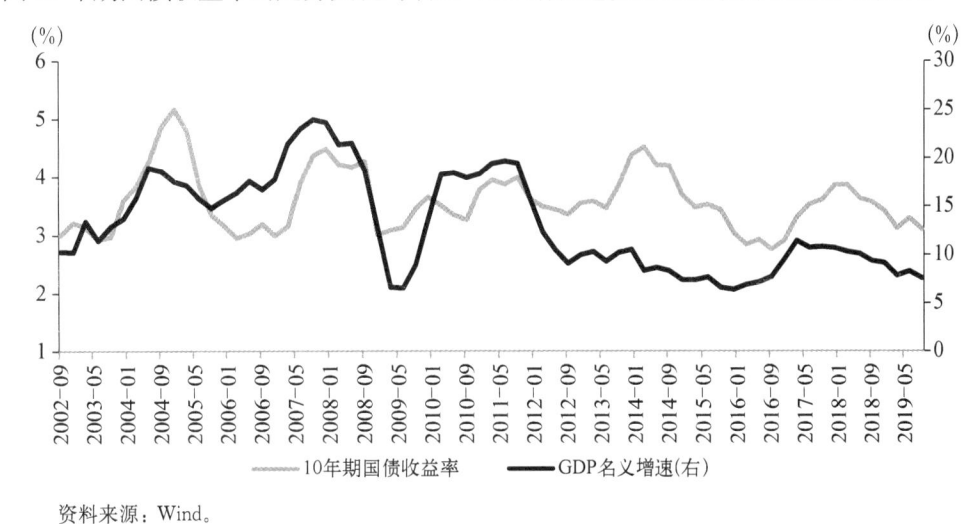

资料来源:Wind。

图 2-1 10 年期国债收益率与 GDP 名义增速变化

基于以上逻辑,我们可通过对未来经济增速以及通货膨胀水平进行预测,进而推演名义利率水平的变化。

二、GDP增长中枢下移带动利率中枢趋于回落

一方面,周期和结构性因素叠加,GDP实际增速或回落至5%～6%区间。目前我国经济正处于新旧动能转换、结构转型升级的关键时期。囿于前期快速攀升的宏观杠杆率、系统性风险加大,单纯依赖投资的增长方式难以为继,债务周期顶部区域加杠杆空间有限决定了未来整体投资增速很难持续上行,投资对经济增长的拉动作用趋于下降(图2-2)。与此同时,我国居民消费率偏低的事实客观存在,而收入分配不均、社会保障体系尚不健全、供需结构不匹配等诸多深层次结构性制约因素在中短期仍将持续压制居民的消费意愿。特别是近年来房价上涨带来居民杠杆率快速升高,已对消费扩张和升级造成显著负面影响。[①] 所以,未来数年我国投资及消费增速均面临下行压力,加上外部不确定、不稳定因素较多对国内相关领域的压力传导,经济增长承压的态势或难扭转。不过也应看到,随着供给侧结构性改革的深入,"旧经济"逐步出清的同时"新经济"规模扩大,整体经济表现出较强的韧性。预计未来3—5年国内GDP实际增速仍将处于缓慢下台阶的过程中。根据我们的研究成果,预计未来三年我国GDP当季增速或由2017—2019年6.0%～6.8%的增长区间逐步下移至5%～6%区间。若取中值

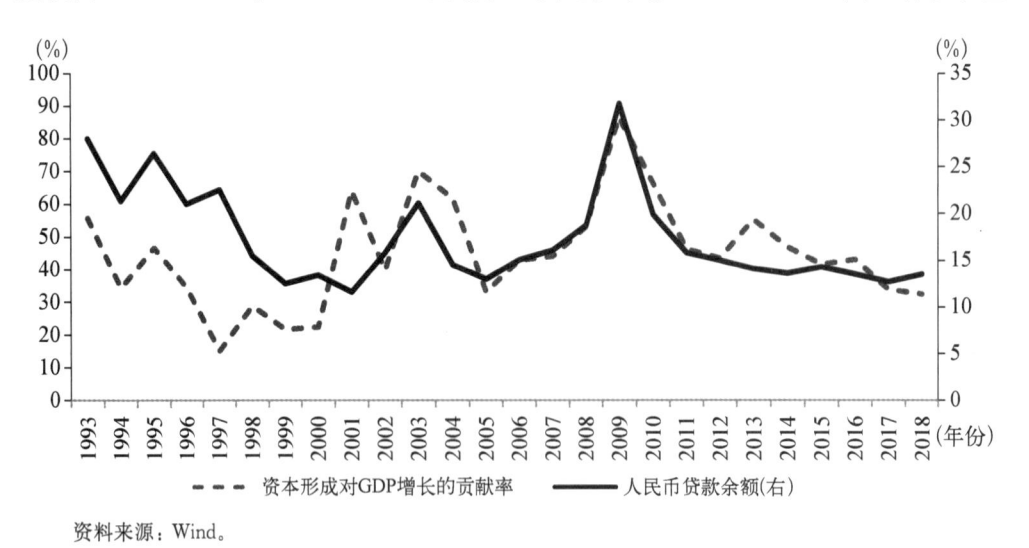

资料来源：Wind。

图2-2 信贷增速与投资贡献率变化

[①] 2019年7月中国人民银行《区域金融运行报告》。

5.5%作为未来三年的增长中枢,则这一水平较2017—2019年回落1个百分点。

另一方面,通货膨胀水平有望保持总体平稳,但阶段性扰动仍是利率波动的主要来源。2012年以来伴随我国经济增长进入"新常态",GDP实际增速波幅明显下降,以GDP平减指数表征的通货膨胀水平成为影响名义GDP增速乃至利率水平波动的关键因素。考虑到未来三年经济增速仍存下行压力,货币政策或难大幅宽松,预计整体通货膨胀压力不大。从全球范围来看,技术变革、人口老龄化、全球化等因素抑制通货膨胀水平上行的态势愈加显著,而这些因素的影响是长期且难以逆转的,或将持续牵引通货膨胀水平在较长时间内维持较低水平。根据2019年10月IMF发布的最新预测报告,如图2-3所示,未来三年全球经济增长及商品价格涨幅有望保持相对平稳的状况。所以,在不出现持续供给冲击的情况下,预计未来三年我国的物价整体水平亦有望保持基本稳定,GDP平减指数中枢水平大概率落在2%～3%区间;与此同时,以原油为代表的、受供给波动影响较大的相关商品价格变化、国内供给侧结构性改革等因素仍是通货膨胀乃至利率变化不确定性的重要来源。

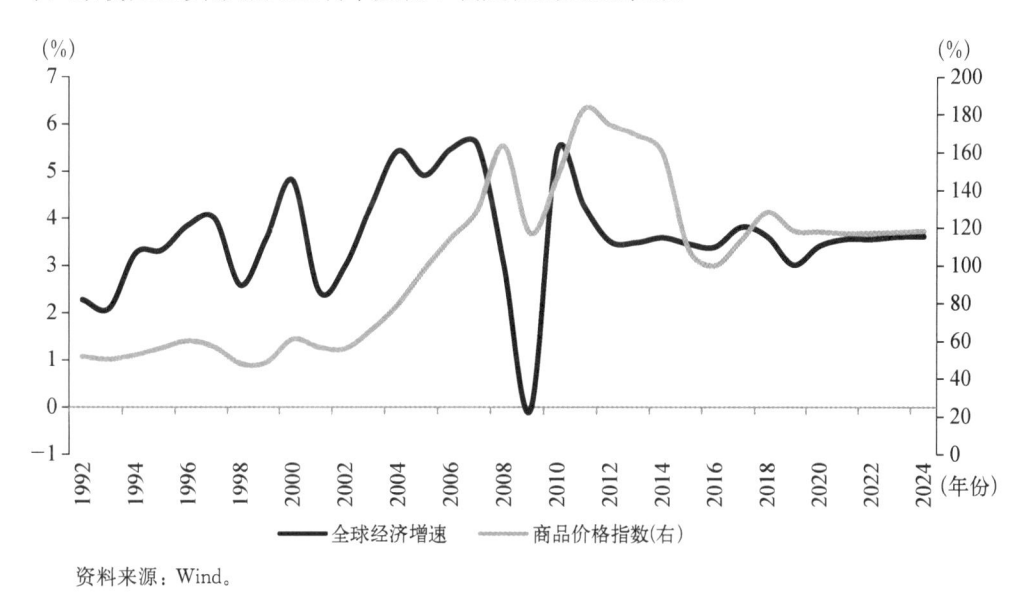

资料来源:Wind。

图2-3 IMF对全球经济及商品价格变化的预测

基于以上分析,假设未来三年GDP实际增长中枢降至5.5%,GDP平减指数中枢约为2.5%,则相应名义GDP增长中枢将由2017—2019年近10%的水平回落至8%左右。如图2-4所示,根据10年期国债收益率及名义GDP增速变化的对应关系,在不考虑其他情况的情形下,10年国债收益率中枢或将存在20个BP的降幅。即2020—2022年10年期国债收益率中枢或由过去三年的3.3%左右回落至3.1%左右。

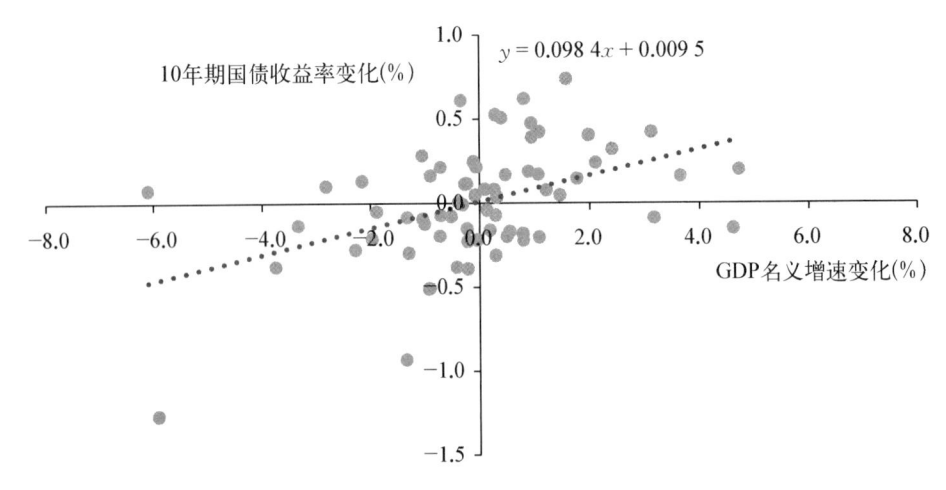

资料来源：作者测算。

图 2-4 国债收益率与名义 GDP 增速变化对应关系

第二节 货币政策对利率的影响

如果说经济基本面代表"资金需求"，那么在货币政策指引下，以货币供给量和信用规模为代表的货币金融环境则反映了"资金供给"，也是影响利率水平的重要因素。理论上，央行实施货币政策的目的，是为了引导市场利率朝着自然均衡利率的方向变动，以达到物价稳定和充分就业的目标。从这个角度看，货币政策是经济内生的。不过随着新凯恩斯学派的崛起，需求管理再次受到政府青睐。为了应对有效需求不足，央行倾向于选择将政策利率低于均衡利率，从而刺激需求带动经济，反之亦然。在这种情况下，货币政策就成为一个外生变量。在本节中我们将货币政策作为影响利率走势的一个重要外生变量进行考虑。

一、央行货币政策取向对利率走势至关重要

从利率传导机制来看，央行"政策利率"的设定可视为整个利率体系变动的源头。在理想的情形下，如图 2-5 所示，基于利率期限结构理论，中央银行通过在公开市场操作改变短期利率，同时影响预期和风险溢价，继而实现从短期利率向长期利率的传导。具体来看，央行通过货币政策操作直接影响银行间市场利率，流动性的松紧和资金利率的高低直接传导至银行体系，影响商业银行投资于债券市场的资金量和资金成本，从而影响债券收益率，不同期限债券之间的套利行为又使得利率从短端传导至长

端,其他类型债券的收益率则在国债收益率的基础上加上一定的风险溢价形成。同时,流动性成本变动(包括存款利率)也将影响商业银行的贷款利率。如流动性宽松后,更多资金流向信贷市场,贷款利率趋于回落;反之银行惜贷,贷款利率上行。而债券市场以及贷款市场存在的替代效应可以有效地平衡利率差异。如债券市场利率较低,则企业会选择发行债券进行融资,进而使得债券市场和信贷市场利率逐步均衡,反之则通过选择贷款的方式来平衡。

资料来源:作者绘制。

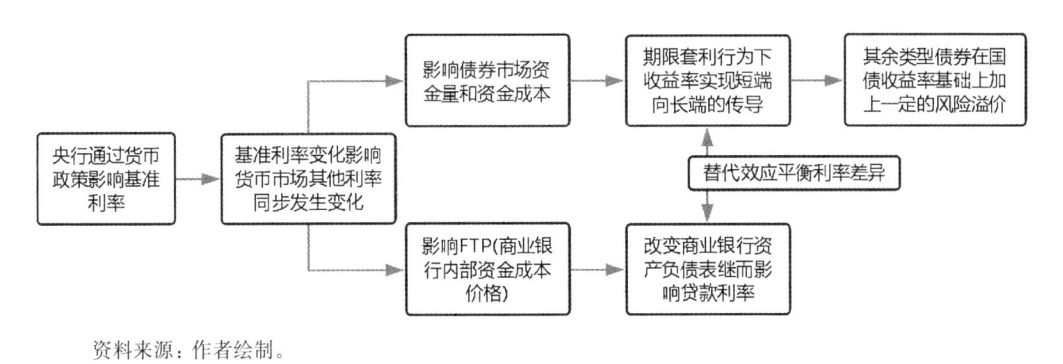

图 2-5 利率传导机制

由此可以发现货币政策取向对利率中枢的走向至关重要。正如泰勒规则(Taylor rule)所揭示的货币政策运行规律[①],央行通过调整短端政策利率来实现对宏观经济运行的管理。一般情况下,当经济下行压力(或通货紧缩压力)加大时,央行倾向于采取宽松的货币政策,通过提供流动性或降低基准利率水平,引导名义利率中枢随之下行,反之则上行。

二、在我国货币政策对利率的作用效果存在不确定性

货币政策对利率的影响是一个较为复杂的过程,对利率水平的作用效果存在一定不确定性。最主要的原因在于货币政策取向不一定造成相应的信用格局。理论上央行可以通过货币政策营造相应的货币金融环境,但信贷格局的最终形成仍取决于商业银行和实体经济主体的意愿以及相关信贷政策的配合,故可能出现"宽货币+紧信用"或"紧货币+宽信用"的组合,不同货币和信贷格局的组合将对利率产生不同的影响。此外,我国货币政策兼顾多重目标,相互平衡过程中调控方向和力度方面存在的偏差或加大利率的波动。比较典型的如2013年和2017年央行为了金融去杠杆而采取了收紧短端流动性的操作,对经济增长形成了负面冲击,但当时利率水平并未伴随名义GDP的走弱而下行。

---

① 保持实际短期利率稳定和中性政策立场,当产出缺口为正(负)和通货膨胀缺口超过(低于)目标值时,应提高(降低)名义利率。

特别值得注意的是,目前我国利率的市场化程度还不高,利率传导途径尚不通畅,这也成为利率波动加大的原因之一,并在一定程度上增加了研判未来利率走势的难度。2018年以来,为了应对经济下行压力,货币政策操作相应加大了逆周期调节力度,稳健中性偏宽松的政策取向为市场释放了更多流动性,银行间市场及债券利率反应较为迅速,但金融机构人民币贷款加权利率仍然维持在较高水平(图2-6)。信用紧缩的状况并未得以缓解,凸显货币政策传导机制不畅通,特别是利率传导机制在信贷市场存在较大的阻碍。

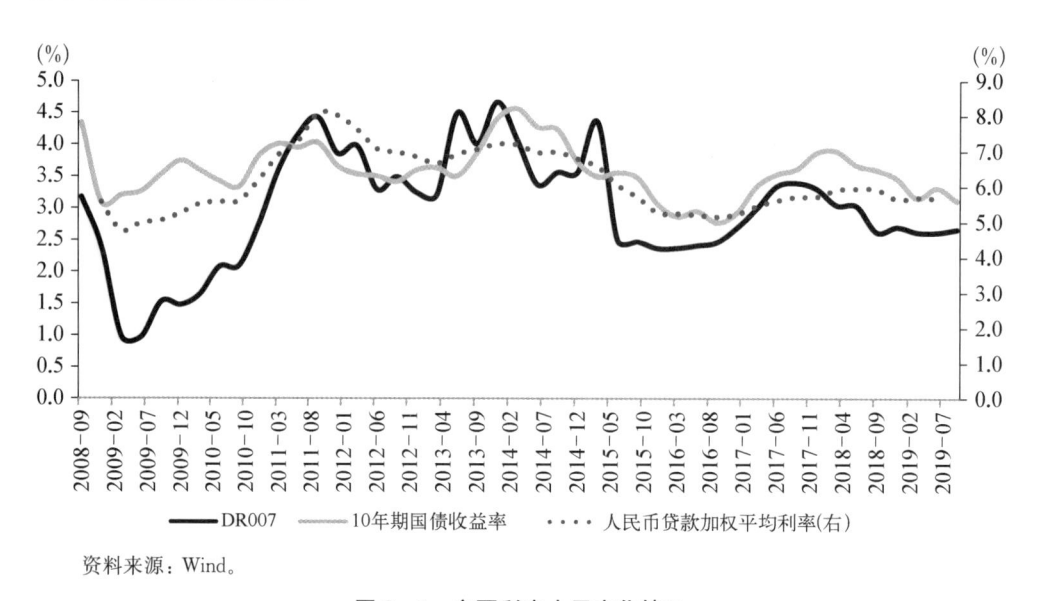

资料来源:Wind。

图 2-6 主要利率水平变化情况

进一步分析,干扰利率机制无法充分发挥作用的原因涉及诸多深层次结构性原因,中短期内或难改变。首先,就货币政策本身而言,正处于由"数量型"向"价格型"转变的时期,政策利率体系建设尚不健全,"二元"利率[①]调控体系导致银行间市场及银行信贷市场的割裂。其次,从银行间市场来看,一段时期以来存款增速持续低于贷款增速,法定存款准备金率较高也对银行负债端造成负担,特别是中小金融机构获得流动性的渠道相对更少,不得不尝试多重手段获得流动性,导致市场利率波动加大。近年来,以同业业务和表外理财为代表的金融创新业务使得利率传导链条拉长,进一步提高了资金成本。负债端成本居高不下,净息差收窄限制了银行的放贷能力和意愿。最后,从信贷市场来看,预算软约束的存在使得国有企业和地方融资平台等部门对利

---

① 一方面,央行通过设定贷款基准利率影响商业银行的业务经营;另一方面,央行在银行间市场通过影响市场利率来影响商业银行的业务经营。

率的变动不敏感,导致大量信贷资源流入这些部门,对其他融资主体产生了挤出效应,干扰了市场的正常定价,政策利率和信用风险的变化很难最终反映在融资成本中。

三、下一阶段货币政策将通过推动利率并轨来疏通传导机制

基于前文分析,考虑到传导机制不通畅已经成为制约国内货币政策发挥作用的主要原因,疏通货币政策传导机制将成为现在和未来一段时期内的主要任务,而稳步推进利率市场化改革、逐步实现利率并轨运行是其中重要的政策主线。2018年以来,央行先后采取包括补充流动性、降低银行负债成本、窗口指导等多项措施推动信用扩张。而从长远来看,稳步推进利率市场化改革,逐步实现利率并轨运行,才是疏通货币政策传导机制的必由之路。2019年11月十九届四中全会决定明确指出要"健全基准利率和市场化利率体系"。从最新进展来看,2019年8月,央行改革完善了贷款市场报价利率(LPR)形成机制,由各报价行按市场化原则报价,并由银行参考LPR自主加点定价,利率市场化改革又向前迈了关键一步。

整体而言,利率市场化改革的过程将是渐进、缓慢的,对利率走势的影响也将是持续和深远的,特别是真正实现存款利率市场化有可能阶段性推升利率水平上行。由于目前我国金融市场仍存诸多"摩擦"因素,利率市场化很难一蹴而就,需要多个领域、多方政策的协同推进。此外,虽然我们目前名义上取消了存款利率浮动的限制,但实际上行业内部仍有存款利率浮动上限的约束,加上我国居民储蓄习惯(存款刚兑预期强烈)等原因,存款利率并未实现完全市场化。从国际经验以及我国存款利率上限逐步放宽的实践来看(图2-7),存款利率上限放开后,初期金融机构为争取资金往往纷纷

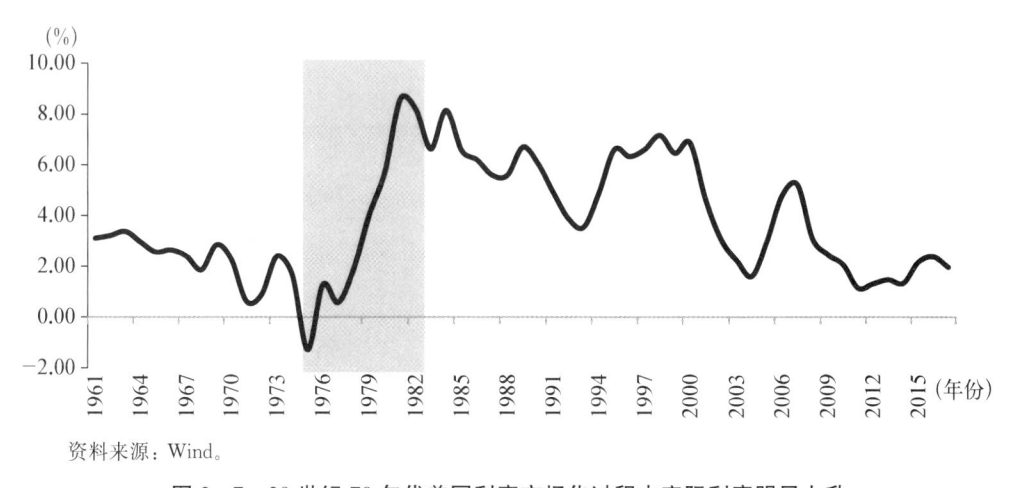

资料来源:Wind。

图 2-7 20 世纪 70 年代美国利率市场化过程中实际利率明显上升

提高存款利率，贷款利率也会有所上行，进而阶段性推升收率中枢。考虑到存款利率市场化后抬高负债成本对银行体系的冲击较大，可以预见存款利率市场化的进展将相对更加缓慢。我们认为，至少未来三年，利率市场化改革仍以贷款端利率市场化为主，比如进一步完善LPR报价机制、逐步取消公布贷款基准利率、优化银行资产负债结构降低成本等。

四、货币政策引导利率水平趋于下行的概率较大

基于以上我们对下一阶段货币政策主要任务的分析，并结合经济基本面情况，预计未来三年"保持信贷稳步扩张、降低融资成本"的政策诉求仍在，引导利率水平趋于下行的概率较大。一方面，考虑到经济基本面承压的态势，货币政策易松难紧。即使考虑到阶段性通货膨胀压力、防风险需要，降息等直接调降短端利率的政策手段或受到一定制约，但央行仍将通过持续稳定的流动性投放、结构性宽松等途径保持银行间资金利率维持在合理水平。此外，在目前的LPR报价机制下，央行可以通过调降MLF利率进一步引导市场整体利率水平趋于下移（图2-8）。另一方面，金融监管机构将继续通过压缩资金链条、放松考核约束、补充资本金等途径降低银行负债端成本。随着综合施策取得成效，银行负债端有望获得改善，市场普遍预计未来商业银行在LPR报价中仍存在减少加点的可能性，有利于引导贷款利率下行。

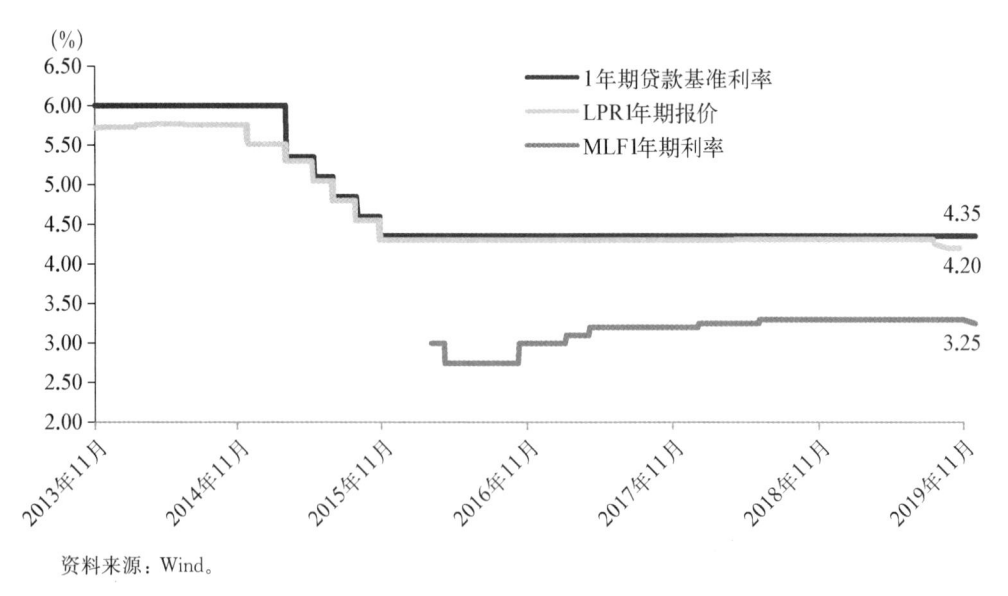

资料来源：Wind。

图2-8　LPR及MLF利率变化

综上分析,未来以金融机构加权平均利率为表征的融资成本有所下行是大概率事件。若以推动贷款加权利率下行为目标,基于理论上贷款利率与债券收益率的趋同效应,我们通过贷款利率的下行趋势外推债券收益率的变化。不过,由于我国利率传导机制尚不畅通,贷款利率和债券收益率的相关性较低。以市场化程度较高的美国为参照,贷款利率下行1个点,相应10年期国债收益率回落0.8个点左右(图2-9)。假设在多重措施作用下未来三年我国金融机构贷款加权平均利率可由目前5.6%的水平回落至此前5.2%的相对低位(中枢约为5.4%左右,较2017—2019年中枢水平下降30个BP),而且贷款与国债收益率之间可实现相当于美国50%的趋同效应,则10年期国债收益率中枢仍有10个BP左右的下行可能。

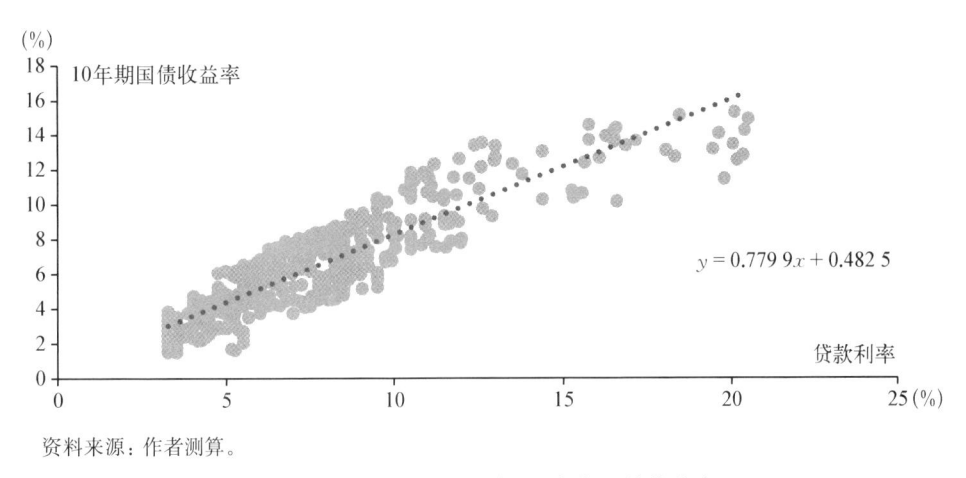

图 2-9 美国贷款利率与10年期国债收益率

资料来源:作者测算。

第三节 国际资本流动对利率的影响

一、全球化背景下国内外利率联动不断增强

随着经济全球化的不断深入,各国经济及政策变动的关联度越来越大,国际间利率传导呈现出不断增强的趋势。特别是2008年次贷危机以来,为了最大限度地遏制危机蔓延,全球主要央行不约而同地加大货币宽松,导致全球利率走势愈加趋同(图2-10)。理论上利率在国家间的传导主要通过贸易渠道和资本流动下的利率平价机制。目前,多数经济体的经常项目已经实现开放,货币政策尤其是利率的跨国传导将更大程度上取决于资本账户的开放程度。同等条件下,资本流动越自由顺畅,国际间利率联动程度越大。目前美债收益率仍是全球利率的"锚",各个经济体在货币经济领

资料来源：Wind。

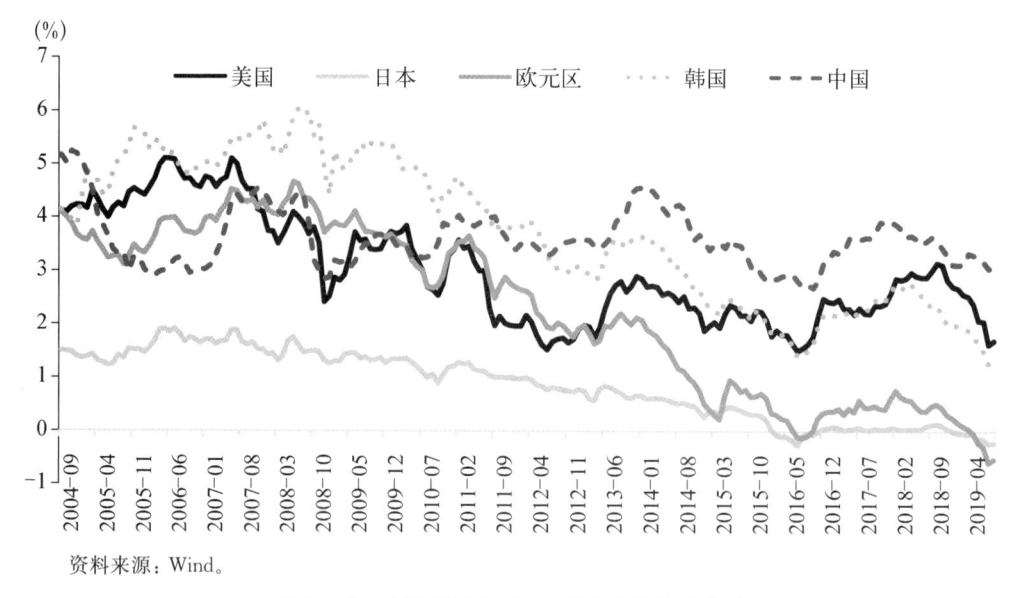

图 2-10 主要经济体 10 年期国债收益率走势

域的相互影响和依存程度日益加深,利率的相互作用必将不断增强,我国利率水平的变化也将越来越多地受到海外因素的影响。

二、国际资本对人民币债券的配置需求将持续提升

一是人民币国际化进程稳步推进,其他经济体持有人民币作为其外汇储备,将会增持人民币债券。IMF 数据显示,截至 2019 年二季度,各经济体央行持有的外汇储备中,人民币资产占比升至 1.97%,较 2016 末提高 0.9 个百分点(图 2-11)。考虑到持有人民币作为外汇储备时一般会选择国债,随着人民币资产在各国外汇储备中的占比进一步提升,必将吸引更多投资者进入我国债券市场。

二是我国债券市场积极扩大对国际资本的开放度和投资便利度。如图 2-12 所示,我国债券市场的对外开放程度不断提高。QFII、RQFII、债券通等境外机构投资我国债券市场的通道逐渐建立,投资额度也基本全部放开,而且不断优化条件提升投资者入市的便利性。对外开放程度及投资便利性的提高增强了中国债券市场的吸引力,为主要国际债券指数编制机构将人民币债券纳入相关指数创造了条件。从国际市场认可度来看,彭博巴克莱全球综合指数、摩根大通旗舰全球新兴市场政府债券指数已经宣布将中国债券市场纳入。未来我国债券市场仍有望陆续被纳入其他国际主权债券市场中。

三是基于宏观经济增速和发展潜力优势,当前我国利率水平在全球范围内仍具有较强吸引力。近年来,全球经济复苏乏力,而我国经济展现出极强韧性,在全球范围内

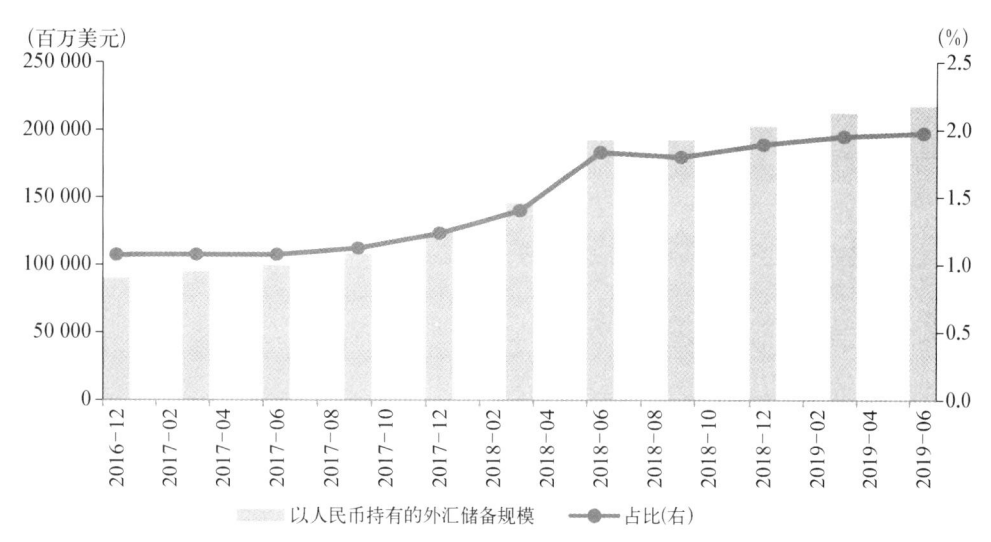

图 2-11 全球范围内以人民币持有的外储规模及占比

资料来源：Wind。

图 2-12 我国债券市场对外开放进程

资料来源：作者绘制。

仍处于较高水平(图 2-13)。相应,在全球利率水平处于历史低位的背景下,我国利率绝对水平在主要经济体中同样处于相对较高水平,对外资仍具有较强的吸引力。

鉴于目前人民币债券仍有较高的配置价值,未来随着人民币国际化稳步推进以及债券市场对外开放程度提高,我国债券市场中外资持有比例将继续提高。特别是纳入全球重要债券指数后,市场普遍预计将有千亿级别的资金流入,外资对国内债券,特别是国债的配置力量将进一步增强。根据亚洲开发银行 2019 年 10 月发布的《亚洲债券监测报告》,日本、韩国国债市场中外资持有比重均在 10% 以上,马来西亚、泰国等新兴经济体中这一比重达到 20%～25%,相比之下,我国国债市场中外资持有比重不足 10%,未来仍有较大的提升空间(图 2-14)。

资料来源：Wind。

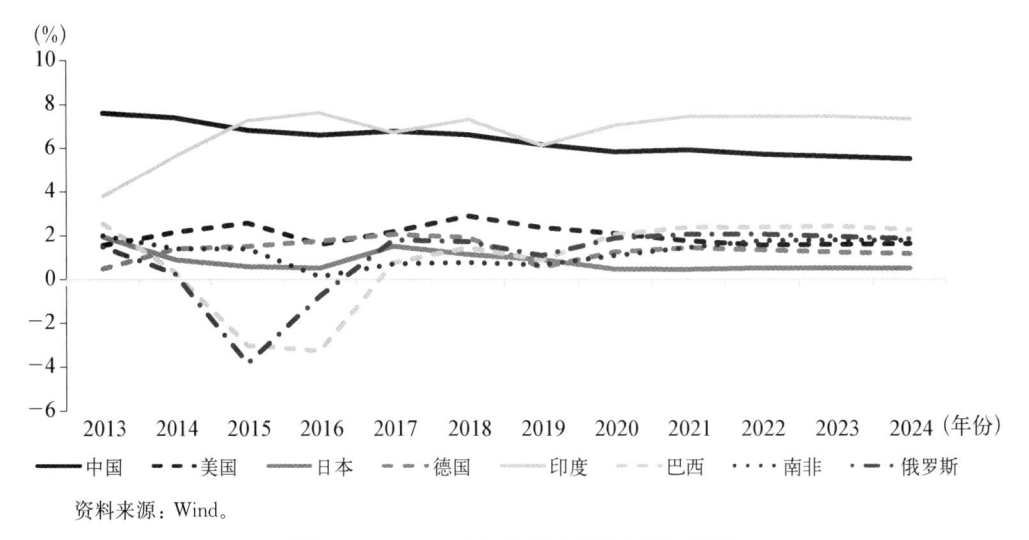

图 2-13　IMF 对主要经济体经济增速预测

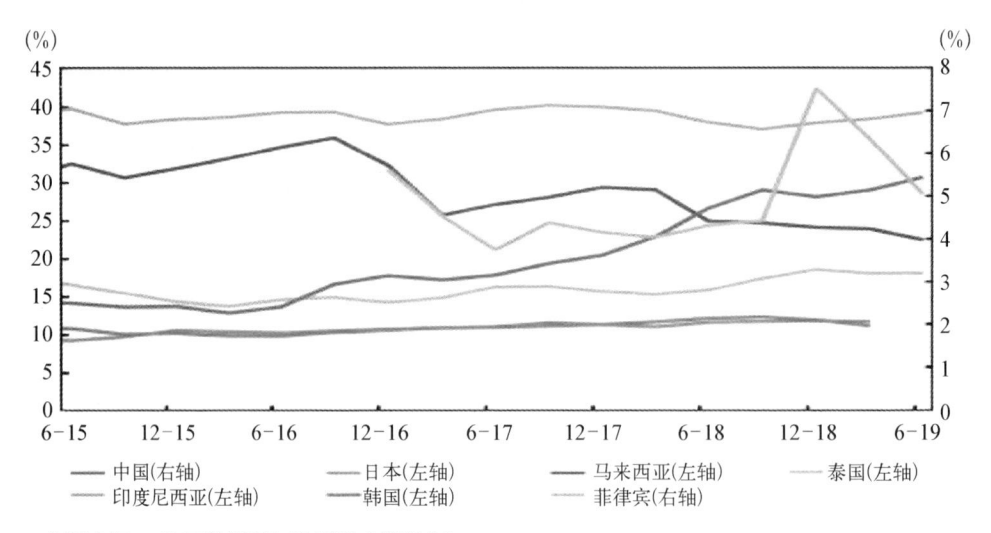

资料来源：亚洲开发银行《亚洲债券监测报告》。

图 2-14　亚洲部分国家国债市场中外资占比

三、外部环境及外资流入或牵引国内利率回落并加大波动性

中短期内，全球经济潜在增速下行以及流动性宽裕有利于国内利率中枢下行，同时外部经济政治环境变化对国内利率的影响也将愈加突出。为了应对经济增长疲弱局面，全球范围内货币政策重回宽松态势。2019 年以来全球超过 30 多个经济体实施了降息操作。目前全球仍有超过 10 万亿美元的负利率债券（图 2-15）。流动性宽裕格局或将继续压制全球利率水平的上行，并牵引国内利率亦趋于回落。此外，鉴于内

外利率联动性增强,外部经济政治环境变化对国内利率的影响也将愈加突出,特别是中美经贸问题的复杂性、长期性仍将在未来数年对我国资本市场持续带来扰动,一定程度上加大国内利率的波动性。

(万亿美元)

资料来源:Wind。

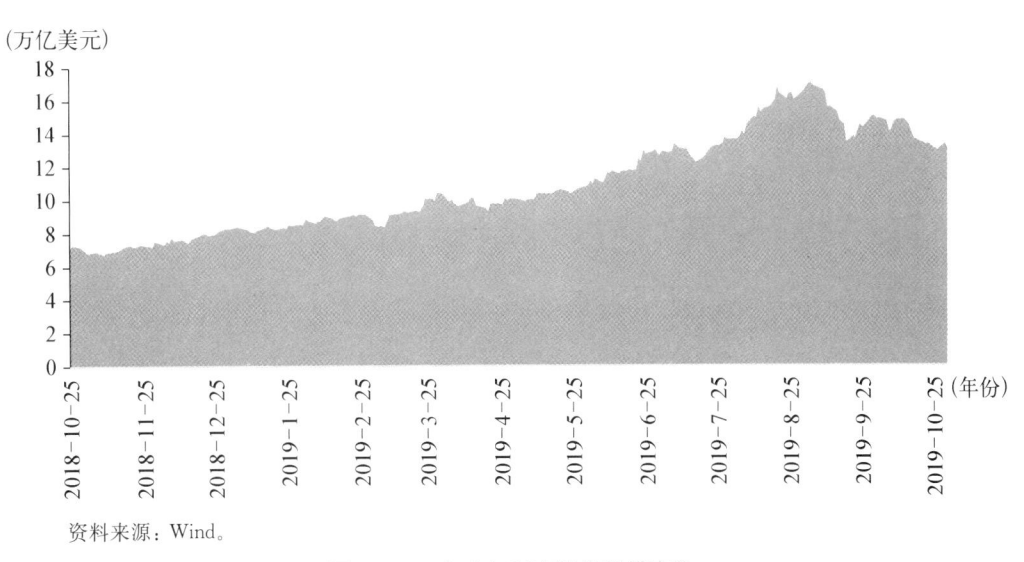

图 2-15　全球负利率债券规模变化

此外,国际经验表明,外国投资者在一国本币国债市场中的持有比重上升,会压低这个经济体的债券收益率,同时增加收益率的波动性。根据 IMF 在 2014 年发表的一篇工作论文[①],基于 12 个国家数据研究表明,外国投资者在一国本币国债市场中的持有比重上升,会压低这些新兴经济体的债券收益率,同时增加债券收益率的波动性。"次贷"危机后,新兴经济体外国投资者占比上升 1 个百分点,将导致该经济体国债收益率下降 7—9 个 BP。据此,假设未来三年外资持有国债规模及国债托管量大致保持与 2017—2019 年相当的增长速度,则外资在中国国债市场上所占比重的中枢水平将提高 2 个百分点以上,对 10 年期国债收益率的下压幅度或达 14—18 个 BP。

第四节　中短期利率波动中枢研判

基于前文分析,我们尝试建立以 10 年期国债收益率为解释变量的多因素回归预测模型,以期更为准确地判断中短期利率波动中枢的变化。

---

① Christian Ebeke and Yinqiu Lu, *Emerging market local currency bond yields and foreign holdings—A fortune or misfortune*.

首先,结合影响因素和数据可得性,我们选取了相关指标,如表2-1所示。其次,我们选取2007年至2018年的月度数据进行回归分析。测算结果表明,规模以上工业增加值相比其他反映经济增长的变量相关性更高。将CPI和PPI的加权平均值作为通货膨胀水平的代表后效果更好。基准利率和准备金率变量不显著,一定程度上表明在利率市场化推进过程中,银行间资金利率的变化已经基本能反映出货币政策乃至金融监管的方向。人民币汇率亦不显著。最终得到如下模型:

$$BOND_t = 2.445 + 0.061 \times IND_t + 0.035 \times PRI_t + 0.148 \times R007_t + 0.144 \times US_t$$

其中BOND为10年期国债收益率,IND为规模以上工业增加值增速,PRI为CPI与PPI月度同比涨幅的加权平均值($0.7 \times CPI + 0.3 \times PPI$),R007为7天逆回购利率的月度均值,US代表中美10年期国债利差。预测结果如图2-16所示。

表2-1　　　　　　　　　　影响利率的因素及指标选择

影响因素	相 关 指 标
经济基本面	规模以上工业增加值、社零额、固定资产投资、出口、PMI、CPI、PPI
货币政策	存款基准利率、准备金率、7天逆回购利率
国际资本流动	人民币汇率、中美利差水平

资料来源:作者整理。

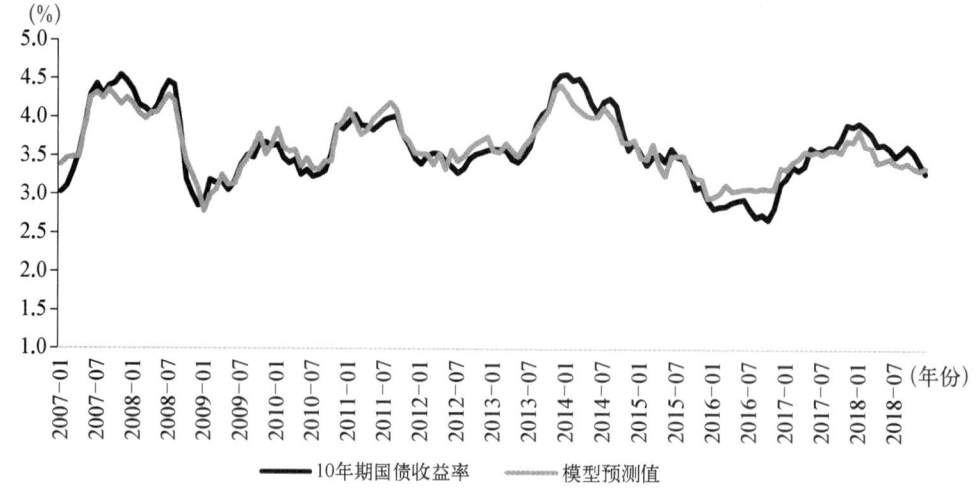

图2-16　多因素回归模型对10年期国债收益率的预测

资料来源:作者测算。

以三年左右的视角进行分析,我们对以上影响变量的基本假设如下:(1)规模以上工业增加值增速由2017—2019年5%~7%的区间回落至3.5%~5.5%,中枢值取4.5%。若未来三年我国GDP实际增速大概率落入5%~6%区间,基于GDP增速与工业增加值增速的对比关系(图2-17),预计工业增加值增速将回落至3.5%~5.5%区间。(2)通货膨胀综合水平大致与2017—2019年2%~3%的水平相当,中枢为2.5%左右。(3)R007利率中枢大致保持在过去三年3.2%的水平,波动范围为正负一个标准差即2.9%~3.5%(图2-18)。(4)中、美10年期国债利差保持在"舒适区间",中枢约为100 BP,波动范围或达60 BP~140 BP。2018年4月易纲行长曾

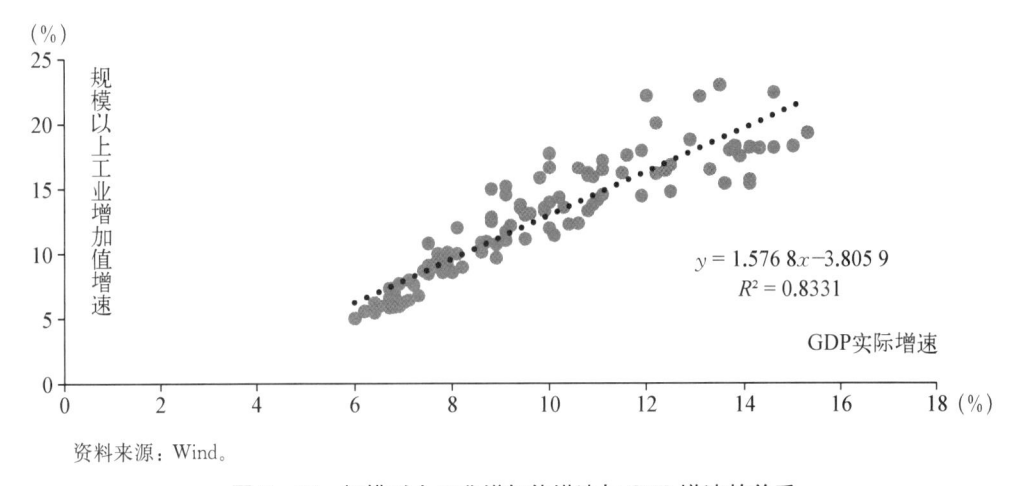

图 2-17 规模以上工业增加值增速与GDP增速的关系

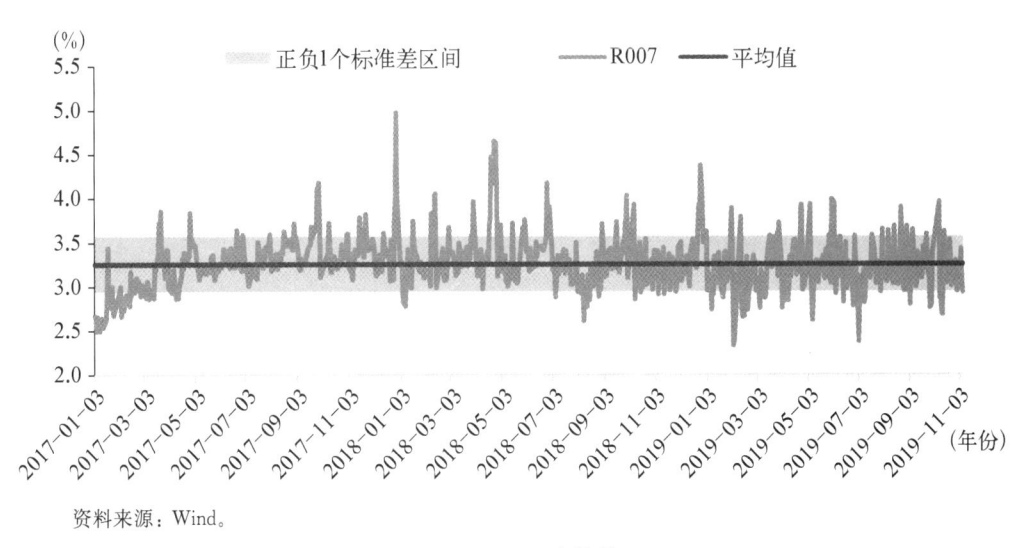

图 2-18 R007变化情况

表示当时的中美利差(98 BP左右)正好处在舒适区间,且811汇改以来中、美利差均值亦在100 BP左右;故以此为基准,叠加一个标准差的浮动,波动范围约为60 BP～140 BP(图2-19)。基于以上假设,利用多因素回归模型推测,未来三年10年期国债收益率中枢水平约为3.1%左右,波动范围约为2.8%～3.6%左右,如图2-20所示。

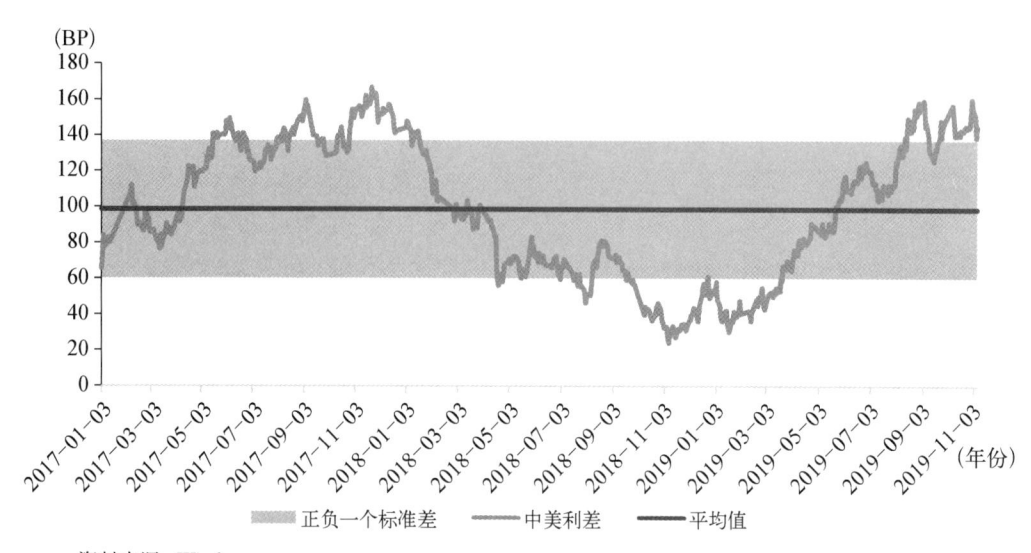

资料来源:Wind。

图2-19 中、美10年期国债收益率利差变化情况

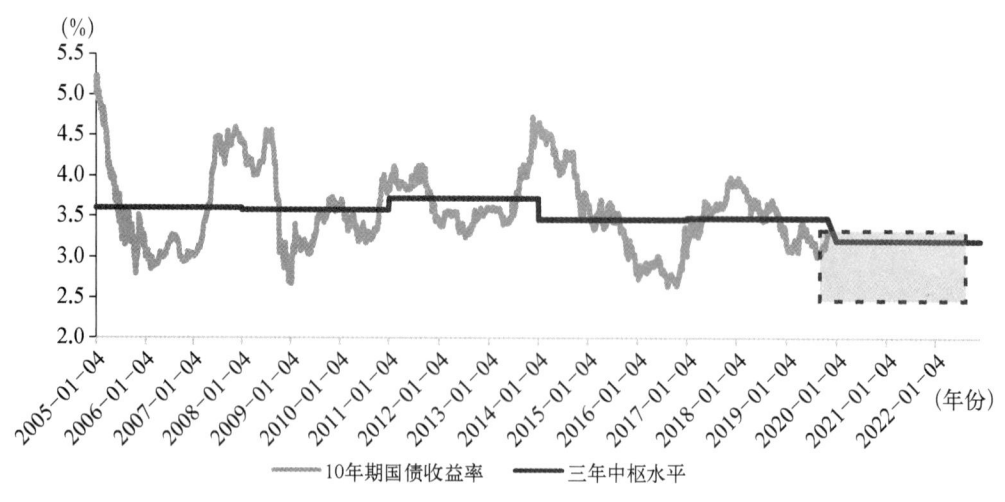

资料来源:Wind。

图2-20 2020—2022年10年期国债收益率中枢预测

综上,影响中短期利率波动的原因可以大致归为经济基本面这一内生变量以及货币政策、国际资本流动等外生变量。其中,经济增长状况仍是决定未来利率中枢的基础,名义利率围绕这一"准绳"在其他因素影响下波动变化。以三年视角来看,在以下三方面因素作用下,未来利率中枢向下的概率更大:一是名义GDP增长中枢趋于回落。二是货币政策以疏通传导机制为重,在"保持信贷稳步扩张、降低融资成本"的目标指引下,利率水平仍有一定下行空间。三是资本账户开放程度不断提高,国际间利率联动性增强,而全球经济潜在增速下行以及流动性宽裕有利于国内利率中枢下行。与此同时,推动利率波动加大的力量仍不容忽视,如阶段性通货膨胀压力、多重目标权衡之下货币政策有可能收紧、利率市场化进程以及海外经济政策事件的外溢效应等。多因素回归预测模型结果显示,2020—2022年我国以10年期国债收益率为代表的无风险利率中枢水平或降至3.1%左右,波动范围大致为2.8%~3.6%。

第三章 利率走向和大类资产配置的研究

为探讨未来利率环境下的大类资产走向,本章总结了金融危机以来低利率环境下发达国家的资产表现,继而建立了以利率为指针、结合实体经济和金融体系分析的资产轮动框架,以使资产配置适应利率下行的长期趋势,并抓住中短期波动的有利时点。

第一节 长期低利率背景下的资产表现

随着全球经济增速和通货膨胀下行以及货币政策逐步转向宽松,自20世纪80年代初主要发达国家利率就已进入趋势性下行通道。而2008年全球金融危机后随着超常规宽松货币政策的演进,发达国家利率水平进一步下降至负利率。这一时期区别于以往利率下行周期之处是,利率水平突破历史低位且长期持续,利率随经济的周期性反弹明显乏力,而利率环境变化给资产表现带来的影响也更加显著,因而更具有典型性;同时由于金融危机后全球经济和政策联动增强,包括中国在内的主要经济体均加大了货币政策逆周期调节力度,利率变化趋势也更为一致,因而2008年金融危机后发达国家的资产表现对我国具有较好的参考价值。

金融危机后发达国家的长期低利率环境首先体现在货币政策上。2007年6月至

2008年12月间,美联储连续10次降息,联邦基金利率从5.25%的高位一路下降至0.25%,与此同时从2008年至2014年先后推出四轮QE。尽管2015年12月至2018年12月美联储缓慢加息,但最高仅达到2.5%的水平,2019年8月后又转为下降。总体看随着潜在经济增速的下降和通货膨胀的低迷,美国政策利率中枢已明显降低。欧元区来看,2008年7月至2015年12月欧央行主要再融资利率从4.25%逐渐下降至0,作为利率走廊下限的隔夜存款利率则于2014年6月首度进入负区间,在2016年3月下行至-0.4%。此后欧元区并未随经济的阶段复苏而加息,在保持三年多之后又于2019年9月进一步下调至-0.5%。日本早在1999年和2001即两次将基准利率下调至0,金融危机后日本央行将基准利率从0.5%下调至0.1%,并于2016年2月最终下降至-0.1%,正式进入负利率时代。总体看,2008年以后主要发达国家央行政策利率长期处于低位乃至进入负区间是当前低利率时期的重要标志(图3-1)。

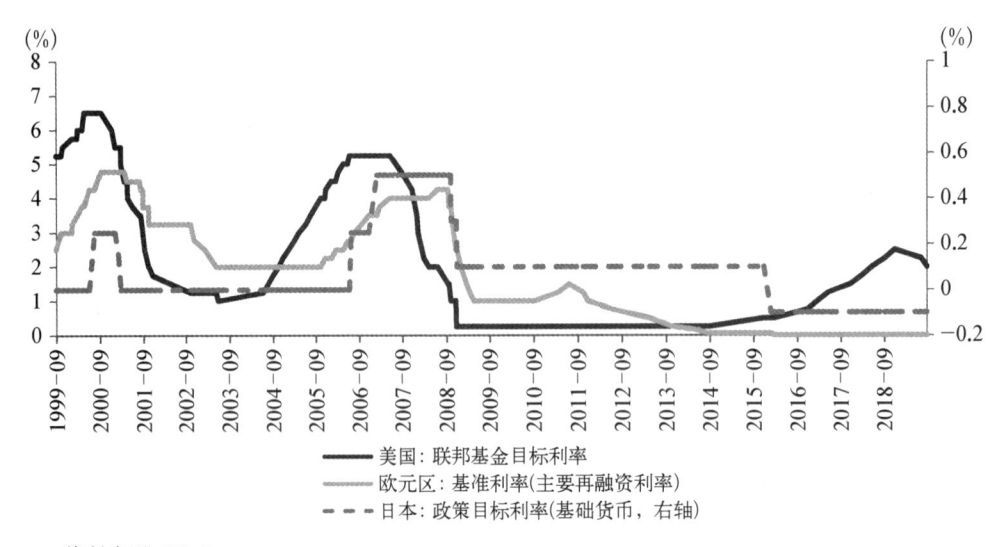

资料来源:Wind。

图3-1 主要发达经济体政策利率

一、金融危机后主要发达经济体各类资产表现

长期低利率环境对发达国家资产走势影响深远,既带来收益率的明显变化,又伴随着波动性的上升,体现在以下方面。

债市方面,2008年后主要发达国家长期债券收益率大幅下行。其中,美、英国债收益率在2013至2014年经济复苏阶段有所回升,美国国债收益率在2018年10月一度超过2014年1月高点,其他国家收益率均呈连续震荡下行态势。德国、日本国债券收益率于 2016 年年中首次进入负区间,2019 年 9 月进一步扩大,同期美国 10 年期国债收益率也下探至 1.5% 以下,比 2008 年高点下降了约 2.8 个百分点(图 3-2)。总体来看,发达国家债券收益率下行趋势与其名义经济增速走势基本一致,但持续宽松的货币政策使收益率下行趋势进一步强化。

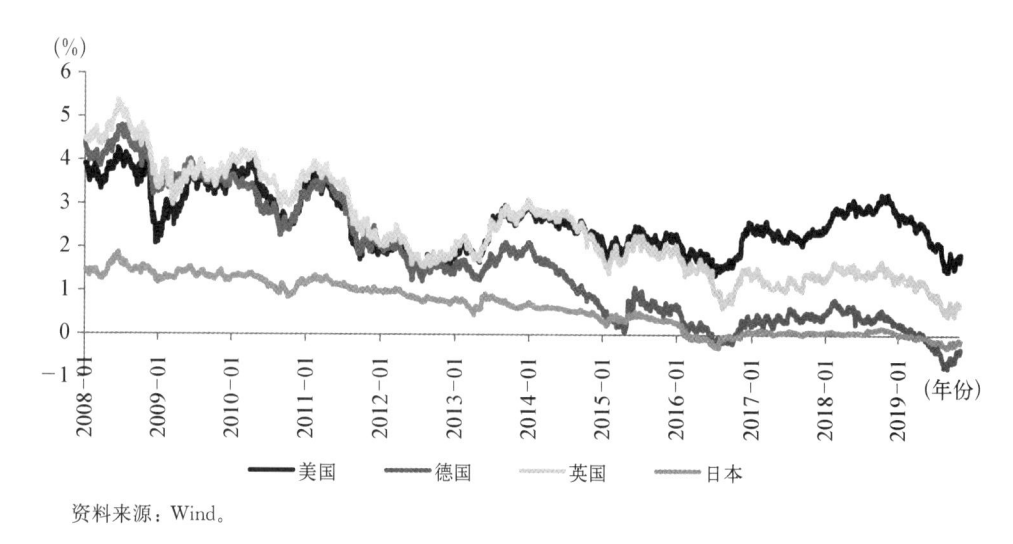

图 3-2 发达国家债券收益率大幅下行

资料来源:Wind。

股市方面,2008 年以来主要发达国家股市整体呈上涨态势,长期低利率环境为股市提供了助力,但各国上涨幅度的差异体现了经济基本面的不同。纵向看,虽然长期低利率是美国股市持续上涨的重要原因之一,但各国央行大幅降息和无风险利率下行对股市并无直接的刺激作用。利率大幅下行的 2007 年年中至 2009 年年初阶段全球股市仍大幅下跌,直至 2009 年 1 月全球经济景气好转后股市才转为上行,在此过程中 2009—2011、2011—2016、2016—2019 年三个股市周期均与经济周期一致(图 3-3)。横向看,各国经济基本面的差异直接反映在股市上,经济表现相对更好的美国股市呈持续上涨态势,基本面较为稳定的德国次之,英、法等国则相对较弱。

房地产方面,2008 年以后货币大幅扩张的过程中主要发达国家房地产市场呈整体上涨态势,但表现分化程度相比股市更大(图 3-4)。房地产市场表现同时与经济和信贷的中短期变化以及人口结构等中长期因素有关。一方面,长期宽松货币政策带来了充裕的信贷供给,支撑了发达国家房地产市场的整体上涨;另一方面,经济的周期性波动给房地产市场需求带来较大的冲击。在相对较差的经济增速和人口结构制约下,2015 年后欧元区和英国房地产市场开始呈现疲软态势,美国房地产市场则仍然在震荡中上升。

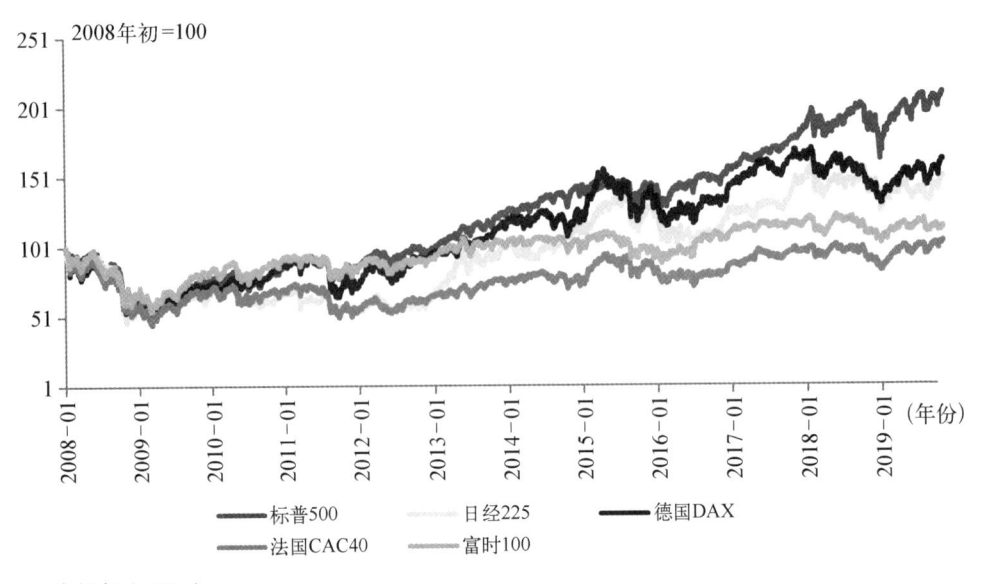

资料来源：Wind。

图 3-3 发达国家股市涨幅分化

资料来源：Wind。

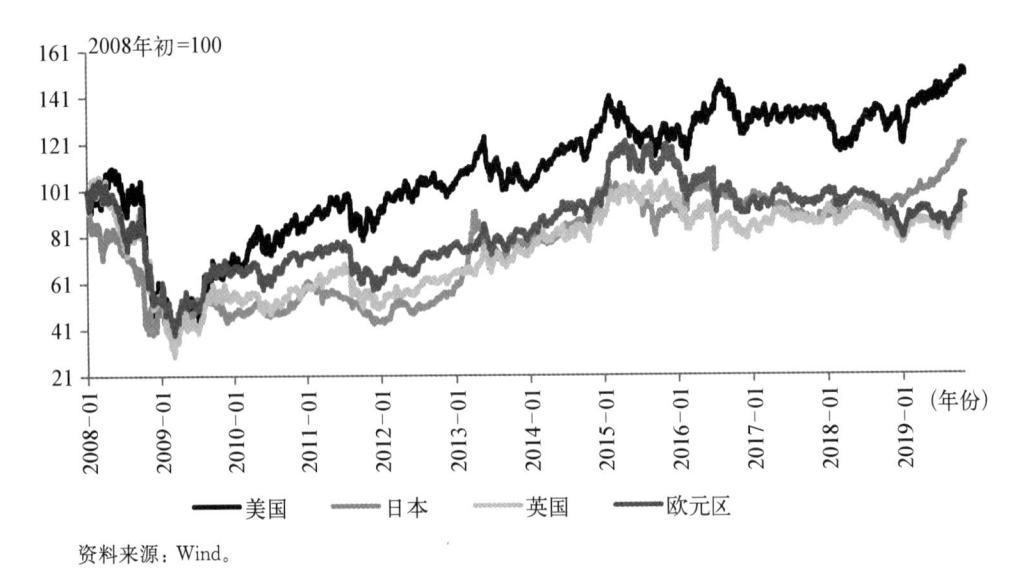

图 3-4 发达国家 REITs 走势

商品市场方面，在 2008 年以后的低利率时期，全球大宗商品总体表现一般，且不同品种分化较大。长期利率下降对商品市场的直接影响较小，相比之下实体经济需求和通货膨胀变化影响更为显著。2009 年初后随着全球经济景气的好转，大宗商品迎来整体上涨，2010 至 2014 年间由于全球通货膨胀处于高位，商品价格处于较高的平台期，此后在经济刺激政策、短期供给波动和美元指数走向等因素作用下各类商品表现分化。总体而言,由于具有抵抗通货膨胀和金融市场波动的属性,这一时段黄金表现相对更好,在经济复苏和刺激政策支持下部分工业金属阶段性上涨,原油价格则长期处于弱势,当前仍明显低于2008年高点(图3-5)。

资料来源：Wind。

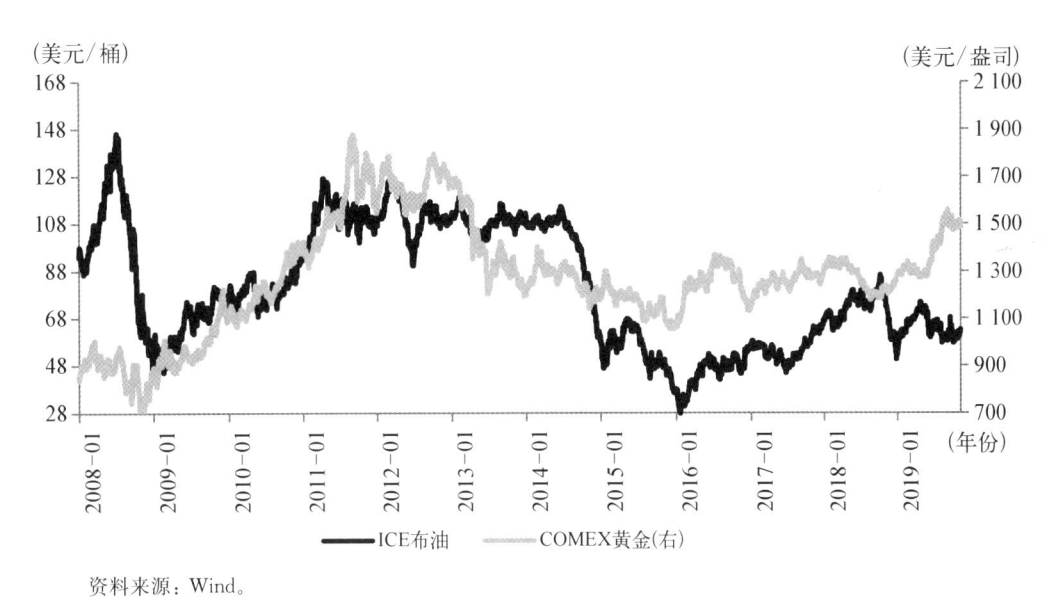

图3-5 黄金和原油价格走势

二、长期低利率环境下资产表现的经验总结

基于以上经验分析可知,在利率下行阶段债市走牛态势较为明确。对股市而言利率下降和基本面改善均有支撑,但后者是支持长期上涨的主要力量。房地产市场除受到利率政策和经济走势影响外,人口和市场结构也是重要因素。商品市场走向则较为复杂,利率下行与市场反弹相关性不大,经济基本面和短期供需冲击影响同样显著。从各类资产的跨国比较看分化仍然存在：美国方面股市收益高于高收益企业债,其次是房地产、政府债；欧洲方面高收益企业债最优,其次是房地产、政府债和股票；日本方面企业债收益同样最高,其次是股票、房地产和政府债。商品方面黄金收益一般高于政府债、低于房地产,但原油和其他商品收益则处于各类资产中的最低位置(表3-1)。

综上,长期利率下行的背景下可以通过债券获取较稳定的收益,信用债收益或明显高于利率债。股市是增厚收益的主要来源,但历史上各国市场表现分化,要想获得超额收益需要深入研究本国经济基本面和产业结构变化。房地产可能会有阶段性上涨,但长期会受到诸多因素的制约。在低利率背景下黄金是较好的多样化投资标的。

表 3-1　　　　　　　2009 年以来各类资产收益表现及相关性

	标普500指数	欧洲斯托克500指数	美国政府债指数	欧元区政府债指数	美国高收益债指数	欧元区高收益债指数	美国REITS	欧元区REITS	黄金	原油
标普500指数	1.00									
欧洲斯托克500指数	0.64	1.00								
美国政府债指数	−0.41	−0.42	1.00							
欧元区政府债指数	−0.10	−0.09	0.43	1.00						
美国高收益债指数	0.36	0.50	−0.17	−0.04	1.00					
欧元区高收益债指数	0.18	0.36	−0.12	0.08	0.68	1.00				
美国REITS	0.44	0.46	−0.14	−0.01	0.39	0.23	1.00			
欧洲REITS	0.22	0.41	−0.13	0.01	0.47	0.49	0.39	1.00		
黄金	0.01	−0.03	0.20	0.12	0.03	−0.02	0.04	−0.01	1.00	
原油	0.41	0.33	−0.26	−0.11	0.28	0.14	0.20	0.14	0.14	1.00
2009年以来总收益率(%)	226.0	42.1	33.5	60.5	218.7	288.7	160.2	76.1	71.3	2.7
2009年以来标准差(初值=100)	66.4	16.6	9.1	18.6	52.8	73.4	44.3	30.7	23.1	42.8

资料来源：Wind，作者计算。

值得一提的是，发达国家在长期低利率环境中的经验不能完全照搬到中国市场，需要结合中国经济和金融体系特点进行分析。一是中国经济仍保持中高速增长，货币政策保持松紧适度，进入超低利率乃至负利率的可能性很小，因而债券收益率下行幅度将相对温和。二是发达经济体企业盈利总体较为平稳，因而估值的影响相对更大，低利率对股市估值能有较为明显的提升，而中国经济下行对企业盈利影响较大，利率下行幅度有限且波动相对更大，从而带来的估值影响可能相对较弱。

第二节　以利率为指针的资产轮动分析

上文总结了国际上长期低利率环境下资产表现的一般经验，但具体资产品种的中短期走势与经济和政策的周期性波动息息相关。资产价格作为标的资产未来投资回报的反映,在实体层面与经济走向高度关联,在金融层面又与市场流动性和货币金融政策走向紧密联系。从基本的宏观经济分析框架看,金融是实体经济的映射,两者既可能同步波动,又可能有偏离之处。以美林时钟为代表的基于经济基本面的资产价格轮动模型虽然简洁明了,但缺乏货币和金融维度的考量,其遗漏的信息会带来解释力的下降,特别是对于利率形成机制不完善、金融市场明显分割的中国将会更加突出。本节试图将以利率为标杆、反映货币宽松和信用扩张程度的金融体系分析框架与体现产出和通货膨胀变化的实体经济分析框架相结合,以更好地解释我国大类资产走势,进而为保险资金配置服务。

一、加入利率指标的美林时钟效果检视

美林银行(Merrill Lynch,2004)基于1973年至2004年的美国经济周期和大类资产收益数据归纳总结出大类资产收益率与经济周期的匹配规律,提出经典的美林投资时钟模型。模型将经济周期分为复苏、过热、滞胀、衰退4个阶段,并使用产出缺口和CPI来识别各个经济阶段。四个阶段对应的优质资产分别为股票、商品、现金、债券。经典的经济周期在四个阶段间依序轮动。

传统美林时钟基于美国经验数据总结而来,在较长时期内对于美国市场资产价格轮动情况有较好的解释力。由于美联储货币政策采取通货膨胀和就业双目标制,长期以来利率调整较为严格地服从泰勒规则等既有规则,因而可以认为其利率基本内生于经济周期,因此利率变化对大类资产价格的指引与经济、通货膨胀指标基本一致。具体表现为经济过热时利率上升,经济衰退、复苏和滞胀时利率出现不同程度的下降(表3-2)。因此,加入利率考量的美林时钟与经典的美林时钟投资周期结论基本一致。

表3-2　　　　　　　　　　美国利率水平与美林时钟经验总结

经济阶段	利率水平	实际资产表现
衰 退	下 降	债券＞股票＞现金＞大宗商品
复 苏	下 降	股票＞债券＞现金＞大宗商品
过 热	上 升	大宗商品＞股票＞现金＞债券
滞 胀	下 降	(大宗商品)现金＞债券＞股票

资料来源:作者整理。

需要说明的是,在滞胀阶段,大宗商品回报超过现金,主要是因为1973年4月至2004年7月间原油价格由2.7美元/桶大幅上涨到40美元/桶,从而掩盖了非石油类

大宗商品价格的下跌。

值得一提的是,最近10年间美国利率水平伴随经济周期的上升和下降趋势与此前30年不完全相同,这与美联储在金融危机后奉行的超低利率政策和货币政策规则调整有关。2008年后美联储货币政策从"泰勒规则"转向"伯南克规则",修改了产出缺口的权重;在2012年后又形成"埃文斯规则",选取失业率替代GDP缺口,并采用预期通货膨胀指标而非滞后指标;2014年耶伦上台后又加入劳动参与率指标形成"耶伦规则"。由于三大新规则都是走向"鸽派",从而使得利率的波动性缩小。但总体看,仍然表现为经济过热时利率位于高水平,经济衰退、复苏和滞胀时利率处于低水平,大类资产表现规律也与之前大体一致。

需要说明的是,超低利率和量化宽松扰乱了滞胀阶段的资产收益特性,其中大宗商品虽然多周期平均总收益被人为拉高,但收益率大起大落,例如只在2007年1月至2008年7月间大幅优于其他资产,其他阶段则并非如此,甚至在量化宽松停止、基准利率回升的2015年6月至2016年3月间资产收益率下跌为-34.40%,远远逊于同期其他三大类资产;债券则在2007年1月至2008年7月、2011年1月至2011年8月和2013年11月至2014年2月三个阶段大幅上涨,进而超越现金收益(表3-3)。

表3-3 2004年—2019年利率和经济周期下美国各阶段的资产收益率

衰 退	利率趋势	月份数	股 票	现 金	大宗商品	债 券
2006-03至2007-01	上 升	10	10.08%	4.53%	-15.86%	4.97%
2008-07至2009-10	下 降	15	-15.08%	0.60%	-52.22%	10.65%
2012-04至2012-10	上 升	6	3.71%	0.06%	-5.77%	2.75%
平均收益	低水平	31	-3.33%	1.76%	-31.50%	7.29%
复 苏	利率趋势	月份数	股 票	现 金	大宗商品	债 券
2004-11至2005-06	上 升	7	2.85%	1.74%	4.87%	3.46%
2010-04至2011-01	下 降	9	7.12%	0.12%	10.30%	3.72%
2011-08至2012-04	上 升	8	16.97%	0.03%	0.81%	3.30%
2012-10至2013-11	下 降	13	24.05%	0.07%	-2.29%	-1.45%
2014-05至2015-06	上 升	13	11.09%	0.03%	-35.47%	1.91%
2017-02至2017-05	上 升	3	2.81%	0.25%	-7.38%	1.49%
2018-06至2019-07	上 升	13	8.78%	2.65%	-11.68%	8.11%
平均收益率	低水平		12.11%	0.76%	-8.06%	3.03%

续表

过　热	利率趋势	月份数	股　票	现　金	大宗商品	债　券
2004-03 至 2004-11	上　升	8	4.00%	1.06%	18.44%	0.71%
2005-06 至 2006-03	上　升	9	7.61%	3.21%	6.26%	−0.73%
2009-10 至 2010-04	下　降	6	12.14%	0.06%	4.30%	2.54%
2014-02 至 2014-05	上　升	3	4.00%	0.01%	0.71%	1.82%
2016-03 至 2017-02	上　升	11	15.23%	0.36%	12.86%	0.49%
2017-05 至 2018-06	上　升	13	14.99%	1.59%	27.54%	−0.50%
平均收益率	高水平		10.95%	1.25%	14.63%	0.38%
滞　胀	利率趋势	月份数	股　票	现　金	大宗商品	债　券
2007-01 至 2008-07	下　降	18	−11.71%	5.55%	68.54%	8.13%
2011-01 至 2011-08	下　降	7	−7.59%	0.05%	0.21%	5.75%
2013-11 至 2014-02	下　降	3	1.88%	0.02%	4.78%	1.44%
2015-06 至 2016-03	上　升	9	−3.68%	0.12%	−34.40%	3.71%
平均收益率	低水平		−7.88%	2.74%	25.40%	6.06%

资料来源：作者整理。

总体看，历史上基于基本面指标的美林时钟能较好地解释美国资产轮动情况，但在金融危机以后的超低利率环境下，债券收益率大幅下行，股市获得更多上行动力，大宗商品周期性波动增大，加入利率分析有助于弥补美林时钟解释能力的不足。

二、中国经济和金融体系特点对投资分析的启示

与美林时钟对于美国资产表现较高的解释力相比，我们对中国2002年以后的资产轮动情况进行检验，发现其准确率仅为25%左右，这主要是中美经济和金融体系的差异造成的。从经济角度看，美国为成熟的发达市场经济体，长期以来经济结构性变化不大，而作为第一大经济体，除石油危机等阶段外，美国经济受到外部因素冲击影响较少，因而产出和通货膨胀能保持较规律的周期性波动。从金融角度看，长期以来美元保持强势地位，美联储引领全球货币政策，保持高度的独立性，其以通货膨胀稳定和充分就业为目标的政策原则得到较好的落实，因而央行货币供应和政策利率的制定均能很好地反映经济基本面。与美国相比，我国在经济和金融领域的不完备性更高，结构性变化更大，因而历史表现难以用单一的规律解释。

从经济角度看,一是我国一直处于市场体系的完善过程中,改革开放带来的制度变化会左右经济表现;二是近40年来我国经历了人口和劳动力的结构性变化,资本积累和投资回报率也处于趋势性变化中;三是我国中短期宏观调控政策构成复杂,除常规的货币和财政政策外,产业、消费、出口等领域政策均可能增加或抚平经济波动,特别是房地产市场化以来的相关政策更与经济波动息息相关。

从金融角度看,我国区别于美国的主要特点一是利率市场化改革还未完成,货币政策传导机制仍不完善,金融市场体系存在割裂状况,长期以来利率水平并不能很好地反映实体经济的资金供需状况;二是从货币政策角度看,我国央行负有经济增长、物价稳定、充分就业、国际收支平衡四大职能,与美联储的两大目标相比必然存在政策目标互相冲突的情况,尤其是长期以来国际收支双顺差的状况使得我国央行的政策独立性相对较弱;三是近年来随着"货币政策+宏观审慎"双支柱政策框架的建立和金融稳定发展委员会的成立,金融监管成为重要政策目标,在某些情况下又会与货币政策逆周期调节目标相冲突。

因此,在我国经济周期和政策周期错位、实体经济与金融体系不同步的情况更加显著,对中国经济和投资市场的分析不仅需要基于产出、通货膨胀等基本面因素,更需要结合金融体系货币和信用供需的逻辑。在经济基本面框架之外引入反映金融体系动态的利率分析框架,将有助于提高资产配置模型的解释力。

三、以利率为指针的货币和信用分析框架

在货币金融体系中,流动性传导和信用供需经历了从央行到金融机构,再到实体经济的过程。在第一个环节中,央行控制流动性投放,通过公开市场回购、借贷便利、准备金操作等方式将流动性注入银行体系,实现基础货币的扩张或收缩;在第二个环节中,银行体系通过信用派生机制为实体经济提供信贷供给,而在当前实际市场情形下,流动性在银行和非银机构内部流转,非银机构也为实体经济提供部分信用供给,环节的增多加大了信用创造的复杂性。

在流动性投放和信用创造的"量"的变化过程中,伴随着从政策利率到市场利率的"价"的变化过程。央行政策方面是制定回购和借贷便利利率、贷款基准利率或指导性的信贷基础利率;金融机构和实体经济在信用创造过程中形成的市场利率则包括债券、信贷利率及非银机构产品利率。在上述流动性传导过程中,量的发生有先后,价的形成机制有不同,但其趋势基本一致,为了便于分析需要简化上述过程,可以概括为央行货币投放和金融机构信用创造两个方面,其中各个阶段的数量和价格差异则体现了

政策传导的不完备性,并会对实体经济产生影响。

货币投放方面,央行资产负债表中储备货币下的货币发行栏目体现了央行对市场的流动性投放,基本涵盖了准备金操作、公开市场操作、外汇占款对冲等因素。此外,长期以来央行采取存贷款基准利率和法定准备金率作为首要操作工具,2012年以来逆回购和MLF操作利率也成为重要的政策工具。基于此,我们采用货币发行同比增速、法定准备金率、贷款基准利率和逆回购操作利率作为货币宽松度的指标(图3-6)。

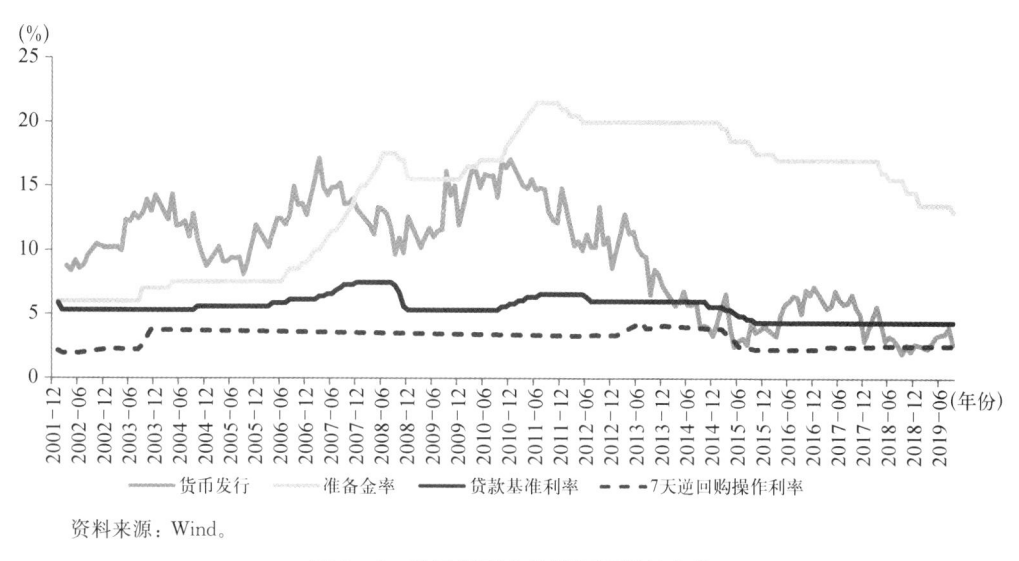

资料来源：Wind。

图3-6 我国货币宽松指标周期性变化

信用创造方面,长期以来银行信贷是最主要的信用创造渠道,人民币贷款余额增速是最重要的指标,"其他存款类金融机构"资产负债表中的对非金融机构债权增速与之基本一致,而由于贷款创造存款的机制,M2增速与贷款余额增速变化方向大体相同。2010年以后,随着非银机构的迅速发展,银行总资产增速与人民币贷款增速、M2增速的差异扩大,银行对其他金融机构债权及"股权和其他投资"项体现了上述变化。此外,由于包含了银行表外信贷和直接融资,2015年以后社融存量增速成为信用扩张的更好指标,而引入地方专项债乃至全部政府债券发行的广义社融可以更好反映全社会信用扩张状况。因此,我们采用银行总资产增速、人民币贷款余额增速、对非金融机构债权增速以及广义社融存量增速作为信用扩张的指标(图3-7)。

基于上述货币扩张指标,我们可以把2002年初以来的时间段分为6个大周期,并进一步细分为12个小周期。从信用扩张指标出发,又可以分为15个小周期。由于货币扩张/收缩到信用扩张/收缩的滞后性普遍存在,上述时期叠加后又可以进一步细化

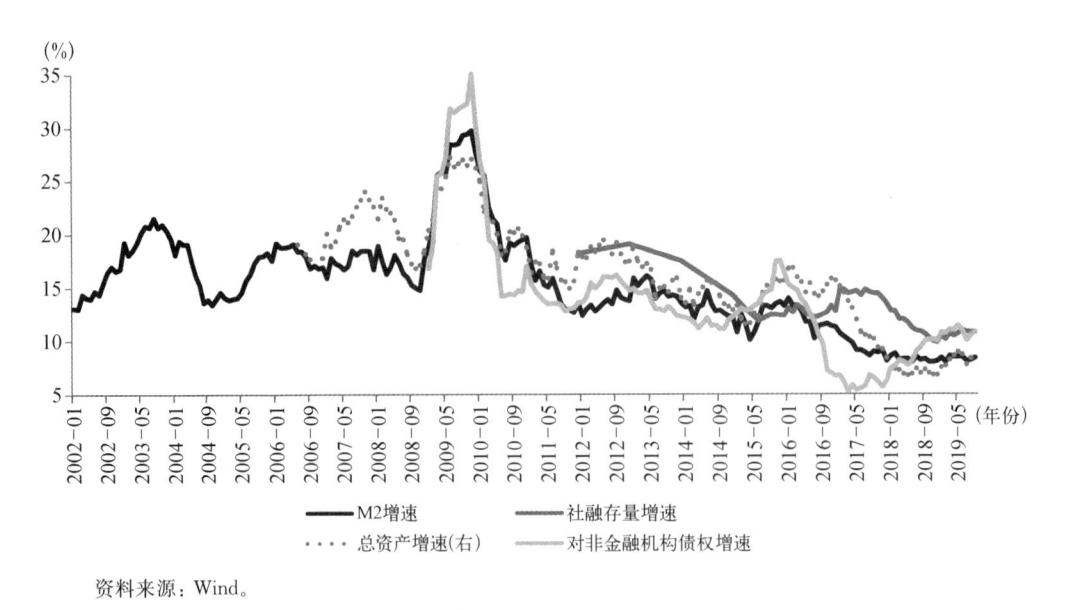

图 3-7 我国信用扩张指标周期性变化

资料来源：Wind。

为 22 个时间段。为了更好地衡量货币信用扩张的力度，我们将上述指标进行分档评级。对于时间序列数据如贷款余额增速，采用滤波处理后波动项偏离趋势项的幅度作为衡量标准，如波动 25%～75%区间；对于政策利率和准备金率等不连续指标，则采用主观评估的方法。最终将货币宽松和信用扩张力度分为从"———"到"＋＋＋"7个等级。需要特别指出的是，近年来金融监管政策力度上升，金融监管成为影响信用的重要指标，由于其复杂性，在参考银行对非银债权增速、货币乘数变动等定量指标外，加入了监管政策出台力度等定性考虑，以体现严监管对金融市场的冲击力度。

为了解释货币-信用变化对市场利率乃至实体经济的影响，我们将货币宽松度与信用扩张度相比对，进而形成利率水平综合评级。利率水平同样用从"———"到"＋＋＋"七个等级表示，并存在 6 种不同的可能性。一般来说，在货币宽松初期，货币趋于宽松而信用仍在收缩，流动性宽松度明显上升，利率水平大幅下降（如 2008 年 9 月至 2008 年 12 月）。在货币宽松后期存在两种情况：一是信用处于扩张状态，但力度低于货币宽松力度，流动性仍属宽松，利率水平继续下降（如 2011 年 11 月至 2012 年 7 月）；二是信用扩张力度高于货币宽松力度，流动性趋于收紧，利率水平逐渐上升（如 2008 年 12 月至 2009 年 7 月）。同样地，在货币收缩前期，由于信用仍在继续扩张，利率水平大幅上升（如 2009 年 7 月至 2009 年 12 月）。在货币收缩后期存在两种情况：一是信用收缩力度弱于货币收缩力度，利率水平仍在上升（如 2010 年 12 月至 2011

年11月);二是信用收缩力度强于货币收缩力度,利率水平趋于下降(如2009年12月至2010年7月)。我们根据货币—信用宽松力度指标得出的利率评级,与Shibor、10年期国债收益率及金融机构一般贷款利率代表的实际利率表现走向基本相同(表3-4)。

表3-4　　　　　　各阶段货币和信用宽松度及相应的利率指标

货币周期阶段	货币宽松度		信用扩张度		利率等级判断	实际利率水平		
	货币政策操作	等级	信用增长表现	等级		Shibor 3M	10年期国债收益率	一般贷款利率
2002.01—2003.06	降息、投放升	+	信贷升	++	−		−46	
2003.06—2004.11	加息、升准、投放降	−−−	信贷降	−	++		234	
2004.11—2005.12	投放升	+	信贷平	−	−−		−201	
2005.12—2006.04	投放升	+	信贷平	+	o		−25	
2006.04—2008.02	加息、升准、投放降	−−−	信贷升	++	+++	185	117	
2008.02—2008.09	投放降	−	信贷降	−−	−−	−20	−23	
2008.09—2008.12	降息、降准、投放平	++	信贷平	−−	−−−	−253	−107	−196
2008.12—2009.07	投放平	+	信贷升	+++	++	−11	53	−52
2009.07—2009.12	投放降	−	信贷平	++	++	16	25	17
2009.12—2010.07	升准、投放升	−	信贷降	−−	−	62	−39	14
2010.07—2010.12	加息、升准、投放平	−−−	信贷降	+	++	218	62	32
2010.12—2011.11	加息、升准、投放降	−−−	信贷降	−	+	104	−20	146
2011.11—2012.07	降息、降准、投放平	++	信贷升	+	−	−193	−37	−37
2012.07—2013.05	加逆回购利率、投放降	−−	信贷降	−	+	15	14	−29

续表

货币周期阶段	货币宽松度 货币政策操作	等级	信用扩张度 信用增长表现	等级	利率等级判断	实际利率水平 Shibor 3M	10年期国债收益率	一般贷款利率
2013.05—2014.04	加逆回购利率、投放降	−−	信贷降，严监管	−−	++	161	96	19
2014.04—2014.07	投放平	+	信贷升，社融升	+	−	−77	−18	−5
2014.07—2016.06	降息、降准、投放升	+++	信贷降，社融降	−−	−−−	−176	−126	−170
2016.06—2017.01	投放升	+	信贷降，社融升	++	+	90	29	−8
2017.01—2017.10	加逆回购利率、投放降	−−	信贷降，社融平	+	++	52	55	34
2017.10—2018.03	加逆回购利率、投放降	−−	信贷平，社融降	−−	o	7	6	17
2018.03—2019.1	降准、投放升	++	信贷平，社融平，严监管	−−	−−	−156	−67	−6
2019.1—2019.9	投放升	+	信贷平，社融升	+	o	−17	−3	−5

资料来源：作者整理。

四、基本面分析与利率分析相结合的资产轮动模型

类似针对金融体系的利率分析方法，我们构建基于经济基本面的评价体系。生产方面主要采用工业增加值同比增速数据，参考实际GDP同比增速，以及PMI等景气指标。通货膨胀方面考察CPI和PPI同比增速，同时参考GDP平减指数（图3-8）。值得注意的是，在2015年以前的较长时间内CPI和PPI增速基本同步，但此后CPI波动性下降，而PPI变化增大。由于PPI的变化更多体现了国际商品供需，同时反映了工业生产的热度，因而与股票和商品市场相关性更高，而单纯采用CPI作为通货膨胀指标解释力则可能下降。我们参考GDP平减指数以及与投资市场的相关性构建了复合的通货膨胀指标。类似前文中的金融指标体系，所有经济和通货膨胀数据均采用滤波处理，按对趋势的偏离度进行评级。

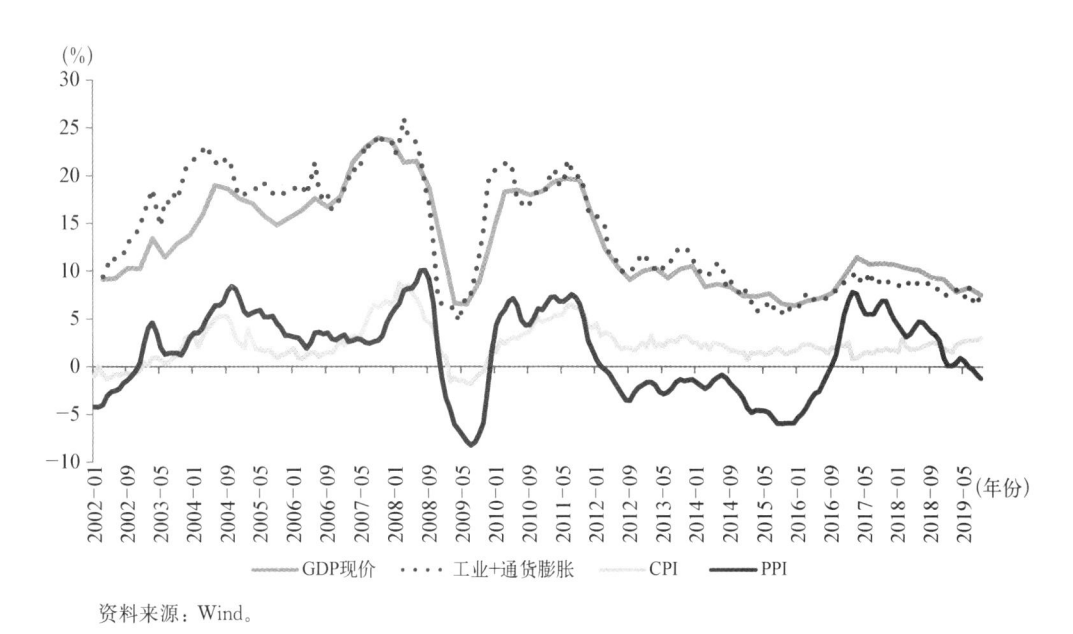

利率不确定环境下保险资金配置策略研究

图 3-8 我国产出和通货膨胀周期性变化

资料来源：Wind。

金融体系分析框架能很好地解释债券市场走势。当货币宽松度大于信用扩张度，或货币收缩度小于信用收缩度时，90%以上的时间段都呈现债牛格局。股票市场方面，72%的股票牛市均发生在信用扩张时期，且基本为信用扩张强于货币宽松的时期，但在信用收缩时期如货币大幅宽松，利率水平明显下降，也可能发生牛市，如2015—2016年左右。由于缺乏实体经济方面的信息，金融体系分析框架对于商品市场的解释度则较弱。

实体经济分析框架有效补充了对股票和商品解释的不足。经过对经济阶段进一步细分，同时分解PPI和CPI的影响后，经济—通货膨胀框架对债券市场的解释度达到68%，其中债券牛市主要发生在经济下行阶段，单独通货膨胀下行也有一定的贡献。对股票市场的解释度为55%，股票牛市主要发生在经济上行阶段，与通货膨胀关系较小。对商品市场的解释度为50%，商品牛市主要为经济和通货膨胀上行阶段（见表3-5）。

如果将金融和实体分析框架相结合，则对债券、股票和商品市场的解释度总体明显提升。三者分别上升到95%、82%、68%。特别是引入通货膨胀分析有助于弥补利率框架对债市解释的不足，而将金融分析和经济分析结合有助于更全面地解释股市分子端和分母端动向，而货币和信用需求分析也有助于提高对商品市场的解释度。

653

表 3-5　　　　结合金融体系分析和实体经济分析的各阶段资产表现

货币周期阶段	金融体系分析			实体经济分析					各类资产表现		
	货币宽松度	信用扩张度	利率等级	生产	等级	通货膨胀	等级	美林时钟表述	债券	股票	商品
2002.01—2003.06	+	++	−	上升	++	上升	+	复苏	震荡	震荡	
2003.06—2004.11	−−−	−	+++	上升	+++	上升	+++	过热	熊市	熊市	震荡
2004.11—2005.12	+	−	−−	下降	−−	下降	−−−	衰退	牛市	熊市	牛市
2005.12—2006.04	+	+	−	上升	+	下降	−	复苏	小牛市	牛市	牛市
2006.04—2008.02	−−−	++	++	上升	++	上升	++	过热	熊市	牛市	震荡
2008.02—2008.09	−	−−	−−	下降	−−	CPI降PPI升	−	衰退/滞胀	震荡	熊市	熊市
2008.09—2008.12	++	−−	−−	下降	−−	下降	−−	衰退	牛市	熊市	熊市
2008.12—2009.07	+	+++	++	上升	+	下降	−−	复苏	熊市	牛市	牛市
2009.07—2009.12	−	++	+	上升	+++	上升	++	过热	熊市	熊市	牛市
2009.12—2010.07	−	−−	−−	下降	−−	CPI先升后降	+	衰退	牛市	牛市	熊市
2010.07—2010.12	−−−	+	++	持平	o	上升	+	过热/滞胀	熊市	牛市	牛市
2010.12—2011.11	−−−	−	−	持平	o	先升后降	−	衰退	震荡	熊市	熊市
2011.11—2012.07	++	+	−−	下降	−−	下降	−−	衰退	牛市	熊市	震荡
2012.07—2013.05	−−	−	+	上升	+	持平	o	复苏	震荡	牛市	震荡
2013.05—2014.04	−−	−−	++	下降	−	持平	o	衰退	熊市	熊市	熊市
2014.04—2014.07	+	+	−	下降	−	CPI持平PPI上升	+	衰退	牛市	牛市	震荡

续表

货币周期阶段	金融体系分析			实体经济分析				各类资产表现		
	货币宽松度	信用扩张度	利率等级	生产	等级	通货膨胀	等级	美林时钟表述	债券	股票	商品
2014.07—2016.06	+++	——	———	下降	——	CPI持平 PPI下降	———	衰退	牛市	牛市	熊市
2016.06—2017.01	+	++	++	持平	o	CPI持平 PPI上升	+++	复苏/滞胀	熊市	牛市	牛市
2017.01—2017.10	——	+	++	上升	+	CPI下降 PPI上升	+	复苏/过热	熊市	牛市	震荡
2017.10—2018.03	——	——	o	持平	o	CPI持平 PPI下降	——	复苏	震荡	熊市	震荡
2018.03—2019.1	++	—	——	下降	—	CPI持平 PPI下降	—	衰退	牛市	熊市	牛市
2019.1—2019.9	+	+	o	持平	o	CPI上升 PPI下降	+	复苏/滞胀	震荡	牛市	牛市

资料来源：作者测算。

结合经济框架和金融框架看，理想状态下，第一阶段实体经济处于衰退阶段时首先货币政策转向宽松，但信用扩张仍然乏力，在此阶段资产表现方面债券最优；第二阶段经济进入复苏时期，货币政策保持宽松，但力度边际下降，而信用扩张力度增大，此时债券市场进入下半场，而股市热度开始上升；第三阶段经济和通货膨胀继续上升，经济进入过热时期，货币政策开始收紧，但信用扩张仍然继续，债市开始进入熊市，而股市仍保持热度，商品的价值上升；第四阶段经济增速开始回落，但通货膨胀保持高位，此时货币和信用双双收紧，市场进入股债双熊阶段，但商品仍可能保持热度。实际情况中，由于政策的滞后性和金融市场传导渠道不畅通，金融体系和实体经济变化并不完全同步，这就产生了资本市场表现的多样性。我们基于我国市场的实际情况，总结结合经济和金融分析框架的资产轮动表如下（见表3-6），并可以进一步简化成以利率为指针、结合名义经济指标的四象限框架（见图3-9）。

表 3-6　　　　　　结合金融体系分析和实体经济分析的资产表现总结

金融体系分析		实体经济分析			
货币信用阶段	利率趋势	生产下降 通货膨胀 下降	生产上升 通货膨胀 下降	生产上升 通货膨胀 上升	生产下降 通货膨胀 上升
货币宽松 & 信用收缩	利率下降	债＞股＞商	债＞股＞商	—	—
货币宽松＞信用扩张	利率下降	债＞股＞商	股＞债＞商	股＞商＞债	—
货币宽松＜信用扩张	利率上升	股/商＞债	股＞商＞债	商＞股＞债	商＞股＞债
货币收缩 & 信用扩张	利率上升	—	股＞商＞债	商＞股＞债	股债商三熊
货币收缩＞信用收缩	利率上升			商＞股＞债	股债商三熊
货币收缩＜信用收缩	利率下降	债＞股/商	—	—	债＞股/商

资料来源：作者整理。

名义经济指标上升

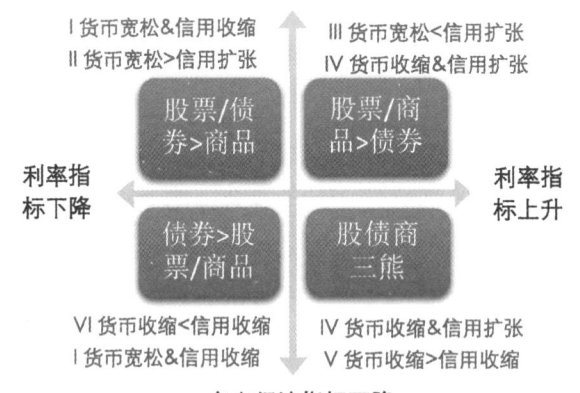

Ⅰ 货币宽松 & 信用收缩　　　Ⅲ 货币宽松＜信用扩张
Ⅱ 货币宽松＞信用扩张　　　Ⅳ 货币收缩 & 信用扩张

　　　股票/债券＞商品　　　股票/商品＞债券

利率指标下降　←　　　　　　　　　→　利率指标上升

　　　债券＞股票/商品　　　股债商三熊

Ⅵ 货币收缩＜信用收缩　　　Ⅳ 货币收缩 & 信用扩张
Ⅰ 货币宽松 & 信用收缩　　　Ⅴ 货币收缩＞信用收缩

名义经济指标下降

资料来源：作者绘制。

图 3-9　结合金融体系分析和实体经济分析的四象限图

利用上述分析框架可以更好地解释2015年以后经济周期的市场变化情况。第一个阶段，2015年至2016年年中多次降息降准，货币大幅扩张，但 M2 和社融增速仍在收缩，同时经济增长和通货膨胀均呈下降格局，在此过程中债券收益率大幅下降，股市在货币宽松支持下也企稳回升，商品则呈现熊市格局。第二个阶段，2016年年中至2017年年初虽然货币保持宽松，但信用扩张力度加大，生产开始企稳，通货膨胀有所回升，此时债市转为熊市，股市继续上涨，商品开始转为牛市。第三个阶段，2017年年初至四季度货币转为收缩，央行多次上调公开市场操作利率，但信用仍然保持扩张，此时经济和通货膨胀同时上涨，投资市场格局基本延续上一阶段。第四个阶段，2017年四季度至2018年一季度货币继续收紧,金融监管趋严,经济和通货膨胀趋于回落,股债商三市同时承压。2018年二季度至2019年年初货币政策边际放松,但信用保持收缩态势,经济基本面继续下行,这时债市转为牛市,股市承压。而2019年年初以后货币保持松紧适度,同时信用缓慢扩张,经济阶段改善,这时债市转为震荡,股市和商品则迎来一波上涨。其中特别是2017年至2018年为经济周期和金融周期不重合较为明显的时期,补充金融体系分析后对投资市场的解释力明显增强。

第三节 基于国际经验和资产轮动模型的大类资产展望

基于前文论述,在潜在经济增速下降背景下我国长期利率中枢将明显下行,而中短期利率走向则存在一定的不确定性,这构成了我国资产配置分析的利率环境大背景。基于国际上长期低利率环境下的资产表现,同时运用以利率为指针的资产轮动框架,可以给未来一段时间内我国资产配置提供参考。

结合长期利率下行的国际经验来看,债市方面,未来十年内我国债券收益率将大概率持续下行,债市慢牛的态势不变,但从配置角度看收益率的下行将削弱整体投资收益。同时,债券收益率的下行也将带动非标收益率逐渐下行,可在利率中短期波动的高点配置较高收益的固定收益资产,并适度拉长资产久期。股市方面,长期低利率环境将对股票提供支撑,同时更为重要的是在未来一段时间内我国资本市场改革和对外开放将进一步深入,经济有所放缓但结构转型将带来高端消费和先进制造等行业的发展,因而市场的整体支撑与结构性机遇并存,股票和股权投资收益将大概率高于债市。房地产方面,由于我国长期低利率环境并不意味着房地产信贷政策的宽松,"房住不炒"将始终是房地产市场调控的基本准则,结合长期经济转型和人口结构变化看,我国房地产市场或难以获得超额收益。大宗商品方面,商品价格走向与国际国内需求密切相关,未来一段时间内全球商品总体供过于求的态势未变,同时低利率环境加大商品市场波动,除黄金外其他大宗商品并非较好的投资标的。

中短期看,在逆周期调节政策作用下经济的周期性波动可能趋于缓和,但利率环境的不确定性仍可能带来投资市场变化,需要抓住利率回升的阶段高点和股市的底部区域进行配置。例如,短期内在内外需求偏弱的情况下我国经济下行压力仍然存在,通货膨胀处于结构性上升阶段,食品价格拉动CPI上涨,同时PPI负增长态势仍然持续,并将直接作用于企业盈利表现,因而总体看更类似于经济的"衰退"阶段而非"滞胀"阶段。货币金融方面，货币政策受到通货膨胀制约难以明显放松，而信用扩张力度正在缓慢恢复，属于利率指标的上升时期。根据前文分析，在此阶段债市震荡偏弱的概率较大，而股市同样难有大幅上升。但更长时间看不确定性仍然存在，后续如通货膨胀压力趋于缓和，前期逆周期政策作用下经济进一步企稳回升，则基本面转为"复苏"阶段，而此时信用扩张强于货币宽松的状态未变，则债市可能继续承压，而股市可能上涨。如在全球经济放缓、贸易摩擦影响持续的情况下我国经济继续下行，则货币宽松力度增大的状态可能再次出现，利率指标会出现下行态势，此时将利好债市，股市或可能承压。

第四章 海外保险资金应对利率不确定环境的经验与启示

本章探讨分析了美国、日本和德国在利率不确定环境下保险资金投资管理策略，重点分析了这些国家保险机构在利率不确定环境下如何进行资产配置以减少资产负债期限错配和增厚投资收益，以期为我国保险资金在利率不确定环境下进行投资管理提供经验借鉴。

第一节 国外保险资金应对利率不确定环境的经验

日本自20世纪90年代10年期国债收益率曲线几乎不带反弹的单边快速下行，21世纪以来仍维持低位并于2016年首次出现"负利率"，整体利率呈现单边快速下行的走势。美国国债收益率曲线虽然中枢也呈下行趋势，但长期中枢下行缓慢，区间波动也较大。德国在金融危机和欧债危机前收益率曲线走势与美国类似，但受经济持续通缩影响长期利率快速下行并于2016年首次出现"负利率"。美、日、德面临着差异化的利率环境，探讨这些国家保险资金在复杂利率环境下的应对经验对提升我国保险资金运用能力有着较高借鉴价值。

一、日本

20世纪80年代，日本经济出现泡沫。在这一时期，日本寿险公司竞相扩大规模，将保险合同的平均预定利率从 4% 向上大幅提高,至 1985 年,10 年期以下新保单的预定利率已高达 6.25%。为应对成本压力,日本寿险公司资产配置策略更加激进,股票等有价证券和贷款的比例显著提高。

进入 20 世纪 90 年代,随着泡沫经济的破灭,日本陷入通货紧缩。1991 年 7 月至 1995 年 9 月,日本央行先后 9 次下调存贷款利率,由 1990 年的 6% 下调至 1995 年的 0.5%,之后又在 1999 年 4 月下调至 0.01%,使日本寿险资金投资收益率快速下行。由于 1990 年寿险业负债端产品定价利率高达 5.5% 以上(10 年期以内产品为 5.75%),监管部门也多次下调了负债端准备金评估利率(见图 4-1)。受长期利率中枢下行幅度快于保单预定利率和存量保单负债成本高企等因素影响,平均负债成本下行缓慢,而投资收益快速大幅下行,日本寿险业经历了严重的"利差损"风险,"负利差"使 1997—2001 年期间有多家寿险公司集中破产(见表 4-1)。为应对严峻的"负利差"环境,日本监管机构和市场主体除了在负债端下调准备金评估利率、控制运营成本和管理费用、积极发展健康险等保障型产品外,也在资产端采取了多项有效举措。

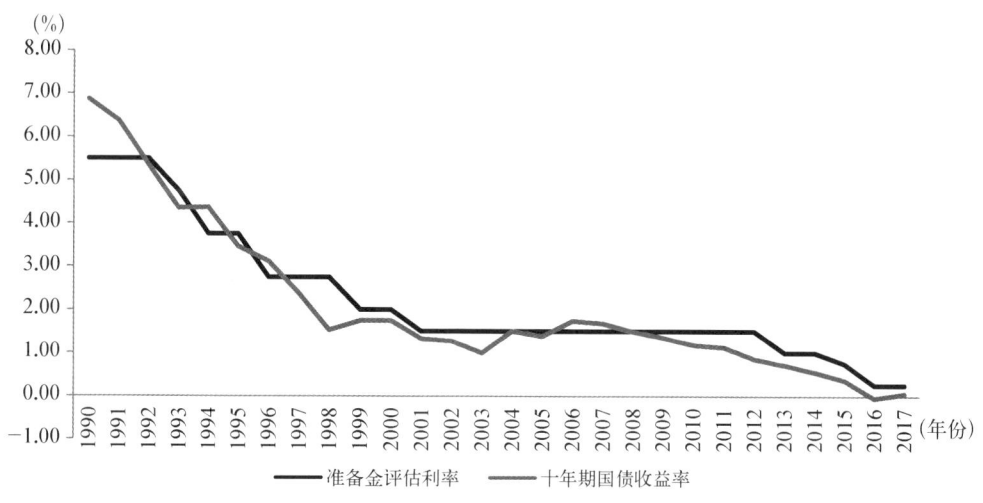

资料来源:日本生命保险协会。

图 4-1 日本寿险业准备金评估利率变动情况

表 4-1　　　　　　　　　日本经济危机时期破产的保险公司

公司名称	成立时间(年)	倒闭时间	倒闭时的总资产(10 亿日元)	倒闭时的资不抵债额(10 亿日元)	倒闭后的资不抵债额(10 亿日元)
日产生命	1909	1997.4.25	20 609	2 000	3 000
东邦生命	1898	1999.6.4	28 046	2 000	6 500

续表

公司名称	成立时间（年）	倒闭时间	倒闭时的总资产（10亿日元）	倒闭时的资不抵债额（10亿日元）	倒闭后的资不抵债额（10亿日元）
第一海上火灾	1949	2000.5.1	11 461	1 245	—
第百生命	1914	2000.5.31	21 885	453	3 200
大正生命	1913	2000.8.28	2 044	12	365
千代田生命	1904	2000.10.9	35 019	340	5 950
协荣生命	1935	2000.10.20	46 099	1 850	6 895
东京生命	1895	2001.3.23	10 150	341	325
大成火灾	1920	2001.11.22	4 114	398	—

资料来源：Swiss Re。

一是降低了权益和贷款投资比例。经历20世纪90年代股票市场的暴跌后，日本寿险机构对权益投资更为谨慎，投资比例由1990年的21.97%下降至2000年的15.37%，并于2010年进一步降至5.06%的较低水平（如图4-2所示）。此外，随着日本经济泡沫后信贷市场不良贷款率的上升，日本寿险资金对贷款业务采取审慎态度，资产占比由1990年的35.46%大幅下降至2010年的12.61%左右。

资料来源：日本生命保险协会。

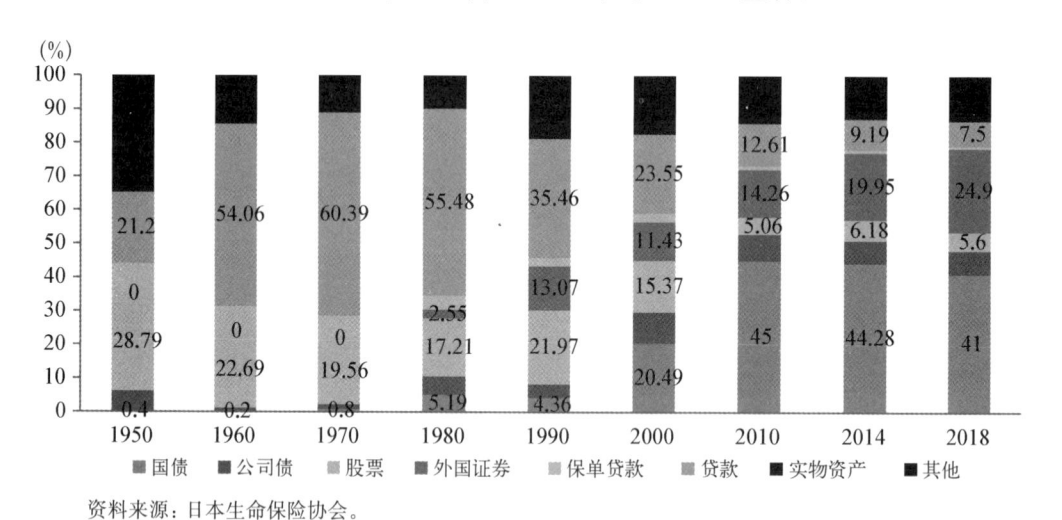

图4-2 日本寿险业历年保险资金大类资产配置结构情况

二是加大了海外资产和国债配置比例。在国内长期利率中枢单边下行的环境下，为增厚保险资金收益率水平，日本寿险资金逐渐加大了海外资产特别是海外债券资产的配置比例。同时，1990年至2000年期间增加了国债配置比例，但长久期国债资产占比较低,2000年10年期以上国债占总国债比例仅为11.7%。为此,日本从2001年后开始逐渐加大对长久期国债资产的配置比例,特别是在2004年至2008年国债收益率阶段高点大幅增加了长久期国债的配置比例(图4-3)。虽然当前寿险资产负债期限错配缺口大幅降低,2013年10年期以上的国债占总国债比例已上升至70.9%,但由于拉长资产久期过程中长期利率中枢已经大幅下滑,错过了收益率高位时期的最佳拉久期窗口。

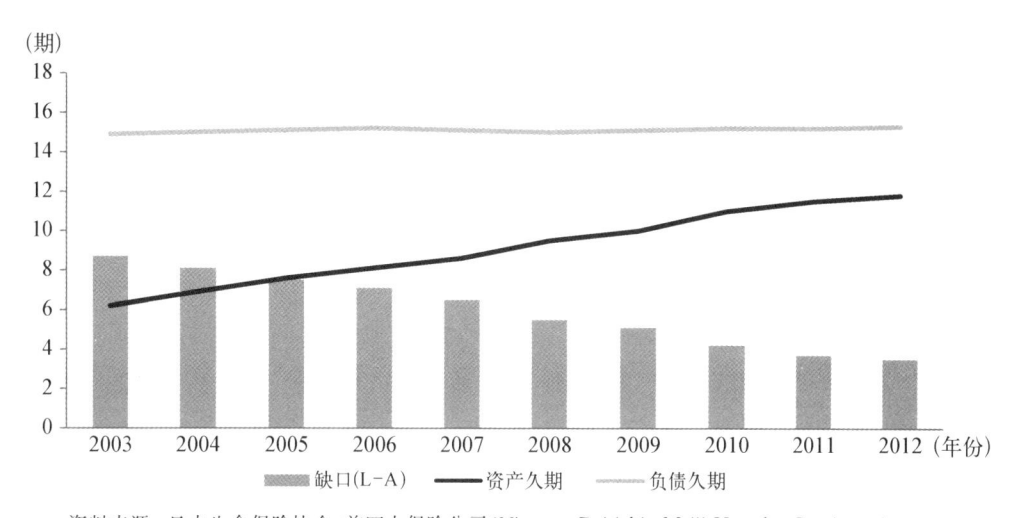

资料来源:日本生命保险协会,前四大保险公司(Nippon, Dai-ichi, Meiji Yasuda, Sumitomo)。

图4-3 日本寿险业资产负债期限匹配情况

直到2013年随着过去高定价利率产品的陆续到期和整体负债成本降至较低水平,日本人身险"利差损"风险得以化解并首次出现"利差益"(图4-4)。然而,自

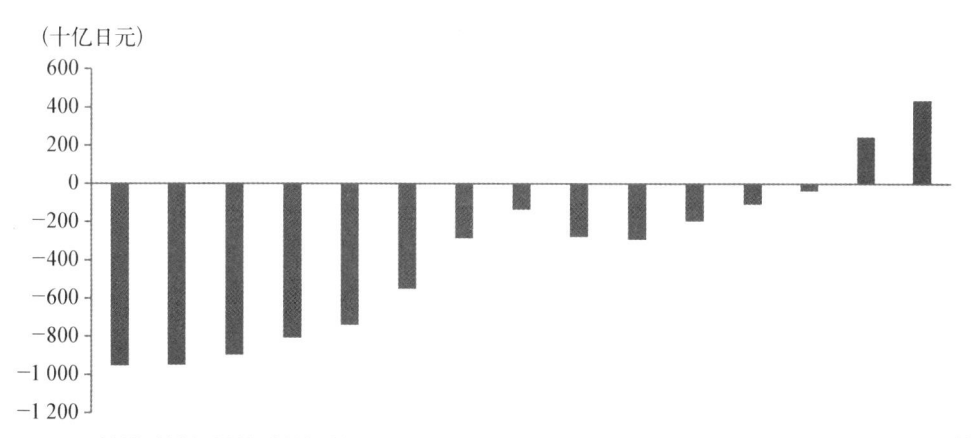

资料来源:日本生命保险协会,前四大保险公司(Nippon, Dai-ichi, Meiji Yasuda, Sumitomo)。

图4-4 日本寿险业历年利差损情况

2016年日本央行对商业银行存放在央行的准备金引入三级利率体系,并对10万亿日元的超额准备金采用－0.1%的负利率政策后,叠加经济增长陷入停滞和无法尽快摆脱低通货膨胀困境,日本10年期以下的国债收益率水平一直维持在负收益状态。受此影响,日本寿险业度过"低利率"冲击后又迎来"负利率"的考验。为此,日本寿险机构的主要应对举措包括以下几方面。

一是降低了日本国债的配置金额。从2016年日本首次进入负利率以来,日本寿险资金除了在2016年底长期限国债收益率快速反弹为正后,于2016Q4、2017Q3、2017Q4、2018Q2和2018Q3等季度小幅增持了国债外(见图4-5),综合考虑国债收益率下行带来的公允价值变动,在负利率环境下并未增配负收益率的国债,整体国债资产配置比例持续下降。从利率走势的中短周期看,日本国债配置也注重在收益率高位加大配置比例(见图4-6)。

资料来源:日本生命保险协会。

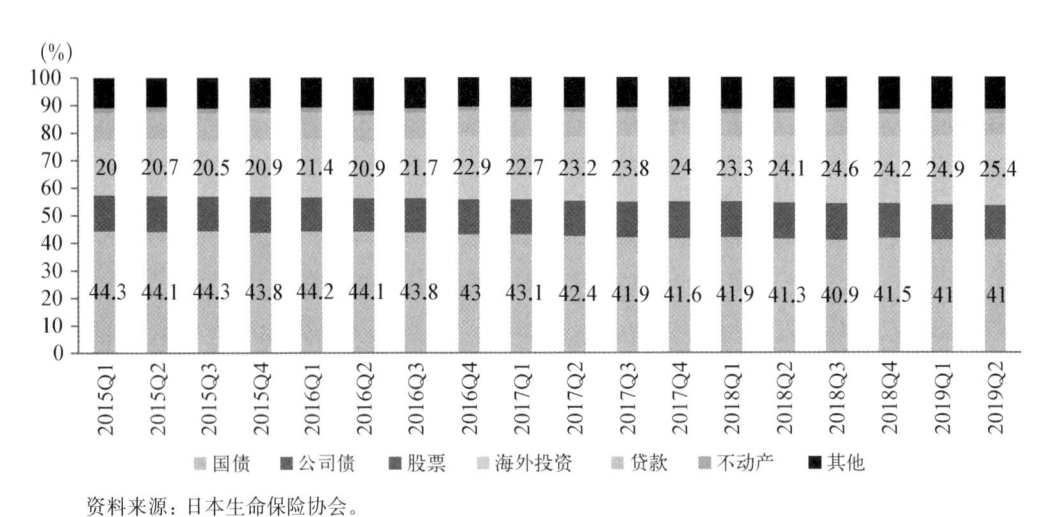

图4-5 负利率以来日本寿险资金大类资产配置结构

二是适度下调了固定收益资产信用评级。在核心国债资产为负收益的情况下,日本寿险资金适度放宽了风险偏好,特别是在2016年"负利率"环境下增持了企业债,通过赚取信用风险溢价来提升了组合收益。

三是持续加大了海外投资规模。除了下沉信用评级外,日本寿险资金还积极追逐境外正收益固定收益资产的投资机会,2016年集中购买了大量以境外债券为主的海外资产,海外投资比例近年来占比持续提升(见图4-7)。值得注意的是,日本寿险资金对股票的投资比例保持基本稳定,并未大幅增配权益资产,这与20世纪90年代经历股票资产泡沫后更加注重对固定收益资产特别是长久期固定收益资产的投资有关。

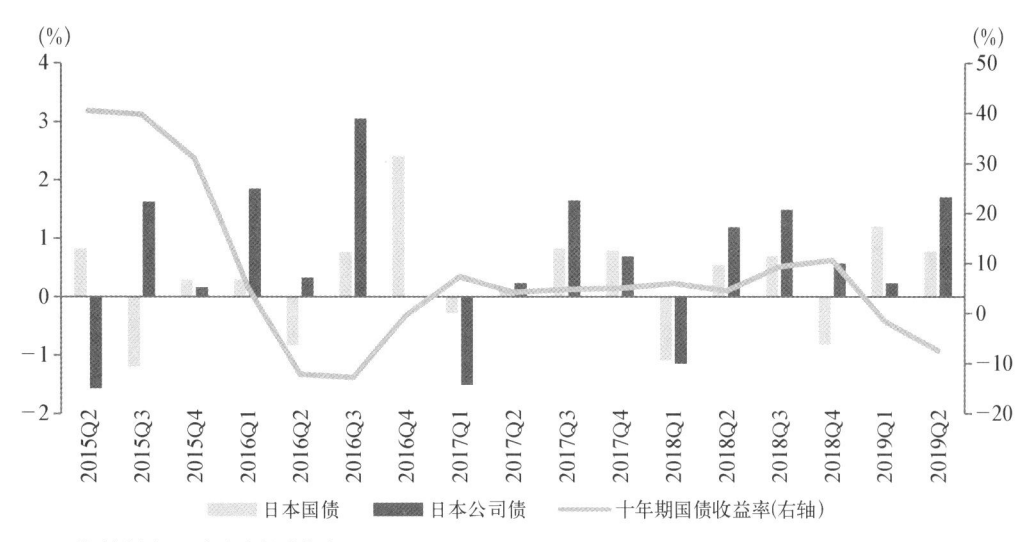

资料来源：日本生命保险协会。

图 4-6 日本寿险资金持有国债和公司债金额季度环比变动

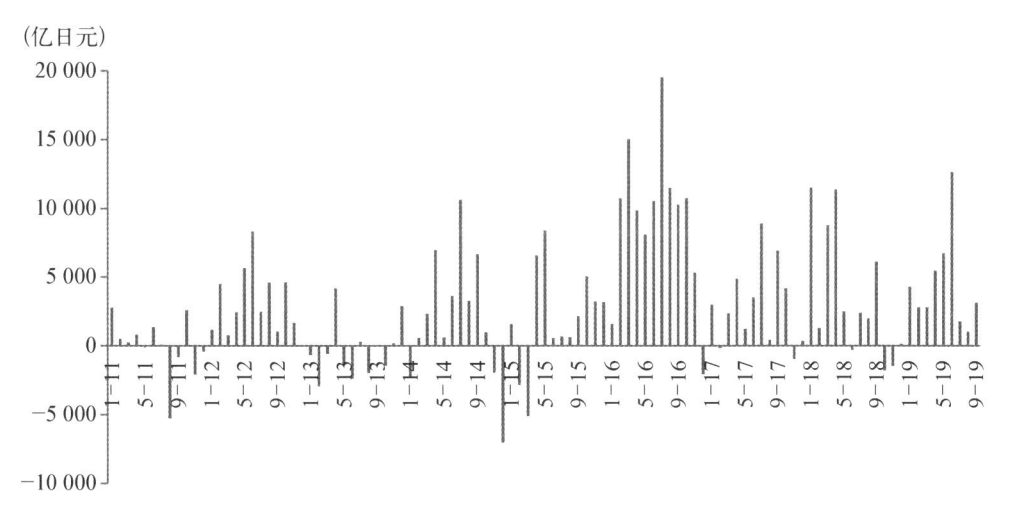

资料来源：Ministry of Finance，Japan。

图 4-7 近年来日本寿险业每月的海外投资净额

综上，在利率不确定环境下，日本寿险业由于对 20 世纪 90 年代长期利率几乎单边下行走势的预判错误，不仅导致大量寿险机构出现偿付能力危机甚至破产倒闭，而且错过了在收益率高位拉长资产久期以减少资产负债错配缺口的最佳时机。日本寿险业汲取了教训，在 2004 年至 2008 年长期国债收益率相对高位震荡时期大幅拉长了资产久期。当前良好的资产负债久期匹配状况大幅缓解了 2016 年"负利率"以来日本寿险业的投资压力。进入"负利率"之后，日本寿险业几乎没有配置日本负收益国债，

而是通过下沉信用评级投资企业债和加大境外投资力度提升投资收益。

二、美国

美国寿险资金主要包括一般账户和独立账户。一般账户主要是利差风险由保险公司承担的传统寿险、定期寿险和保证收益年金等；独立账户主要是利差风险或投资风险由保单持有人承担的投资连结险、变额年金等险种。美国寿险资金一般账户一直以来秉承严格的负债驱动资产的投资策略，注重久期匹配和现金流管理，投资理念以买入持有为主，以赚取账面稳定的净投资收益，这使得债券投资以持有至到期的配置目的为主，权益投资比例较低。例如，保德信2016年底的平均资产久期和负债久期分别为8.5年和9.2年，久期缺口长期保持在1年以内；好事达集团近20年以来的资产负债期限缺口一直保持在2年之内。

自20世纪90年代以来，美国长期利率中枢一直维持下行趋势，中短期利率围绕中枢水平上下波动。但自2008年金融危机以来，长期利率中枢下行速度有所加快，但下行幅度显著低于日本和欧洲等国家和地区。由于美国寿险业一直维持了较为严格的资产负债匹配策略。自2008年金融危机以来，美国寿险业新投资和再投资资产的收益率虽有所下滑（见图4-8），但整体投资组合的下滑幅度缓慢，整体风险较低。但为了实现资产负债成本收益匹配，提升资产负债管理成效，以应对长期利率中枢的持续下移，美国寿险业在投资端主要采取了以下措施。

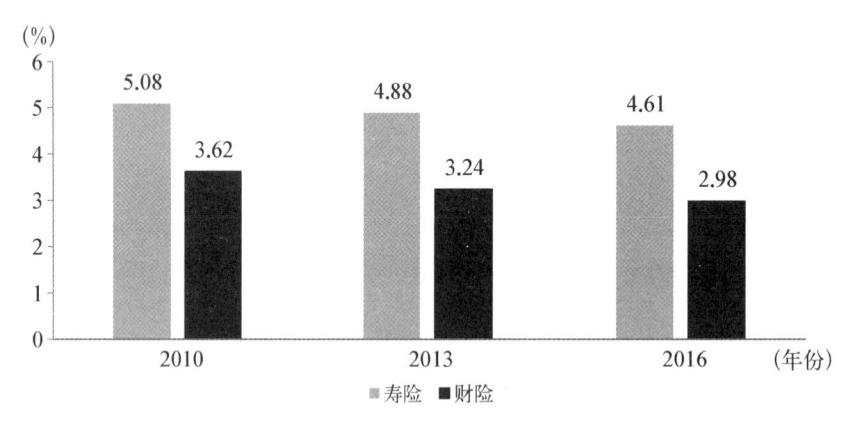

资料来源：NAIC。

图4-8 美国财险行业与寿险行业净投资收益率的变动情况

一是在利率下行过程中拉长了资产久期。根据久期计算公式，由于负凸性效应，在利率下行过程中负债久期的变长幅度要大于资产久期，致使资产负债久期缺口被动式扩大。美国寿险资金在利率下行过程中拉长资产久期的主要原因就是为了应对资产负债久期缺口的被动式扩大。近年来美国寿险资金预防式地拉长了资产久期,持有剩余期限在5年以下的债券占比由2008年的40.1%压缩至2018年的32%左右(见图4-9)。当然,为了防范长期利率中枢的继续下行,不排除在收益率相对高位提前超配的可能。此外,为了增厚投资组合收益,拉长资产久期以赚取更多的期限利差。

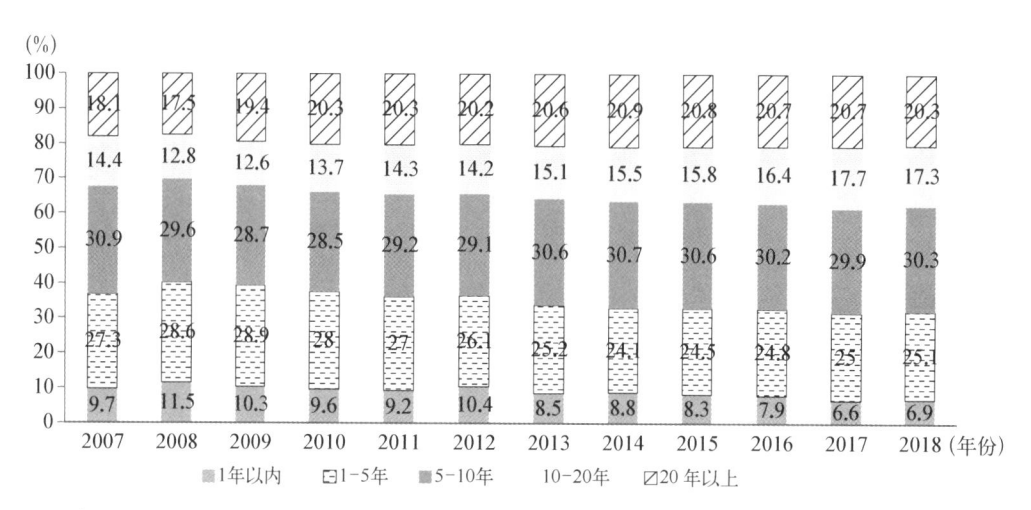

资料来源:NAIC。

图 4-9 美国寿险业持有债券剩余期限分布

二是降低了政府债和MBS的配置比例,加大了公司债配置比例。债券投资上,除了靠拉长持债久期来提升持仓收益率水平外,还适当下沉了信用评级。由于美国拥有发达的信用债市场,寿险资金匹配负债久期主要依靠长久期信用债来实现,这主要由于政府债虽然久期较长但收益率水平无法满足负债成本要求。2008年金融危机以来,国债配置比例有所下滑,而公司债特别是长久期公司债配置比例大幅上升。同时,保险资金由于投资MBS在2008年金融危机中蒙受了巨额损失,金融危机以后投资MBS的比例大幅下降(见图4-10)。

三是加大了高收益债和另类资产的配置比例。为应对长期利率下行环境,以赚取更多的超额收益,美国寿险资金自金融危机以来,一方面加大了高收益债的配置比例(见图4-11),通过加大对这些投资评级以下债券的挖掘力度,赚取更多信用溢价收益。另一方面加大了对私募股权和对冲基金等另类资产的配置比例(见图4-12),以私募股权和对冲基金为主的另类资产占比逐渐提升,显著增厚了保险资金的投资收益。

665

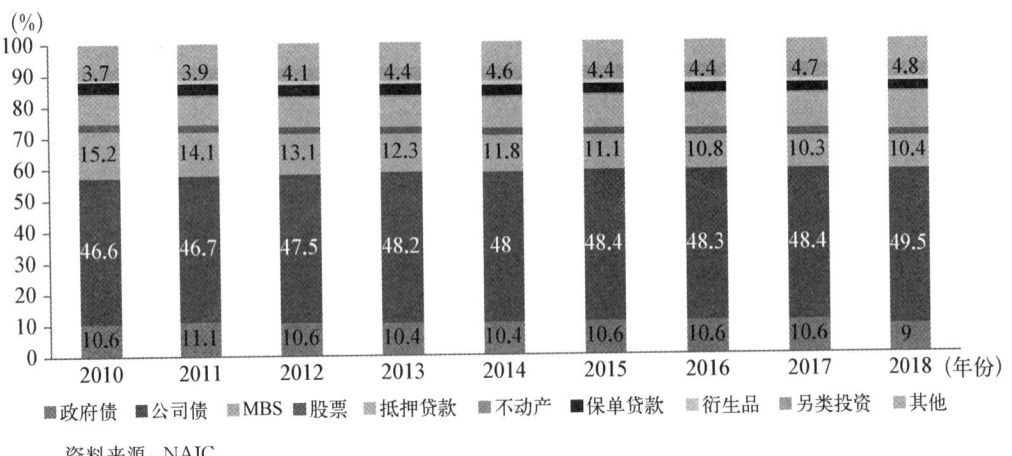

图 4-10 美国寿险业一般账户大类资产配置结构
资料来源：NAIC。

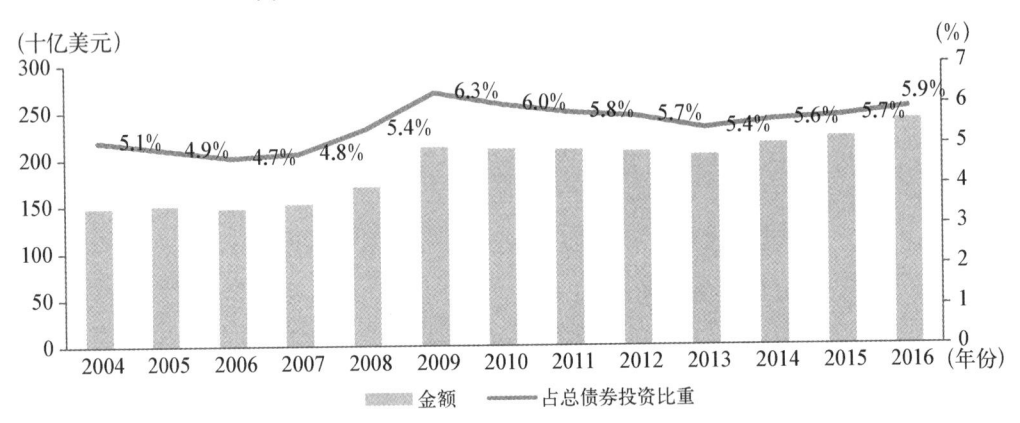

图 4-11 美国寿险业一般账户投资高收益债情况
资料来源：NAIC。

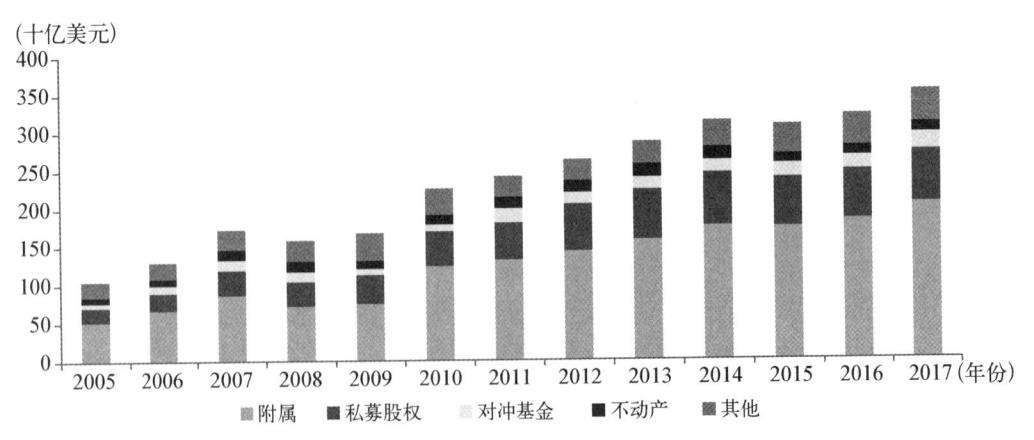

图 4-12 美国寿险业一般账户其他长期资产投资情况
资料来源：NAIC。

四是保持了股票资产和海外投资的基本稳定。2008年以来,美国寿险业一般账户保险资金股票投资比例一直维持在2.2%至2.5%区间,并没有为提升组合收益水平而加大高风险的股票投资比例。此外,美国寿险资金海外投资占比也保持在较为稳定的水平(见图4-13),这一定程度上与欧、日主要债券品种收益率水平更低有关。

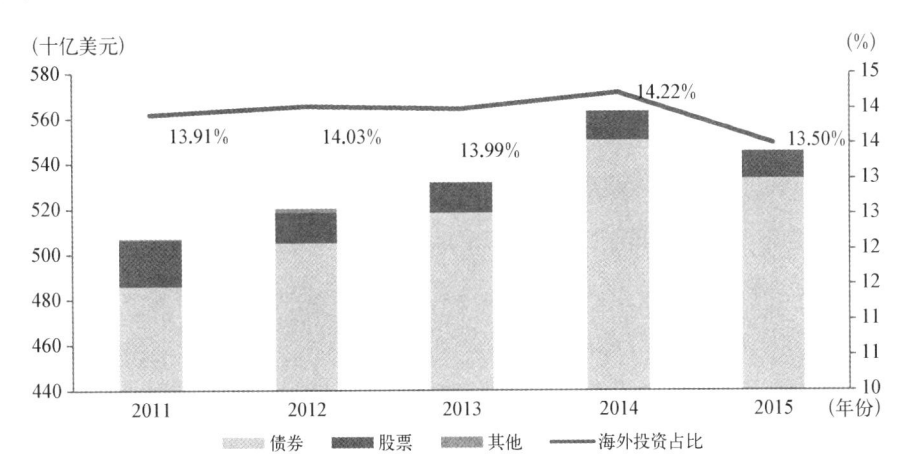

资料来源：NAIC。

图4-13 美国寿险业一般账户海外投资情况

美国部分寿险公司除了积极应对长期利率中枢下行带来的挑战外,还注重把握利率周期的中短期波动选择合理时机进行配置。比如,美国好事达集团的资产负债匹配程度一直较好,但在2002年和2016年美国10年期国债收益率处于相对低点时,采取了相对灵活的久期策略,并未大幅拉长资产久期,而是适度放宽了资产负债期限错配程度,以待收益率反弹高位时再加大拉久期力度(见图4-14)。

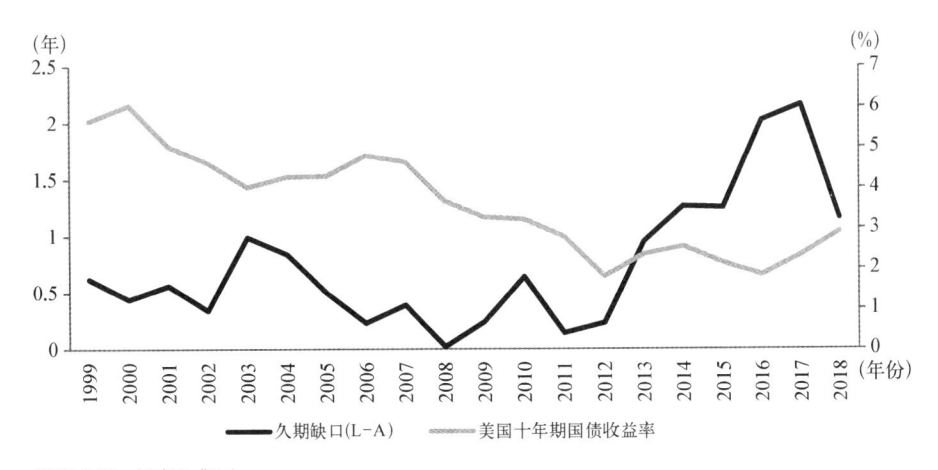

资料来源：好事达集团。

图4-14 美国好事达的久期投资策略情况

综上,美国一般账户寿险资金有着较好的资产负债期限匹配状况,在长期利率中枢下行过程中除了继续维持资产负债久期匹配外,还注重通过获取期限溢价、信用溢价和流动性溢价来投资长久期信用债、高收益债和私募股权等资产来增厚投资收益,而并未加大权益仓位来提升组合收益。同时,部分寿险公司还注重灵活把握利率周期的中短期波动,积极运用久期策略进行债券投资。

三、德国

德国寿险业受税收优惠政策等因素影响,长期以来两全保险和年金保险占比较高。在欧债危机时期,德国寿险业的资产负债久期缺口高达10年以上,而且负债成本较高。根据EIOPA2014年压力测试报告,德国寿险业资产负债错配缺口为10.7年。Moody2015年调研报告也显示德国寿险业久期缺口大于10年,保证收益产品占比大于80%,平均保证收益水平高达3%~3.5%,负债成本调整能力较弱,资产负债错配程度是全球主要经济体中最为严重的国家和地区之一。

21世纪以来德国长期国债收益率呈现出波动下行的态势,但受金融危机特别是欧债危机影响,德国长期国债收益率中枢快速下行,并于2016年首次进入"负利率"区间(见图4-15)。由于德国寿险业在欧债危机时期面临较为严重的久期错配,在本轮长期利率中枢快速下行的过程中,德国寿险业除了调整新产品的定价利率假设,并加大投资连结保险、嵌入调整条款的年金保险以及保障型产品的销售外,还积极在资产端采取了多项措施:

资料来源:Allianz IM。

图4-15 德国寿险业保证收益水平与10年期国债收益率变动情况

一是持续拉长资产久期以缩小错配缺口。欧债危机以来,随着欧洲央行QE政策的推出,欧元区长期利率中枢快速下移,由于久期缺口的负凸性效应,使得资产负债久期缺口更大(见图4-16),这促使以德国为代表的欧洲保险机构纷纷加大对长久期债券资产的配置力度。与美国拥有发达的长久期信用债市场不同,德国等欧元区国家拉长久期的资产主要以长久期国债为主。评级机构惠誉(Fitch Ratings)估计德国寿险业在2018年底的久期缺口有所减小,但仍然存在较为严重的错配风险。

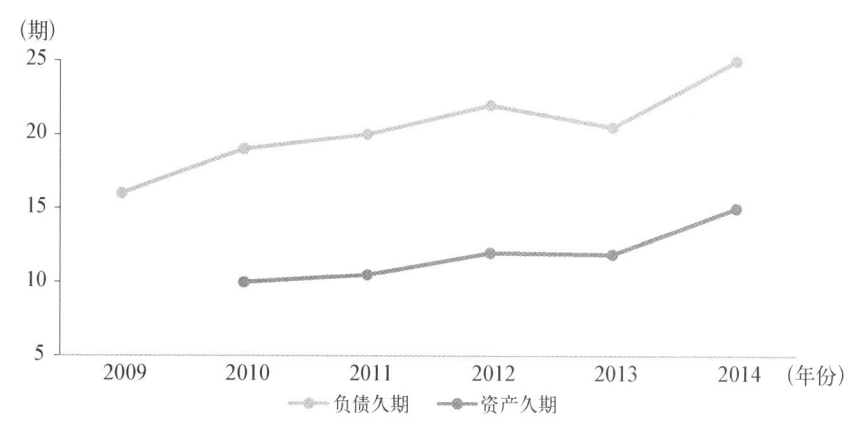

资料来源:BIS。

图4-16 德国寿险业历年资产负债久期匹配情况

二是降低了贷款配置比例并增加债券投资金额。之所以降低贷款配置比例并加大债券投资金额(见图4-17),一方面出于拉久期的需要,加大长久期债券的配置比

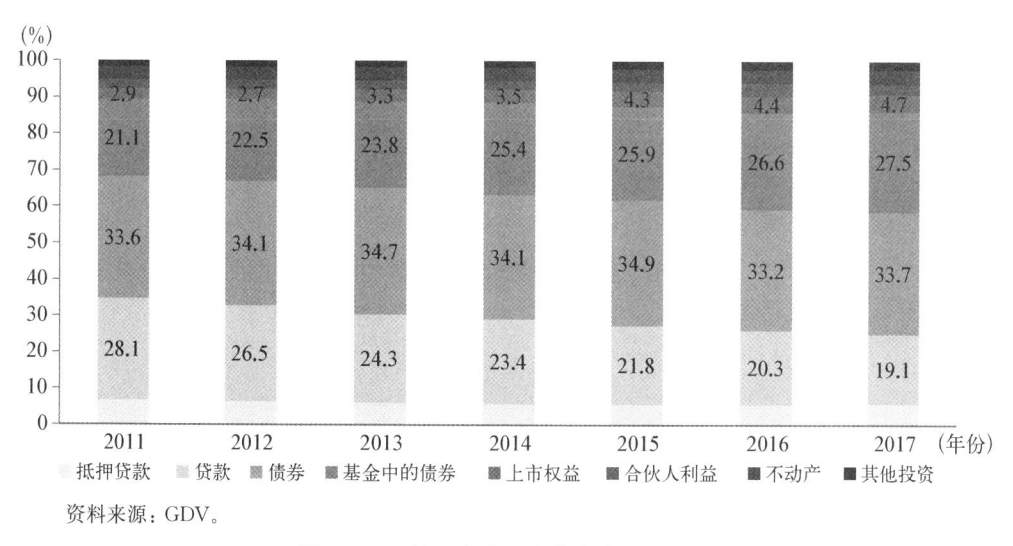

资料来源:GDV。

图4-17 德国寿险业大类资产配置结构

例;另一方面适度下沉了信用评级,以赚取更多的信用溢价来增强组合收益(见图4-18)。例如,欧洲保险业AA评级以上的债券投资占比58%,到2016年AA评级以上的债券投资占比下降至46%,信用评级出现了一定程度下沉。

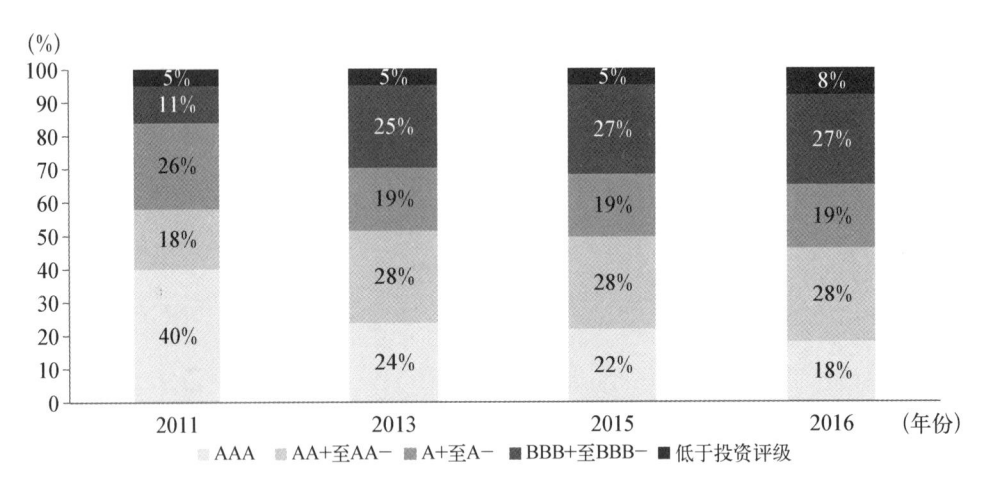

资料来源:EIOPA。

图4-18 欧洲保险业债券投资信用评级变动情况

三是适度加大了权益投资比例。与美国和日本对权益投资的谨慎态度不同,为应对长期利率中枢的持续下移,德国寿险业为提升收益适度加大了上市权益投资比例,上市权益配置比例由2011年的2.9%提升至了2017年的4.7%。

四是提升不动产和合伙人利益等另类资产的投资金额。为提升投资组合收益水平,德国寿险业也和很多国家一样,加大了对不动产、私募股权基金、基础设施等另类资产的配置比例。德国寿险业不动产配置比例由2011年的3.5%提升至2017年的3.9%;以私募股权基金和基础设施为主的有限合伙人利益由2011年的2.5%提升至2016年的3.7%。

综上,德国寿险业自金融危机特别是欧债危机以来应对利率下行的主要举措是一手抓久期匹配,适度加大了长久期资产配置力度;一手抓成本收益匹配,通过下沉信用评级和权益风险暴露等方式赚取更高投资收益。虽然德国寿险业一直维持着较为平坦的利差益,但其资产负债错配程度非常严重。考虑到现在德国10年期(包括)以下的国债已经进入"负利率"区间,德国寿险业已经错过缩小久期错配的黄金时期。当前德国寿险业还可依托其在欧元区的全球化资产配置能力和加大风险资产暴露的方式提升投资收益率水平,一旦"负利率"环境长期持续,德国寿险业或将面临由资产负债错配带来的利差损风险(见图4-19)。根据Allianz IM测算,如图4-20所示,如果假设没有新业务流入和再投资资产收益率水平为1.6%,德国寿险业将于2030年左右出现利差损。

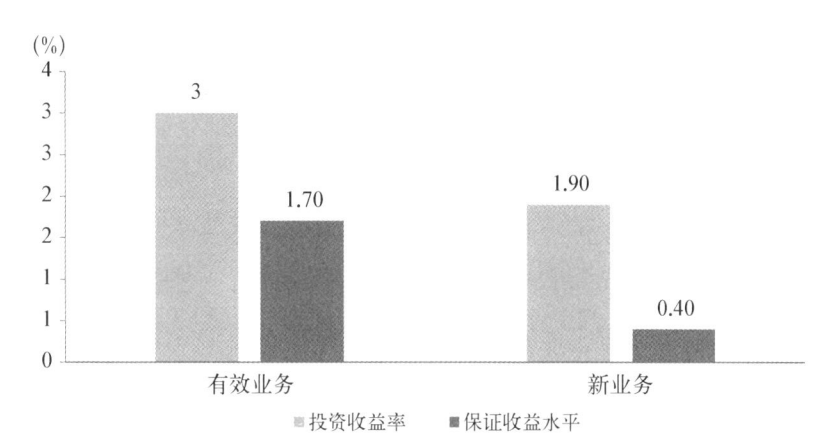

图 4-19 德国寿险业 2018 年投资收益与保证收益情况

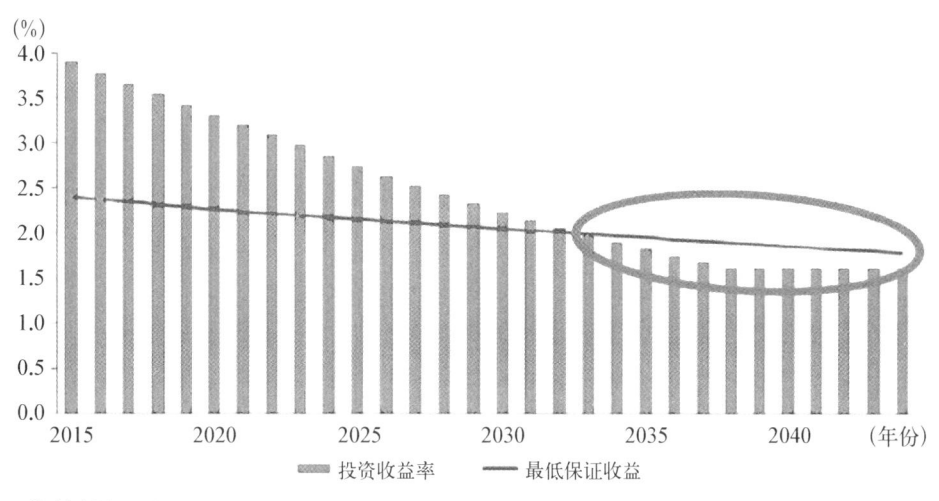

资料来源：Fitch Ratings。

图 4-20 德国寿险业利差损测算

资料来源：Allianz IM。

第二节 国外经验对我国保险资金投资管理的启示

通过案例分析发现,美、日、德寿险业面临差异化的复杂利率环境,在保险资金运用过程中采取了不同的应对举措,这其中也有一些共性经验值得我国保险业借鉴。

一、资产负债管理策略

一是资产配置结构与资金来源属性相匹配。从海外经验来看，投资结构除了受利率环境的影响外，还较大程度地受到负债端的影响，不同的负债结构和资金来源属性会导致截然不同的资产配置结果。保障类寿险业务更为重视收益的稳定性以及久期的匹配，因而即便在利率的下行中，固定收益类产品不降反升，同时也注重拉长资产的久期，减少久期缺口。投资类寿险业务更注重高收益，权益投资和海外投资占比相对较大。例如，在低利率环境下，美国独立账户增加了资产配置风险偏好，股票投资占比大幅提升，而一般账户的权益配置比例较为稳定。

二是降低负债成本是缓解资产配置压力的根本途径。长期刚性的负债成本是低利率环境下寿险公司经营的最大风险隐患。应对低利率风险，需要从源头上控制好负债成本，使投资收益和保单成本相互匹配，降低利差损风险。日本保险业从 2006 年以来，预定利率一直保持在 0.5% 的水平，欧洲寿险业保证收益水平大都在 3% 以下。目前我国保险公司大部分寿险产品的预定利率在 2.5%～3.5%，尚处在合理区间，但随着低利率的持续，需要适时对预定利率进行调整。负债成本的及时降低不仅使资产端的资产配置不用放大风险偏好来实现投资收益匹配负债，而且还能够让出更多的安全垫空间来配置一些长久期的资产以缩小资产负债错配缺口。

三是降低对利差的依赖是保持公司稳健经营的重要措施。在复杂利率特别是长期利率中枢下行环境下，日本大力发展了保障型业务并对经营费用进行了管控，德国也增加了失能保险及投资连结保险的业务占比，各国普遍增加死差益和费差益的利润贡献，通过降低利差益的占比来摆脱经营利润对利差的依赖，从而提升偿付能力的稳健性及持续经营能力。

二、久期策略

一是注重在追求短期投资收益与长期久期匹配中取得平衡。日本保险资金运用在 20 世纪 90 年代属于"激进型"风格，过于追求短期收益，在收益率高位错过了拉长资产久期的黄金时期，但吸取利差损教训后大幅缩小了久期错配缺口，保险资金运用转向"稳健"，为应对当前"负利率"环境打好了根基。美国保险资金运用一直以来非常稳健，资产负债期限匹配状况较好，在长期利率下行过程中也没有增加权益风险暴露。德国一直以来注重追求当前投资收益，资产负债成本匹配方面也维持着舒坦的利差益空间，在欧债危机以来长期利率中枢快速下行过程中采取了一边拉久期一边稳收益的策略。日、美、德对于短期收益和长期久期匹配的差异化平衡策略表明拉长久期对于稳定长期收益非常重要,但拉长久期的前提是确保当期投资收益不出现利差损。

二是在利率不确定环境下注重把握拉长资产久期的节奏。日本由于错过了20世纪90年代的最佳拉久期时期,21世纪以来虽然重点在2004至2008年债券收益率相对高位拉长了资产久期,但在其他利率下行时期也进行了"抢配式"的拉久期操作。德国与日本类似,在本轮长期利率中枢快速下行过程中,随着负债久期的变长,资产端被迫加大长久期固定收益资产的配置,但在目前"负利率"环境下使得拉长资产久期节奏变得非常被动。美国由于资产负债匹配状况较好,在长期利率中枢下行的过程中不仅可以跟随负债久期的变动主动拉长资产久期,还能把握利率周期的中短期波动,在债券收益率相对低点维持一定水平的久期错配,以待主要债券品种收益率反弹后再减少资产负债久期错配缺口。这一方面说明在长期利率中枢快速下移过程中提前拉长资产久期的重要性,另一方面也说明充分把握利率中短期波动,灵活采取固定收益资产久期策略对于提升组合持仓收益率具有重要意义。

三、收益增强策略

一是适度增加风险偏好是低利率环境下提升收益的主要举措。从国际经验看,在长期利率中枢持续下行的环境下,日本、美国和德国纷纷不同程度提升了投资风险偏好,拉长资产久期、下沉信用评级和增加非流动性另类资产的配置是常用的应对措施,通过赚取更多的期限利差、信用利差和流动性溢价来提升投资组合收益率水平。但是,由于我国信用市场一直存在"刚性兑付"预期,导致外部信用评级参考价值较低。此外,随着近年来信用违约事件频发,整体信用市场风险较高,对于我国保险资金来说采取国外保险资金常用的下沉信用评级的策略或并非最佳选择,当前仍要谨慎下沉信用评级。

二是在复杂利率环境下各国对于权益资产的投资偏好差异较大。日本吸取了20世纪90年代股票投资巨亏的教训后,在长期利率中枢持续下移的环境下并没有加大权益资产投资比例。美国一直维持较为稳健的投资风格,在固定收益资产投资能够覆盖负债成本的前提下也没有加大权益投资比例。但德国自欧债危机以来,除了提升固定收益资产的风险偏好外,还加大了权益资产的配置比例。总体上不同国家在利率不确定环境下对于利用权益资产来提升投资收益的态度差异较大。

三是适度提升海外投资是应对利率下行周期的重要手段。美国自金融危机以来海外投资比例保持了基本稳定,这主要受其本国资产收益可以覆盖负债成本影响。但

对于日本来说,特别是21世纪以来,为了拉长资产端久期并提升投资组合收益,日本投资了大量海外资产,特别是美国市场上一些长久期的信用债资产,既实现了拉长资产久期的目的,又使得投资组合收益率保持稳定。

四是根据市场环境采取适合自身的策略应对利率不确定环境。金融体系、保险市场结构、监管政策和保险公司经营战略等方面的差异是导致各国保险业应对低利率采取不同措施的重要原因。由于股市长期低迷,吸取了高比例权益投资失败的教训后,日本保险公司权益类配置比例持续保持低位,海外资产配置比例较高。美国拥有发达的信用债市场,可以遵循严格的资产负债匹配原则进行稳健投资。德国则可以依托在欧元区的全球化投资能力,通过挖掘高收益优质标的使得利差益维持在较为舒坦的水平。国内保险公司也应根据市场约束条件采取积极的应对策略。

第五章 我国保险资金应对利率不确定环境的策略建议

我国保险业正面临利率长期下行与中短期波动的复杂环境。当前不仅负债端久期在回归保险本源过程中有持续变长趋势,而且资产端也面临长期利率中枢持续下行带来的"资产荒"难题,如何在保险资金运用过程中拉长资产久期缩小错配缺口并提升投资组合收益水平成为重大挑战。结合前文对我国利率不确定环境的分析、利率走向和大类资产表现,以及国际保险业经验,本章对我国保险资金应对利率不确定环境提出了四个方面的策略建议。

第一节 加强利率走势研判

一、准确判断中长期利率中枢水平是做好保险资金配置的重要前提

由于保险资金以配置固定收益资产为主,中长期利率中枢变化显著影响保险资金的投资收益水平,一直以来发挥着价值发现的"准绳"作用,并对负债端产品定价起着重要指导作用。由于保险资金运用的特殊性,美国、德国保险资金的长期投资收益水平与本国10年期国债收益率走势高度相关,10年期国债走势成为研判长期利率走势

的关键。2012年之前,我国保险资金受权益投资波动较大影响,保险资金投资收益率受权益市场影响较大。但随着2012年一系列"投资新政"的实施,随着行业权益投资理念的转型和非标资产占比的提升,我国保险资金投资收益率长期走势也与10年期国债收益率的相关性正在逐步增强。进一步加强对长期利率中枢特别是10年期国债收益率长期走势的研判成为保险资金投资管理的关键。为此,保险机构需要加强利率走势相关影响因素的研究和判断,为资本市场各类资产配置及时调整提供研究支持。

二、基于长期利率中枢水平和中短期波动走势确立资产久期规划

当前国内寿险业对于拉久期的认识在资产负债两端尚存在观念差异,负债端认为国内缺乏长久期资产,金融市场的供给不足导致了我国寿险业资产负债缺口长期存在;资产端则认为长久期国债资产供给是充足的,缺乏的是能够覆盖负债成本的长久期高收益资产。事实上,从国际经验来看,除美国外,欧、日都缺乏长久期高收益资产,拉长资产久期的工具主要为长久期国债。日、德都错过在国债收益率高位拉长资产久期的黄金时期,致使在利率低位拉长资产久期显得非常被动。基于对我国长期利率中枢趋于下行的判断,我国寿险资金要提升对拉长资产久期的重视,对于长期限的传统寿险可以探索适度降低当期收益要求的前提下拉长资产久期。

同时,我们预计2020—2022年以10年期国债收益率为代表的无风险利率的波动区间或由2017—2019年的3%~4%下移至2.8%~3.6%,中短期利率的波动使得保险机构可以采取更为灵活的节奏拉长资产久期。我们建议中短期内我国保险资金可以在利率周期上行下半场和下行上半场拉长资产久期,在利率下行下半场和上行上半场采取维持久期甚至短久期策略。力争通过对利率波动的把握进行灵活操作,以此实现固定收益资产持仓收益率提高和久期拉长的双丰收。

三、基于利率走势判断做好大类资产分类管理

对于我国保险资金来说,不同大类资产间的期限结构和风险收益特征差异较大。基于利率长期下行、中短期波动的判断,根据各类投资资产所扮演角色的不同,我们把保险资金可投资品种分为两大类。

一类是匹配长期利率的长期限资产。主要包括长期限国债、长期限政策性金融债、长期限铁道债、债权投资计划、融资类信托和长期股权投资资产等,这些资产投资的目的主要以持有至到期为主,按成本法核算,不受市场波动影响,由于期限较长,既能起到拉长久期、缩小资产负债久期缺口的作用,又能起到稳定投资组合长期收益平

稳的作用,确保在长期利率中枢下移的环境下投资组合的长期收益率不会因为到期资产再投资收益率的下降而大幅下滑。

另一类是在利率波动中博取价差收益的中短期限资产。主要包括中短期国债、中短期金融债和信用债、股票、基金等资产。这些资产投资的目标主要以适度放大风险偏好,在利率下行过程中能够依靠信用利差和交易价差收益来增厚投资组合收益率水平。同时,还能够在中短期利率波动过程中,积极把握公允价值波动,进行波段性交易操作,以获得超越市场平均的超额收益率,起到在利率不确定环境下增厚投资收益的作用。

保险机构可以通过对主要大类资产的分类管理,实现更为前瞻性和预见性的大类资产配置,在利率不确定环境中既确保投资组合久期能够匹配负债久期,又能够通过更多的主动管理赚取更多的超额收益来确保投资收益能够覆盖负债成本。

第二节 强化保险资产负债管理

一、加强资产端与负债端的有效联动是做好资产负债管理的核心要义

寿险资产与负债的关系主要体现在负债成本影响资产绝对收益要求,从而影响资产配置偏好;同时,资产端投资收益水平影响负债端产品的预定利率水平和销售费用水平。经验数据显示,我国寿险资金投资收益水平对保费规模变化的影响具有9—12个月的滞后期,负债端除了要对投资市场的实际收益水平变化具有预见性,同时也要考虑当下的市场竞争环境。资产端更多的是对负债属性与成本水平的适应,受外部因素制约较强,同时寿险资金收益率受市场环境,尤其是利率水平的影响较大。因此,在低利率环境下,寿险资产负债管理将面临保险资金负债成本较高、资金运用收益下降的两难困境。

在利率下行环境下,如若负债端提高保单成本,往往会倒逼资产端提升投资风险偏好,投资收益面临大幅缩水的威胁。投资收益的下降会对负债端的预定收益水平产生影响,进而使保费规模面临收缩的风险。因此,如果资产端与负债端缺乏有效的联动,资产端对负债端的变化或负债端对资产端的变化采取被动接受的方式,而非对资产与负债进行统筹规划与管理,低利率环境会使寿险公司的经营风险进一步放大。从海外经验来看,低利率加强了资产端与负债端联动的有效性,资产端和负债端共同采取应对措施实现成本收益和久期的基本匹配。

二、提高保险产品策略调整效率以避免负债成本压力向资产端过度传导

保险公司对负债端的管理相对于资产端更具主动性,应根据利率环境的变化对负债成本和产品策略进行及时有效的调整。

一是在投资收益率合理预测的前提下,提高负债成本管理的前瞻性。由于寿险产品的长期性、成本刚性和价格黏性等特征,使得负债端对利率的敏感性要远低于资产端,这就要求对负债的管理必须有前瞻性,在对利率走势有效预测前提下,提前对业务发展做好规划。否则,如果突然降低寿险产品成本,容易造成类似日本寿险行业20世纪末保费收入增速大幅波动、退保增加的不良后果。针对低利率环境下的负债管理,一方面应当充分认识到低利率初期保费规模快速扩张背后的风险,有意识地控制保费规模的增长;另一方面应当控制长期高预定利率保单的规模,并根据市场情况合理降低预定利率,防范由于负债成本高企倒逼资产端采取过度激进的投资策略。

二是加大寿险产品创新,优化产品结构。一方面,回归保险本质,大力发展保障型产品。保障型产品抗风险性相对较强,盈亏主要来自"死差益",寿险公司应加大创新,大力发展高"死差益"的健康保险、医疗保险等保障型业务,积极把握个人递延型商业养老保险的发展契机,优化产品结构。另一方面,控制保证收益产品规模,发展利率敏感型保险产品。从海外寿险公司应对低利率环境的产品策略来看,投连险等利率敏感型产品同样也是应对利率下行的良策,既可以保持现金流的稳定,又可将利率风险转嫁给保单持有人,避免出现利差损风险。

三是把握好流动性风险防范与业务结构调整之间的节奏。对于注重规模扩张的中小型寿险公司而言,由于其产品大都以趸缴为主,期限较短,销售渠道过度依赖外部银行渠道,业务持续性与稳定性不强,在利率下行过程中,对现金流的持续性应特别关注。可采取"时间换空间"策略,在一段时间内维持收益率的相对优势,为调整产品结构和转变经营策略腾挪空间,并寻找合适的市场机会置换流动性欠缺的资产。否则,如果快速大幅降低产品收益率,一旦负债端的现金流不能持续,容易出现流动性风险。

四是提升费差益,增厚利润。寿险盈利来自三差:死差、费差和利差。寿险公司利差受到负面冲击的同时,需要通过利源多元化应对长期利率下行风险。除了通过增加保障型业务提高死差益外,还可通过提高费差益增厚利润。比如,合理调整开支,控制营销渠道成本,提高运营管理效率,大力发展投连险转嫁风险、赚取费差等。

三、建立健全资产负债协同管理的模式和机制

一是建立资产负债协同管理的有效模式。低利率市场环境下,"负债驱动资产"模式和"资产驱动负债"模式都面临一定的错配风险。

"负债驱动资产"模式一般为传统的大型保险公司采用,保险公司经营以负债为主导,并基于负债业务进行投资标的选择,保险产品策略因主要考虑市场竞争而往往忽略投资市场的实际收益水平,在利率下行过程中,这种模式往往导致负债成本的调整滞后于投资收益的变化,从而容易出现资产负债的错配。

"资产驱动负债"模式一般为中小型保险公司采用,由于起步较晚,尚未建立完善的个人营销渠道,往往通过提高负债成本获得竞争优势,因而投资风格较为激进,通常采用"短钱长投"策略。在利率下行过程中,投资收益难以覆盖负债成本,一旦负债端的现金流不能持续,将会导致严重的流动性风险。

因此,低利率环境增强了保险公司资产负债协同管理的紧迫性和必要性。保险公司要增强资负两端的联动性和协同性,既要根据负债业务匹配资产,同时资产端也要介入产品定价和开发,资负两端相互影响,相互驱动,体现出"资产管理考虑负债特点,负债管理以资产为基础",提高资产负债管理的协同性。

二是继续完善资产负债协同管理组织架构体系。我国保险资产负债管理监管规则明确要求保险机构建立清晰的资产负债管理框架,近年来我国保险业资产负债管理能力也有了一定提升。但是,当前部分保险机构的资产负债管理框架仍存在过于形式化、更多为了应对监管要求和难以实现资产负债良性互动等诸多问题,资产管理和负债管理仍存在"两张皮"现象,资产负债管理没能有效贯穿保险产品设计、准备金提取、投资策略、流动性管理等多个业务流程。资产管理部门不能准确把握产品特征以及资产组合的负债特性,产品开发、定价与销售等部门同样也不了解各类投资工具的风险收益特征。

面对利率不确定环境,继续完善由投资、精算、财务、销售和风控等部门紧密合作的资产负债管理治理架构是我国保险业亟待解决的现实问题。其中,资产负债管理委员会需要切实履行起负责监测资产负债错配风险、制定产品策略和资产配置策略等重要职责,自上而下指导资产端和负债端各部门的运作,将资产负债管理理念落到实处。

三是建立资产负债协同管理机制。完善资产负债协同管理机制,包括建立产品、销售、精算和资产管理部门之间有效协调机制,在负债管理部门与资产管理部门之间建立定期会议制度与资产负债报告机制等。明确资产负债管理部门的日常工作内容,包括资产负债匹配风险度量、评价与报告,建立资产负债信息管理制度和预警系统,完善资产负债管理考核机制,将资产负债管理指标纳入相关部门以及高级管理人员的绩效考核。

四是加强资产负债管理的信息化建设。低利率环境下,保险公司经营决策需要随外部环境的变化而及时调整。从海外保险资产负债管理实践看,主要大型保险公司运用复杂的数学模型和大量先进的计算机技术进行资产负债管理。通过信息化建设,有利于将资产端和负债端的信息进行实时整合、随时监测风险发生,同时有利于在利率、保费收入、定价、赔付率、资产波动率等参数变化下,动态调整和优化资产负债管理模型,提高资产负债管理的有效性。

第三节 多元化布局并优选风险收益相对确定的资产

对于投资标的的选择,保险投资需遵循三个原则:一是收益匹配原则,投资收益和保单负债成本需要相互匹配,降低"利差损"的风险。二是久期匹配原则,由保险资金来源的负债性决定,保险资金在负债到期日需要偿付。三是"三性兼顾、安全第一"原则,保险投资要兼顾收益性、流动性、安全性,把风险管理放在首位。在利率不确定环境下,保险资金可通过多元化布局、优选风险收益相对确定的资产来满足以上三大原则要求。

一、固定收益类资产的配置策略

一是从多维度比较风险收益特征。固定收益类资产间存在着显著的差异(见表5-1),其风险收益属性可以分为以下四部分:历史预期收益率及未来判断、历史波动率及未来潜在风险、市场流动性及可交易性、市场容量及可购买规模。

表5-1 债券二级资产投资价值对比分析

资产类别	久 期	收益率 (2019年10月底)	流动性	可配置规模	税收优惠
银行理财、ABS	1年以内	4.0%左右	较弱	较充足	免增值税
信托	3年—5年	5.2%左右	无	规模有限	增值税减免
银行协议存款	3年—5年	4.3%左右	无	较高收益有限 低收益充足	免增值税

续表

资产类别	久期	收益率（2019年10月底）	流动性	可配置规模	税收优惠
信用债	1年—10年	5年AAA：4.0%左右 10年AAA：4.5%左右	较高	充足	无优惠
长久期债权计划	5年—10年	5.0%左右	无	规模有限	增值税减免
长久期金融债	10年	10年国开3.7%左右	高	充足	免增值税
长久期国债	10年—30年	10年地方债：3.5%左右 30年地方债：4.15%左右	高	充足	免增值税、免所得税
永续债	银行一般为5+N（5年后有赎回条款）	四大行4.3%左右	较高	较充足	免增值税
优先股	长	四大行4.3%左右	无	较有限	免增值税、免所得税
可转债	一般6年	转股溢价率合理	高	较充足	无优惠

资料来源：作者整理。

对于细分固定收益资产来说，按久期来分，1年以内的固定收益产品主要从维持账户流动性的角度来考虑，收益相对较低。在3年—5年中等久期内，从历史收益率比较看，信托类非标＞协议存款＞高等级信用债，但信托及协议存款不具备流动性且受制于可配置的量较为有限。对于长久期固定收益资产，从历史收益率比较看，债权计划＞高等级信用债＞永续债＞金融债＞国债。但值得注意的是，国债具备免增值税及所得税的优惠且能配置30年期限的超长久期，可以交易的同时也存在税后收益的配置价值。因此，从税后收益率比较看，优先股＞30年地方债＞债权计划≈10年地方债＞永续债＞信用债，随着未来收益率持续下行，国债更适合获得价差收益。虽然优先股股利可以免所得税，但由于其占据权益仓位，且和高分红股票相比并不具备相对优势。对于保险公司来说，需要在类别资产投资层面将所得税因素纳入资产风险收益特征评估，以从最大化企业盈利进行投资管理。

二是保持利率债规模基本稳定，发挥稳定长期收益的基础性作用。基于利率长期趋于下行、中短期波动的判断，利率债整体维持中性配置，稳定组合久期；在利率向上震荡中寻找机会拉长久期，并在确保流动性安全的前提下应用杠杆对未到期现金流进行提前配置。对于负债久期较长的寿险资金,要实现久期匹配也需要配置一定数量的超长期限国债,以发挥国债资产在拉长组合久期方面的优势。若考虑免增值税及所得税、可购买规模和流动性,以及未来收益率趋势性走低的可能性等因素,超长期限国债是具有较高相对价值的债券二级资产。

三是信用债配置应严控信用风险,策略上以配置高等级债为主,优选个券。虽然从国际经验看,国外保险业普遍采取下沉信用评级的策略来提升投资收益,但考虑到我国当前一段时间,信用债市场违约事件频频发生(见图5-1),在去杠杆大方向未变的背景下,资质较弱的企业面临的现金流压力较大。同时受制于房地产调控和地方政府债务管控力度并未放松,本轮经济周期"宽信用"力度将弱于以往时期,中低等级信用债的违约风险仍处于高位,因此,建议我国保险机构不适宜下沉信用评级,仍应优先选择信用资质较好的高等级品种投资。

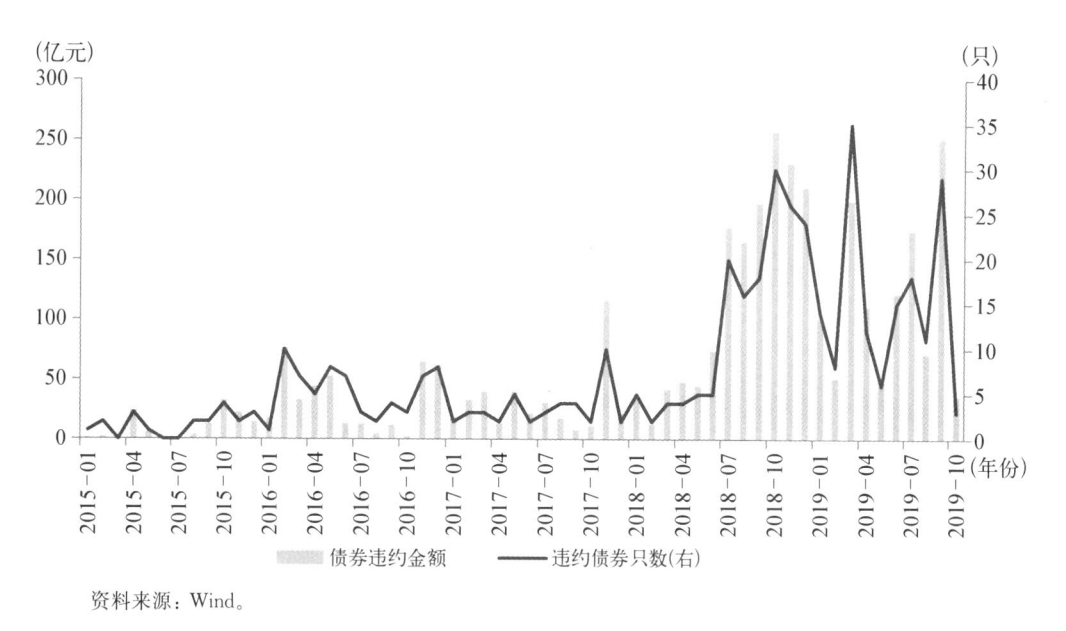

资料来源:Wind。

图5-1 信用债违约情况

四是加大配置高收益、长久期、信用风险可控的优质非标产品。2012年投资新政以来,非标投资随政策放宽比例显著增加,带动了保险资金投资收益率的提升,投资比例由2013年4月的11%上升至2019年8月的38%。保险资金对久期长、流动性要求不高的特点,与非标资产低流动性带来的超额收益相契合。在利率下行过程中,非标资产也是各国保险资金增强投资收益的主要投资工具。当前,国内优质非标资产的稀缺性将越来越明显,尽管非标资产收益率已有所下行,但仍具有流动性溢价带来的配置价值(图5-2)。在保证信用风险可控下,保险资金可继续加大非标资产配置,通过让渡流动性获取更高收益率。

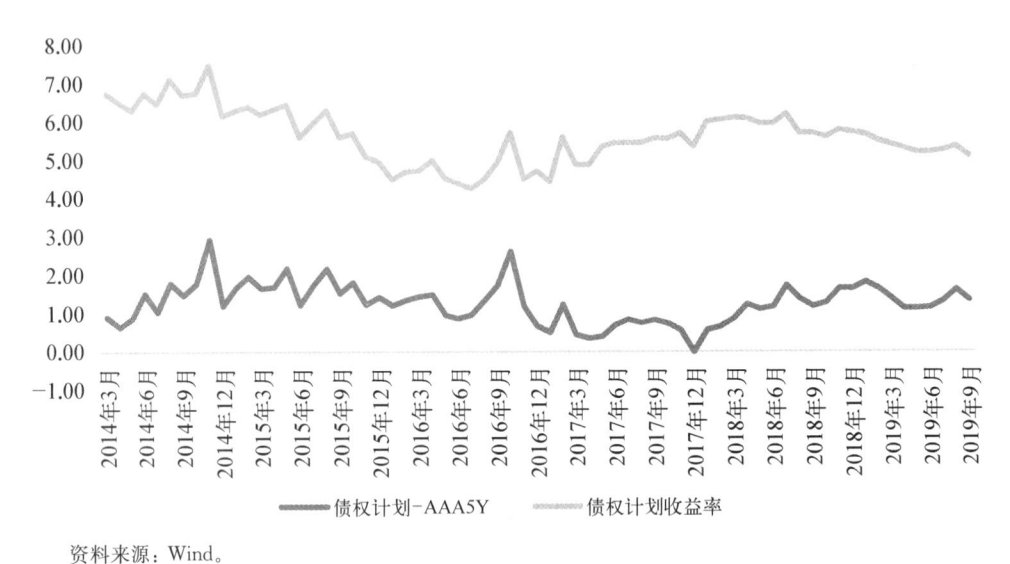

资料来源：Wind。

图5-2 债权计划收益率及利差变化

五是谨慎对待不动产直接投资。当前我国房地产市场已进入发展中后期,无论是商业不动产的估值还是租金收益率,投资吸引力都较为一般。为防范潜在投资风险,我国保险资金要对不动产直接投资保持审慎态度。从结构上可择优投资符合国家发展战略方向的不动产类别,比如探索尝试对国家政策鼓励的长租市场不动产的投资,加大对与保险主业具有较高协同效应且符合国家政策大力发展的养老产业不动产的投资力度。

二、权益资产配置策略

一是低利率环境下,不可盲目增加股票投资比例。虽然从大类资产的配置价值看,当前我国大类资产的配置天平正向权益资产倾斜,但盲目增加股票资产配置并不一定能提高保险公司投资收益水平,反而会增加潜在风险。日本寿险业20世纪90年代高比例投资权益资产,在权益资产泡沫破灭后蒙受了巨额亏损；美国寿险一般账户在股票投资方面一直也比较谨慎,权益投资比例保持了长期稳定；德国近年来持续加大权益投资比例,但投资比例仍处于较低水平,风险相对可控。在当前低利率环境下,应当综合考虑股票投资的风险、收益、流动性以及"偿二代"下资本占用等因素,提高股票资产配置能力。建议我国寿险业在应对利率不确定环境时要充分评估权益资产特别是上市权益对保险公司偿付能力及利润表的影响,并结合压力测试结果确定最优的权益投资比例。同时,也要注重权益投资理念的转型升级,持续推动权益投资资产内部结构的优化,推动个股投资理念从"选时"到"择股"转变。

二是以高分红策略作为权益资产的底仓。存量经济格局下,盈利能力较强、经营业绩稳定、现金流充裕的高分红上市公司受利率下行的影响相对较小,表现更为稳定。对于坚持长期价值投资的保险资金来说,高分红股票可作为风险收益相对确定的重要资产类别。虽然依旧无法避免市场整体估值波动,但通过长期持有可穿越牛熊、平滑并稳定长期收益。回溯历史表现,高分红指数的投资收益均高于相应的市场基准指数(见表5-2)。

表5-2 高分红指数投资收益率与市场基准指数对比 单位:%

年 份	沪深300全收益	沪深300红利全收益	超额收益	中证500全收益	中证500红利全收益	超额收益
2013	-24.7	-33.7	-9.0	80.7	99.3	18.6
2014	294.3	361.1	66.9	209.0	201.5	-7.5
2015	18.6	25.6	7.0	99.6	107.1	7.5
2016	-42.4	-8.3	34.1	-57.6	-34.7	22.9
2017	242.8	346.5	103.8	4.2	16.1	11.9
2018	-112.3	-77.2	35.1	-137.2	-97.1	40.0
2019/9/30	158.0	101.8	-56.2	92.2	61.1	-31.2
2013—2018年均	22.4	52.5	30.1	18.3	38.5	20.2

资料来源:作者整理。

此外,高分红策略也有利于保险资金稳定会计利润,应对IFRS9的实施。IFRS9将金融资产由"四分类"改为"三分类",金融资产按照有无交付现金或其他金融资产的合同义务区分权益工具和债务工具。对于权益工具,可以选择计入以公允价值计量且其变动计入当期损益的金融资产或以公允价值计量且其变动计入其他综合收益的金融资产。权益工具面临公允价值变动计入损益或其他综合收益的"两难"。如果选择前者,则利润表影响大;如果选择计入其他综合收益,则公允价值变动对于利润表将不造成任何影响,而股息、红利仍可计入当期损益。为了有效应对IFRS9的影响,同时在利率不确定环境下减少权益持仓的整体波动,保险公司可加大高分红股票配置,稳定整体投资收益水平,减少收益波动性,并获取一定的估值增长。

三是适度加大长期股权资产的投资力度。从我国保险资金大类资产配置结构看,另类投资占比已经较高,通过流动性溢价获取超额收益的空间较小。在海外投资渠道有限和难以下沉信用评级的环境下,适度加大长期股权资产的配置比例成为提升组合收益的选择之一。以权益法核算计入长期股权投资会计科目,不仅被投资标的股价波动不影响当期净利润的波动,而且以被投资企业账面价值调整后的 ROE 计入当年的投资收益,既能提升投资组合的收益率水平,又能通过长期投资匹配保险负债。资产负债监管规则下的长期股权投资资产久期为 10 年,通过其配置有助于拉长资产久期,缩小资产负债错配缺口。

四是权益投资标的契合中国经济转型方向。经济增长方式和动能的新旧转换是大势所趋。十九大以来,中国财税、金融、产业等政策以追求高质量发展为目标,开始向"新经济"倾斜。高质量增长更均衡、更基于消费、更具科技含量、更开放、更绿色环保、更可持续的增长。随着"新经济"的不断发展壮大,保险资金权益投资的战略性机会将蕴含在与中国经济转型方向相契合的、以消费和科技驱动的"新经济"中。

对于股票投资而言,在主要指数中,市值占大多数的、代表"旧经济"的上市公司(沪深 300 和中证 1 000 成分股中,"旧经济"行业成分股流通市值占比超过 70%),其未来增长空间有限,与产业升级、代表"新经济"的上市公司将是股票市场超额收益的重要来源,保险资金应主动选择具有"新经济"特点的行业与个股。对于私募股权投资而言,在长期利率下行环境下,稳步开展股权投资是增厚收益的必要选择。在符合经济转型、产业升级、消费升级等国家发展战略的股权项目,例如新能源、环保、人工智能、健康服务等,应积极把握投资机会,并重点选择与保险主业具有协同效应的医疗健康、养老服务、金融科技等相关产业。

三、境外投资策略

加大境外投资是海外保险业应对长期利率下行的重要举措。境外投资对保险资金运用的重要作用主要体现在:一是提升投资组合的多样性和资产分散化,实现投资组合风险的全球化分散;二是挖掘海外优质类别资产的投资机会,既可以弥补国内优质长久期资产供给不足的现状,依托境外长久期资产缩小资产负债错配缺口,又能依托境外高收益标的来提升投资组合收益率水平。

尽管当前我国保险资金境外投资面临诸多挑战和困难,但长远来看,仍是大势所趋。对此,我国保险机构应结合相关管理政策,树立稳健审慎的投资理念,以服务国家战略需求为指引,策略性地开展境外投资。

一是围绕"一带一路"建设提供长期资金支持。自 2013 年习近平主席提出"丝绸之路经济带"和"21世纪海上丝绸之路"构想以来,中国境内企业"走出去"步伐明显加快。多数"一带一路"重点项目期限长、资金需求大,与保险资金的资金特性相符。保险资金可以积极通过债权、股权、股债结合和资产支持计划等方式,为"一带一路"沿线基础设施建设项目提供资金支持。

二是充分借力人民币国际化。人民币国际化的稳步推进,为我国资本"走出去"提供了有力支撑。我国保险机构开展境外投资,可充分借助人民币国际化,优选以人民币作为直接结算货币的国家和地区进行投资布局,投资境外以人民币计价的资产,以此实现境外资产配置,规避汇率波动风险。

三是甄选优质的境外资产进行配置。首先,加大对港股市场高股息率股票的投资力度。与A股相比,港股估值水平一直偏低,港股高分红股票既可以提供较高的股息率水平,又能提供更高的长期投资安全垫,是在利率不确定环境下优化权益持仓结构,提高类固定收益资产比重,稳住长期持仓收益水平的优质资产标的。其次,探索加大对境外长久期高收益资产的挖掘。从日本和中国台湾的海外投资标的来看,主要以发达国家的利率债和信用债为主,虽然当前欧美等国家的利率债收益率吸引力有限,但美国长久期的信用债收益率仍在 $3\%\sim4.5\%$,具有一定的配置价值。对于缺乏境外投资经验的国内保险机构来说,投资初期可以探索以委托境外优秀资产管理人进行管理的方式进行投资。最后,谨慎参与不动产、未上市股权等另类资产投资。从国际经验看,积极投资不动产、未上市股权等另类投资项目是增厚保险资金投资收益、逆周期调节投资组合收益率的主要手段之一。但是在当前国内监管环境下,对于监管部门明确限制的房地产、酒店、影城、娱乐业、体育俱乐部等境外投资,以及大额非主业投资等类型的境外投资,保险机构应审慎决策。

第四节 提高投资能力

一、提升主动管理能力,实施积极资产配置策略

与买入并持有的消极资产配置相反,积极资产配置是在缺乏对资产短期收益率明确预期的前提下,根据宏观经济和利率走势的变化,对各大类资产收益和风险的变化进行动态分析,积极主动调整资产配置权重,使得投资组合具有符合预期的风险收益特征。为此,保险机构需要加强对宏观经济和政策的研究,把握利率中长期走势,强化保险资金战略资产配置,根据各大类资产的相对价值比较,以及自身的管理能力、风险

偏好、负债特征等来确定资产配置比例和久期。同时要密切关注稍纵即逝的市场机会,对于各类资产内部结构也要进行战术性调整,利用市场波动主动创造 alpha,积极应对利率中短期变化对投资市场的影响。

当前我国利率的影响因素较为复杂,利率中短期走势受国内外宏观经济和调控政策等多重因素影响,政策预期扰动因素较多。因此,需要在战略性与战术性资产配置层面共同进行优化调整,根据利率在不同时期的走势动态调整资产配置结构,适应利率的中短期变化。

二、主动寻找资产,以"投行"思维管理保险资金

资产管理机构设计、管理并销售金融产品,而金融产品是链接投资者和基础资产之间的环节,投资者投资金融产品,金融产品再投资于基础资产,各类机构的资产管理能力就蕴含在金融产品投资基础资产的这个过程中。长期以来,保险资管机构习惯于以出资方的身份被动挑选产品、接受投资结果。在低利率环境下,保险公司寻求高收益的内在驱动和外部压力将非常大,保险资管机构需要不断强化投行功能,向主动开发项目和参与投资过程管理转变,从单纯的下游资金端向上游的资产端延伸,使自身设计出的金融产品与基础资产实现更有效的对接,缓解保险资金配置压力。

在投行业务方面,近年来保险资管机构通过发起设立债权投资计划、不动产投资计划、股权投资计划等,在投行业务领域进行了有益的探索。未来,还可在并购基金、夹层基金和不动产基金等私募基金领域大胆尝试,通过开展私募业务,在保险资管和公募业务受监管政策约束而无法覆盖的领域,拓宽更多的投资渠道,面向更多的客户,运用更多的风险管理工具,进行更多的机制探索。

三、通过长期资产配置拓展保险产业链,提升整体价值

通过保险资产配置带来保险业务价值的提升也是保险资金运用价值创造的重要途径。低利率环境下,保险资金投资收益率下降,保险资管机构需要更加注重负债端价值的挖掘,利用保险资金期限长、体量大的优势,通过对医疗健康、养老、汽车、保险科技等领域的长期投资布局,提高负债端市场开拓、产品创新、客户服务、经营管理等方面的能力。例如,在产品设计中,可以养老、医疗等服务给付替代传统资金给付,减轻现金流压力。在资金运用绩效考核方面,也应改变仅以短期财务投资收益为目标的考核标准,形成"财务投资收益+负债端价值提升"为基础的全面综合化投资收益考核体系。

在保险产业链投资中,为了量化拟投资资产收益率以及其保险业务的价值贡献,我们可创设价值度指标。我们用一个案例具体说明,假设某保险机构拟出资10亿元投资某品牌汽车4S店股权投资项目。该项目预期收益率为8%,低于市场同类项目10%的水平。但经过评估,投资该项目预期对所辖店面保费收入有10%的提升、综合成本率从95%下降到92%。因此,综合资产和负债端的收益,该资产的预期价值度为11.8%(见表5-3)。

表5-3　　　　　　　　　　某4S店投资的预期价值度计算

分类	指标	投资前	投资后(预期)	价值变化
负债端	保费规模(万元)	100 000	110 000	3 800
	承保利润率	5%	8%	
承保端	投资收益率	—	8%	8 000
	投资规模(万元)	—	100 000	
合计	预期价值贡献(万元)		11 800	
	预期价值度		11.8%	

资料来源:作者整理。
注:3 800=110 000×8%−100 000×5%;8 000=100 000×8%。

四、加强信用风险管理,确保投资安全

为了满足负债高成本,在市场收益下行环境中,保险机构迫于压力可能会攀爬风险曲线,增加对风险资产的配置或通过增加杠杆来获取更高的投资回报,而高收益、高杠杆往往伴随着高风险,保险资金需要承担的风险,尤其是信用风险相应增加。因此,对于保险资金来说,防范和管理好信用风险意义重大。

一是要加强信用风险的研究,提高信用风险定价能力。金融机构的经营的本质在于风险管理、价值发现,信用风险定价将成为资产管理机构固定收益投资的核心竞争力。保险资管机构既要对信用风险进行扎实而深入的研究,而且还要在交易中提升风险识别与定价能力。通过合理定价,把握风险收益的性价比,取得符合保险资产负债匹配原则下的超额收益。

二是加强交易结构设计。好的交易结构能发挥风险防范的作用,保险资管机构在风险管理方面要高标准、严要求,建立符合监管要求的交易架构,通过产品结构创新、增信安排等措施防范风险,确保投资回报的安全性。

三是加强投后管理。在投后期间,由于融资主体面临的经营环境不断变化,投资的不确定性和风险(如市场风险、政策风险、管理风险等)都会大大增加。投后管理涉及投资协议执行、项目跟踪与评估、退出机制设定等内容,通过对融资主体的持续跟踪和分析,尽早发现风险隐患,减少或消除潜在的投资风险。

四是加强投资与信评人员的专业能力建设,提升智能风险控制水平。防范信用风险不仅要有外部信评机构的支持,更需要内部有一支优秀的投资经理和信用研究与评级团队,及时跟踪持仓标的的信用变化。同时,随着大数据、人工智能等技术的应用,还应重视科技在信用风险防范与管理方面的应用。

参考文献

[1] 缪建民.资产周期特性与保险公司资产配置策略[J].保险研究,2010(8).
[2] 缪建民.周期转折中的利率风险[J].中国金融,2010(5).
[3] 缪建民.坚定把改革开放引向深入推进保险业高质量发展[J].保险研究,2018(12).
[4] 蔡红标.制度约见未来:中国金融与资本市场焦点问题研究[M].人民日报出版社,2017.
[5] 蔡红标.全球掀起降息潮中国应留有后手[N].中国证券报,2019年9月17日.
[6] 蔡红标.以市场化方式推动民企"宽信用"[N].中国证券报,2019年4月23日.
[7] 凌秀丽.复杂利率环境下的保险资产配置[J].当代金融家,2017(4).
[8] 凌秀丽,罗工书.下半年债券收益率有望震荡下行[N].上海证券报,2018年7月2日.
[9] 马俊炯.贸易战影响下的通货膨胀与债券市场[J].债券,2018(8).
[10] 吴杰.欧美保险巨头的资产负债管理经验及启示[J].中国保险,2019(6).
[11] 李超.宏观经济、利率趋势与资产配置[M].中国金融出版社,2018.
[12] 李斌,伍戈.信用创造、货币供应与经济结构[M].中国金融出版社,2014.
[13] 董德志.投资交易笔记[M].经济科学出版社,2016.
[14] 徐忠,贾彦东.自然利率与中国宏观政策选择[J].经济研究,2019(6).
[15] 徐忠,贾彦东.中国潜在产出的综合测算及其政策含义[J].金融研究,2019(3).
[16] 李成等.次贷危机前后中美利率联动机制的实证研究[J].国际金融研究,2010(9).
[17] 徐冕等.关于疏通货币政策传导机制的探讨[J].债券,2018(9).
[18] 王辉.低利率下险资运用绝对收益研究——美国、日本的经验启示[J].中国保险,2016(8).
[19] 段加喜,付爽,李文中.复杂利率环境下的保险资金运用[J].保险理论与实践,2007(10).
[20] 杨琳.国际比较视野的利率风险应对:我国寿险业证据[J].改革,2009(7).
[21] 陈文辉.保险资金运用原则[J].中国金融,2016(18).
[22] 段国圣.保险投资新政下的资产配置[J].中国金融,2013(20).
[23] 易纲.中国改革开放三十年的利率市场化进程[J].金融研究,2009(1).
[24] 马骏.货币政策传导机制研究及意义[J].中国金融,2019(1).
[25] 盛朝晖.从国际经验看利率市场化对我国金融运行的影响[J].金融理论与实践,2010(7).

[26] Christian Ebeke and Yinqiu Lu. *Emerging market local currency bond yields and foreign holdings—A fortune or misfortune?*, IMF Working Papers14/29, International Monetary Fund.

[27] Felix Hufeld, Ralph S. J. Koijen, Christian Thimann. *The Economics, Regulation, and Systemic Risk of Insurance Market*. Oxford University Press. 2016.

[28] Francesco Caselli, James Feyrer. *The Marginal Product of Capital*[J]. The Quarterly Journal of Economics, 2007, 122(2), 535—568.

[29] Bai Chong-En, Hsieh Chang-Tai, Qian Yingyi. *The Return to Capital in China*[J]. Brookings Papers on Economics Activity, 2006, 37(2), 61—102.

[30] Thomas Laubach, John C. Williams. *Measuring the Natural Rate of Interest*[J]. Review of Economics and Statistics, 2003, 85(4), 1063—1070.

[31] He Dong, Wang Honglin. *Dual-Track Interest Rate and the Conduct of Monetary Policy in China*[J]. China Economic Review, 2011, 23(4), 928—947.

[32] Ali Azdagli, Zixuan Wang. *Interest Rates and Insurance Company Investment Behavior*[N]. Working Paper, 2019.03.

[33] EIOPA. *Investment Behaviour Report*[N]. Working Paper, 2017.11.

（本文获"IAMAC2019—2020年度系列研究课题"优秀奖）

海外保险资管机构国际化发展经验及其资产配置研究

太平资产管理有限公司

沙 卫　秦明益　李 杰　胡焯华　杜长春

摘要

　　课题以全球排名居前的几家大型保险资管公司为研究对象，重点从海外成熟保险资管机构国际化发展及其资产配置两个维度进行深入分析。一方面，课题研究了国际保险资管机构国际化发展经验以及资管业务的组织架构和管理模式，为我国保险资产管理机构长期发展提供经验参考和发展规划策略支持。研究表明，海外保险资管机构的国际化发展受到多重因素驱动，主要包括资产国际化配置驱动、风险分散化管理驱动以及投资全能型品牌驱动等，并且可以概括为两种发展路径，即负债端驱动下的并购跨越式发展与资产端驱动下的内生性增长。另一方面，课题研究了国际保险资管机构在资产管理业务方面的成熟经验，重点从保险资金大类资产配置与第三方资管业务发展两个角度进行分析。研究表明，从海外保险资管机构业务发展的策略和模式看，在保险资金大类资产配置层面，重点在风险、期限、收益等与负债端实现匹配。在第三方资管业务发展层面，建立产品化优势拓展管理规模，并在不同区域和客户间采取不同策略，努力将第三方业务发展成为国际化进程的重要依托。通过对海外成熟保险资管机构国际化发展和资产配置管理经验的深入研究，总结出了海外保险资管机构成功发展所需具备的能力条件，为我国保险资管机构的长期发展，在能力建设方面提供了参考，同时借鉴海外保险资管机构在资产管理方面的成熟经验，为我国保险资管机构进一步加快资管业务发展提出建议。整体而言，从保险资管机构长期发展角度看,参考海外保险资管机构成熟发展经验,我国保险资管机构需要重点加强四个方面的能力建设,即资产负债管理能力、国际化投资能力、产品与客户开发能力以及风险管理识别能力。从促进我国保险资管机构资产管理业务,尤其是加强资产配置管理角度看,提出了四方面建议,即规划保险资管机构国际化长期发展策略、加强保险资金多元化资产配置、加快第三方资产管理业务发展以及提升另类资产投资能力。

关键词

保险资管　国际化　资产配置　资产管理　能力建设

第一章　课题研究背景与框架

第一节　课题研究背景

近年来我国保险业快速发展,已成为全球第二大保险市场,正逐步向成熟市场转变。伴随着保险业发展而诞生并快速成长的保险资管行业,整体发展却相对滞后,目前尚未出现具有国际影响力的知名品牌。一方面,与银行理财、公募基金、信托、券商等资管同业相比,保险资管并不具备明显的竞争优势;另一方面,与国际领先的保险资管机构相比,在资产规模、投资能力、品牌影响等方面也存在较大差距。在国内资管市场加快开放的背景下,资管行业市场竞争将进一步加剧,从我国保险资管机构的长期健康发展出发,亟须借鉴国际领先保险资管公司的成熟发展经验。

我们根据"欧洲投资与养老机构"2017年统计结果,在全球前20大资产管理公司中,选择了太平洋投资管理公司(PIMCO)、保德信投资管理公司、法通投资管理公司、安盛投资管理公司等几家大型保险资产管理机构,以及安联投资管理公司、宏利资管等几家特色保险资管机构共同作为研究标的,从保险资管机构的国际化发展、保险资金资产配置、第三方资管业务发展以及与此相适应的能力建设等方面进

行深入研究和分析总结,为我国保险资产管理机构的长期发展提供国际经验和借鉴。

第二节 课题研究框架

本课题研究可分为四个部分,具体由六个章节组成,分别从海外保险资管公司国际化发展、保险资金运用、第三方资产管理等角度出发,分析总结了海外保险资管公司在发展和管理方面的经验,以及我国保险资管机构在相关方面存在的问题,并总结我国保险资管机构在能力建设以及资管业务发展方面的建议。

第一章课题研究背景与框架,也是课题研究的第一部分,对课题研究背景进行了一个简要的整体性概括,并提出了课题研究的框架和思路。

第二章为课题的第二部分,主要对海外保险资管机构国际化发展与管理进行了分析,包括对海外保险资管机构国际化发展驱动因素和发展路径的分析,以及对主要几家保险资管机构的组织架构和管理模式进行梳理,并总结分析了外资保险资管机构在我国的发展经验。

第三章与第四章是课题的第三部分,主要分析总结海外保险资管机构在资产管理方面的经验,分别从保险资金大类资产配置策略和第三方资产管理业务发展策略两个角度进行分析。在分析保险资金大类资产配置层面,分别从欧美主要国家保险资金整体的大类资产配置和保险机构大类资产配置特征入手进行分析,并总结了我国保险资金面临的资产负债管理压力;在海外保险资管机构资产管理业务发展策略层面,主要研究了资管行业的发展趋势与特征,第三方资管业务发展策略以及资产配置结构特征,并分析了国际资管机构另类投资发展策略,以及我国保险资管机构在另类资产配置中面临的问题。

第五章与第六章是课题的第四部分,主要是在对海外大型保险资管机构国际化发展和资产管理业务发展经验总结的基础上,提出了如何借鉴国际保险资管机构的能力建设,并对我国保险资管机构加强资管业务发展提出建议。从海外保险资管机构国际化发展和资产管理经验看,我国保险资管机构需要在资产负债管理、国际化投资、产品与客户开发以及风险管理识别等方面加强能力建设。在促进我国保险资管机构资产管理业务发展方面,提出以下四方面建议,并对各项建议进行了具体论述,包括规划保险资管机构国际化长期发展策略、加强保险资金多元化资产配置管理、加快第三方资产管理业务发展以及提升另类投资能力。

第二章 海外保险资管机构国际化概览

海外保险资管机构的国际化发展受到多重因素驱动,并且可以主要概括为负债端驱动和资产端驱动两条路径。在发展模式方面,随着保险资管机构第三方资管业务的开拓,普遍经历了三个主要发展阶段。与海外大型保险资管机构相比我国保险资管行业仍处于发展初始阶段,海外大型保险资管机构的发展路径和模式为我国保险资管机构的发展提供了有益的经验借鉴。

第一节 保险资管机构国际化发展驱动因素

一、资产国际化配置驱动

从国际资管行业发展趋势看,开展全球化配置是保险资管业发展的必经阶段和必然趋势。一方面随着保险业务国际化发展,境外保险资金管理的需求上升,推动保险资管的国际化发展,另一方面也为境内保险资金的全球化配置提供便利条件。

欧美发达经济体以及部分亚太国家和地区较早开始了保险资金全球化配置进程。英国保险业超过 1/3 的资产配置在海外,日本保险资金的海外配置比重在 2014 年就已超过 20%,我国台湾地区寿险业境外投资占比由 2010 年的 34.5% 升至 2017 年的 65.0%。图 2-1 显示 2017 年末日本保险资金海外配置债券与股票合计占比 23.3%,较 2010 年提升了 9 个百分点,呈现出持续提升的趋势。在 2008 年金融危机之后,全球保险资金通过在世界范围内寻找优质高效的资产和项目,跨市场、跨产业、跨区域及跨类别的投资趋势愈加明显,投资风格、投资方向和投资模式等均呈现出鲜明的多元化、国际化特征。

二、风险分散化管理驱动

从分散投资风险的现实需求来看,保险资金在全球范围内寻找收益高、风险低的优质资产组合,并通过在不同市场、不同资产类别之间进行配置,充分发挥境外投资分散风险的职能,可以有效减少国内经济和金融市场的风险敞口,降低、对冲单一市场的

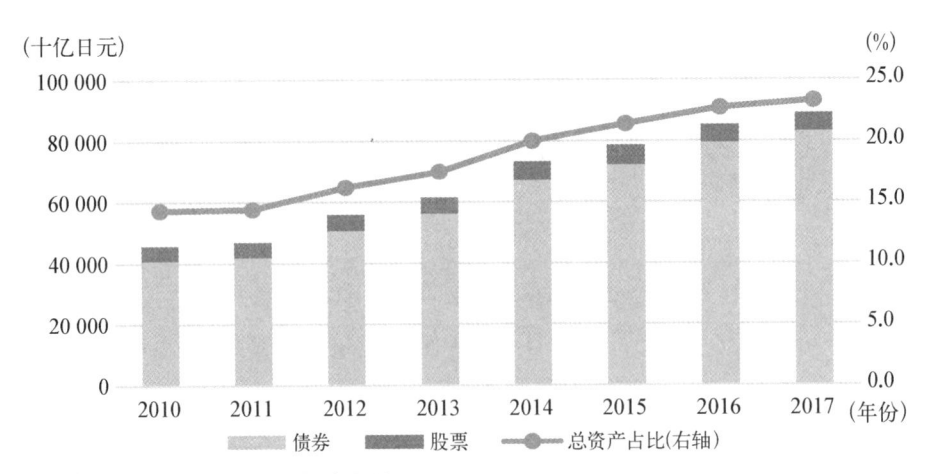

资料来源：Life Insurance Fact Book 2018。

图 2-1　日本保险资金海外投资规模及占比

投资风险。同时，通过在境外进行多元化资产配置，分享不同市场的成长红利和发展空间，进一步提升投资回报率并缓解成本端压力，从而提资产负债管理能力。此外，由于不同经济体经济增长的周期不同，通过国际化资产配置，能够平滑因经济周期性波动而导致的投资收益波动。

三、投资全能型品牌驱动

资管业务国际化发展是资管机构持续发展的必然历程，对于大型资管机构而言在资源、品牌、渠道、投资管理能力等方面具有先发优势，能够占据市场主导地位。国际资管业务发展历程表明，资管业务已经呈现出较强的头部效应，2019年全球前20家资管机构管理资产规模已占全球资产总额的60%，大型资管机构在客户开发方面更能够受到投资者关注。因此，资管机构国际化发展，也是其打造投资全能型品牌的过程，一个国际化的全能型品牌，拥有更大的市场影响力，更容易形成规模与品牌的正反馈效应。

第二节　海外保险资管机构国际化路径

通常保险资管机构是股东或母公司保险资金投资管理的主要实施机构，从国际大型保险资管机构发展历程看，保险资管机构的国际化可以主要概括为以下两种路径。

一、负债端驱动下的并购跨越式发展

由于保险公司保险业务的国际化发展，带动了海外保险资金管理需求，驱动保险

资产管理业务的国际化发展,随着资产管理业务的逐步成熟,进一步向第三方资管等综合业务发展,从而推动资管公司自身的国际化发展。资管业务在负债驱动下的发展,主要通过并购等方式实现快速扩张,并可以快速弥补自身在投资领域内的发展不足。如德国安联、法国安盛等,都是通过并购美国本土资管公司实现在美国资管业务的快速发展。安联集团在2000年收购了PIMCO、Cadence资本管理公司以及奥本海姆投资集团等,使其资产管理规模由几百亿欧元快速增加至3 000多亿欧元。2001年,安联又收购了艾柏杰资本管理以及德国多家资产管理公司,资产管理规模迅速升至6 000多亿欧元。通过并购,安联集团总体管理规模特别是第三方资管业务实现了跨越式增长(见图2-2)。

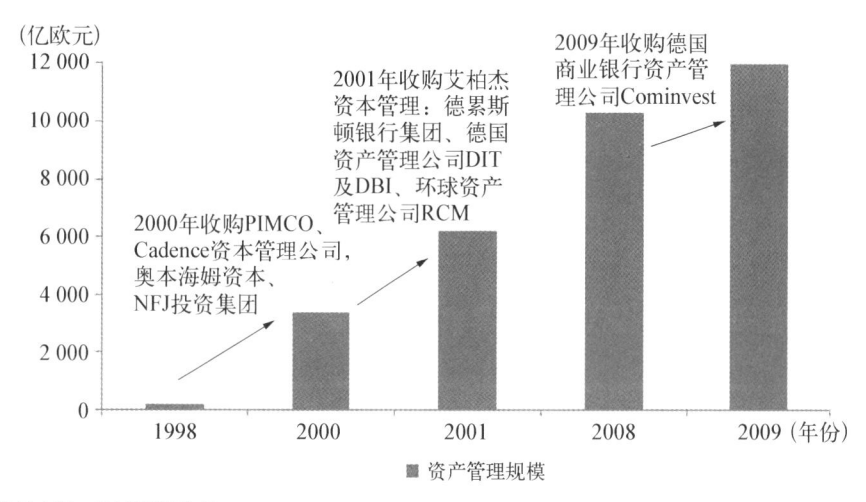

资料来源:公开资料整理。

图2-2 德国安联资产管理业务通过并购实现跨越式发展

二、资产端驱动下的内生性增长

部分保险公司虽然境外保险业务发展规模较小、业务相对滞后,但由于国内经济环境、监管条件允许等客观因素的驱动,以及保险资金多元化配置需求,导致资产端在海外配置需求的上升,通过海外资产配置实现资产管理业务的国际化发展。从规模上看,此类资管机构主要为内生性增长为主,并购式发展为辅。这类保险资产管理公司既包括日本、东南亚国家以及中国台湾地区等,也有美国等发达市场的资管公司。

例如日本由于在20世纪90年代开始,经济发展经历了长期停滞,国内资产收益率较低,投资机会减少,央行持续降息使得日本与英、美等发达国家市场利差扩大,国内固定收益类资产吸引力下降,在负债端高成本压力以及充裕的资金推动下,海外投

资对日本保险公司吸引力显著增大。从日本生命人寿保险公司资产配置情况看,2017年末,其海外固定收益投资占整体资产管理规模的29.7%。此外,例如美国保德信金融集团资产管理业务,法国法通保险集团资产管理业务等,虽然发展中也有并购发生,但仍主要以内生性增长为主,图2-3显示了美国保德信资管业务内生性增长过程中,管理规模实现平稳增长。

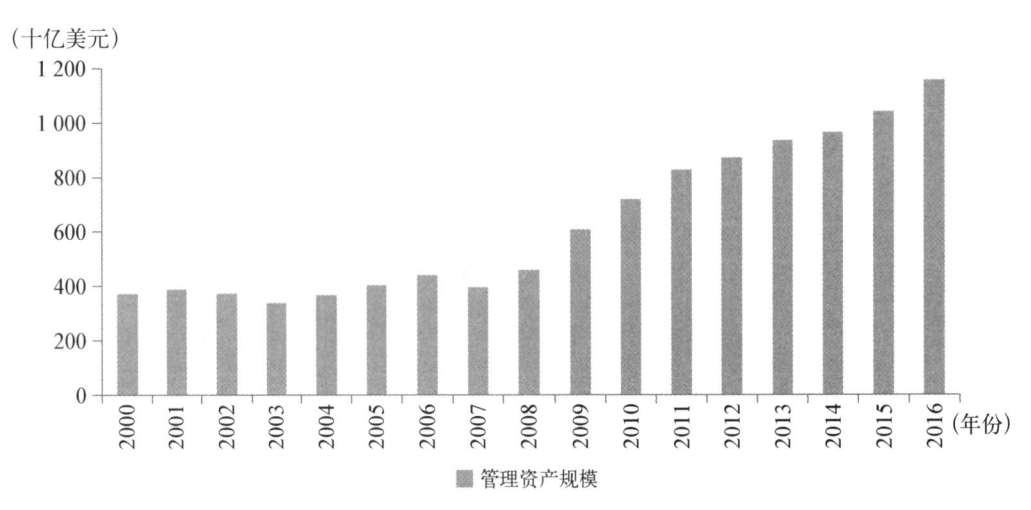

资料来源：保德信金融集团年报。

图2-3　2000—2016年保德信资产管理规模稳步增长

三、海外保险资管机构发展模式与启示

(一)海外保险资管机构的三阶段发展模式

从海外大型保险资管机构发展历程看,随着第三方资管业务的拓展以及资产管理规模的增长,保险资管机构国际化主要概括为三个阶段。

第一阶段,依托保险业务拓展国际资管业务。这也是保险资管机构国际化发展的初始阶段,在此阶段,保险资管机构管理资产主要来源为股东等关联方的保险资金,包括保险业务国际化发展下获取的海外资金以及境内保险资金。这一阶段主要以负债端驱动特征为主,尤其是随着保险业务国际化的发展,境外资金配置需求上升,推动境外资管业务发展,保险资金国际化管理能力得到提升。

第二阶段,第三方资管业务的持续发展。在此过程中,保险资管机构在境内外资产配置能力进一步提升,资管业务市场化发展基础较好,第三方资管业务开始布局,母公司在管理上也逐步推动资管业务的独立发展。为了实现第三方资管业务的快速布局,母公司普遍通过收购整合其他资管机构等方式,实现跨越式发展,并带动第三方资管规模占比的持续上升。例如安联集团收购PIMCO,以及其他多家资产管理公司等;保德信金融集团早年合并了大型养老金管理公司——詹尼森资本,又收购了著名年金管理公司美国泰瑞投资管理公司等;安盛集团间接收购美国联博基金等。

第三阶段,形成全能型国际化资管机构,即发展成熟阶段。在此阶段,随着保险资管机构管理的第三方资产规模占比上升,保险资管机构盈利能力得到明显增强,收入和利润在集团内占比不断提高。同时,具备了较强的全球化资产配置能力和国际化第三方资管能力,实现全球资管业务全覆盖,并在全球不同地区设置办公室、分公司等分支机构,同步开展投资、研究等工作,形成了更为明显的国际化特征。

(二)海外保险资管机构国际化发展对我国的启示

国际资管机构发展历程表明,资管业务国际化是行业发展的必然趋势,尤其是当资管机构管理的资产规模持续增大时,资产管理业务的规模效应显现,对于大规模资产来说重在获取长期稳定的投资回报,需要通过国际化资产配置,化解资产过于集中的投资风险、本币贬值风险等,通过多元化资产配置,抵御经济周期性波动风险以及资本市场波动风险等。与海外保险资管机构国际化发展相比,虽然我国保险资管机构也在实践国际化发展,但整体来看,我国保险资管机构仍处于国际化进程的第一阶段,数据显示截至2018年末,我国保险资金境外投资占比为4.6%,其中主要为境外未上市股权、不动产和股票等资产。

我国保险资管机构国际化发展相对滞后,一方面由于我国保险业务国际化发展不足,难以成为推动资管业务国际化的有效手段,即负债端驱动模式不明显;另一方面我国保险资金国际化配置占比较小,保险资金境外投资仍受到资本流通等客观因素的制约,因此资产端驱动发展的力量也是相对较弱。但未来,随着我国金融业双向开放力度的增强,以及资管业竞争的进一步加剧,保险资管机构必然需要参与到国际化竞争中,因此,我国保险资管机构需要为国际化发展做好充分的能力储备。

第三节 海外保险资管业务组织架构及管理模式

海外大型保险资管机构随着国际化发展的推进,持续优化、调整组织架构,并结合自身投资特点等采取了不同的投资管理模式,通过组织创新不断提升自身资产管理水平,推动保险资管机构规模扩张。

一、安联集团：资管业务统筹管理模式

（一）构建资产管理两大平台

安联集团在资产管理业务发展过程中，在 2000 年收购了当时美国最大的资产管理公司太平洋投资管理公司（简称"PIMCO"），在 2001 年之后又进行了大范围的并购，经过一系列整合之后，于 2004 年成立了德盛安联资产管理有限公司。2011 年 9 月，安联新成立了安联资产管理公司（Allianz Asset Management，简称 AM）全面管理公司的资产管理业务，旗下包括太平洋投资管理公司（PIMCO）和德盛安联资产管理公司（Allianz Global Investors，简称 Allianz GI）两家资产管理平台。截至 2019 年 6 月末，PIMCO 管理资产规模达 1.88 万亿美元，Allianz GI 管理资产规模为 6 190 亿美元。PIMCO 与 Allianz GI 作为安联资产管理的两大平台，自身却有着不同定位，而且两大平台的管理优势也有不同。

PIMCO 目前是全球领先的固定收益投资管理机构，主要以固定收益投资产品为主，因此，PIMCO 管理资产中超过 90% 为固定收益类资产。同时，从集团内部定位看，PIMCO 在资产管理业务方面也以第三方资产管理业务为主，图 2-4 显示，2018 年末安联集团第三方资产规模达 1.4 万亿欧元，其中 1.1 万亿欧元由 PIMCO 管理。PIMCO 管理的资产中第三方资产占比在 85% 左右，并且资金来源主要以美国市场为主，美国本土资金占比超六成。Allianz GI 是全球领先的主动型投资管理公司，具有较强的综合管理能力，并且是安联集团保险资金重要委托管理机构，同时也为全球机构和零售投资者提供资产管理服务。公司管理资产配置于股票、固定收益、多元资产

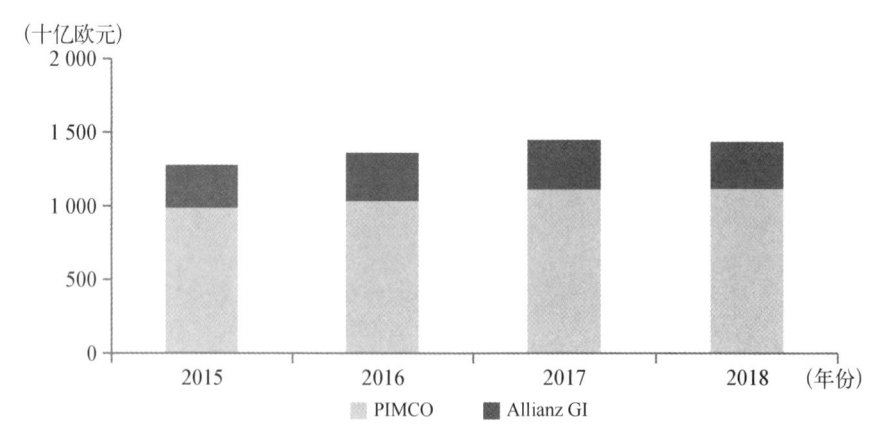

资料来源：安联集团年报。

图 2-4 安联集团第三方管理资产分布

以及另类资产等,其中,股票、另类资产等占比较高,分别为25%和14%,如图2-5所示。公司管理资产中主要来自欧洲,资金区域分布中欧洲占比76%。

(二)集中化投资管理模式

安联资产管理业务由安联资产管理(AM)统一管理,是安联集团资产管理业务的核心部门,主要负责指导安联集团全球保险资金的运用,秉持集团所拟定的目标市场与资产管理策略,管理集团旗下资产管理业务。AM在集团内部加强和统一投资认识、集中投资活动,更高效地利用全球网络资源,为了确保AM各投资策略的更好执行,AM全球各区域中心共汇集了500多名来自企业和安联集团的不同背景的专业人士,共同为各业务部门提供支持。AM是建立在保险和投资活动之间的桥梁,其目标就是将保险客户的保费转化为投资回报,但投资策略则是由旗下的资产管理平台结合自身特点和经验具体执行。从AM旗下两大平台投资程序来看,PIMCO与Allianz GI采取了不同的管理策略和模式。

首先,PIMCO的投资程序融合了自上而下和自下而上策略。PIMCO通过经济论坛,建立长期观点和分析预测机制,对未来三年至五年主要经济走势进行预测,同时,PIMCO建立了投资委员会,委员会由资深专家组成,包括集团投资总监以及每位主管特定资产渠道的投资总监,共同参与主导每个层面的投资程序,并制定有关增长、通货膨胀、汇率等因素的投资指引(见图2-6)。在投资端,如表2-1所示,截至2019年9月,PIMCO投资团队包括了超过260名的地区和专业组合投资经理(PM),平均

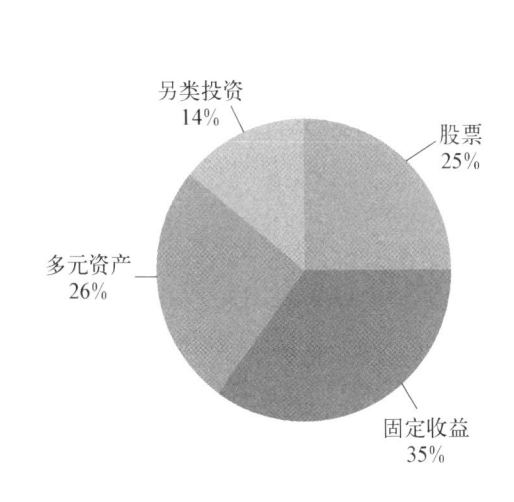

资料来源:Allianz GI官网。

图2-5 Allianz GI管理资产配置结构

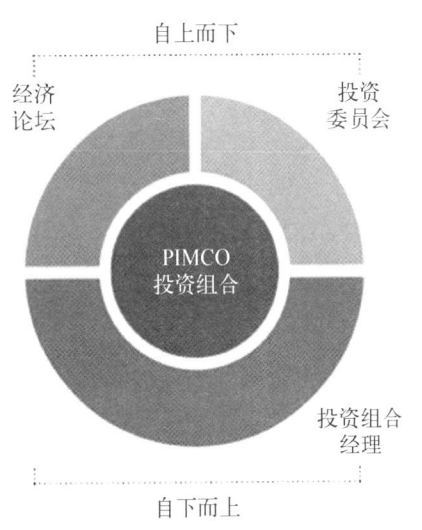

资料来源:PIMCO官网。

图2-6 PIMCO投资程序

拥有16年的投资经验,以及超过150位的信用分析师和资产研究专家,共同制定并执行各类组合产品的交易策略。

表2-1　　　　　　　　　　　　PIMCO资产组合产品结构

资产组合结构			
主动管理 4 PMs	资产配置 6 PMs	银行贷款 3 PMs	新兴市场 20 PMs
增强型 5 PMs	环球策略 36 PMs	全球抵押债权 59 PMs	衍生品 8 PMs
高收益 10 PMs	投资委员会 (美洲、欧洲、亚洲、新兴市场)		投资级别 26 PMs
长久期 10 PMs	市政债 5 PMs	实际回报债 10 PMs	短期 7 PMs
信用分析 60 analysts	组合分析 60 analysts	量化组合 6 analysts	风险管理 11 risk managers

资料来源:PIMCO官网。

其次,Allianz GI以主动型资产管理策略为主。在投资决策方面更强调以基础研究和全球协作为导向。一方面,积极发挥自身资产管理业务的全球化布局优势,2018年末公司在欧洲、美国和亚太地区分别拥有投资专家475位、192位和126位,通过强化全球协作,跨越地域限制,汇聚环球思想,应对市场周期性变化;另一方面,公司积极研究,从多个途径收集、分析数据,通过人工职能、大数据以及特有数据等,开展前瞻性研究,夯实投资决策的基石,制定更具主动性的投资策略,同时辨析新型资产类别、拓宽另类回报新来源,通过内部协作平台,与全球投资者共享研究成果(见图2-7)。

二、保德信金融集团:多平台管理模式

保德信在资产管理业务方面主要通过保德信全球投资管理(Prudential Group Investment Management,简称"PGIM")负责开展,PGIM采用多平台管理模式(Multi-manager model),以特定领域的资产类别或投资方式划分管理平台,各平台专注于自主的资产管理业务,使得各种业务均可保持其投资特色,积极为投资者争取投资回报。从其业务划分来看,以投资标的为依据,分别设立了8个投资子平台,即固定收益、权益投资、不动产、量化权益、商业抵押贷款、私募债、共同基金以及国际投资,图2-8显示了各平台的定位以及管理规模情况,其中固定收益平台管理规模最大为8 090亿美

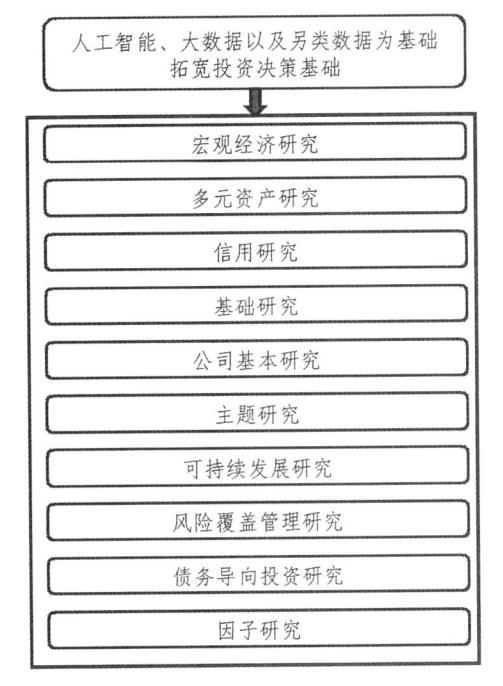

海外保险资管机构国际化发展经验及其资产配置研究

```
            ┌─────────────────────────────────┐
            │ 人工智能、大数据以及另类数据为基础 │
            │      拓宽投资决策基础            │
            └─────────────────┬───────────────┘
                              │
            ┌─────────────────▼───────────────┐
            │         宏观经济研究             │
            ├─────────────────────────────────┤
            │         多元资产研究             │
            ├─────────────────────────────────┤
            │         信用研究                 │
            ├─────────────────────────────────┤
            │         基础研究                 │
            ├─────────────────────────────────┤
            │         公司基本研究             │
            ├─────────────────────────────────┤
            │         主题研究                 │
            ├─────────────────────────────────┤
            │         可持续发展研究           │
            ├─────────────────────────────────┤
            │         风险覆盖管理研究         │
            ├─────────────────────────────────┤
            │         债务导向投资研究         │
            ├─────────────────────────────────┤
            │         因子研究                 │
            └─────────────────────────────────┘
```

资料来源：Allianz GI 官网。

图 2-7 Allianz GI 研究体系

PGIM 固定收益 全球固定收益投资领导者 资产规模：8 090 亿美元	JENNISON ASSOCIATES 权益与固定收益投资领导者 资产规模：1 781 亿美元	QMA 股票和多资产量化投资 资产规模：1 232 亿美元
PGIM 不动产 不动产债权、股权与股票 资产规模：1 735 亿美元	**PGIM**	PGIM 私募债 私募债投资组合领导者 资产规模：889 亿美元
PGIM 房地产金融 国际商业、农业抵押贷款 资产规模：1 735 亿美元	PGIM 全球合作伙伴 非美市场资产管理 资产规模：1 735 亿美元	PGIM 投资 共同基金 资产规模：1 100 亿美元

资料来源：PGIM 官网（截至 2019 年 6 月 30）。

图 2-8 PGIM 多平台资产管理构成

元。各子平台拥有完全独立的经营自主权，实行独立经营、利润核算和绩效管理，并具有相对独立的市场化薪酬体系，能够有效激发各平台管理效率和投资业绩。

另外，PGIM 还设置了两个跨业务的团队，即机构关系团队和机构咨询与解决团队，其中设立 PGIM 机构关系团队主要是为了有效了解与传递投资目标、应对面临的挑战及维护庞大的全球机构投资者的利益，PGIM机构咨询与解决团队则主要是为各种资产配置、风险管理及相关问题提供咨询意见。

三、安盛集团：专业化分工管理模式

（一）构建资管业务的两大子平台

安盛集团的资产管理业务由安盛投资管理公司（简称"AXA IM"）和联博基金（Alliance Bernstein，简称"AB"）构成。AXA IM下设Rosenberg全球基金投资公司、安盛Framlington资产组合公司、安盛不动产投资公司、安盛私募基金公司、安盛Multimanager、安盛银行等。AXA IM产生于集团内部，由服务于集团内资产的投资管理发展而来，因此第三方业务占比相对较低。AXA IM通过共同基金、投资组合等服务于机构投资者和个人投资者，同时也是集团保险资金的主要管理者，AXA IM更为擅长固定收益、股票以及多元资产配置。

AB为安联资本于2000年收购重组构成，作为独立的资产管理公司，主要为个人、私人客户以及集团内部投资者提供投资管理等服务，2019年6月末，AB管理资产规模为5 800亿美元，图2-9显示其中7成以上为第三方客户资金，明显高于AXA IM第三方资金占比。AB管理资产中，固定收益类资产占比在50%左右，此外，多元资产占比四分之一，股票与另类投资占比分别为20%和5%左右。

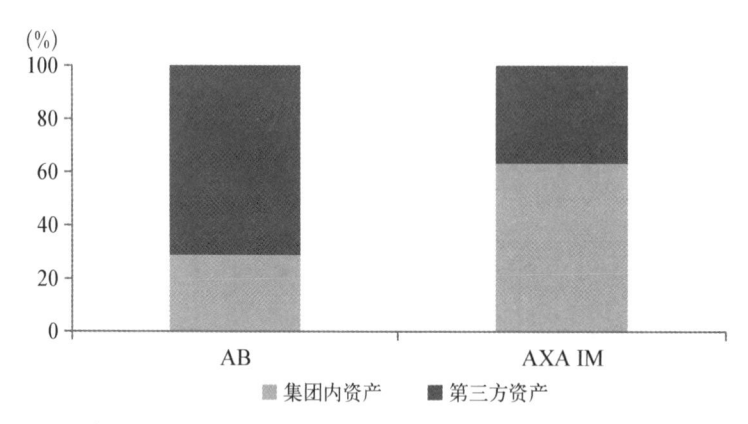

资料来源：AXA官网。

图2-9 法国安盛集团资产管理子公司管理资金构成占比

（二）专业化分工管理

在投资管理方面安盛资产管理业务更强调专业化分工管理，从AXA IM固定收益团队成员的构成结构来看，包括投资经理、信用研究、组合工程和交易，其中，后三者

是前者的核心支持。全球分析师密切跟踪各类债券投资级别、高收益债券和新兴市场；工程师团队嵌入于各地的投资团队，优化投资组合、持续监测风险，他们利用内外部的开发工具确保投资经理获得投资组合实时详细信息；固定收益交易员在择时方面具有较强优势，确保与做市商交易的最佳条件。在专业化分工协作下，AXA IM形成了以信用产品投资的深度与质量而闻名的资管机构。

四、法通保险：与集团业务的协同发展模式

法通保险集团资产管理业务由法通投资管理有限公司（Legal & General Investment Management，简称"LGIM"）具体负责，LGIM是世界领先的资产管理公司之一，管理的第三方养老金资产和内部养老金价值接近1万亿英镑，投资策略主要包括指数、固定收益、多资产等。LGIM下设立法通投资组合管理服务公司、法通单位信托管理公司、法通美国投资管理公司和法通亚洲投资管理公司，形成了英国、美国和亚洲为主的区域管理模式。

从法通资产管理业务的发展角度看，LGIM主要通过基于保险业务和销售网络的内生性增长模式，推动资产管理业务的扩张，并通过为客户提供特有的专业知识和金融解决方案，与集团内其他业务之间形成较强的联动效应和有效的协同合作关系，使投资管理业务成为集团组织架构中的重要环节。LGIM全面加强与法通集团其他业务协同合作，LGIM与保险和储蓄业务合力开拓养老金固定缴款计划，与法通退休金事业部合作为客户提供退休金管理服务，与法通资本在房地产、商业贷款、基础设施投资等另类投资领域开展投资合作（见图2-10）。

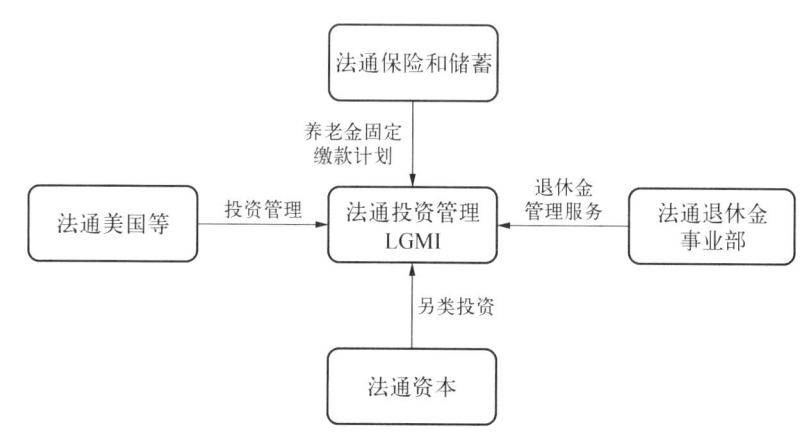

资料来源：LGIM官网。

图2-10 法通投资管理与集团各业务间的协同

五、国际保险资管机构管理经验与启示

上述四家国际大型保险资管机构组织架构和管理模式各具特色,但整体上来看,主要仍以平台化、专业化的方式为主,并引入市场化竞争机制,以类似于事业部形式加强市场化管理,持续保持各平台较强的投资能力和优势。整体而言,可将四家保险资管公司管理经验概括如下:

一是资管业务独立管理。从保险机构资管业务组织架构来看,各保险机构管理模式虽然有所不同,但主要是将资管业务作为独立的业务模块进行统一管理,而资管业务普遍由两个或多个子公司共同构成。在资管业务投资管理方面,安联集团更为强调由集团层面的统筹管理,在集团层面制定投资策略,并由各投资平台实施。其他保险机构在资管业务方面,更多是由各子平台独立发展,在投资策略选择上也以各平台为主。统筹管理的投资策略更能够发挥集团的整体资源优势,而平台化独立发展模式更能发挥各子平台的主动性和灵活性。

二是明确各子平台差异化定位。保险资管机构在资管业务方面主要由关联方保险资金管理和第三方资金管理构成,为了进一步发挥各平台的资管优势和特色领域,形成了各子平台的差异化定位,如安联集团与安盛集团资管业务均由两大平台构成,安联集团的保险资金主要由 Allianz GI 管理,而安盛集团保险资金主要由 AXA IM 进行管理。

三是标准化投资以专业化分工管理模式为主。国际保险资管公司都十分重视集中专业化的投资管理模式,专业化分工和同一品牌下的资源共享不仅有利于资产管理业务的精细化,还有利于提高资产管理效率和管理能力。在安盛集团,数量化投资由 AXA Rosenberg 公司负责,主要是进行增强型指数投资;主动性投资由 AXA Framlington 公司等负责。PIMCO 以投资组合策略为依据,分为多个资管产品类型,如主动管理、环球策略、高收益等,并由相应的投资组合经理对具体产品进行专业化管理。

四是另类资管业务以模块化管理模式为主。从四家国际保险资管机构资管业务管理模式看,主要采用以具体产品或特定领域为主的模块化管理模式。例如 PGIM 根据不同资产类型和管理目的等,资管业务分为 8 个子平台,包括了固定收益、股票、不动产、共同基金等各类资产;LGIM 资管业务以投资策略和区域划分形成了多个投资子平台,主要形成了英国、美国和亚洲为主的区域化管理模式。安盛集团另类投资则分为结构性产品、私人股权投资、房地产投资、对冲基金等资产管理模块。

第三章 海外保险资金大类资产配置策略分析

第一节 国内外保险资金大类资产配置比较

由于目前国际大型保险资管机构主要集中在欧美市场,因此,我们重点关注了美国、英国以及德国的保险资金整体配置情况,为分析保险机构在保险资金配置管理和第三方资金配置管理中的策略提供参考。

一、美国保险资金配置特征

(一)股票占比上升,债券占比下降

20世纪80年代,美国寿险业经历了利率放开、市场竞争加剧、资金端成本与投资风险同时上升等情况。同时,在监管方面,偿付能力向偿二代靠拢。由于高风险资产要求占用较高的资本额度,因此,美国寿险资金中一般账户主要配置于政府和企业债券、股票、抵押贷款等。

从配置结构看,债券类资产始终占比最高,表3-1显示2017年末债券配置占比为48.4%,较2010年下降3.3个百分点,股票投资占比为31.5%,较2010年提升了1.9个百分点,美国保险资金运用中有一半投资于债券市场,同时股票配置占比近年来随着美国市场长期牛市带动,也在小幅上升。此外,不动产投资占比呈现持续下降态势,已由1990年的3.1%降至2017年末的0.6%。抵押贷款在经历金融危机影响出现大幅减少后,近两年出现小幅回升。

表3-1 美国寿险资金运用结构变化 单位:%

年 份	债 券	股 票	抵押贷款	不动产	保单贷款	其 他
1980	44.4	9.9	27.4	3.1	8.6	6.6
1990	56.3	9.1	19.2	3.1	4.4	7.8
2000	50.4	31.3	7.4	1.1	3.2	6.4

续表

年份	债券	股票	抵押贷款	不动产	保单贷款	其他
2010	51.7	29.6	6.2	0.5	2.4	9.7
2015	49.4	30.9	6.7	0.7	2.1	10.2
2017	48.4	31.5	7.1	0.6	1.9	10.4

资料来源：ACLI-2018。

（二）债券配置等级出现结构性变化

数据显示，2017年末美国寿险业一般账户所持有的债券中94.4%为Class1（A级及以上）与Class2（BBB级）等级的高品质债券，但从结构上看，图3-1显示Class1与Class2等级的占比分别为62.0%与32.4%，最高等级的Class1占比仅为六成。并且与2007年相比，美国寿险资金在Class1等级债券的配置占比下降了7.3个百分点，Class2等级债券配置占比提高了7.4个百分点。

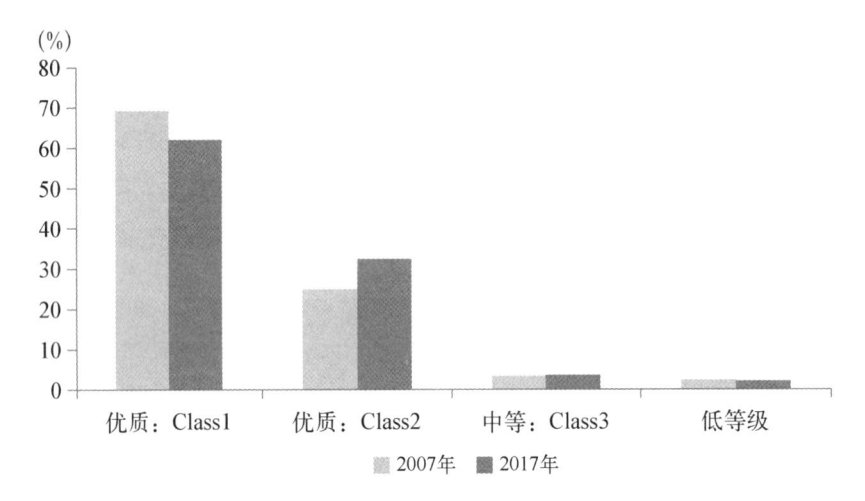

资料来源：Life Insurers Fact Book 2018。

图3-1 美国寿险业债券配置评级分布及占比变化

（三）债券资产中MBS占比高于政府债

表3-2显示了2017年底美国寿险一般账户中MBS配置规模达到4 582.57亿美元，占一般账户管理资产规模的10.3%，独立账户配置规模达到1 094.67亿美元，占独立账户管理资产规模的4%。整体来看，MBS配置占比7.9%，高于政府债7.6%的配置占比。此外，美国寿险资金债券配置中以企业债为主，占比高达32.9%，远高于政府债等其他债券。

表 3-2　　　　　2017 年末美国寿险资金 MBS 资产配置规模及占比

债券类型	一般账户 规模（百万美元）	一般账户 占比（%）	独立账户 规模（百万美元）	独立账户 占比（%）	综合账户 规模（百万美元）	综合账户 占比（%）
政府债	471 714	10.60%	75 221	2.70%	546 935	7.6%
企业债	2 150 801	48.40%	214 126	7.80%	2 364 927	32.9%
MBS	458 257	10.30%	109 467	4.00%	567 724	7.9%
债券合计	3 080 772	69.40%	398 814	14.50%	3 479 586	48.4%

资料来源：SIFMA(2018)。

目前，资产证券化已经成为全球金融化的重要组成部分，美国作为全球资产证券化最发达的国家，截至 2017 年末，美国资产证券化债券总规模达到 10.7 万亿美元，占美国债券市场总规模的 26.3%，其中占比 90% 以上为 MBS（抵押贷款证券化），近几年，美国每年资产证券化发行规模均超过 2 万亿美元。欧洲是资产证券化市场规模第二大区域，2017 年欧洲资产证券化发行规模为 2 350 亿欧元，AAA 级占比达到 47.41%，投资级占比 95.21%，与美国融资需求和资金出表需求驱动的资产证券化不同，欧洲资产证券化以表内融资为主，银行自持比例在 50% 以上，主要是利用资产证券化来创造抵押品，用于获取来自央行的资金。

二、英国保险资金配置概况

英国保险业协会数据显示，英国保险业股票投资占比在过去 10 年减少了 12%，截至 2017 年末股票投资占比为 25.7%。在固定收益方面，债券类资产较为分散，包括私募债券、公募债券、政府债以及现金资产等，固定收益类资产合计占比为 44.8%，债券类资产配置中政府债券配置占比较低，仅为 7.1%。此外，英国保险资金中 23.5% 的资产配置于公募基金，有助于投资的分散化和减少收益的波动性。在不动产方面，英国保险资金配置占比为 5.9%，显著高于美国寿险资金配置占比，如图 3-2 所示。

三、德国保险资金配置结构

首先，2018 年末德国保险资金投资资产规模 1.39 万亿欧元，在配置结构方面，其中固定收益类资产占比 83.3%，股票与联营企业投资分别占比 5.2% 与 6.5%，此外不动产占比 3.4%。配置结构上以固定收益类资产为主，股票占比相对较低。

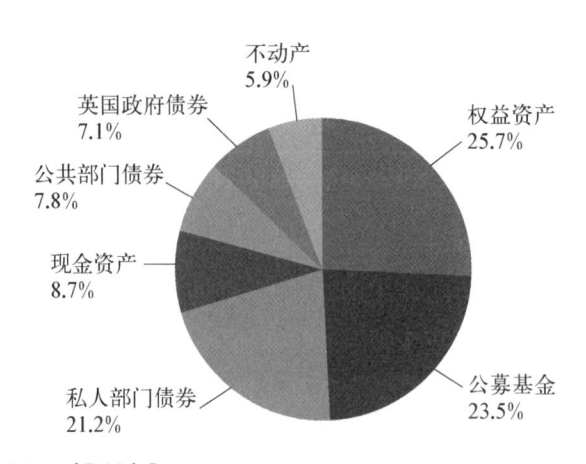

资料来源：Association of British Insurers。

图 3-2　2017 年英国保险资金投资资产类型及占比

其次，从配置占比变化上看，固定收益类资产虽然占比较高，但较 2011 年下降了 5.4 个百分点，其中贷款类资产与担保债券占比均出现明显下降，而政府债与企业债占比出现明显提升，由 2011 年的 9.2% 提升至 2017 年 18.3%，此外，债券型基金配置占比 2018 年较 2011 年提升了 7.1 个百分点。在股票方面，整体占比也出现提升，由 2011 年 2.8% 提升至 2018 年末的 5.2%。联营企业相关投资配置占比在 2018 年提升幅度较大，2018 年较 2017 年提升了 2.7 个百分点。

此外，从另类资产配置结构看，德国保险资金另类资产整体占比不高，表 3-3 显示 2018 年末占比为 2.1% 与 2010 年的 2.3% 相近。另类资产中主要由私募股权和 ABS 资产构成，其中私募股权占比 1.4% 较 2010 年提升 0.8 个百分点，ABS 资产占比 0.7% 较 2010 年下降了 0.5 个百分点。

表 3-3　德国保险资金投资资产配置占比及变化　　　　　　　　单位：%

资 产 类 型	2011 年	2017 年	2018 年
固定收益	88.7	84.9	83.3
抵押贷款	5.1	4.6	5.2
贷款	27.2	18.7	—
担保债券	21.5	12.7	—
政府债与公司债	9.2	18.3	—
债券型基金	20.6	25.9	27.7
次级贷款	2.3	1.5	—
其他债券	2.9	3.2	—

续表

资产类型	2011年	2017年	2018年
股票	2.8	5.1	5.2
直接持有	0.3	0.1	—
股票型基金	2.5	5.0	—
联营企业投资	3.6	3.8	6.5
不动产	3.4	3.9	3.4
直接持有	2.2	2.2	—
基金持有	1.1	1.7	—
其他投资	1.5	2.4	1.6
合　计	100	100	100

资料来源：Statistical Yearbook of German Insurance 2019。

注：2018年德国保险资金资产分类进行调整，仅列示可比资产占比。

四、我国保险资金配置特征

（一）固定收益与权益类资产为主

表3-4显示了2018年末我国保险资金配置结构，数据表明固定收益类资产占比最高，达67.4%，其中债券占比34.4%，我国债券配置占比低于美国和英国保险资金配置占比，但我国保险资金在现金类以及定期存款方面的配置占比较高。在权益类资产方面，我国保险资金在股票方面的配置占比为6.4%，明显低于美国和英国保险资金配置占比，但略高于德国。在不动产方面，我国保险资金配置占比低于英国但高于美国寿险。

表3-4　　　　　　　2018年我国保险资金配置情况

资　产　类　别	占比(%)
现金类	6.5
固定收益类	67.4
其中：债券	34.4
定期存款	10.3
信托与债权计划	13.4
其他固定收益类	9.4

续表

资 产 类 别	占比(%)
权益类	21.3
其中：长期股权	9.9
股票	6.4
其他权益类	4.9
投资性不动产	2.3
其他	2.5

资料来源：中国银保监会。

（二）债券配置以高信用等级利率债为主

近年来美国保险资金除采用增配中低信用债券策略之外，美国与英国在债券配置结构上均以企业债为主，政府债占比较低，美国与英国寿险资金政府债配置占比分别为7.6%和7.1%。相比之下，我国保险资金在债券类资产配置方面风险偏好并未出现明显调整，如图3-3显示，截至2018年末，我国保险资管行业持有债券规模合计5.74万亿元，其中政府债、金融债与企业债占比分别为27.5%、22.6%与19.2%，结构上主要以风险较低的政府债、金融债等利率债为主。而且从几家上市险企披露数据看，我国保险机构在企业债投资中AAA评级占比平均达91.2%，我国保险资金信用债投资主要集中于高评级债券，基本以AAA评级为主。

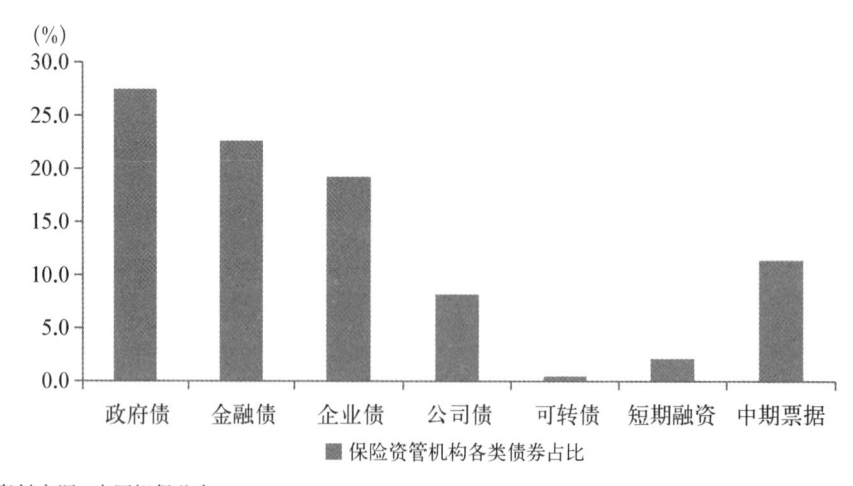

资料来源：中国银保监会。

图3-3 2018年末保险资管机构各类债券配置占比

(三) 我国保险资金对ABS资产的配置较低

从我国保险机构对资产证券化产品的配置情况来看，与海外保险资金对ABS资产的配置相比，我国保险资金在ABS资产方面的配置占比较低。2018年末我国保险资金配置资产证券化产品包括资产支持计划和信贷资产支持证券，合计规模为861.86亿元，仅占保险资金固定收益类资产规模的0.78%，占保险资金运用余额的比例为0.53%。

第二节 海外大型保险机构大类资产配置结构特征

一、保德信金融集团：防御性配置组合策略

保德信金融集团（PRU）在2018年度报告中明确指出，公司采取了防御性的配置策略，目的就是要更好地为下一次经济衰退做好准备。从保德信金融集团投资组合管理策略看，坚持高质量资产和资产负债良好匹配的投资管理策略，主要从负债端需求、利率风险管理、多元化配置以及严格的证券筛选等角度出发加强组合管理，投资组合主要呈现出分散化、高质量和高防御性特征。防御性配置策略同时也导致保德信金融较低的投资收益，2018年保德信金融集团整体投资收益率为2.01%。

（一）投资组合以低风险资产为主

截至2018年末，保德信在政府债券方面的配置占比为36%，投资级公司债和私募债合计占比31%，抵押贷款与结构化产品分别占比12%和5%，而投资级以下的公司债、股票和另类资产配置占比普遍较低，股票和另类资产合计占比仅为3%（见图3-4）。保德信投资组合中风险较低的政府债与投资级债券合计占比67%，为整体资产的风险控制奠定基础。

（二）各类资产市场评级较高

根据美国保险监督官协会（NAIC）评级标准，保德信金融集团在固定期限信贷资产中NAIC-1等级占比77%，高于同业63%的平均占比。在公司债方面，如图3-5所示，50%的公司债评级为A级及以上，BBB级债券占比39%，其中私募债占比近一半，私募债普遍具有结构化风险防范机制，并以PGIM承销品种为主。在结构化产品中，主要由CMBS、CLO以及RMBS等资产构成，AAA与AA级资产合计占比98%，其中CLO评级均为AAA级。在抵押贷款方面，通过多元化和高质量资产增强风险防御能力，抵押贷款主要以风险较小的个人抵押贷款、公寓按揭贷款等为主。

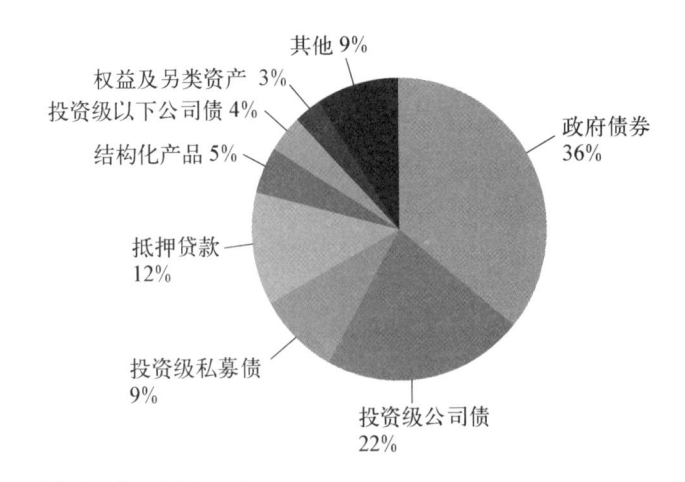

资料来源：保德信金融集团年报(2018)。

图 3-4　保德信金融集团资产配置结构

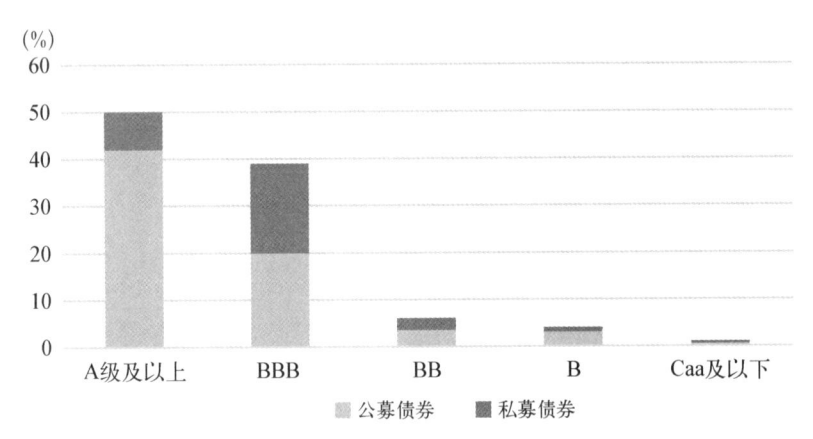

资料来源：保德信金融集团年报(2018)。

图 3-5　保德信金融集团公司债按信用等级分类

（三）通过股票与另类资产提升长期投资收益

保德信金融集团虽然在股票与另类资产方面配置占比较低，但公司表示持有此类资产主要是与长期负债匹配，并进一步加强资产的多元化配置。保德信金融集团实践表明，另类资产能够提供较高的长期投资回报，并可以满足尾部负债现金流需求。保德信金融集团在股票与另类资产的配置上也呈现出分散化和多元化特征，股票占比33%，不动产占比21%，对冲基金占比18%，私募股权占比28%。

整体来看，保德信金融集团通过调整资产组合配置策略，为经济衰退布局，主要举措包括：在资产类别中根据信用评级进行调整，降低资产久期，加强对优质信用主体资产配置，并对防御性和高波动性资产进行调整等。基于防御策略，保德信金融集团资产配置出现大幅调整,如图 3-6 显示,与 2007 年相比,保德信金融集团对政府债券配置占比由 20% 提升至 36%,结构化产品由 17% 下降至 5%,NAIC-1 等级公司债提升 3%。

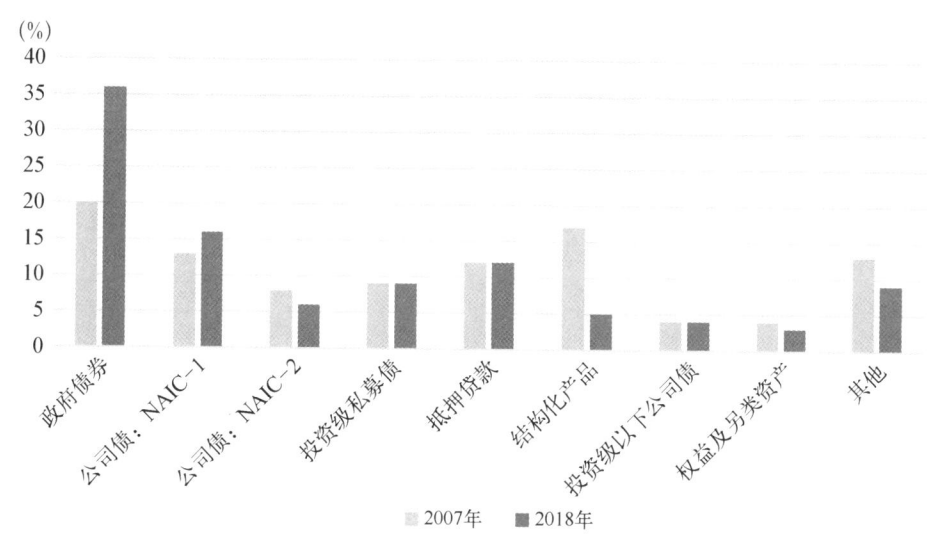

图 3-6 保德信金融集团 2007 年与 2018 年资产配置变化

资料来源:保德信金融集团年报(2018)。

二、安联集团:相对积极的保险资金配置策略

从安联集团保险资金配置结构和变化趋势看,与保德信金融集团防御策略不同,安联集团保险资金配置策略相对积极。虽然安联集团仍以固定收益类资产配置为主,但从资产类型看,固定收益类资产中企业债占比较高,资产久期在持续增加,而且在另类债权和另类股权方面的配置占比较高。

(一)固定收益类资产占比下降,权益类资产占比提升

表 3-5 显示了安联集团保险资金大类资产配置主要以固定收益类资产为主,2018 年末固定收益类资产占比为 86.3%,较 2010 年降低 4.7 个百分点,权益资产占比为 9.4%,较 2010 年提升了 2.4 个百分点。分险种来看,财产与伤亡险、人寿与健康险在资产配置上差异不大,财产与伤亡险固定收益类资产配置占比 82.9% 略低于人寿与健康险的 87.4%,而人寿与健康险在不动产和现金方面的配置占比明显低于财产与伤亡险,这主要是因为财产与伤亡险以短期险种为主,需要较高的流动性支持。

表 3-5　　　　　　　　2018 年安联集团保险资金大类资产配置

资产类型	集团保险资产 规模（亿欧元）	集团保险资产 占比（%）	财产与伤亡险 规模（亿欧元）	财产与伤亡险 占比（%）	人寿与健康险 规模（亿欧元）	人寿与健康险 占比（%）
债务工具	5 803	86.3	822	82.9	4 643	87.4
权益	632	9.4	94	9.5	506	9.5
不动产	125	1.9	29	2.9	92	1.7
现金及其他	169	2.5	46	4.6	74	1.4
合计	6 729	100	991	100	5 315	100

资料来源：安联集团年报(2018)。

（二）企业债占比较高，资产期限较长

从安联集团债券配置的发行主体看，2018 年安联集团保险资金配置的债券中政府债券和企业债券占比最高，分别为 36% 和 40%（见图 3-7），企业债占比高于政府债，此外还包括担保债券占比 13%，ABS/MBS 资产占比 4%，规模为 241 亿欧元，其中商业房地产抵押贷款支持证券占比 42%。从资产期限看，2018 年末安联集团投资组合整体投资期限为 9 年，较 2013 年末增加了 2.1 年，其中人寿与健康险资产久期为 9.7 年（见图 3-8）。与保德信金融集团相比，安联集团公司债占比较高，并且延长了资产久期，表明安联集团对持有资产的中长期收益具有信心，资产配置策略较为积极。

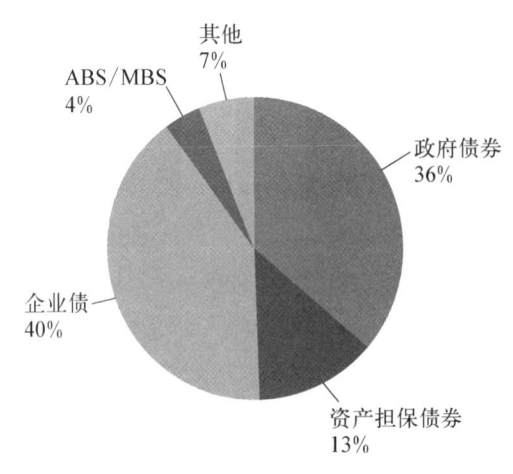

资料来源：安联集团年报(2018)。

图 3-7　2018 年安联债券投资品种占比

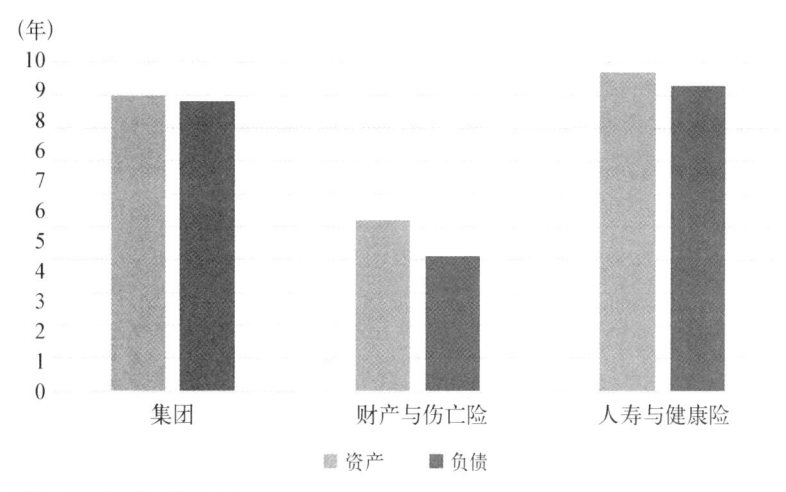

资料来源：安联集团年报（2018）。

图 3-8 2018 年安联集团资产与负债久期

（三）另类资产规模上升，配置占比较高

从资产类型角度看，安联集团在另类资产领域的配置占比上升明显，截至 2018 年末，安联集团在另类资产整体配置占比为 19.1%，较 2010 年 2% 的占比大幅提升，图 3-9 显示 2018 年安联集团保险资金在另类股权和另类债权方面的配置占比分别为 8.5% 和 10.6%。另类股权方面以不动产为主，不动产在另类股权中配置占比为 68.8%，在另类债权方面，商业与非商业抵押贷款合计占比 59.1%。从资产多元化配置角度看，安联集团在资产配置中相对集中，尤其是对另类资产的配置占比较高，表现出安联集团更重视高收益资产的配置。

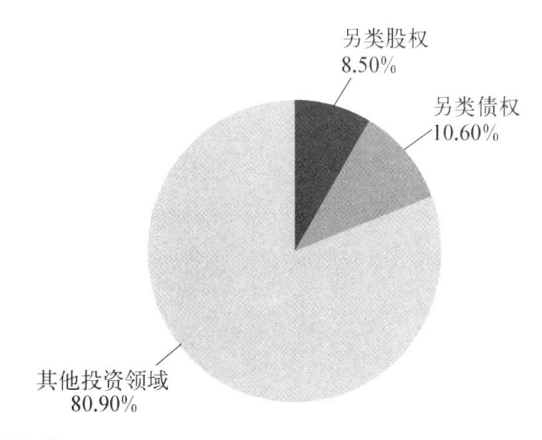

资料来源：安联集团年报（2018）。

图 3-9 安联集团保险资金另类资产配置占比

三、安盛集团：风险相对均衡的配置策略

安盛集团保险资金配置占比中，同样以债券为主，2018年债务工具配置占比85.5%，股票与不动产分别占4.8%和4.3%，此外还包括投资基金2.6%，以及其他类资产2.9%（见图3-10）。

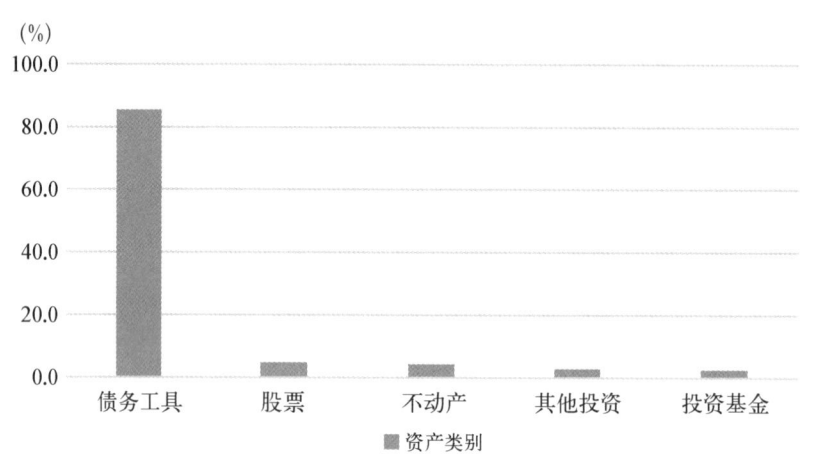

资料来源：安盛集团年报（2018）。

图3-10 安盛集团保险资金配置结构

从安盛集团债券配置结构看，主要为信用债和政府债，在信用债方面BBB级至AAA级分布较为均衡，2018年末AAA级债券占比20%，AA级占比27%，A级与BBB级占比均为24%（见图3-11）。在政府及政府相关债券配置中，主要以欧、美、日

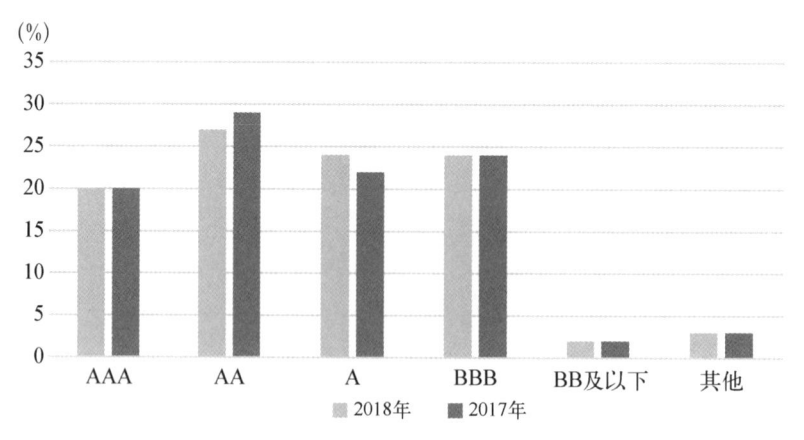

资料来源：安盛集团年报（2018）。

图3-11 安盛集团保险资金债券配置评级结构

等发达经济体为主,其中法国占比21%,日本占比14%,德国占比10%,美国占比9%,其他各经济体占比均小于10%,包括了意大利、比利时、瑞士等国。此外,安盛集团还通过金融衍生工具等保持投资收益的平稳。

四、宏利人寿：高度多元化的资产组合策略

（一）资产配置较为均衡

2018年末加拿大宏利人寿所属保险资金管理规模为3537亿加元,宏利人寿保险资金配置结构特征为高度多元化,并且整体资产配置分布上较为均衡。表3-6显示了宏利人寿保险资金大类资产配置结构,其中62.6%的资产为债券类,其中公司债与私募债占比较高,此外,抵押贷款整体占比为16%,股票配置占比为5.4%,不动产配置占比3.6%。

表3-6　　　　　　　　宏利人寿保险资金大类资产配置结构

资　产　类　别	规模（百万,加元）	占比（%）
现金类	16 215	4.6
债券类	221 348	62.6
加拿大政府债券	23 787	6.7
美国政府债	25 924	7.3
海外政府债	20 260	5.7
公司债	112 670	31.9
私募债券	35 754	10.1
资产证券化	2 953	0.9
抵押贷款	56 602	16.0
商业抵押贷款	28 215	8.0
其他抵押贷款	20 148	5.7
政策性贷款	6 446	1.8
银行客户贷款	1 793	0.5
股票	19 179	5.4
不动产	12 777	3.6
其他长期资产	27 543	7.8
合　　计	353 664	100

资料来源：宏利人寿年报(2018)。

(二)资产配置多元化

1. 债券配置结构

宏利人寿债券配置在行业与区域分布方面更加多元化,图3-12显示政府与机构债占比债券资产整体的33%,在行业分布方面公用事业占比19%,此外,能源、消费与工业部分占比相对较高,并且占比均为8%,MBS/ABS在债权类资产中占比2%。

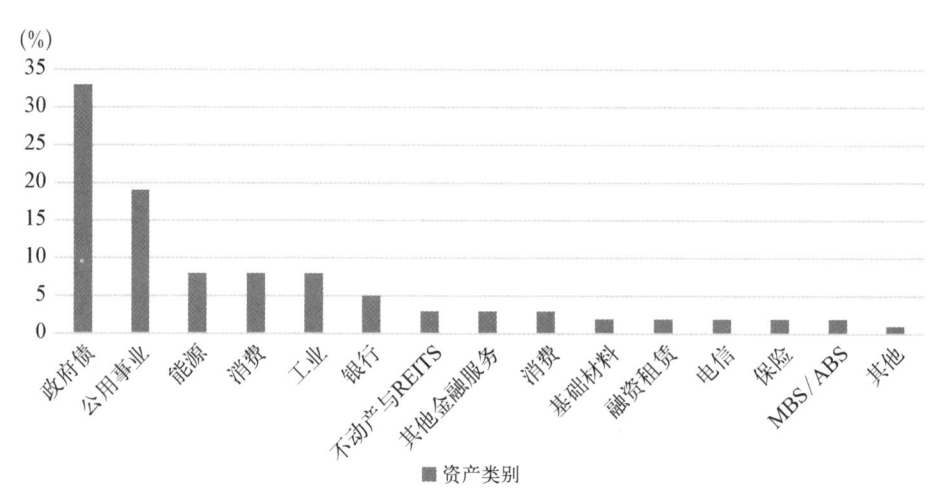

资料来源:宏利人寿年报(2018)。

图3-12 宏利人寿保险资金债券配置结构

2. 抵押贷款配置结构

表3-7显示2018年末抵押贷款整体配置占比为16%,其中商业抵押贷款占比50%,此外还有政策性贷款与银行客户贷款。从商业抵押贷款结构看,主要包括单身公寓、零售、办公楼宇等,此外还包括住宅、工业品等。从其地区分布看,加拿大地区占比64%,其他抵押贷款资产均为美国。

3. 商业不动产配置结构

表3-7显示在商业不动产方面,办公楼占比39%,公司自用物业占比23%,郊区办公楼占比13%等。并且办公类不动产主要集中在北美和亚洲等经济稳定增长的高度多样化的城市。

4. 其他长期另类资产配置结构

另类资产配置方面,表3-7显示能源与基础设施建设占比34%,私募股权占比28%,石油与天然气占比15%。宏利人寿认为,另类资产提升了长期投资收益,并且有助于将传统固定收益类资产进一步实现多元化。此类长期另类资产能够更好地与负债端的长久期相匹配,并有助于风险管理能力的提升。

表 3-7　　　　　　　　　宏利人寿多元化资产配置情况

抵押贷款		商业不动产		长期另类资产	
资产类别	占比(%)	资产类别	占比(%)	资产类别	占比(%)
加拿大单身公寓	27	办公楼-市内	39	能源与基建	34
零售	18	公司自用	23	私募股权	28
办公楼	18	办公楼-郊区	13	石油与天然气	15
加拿大单身公寓-CMHC再保险	14	住宅	12	林地	14
普通住宅	10	工业厂房	6	农业用地	5
工业品	5	其他	4	其他	4
其他商业	5	零售	3		
普通住宅-CMHC再保险	1				
其他商业-CMHC再保险	1				
农业	1				

资料来源：宏利人寿年报(2018)。

第三节　海外保险资金大类资产配置与资产负债管理

资产负债管理是保险机构实现长期健康发展的重要基础，保险资金运用的突出特点就是通过配置高稳健性的资产和更长的持有期限，来降低资产组合的短期波动风险和非系统性风险。通过资产配置在风险、期限、收益上与负债端实现匹配，提升资产负债管理效率。

一、保险资金运用的风险匹配管理

（一）固定收益类资产是基础性资产

从国际大型保险机构在保险资金管理层面看，固定收益类资产是保险资金配置的重要资产，配置比重普遍较高。如前文所述，2018年安联集团保险资产固定收益类配置占比为86.3%，法国安盛集团债务工具配置占比为85.5%，法通保险债券类资产配置比重在70%，此外保德信、宏利人寿债券类资产配置占比均在60%以上（见图3-13）。数据表明海外大型保险资管机构在保险资金管理方面更多以固定收益类资产配置为主，这对于提高投资收益的稳定性奠定了基础，也有助于提升投资负债期限匹配管理能力。

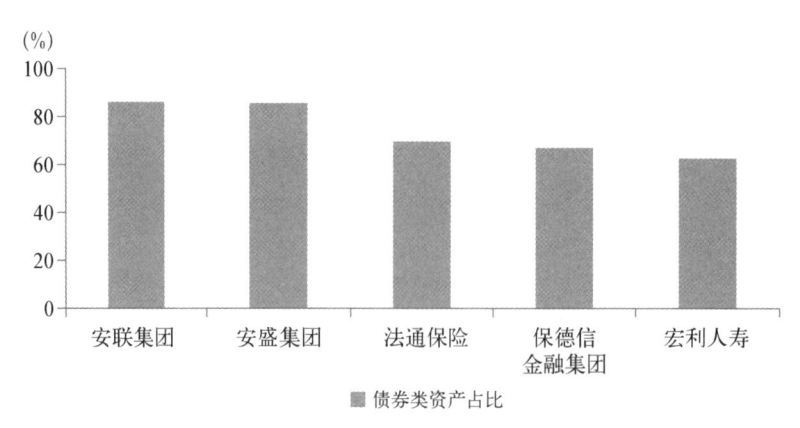

资料来源：各公司年报。

图 3-13　部分保险机构固定收益类资产配置占比

（二）固定收益类资产信用结构调整

在固定收益类资产结构方面，保险资管机构债券配置仍以中高等级为主，但同时也在逐步采取信用下沉的策略，增加了中低等级债券的配置比重。如 2018 年末安联集团固定收益类资产由优质固定收益组合、政府债以及其他固定收益组合构成，表 3-8 显示，其中，优质组合中，A 级以上占比 66%，较 2010 年下降了 18%，BBB 级债券占比较 2010 年提升 17%；政府债券中，AAA 级占比由 2010 年末的 43% 降至 2018 年末的 20%，AA 级提升了 26 个百分点；在担保债券中，AAA 级债权 2010 年以来占比下降了 26 个百分点，AA 级提升了 15 个百分点。数据表明，2010 年以来，安联集团全面下降了 AAA 级债券的配置占比，中低等级债券配置占比明显上升。

表 3-8　安联集团债券类资产分类及评级　　　　　　　　　　单位：%

债券类资产分类	AAA 2018	AAA 2010	AA 2018	AA 2010	A 2018	A 2010	BBB 2018	BBB 2010	非投资级 2018	非投资级 2010	无评级 2018	无评级 2010
优质固定收益组合	21	46	26	12	19	26	27	10	3	2	3	4
政府债券	20	43	44	18	9	31	22	4	4	2	1	2
固定收益组合：担保债券	66	92	19	4	12	1	3	2	0	0	0	1
固定收益组合：企业债	2	6	12	14	32	43	48	27	3	3	4	7

资料来源：安联集团年报。

宏利人寿债券类资产在投资评级分布方面也出现明显调整，2018 年末 AA 级以上配置占比为 33%，较 2015 年下降 4 个百分点，A 级与 BBB 级合计占比 65%，较 2015 年末提升了5个百分点。近年来安联集团与宏利人寿在债券配置上均提高了A级与BBB级债券配置比重。从美国和欧洲债券市场情况来看,这与全球债券市场利率持续下行的环境紧密相关,数据表明,自2009年以来,美国十年期国债收益率由3.7%降至目前的1.5%附近,同时欧元区十年期公债收益率也是由3.6%左右降至目前的负利率(见图3-14)。

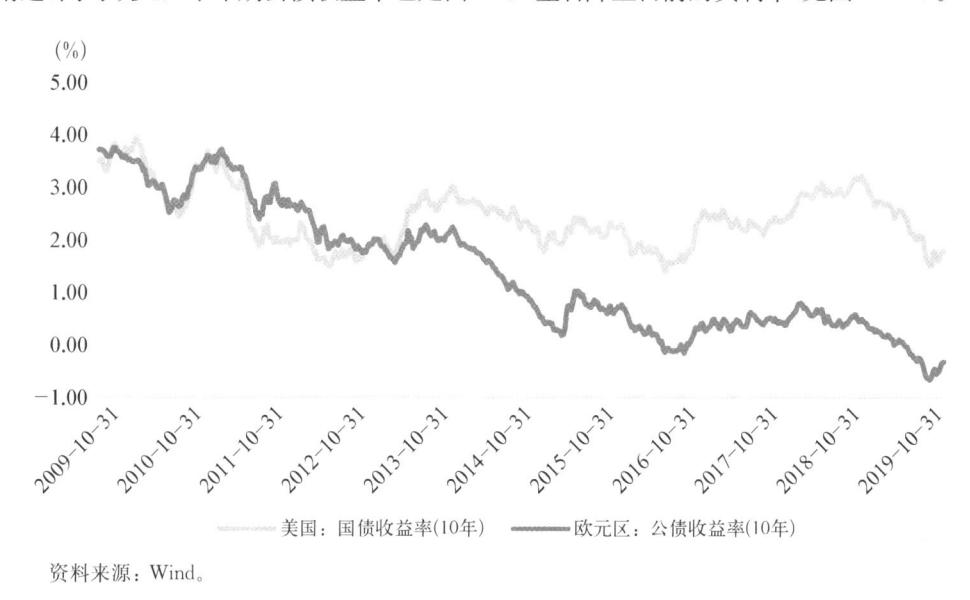

资料来源:Wind。

图3-14 美国和欧元区国债收益率趋势

二、保险资金运用的期限匹配管理

美国寿险配置中包括国内外的公司债、政府债等不同主体发行的债券,并且重点配置具有较长久期的债券。2017年末,一般账户所持债券中(含政府债与公司债)期限在20年以上占比20.7%,5年—20年占比47.6%,较2013年增加1.9个百分点,期限在1年—5年占比25.0%,期限在1年以下占比6.6%,较2013年下降1.9个百分点,所持债券中短期债券占比在下降,中长期债券占比在提升。从构成上看,其中政府债期限在10年以上的占比51.6%,企业债期限则在1年—10年为主,占比达59.5%,其中5年—10年占比33.2%。图3-15表明2017年所购买的债券中,购买时剩余期限10年以上占比72.6%,美国寿险资金以中长期债券配置为主。

从安联集团保险资金期限管理情况看,在2013年至2018年期间,安联集团保险资产平均投资期限持续拉长,由2013年的6.9年延长至2018年的9.0年,并且在2018年资产端久期首次超过负债端久期,安联集团在资产与负债端已经实现较好的期限匹配(见图3-16)。

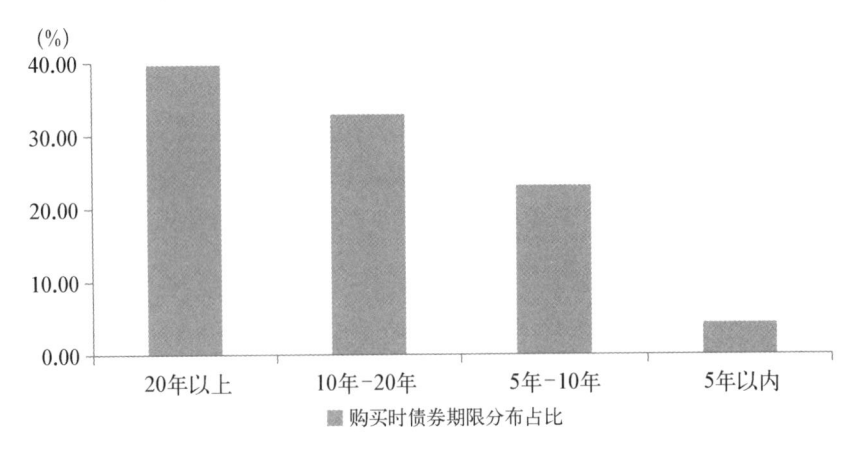

资料来源：ACLI-2018。

图 3-15 2017年美国寿险一般账户购买长期债券时期限分布

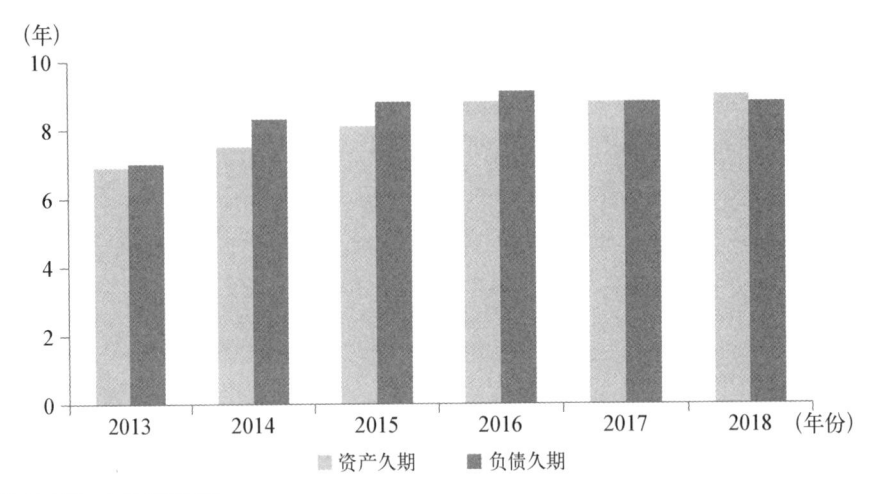

资料来源：安联集团年报。

图 3-16 2013—2018年安联集团资产与负债持久期

三、保险资金运用收益匹配管理

首先，从保险资金运用收益率角度看，2003—2017年间，美国寿险平均收益率为5.39%，中国保险资金运用收益率平均为5.17%，较美国寿险平均收益率低22 BP。从投资收益率的波动性看，美国寿险资金收益率波动性较小，收益率更为稳定，而中国受资本市场波动等因素影响，保险资金收益率明显波动较大。从2008年全球金融危机时期看，美国寿险资金投资收益率由2007年的6.01%降至2008年的5.63%，而中国保险资金投资收益率由12.17%降至1.89%。其次，从德国保险资金运用收益率表现看，2012年以来德国保险资金运用收益率维持4.5%附近窄幅波动，保持了较高的稳定性,其中,德国安联集团在2010—2018年期间,保险资金运用收益率始终在5%附近窄幅波动,整体保持平稳(见图3-17)。

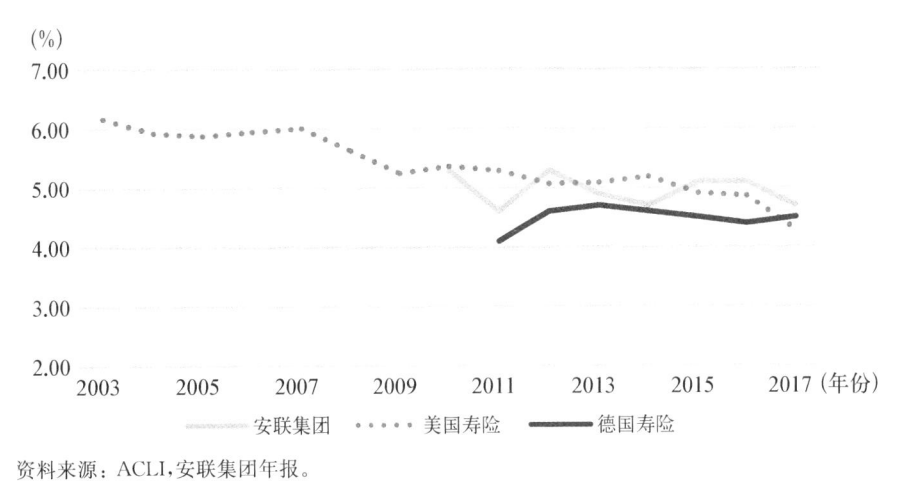

图3-17 安联集团与美国寿险资金投资收益率走势

资料来源:ACLI,安联集团年报。

数据表明,一方面,我国保险资金管理的能力依然较弱,资金收益率受权益市场影响波动较大,资产与负债端的收益匹配能力与国际保险资管机构相比存在较大差距。另一方面,我国资本市场与美国等高度发达的资本市场相比,应对市场波动的对冲机制并不完善,相关的金融产品仍有待完善。此外,我国保险资金对金融衍生品的投资仍需要进一步放开,同时,保险资金在衍生品方面的投资能力也需要积极培育。

第四节 我国保险资金资产负债管理难度上升

从保险资金大类资产配置情况看,目前我国保险资金主要由银行存款、债券、股票与证券投资基金以及其他投资类资产构成,其中以固定收益类和权益类资产为主。受全球经济增速放缓以及利率下行等因素影响,我国保险资金固定收益和权益类资产投资方面均面临着一些新的压力和挑战。与海外大型保险资管机构成熟的管理经验相比,我国保险资管机构起步晚,发展时间短,对于利率周期性走势的应对经验并不充足,新形势下我国保险机构在资产负债管理方面,需要借鉴国际大型保险机构资产配置经验,调整资产配置结构,满足资产负债管理要求。

一、固定收益类资产配置压力增大

保险资金的负债特性,决定了其需要兼顾安全性、收益性和流动性,这也决定了保

险资金以固定收益类资产配置为主的方向,因而对利率的变化较为敏感。截至 2019 年 6 月末,全行业保险资金配置中,债券占比为 34%,加上定期存款以及信托计划、债权投资计划等其他金融产品投资,广义的以获取利息收入为主的固定收益类资产占比将近 70%,是保险资金配置的核心资产。因此,如果市场利率中枢下移,这部分"压舱石"的收益表现将受到较大影响,从而直接影响到保险资金运用的整体收益表现。

历史数据显示,在利率下行时期,保险资金运用收益率表现相对较差,如图 3-18 所示的 2005 年、2008 年、2011 年以及 2018 年,都出现了阶段性的收益率低点。而在 2014 年—2015 年,虽然利率下行,但是同期央行降息,股票市场在流动性和情绪面的支撑下表现较好,对冲了利息收入减少对于保险资金收益的不利影响。

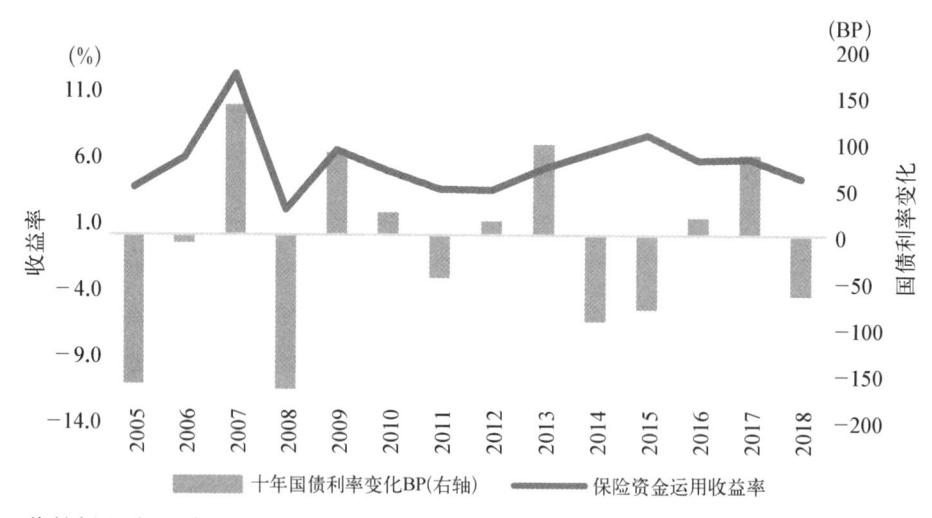

资料来源:中国银保监会,Wind。

图 3-18 十年期国债收益率变化与保险资金收益率走势

现阶段,我国市场利率在短期和中长期内都面临着一定的下行压力。从短期看,全球经济增速放缓,欧美等主要经济体普遍采取宽松的货币政策,全球利率整体处于历史较低位置,如十年期的美国国债与欧元区公债 2019 年已跌至十年来低位,分别在 1.5% 和 −0.5% 附近震荡,我国十年期国债到期收益率 2019 年内自高点最多时回落超过 40 BP。从中长期看,我国经济从高速发展阶段向高质量发展阶段转型,随着经济增速放缓,叠加人口老龄化以及利率市场化改革等因素,可能驱动利率中枢下移。在此背景下,保险资金固定收益资产的配置收益率较难提升,尽管近期部分人身险准备金评估利率上限已下调至 3.5%,但仍高于无风险利率,固定收益类资产的配置压力增大。

二、保险资金收益波动压力较大

2018年我国保险资金在股票类资产配置的占比虽然不高,但是由于收益弹性较大,对整体投资收益率水平有着重要影响。从历史数据看,表3-9显示上证综指1991—2018年间的年化收益为8.26%,在全球主要指数中最高,但是同期年化波动率达到55.25%,远远高于全球其他主要市场指数。

表3-9　　　　　　　　　　1991年—2018年全球权益资产表现

资产名称	年化收益率	年化波动率
标普500	6.87%	14.00%
德国DAX	7.29%	20.49%
日经225	−0.51%	20.01%
上证综指	8.26%	55.25%

资料来源：Wind。

股票市场的高波动特征,导致我国保险资金整体投资收益率波动较大,投资收益稳定性弱于发达市场,增加了保险资金资产负债管理难度(见图3-19)。而在新金融工具会计准则下,大部分权益资产公允价值变动都将被计入当期损益,股票价格波动将对当年保险机构的整体经营业绩表现产生更加直接的影响,这将对保险资金投资收益的稳定性带来更加严峻的考验。

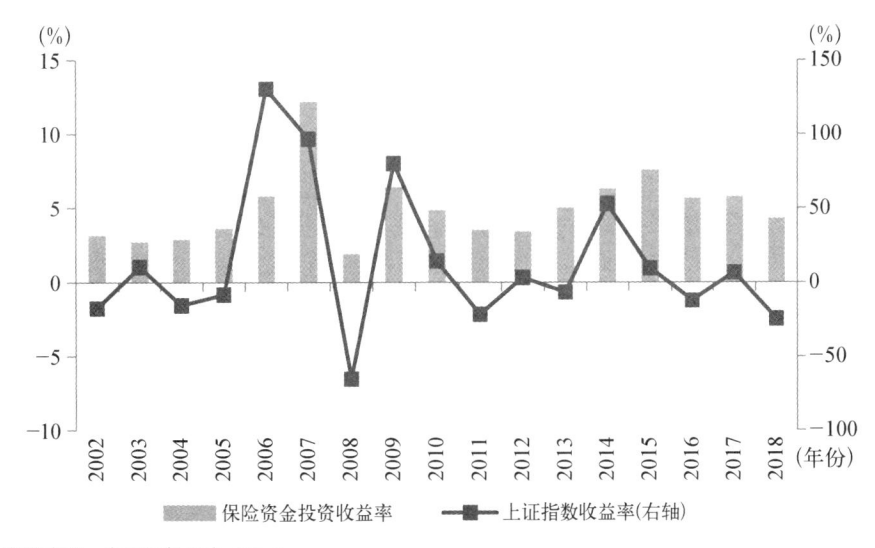

资料来源：中国银保监会,Wind。

图3-19　保险资金运用收益率与股票指数走势关系

第四章 海外保险资管机构资产管理业务发展策略

第一节 把握资管行业发展特征与趋势

一、头部机构更受益于资管行业的增长

麦肯锡研究报告表明,全球资产管理行业管理规模在2017年增长了12%,达到了79.2万亿美元。从行业发展特征看,大型资管机构持续主导行业扩张步伐,麦肯锡调查数据表明,如图4-1所示2017年资产管理规模在1万亿美元以上的资管机构中,88%的机构实现了资金净流入,而管理规模在3 000亿美元至1万亿美元之间的资管机构中,资金净流入机构数量占比45%,大型资管机构资金净流入占比明显高于其他机构。

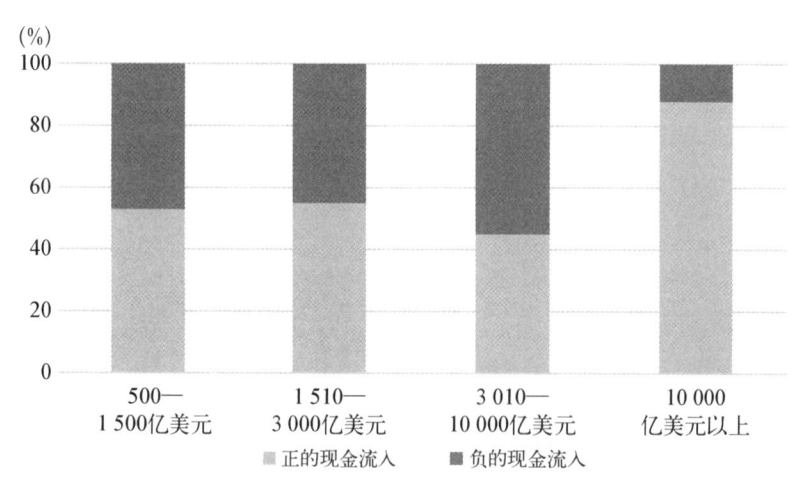

资料来源:McKinsey Performance Lens Global Asset Management Survey(2018)。

图4-1 不同管理规模的资管机构资金净流入与净流出占比

2017年全球前十家资管公司管理资产规模合计26.4万亿美元,前20家资管公司管理资产规模约占全球资产管理总额的60%,资管行业整体持续向头部机构集中的趋势。从我国保险资管行业情况看,也呈现出一定头部发展趋势,国寿资产和平安资

产管理规模均超3万亿元,行业前5家保险资管公司管理规模超10万亿元,占我国保险资管业整体管理规模近七成。

二、资管业务对母公司利润贡献较大

首先,国际大型保险资管机构已经成为母公司的重要利润构成,例如2018年美国保德信全球投资管理资产规模1.2万亿美元,资产管理业务实现利润25.42亿美元,占保德信金融集团整体利润的12%;德国安联集团的资管业务实现利润25.3亿欧元,占集团整体利润的20%;英国法通集团资产管理业务管理规模1万亿英镑,实现利润4.07亿英镑,占集团持续经营利润的18.9%。

相比之下,我国保险资管机构对母公司的利润贡献较小,表4-1显示2018年国内7家上市险企资管业务净利润合计46.09亿元,仅占控股集团整体利润的2.5%,其中国寿资管占比最高为8.7%。我国保险资管业务并未形成与保险主业发展相符的市场地位,这主要由于我国保险资管机构第三方资管业务发展滞后,保险资管机构收入来源受限。

表4-1　　　　2018年我国7家上市险企资管公司利润与控股集团利润情况

上市险企	控股集团净利润(亿元)	资管公司净利润(亿元)	资管公司净利润占比(%)
中国平安	1 204.52	26.56	2.2
中国人保	194.99	2.3	1.2
中国太保	184.34	2.69	1.5
中国人寿	119.36	10.39	8.7
新华保险	79.23	2.37	3.0
中国太平	60.3	3.17	5.3
中再保险	37.3	−1.39	—
合　　计	1 880.04	46.09	2.5

资料来源:各公司年报(2018)。

其次,资管产品结构与管理费收入具有较强对应关系,如2018年末,美国保德信全球资管公募型固定收益产品与股票型产品占比分别为47%和24%,在管理费贡献方面,二者占比分别为45%和25%(见图4-2)。此外,不动产管理费收入贡献占比较高为16%。从管理费贡献占比情况看,固定收益类产品虽然管理费率较低,但依然是保德信管理费收入的重要来源,此外,对主动管理能力要求较高的股票投资,同样贡献了较大比例的管理费收入。

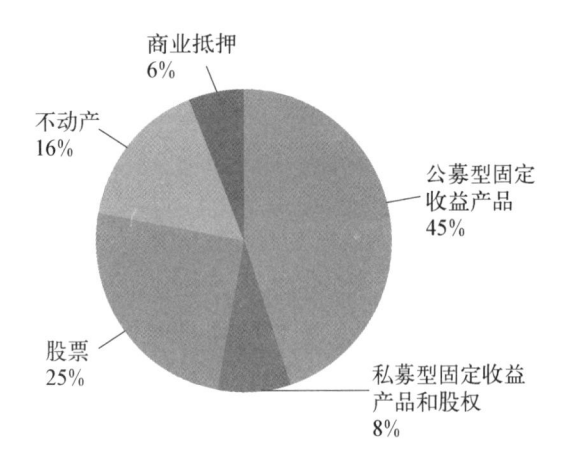

资料来源：PGIM 年报(2018)。

图 4-2　美国保德信全球投资管理资产管理费收入构成

三、被动型资管产品与另类投资受到关注

从产品结构看,被动型资管产品继续成为增长最快的产品类别,其管理规模在2017 年增长了 25%。2017 年末,主动管理规模占整体资产管理规模的三分之一左右,较 2003 年时主动管理规模 53% 的占比出现明显下滑。相比之下,工具类产品、特殊类产品和另类投资资产规模占比则由 2003 年的 30% 上升至 50% 左右。从机构投资者另类资产投资展望来看,机构投资者对私募债、基础设施、私募股权以及不动产等领域的配置意愿较强,尤其是私募债和基础设施领域,调查显示,分别有 62% 和 50%的机构投资者有意愿增加配置(见图 4-3)。

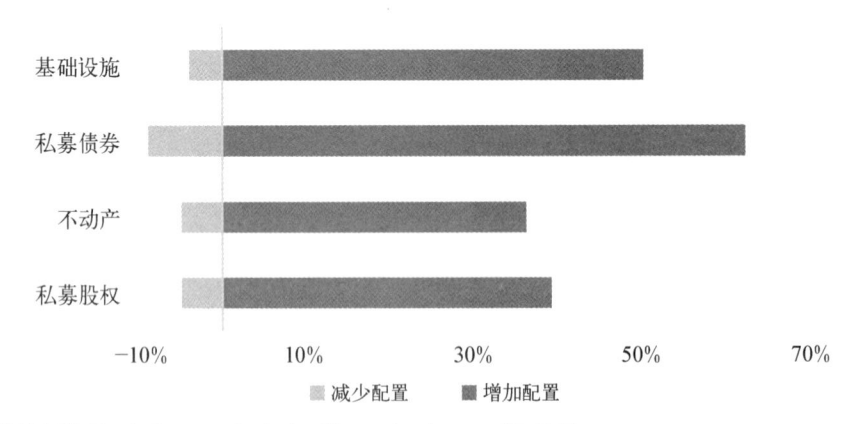

资料来源：Preqin Investor Outlook：Alternative Assets, H2 2017。

图 4-3　机构投资者计划提升与减少各类资产配置的占比

第二节 第三方资产管理业务发展策略

一、第三方资管业务是资管机构发展的重点

从海外保险资管机构国际化发展经验看,第三方资管业务的发展是资管机构国际化发展的重要依托。第三方资产管理业务的发展,能够带来持续的增量管理资产,并且资产来源范围更广,国际化市场开发潜力更大,推动保险资管机构减少对集团保险资金单一来源的依赖,从而在管理规模上实现突破。如保德信第三方资管业务充分受益于资管市场的发展,平均每年有近两百亿美元的资金流入。从目前国际大型保险机构所属资管平台第三方资管规模占比看,普遍高于40%的占比,图4-4显示2018年末,法通集团、宏利人寿第三方管理资产规模占比已超过80%,安联集团管理的第三方资产占比超70%,标准人寿、保德信集团以及保诚保险管理的三方资产规模占比在50%附近。

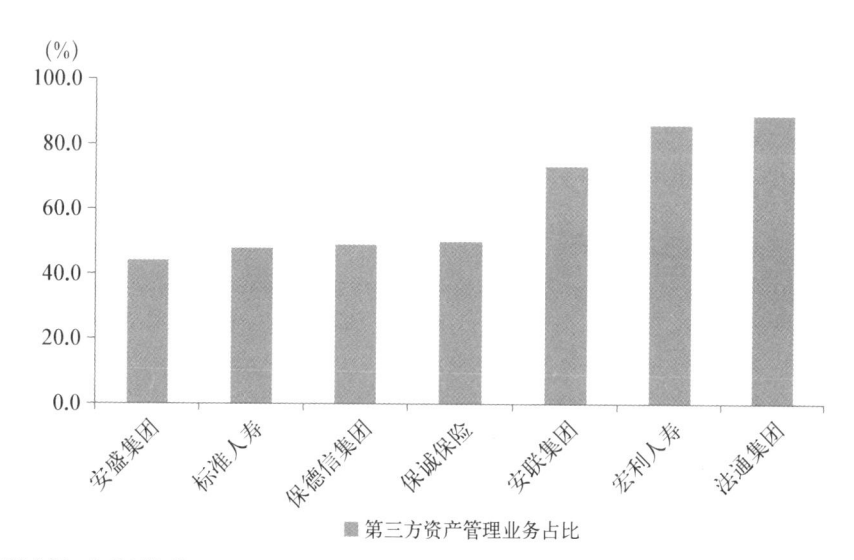

资料来源:各公司年报。

图4-4 部分保险机构所属资管平台第三方资产管理规模占比

从我国保险资管业第三方业务拓展情况看,近年来我国保险资管机构普遍加大力度拓展第三方资管规模。调查数据显示,2018年末我国保险资产管理机构合计管理的15.6万亿元资产中,管理的业外资金2.6万亿元占比16.7%,与国外机构相比占比较低,而且在我国百万亿元的资管市场中的整体占比也偏低。从国内主要几家保险资

管机构第三方业务占比情况看,管理资产规模较大的平安资产与国寿资产第三方规模较低,而泰康资产与太平资产第三方资管规模占比相对较高(见图4-5),但与海外几家大型保险资管机构相比仍有差距。国内保险资管机构第三方资管业务占比较低,一方面是由于保险资管机构主要定位于关联方保险资金管理;另一方面,保险资管业务起步较晚,与国内其他资管机构相比缺乏竞争优势。此外,我国资产管理业务仍局限于国内,境外市场拓展不足,而且国际化发展的能力培养相对滞后。

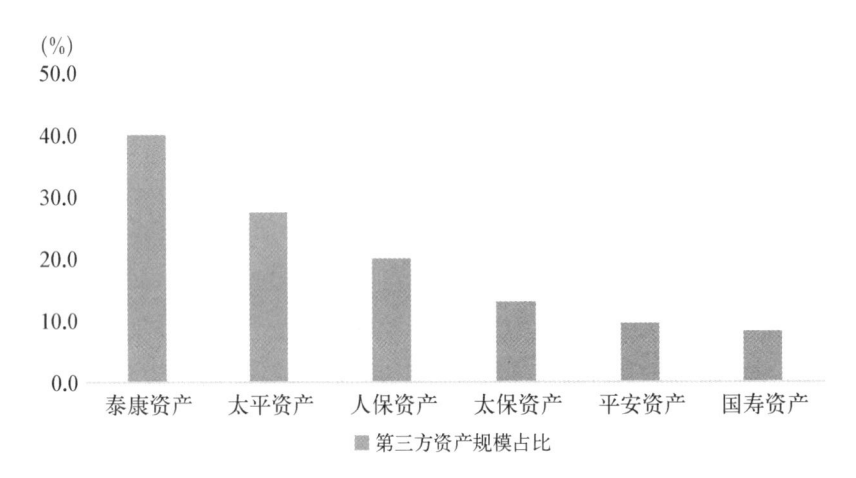

资料来源:公开资料整理。
注:泰康资产第三方资管业务含企业年金管理规模。

图4-5 国内部分保险资管机构第三方资产管理规模占比

二、第三方资管业务差异化区域发展策略

首先,美国市场成为非美保险资管机构第三方业务发展的重要区域。数据表明,非美国保险资管机构在国际化发展过程中,普遍将美国市场作为第三方业务发展的重点,包括收购美国本土的资产管理公司等。如德国安联收购美国太平洋投资管理公司,法国法通保险集团收购美国排名前五的目标日期型基金产品公司全球指数顾问公司(Global Index Advisors)。法国安盛集团收购美国伯恩斯坦公司,并组建联博基金公司,专注于共同基金、对冲基金等资管业务领域,通过收购等方式实现在美国第三方业务的快速发展。图4-6显示,2018年末安联集团管理的第三方资金来源中美国地区占比达56%,英国法通保险资产管理业务中,美国市场管理规模1 920亿美元,2014年—2018年美国市场复合增长率14%。

其次,美国资管机构积极开发亚洲第三方资产管理市场。美国本土资管机构第三方资金来源中,亚洲占据重要地位。2018年末,PIMCO第三方管理资产中亚太地区

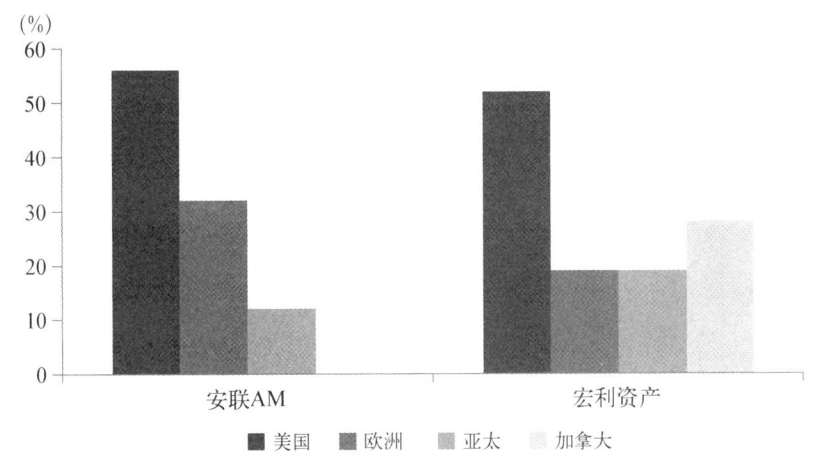

图 4-6 安联资产管理与宏利资产第三方资产区域分布

资料来源：安联 AM、宏利资产年报。

占比为 13%，联博基金公司机构客户与零售客户资产中亚洲地区占比分别为 18% 和 24%，其中日本分别占 11% 和 6%（见图 4-7）。美国保德信非美委托客户资产占比由 2010 年的 11% 上升至 2019 年上半年的 29%。除此之外，英国保诚深耕亚洲市场，其在亚洲地区管理资产规模占比 14.7%。

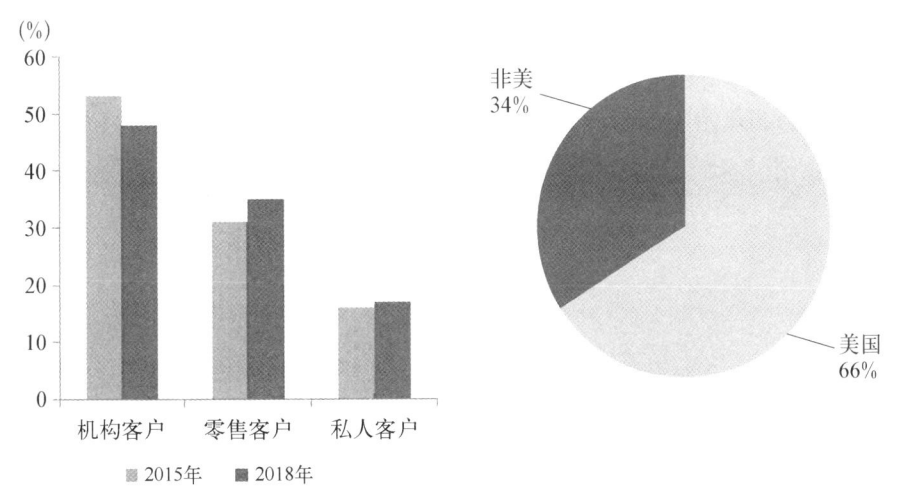

图 4-7 联博基金机构客户与零售客户区域分布

资料来源：联博基金公司年报。

三、第三方资管业务零售客户成为发展重点

国际大型保险资管机构第三方业务的客户来源，主要包括机构客户与私人客户，

从资金构成看,机构客户在各家资管机构中占据着重要地位,机构客户占比普遍在50%以上,如安盛:IM与法通的机构客户占比达80%和71%,见图4-8。

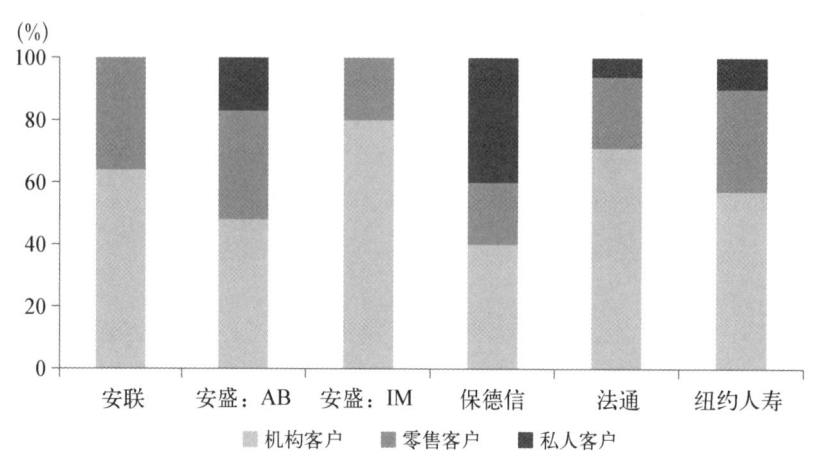

图4-8 部分保险资管机构客户构成

资料来源:各公司年报。

但近些年来,随着私人财富的增长,零售业务得到保险资管机构的普遍重视,零售客户资产占比也呈现上升趋势。如联博基金2018年末的机构客户与零售客户占比分别为48%与35%,与2015年末相比,机构客户占比下降5个百分点,而零售客户上升4个百分点,私人客户与零售客户对公司的利润贡献度超过90%。图4-9显示Allianz GI管理资产中,零售与机构业务在不同区域也具有较大差异,在欧洲和亚太机构业务占比较高,而在美国则以零售业务为主,这也与美国相对发达的金融零售业务有关。

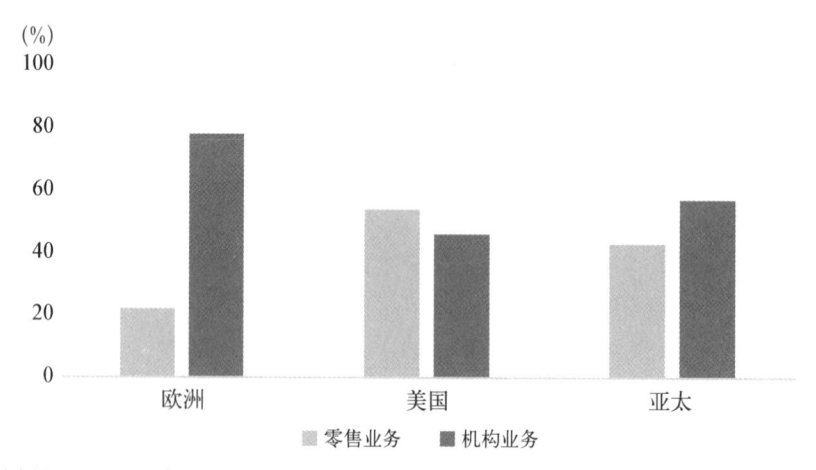

图4-9 Allianz GI管理资产在不同区域的客户构成

资料来源:Allianz GI官网。

与海外保险资管机构相对多元化的客户来源相比,由于我国保险资管产品尚未对合格个人投资者放开,我国保险资金来源主要以机构客户为主,见图4-10,其中系统内保险资金占据绝对主导,此外还包括第三方保险资金以及养老金、企业年金等保险保障相关资金,管理第三方资金主要为银行资金。从机构客户来源看,仍需要进一步拓宽机构客户类型,尤其是加强面向企业等机构客户的开发。

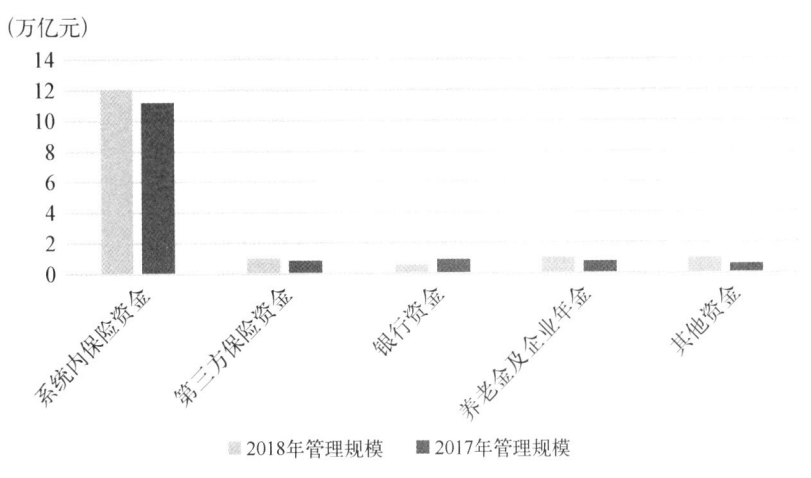

资料来源:保险资管业协会。

图4-10 我国保险资管机构资金来源及规模

四、案例分析:保德信资管第三方资管业务拓展策略

1. 保德信第三方资管业务持续净流入

保德信全球投资管理(PGIM)是保德信金融集团旗下的资产管理平台,截至2019年上半年,PGIM管理资产规模已达到1.3万亿美元,在全球资产管理公司中管理规模位列第七,目前公司拥有1 200多位投资专家,超过700人的分析师团队,250多名投资组合管理经理。图4-11显示PGIM连续16年实现第三方管理资金净流入,2010至2018年累计第三方资金净流入1 750亿美元,管理费收入复合增长率8.5%,2018年实现管理费收入25.42亿美元。

2. PGIM第三方资管业务发展策略

PGIM在第三方资管业务拓展上,近年来主要采取了4项策略,分别为多元化产品策略、全球化发展策略、多基金经理管理策略、品牌扩展策略。PGIM认为,通过上述策略的实施,为公司带来了超过600亿美元以上的第三方管理资产净流入。

(1)多元化产品策略。2010年至2018年,公司累计投资的种子基金达26亿美

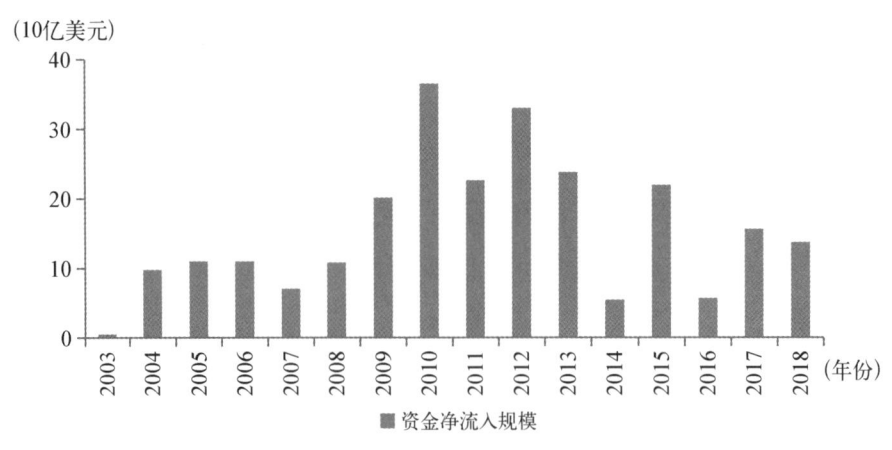

资料来源：保德信年报。

图 4-11　保德信第三方资金净流入情况

元,公募基金中的92%采取低费率模式,其费率处于市场费率的P25或P50,以此实现了退休金管理资产规模的快速增长。在2018年私募夹层资金发行过程中,创记录地一次性募集了18亿美元。

(2) 全球化发展策略。在2010年至2018年间,PGIM加快全球化步伐。首先,非美国籍的销售及投资专业人才占比提升5个百分点至25%,从261人增长到379人。其次,非美国标的证券占比由17%升至30%。第三,管理的第三方资产中,来自非美国客户的占比由16%升至27%。第四,非美国客户的净申购额由44亿美元增长至145亿美元。

(3) 多基金经理管理策略。一是参与UCITS(欧盟可转让证券集合投资计划),有来自17个国家的28只基金参与这一计划,规模达33亿美元,另有39家机构投资者交叉投资了15只基金。二是发展ETF基金,2018年发行了6只ETF基金,4只量化产品和2只固定收益产品,截至2018年末,第一只ETF基金管理规模达到1.8亿美元。三是全球范围内的机构合作,借助保德信集团覆盖全球的机构提供服务,例如东京、伦敦、悉尼、慕尼黑、新加坡以及芝加哥等地,2018年与400多个机构合作组织了1 000余场会议。四是与保德信旗下其他子公司协同合作,整个PGIM平台管理了1 000亿美元的资金,620亿美元的养老金产品是与保德信养老金公司合作。

(4) 品牌扩展策略。PGIM下属6家子公司,各所属子公司均可以提供多元化的产品与服务,包括固定收益、投资、全球合作伙伴、不动产、不动产投资以及量化投资等,8个子平台持续强化专业化发展思路,共同打造PGIM这一几十年的资管品牌。根据NMG咨询公司统计,截至2018年9月,在全美的资产管理机构中,保德信综合品牌实力位列第12名。

3. 把握第三方资管业务发展新机遇

PGIM结合自身发展特点和已有优势,认为未来可以从以下几方面入手,把握第三方资管业务发展机会。

(1) 机会一:另类投资。一是另类投资增长迅速。2004到2016年以来,另类投资规模保持两位数的增速,由3万亿美元增长至10万亿美元,按此测算,2025年有望增至21万亿美元。二是PGIM在多个另类投资领域已处于市场前列,2018年末PGIM另类资产管理规模2507亿美元,其中不动产投资规模1360亿美元,私募债券规模834亿美元,均位列市场前三名,基础设施投资规模263亿美元。

(2) 机会二:美国零售市场。2018年,美国金融零售市场规模为18万亿美元,其中,62%是主动管理型公募基金,被动型ETF基金与被动型公募基金各占19%。PGIM在美国市场的差异化市场定位为:选择重点合作对象,产品线以机构策略为核心,积极借力各类平台。2018年度PGIM累计资金净流入规模排名第13位,且在过去3年中持续保持前15位,公募基金管理规模由2010年的37名增长至22名,同时成为爱德华琼斯公司(Edward Jones)10家战略合作伙伴之一。

(3) 机会三:国际市场——日本。日本机构投资者的资产管理规模由2013年的15万亿美元增至2018年的26万亿美元,复合增长率超过12%。其中,大规模资金采取委外管理模式。政府养老金投资中,2013年委外投资规模占比为64%,2018年已升至76%,保持了相当快的增长速度。在日本市场,保德信是外国资产管理人中排名前三的公司,五年间,第三方管理资产规模净增长了300亿美元,复合增长率达26%。

(4) 机会四:国际市场——欧盟可转让证券集合投资计划。欧洲零售业务前景广阔,市场规模预计有8.5万亿欧元,其中,欧洲可投资资产为3.4万亿欧元,占比40%,另有43%属于自有资产,17%属于拉美和亚洲的机构投资者。欧洲零售业务机会较多,2008年以来,长期资金年均净流入额为2660亿欧元,2017年创纪录地实现了单年净流入6670亿欧元。另外,欧洲居民34%的金融资产为现金,说明有充足的投资空间。PGIM在欧洲市场的定位为:选择重点合作对象,全球布局深耕本地,产品线以机构策略为核心。

第三节 第三方资产管理配置策略

从国际大型保险资管机构资产管理角度看,保险资管机构在第三方资金配置策略

上与保险资金配置策略存在较大差异,保险资管机构对第三方资金管理策略,更能够体现出各资管机构的管理特长。

一、第三方资产与保险资金配置结构差异较大

从国际保险资管公司在保险资金和第三方委托资金配置结构看,二者存在较大差异,这主要由于保险资金的特有属性,同时也是由于各资管机构管理优势和特点存在较大差异。例如,安联集团管理的第三方资产配置结构与集团保险资金配置结构相比,存在较大差异,2018年安联集团固定收益类资产与权益类资产占比分别为86.3%和9.4%,而安联旗下两家资管平台PIMCO与Allanz GI,固定收益类资产配置占比分别为92%和27%。权益类资产配置占比分别为2%与30%。从结构上看,安联集团保险资金与两家资管子公司第三方资金配置结构相比,权益类资产配置比重显著低于Allanz GI管理的第三方资产配置占比,而固定收益类占比低于PIMCO配置占比(见图4-12)。

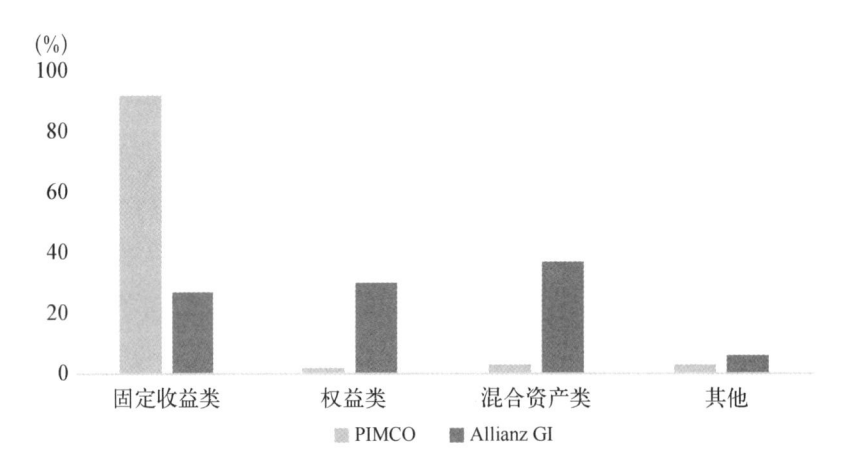

资料来源:安联集团年报(2018)。

图4-12 PIMCO与Allanz GI第三方资产配置结构(2018年末)

保德信第三方资产配置结构与保德信保险资金防御性为主的配置结构存在较大差异,尤其是在股票和不动产领域配置占比明显高于保险资金配置。截至2019年6月末,美国保德信金融集团管理资产规模达1.3万亿美元,从管理资产的产品构成上看,公募型固定收益产品占比47%,明显低于所管理的保险资金对固定收益类资产的配置占比,同时股票和不动产领域合计配置占比达40%,尤其是主动管理的股票类资产占比较高(见图4-13)。

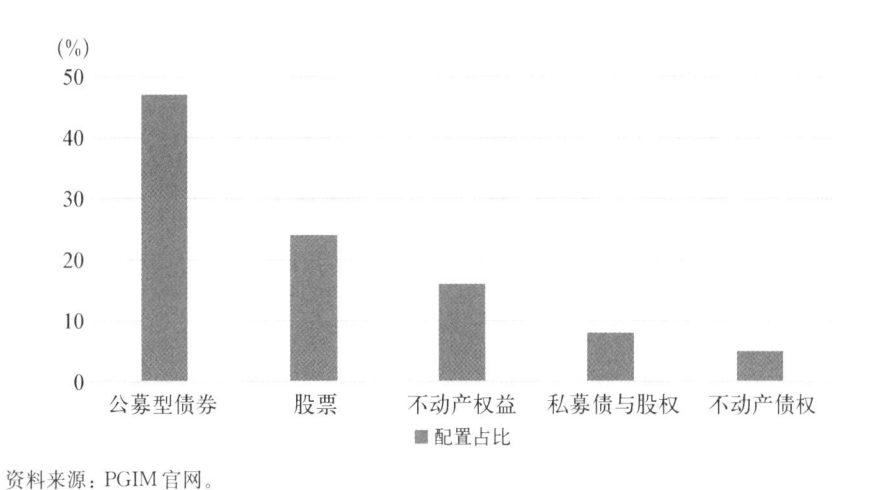

图 4-13 PGIM 管理的第三方资产结构

资料来源：PGIM 官网。

二、发挥优势领域加强第三方资产配置

不同资管机构由于自身管理特点和优势领域不同，因此在第三方受托资产的配置结构上也存在较大差异。例如，安联集团旗下资管平台 PIMCO，作为全球最大的债券型基金管理公司，在固定收益类资产管理领域具有显著优势，因此，在第三方资产管理方面，资产配置占比也是超过九成，而相比之下，权益类资产仅占 2%。形成了高度专业化的投资优势领域，为公司在固定收益领域拓展资产管理业务提供了有利条件。

与 PIMCO 相似，法通资产管理公司在指数型基金方面，形成了自身传统优势，法通资管指数型基金管理规模处于全球资管机构前列，2011 年法通资管指数型基金管理规模占比 60%，同时债务导向型的投资策略（Liability-driven Investment，LDI）产品占比 16%，而到了 2017 年，法通资产指数型产品占比降至 35%左右，而 LDI 占比则提升至 45%以上（见图 4-14）。法通资产也是随着市场变化调整优势产品，在资产管理领域保持了鲜明的发展特色。

三、加强第三方主动管理资产配置

从国际保险资管机构第三方资产配置结构看，部分保险资管机构虽然未能形成特征明显的优势领域，但也积极发挥主动管理能力，在股票、债券、多元资产等领域全面开拓市场，形成综合性资产管理特色。例如，安盛集团旗下资管平台 AB，2018 年末资产配置中股票占比 20%，另类资产占比 5%；安联集团所属第三方资产管理平台 Allianz GI，在固定收益、权益以及混合资产方面的配置较为均衡，具有综合性资管机

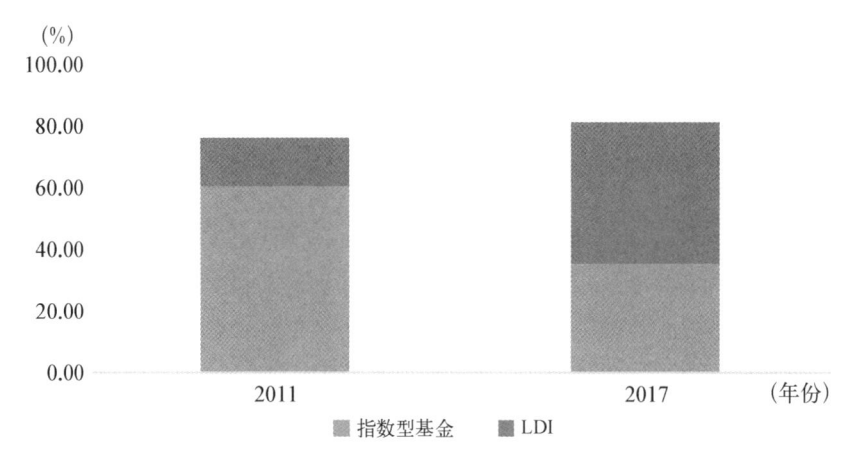

资料来源：法通资产管理年报。

图 4-14　法通资产管理产品机构变化

构的特征，2018 年末资产配置中固定收益类资产占比 27%，权益类资产占比 30%；保德信资产管理公司，第三方管理资产对股票等主动管理领域的配置占比较高，PGIM 管理资产中，股票资产占 24%，在另类投资方面，房地产相关权益和债权合计占比 21%。

整体来看，国际大型保险资管机构在第三方资产管理方面，除传统固定收益类资产之外，主要配置于股票和另类投资，股票投资需要资管机构具有较强的主动管理能力，尤其是在投资研究方面，需要长期的投入和培养。而在另类投资方面，涉及商品、房地产、金融衍生品、跨市场套利、私募债等多种另类投资策略，能够为投资者带来灵活的投资组合结构、多元化投资范围、降低风险等，也是国际资管机构主动管理能力的重要体现。

四、我国保险资金与保险资管机构的资产配置结构差异

整体来看，我国保险资金与保险资管机构在资产配置方面的差异并不明显，配置占比较高的资产均为信用债、利率债、信托产品以及债权投资计划等固定收益领域。但在具体的配置比例方面存在一定差别，图 4-15 显示我国保险资金在信用债、银行存款和债权投资计划、境外投资方面的配置占比要明显高于保险资管机构的配置占比，而在利率债、信托产品、公募基金等方面配置占比较为接近。

相比之下，海外大型保险资管机构在资产配置方面与保险资金配置结构明显不同，尤其是在股票、多元化资产、另类投资等主动管理领域。这主要是因为我国保险资管机构管理的第三方资金，主要为第三方保险公司市场化委托以及养老金、企

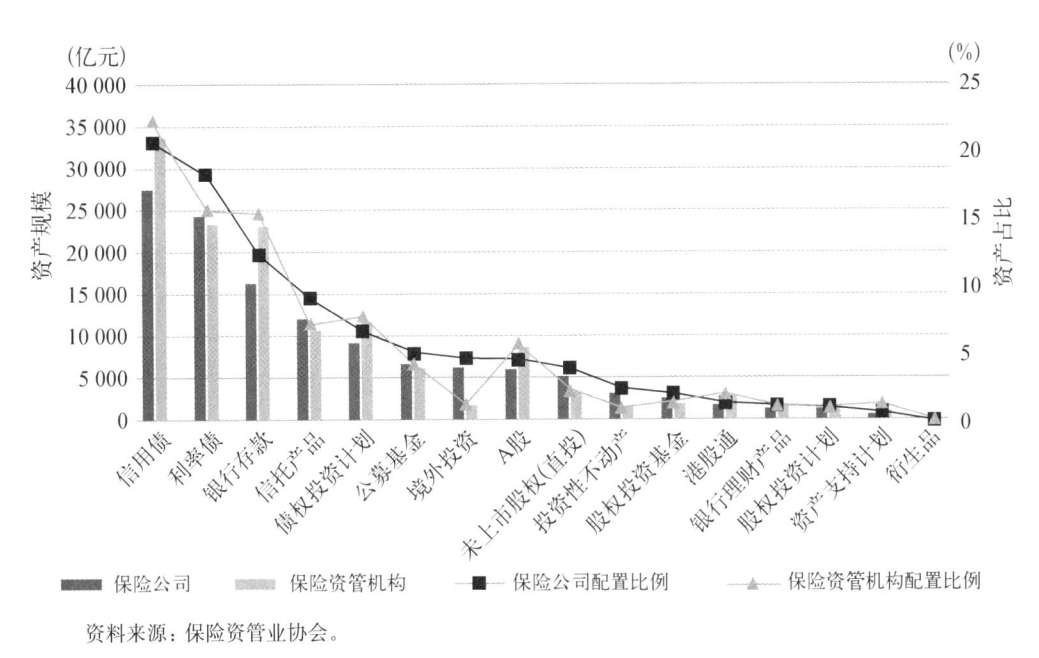

图 4-15 我国保险公司与保险资管机构资产配置差异

资料来源：保险资管业协会。

业年金等，还包括一部分银行资金，银行资金整体上也是低风险偏好资金，与保险资金配置偏好较为接近。因此，导致我国保险资管机构第三方管理资产配置结构与保险资金配置结构相近。这也说明我国保险资管机构更擅长于债券、银行存款、债权计划等固定收益类资产投资，而主动管理类资产占比较小，主动管理能力方面并不具备明显优势。

第四节 国际保险资管机构另类投资发展策略

一、把握另类投资发展机遇

国际保险资管机构另类投资涉及领域较为宽泛，包括不动产、私募股权、基础设施以及衍生品等投资资产。另类投资作为大类资产的重要构成，对于丰富投资产品、提高长期回报、加强期限匹配等都具有重要意义，部分保险资管机构积极发展其另类投资业务，为保险资金投资提供长期稳定的高收益。图4-16显示保德信集团预计至2025年，另类市场空间规模将达到21万亿美元，2004—2025年复合增长率为11%。

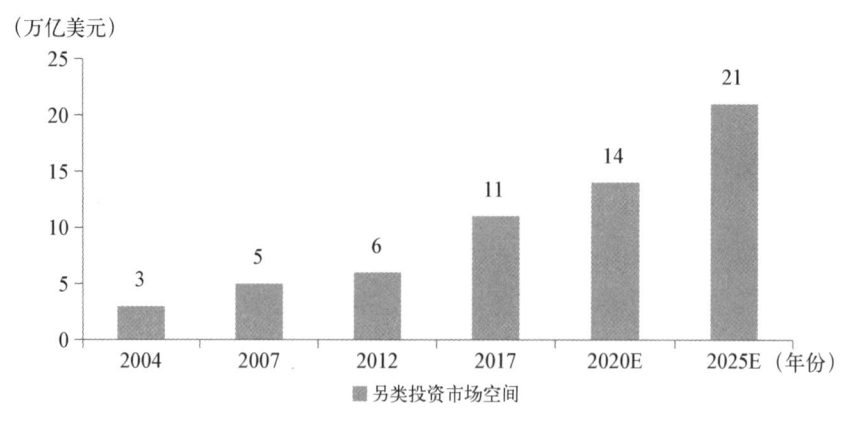

图 4-16 保德信金融集团预测另类投资市场空间

资料来源：PGIM 官网。

二、加强另类资产投资力度

基于另类投资领域的持续发展以及对冲利率下行的需要，部分国际保险机构积极加强另类资产投资力度。例如，安联保险集团 2018 年另类资产配置规模为 1 350 亿欧元，而 2010 年时另类资产规模仅为 70.8 亿欧元，安联集团中期目标是将另类资产配置规模提升至 1 700 亿欧元。2018 年末，安联集团在另类股权方面包括不动产、基础设施、新能源以及私募股权等，另类债权方面，包括商业抵押贷款、非商业抵押贷款、基础设施债权、私募债等（见图 4-17）。

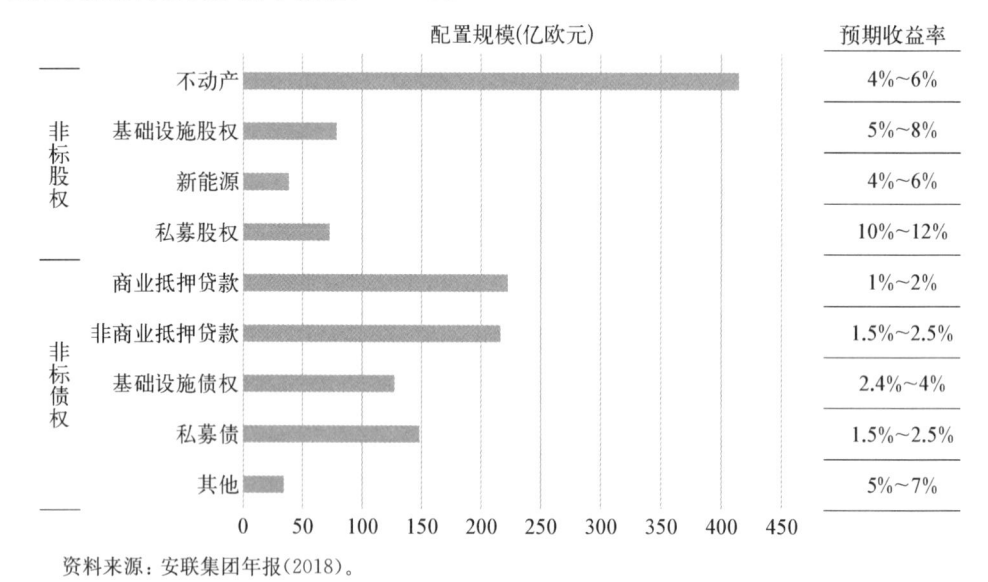

资料来源：安联集团年报（2018）。

图 4-17 2018 年末安联集团非标资产投资规模及预期收益率

图4-17显示另类股权类资产预期收益较高，私募股权预期收益率在10%～12%，基础设施股权预期收益率为5%～8%，不动产预期收益率为4%～6%，基础设施债权预期收益率为2.4%～4%。安联集团在另类资产配置方面除抵押贷款外与我国非标资产具有一定相似性，但我国保险资金主要以基础设施债权、另类股权以及信托产品等为主，与安联集团主要在不动产和抵押贷款领域配置占比较高相比存在较大差别。

三、构建另类投资优势产品

在另类业务发展方面，部分国际保险资管机构主要通过构建另类投资优势领域，带动另类业务整体发展的策略与模式，对于另类投资更关注于另类资产的长期性和收益性，与负债端的长久期相匹配，同时获取另类资产的长期高收益。2018年末宏利资产另类投资配置占比7%，其中能源与基建、私募股权占比较高，分别为34%和28%。保德信在另类投资方面，主要配置于房地产与私募债相关方面，尤其是在私募债投资方面具有较强投资能力（见图4-18）。PIMCO从三个层面开展另类资产投资，主要包括私募基金、对冲基金以及另类风险溢价产品，并针对每类资产开发相应的投资策略，如私募基金，主要投资于房地产和抵押贷款领域，产品形式主要为信用债，在对冲基金方面主要开展了商品对冲和信用对冲等（见图4-19）。

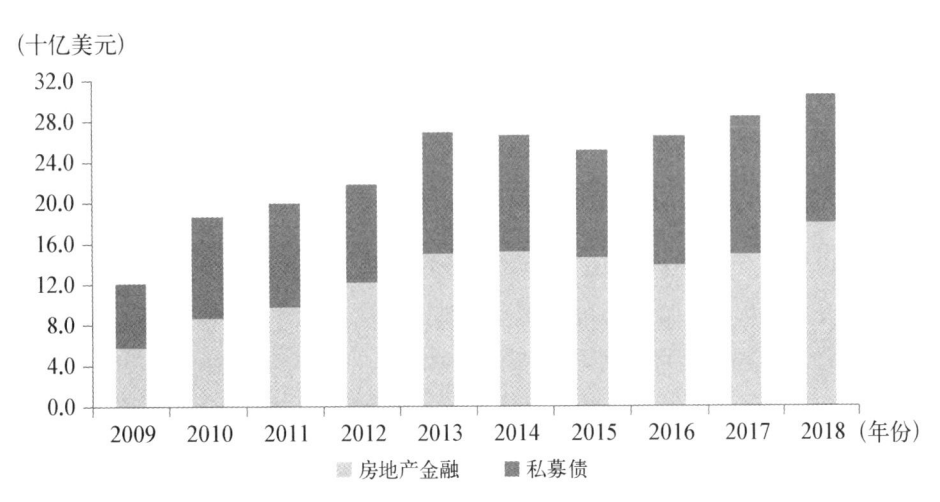

资料来源：保德信金融集团年报。

图4-18 保德信另类投资中房地产与私募债投资规模

资料来源：PIMCO 官网。

图 4-19　PIMCO 另类投资三大领域

第五节　我国保险资管机构另类资产配置难度上升

从国际大型保险资管机构发展情况看，另类投资已成为保险资管机构提升投资收益和加强多元化资产配置的重要手段。从我国保险资管另类投资业务发展情况看，自2012年保险资金运用市场化改革以来，我国另类资产成为保险资金优化配置结构、提升投资收益的重要途径，其投资占比也呈现出持续上升的态势。但是近年来，随着经济结构调整以及监管政策的变化，另类投资的整体占比有所回落。按照银保监会统计数据，我国保险资金运用中其他投资占比由2017年末的40%降至2019年7月的38%。我国保险资管另类投资业务发展面临新的压力。

出现上述变化的主要有以下几方面原因：一是在金融严监管背景下，表外融资受到明显限制，2018年表外融资减少2.9万亿元，2019年前8个月表外融资继续减少1.16万亿元；二是包括保险另类投资在内的非标融资利率持续下降，例如截至2019年8月末债权信托平均发行预计收益率较年初下降了60 BP，保险债权投资计划的注册收益率较年初下降了约70 BP；三是市场对优质资产竞争压力增大，导致信用利差震荡收窄，企业债到期收益率下行，如图4-20所示，而保险资金对于优质另类融资主体的选择高度重合，在当前的市场流动性环境下，优质融资主体可以以更低的成本通过标准化渠道融资，另类融资的提款意愿不强，保险资金另类投资在收益和规模两端均受到挤压。此外,我国另类投资市场资产类型有限,海外保险资管机构在另类债权资产方面,主要包括商业以及非商业抵押贷款等,还包括金融衍生产品等对冲工具。

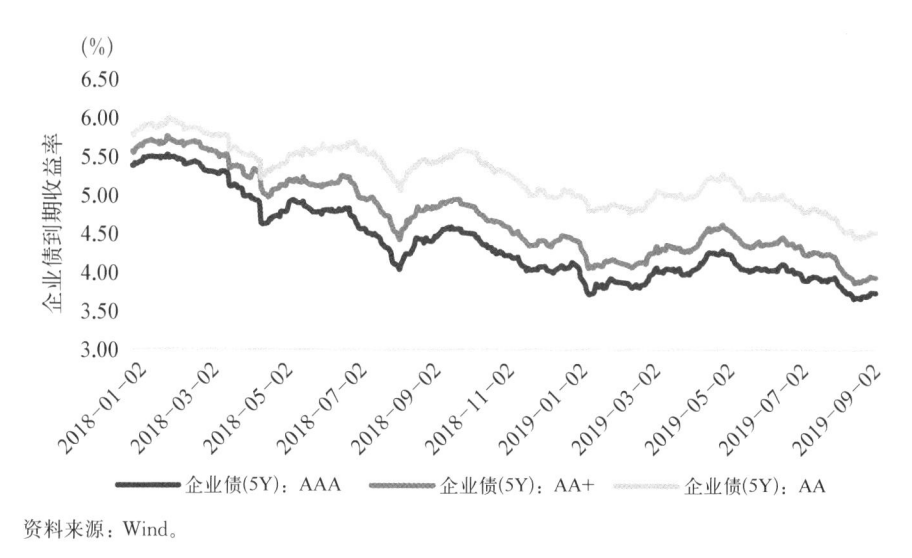

资料来源:Wind。

图4-20　各等级5年期企业债到期收益率走势

第五章　国际保险资管机构能力建设经验借鉴

通过对海外大型保险资管机构国际化发展经验的总结,以及对国际保险资管机构在保险资金大类资产配置管理、第三方资管业务发展策略的分析,结合我国保险资管行业发展现状,对标国际保险资管机构先进经验,我国保险资管机构的长期发展需要从以下几方面加强能力建设。

第一节　资产负债管理能力建设

从我国保险业务角度看,受到激烈的市场竞争环境影响,人身险公司负债端成本刚性,而且由于我国缺乏长久期高收益资产,导致资产端和负债端在期限匹配上实现难度较大。在利率下行周期,资产端还面临着较大的再投资风险以及新增资金配置难问题,利差损压力较大。此外,受经济下行以及打破刚性兑付等因素影响,保险资金另类投资信用风险上升。因此,需要多维度加强资产负债管理能力建设,以应对我国保

险资金运用面临的期限匹配压力、投资收益压力和风险管控压力。

一、科学选择资产负债管理模式

保险资管机构对于保险资金的管理,关键在于做好资产负债管理,而资产负债管理能力的提升集中体现在不同宏观、资本市场背景以及不同产品项目下,对资产驱动负债和负债驱动资产两种模式的选择上。资产负债管理模式选择又是基于金融周期—产能周期—库存周期下对中长期利率走势和汇率走势的判断,在经济扩张阶段市场的投资需求较大,资产端面临发展机遇,资管业务规模扩张相对容易,资产驱动负债的发展模式更为合理,在此模式下重点是提高资产管理规模,而在经济收缩过程中,投资需求下降,可以选择以负债端驱动的发展模式为主,在此模式下重点加强资产配置管理,积极应对利率的周期性变化。此外,在资金运用过程中对于资产的选择除了考虑收益匹配外,还需要对资金端的现金流和久期等进行综合考虑(见图 5-1)。

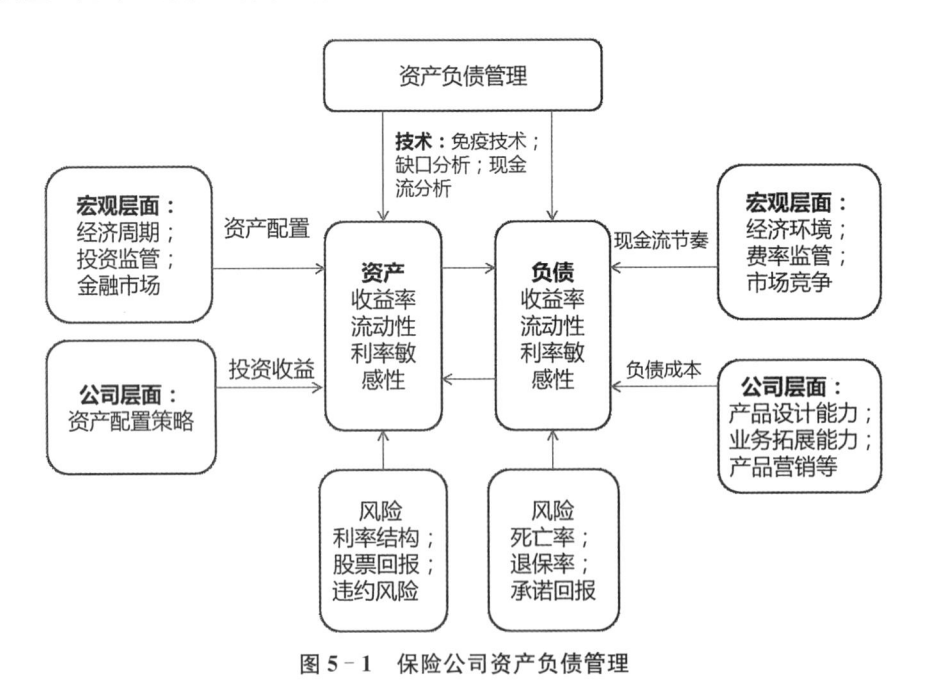

图 5-1 保险公司资产负债管理

二、完善多资产投资管理策略

国际保险资管机构大类资产配置正向着更加全面、多元的方向发展,一方面搭建具有长期稳健分红的资产配置组合,作为资产收益的底仓,平滑市场波动,获取持久、稳定的投资回报。另一方面积极探索另类资产领域的投资,在基础设施股权、夹层融资、非上市公司股权、私募债、不动产等领域提升资产配置能力、信用风险评估和定价能力。此外,国际大型保险资管机构积极创新资产配置理论和实践,例如,表5-1显示近年来 Allianz GI 在资产配置和投资决策中已全面引入 ESG 因素(Environment、Social Responsibility、Corporate Governance,环境、社会和公司治理),并获得联合国负责任投资原则(PRI)ESG 策略及监管最高等级 A+,安联集团作为可持续发展领导者,居道琼斯可持续发展指数之首。2019年,我国部分金融机构,如中国平安、嘉实基金等也加入 PRI,进一步深化、提高我国可持续发展模式,并鼓励和引导国内其他资管机构将 ESG 因素整合到自身投资策略中。

表5-1 **Allianz GI 率先实践 ESG 资产管理策略**

ESG 参与程度	管理资产规模(亿欧元)	比例(%)	ESG 资产管理策略	ESG 策略描述
已产生投资效益	60	1	创效,创回报	获取投资回报的同时,为环境和社会创造正面价值
已纳入 ESG 因素	3 930	72	ESG 根植基因,深入每一投资策略和投资行为	ESG 因素对投资回报或风险管理均有重要影响力,通过公司研究平台向所有投资者共享 ESG 分析数据,并采取主动而灵活的策略,改善公司治理提升公司业绩表现
社会责任相关投资	230	4	建立可持续资产组合	在投资分析和资产配置上,均使用 ESG 管理模式和投资价值判断
已涉及 ESG 因素	1 210	22	主动型 ESG 风险管理	将影响企业财务表现的 ESG 因素,融入资产组合策略,投资经理依据 ESG 风险与回报结果,做出投资决定
合 计	5 430	100	—	—

资料来源:Allianz GI 官网。

三、加强与负债端的沟通协调

在负债端久期长且稳健增长的背景下,受经济周期性变化影响,如果利率处于较长时期的上行或下行阶段,资产端重新定价的风险就会增加。因此,需要健全资产负债管理的联动机制,加强资产负债发展长期战略布局,避免资产和负债的盲目扩张,通过加强资产负债的协调管理,在保险产品开发阶段也需要考虑资产负债管理的需求,尤其是要结合资本市场环境,在产品开发中就将产品期限等因素加以考虑,减少保险资金期限匹配和再投资风险。例如 PGIM 通过设立机构关系团队,加强与负债端的沟通,在了解负债端投资需求和投资目标的同时,及时向负债端传递投资资产面临的挑战等,进一步提高资产负债管理效率。

第二节 国际化投资能力建设

投资能力是资管公司的核心竞争力,投资能力的强弱决定了资管机构的发展空间,例如安联集团近三年93%的第三方资产投资表现好于基准,保德信全球投资管理公司近三年84%的资产投资表现好于基准,良好的投资表现进一步推动了管理规模的提升(见图5-2)。尽管目前对我国保险资管机构来说,海外投资能力建设门槛较高,但未来更有可能成为综合竞争力的重要体现。因此,需要通过国际化发展提升全球多元化资产配置和管理能力,保险资管机构积极融入国际市场,对于提高保险业务和保险资产管理业务的整体竞争力都具有重要意义。

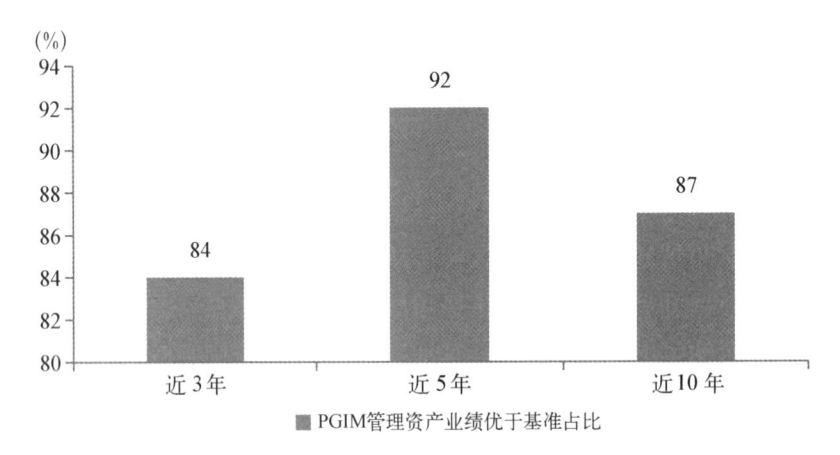

资料来源:保德信金融集团年报(2018)。

图 5-2 PGIM 管理资产超八成业绩表现优于比较基准

一、具备多元资产投资能力

国际化投资能力要求具备在全球范围内进行全品种投资,能够覆盖资本市场和非资本市场的各个领域,形成综合性多元资产投资能力,主要包括固定收益领域,股票投资,量化投资以及直接投资等。此外,也需要在特定领域建立起自身的独特优势,对于部分专项投资能力,可以通过战略性收购的方式快速补齐。从国际大型资管公司发展经验看,也普遍采取并购式策略,形成特定优势领域,例如 PIMCO 为纯债券资产管理公司,宏利资产专注于不动产领域的投资,法通资产是全球最大的指数基金管理机构等。

与专业投资能力建设相关的还包括投后管理体系,专业团队建设以及对市场的研究、认知和把握能力等,这也是保险资管机构海外资管业务发展的前提条件和基础能力。

二、构建国际化研究支持体系

投资能力与研究能力相辅相成,从保险资管机构国际化投资和研究能力建设经验看,国际化投研能力建设可遵循两条路径,即与海外资管公司合作或者收购海外资管公司,形成本土与海外两大投研模块,重点发挥海外资管公司的属地优势,快速补齐海外投研短板。如日本生命保险资产管理公司,在日本大阪有行业最大的分析团队,除了依靠内部研究团队以外,还与成熟的海外资产管理公司合作建立亚洲资产管理合资子公司,并入股3家美国和印度的资产管理公司,同时与英国施罗德资产管理公司合作,在新加坡建立海外合资资产管理子公司,在获取施罗德资产管理公司全资产类别投资专长的同时,也提升了在亚洲地区的投资能力。公司还通过合作、入股等方式,构建在欧美以及亚洲其他地区的投资研究平台,打造多层次海外投资能力。

三、培育衍生工具风险对冲能力

开展国际投资将面对更为复杂的风险因素,其中最为重要的就是要应对汇率风险。美国保险资管公司大部分投资的海外资产都是美元资产,或者是当地货币与美元挂钩的资产,对于非美元资产会利用远期、互换合约进行风险对冲。此外,国际上其他大型保险资管机构也普遍通过金融衍生工具进行风险对冲,如表5-2安盛集团重点通过衍生产品对债务工具风险进行管理。我国资管行业在衍生品发展方面还较为薄弱,在国际化进程中,保险资管公司和行业监管机构需要共同探索保险产品创新,加强国际金融衍生品投资能力建设,学会运用更加有效的多重手段对冲全球市场风险。

表5-2 安盛集团金融衍生工具对投资的影响

资产类别/ 百万欧元	账面价值 (不考虑衍生工具影响)	衍生工具影响	账面净值 (含衍生工具影响)
不动产	22 472	-38	22 434
债务工具	448 031	-2 272	445 759
股票	25 072	-35	25 037
非合并投资基金	13 615	23	13 638
其他投资	15 016	17	15 033

资料来源:安盛集团年报(2018)。

第三节　产品与客户开发能力建设

对于资管机构来说,投资研究能力、产品开发能力以及客户开拓能力都是紧密相关的综合实力体现,从全球资产管理行业发展的趋势来看,作为连接保险资管机构与客户的载体,保险资管产品类型日趋丰富,客户的结构和偏好也在发生变化,如何通过产品与客户开发能力建设满足更多客户差异化需求,将成为体现资管机构市场竞争力的重要方面。

一、加强产品开发能力建设

面对激烈的第三方资管市场竞争,需要提供能够满足不同市场、不同投资者需求的产品,由于资产管理业务和产品市场透明度较高,资管产品差异化不高。因此,在具备足够覆盖传统和另类资产类别的投资策略和投资能力的基础上,如何形成自身管理优势成为关键。通过创新产品交易结构和条款设计、降低产品费率,提高差异化产品的市场吸引力,对第三方业务发展至关重要(见表5-3)。

表5-3　　　　　　　　　安联资产管理公司第三方业务分类

按照管理方式	按照客户	按照资产类别	按照投资目的
独立账户	退休计划	现金和短久期	资产配置型
公募基金	金融机构	固定收益	抗通货膨胀型
私募基金	教育机构	权益	收入型
ETF基金	非营利性基金	通货膨胀相关	避税型
集合理财信托	健康保险机构	货币	流动性管理型
可变年金信托	企业年金	另类投资	绝对收益型
—	一般企业	资产配置	全球资产配置
—	公众年金计划	—	核心固定收益投资型
—	—	—	广义权益投资型
—	—	—	资产负债管理概念
—	—	—	生命周期概念
—	—	—	风险管理概念

资料来源:安联集团年报(2018)。

二、深耕客户需求开发

保险资管机构所处的国际资管市场,机构客户种类众多,包括退休金管理计划、企业年金、公众年金、各类保险机构、金融机构以及教育机构等各类机构客户,同时也包括零售业务的私人客户和零售客户等,对于这类机构客户需要提前布局,提供全面的资产筹划和长期稳定的投资收益。对于参与国际竞争的资管机构,需要具备较强的客户开发能力,采取分步走策略,长期深耕区域市场,依靠出色的业绩和长期的积累奠定市场客户基础。

三、主动提升新技术变革下的市场应对能力

随着金融科技的蓬勃发展,大数据和人工智能技术被越来越多的资产管理机构运用于价值投资分析、选股择时、客户需求开发等。运用计算机技术可以克服主观投资的缺陷,提高投资工作的效能,实现组合产品更好的投资表现,同时也能够降低产品费用,使资管产品的客户能够覆盖到更多长尾市场。因此,保险资产管理机构也可以将先进的分析工具和大数据结合,通过不断的技术革新实现更好的投资组合业绩表现。

第四节 风险管理识别能力建设

从国际金融市场实践看,在历次金融危机中都有各类资产管理公司破产。因此,风险管理对于资产管理机构的存在和发展至关重要。我国保险资管机构在经济下行周期内的资产负债管理经验较为缺乏,尤其是习惯于刚性兑付,缺乏信用风险意识,在打破刚性兑付背景下,我国资管机构面临的风险管理压力持续增大,风险管控能力亟须提升。

一、建立综合性的风险管理系统

保险资管机构不仅要对单一投资操作进行风险管控,对每项投资以及整体投资都需要进行交叉风险分析和识别。例如英国保诚根据集团策略,深度分析实施该策略所带来的重大风险和潜在风险点,并通过风险管理系统进行识别和跟踪。美国贝莱德(BlackRock)集团通过开发阿拉丁风险管理平台,将风险分析、投资组合管理、交易以及操作工具结合在一个平台上,可涵盖所有资产类别,且具有完整的投资流程,能够辅助基金经理进行投资决策,并有效地管理风险和高效交易,具备了超强的风险管理能

力,在 2008 年金融危机中,贝莱德依靠阿拉丁平台准确把控风险,未受任何影响。2017 年,贝莱德已经可以每天为 170 多家银行、退休金、保险公司、主权投资者以及捐赠基金进行市场风险分析,加上贝莱德直接管理的资产,依赖这一平台的资金规模已超过 15 万亿美元,占当时全球金融总资产近 7%。

二、通过多元化投资组合分散风险

多元化投资组合可在不降低投资组合预期收益的情况下降低投资风险,当资产绩效之间的相关性较低时,资产价格的变动可以相互抵消。多样化投资允许风险在资产之间扩散,并限制投资组合对于单个资产的特殊风险敞口。因此,可通过投资不同类型的策略工具,或在不同部门和国家间分散投资组合风险,寻找更加多样化的回报来源。

三、通过市场化的手段防范风险

从海外大型国际化保险集团来看,集团内资金不仅委托给集团内的资产管理公司,也将其交给市场化的外部管理机构。同时,保险资管机构不仅管理集团保险资金,同时也管理大量第三方机构的非保险资产。为保证复杂的管理关系不影响投资管理业绩,相互之间均按照市场化的方式来操作和定价。因此,在防范风险方面,除了加强风险管理系统建设、多样化分散风险之外,还可以通过市场化的竞争、学习和相互监督,不断提高投资管理能力。

第六章 我国保险资管机构加强资产管理业务发展的建议

结合国际保险资管机构发展经验和资管业务管理经验,我国保险资管机构要以全能型的国际化资管机构为长期目标,需要有效加强国际化长期发展能力建设,制定科学发展策略,为国际化的发展方向奠定基础。在资管业务方面,保险资管机构需要从保险资金管理和第三方资产管理两个维度出发,全面提升资产管理能力。同时也需要加强另类投资能力建设,这既有助于保险资金投资收益的提升,也有助于第三方资管业务的拓展。在保险资金资产管理方面,需要结合新形势,加强大类资产配置管理,提升资产负债管理效率；在第三方资金管理方面，结合保险资管机构自身发展定位和成长阶段，依托母公司资源优势，拓展第三方资管业务规模，加快市场开发，同时在产品设计、投资管理等方面提升市场化竞争能力，也为未来保险资管机构的国际化发展创造条件。

第一节 规划保险资管机构国际化长期发展策略

我国保险资管机构国际化发展，既能够提升资产管理能力，为受托管理的保险资金提供更好的管理服务，也有助于提升市场化竞争能力，更好应对我国资管市场的对外开放，促进第三方资管业务的规模化发展，形成投资能力与管理规模的螺旋式增长效应。

一、我国保险资管机构国际化发展路径

从我国保险机构实际发展情况看，保险业务仍以国内为主，同时保险资管机构主要业务同样集中在国内，但近年来海外资产配置占比有所上升。因此，从发展路径上看，由于境外保险业务拓展需要时间的积累，境外资管业务依托负债端驱动的发展模式短期内难以实现。可以考虑资产驱动的发展模式，即以国际化资产配置为契机，拓展境外资管业务。在发展模式上，可以选择与海外资管机构合作，自设分支机构或并购等形式，不同模式的选择也应根据保险资管公司以及母公司的具体战略规划综合决定。我国保险资管机构在境外并购式发展过程中，要与自身业务形成协同和互补效应，我国保险资管机构境外市场主动管理能力较弱，同时固定收益资产拓展空间大，因此可以选择在固定收益和权益投资方面能力较强的资管公司作为并购标的。

二、国际化资管业务管理模式

由于我国资管机构国际化管理能力相对不足，因此，可以借鉴国际保险资管业务组织架构和管理模式经验，选择多平台管理模式，将更多投资权限下放至境外资管机构。这一模式以团队工作机制为主，通过相对独立的市场化薪酬制度，能够更大限度发挥各团队自身专业化投资能力，设计出更符合自身管理特点的资管产品，提高管理效率。通过形成优势产品，进一步带动第三方资管业务的销售和规模增长。

三、国际资管业务产品与客户开发

境外保险资管机构需要具备较强的资产配置能力和资产管理能力,在此基础上,通过资管产品的市场表现得以呈现。因此,投资管理能力与产品设计能力是第三方资管业务拓展的基础,也是开发客户的必要条件。国际大型保险资管机构具备种类齐全的资管产品,能够满足不同风险偏好投资者的需求。因此,可以借助资管产品的开发设计,推动第三方资产管理业务的发展。

在客户开发层面,一方面发挥母公司客户资源优势,加强与国内具有跨境业务的机构合作,开发国内机构境外资产管理需求;另一方面发挥境内外资管业务协同效应,发挥我国资管机构境内另类投资特点,吸引境外资金积极参与境内另类市场开发和投资,使境外资管机构成为外资参与国内投资的重要桥梁,以此开发境外的机构和零售客户。

第二节 加强保险资金多元化资产配置管理

一、调整固定收益类资产配置结构和品种

(一)调整利率债配置结构

近年来,海外保险机构在配置中加强了中低等级债券占比,由于我国保险资金风险承受能力较低,可以通过调整利率债配置结构,应对利率中枢下移的影响。尤其是在金融供给侧结构性改革持续推进、货币财政政策逆周期调节作用日益加强的背景下,保险资金的利率债配置也面临着一些新的发展机遇。

首先,可以加大地方政府专项债配置规模,在服务地方经济建设的同时提升债券配置收益。截至 2019 年 8 月末,地方政府专项债已累计发行 2.3 万亿元,其中部分专项债期限较长,如全国首单高铁专项债期限长达 20 年,图 6-1 显示地方政府债招标利率与国债招标利率相比普遍要高出 40—70 BP,无论是规模还是收益都能较好地匹配保险资金需求。

其次,根据银保监会年初发布的《关于保险资金投资银行资本补充债券有关事项的通知》,保险资金可以积极参与商业银行资本补充债券的发行工作。截至 2019 年 8 月末,商业银行资本补充债发行规模已超过 7 000 亿元,其中永续债占比达 45%,收益率也高出同期限、同评级的城投债 30 BP 以上。可见,保险资金把握政策和市场机遇,

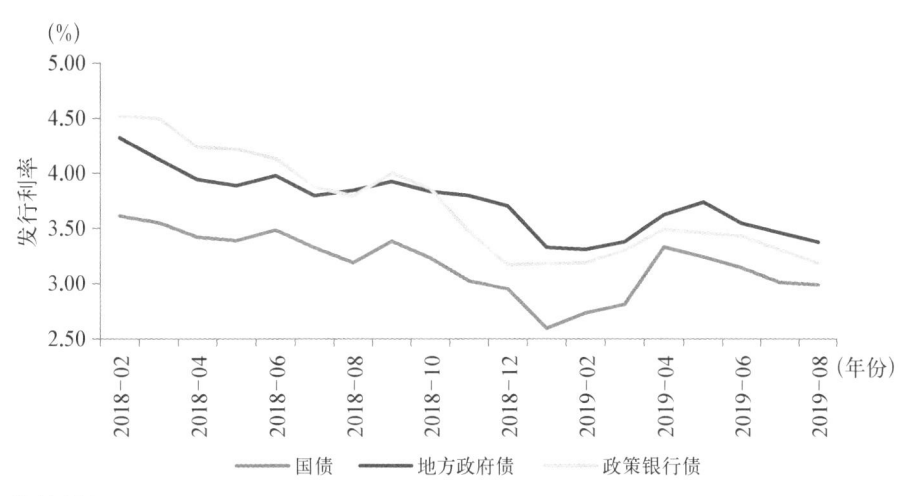

图 6-1 国债、地方政府债与政策银行债月度平均发行利率

资料来源：Wind。

择机加大地方政府专项债以及商业银行资本补充债等品种的配置，能够为整体收益打下更加坚实的基础。

（二）适当加大中高等级信用债配置力度

结合国际经验以及 IFRS9 新调整，可以从以下角度出发，调整保险资金信用债投资思路。

首先，在国内信用分层日益明显的情况下，可以精选企业标的，择机加大中高等级信用债券配置力度，但考虑到在 IFRS9 条件下，减值计提调整为"预期损失法"，并确定了减值计提"三阶段"模型，以保证减值计提及时足额，这将导致低等级信用债由于减值计提的增加而影响到实际投资收益，因此，需要平衡好信用风险分散与投资收益的关系，通过提升信用评估和风险管控能力，切实实现信用利差的有效获取。

其次，积极关注信用风险缓释凭证（CRMW）等创新型信用风险管理工具，在有效管控信用风险的同时获取稳定收益，这也与保险资金特性相吻合。

（三）加强资产证券化产品配置

从前文分析看，美国寿险资金一般账户中 MBS 资产占比达 10.3%，德国安联在 ABS/MBS 方面的配置占比为 4%。日本保险机构在 2001 年至 2006 年市场利率下降期间，ABS 占总资产比重由 0.85% 提升至 1.81%。整体来看，海外保险资金已经将 ABS 产品作为配置资产的重要构成。从海外经验看，资产证券化（ABS）产品具有收益较高、风险可控、期限较长等特征，能够满足现阶段保险资金配置需求，并且海外保险机构也将 ABS 产品作为利率下行周期配置的重要方向。当前我国保险资金可以通过加大 ABS 资产配置力度,应对行业面临的高收益固定收益类资产配置压力。

1. 参与 ABS 产品一级市场发行与配置

保险资金可以通过参与保险 ABS 以及其他市场 ABS 一级市场发行,加强对 ABS 产品的配置。保险 ABS 业务发展滞后是制约我国保险资金配置 ABS 资产的客观原因,在保险 ABS 产品被明确认定为非标债权类资产后,保险 ABS 业务发展仍面临发展压力,但从 ABS 市场发展以及保险资金优势等角度出发,保险 ABS 业务仍有拓展空间。

一是围绕核心企业和重点行业,积极探索细分领域的资产证券化业务机会。从基础资产选择角度看,债权资产可出表、转让,法律支持清晰,监管机构认可度高,可重点开发类信贷资产 ABS 业务,如融资租赁行业 ABS 业务可作为保险 ABS 项目开发的重点领域,融资租赁行业资金周期较长,基础资产可产生稳定的现金流,更符合保险行业负债端的需求。

二是加强与券商、信托等机构合作,参与交易所、银行间市场 ABS 产品的发行。保险机构可以发挥自身资金优势,在企业 ABS 等领域,积极加强与券商、信托等发行机构合作,创新产品设计,间接参与企业 ABS 的发行,并对优质项目进行配置。

2. 提高 ABS 产品二级市场配置力度

对于交易所资产证券化产品的配置,需要对发起管理人、资产池整体质量、产品结构化优势等进行全面衡量。对于具有良好内部控制、贷后管理严格、资产池整体质量较高、具备较高信用评级、产品分层结构设计合理、违约风险低、流动性较好的产品,随着交易所 ABS 市场流动性的持续提高,可以根据保险大类资产配置情况以及投资组合对于配置收益的要求,投资相应的资产证券化产品,弥补高收益标准化债权类资产的不足。尤其是近年来,在降杠杆的政策导向下,企业通过资产出表、盘活存量资产等方式降低杠杆的资本运作需求增加,中央国有企业及其子公司在资产支持证券方面的融资需求也在上升,在现有重主体的信用评级体系下,市场中符合保险资金风险收益要求的资产证券化产品规模也在增加。

(四)把握市场利率波动中的交易机会

在经济增长速度放缓的大趋势下,长期来看利率中枢具有下移空间,市场利率也将受到经济环境变化而出现波动,这也将给保险资金债券投资带来交易机会。近年来,市场主要出现过五次利率中枢下行周期,分别是 2004 年、2008 年、2011 年、2014—2015 年以及 2018 年,图 6-2 显示在此期间交易类债券能够获得较好投资收益,中债净价指数均出现不同幅度上行。

资料来源：Wind。

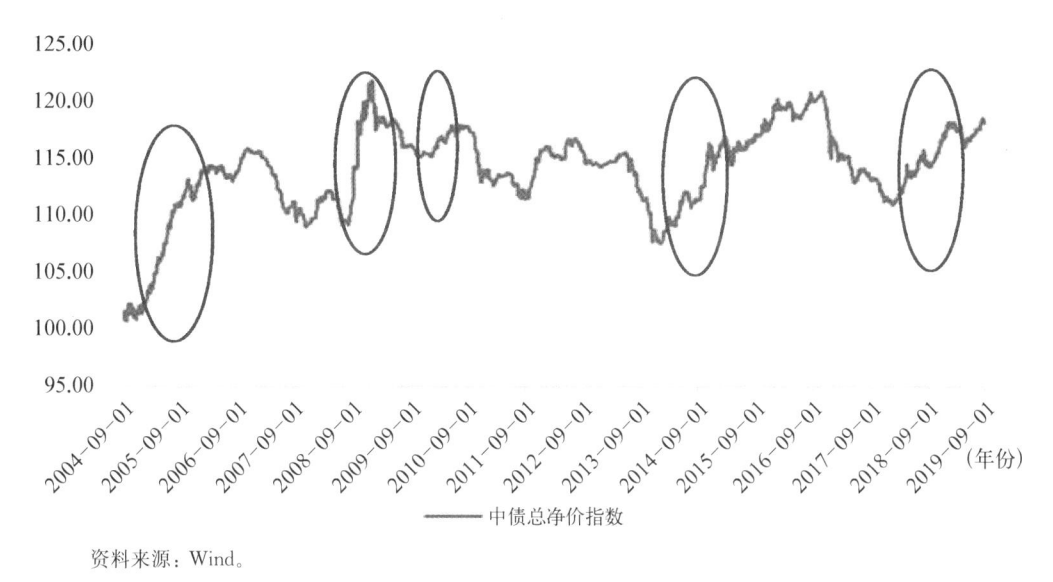

图 6-2 中债总财富指数（净价）走势

在利率中枢下移、市场利率波动加大的市场环境下，对于债券投资，一是需要把握时间窗口，合理安排新增债券的久期与会计分类，做好利率债、信用债等品种的投资交易，并在市场波动与收益稳定之间做好平衡；二是积极关注股票市场走势，通过开展可转债、可交换债等品种投资增厚组合收益，形成对市场利率下行的有效对冲；三是加强国债期货等金融衍生工具的研究，未来随着保险资金运用的改革创新，保险资金可以通过国债期货等金融衍生品有效对冲和管理风险，提高债券投资稳定性。

二、坚持权益类资产长期稳定的配置策略

与国际保险机构相比我国保险资金在股票方面的配置占比较低，但由于我国作为新兴市场国家，股票市场波动较大，与海外发达证券市场具有较大差异。尤其是近年来，权益市场的大幅波动增加了保险资金获取稳定投资收益的难度。未来在IFRS9下，权益投资的浮动盈亏将直接体现在财务报表当中。为此，我国保险资金在权益市场配置，要结合我国股票市场特征，在坚持长期投资、价值投资的基础上，进一步优化调整权益资产配置结构，实现收益较高、波动可控的投资回报。

（一）提升高分红股票配置占比

在 IFRS9 框架下，根据购入时的持有目的，股票资产将划分为主动管理、非交易性权益工具、长期股权投资等各类别，不同类别资产对于保险机构的财务报表也具有不同的影响。高分红股票作为以获取稳定和可持续股息收入为目标的投资标的，将其

列入非交易性权益工具可以减少股票市值波动对投资收益的影响,这与保险资金追求长期稳定的投资收益目标相一致,也与保险机构降低市场波动对财务报表影响的需求相匹配。例如中国平安对工商银行和汇丰银行的财务投资,2018年两家银行在香港市场的股息率分别为5.09%和6.17%,均高于中国平安同期总投资收益率。可以预见,未来在保险资金的权益资产配置中,具有高分红特征的非交易性权益工具配置占比有望上升。此外,考虑到具备较高持续分红水平的往往是经营情况良好的绩优龙头企业,保险资金加大高分红股票配置,也能够进一步发挥出资本市场"稳定器"的重要作用。

(二)稳步推进长期股权投资布局

同样的,在IFRS9下,长期股权投资具有权益法核算优势,既可以分享股息分红与应占损益收入,又可以在一定程度上避免二级市场股价波动对投资收益的影响。因此,长期股权投资已经成为保险资金跨越周期、稳定收益的重要配置资产之一。对此,行业内多家主要同业已经做出了积极的探索和实践,例如中国人保,其2018年持有兴业银行、华夏银行等长期股权投资资产占比达到12%,这两家银行2018年ROE分别为13.78%和10.58%,为其奠定了良好的收益基础。从行业整体趋势来看,长期股权投资已日益成为保险资产配置的重要方向,加大长期股权投资力度也已成为保险资金运用的必然选择。2018年末,行业整体长期股权投资规模已超1.6万亿元,占资金运用余额近10%。未来,随着监管政策鼓励和支持提升直接融资比例,以及保险资管机构股权投资能力的逐步增强,长期股权投资的占比有望进一步提升。

(三)积极参与市场化债转股

2017年5月份,原保监会发布《关于保险业支持实体经济发展的指导意见》,明确支持保险资金参与市场化债转股;2018年11月份,国家发改委、人民银行、财政部、银保监会以及证监会五部门联合发布了《关于鼓励相关机构参与市场化债转股的通知》,保险资金参与市场化债转股再次获得监管政策大力支持。与此同时,中央企业市场化债转股也有了积极进展。数据显示,截至2019年5月末,中国宝武、国家电投、中船重工等19家中央企业的债转股签约规模已经超过5 000亿元,落地金额超过3 000亿元。对于保险资金参与债转股而言,一方面获得了政策鼓励支持,另一方面优质的大型龙头企业在信用资质等方面能够满足其对风险收益的要求,未来可以跳出双方在基建、不动产等领域的传统合作框架,聚焦行业发展与企业经营,加大对于债转股业务的开拓。一是坚持优质资产的挖掘和选择,在方向上重点选择具有较高综合信用的大型产业集团和中央企业等;二是积极培育深度参与和主动管理债转股业务的能力,形成专业的业务拓展团队和风险管理团队;三是应当加强与银行债转股子公司的合作,探索保险资金参与债转股的创新模式,包括战略入股银行债转股实施机构等。

第三节 加快第三方资产管理业务发展

一、借鉴国际保险资管机构并购式发展经验

国际大型保险资管机构在发展过程中普遍都采取了并购式发展策略,这一模式也是保险资管机构规模扩张的有效途径。从我国保险资管机构发展情况看,并购式发展路径并不普遍,这主要是因为,一方面,近年来我国资管市场发展迅速,资管业资产管理规模保持了较高增速,为各类资管机构的发展创造了便利条件,资管机构通过并购式外延扩张的意愿不强;另一方面,我国保险资管机构主要以受托管理股东方保险资金为主,第三方资管业务发展相对滞后,尤其是在主动管理方面,缺乏市场竞争优势;此外,我国保险资管机构仍处于发展初期,与国内其他资管同业相比,市场化竞争能力不足,资管业务主要集中在国内,海外资管业务发展相对缓慢,而且受跨境资金流通限制,海外投资占比不高,因此,我国保险资管机构海外并购式发展动力不足。

随着我国金融业的开放,国内保险资管机构市场化竞争能力的持续提升,以及保险资管机构管理规模的增加,保险资管机构通过第三方资管业务提升自身资产管理能力的需求上升,发展第三方资管业务具有更强的迫切性。新形势下,保险资管机构在发展国内资管业务方面,可以尝试选择并购式发展策略,例如对公募基金、信托等资管同业的入股并购等,实现资管业务的协同发展,拓展第三方资管业务。此外,对于国内大型保险资管机构来说,随着全球化资产配置需求的上升,可以寻求对境外资管机构的并购等,既能够服务于自身的保险资金配置,又可以拓展国际第三方资管业务。

二、发挥固定收益类资产管理优势

从 PIMCO、法通资管等发展经验看,在特定领域培育资产管理的固有优势,能够形成规模效应,实现在特定领域管理规模的提升。保险资金开展大类资产配置的核心目的就在于获取稳定的投资收益,因此在固定收益类资产投资方面积累了较为丰富的经验,并形成了比较优势,尤其是保险资管机构风险控制能力较强。因此,在第三方资管业务拓展过程中,可以进一步发挥保险资管机构在固定收益类资产领域的投资优势,丰富产品设计,加大产品销售,巩固在低风险资产管理领域的市场地位,并进一步

拓展固定收益类资产配置领域,向国际保险资管机构学习,引入多策略资产组合管理。在固定收益类资产管理方面,要区别于保险资金配置思路,固定收益类第三方资产管理产品要更注重风险与收益的匹配,适当提升风险偏好,加大中低评级信用债投资,发挥风险管理优势,获取更高的风险溢价,通过固定收益产品带动资产管理规模的提升。

三、加强主动管理产品的开发与销售

国际大型保险资管机构在第三方资产管理业务中,更为强调主动管理产品的开发和配置,尤其是在股票和另类投资领域具有较强的投资管理能力,因此,主动管理领域的配置占比较高。主动管理产品是资管机构投研能力的重要体现,从我国保险资管机构情况看,在股票等主动管理方面与公募基金等机构相比,存在一定劣势。从长期发展角度看,保险资管机构需要从完善市场化机制入手,持续提升股票等权益市场的主动管理能力。同时,进一步加强主动管理产品的开发与销售。

保险资管机构在资管产品开发方面,可以关注以下两个方面:一是量化策略投资;二是FOF(基金中基金)与MOM(管理人的管理人)产品。前者的优势主要在于可以通过提高信息处理效率、克服投资情绪冲动等方式降低收益波动,且量化投资与其他资产相关性较低,能够形成对保险资管机构主动型权益投资的有益补充,市场中保险资管机构发行的多个量化策略产品在过去几年已获得较好业绩表现;后者的优势主要在于可通过"双重优中选优"进行投资降噪,实现对于风险收益的二次平滑,呈现出的"低波动、中高收益、稳定可持续"特征,能够很好地满足中低风险投资者资金运用的要求。

四、加强与商业银行理财子公司业务合作

从国际保险资管机构第三方资管业务客户来源看,机构客户占据重要地位,尤其是美国以外市场,机构投资者是第三方资管资金的主要来源,例如安联、安盛、法通等,机构客户资金占比超过6成。在我国金融市场中,机构客户同样占据重要份额,而且保险资管产品尚未对个人投资者完全开放,因此,保险资管机构在第三方业务拓展中,需要进一步加强机构客户开拓。

随着银行理财子公司的陆续获批并开业,作为资管行业新的参与主体,对我国资管行业整体竞争格局也将产生影响,保险资管与银行理财子公司之间也面临新的竞争与合作态势。理财子公司相对其他资管行业市场主体来说,在业务资质、渠道网点、产品销售等方面均具有相对竞争优势,在新的竞争环境下,保险资管可以通过积极寻求与银行理财子公司的合作,依托银行理财子公司发展优势拓展自身第三方业务领域,

并实现与银行理财子公司的长期深层次合作。

首先,积极拓展商业银行委外业务。理财资金是保险资管机构重要的外部资金来源,目前银行理财子公司的公募理财产品已经具备权益直投资质,但理财子公司的投资能力仍需培育。此外,理财产品正处于向净值化过渡的初期,新产品对于波动控制的要求比较高,大规模自主配置高风险的股票资产可能会导致净值大幅波动。因此,银行目前仍具备资金对外委托管理的原生动力。保险资管机构可以加强与银行开展合作,并抓住机遇继续面向银行机构设计权益相关专属产品,深化双方在委外业务方面的合作。

其次,创新合作模式,保险资管由委外向投顾服务转变。根据资管新规和理财新规,银行可聘请专业机构作为投资顾问。可以预见,银行理财子公司成立后可能会吸引部分银行委外资金回流,保险资管机构的第三方业务规模会承受一定压力。但另一个方面,未来银行理财业务与保险资管公司的合作方式,可由理财资金委托方式向净值化产品投资方式转变,银行与保险资管可以在投顾层面加强合作。在投顾合作模式下,银行具有客户资源庞大、销售渠道多样的优势,而保险资管在绝对收益、长期收益、稳健收益方面具有优势,尤其是近两年,FOF、MOM、量化投资已经逐渐成为保险资管的特色优势,可以为银行理财子公司提供相关投顾服务,更好地满足理财资金需求。另外,与其他私募产品相比,保险资管产品更重视绝对回报,业绩波动小,更符合高净值客户的需求。未来,随着保险资管产品面向个人销售的相关规则明确后,保险资管还可以与商业银行私人银行业务密切合作。

第四节 提升另类资产投资能力

国际大型保险资管机构资产管理经验表明,另类资产投资能力的提升,有助于提升保险资金长期配置收益,也能够为第三方资金提供更为多元化的资产组合,并促进第三方资产管理规模的增长。当前,另类投资已经受到国际大型资管公司的普遍重视,未来另类投资也将面临着重要发展机遇。我国保险资管机构可以参考国际资管行业经验,拓宽另类资产投资领域,并结合国内经济转型对长期资金的需求,进一步提升另类资产投资能力。

一、拓宽另类资产投资领域

海外保险资管机构另类资产类型相对丰富,主要包括抵押贷款、房地产、私募股

权、其他债权以及金融衍生品、大宗商品等,还包括一些对冲策略产品、绝对回报策略产品等,而我国保险资管机构投资的另类资产类型主要为非标债权和非标股权类资产,产品形式以基础设施债权投资计划、信托计划、股权投资计划等为主。从资产类型上看,我国保险资管机构另类投资资产类型相对有限,对需要具备较强产品开发和管理能力的策略产品、金融衍生品等方面,存在明显不足。因此,需要进一步加强研究投入,持续丰富资管产品的开发。

二、把握国内经济转型投资机遇

随着金融供给侧结构性改革深入推进,保险资金也将更加充分地发挥出期限长、规模大的优势,进一步服务国家战略实施。未来,在兼顾安全性、收益性的同时,保险资金可以聚焦三个领域,通过另类投资形成金融支持实体经济的有益补充:一是加大基础设施建设投资力度,进一步拓展债权计划、股债结合、PPP等投资形式,积极参与粤港澳大湾区、长三角一体化和雄安新区等区域战略实施,重点可以挖掘交通、能源、生态环保、物流、产业园区等领域。二是主动加强养老、健康、医疗等保险上下游领域的业务布局,打造"保险+投资+产业"的良性协同发展模式,这既是保险行业承担自身使命与责任的要求,也是新时代下保险资金服务国计民生的实际举措。三是积极挖掘新经济、新动能中蕴含的新机遇,深化与产业并购等各类社会资本的合作,加强对科创类企业的股权投资,切实把握住新经济、新业态下保险资金的投资机会。

参考文献

[1] 中国保险资产管理业协会.中国保险资产管理业发展报告[M].北京:中国财政经济出版社,2018.

[2] 曹德云.中国保险资产管理业发展现状和趋势[J].上海保险,2019(4).

[3] 段国圣.从全球资管发展趋势看保险资管能力建设[J].中国保险资产管理,2017(1).

[4] 沙卫.新形势下保险资金开展多元化资产配置的若干思考[J].中国保险资产管理,2019(5).

[5] 杜长春,张志栋,张舒宜.海外保险资金资产负债管理及经验借鉴[J].中国保险资产管理,2018(2).

[6] 李冠莹,马勇.国际保险资产管理的典范模式及其最佳实践的借鉴[J].上海保险,2018(6).

[7] 曹珊,杜长春,胡焯犖.保险资管依托银行理财子公司拓展第三方业务的探讨[J].中国保险资产管理,2019(4).

[8] 任杰.美国大都会人寿保险公司资产配置分析及启示[J].保险理论与实践,2018(4).

[9] 朱蕾,王旭,周洪荣,吴一萍,陈久红.国际保险资管业务发展趋势研究——国际大型保险资

产管理机构运作经验[P].海通证券研究报告,2017(7).

[10] 吴杰.境外保险资产管理公司的国际化经验及对中国实践的启示[J].中国保险资产管理,2017(5).

[11] 高洪满.中国资产管理借鉴国际经验的对策探究[J].清华金融评论,2017(11).

(本文获"IAMAC2019—2020年度系列研究课题"优秀奖)

IFRS9 新趋势下保险资金权益资产配置研究

中再资产管理股份有限公司

于春玲　陈　军　王国言　李爱军　王曙吉　迟　进
赵　艳　陈　琛　秦　莽　王　立　朱　虹

摘要

保险资产管理行业受托资金规模已超过 17 万亿元,成为资产管理行业和金融体系的重要组成部分。在切实发挥实体经济的"压舱石"和资本市场的"减震器"、为宏观经济高质量转型保驾护航等方面正在发挥重要作用。同时,在金融业整体高水平开放的过程中,全球资产管理行业加速融合,保险资产管理行业在产品、服务、机制建设等方面也面对着在同一平台上发展和竞争的新赛道。

引入 IFRS9 新金融准则(简称"新准则"或"IFRS9")是对我国保险资金运用与国际化接轨的一次积极探索,新金融准则既是保险资产管理行业融入全球化赛道的重要规则之一,也是引导保险资金优化资产配置结构、发挥长期价值投资理念的有益契机。

自国际会计准则理事会(IASB)2014 年正式发布的《国际财务报告准则 IFRS9——金融工具》已经过去 5 年,国内第一家正式采用 IFRS9 的保险公司——平安集团,已于 2019 年 4 月发布了第一期基于 IFRS9 的年度财务报告。国内保险公司延迟实施 IFRS9 的宽限期 3 年已经过去了近 2 年,IFRS9 在保险行业的全面实施已经近在眼前。但国内的各家保险公司是否已经做好准备迎接 IFRS9 的挑战,是否已经足够清楚认识和准确理解 IFRS9 落地之后对公司带来的各方面影响,尤其是对于公司权益资产投资的影响,以及建立了相应的应对措施,对现有权益资产投资策略进行了相应的调整，以满足公司对投资收益、波动性、风险管控等各方面综合目标的实现，行业内尚未形成统一的观点。因此，本课题旨在通过对 IFRS9 对保险公司权益资产配置影响的全面分析，以回答上述问题，从而推动保险资产管理行业以更加积极主动的姿态去迎接新准则的挑战。本课题的主要内容包括以下四个章节。

第一章：新旧准则对于权益资产分类与计量的主要差异分析及保险资金目前资产配置现状。本章主要详细对比分析了 IAS39 与 IFRS9 对于权益类资产的分类方法、计量规则、估值方式等方面的差异，以及长期股权投资的相关会计准则，同时分析了目前权益类资产在保险资金整体投资组合中的地位，为后续进一步分析新准则对保险公司权益资产配置的影响奠定基础。

第二章：IFRS9 对于保险资金权益资产配置影响的定性与定量分析。本章节主要从定性和定量两个角度分析 IFRS9 分类和计量规则的变化对保险公司造成的影响。在定性部分，从重分类、计量方法变化及长期股权投资变动三个维度分析了相关影响。在定量分析部分，首先对平安集团案例进行分析，其次对准则切换对于行业的整体影响进行了模拟测算，最后分析了新准则实施对证券业的整体影响。

第三章：IFRS9 下保险资金权益资产配置策略优化。本章节从降低利润波动性的目的出发，对保险公司权益资产整体的配置思路及各类权益资产的投资策略选择进行了分析，并专门详细讨论了"高分红—低波动"策略在股票中的应用。同时基于上述策略的分析，对优化策略的效果开展了模拟测算。此外，进一步从公司性质、规模、风险偏好等维度对不同特征的保险公司权益资产配置策略选择进行了差别分析。

第四章：IFRS9 下保险资金权益投资配套机制优化。本章节结合 IFRS9 下权益资产投资策略的调整，从投资理念的转变、投资决策机制的完善、投后管理机制的健全、公允价值计量管理机制的完善、投资模式和投资团队配置的优化与调整、绩效考核机制的转变等方面分析探索了保险公司需要建设的配套管理机制。

关键词

IFRS9　保险资金　资产配置　权益资产

第一章　IFRS9 准则及中国保险资金权益资产配置状况

一、新旧准则下权益类资产会计处理的主要变化

总体而言,与 IAS39 相比 IFRS9 最大的变化是将原有的"四分类"变更为"三分类"。具体到权益类资产,在原有的四分类体系下,权益工具主要采用其中两个分类,即交易类金融资产(HFT)和可供出售类金融资产(AFS)。在新的 IFRS9 会计准则下,权益类工具主要采用的分类为以公允价值计量且其变动计入损益(FVTPL)和以公允价值计量且其变动计入其他综合收益(FVOCI)。

从某种意义上来说,新准则下的 FVTPL 主要对应原来的 HFT,FVOCI 对应 AFS,两者有一定的相似性。比如,HFT 和 FVTPL 主要都是以交易为目的,且均要求以公允价值计量。FVOCI 和 AFS 则主要包括那些不完全以交易为目的,而是具有一定长期持有意图的投资。但其实两者也存在着很大的差异,主要表现准则对 FVOCI 和 AFS 的要求上。

首先,新准则规定,以非交易目的持有的权益工具投资可以指定为 FVOCI,指定为 FVOCI 代表公司对该项资产有长期的持有意图,通常情况下该指定不可撤销,一经指定,不能变更,且公司通常都需要真正的长期持有该资产,如果指定之后再频繁交易,会引起审计师或者投资者对真实意图的质疑。相对地,在原 IAS39 中,权益资产分类为 AFS 无须特别正式的指定程序,再加上 AFS 本身同时包含了持有和交易两种意图,因此,公司既可以根据自身投资策略的需要长期持有,也可以在持有一段时间后进行处置,或者可以调整会计分类,分类为 AFS 并没有特别的限制,后续管理上有一定的灵活度和空间。

其次,新准则要求分类为 FVOCI 的权益类资产的股利可以计入当期损益,而公允价值变动或处置过程的价差收益却只能计入所有者权益,而不能计入损益。这与旧准则下的 AFS 资产存在明显的差异,虽然 AFS 资产的公允价值变动也是计入所有者权益,但其在处置的时候却可以转回损益表,能够将其投资收益充分体现在投资利润中。而在新准则下,相当于一旦指定为 FVOCI,则未来只有其股利会被纳入投资收益的计算,而公允价值波动和买卖价差通常情况下都不会被作为投资收益计量,没有充分体现在利润表中。

最后,原 IAS39 下,准则允许 AFS 资产以公允价值计量,但对于一些公允价值难以获取的资产,也允许采用成本计量。因此,在旧准则下,很多非资本市场类的权益投资,如私募股权、私募股权类产品等没有公开市场价格作为公允价值的参考,需要借助一定的估值工具或者方法来支持公允价值的计算,这类资产都采用了成本法来计量。但根据 IFRS9 要求,原则上,所有的权益类工具(包括没有市场报价的权益工具)都应当按照公允价值计量,只有在某些非常特殊的情况下,成本可能被允许作为对公允价值的适当估计,可使用的范围非常有限。因此,实施了 IFSR9 实施之后,采用成本法计量的权益资产占比较小。

按照会计准则对公允价值计量的相关要求,依据权益工具估值过程中所采用的信息差别,归类为三个层级,如图 1-1 所示。

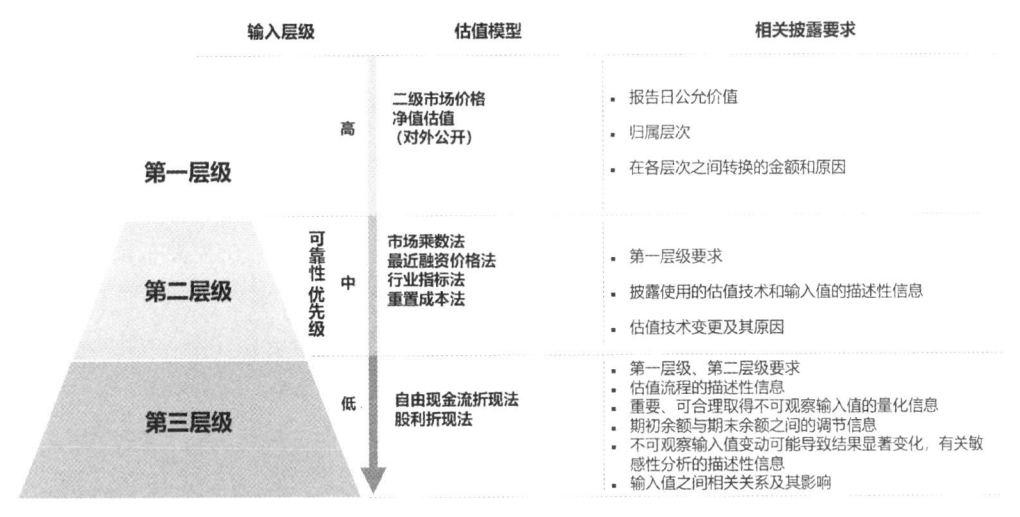

输入层级		估值模型	相关披露要求
第一层级	高	二级市场价格 净值估值 (对外公开)	• 报告日公允价值 • 归属层次 • 在各层次之间转换的金额和原因
第二层级	可靠性优先级 中	市场乘数法 最近融资价格法 行业指标法 重置成本法	• 第一层级要求 • 披露使用的估值技术和输入值的描述性信息 • 估值技术变更及其原因
第三层级	低	自由现金流折现法 股利折现法	• 第一层级、第二层级要求 • 估值流程的描述性信息 • 重要、可合理取得不可观察输入值的量化信息 • 期初余额与期末余额之间的调节信息 • 不可观察输入值变动可能导致结果显著变化,有关敏感性分析的描述性信息 • 输入值之间相关关系及其影响

资料来源:课题组内部资料。

图 1-1 公允价值计量层级对应的权益工具估值方法

第一层级的模型输入值即计量日能够获得的相同资产或负债在活跃市场上的公开未经调整报价,对第一层级输入值调整将被划入公允价值级次中的较低层次(第二层级或第三层级)。

第二层级输入值是除了第一层级输入值所包含的报价以外的资产或负债可观察的直接或者间接的输入值,包括:

(1) 活跃市场中类似资产或负债的报价;

（2）非活跃市场中相同或类似资产或负债的报价；

（3）资产或负债除报价以外可观察的输入值，例如可观察的收益率曲线、隐含波动率等。

使用了重要的不可观察输入值对第二层级输入值进行调整可能导致公允价值计量被划入公允价值级次中的第三层级。

第三层级输入值是资产或负债不可观察输入值，只有在相关可观察输入值无法获得的情况下才可以使用不可观察输入值计量公允价值。

对于股票和公募基金类权益投资，由于公开市场信息较易获取，一般会使用第一层级的估值方法对其进行估值。而对于非标类权益投资，例如私募股权，由于公开市场信息较难获取，所以采用第二层级或第三层级的估值方法。股权类投资产品虽然相对于私募股权在产品结构和收益分配上更为复杂，但二者打通后的底层资产性质非常类似，所采用的估值方法也基本相同。

根据中国证券业协会最新发布的《非上市公司股权估值指引》，私募股权可采用的估值方法主要包括市场乘数法、最近融资价格法、行业指标法、重置成本法、自由现金流折现法、股利折现法等。其中，市场乘数法、最近融资价格法和行业指标法都是利用相同或类似的资产、负债或资产和负债组合的价格以及其他相关市场交易信息进行估值，可以被统一归类为市场法。自由现金流折现法、股利折现法等属于收益法，一般采用将未来预期收益转换成现值的估值技术。重置成本法是成本法的主要估值方法，以评估对象估值日的资产负债表为基础，合理估计表内及表外各项资产和负债价值，确定估值对象价值。以上估值方法由于采用的输入值并非完全来源于二级市场公开信息，所以归属于公允价值计量第二或第三层级。

此外，虽然新准则不适用于长期股权投资，但由于长期股权投资也属于权益类投资，在新准则对其他权益类资产的会计计量产生影响的情况下，公司可能会考虑利用长期股权投资相关的会计政策来规避影响，因此在这里，课题组也将对照准则要求，对长期股权投资的会计核算要求进行简要说明。

首先，根据财政部印发的《企业会计准则第 2 号——长期股权投资》中的规定，长期股权投资是指投资方对被投资单位实施控制、重大影响的权益性投资，以及对其合营企业的权益性投资。在实际操作中，认定投资方是否实施控制或有重大影响的依据主要包括：

（1）持股比例：一般而言，投资人对被投资单位持股比例超过一定幅度（常见 20% 或 30%），即有可能被认定为长期股权投资。当然，持股比例的要求也取决于被投资单位的股权分散程度,如果其股权分散程度特别高,超过5%也有可能被认定为长期股权投资。

(2) 派出董事或管理人员:指的是投资方向被投资单位的董事会或有类似权力的机构中派有代表,或者向被投资单位派出高级管理人员。

(3) 参与重大决策:指的是根据投资协议,投资方享有参与被投资单位重大事项的决策权,例如发行债券、股利分配等。

(4) 直接业务影响:指的是投资方通过与被投资单位之间发生重要交易或者向被投资单位提供关键技术,对被投资单位的业务或者经营产生重大影响。

其次,根据准则的要求,对于被认定为长期股权投资的权益性资产,核算方法包括成本法和权益法。其中,对于控股子公司,主要采用成本法进行核算,而对于联营和合营企业,需要采用权益法进行核算。对于采用成本法核算的长期股权投资,当被投资单位宣告分派的现金股利或利润,投资方应当确认为当期投资收益。对于采用权益法核算的长期股权投资,投资方应当按照享有或分担的被投资单位实现的净损益和其他综合收益的份额,分别确认投资收益和其他综合收益,同时调整长期股权投资的账面价值。

再次,当投资方由于撤资或者降低持股比例,权益资产从长期股权投资转为一般金融资产时,处置价格与账面成本之间的差额可计入投资收益,与此同时持有期间由于被投资单位净资产变动而计入其他综合收益、资本公积的部分,也可全部转入投资收益。

最后,需要特别说明的是,虽然名为长期股权投资,但其实准则对其持有期间没有明确的要求,从会计准则的角度来讲,公司是可以随时处置的,没有时间限制。

二、国内保险公司权益类资产配置的整体状况

近年来,受宏观经济环境、资本市场变化、监管政策等多方面因素影响,我国保险资金大类资产配置总体呈现稳健多元的配置趋势,各保险公司总体上比较注重优化长期投资组合,在追求长期稳定收益的同时,保留小比例流动性资产来应对流动性的需求。

基于2018年末的保险资金运用情况[1],从大类资产配置的整体构成来看,保险公司的各类资产配置比例相对比较稳定。其中,占比最大的是固定收益类资产,包括债

---

[1] 基于保险资管行业协会2018年—2019年调研报告,覆盖了业内221家保险(全行业共235余家),覆盖总投资规模13.4万亿元,占全行业总投资资产规模164.万亿元的81.4%,具有较高的代表性。

券及债券型基金和固定收益类金融产品①,总占比约为55%,其次是权益类资产②占比约为15%。这部分权益类资产包括:股票、权益类公募基金、私募股权、私募股权产品以及永续债和优先股中具有权益性质的资产(见图1-2)。

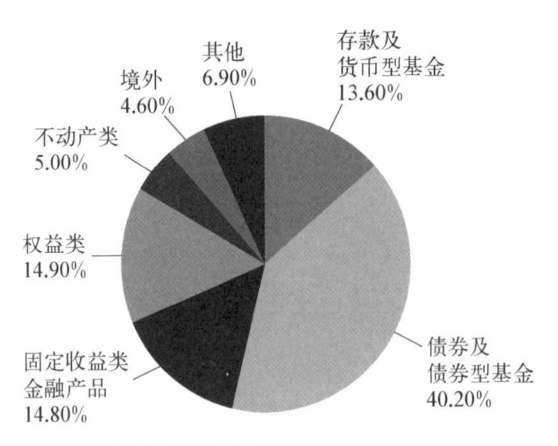

资料来源:银保监会,中国保险资产管理业协会。

图1-2 保险行业资金大类资产配置结构

进一步详细分析权益类资产的详细构成可以看出(见表1-1),权益类资产在整个投资组合中的总体占比约为14.9%。其中,股票的占比最大,约为5.8%,由于保险公司境外投资股票占比较小,本课题采用的股票分析相关数据均不考虑境外股票的部分;其次是私募股权,约为3.8%;最后是公募基金和私募股权类的投资产品,各自分别为2.4%和2.9%。永续债和优先股中具有权益性质的资产由于占比极小,所以并未单独列示。在后文的模拟测算中,由于永续债和优先股中具有权益性质的资产占比较小且参数设置上不支持等原因,也并未单独测算这部分资产的收益率。

表1-1   保险行业权益类资产细类构成

产品类型	金额(亿元)	占权益资产比例(%)	占总投资资产的比例(%)
股票	7 719.70	38.80	5.78
公募基金(权益类)	3 239.90	16.30	2.43
私募股权	5 073.10	25.51	3.80
私募股权产品	3 857.00	19.39	2.89
权益资产小计	19 889.70	100	14.90

资料来源:银保监会,中国保险资产管理业协会。

---

① 固定收益类金融产品包括信托资产、基础设施债权计划、银行理财产品和资产支持计划。
② 本课题研究的权益资产不包括境外权益类投资。

以上数据可以推断,尽管权益资产在保险资产配置中的整体占比不高,但是从收益的角度来看,权益资产对保险投资整体收益率的影响较大。

统计2017年—2019年各年份保险行业资金平均收益率和当年沪深300指数上涨或下跌幅度可以看出(见表1-2),沪深300指数的涨跌对于行业平均收益率的影响较大。2018年保险业整体资金运用收益在6 800多亿元,与2017年相比较约减少1 500亿元。在2018年股市整体低迷的情况下,沪深300指数累计下跌26.34%,同年度保险行业资金平均收益率较上年下降1.44%,2019年上半年股市回暖,保险行业资金平均收益率也相应回升至5.56%,可以推测,权益类资产的收益波动对保险资金整体投资业绩会造成较大影响。

表1-2　　　　　　保险行业平均收益率及当年沪深300指数涨跌情况

年　　度	保险行业资金平均收益率(%)	沪深300指数上涨/下跌率(%)
2017年	5.77	上涨20.60
2018年	4.33	下跌26.34
2019年上半年(非年化)	2.78	上涨28.83

资料来源:Wind,银保监会,中国保险资产管理业协会。

第二章　IFRS9对保险公司权益资产配置影响的定性分析与定量分析

一、IFRS9对保险公司权益资产配置影响的定性分析

新准则的实施对保险公司带来的影响是全方位的,包括由于分类和计量规则的变化带来的对于财务报告的直接影响,以及由此带来的对于公司投资管理、风险管理、运营管理、预算考核、税务规划等各方面的影响。本章将主要围绕IFRS9实施对于公司投资收益和财务报告的影响进行分析,重点关注由于权益类资产的重分类以及计量方法的变化产生的影响,进而支持后续章节对于权益类资产投资策略优化的进一步分析。

根据准则的要求,保险公司在切换时点(对于目前大部分的保险公司来说,即为

2021年1月1日),针对权益类资产,需要按照新准则进行重分类、再估值、调整留存收益三个步骤进行调整(见图2-1)。

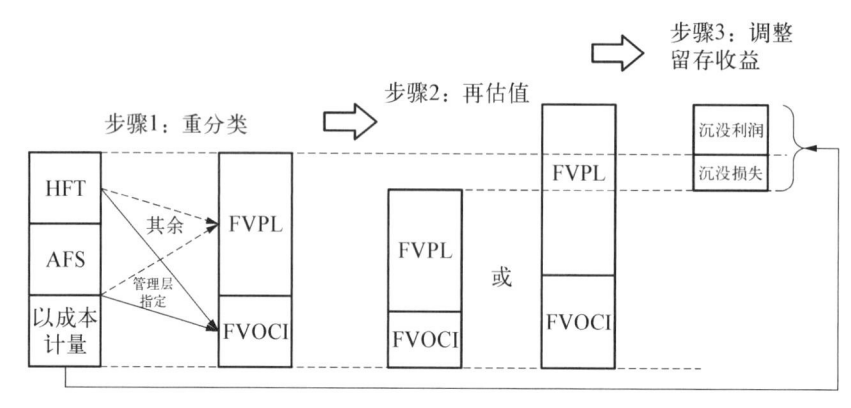

图 2-1 权益类资产切换时间的调整顺序

资料来源:课题组内部资料。

(一)重分类需要考虑的因素及影响分析

根据《企业会计准则22》第三章第十九条:在初始确认时,企业可以将非交易性权益工具投资指定为以公允价值计量且其变动计入其他综合收益的金融资产,并按照本准则第六十五条规定确认股利收入。因此,在切换时点,公司管理层需要指定现有权益类投资中的部分投资为FVOCI,其余没有被指定为FVOCI的权益资产,则自动被计入FVTPL。

原则上,由于准则没有明确原有的HFT和AFS资产应该如何对应到新的FVTPL和FVOCI,因此FVOCI资产既可以来自原有的HFT分类,也可以来自原AFS分类。

但考虑到上述要求中限定了指定为FVOCI的权益资产应具有"非交易性权益工具"的属性,因此,大部分原分类为HFT的资产很有可能会被重分类为FVTPL,特别是像二级市场股票投资和公募基金。而分类为AFS的资产,基于旧准则的要求,应该同时具有交易和长期持有的属性,因此公司需要详细区分哪些资产适合被指定FVOCI,哪些应该被分类为FVTPL。考虑到一旦被指定为FVOCI,后续不可撤销,且此类资产,其公允价值波动和后续买卖价差都不能计入利润,会对公司未来的投资收益和波动性带来持续的影响,因此公司需要审慎评估如何指定FVOCI,指定多大比例的FVOCI。在这个过程中,公司通常需要综合考虑以下几个方面的因素。

1. 权益资产的构成

根据新准则要求,并不是所有的金融工具都可以成为被指定为FVOCI的权益资产,公司需要对现有可能符合认定标准的资产进行识别和分析,判断可以指定为FVOCI的权益资产的规模和特征。有些资产因为具有非常明确的特征,所以无法被指定为FVOCI的,例如公募基金投资,即使基金底层投资的资产包含权益类资产,如股票类基金或混合类基金,但由于底层有非权益资产,或者由于基金顶层的产品结构问题(如封闭式基金有到期日,开放式基金可赎回等),不符合会计准则对于权益工具的认定标准,只能被归入债务性金融工具。

除此之外,有一些资产是很明显地具有长期持有特征的权益资产,如有较长限售期的股票,一方面是很明确的权益工具,另一方面因为限售的原因,也符合长期持有的意图。除了要识别可以被指定为FVOCI的权益资产的规模,公司还需要进一步分析这些资产的收益特征。如前所述,分类为FVOCI之后,仅股息能够计入财务投资收益,因此,公司需要进一步识别和分析这些权益资产是属于高分红的资产,还是属于高增长的股票,通常,高分红的股票更适合被分类为FVOCI。

2. 负债端的期限、成本和对投资收益率的要求

如前所述,权益资产在被指定为FVOCI后,除股息收益外,后续公允价值变动产生的损益及处置时产生的价差损益均不能计入公司利润,因此,公司分类为FVOCI的权益资产越多,财务投资收益率通常越低。以目前国内A股市场的分红水平来看,绝大多数权益资产的股息率难以覆盖保险公司负债端的成本,公司需要依靠分红加上股票的价格增长才能保证投资收益率满足负债端的成本要求。

另外,指定为FVOCI通常意味着较长的持有期间和较低的流动性,这会对公司整体的资产端的期限结构产生影响,因此公司还需要综合考虑负债端的期限结构,避免由于指定过多的FVOCI导致资产负债期限结构的不合理。

3. 风险偏好和对收益波动的容忍度

根据新准则的要求,除了被指定为FVOCI之外的其他权益资产都会被纳入FVTPL,未来全部以公允价值进行计量,直接对公司的财务报告的波动性产生影响。因此公司在评估哪些权益资产需指定FVOCI时,还要考虑剩余权益资产潜在的波动性,以及可能对整个投资收益和财务报表利润波动性产生的影响,确定其影响在公司的可接受范围之内。

综上,将权益资产指定为FVOCI其实是一个相对复杂的决策过程,指定不同比例的FVOCI,对公司未来的投资收益率、资产负债期限结构、财务报告的波动等各方面都会产生影响,公司需要综合考虑各方面的因素进行审慎决策。

新准则除了直接加大了分类工作的难度,导致不同的分类会对公司的各个方面产

生一系列综合影响外,还大大削弱了保险公司原本常用的通过处置AFS资产调节利润的能力。在原IAS39金融工具准则下,公司的AFS资产具有蓄水池的功能,可以在一定程度上发挥调节利润的能力。当AFS资产的公允价值高于买入成本时,公司可以通过出售该笔金融资产,将计入其他综合收益的公允价值变动转入已实现的投资收益,从而提高公司当年的利润表现,达到调节利润的作用。而在新准则下,如前所述,分类为FVOCI的资产在出售时的收益不能转入当期的投资收益,只能计入其他综合收益,因此失去了作为调节公司利润工具的作用。

最后,根据新准则要求,在切换时点资产重分类后,公司原分类为AFS的权益资产累计的浮动盈亏不允许计入当期损益,直接反映为留存收益的变动。因此,如果公司在既往AFS类权益资产中已经积累了一定规模的浮盈或浮亏,且没有在新准则实施之前处置转入当期收益的话,在新准则切换时,这部分权益资产的浮盈或浮亏就会直接变成公司的沉没利润或沉没损失,未来也不会再体现在公司投资收益中。在既往IAS39下,由于AFS类资产分类与计量的灵活性,因此很多保险公司都习惯于通过AFS资产的调整/处置来平滑利润,但新准则的上述要求等同于要求公司将既往在AFS蓄水池中存储的水在切换时点一次性抽干,对公司现有的投资管理会带来比较大的冲击。因此,保险公司需要考虑如何充分利用切换前的宽限期,结合自身权益资产的潜在浮盈或浮亏的实际情况,提前做出调整,以更加主动地管理切换时点的波动,实现利益最大化。

(二)计量方法的变更及其影响分析

相对于旧准则在计量方法上相对比较宽松,允许部分分类为AFS的资产采用成本法计量,新准则原则上要求所有权益类资产无论分类为FVTPL还是FVOCI,均需采用公允价值计量,这将大大增加权益资产财务账面价值的波动性,给公司后续对投资收益及其波动性的管理带来一系列挑战。

首先,由于指定为FVOCI权益类资产有比较严格的管理要求和限制,因此预计被指定为FVOCI的权益资产相对于原AFS资产将大幅下降,大部分的权益类资产均会被分类为FVTPL之中,而分类为FVTPL资产的公允价值波动将直接计入公司的当期损益,影响公司当期的财务利润,进而导致公司财务利润的波动性大大增加。

其次,传统以公允价值计量的资产大多为资本市场投资,直接可以采用盯市(MTM)的方法进行公允价值计量,新增的需要以公允价值计量的权益类资产中有一大部分为非资本市场的私募股权或各类带有权益性质的金融产品,包括信托计划、私募股权基金、股权类资产管理计划等。这些资产的公允价值难以获取,通常都需要依赖各种估值模型或技术,计量方法也相对比较多样化,需要管理人员详细评估各类资产适用的估值方法和配套采用的估值参数,公允价值的计量和管理工作的难度大大增加,给公司带来了极大的挑战。

(三)对长期股权投资的影响

前文曾经论述过,虽然新准则不涉及长期股权投资的会计政策变化,但由于同属权益类投资,且在跨越一定临界点之后就可以相互转化,因此公司还需要考虑重分类对长期股权投资的影响。在旧准则下,由于分类为AFS无论是在持有期间对波动性的控制方面,还是在处置时对利润的调节方面都具有比较大的灵活性,因此是很多保险公司比较偏好的分类方法之一。但是新准则对FVOCI资产的很多严苛的要求,导致原来AFS分类的优势不复存在。因此,公司必须考虑一些其他可用的替代方法,而长期股权投资就是一个相对较好的替代品。

相对于新准则下的一般权益类金融资产,长期股权投资虽然投资门槛较高,认定难度比较大,但是其具有以下几个方面的优势,如果能够加以利用,能够帮助公司提高对投资收益波动性的管理。

1. 持有期间价值波动性低

相对于新准则下所有权益类金融资产必须采用公允价值计量,根据会计准则的要求,长期股权投资可以采用成本法或者权益法计量。如采用成本法计量,则其价值完全无波动。即使采用权益法计量,其波动也主要与公司自身的基本面、经营状况、净资产的变化有关,而基本不受资本市场波动的影响,波动也会很低。这种波动由于直接计入权益,也不会对财务报表的收益造成直接影响,可以帮助公司很好地管理波动性。

2. 投资期间相对灵活

虽然名为长期股权投资,但其实准则对于长期股权投资的持有期间或者处置反而没有新准则下被分类为FVOCI的资产那样有较为严格的限制。新准则下要求,FVOCI一经指定,不得撤销,但长期股权投资可以基于公司持有的份额和对所投资公司的控制和影响程度进行相应的调整,即当公司所持有的份额或者在被投资单位具有的影响力足以证明公司对被投资单位具有控制或重大影响时,即可将原分类为FVTPL或者FVOCI下的权益投资转为长期股权投资。如果公司后续由于投资战略变化和资产配置的需要,希望降低投资比例时,可以对持有股份进行处置,并不受到准则的限制,在处置完成之后,也可以根据需要再次将该投资调回FVTPL或FVOCI。

3. 处置时的收益可以计入投资收益

相对于新准则分类为FVOCI的权益资产即使在处置时,买卖价差收益也不能计

入投资收益,长期股权投资在处置时,其出售所得和账面价值之间的差异,以及账面价值与成本之间的差异都是可以计入当期投资收益的。因此,长期股权投资在这一特征上,与旧准则下的AFS资产类似,都可以起到一定的调节作用。

(四)对税务的影响

首先,在新旧准则切换时点产生的资产价值变动,将被直接计入首日的未分配利润或其他综合收益,影响到递延所得税,也会影响到未来资产处置时的纳税调整。

其次,新准则下,由于以公允价值计量的资产范围扩大,会导致企业所得税处理会计与税收差异进一步增大,对公司的递延所得税造成影响。

最后,由于分类为FVOCI的权益资产未来卖出时的差价收益不能计入损益,因此,其投资收益的所得税计量和处理方面也会发生变化。但目前对于此类情况该如何处理,税法方面还没有出台具体的管理规定。

考虑到税收的影响比较复杂,且目前存在的不确定性因素较多,在下文的定量分析和测算中暂不包含这部分的分析。

二、IFRS9对保险公司权益资产配置影响的定量分析:平安集团IFRS9实施案例分析

平安集团是第一家正式实施新准则的保险集团,其自2014年7月新准则正式发布就开始对新准则的变化和相关要求进行深入研究,并从2016年开始着手对新准则的实施开展了一系列的准备,经过大约两年的时间,到2018年1月1日新准则正式切换,这期间切换的经验和影响对于其他获准推迟执行新准则的保险公司具有十分重要的借鉴意义。结合本课题的研究主题,课题组围绕平安集团在新准则实施过程中,针对权益资产的重分类、计量方法的调整开展的一些工作以及后续的影响进行分析,对其实施中的经验和教训进行总结分享。

(一)重分类结果分析:指定较大比例权益资产至FVOCI

表2-1展示了平安集团在2018年1月1日切换时点进行了资产重分类的结果。

表2-1 切换时权益类资产调整 单位:亿元

权益类资产	合计	FVOCI	FVTPL
权益工具	6 306	2 152	4 154
——AFS资产	5 532	2 063	3 469
——HFT资产	774	89	685

资料来源:平安集团年报。

从表中可以看出，在重分类的过程中，公司将原分类为 HFT 的资产 88.5% 都重分类为 FVTPL，这符合 HFT 资产强交易的属性。但同时，也可以看到，有少量的 HFT 资产被指定为了 FVOCI，占到原 HFT 资产的 11.5%，这类在旧准则对 AFS 认定要求比较宽松的环境下都被分类为 HFT 的资产，在新准则下却被指定为了 FVOCI，除了可能是公司在投资策略上发生了比较明显的变化之外，不排除公司为了进一步扩大 FVOCI 的占比，而将所有符合 FVOCI 认定标准和条件（如收益结构清晰，符合权益工具的认定标准，分红较高等）的权益资产，尽可能地指定为 FVOCI。

与此同时，原分类为 AFS 的资产中有 63% 的资产被重分类到 FVTPL，其余 37% 被指定为了 FVOCI。考虑到 FVOCI 资产后续受到的一系列限制，包括买卖价差收益不能再转回利润表，相当于平安集团为了降低财务报表的波动性，而主动放弃了将这部分资产价格上涨带来的收益纳入投资收益的可能性，而且是永久性的，一定程度上反映了公司对财务报表稳定性的要求。

对比平安集团在新旧准则下的最终分类结果，可以看出，即使在上述指定了较大比例 FVOCI 的情况下，其以公允价值计量且其变动计入当期损益的资产还是从原来的 12% 上涨到了 66%，增加了 4.5 倍。这部分权益资产价值的波动未来将直接纳入公司的当期损益，对公司的财务投资收益率产生影响，进而导致公司投资收益的波动性明显增加。

此外，根据平安集团 2018 年年报附注中披露的相关信息，由于会计政策的变化，公司在 2018 年初将 323 亿元的其他综合收益转入留存收益。考虑到公司 2018 年利率曲线处于上涨区间，债权类资产的浮盈较少，因此估计其中一大部分来自权益类资产的浮盈。在前文的分析中曾指出，如果公司不能在准则切换前，通过处置 AFS 中的权益类资产将累计在 AFS 中的浮盈或浮亏及时转入利润，未来也不会再有机会转入了。这部分浮盈或浮亏将成为公司的沉没利润或沉没亏损。平安集团就存在类似情况，累计 323 亿元的浮盈相对于 5 532 亿元 AFS 权益资产规模来说，投资收益率约为 5.8%，具有较大影响。

对于公司未能在 2018 年之前处置相关的 AFS 资产，将其转入利润，课题组分析可能存在以下几个方面的原因。

第一，公司资产规模很大，大类资产配置比例和策略一直相对稳定，如果单纯为了将浮盈转入利润而处置部分权益类资产，之后为了恢复原有资产配置还需要再次买入，交易成本较高，还可能存在无法及时，妥善调整到位的风险。

第二，产生浮盈的权益资产可能相对比较集中，且规模较大，导致有限的时间内，在其他交易对手了解平安集团有切换需求的情况下,难以找到合适的交易对手和满意的交易价格。此外,这些投资也是公司早年布局希望长期持有的,后续仍有极大的升值潜力,公司并不希望为了短期应对新准则而做出调仓改变。以平安集团 2015 年投资的碧桂园项目为例,根据碧桂园公告信息披露,平安集团 2015 年的入手价格是 2.816[①]港币/股,而碧桂园 2017 年末的收盘价是 13.78 港币/股。假设平安集团从入手到切换时点前并未出售该股票,则预计累计浮盈约为 256.62 亿元。

第三,产生浮盈的资产可能存在限售的情况,且仍处于限售期,无法在准则要求的切换时点之前进行处置。

(二)计量方法变化影响分析:切换时点大量浮盈被转为留存收益,切换后财务报告的波动性明显增加

根据平安集团 2018 年末财务报告中关于重要会计政策变更部分的披露信息,可以发现在切换时点,公司权益资产由于计量方法变更引起的变动非常小[②],并没有对公司权益资产的价值造成明显影响。为了进一步分析结果的本质原因,课题组对平安集团 2015—2017 年的财务报告中,AFS 权益资产的计量方法又进行了进一步地分析(见表 2-2)。

表 2-2　　　　　　　　切换时点之前 AFS 总资产结构　　　　　　　单位:亿元

	2015 年	2016 年	2017 年
AFS 资产	5 164	5 372	7 751
—以成本计量	39	67	1
——以公允价值计量绝对金额	5 125	5 306	7 750
———债券	1 923	1 939	2 219
———权益	2 183	1 742	3 169
———信托等	1 019	1 625	2 362
——以公允价值计量资产增幅	—	4%	46%
———债券	—	1%	14%
———权益	—	−20%	82%
———信托等	—	59%	45%

资料来源:平安集团年报。

---

① 资料来源:Wind。
② 集团分类为 FVTPL 的资产,总体因为计量方法的变动导致的公允价值波动为 1.16 亿元,包括权益资产和债权类资产。

表 2-2 显示了切换时点之前平安集团权益类 AFS 资产的计量方法,可以看出,自 2015 年开始,平安集团以成本计量的 AFS 资产的规模逐年降低,2016 年公司以成本计量的权益资产有 67 亿元,截至 2017 年末,平安集团分类为 AFS,按成本计量的权益资产仅为 1 亿元。而与之相对的,以公允价值计量的资产规模大幅增加,从 2015 年的 5 125 亿元上升到 2017 年末的 7 750 亿元。其中,以公允价值计量的权益类资产的增幅最大,在 2017 年自 2016 年的 1 742 亿元上升至 3 169 亿元,增加了 82%,以公允价值计量的信托计划,也从 2016 年的 1 625 亿元增加到 2017 年的 2 362 亿元,上涨了 45%。由此,课题组推测平安集团在 2017 年,为了减少切换时点重估值带来的影响,预先批量调整了部分分类为 AFS 的资产的计量方法,从以往的以成本计量改为以公允价值计量,因而导致在切换时点,需要重估值的资产很少,对公司影响较小,波动不大。

平安集团自 2018 年 1 月 1 日正式切换采用 IFRS9 准则,可以看出切换之后,虽然公司采取了一系列措施,力图降低投资收益的波动,但由于新旧准则的巨大差异,新增大量的以公允价值计量且其变动计入当期损益的资产的波动难以被抹平,公司投资收益的波动性还是明显加大了。

表 2-3 对比展示了平安集团在完成新准则切换后,在 2018 年和 2019 年上半年财务投资收益率的差异。可以看出,在同样的市场环境下,采用新准则计算的投资收益率的波动性要明显高于新准则,且与股票二级市场波动的相关性明显增加。在 2018 年,股票市场大跌的情况下,新准则的投资收益率明显低于旧准则,且随着资本市场的持续下跌,自 2018 年上半年的 4% 进一步下降到 3.7%。相对地,以旧准则计量的投资收益率在 2018 年下半年不降反升,与二级市场波动性的相关性明显较低。与此类似,2019 年上半年股票市场大涨,新准则下的投资收益率从 3.7% 直接上升到 5.5%,增加了 1.8%,而旧准则下的收益率反而下降了 4.5%。

表 2-3　　　　　　　平安集团新旧准则下投资收益率对比　　　　　　单位:%

时　　间	沪深 300 指数的变动比例①	IFRS9 下财务投资收益率	IAS39 下财务投资收益率
2018 年上半年	下跌 28.20	4.0	4.5
2018 年全年	下跌 26.34	3.7	5.2
2019 年上半年	上涨 57.66	5.5	4.5

资料来源:平安集团年报,上海证券交易所。

① 半年度变动比例已通过对原数据取 2 倍进行年化处理。

(三)长期股权投资①变动分析:占比不断上升,成为公司降低权益类资产波动性的一种工具

在定性分析的部分曾经分析过,虽然IFRS9对长期股权投资没有直接影响,但由于同属权益类投资,在跨越一定临界点之后就可以相互转化,再加上长期股权投资在会计核算方面具有的灵活性,很有可能成为公司继AFS之后调节利润的工具。

因此,课题组对平安集团自2016年之后的长期股权投资也进行了进一步的分析。分析中涉及的长期股权投资仅包括平安集团保险资金投资组合中的,而非整个集团的长期股权投资。如表2-4所示,公司的长期股权投资自2016年之后持续增加。

表2-4　　　　平安集团长期股权投资规模及占比

年 份	长期股权投资规模 (单位:百万元)②	在权益资产中 规模占比(%)	在总投资中 规模占比(%)	投资规模 增长率(%)
2016年底	32 982③	11.80	1.6	—
2017年底	58 413	11.21	2.4	77
2018年底	93 225	17.55	3.3	60
2019年中	103 697	16.90	3.5	11

资料来源:平安集团年报。

截至2016年底,公司的长期股权投资仅为330亿元,而到2019年中增加至1 037亿元,在两年半的时间里上涨了2倍。同时,长期股权投资在权益资产中以及在总资产中的占比也在不断地上升,其中,相对权益资产的占比从2016年底的11.8%上涨到2019年中的16.9%,相对总资产的占比从2016年底的1.6%增加到2019年中的3.5%。上述变化明显反映出公司在有意识地将权益资产更多地纳入长期股权投资,以便利用该工具的特性更好地管理利润的波动性,并降低将权益类资产分类为FVOCI带来的一些限制和不利影响。

从平安集团在长期股权投资方面选择的对象来看,还是主要基于公司长期以来的投资策略,集中在地产和基础设施投资行业,有选择地将一些投资标的转为了长期股权投资,具体包括:

2017年7月,平安人寿以19.07亿港元增持旭辉控股(集团),占该公司7.40%股份。

---

① 范围仅包括保险投资组合中的长期股权投资。
② 长期股权投资不包括控股子公司,仅包括归属于长期股权投资的联营和合营企业。
③ 2016年的长期股权投资规模在财报中未进行具体披露,这里使用2017年财务报表中2016年股权投资规模减掉2016年财务报表中的其他权益投资规模得到。

2018年3月,平安人寿以每股4.43港元的价格认购6.04亿股中国中药,占该公司12%。

2018年7月,平安资管从控股股东华夏控股手中以137.7亿元购买总股本19.7%华夏幸福。

2019年3月,平安人寿作为第三大股东,持有中国长江电力股份有限公司4.49%股份[①]。

此外,从表2-4中能够明显地看出公司在2017年新准则切换之前就开始这种布局和准备,有意识地加大长期股权投资,例如对旭辉控股的增持就发生在2017年下半年。

(四)平安集团实施IFRS9经验总结

总结平安集团在IFRS9实施前后的变化,以及在此过程中公司在权益资产配置及其分类方面采取的一些举措,可以发现主要有以下几个方面。

1. 新会计准则的实施难度与挑战与公司的投资策略有较大的相关性

从上述分析可以看出,新会计准则与那些长期秉承价值投资的保险公司更加契合,这类公司切换的过程也会相对更加顺畅。无论是在指定FVOCI或者是加大长期股权投资方面,这些公司既能够保持长期以来的投资策略不发生改变,也能够在准则允许的范围内,一定程度降低新准则对公司利润的波动性的冲击和影响。相对地,那些在既往投资策略中比较激进,关注于短期收益的保险公司,在新准则下可能会面临更大的挑战,如果想延续以往的投资策略,必然会在投资收益方面面临更大的波动性和冲击。

与此同时,当所有公允价值的波动都及时地反映在当期利润中,失去了AFS这个调节利润的工具,预计在投资收益上的分化也会更加明显,不同公司的投资能力的差异也会更清晰地表现出来。如果希望能够降低投资收益的波动性,则可能需要对既往的投资策略和存量资产配置进行调整,会面临着调仓的时间和成本的影响。因此,这类公司应该提早对准则的影响和公司后续的投资策略是否需要调整进行分析和评估,以免准备不足,仓促应对。

2. 为了应对IFRS9的挑战,公司可提早准备,将一次性的波动分散到一段时间内,以减少切换时点的波动和不利影响

如前所述,可以看到,平安集团在正式切换IFRS9之前就已经采取了一系列的调整措施,逐步向IFRS9切换之后的管理要求和投资策略靠拢,例如将私募股权的计量方法从成本法切换到公允价值计量,逐步加大长期股权投资等。这些措施将IFRS9

---

① 资料来源:Wind。

切换可能导致的波动分散在了一定区间内,在一定程度上降低了公司在切换时点财务报告的波动性,实现了较平稳地过渡。

3. 针对公司既有AFS资产浮盈或浮亏,需提早安排处置/调整的方案,尽可能降低其转为沉淀利润的比例

在前文曾分析过,平安集团在切换时点由于时间和其他可能存在的限制,无法充分释放AFS中存在的浮盈,结果产生了323亿元的沉没利润。从某种意义上来说,这对于公司实现投资收益和增加内涵价值表现来说是一种不利影响。相信如果公司能够更早一些准备,分散投资,逐步释放浮盈,或将其中一部分浮盈提前转到长期股权投资的浮盈中,是有可能降低沉没利润规模和占比的,这值得以后其他保险公司引以为鉴。

三、IFRS9对保险行业整体权益资产投资收益影响的模拟测算分析

(一)模拟测算方法概述

在这一部分,课题组将基于多种市场波动假设情景,结合公司指定不同比例的权益资产至FVOCI和FVTPL的设定,对比新旧准则下,公司权益类投资资产财务投资收益率(总投资收益率)和净投资收益率的表现、波动性。其中,财务投资收益主要是体现利润表上净利润部分实现的投资收益,包含投资的分红收入,但在旧准则中不包含可供出售金融资产的公允价值变动损益,在新准则中不包含FVOCI项下的金融资产的公允价值变动损益。净投资收益仅包含投资的分红收入,这部分在新旧准则下不具备差异,纳入测算作为参考指标供对比分析使用。

为了充分评估权益类资产的波动和影响,测算范围将全面涵盖股票、公募基金,私募股权以及私募股权类产品等各类权益资产,并分别针对不同场景组合进行收益率及收益率波动性的测算和对比分析。由于永续债和优先股中具有权益性质的资产占比较小且参数设置上不支持等原因,并未单独测算这部分资产的收益率。

市场波动情景:以A股市场为基准,根据图2-2所示沪深300指数近10年的波动情况,由于2019年暂时无法得到准确的年度数据,课题组计算了2010—2018年的沪深300指数波动率标准差为25%,因此设定二种市场波动场景为沪深300指数上涨25%,下跌25%。同时,除了一些波动幅度较大的年度外,还是有部分年份为10%左右的波动率,因此设定另外两种市场波动场景为沪深300指数上涨10%,下跌10%,进而计算四种市场波动情景下各种投资收益的波动情况。

旧准则下AFS资产处置情景:由于在旧准则下,对分类至AFS的资产进行处置时,其公允价值的变动会对财务投资收益产生影响,所以在测算中,会按照旧准则下不

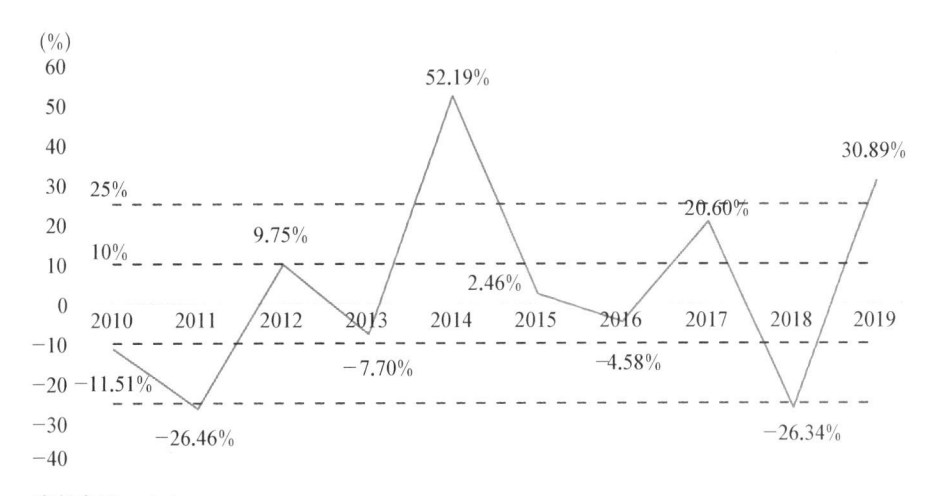

资料来源：wind。

图 2-2 沪深 300 指数历史波动率对比

处置 AFS、旧准则下处置一半的 AFS，分别与新准则下权益资产的不同分类情景以及处置情景进行对比。

新准则下会计分类情景：考虑在新准则下，对权益类投资采用不同会计分类/核算方法的资产占比下的投资收益波动情况（见表 2-5）。

表 2-5　　　　　　　　　　新准则下不同会计分类策略　　　　　　　　单位：%

会计策略描述	FVOCI 占比	FVTPL 占比	长期股权投资占比
持有较大比例 FVTPL	25	58	17①
减少 FVTPL 的持有量，增加 FVOCI	38	45	17
减少 FVTPL 的持有量，增加长期股权投资	25	45	30

资料来源：课题组测算。

新准则下不同资产处置情景：由于在新准则下，对分类至 FVOCI 和长期股权投资的资产分别进行处置时，FVOCI 类资产的公允价值变动不会被计入财务投资收益，而长期股权投资的公允价值变动则需要被计入财务投资收益，所以在测算中，会按照新准则下不处置分类为 FVOCI 和长期股权投资的金融资产②、新准则下处置一半分类为 FVOCI 和长期股权投资的金融资产，分别与旧准则下权益资产的不同分类情景

---

① 整理中国人寿、太平集团、新华保险、太平洋保险四家上市保险公司 2018 年年报以及平安集团 2017 年报数据，测算各保险公司长期股权投资占总投资资产的比例。其中，长期股权投资占比最高的是中国人寿，为 6.49%，占比最低的是新华保险，为 0.68%，差距较大。课题组计算五家公司长期股权投资占比的平均数 2.55%，再将 2.55%/14.9%（权益投资占总投资资产比例）≈17% 作为长期股权投资的初始占比。

② 新准则下处置 FVOCI 和长期股权投资在后文简称为处置"非 FVTPL"投资。

以及处置情景进行对比。

在上述不同组合情景下,考虑到各类资产投资收益率及波动性的差异,结合数据的可获得性,将整个权益资产分为股票、公募基金、私募股权和私募股权产品四类,结合各类资产的历史数据和特点,综合采用统计分析和专家判断等方法,对其在不同市场波动情景下的两种不同口径的投资收益(净投资收益率和财务投资收益率)进行测算。其中,由于会计准则的变化不会对净投资收益率产生影响,因此对比新旧准则下的影响的重点将集中在财务投资收益率的差异上,分析上述不同市场环境和会计策略下权益资产投资收益率的差异和波动性的差异。

(二)模拟测算关键假设

1. 各类权益资产占比假设

假设权益资产中股票占比38.93%,公募基金占比16.11%,私募股权及产品的占比44.96%,主要参考保险资管行业协会发布的《2018—2019年保险资金运用最新调研数据》中2018年末资产配置中股票、公募基金和私募股权及产品的配置数据。

2. 各类权益资产会计分类假设

旧准则:参考平安集团2017年末不同类别权益资产在旧准则下会计分类的金额,设置模拟测算中全行业每类权益资产分类至不同会计科目下的比例假设(见表2-6)。

表2-6　　　　　　　　　　权益资产在旧准则下分类　　　　　　　　　　单位:%

权益资产类别	HFT占比	AFS占比	长期股权投资占比	合　计
股票	5.31	81.55	13.14	100
公募基金	37.04	62.96	0.00	100
私募股权及产品	7.54	65.96	26.50	100

资料来源:平安集团年报。

新准则:本研究中涉及的四类权益资产在会计分类上存在差异,新准则下公募基金将全部被分类至FVTPL。私募股权类产品由于被分类至FVOCI时的合同条款有极为严格的要求,一般情况下很难符合分类要求,同时,由于是间接持有,也无法被分类至长期股权投资,所以在新准则下,假设私募股权产品全部分类至FVTPL。而股票和私募股权根据持有目的的不同采用不同会计分类/核算方法,按照3种不同的会计策略下指定的FVOCI/FVTPL/长期股权投资各占的比例(其中FVTPL所占比例应剔除掉已经被分类至FVTPL的公募基金和私募股权产品所占比例)分配。具体3种会计策略的分类结果如表2-7所示。

表 2-7　　　　　　　　各会计策略下权益资产分类比例　　　　　　单位：%

会计策略描述	资产类别	FVTPL占比	FVOCI占比	长期股权投资占比
持有较大比例FVTPL	股票	34.69	38.87	26.43
	公募基金	100.00	0.00	0.00
	私募股权	34.69	38.87	26.43
	私募股权产品	100.00	0.00	0.00
减少FVTPL的持有量，增加FVOCI	股票	14.48	59.09	26.43
	公募基金	100.00	0.00	0.00
	私募股权	14.48	59.09	26.43
	私募股权产品	100.00	0.00	0.00
减少FVTPL的持有量，增加长期股权投资	股票	14.48	38.87	46.65
	公募基金	100.00	0.00	0.00
	私募股权	14.48	38.87	46.65
	私募股权产品	100.00	0.00	0.00

资料来源：课题组测算。

3.各类权益资产的股息/分红率

股票和公募基金：主要参考公开市场信息，基于Wind的统计数据，计算2018年A股市场整体的股息率(上市公司年内分红总额/年末总市值)为2.47%，股票型开放基金整体的加权股息率为1.13%。

私募股权和私募股权产品：考虑到险资偏好投资的私募股权在预期上市前一般不采用派发分红的形式，所以假设私募股权和私募股权产品的分红率为0。

4.各类权益资产公允价值波动与市场波动的相关性

股票和公募基金：考虑到保险资金在股票和基金的投资选择上范围较大，在考虑波动性时可以认为其波动性与市场波动性基本保持一致。

私募股权和私募股权产品：与二级市场相关性参数的设定参考了广发恒生新三板研究极客发布的资本市场行业研究报告。根据该行业报告，由于一级市场估值数据无法公开获取，所以报告以新三板市场定向增发的投后估值作为一级市场估值的代替，计算了一二级市场变化幅度的相关性系数。基于该行业报告测算结果，结合专家经验和保险行业投资私募股权的特点，假设私募股权及其产品估值与二级市场的相关性系数为0.8。

5.针对长期股权类投资的相关假设

根据2008—2018年10年间沪深300市场公开数据，长期股权投资的股息支付率基

本稳定在33%左右,基于假设1中对沪深300股息率的设定为2.47%,在此假设长期股权投资在持有期间基于权益法核算的收益波动性为7.5%。另外,由于长期股权投资的收益波动性主要与被投资单位有关,与市场相关性较低,因此假设其与市场的相关性为0。

由于上市股票相对于私募股权较难达到放入长期股权投资所需满足的条件,因此假设长期股权投资中私募股权:股票=7:3。

长期股权投资由于其单一标的金额较大,会极大地增加卖出当期的业绩波动。针对这种情况,本章测算中假设不考虑长期股权投资在卖出时点造成的一次性价差冲击。

(三)模拟测算结果展示

不同情景下,权益资产收益率表现和收益率波动性对比结果如表2-8所示:

表2-8　　　　　　　新旧准则下的权益资产投资收益率对比分析　　　　　　单位:%

市场情景假设	权益资产净投资收益率	IAS39 不出售AFS	IAS39 出售一半AFS	IFRS9 不出售FVOCI和长期股权投资 持有较大比例FVTPL	IFRS9 不出售FVOCI和长期股权投资 减少FVTPL的持有量,增加FVOCI	IFRS9 不出售FVOCI和长期股权投资 减少FVTPL的持有量,增加长期股权投资	IFRS9 出售一半的FVOCI和长期股权投资 持有较大比例FVTPL	IFRS9 出售一半的FVOCI和长期股权投资 减少FVTPL的持有量,增加FVOCI	IFRS9 出售一半的FVOCI和长期股权投资 减少FVTPL的持有量,增加长期股权投资
沪深300指数上涨10%	1.14	3.37	6.95	7.40	6.20	6.98	7.41	6.22	7.01
沪深300指数下跌10%	1.14	1.21	−2.36	−3.07	−1.87	−1.09	−4.62	−3.43	−3.83
沪深300指数上涨25%	1.14	4.99	13.93	15.25	12.26	13.04	16.44	13.45	15.14
沪深300指数下跌25%	1.14	−0.41	−9.35	−10.92	−7.93	−7.15	−13.65	−10.66	−11.96

资料来源:课题组测算。

依据模拟测算方法论,新旧准则下的资产处置共分为4种情景,分别为:旧准则下不处置、旧准则下处置一半AFS、新准则下不处置和新准则下处置一半非FVTPL的资产。将新旧准则下各子的两种情景进行排列组合,可以计算出4种不同的收益率波动差,情景1 vs.情景4、情景2 vs.情景3、情景1 vs.情景3、情景2 vs.情景4分别代表了新旧准则下可能产生的最大收益率波动幅度差、较为合理的收益率波动幅度差、不进行资产处置时的收益率波动幅度差以及采用较为主动的资产处置策略时的收益率波动幅度差。

三种会计策略下，新旧准则的投资收益率及其波动对比结果汇总如下：

1. 持有较大比例FVTPL（表2-9、图2-3、图2-4）

表2-9　　　　　新旧准则的投资收益率及其波动测算结果　　　　　单位：%

情　　景	市场涨跌10%的财务投资收益率波动幅度	市场涨跌25%的财务投资收益率波动幅度
情景1：旧准则下不处置	2.16	5.40
情景2：旧准则下处置一半AFS	9.31	23.28
情景3：新准则下不处置	10.47	26.18
情景4：新准则下处置一半非FVTPL	12.04	30.09
波动幅度差：情景1 VS.情景4	9.87	24.69
波动幅度差：情景2 VS.情景3	1.16	2.89
波动幅度差：情景1 VS.情景3	8.31	20.77
波动幅度差：情景2 VS.情景4	2.72	6.81

资料来源：课题组测算。

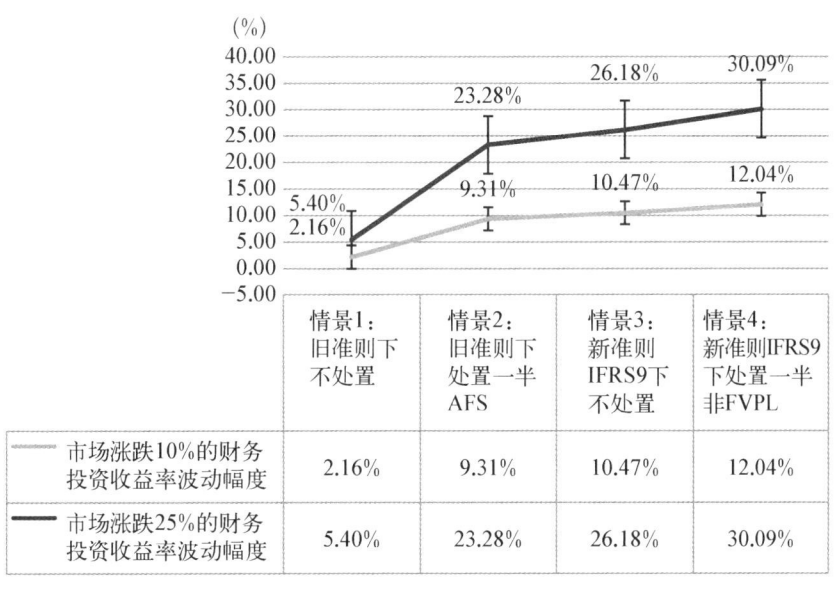

	情景1：旧准则下不处置	情景2：旧准则下处置一半AFS	情景3：新准则IFRS9下不处置	情景4：新准则IFRS9下处置一半非FVPL
市场涨跌10%的财务投资收益率波动幅度	2.16%	9.31%	10.47%	12.04%
市场涨跌25%的财务投资收益率波动幅度	5.40%	23.28%	26.18%	30.09%

资料来源：课题组测算。

图2-3　会计政策1收益率波动幅度对比

	波动浮动差：情景1 VS.情景4	波动浮动差：情景2 VS.情景3	波动浮动差：情景1 VS.情景3	波动浮动差：情景2 VS.情景4
市场涨跌10%的财务投资收益率波动幅度	9.87%	1.16%	8.31%	2.72%
市场涨跌25%的财务投资收益率波动幅度	24.69%	2.89%	20.77%	6.81%

资料来源：课题组测算。

图 2-4 会计政策 1 收益率波动幅度差对比

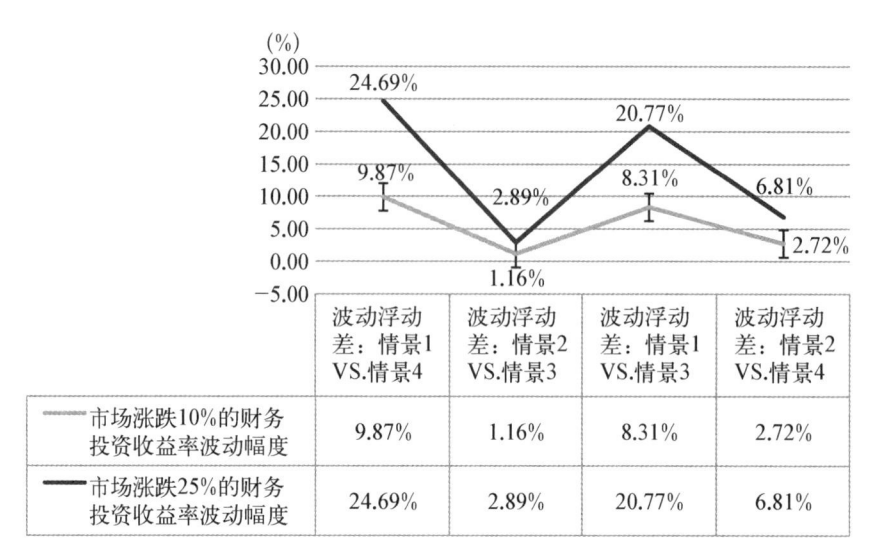

2. 减少 FVTPL 的持有量，增加 FVOCI（表 2-10、图 2-5、图 2-6）

3. 减少 FVTPL 的持有量，增加长期股权投资（表 2-11、图 2-7、图 2-8）

在三种会计策略下，以市场涨跌 10% 的波动情况为例，在新旧准则下都不进行资产处置时，新准则下财务收益率波动幅度比旧准则分别上涨了 8.31%、5.92% 和 5.92%，这证明了新准则的实施在整体上的确会加大财务收益率的波动性，且分类为 FVTPL 的比例越高，波动性的增长就会越大。

表 2-10　　　　　　新旧准则的投资收益率及其波动测算结果

情　　景	市场涨跌 10% 的财务投资收益率波动幅度	市场涨跌 25% 的财务投资收益率波动幅度
情景 1：旧准则下不处置	2.16%	5.40%
情景 2：旧准则下处置一半 AFS	9.31%	23.28%
情景 3：新准则下不处置	8.08%	20.19%
情景 4：新准则下处置一半非 FVTPL	9.64%	24.10%
波动幅度差：情景 1 VS.情景 4	7.48%	18.70%
波动幅度差：情景 2 VS.情景 3	−1.24%	−3.09%
波动幅度差：情景 1 VS.情景 3	5.92%	14.79%
波动幅度差：情景 2 VS.情景 4	0.33%	0.82%

资料来源：课题组测算。

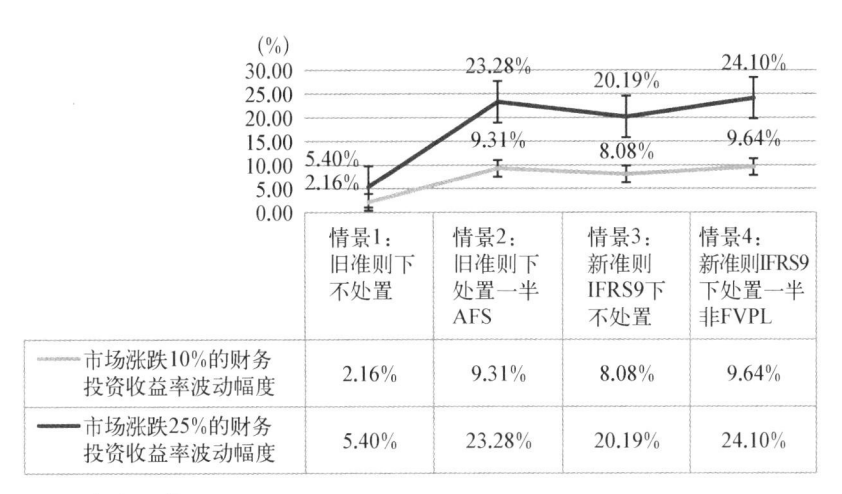

	(%)			
	30.00	23.28%	20.19%	24.10%
	25.00			
	20.00			
	15.00	9.31%	8.08%	9.64%
	10.00 5.40%			
	5.00 2.16%			
	0.00			
	情景1:旧准则下不处置	情景2:旧准则下处置一半AFS	情景3:新准则IFRS9下不处置	情景4:新准则IFRS9下处置一半非FVPL
市场涨跌10%的财务投资收益率波动幅度	2.16%	9.31%	8.08%	9.64%
市场涨跌25%的财务投资收益率波动幅度	5.40%	23.28%	20.19%	24.10%

资料来源:课题组测算。

图 2-5 会计政策 2 收益率波动幅度对比

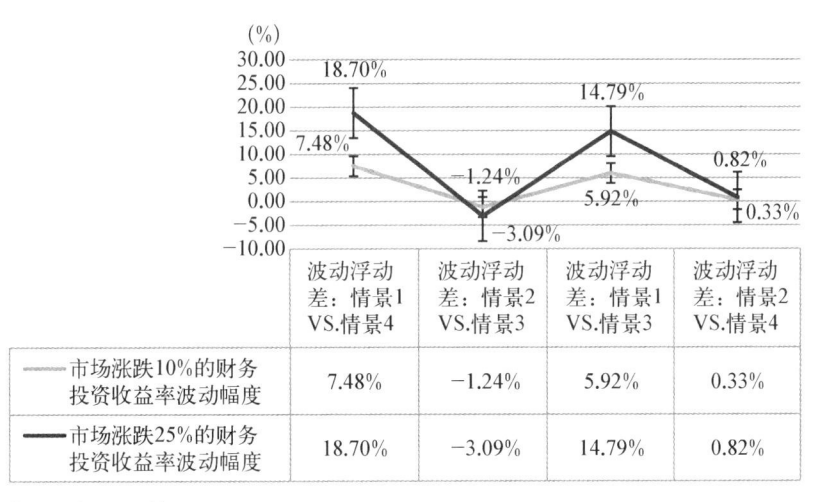

	(%)			
	30.00			
	25.00 18.70%		14.79%	
	20.00			
	15.00			
	10.00 7.48%		5.92%	0.82%
	5.00	-1.24%		0.33%
	0.00	-3.09%		
	-5.00			
	-10.00			
	波动浮动差:情景1 VS.情景4	波动浮动差:情景2 VS.情景3	波动浮动差:情景1 VS.情景3	波动浮动差:情景2 VS.情景4
市场涨跌10%的财务投资收益率波动幅度	7.48%	-1.24%	5.92%	0.33%
市场涨跌25%的财务投资收益率波动幅度	18.70%	-3.09%	14.79%	0.82%

资料来源:课题组测算。

图 2-6 会计政策 2 收益率波动幅度差对比

表 2-11 新旧准则的投资收益率及其波动测算结 单位:%

情　　景	市场涨跌 5%的财务投资收益率波动幅度	市场涨跌 10%的财务投资收益率波动幅度
情景 1:旧准则下不处置	2.16	5.40
情景 2:旧准则下处置一半 AFS	9.31	23.28
情景 3:新准则下不处置	8.08	20.19
情景 4:新准则下处置一半非 FVTPL	10.84	27.10
波动幅度差:情景 1 VS.情景 4	8.68	21.69

续表

情　景	市场涨跌5%的财务投资收益率波动幅度	市场涨跌10%的财务投资收益率波动幅度
波动幅度差：情景2 VS.情景3	−1.24	−3.09
波动幅度差：情景1 VS.情景3	5.92	14.79
波动幅度差：情景2 VS.情景4	1.53	3.81

资料来源：课题组测算。

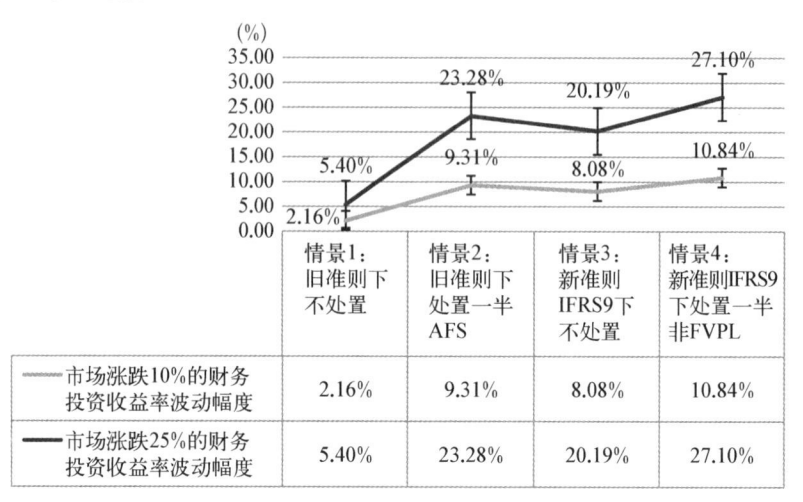

	情景1：旧准则下不处置	情景2：旧准则下处置一半AFS	情景3：新准则IFRS9下不处置	情景4：新准则IFRS9下处置一半非FVPL
市场涨跌10%的财务投资收益率波动幅度	2.16%	9.31%	8.08%	10.84%
市场涨跌25%的财务投资收益率波动幅度	5.40%	23.28%	20.19%	27.10%

资料来源：课题组测算。

图2-7　会计政策3收益率波动幅度对比

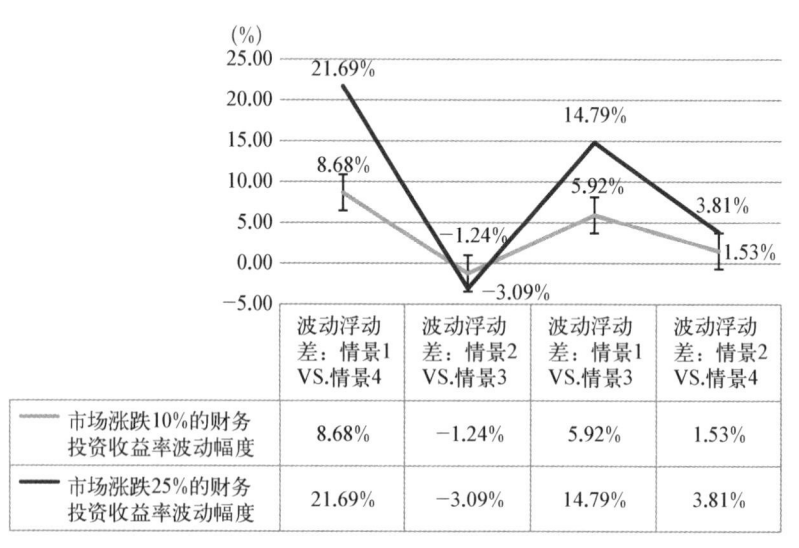

	波动浮动差：情景1 VS.情景4	波动浮动差：情景2 VS.情景3	波动浮动差：情景1 VS.情景3	波动浮动差：情景2 VS.情景4
市场涨跌10%的财务投资收益率波动幅度	8.68%	−1.24%	5.92%	1.53%
市场涨跌25%的财务投资收益率波动幅度	21.69%	−3.09%	14.79%	3.81%

资料来源：课题组测算。

图2-8　会计政策3收益率波动幅度差对比

对比在新旧准则下通过处置AFS或长期股权投资调整收益(即在新旧准则下分别处置一半AFS/非FVTPL资产),可以得到在同样的三种会计策略下,新准则的财务收益率波动幅度比旧准则变动相对较小,分别为:2.72%,0.33%和1.53%。此外,在同为新准则下且配置相同比例的FVTPL,对比增加FVOCI和增加长期股权投资两种会计策略,可以发现处置一半非FVTPL资产与不处置时的收益率波动差分别为:1.57%和2.76%,也侧面印证了加大长期股权投资可以增加公司管理收益的灵活性。因此,在新准则下,公司如果能够充分利用长期股权投资,可以部分达到原AFS分类的效果。

同理,当市场涨跌幅度25%的时候,上述波动性或差异会被进一步放大。

四、业外观察:IFRS9对证券行业权益投资影响的实证分析

相对于保险行业由于推迟实施,观察案例不足的情况,由于证券业已于2018年全面实施新准则,可供分析的案例更多。因此,课题组将12家在A+H股上市的已实施新准则的证券公司,与20家未上市仍采用旧准则的证券公司进行了对比,进一步分析了新准则的影响。

特别说明,受公司披露数据所限,无法将权益类资产从总资产中清晰分割出来,因此以下所有测算和分析均包含了权益类资产和固收类投资。

(一)重分类后FVTPL占比较高,且持续增加

新准则下,以公允价值计量且其变动计入当期损益的资产占比显著提升。截至2018年上半年,采用新准则的12家证券公司中,更多金融资产被重分类至交易性金融资产,FVTPL占总资产比重较2017年有较大的提升,中位数提升5.3%,最大提升9%以上。而实施旧准则的券商变动幅度不大,中位数仍在2.6%附近(见图2-9、图2-10)。

在实施新准则后,上市券商FVTPL资产的占比仍在持续增加,FVTPL占总资产的中位数为从2018年中的25.8%上升至2019年中的30.5%。其中,最大提升的公司较2018年中又上升了9.7%,相对2015年中,累计上升26.7%。此外,在券商内部也出现了较大的分化,部分券商明显在持续的加大分类为FVTPL的资产占比,但有些券商则控制分类为FVTPL的资产的比例在一定的范围内(见表2-12、表2-13)。

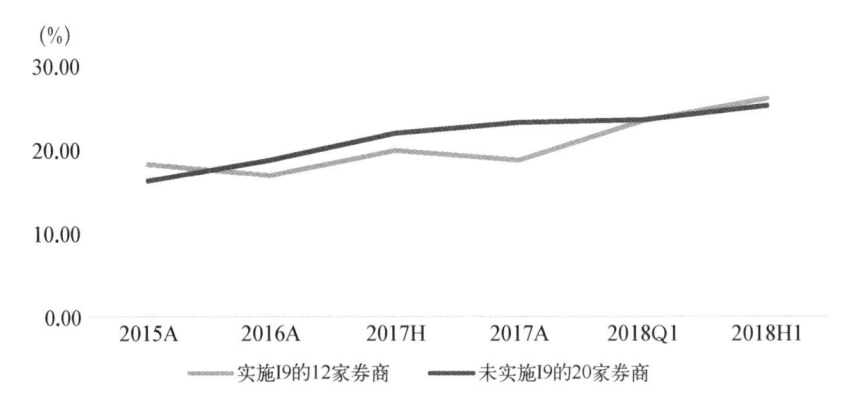

资料来源：Wind，课题组参考东北证券研究报告《新会计准则对券商的影响分析》的研究方法进行测算，下同。

图 2-9　实施新旧会计准则的券商 FVTPL/总资产对比

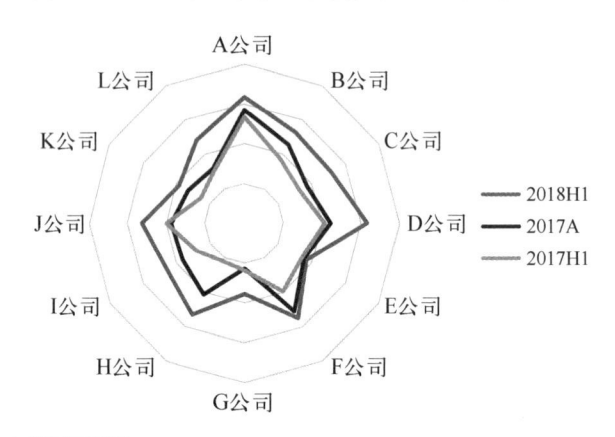

资料来源：Wind，课题组测算。

图 2-10　上市券商 FVTPL/总资产变化

表 2-12　　　　　　　实施 IFRS9 的上市证券公司 FVTPL 比例变动　　　　　　　单位：%

证券简称	2015H	2015A	2016H	2016A	2017H	2017A	2018H	2018A	2019H
华泰证券	14.6	29.0	23.1	20.7	24.2	22.2	31.6	33.2	41.3
中信证券	21.7	22.2	22.8	26.7	24.5	28.5	31.7	37.9	36.8
招商证券	15.2	21.5	20.6	19.8	20.1	25.6	27.6	32.8	36.4
中原证券	10.6	12.1	17.6	19.9	18.4	18.7	26.3	33.0	34.2
国泰君安	11.3	20.0	21.5	18.6	20.7	22.8	26.4	31.5	32.4
海通证券	10.6	19.2	16.4	16.5	19.6	18.7	25.8	30.8	31.6
中信建投	10.5	16.4	17.5	15.2	15.6	15.9	24.1	29.4	29.3
申万宏源	8.8	17.2	17.6	12.7	16.6	16.5	19.1	27.1	26.2
光大证券	5.0	13.0	12.5	13.9	16.7	18.2	23.0	28.0	24.6

续表

证券简称	2015H	2015A	2016H	2016A	2017H	2017A	2018H	2018A	2019H
中国银河	3.9	12.9	15.3	11.9	12.0	11.4	17.8	24.0	23.0
东方证券	8.8	15.3	12.1	11.0	20.3	20.7	26.5	22.9	22.9
广发证券	11.9	20.0	22.4	17.2	21.4	17.7	18.5	22.7	21.9

资料来源：Wind,课题组测算。

表2-13　　尚未实施IFRS9的上市证券公司FVTPL比例变动　　单位：%

证券简称	2015H	2015A	2016H	2016A	2017H	2017A	2018H	2018A	2019H
红塔证券	0.0	11.8	—	3.3	—	7.2	—	53.1	62.8
西部证券	11.0	15.9	25.0	28.2	36.1	40.1	43.3	50.1	47.6
太平洋	14.6	17.3	20.5	18.7	24.0	32.3	33.5	46.8	46.7
东北证券	12.7	28.8	37.8	21.1	14.9	13.3	19.1	30.8	44.5
第一创业	18.6	22.9	29.6	20.8	22.2	25.7	30.8	36.3	42.8
长城证券	11.8	12.2	20.4	14.9	21.3	24.3	29.5	31.7	40.0
山西证券	8.2	4.2	11.4	22.6	26.8	29.0	37.9	38.9	39.8
天风证券	18.3	22.7	19.0	26.2	31.3	35.9	34.1	37.1	39.6
财通证券	2.8	11.2	11.6	17.6	21.1	18.1	21.1	15.9	37.1
浙商证券	5.9	6.6	13.0	15.0	21.9	23.8	26.3	28.8	34.8
华林证券	—	9.7	—	13.6	12.4	26.5	17.2	21.7	34.5
东吴证券	13.5	17.6	19.8	24.3	26.6	32.3	28.2	30.5	34.0
长江证券	13.7	14.2	11.8	14.5	15.0	18.7	21.9	29.7	32.6
华安证券	11.9	20.9	22.1	22.7	29.3	23.8	32.9	38.7	32.0
国信证券	8.1	19.2	20.7	16.8	13.4	16.2	21.8	31.1	31.8
西南证券	20.4	22.8	32.6	30.3	31.9	35.1	38.1	42.6	29.8
国金证券	5.3	10.6	12.3	13.2	20.1	18.3	20.9	25.0	28.8
兴业证券	11.1	20.6	21.1	27.3	24.0	27.2	26.0	26.1	26.9
东兴证券	5.3	10.9	7.8	11.7	16.5	18.9	21.9	17.0	20.6
华西证券	—	7.5	—	7.8	16.6	19.7	19.7	17.0	20.2
国元证券	4.4	2.0	1.6	1.8	1.8	2.5	2.6	3.9	19.9
方正证券	7.4	16.2	22.8	23.1	25.6	23.2	25.2	23.4	19.7
国海证券	7.6	16.4	17.8	12.1	17.5	19.9	19.1	13.7	18.8
南京证券	—	9.4	12.6	8.2	9.2	8.3	9.2	5.8	4.8

资料来源：Wind,课题组测算。

（二）投资收益波动性明显加大，且出现分化

从券商2018年上半年的业绩表现来看，相比实行新准则之前，券商其他综合收益占营业收入比重没有出现明显的趋势性变化，对权益影响有限。但由于FVTPL资产占比的增加，公允价值变动收益占营业收入的比重在2018年上半年大幅提升，且波动幅度明显提高。此外，不同券商之间投资收益之间的差异也明显加大，与IFRS9实施前相对比较趋同的收益分布产生鲜明对比，也一定程度反映了在新准则下，公司再难通过AFS来调节利润，公允价值波动全部来自公司持有的交易资产组合，更加不可控。

五、小结

本章从定性分析、个案分析、行业模型测算和业外观察等多个角度，分析和论证了新准则实施对保险公司产生的影响。分析结果显示，IFRS实施后，从整个行业的角度来看，以公允价值计量且其变动计入当期损益的权益资产占比将不可避免地增大，给保险公司投资收益率的波动带来不利影响。但具体到不同的公司，由于其对投资收益的要求和利润波动性的容忍程度不同，可能会采用不同的会计分类策略，配置不同比例的FVTPL，由此将导致不同公司未来的投资收益和收益的波动性会产生较大的分化。考虑到IFRS9对公司产生的重大影响，公司应提早进行准备，在准则切换前就逐步调整，一方面可以避免在切换时点的重大波动，另一方面可以尽可能减少潜在的产生沉没利润的不利影响。

第三章 IFRS9下保险资金权益资产配置策略

一、IFRS9下整体权益资产配置思路

根据第一章、第二章中的相关分析结果，可以看出IFRS9实施后，由于权益资产的分类和计量规则的变化，将导致权益资产的财务投资收益的波动性显著上升，结合在第二章所分析的权益资产投资对保险公司整体收益和利润的影响，可以看出未来保险公司财务利润的波动性将明显加大，对于利润波动性的管理的难度将大幅度地增加，在保证一定的投资收益的基础上，为了降低投资收益的波动，保险公司需要对现有

的权益资产投资策略进行适当地优化调整。

基于上文中的相关分析结果,建议保险公司主要可以考虑从以下三个角度来优化调整现有权益资产配置,在IFRS9下降低投资收益的波动性:

1. 降低权益资产整体配置的比例,降低整体投资资产的波动

根据第一章节对中国内保险公司权益类资产配置占比的分析,目前保险公司偏好配置固定收益类资产,债券及债券类基金和存款及货币类基金占比较高,分别达到了40.3%和13.6%,同时也对固定收益类金融产品青睐有加(占比15.8%),但虽然权益资产不是保险资金投资的主力,但其在整体投资中的占比也达到了将近15%,在整体保险资金配置中还是占有一定的比例,具有部分可操作空间。利用权益资产和固定收益类资产在新会计准则下的不同分类和计量规则,保险公司可以通过降低权益资产的配置比例,进一步加大固定收益类资产的配置比例来降低整体收益的波动性。同时,需要明确虽然权益资产在保险资产配置中的整体占比仅处于中等地位,但是由于权益类资产的平均收益通常高于固定收益类资产,权益资产对保险投资整体收益的贡献度还是较高的,这种配置比例的调整可能会较大地降低公司整体的投资收益,给公司在成本及业务比较等方面带来较大压力,容易造成降低投资者信心等不利影响。

2. 调整权益资产配置结构,降低权益资产的波动

如公司希望维持现有权益资产的整体占比大致不变,可以考虑通过以下其他手段来降低权益资产整体的波动性。

加大高分红、低波动的权益资产配置比例,降低波动性:高分红、低波动的权益资产一方面具有波动较小的特征,即其公允价值变动的幅度相对较小,可以降低其对公司财务利润波动带来的不利影响。另外一方面,这类型权益资产具有分红较多的特征,即其收益主要体现为股息收益,股息收益常常是相对稳定的,能为公司每年带来相对稳定的现金流,减少利润的波动幅度。以平安集团的投资策略为例,2017年12月,中国平安通过港股通渠道累积买入约102亿股汇丰控股股份,并在汇丰控股中持股5.01%。2019年6月以来,中国平安系保险资金更是耗资142亿港元,连续三次增持工商银行H股,共计增持股数约2.47亿股。汇丰控股和工商银行均是典型的高分红、低波动的权益资产,平安作为唯一的实施IFRS9的保险公司也开始布局该种策略。后续,课题组还会进一步详细分析"高分红—低波动"策略在A股市场上的具体应用。

利用金融衍生产品来对冲风险,降低波动性:在衍生品投资方面,市场上目前主要可使用股指期货、股指期权、收益互换等金融衍生产品,在一定程度上对冲权益资产的波动性。例如,公司可利用股指期货建立浮盈锁定策略,对持有股票的累计浮盈进

行监控,当其超过预定的阈值时,卖出相应面值的股指期货,锁定部分或全部收益,但这种策略同时也放弃了相应的上涨获利空间,另外保险公司在股指期货的应用上也存在一定的限制。原保监会发布的《保险资金参与股指期货交易规定》中明确保险公司可投资的股指期货指"经中国证券监督管理机构批准,在中国金融期货交易所上市的以股票价格指数为标的金融期货合约",目前市场上符合相关要求的主要有沪深300、中证500和上证50估值期货,产品较少,所以利用股指期货的策略仅适用于较小规模的应用。同时监管对相应资质的审核要求较严格,目前获得投资资格的仅有平安、国寿、合众、太平、太保等几家较大的保险公司,进一步限制了该策略的可利用性。在股指期权方面,可以建立浮亏止损策略,买入行权价格为当前股票或股指价格一定比例(例如70%)的股指期权,进而将最大损失锁定在既定范围(例如$1-70\%=30\%$),但符合监管要求的境内股指期权仅有上证50ETF期权,同时由于监管在股指期权投资上的配套政策还未出台,保险公司实际上较难使用该种策略对波动进行管控。在收益互换方面,通过打包持仓股票的收益权,与券商签订类固定收益的协议的方法,在约定的期限内由券商支付给公司约定的年化收益率,公司则将持仓股票的收益支付给券商,这样无论最后盈亏如何,券商机构承担市值波动的风险,但是这种策略需要与券商进行一对一的谈判,成本较高,且存在与股指期权类似的资源和监管规定等问题,保险公司在实际使用上局限性较大。因此,可利用衍生产品来对冲权益投资的波动性,不过不是所有的权益投资都有恰当的对冲工具,且对冲工具本身也可能会给投资带来波动性并具有一定的风险和成本。

通过加大私募股权及私募股权产品投资,来降低波动性:股票和公募基金的估值方法相对既定,其公允价值(估值)的变动基本直接随市场的变化而变化。相较于资本市场,私募股权及私募股权产品在公允价值的估值上有所不同,课题组在第一章对私募股权和私募股权类产品的估值方法也进行了简单介绍,可以看出,虽然私募股权和私募股权类产品波动性与市场波动还是具有一定的关系,但是即使是使用市场法,其估值与市场的相关性相较于资本市场还是较低。同时,在采用收益法及成本法的非市场估值方法下,私募股权及私募股权产品的公允价值变动更是主要基于公司自身的基本面的影响,例如资产、收入、利润、现金流等,可以不太受市场化的一些因素直接影响,例如短期的资金供求关系或者市场情绪的波动等,因此在被投资公司经营状况相对稳定的情况下,估值结果通常更加稳定和可以预测,对波动性的管理难度也就相对较低。当然,一方面私募股权和私募股权类产品的估值方法的选取需要考虑多种情况,并不可以随意指定。私募股权和私募股权类产品本身的风险相较于资本市场也较大。另一方面,投资私募股权和私募股权类产品对保险公司自身的要求也较高,需要保险公司配备有相应的团队进行投前分析和投后管理,投资能力建设方面需要投入较大的人力、物力,同时也要求保险公司具有较大的可投资资金规模。

3. 利用会计分类,降低财务收益波动性

通过降低分类为FVTPL的权益资产的比例,加大分类为FVOCI和长期股权投资的权益资产占比来降低权益资产的波动性。

提高权益资产指定为FVOCI的比例:如前所述,被指定为FVOCI的权益资产,其价值的波动不会对公司的投资收益和利润产生直接的影响,因此,保险公司通过指定权益资产为FVOCI可以降低财务收益的波动性。但是由于准则对于指定为FVOCI权益类资产有比较严格的管理要求和限制,其劣势也比较明显,包括出售的限制,以及处置时价差收益不能直接转入当期的投资收益,只能计入其他综合收益带来的影响等。此外由于只能通过分红来影响净利润,可能会一定程度降低公司权益资产投资收益,给公司造成不利影响。

在可能的范围内,争取更多资产分类为长期股权投资:长期股权投资的会计计量方式不受到新准则的影响,且其由于可采用成本法或权益法计量,本身账目价值与市场相关度极低,波动性会明显降低。同时长期股权投资在持有期间对利润的影响与分类为FVOCI的权益资产相似,即仅股息会计入当期利润,但相对于FVOCI在处置时具有明显的优势,在处置的时候长期股权投资的价差收益可以转回到利润中。因此,公司可以适当利用该资产作为平滑利润的工具。但长期股权投资可能存在的问题是,一方面是其投资规模比较大,需要公司具有一定的资金实力,投资门槛相对比较高,另一方面为了证实对被投资公司的影响和控制,通常需要通过派驻董事等方式参与被投资公司决策,管理成本也会相对上升,对管理能力的要求也同步上涨。此外,虽然长期股权投资在持有期间可以降低收益的波动性,但在处置时,由于处置价格还是会受到市场环境的影响,可能与账面价值存在较大的差异,因此再处置时点会在一定程度上较大地增加当期的业绩波动。

需要明确,本节中所述的三种配置优化策略并不是相互排斥的,保险公司可以结合自身的实际情况,根据其收益和利润波动性管理的目标,相互搭配使用上述三种配置优化策略。

二、IFRS9下不同类型权益资产配置优化策略分析

本节将基于上述三种权益资产配置优化策略,结合不同类型权益资产的特点,综

合分析各类优化策略在不同类型资产中的应用。

1. 股票

在降低波动性方面,针对股票可采用的手段较为丰富。首先,可采用投资高分红、低波动性的上市股票的方式,根据《2018—2019年保险资金运用最新调研数据》报告中的调研分析,考虑到IFRS9的影响,50%的集团、41%的寿险公司、18%的再保险公司、16%的财险公司已配置了高股息股票,并且增配意愿强烈。其次,在新准则下,上市公司股票可以分类为FVTPL、FVOCI及长期股权投资,但由于持有上市股票较难达到分类为长期股权投资的要求,因此股票在可利用会计分类的手段降低波动对利润影响时可操作空间较大,主要为加大股票资产中指定为FVOCI的比例的方法。此外,可用于对冲股票价格波动性的金融衍生产品在市场上相对较多并比较成熟,例如本章第一节中明确的股指期货、股指期权及收益互换均可采用。

2. 私募股权

私募股权与股票具有一定的类似性,主要可以利用会计分类的手段降低波动对利润影响,加大指定为FVOCI和分类为长期股权投资的比例,但私募股权相较于股票在策略的可操作性上还是存在一定的差异,一般私募股权的被投资公司规模通常较小,对保险公司的资金压力相对较低,同时保险公司也更容易对该类公司实施控制,并且其流动性也较差,无论是将其指定为FVOCI,或者是计入长期股权投资,都相对更加容易或便利。此外,由于私募股权估值方法的多样性以及与市场相关度较低,可以被用来降低投资收益的波动性。但是,估值的波动性较低并不代表风险较低,这里需要明确指出的是私募股权投资本身还是存在较大的风险的。由于企业从初创轮到Pre-IPO再到上市会经过一个估值逐渐扩大的过程。如投资在较为初期阶段的公司,被投企业通常较难有稳健的分红,投资收益主要体现为公司未来估值的增加,不确定性较高,风险也比较大。如投资接近成熟的Pre-IPO的企业,通常估值又比较高,投资成本较大,且Pre-IPO的企业,其估值与二级市场相关性也比较高,波动也会相对比较大。因此,虽然私募股权投资对于公司管理财务收益波动性来说有一定的优势,但公司仍需审慎考虑自身的投资能力、风险偏好、成本等各方面的因素,选择恰当的投资标的。

3. 公募基金

由于在新准则下,公募基金只能分类为FVTPL,因此保险公司是无法通过调整会计分类的方法来降低公募基金投资的波动性。该类资产主要可以考虑采用的策略包括投资一些挂钩大盘股的指数型基金,或投资一些市场中性策略对冲基金,来降低基金组合的整体波动性。利用指数型基金,对冲了由于主动管理带来的波动,但是该类基金损失了自主选股、交易等创造的一些阿尔法;利用市场中性策略对冲基金,对冲掉了股票市场整体的波动,基金净值走势与大盘指数表现相关性很低,但市场中性策略对冲基金首先在市场上产品相对有限,根据中信证券《市场中性策略发展现状及其配置价值》的研究报告,截至2019年6月底,市场上约16只采取该种策略的基金,合计规模44亿元,相对市场总量是非常小的比例。其次,该产品在控制了波动的同时收益率相对较低,在熊市中可实现平稳过渡,但在牛市中将损失市场机会收益。根据中信证券统计,2017年15家市场中性对冲公募基金的平均收益率为1.8%,2018年16家平均收益率为−0.28%,2019年半年度16家平均收益率为1.83%,可以直接看出在2018年市场急速下跌的时候,该类型私募基金收益率并未大幅的下跌,同时在2017年及2019年上半年行情走高时,其也未抓住市场机会。同时,监管针对保险资金投资对冲基金的配套政策尚未出台,保险公司利用该种策略的难度较大。因此,保险公司在公募资金的策略上,需要结合监管要求、市场行情及自身情况,关注基金管理人的资质与业绩,选取适当的基金类型来降低利润波动。

4. 私募股权产品

私募股权产品与私募股权类似,本身的估值波动性也较小,可以用来降低投资收益的波动性。此外,相较于私募股权,私募股权产品的投资门槛较低,监管的限制较少,对保险公司的投资管理能力和资金实力的要求都较低,对于小型保险公司在投资私募股权相对较难的时候,私募股权产品不失为一个优秀的选项。但是由于在新准则下,私募股权产品指定为FVOCI的条件比较严苛,且由于是间接投资不能放入长期股权投资科目下,因此通常也只能分类为FVTPL,公司通过调整会计分类的方法来降低其投资的波动性的可操作性不大。

5. 优先股/永续债

优先股和永续债在产品特征上较相似,即期限较长,无明确的到期日,且定期会为投资者带来相对固定的投资收益,同时由于优先股及永续债也需要使用估值方法对产品的公允价值进行估计,其估值的波动性与私募股权及私募股权产品类似相关较低,因此优先股和永续债天然适用于高股息、低波动的策略。同时,除了长期股权投资外,保险公司可视自身情况也可以通过分类为FVOCI来进一步降低对波动的影响。

三、针对"高分红—低波动"的A股价值精选投资策略详细分析

为了进一步探讨新环境下权益投资的优化方向,结合上述对权益资产投资策略的

分析,课题组选取"高分红—低波动"的投资优化方向,进一步分析如何建立高分红、低波动的 A 股价值精选投资策略。

(一)"高分红—低波动"价值型权益策略组合建立思路

高分红、低波动的 A 股价值精选投资策略的核心逻辑是寻找高分红、低波动、估值处于合理区间的优质标的,通过高分红和估值抬升赚取稳定的超额收益。

课题组将"高分红、低波动"的筛选标准设定为:一是剔除 ST 股,并在筛选市盈率(扣除非经常损益)小于 A 股估值中枢的股票标的;二是在此基础上筛选出近 12 个月股息率高于 2.5% 的股票标的;三是以年化波动率为标准控制投资组合的回撤,构建低波动组合,调仓频率为半年。接下来,对该策略进行回撤,回测区间为 2014 年 8 月 22 日至 2019 年 8 月 22 日,回撤结果如下图 3-1 展示。

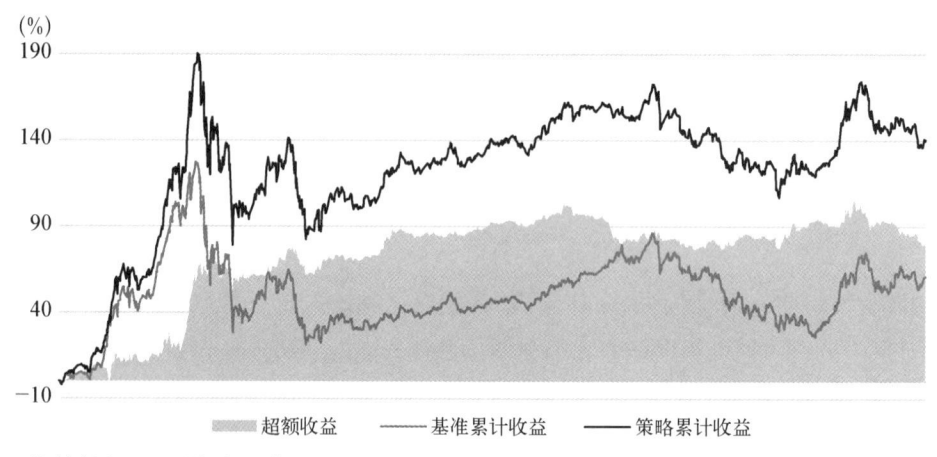

图 3-1 "高股息—低波动"价值精选策略回测结果

资料来源:Wind,课题组测算。

根据回撤结果,课题组将从收益率和波动性/相关性的角度比较策略所选的投资组合与基准组合(沪深 300 指数),并从持仓情况对策略组合进行进一步分析:

1. 投资收益率分析

根据上图中收益率的回测结果,可以看出该策略在回测区间内累计收益为 140.40%,年化收益率达到了 19.69%,而同期的基准累计收益为 61.13%,年化收益仅为 10.27%,可以见得该策略的平均投资收益率明显高于市场。

2. 价值波动性分析

计算在回测区间内该策略的每日投资收益率的波动情况,得到该策略当日收益率的标准差为 1.45%,而同样计算同期基准的收益率波动为 1.58%,可以见得该策略下收益率的波动情况也略好于市场。进一步分析该策略与市场的相关性,计算在回测区间内该策略当日投资收益率与基准的当日收益率的相关性,为0.93,可以见得该策略一定程度上降低了投资组合的系统性风险。

3. 持仓情况分析

图3-2展示了构建的"高分红—低波动"价值精选权益策略组合的持仓情况,可以看出,银行、公用事业、交通运输为该策略的重仓行业。截至2019年7月,"高分红—低波动"价值精选策略在银行、公用事业、交通运输的持仓行业分别为24%、16%、14%。因此,这也可以解释本策略的夏普比率仅为0.771,主要原因是高分红组合中的许多标的属于公用事业、交通运输等防御性板块,成长性相对较差,对超额收益的增厚能力较弱,但未来随着无风险利率下行,夏普比率有望回升。

资料来源:Wind,课题组测算。

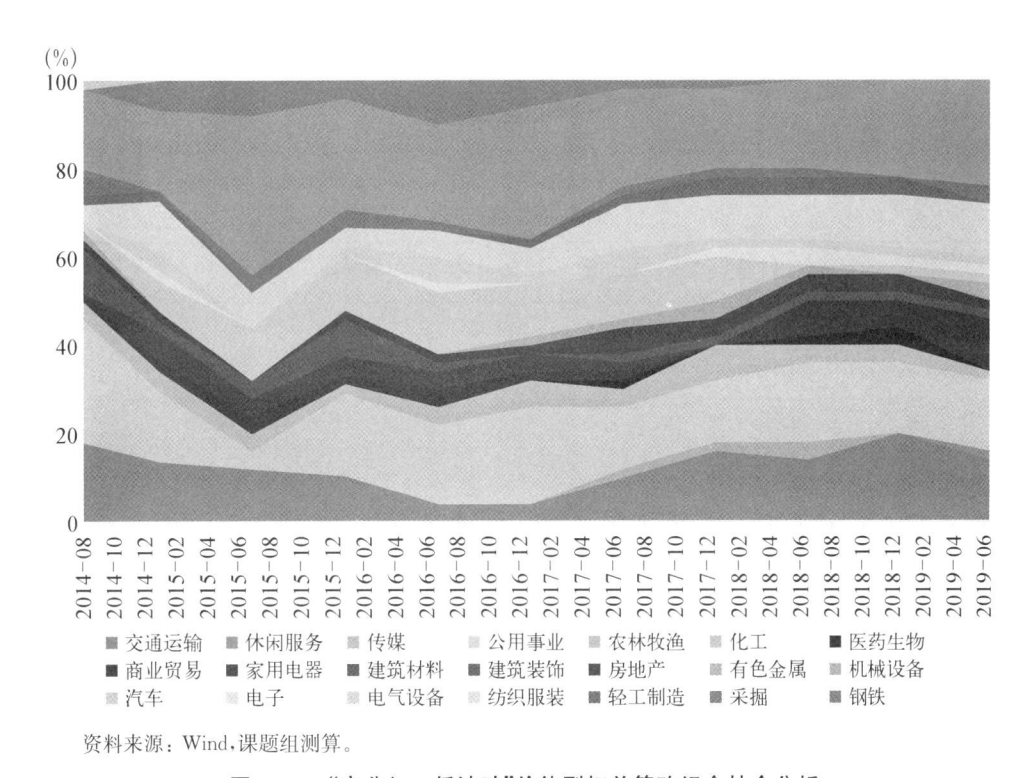

图3-2 "高分红—低波动"价值型权益策略组合持仓分析

(二)"高分红—低波动"价值型权益策略组合业绩归因分析

为了进一步探讨"高分红—低波动"价值型权益策略的业绩来源,课题组进一步对该策略和业绩基准之间在行业上的权重分布进行差异分析,采用Brinson归因方法进行分析,原理如表3-1所示。

表3-1　　　　　　　　　　　　　Brinson归因分析原理

	组　　　合	基　　　准
组　　合	（1）组合回报：$\sum_i w_i^p \cdot R_i^p$	（2）基准回报＋配置回报：$\sum_i w_i^p \cdot R_i^B$
基　　准	（3）基准回报＋选股回报：$\sum_i w_i^B \cdot R_i^p$	（4）基准回报：$\sum_i w_i^B \cdot R_i^B$

资料来源：课题组整理。

表3-2展示了Brinson进行业绩归因的分析结果，从行业来看，业绩归因分析发现，该策略业绩贡献主要来自公用事业（28％）、交通运输（15％）、汽车（13％）、家用电器（13％）等板块。该策略对公用事业、交通运输行业有较强的分配效应，说明该策略组合超配行业带来的超额收益较多，行业配置能力较强；同时，该策略在银行和房地产板块的选择效应较强，表明策略在这两个行业内超配个股带来的超额收益较多，个股选择能力较强。

表3-2　　　　　　　　　　　　　业绩归因分析结果

行　业	权重差异	累计业绩贡献	分配效应	选择效应	互动效应	全部效应
公用事业	13.96％	28.43％	0.193	0.036 8	0.054 4	0.284 3
交通运输	10.86％	15.28％	0.138 7	0.021 3	－0.007 3	0.152 8
汽　　车	－0.63％	13.47％	0.015 6	0.046 4	0.072 8	0.134 7
家用电器	－4.95％	12.80％	0.033 9	0.035 7	0.058 4	0.128
纺织服装	11.38％	11.39％	－0.090 9	0.003 9	0.200 8	0.113 9
建筑装饰	－0.90％	10.60％	0.078 4	0.021 3	0.006 4	0.106
轻工制造	－0.11％	6.88％	－0.027 9	0.001 2	0.095 5	0.068 8
银　　行	7.26％	6.50％	－0.052 8	0.099	0.018 8	0.065
传　　媒	－2.04％	4.86％	0.019 2	0.033 2	－0.003 8	0.048 6
钢　　铁	－0.80％	2.32％	0.021 7	0.011 6	－0.010 1	0.023 2
电气设备	－0.10％	1.80％	0.033 2	－0.013 2	－0.002 1	0.018
房地产	－2.39％	1.65％	－0.030 9	0.041 8	0.005 6	0.016 5
有色金属	－2.38％	1.35％	0.009 7	0.023 8	－0.020 1	0.013 5
商业贸易	11.23％	1.22％	－0.015 9	0.016 8	0.011 2	0.012 2
化　　工	－0.48％	0.52％	0.014	0.008 5	－0.017 3	0.005 2

续表

行　业	权重差异	累计业绩贡献	分配效应	选择效应	互动效应	全部效应
国防军工	−1.47%	0.08%	0.000 8	0.000 8	−0.000 8	0.000 8
现　金	0.95%	0.00%	0	0	0	0
综　合	0.00%	−0.10%	−0.001	−0.001	0.001	−0.001
建筑材料	−1.01%	−0.36%	−0.032 8	0.001 8	0.027 4	−0.003 6
计算机	−2.32%	−0.40%	−0.004	−0.004	0.004	−0.004
通　信	−1.70%	−0.79%	−0.007 9	−0.007 9	0.007 9	−0.007 9
农林牧渔	−2.20%	−1.19%	−0.007 6	−0.008 5	0.004 2	−0.011 9
休闲服务	1.13%	−1.21%	−0.007 9	−0.010 9	0.006 7	−0.012 1
电　子	−2.97%	−3.15%	−0.020 8	−0.040 7	0.030 1	−0.031 5
采　掘	2.17%	−3.62%	0.029 2	−0.007 4	0.000 3	−0.036 2
机械设备	2.13%	−3.66%	−0.020 9	−0.015 4	−0.000 3	−0.036 6
食品饮料	−10.26%	−4.64%	−0.051 3	−0.065 6	0.070 6	−0.046 4
医药生物	−6.57%	−5.26%	−0.051 5	−0.054 1	0.053 1	−0.052 6
非银金融	−17.77%	−10.90%	−0.098 5	0.064 3	−0.074 8	−0.109

资料来源：Wind，课题组测算。

以上是对"高分红—低波动"策略的实施的分析，但是需要提醒各公司注意的是，在新准则下，由于"高分红—低波动"价值型权益投资本身的特性，会使这类权益投资策略更加受到保险机构的青睐，当大多数保险机构都开始实施相同的策略时，可能会导致该类型权益资产产生较大的溢价，进而影响到该种策略的应用。

四、IFRS9 下权益资产配置优化策略效果模拟测算

（一）模拟测算方法概述

这一部分将在第二章的测算分析的基础上，结合新准则下权益资产配置优化策略，对比分析在与第二章相同的市场波动情景下，财务投资收益率的表现和波动性。

首先，为了测算的连贯性和可比性，权益资产测算范围、分类及测算方法与第二章保持一致。其次，基于上文中权益资产配置优化思路分析结果，课题组调整了各类权益资产的整体配置比例，同时对于股票类资产采用"高分红—低波动"的投资策略进行了优化。再次，分别计算并对比分析了新准则下基于"减少 FVTPL 的持有量，增加长期股权投资"的会计分类策略，采用权益资产优化配置策略相较于新准则下基准权益资产配置策略和旧准则下基准权益资产配置策略的优化效果。

(二)模拟测算关键假设

1. 各类权益资产配置比例

将第二章节中各类权益资产占比假设作为优化策略实施前基准各类权益资产配置比例。

结合整体权益资产配置思路,在第二章节的基础各类权益资产占比假设的基础上进行优化调整(见表3-3),假设加大非资本市场(私募股权及私募股权产品)投资占比10%,同步降低资本市场(股票和公募基金)的占比10%,非资本市场和资本市场内部按照1:1的结构将调整比例进行拆分。

表3-3　　　　　各类权益资产基准及优化配置比例　　　　　单位:%

配置比例假设	基准比例	优化比例
股　　票	38.80	33.80
基　　金	16.30	11.30
私募股权	25.51	30.51
私募股权产品	19.39	24.39
合　　计	100	100

资料来源:课题组测算。

2. 各类权益资产会计分类假设

旧准则:直接采用第二章节中各类权益资产在旧准则下的分类作为基准策略的旧准则分类。

新准则:结合本章第一节的分析,以及第二章的相关假设,选择"减少FVTPL的持有量,增加长期股权投资"会计策略,即FVOCI:FVTPL:长期股权投资=30%:50%:20%,具体分类结果如表3-4所示。

表3-4　　　　　各类权益资产新准则下会计分类情况　　　　　单位:%

资产类别	FVTPL占比	FVOCI占比	长期股权投资占比
股　　票	14.48	38.87	46.65
公募基金	100.00	0.00	0.00
私募股权	14.48	38.87	46.65
私募股权产品	100.00	0.00	0.00

资料来源:课题组测算。

3. 各类权益资产的股息/分红率

股票:参考本章第三节构建的"高分红—低波动"投资组合的历史股息率,设置股票组合的股息率为4.81%。

公募基金:延用第二章的相关假设,股票型开放基金整体的加权股息率设置为1.13%。

私募股权和私募股权产品:延用第二章的相关假设,私募股权和私募股权产品的分红率设置为0。

4. 各类权益资产公允价值与市场波动的相关性

股票:参考本章第三节的分析结果,计算"高分红—低波动"价值型权益策略下投资股票组合的收益率与沪深300指数之间的历史相关性,设置股票组合收益率与市场收益率之间的相关性系数为0.93。

公募基金:延用第二章的相关假设,设置公募基金的波动性与市场波动性基本保持一致。

私募股权和私募股权产品:延用第二章的相关假设,设置私募股权及其产品估值与二级市场的相关性系数为0.8。

5. 针对长期股权类投资的相关假设

延用第二章的相关假设,设置长期股权投资在持有期间基于权益法核算的收益波动性为7.5%,与市场的相关性为0。

(三) 模拟测算结果展示

经过测算,不同市场波动情景假设下,相应的基准策略及优化策略下权益资产收益率表现和收益率波动性对比结果如表3-5、表3-6、图3-3、图3-4所示。

表3-5　　　　基准策略与优化策略在不同市场情景假设下投资收益率　　　　单位:%

市场情景假设	旧准则下 净投资收益率	旧准则下 财务投资收益率	新准则下基准策略 净投资收益率	新准则下基准策略 财务投资收益率	新准则下优化策略 净投资收益率	新准则下优化策略 财务投资收益率
沪深300指数上涨10%	2.47	3.55	3.06	7.09	3.25	7.13
沪深300指数下跌10%		1.39		-0.98		-0.64
沪深300指数上涨25%		5.17		13.15		12.97
沪深300指数下跌25%		-0.23		-7.04		-6.48

资料来源:课题组测算。

表3-6 基准策略与优化策略在不同市场情景假设下投资收益波动对比 单位：%

会计准则	资产配置策略	市场涨跌10%的保险资金财务投资收益率波动幅度	市场涨跌25%的保险资金财务投资收益率波动幅度
旧准则	基准策略	2.16	5.40
新准则	基准策略	8.08	20.19
新准则	优化策略	7.78	19.44
新准则	仅优化大类资产配置比例	7.85	19.62
新准则	仅优化股票配置策略	8.00	19.99

资料来源：课题组测算。

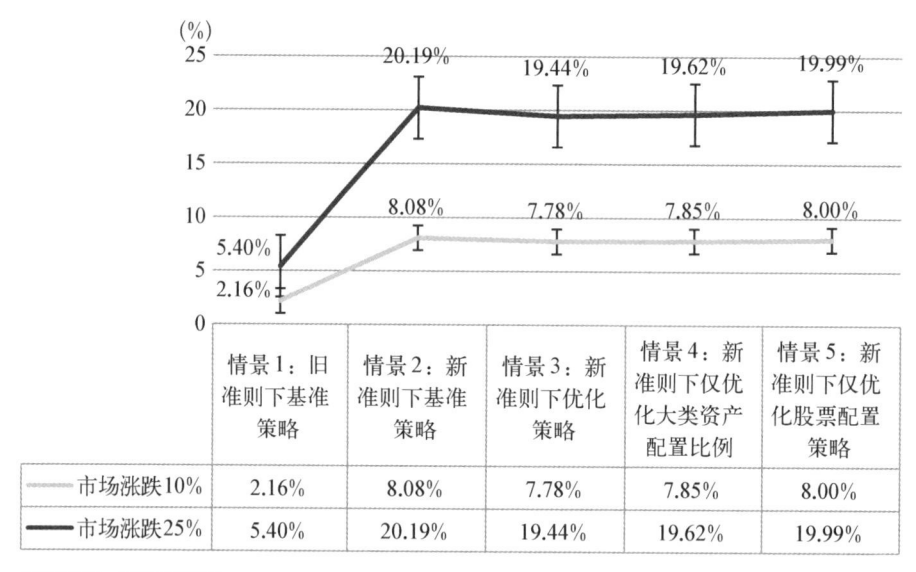

	情景1：旧准则下基准策略	情景2：新准则下基准策略	情景3：新准则下优化策略	情景4：新准则下仅优化大类资产配置比例	情景5：新准则下仅优化股票配置策略
市场涨跌10%	2.16%	8.08%	7.78%	7.85%	8.00%
市场涨跌25%	5.40%	20.19%	19.44%	19.62%	19.99%

资料来源：课题组测算。

图3-3 不同会计准则及资产配置策略下总投资收益率波动幅度对比

新准则下的净投资收益率由于分类到长期股权投资的资产增加，出现了较大幅度的提升，从2.47%提升到3.06%，但新准则下的财务投资收益率波动幅度出现了较大了增加，市场每波动1%，旧准则下波动0.2161%，但是新准则下则波动了0.8077%，提高了将近三倍，但采用了权益资产投资策略优化后，一方面，净投资收益率进一步从上升到3.25%，优化了保险公司的收益结构。另一方面，财务投资收益率的波动性也明显下降，从表3-6中可以清晰看到，如果仅调整大类资产配置，市场每波动1%，财务投资利润波动0.7848%，相较于基准策略下降了0.0229%；如果仅调整股票资产的投资策略，市场每波动1%，财务投资利润波动0.7995%，相较于基准策略下降了0.0082%；如果同时采用两种策略，则市场每波动1%，财务投资利润波动0.7777%，

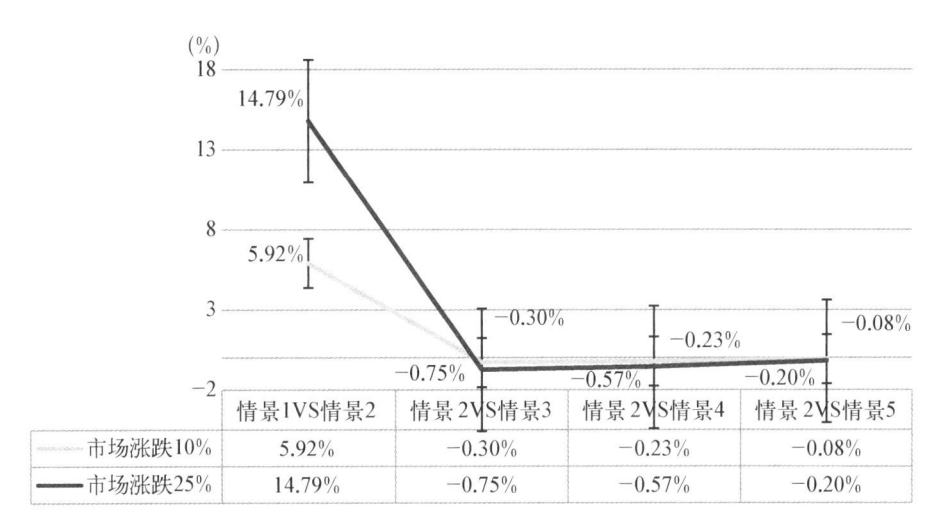

	情景1VS情景2	情景2VS情景3	情景2VS情景4	情景2VS情景5
市场涨跌10%	5.92%	-0.30%	-0.23%	-0.08%
市场涨跌25%	14.79%	-0.75%	-0.57%	-0.20%

资料来源：课题组测算。

图 3-4 不同会计准则及资产配置策略下总投资收益率波动幅度差值对比

相较于新准则下的基准策略下降了 0.03%。综上所述，权益资产配置优化策略还是具有一定的效果，可以在提高净收益率的同时，一定程度上降低了财务投资收益的波动性。

五、IFRS9 下不同类型保险机构资产配置优化策略分析

不同保险机构受到新会计准则的影响不能一概而论，需要结合保险机构的自身实际情况进行进一步分析讨论。保险公司可以考虑从公司性质、规模及风格偏好等维度综合对 IFRS9 下的权益投资配置策略选择进行差别分析，其中，公司性质主要区分为寿险和财产险，规模主要区分为大型和中小型，风险偏好主要区分为稳健和偏积极。

1. 不同性质的保险公司由于在产品结构、负债端成本等方面存在一定的差异，往往需要综合自身的特色设定不同的权益资产投资策略

寿险：相较于财产险公司，一方面，寿险公司由于相对规模较大，一直在行业上占据着主导地位，且负债端也会随着折现率（利率）的变动对财务利润产生影响，因此其对利润波动的容忍度相对较高；另一方面，寿险公司负债端的期限较长，同时由于分红险、万能险产品的存在寿险的负债成本也相对较高，为了满足资产负债管理的需求，寿险常常需要更高的投资收益率及期限更长的资产。由于以上寿险与产险的差异，寿险公司可以将目标定为保证收益率的基础上适度控制财务利润的波动性，高分红—低波动策略可能是其优选策略，同时在私募股权市场上发力，并可以积极利用会计分类政策，加大分类为 FVOCI 和长期股权投资的权益资产占比来降低权益资产的波动性。

此外，寿险公司之间由于在负债端存在一定的差异，也会导致不同的权益资产策略选取。例如，产品结构中分红险及万能险较多的公司，其负债成本相对也较高，需要匹配的资产端投资收益要求也同样高，该类型的寿险公司为了满足一定的投资收益率，需要将更多的资产放入FVTPL以释放公允价值变动收益，但是仍可采用加大长期股权投资的方式，在处置资产时保证差价进入投资收益。

财产险：相较于寿险公司，财产险公司产品多为一年期，负债端的期限较短，因此财产险公司对流动性的要求更加高。根据《2018—2019年保险资金运用最新调研数据》报告中显示目前财产险公司也多投资于存款及公募基金，投资资产中短期流动性投资占比较多，这样导致财产险公司可能较难利用会计分类政策，多数权益资产还是会被分类为FVTPL。因此，结合该种特征，加大高分红、低波动的权益资产配置比例，或多投资指数型公募基金可能是财产险公司的主要投资策略，并且一些有实力的财产险公司也可以适当地利用金融衍生工具来控制波动性。此外，财产险公司之间的由于对整体的业务管理及成本控制的管理水平的不同，其综合成本率还是存在一定的差异，成本较低的财产险公司，其投资收益率的压力较小，可以考虑适当减配权益资产，加大固定收益类资产的配置比例。

再保险：由于再保险公司主要从寿险和财产险公司分保业务，其负债成本率相对寿险和财产险都要高，而负债期限则处于财产险和寿险之间，为了满足资产负债管理的需求，再保险公司需要达到比寿险、财产险公司都要高的投资收益率，但是其资产配置的期限一般需要大于财产险小于寿险，同时由于再保险公司的业务主要依靠于寿险和财产险公司，其现金流增长较缓慢，对利润波动的容忍度较低。在该种情况下，再保险公司即需要较高的投资收益率还需要保证收益的相对平稳，这加大了再保险公司投资策略的选取难度，其主要可以适当利用会计分类政策，一定程度上加大分类为长期股权投资的权益资产占比，同时利用高分红、低波动的策略进行股票及优先股等资产的配置。

2. 不同规模的保险公司由于在资金量充足、负债成本等方面存在一定的差异，往往需要综合自身的特色设定不同的权益资产投资策略

大型保险公司：相较于中小型的保险公司，一方面，大型公司的资金相对充足，对资产投前、投后的管理能力也较高，投资灵活度相对较高，可以投资的品种也较多；另一方面，一般而言，大型保险公司的成本控制也较好，负债成本较低。因此，大型保险公司的目标通常可为了控制财务利润的稳定性而放弃一定的投资收益率，在此前提下，大型保险公司可以考虑适当减配权益类资产，在权益资产内部，利用自身的资金优势多投资私募股权，针对股票则采用高分红—低波动的策略，同样，大型保险公司也可

以更加有效地利用会计分类,将投资的私募股权等权益资产更多的放入FVOCI和长期股权投资,来降低权益资产的波动性。此外,由于大型保险公司的实力和资金使其更易于达到监管针对金融衍生产品(目前主要为股指期货)交易的资质要求,其可在具备相应能力的基础上有机结合金融衍生产品的使用来控制波动性。

中小型保险公司:一方面,相较于大型的保险公司,中小型的保险公司通常在资产负债匹配方面的压力更大,负债成本较高,因此对投资收益率要求也较高,需要将更多资产分类为FVTPL;另一方面,中小型保险公司资金实力及投资能力有限,在投资私募股权上受到较多限制,也较难满足会计政策上认定为长期股权投资的要求。所以中小型保险公司受IFRS9的影响更大,管理财务利润波动性的难度更高。中小型保险公司可以利用的优化策略主要包括投资高分红、低波动的股票,或者指数型基金,以及通过投资私募股权产品来降低波动。

3. 不同风险偏好的保险公司由于在对利润波动的容忍度及对投资收益率的要求等方面存在一定的差异,往往需要综合自身的风险偏好设定不同的权益资产投资策略

风险偏好稳健:此类保险公司通常投资风格稳健,对投资收益率的要求比较低,但对利润波动性的容忍度也较低,总体投资目标是要保证公司的长期稳定发展。这类公司可以考虑适当地降低权益资产的整体配置比例,并且加大指定为FVOCI的权益资产和长期股权投资的配置。虽然放弃了一部分收益上升的空间,但是能够有效地管理波动性。

风险偏好较积极:风险偏好较积极的保险公司通常投资收益率要求也更高,对于利润波动的容忍度也较高,总体目标是要保证公司的快速发展,可以考虑将更多的权益资产分类为FVTPL,适当控制分类为FVOCI的比例。与此同时,可以积极采用一些金融衍生工具,如股指期货,基于浮盈锁定或浮亏止损的策略来主动管理波动性。

六、小结

结合实施IFRS9的影响分析,保险公司在保证一定的投资收益的基础上,为了降低投资收益的波动,可以对现有权益资产的投资策略实施多种多样的优化手段,除了直接减持权益类资产外,还可以有效地利用会计政策和各大类资产的特征去平滑收益。当然,不同类型及风险偏好的保险公司需要从公司自身的角度出发,去选择适合的优化策略,不可一概而论。此外,为了实现平稳过渡,公司可以考虑在IFRS9正式切换前逐步调整投资策略,像IFRS9实施后的最优投资策略靠拢,这样可以一定程度上降低切换时点对公司财报的冲击和影响,同时可以预留足够的时间对策略的有效性

进行充分的检验和进一步调整优化。

第四章　IFRS9下保险资金权益投资配套机制的战略优化

面对新会计准则的改变,保险公司及保险资产管理公司既要立足当前,为即将迎来的会计准则对公司利润的影响做好准备,尽可能减小由于准则变化带来的冲击;同时,为了支持IFRS9下公司权益资产投资策略的调整与优化,公司需要立足长远,从机构全局发展的角度出发,对包括公司的投资理念、投资决策及投后管理机制、公允价值计量管理机制、投资模式与团队建设、绩效考核等各个方面在内的框架进行战略性调整优化,以应对新的形势和规则。

一、进一步加强基于长期价值的投资理念

从前文的分析中可以看出,IFRS9与秉承长期价值投资理念的保险公司更加契合,无论是在投资策略的执行方面,还是在投资收益目标的实现及波动性的管理方面,以长期价值投资为核心的公司都更加容易实现相关目标。考虑到长期价值投资与保险资金本身的投资目标和要求也是相一致的,因此,IFRS9的实施从某种意义上,也是推动保险行业整体进一步加强长期价值投资理念的一个良好契机。

从投资收益的确定性角度出发,保险公司投资收益的构成可以分解为企业内生的增长收益、市场情绪带来的估值变动收益、宏观经济周期的板块收益以及交易性收益等几部分。其中,由企业业绩增长带来的投资收益最具确定性,对宏观环境分析和把控获得投资收益确定性相对较高,而基于市场情绪的波动和交易技巧获得投资收益的不确定相对较高。因此,保险公司在追求资产收益的来源上应有取有舍。将追求优质资产标的为首要目标,进一步结合宏观择时获取由宏观环境和风险偏好带来的整体估值上升的收益,应尽可能避免因追求交易性收益引发投资业绩的大幅波动,从根本上提高公司投资收益的稳定性。

二、完善权益资产的投资决策机制

在优化投资理念的同时,新准则下,公司需要进一步考虑准则变化对公司的投资

管理机制产生的影响,调整完善现有的资产配置及权益资产的投资决策机制,具体包括以下几方面。

(一) 完善资产配置与投资执行管理

由于IFRS9下金融资产的分类与计量直接影响公司的投资收益计算,因此保险公司需要针对新准则的变化,调整现有的投资管理机制,包括投前资产配置,投资的执行以及投后核算,确保前中后台在投资策略及与之相匹配的会计分类策略上的统一性与连贯性。

首先,资产配置的目标需要更加清晰、细致、全面,观察期限也可能需要进一步延长。公司在设定投资目标时,要进一步区分综合投资收益和财务投资收益目标,明确不同投资策略下投资收益的构成、目标持有期限、对收益波动的容忍度等。如以高分红、低波动权益资产的配置为目标,需要区分分红比率的目标要求、价值波动对收益率的影响等。

其次,在资产配置的过程中,需要详细考虑和规划未来相关资产的会计分类方案,建立与资产配置策略相一致的会计分类的指导策略,根据资产的收益及波动性特征,明确各类资产的会计分类要求,作为资产配置策略的一部分。

最后,在投资执行的过程中,投资经理需要对新准则下的会计核算规则有充分的认识和理解,在对投资标的价值和市场机会进行判断的同时,还需要对投资资产后续的会计分类和对投资收益及其波动性可能产生的影响做出判断,需要综合考虑投资收益及其波动的影响来构建相应的投资组合。

(二) FVOCI权益资产的指定机制

新准则提出了关于权益资产指定FVOCI的要求,这是相较于此前IAS39全新的内容。为此,公司需要专门建立针对指定为FVOCI的权益资产的管理机制,这不仅包括指定为FVOCI的决策机制,也包括指定为FVOCI后的投资管理机制。

基于前文的分析,通常比较适合指定为FVOCI的权益资产应具有以下几个方面的特征。

符合权益工具的认定标准:因为根据准则的要求,只有符合权益工具认定标准的资产才能被指定为FVOCI。对于一般的股权投资,包括普通股、优先股、永续债等,基本都可以满足这个要求。但是针对一些底层投资是权益类的金融产品,就需要进一步分析产品的具体条款,不一定能够满足权益工具的认定标准,例如产品有确定的清算时间或者回购条款等。

投资期限长:公司从投资策略方面主动打算长期持有或由于存在某种限制,必须

被动长期持有,持有期间一般应至少在1年以上。其中,主动长期持有包括公司基于价值投资策略,认定需要长期持有以获得相应的目标投资收益的资产。被动长期持有主要包括由于存在限售期公司在一定时间内不能处置的资产,或者是由于应监管或其他政策方面的要求,或者是响应国家号召必须投资一定的份额,短期内受政策限制不能处置的资产。

以获取股息或红利为主要目的:目标投资收益的构成中股息或红利占比较高,主要包括高分红的蓝筹股,以及如优先股、永续债等具有明确分红特征的投资标的。

考虑到FVOCI一经指定,不能撤销,所以通常公司还是需要比较审慎地处理,即使制定了比较明确的指定标准,仍应考虑对指定为FVOCI的权益资产逐一进行审批认定,以加强对FVOCI资产的管控,避免出现不适合的资产被指定为FVOCI。

(三)长期股权投资的投资决策机制

基于前文的分析,可以看出,加大长期股权投资是保险公司在未来降低IFRS9对利润波动影响的重要措施之一。因此,公司需要重新审视评估现有的长期股权投资的管理现状,并结合公司未来在长期股权投资上的策略调整,优化相应的投资决策机制。

在长期股权投资标的的选择方面,公司应该综合考虑目标公司所属的行业、经营业绩和增长潜力,现金流的充裕程度和稳定性,现有股权结构和公司治理,收益分配方式等,结合本公司的可投资资产规模和目标收益,选择合适的投资标的。

需要指出,在新准则下,当公司对分类为FVOCI的股票或股权进行增持,使其对被投资单位的控制力,达到重大影响或者共同控制程度时,可以将其转为长期股权投资,改为权益法核算。在调整会计分类的时点,仅其公允价值与账面价值之间的差额可以随之调整盈余公积、利润分配,但在其分类为FVOCI期间计入其他综合收益的浮盈和浮亏仍只能转出至留存收益科目。即从诞生至结束,FVOCI权益资产浮动盈亏都只能影响所有者权益,再也不能影响投资收益。因此,如果公司对拟长期持有的权益采用先分类为FVOCI,后续增持再转入长期股权投资的话,可能会面临这一潜在的不利影响。

最后,保险公司也需要充分认识到,虽然长期股权投资在IFRS9下确实具有较高的灵活性和优势,但加大长期股权投资也可能加大公司股权投资方面的风险,包括集中度风险、流动性风险、额外的经营管理成本等,因此,公司需要审慎评估长期股权投资合理的配置比例和在单个标的上的限额。

如果是在委托投资模式下,公司还需将相应的资产配置和投资决策管理的要求落实在与受托资产管理公司的协议中,资产管理公司需要按照委托方的要求建立相应的投资决策及会计分类管理机制,其中,针对长期股权投资和FVOCI的指定,一般情况下可要求单独向委托人报告,经委托人审核批准后方能执行。

三、建立健全权益资产的投后管理机制

既往在以追求短期交易收益为主的权益投资策略下,一般都会比较重视投前而轻投后,投后管理机制常常会完全缺失或者形同虚设。随着公司投资策略逐步向长期转变,分类为FVOCI和长期股权投资的占比相对较大,权益资产的投后管理也变得更加重要,公司需要建立健全权益资产的投后管理机制,包括建立持续的投后监控与风险预警、长期股权投资下的派出董事或管理层、重大事项的报告与决策、退出与处置,以及配套的核算与披露等机制。

首先,对于各类长期权益投资,由于持有期间相对较长,交易频率较低,公司必须要建立与其相适应的投后风险监控与预警管理机制,包括运用大数据技术广泛采集与该资产相关的各类外部舆情信息,并对其中可能对投资标的资产价值产生的重大影响的信息做出分析和判断,当预测相应的风险或潜在损失超出公司可接受的范围时,或投资标的某些重要特征已经与初始投资时发生重大偏离,不再符合长期持有时,能够及时启动相应的预警或处置机制,及时调仓或退出。

其次,对于长期股权投资,公司还需要进一步完善向联营或合营企业派出董事或管理层,以及派出董事和管理层履职的相关管理机制。这不仅能够帮助公司获取更多联营或合营企业信息,加强对相关资产的管控,也是能够证实公司能够影响联营或合营企业,认定长期股权投资的最直接证据之一。

此外,指定为FVOCI之后,受准则的要求影响,对其交易有一定的限制,在处置时也需要进行额外的信息披露。因此,公司在建立FVOCI权益资产的退出管理机制时,还需要考虑准则的相关要求,并建立配套的信息披露管理机制。

如果是在委托投资模式下,保险公司可以将部分投后管理的工作交由资产管理公司承担,但仍需要考虑保留一些重大事项的决策权,例如FVOCI或长期股权投资的处置,一般情况下可要求受托人单独向委托人报告,经委托人审核批准后方能执行;再如派出董事,保险公司仍需自行派出董事,不可以委托资管公司。

四、完善权益资产公允价值计量的管理机制

原IAS39下,由于大部分以公允价值计量的权益资产都是有公开市场,交易活跃,可以基于市场价格直接确定公允价值,相应的公允价值的管理机制也比较简单,主

要是由财务部门独立负责。

新准则下,需要以公允价值计量的权益资产的范围扩大,涵盖到各类私募股权和股权类产品,这些产品的公允价值认定的方法与传统的资本市场权益投资差异很大,大部分都需要基于各种估值技术来确定其最终的公允价值,认定工作的难度加大,认定的程序也变得比较复杂,因此公司需要重新评估,并建立健全的公允价值计量的管理机制。

第一章中曾对私募股权常见的估值方面进行过一些介绍,可以看出,这些估值方法很多涉及一些专业判断,例如在市场乘数法下,对于对标公司的选择、对标指标的选择,在自由现金流折现法下对未来现金流的预测和折现率的选用,以及对流动性调整的一些方法和参数等,都需要估值人员对被投资标的有比较深入的了解,并且具有足够的专业知识和丰富的实践经验来进行判断与决策,对估值人员的专业性要求较高。在这种情况下,以往主要由财务部门主导的公允价值管理就不再适用,而需要投资、财务、风险管理三个部门共同配合完成相应的估值工作。其中,投资部门主要需从投资业务的角度提供关于项目的专业意见,风险管理部门需从风险管理的角度对于一些方法和参数的选择提供相对客观的标准和依据,财务部门则从会计准则对公允价值认定的角度以及核算的角度提供专业意见。

在某些情况下,如果公司的投资或风险管理部门已经建立了应用于内部管理的业务或风险估值管理机制,但此前并没有应用于财务核算,也可以考虑将公允价值管理与业务或风险端的估值管理结合起来,建立统一的估值和公允价值计量方法相整合的管理体系,这样一方面可以降低管理成本,另一方面也可以进一步提升内外部管理的一致性。

如果是在委托投资模式下或者保险公司通过购买股权类产品的间接投资模式下,通常具体的估值工作由保险资产管理公司或相应的产品发行方承担。保险资产管理公司需要对受托管理的权益类投资进行估值,或由产品发行方对本公司发行的私募股权类投资产品进行估值,并向保险公司披露估值的方法和具体的估值结果。与此同时,保险公司也需要对受托人采用的估值方法和计量结果进行审核认定,因此双方都需要完善各自的公允价值管理机制。

五、优化投资模式与投资团队配置

随着保险资金投资理念和投资策略的变化,公司的投资模式和投资团队的配置也需要进行相应的调整。

在自主管理为主的模式下,保险资金需要重新审慎自身的投资团队的能力是否与投资策略的变化相匹配,对于一些投资策略发生较大变化的公司,可能需要重新调整整个投资团队的架构和人员配备。例如,如拟增加长期权益投资的占比,结合目前大部分公司出于成本和风险管理的需要,在长期权益资产投资上多采用自主管理模式,因此公司可能需要扩充现有的权益资产投资团队,提升相关的投资能力。

在部分采取委托管理的资产类别中,需要进一步明确投资策略和管理目标,从而尽量与险资运用的整体风格保持一致。例如,在资产配置方面,选择在私募股权和股权产品方面的资源和经验更加丰富、更能够发掘具有长期投资价值的标的的资产管理人,以及拥有衍生产品交易资质和能力,能够借助相关的工具帮助委托人更有效地进行波动管理的受托人。

需要特别说明的是,即使是以委托资产管理为主的险资机构,考到公司在资产配置、投资决策、投后管理等方面的变化,以及作为投资人需要承担的职责,也仍需要对投资团队进行相应的调整,补充完善相关的职能和人员配备。

六、建立多元化、长期化的考核导向

由于在新准则下,短期财务投资收益率波动性一定会增加,以短期财务收益率为主要考核指标一定程度上会与新准则下保险资金长期价值投资理念相违背,因此在绩效考核层面,传统以短期财务收益率为主要考核指标的方式可能对投资收益产生负面影响。保险负债端与资产端需要考虑如何调整现有的考核指标和考核机制,确保考核与公司整体的发展战略、投资策略和目标之间的一致性。

考虑到新准则下会计分类及核算、公允价值计量等各方面的变化,在绩效考核指标的选择方面,一方面可以考虑引入多元化的收益率指标,包括净收益、财务投资收益率和综合投资收益率等,并结合公司的投资策略,确定不同收益率的考核目标和权重。另一方面,也可以将对应投资收益率的波动性引入考核指标,以便进一步加强对投资收益的波动性的管理。

此外,公司还可以考虑匹配权益资产的投资期限,进一步地延长考核周期,将三年或五年滚动平均投资收益作为考核指标,降低当期投资收益考核权重占比。此外,考虑到不同性质保险资金在投资和会计分类策略方面的差异,会导致不同公司的短期财务投资收益出现较大的分歧,因此,在使用横向的投资收益排名作为考核指标方面需要更加谨慎,需要审慎评估不同投资策略的保险公司投资收益的可比性。因此,在考核指标的选择上,可以结合自身的投资策略,特别以追求长期价值投资为目标的公司,可以更加关注长期绝对收益,而弱化短期相对排名。

七、小结

IFRS9新会计准则对公司投资管理的影响是全方位的,在调整公司投资策略和会计政策的同时,公司需要在投资理念、投资决策机制、投后管理、投资模式与团队、投资考核等各个方面进行相应的调整,否则会直接影响投资策略调整的落地或者实际执行的效果。当然,这种调整不可能一蹴而就,需要一个过程。与此前分析中所指出的公司投资策略的调整可以先于IFRS9的执行,以便能够降低在切换时点的波动和影响一样,公司在一些配套策略的调整方面也可以提前做好准备,如加强投后管理机制的建设、完善公允价值计量体系等,以免仓促之间,疲于应对。

第五章　结　束　语

IFRS9新会计准则出台的初衷是国际会计准则理事会(IASB)为了应对2008年金融危机中出现的财务报告问题,希望能够改善财务报告对于金融资产风险揭示的滞后性。但是从其目前实施的情况来看,其影响非常广泛和深远,不止会改变现有保险公司财务报告的计量和列示规则,而且将极有可能推动整个保险行业投资理念和投资策略向更加稳健,更加理性的长期价值投资转变。

一方面,对于保险公司和保险资产管理公司来说,在此过程中,不同的保险公司由于新准则的变化,在投资策略、投资收益目标实现、投资风险管理等各方面都面临着巨大的挑战。此外,由于不同保险公司自身先天条件和差异性的策略选择,未来预计会逐步分化,走上不同的道路。但无论如何,在新会计准则下,公司的投资策略和投资业绩表现都更加透明,更加充分地展现在投资者的面前,无所遁形。因此,保险公司需要审慎考虑未来在IFRS9实施后的投资策略和会计策略,并提早做好准备,迎接挑战。

另一方面,对于监管机构和行业协会来说,如能够结合新准则实施的一些需要和影响的考虑,给予保险公司更多的政策方面的支持和引导,势必能够帮助保险公司更好地应对IFRS9的挑战。

首先,在平抑波动性方面,目前保险公司在利用金融衍生产品来管理波动性的准入资质门槛要求较高,受到较多限制,且缺乏相关经验,导致大部分保险并没有使用此类工具来管理波动性。建议监管机构需要考虑保险公司面对新准则的实施在此方面产生的需求,对衍生产品使用的资质以及如何使用衍生产品来降低波动性给出指导。

其次,在提升长期收益水平方面,保险资金在投资长期项目方面具有优势,但也面临品种限制、资本占用等监管门槛,建议监管层面能够在投资品种限制、资本占用、资产认定和资金投向等方面予以适度放宽,在进一步支持险资流入实体项目的同时,也进一步锻炼险资的风险管控能力,推动市场化改革。

再次,在投资绩效考核方面,IFRS9引导保险资金向长期价值型投资风格优化,因此,保险公司适宜建立更加多元化、长期化的考核导向,建议通过监管政策、考核激励、风险管控等方面,积极引导保险业进一步引导保险资金强化长期稳健投资理念,重长远业绩、轻短期波动、重发展质量、轻短期排名,营造保险资产管理行业多元化发展的良好氛围。行业协会也可以在引导行业走向多元化、长期化考核方面发挥更多积极主动的作用,包括组织保险负债端与资产端共同研究如何优化考核机制,以及鼓励优秀公司进行经验分享,推动行业考核机制向多元化和长期化转变。

最后,前文谈到新准则对于税务方面的影响会比较复杂,而且存在比较大的不确定性,因此,建议监管层面和行业层面能够提前组织研究相关专题,对于IFRS9准则过渡过程中税务方面的影响进行进一步的探讨与研究,不断深化、细化,以推动行业整体在新准则实施过程中的平稳过渡,营造行业健康良好发展的生态环境。

参考文献

[1] Hail L,Leuz C,Wysocki P. Global Accounting Convergence and the Potential Adoption of IFRS by the U.S. (Part II):Political Factors and Future Scenarios for U.S. Accounting Standards [J]. Accounting Horizons,2010,24(4):567—588.

[2] 陈阳,肖浩.IFRS9实施对金融资产管理公司的影响及应对措施分析[J].财务与会计,2017(3).

[3] 东北证券.新会计准则对券商的影响分析[N].2018-10-10.

[4] 黄晶晶,何卫红.综合收益的价值相关性研究——基于新《企业会计准则》[J].经营与管理,2017(7).

[5] 解晶.金融工具会计准则的国际比较与借鉴[J].财会通讯,2017(19).

[6] 潘昶,安罗晗.中国平安加码长期股权投资[N].中国证券报,2018年9月.

[7] 平安集团.2017年至2019年财报[Z].平安集团官网披露,2017年至2019年.

[8] 邱月华,曲晓辉.后金融危机时期金融工具国际准则的发展及启示[J].会计研究,2016(8).

[9] 孙静漪.IFRS9的实施对商业银行资产负债管理的影响[J].清华金融评论,2017(5).

[10] 王国言,朱虹.寻求确定性投资[J].清华金融评论,2018(2).

[11] 新三板研究极客.2017年至今一二级估值差收缩水超50%.资本市场变化下投资机构转型与机遇剖析[EB/OL]. http：//www.sohu.com/a/254839841_354900,2018年9月.

[12] 许闲.国际保险会计准则的最新发展及对我国的影响——基于IFRS 17和IFRS9[J].会计研究,2019(1).

[13] 于春玲.筑牢压舱石,发动新引擎——新形势下保险资管高质量发展的几点思考[J].中国保险资产管理,2019(1).

[14] 中国财政部.企业会计准则第2号——长期股权投资.2014年3月.

[15] 中国证券业协会.非上市公司股权估值指引.2018年9月7日.

[16] 中信证券.金融产品深度解读系列：市场中性策略发展现状及其配置价值.2019年8月.

[17] 中再资产.不确定环境下的保险资产优化配置策略研究.中国保险学会2017年专项课题.

IFRS9 影响下保险资金权益资产配置研究
——基于 ESG 指数投资的视角

上海华证指数信息服务有限公司

刘　忠　李　波　李　想　张云鹏　王咏青　张　钊

摘要

2008 年,由美国次贷危机引发的金融危机如同海啸一般席卷全球,企业破产、经济衰退的同时,也将原金融资产分类与计量准则的缺陷暴露出来,自那之后,国际会计准则理事会(IASB)加快了准则修订的步伐,并于 2014 年 7 月正式出台了《国际财务报告准则第 9 号——金融工具》(IFRS9),对金融资产的会计计量完成更新与完善。为了及时、更好地与 IFRS9 接轨,2017 年 4 月,国内正式更新企业会计准则 22、23、24 号。目前,中国平安已在 2018 年起实施 IFRS9,其他保险公司也将于 2022 年开始实施。新准则的变化主要体现在金融工具分类和计量,金融资产减值,套期会计等方面,新准则的实施对各行各业的财报都将产生影响,其中作为大量持有金融资产的保险公司,IFRS9 的实施对其影响更为深远。

目前海内外保险资金的配置上仍以非权益类资产为主,权益类资产虽然配置比例不高但近年来呈现逐年增高的趋势。而随着 IFRS9 的实施、外部环境的不断变化,保险资金的资产配置也迎来了新的挑战,主要表现为:(1)利润波动加大;(2)金融资产的减值将会更为严格。

为了更好地优化保险资金的资产配置结构,应对外部环境、监管规则的变化,配置以指数型产品为代表的权益工具成为许多保险资金的选择,海外保险资金配置指数型产品的成功实践也为国内本土化的尝试提供了思路。其中 ESG 的应用成为近年来的

趋势，在ESG产品的应用上，欧美市场走在前列，其率先推动了ESG产品于保险资金资产配置中的应用，高收益质量的ESG理念结合指数产品本身的优势，成为许多保险公司配置相关产品的原因。回归国内，在IFRS9和偿二代下，权益工具具备更高的配置价值，基金凭借更低的成本，在权益工具中是更优的配置标的。在具体的基金产品选择上，长期来看，指数型产品相对主动基金具备更为稳健的风险收益表现。

关键词

IFRS9　保险资金　ESG　权益工具　指数型基金

第一章　保险资金权益配置现状

2018年全球直接保费达5.193万亿美元，首次突破5万亿美元大关，以美国、日本、英国为代表的发达国家占据大部分份额，约为61.5%（见表1-1）；以中国为代表的新兴市场占比虽然不高，但贡献了大部分增长，从1980年5%的份额增长到2018年约21%。其中，中国增长最为明显，2018年已占全球总份额的11%（见图1-1），据瑞士再保险旗下瑞再研究院预测，2029年中国保险保费收入将占20%。据保监会统计，2018年中国保险公司原保费收入38 016.62亿元，资金运用余额达164 088.38亿元，均实现连续15年增长。在保险资金快速增长的同时，保险资金运用作为影响保险行业发展的重要因素，也逐渐被重视起来。

表1-1　　　　　　　　　　全球保费市场份额占比　　　　　　　　　　单位：%

序　号	国家/地区	1980	2018E	2029F
1	美　国	42	28	25
2	中　国	0	11	20
3	日　本	16	8.60	7.10
4	英　国	7.40	6.60	4.70
5	法　国	6.60	5.00	3.60
6	德　国	8.60	4.70	3.60

续表

序　号	国家/地区	1980	2018E	2029F
7	韩　国	0.40	1.90	3.30
8	意大利	0.30	3.40	3.20
9	加拿大	1.80	3.30	2.70
10	中国台湾	2.70	2.60	2.40

资料来源：瑞再研究院，华证指数。

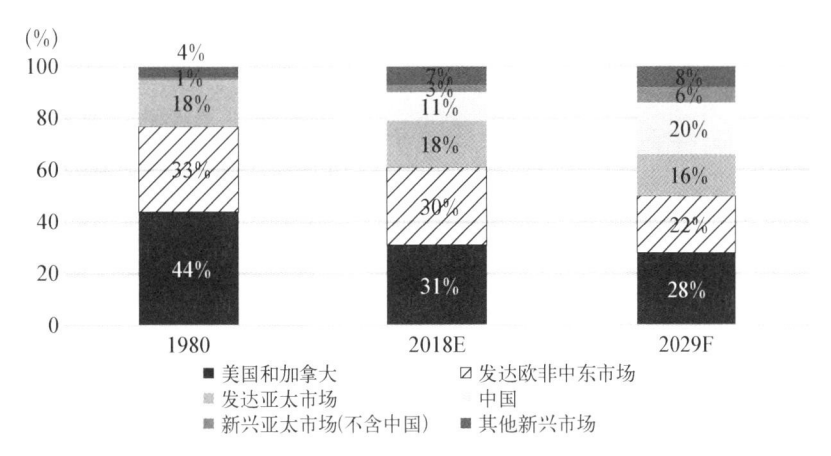

资料来源：瑞再研究院，华证指数。

图 1-1　全球保费市场份额占比

第一节　国外保险资金权益配置状况

国外发达国家保险行业已平稳健康发展数十年，其资本市场在监管经验、规章制度、投资者基础、市场有效性等方面均领先于新兴市场，学习国外发达国家保险资金运用历史及配置经验，对中国保险业发展具有重要指导意义。本部分以保险业领先的美国、日本、英国、德国为例，分别介绍其在保险资金运用方面的情况。

一、美国保险市场

美国保险业通常可以分为寿险（Life Insurance）、财产和意外灾害险（Property-Casualty Insurance）、健康险（Health）、互助救济保险（Fraternal）和产权保险（Title），其中 2018 年寿险和财产和意外灾害险总资金运用额达 6.16 万亿美元，占比超过 95％。两类因受行业资产配置策略、监管限制以及应付未来不确定赔付支出不同导致

保险资金在权益类资产配置中差别较大。

（一）美国寿险

2017年美国寿险资金运用余额超过4万亿美元，2018年达到4.21万亿美元（见图1-2）。与非寿险相比，寿险资金具有的长期性和相对确定性决定了寿险公司配置上应具备长期性要求，同时发达的美国债券市场在规模、评级、久期等组合能较好地满足寿险长期资金的资产负债匹配，美国寿险公司将超过70%的资金配置在债券资产中；权益类资产在寿险公司资产负债管理中作用有限，占比始终不高，常年维持在5%以下，2018年占比仅4.04%。

资料来源：NAIC，华证指数。

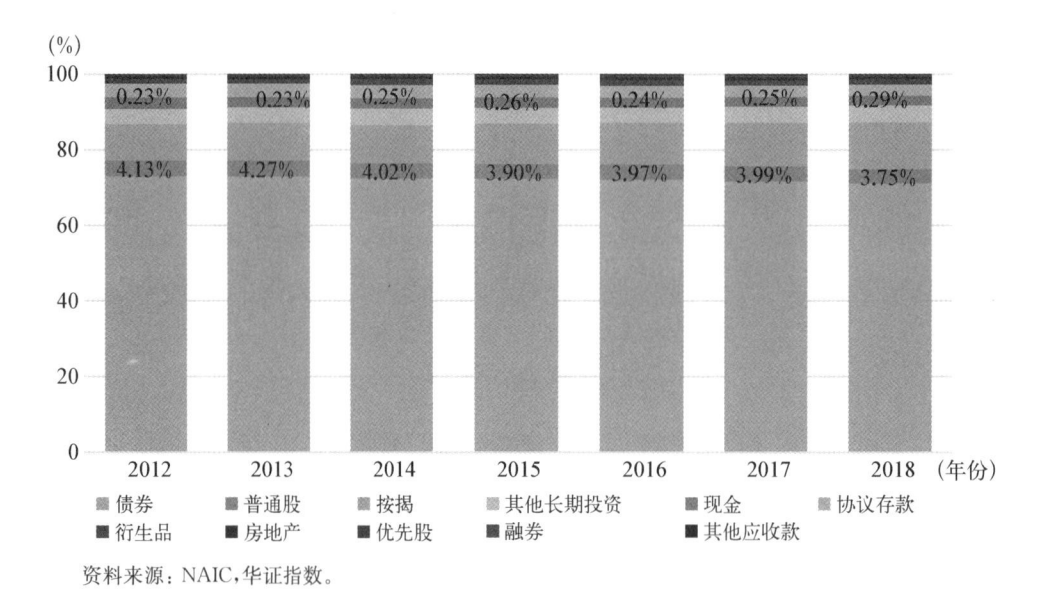

图1-2 2012—2018年美国险资资金配置

（二）美国财产和意外灾害险

截至2018年底，财意险资金运用余额1.95万亿美元。美国财产和意外灾害险，需要及时便捷的资产变现以应对龙卷风、火灾等灾难，高流动性资产配置显著高于寿险；同时，资产应具备一定的收益特征以保证资产增值。

财意险中资产配置仍以债券为主，占比维持50%左右，但相较于人身险70%的比例有所下降；权益类资产配置大幅增加，普通股和优先股合计占比超过30%，这与财意险本身的负债属性密切相关（见图1-3）。

总体来看，美国保险资金在权益类资产上的配置比例长期维持在10%以上，整体配置比例相对美国权益市场整体体量虽然不高，但近10年美国股市强劲的收益表现给保险资金带来丰厚的投资回报。

图 1-3 美国非寿险资金配置

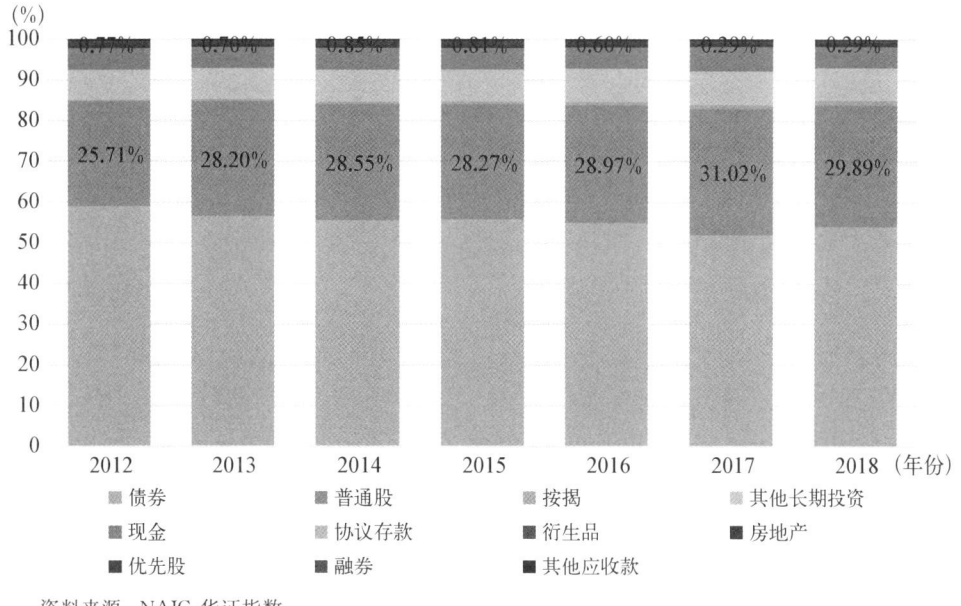

资料来源：NAIC，华证指数。

二、日本保险市场

与大多数国家类似,日本保险一般分为寿险(Life Insurance)和非寿险(General Insurance)。截至 2019 年 8 月,日本 42 家寿险公司资产总计 377 万亿日元;截至 2017 年底,日本非寿险公司资产总计 32.31 万亿日元。

（一）日本寿险

日本寿险数据在统计时,为保证数据的可比性和联系性,分别统计了包含日本邮政保险和不包含日本邮政保险两套标准。日本邮政保险开创于 1871 年,主要经营邮政、储蓄和保险。日本邮政公社最开始为典型的国营体制企业,经过两次改革后改制为私有制企业。2003 年 10 月拆分为 4 家公司,其中之一为邮政保险公司。我们在此使用包含日本邮政保险公司的数据。

日本是以银行为主导的金融体系,寿险资金大类资产配置以债券及类固定收益资产为主,占比处在 85% 以上,权益资产占比常年处在 10% 以下。其二,权益资产投资中,海外股票配置占比在 20% 左右。权益资产配置比例略高于美国寿险公司（见图 1-4）。

（二）日本非寿险公司

与美国非寿险公司类似,日本非寿险公司在权益类资产配置上更加积极。其国内

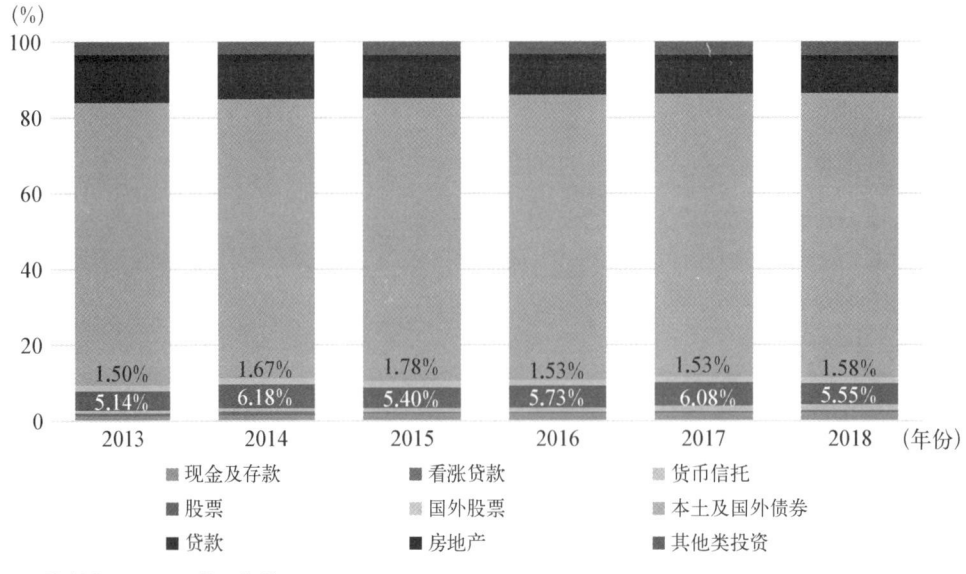

图 1-4　2013—2018 年日本寿险权益资产配置

权益资产配置自 2009 年一直维持在 20% 以上水平，接近债券配置水平。国外证券的配置近几年处于上升趋势，其中，国外证券中权益类资产占比高于寿险资产，保守估计权益资产在整个非寿险资产配置中超过 30%（见图 1-5）。

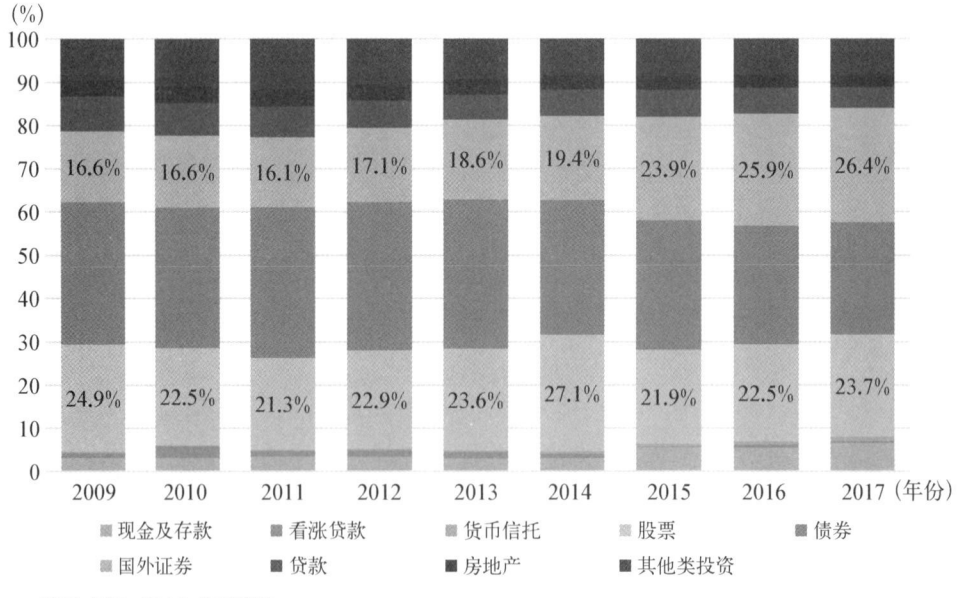

图 1-5　2009—2017 年日本非寿险权益资产配置

三、英国保险市场

英国是世界第四保险大国也是欧洲第一保险大国。保险业是英国经济的重要组成部分,管理着1.8万亿英镑的投资,每年缴税120亿英镑。

相比较于美国,英国保险机构在资产配置上更青睐权益资产,权益资产配置在30%左右,一方面英国相对宽松的监管环境为其开展较高风险的权益投资创造条件,另一方面英国保险资产中投资连结保险产品占比较高,与其他主要市场的资产结构明显不同;同时也看到,虽然权益资产整体占比稳定,但结构性变化还是很明显,英国本土权益投资由2003年的24.3%下降至2017年的5.4%,同时海外权益资产由9.8%增长到2017年的20.3%(见图1-6)。

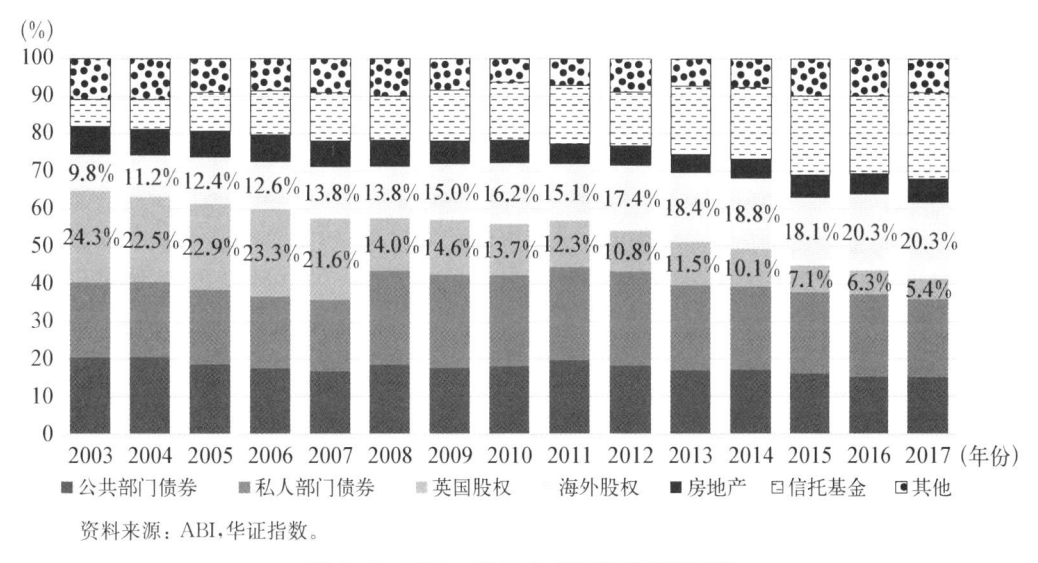

资料来源:ABI,华证指数。

图 1-6　2003—2017年英国保险资产配置

四、德国保险市场

德国保险包含寿险(Life insurance)、健康险(Health insurance)、财产意外险(Property & casualty insurance)、再保险(Reinsurance)。其中再保险占比较小,在此只介绍前三种保险。

(一)德国寿险公司

截至2017年底,德国寿险公司总投资额9 092亿欧元。从数据来看,债券等股东收益类资产占主要部分,权益类资产占比在5%左右,呈现出极强的避险倾向。在

2008年金融危机之后,德国保险机构的固定收益资产配置比例从81%大幅上升接近90%,体现出极其稳健的风格(见图1-7)。

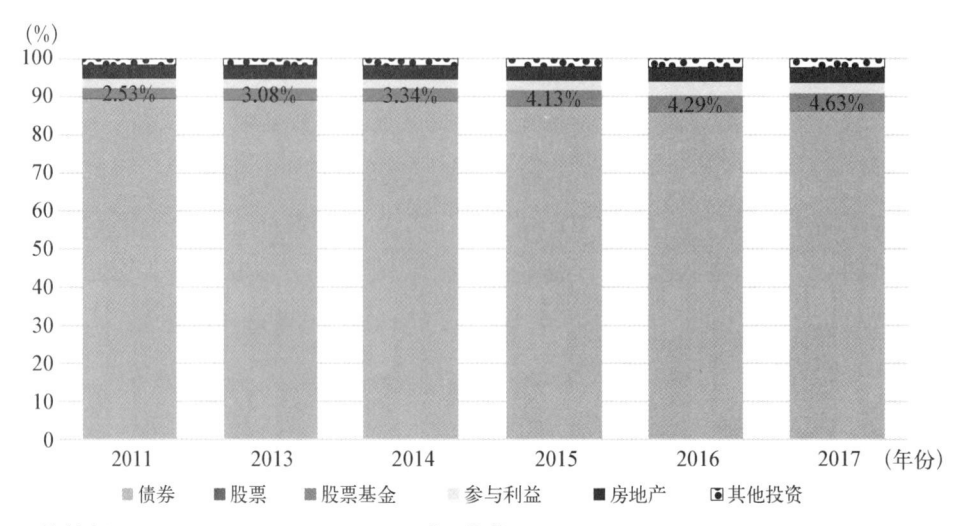

资料来源:Statistical Yearbook of German,华证指数。

图1-7 2011—2017年德国保险资金权益资产配置

(二)德国健康险

截至2017年底,德国健康险公司总投资额2 730亿欧元。2008年金融危机后德国健康险将固定收益类资产配置提高至90%以上,权益类资产占比近1%左右,近几年随着危机的逐渐释放配置比例有所上升,与寿险保持相当水平(见图1-8)。

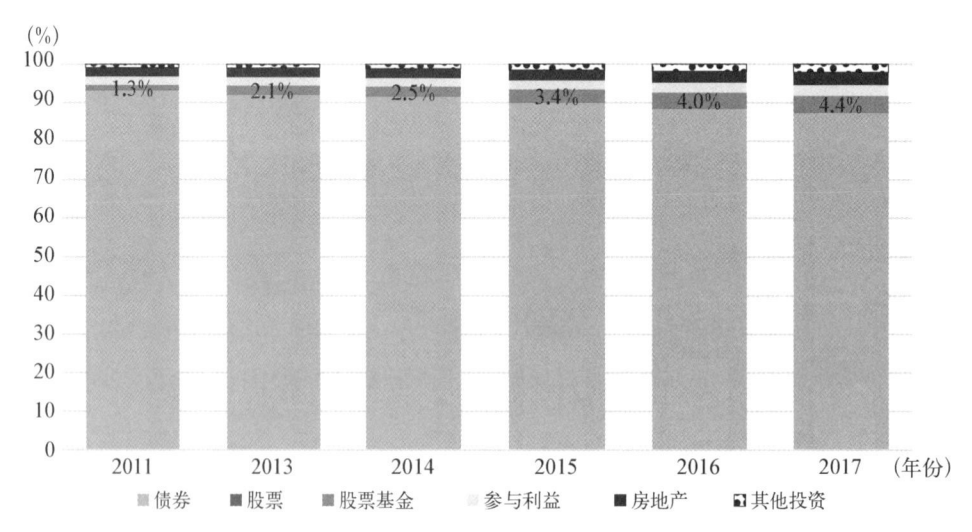

资料来源:Statistical Yearbook of German,华证指数。

图1-8 2011—2017年德国健康险资金权益资产配置

（三）德国财产意外险

截至2017年底，德国财产意外险总投资1 688亿欧元。与美国和日本一样，德国财产意外保险公司比寿险配置更多比例的权益类资产（见图1-9）。

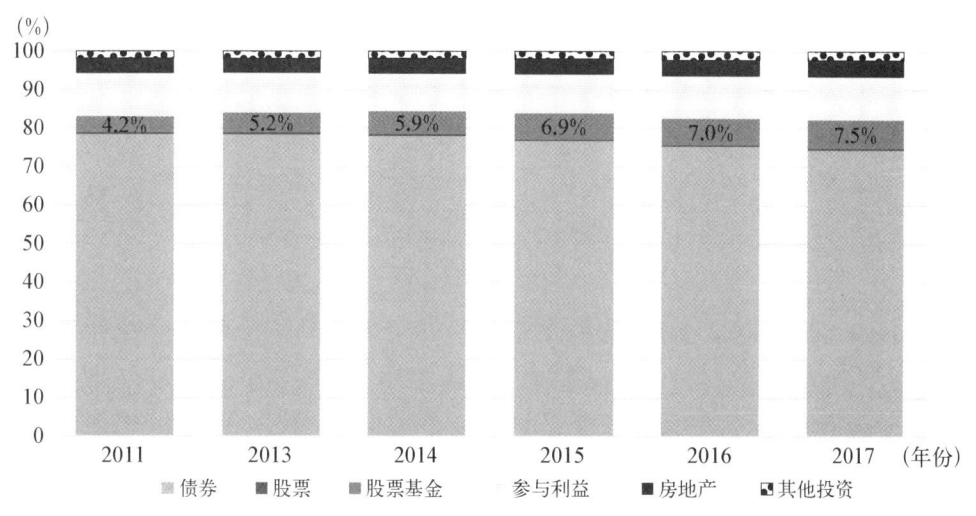

资料来源：Statistical Yearbook of German，华证指数。

图1-9　2011—2017年德国财产意外险资金权益资产配置

德国金融体系以商业银行为主，在资产配置更加谨慎和追求安全边际，风险厌恶度更高。在德国保险资金中，配置股票资产的比例较低，在2017年仅5%左右，但近年来处于上升趋势中，并且股票资产的持有方式上以持有基金为主。

总体来看，国外保险业发达的几个国家，其资金配置皆以债券等固定收益型资产为主，体现出保险资金配置中的资产负债管理；权益类资产可以增厚投资收益，在寿险公司的配置中占有更多的比例。

第二节　国内保险资金权益配置状况

近年来随着居民收入的持续增长，以及保险产品的不断普及，我国总保费收入不断增长，保险资金规模在稳步提升。截至2018年底，我国原保费收入3.8万亿元（跃居全球第三，仅次于美国和日本）（见图1-10）。

一、保险资金运用现状

随着国内经济体量的稳步增长，保险资金也实现了高速发展。2004年保险资金

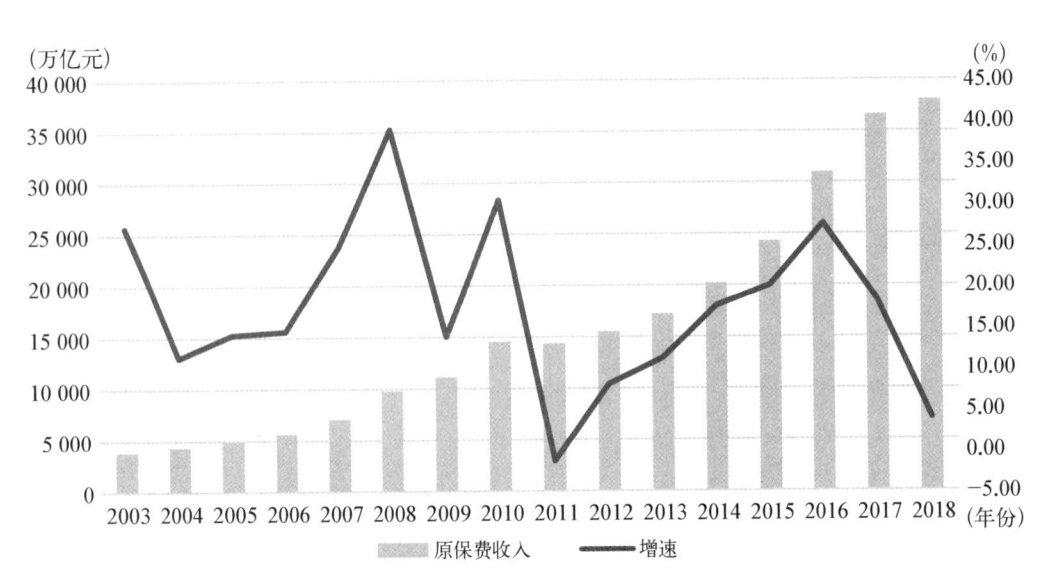

图 1-10　2003—2018 年中国保险业原保费收入统计

运用余额 1.07 万亿元,截至 2018 年底,保险资金资产运用余额 16.4 万亿元,年度复合增长率 20%。保险资金体量如此之大,在我国资本市场中具有举足轻重的地位,保险资金的投资动向也成为资本市场重点关注的对象(见图 1-11)。

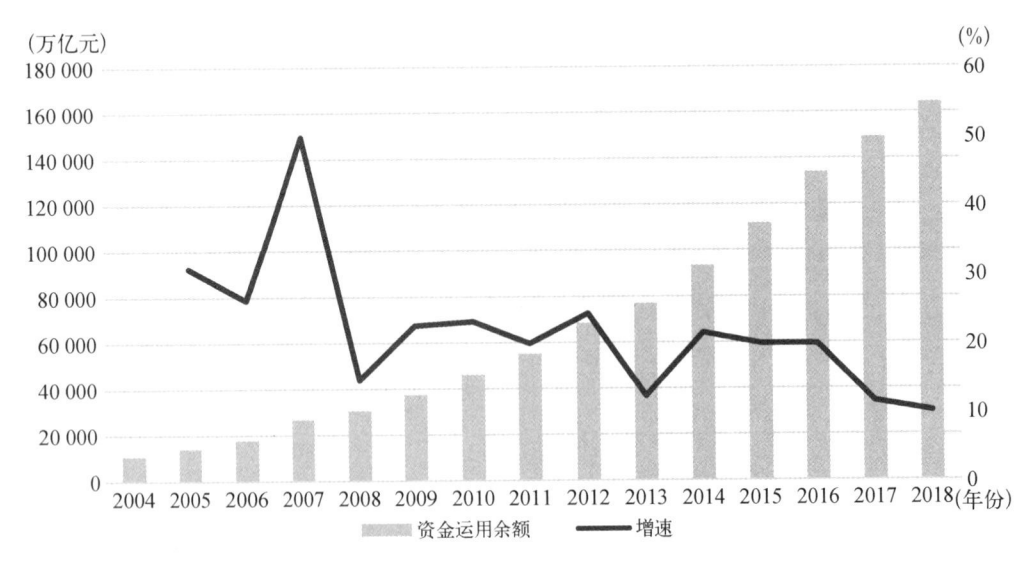

图 1-11　2004—2018 年中国保险业资金运用余额统计

二、保险资金运用政策历史变革

保险资金配置也是经历了相对长期的发展,按照时间大致可以分为初步恢复、乱象治理、有序发展和蓬勃发展四个阶段,具体如表1-2所示。

表1-2　　　　　　　　　　国内保险资金运用发展阶段整理

阶段划分	可配置资产类别	配 置 特 点	重要法律、规章
初步发展阶段（1979—1995）	银行存款、国债、流动资金贷款、金融债券,权益类资产未放开	本阶段初期按照规定保险资金全部存入银行,利息上缴国家财政。随着金融工具的丰富,投资范围拓宽至国债、金融债券,经济过热期间大量保险资金涌向于房地产投资、有价证券买卖、信托,甚至民间借贷市场等热门领域,风险迅速积累,资产质量恶化,保险公司偿付能力和稳定性经营并未得到明显的改善	《关于加快发展我国保险事业的报告》
乱象治理阶段（1995—2003）	银行存款、政府债券、金融债券和国务院规定其他资金运用形式,不得设立证券经营机构和向企业投资	1995年,《中华人民共和国保险法》出台,保险资金运用由大乱转为大治,安全性为上,但同时也带来投资渠道单一、投资能力低下、体制机制滞后等问题	《中华人民共和国保险法》
有序发展阶段（2003—2012）	银行存款、国债、金融债、基金、股票、企业债、未上市股权、不动产、间接投资基础设施、境外投资	首家保险资产管理公司成立。尽管放开信用债,但只能投资有担保的企业债或者利率债,无法覆盖保险行业的资金成本。基础设施投资必须要保监会批准,总投资额仅1 000亿元。权益类资产主要投资于A股,购买中国境内的基金公司基金产品。总体来说,投资品种受限导致保险资产配置仍然比较单一	《中华人民共和国保险法》2009年修订 《保险资金运用管理暂行办法》 《保险资金境外投资管理暂行办法》 《保险机构投资者股票投资管理暂行办法》 《保险公司投资证券投资基金管理暂行办法》 《关于保险资金投资基础设施债权投资计划的通知》 《保险资金投资不动产暂行办法》 《保险资金投资股权暂行办法》

续表

阶段划分	可配置资产类别	配置特点	重要法律、规章
蓬勃发展阶段（2012—）	银行存款；国债、金融债、企业债；基金、股票；国家基础设施建设项目；不动产、不动产投资计划；商业银行理财产品；境外资产；股指期货；衍生品投资；保险资管公司基础设施投资计划；银行业金融机构信贷资产支持证券、证券公司专项资产管理计划、信托公司集合信托计划、项目资产支出计划等	保险投资新政大大拓宽了保险资金的运用渠道，扩大固定收益证券投资范围，简化基础设施审批流程，放宽股权投资范围，开放金融产品投资，提供风险对冲工具，拓宽境外投资市场及投资品种，允许投资创业板股票，使得保险资管公司开展全面的资产配置成为可能	《保险资金境外投资管理暂行办法》《保险资金投资债券暂行办法》《关于调整基础设施债权投资计划有关规定的通知》《关于保险资金投资股权和不动产有关问题的通知》《保险资金境外投资管理暂行办法》《保险机构融资融券管理暂行办法》《保险资金参与金融衍生品交易暂行办法》《保险资金参与股指期货交易监管规定》《保险资金委托投资管理暂行办法》《保险资产托管管理暂行办法》《保险资产配置管理暂行办法》《保险资产管理产品暂行办法》《加强保险资金公平交易防范利益输送的通知》

资料来源：华证指数。

可以看出，直到1995年保险法的出台，权益类资产都还未对保险资金开放。从早期的禁止参与到2003年后陆续的法律法规出台和修订，保险资金投资权益资产逐渐发展起来，权益资产投资范围不仅仅包括已上市的股权和基金，也包含未上市股权。2012年保险投资新政实施以来，股票和证券投资基金权益类投资规模在2015年达到1.7万亿元后保持稳定状态，2018年尽管受股市行情拖累但仍保持在1.9万亿元规模。从比例来看，权益类资产占比在10%～15%水平，2018年上证综指下跌24.59%，导致保险资金运用中二级市场股票类资产缩水，同时，2018年年初及年中时间，部分保险公司通过购买ETF指数基金增持权益资产并持有至年底，综合以上因素，保险资金运用中股票和基金类资产占比并未出现明显下降（见图1-12、图1-13）。

三、保险资金配置权益资产意义重大

保险资金具有负债久期长、来源持续稳定、风险偏好较低的特征，这就决定了保险资金必须坚持长期投资、价值投资、稳健投资。作为股票市场的第二大机构投资

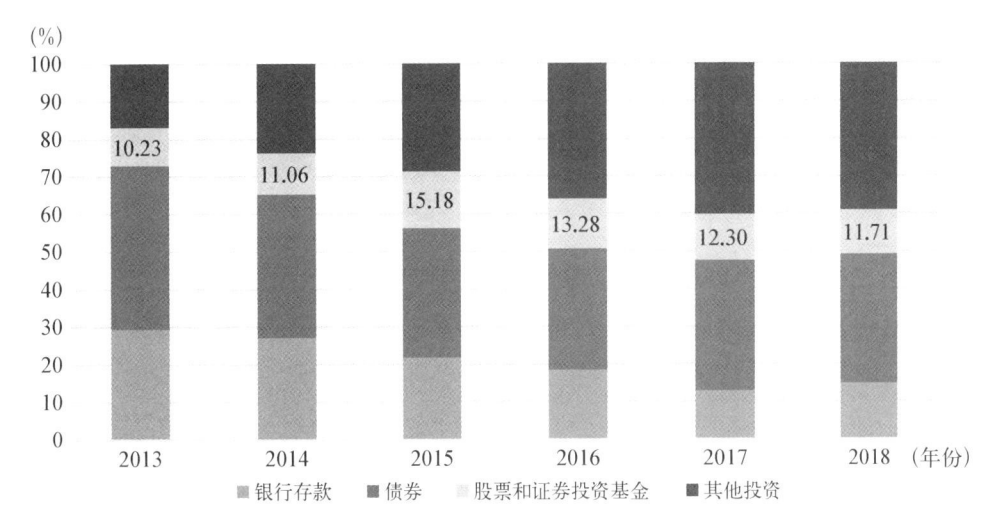

资料来源：原中国保监会,华证指数。

图 1-12　2013—2018 年保险资金各类资产配置比例

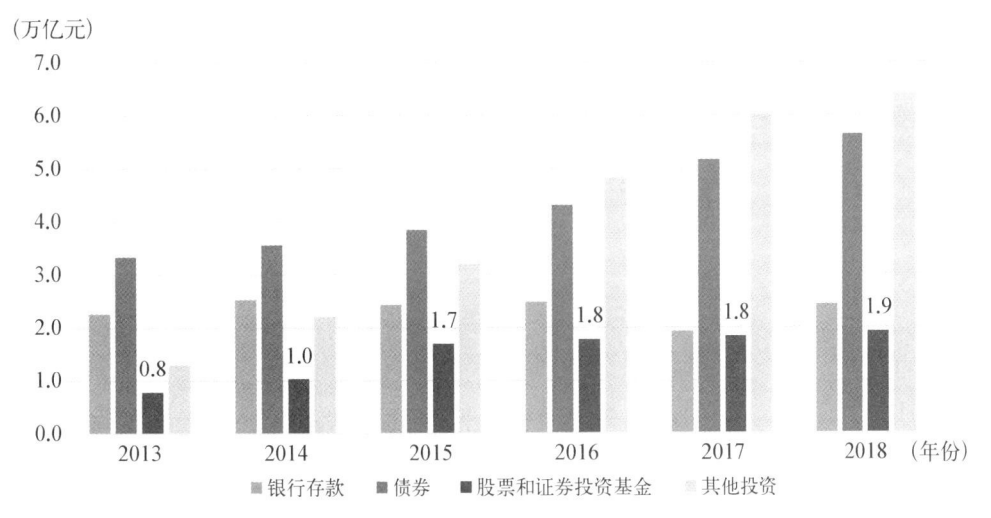

资料来源：原中国保监会,华证指数。

图 1-13　2004—2018 年保险资金各类资产配置规模

者,保险公司持有二级市场股票余额超万亿元,多为估值较低、分红率较高、盈利能力稳定的绩优大中盘蓝筹股。据统计,保险资金投资沪深 300 指数的股票在其股票余额中占比超过 60%,整体上以长期投资为主,通过长期投资获取稳定分红收益和资本增值。

保险资金坚持长期投资、价值投资,在过去 10 多年为中国资本市场的长期稳定发展提供了重要支持,这主要体现在三个方面：一是保险资金对资本市场发挥了"稳定

器"的作用。银保监会最新数据显示,截至2018年12月末,保险资金运用余额16.41万亿元,其中,股票和证券投资基金1.92万亿元,占比11.71%。保险公司作为重要的机构投资者,其资金属性决定的长期投资和价值投资理念,有助于增强股票市场的稳定性和抗风险能力,也有利于优化资本市场的定价效率。二是保险资金为资本市场提供了充足的流动性支持。保险资金体量大、稳定持续,可以为资本市场提供充足的流动性支持,在一些极端市场情况下能起到稳定市场及稳定投资者心理的作用。例如,在2015年6月的股市大幅调整中,千亿元险资适时进场支援A股,为稳定市场预期、维护资本市场不发生系统性风险发挥了重要的作用。2018年10月以来,保险机构设立逾千亿元的纾困产品,缓解优质上市企业流动性危机,助力民营经济发展。三是保险资金有助于改善资本市场结构。我国资本市场投资者结构长期存在机构投资者数量少、散户投资者数量占比高的问题,保险资金长期投资股市,能够提升机构投资者数量,改善和优化资本市场投资者结构,符合国家大力发展直接融资、支持资本市场发展、降低宏观经济杠杆的大方向。

第二章 IFRS9及其对保险资金的当前影响

第一节 IFRS9主要内容

一、金融资产分类与计量

在实施IFRS9之前,金融资产的分类与计量主要遵守IAS39。IAS39中基于金融资产的特征(债权类和权益类)和管理层持有金融资产的目的,对金融资产分为四类:以公允价值计量且其变动计入当期损益的金融资产(包括交易性金融资产)、可供出售金融资产、持有至到期投资和贷款及应收款项。具体分类标准如图2-1所示。

在IFRS9框架下,金融资产分为三类:按摊余成本计量(AC,Amortized Cost)、按公允价值计量且其变动计入其他综合收益(FVOCI,Fair Value through Other

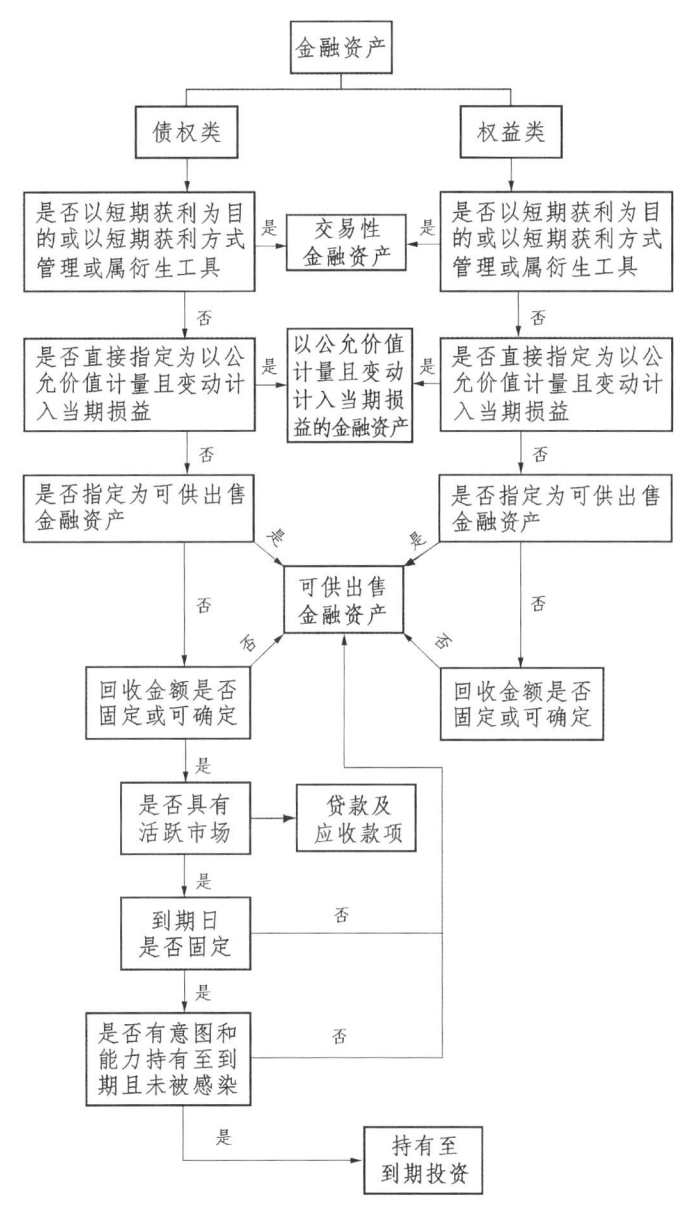

资料来源:《IAS39 与 IFRS9 金融资产比较分析》,中信建投、华证指数。

图 2-1　IAS39 金融资产分类体系

Comprehensive Income)和按公允价值量且其变动计入当期损益(FVTPL,Fair Value through Profit and Loss)。IFRS9 下,金融资产的分类主要基于合同现金流量特征和管理金融资产的业务模式。如果金融资产的合同现金流仅为本金和以未偿付本金为基础的利息的支付且业务模式是收取合同现金流量,应当分类为按摊余成本计量的金融资产。如果金融资产的合同现金流仅为本金和以未偿付本金为基础的利息的支付,业务模式是既收取合同现金流量又以出售为目的,应当分类为以公允价值计量且其变动计入其他综合收益的金融资产。除此之外的金融资产都应当分类为以公允价值计量且其变动计入当期损益的金融资产。对于非交易性的权益投资,可以指定为以公允价值计量且其变动计入其他综合收益,但一经指定不能变更。一般而言,债权工具被分类 AC,也可以被分类为 FVOCI 和 FVTPL 的金融资产;权益工具一般被分类为 FVTPL,但也可以被指定为 FVOCI;基金、可转债、衍生工具、非标资产(理财产品、信托计划)一般被分类为 FVTPL。其中,债务工具和权益工具进入 FVOCI 后,在终止确认时有所不同。债务工具进入 FVOCI 后,在终止确认时浮盈可从其他综合收益转入当期损益中。权益工具进入 FVOCI 后,在终止确认时浮盈只能体现在权益里,不能转入当期损益。分类逻辑如图 2-2 所示。

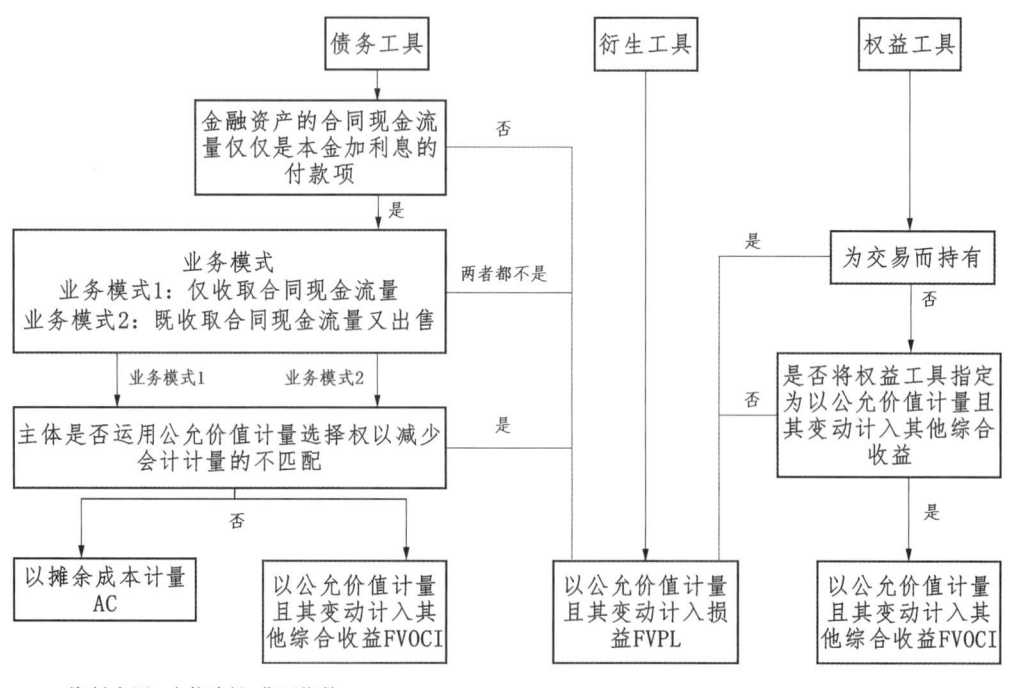

资料来源:中信建投、华证指数。

图 2-2 IFRS9 下金融资产的分类体系

二、金融资产减值

此前的 IAS39 准则使用的是"已发生损失模型",该模型必须要在有客观证据证明资产已经发生减值时才会确认减值损失。IFRS9 使用的是"预期信用损失模型",每个资产根据预期的信用风险严重程度分为三个阶段以不同的标准提计信用减值损失,即在初始确认时对未来 12 个月内可能发生的违约事件产生的信用损失计提减值。当信用风险显著增加时,则确认整个存续期的预期信用损失。预期信用损失模型的基本思路为:ECL=PD×LGD×EAD,其中 ECL 为未来 12 个月或整个存续期的预期信用损失,PD 为未来 12 个月或整个存续期的违约概率,LGD 为违约后的违约损失率,EAD 为违约风险敞口。另外,减值过程根据报告日该资产的信用风险情况可进可逆。具体如图 2-3 所示。

预期信用损失模型及其阶段划分

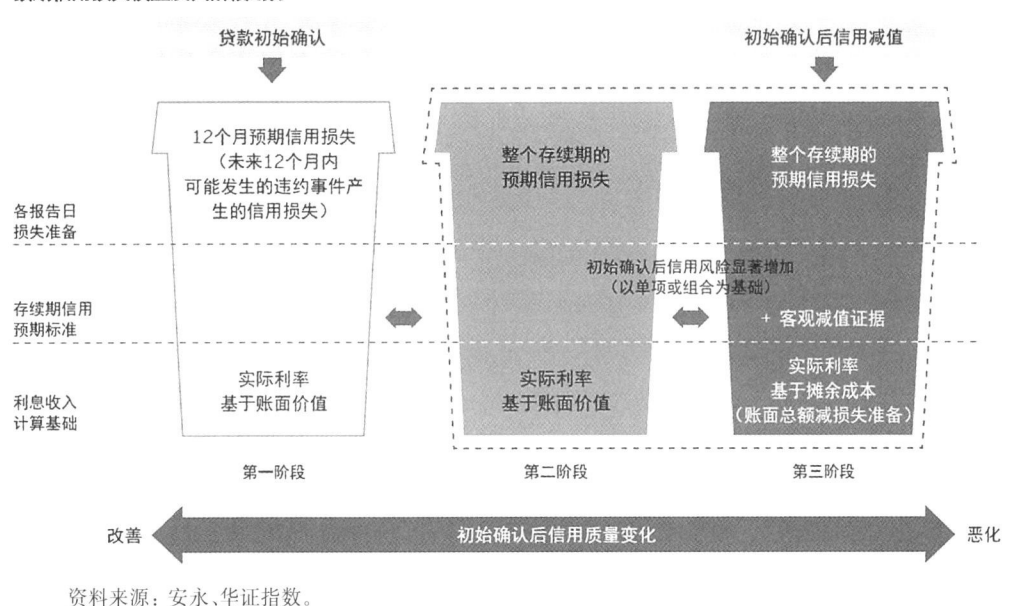

资料来源:安永、华证指数。

图 2-3 IFRS9 下资产减值三阶段

适用预期信用损失计提减值的金融资产范围包括以摊余成本计量的金融资产和以公允价值计量且其变动计入权益的债务工具,主要涉及的资产为非标、债券、定期存款、应收账款、合同资产和租赁应收款等。而股票和基金由于被分类为 FVTPL 则无须计提减值。对于非标和债券比重较大的公司,在切换年度需确认未来 12 个月的预期信用损失,可能造成减值准备大幅上升,从而对公司留存收益造成较大冲击。同时,相比旧准则,预期信用损失模式使得在初始持有阶段即考虑到日后信用风险的可能性,保证减值计提的及时性和充足性,避免断崖式的事后补提减值,更加严谨,具有前瞻性。

在评估信用风险是否出现显著变化时,一般主要考虑因素包括:监管及经营环境、内外部信用评级、偿债能力、经营能力、贷款合同条款、还款行为等,另外还包括前瞻性信息,在此基础上制定定量标准、定性标准及上限指标等。同时新准则提出:如果合同付款逾期超过30天,则表明金融资产的信用风险显著增加。

不论前述信用风险是否显著增加的评估,或是预期信用损失的参数估计(包括常用的违约概率PD、违约损失率LGD、违约风险敞口EAD等)均涉及对于前瞻性信息的判断。预期信用损失建模是一项系统工程,选择某项前瞻性指标,需要考虑以下几点:第一,该项指标与资产组合信用风险的相关性;第二,该项指标与其他指标之间的相互独立性;第三,该项指标的稳定性及可预测性。在建模过程中,按准则要求应该考虑所有内部和外部的相关信息,经过论证后,假如存在更符合上述几点的指标,那么可以选用其他更合适的指标。举例来说,假如构建一个股票质押贷款组合的LGD模型,那么股市指数可能适用性比较好,但是如果构建一个房地产开发贷款的PD模型,或许房地产景气指数更合适,即使是股市与房市之间可能也存在一定的相关性。新准则没有具体规定如何选择前瞻性指标,但是前瞻性调整的建模方法论是需要经过验证的,验证标准也需要反映前述几个考虑因素。

三、金融资产重分类和套期会计

IFRS9对金融资产的重分类做出了严格限制,能够有效减少保险公司对金融资产重分类来调节利润。金融资产的重分类主要针对债务工具,权益工具不得重分类。企业改变其管理金融资产的业务模式时,应当按照规定对所有受影响的相关金融资产进行重新分类。企业对金融资产进行重分类,应当自重新分类日起采用未来适用法进行相关会计处理,不得对以前已经确认的利得、损失(包括减值损失或利得)或利息进行追溯调整。

IFRS9在套期会计方面的主要变化涉及被套期项目和套期保值工具的资格、套期有效性的测试,以及披露要求的扩展。在被套期项目的资格方面,IFRS9指出非金融资产和非金融负债的风险组分只要满足"可单独识别"和"可靠计量"两个条件,也可被指定为被套期项目(IAS 39只针对金融项目)。在套期工具的资格方面,IFRS9允许按公允价值计量且其变动进入损益的非衍生金融资产或负债作为套期工具(IAS39只允许在外汇风险套期保值中使用非衍生金融资产或负债)。在套期有效性测试方面,最显著的变化是取消了"80%～125%"这一衡量套期有效性的量化标准,改为通过复核风险管理策略来评估套期有效性。IFRS9并未规定评价套期有效性的具体方法,既可采用定量评估,也可采用定性评估,报告主体的风险管理系统是实施评价的主要信息来源。

第二节 IFRS9 对保险资金(公司)的影响

根据最新的要求,国际会计准则理事会同意保险公司 IFRS9 推迟一年实施,即保险公司可选择于 2022 年同时执行新金融工具和保险合同准则。对于条件具备、有意愿和有能力提前执行新金融工具相关会计准则的企业,鼓励其提前施行新准则。因此,在 2022 年前保险公司可继续使用原有会计准则要求。可以估计,新会计准则将对保险公司带来巨大的影响。

从前文对 IFRS9 的论述以及和 IAS 39 的比较,可以看出 IFRS9 的主要变化在于金融资产分类更为清晰,减值要求更为严格。对保险公司主要带来三方面的影响:一是估值技术的高要求,二是财务报表中资产的列报和利润的管理,三是保险资金的资产配置和管理。

一、IFRS9 对保险公司估值技术的高要求

在 IFRS9 下,以公允价值计量的资产将不再允许以成本计量。因此,保险机构持有的部分无法通过现金流测试的债务工具和部分无活跃市价的权益工具将面临估值问题。旧准则下非标资产多以摊余成本计量,部分无活跃市场价格的未上市股权及私募股权允许以成本计量。IFRS9 实施后将面临估值难题。一方面,信息披露不充分,可作为估值参考的数据不全面。对于未上市股权和私募股权,信息披露政策要求较低,与上市公司相比,可获取到的财务信息有限。因此,在估值时无论是采用可比公司法或可比交易法都难以获取可参考的估值信息。另一方面,估值参数的选取主观性较大。在对股权资产进行估值时,通常需要对估值对象有全面的了解并建立估值模型、选取合适的参数。这一过程依赖于估值人员的专业性和经验判断。

目前,国内保险机构在对资产计提减值方面,仅有部分保险公司针对特定资产计提了减值。在 IFRS9 下,减值范围将扩大至所有以摊余成本和以公允价值计量且其变动计入其他综合收益计量的债务工具。目前保险公司预期信用减值模型一般都是借鉴 BaseIII 信用风险估算模型的高级法,通过对金融资产的分类、担保情况、逾期天数、相关评级等进行分析,获得"违约损失率 LGD"和"违约概率 PD",从而确定预期信用损失比率。

国内保险机构较难获取广泛及详细的数据来支持计算 IFRS9 要求的预期信用损失。由于保险机构可能采用不同的减值模型,且没有统一标准,因此可能造成各公司测算结果可比性较差。在 IFRS9 实施过程中,财务人员不能简单、机械地完成会计核算工作,而是需要了解金融资产收益模式、熟悉资产特征,并全程关注资产的信用风险变化。这对财务人员的专业性、知识的全面性,提出更高要求。

二、IFRS9 对保险公司财务报表的影响

IFRS9 的实施,主要会给保险公司财务报表带来两项重大影响:一是资产的列报,IAS39 下的可供出售金融资产—权益工具将会被大部分划分为 IFRS9 下的 FVTPL;二是利润的波动加大,一方面是因为分类为 FVTPL 的资产占比增加,另一方面是因为减值计提更为严格(见图 2-4)。

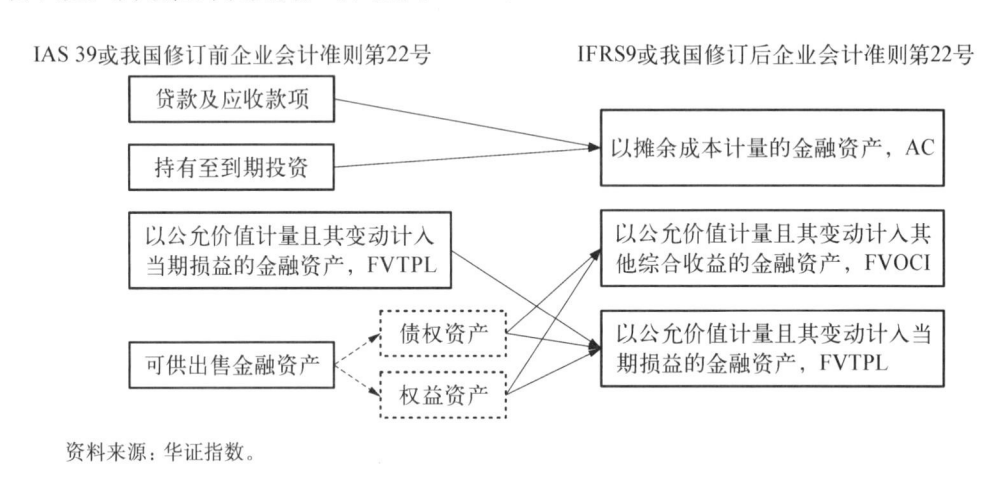

资料来源:华证指数。

图 2-4 新旧准则金融资产分类对应关系

以中国平安为例(中国平安 2018 年年报即已采用 IFRS9 准则),可供出售金融资产中接近 50% 被重分类为了 FVTPL,FVTPL 占金融资产的比重由 1.87% 提高到了 18.4%,估计将会对公司的利润带来更大的波动;同时,债权类金融资产计提的减值准备合计增加 128.97 亿元,相较旧准则下增加了 29%,其中债权投资及其他债权投资类资产的减值准备由 0 增加至约 90 亿元,产生影响最大。而持有至到期投资、应收款项类资产和可供出售金融资产科目下部分资产重新划分为公允价值计量后,其减值准备一次性转回损益表,因此导致减值准备减少了 339 亿元,两项合计总计减少资产减值准备 210 亿元。虽然一次性的准则变换对减值和对利润的影响,可能是正向,但长期来看信用减值准备的计提充足性会超过原准则(图 2-5、图 2-6)。

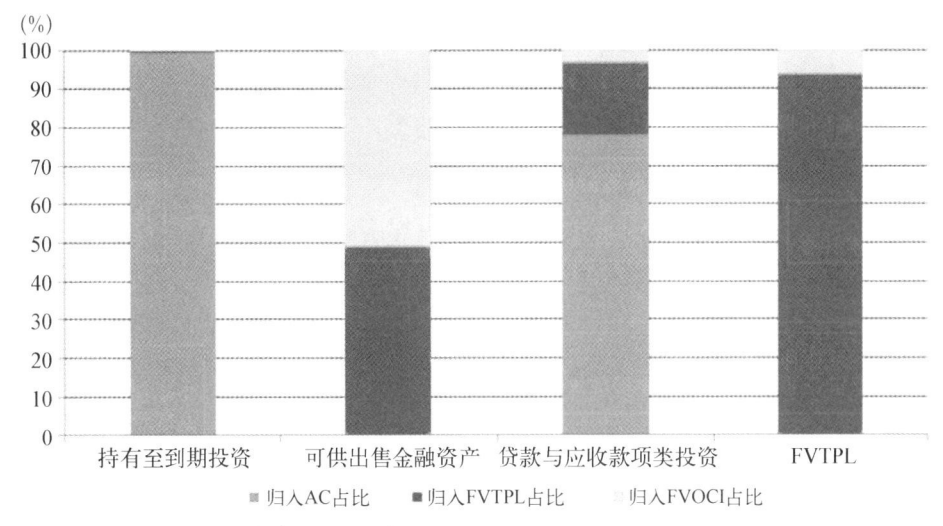

资料来源：公司年报、中信建投、华证指数。

图 2-5 中国平安 2018 年金融资产项目重分类情况

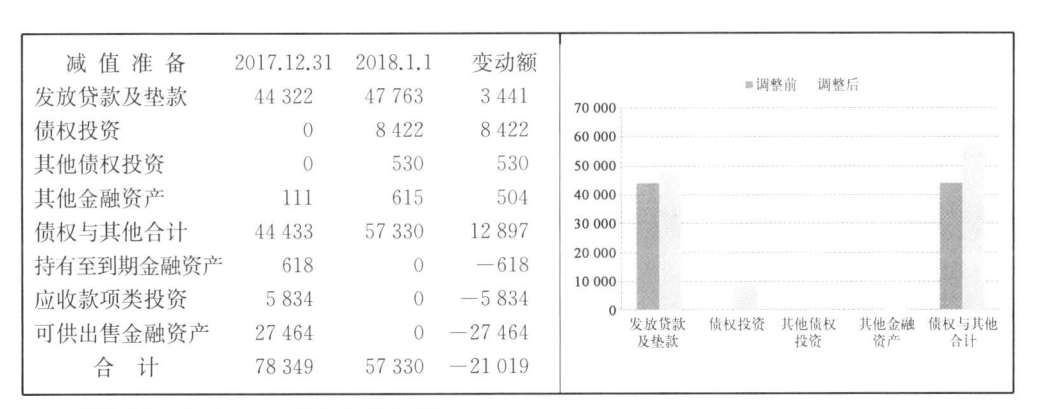

资料来源：公司年报、中信建投、华证指数。

图 2-6 中国平安 2018 年金融资产减值准备情况

三、IFRS9 对保险资金的资产配置和管理的影响

为了适应 IFRS9 准则的要求，预计保险公司将在以收益目标为主，综合考虑估值难度和利润波动，对各类资产的选择和配置做出一定的调整。

（一）权益类资产

在新会计准则下，保险企业将权益类资产分入 FVTPL 或者 FVOCI，持有期价差利得或损失将实时全部体现在利润表或全部体现在资产负债表，一旦选定后就不可逆向使用指定权。权益资产不再具备持有期价差计入资产负债表，卖出后价差收益计入利润表的收益调节空间。因此，新准则下，无论将基金、股票类资产划分为 FVTPL 还

是FVOCI,保险企业都将面临当期利润实现和长期利润稳定的两难抉择。

在新金融工具会计准则下,划分为金融工具类资产的股权投资,通过高分红的股票收益计入利润表,市值波动仅体现在资产负债表,不会影响利润表,在会计制度上保障了配置类权益资产持有目的与收益稳定性的统一。这不但能够减少股票价格变化对当期利润的影响,同时能够通过并表收益提升保险企业当期利润。

在新的会计准则中长期股权投资基本没有涉及调整,仍然按照按成本法或权益法核算,以权益法核算的长期股权投资资产,同样能够减少价格变化对当期利润的影响,是具有较强资本实力的保险企业进行股权投资的较好选择。

(二)债券类资产

新会计准则下,债券和存款需通过SPPI测试和业务模式测试才能划分至以摊余成本计量类,并且根据利率波动和信用风险变化对其进行及时足额的减值损失提取。利率风险、信用风险将加大固定收益类资产的利润波动。保险机构投资的中长期债券价值受信用风险和利率风险影响变大。因此,在新准则下,保险机构将倾向于选择高信用等级的债券。

(三)非标和另类资产评估

根据保险行业2017年底统计数据,其他投资类占比为40.19%,总金额达6万多亿元。这类资产大多以非标债权投资和各类资管产品的形式呈现,较多存在底层资产含有权益、产品结构不能穿透到底层资产、产品载体与底层资产在期限、收益分配金额、频率等涉及资产现金流量特征方面的条款出现错配等等,存在上述情况和结构安排的金融产品往往不能通过新会计准则的业务模式和现金流特征测试。

新会计准则后,非标资产和另类资产分类根据资产评估和计量提出了更严格的要求,更加注重风险收益实质。对不能满足"业务模式"和"现金流特征"测试的将统一划分为FVTPL,这或将与保险企业的原有该类资产配置意图产生矛盾。

例如非标债权结构金融产品一般属于特定载体类资产,即通过特殊目的载体间接持有底层资产并享受其带来收益。新准则对该类权产品债进行SPPI测试时将按照三个层面分别进行测试:底层资产、载体合同层面、交易结构。现金流量特征测试的债权资产应该与债权下"基本借贷安排"相一致,与之无关的风险敞口会导致现金流量不仅仅是对本金和利息的支付而不通过测试。因此判断一定量的非标资产无法通过这两个标准归入摊余成本和FVOCI科目,而会以剩余项纳入FVTPL科目,因此相较于IAS39,计入FVTPL的非标资产将会增加,这样会增加利润表的波动性。

此外,对划分为AC和FVOCI的金融资产,信用风险减值提取相比旧准则也将更为严格。在新准则下,对信用风险上升的非标和另类资产还会按预期损失计提减值,提前确认信用损失。鉴于以上因素,预计新准则实施后非标资产投资吸引力下降或者保险机构倾向于选择能够通过现金流量测试的非标资产和另类资产。

总体而言,基于IFRS9,保险资金的资产配置将发生如下变化:权益类资产,为了减少波动,计入FVTPL的可能会倾向于低波动的股票或者相关的指数或基金类产品;为了增加损益,计入FVOCI的可能倾向于高分红的股票;为了减少公允价值对当期利润的影响,可能会增加长期股权投资的配置。债券类资产,金融资产的减值更为严格,保险公司将倾向于增加高评级信用债的配置。非标和另类资产,保险公司倾向于配置能够通过现金流量测试的产品。

第三章 ESG投资理念与保险资金的权益投资

第一节 ESG理念与保险投资

一、ESG理念

随着社会发展,投资者对上市公司的评判不仅仅局限于市值、经营收入和盈利能力等传统指标,是否具备正向的外部效应也是重要的考量依据。在全新投资理念的推动下,ESG投资应运而生。

ESG,包括环境(Environment)、社会(Society)、治理(Governance)三个维度,自上而下分别对应面向环境的外部性、面向社会外部性以及公司治理的公共性。国外实践表明,将ESG理念纳入投资决策,不仅能帮助投资者规避上市公司尾部风险,长期来看更能获得较为可观的投资回报。

近年来国际上ESG投资呈快速发展态势。根据国际可持续投资联盟(GSIA)统计,在2018年初,全球纳入ESG因素的投资资产总量为30.7万亿美元,约占全球投资资产总量的26%,较2016年增长34%。其中,欧洲和美国是全球责任投资的领先市场,截至2018年初,美国责任投资规模接近11.6万亿美元,较2016年和2014年分别增长33%和76%,发展迅速。

二、国内外保险资金的ESG实践

(一)海外ESG实践

全球ESG投资呈快速发展态势。根据全球可持续投资联盟(GSIA)进行的2016年全球可持续投资报告指出,截至2018年初,全球可持续投资达30.7万亿美元,约占全球投资总量的26%,自2016年以来增长了34%。

由于ESG理念与保险资金投资目标拟合度较高,海外保险资金对ESG理念表现出了更加认可的态度,形成了从监管部门到保险机构的ESG投资闭环,在日益壮大的全球责任投资规模中,保险资金扮演着越来越重要的角色。

欧洲保险资金ESG投资走在了全球前列,主要体现在监管对ESG投资的推动上。2019年5月,欧洲保险和职业养老金管理局(EIOPA)向欧盟提交关于保险可持续发展的建议,主张通过修改法规,将ESG因素纳入保险机构产品设立、产品销售、投资决策、产品监督的各个环节,提升保险机构整体ESG水平。英国金融行为监管局(FCA)也将在2019年底出台保险机构ESG投资指引,推动英国保险资金的ESG投资。

美国的保险资金ESG投资发展迅速,主要体现在对ESG理念的投资实践上。据美国可持续&社会责任投资论坛(USSIF)统计,2018年,美国责任投资规模接近11.6万亿美元,较2016年增长33%,其中,保险资金在ESG投资规模中占比高达37%,保险资金在ESG投资中扮演着越来越重要的作用。

从保险资金的ESG与整合方式看,以自上而下为主,即在公司层面制定ESG发展战略,由投研部门牵头,制定ESG投研体系,基于自行构建或第三方ESG数据库,在产品中全面贯彻ESG投资理念。以德国安联为例,集团制定ESG投资整合框架,基于MSCI ESG评价数据,通过保险资产管理公司,将ESG理念与其管理的资金进行了全面的整合,实现了传统"风险—收益"投资决策理念向"风险—收益—绿色"的转变。

(二)国内ESG实践

保险业资产管理公司是我国资管机构的重要组成部分,保险机构的资金属性以及在长期投资过程中所形成的专业化投资能力与风险控制能力与ESG投资理念相契合。近年来,中国保险资产管理业协会与联合国责任投资原则组织(UNPRI)和中国金融学会绿色金融专业委员会合作,开展了一系列的相关培训、研讨和课题研究,推广

ESG 投资理念。2018 年 6 月 19 日，中国保险资产管理业协会发布《中国保险资产管理业绿色投资倡议书》，推动保险资金绿色投资持续健康发展，为推动 ESG 理念在保险资产管理业的推广与实践奠定了重要基础。

政策上，原中国保险监督委员会在下发的关于保险资金投资基础设施、未上市股权和不动产的文件中，规定保险资金要承担社会责任，恪守道德规范，充分保护环境，做负责任的机构投资者，不得投资不符合国家产业政策、高污染、高耗能、未达到国家节能和环保标准、技术附加值较低的企业或项目。

近几年，保险资金积极参与绿色投资和责任投资，在环保、水务、治污、节能、新能源等领域开展了大量项目投资，通过发起设立股权投资计划、参与私募基金和产业基金、投资绿色信托产品、购买绿色债券等方式为我国绿色化经济建设提供融资支持。

在国内 ESG 投资发展过程中，证监会、交易所、基金业协会等监管机构也扮演着重要的角色，近年来陆续发布相应文件。2006 年，深交所发布《深圳证券交易所上市公司社会责任指引》，开始提及上市公司环境保护、社会责任方面工作。2008 年，上交所发布《关于加强上市公司社会责任承担工作的通知》。

2018 年 9 月 30 日，证监会修订的《上市公司治理准则》增加了环境保护和社会责任内容；2018 年 11 月 10 日，基金业协会发布了《中国上市公司 ESG 评价体系研究报告》和《绿色投资指引（试行）》，提出衡量上市公司 ESG 绩效的核心指标体系，进一步推动 ESG 在中国发展。

2019 年 5 月，港交所发布有关《环境、社会及管治报告指引》及相关《上市规则》的咨询文件，对原《ESG 指引》做出修订，这是自 2012 年出台《ESG 指引》以来的第三次修订。

第二节　ESG 的应用

一、ESG 尾部风险

上市公司出现的各种违法违规事件，将会损害投资者利益，也为监管机构带来巨大压力，不利于证券交易市场正常运行。为了进行风险防范，可以根据 ESG 指标从上市公司过度扩张、大股东行为、财务可信度、违法违规、负面经营事件五个风险来源，设计 11 个指标，刻画上市公司尾部风险来源，并通过季度评价，追踪反映尾部风险水平，及时预警规避（见图 3-1）。

资料来源：华证指数。

图 3-1 尾部风险刻画

二、ESG 风险预警示例

上市公司爆雷与 ESG 尾部风险有着密不可分的关系，通过对财务造假、违法违规、过度扩张、负面经营事件及大股东行为五个尾部风险来源的长期、及时动态跟踪，能够在爆雷事件发生前进行 ESG 尾部风险警示，从而及时进行调整，降低投资损失。ESG 在康美药业爆雷和盛运环保债券违约事件中都起到了有效的防范警示作用。

早在 2012 年 12 月，中能兴业就在《证券市场周刊》上刊载《康美谎言》《九问康美》，质疑康美药业虚增资产、涉嫌财务造假。2013 年中，康美药业股权大幅质押，出现大股东行为风险，其 ESG 尾部风险开始显现；此后五年，该项风险居高不下。其后，康美药业多次卷入产品质量纠纷，存贷双高情况持续恶化，深陷财务造假舆论。2018 年，康美药业发生信息披露违法违规事件，被证监会立案调查，其 ESG 尾部风险急剧攀升；在截至 2018 年 10 月 31 日的 ESG 评价中，公司治理问题明显恶化，康美药业 ESG 跳水式下跌，同时风险预警由"关注"变更为"警告"。2019 年 4 月 30 日，康美药业发布审计意见为"保留意见"的 2018 年年报，财务可信度大幅下降，同时公告 2017 年公司财务报表货币资金多计入 299.44 亿元等多处重大会计差错，ESG 评分跌至谷底，风险正式爆发，当日股价一字跌停，四日内市值蒸发 180 亿元。

三、ESG 于指数中的应用

国际上 ESG 在指数中的应用已经发展较为成熟，以 MSCI 为例，基于自身的 ESG 评价体系,MSCI 已编制三个系列、900 余条股票及固定收益 ESG 指数。富时、STOXX 等指数投资机构也基于自有或第三方 ESG 数据,形成了较为完善的 ESG 指数体系。

结合 MSCI 等机构 ESG 在指数投资中的实践,将 ESG 因子整合入指数编制主要有三种方式:第一,ESG 优选,选择样本空间中 ESG 或子指标得分高的上市公司构成指数成分股;第二,ESG 剔除,在样本空间中,剔除 ESG 评级低、ESG 子指标得分低或存在 ESG 尾部风险的上市公司,剩余的上市公司构成指数成分股;第三,ESG＋Smart Beta,将 ESG 因子与其他 Smart Beta 因子结合,构建 ESG 多因子策略指数(见表 3-1)。

表 3-1　　　　　　　　　　　主流 ESG 指数构建方法及应用场景

指数类别	构 建 方 法	代 表 指 数	适 用 场 景
ESG 优选	ESG 优选指数一般在样本空间内直接选取或在行业内选取 ESG 表现较好的上市公司作为指数成分股,基于自由流通市值加权,并使指数与样本空间行业权重基本保持一致,即行业中性	MSCI ESG 领先系列指数(MSCI ESG Leaders Indexes)、富时 ESG 指数系列(如 FTSE Developed ESG Index)	适用于 ESG 主题投资,选取 ESG 头部上市公司的指数构建逻辑清晰明了,更符合大众认知的 ESG 投资理念
ESG 剔除	在样本空间内对具备以下一种或几种 ESG 特征的上市公司进行剔除:(1) ESG 评级较低;(2) 存在 ESG 争议,ESG 争议指标分数较低;(3) 主营业务涉及烟草、武器、酒精、赌博、核能源、转基因等;剩余上市公司作为指数成分股,基于自由流通市值加权,并使指数与样本空间行业权重基本保持一致,即行业中性	MSCI KLD400 指数(MSCI KLD 400 Social Index)、MSCI SRI 系列指数(The MSCI SRI Indexes)	其一,适用于特定投资需求,如宗教、养老金、慈善基金等,通过剔除烟草、武器、核能源、转基因等概念相关上市公司,达到特定投资目的;其二,适用于指数增强,通过剔除具有 ESG 尾部风险的上市公司,避免踩雷,增厚收益,控制投资风险
ESG＋SmartBeta	首先在样本空间内对具备以下一种或几种 ESG 特征的上市公司进行剔除:(1) ESG 评级较低;(2) 存在 ESG 争议,ESG 争议指标分数较低;(3) 主营业务涉及烟草、武器、酒精、赌博、核能源、转基因等;对样本空间中剩余的上市公司,在行业约束及个股权重上限的条件下,通过对成分股权重进行优化,因子系数倾斜,在提高 ESG 因子暴露的同时,达到一定程度的风格因子暴露水平	MSCI ESG 因子目标系列指数 MSCI Factor ESG Target Indexes)、富时 Smart 可持续因子系列指数 FTSE Smart Sustainability Indexes)、STOXX 欧洲 ESG 单因子及最小方差指数(EURO STOXX ESG-X & Ex Nuclear Power Single Factor and Minimum Variance Indices)	适用于指数增强,通过目标优化,在提高 ESG 因子暴露的同时,达到一定程度的风格因子暴露水平,长期来看能够获得较为明显的超额收益,同时降低指数风险水平

资料来源:华证指数。

第三节 保险产品 ESG 概况与分析

一、保险资金重仓股市值和 ESG 水平

从保险资金整体 ESG 水平来看,在 2009 年保险资金重仓股规模为 786.67 亿元,重仓股 ESG 平均水平仅为 85 分,随后 ESG 水平开始逐步上升。在 2014 下半年开始,上证指数出现了大幅上升,保险资金重仓股规模也快速上升。2014—2018 年中旬保险资金重仓股市值持续较高,至 2018 年 12 月底创新高,持仓市值达 14 412 亿元,ESG 水平为 87.85 分(见图 3-2)。

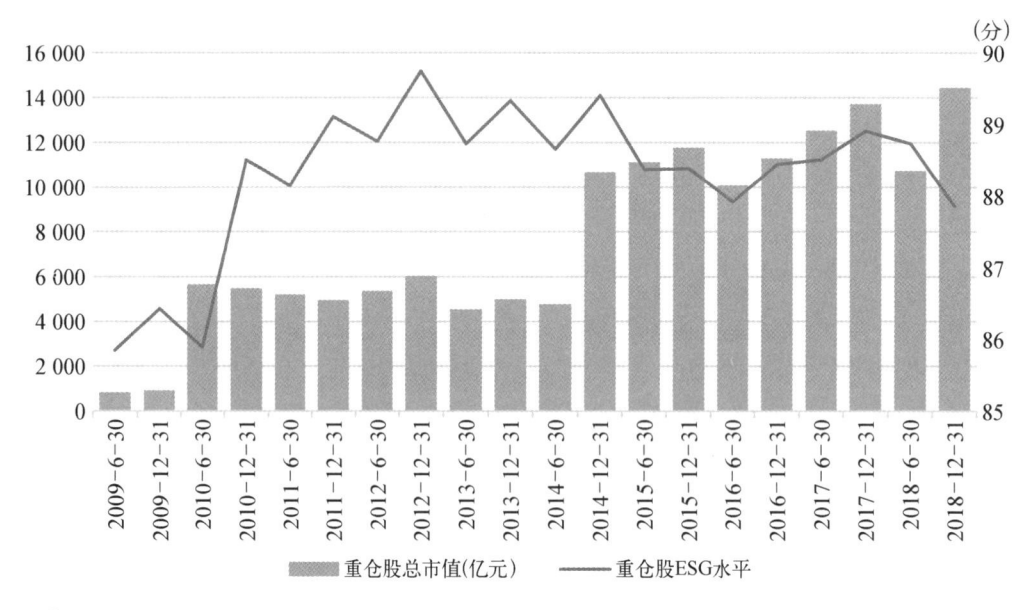

资料来源:Wind 资讯,华证指数。

图 3-2 险资重仓股规模及 ESG 水平变化

历年来各保险公司 ESG 水平最高产品如表 3-2 所示,ESG 分数均超过 90 分,2018 年保险产品最高的分别为合众人寿保险股份有限公司—分红—个险分红;信泰人寿保险股份有限公司—传统产品,ESG 分数分别为 96.76 分和 97.94 分。信泰人寿保险股份有限公司—传统产品重仓股为锦江酒店,合众人寿保险股份有限公司—分红—个险分红重仓股有光明乳业、中南传媒。

表 3-2　　　　　　　　　各保险公司历年来 ESG 最高的产品

年　份	保　险　产　品	ESG 水平
2009/6/30	中意人寿保险有限公司—投连产品	91.66
2009/12/31	中国平安人寿保险股份有限公司—传统—普通保险产品	93.51
2010/6/30	中国平安保险(集团)股份有限公司	93.93
2010/12/31	新华人寿保险股份有限公司—分红产品	97.46
2011/6/30	生命人寿保险股份有限公司—传统—普通保险产品	94.82
2011/12/31	中国人寿保险股份有限公司	95.40
2012/6/30	中国平安保险(集团)股份有限公司	95.40
2012/12/31	中国太平洋保险(集团)股份有限公司	96.07
2013/6/30	和谐健康保险股份有限公司—万能产品	96.32
2013/12/31	安邦人寿保险股份有限公司—稳健型投资组合	96.72
2014/6/30	中国财产再保险股份有限公司—传统—普通保险产品	97.46
2014/12/31	中国人寿保险(集团)公司	95.86
2015/6/30	富德生命人寿保险股份有限公司—万能险	94.80
2015/12/31	工银安盛人寿保险有限公司	96.83
2016/6/30	中国平安财产保险股份有限公司—传统—普通保险产品	97.21
2016/12/31	中国平安财产保险股份有限公司—传统—普通保险产品	96.56
2017/6/30	英大泰和人寿保险股份有限公司—万能	97.24
2017/12/31	合众人寿保险股份有限公司—分红—个险分红	98.03
2018/6/30	合众人寿保险股份有限公司—分红—个险分红	96.76
2018/12/31	信泰人寿保险股份有限公司—传统产品	97.94

资料来源：Wind 资讯,华证指数。

二、保险产品尾部风险

保险资金重仓股 ESG 尾部风险在 2017 年底开始出现上升,2018 年 12 月 ESG 尾部风险达到 21.7%,622 家重仓公司中,出现严重警告有 2 家,出现警告有 133 家,远高于 2018 年 6 月及以往年度数据(见图 3-3)。

如图 3-4 所示,根据历年数据,险资重仓股 ESG 尾部风险低于整个市场股票 ESG 尾部风险,险资选择投资的股票整体风险低于市场上所有股票风险。市场 ESG 尾部风险与险资重仓股 ESG 尾部风险差值在 2013 年以后差距变大,2017 年底达到最大。2017 年底之后两者 ESG 尾部风险均出现上升。

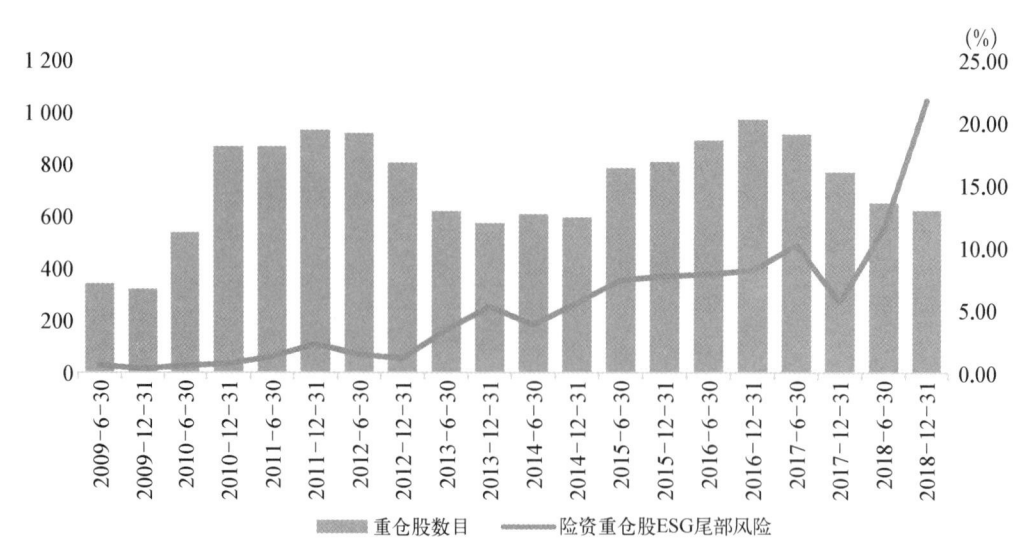

图 3-3 险资重仓股规模及 ESG 水平变化

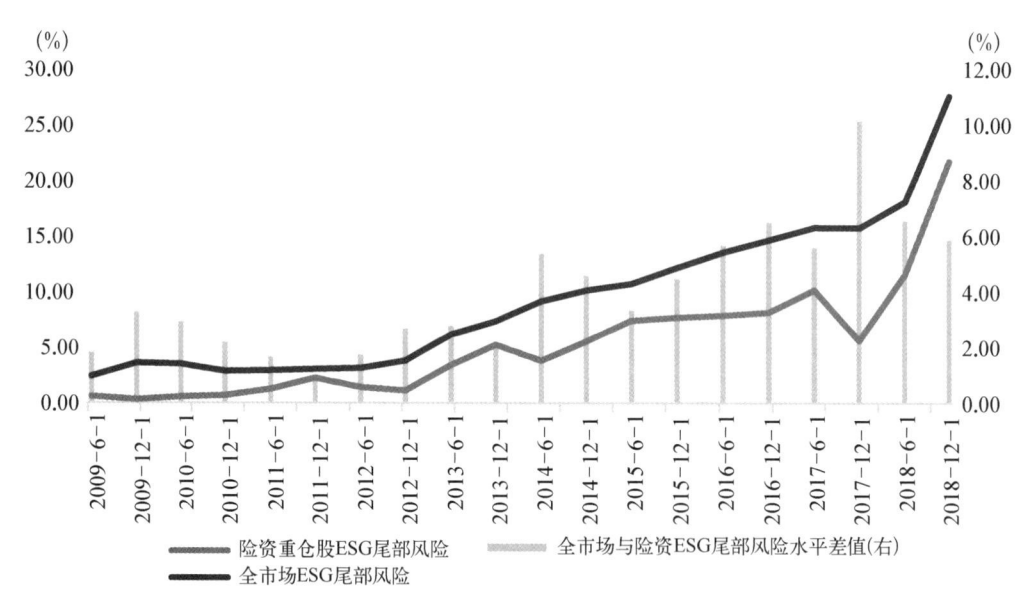

资料来源：Wind 资讯，华证指数。

图 3-4 险资重仓股与全市场 ESG 尾部风险对比

资料来源：Wind 资讯，华证指数。

观察保险公司重仓股公司 ESG 尾部风险来源，如图 3-5 所示，违法行为、负面经营事件、大股东行为、过度扩张、财务可信度五种尾部风险—中高风险占比。占比越高，代表保险公司重仓股中在该类行为出现中高风险的公司较多。

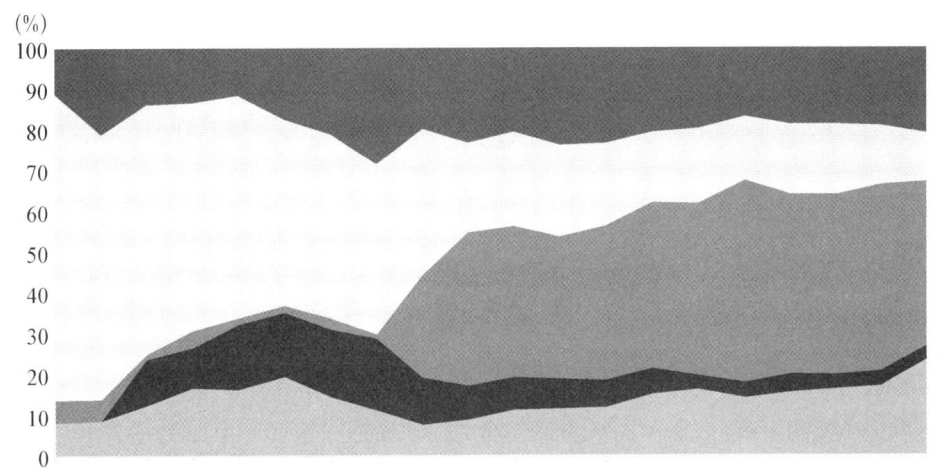

(%)
100
90
80
70
60
50
40
30
20
10
0
2009-6-30　2010-12-31　2012-6-30　2013-12-31　2015-6-30　2016-12-31　2018-6-30(年份)
■ 违规违法　■ 负面经营事件　■ 大股东行为　■ 过度扩张　■ 财务可信度

资料来源：Wind 资讯，华证指数。

图 3-5　险资尾部风险分布

保险公司重仓股中出现负面经营事件中高风险的公司占比较为平稳；大股东行为中高风险占比自 2013 年 6 月至今逐渐攀升，至 2018 年底保险公司重仓股中大股东行为显示中高风险的占比达 39.07%；过度扩张在这五种风险中横向对比逐渐收窄；违法违规中高风险占比自 2016 年 6 月有轻微上升，至 2018 年底保险公司重仓股中违法违规显示中高风险的占比达 22.83%；财务可信度中高风险占比在 2013 年以前不超过 10%，2013 年底至 2018 年底，占比在 10%—20% 之间，2018 年底达 20.1%。

三、保险资金尾部风险案例

（一）案例一

2018 年 12 月 ESG 尾部风险出现严重警告的两家保险产品分别是泰康人寿保险有限责任公司—投连—创新动力和前海人寿保险股份有限公司—分红保险产品，这两只产品均重仓了华海药业(600 521.SH)。

华海药业出现严重警告的尾部风险主要在于 2019 年上半年先后披露 2018 年财报和 2019 年一季度报等多份报告。数据显示，华海药业 2018 年实现营收 50.95 亿元，同比微增 1.85%；实现归属于上市公司股东的净利润 1.08 亿元，较上年同期大幅减少 83.18%；实现归属于上市公司股东的扣除非经常性损益的净利润 1.15 亿元，同比下滑 81.05%。

出现业绩下滑的主要原因在于：2018 年 7 月，欧洲药品管理局(EMA)发布公告称，华海药业生产的缬沙坦原料药被检测出一种名为 N-二甲基亚硝胺(NDMA)的致癌物杂质,EMA 遂即决定对该原料药展开评估调查。9 月 28 日,该公司原料药及成品药同时遭到美国和欧洲药监局的禁令。缬沙坦事件发生后,华海药业开展召回与协商工作。

受此影响,华海药业额外损失和支出大幅增长。财报显示,"缬沙坦事件"引致的召回损失、存货减值损失、补偿损失等根据实际发生情况累计计提损失约 4.13 亿元。

此外,华海药业 2018 年原料药及中间体业务贡献 20.10 亿元营收,同比下降 6%,其中,沙坦类原料药营收同比下降 17%至 7.77 亿元,普利类原料药的营收下降幅度为 3.86%。而其神经类原料药收入同比增长 25.78%,制剂收入则同比增长约 9.26%至 28.84 亿元。"缬沙坦事件"使华海药业整体业绩承压的同时,还对其销售费用产生了影响。根据财报数据,其销售费用比上年同期增长 43.08%。

上述事件还致使华海药业孙公司的赴美上市计划夭折。"缬沙坦事件"后,华海药业股价曾一度遭受重创。

我们在给予 ESG 尾部风险评级时观测到了华海药业的尾部风险,在违规违法、负面经营事件都给予了高风险警示,最终尾部风险评级为严重警告。ESG 分数也给出了相应的分值,如图 3-6 所示,华海药业股价在 2018 年中旬开始急剧下跌,华证指数 ESG 在 2017 底 2018 年初检测到了异常,负面经营事件急剧下跌,ESG 分数出现大量下跌,从 80 分以上下跌到 70 分。

资料来源:Wind 资讯,华证指数。

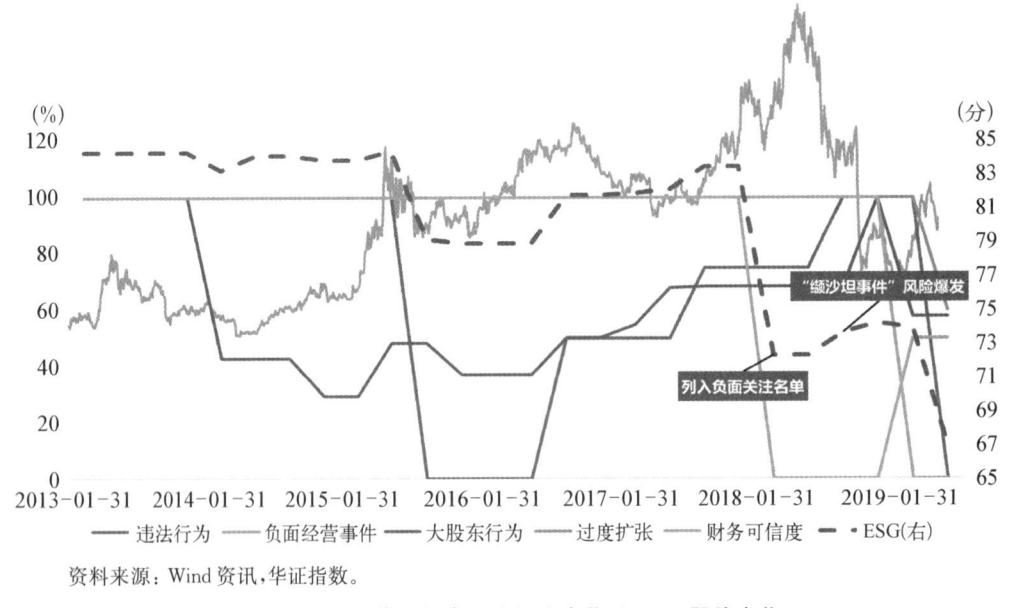

图 3-6 华海药业各类风险行为变化及 ESG、股价变化

2013—2018年间,华海药业在公司治理中大股东行为子指标分值出现下跌,主要原因在于华海药业2013年间股东之间争斗,高管职位变动;2015年年中,违法行为分值出现下跌,在该年间,食药监总局发布了8家企业11个药品注册申请不予批准的公告,华海药业申报的一款仿制药也榜上有名。

(二)案例二

人保资管和大成基金曾成立大成创新资本,募集7亿资金投入到百岁兰投资、保千里(600 074.SH)设立的并购基金中。然而,并购基金投向的三家企业出现诸多财务异常,2017年因卷入庄敏事件,资产也面临大额减值,导致7亿元资金无法按期退出。该资管产品的资金投向指向三家与保千里有大量业务往来的公司,且均存在财务数据异常(见图3-7)。

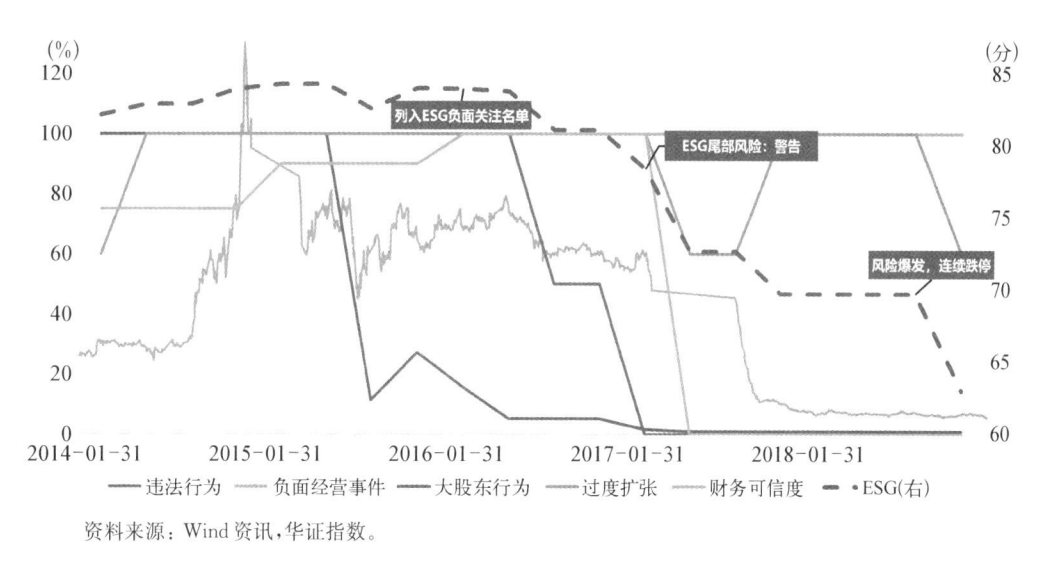

资料来源:Wind资讯,华证指数。

图3-7 保千里各类风险行为变化及ESG、股价变化

2016年初,保千里股权质押风险大幅提升,被列入负面关注名单。下半年,保千里出现业绩变脸,后于12月27日因涉嫌信息披露违法违规被证监会立案调查,ESG评分大幅下滑,华证指数对保千里进行"警告"的尾部风险预警。

2017年下半年以来,保千里连续出现信息披露虚假或严重误导性陈述、短期偿债风险显著高于行业平均水平、年报审计意见为"无法表示意见"等公司治理事项,于12月11日再次由于涉嫌信息披露违法违规被证监会立案调查,ESG评分连续下跌,同时正式被ST。

2018年,保千里短期偿债风险大幅提升,显著高于行业平均水平,同时股权质押风险居高不下,后又不及时披露公司重大事项,风险正式爆发,自1月起连续跌停,5月被*ST。

由此可见,上市公司爆雷与ESG尾部风险有着密不可分的关系,通过对财务造假、违法违规、过度扩张、负面经营事件及大股东行为五个尾部风险来源的长期、及时动态跟踪,能够在爆雷事件发生前进行ESG尾部风险警示,从而及时进行调整,降低投资损失。

总体来说,ESG理念与保险资金投资目标高度契合,基于ESG评价构建的投资组合长期具有较为可观的超额收益,同时表现出有效的尾部风险规避能力,伴随着国内ESG发展与IFRS9的双向推力,保险资金与ESG投资,特别是指数化投资应用将加快融合。

第四章　IFRS9下保险资金的权益配置方案设计

新会计准则IFRS9的实施,更改了传统金融工具的计量方式,新的分类方式更具客观性,会计处理上也更具备一致性。同时金融资产计提减值准备确认法则的更改,能够更及时、足额地计提金融资产减值准备,便于揭示和防控金融资产信用风险。对于现代金融业的核心支柱——银行业和保险业来说,新准则为行业内多家境内外上市企业带来了机遇与挑战。其中,大体量的保险资金在我国资本市场中发挥着举足轻重的作用,近年来备受瞩目。

自1979年国内保险业务恢复之后的40年历程中,我国已经发展成为全球第二大保险市场。在保障人民财产、人身安全方面,保险业承保范围和保障责任逐步扩大,赔付支出和风险保额不断增长。特别是近年来,保额增速明显快于保费增速,保险保障逐步成为当今社会越来越重要的安全网和稳定器,托底作用日益显现,保险业成为服务国计民生的重要力量。在此种环境下,新准则将为保险行业的发展、资金的运用带来新的生机和活力。

第一节　保险资金提高权益资产占比:大势所趋

目前来看,国内保险资金的权益资产配置比例较低(10%左右),大量资金配置在债券、非标类资产上,其资金运用效率受限,风险和收益不相匹配,存在着一定的投资风险。首先,在打破刚性兑付的环境下,债券违约风险提高,2018年以来更是暴雷不断,大比例的配置该类资产存在风险隐患,高非标依赖性也使得资产配置上的风险"雪上加霜";其次,国内资产负债错配情况严重,缺乏匹配负债的长期资产,且国内衍生品市场仍不发达,投资风险对冲工具缺乏。综合来看,随着保险行业的快速发展,其资产配置结构与资产配置思路亟待完善,如何提高权益类资产的配置比例成为市场、监管层以及众多保险机构关注的重点。

近年来,为了优化资产配置结构,强化保险资金支持实体经济的作用,监管层也推出多项措施鼓励保险资金加大权益类资产的配比导向、并推出系列政策保障投资的理性和稳定性。自2015年以来,监管层逐步放宽了保险资金股票投资比例,并取消了相关投资的限制。这些措施促使险资进一步增持股票资产,保障了股市流动性,并增强了市场信心。而后保险资金举牌现象频繁发生,2015年的"宝万之争"更是引发了市场的广泛关注,这也吸引了监管层的注意,2016年保监会大幅控制险企短期保险产品的规模,并大幅提升万能险的保障水平,保险资金举牌潮开始退潮。为了更好地规范投资,随后监管层相继出台了规范保险资金举牌上市公司信息披露、限制以万能险为代表的中短期投资型保险产品的规模等系列举措,明确了保险资金投资股权资产时应遵循"财务投资为主,战略投资为辅"的投资原则。近年来,为了进一步支持实体经济的发展,监管层取消了保险资金开展股权投资的行业范围限制,鼓励险资参与化解上市公司股票质押流动性风险,加大保险资金投资优质上市公司力度,险资的运用趋于理性和平稳化(见表4-1)。

表4-1 提高保险资金权益资产投资比例政策事件汇总

时间	政策/事件	内容
2015年7月	《关于提高保险资金投资蓝筹股票监管比例有关事项的通知》	投资单一蓝筹股票的余额占上季度末总资产的监管比例上限由5%调整为10%;投资权益类资产的余额占上季度末总资产比例达到30%的,可进一步增持蓝筹股票,增持后权益类资产余额不高于上季度末总资产的40%
2015年7月	《关于保险资产管理产品参与融资融券收益权业务有关问题的通知》	保险资产管理公司通过发行保险资产管理产品募集资金,与证券公司开展融资融券债权收益权转让及回购业务,可以协商合理确定还款期限,不得单方强制要求证券公司提前还款

续表

时间	政策/事件	内容
2015年12月	《中国保监会关于加强保险公司资产配置审慎性监管有关事项通知》	防范新形势下保险公司资产负债错配风险和流动性风险,加强对保险公司资产配置行为的监管
2015年12月	《保险资金运用内部控制指引》	促进保险资金运用规范发展,有效防范和化解风险,维护保险资金运用市场安全与稳定
2015年12月	《保险公司资金运用信息披露准则第3号:举牌上市公司股票》	规范保险公司举牌上市公司股票
2016年3月	《关于规范中短续存期人身保险产品有关事项的通知》	偿付能力不及规定的应立即停止销售中短存续期产品
2016年9月	《中国保监会关于强化人身保险产品监管工作的通知》	限制中短续存期产品规模,降低万能险预定利率和结算利率
2017年1月	《中国保监会关于进一步加强保险资金股票投资监管有关事项的通知》	进一步明确保险机构股票投资监管政策,规范股票投资行为,防范保险资金运用风险
2017年5月	《中国保监会关于保险业支持实体经济发展的指导意见》	充分发挥保险风险管理与保障功能,拓宽保险资金支持实体经济渠道,促进保险业持续向振兴实体经济发力、聚力,提升保险业服务实体经济的质量和效率
2018年1月	《保险资金运用管理办法》	保险资金运用必须以服务保险业为主要目标,坚持稳健审慎和安全性原则,符合偿付能力监管要求,根据保险资金性质实行资产负债管理和全面风险管理,实现集约化、专业化、规范化和市场化
2018年10月	《中国银保监会关于保险资产管理公司设立专项产品有关事项的通知》	发挥保险资金长期稳健投资优势,参与化解上市公司股票质押流动性风险,加大保险资金投资优质上市公司力度
2019年5月	有消息称,银保监会正积极修订保险资金投资权益类资产比例上限	拟在30%基础上进一步提升
2019年7月	国新办新闻发布会,银保监会相关负责人梁涛表示,支持险资投资科创板股票,正研究提高险资权益类资产比例	在审慎监管原则下,赋予保险公司更多的投资自主权,进一步提高证券投资比重,实行差异性监管

资料来源:原中国保监会,中国银保监会,国金证券,华证指数。

第二节　IFRS9 下权益资产配置分析

一、IFRS9 下权益资产分类

权益类资产的投资,具体可以细分为私募股权类投资、个股投资和股票组合(基金)投资。其中私募股权类投资流动性较差,大多数机构、投资者更为关注个股投资和股票型基金的投资。而无论是个股投资还是股票型基金投资,其标的间的风险收益特征差异较大,不同的投资需求、投资场景所选取的具体标的也各有不同,因此在其实际投资中不仅要了解投资目标定位,也需要对底层资产做全面的了解、深入的研究。

在 IFRS9 新规下,权益类资产按照现金流特征和业务模式可被分为 FVTPL 和 FVOCI 两类,两类权益工具的变动对保险资金的运用有着不同的影响。如果配置的权益类工具为 FVOCI 类权益工具,其公允价值变动计入其他综合收益即权益表中,公司将不能再通过股票浮盈和浮亏来进行利润管理,其仅有股利计入当期损益,虽然此种配置情况下收益波动较低,但是过多的配置此类权益工具也会导致利润表中发生投资收益过低的问题,影响长期财务的表现。如果配置的权益类工具为 FVTPL 类权益工具,则公允价值变动需在当期确认,直接反映在利润表内,这在为公司带来高额的投资回报的同时也会加大公司利润的波动,尤其是股票的波动会体现到当期的利润里,此种情形下,具体权益资产的选择带来的影响变动较大,如个股的选择和配置、基金及基金产品类型选择等问题均会对当期损益有较大的影响,此类工具过多的配置会影响短期财务表现。因此,新准则下的两类权益工具分别影响着公司短期、长期的表现,均是必不可少的配置工具,在实际的配置过程中,需要谨慎地研究分析和选择配置工具。

二、个股投资方案分析

从个股投资的角度来看,如果投资股票指定为 FVOCI,投资更为看重股票的股息收入,则可以通过多持有高分红的股票来获得投资收益;如果投资的股票属于 FVTPL,其收益波动将会直接计入当期损益,由于个股投资的风险难以把控,因此对利润表产生的影响较大。

在 FVTPL 类权益工具中,个股投资并不是合适稳妥的选择,主要由于其收益具有不确定性,且投资风险更高。从国外股票市场和国内 A 股市场的收益表现来看,股票的月度收益均呈现较为明显的右偏现象,月度股票收益的平均值以一定程度高于股票收益的中位数,即少数表现优异的股票对整体的收益水平影响较大(见表4-2)。

表4-2　　　　　　　　　　　　A股股票月度收益特征统计

均值		中位数		标准差	偏度	
平均值	正月份比例	平均值	正月份比例		平均值	右偏月份比例
1.54%	53.33%	0.16%	48.52%	10.92%	2.422 71	92.96%

资料来源:Wind资讯,华证指数。

如上表所示,1996年12月31日至2019年6月30日这22年半时间里A股股票月度收益的统计结果表明,A股股票的月度收益呈右偏,其右偏月份占比近93%,少数股票的变动对市场整体表现做出了巨大贡献。而在实际投资活动中,选股往往具有一定的难度,由此带来的风险对收益表现的影响更大,如果无法找到少数几只表现优异的股票,那么其余股票的风险收益表现并无法满足FVTPL下的投资需求。进一步地分析,在同样的区间段月度收益表现上,个股的表现均不如其股票组合稳定,表现为相对其等权重组合的胜率均值维持45%左右,且波动区间较为有限(见图4-1)。

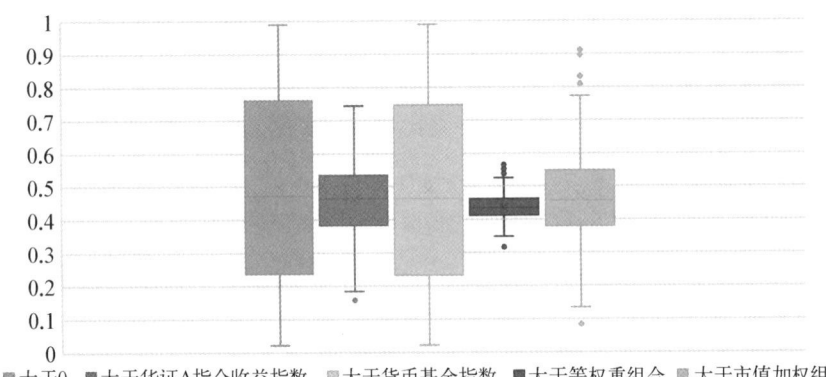

图4-1　A股月度收益相对基准组合的胜率

资料来源:Wind资讯,华证指数。

由此可知,股票市场受极端表现的股票影响较大,绝大多数股票大多数时间的表现较为"平庸",我们引入"灾难性下跌"和"超级赢家"两个概念来关注极端股票的表现。"灾难性下跌"的股票,即指最大回撤超过70%,且退市前或者截至测算日结束前股价没有回升或是回升幅度较小,相距最高点的跌幅仍超过60%的股票。对国内A股市场2019年6月30日前上市的3 733只股票进行测算,测算区间段的起始时间为股票的上市日期,测算区间段的结束时间为股票的退市日期(尚未退市的结束时间统一为2019年6月30日),并按照Wind一级行业将股票分成11个行业(未有行业分类记录的归为其他)。如表4-3所示,从国内第一只股票上市至2019年6月末,仍有近六成的股票处于"灾难性下跌"的状态。

表4-3　　　　　　　　　　A股"灾难性下跌"股票统计

		样本空间股票数量(只)	灾难性下跌股票数量(只)	比例(%)
全　部		3 733	2 110	56.52
Wind行业	能　源	78	60	76.92
	房地产	137	90	65.69
	可选消费	602	382	63.46
	工　业	971	607	62.51
	公用事业	104	60	57.69
	材　料	570	310	54.39
	信息技术	605	320	52.89
	日常消费	213	100	46.95
	医疗保健	300	137	45.67
	电信服务	5	2	40.00
	金　融	101	33	32.67
	其　他	47	9	19.15

资料来源:Wind资讯,华证指数。

"超级赢家"股票定义为相对基准的超额收益在均值2个标准差之外的股票。上证综指的可追溯时间最长,因此测算国内A股股票自上市以来相对上证综指指数的超额收益情况。无论是从整体来看还是细化到各个行业内,超额收益的均值均高于超额收益的中位数,且"超级赢家"股票的比例均低于7%(见表4-4)。

表4-4　　　　　　　　　　A股"超级赢家"股票统计　　　　　　　　　　单位:%

		中位数	均值	"超级赢家"股票比例
全　部		32.25	180.80	1.31
Wind行业	电信服务	196.21	247.18	0.00
	日常消费	39.67	540.43	1.41
	房地产	−9.96	410.46	1.46
	可选消费	6.61	142.05	1.83

续表

		中位数	均值	"超级赢家"股票比例
Wind 行业	医疗保健	65.01	350.93	2.00
	工　业	25.81	95.93	2.16
	材　料	30.96	110.21	2.63
	信息技术	79.80	157.99	2.81
	能　源	−16.55	21.05	3.85
	公用事业	−7.44	139.30	4.81
	其　他	111.37	446.87	6.38
	金　融	34.79	227.04	6.93

资料来源：Wind 资讯，华证指数。

因此从收益表现的角度出发，在FVTPL权益类工具的投资配置中，个股投资并不是最优的选择，右偏的特性、选股的难度以及极端股票表现得不如人意，使其收益不确定，风险更不可控。相对来说，股票型基金投资相对个股投资是更具备竞争力，除了风险收益更为稳健之外，投资股票型基金相对投资个股更优的还有一个原因则是在《中国风险导向偿付能力体系》（简称："偿二代"）规定下，股票型基金的风险因子更低，能够节约更多的资本。"偿二代"，简单来说就是对保险公司偿付能力的监管规则，其中偿付能力是保险公司偿还债务的能力，是衡量保险公司财务状况时必须考虑的基本指标。该体系建设于2012年，2015年2月正式发布并进入实施过渡期。2016年1月1日起正式全面实施，该规定是对国内偿付能力监管体系的升级，也标志着我国保险业偿付能力监管掀开了新的历史篇章。在具体的规定——《保险公司偿付能力监管规则第7号：市场风险最低资本》中，根据境内权益资产类别的不同，分别给予了不同的基础风险因子暴露，其中涉及个股和股票型基金的规定为：沪深主板股的风险基础因子为0.31，中小板股的风险基础因子为0.41，创业板股的风险基础因子为0.48；而股票型基金的风险基础因子为0.25，更低的风险因子水平，使得利用基金配置权益类资产有利于节约资本，因此从综合风险成本、风险收益表现两个维度来看，在FVTPL权益工具中，股票型基金相对个股是更合适的选择。

三、股票型基金投资方案分析

从具体的股票型基金投资的角度来看，主动管理型基金和被动指数型基金是两大类投资风格的基金。主动管理型基金的管理者认为市场并不是完全有效的,通过寻找市场的低效空间,能够筛选出优质股票来构造出优于市场表现的组合,为投资者带来更为吸引力的回报。更为灵活的组合方式和调仓手段是主动管理型股票基金备受追捧一大优势。相比之下,被动指数型基金的发展时间更短,其理论基础为有效市场假说(EMH),有效市场假说认为股票价格已经充分反映了任何给定时间的所有公开信息,想要战胜市场是一件非常困难的事情。因此,被动投资的产品形式主要以复制跟踪指数组合的指数基金和ETF为主,更低地费率、更高的透明度和充足的流动性是其较为明显的特点。

两种类型的基金选择可以从风险收益的表现上来进行分析。虽然主动管理型基金是从构建优于市场表现的组合来进行投资,然而实际表现与理论预期有所差距,无论是国内还是国外,主动管理型基金近年来均无法跑赢各自的基准指数。根据SPIVA的统计来看,美国市场中主动基金大部分时间均无法跑赢S&P 1500。按照规模、风格对基金进行划分后,仍表现为多数时间无法跑赢相应的基准。国内虽然市场发展程度不同、市场环境不同,但是统计下也有类似的结论。从单个年度的表现来看,近十年中主动管理型基金能跑赢市场基准的年份仅有4个年度,在部分年份甚至大幅跑输基准。从持续性的表现来看,主动管理型股票基金的表现比较弱,资金胜率仅能维持在40%左右。无论从单个年度表现还是长时间持续表现上,相对主动管理型股票基金,被动的指数型基金表现更为稳定,风险收益特征更优。(见表4-5、表4-6)

表4-5　　　　　　国内单个年度主动管理型股票基金相对基准表现

	基金数量(只)	胜率(%)	基金规模(万亿元)	胜率(%)
2009	242	5.37	1.02	3.95
2010	291	70.10	1.6	60.60
2011	336	39.29	1.48	39.08
2012	393	40.71	1.09	39.90
2013	435	77.01	1.06	69.78
2014	453	12.80	1.04	7.22
2015	506	76.48	1	73.95
2016	611	38.79	1.07	31.20
2017	660	77.12	0.85	70.63
2018	768	48.57	0.97	42.32

资料来源:Wind资讯,华证指数。

表 4-6　　　　　　国内主动管理型股票基金相对基准的长时间段表现

	基金数量（只）	胜率 跑赢基准数量比例(%)	胜率 跑赢基准资金比例(%)
最近一年	768	48.57	42.32
最近三年	559	54.02	41.31
最近五年	396	57.32	42.91
最近十年	186	43.55	32.98

资料来源：Wind资讯，华证指数。

指数型基金更适合作为资产配置工具的另外一个原因则是在投资过程中，指数产品具备主动管理型基金所不具备的优势：(1)管理过程受基金经理影响较小。指数基金的投资管理过程主要是对相应的基准指数进行被动跟踪复制的过程，所以对基金经理的依赖程度就较小，基金经理个人或者团队带来的风险较小。(2)产品透明程度高。投资者关注基准指数就能够了解产品涨跌情况，且ETF等产品的持仓每日进行披露，投资者的权益有所保障。(3)分散投资降低组合风险水平。分散投资一直是指数化投资发展历程中一个重要的理念，通过分散化投资的手段，能够分散投资者的投资风险。(4)管理费用水平低。由于被动指数基金运营成本、管理成本低，因此其费率水平更低，且在Vanguard、Black Rock等行业巨头的推动下，行业整体费率今年来持续降低，且出现了0费率基金的产品，更低的成本成为投资者关注和选择的重要原因。

第三节　IFRS9下权益资产配置方案设计

综上所述，FVTPL和FVOCI作为影响不同时期投资回报表现的工具，在配置时均需进行考量。尤其是分类为FVTPL的权益工具中，基础权益工具的选择尤为重要。个股的收益波动更大，选股具备一定的难度，"超级赢家"股票少，大多数股票处于"灾难性下跌"状态，风险因子又高于基金型，所以配置股票型基金更符合资产配置的预期，在各类型基金中，指数型产品相较主动管理型基金的风险收益表现更好、成本更低、风格更为明确，更适宜进行资产配置。于是，IFRS9下保险资金的权益配置方案依据配置目的不同可形成如下两种方案：

1. 偏股息收入型FVOCI权益资产的配置

直接持有高分红的股票。

FVOCI 分类下的权益类资产处置后无法转回利润表，即 FVOCI 项下的权益资产除了分红以外无法影响利润表，并且一旦做出则不得撤销。此种情况下，只有稳定的股息收入计入利润表，价格波动不会在利润表上体现。

2. 偏资本利得性 FVTPL 权益资产的配置

持有以指数型产品为主的基金产品。

FVTPL 类权益资产，公允价值波动对利润影响较大，因此持有相对个股具有更低的收益波动性的基金产品表现更稳定，且在"偿二代"下其风险成本最低，能够在一定程度上节约成本。在具体的基金产品选择中，指数型产品相对主动基金有更稳健的风险收益表现、成本更低，是更适合进行资产配置的工具（见图 4-2）。

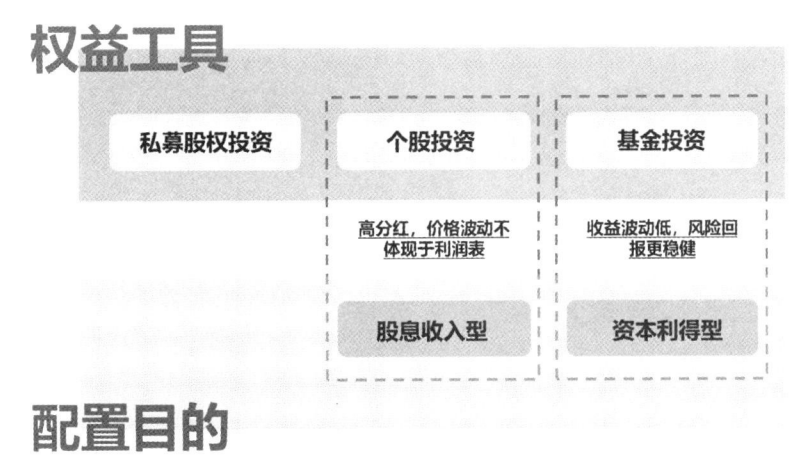

资料来源：华证指数。

图 4-2　IFRS9 下保险资金权益资产配置方案

第五章　IFRS9 下保险资金权益配置方案测试与评价

在第四章中，我们对不同类别的权益工具的优劣进行了比较，并根据不同的配置目的给出了相应的配置方案。本章将根据相应的方案构建投资组合来实证测试，并与保险资金传统的权益投资方案一同对比进行评价。

第一节 目前保险资金权益配置风格

一、持仓分布

截至2019年6月30日,A股市场共有股票3 631只,合计流通市值44.19万亿元,其中前十大流通股东持股流通市值合计为27.97万亿元,占比63.29%。在剔除了中国平安集团对平安银行的持股和中国人寿集团对中国人寿的持股之后,前十大流通股东中包含保险机构的股票共有504只,持股市值合计为6 683.85亿元,在全部A股流通市值中占比1.5%(若不进行剔除,该比例为3.1%)。自2015年之后,前十大流通股东中保险资金所持有的A股流通市值占比逐渐增加,从最初的1%左右增长到2016年的1.5%附近,目前稳定在该水平上(见表5-1)。

表5-1 国内险资持仓市值占比(前十大流通股东口径)

报告期	险资持仓流通市值(亿元)	A股流通市值(亿元)	占比(%)
20150630	5 136.75	469 772.1	1.09
20151231	5 376.87	415 780.6	1.29
20160630	5 362.9	361 954.65	1.48
20161231	5 938.64	391 266.92	1.52
20170630	6 364.95	414 068.03	1.54
20171231	6 509.29	447 698.01	1.45
20180630	5 454.07	401 160.35	1.36
20181231	5 031.9	352 669.3	1.43
20190630	6 683.85	441 895.52	1.51

资料来源:Wind资讯,华证指数。

(一)持仓行业分布情况

根据上市公司半年报披露的信息,对保险资金持有的股票特征进行分析,首先关注其行业分布情况,我们选取Wind一级行业作为行业划分标准。Wind行业分类标准是在参考了国内熟悉的三大行业分类体系(GICS、ICB和证监会行业分类体系)之后,推出的行业分类标准,其以GICS作为基础,将国内上市公司股票分成11个一级行业,分别为:能源、材料、工业、可选消费、日常消费、医疗保健、金融、房地产、信息技术、电信服务和公用事业。本节从数据完整度、代表性的角度选择Wind一级行业作为行业分布的统计标准。

从2019年中报统计来看,前十大流通股东中保险资金所持有的504只股票中(剔除中国人寿和平安银行两只股票),除了电信服务行业外,其余Wind一级行业的股票保险资金均有涉猎,在数量统计口径下,工业、信息技术、材料、可选消费的股票数量较多,在504只股票中占比68.25%。在所有A股同行业股票的数量占比中,持有比例更高的是金融、地产和医疗保健行业的股票;持股市值统计口径下,行业分布主要集中在金融、地产领域,持股市值合计4 638.51亿元,占比为69.40%。在所有A股同行业股票的流通市值占比中,金融、地产、公用事业的持有比例更高。从历史的行业持仓分布来看,金融行业占比平均超过了50%,在其之后的是房地产行业。综合上述分析来看,国内保险资金更为偏好金融、房地产行业的股票(见表5-2)。

表5-2　　　　国内险资持股数量、持股市值行业分布情况(2019年中报统计)

WIND一级行业	A股数量	险资持有数量	数量占比	险资持有市值(亿元)
金融	101	25	24.75%	3 478
房地产	129	23	17.83%	1 161
医疗保健	300	51	17.00%	262
日常消费	206	33	16.02%	189
公用事业	104	16	15.38%	544
能源	78	12	15.38%	147
信息技术	599	85	14.19%	263
材料	557	79	14.18%	349
可选消费	593	76	12.82%	209
工业	958	104	10.86%	79
电信服务	5	—	—	—

资料来源:Wind资讯,华证指数。

(二)持仓板块分布情况

从上述的行业分布分析中得出了保险资金更为偏好金融、地产行业股票的结论(见图5-1),两者合计占比维持在2/3左右,接下来关注其持仓股票的板块分布情况。公司通常会从公司盈利能力、市场融资能力、公司估值等多个角度来决定在哪个板块上市。一般来讲,在主板上市的企业具有市场占有率高、规模大、基础好等特点的

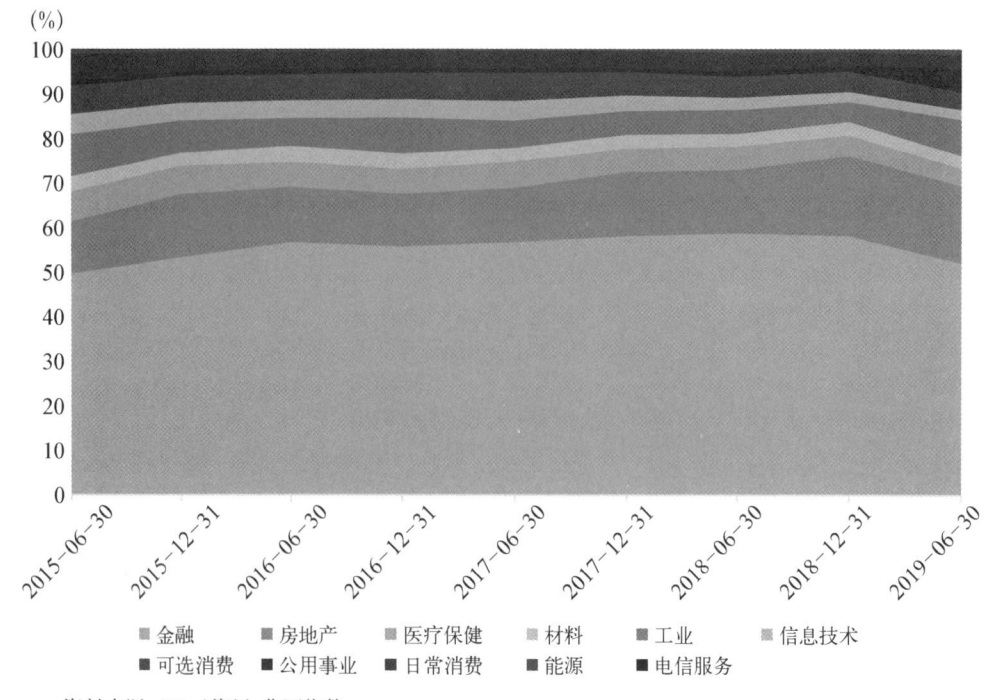

图 5-1　险资历史持仓行业分布情况(半年度频率)

资料来源：Wind 资讯，华证指数。

大型优秀企业。中小板主要服务于即将或已经进入成熟期、盈利能力强、但规模相对主板小的中小企业。创业板则在中小板的基础上有一定的行业要求等其他要求，创业板的相对估值会更高一些。

从 2019 年中报统计来看，前十大流通股东中保险资金所持有的 504 只股票里(剔除中国人寿和平安银行两只股票)，数量上主板和中小板的股票更多，合计 417 只，占比 82.74%；在持股市值统计口径下，保险资金持仓股票中主板股票占据绝对优势，占比高达 87.90%。从历年统计来看，主板股票占比呈现逐渐上升的趋势，且近来的持有比例持续高于 90%(见表 5-3、图 5-2)。

表 5-3　　　国内险资持股数量、持股市值板块分布情况(2019 年中报统计)

板　　块	数　量(只)	持股市值(亿元)
主　　板	307	6 273.06
中小企业板	110	305.11
创业板	87	105.69

资料来源：Wind 资讯，华证指数。

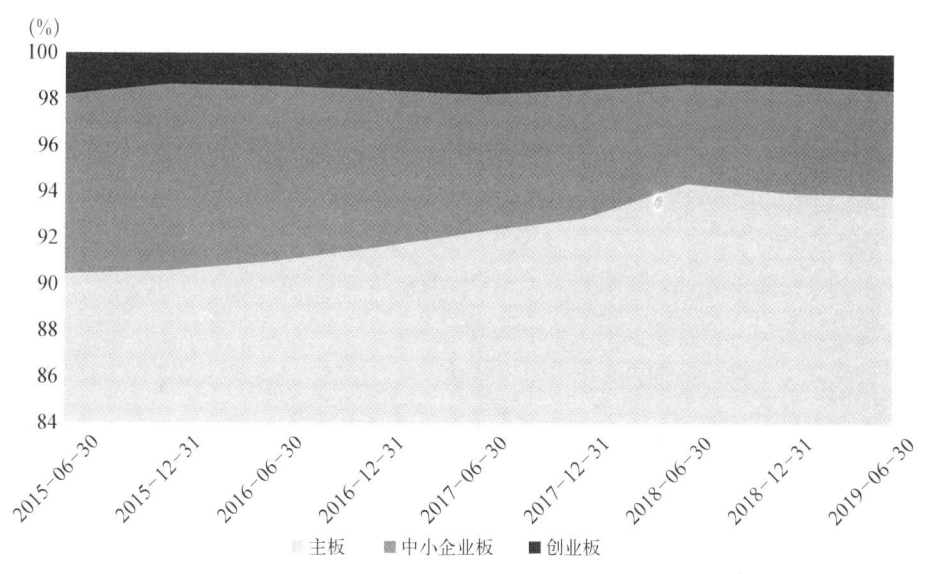

资料来源：Wind资讯，华证指数。

图 5-2 险资历史持仓板块分布情况（半年度频率）

二、持仓个股风格

保险资金持有的个股除了在行业板块上呈现差异之外，在具体的风格表现上也有一定的偏好。本部分使用因子表现来刻画个股的风格，因子是除了市场和行业之外，影响股票价格表现的重要因素，本质上是股票属性的量化表现，本节选择"华证六因子"体系来进行保险资金持仓股票的风格分析，"华证六因子"具体为规模因子、成长因子、估值因子、活跃度因子、动量因子和波动水平因子，代表了市场上股票的主要风格特征（见表5-4）。

表 5-4　　　　　　　　　　　华证因子释义

风格因子	因子定义	风格因子	因子定义
规模因子	反映公司的规模大小	活跃度因子	反映股票的交易活跃程度
成长因子	反映公司的成长性	动量因子	反映股票在过去一段时间内的价格变化程度
估值因子	反映公司的估值水平	波动水平因子	反映股票价格的波动剧烈程度

资料来源：华证指数。

首先，对2019年中报保险资金持股和中证全指的成分股的整体风格进行比较分析。其中，中证全指是由剔除ST、*ST股票，以及上市时间不足3个月等股票后的剩余股票构成样本股，具有较高的市场代表性，可作为投资标的和业绩评价基准。如图5-3所

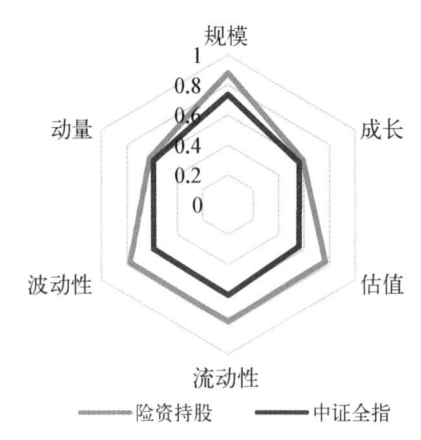

资料来源：Wind 资讯，华证指数。

图 5-3　险资持股和中证全指持股风格比较（2019 年 6 月 30 日）

示，保险资金所持有的个股的风格与中证全指股票的风格有所区别，保险资金更为偏好低估值、低波动和低换手率的股票，而这类股票往往具有低风险、高收益的特性。

其次，从更长时间的历史表现来看，保险资金持有的个股在动量因子、波动水平因子和成长因子上长时间段的表现差异较大，不同市场环境下的暴露水平各有不同。六因子中，表现最为稳定的因子是规模因子表现，规模因子仅在 2015 年下半年的表现相较长期表现有小幅偏离。长时间的风格表现说明保险资金对持有的个股有一定的偏好，且这种偏好随着市场环境的改变也会有所调整适应（见图 5-4）。

资料来源：Wind 资讯，华证指数。

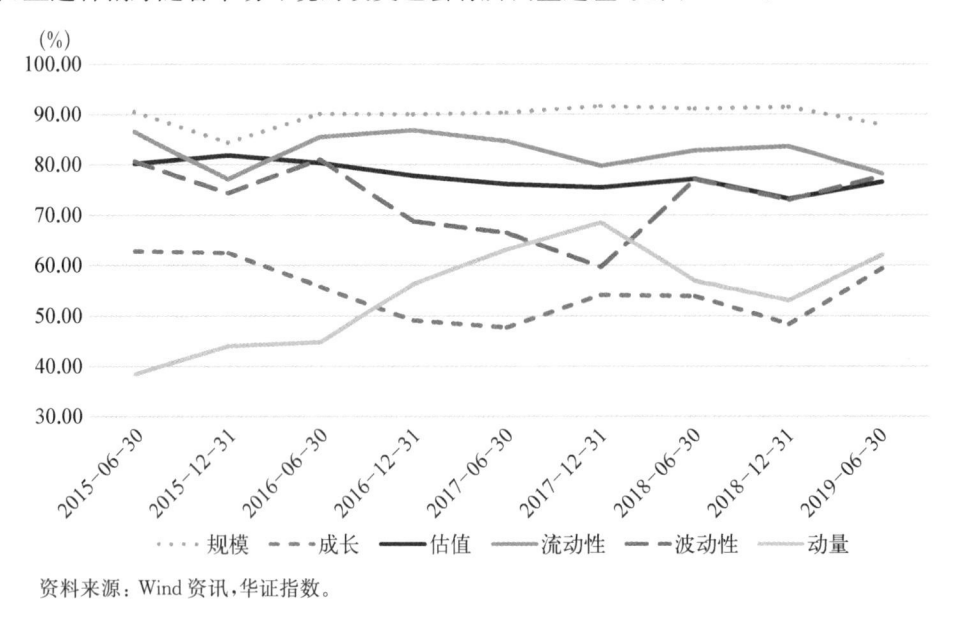

图 5-4　险资历史持仓风格变化

第二节 IFRS9 下保险资金权益配置方案测试

一、偏股息收入型 FVOCI 权益资产的配置方案测试

此类权益工具更为关注个股的股息表现。股息不仅是权益资产取得稳定收益的重要来源,也是反映上市公司财务质量和经营效果的具体表征指标,对于资产安全性敏感的保险资金,高股息股票是一项非常有吸引力的投资工具,尤其是当市场低迷、权益资产价格下行时,通过构建高股息组合可以取得稳定的股息收益,同时由于高股息公司稳健的经营使得高股息股票天然具有抗跌性,此外也能获得日后权益资产上涨的潜在收益。

一般说来,高股息的股票包括股息率较高的普通股和优先股。优先股股东优先于普通股股东分配公司利润和剩余财产,能获得预先明确票面股息率的稳定分红,因此有能力持续分红的龙头公司优先股的收益率大概率是非常稳定的,是保险资金实现稳定收益的资产选择。此外,由于优先分红的特性,即使公司经营有所波动,优先股派息受到的影响也要明显小于普通股。2013 年 11 月,国务院发布《国务院关于开展优先股试点的指导意见》,优先股在中国真正具有可参与的机会。但从近几年上交所和深交所发行或挂牌的优先股来看,优先股发行方式均为非公开发行且均内嵌有发行人赎回权;从优先股股数来看,发行优先股股数最多的十大主体均为商业银行,且优先股市场在国内尚不成熟,在此投资标的选择时暂不考虑优先股。

近年来,监管部门多次制定上市公司现金分红相关政策,目前相关政策以鼓励现金分红为主,预计将进一步出台约束性更强的政策指导。根据现行规定,上市公司公开发行股份(配股、公开增发、发行可转债等)再融资,要满足近三年分红不少于年均可分配利润的 30% 的条件。税收政策方面,持股期限超过 1 年的,股息红利所得暂免征收个人所得税(见表 5-5)。

表 5-5　　　　　　　　　上市公司现金分红相关政策

时间	文件	出台部门	上市公司分红政策相关表述
2006 年	《上市公司证券发行管理办法》	证监会	公开发行证券的公司财务状况良好,最近三年以现金或者股票方式累计分配的利润不少于最近三年实现的年均可分配利润的 20%

续表

时间	文件	出台部门	上市公司分红政策相关表述
2008年10月9日	《关于修改上市公司现金分红若干规定的决定》	证监会	公司应当在章程中明确现金分红政策,利润分配政策应保持连续性和稳定性;公开发行证券的公司财务状况良好,最近三年以现金或者股票方式累计分配的利润不少于最近三年实现的年均可分配利润的20%修改为30%
2012年5月4日	《关于进一步落实上市公司现金分红有关事项的通知》	证监会	上市公司应在公司章程中载明公司的利润分配政策尤其是现金分红政策的具体内容,利润分配的形式,利润分配尤其是现金分红的期间间隔,现金分红的具体条件,发放股票股利的条件,各期现金分红最低金额或比例(如有)等内容;上市公司应当严格执行公司章程确定的现金分红政策以及股东大会审议批准的现金分红具体方案
2013年1月7日	《上海证券交易所上市公司现金分红的指引》	上交所	鼓励上市公司每年度均实施现金分红,对现金分红程度较高的公司有一定的激励措施
2013年11月30日	《上市公司监管指引第3号—上市公司现金分红》	证监会	完善分红监管规定,加强监督检查力度。加大对未按章程规定分红和有能力但长期不分红公司的监管约束,依法采取相应监管措施
2015年8月30日	《关于鼓励上市公司兼并重组、现金分红及回购股份的通知》	证监会 财政部 国资委 银监会	上市公司应建立健全现金分红制度,明确现金分红相对股票股利在利润分配方式中的优先顺序。鼓励上市公司增加现金分红在利润分配中的占比,鼓励实施中期分红;加大对上市公司现金分红信息披露的监管力度,加强联合执法检查
2015年9月7日	《关于上市公司股息红利差别化个人所得税政策有关问题的通知》	财政部 国家税务总局 证监会	持股期限超过1年的,股息红利所得暂免征收个人所得税;1个月以内的全额计入应纳税额,1月—1年的,按50%计入应纳税所得额(税率20%)

资料来源:Wind资讯,华证指数。

过去五年(2014—2018年),每年均有70%以上的上市公司进行现金分红,2018年将近80%的A股公司进行了现金分红,这一比例是近五年来的新高;从公司数量来看,更多的企业开始实施现金分红是A股的长期趋势,2018年有2780家上市公司进行了现金分红。综上,A股市场中,股息率投资已经成为投资收益的重要组成部分,以获取分红收益为目的的投资在A股中具有可行性(见图5-5)。

保险资金直接持有上市公司股票并指定为FVOCI型金融资产,则在获取上市公司分红收益的同时,也应该考虑上市公司财务质量和安全性。如果仅仅通过股息率

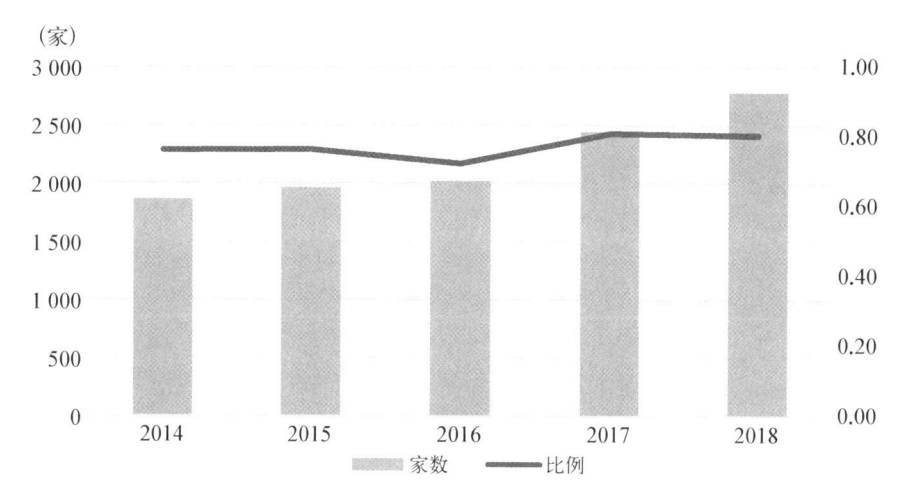

资料来源：Wind 资讯，华证指数。

图 5-5　A 股上市公司分红家数及比例

（每股派息/股价）作为高分红股票筛选标准，那么 ST 或者公司财务存在问题的上市公司会被选为高分红股票，不符合保险资金投资安全性的标准。同时保险资金量巨大，某些市值较小的股票，即使股息率处在较高水平，因投资容量限制暂时也不考虑纳入投资组合。在投资组合构建中，我们纳入 ESG 指标以完成个股筛选，ESG 指标的纳入能够更好地规避个股的尾部风险，为资产配置提供更为稳健的表现，因此在测试中剔除掉 ESG 某项不合格的股票，重点考虑 ESG 得分高的股票。我们通过以下指标筛选出健康的公司，然后在此基础之上考虑股息水平：

（1）总市值排名前 300 位的股票；

（2）上市时间不少于一个月；

（3）非 ST、*ST 股票；

（4）财务报告为标准无保留意见的股票；

（5）非长期停牌的股票；

（6）ESG 评级归属于 AAA、AA、A 和 BBB 级别；

（7）在生产经营活动、违法违规事件、财务可信度、过度扩张及大股东行为等方面不存在重大 ESG 风险。

通过以上（1）—（7）的筛选构成样本股，样本股中的股票理论上应该具备良好的投资属性，接下来在样本股中找出股息率最高的 50 只股票作为本方案最终持股，方案如下：

（8）在备选样本中，计算过去三年股息支付率的稳定性，剔除稳定性最低的 5% 的

股票；

（9）在上述股票中，按照过去一年股息率从高到低排序，选出前100只股票作为高红利股票；

（10）在高红利股票中，按照盈利因子（扣非ROE和过去12个季度扣非ROE的稳定性综合排名）从高到低排序，选择前50只股票作为最终样本，市值加权构成最后的股票持仓。

上述（1）—（10）每年3月、6月、9月、12月重复一次，以最新持仓为例，所选多为财务稳健型且最近五年不存在被监管机构处罚等黑天鹅事件的股票，符合安全性原则。

从2014年开始回测至2019年历年股息率如图5-6所示，从图中可以看出，持有的股票基本上有2%~4%的股息水平。从财务口径看，由于只有现金红利体现在利润表中，根据公式股票投资收益率＝每期现金红利/期初投资金额计算每年的股利收益率，基本上每年有4%左右的股利收益率体现在利润表中。除现金红利外，股票资产由于存在活跃的二级交易市场，其公允价值即为其二级市场交易价格，从图5-6中可以看出股票持仓计入其他综合收益的部分相对沪深300基准指数也有比较好的收益表现。

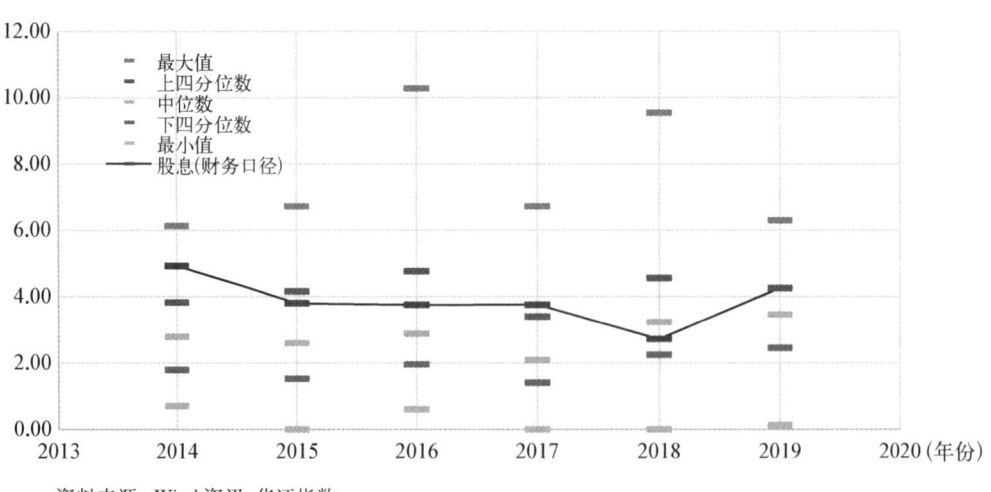

资料来源：Wind资讯，华证指数。

图5-6 股票持仓公允价值变化

综合来看，直接持有上市公司股票并指定其为FVOCI型，获得现金分红直接计入利润表中，可以带来4%左右的投资收益。尽管4%的收益并不高，但是通过一定方法筛选后可以保证FVOCI权益资产的股息收入较为稳定，且在财务口径下不会带来回撤风险。通过配置一部分此类型的权益资产可以一定程度降低权益市场波动给保险机构利润表带来的波动风险。

二、偏资本利得性 FVTPL 权益资产的配置方案测试

通过第四章的分析,FVTPL 类权益工具是以交易为目的而持有,在进行配置时更为关注其公允价值的变动情况。本部分将测试三类投资组合的表现:个股投资组合、主动型股票基金投资和指数型股票基金投资。

(一)个股投资组合测试

个股投资组合的测试,主要关注保险资金持仓股票的整体表现,由于从 2015 年开始,保险资金持有个股的比例才逐渐有所增加,因此考察自 2015 年以来,每半年度公布的持仓个股整体表现,为了得出更具代表性的结论,在个股筛选中将平安银行和中国人寿两只股票进行剔除,其余持仓股票按照保险资金的持股市值进行加权,测试该组合的风险收益表现。

由此前的分析可知,保险资金持有的股票主要集中在金融、地产行业,且在个股的盘别风格上更偏大盘,同时考虑到投资过程中股票分红带来的收益,因此在追溯分析时选用沪深 300 全收益指数作为对比基准。沪深 300 全收益指数是沪深 300 指数的衍生指数,沪深 300 指数是沪深证券交易所于 2005 年 4 月 8 日联合发布的反映 A 股市场整体走势的指数,沪深 300 指数样本覆盖了沪深市场六成左右的市值,行业上以金融地产为主,与保险资金的重仓股票风格特征较为相似,具有可比性。

经过测试统计,保险资金持股的长期表现优于沪深 300 全收益指数(见图 5-7)。自 2015 年下半年开始,保险资金的持股组合表现持续优于沪深 300 全收益指数,截至 2019 年 9 月 30 日,保险资金持股组合的累计收益为 43.17%,而沪深 300 全收益指数的累计收益仅为 19.03%。从测试区间的最大回撤来看,保险资金持股的风险更低,其最大回撤为 38.10%,而同期沪深 300 全收益指数的最大回撤为 46.06%。

具体到单年度的风险收益表现来看,2017 年和 2019 年(截至 8 月末)两年,保险资金持股的年度表现稍弱于沪深 300 全收益指数,其余年份均以不同的幅度跑赢基准,整个区间段的年化超额收益为 4.19%。从年度的风险表现来看,保险资金持股组合的波动水平更低。综合来看,保险资金目前持仓个股的整体风险收益表现相较于市场基准更好,但是距保险资金权益资产配置的要求仍有一定的差距(见表 5-6)。

资料来源：Wind 资讯，华证指数。

图 5-7　险资持股组合与沪深 300 全收益指数历史表现

表 5-6　　　　险资持股组合与沪深 300 全收益指数单年度风险收益表现　　　　单位：%

	收益表现			风险表现	
	险资持股	沪深 300 全收益	超额收益	险资持股	沪深 300 全收益
2015	18.89	7.22	11.68	34.27	38.83
2016	−6.26	−9.26	3.00	17.35	21.90
2017	23.13	24.25	−1.12	13.94	10.01
2018	−18.59	−23.64	5.04	20.41	21.14
2019	28.17	28.94	−0.78	27.05	22.49
年化	7.99	3.80	4.19	23.49	24.81

资料来源：Wind 资讯，华证指数。

（二）主动型股票基金测试

进一步地关注基金投资部分的测试表现，区别于个股组合的分析思路，由于能够公开获得的基金前十大持有人的信息有限，因此很难按照个股投资分析的思路来构建相应的基金组合或是选取代表性的基金。此处的测试根据保险资金持有个股的风格特征出发，选择具备类似样本空间的基金作为基金投资的代表组合进行测试。

主动型股票基金的选择上，主要以 Wind 基金评级体系给出的基金评价结果作为筛选标准，Wind 基金评级体系根据效用函数对收益进行风险调整以确定基金绩效水平，按照各基金的相对排名情况，赋予每只基金相应的星级评级，其中五星基金为评分处于最高 10% 区间的基金，也是本部分内容所选取的基金空间。通过对转型基金、清算基金的剔除，在目前存续的主动管理型股票基金中选取在 2014 年末 Wind 综合评级为 5 星的大盘型基金,最终选择汇丰晋信大盘股票型证券投资基金(540006.OF)作为主动管理型股票基金的代表进行测试。该基金通过投资于盈利预期持续稳定增长,在各行业中具有领先地位的大盘蓝筹型股票,在将合理控制风险的基础上,追求稳健的分红收益及长期资本利得,截至 2019 年三季度末该基金管理规模为 31.00 亿元,管理费率为 1.50%,托管费率为 0.25%(见图 5-8)。

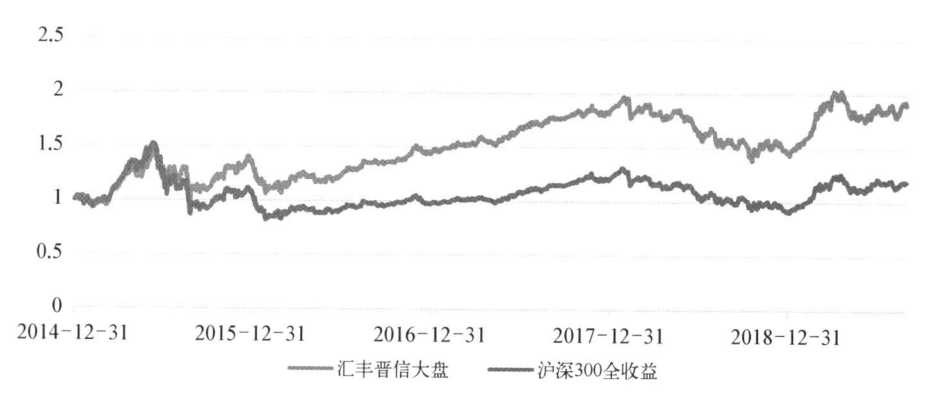

资料来源:Wind 资讯,华证指数。

图 5-8　汇丰晋信大盘与沪深 300 全收益指数历史表现

如上图所示,汇丰晋信大盘的长期表现大幅优于沪深 300 全收益指数,截至 2019 年 9 月 30 日的累计收益率达到了 90.07%,远高于同期沪深 300 全收益指数 19.03% 的累计收益率。从单个年度的风险收益表现来看,汇丰晋信大盘相对沪深 300 全收益指数的收益也表现得更为稳健,年化超额收益高达 10.95%,并且各个年度均跑赢了沪深 300 全收益指数,同时年化波动率小幅低于沪深 300 全收益指数(见表 5-7)。

表 5-7　　　　汇丰晋信大盘与沪深 300 全收益指数单年度风险收益表现　　　　单位:%

	收益表现			风险表现	
	汇丰晋信大盘	沪深 300 全收益	超额收益	汇丰晋信大盘	沪深 300 全收益
2015	35.18	7.22	27.97	37.93	38.83
2016	6.46	−9.26	15.72	22.47	21.90
2017	28.08	24.25	3.83	9.69	10.01
2018	−20.60	−23.64	3.03	20.31	21.14
2019	29.88	28.94	0.94	22.50	22.49
年化	14.75	3.80	10.95	24.44	24.81

资料来源:Wind 资讯,华证指数。

(三) 指数型股票基金测试

指数型股票基金的选择上,为了更好地符合保险资金的资金属性和配需求,配置上从风险收益的角度出发,选择 Smart Beta 类指数产品作为代表。Smart Beta 指数及其产品近年来在国内外均发展迅速,产品数量和规模快速攀升。Smart Beta 本质上是多因子指数,通过不同因子的组合,平滑各个因子的周期性特征,以增强因子投资策略收益的稳定性,该类产品具备风险收益特征明显、低成本、高透明度、流动性良好等优点,被诸多机构投资者关注和选择。在具体的基金筛选上,本部分内容选择华证大盘质量低波 50 指数作为基金费前收益的代表,以完成投资组合的测试。

华证大盘质量低波 50 指数,在 300 只大市值股票中,选择兼备高财务质量特性和低波动特性的公司作为样本,通过分享上市公司持续稳定健康的发展,以获得大盘风格下的长期超额收益。从测试区间的表现来看,华证大盘质量低波 50 指数的长期表现要大幅优于沪深 300 全收益指数,截至 2019 年 9 月 30 日,华证大盘质量低波 50 指数的累计收益率为 96.53%,远高于同期的沪深 300 全收益指数的累计收益率(见图 5-9)。

资料来源:Wind 资讯,华证指数。

图 5-9 华证大盘质量低波 50 指数与沪深 300 全收益指数历史表现

从单个年度的风险收益表现来看,华证大盘质量低波 50 指数相对沪深 300 全收益指数的风险收益表现更为优异,年化超额收益达到 11.78%,年化波动率水平低于沪深 300 全收益指数,2014 年以来单个年度相对沪深 300 全收益指数的波动均更低(见表 5-8)。

表 5-8　　华证大盘质量低波 50 指数与沪深
300 全收益指数单年度风险收益表现　　单位：%

	收益表现			风险表现	
	华证大盘质量低波50	沪深300全收益	超额收益	华证大盘质量低波50	沪深300全收益
2015	29.55	7.22	22.34	35.50	38.83
2016	6.67	−9.26	15.93	15.83	21.90
2017	31.44	24.25	7.19	9.08	10.01
2018	−14.77	−23.64	8.86	18.86	21.14
2019	26.95	28.94	−1.99	19.90	22.49
年化	15.58	3.80	11.78	21.78	24.81

资料来源：Wind 资讯，华证指数。

第三节　IFRS9 下保险资金权益配置方案评价

上述的方案测试中，分别分析了保险资金当前持股风格特征、在 FVOCI 下的高分红股票组合和在 FVTPL 下的个股投资组合、主动管理型股票基金和指数型股票基金的表现。

在 FVOCI 权益配置方案的测试中，持有高分红的股票能够带来稳定的收益，其收益表现更为类似货币基金类的收益特征，过多地配置此类权益工具，虽然其收益表现稳定，但是长期来看无法满足保险资金的投资需求，也无法发挥权益工具的优势。

在 FVTPL 权益配置方案的测试中，三种投资组合均相对市场宽基基准有超额收益表现，均能为保险资金带来更优的投资回报。对三种投资组合表现进行对比分析，首先，个股组合的风险收益表现较大幅度的弱于基金投资的表现，且个股存在选股难、风险难以把控的问题，所以基金配置是保险资金更为稳健的选择。其次，在具体的基金类型选择上，主动管理型股票基金和指数型股票基金均能提供更高额的投资回报，且风险更低，即使在考虑了投资期间的非一次性成本和流动性等问题后，指数型股票基金的表现更加稳健，夏普比率"领跑"三类投资组合，且年化波动水平远低于另外两种方案，是更为符合保险资金的长期配置需求的 FVTPL 类权益工具（见表 5-9）。

表 5－9　　　　　　　FVTPL 类权益工具配置方案风险收益表现　　　　　　单位：%

	保险资金个股组合	汇丰晋信大盘	华证大盘质量低波 50
2015	18.89	35.18	29.55
2016	－6.26	6.46	6.67
2017	23.13	28.08	31.44
2018	－18.59	－20.60	－14.77
2019	28.17	29.88	26.95
年化收益	7.99	14.75	15.58
年度费率	—	—	0.60
费后年化	7.99	14.75	14.92
年化波动	23.49	24.44	21.78
最大回撤	－38.10	－31.58	－34.15
夏普比率	0.21	0.41	0.55

资料来源：Wind 资讯，华证指数。

综上所述，FVOCI 类权益工具的配置能够使得短期财务表现更为稳定，财务口径下高分红股票的配置能够带来稳定的收益，但是长期收益表现可能距配置要求有一定的差异；风险收益上，FVTPL 类权益工具的配置能够带来长期可观的回报，其中指数型股票基金综合表现最为稳健，与此同时也会带来更大的波动。为了更好地符合保险资金长期性、负债性和稳定性的资金属性，将两种权益工具按照一定的比例进行组合配置，能够更大程度发挥权益工具于保险资金中配置的优势达成配置目的，如图 5－10 所示，两类权益工具按照不同的比例进行配置，其收

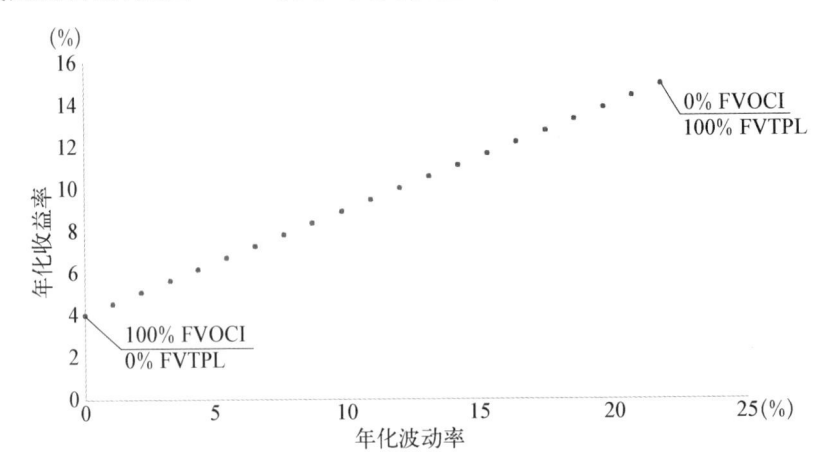

资料来源：Wind 资讯，华证指数。

图 5－10　不同配置比例下，权益资产风险收益变动情况

益表现和风险水平有着较为明显的差异。

通常保险资金假设的投资回报率为 5%,保险资金于权益资产上的配置比例在 10% 左右,在综合考虑另外 90% 仓位资产的投资回报率、回报风险的情况下,我们认为在权益资产的具体配置中,FVOCI 类权益工具配置 20%,FVTPL 类权益工具配置 80% 是较为稳健的配置组合,此种组合下的年化收益率为 12.74%,年化波动率为 17.42%。

第六章 结论与展望

随着近年来居民收入的持续增长、保险产品的不断普及创新以及国内保险资金规模的不断攀升,大体量保险资金的投资应用受到了资本市场的广泛关注,并且其资产配置结构的变化对资本市场的发展也产生了重要的影响,不仅为资本市场提供充足的流动性、充当"稳定器"作用,还不断推进着资本市场结构的完善。当前保险资金的配置上仍以非标资产和固定收益类资产为主,权益类资产占比 10% 左右,而近年来在打破刚性兑付的环境下,债市违约风险提高、非标不确定性增强、国内缺乏匹配负债的长期资产和衍生品市场仍不发达等多种因素,使得保险资金的配置迎来挑战。同时随着"偿二代"的推进、IFRS9 会计准则的变更与实施,保险资金资产配置格局迎来了变化。

IFRS9 是对金融监管与会计准则方面的一次颠覆性改革,其金融资产分类更为清晰,对减值的要求更加严格。对保险公司的影响主要体现在三方面:(1) 对估值技术的要求更高。(2) 财务报表中资产的列报和利润管理更为严格。(3) 保险资金的资产配置和管理更具备挑战性。其中,从综合保险资金的资金属性和保险资金的投资目的来看,在外部监管的持续大力地推动下,国内保险资金加大权益类资产的配置是大势所趋。在 IFRS9 下权益工具依据现金流特征、业务模式的不同,可被分为 FVTPL 和 FVOCI 两类,持有期价差利得或损失将实时全部体现在利润表或全部体现在资产负债表,一旦选定后就不可逆向使用指定权,保险企业将面临当期利润实现和长期利润稳定的两难抉择。权益工具若以交易目的为持有则归类为 FVTPL,公允价值波动对利润影响较大。若以非交易目的持有的交易工具则指定为 FVOCI,其仅有分红影响利润表,所有公允价值变动均计入其他综合收益,且后续无法转入损益。

保险资金根据其资金属性和配置目的的不同,可形成两类投资方案:(1) 对于偏股收入型的FVOCI类权益资产。直接持有高分红的股票。此种情况下,稳定的股息收入计入利润表,价格波动不会在利润表上体现,并且在选取高分红股票过程中可以使用ESG指标进行筛选降低个股投资尾部风险。(2)对于偏资本利得性FVTPL类权益资产。持有以指数型产品为主的基金产品。基金产品相对个股具有更低的收益波动性,且在"偿二代"下其风险成本最低,能够在一定程度上节约成本,其中,指数型产品相对主动基金有更稳健的风险收益表现。

目前保险资金的持股中,具备较为明显的偏好,行业上以金融、地产类股票为主,板块上主板股票是险资持股的"大户",风格上具备低风险高收益的低波动因子、低估值因子和低换手因子备受险资"青睐"。根据两种不同的权益工具配置方案进行进一步测试发现,如果从获取股息收入的角度进行配置FVOCI类权益工具,虽然能够获取稳定的收益,但是收益率较低影响长期财务表现。如果从资本利得的角度出发,选择配置FVTPL类权益工具,底层资产的选取对配置工具属性影响明显。其中,基金相对保险资金持股组合的风险收益更好,且指数型股票基金的风险收益表现最为稳健,结合其本身的产品优势来看,是更适合进行配置的FVTPL类权益工具。

两类权益工具在新准则下各有优劣,对两类权益工具按照一定的比例进行配置,能够在发挥权益工具收益增强优势的同时,更好地控制其风险水平。在综合考虑了保险资金投资回报要求、各类资产的配置比例之后,我们认为对FVOCI类权益工具和FVTPL类权益工具按照20%、80%的比例进行配置,能够提供更为稳定的风险收益回报,充分发挥权益资产配置的工具属性。

参考文献

[1] Aleksey Mironenko. ETFs in Insurers' Portfolios[Z]. BlackRock,2014.

[2] 陈凯.实施新金融工具准则对中国上市银行的影响分析[Z].安永,2019.

[3] 董天驰,王尘.IFRS9对保险资产配置的影响[Z].兴业证券,2018.

[4] European Insurance Companies Find Many Uses for ETFs.Green-wich Assciates.2014.

[5] German Insurance Association. Statistical Yearbook of German Insurance[J]. 2008.

[6] 李立峰.保险资金如何配置A股及其特征[Z].国金证券,2019.

[7] Lim J. Global review of sustainable investment[J]. Money Management,2007.

[8] 马鲲鹏,王丛云.IFRS9时代险资股票投资新特征[Z].申万宏源,2018.

[9] Raghu Ramachandran. ETFs in Insurance General Accounts 2018.S&P Dowjones.2018.

[10] 史祯昕,谭春萍.IAS39与IFRS9金融资产分类比较分析[J].财会通讯,2011(34):121—124.

[11] SIF U S. Report on US sustainable, responsible and impact investing trends[J]. Washington, DC: US SIF, 2014.

[12] US SIF Foundation. (2014). Report on US Sustainable, Responsible and Impact Investing trends 2014. The Forum for Sustainable and Responsible Investment (p. 119).

[13] 许闲.国际保险会计准则的最新发展及对我国的影响[J].会计研究,2019(1):21—27.

[14] 张忆东.保险公司迎来资产负债管理"硬约束"[Z].兴业证券,2018.

[15] 赵然.稳健为上,IFRS9对保险公司金融资产重分类影响与预测[Z].中信建投,2019.

[16] 中国注册会计师协会.会计[M].北京:中国财政经济出版社,2019.

(本文获"IAMAC2019—2020年度系列研究课题"优秀奖)

业务创新篇

固定收益另类投资决策分析模型

中国人民保险集团股份有限公司

姚 俊 李 鹤 吴荣轩

中国人保资产管理有限公司

王小青 崔 斌 袁新良 何 俊 李 清

摘要

2006年开始,保险资金开始涉水固定收益另类资产,当时投资的主要产品为债权投资计划;2012年开始,保监会提高了另类资产投资比例限制后,险资开始扩大固定收益另类资产投资的范围,扩大后的固定收益另类资产投资范围包括债权投资计划、信托计划等,保险资金投资固定收益另类资产进入快速成长期。在积累了几个利率周期、信用周期的固定收益另类投资产品发行、投资经验和数据后,课题组认为有必要将固定收益另类投资的方法论进行归纳、提炼,理论结合实际,找到更好的固定收益另类产品的投资决策框架,提高跨周期的投资固定收益另类产品的收益率。

课题以实证研究为主,借鉴债券市场中较为成熟的研究方法。

课题的创新之处:(1)固定收益另类资产由于极其非标准化,评级、期限、投向不一,数据又不连贯,因此没有公开的较好质量的数据。本课题整理了人保资产自2014年以来投资的固定收益另类资产的数据,并做出了固定收益另类资产的收益率曲线。(2)原创了固定收益另类资产的未来利率预测模型,并从资产配置价值角度去审视每个时点固定收益另类资产的投资价值。

课题的主要结论和成果有:

(1)课题组开发了绝对利率、分位数水平、未来利率预期、相对利差四位一体的固定收益另类资产投资模型。本模型以定量分析为基础,并结合情形分析和其他定性分析,可以对当前固定收益另类资产配置价值和策略给出科学建议。

(2) 运用经济增加值模型判断单一项目的价值,可以了解在某一评级、某一期限下该项目的最低要求利率,对项目开发和投资方均能提供借鉴。

关键字

固定收益另类资产模型　配置价值指导　开发价值指导

一、开发固定收益另类投资决策模型的现实意义

(一) 固定收益另类资产的定义

本课题中"固定收益另类资产"专指非标准化的固定收益属性的另类资产,包括债权计划、信托、各类资产支持证券、银行理财,不包括协议存款、债券等。

这一定义主要是根据保监会〔2012〕91号文《关于保险资金投资有关金融产品的通知》,其中规定:保险资金可以投资境内依法发行的商业银行理财产品、银行业金融机构信贷资产支持证券、信托公司集合资金信托计划、证券公司专项资产管理计划、保险资产管理公司基础设施投资计划、不动产投资计划和项目资产支持计划等金融产品(统称"金融产品")。由于金融产品这一概念银行业用得较少,所以我们用"固定收益另类资产"来修正。

银监会首次定义非标是在银监发〔2013〕8号文《关于规范商业银行理财业务投资运作有关问题的通知》中,所谓的非标准化债权资产是指未在银行间市场及证券交易所市场交易的债权性资产,包括但不限于信托贷款、委托债权、承兑汇票、信用证、应收账款、各类受(收)益权、带回购条款的股权性融资等。可见,银监会对非标的定义与我们定义的"固定收益另类资产"或"金融产品"又有较大差异。

2018年4月27日,央行、银监会联合发布的《关于规范金融机构资产管理业务的指导意见》(简称"资管新规")是监管文件中首次对标准化债权资产给予明确定义的,按照资管新规定义,标准化债权类资产应当同时符合以下条件:

(1) 等分化,可交易;

(2) 信息披露充分;

(3) 集中登记,独立托管;

(4) 公允定价,流动性机制完善;

(5) 在银行间市场、证券交易所市场等经国务院同意设立的交易市场交易。

2019年10月12日,人民银行发布《标准化债权类资产认定规则(征求意见稿)》,规定标准化债权类资产是指依法发行的债券、资产支持证券等固定收益证券,以及固定收益类公开募集证券投资基金等。并特别指出上海保险交易所股份有限公司的债权投资计划、资产支持计划是非标准化债权类资产。

因此,严格按照目前的央行口径,债权投资计划、信托、保交所交易的资产支持计划是非标准化债权,而债券、存款、信贷资产支持证券、证券交易所挂牌交易的资产支持证券则属于标准化债权。

本课题中仍用原保监会"金融产品"口径,将其定义为固定收益另类资产,包括债权投资计划、信托、各类资产支持证券、银行理财等。

(二) 固定收益另类资产的过往配置情况和配置价值

1. 行业内固定收益另类资产的过往配置情况

险资涉水另类投资从2006年开始,主要是一些基础设施债权投资计划,真正将固定收益另类资产作为一个独立品种源于2012年保监会提高了固定收益另类资产的各类比例限制。

经过这几年的发展,险资投资另类的比例在显著上升,按照银保监会口径,全部保险资金运用余额中投资于"其他"的比例目前已升至40%左右;投资存款的比例在相应下降,目前仅有15%;投资债券的比例也略有下降;权益比例则保持稳定。这个"其他"项中部分是固定收益另类资产,部分是股权投资(见图1-1)。

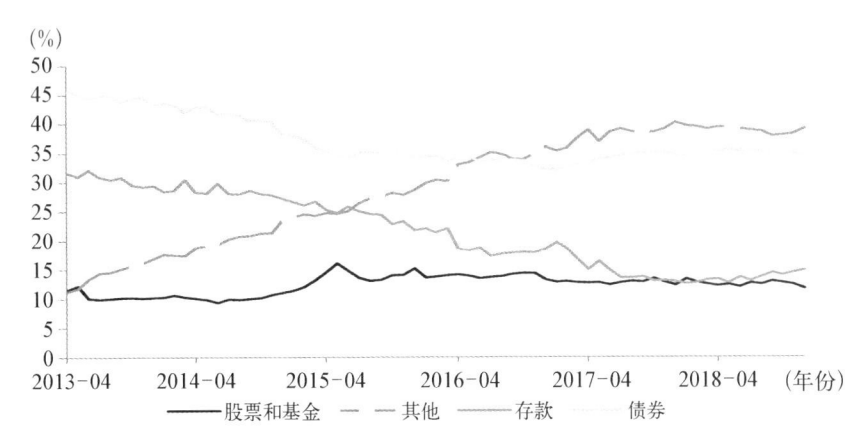

资料来源:银保监会。

图1-1 险资各类资产占比

增加了固定收益另类资产之后,险资的投资收益率较过去略有提高,稳定性也有所提升。

上市保险公司披露的2018年年报显示固定收益另类资产也已成为大型保险资金的重要投资组成部分,占总资产的比例在15%～30%(见图1-2)。

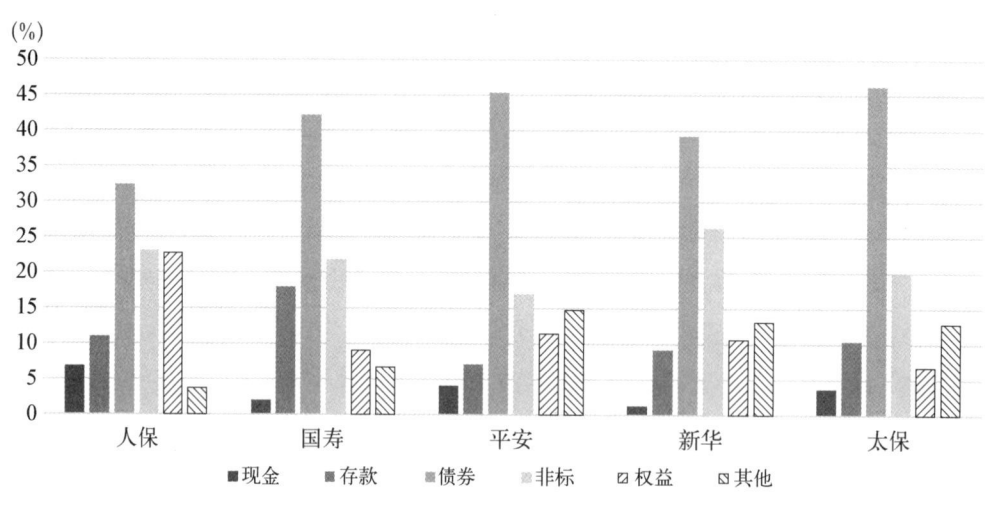

资料来源:上市公司年报。

图1-2 上市险资资产配置

从保险资管协会债权投资计划注册数据上看,各家主要投资的债权投资计划所处行业略有所不同。人保以交通行业为主,泰康商业不动产占比较高,太保棚改占比较高,平安则相对较为均衡(见图1-3至图1-6)。

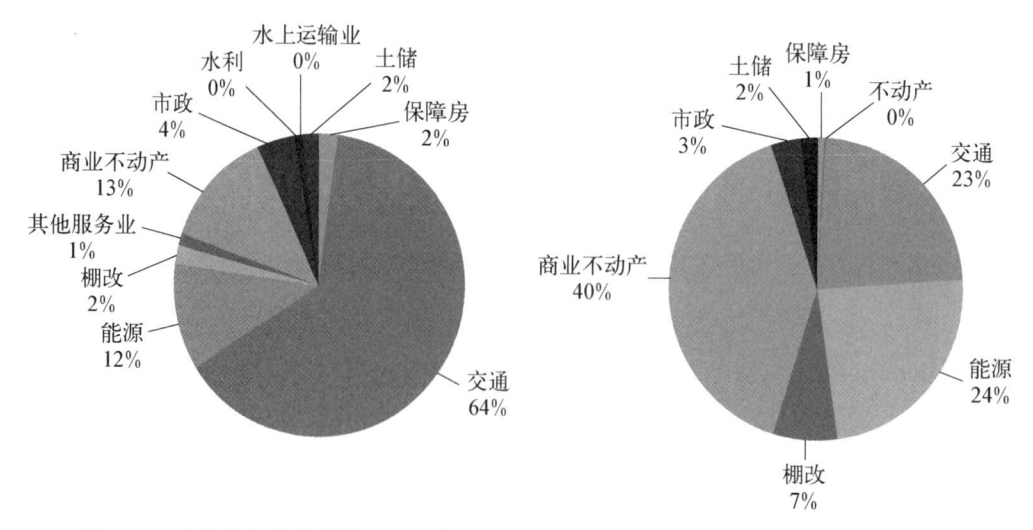

图1-3 人保债权投资计划行业分布

图1-4 泰康债权投资计划各行业分布

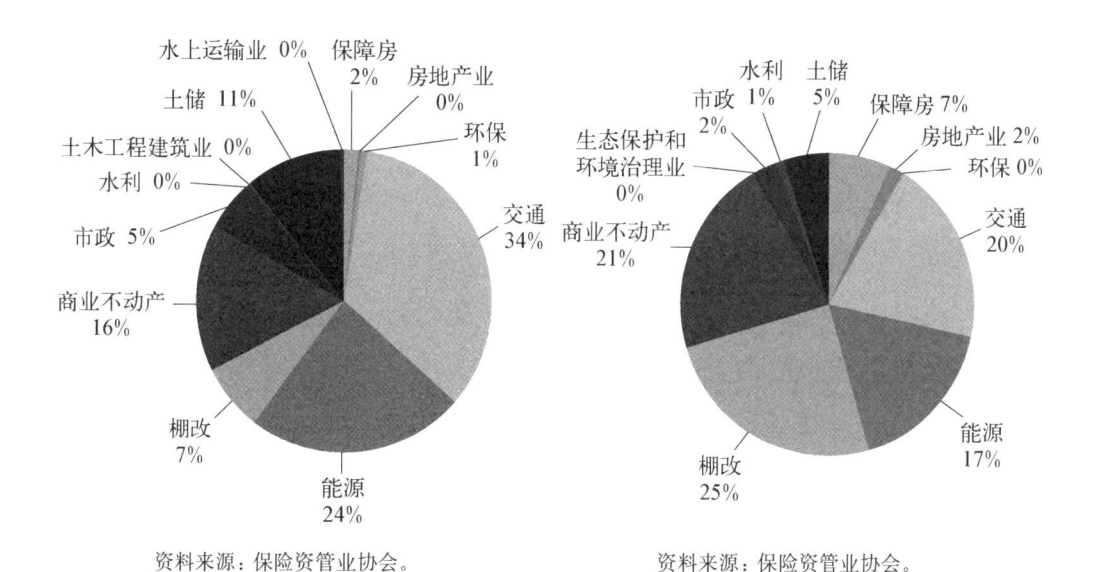

资料来源：保险资管业协会。　　　　　　　　　资料来源：保险资管业协会。

图 1-5　平安债权投资计划行业分布　　**图 1-6　太保债权投资计划行业分布**

2. 固定收益另类资产的配置价值

(1) 体量大，收益率较高

固定收益另类资产通常高于债券持仓收益率近 50 BP—100 BP，且各家险资机构目前配置的体量都较大。如此大规模、高收益的资产，有效化解了配置压力，提高了投资收益率。增加了固定收益另类资产之后，险资的投资收益率较过去略有提高，稳定性也有所提升（见图 1-7）。

资料来源：银保监会。

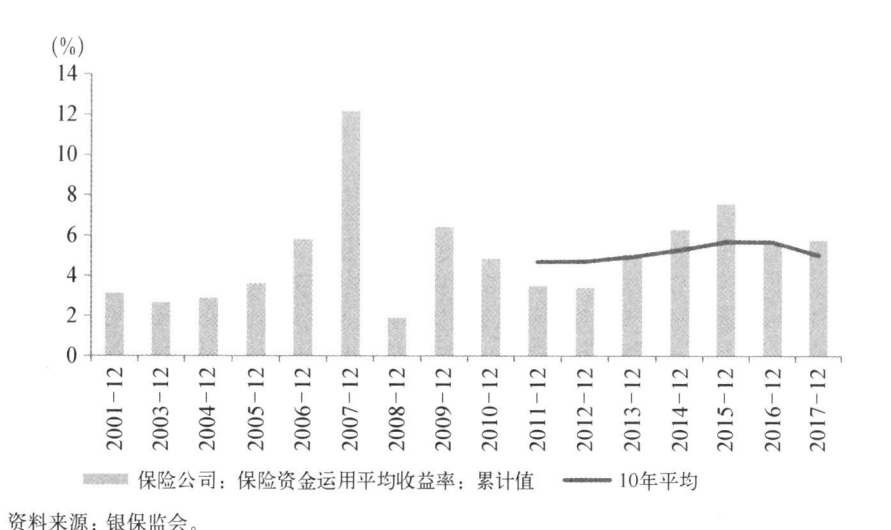

图 1-7　保险资金运用平均收益率

(2) 满足资产负债久期匹配需求

固定收益另类资产的平均期限在 5 年左右,与保险的负债较为匹配,一定程度上弥补了长期限信用债供给不足的问题。

但在大量固定收益另类资产投资之后,也存在着信用资质下沉带来的信用风险上升的问题。

(三) 开发固定收益另类投资研究分析模型的必要性

1. 行业投资固定收益另类资产正在从粗放式发展向精细化发展阶段迈进

过去几年是险资投资固定收益另类资产从零到有的阶段,随着这几年的大力配置,其在总资产中的比例大幅提高。保险固定收益另类投资行业总体正在从粗放式发展向精细化发展,未来对固定收益另类资产的配置节奏、风险控制、品种筛选都会逐渐走向更精细化的管理,需要理论和过往经验的支持。

2. 固定收益另类资产数据较为零散,需要整理分析

不同于债券,固定收益另类资产既没有收益率曲线,也没有很多公开数据,对过去投资的回顾、对未来投资的展望都缺乏数据基础。实际上,各家公司在经历了几个利率周期的固定收益另类资产投资后,积累了较多数据,需要在此基础上整理并加以提炼。

3. 固定收益另类资产决策时主观性较强,需要更为定量的支持

平常在对单个固定收益另类项目评估时,通常会描述道:"该项目内部评级×××,风险可控;期限××年,与我们的负债较为匹配;目前绝对利率×××,相对于债券溢价××;考虑到目前配置压力较大,该项目具有一定的投资价值",这些定性的描述语言其实背后阐述了一个投资的逻辑,我们希望寻求到更为科学、量化的体系来将定性的语言规范化,辅助投资决策,也同时辅助项目开发方寻找更合适的产品。

另外,在固定收益二级资产中,固定收益另类资产和债券、协议存款之间的比例关系,也需要更科学量化的模型来决策。

二、固定收益另类投资模型

本模型使用"定量+定性"方法,通过绝对利率、分位数水平、未来利率变化、相对利差等四个参数,定量分析各月的固定收益另类资产投资价值,再通过对宏观经济周期和未来利率周期的定性分析,主观修正得到一个最终配置价值评分(见图 1-8)。

(一) 主要研究方法

以实证研究为主,借鉴债券市场中较为成熟的实证研究方法,经过同业调研、专家访谈、内部讨论等形成模型思路、框架。

绝对利率	分位数水平	未来利率变化	相对利率
• 和其他资产、负债成本比较 • 经济增加值（EVA）角度 • 未来随经济增速下行而下行 • 过去5.5%可以作为绝对利率要求	• 用来指征在一个利率周期中所处的位置	• 滞后工业增加值指标3个月，滞后债券利率2个月，可以刻画未来2月的利率变化	• 和债券、协存比的相对价值 • 和历史上的利差水平相比较

情景讨论：未来利率中枢变化
利率周期长度变化

定量指标+主观评分
得到最终配置价值评分

图1-8 固定收益另类投资模型

（二）基本假设

本模型所指固定收益另类投资产品仅包括债权投资计划和信托计划（见图1-9），主要原因一是银行理财和ABS期限较短，不属于配置类资产，更多属于过渡型资产；二是在资管新规约束下，银行理财向净值型、标准化债券转型，险资所能投资的高收益银行理财极少，未来银行理财这个品种或将逐渐退出险资的投资视野。

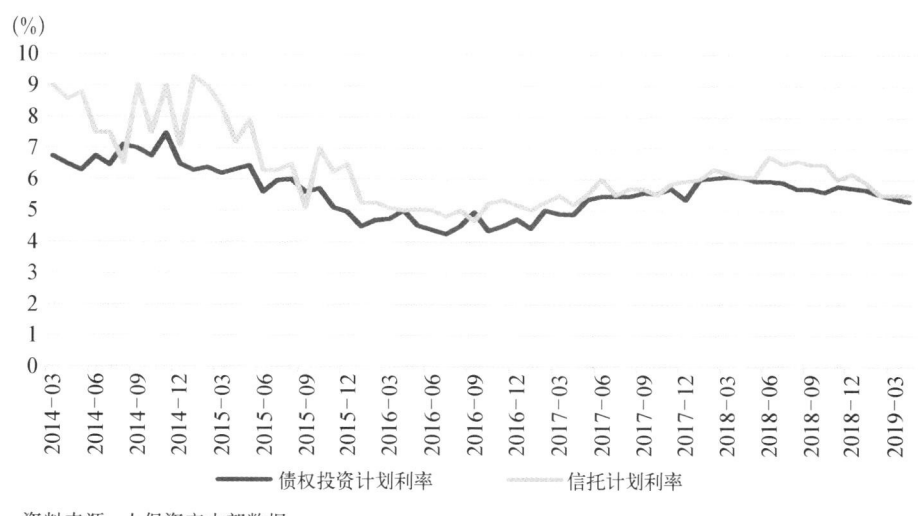

资料来源：人保资产内部数据。

图1-9 债权投资计划、信托计划利率走势

本模型选择债权投资计划利率代表固定收益另类投资产品利率,主要原因是我们通过分析得出债权投资计划利率和信托计划利率具有较强的相关性,但不同信托计划利率差别较大,数据质量较差,故模型未采用信托计划利率。大体上信托计划利率与债权投资计划利率走势一致,信托利率平均比债权投资计划高 67 BP 左右。

本模型中将每个月所有债权投资计划利率视为一个利率,以我公司能投资的标准评级、标准期限的利率作为收益率基础,并剔除掉部分利率异常、信用评级偏低的项目,经过平滑处理,以月度频率的数据做分析。

(三)模型参数

本模型主要包括四个参数:绝对利率、分位数水平、未来利率变化、相对利差。

通过对以上四个参数的定量分析,并结合未来宏观经济对应的宏观利率环境情形假设,得到固定收益另类资产的配置价值得分,在配置价值高时加快节奏、拉长期限配置,在配置价值低时放慢节奏、缩短期限配置。

1. 绝对利率

绝对利率指利率的绝对水平值,在此利率以上,固定收益另类资产具有极好的配置价值,在风险可控的情况下,属于绝对优质的固定收益类资产,可以不考虑其他相对价值、未来利率变化预测等因素大力配置固定收益另类资产。绝对利率非常重要,一是体现了险资绝对收益为主、配置为主的投资理念,在此理念下可以上下同心,不必惧怕利率短期内可能的上行而对投资畏首畏尾;二是固定收益另类资产的供给具有较强的稀缺性,并非想要获取大量优质资产就能获取到,也要求我们坚持在一定收益率以上大力投资。

绝对利率要求主要通过两方面确定:

(1)和其他资产收益、负债成本比较。

与其他资产收益、负债成本比较后,我们认为历史上绝对利率在 5.5% 以上的、信用风险可控的固定收益类资产从长期看都是优质资产:

险资近 10 年的平均收益也仅略高于 5%;

优秀的债券专户平均收益在 5.2% 左右;

5 年 AAA 债券收益率在 5.5% 以上的时间仅占全部时间的 10% 不到,且通常在收益率较高时一级发行较少,而二级又收不到量;

协议存款仅有约 20% 的时间利率在 5.5% 以上,但需要完全牺牲流动性;

能覆盖大型保险公司的人身险负债成本。

(2) 经济增加值(EVA)角度。

另外也可以从经济增加值(EVA,Economic Value Added)角度看固定收益另类资产的绝对收益要求,试图印证上面的绝对利率5.5%的判断。

EVA定义:考虑经济资本占用后,单笔或单类投资的盈利指标。

EVA＝预期盈利－经济资本占用
　　＝(预期收益－预期违约损失－保险资金成本)－经济资本占用成本
　　＝本金×(预期收益率－预期违约率×违约损失率－保险成本率)
　　　－经济资本占用×资本期望回报率

如果EVA为正,反映该只(类)另类资产提升了委托人的经济价值,可视为具有绝对投资价值。

负债期限7年,产品期限5年,内评BBB－的固定收益另类产品,在不同的收益率和保险成本下得分如表1-1所示。

从表1-1我们也可以看到当保险成本在4.2%左右时,只有当固定收益另类资产的收益率达到5.5%以上时,经济增加值得分才大于零,也就是才具有绝对配置价值。因此,我们将5.5%设为绝对利率。

2. 分位数水平

当固定收益另类资产收益率低于绝对收益率时,则需要看固定收益另类资产利率在历史上或近几年的分位数水平。之所以能运用分位数水平理论的基础是:利率波动存在一定规律,而不是永远下行或永远上升的,这样目前的利率处的分位数水平基本代表了在此轮周期中所处的相位。

假设利率的分布函数为$F(x)$,那么当利率为r时,分位数指的是概率$P(x<r)$,也就是利率小于r的概率。分位数函数越高,代表从过往历史看该收益率吸引力越高。

由于固定收益另类资产的收益和债券利率高度相关,我们可以通过历史债券利率数据判断每个利率周期的长度。从历史数据看,中国的国债利率确实具有非常明显的均值回复的特性,周期大约是40个月左右(见图1-10)。不光是中国,美国的国债利率在去除趋势项后,也同样呈现了周期回复的特征,只是每个周期24个月—60个月之间不等。综合判断,我们认为一个固定收益另类资产的利率周期大约为40个月,以此参照来看目前的收益率所处的周期相位。后续也可以在情形假设下,将周期放宽至30个月—50个月,并根据对宏观经济的判断调节本轮周期的时间范围(见图1-11)。

表1-1　EVA情形演示

保险成本	非标收益率																				
	4.0	4.1	4.2	4.3	4.4	4.5	4.6	4.7	4.8	4.9	5.0	5.1	5.2	5.3	5.4	5.5	5.6	5.7	5.8	5.9	6.0
2.5	0.16	0.26	0.36	0.46	0.56	0.66	0.76	0.86	0.96	1.06	1.16	1.26	1.36	1.46	1.56	1.66	1.76	1.86	1.96	2.06	2.16
2.6	0.06	0.16	0.26	0.36	0.46	0.56	0.66	0.76	0.86	0.96	1.06	1.16	1.26	1.36	1.46	1.56	1.66	1.76	1.86	1.96	2.06
2.7	−0.04	0.06	0.16	0.26	0.36	0.46	0.56	0.66	0.76	0.86	0.96	1.06	1.16	1.26	1.36	1.46	1.56	1.66	1.76	1.86	1.96
2.8	−0.14	−0.04	0.06	0.16	0.26	0.36	0.46	0.56	0.66	0.76	0.86	0.96	1.06	1.16	1.26	1.36	1.46	1.56	1.66	1.76	1.86
2.9	−0.24	−0.14	−0.04	0.06	0.16	0.26	0.36	0.46	0.56	0.66	0.76	0.86	0.96	1.06	1.16	1.26	1.36	1.46	1.56	1.66	1.76
3.0	−0.34	−0.24	−0.14	−0.04	0.06	0.16	0.26	0.36	0.46	0.56	0.66	0.76	0.86	0.96	1.06	1.16	1.26	1.36	1.46	1.56	1.66
3.1	−0.44	−0.34	−0.24	−0.14	−0.04	0.06	0.16	0.26	0.36	0.46	0.56	0.66	0.76	0.86	0.96	1.06	1.16	1.26	1.36	1.46	1.56
3.2	−0.54	−0.44	−0.34	−0.24	−0.14	−0.04	0.06	0.16	0.26	0.36	0.46	0.56	0.66	0.76	0.86	0.96	1.06	1.16	1.26	1.36	1.46
3.3	−0.64	−0.54	−0.44	−0.34	−0.24	−0.14	−0.04	0.06	0.16	0.26	0.36	0.46	0.56	0.66	0.76	0.86	0.96	1.06	1.16	1.26	1.36
3.4	−0.74	−0.64	−0.54	−0.44	−0.34	−0.24	−0.14	−0.04	0.06	0.16	0.26	0.36	0.46	0.56	0.66	0.76	0.86	0.96	1.06	1.16	1.26
3.5	−0.84	−0.74	−0.64	−0.54	−0.44	−0.34	−0.24	−0.14	−0.04	0.06	0.16	0.26	0.36	0.46	0.56	0.66	0.76	0.86	0.96	1.06	1.16
3.6	−0.94	−0.84	−0.74	−0.64	−0.54	−0.44	−0.34	−0.24	−0.14	−0.04	0.06	0.16	0.26	0.36	0.46	0.56	0.66	0.76	0.86	0.96	1.06
3.7	−1.04	−0.94	−0.84	−0.74	−0.64	−0.54	−0.44	−0.34	−0.24	−0.14	−0.04	0.06	0.16	0.26	0.36	0.46	0.56	0.66	0.76	0.86	0.96
3.8	−1.14	−1.04	−0.94	−0.84	−0.74	−0.64	−0.54	−0.44	−0.34	−0.24	−0.14	−0.04	0.06	0.16	0.26	0.36	0.46	0.56	0.66	0.76	0.86
3.9	−1.24	−1.14	−1.04	−0.94	−0.84	−0.74	−0.64	−0.54	−0.44	−0.34	−0.24	−0.14	−0.04	0.06	0.16	0.26	0.36	0.46	0.56	0.66	0.76
4.0	−1.34	−1.24	−1.14	−1.04	−0.94	−0.84	−0.74	−0.64	−0.54	−0.44	−0.34	−0.24	−0.14	−0.04	0.06	0.16	0.26	0.36	0.46	0.56	0.66
4.1	−1.44	−1.34	−1.24	−1.14	−1.04	−0.94	−0.84	−0.74	−0.64	−0.54	−0.44	−0.34	−0.24	−0.14	−0.04	0.06	0.16	0.26	0.36	0.46	0.56
4.2	−1.54	−1.44	−1.34	−1.24	−1.14	−1.04	−0.94	−0.84	−0.74	−0.64	−0.54	−0.44	−0.34	−0.24	−0.14	−0.04	0.06	0.16	0.26	0.36	0.46
4.3	−1.64	−1.54	−1.44	−1.34	−1.24	−1.14	−1.04	−0.94	−0.84	−0.74	−0.64	−0.54	−0.44	−0.34	−0.24	−0.14	−0.04	0.06	0.16	0.26	0.36
4.4	−1.74	−1.64	−1.54	−1.44	−1.34	−1.24	−1.14	−1.04	−0.94	−0.84	−0.74	−0.64	−0.54	−0.44	−0.34	−0.24	−0.14	−0.04	0.06	0.16	0.26
4.5	−1.84	−1.74	−1.64	−1.54	−1.44	−1.34	−1.24	−1.14	−1.04	−0.94	−0.84	−0.74	−0.64	−0.54	−0.44	−0.34	−0.24	−0.14	−0.04	0.06	0.16

资料来源：人保资产内部数据。

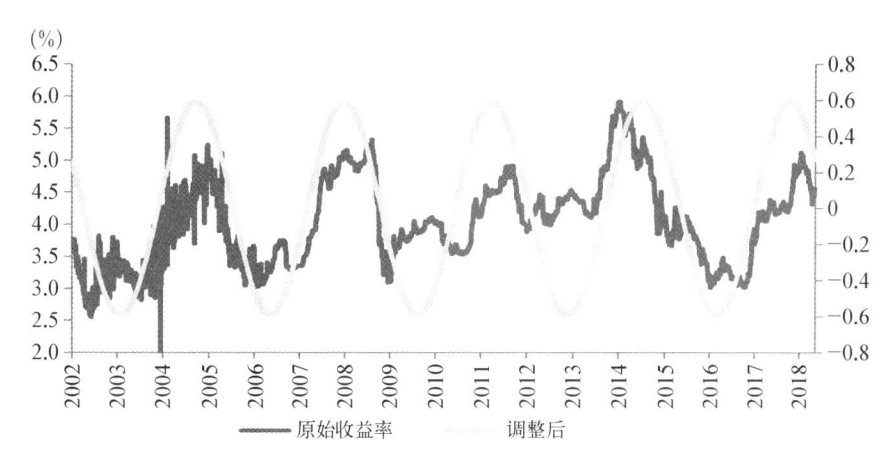

资料来源:Wind。

图 1-10 中国 10 年期国债收益率

资料来源:Wind。

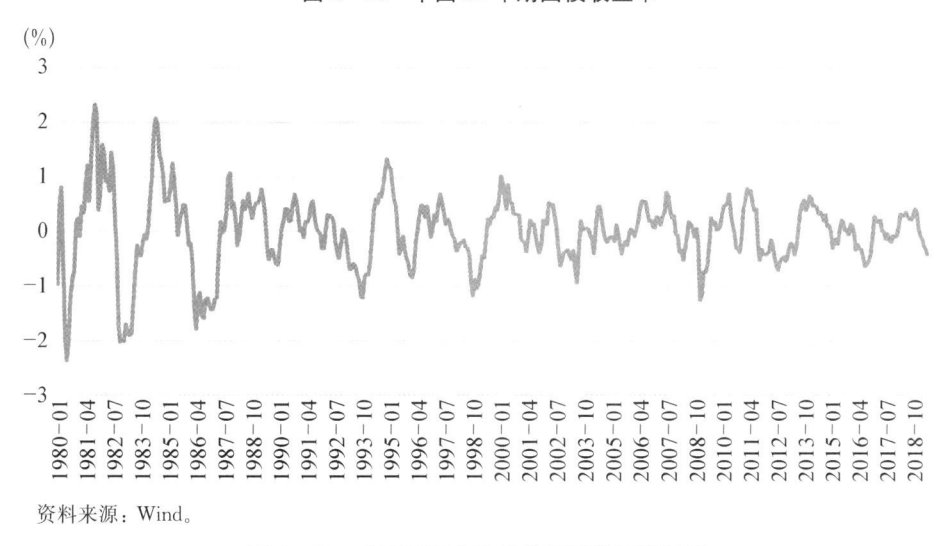

图 1-11 美国利率去除趋势项后的周期波动

因此只要计算当年固定收益另类资产利率/过去 40 个月的利率即可定位目前处在该轮利率周期的什么位置。由于数据样本不够,仅有 2014 年以来的数据,因此 2014—2017 年的利率回溯为当时的利率除以一个绝对利率作为分位数水平。但今后的数据不存在这样的问题,可以一直用 40 个月滚动来计算(见图 1-12)。

3. 未来利率预测

未来利率预测指的是通过模型预测未来一段时间固定收益另类资产利率的变化。

未来利率预测也对固定收益另类资产的配置十分重要。如果预期未来利率下降较快、较多,那么需要加紧配置且是配置长期限固定收益另类资产。如果预期未来利率上升较快、较多,那么需要暂缓配置或是配置短期限固定收益另类资产作为过渡。

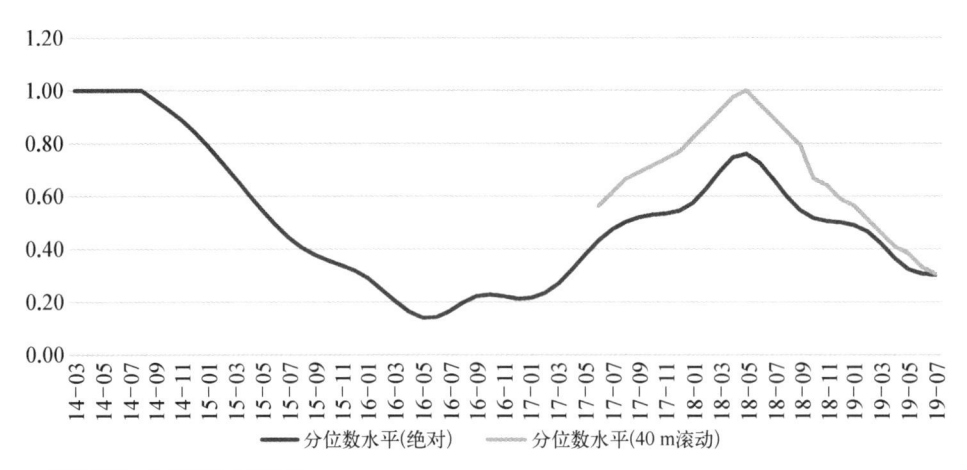

资料来源：人保资产内部数据。

图 1-12　固定收益另类资产利率分位数水平

经统计检验，固定收益另类资产利率和工业增加值滞后 3 个月，和债券利率滞后 2 个月。因此我们可以用已知的过去几个月的工业增加值、债券利率去推测未来 2 个月的固定收益另类资产利率走势（见图 1-13、图 1-14）。

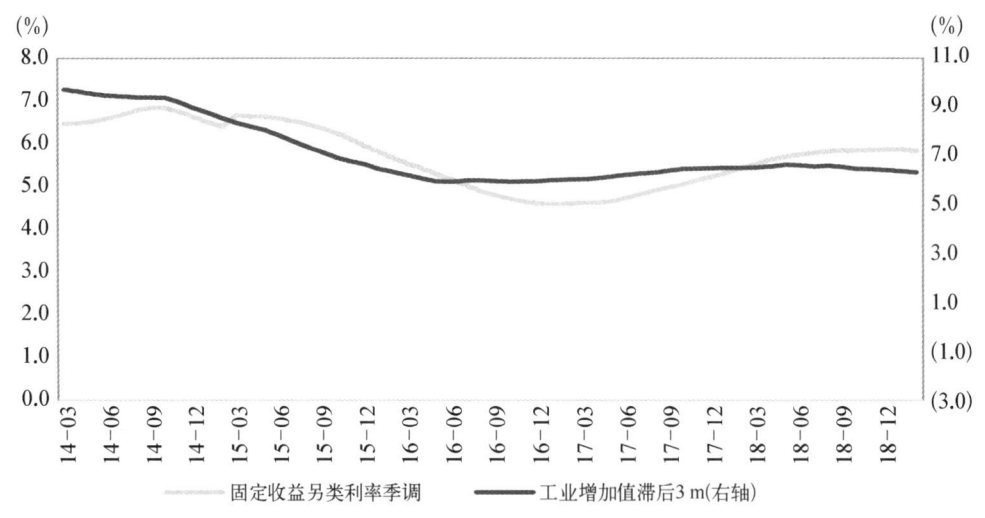

资料来源：人保资产内部数据。

图 1-13　工业增加值与债权投资计划利率

通过回归模型，得到一个固定收益另类资产的利率预测模型：

固定收益另类资产利率＝0.452 9×工业增加值（－2）＋0.684 5×债券利率（－3）－0.4

（注：此模型括号中数值代表滞后2阶，如固收另类资产利率为T月，则工业增加值为T－2月，债率利率为T－3月。）

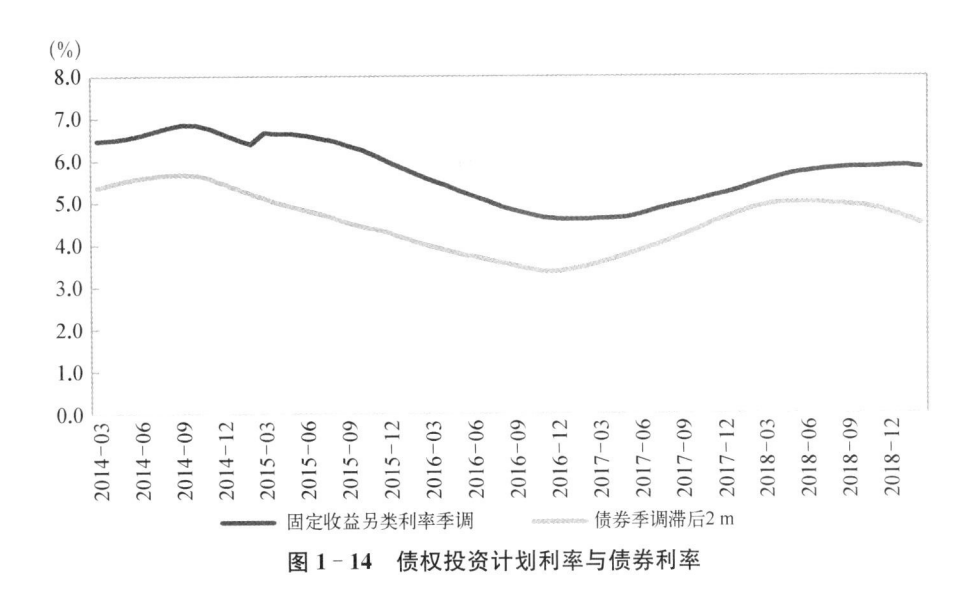

固定收益另类投资决策分析模型

图 1-14 债权投资计划利率与债券利率

其中,固定收益另类资产利率取 5 年债权投资计划利率,债券利率取中债 5 年 AAA 中期票据收益率,与债权投资计划的平均评级、期限保持一致。所有数据经过季节性调整,单位为%。

回溯 2014 年模型预测的未来两个月的利率变化,从图上看指示性较好。2014 年至 2015 年,模型均预测未来利率仍将显著下行;而 2016 年模型时而预测上行,时而预测下行,整体震荡为主;2017—2018 年,模型均预测未来利率上行;2018 年 6 月以来,再次预测利率下行(见图 1-15)。

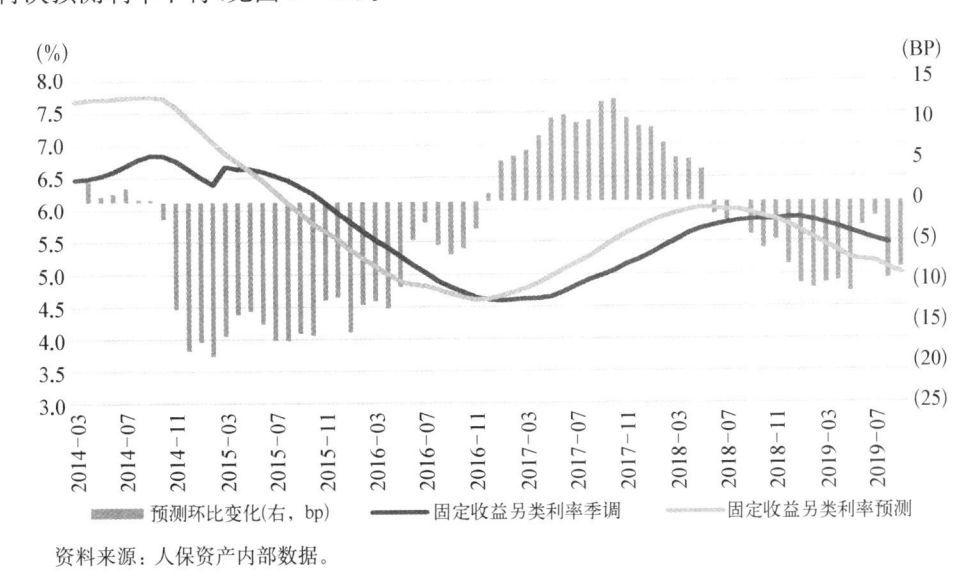

资料来源:人保资产内部数据。

图 1-15 模型预测结果

4. 相对利差

相对利差指的是固定收益另类资产相对于其他固定收益类资产的相对利差,包括协议存款、债券等。在配置固定收益类资产时,除了看固定收益另类资产自身的绝对利率、分位数水平外,其与其他资产的价值的比较也较为关键。

最理想的状态,对于持有至到期的资产,包括固定收益另类、协议存款以及持有至到期的债券,由于其无法交易,如果是相同期限,那么就应该选择风险调整后收益最高的品种配置即可。这里的风险调整,包括信用风险溢价、条款非标准化带来的溢价、对偿付能力的不同影响的溢价、不可质押的溢价等等。而由于各家保险公司负债特点、偿付能力充足率的不同,其需要固定收益另类资产提供的溢价是不同的。假如说有一个保险公司在定量计算后,认为同期限、同信用风险的固定收益另类资产相对于标准化债券有 100 BP 溢价补偿即可,那么当任何时点,同期限、同信用风险的固定收益另类资产高于标准化债券溢价 100 BP 时,就该配置固定收益另类资产。粗略估计,固定收益另类资产至少需要不可质押的溢价 20 BP—30 BP,偿付能力、新会计准则 10 BP—20 BP,非标准化带来的溢价 5 BP—10 BP,大致估算固定收益另类资产相对于标准债券的溢价至少在 50 BP 以上,否则就不如配置标准化的债券(见图 1-16)。

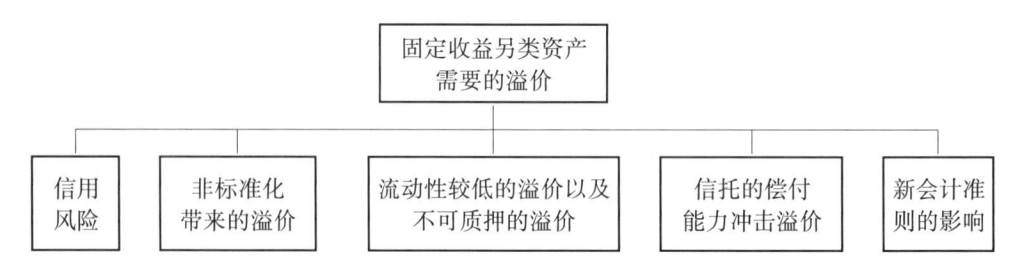

图 1-16 固定收益另类资产需要的溢价种类

然而,在现实中,鲜有保险公司能如此定量地计算自己的溢价,且这个溢价本身也是随着整体利率水平波动而波动的,如果每个时间点都去计算则较为困难。所以只能从过往各品种的溢价走势去看市场各方供需交易后认为合适的溢价水平是多少。

从过往历史看,债权投资计划和协议存款的利差在 0~2%,债权投资计划和 AAA5 年信用债的利差在 0~3% 之间不等(见图 1-17)。

可以认为,当固定收益另类资产溢价水平处于偏高的区域时,应该高配固定收益另类资产;当溢价处于中性区域时,那么按照以往比例标配即可;当溢价处于偏低区域时,应该低配固定收益另类资产。通常在债券熊市刚转入牛市时,债券收益率已显著

固定收益另类投资决策分析模型

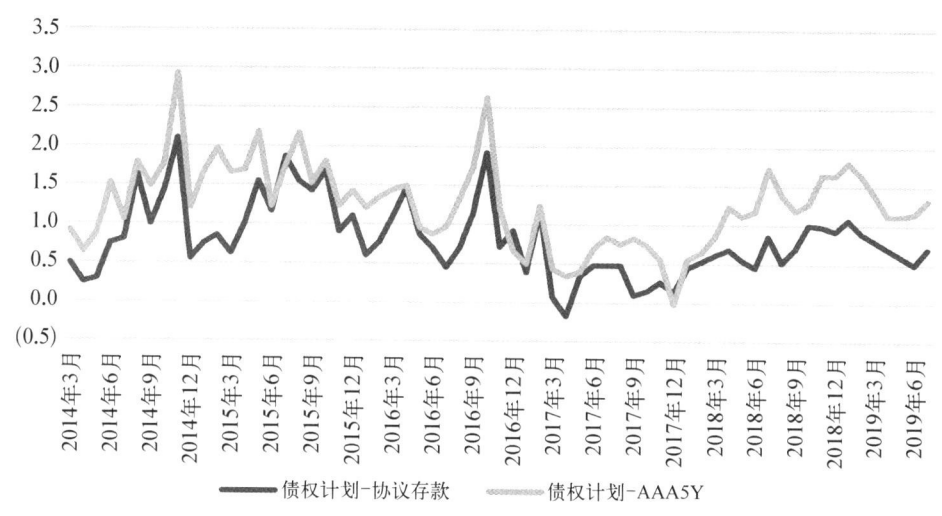

资料来源：人保资产内部数据。

图 1-17 债权投资计划和协议存款及 AAA 债券的相对利差

下行，但固定收益另类资产利率仍保持黏性，会有一段固定收益另类资产较好的黄金时期。而在债券刚进入熊市时，债券收益率已显著上行，而固定收益另类资产尚未调整，固定收益另类资产的配置价值最弱。将相对利差做标准化处理，可以得到相对利差得分，见图 1-18。归纳来看，固定收益另类资产相对利差较高的时间区间是：2014年7月—2016年3月，2016年8月—2016年11月，2018年4月至今。

资料来源：人保资产内部数据。

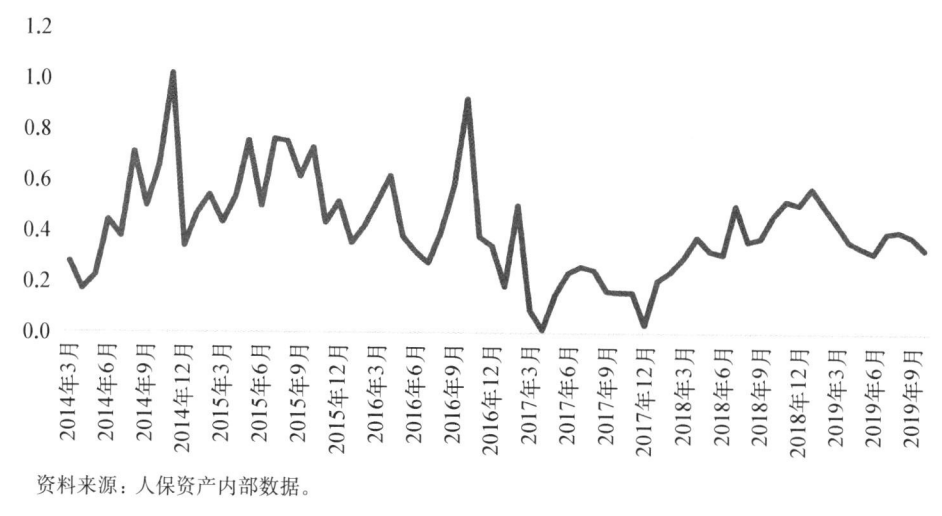

图 1-18 债权投资计划相对利差得分

（四）情形讨论、综合结果

将以上四个要素的结果综合评分，并将四要素等权求平均数，得到每个月固定收

895

益另类资产的配置价值得分。

前面提到,这里有两个重要的假设:(1)绝对利率里假设未来全社会投资回报率大体稳定,5.5%的资产还能获得;(2)分位数水平里假设利率周期约40个月,且利率中枢保持稳定。在这样的基准情形(设为"情形一:经济乐观情形")假设下,那么目前的固定收益另类资产利率就处于中性略偏低的配置价值。

实际上,我们需要探讨这两个假设未来会发生怎样的变化:(1)长期看,未来利率中枢是否会发生变化;(2)本轮利率周期是否会显著短于或显著长于40个月。这两个问题都较为复杂,在此不展开论述,仅通过另外两种情形假设以回答上面的问题。

情形二:经济中性情形

假设未来长期利率中枢会下移20 BP左右,10年国债3.3%是未来的中枢,未来5.3%以上的固定收益另类资产就达到了绝对利率的要求,另外本轮利率下行时间也会较长,类似于2014—2016年周期可达30个月左右,那么以此假设未来一年内利率还会在低位震荡甚至更低,因此目前的固定收益各类资产的吸引力就会上升。

情形三:经济悲观情形

假设未来长期利率中枢会下移40 BP左右,10年国债3.1%就是未来的中枢,未来5.1%以上的固定收益另类资产就达到了绝对利率的要求。对于利率下行时间,类似于1998—2002年,利率在低位会运行非常长的时间,未来一到两年利率都会在低位震荡甚至更低,那么目前的固定收益各类资产的吸引力就更加上升。在这种情形下,绝对利率5.1%以上就具有很高的配置价值。

我们认为这两种情形确实发生概率并不低。因此可以对模型做一定修正得到最终结果。

三、模型的应用及未来改进之处

(一)配置层面的应用:固定收益另类资产的配置节奏、期限、品种选择

宏观层面的应用步骤可以用图1-19概括。每个月画出我们所能投资的债权投资计划的利率曲线,先判断该利率是否高于绝对利率,如果是,则得分1;如果不是,则看历史分位数、未来利率预期、相对价值,得到一个分数,再通过情形假设修正得到,最后得到一个综合得分,并应用于配置节奏、配置的固定收益另类产品期限和品种选择上。

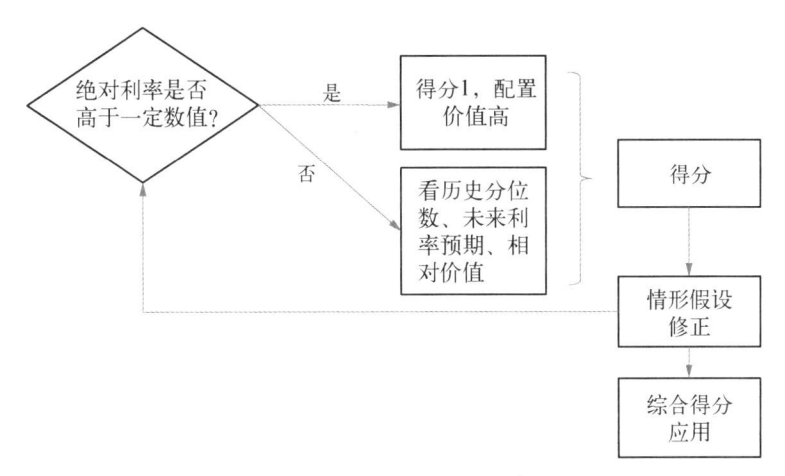

图1-19 宏观层面的应用步骤

1. 配置模型四要素得分

首先看绝对利率,历史上当绝对利率较高的年份,例如2014年至2015年三季度、2017年四季度到2018年年底,绝对利率均在5.5%以上,此时可以不考虑其他要素,就认为此时固定收益另类资产配置价值极高,得分为1(见图1-20)。

资料来源:人保资产内部数据。

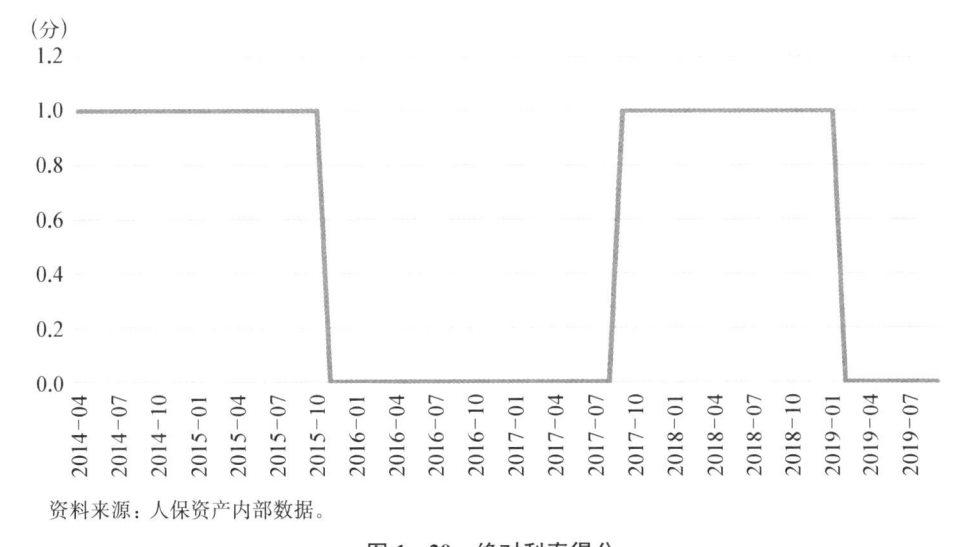

图1-20 绝对利率得分

当绝对利率不能达到要求时,则需要计算其他几项的得分,以当下的情形为例。目前以我们可投资的5年期债权投资计划为例,平均利率在5.1%左右,用以上四个维度来评定:(1)绝对利率达不到5.5%的要求;(2)用分位数计算,处于过去40个月的0.36分位数水平,得分0.36;(3)目前债权投资计划利率相对于AAA5Y债权的溢价为133 BP,相对于协议存款的溢价为80 BP,相对价值中性偏高,得分0.38;(4)未来两个月利率预计下行8 BP,得分0.61。绝对利率得分取与分位数相同分值[①],以上得分加权平均得到最终得分为0.36(见表1-2、图1-21)。

表1-2 综合结果

	数值范围	当前值	备注
绝对利率水平	【0,1】	0.36	绝对利率水平高于一定数值,取1,否则同分位数
分位数水平	【0,1】	0.36	过去几年或40个月的分位数水平
相对价值	【0,1】	0.38	相对利差处于有数据以来的分位数水平
未来利率下降预期	【0,1】	0.61	看目前所处的水平,利率越是有下降预期,该分值越高,根据历史数据拟合公式为$y=-x/30+1/3$,x为未来2个月预测利率下行的平均幅度,单位为BP
综合分值		0.43	

资料来源:人保资产内部数据。

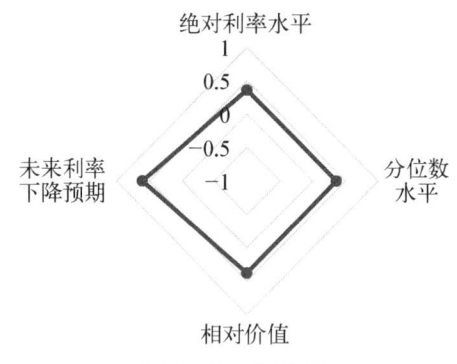

图1-21 雷达图

历史上历月的固定收益另类资产投资价值得分见图1-22。可以看到:2014年到2015年三季度前,固定收益另类资产的配置价值较高;2016—2017年前三季度,固定收益另类资产的配置价值较低;2017年四季度到2018年,又进入了较优配置价值的区间;2019年一季度以后,总体配置价值随着利率水平的下降在下降。

2. 情形讨论主观修正

在对经济乐观、中性、悲观三种情形下得分如表1-3所示,综合来看,我们认为未来落在情形二和情形三之间的概率较高,修正最终得分为0.65分,也就是中性偏高的配置价值。

---

① 当绝对利率低于5.5%时,该项分数直接取与分位数相同的值,实际上是强调了分位数的重要性,这与实践经验也是一致的。

(分)
1.2
1.0
0.8
0.6
0.4
0.2
0.0

资料来源：人保资产内部数据。

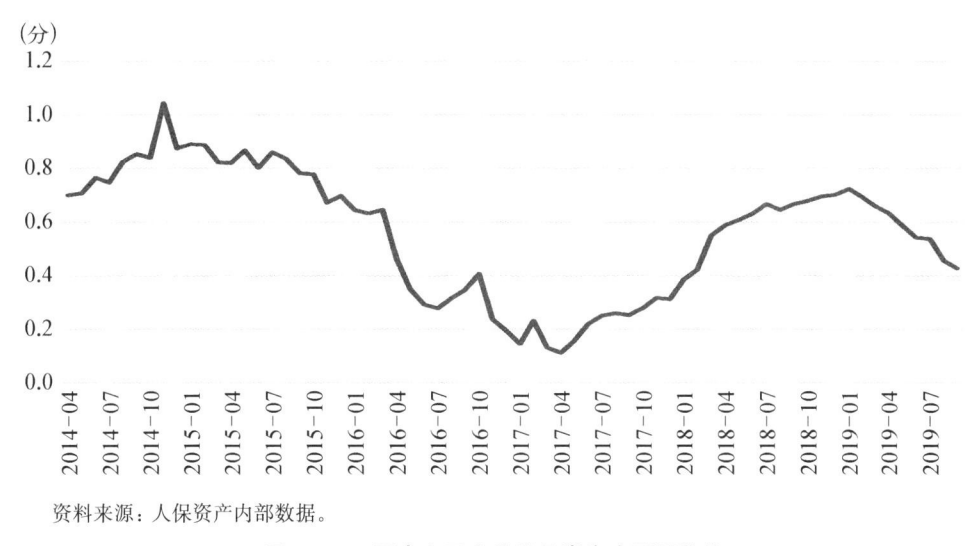

图 1-22 历史上固定收益另类资产配置价值

表 1-3 情形讨论

	宏观假设	利率假设	当前得分	当前配置价值
情形一（模型假设的情形，经济乐观情形）	全社会的资产回报率还会继续保持过去的水平	10年国债依然围绕3.5%的中枢波动；固定收益另类资产的绝对回报要求仍是5.5%；时间周期上仍然是过去40个月左右的利率周期	0.43	中性略偏低
情形二（经济中性情形）	全社会的资产回报率小幅下降	10年国债依然围绕3.3%的中枢波动；固定收益另类资产的绝对回报要求降至5.3%；时间周期上本轮利率下行周期可能会达3年左右	0.56	中性
情形三（经济悲观情形）	全社会的资产回报率显著下降	10年国债依然围绕3.1%的中枢波动；固定收益另类资产的绝对回报要求降至5.1%；时间周期上本轮利率在低位徘徊时间会更长	0.77	较高
我们的观点	全社会的回报会小幅下行，从长期看情形二和情形三之间的概率更高，结合此判断固定收益另类资产的得分在0.65左右，中性偏高			

资料来源：人保资产内部数据。

这三种情形对应的利率周期以及当前利率所处的相位如图 1-23 所示。

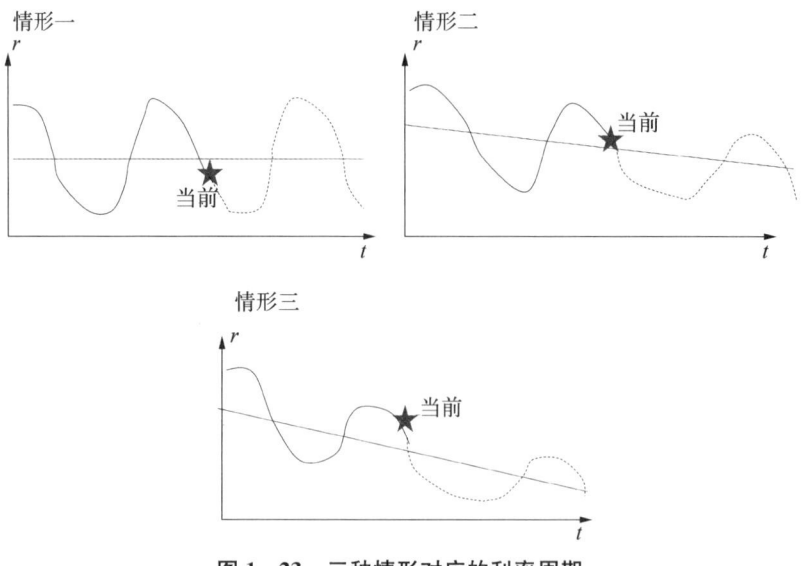

图 1-23 三种情形对应的利率周期

3. 综合得分对应不同的配置策略

我们用下面的进度条显示不同配置价值得分下对应的策略,包括配置价值、配置节奏、配置期限(见图 1-24)。在得分较高时,代表配置价值高,需要加快配置节奏,配置最长期限的品种;反之,得分较低时,代表配置价值低,需要放缓配置节奏,配置期限较短的品种。

由于固定收益另类资产难以在二级市场卖出,不像债券有更多的久期策略,固定收益另类资产主要通过配置一些短久期和长久期的品种来调节,且短久期最好是 1—2 年期的品种,这样才能过渡到下一个利率高点以有更多资金配置高收益的固定收益产品。在固定收益另类资产配置价值较高的区域,以配置长期限债权投资计划、信托为主;而在配置价值较低的区域,以配置短期限银行理财、ABS 等为主,甚至可以配置一些短久期加权益打新的保险资管产品。

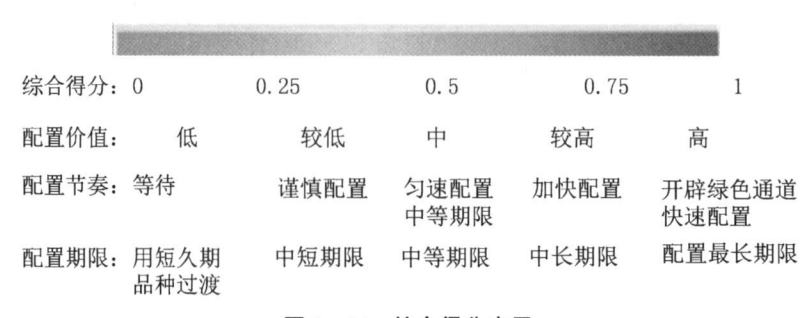

综合得分:	0	0.25	0.5	0.75	1
配置价值:	低	较低	中	较高	高
配置节奏:	等待	谨慎配置	匀速配置中等期限	加快配置	开辟绿色通道快速配置
配置期限:	用短久期品种过渡	中短期限	中等期限	中长期限	配置最长期限

图 1-24 综合得分应用

(二) EVA模型帮助项目开发团队在控制风险的情况下找到合适期限和谈判利率

EVA模型也有助于项目开发方在评级、期限选择方面合适的品种。例如，假设保险的负债成本4.2%，有一个BBB的、收益率5.6%的项目，那么按照经济增加值为正的原则，会建议这个项目做期限8年以内；再如，在负债成本4.2%，收益率5.6%的假设下，需要内评A-以上，才可以做10年期以上的品种（见表1-4）。

表1-4　　　　　　　　　　　　EVA模型在项目开发中的运用

评级	期限														
	1	2	3	4	5	6	7	8	9	10	11	12	13	14	15
AAA	0.25	0.30	0.30	0.34	0.34	0.39	0.39	0.38	0.33	0.33	0.27	0.27	0.22	0.22	0.21
AA+	0.25	0.30	0.30	0.34	0.34	0.39	0.38	0.38	0.33	0.33	0.27	0.27	0.22	0.21	0.21
AA	0.25	0.29	0.29	0.33	0.33	0.37	0.37	0.36	0.31	0.31	0.25	0.25	0.19	0.18	0.17
AA-	0.25	0.30	0.29	0.34	0.33	0.37	0.36	0.35	0.30	0.29	0.23	0.16	0.16	0.15	0.14
A+	0.25	0.30	0.29	0.34	0.33	0.37	0.37	0.36	0.30	0.29	0.24	0.23	0.17	0.17	0.15
A	0.25	0.29	0.29	0.33	0.32	0.37	0.36	0.36	0.30	0.30	0.24	0.23	0.17	0.16	0.15
A-	0.25	0.29	0.28	0.32	0.32	0.36	0.35	0.34	0.28	0.26	0.20	0.19	0.12	0.11	0.10
BBB+	0.24	0.27	0.26	0.28	0.26	0.28	0.26	0.23	0.15	0.13	0.06	0.04	-0.04	-0.06	-0.09
BBB	0.23	0.24	0.19	0.19	0.13	0.13	0.09	0.06	-0.02	-0.06	-0.14	-0.18	-0.27	-0.29	-0.33
BBB-	0.22	0.22	0.16	0.15	0.09	0.10	0.06	0.01	-0.10	-0.16	-0.25	-0.29	-0.37	-0.40	-0.45
BB+	0.08	-0.19	-0.57	-0.94	-1.29	-1.56	-1.86	-2.14	-2.45	-2.70	-2.96	-3.18	-3.47	-3.72	-3.93

资料来源：人保资产内部数据。

(三) 模型后续需要改进之处

模型还处在一个较为初期的探索阶段，未来还有众多需要改进之处，包括：

模型仍然还是一个较为粗浅的模型，在检验历史方面虽然准确率较高，但因为模型中的部分参数，如工业增加值本身是一个季调的指标，带有一定的后验特征，实际运用时准确度会不如回溯准确。

另外，模型中各个要素的权重目前还是等权重的，未来随着数据量的增加，应逐渐优化要素权重。

模型中的固定收益另类资产利率仅仅是预测为2个月的利率，对于保险这样的长线资金来说，预测更长的跨周期的利率趋势更为重要，但这一点在模型中仅用分位数

体现,过于依赖过去的经验。

在实际运用中,当期的考核要求也会影响决策。在考虑不同品种的相对价值时,还有流动性、税收、偿付能力等多方面的考量,而这些考量又较难完全量化,未来可以再优化完善。

(本文获"IAMAC2019—2020年度系列研究课题"优秀奖)

衍生工具在保险资金运用中的应用研究

泰康资产管理有限责任公司

陈奕伦　任建畅　王新星　杨　轩　左　谕

摘要

全球衍生品的发展起源于商品交易，在20世纪70年代，金融衍生品的主要合约：外汇期货、利率期货、股指期货等开始成型。经过与金融市场的共生发展，金融衍生品后来居上，成为全球衍生品市场的主力品种，并在三大基础品种上衍生出了日益丰富的市场体系。

境外保险机构是衍生品市场的重要参与者，在梳理以美国保险机构为代表的海外保险机构金融衍生品运用的数据后发现：金融衍生品是保险机构不可或缺的重要风险管理工具；在风险管理为主的对冲策略之上，衍生品还可以给保险机构提供多样化的功能，如资产复制、收入增强等；同时衍生品也可以支持保险产品嵌入更多期权和挂钩指数的设计，满足保险客户多样化的产品需求。

国内保险业仍然处于快速增长阶段，保险公司投资资金规模不断扩大，资本市场在提供收益的同时也带来短期波动风险。同时，保险资金运用还面临资产负债管理、资金运用创新、国际会计准则修改等挑战。本课题通过问卷梳理了保险机构对衍生品的认知和意愿：重视衍生品的风险管理功能，对固定收益类衍生品需求最为强烈，同时期待政策在权益、外汇等领域参与衍生品运用上的放开与深化。

本课题最大的特色是运用量化工具对保险资金可利用的衍生品策略进行了深入分析与实证模拟。我们发现，以股指期货合约和上证50ETF期权为工具，可以为保险

机构的权益投资组合的风险管理提供多种策略选择和价值贡献。此外,运用股指期货和期权,还可以复制指数暴露、提供资产配置工具、提供收益增强策略,给保险资金带来更多管理工具和价值提升。

最后,本课题认为,保险行业作为提供风险管理服务的金融企业,运用衍生品提供的工具进行风险对冲和投资组合优化十分有必要。建议通过行业能力建设和政策引领,进一步扩大保险机构衍生品交易的范围,如国债期货、利率掉期、期权、大宗商品类衍生品等,促进衍生品套保作用的有效发挥。同时,结合实务中可能存在的问题,建议对衍生品监管的政策制度有一个更好的定位,在管控风险的前提下推动保险业更加有效地使用衍生工具,提升保险资金运用的效率与稳健能力。

关键词

衍生品　保险资金　风险管理　资产配置

第一章　境外衍生品及保险运用的发展与经验

第一节　金融衍生品的起源与发展

一、衍生品的源起

衍生品是市场经济与贸易活动兴盛相伴而生的交易型市场工具。市场交易活动从现货交易发展到远期交易,再到期货交易,是与交易活动有关的信息传递及价格发现的更加高效的过程,可以使交易者更好应对价格波动的风险。

最早有纪录的衍生品交易可追溯至人类文明发源地之一的古希腊。公元前七世纪,古希腊哲学家泰勒斯因为预测到来年橄榄的丰收,提前通过权利金的方式锁定橄榄榨油器使用权,并在下一年通过出让榨油器的使用权而获利颇丰。在古罗马,为了确保首都的粮食供应和食品安全,执政官庞培通过签订远期的食物供应合同,构建长期粮食保障规划。

伴随着西方商品贸易和航运的发展,在荷兰、英国和法国等地的商品交易中心都出现了远期合同交易的方式。17世纪,日本大阪成立了大米交易所,出现了类似期货的标准化的米券交易的市场,为稻谷价格起落变化提供价格指导与风险锁定。19世纪以来,美国经济和贸易发展迅速,成为资本主义世界的重要市场。芝加哥期货交易所几经演变发展,成为近代衍生品品种和交易发展的重要基地。

二、金融衍生品的背景与基本类别

20世纪70年代之后,西方国家纷纷放弃布雷顿森林体系,允许利率、汇率等市场价格有更大的浮动空间,开启了自由浮动型的全球金融市场体系的新模式。同时,当代经济全球化新浪潮,国际贸易、跨国投资和融资的快速增长,但也给全球资本带来了与以往相比更多、更复杂的风险。投资者面临一个利率、汇率、商品价格等价格自由浮动以及国际政治经济风险无时不在的外部环境,大大提升了投资者通过金融衍生品交易寻求必要的确定性的需求。从1972年和1973年芝加哥商品交易所和芝加哥期权交易所上市金融期货和期权品种,现代金融衍生品不断推陈出新,包括利率、汇率和信用类等品种相继出现,各类机构不断加入其中。经过40多年的发展,金融衍生品市场不断扩大,体系不断完善,市场规范程度逐步提高、交易规模快速增长,成为后来者居上的衍生品市场的主流和核心。

金融衍生品,是以金融工具或金融产品作为标的物的衍生品合约。金融衍生品具有一般衍生品的特征,但其合约标的物不是实物商品,而是金融工具或金融产品,如外汇、债券、股票指数等。

按照合约类型,金融衍生品合约包括远期、期货、掉期(互换)和期权;衍生品合约也可以是上述类型的一种或多种特征的混合(见图1-1)。

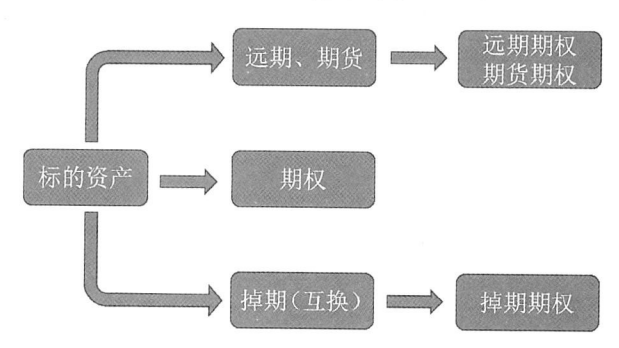

资料来源:泰康资产管理有限责任公司。

图1-1 基本衍生品体系

期货、远期：远期合约和期货合约都是交易双方约定在未来某一特定时间、以某一特定价格、买卖某一特定数量和质量资产的交易形式。期货合约是期货交易所制定的标准化合约，对合约到期日及其买卖的资产的种类、数量、质量做出了统一规定。远期合约是根据买卖双方的特殊需求由买卖双方自行签订的合约。

期权：期权的买方支付一定权利金，从而获得一种金融交易的权力，而非义务。期权的持有人拥有在某一特定时间、以某一特定价格，与期权卖方为对手，买（卖）某一特定种类、数量、质量的基础资产的权利。期权合约也有交易所上市的标准化合同和场外的非标准化合同之分。

掉期（互换）：掉期交易是指交易双方约定在未来某一时期相互交换某些基础资产或者其收益权力的一种合同约定，或者，掉期交易的当事人通常约定在未来某一期间内，以基础资产的某种价格或利率等为基础，相互交换其对应的现金流，达成各自的交易目的。较为常见的是货币掉期和利率掉期。

按照基础资产类型，金融衍生品可以分为股票（指数）、利率（债券）、货币等基础类别。更具体的分类，股票类中又包括具体的股票和由股票组合形成的股票指数；利率类中又可分为以短期存款利率为代表的短期利率和以长期债券利率为代表的长期利率；货币类中包括各种不同币种之间的汇总价格等。而商品期货则是一种传统的衍生品，主要标的是金属、矿产、农作物等各类大宗实物商品。商品期货（期权）是衍生品发展的早期形式，虽被金融衍生品所超越，但仍在经济与贸易领域发挥着重要的作用。近年来，衍生品市场还出现了以信用、波动率、气候等为基础资产的新型衍生品（见表1-1）。

表1-1　　　　　　　　　金融衍生品资产合约类型列表

标的资产对象		具体资产类型	合约类型			
			期货	远期	期权	掉期
金融衍生品	利率	短期存款	√	√	√	√
		长期债券	√		√	
	股票	股票	√		√	
		股票指数	√		√	
	货币	现汇	√	√	√	√
商品		各类实物商品	√	√	√	√

资料来源：泰康资产管理有限责任公司。

三、金融衍生品的市场特征与交易特点

（一）交易场所

金融衍生品分为场内交易的标准化合约和场外交易的衍生品合约两类。

所谓场内交易，又称交易所交易，指买卖双方集中在交易所进行竞价交易的方式。场内交易的特点是合约的标准化、竞价的公开化、价格的透明化和结算、清算的集中化。投资者通过参与场内交易，可以在现有条件下获得最具竞争力的报价和良好的流动性变现能力。同时，场内交易的透明性和监管到位使该市场具有良好的安全性和稳定性。

场外交易，又称柜台交易，指买卖双方直接作为交易对手的交易方式。这种方式通常是机构之间的交易，其中券商、投行、期货公司等可以根据自身实力与创新能力，设计出满足客户需求的多样化、条件灵活多变的金融衍生品合约，最大限度满足客户特异化的需求。该市场由金融机构的巨大创新能力而具备更高的活力，但透明度、流动性和交易对手风险是场外市场投资者必须面对的额外风险。

（二）交易参与主体

金融衍生品交易参与主体大体可以分为三类：对冲者、投机者以及套利者；三类交易者共同维护了金融衍生产品市场功能的发挥和风险转移的实现。

对冲者（套期保值者）是衍生品市场最为重要的基础，也是市场上最保守和最正统的参与者。对冲投资者通过建立与其持有的现货相反的衍生品头寸，实现风险对冲或锁定价格的避险目的。对冲者通常是风险厌恶者，在一定可接受的代价下，通过衍生品市场将风险转移给其他参与者。

投机者是衍生品市场风险的承担者和流动性的提供者。投机者根据自身对整体市场的预测和判断，参与衍生品交易以博取收益，但也有可能招致损失。投机者往往以其信息能力和专业判断为衍生品定价提供具备资金支持的判断并承受因之带来的利润与亏损。

套利者也是衍生品市场有效性的守护者。一旦衍生品定价存在内在的不合理性和套利空间，套利者通过积极的反向交易博取一种低风险收益的收益机会，同时导致市场价格区间的合理回归。随着市场的发展，完全无风险的套利机会可能很难长期存在，不少套利者使用一种基于统计的套利交易，以概率性机会分散下注，博取有限的盈利机会，进一步给市场价格提供有效的价值回归。依据操作标的分为：期现套利、跨期套利、跨品种套利、跨市场套利等。

（三）交易特点与功能定位

金融衍生品市场与现货交易市场存在很大差异，主要体现在交易体制、品种安排、

时间期限、风险管理等多个方面。简而言之,金融衍生品市场由于独特的保证金交易、天然的杠杆性、合约独特的期限结构以及与基础资产的联动关系,使其交易安排可以更好地实现套期保值、期现套利、方向灵活、头寸管理等目的。

金融衍生品采取保证金交易方式,给参与者较大的便利,降低各个参与者进行套保和其他交易的难度,但也带来合约履行以及头寸管理上的风险。同时,由于保证金交易,衍生品交易天然是一种杠杆交易,在放大收益的同时也放大了风险,对非套保交易者的风险管理能力提出了较大的挑战与压力。金融衍生品合约都有一定的约定期限,其对基础资产的套期保值也有一个覆盖的时间段,投资者须关注约定期限内的各种因素的影响,同时金融资产在不同期限合约下表现出的不同报价及期限结构,也给金融资产的价格特征带来了更多的结构性信息与市场预期变化的演示。最后,衍生品市场是一个近乎零和的游戏,不存在自身的内在价值。因此,通过衍生品价格与基础资产价格的联动关系,风险从一个交易者转移到另一个交易者,或者将大规模的风险额度在大量交易者之间进行了分散与转移,实现其他方式难以完成的任务。

金融衍生品的上述特点使其具备了规避风险、价格发现和资产配置等重要功能。

规避风险功能:(这一点在上文的论述中已经多次表述了)。套期保值者出让市场价格有利变化可能带来的利润,换得低成本回避价格不利变化的风险。

价格发现功能:这与传统衍生品市场的机制类似,通过金融衍生品市场,将大量愿意承担责任和参与报价的大量交易者纳入价格发现的过程,通过市场所具备的公开、公正、高效、竞争的交易运行机制,吸引大量公开性、连续性、预期性、权威性的信息和有效报价,提升价格发现的有效性。

资产配置功能:金融衍生品虽然自身不具备独立的价值,但其基础资产为具有配置价值的权益、固定收益、货币等资产。通过保证金制度,交易者可以暴露于有配置价值的大类资产头寸,在宏观经济与行业轮动的过程中,大体上获取其风险溢价。由于衍生品市场的特征,这种交易还可以通过杠杆管理大大提高资金使用效率,并降低对应的基础资产的流动性风险。因此,金融衍生品在许多宏观交易策略和多资产配置策略中得以比较广泛的运用,并形成有效的战术资产配置(TAA)的交易优势。

四、海外衍生品市场的发展与市场格局

(一)海外衍生品市场发展现状

近10年全球衍生品市场保持较快增长。从全球期货期权(涵盖了各种资产类别的期货和期权)的成交手数看,2018年全球金融衍生品的交易取得了十分迅猛的增长。2018年全球场内期货期权成交达302.8亿手,创下历史新纪录,成交量年同比增幅高达20.2%。其中全球期货成交量增长15.6%至171.5亿手,期权成交量增长26.8%达到了131.3亿手;显示期权品种的交易量增长弹性更加充足。从2009年到2018年十年间,衍生品成交总体上行,综合年化的增长率约为7.34%(见图1-2)。

资料来源:期货日报网。

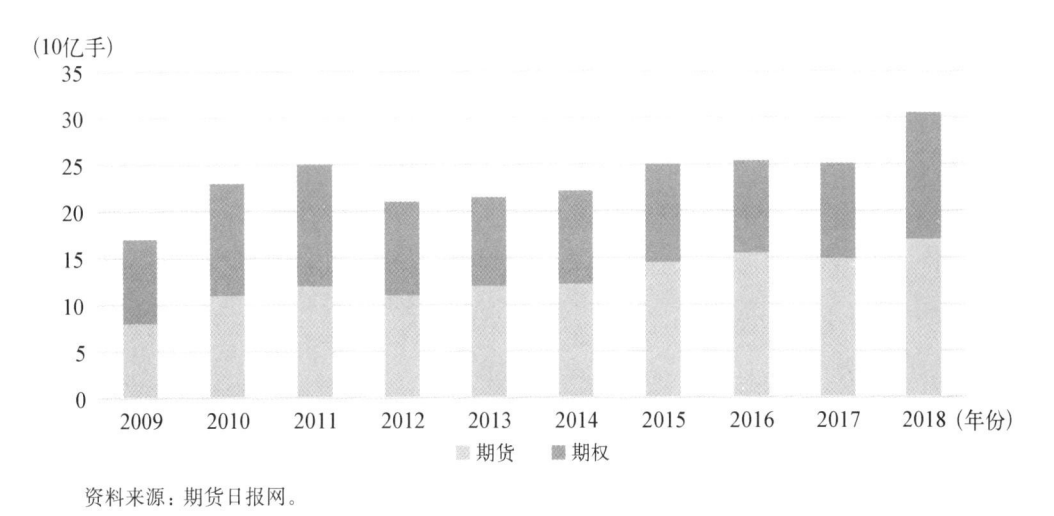

图1-2 全球期货及期权的成交额

从成交量的地区分布看,亚太和拉美成为2018年衍生品成交量增长最快的地区。亚太地区的金融衍生品(期货期权)成交量增长了27.1%,达到111.9亿手,在地区份额占比上稳居榜首。但从金融衍生品的增长看,拉美地区起点低、增长快,2018年该地区的成交量增长了40.8%,达到27.8亿手。北美地区的成交量增长了18.8%,达到105.6亿手,占全球成交量的34.9%。欧洲地区成交量增长了6.7%,达到52.7亿手,占全球成交量的17.4%(见图1-3)。

一方面,分类别看,金融期货期权成交继续压倒性高于商品期货期权,金融期货期权总成交量为242.53亿手,同比增长26.2%,占全球份额80.1%,较2017年份额继续提升4%;另一方面,商品期货期权总成交量为60.29亿手,同比增长仅0.9%,全球份额占比下降了4%(见图1-4)。

按照产品项目细分,股票指数和货币产品增长势头最强劲,利率产品成交再度刷新历史纪录。股票指数期货期权成交量的增长成为2018年全球期货期权成交总量增长的主要驱动力之一。全球股指期货期权的成交量在2018年创下历史新高,达到了99.8亿手,增幅达到了32.8%。外汇、单一股票、利率期货均出现双位数的增长,成交均创历史新高。外汇期货期权增幅为31.7%,达到创纪录的39.3亿手。全球利率交

(10亿手)

图 1-3 全球期货及期权的成交量(区域)

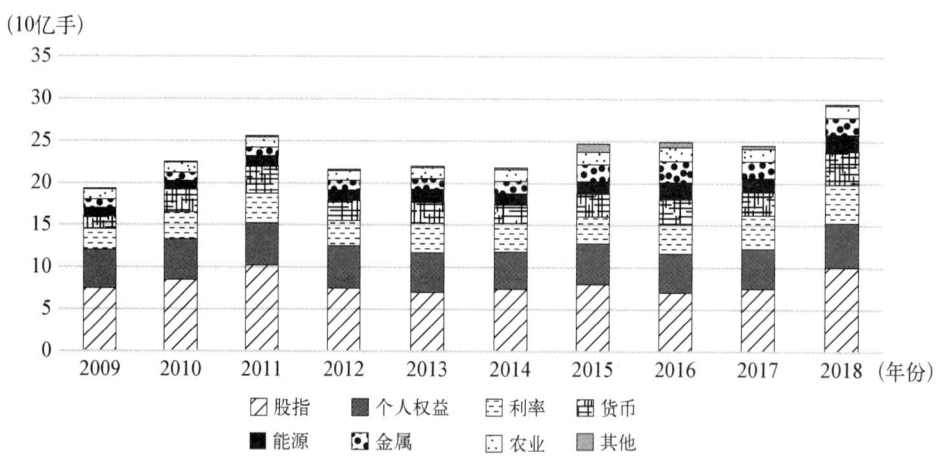

资料来源：期货日报网。

图 1-4 全球期货及期权的成交量(品种)

资料来源：期货日报网。

易增长了 14.8%，达到创纪录的 45.5 亿手，这是利率交易连续第三年创纪录。商品期货期权则成交量增减不一，农产品、能源、贵金属和其他商品期货期权的成交出现不同程度的增长，增幅最大的是农产品期货期权，大增 13.9%，达到了 14.9 亿手。

以交易所排名看，2018 年成交量排名全球三甲与 2017 年相比发生了一些变化。芝加哥商业交易所(CME)稳居首位，成交量为 48.4 亿手，同比增长 18.5%。位列第 2 的印度国家证券交易所(NSE)成交量大增 53.7%至 37.9 亿手；巴西交易所(B3)位居第 3，成交大增 42.3%至 25.7 亿手，从而超越了洲际交易所(ICE)历史上第三的排名，显示出新兴市场在衍生品交易上的潜力。中国上海期货交易所(SHFE)主要是商品期货和期权的交易，目前排名第 10(见表 1-2)。

表1-2　　　　　　　　　2018年全球衍生品交易所Top10名单

排名	交易所	2017年	2018年	变化
1	芝加哥商业交易所集团	4 089 345 897	4 844 856 880	18.48%
2	印度国家证券交易所(NSE)	2 465 333 505	3 790 090 142	53.74%
3	巴西交易所(B3)	1 809 358 955	2 574 073 178	42.26%
4	洲际交易所	2 125 404 062	2 474 223 217	16.41%
5	芝加哥期货交易所(CBOE Holdings)	1 810 195 197	2 050 884 142	13.30%
6	欧洲期货交易所	1 675 898 310	1 951 763 081	16.46%
7	纳斯达克(纳斯达克)	1 676 626 292	1 894 713 045	13.01%
8	莫斯科交易所	1 584 632 965	1 500 375 257	−5.32%
9	韩国交易所	1 015 335 674	1 408 257 756	38.70%
10	上海期货交易所(SHFE)	1 364 243 528	1 201 898 093	−11.90%

资料来源：FIA。

（二）海外衍生品市场发展格局与新趋势

金融危机以来，全球衍生品市场出现了四次长期趋势。

第一，2018年是衍生品市场5年以来首次全面快速地增长。金融危机过后，北美和欧洲的主要交易中心遭遇了严重的萎缩，特别是利率衍生品。与此同时，中国和印度市场的快速增长弥补了这一缺口，但从2011年至2017年，整体交易规模基本原地踏步。

第二，期货和期权的成交量走势发生分化。在过去10年的大部分时间里，期货的成交量都呈现增长趋势，2018年的期货成交量是2009年的约两倍。相反，期权成交量在2011年达到顶峰，此后开始下滑，直至2018年激增27%创下新纪录。造成这种分化的主要原因是，绝大多数的期权与股票市场挂钩，而期货交易在各个品种中分布更为均匀。

第三，过去10年商品期货交易的增长速度比金融期货快得多。这主要是由于中国的商品期货市场发展异常迅猛，且商品产量的结构性变化也发挥了作用。例如，美国石油和天然气产量的快速增长，对能源商品的全球贸易产生了巨大影响，同时这反映在能源期货和期权的交易上，其成交量在过去10年间增长240%。并且，场内能源衍生品的成交量在2018年创下历史纪录。

第四，个人投资者的交易行为在整体成交量中扮演了更加突出的角色。个人投资者成交量的具体占比较难衡量，因为大部分交易所并不公布投资者结构的数据。然而，我们可以将合约规模较小、换手率较高的市场归类为以个人投资者主导的市场。正如前面提到的，印度和巴西外汇期货交易的快速成长符合这一模式。

（三）印度期权市场异军突起的经验

2000年以来，印度金融衍生品市场的交易量快速增长，陆续推出了股指期货、股指期权、个股期权、个股期货、行业指数期货与期权、迷你期货与期权等产品，其中股指期权是主要品种，也是增长快的品种。

印度金融衍生品市场的流动性不断向股指期权集中，而股指期权市场的流动性又向印度国家证券交易所（NSE）的NIFTY50股指期权集中。截至2015年底，股指期权成交量占印度金融衍生品市场成交量的75%，其中成交最为活跃的NIFTY 50股指期权占印度股指期权成交量的92.8%（见图1-5、图1-6）。

资料来源：World Federation of Exchanges（WFE）。

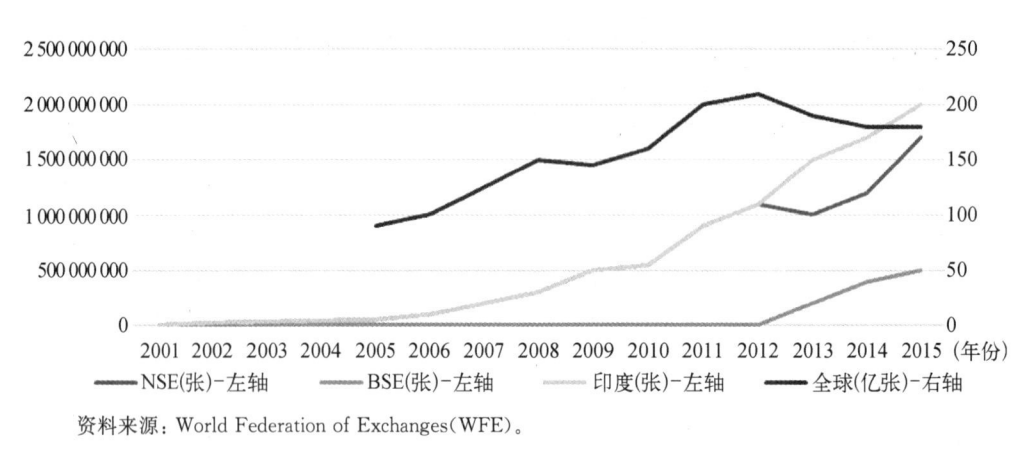

图1-5　印度衍生品成交量增长情况

资料来源：World Federation of Exchanges（WFE）。

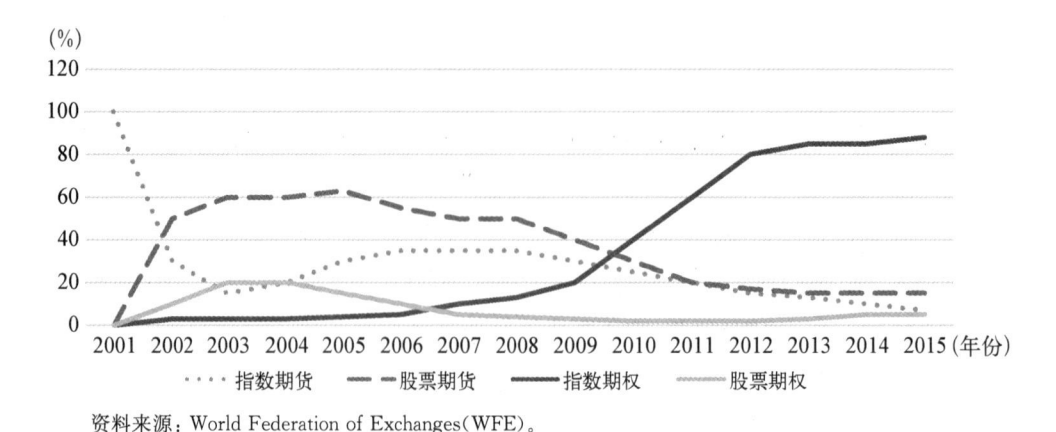

图1-6　印度衍生品成交量分类增长情况

根据世界交易所联合会(WFE)的数据,2015年至2018年,印度NSE一直是全球股指期权成交量的龙头,2018年NSE占到全球交易量的一半以上,韩国排名第二(见图1-7)。

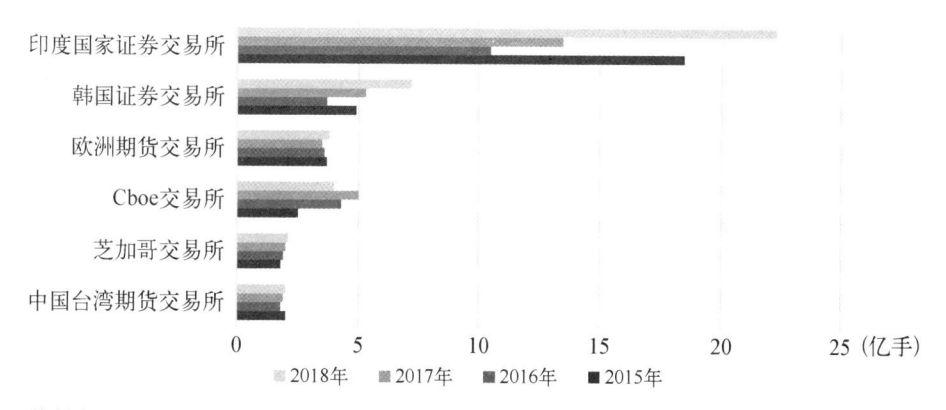

资料来源:World Federation of Exchanges(WFE)。

图1-7 全球股期权成交量

印度衍生品市场,尤其是期权产品快速发展的可能有以下原因和经验。

第一,印度市场开展衍生品较早,交易与管理经验丰富。印度有着一百多年的期货交易历史,市场形成相对成熟的衍生品交易管理的制度和体系。同时,印度强大的软件与互联网业也为其期权交易的推广和普及提供了强有力的技术保障。

第二,印度金融市场开放,海外投资者促进衍生品发展。由于印度市场在新兴市场的影响力,加上市场的开放与制度限制的逐渐破除,大批国际专业机构投资者陆续进入印度市场,极大地推动了印度金融市场的发展,对金融衍生品市场发展和完善起到了相当的推动作用。

第三,股指期权顺应市场需求,站上风口。亚洲金融危机后,权益市场波动增大,亚洲投资者对金融衍生品越来越重视,高杠杆、合约灵活、风险收益特征突出的期权受到追捧。印度推出期权产品的时点正好赶上亚洲期权发展的黄金期,而其重点发展股指期权的选择也十分契合市场的需求。同一时期,韩国和我国台湾地区也相继推出股指期权,均出现飞速发展的势头。另外,印度自NIFTY指数自2010年以来,连续9年漫长的牛市也为股指期权的发展起到推动作用。

(四)金融危机之后衍生品监管的新趋势

2008年金融危机席卷全球金融市场,给全球金融市场,特别是发达国家金融市场带来了严重的危机与挑战。危机之后,美国、欧洲、亚太、日本、澳大利亚等地区的监管

机构痛定思痛,深切感受到金融监管在维护市场长治久安上的突出地位和作用。针对被称作"大规模杀伤性金融武器"的衍生品,更是监管重点管理和防范的对象。大体而言,西方金融监管出现了几个方面的大趋势:

增加资本金要求。增加资本金要求或者减少风险加权资产一直是巴塞尔框架下的监管要求所追求的目标。巴塞尔协议 III 下的一级资本要求为风险加权资产(RWA)的 4.5%;同时,针对全球具有系统重要性的银行提高了额外的资本金要求,使金融机构拥有更多安全垫,降低整个金融体系的风险。同时,这一要求也无疑压缩了金融机构的利润空间,要求金融机构对资本的更有效配置和优化管理变得更加重要。金融机构经营管理者需要深刻理解交易决策对资产负债表的影响和对资本状态的影响,并通过更加有效和迅速的数据分析与指标管理响应监管要求,并给内部管理的有效提升提供支持。

提高流动性水平。提高金融机构流动性水平一直也是巴塞尔 III 协议的重要目标。金融危机中出现的雷曼兄弟和贝尔斯登案例表明,依靠不稳定的短期融资和回购市场滚动贷款,投资银行实际上时时面临着市场的信任投票。若不能获得信任投票,大型机构也可能发生重大流动性风险。就此,监管要求金融机构的短期流动性能力(LCR,流动性覆盖率)达到优质流动性资产/30 天压力期内的总净现金流出要大于100%,即短期内金融机构在压力条件下的短期现金流能够覆盖其 30 天内的现金需求。同时,对于较长期内(最多 1 年),监管要求金融机构的净稳定融资比率(NSFR),即可用稳定资金/需要稳定资金大于 100%,即使用更稳定的资金来源来应对资金需求,减少资产和负债流动性之间的不匹配。同样,这些要求也将损害金融机构的收入和盈利能力,金融机构被迫专注于高质量、短期贷款及债券、长期债务及权益融资,而非依赖短期资金来源为主。

推进中央清算。2008 年金融危机暴露出场外衍生品在清算、危机处理上的不足,而具备中央清算的场内市场则显示出较大的优势。全球监管一直致力于推动通过中央对手方来清算场外衍生品交易,降低单一成员倒闭对整个场外市场体系所造成的影响。中央交易对手方作为金融市场的基础设施,逐步在场外衍生品市场推广。凡是可以标准化的衍生品,须由中央对手方清算。中央对手方必须对市场进行监控,使用变动保证金、初始保证金、违约基金等工具实施风险监控与管理。

实施非中央清算保证金框架。国际监管机构(国际清算银行等)认识到场外衍生品市场完全转向中央清算的难度与可行性存在的巨大挑战,进一步提出采取更加清晰、严谨的标准化的保证金要求来管理市场风险;具体包括变动保证金、初始保证金以及抵押品的保管、识别与转移等。这些规则使衍生品市场保证金的调用大幅增加,需要巨大的成本与技术投入以建设保证金交换的流程、机制、技术与服务体系。这降低了衍生品交易商的利润水平,提高了其对高质量抵押品的需求和抵押品的成本。交易机构在交易安排过程中,需要同时进行抵押品的搜寻报价和成本计算,交易的复杂程度提升了。

控制杠杆率。作为对银行商业行为的最终限制,防止过度的杠杆水平和风险承担,要求银行机构形成杠杆比率的约束。如巴塞尔协议下,设定杠杆比率为一级资本除以风险敞口,并要求该比率大于3%。

第二节 海外保险机构对金融衍生品的运用实务与经验总结

一、境外保险机构的衍生品应用比较成熟

海外保险公司的发展历史,印证了风险管理不断深化和复杂化的整个过程。以美国为例,美国自18世纪20年代第一家保险机构诞生以来,保险市场已经发展成为全球规模最大、发展最成熟的市场。但保险公司的经营管理比较单一化,以稳定的承保活动获取承保利润,保险公司资金运用基本上集中于稳定的利率产品,仍可以获得丰厚的经营回报。20世纪70年代至20世纪80年代,保险公司经营环境发生了巨大的变化,一方面石油危机、布雷顿森林体系崩溃、恶性通货膨胀等的冲击使美国利率、汇率、股市出现大幅波动,保险公司资产负债管理面临非常严峻的考验,另一方面,随着保险产品不断创新,保险资金规模不断扩大,保险资金运用与风险管理的重要性也不断加大,保险业对投资的风险管理工具需求也更加强烈。随着金融衍生品市场逐渐成熟,保险机构也纷纷开始进行金融衍生品的投资和交易,为保险公司提供了良好的风险管控与价值提升的功能(见表1-3)。

表1-3 各国家和地区保险公司资产类别规模占比 单位:%

资产类别	美国		日本		中国台湾		英国	加拿大		韩国	
	2014	2015	2014	2015	2014	2015	2014	2014	2015	2014	2015
现金及等价物	2.71	2.74	2.02	2.53	2.16	1.54	5.18	3.09	3.01	3.11	2.68
国内债券	59.59	60.17	55.40	55.03	22.72	18.79	20.58	57.54	56.54	56.49	56.68

续表

资产类别	美国 2014	美国 2015	日本 2014	日本 2015	中国台湾 2014	中国台湾 2015	英国 2014	加拿大 2014	加拿大 2015	韩国 2014	韩国 2015
国内股票	4.14	4.07	6.18	5.40	8.57	7.54	20.34	6.90	6.08	5.85	5.00
国外投资	15.30	14.84	19.95	21.42	50.34	57.59	24.28	—	—	6.06	8.35
国外债券	15.13	14.70	18.28	—	—	—	13.6				
国外股票	0.17	0.14	1.67	—	—	—	10.19				
贷款	13.55	14.02	10.02	9.53	9.01	7.84	—	14.41	13.47	18.65	18.51
不动产	0.61	0.65	1.70	1.68	6.64	6.34	—	3.41	3.75	2.79	2.59
衍生品	1.52	1.42	—	—	−0.06	0.06	2.59	3.51	3.86	0.00	0.00
其他	4.35	4.07	4.49	5.35	0.00	0.00	33.76	11.15	13.29	6.93	6.07

资料来源：NAIC/LIAJ/TII/ONS/OSFI/KLIA，泰康资产管理有限责任公司资配中心分析。

从海外保险公司资产配置的数据看，保险机构不仅大类资产配置上存在显著差异，而且在衍生品运用上也存在着显著的地区差异。一方面，在发达国家中，北美与英国都是衍生品占比较高、衍生品运用比较活跃的地区：美国保险公司衍生品占管理资产的比例达1.42%，加拿大则占到3.86%，同时英国的比例2.59%也比较高。与之形成鲜明对比的是，同样是比较发达的保险市场，日本、韩国、中国台湾三地的衍生品配置几近于无。这种现象可以部分被保险机构在权益以及海外配置上的差异所解释：美国、英国都是海外配置比较多的国家，因此产生了大量的对冲需求，特别是英国保险机构权益配置比例达到30.5%，在发达市场可谓独树一帜。另一方面，亚洲国家和地区的衍生品运用则明显低了不少，应该与亚洲地区衍生品种类与成交量有一定关注。近年亚洲衍生品市场的快速发展，其增长点更多在中国、印度等新兴市场国家。

关于加拿大保险机构的衍生品BACV占比高达3.51%（2014）和3.86%（2015），据了解与加拿大保险公司的资产配置也有一定关联。加拿大保险机构除了进行公开市场投资之外，还十分重视实物型资产的配置，包括木材、矿产等；以及非上市股权的配置，从而充分利用加拿大自然资源丰富和具备长期价值的独特优势，使其另类投资占比比较高。在这种配置结构下，加拿大保险机构的衍生品套保需求以及利用衍生品进行资产配置的需求都比较强。在汇率对冲方面，加拿大机构通常采用部分对冲、保留一定汇率敞口的方式。其主要原因是加拿大是一个资源出口型国家，当经济环境不好的时候，加元贬值，外币升值，使得境外投资收益兑换会加元后上升，因此能天然地对冲经济增长的风险。

本节我们看到的衍生品报表口径为 BACV，即调整后的账面价值（Book/Adjusted Carrying Value — BACV），反映衍生品经损益调整后的保证金成本。以美国保险机构为例，2010 年至 2015 年，美国保险业衍生品的 BACV 口径下以 25.68% 的复合增长率增长，寿险业金融衍生品 BACV 达 538 亿美元（2015 年），占比投资资产的 1.42% 左右；而同期以名义价值口径（Nominal Principal）体现的美国寿险业衍生品规模达到 1.8 万亿美元，占其投资资产规模的 47%。两口径差异巨大，主要是由衍生品的计量原则上，进入报表的 BACV 允许金融机构以净额口径计量，计算时常常以多个衍生品合约的净值为基础，考虑市值与重置成本之较大者。而名义本金则不考虑各种合约之间的方向与关系，直接进行合并计量，因此名义本金可以作为一种衍生品规模的参考指标，不能作为其衍生品风险暴露的可靠衡量。

二、美国保险机构的衍生品运用

（一）美国保险机构衍生品持有规模

近年来，美国保险机构运用金融衍生工具的规模稳步提升。根据美国保险监督官协会（NAIC）统计，截至 2017 年底，美国保险公司持有的衍生品总规模（名义价值口径—Notional Principal）为 2.4 万亿美元，较 2016 年的 2.3 万亿美元增长 4.2%。2017 年美国保险机构管理资产总规模为 6.5 万亿美元，衍生品名义规模占比约为 36.9%。2010 年至 2019 年，保险行业衍生品总规模增长 129%（复合增长率 12.5%）。可见，美国保险公司在金融危机之后金融衍生品的规模经历了一个快速恢复的增长时期，而近年速度已经明显放缓（见图 1-8）。

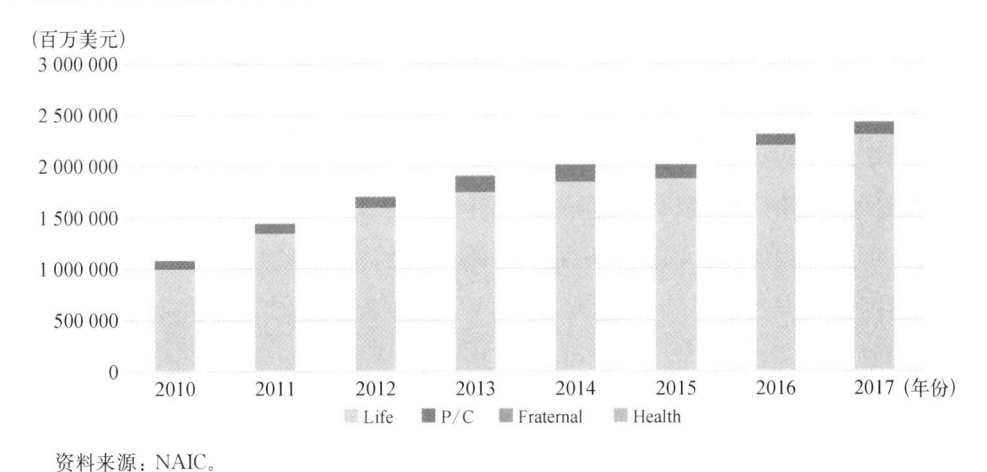

资料来源：NAIC。

图 1-8　2017 年底美国保险公司持有衍生品规模

美国保险机构参与衍生品交易的范围是相对集中的模式。从参与机构的角度，2017年在全美约4500家保险公司中有311家投资了金融衍生品，占比7.0%（虽然较2014年的4.6%相比明显提升），但总体参与度似乎不太高。

从参与机构的特征来看，有如下几个特点。

一是资产规模大的保险公司参与衍生品交易更积极。虽然参与衍生品交易的保险公司数量只有7.0%，但其拥有的资产规模则超过了60%。进一步，总资产规模超过100亿美元的保险公司拥有行业衍生品持仓的绝大部分（近90%），虽然小规模的保险机构的确也有一些参与者和一定的持仓量。另外，总资产规模100亿美元的门槛似乎也并不高，参与衍生品业务的占比不高更多是因为美国保险业的长尾分布所决定的。

二是参与衍生品交易的保险公司的地域分布，也呈现出比较集中的状态。虽然参与衍生品交易的保险公司分布在美国43州（说明美国各州的监管政策中以允许衍生品交易的居多），但更多交易/持仓量分布在东中部的七个州（康涅狄格、特拉华州、爱荷华州、马萨诸塞州、密歇根州、明尼苏达州和纽约州等），这些地区往往又是美国经济金融比较发达的地区。

三是参与衍生品的保险公司中，以寿险公司运用最多。行业中持有衍生品的保险机构中，包括217家人寿保险（数量占比70%，运用规模占比为96%），其次为财产险公司（61家，数量占比25%，运用规模占比为4%），参与衍生品的其他类型保险公司（健康险等）数量和规模均较少。

美国保险公司衍生品交易的另一个特点是场外场内两个市场并用，但从规模和品种上以场外交易为主。这主要是由衍生品市场自身的场内场外结构所决定的。据国际清算银行（BIS）的数据，截至2014年6月全球场外衍生品名义交易额为691万亿美元，而场内交易仅仅29万亿美元。因此保险公司场外衍生品的运用高于场内也不足为怪了。据统计，2014年9月，美国寿险公司持有的场外衍生品名义价值总计为1.1万亿美元（若与当年年末美国寿险公司的衍生品总名义本金1.8万亿美元相比，占比超过60%）。同时，保险公司重点关注的利率衍生品（利率互换、利率上限等）以及外币衍生品都以场外交易为主，场外衍生品还可以根据保险公司的实际需求，由场外经纪公司创设、合成、定制适合保险公司需要的衍生品合约（期限、价格、行权方式以及利率条件等方面的更多选择），使保险公司套保需求得到更好的满足，套保有效性得以提升。同时，在场内衍生品使用上，保险公司更多权益型衍生品（如股指期权和个股期权等）选择在场内进行交易，因为场内衍生品有合约标准化程度高，价格透明的特点，对于活跃变化、快速反应的权益类衍生品市场,更容易抓住时机,获取更好的套保价格与更低的成本。

(二)美国保险机构衍生品运用策略

从监管报表的数据看,美国保险机构使用衍生品的用途和目的是多元化的,既有对冲特定风险目的的衍生品,也有复制型应用(replication)以及收益增强型(Income generation)对冲策略。多目的的金融衍生品运用和策略给保险公司更大的主动性和自由度,使衍生品运用的手段更加丰富,给保险机构带来更加全面的对冲与管理效果。

首先是以对冲风险为目的的金融衍生品应用。对冲风险(hedging)是一种总体方向性的策略描述,包含了保险机构应对利率、货币以及权益市场波动等各种风险来源和风险形态的各种衍生品交易和对冲组合构建操作,以达到提升保险公司经营稳健性和安全性的目的。从报表可以看到,保险公司对冲风险的操作在衍生品持仓中占据压倒性比例。截至2017年底,对冲用途的衍生品规模占比为总额的95%,之前几年也大体如此。

金融危机后,美国越来越多的保险公司意识到对冲计划是重要的工具。麦肯锡公司(McKinsey & Co.)关于保险公司衍生品对冲有如下评论"对冲计划在2008年9月和10月为保险业节省了约400亿美元,抵消了同期保险业被对冲负债增加额的90%以上,尽管在某些情况下,市场力量的相互作用会给对冲带来一定压力,或者增加部分成本。"因此,保险公司利用衍生品的风险对冲总体发挥了其目的和效果。

对冲套保的操作方式中,仍区别为"有效对冲"(Hedging effective)和"其他对冲"(Hedging Other)两个子类别。所谓"有效对冲",是指美国保险公司的衍生品对冲操作符合美国法定会计原则声明(Statement of Statutory Accounting Principles,SSAP)的套保标准要求,可以运用"套保会计"进行报告的衍生品套保操作。按SSAP第86号文规定,用于对冲用途的衍生品,其公允价值的变化与因被套期风险引起的被套期资产的名义价值相反变动之比在80%~125%之时,或者对套保使用回归分析时,当$R2$指标高于0.8时,被认为是"有效对冲"。在"套保会计"下,衍生工具的估值和报告方式与被套期资产或负债相一致,可以限制财务报告的波动性,但这种套保方式的条件还是比较严苛的,实际业务中许多衍生品套保交易不符合严格的有效对冲界定,被归类为"其他对冲"。这部分衍生品在会计上将按公允价值报告,公允价值的变化被记录为未实现的收益或损失,不能按套保会计报告。尽管不能直接抵销财报波动,但这些对冲操作从属性上仍然是降低风险的,对公司资产波动和盈余波动有一定对冲与管理。

从报表看,截至2017年底,保险公司用于对冲目的的衍生品持仓中,"有效对冲"策略的名义价值规模为2 428亿美元,占所有保险公司对冲规模的10%左右;而归入"其他对冲"策略的名义价值规模达到1.997万亿美元,占所有衍生品持仓的85%。虽然不是"有效对冲",但仍对保险公司风险管理提供了正面的对冲作用。

其次,除对冲之外的其他策略,美国保险公司的衍生品应用仍包括了"Replication(复制)"和"Income generation(收入增强)"以及"Other(其他)"三个类别。从报表上看,复制资产名义本金465.8亿美元(约2%)、收益增强策略1.2亿美元(<1%),而难以归类的其他策略493.5亿美元(约3%)。从近年的变化看,复制资产策略的名义本金规模从2010年的118亿美元增至2017年的466亿美元,年均增幅22%,获得了显著的重视和提升。收益增强类策略2015年以前规模和占比均显著增长,2017年底持有仓位有一定下滑。

表1-4　　　　　　2017年底美国保险公司衍生品不同交易目标的规模

（名义价值口径,单位：百万美元）

行　业	其他对冲	有效对冲	其　他	复　制	收入增强	总　和
人寿保险	1 930 526	239 775	54 684	45 487	61	2 270 532
财产险	65 680	2 576	14 626	1 008	58	83 947
互助险	1 165	259	0	85	—	1 509
健康险	109	200	37	—	—	346
总　和	1 997 480	242 810	69 347	46 579	119	2 356 335
总和占比	85%	10%	3%	2%	0%	100%

资料来源：NAIC。

最后,从不同保险类型公司的策略应用来看,美国人寿保险对于对冲策略使用的比例最高(95.6%),复制资产的比例仅为2%;而财险公司使用对冲策略的比例相对有较低(81.3%),而其他用途占比为17.4%,明显高于寿险公司。

（三）运用衍生品的重点品种

保险公司投资和运营面临多种资产类别或资本市场指标带来的风险,包括利率风险、股票风险、外汇风险和信贷风险等。保险公司采用衍生品进行套期保值,从传统的资产负债匹配来减少利率风险,到动态套期保值保险公司的负债或多风险因素等。保险公司可以根据风险的性质和企业的战略目标,采用不同的方式构建对冲策略,以防范会计意义的法定资本的波动,或防范实际的投资损失,既可以对冲单个资产(特定资产对冲),又可以将风险块聚合在一起同时进行对冲(组合对冲)。从实践看,保险业暴露较大的是利率风险和股票风险。在有较大境外投资的情况下,一些国际化运作和投资管理的保险公司也在外汇风险上有较大敞口。不同风险类别需要运用不同的衍生品合约进行对冲:在对冲利率风险时,保险公司主要应用掉期和期权,期货的使用比例很低;在对冲股市风险时,期权是保险公司应用最多的工具,可以构造不同的期权策略来实现非线性的权益风险管理;外汇风险主要通过货币互换和远期进行对冲;信用风险主要通过CDS进行对冲。

从衍生品工具按类型分类的报表中,人寿公司使用最多的是互换,比例高达49%,其次是期权(43%)。寿险参与互换的主要目的是为了对冲持有的流动性较差的私募证券和发售的GICs负债之间的久期不匹配缺口,买入看跌期权可以对冲一些与股票价格挂钩的产品如指数连接年金的风险。对于财险公司,使用比例最多的衍生品是期权(68%)。财险公司较多使用利率下限期权对冲利率风险;同时财险公司投资结构中一般都有比较大的股票仓位,因此买入看跌期权和卖出看涨期权均可以一定程度上对冲市场下行风险(见表1-5)。

表1-5 2017年底美国保险公司持有衍生品各类型规模

(名义价值口径,单位:百万美元)

行业	互换	期权	期货	远期	总和	总和占比
人寿险	1 119 290	965 886	123 738	61 618	2 270 532	96%
财产险	17 120	57 328	3 266	6 233	83 947	4%
互助险	444	721	344	—	1 509	0%
健康险	210	—	27	109	346	0%
总和	1 137 064	1 023 935	127 376	67 960	2 356 335	100%
总和占比	48%	43%	5%	3%	100%	

资料来源:NAIC。

在美国保险机构持有的衍生品中,掉期(互换)是占比最大的品种,名义规模是1.1万亿美元,规模占比接近一半(48%),其主要用于对冲利率风险和货币风险;期权是第二大持有的衍生品类型,规模1万亿美元,占比约为43%,主要适用于保险公司对冲权益型风险,但也可以用于利率风险管理;期货和远期名列第三和第四,占比分别为5%和3%。其中较2016年增长最快的品种为期权(+4%),下降较快的为期货(-5%)。期货品种主要是场内标准化品种,已经不再是美国保险公司的主要运用工具。

1. 掉期(互换)

正如上文所言,掉期(互换)是美国保险公司利用最多的衍生工具。同时,掉期(互换)也是一种形式灵活,包罗万象的衍生品合约。从美国保险机构掉期(互换)合约的细分报表看,共有四种类型的掉期(互换):分别为利率互换(80%)、货币掉期(互换)9%、总收益互换(6%)和信用违约互换(3%)(见表1-6);其他互换还有2%的占比。可见,利率互换是保险公司最主要的互换衍生合约,2017年底其名义本金达到9 008.7亿美元。

表1-6　　　　　　　　　　2017年底美国保险公司持有掉期规模

(名义价值口径,单位:百万美元)

行 业	利率互换	货币掉期	总收益互换	信用违约互换	其 他	总 和
人寿险	900 874	100 512	65 384	32 691	19 829	1 119 290
财产险	9 998	2 941	1 209	1 701	1 271	17 120
互助险	15	429	—	—	—	444
健康险	210	—	—	—	—	210
总 和	911 097	103 883	66 593	34 393	21 100	1 137 064
总和占比	80%	9%	6%	3%	2%	100%

资料来源:NAIC。

保险公司资产配置中,固定收益产品是各国保险机构中占比最大的配置资产;同时保险公司由于其产品通常具有长期性,最容易受到利率风险的影响(特别是人寿公司,其产品主要为长期寿险、年金及退休金产品),需要有长期固定收益资产进行匹配;而固定收益资产难以达到要求时,保险公司可以通过利率互换等工具,将其持有的浮动利率债券或者存款,兑换成固定利率品种,从而提高资产的久期,给预定利率的保险负债提供更好的期限匹配或久期匹配。

灵活高效的互换合约,同时也可以包容货币互换、总收益互换以及信用违约互换等合同形式,对外汇风险、权益风险以及企业债的信用风险进行套保。

货币互换可能涉及约定之下的本金交换,但也可以有不交换本金的货币互换协议。根据保险公司自身投资需求以及现金流管理的实际,货币互换可以提供定制化的套保合约,对未来投资资产的外汇风险进行套保和对冲。由于货币互换的灵活性和场外定制化的特点,实际上是保险机构对冲外汇风险的主要方式。截至2017年底,货币互换的名义本金达到1 038.83亿美元(而同期外汇期权只有232.47亿美元)。

总收益互换(Total Return Swap)可以将打包资产(包括本金、利息、预付费用以及因资产价格的有利变化带来的资本利得)的总收益交换为固定利率回报,所以是一种包容性比较大的衍生品合约。总收益互换也是以场外互换协议的方式可以用于对冲权益类资产风险的合约。但从数据看并非主流,2017年底665.93亿美元的名义本金规模,只占互换合约的6%。

信用违约互换(Credit Default Swap)就是曾经在金融危机中名噪一时的信用衍生品。由于信用违约互换的泛滥与低质量发展,使信用违约互换推动了2008年全球金融危机的升级。原本该衍生品是一种对信用风险进行保险和管理的工具,但由于金融机构的过度乐观与管控能力存在不足,使信用违约互换的价值没有得到真实的体现,真正倒闭潮来临之时,就给从事CDS交易以有以CDS为基础资产的其他另类工具的交易者带来极大的损失。2017年末,保险业CDS的名义本金规模达到343.9亿美元,占比只有3%,非常有限。

通货膨胀掉期在衍生品中的占比很小,但却是投资者对冲通货膨胀风险的重要手段。通货膨胀掉期可以让机构投资者不购买通货膨胀指数债券而实现对冲通货膨胀风险的目的,投资者通过支付给银行固定利息,而从银行获得通货膨胀回报。同时,使用通货膨胀掉期还能使投资者规避债券票息可能产生的不利的税务后果。

2. 期权

在美国保险资金衍生品投资中,期权为美国保险公司持有规模第二大的衍生品(占比43%),也是增长最快的品种,7年来规模复合增长率15.1%(见表1-7)。

表1-7　　　　　　　　　　2017年底美国保险公司持有期权规模

(名义价值口径,单位:百万美元)

合约类型	看涨期权	看跌期权	利率上限	其他	衣领期权	利率下限	总和	总和占比(%)
普通股	331 357	206 093	193	35 971	46 102	—	619 716	66
利率互换	49 606	10 913	176 658	44 142	500	8 449	290 268	31
外　汇	1 716	3 278	146	361	17 747	—	23 247	2
信用及其他	—	—	—	—	—	—	—	0
总　和	382 679	220 284	176 997	80 473	64 349	8 449	933 231	100

资料来源:NAIC。

期权的类型繁多,比较常见的类别是看涨期权(Call)和看跌期权(Put);而衣领期权(Collar)本质上是一种合成期权,通过现货持仓加一个看涨期权和一个看跌期权共

同构成,给投资者提供一种区间收益的低波动组合。同时,利率上限(Cap)和利率下限(Floor)则更适合于利率工具的期权;同样,利率期权的配合也可以合成一种衣领期权(Collar)。

从美国保险公司的期权持仓看,用于权益类的期权占到全部期权名义本金的66%,约三分之二;而利率期权则基本覆盖了剩余的三分之一;外汇期权只占到2%。

股市风险是保险公司面临的主要风险之一,而对权益风险对冲管控的重要工具就是期权。特别是保险公司负债方产品若内嵌与股票市场相关联的挂钩或者保底等期权,则保险公司必然会在衍生工具市场进行对冲,以免市场发生剧烈变化时对公司经营产生过大的影响。不同于期货、远期和掉期等线性衍生品,期权的价值由期权的行使价格与标的价格之间的距离、标的价格在期权有效期内的预期波动率以及期权到期前的剩余时间决定,具有非线性的风险收益特征。期权可以管理权益资产的市场风险(Delta)、波动性(Vega)以及利率(Rho)等"希腊字母"风险的影响,通过与现货结合,可以实现对组合特定方向、特定点位和特定风险类型的对冲。保险公司的权益套保主要使用期权来实现,期权非常适合保险公司实现对冲市场下行风险同时保留一定市场向上的收益。

另外,在利率风险对冲中,期权的使用也较广(占比31%),包括利率上限、利率下限等,在对冲非对称风险(如提前支付或退保风险)方面应用较多。看涨期权中包括互换期权(Swaption)——在未来某个日期签订互换合同的期权,可以用来管理某些有保障利益的寿险产品的失效或退保风险。

最后,在期权策略中,买入看跌期权进行对冲市场可能的下行风险,卖出看涨期权备兑开仓可以增加收益,使用期权合成期货可以复制特定类型的资产,这些均为保险公司使用的常见方式。

3. 期权套保案例

(1)衣领期权(Collar)管理变额年金的风险管理。

年金保险是美国人寿保险的主要构成,而变额年金则是年金保险的主力产品。变额年金是具有最低保险利益保证的人寿保险产品,并且将保险利益和投资账户联结,当保单账户价值低于一定阈值时,投资者获得类似固定收益产品的最低保单利益保证,当保单账户价值高于该阈值时,投保人又可享受投资资产上涨带来的收益,与看涨期权收益结构类似。最低保单利益保证是变额年金的核心和关键风险来源,一旦触发最低保单利益保证,将影响所有保单,因此合理地管理最低保单利益保证风险非常重要(见图1-9)。

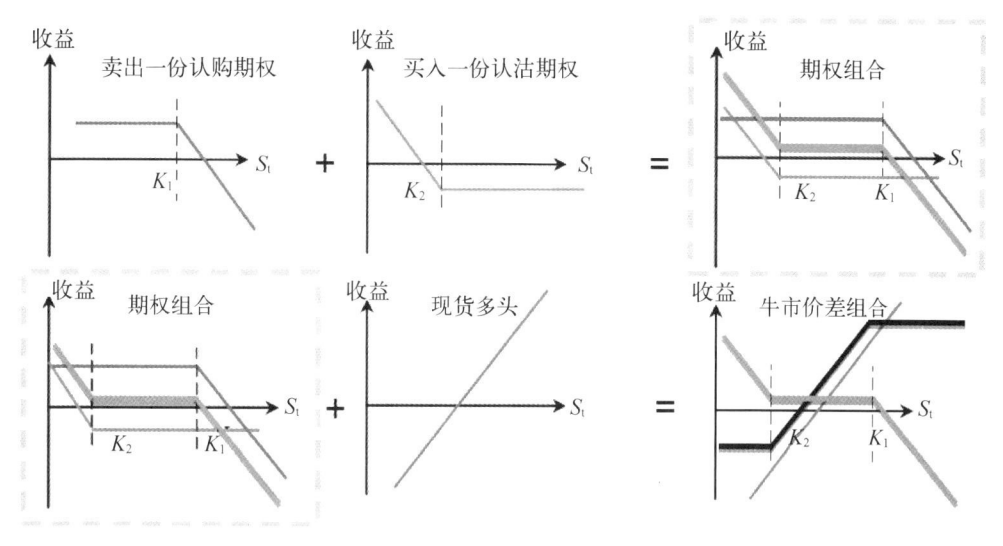

资料来源：中信证券数量化投资分析系统。

图 1-9　期权与现货组合构造"衣领策略"（牛市价差策略）

美国 MetLife（大都会集团）是美国最大的人寿保险公司，截至 2018 年底，MetLife 保费总收入为 512 亿美元。其中年金产品对公司保费收入帮助巨大，2016—2018 年间，Metlife 的年金收入占总保费收入比例从 13% 上升到了 21%，而变额年金是 MetLife 年金产品的主要组成。为保证变额年金的最低收益，MetLife 利用股指期权对旗下投资于股指的变额年金产品进行风险对冲，卖出一个认购期权同时买入一个看跌期权构造衣领期权策略（也称为牛市价差策略），与所持有的现货头寸相结合将锁定上行和下行风险，且买卖期权价差的存在使得组合收益略高于直接投资股指。2018 年，Metlife 利用场外衍生品对冲变额年金产品时，股指期权是主要的品种（占比 35%），主要用于对冲权益市场风险（见表 1-8）。

表 1-8　Metlife 用于担保变额年金的衍生工具投资规模　　　单位：百万美元

风险类型	对冲工具	2018 名义总额	2018 资产	2018 负债	2017 名义总额	2017 资产	2017 负债
利率风险	利率互换	8 209	89	3	16 080	433	22
利率风险	利率期货	1 559	1	3	3 060	1	4
利率风险	利率期权	838	163	—	10 173	486	11
汇率风险	汇率期货	1 815	44	9	2 288	5	36
市场风险	股票期货	2 730	11	77	3 781	17	4
市场风险	股指期权	9 933	408	546	9 546	383	690

续表

风险类型	对冲工具	2018 名义总额	2018 资产	2018 负债	2017 名义总额	2017 资产	2017 负债
市场风险	方差互换	2 269	40	87	4 661	54	199
市场风险	股票总收益	929	91	—	1 117	—	41
总计		28 282	847	725	50 706	1 379	1 007

资料来源：MetLife 年报。

截至 2018 年底，Metlife 总体运用衍生品对冲总额近 3 075 亿美元，与 2017 年相比，对冲风险总额上升约 11%。其中，Metlife 对期权类衍生产品的重视程度明显上升，利率期权投资总额较 2017 年底上升 122%，股指期权投资总额上升 39%（见表 1-9）。

表 1-9　　2018 年 MetLife 利用衍生品对冲风险规模　　单位：百万美元

对冲方式	风险类型	对冲工具	2018 名义总额	2018 资产	2018 负债	2017 名义总额	2017 资产	2017 负债
完全对冲	利率风险	利率互换	5 961	2 340	3	7 427	2 524	7
完全对冲	利率风险	利率远期	3 022	—	216	3 332	—	128
完全对冲	汇率风险	外汇互换	37 164	1 850	1 831	33 268	1 192	1 683
完全对冲	汇率风险	外汇远期	3 100	32	45	3 585	4	42
完全对冲	汇率风险	货币期权	5 137	3	202	9 408	44	163
完全对冲	完全对冲总计		54 384	4 225	2 297	57 020	3 764	2 023
不完全对冲	利率风险	利率互换	54 891	1 796	175	60 485	2 203	576
不完全对冲	利率风险	利率 floors	12 701	102	—	7 201	92	—
不完全对冲	利率风险	利率 caps	54 575	154	1	53 079	78	2
不完全对冲	利率风险	利率期货	2 353	1	3	4 366	2	4
不完全对冲	利率风险	利率期权	26 690	416	—	12 009	656	11
不完全对冲	利率风险	利率远期	234	1	15	217	—	42
不完全对冲	利率风险	利率总回报互换	1 048	33	2	1 048	8	2
不完全对冲	利率风险	Synthetic GICs	25 700	—	—	11 318	—	—
不完全对冲	汇率风险	外汇互换	11 388	884	458	9 902	693	506
不完全对冲	汇率风险	外汇远期	13 417	198	213	12 238	79	190

续表

对冲方式	风险类型	对冲工具	2018 名义总额	2018 资产	2018 负债	2017 名义总额	2017 资产	2017 负债
不完全对冲	汇率风险	外汇期货	847	4	—	846	2	—
		外汇期权	2 040	7	—	3 123	55	6
	信用风险	买入信用违约互换	1 903	25	39	2 020	7	43
		卖出信用违约互换	11 391	95	13	11 375	271	—
	市场风险	股票期货	2 992	13	77	4 005	18	4
		股指期权	27 707	884	550	19 886	569	690
		方差互换	2 269	40	87	4 661	54	199
		股票总收益互换	929	91	—	1 117	—	41
	不完全对冲总计		253 075	4 744	1 633	218 896	4 787	2 316
总　计			307 459	8 969	3 930	275 916	8 551	4 339

资料来源：MetLife 年报。

(2) 卖出看跌期权的低位建仓策略。

这个策略是当投资者判断未来股票价格不会出现显著下跌时，卖出认沽期权的策略。适用于投资者期望在预期价位买入或者增持股票的情况。若到期股票价格跌破行权价，则以低价买入股票建仓，若股票价格高于行权价，期权不行权，投资者可获得权利金作为收益。

实例：巴菲特的伯克希尔哈撒韦公司在 20 世纪 90 年代对于可口可乐的期权交易就是典型的低位建仓策略。可口可乐在 20 世纪 90 年代是伯克希尔哈撒韦公司的第一大重仓股，巴菲特仍然长期看好可口可乐的发展，对其进行了增持，并通过期权来辅助配置。他在 1993 年 4 月以每份 1.5 美元卖出了共 500 万份当年 12 月到期的虚值看跌期权，到期日为 1993 年 12 月，执行价为 35 美元，可口可乐股票当时的市场价格为 40 美元，该交易合计获得权利金 750 万美元。表面上看，如果到期时跌至 33.5 美元以下则该笔交易将亏损，但是在长期看好可口可乐股价的前提下，股价的下跌正好是低位建仓的好时机，而通过卖出的期权的被行权，巴菲特可以锁定建仓成本、降低建仓的市场冲击。即便到期后如果股价持续在 33.5 美元以上，卖出期权的权利金收入又是一笔可观的收益。

(3) 买入看涨期权为未来低价建仓提供保护。

买入看涨期权进行仓位管理可以获得目标股票未来上涨的收益,适用于预测股价反弹或者上涨的行情,充分预防股价进一步下跌的风险,也留存了未来在市场向好时补仓的机会。

实例:在2008年的金融危机中,高盛的股价一度下跌至2007年最高点的20%。在最为艰难的时候,高盛主动邀请巴菲特投资于高盛的股票。巴菲特对高盛提出了如下的投资条件:第一,伯克希尔哈撒韦公司投资50亿美元在高盛的优先股,股利是每年10%;第二,除直接投资外,额外获得一份美式看涨期权,可以在未来的五年内以115美元一股的价格买入50亿美元的高盛普通股。

在金融危机结束后,高盛的股价迅速恢复到了200美元左右的水平,在此后的五年内维持在150美元左右。巴菲特的这个美式看涨期权为其获得了低价进一步增持高盛的机会,而其优先股也在此同时为其提供了每年约5亿美元的优先股股利。巴菲特无法精准预测最低价是多少,也无法预测所投资标的股价在未来多久后回复苏,因此他运用期权充分预防股价进一步下跌的风险,也留存了未来在市场向好时补仓的机会。

三、美国金融衍生品运用经验和启示

美国作为衍生品市场的发源地和最为发达的地区,全球最大的保险市场之一,两者的结合给保险业运用衍生工具进行风险管理与业务管理提供了良好的背景与条件。2008年金融危机对美国金融体系以及衍生品的运用与管理产生了很大的影响,一度尖锐的批评声音不绝于耳(如巴菲特称衍生品是大规模杀伤性武器);但危机十年之后,我们看到金融工程创新仍在推出满足市场需求的产品,而衍生品在风险管理上的价值也仍然得到实务领域的广泛认可,美国保险机构运用衍生品的规模也获得持续的恢复性增长。从美国保险业的衍生品运用情况,我们可以总结如下经验与做法,给中国衍生品运用上的摸索与进步提供一点启示和借鉴。

第一,金融衍生品成为保险机构的重要风险管理工具,甚至不可或缺。一方面,保险机构通常资产规模庞大,投资管理活动复杂,投资资产类别很多,与保险负债相匹配的保险投资组合也更加多元和复杂,因此保险公司投资组合中包含的风险也是多种多样的,缺乏衍生品作为工具,会限制保险机构在既定的框架下完成对风险管理的复杂操作,降低保险公司资金运用的有效性。特别是,规模越大的保险公司,其衍生品运用的积极性越高,占比也越高。

另一方面,保险机构的投资决策体系必须要考虑从负债方到账户要求再到资本市场应对的种种要素,不太容易做出快速多变的市场调整与反应。由于资产规模偏大,进行极端市场环境中的快速反应,也存在流动性不足和操作上的困难,通过衍生品的运用,保险机构可以提高对市场波动和即时变化的反应机制,公司可以在一定程度上对冲市场风险,保障保险资产的安全性。

第二,保险公司从事衍生工具交易的主要目的是对冲和规避风险,但并非唯一用途,衍生品给保险机构提供的功能比较多样化。美国保险业从事衍生工具的投资统计看,大多数持仓合约都在"对冲"的科目下,可以占到全部持仓的90%以上。当然,我们看到的报表是一种时点的截面报告,限制了我们对不同类别衍生品交易的持仓与交易之间差异的辨别,但"对冲"活动的主要地位应该是可以确定的。同时,套保活动中"有效对冲"占比并不多,这可能源自衍生品合约的有限品种与被套保资产之多样性之间的差异,现实世界里真正完全对应的对冲不是主流,"部分对冲"虽然效率不够高,但毕竟可以给投资者提供降低风险的工具和措施,还是得到了广泛的运用。

美国保险公司在使用衍生工具时,采用多种类型的交易策略,特别是在"对冲"之外,还有"资产复制""收入增强"和"其他"三个类别,说明多样化的衍生工具给保险机构提供的功能是丰富的。如我们可以看到"收入增强"项下的看涨期权的集中持仓,说明期权策略中倍受欢迎的"备兑开仓策略"在保险机构里也找到了用武之地。这些策略可以在不提升账户风险的前提下,一定程度上起到增强资产收益的作用。

第三,衍生工具配合产品设计,可以丰富保险市场产品种类。保险产品作为一类重要的金融产品,对于普通居民的理财、企业的财务管理等可能发挥重要作用,形成了一些受欢迎的投资型产品。美国保险产品从传统储蓄型、保障型产品向投资型产品的发展也成为各家公司产品创新的着力点之一。

例如,保险公司向客户提供的变额年金(Variable Annuity)产品,就直接将期权功能整合到保险公司的年金产品之中,允许客户在有保底收益的情况下,部分参与权益市场上扬带来的收益增强。此类产品带来的风险,以金融衍生工具进行对冲,既可以管理产品风险,降低保险公司的风险暴露和资本消耗,更对进一步支持产品创新,丰富整个保险产品线和完善保险市场将起到重要的推动作用。

第四,保险业对于衍生品工具的使用更加成熟和专业化。美国保险机构的衍生工具对冲,据我们了解,大体可以分为三种业务模式。一是保险机构自己管理对冲操作,

对公司的利率、汇率等风险进行对冲和控制。此种业务模式的案例不多,保险公司可以在风险管理部门设置衍生品交易管理,在公司整体层面上对多个业务条线和地区汇集的各种风险进行综合计算与管理,将公司风险承担能力之外或者不应当承担的风险进行对冲和转移。二是保险机构将衍生品交易功能委托给旗下的资产管理公司操作,但对风险管理的规划与目标设定仍由委托人负责,但具体交易管理上可以与资产管理公司共用一个衍生品专业交易平台和团队,从而各自发挥所长,使公司衍生品管控风险与优化合约持仓和交易细节两个方面都得到良好的贯彻和实现。三是保险机构将衍生品交易功能委托给专业的衍生品管理机构(如,专业的外汇交易管理机构)。同样地,保险公司给出衍生品管理的目标与允许范围,专业管理机构进行一种叠加管理(Overlay),一方面实现风险管理目标,另一方面也可以在专业管理能力基础上实现一定程度的优化。

历史上,对于权益类风险的对冲,保险公司的经验是权益期权与股指期货等工具的结合。考虑到权益市场的波动性和股指期货市场的快速多变的特点,一般保险公司会利用期权市场的一些比较便宜的市场机会,建立一部分长期头寸,使对冲目标得以部分锁定,然后再在股指期货市场进行一部分逐日交易的对冲策略,可以进一步降低交易成本,而一旦市场发生巨大波动,期权品种提供的保障将更加可靠和有效。

第五,衍生品场外交易与场内交易并重,未来更向场内模式倾斜。美国保险业超过半数的交易是通过场外进行的,其大部分掉期,以及部分期权都是再场外交易完成;这种场外交易的优点是对冲交易方案的定制性和高有效性,但对冲方案提供商可能会有额外的费用加成,但总体上因为对冲效果的提升,场外交易还是有优势的;场外衍生品交易的最大弱点是合约达成方式是当事双方之间的直接签约,因此存在交易对手风险。2008年金融危机后,美国金融监管趋严,《多德-弗兰克法案》(Dodd-Frank Act)要求对场外金融衍生品交易进行管理和整顿,降低衍生品市场的系统性风险。因此场外交易也逐渐向着集中清算的方向转移,交易过程更加透明化,使场外衍生品交易的交易对手风险也得到逐步化解。但带来的负面影响是增加了衍生品参与者的报备要求,提升了场外交易者的成本费用负担。

尽管如此,相较于场内标准化衍生工具,场外衍生品可以为保险公司覆盖场内没有标的资产,提供期限可变、价格可协商、条款更复杂、内容更多样化的合约,为对冲提供更加丰富和定制化的工具,短期内不可能被场内衍生品所替代。在相当长的一段时间内,场内、场外衍生品市场并存可能仍然是主要模式。

第二章 保险资金运用与对冲需求的调研与梳理

第一节 保险资金运用的发展回顾

一、我国保险发展状况

21世纪之后的最近九年(即2009—2017年间),中国保险业仍然保持着快速的增长态势。这既表现在从业机构的增长(从138家增加到222家,年化增长6.1%),以及保险集团化经营形成保险集团的增长,从8家增加到12家,而且还表现在保险业资产总量的增长。按《中国统计年鉴》口径,截至2017年底,保险业总资产规模16.94万亿元人民币,较上年增长10.2%;与2009年相比,年化增长19.53%。这主要得益于2014—2016年间的快速增长。另据中国银保监会发布的2018年保险数据统计报告,2018年保险业实现总资产183 308.92亿元,较年初增长9.45%,2018年我国保险业经历了寿险产品整顿带来的负增长以及车险增速放缓等影响,增长速度明显放缓。但近十年的快速发展还是充分显示了中国保险业超越经济增速的实力和与消费升级、产业升级相关的潜力。

同时,2018年,我国保费收入规模达到38 016.60亿元,同比增长3.92%;赔款及给付12 297.50亿元,同比增长9.99%;保险业的监管与管理不断增强,整个行业致力于防范化解历史快速发展积累的一些风险。总体来看,我国保险行业规模不断扩大,业务日益多样化,未来市场潜力巨大(见图2-1)。

其间,保险行业的两个基本格局,即寿险与财险之间的比例以及中资公司与外资公司之间的比例,仍然保持着原有的基本格局。2009年寿险公司总资产在全行业中占到83%,到2017年下降到78%,降低5个百分点,相对财产险及再保险行业仍有绝对的优势。这与两种业务之间的积累方式有很大关系。同时,外资公司相对于中资公司的增长略快,使其资产规模占比由2009年的5.1%提升至6.2%,变化幅度非常有限(见表2-1、图2-2至图2-4)。

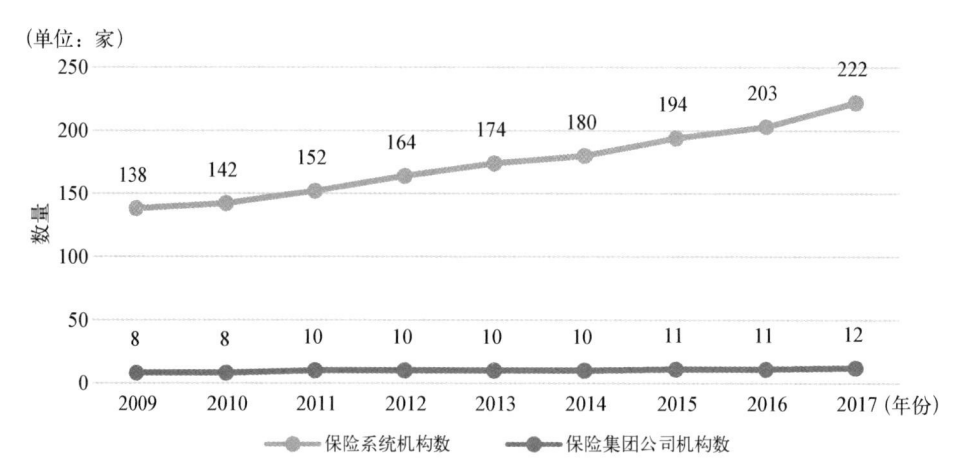

(单位：家)

图 2-1 保险机构数目变化情况

资料来源：中国统计年鉴。

表 2-1 保险公司资产情况 单位：亿元

年 份	总资产	财产险公司	寿险公司	再保险公司	中资公司	外资公司
2009	40 634.75	4 892.62	33 655.05	1 162.01	38 582.37	2 052.39
2010	50 481.61	5 833.52	42 642.66	1 151.79	47 860.49	2 621.12
2011	59 828.94	7 919.95	49 798.19	1 579.11	56 822.12	3 006.83
2012	73 545.73	9 477.47	60 991.22	1 845.25	70 080.33	3 465.4
2013	82 886.95	10 941.45	68 250.07	2 103.93	78 551.67	4 335.28
2014	101 591.5	14 061.48	82 487.2	3 513.56	94 950.98	6 640.49
2015	123 597.8	18 481.13	99 324.83	5 187.38	115 058	6 539.8
2016	153 764.7	23 849.82	126 557.5	2 765.61	144 646.6	9 118.07
2017	169 377.3	24 901.04	131 885.1	3 150.32	158 956.9	10 420.46

资料来源：中国统计年鉴。

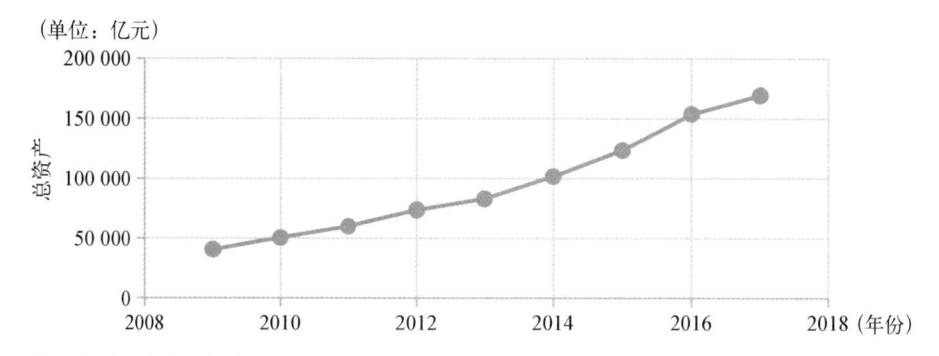

资料来源：中国统计年鉴。

图 2-2 保险公司总资产变化趋势

(亿元)
180 000
160 000
140 000
120 000
100 000
80 000
60 000
40 000
20 000
0
　　2009　2010　2011　2012　2013　2014　2015　2016　2017（年份）
■再保险公司　■寿险公司　■财产险公司

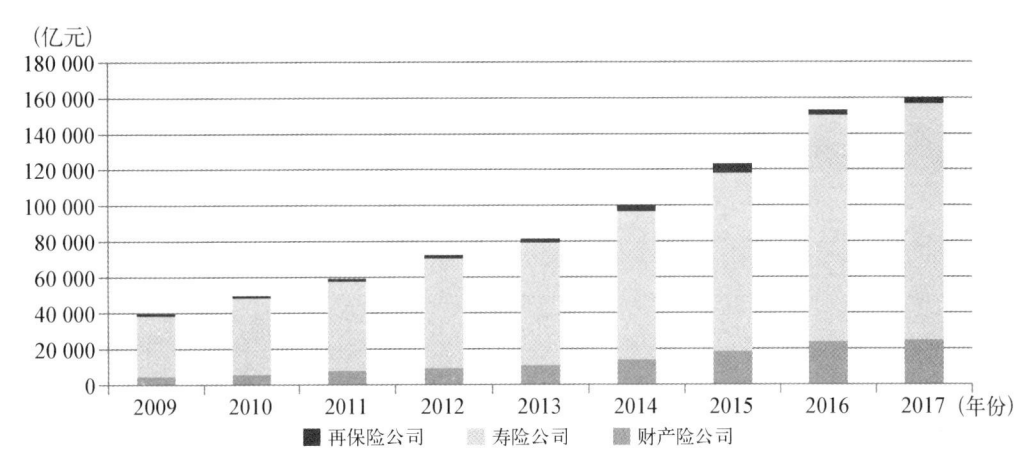

资料来源：中国统计年鉴。

图 2-3 保险公司总资产变化趋势

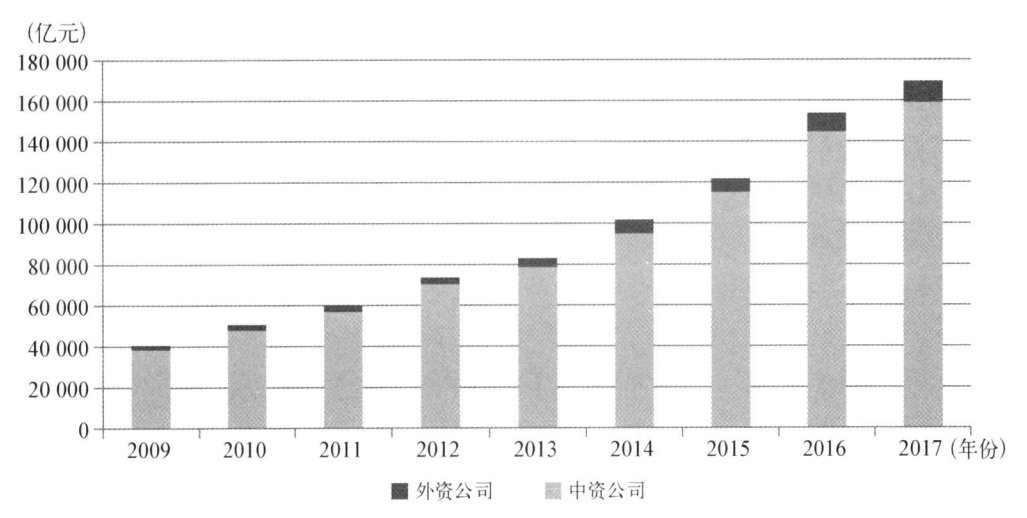

(亿元)
180 000
160 000
140 000
120 000
100 000
80 000
60 000
40 000
20 000
0
　　2009　2010　2011　2012　2013　2014　2015　2016　2017（年份）
■外资公司　■中资公司

资料来源：中国统计年鉴。

图 2-4 保险公司总资产变化趋势

二、我国保险资金运用基本状况

保险行业迅速增长的同时，保险公司可运用投资资金不断积累，规模不断扩大。截至2018年底，根据中国银保监会发布的统计口径，保险资金运用余额达164 088.38亿元，较年初增长9.97%；同期中国公募基金行业管理资产规模13.01万亿元，而信托业资产规模下降至22.7万亿元，在中国金融体系中保持着快速增长，承担着重要的机构投资者的职能（见表2-2）。

表 2-2　　　　　　　　　　保险公司资金运用情况　　　　　　　　　单位：亿元

年　份	余　额	银行存款	国　债	金融债券	企业债券	证券投资基金
2009	37 417.12	10 519.68	4 053.82	8 746.1	6 074.56	2 758.78
2010	46 046.62	13 909.97	4 815.78	10 038.75	7 935.69	2 620.73
2011	55 192.98	17 692.69	4 741.9	12 418.8	8 755.86	2 909.92
2012	68 542.58	23 446	4 795.02	14 832.57	10 899.98	3 625.58
2013	76 873.41	22 640.98	4 776.73	14 811.84	13 727.75	3 575.52
2014	93 314.43	25 310.73	5 009.88	15 067.12	15 465.13	4 714.28
2015	111 795.5	24 349.67	5 831.12	15 215.31	17 307.38	8 856.5
2016	133 910.7	24 844.21	7 796.24	16 260.35	18 627.99	8 554.46
2017	149 206.2	19 274.07	10 167.99	19 153.05	19 436.76	7 524.77

资料来源：中国统计年鉴。

保险资金运用的具体情况看，随着投资渠道日益多元化，目前我国保险公司资金仍以固定收益类资产投资为主，2017年在固定收益类资产上的分配（见图2-5），呈现较为均衡的配置方式。2009—2017年间，保险资金运用余额及债券投资额持续增长，银行存款和证券投资基金的投资额则先升后降，如图2-6所示。

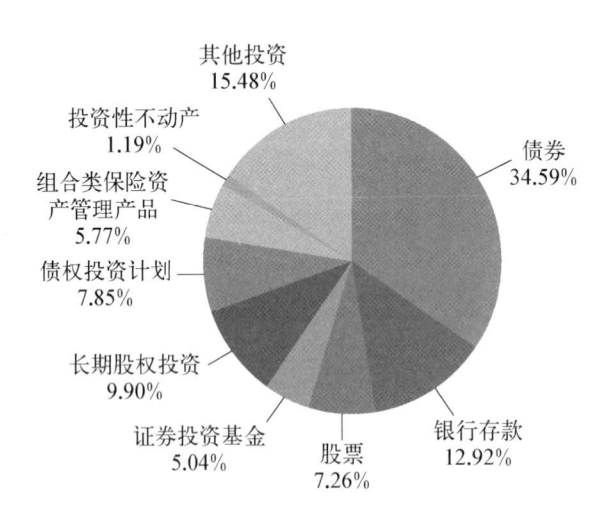

资料来源：中国保险年鉴。

图 2-5　2017 年保险公司资金在大类资产分配情况

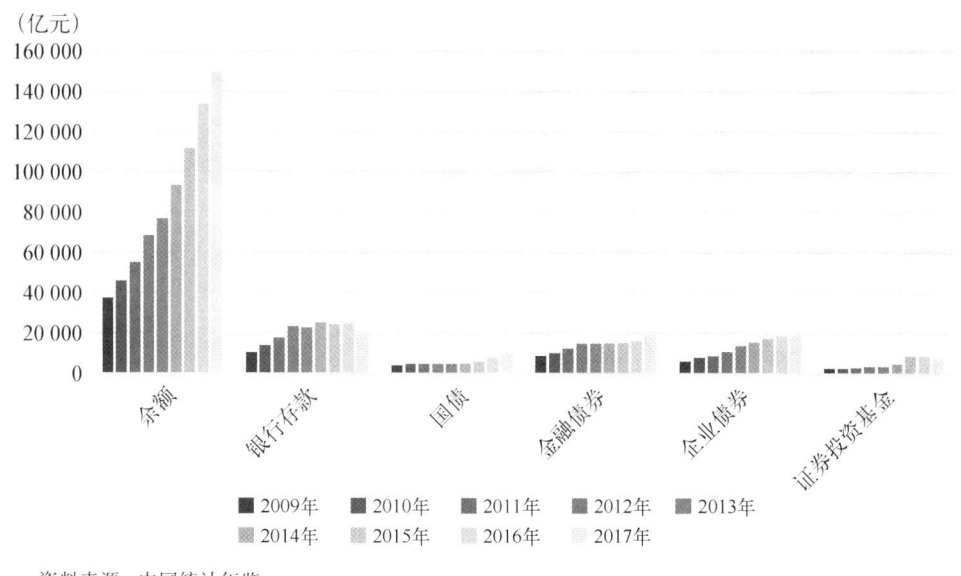

资料来源：中国统计年鉴。

图 2-6　保险公司资金运用情况对比

三、我国保险投资收益情况与特点

从行业公布的保险资金运用收益情况看，保险投资收益率波动较大，过去 19 年收益率简单平均为 4.91%，水平并不高。随着保险业不断开放投资渠道，强化投资能力建设，分散投资到更多的投资领域和品种，可以看到后 10 年保险业平均投资收益率提升至 5.28%，有了明显的进步与提升，但保险投资收益率的波动仍然比较大，风险比较集中。

从数据看，保险收益率和股票总市值变化情况密切相关。分析图 2-7 和图 2-8

资料来源：中国统计年鉴。

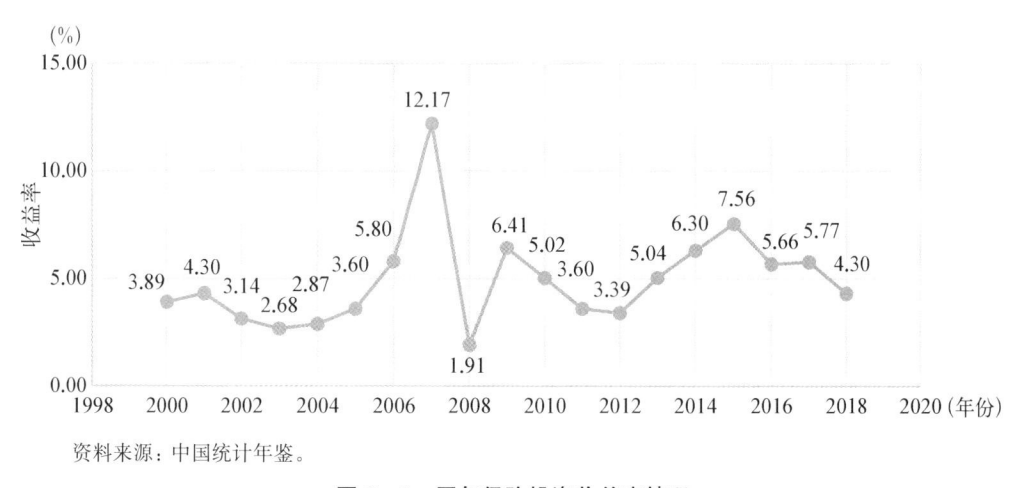

图 2-7　历年保险投资收益率情况

可知,2000—2018年我国保险行业平均投资收益率和股票总市值增长率呈现出显著的相关性,计算得出两者相关系数达到0.77,有强正相关关系。这基本也验证了保险业为高贝塔行业的结论。同时,即使保险资金运用的配置资产主要集中在固定收益领域,权益配置只有10%~20%,但显然保险资金运用的主要风险还是来自权益市场。保险投资的业绩更加取决于权益投资的运用能力和情况,而如何规避市场风险成为保险投资者必须解决的问题。

资料来源：中国统计年鉴。

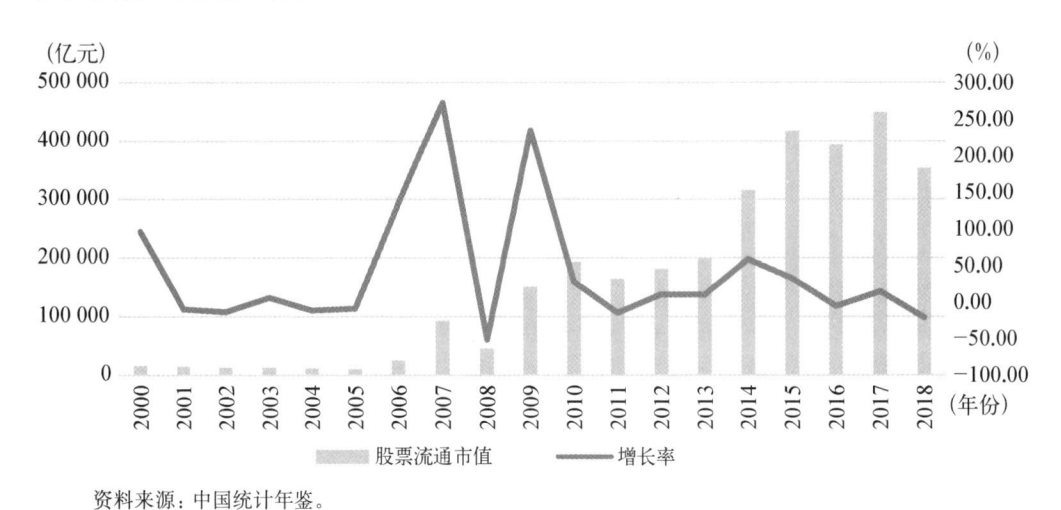

图2-8 各年股票总市值及其增长状况

第二节 保险资金运用的核心挑战

一、资产负债管理的挑战

保险资金运用既是一种专业、高效的投资管理活动,又不仅仅是一种投资管理活动。保险公司作为负债方的独特性和复杂性,使保险公司的管理活动相当复杂,也使保险资金运用管理打下很重的负债驱动的烙印。资产负债管理从来不是轻松可实现的目标,甚至完全的资产负债管理也是不可能准确实现的。若保险公司向客户提供的各种寿险、财产险、财富管理等方面的服务可以在资本市场对应地购买,则保险公司可以提供的附加值就会大大下降,我们就看不到现代保险业在经济与人们生活中的重要地位。所以,资产负债管理一定是一种挑战性的管理实践,保险公司作为一个复杂的经营实体,一方面满足客户的定制化需求,另一方面将产品契约所确定下来的需求,分别寻找资本市场或者保险市场的产品与服务,使这些功能对应的需求(保值增值需求、赔付需求等)得以落实与满足。

二、资金运用创新的挑战

机构投资者的资产管理,建立在对资本市场和投资工具的价值规律与经济环境、商业创新以及行业趋势的深刻理解与动态把握之上。随着资本市场的发展与深化,投资者结构发生重要变化,机构投资者占比的提升和散户投资者的退出市场,使过往的投资管理模式也必须随之升级和提升。投资者掌握的信息量和深度都大为提高的情况下,很难再有太多信息不对称、分析能力分层等的阿尔法在市场上长期存在,投资模式向着深度价值分析的方向演化。为此,保险资金运用需要真正关注了解到资本市场投资模式创新的新趋势和新方向,才能把握市场的大方向,获得稳定的收益和创新带来的价值。

(一)投资类别扩展的挑战

保险资金运用作为长期、稳定、规模庞大的机构资金,其自身对资本市场的影响也逐步增大。比如,对于股权投资而言,虽然中国资本市场市值总规模巨大,但市场上的优质资产也仍然是一种稀缺资源。为了获得更加稳定、多元化的回报来源,机构投资者不断扩展其投资领域和品种,是近年保险投资领域的一个重要趋势。如2006年保险资金开放基础设施试点至2017年末,保险资金配置基础设施债权计划等1.27万亿元人民币,占到保险资金运用的8.5%。品种开放与产品创新给保险资金运用带来的作用是巨大的正面效应。而未来经济金融形势的不确定性仍很强,应对中美贸易摩擦、金融去杠杆、经济结构转型升级的挑战,保险资金仍将面临如何扩展品种与工具,参与实体经济建设与科技创新大方向的挑战。

(二)被动化投资的扩展与深化

被动投资首先源于美国权益市场的有效化。20世纪70年代,人们就已经逐步发现,积极投资管理人的投资绩效已经很难战胜市场基准,其核心的逻辑是专业投资者在市场中的占比逐步提升,已经占到很大比例(据有关数据,美国机构投资者占美国总股本的比重由1950年的7.2%上升到2001年三季度末的46.7%。其中,养老基金由0.8%上升到19.8%,共同基金由2%上升到17.9%,保险公司由3.3%上升到7.3%;近年仍有上升态势)。对于希望拿到市场平均回报的投资者,与其投资于主动型产品,还不如投资于费用低廉的被动指数型基金。尤其是大数据、云计算、AI智能投资的兴起,使投资管理方式面临一场新的革命,这种技术与量化投资/对冲策略相结合,必将

深刻影响资产管理行业和资产管理模式。

(三)资产配置与投资管理的因子化

大类资产配置一直是资产管理领域最复杂和最有潜力的圣杯。经过大量的学术研究与投资实践的积累,国际上形成了资产配置因子化的新态势。因子投资(factor investing)源自 Fama-French 对资本市场所做的研究,认为市场的结构性特征和属性对资产回报产生显著的影响和解释作用。近年,以洪崇理(Andrew Ang)为代表的学术加业界实践者更是将因子研究推广到了大类资产的领域,构建了影响大类资产回报的六因子模型(即经济增长、通货膨胀、实际利率、信用、流动性和新兴市场)。通过对资产回报的因子分析,人们发现,某些因子可能会对多种资产类别产生显著影响(如,经济增长因子是权益资产回报的重要来源,但同时也会对信用产品的回报产生影响),因此,因子分析使投资者具备了更深一层的视角,可以理解到投资组合的收益与风险来源的实质。各大类资产,因为对宏观经济、通货膨胀、政策暴露以及产品特征的缘故,其暴露的宏观因子不同,其收益的来源也不一样,因子研究可以将大类资产的收益来源与因子暴露风险与所得到的因子溢价联系起来,可以理解各个因子的特征与因子回报的本质逻辑;同时,基于因子溢价的配置,可以给资产配置带来更好的分散化特征与好处。我们也看到,境外大型资产管理机构,包括加拿大养老基金 CPPIB 以及一些主权基金均已采纳因子配置的方法进行资产配置与风险管理。因子配置在中国仍是一个相对崭新的领域,需要业内人士投入大量的时间与心血才能形成有效的研究成果,用于资产配置实践。我们认为,因子配置的方法可以在资产配置领域引入更多系统性的方法论,使保险公司的资产配置与投资管理更加稳健、更加纪律化和更有方法论上的基础性。

(四)Beta 组合与配置技术的新蓝海

资产管理行业赖以生存的条件就是给客户创造了多少附加价值(或超额收益)。这种观念因为阿尔法的稀缺化而正在发生改变。大型资产管理机构虽然愿意投入资源给客户创造更多的阿尔法,但市场结构与行为模式的变化使阿尔法收益的困难程度加大了。一些操作灵活、监管较弱以及规模不大的精品店式的对冲基金仍可以定位于个别领域的阿尔法收益(如困境债券领域的阿尔法),而大型机构投资者将越来越难以依赖于超额收益作为自己的立身之本。选股领域的信息透明度和交易拥挤度使其阿尔法的获取难度加大,而越来越多的资产管理机构将目光投射到对 BETA 收益及其构成成分的把握及其组合之上,有关多资产配置型产品的创新也更加普遍和扩展。对于贝塔型回报,市场已经具备了大量的宽基 ETF、海外市场 ETF、风格 ETF 以及

Smart Beta 类产品,构成配置型产品可以加以利用的工具。而将这些工具以某种投资逻辑组合起来,形成稳健的回报纪录,形成投资者可以依赖的策略产品是资产管理领域正在兴起和管理的挑战。

三、国际会计准则修改的挑战

国际监管实践表明,会计准则常常根据监管和实践的需求进行调整与修改,以提高准则的透明度和客观性。比如,近期正在推行的国际会计准则 IFRS9 就对金融工具的分类与计量进行了重新界定与要求。国际会计准则对透明度的要求,使得投资资产的市值波动对会计报表结果的影响显性化了。投资资产的收益与其价值的波动,两者都会对保险公司的经营管理和报表结果产生显著的影响。未来保险公司不仅会更加关注资产的收益性,而且更会关注资产收益的波动性,波动性的价值和影响将前所未有的重要。我们认为,衍生品在资产波动性管理上具有天然的优势,利用衍生品上的小投入(如购买期权,或者制定期货对冲策略),可以提升资产负债表的稳定性和收益波动的稳定性。这种挑战将直接传导到保险公司的经营能力是否可以被投资者所认可,以及其产品的稳定性是否可以给客户以良好的信誉与形象。因此,衍生品给投资管理和保险公司财务管理带来一定复杂性的同时,也会带来风险对冲后的稳健性增强及管理能力的提升。

第三节 中国衍生品的基本形态与发展

一、中国衍生品市场的培育与发展

从上一章海外衍生品市场的发展对比看,中国衍生品市场的起步较晚。1990 年 10 月中国建立郑州粮食批发市场的时候,全球发达国家都已经拥有了农产品和金融产品的期货市场了。但中国衍生品市场的发展是比较快的,到目前以期货为主的衍生品场内市场已经拥有了四家交易所和一家交易中心,分别是郑州商业交易所(1993 年成立)、大连商品交易所(1993 年成立)和上海期货交易所(1999 年成立,实际上合并了七家 1992—1995 年成立的上海金属交易所等形成的);2006 年成立的中国金融期货交易所(中金所,专门从事金融期货交易);2013 年 11 月成立了上海国际能源交易中心,并于 2018 年推出原油期货合约。

除了上述场内市场之外,以银行间交易主体为参与者的外汇交易中心,构成中国

外汇、利率等领域的机构间市场。另一方面,具备资质的券商作为创设方,向市场参与者提供场外期权、收益互换为主要品种的场外权益类衍生品,拓展了金融衍生品的供应品种与交易标的来源(见图2-9)。

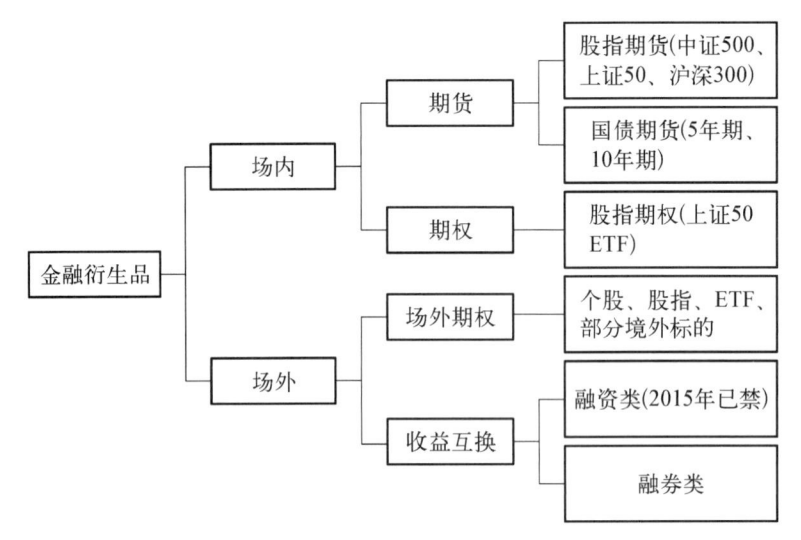

```
                            ┌─── 期货 ──┬── 股指期货(中证500、
                            │           │    上证50、沪深300)
                  ┌── 场内 ─┤           └── 国债期货(5年期、
                  │         │                10年期)
                  │         └─── 期权 ──── 股指期权(上证50
金融衍生品 ───────┤                            ETF)
                  │         ┌── 场外期权 ── 个股、股指、ETF、
                  │         │               部分境外标的
                  └── 场外 ─┤
                            │              ┌── 融资类(2015年已禁)
                            └── 收益互换 ──┤
                                           └── 融券类
```

资料来源:证券业协会,国信证券经济研究所整理。

图 2-9　国内金融衍生工具分类

当前形成的中国衍生品市场并非一蹴而就,发展历程也历经曲折与磨难。

首先,1992年兴起的改革开放的浪潮下,各种期货交易的创新与发展十分迅速,且金融衍生品也十分积极踊跃,各种试点纷纷面世。但这一阶段带来的问题非常多,使衍生品交易背负了大量的问题与指责,清理整顿也随之而来。其中最著名的事件是"327国债事件",由于不规范交易和恶性投机,导致国债期货试点于1995年5月被迫关闭,中金所再次推出国债期货已是2013年,金融衍生品发展延迟了十多年。

其次,清理整顿使期货市场走向规范,同时交易所与市场参与主体都大大减少了。1998年开始的第二次清理整顿确立了上海、郑州、大连三家期货交易所(商品期货)的格局,而交易品种也有减少到12个。

最后,国家相关法律与配置管理办法的出台,使市场风险防控体系不断健全。在此基础之上,金融衍生品重新启动试点运行,主导者是之后成立起来的中国国际金融期货交易所(中金所,2006年成立)。随着沪深300、上证50、中证500股指期货品种的上市以及5年期国债、10年期国债期货的上市,中国金融期货呈现快速发展状态;2015年2月,上证50ETF期权在上交所上市,打开了第一个场内交易的期权品种,开启了期权新纪元。同时,上市交易的期货和期权品种增加到55个;市场流动性合理,参与者结构得到优化,市场运行质量和效率不断提高,交易规模稳步增长。其后是2015年股灾期间对股指期货做空的严格管制与限制,市场经历了一段压抑与沉寂的时期,直到2018年的第三轮政策松绑,使市场活力逐渐恢复,迎来新的发展阶段。

二、国内主要衍生品市场

针对保险资金已经开始试点的一些金融衍生品品种和交易市场的简况,做逐一简要梳理总结,为接下来的实务性研究提供基础背景与逻辑起点。

(一) 外汇市场

中国外汇衍生品市场是一种独特的双层结构。一方面,境内在岸人民币外汇市场(称CNY)承接国内金融机构和非金融企业的换汇以及套保的业务需求;另一方面,境外离岸市场(称CNH)则提供更多主体的外汇购汇和套保需求。

人民币在岸市场就是作为银行间市场的外汇交易中心,该市场首先是一个外汇现货市场,参与金融机构等在银行间市场进行外汇交易。参与主体包括银行、非银行金融机构(如商业银行、政策性银行、外资银行、境外银行、农联社、财务公司等),一些从事涉外业务的企业集团也可以进入银行间市场。同时,中国人民银行也是外汇市场的重要参与者,可以根据货币政策的要求,在市场上买卖外汇,调节外汇供求,平抑外汇市场价格。

2005年以来,银行间市场逐步推出外汇远期交易业务、外汇掉期交易、外汇货币掉期交易以及外汇期权交易等。2014年银行间外汇市场衍生量首次超过即期交易量,达到4.7万亿美元;其中,96%的衍生品交易量来自外汇市场掉期交易。

目前银行间外汇市场覆盖人民币对13种货币的外汇交易。其中即期外币交易13种,远期和掉期外汇交易有11个币种,期权交易有5个币种。而人民币对美元交易量则占到94.9%,处于压倒性地位。

CNH发展之初受到央行人民币贸易结算试点政策的支持,使离岸人民币交易快速增长。2014年中国香港、新加坡、伦敦等主要离岸市场人民币外汇日均交易量超过2 300亿美元,是境内市场日均交易量的4倍。很多国家的离岸市场也真正超过了中国内地的外汇交易量。

人民币离岸外汇交易分为可交割和不可交割两类,最早的离岸人民币市场以无本金交割(NDF)为主,但随着境外人民币资金池的不断积累,可交割的人民币市场规模超过了 NDF 市场。

人民币离岸市场交易以美元交易为主。香港市场的人民币对美元外汇成交量占比达到 98%,此外,东道国主权货币对人民币的外汇交易也占有一定的比重。

离岸人民币外汇市场衍生品交易包括外汇远期交易、外汇掉期、货币掉期和期权交易等,与国内的品种类似,但多了 NDF 交易。离岸市场衍生品交易比重仍高于国内比例,且期权交易占比 14%,也远高于国内的水平。

离岸人民币结算大体通过当地市场支付结算系统进行结算和清算,而中国银行往往是许多离岸人民币市场的委托清算行。同时,中国人民银行签订双边货币互换协议为境外人民币提供流动性支持。央行陆续与 33 个国家和地区的央行和货币当局签订双边互换协议,支持人民币的跨境贸易结算试点。

在汇率形成机制上,人民币在岸市场要受到人民币汇率中间价的影响。2014 年 3 月以来,人民银行扩大确定的人民币浮动区间是中间价上下 2%,这使市场价格的形成受到一定约束,以及央行在外汇市场上买卖外汇也将影响汇率的变化。而离岸市场上,每日人民币汇价的定盘价由报价银行提供的中间报价剔除最高与最低之后的平均数决定,但 CNH 的定盘价并不对市场定价产生决定性影响。两个市场的决定机制不同,所以 CNH 和 CNY 之间存在价差也就是一种比较正常的现象,但当两者差异过大时,套利者的介入会逐步消除两边的价差,因此通常情况下两边的价差应不超过 0.5 个百分点。

(二)利率衍生品市场

中国的利率衍生品市场又由两部分构成。一是作为场外市场的银行间债券市场;二是场内市场中国国际金融期货交易所。银行间债券市场是一个庞大、参与者众多的柜台市场,其主要业务是机构之间的国债、金融债、企业债等固定收益品种的交易、质押融资、回购等交易,同时具备了利率衍生品,如利率远期、利率互换等业务的交易场所。而中国国际金融期货交易所自 2013 年推出标准化的 5 年期国债期货品种以来,陆续推出国债期货的 5 年期、10 年期品种,成为利率衍生品的场内交易市场。

银行间债券市场。银行间债券市场是在全国银行间同业拆借中心的基础上搭建起来的。大家知道,全国银行间同业拆借中心与外汇交易中心一套机构、两块牌子,为中国人民银行直属京外正局级事业单位。因为业务发展的需要,该业务平台向两个方向发展:一是成为中国在岸的外汇交易市场;二是成为中国银行间的场外债券交易市场和拆借、回购市场。后者的职能经过发展,形成了银行间交易主体之间的利率衍生品场外交易的场所(见表 2 - 3)。

表 2-3　　　　　　　　　　　　银行间市场交易概览　　　　　　　　　单位：万亿元

	当月交易量（12月）	同比增长	环比增长	年累计交易量
货币市场	75	8.70%	−12.30%	862
债券市场	17.9	65.60%	−2.20%	153.8
利率衍生品市场	1.8	−23.90%	−15.40%	21.6
合　　计	94.5	15.10%	−10.60%	1 037.4
外汇即期市场	5.6	33.10%	2%	51.5
外币拆借市场	5.5	17.40%	−15.20%	59.1
外汇衍生品市场	13	25.80%	−1.50%	114.9
合　　计	24.1	25.40%	−4.50%	225.4

资料来源：中国货币网，数据截至2018年12月。

外汇交易中心成立后，主要业务包括了外汇市场业务和本币市场业务。成立之初，业务重心在外币交易。由于受到亚洲金融危机的影响，1998年和1999年银行间外汇市场的交易量有所下降，直到2000年，银行间外汇市场才开始恢复增长。而同时期的银行间同业拆借市场和债券市场却发展十分迅速。据统计，1996年银行间同业拆借市场的拆借交易量为5 871.58亿元，至2003年拆借市场成交达到24 113亿元，增幅超过前一年的99%。2017年1月至10月，拆借市场成交量高达63万亿元，成为规模最为庞大的本币短期资金拆借市场。债券市场方面，2018年债券市场累计交易量为153.8万亿元，本币市场年累计交易量为1 037.4万亿元，约是外币市场的5倍。与此同时，利率衍生品的月交易量达到1.8万亿元，当年累积达21.6万亿元，从总规模上力压场内市场（见表2-4）。

表 2-4　　　　　　　　　　　　银行间债券市场业务类型

货币市场	同业拆借	利率衍生品	债券远期交易
	质押式回购		远期利率协议
	买断式回购		人民币利率互换
债券现券交易	现券买卖	其他	信用风险缓释凭证
	债券借贷		同业存单
			贷款转让

资料来源：泰康资产管理有限责任公司。

2014年，人民币利率互换转为集中清算体制，并由上海清算所完成。这也是我国落实G20关于场外金融衍生品集中清算承诺做出安排。由于上海清算所作为中央对手方的引入,控制了交易双方的履约风险,有利于提高场外衍生品市场的效率和透明度,保证金融市场安全、高效整体运行,加快利率市场化改革进程。2018年3月,外汇交易中心会同上海清算所优化推出标准债券远期现金交割机制,该业务通过交易中心交易处理平台达成,由上海清算所提供集中清算服务。

经过市场的改革与努力,银行间利率衍生品市场构成了高效的场外衍生品市场,为各种类型市场参与主体提供了主动管理利率风险、增加套期保值、丰富投资策略的有效利率衍生品工具(见表2-5)。

表2-5 银行间交易方式

交易品种	交易方式	交易期限	清算方式	交易主体
同业拆借	询价交易	最短为1天,最长为1年	全额清算,T+0或T+1	央行批准的商业银行等金融机构及外资金融机构
回购交易	询价交易	质押式为1天到365天	全额或净额清算,T+0或T+1	央行批准的商业银行等金融机构、非法人产品及外资金融机构
	点击成交	买断式为1天到91天		
现券买卖	询价交易 请求报价 点击成交	券种包括国债、央票、金融债、次级债、企业债、短融、同业存单等	全额或净额清算,T+0或T+1	央行批准的商业银行等金融机构、非法人产品及外资金融机构
债券借贷	询价交易	协商确定,但最长不得超过365天。	T+0或T+1交易	—
债券远期	询价交易	协商确定,但最长不得超过365天。	T+0或T+1交易	非金融机构只能与具有做市商或结算代理业务资格的金融机构交易
远期利率协议	询价交易 点击成交	—	—	非金融机构只能与具有做市商或结算代理业务资格的金融机构交易,且限于套期保值目的
利率互换	询价交易 点击成交	—	—	非金融机构只能与具有做市商或结算代理业务资格的金融机构交易
同业存单	询价交易 请求报价 点击成交	期限品种:1个月、3个月、6个月、9个月和1年	T+0或T+1交易	同业拆借成员、基金管理公司及基金类产品
贷款转让	询价交易	—	—	《贷款转让交易主协议》的机构用户
CRM凭证	询价交易	—	—	签署《中国银行间市场金融衍生产品交易主协议(凭证特别版)》的机构客户

资料来源:金融监管研究院。

中国国际金融期货交易所自2013年推出5年期国债期货标准化合约,标志着中国利率衍生品的场内市场逐步建立。目前中金所推出的国债期货合约有三个主要合约：5年期国债、10年期国债和2年期国债；每一个品种有3个合约月份,分别是3、6、9、12最近的3个。交易最低保证金为合约价值的1%,价格波动限制在上一日结算价的±1.2%。目前按名义合约价值计算的国债期货的年总成交金额达到10.38万亿元,虽然不及银行间衍生品市场,但也已经初具规模。2018年市场持仓量与成交量都有-25%左右的回落,这主要是由于5年期合约TF的大幅回落造成的(见表2-6、图2-10)。

表2-6　　　　　　　　　2018年中金所国债期货交易统计

	产品总成交量	去年同期	同比	总成交额	去年同期	同比	年末持仓量	去年同期	同比
TS(2年期)	34 093	0	—	678.35	0	—	1 033	0	—
TF(5年期)	1 842 894	2 821 334	-34.68%	17 965.14	27 519.29	-34.72%	15 010	46 416	-67.66%
T(10年期)	8 988 739	11 948 981	-24.77%	85 175.79	113 330.9	-24.84%	64 017	60 987	4.97%
小计	10 865 726	14 770 315	-26.44%	103 819.3	140 850.2	-26.29%	80 060	107 403	-25.46%

资料来源：中金所。
注：1. 成交量、持仓量：手(单边计算)
　　2. 成交额：亿元(单边计算)

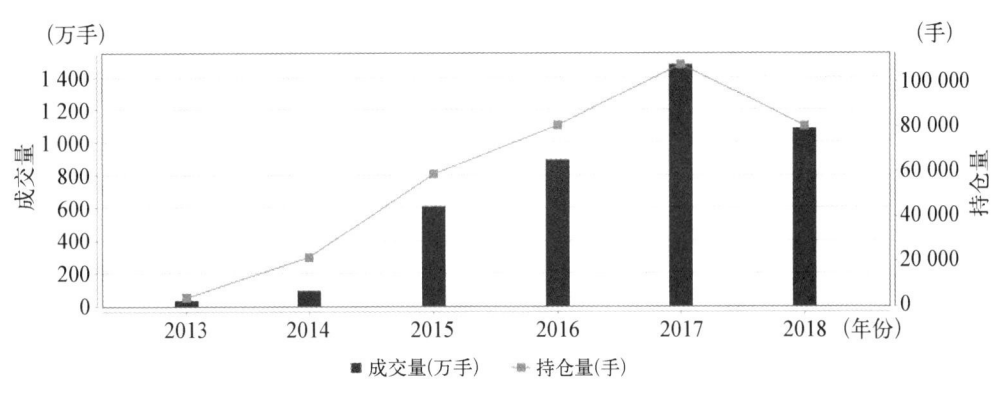

资料来源：中金所。

图2-10　国债市场成交量与持仓量

对于场内国债期货市场,最大的挑战是如何打通期货与现货市场之间的关联。机构投资者的现货债券大多在银行间市场,而交易所交易的国债期货如何在交易时间、托管、持仓、结算等方面形成更加有效的互动,可能是非常重要的一个安排。同时,由于银行、保险等债券投资的主力机构尚未介入市场,市场的深度可能尚有不足,需要更加积极地培育和解决。

(三)权益型衍生品市场

权益型衍生品主要由股指期货、ETF 期权、个股期权等构成。由于权益型衍生品场内市场的兴盛以及我国保险机构已经开始进行场内股指期货交易的试点,我们对中国权益型衍生品的梳理将以场内市场为核心,以中金所提供的股指期货合约以及上海证交所的 50ETF 期权为主。

中金所股指期货自 2010 年推出沪深 300 指数股指期货合约以来,近十年权益衍生品市场也经过了快速发展与整顿管理再到温和发展的小周期曲折过程。2010 年沪深 300 股指期货指出后,持仓与成交量双双快速增长,成交量到 2015 年当年达到 341.9 万亿元;而当年推出的上证 50 股指期货合约和中证 500 股指期货合约也分别取得了 39.15 万亿元和 30.69 万亿元的成交金额,使金融期货总成交金额达到 411.74 万亿元(平均每日的成交金额达 1.634 万亿元,超过了现货市场 A 股的日成交金额),占当年全国所有品种期货总成交的 3/4(见图 2-11)。

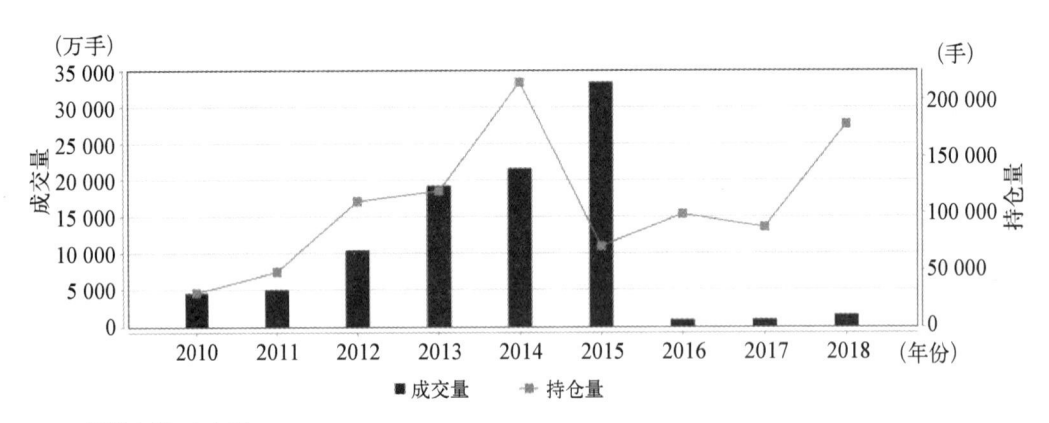

资料来源:中金所。

图 2-11 股指期货市场成交量与持仓量

之后我们知道,A 股在 2015 年下半年发生了股灾,使股指期货背上了做空 A 股的恶名。之后市场成交量约相当于 2015 年高峰时的 2%,并在 2016—2018 年期间蛰伏了三年,整个市场的持仓量也有下降,但仍保持着 6.7 万手的持仓,约相当于顶峰时的 30%,而这些持仓主要是由套保者持有,投机交易者基本被逐出了市场,其结果是市场多空力量对比的失衡和大幅度的负基差。而较大的负基差水平又给套保者带来了较大的损失压力,使套保者也选择退出市场,最终市场参与度与活跃度都明显下降,股指期货市场的作用受到了较大的限制。2018年下半年开始,中金所松绑股指期货政策,分别从开仓手数、保证金比例、平今仓费用等方面给予市场参与者更大的空间。2019年,中金所再次从期现匹配要求、大边保证金等制度机制方面给市场正面的政策调整,使股指期货市场向着正常化方向再走一步,市场成交量日均已经提升到千亿元以上(近期更是恢复到日均2000亿元以上),股指期货合约大盘合约基差基本达到0附近,中小盘合约基差仍有7%~8%的年化负基差水平,套保环境大为改善。

场内权益型衍生品的另一个重要品种是在上海证交所上市交易的50ETF期权。这是目前场内市场唯一的期权品种,也是开国内交易所期权之先河。

期权品种的复杂性使其合约基本条款相对内容较多。以下将合约基本条款列后。从上证50ETF期权的合约条款和市场上表现出的交易特征看:一是上证50ETF期权的基础资产为上证50ETF基金,该基金目前已有成功运作的品种可以供应,可以作为市场参与者的基础资产。同时,50ETF是市场上比较大市值的50支个股的一个组合,其波动性相对较小,作为首个ETF期权试水场内期权市场,具有较好的可操作性和稳健性。二是上证50ETF期权虽然在许多特征上与股指期货类似,如合约到期月份也是当月、下月及随后两个季月。交易时间也与证券市场交易基本一致,但期权的一个重要特征是期权合约的零碎性。由于期权报价有执行价的维度,所以每当市场价格波动时都会有更多价位的期权品种挂盘,这使期权合约的流动性被分散,从而市场交易的流动性不及股指期货品种。所以,期权交易通常都采取做市商制,让一部分专业的做市商在市场上提供所需要的品种及交易流动性,为期权交易保驾护航。三是上证50ETF期权的非线性特征。这体现为该品种的保证金计算以及涨跌幅限制等都复杂得多。但正是由于期权品种的非线性特征,才使期权拥有了股指期货不具备的套保效果和对冲能力(见表2-7)。

表2-7　　　　　　　　　　上证50ETF期权合约基本条款

合约标的	上证50交易型开放式指数证券投资基金("50ETF")
合约类型	认购期权和认沽期权
合约单位	10 000份
合约到期月份	当月、下月及随后两个季月
行权价格	9个(1个平值合约、4个虚值合约、4个实值合约)
行权价格间距	3元或以下为0.05元,3元至5元(含)为0.1元,5元至10元(含)为0.25元,10元至20元(含)为0.5元,20元至50元(含)为1元,50元至100元(含)为2.5元,100元以上为5元

续表

交易时间	上午 9:15—9:25,9:30—11:30(9:15—9:25 为开盘集合竞价时间) 下午 13:00—15:00(14:57—15:00 为收盘集合竞价时间)
委托类型	普通限价委托、市价剩余转限价委托、市价剩余撤销委托、全额即时限价委托、全额即时市价委托以及业务规则规定的其他委托类型
买卖类型	买入开仓、买入平仓、卖出开仓、卖出平仓、备兑开仓、备兑平仓以及业务规则规定的其他买卖类型
最小报价单位	0.000 1 元
申报单位	1 张或其整数倍
涨跌幅限制	认购期权最大涨幅=Max{合约标的前收盘价×0.5%,min[(2×合约标的前收盘价−行权价格),合约标的前收盘价]×10%}
	认购期权最大跌幅=合约标的前收盘价×10%
	认沽期权最大涨幅=Max{行权价格×0.5%,min[(2×行权价格−合约标的前收盘价),合约标的前收盘价]×10%}
	认沽期权最大跌幅=合约标的前收盘价×10%
熔断机制	连续竞价期间,期权合约盘中交易价格较最近参考价格涨跌幅度达到或者超过50%且价格涨跌绝对值达到或者超过 5 个最小报价单位时,期权合约进入 3 分钟的集合竞价交易阶段
开仓保证金最低标准	认购期权义务仓开仓保证金=[合约前结算价+Max(12%×合约标的前收盘价−认购期权虚值,7%×合约标的前收盘价)]×合约单位
	认沽期权义务仓开仓保证金=Min[合约前结算价+Max(12%×合约标的前收盘价−认沽期权虚值,7%×行权价格),行权价格]×合约单位
维持保证金最低标准	认购期权义务仓维持保证金=[合约结算价+Max(12%×合约标的收盘价−认购期权虚值,7%×合约标的收盘价)]×合约单位
	认沽期权义务仓维持保证金=Min[合约结算价+Max(12%×合标的收盘价−认沽期权虚值,7%×行权价格),行权价格]×合约单位

资料来源:上海证交所。

上海证交所在 2015 年 2 月推出上证 50ETF 期权,与中金所 2015 年 4 月推出上证 50、中证 500 股指期货的时间相距不远。但 50ETF 期权比较幸运的是,该期权在 6—8 月份股灾期间尚是一个成交量很小、参与度不高的幼儿,没有受到股灾时期的舆论影响,得以比较顺利地发展。特别是在上证 50 股指期货出现较大贴水时,有一部分上证 50ETF 期权的交易者甚至将底仓资产由 50ETF 转为更加便宜的上证 50 股指期货合约,从而分担了一部分股指期货市场的空头压力,也使两个市场的定价关系更加密切。我们看到,2017年上证50ETF期权的总成交金额893.1亿元,比上一年有106.8%的扩张;而日均来看,上证50ETF期权的日均成交金额3.66亿元(权利金衡量),如果换算为名义本金,则相当于170亿元左右的金额;与2017年上证50股指期货日均成交75.4亿元相比,已经超过了股指期货的成交水平,反映出上证50ETF期权的快速发展和市场容量(见表2-8)。

表2-8　　　　　　　　　　　期权交易数据表(2017)

期权市场数据	2017	2016	增减%
交易天数	244	244	0
期权合约数	112	106	5.66
认购期权	56	53	5.66
认沽期权	56	53	5.66
总成交金额(万元)			
总成交金额	8 931 356	4 318 854	106.8
认购期权	5 987 949	2 598 277	130.46
认沽期权	2 943 407	1 720 577	71.07
日均成交金额(万元)			
日均成交金额	36 603.92	17 700.22	106.8
认购期权	24 540.78	10 648.68	130.46
认沽期权	12 063.14	7 051.54	71.07

资料来源:上海证交所。

三、中国衍生品市场的发展方向

去年下半年以来,中国监管机关对衍生品的政策方向发生了重要的变化。主要体现在如下方面:

一是创新品种,优化市场,服务实体经济。我国期货市场虽然取得了很大的发展,但还处于发展阶段,还有大量的风险领域未能参与期货市场中来,未来仍然要充分发挥服务实体经济的功能。特别地,政策对农产品的期货对冲表示支持,提出了一种"保险+期货"的模式,即保险与期货相结合,以保险方式给农户提供价格或收入保障,提高农民积极性;而保险公司则通过与期货子公司的场外期权服务,规避价格波动风险。这种模式显然比让农民直接进入期货市场更接地气,也更能服务到位。

二是优化市场结构,积极推动商业银行、境外机构参与国内期货市场。这主要是强调国债期货市场目前投资者结构的不足,需要引入商业银行等机构,提升国债期货的权威性和流动性,全面反映市场供求关系。而中国确定的原油、铁矿石等领域,要不断引入境外投资者,提升期货市场的市场化程度和国际上的影响力。

三是扩大资本市场对外开放,保持金融稳定。随着中国 A 股纳入 MSCI,境外投资者进入中国市场的积极性和步调都得到了加强,而中国通过沪深港通以及沪伦通等,也加强了与境外市场的互通与合作。双向沟通的过程中,保持市场稳定,也需要金融衍生品市场引入境外投资者,满足其对冲市场波动的需求。

我们相信,中国衍生品市场将以更加积极的姿态,迎接中国经济转型升级带来的各种挑战,服务实体经济的各种需求。而金融市场改革开放中,金融衍生品也将在资本市场结构完善、投资者对冲风险功能的发挥以及金融领域的业务创新和商业模式创新中发挥作用,给中国的金融体系和资产管理行业注入更多活力。

第四节 保险公司对衍生品的认识与需求

一、保险公司对衍生品的认知与调研

为了更好地了解和评价保险行业对金融衍生品的认知与对冲需求,课题组采取问卷调查的方式,对一部分中小规模的保险公司从业人员进行了调研。2019 年 8 月 15 日,通过会议上动员搜集的方式,课题组共收到答卷 25 份;经整理,得到有效问卷 23 份(其中主要是将 3 家同一公司填报的问卷进行了合并处理)。参与调研的机构中,有寿险公司/养老金公司 18 家,财产险公司 4 家和财务公司(保险系)1 家。填报人员大多来自投资部或者资产管理部,对公司的资产配置、资金运用管理以及衍生品需求有较好的了解,具有一定代表性。应受访者要求,参与机构的名单暂不披露。

基于问卷情况,对我们了解的情况做如下整理与分析。

(一)公司规模

1. 分支机构数(见图 2-12):

a. 少于 100 家　　　　　　　　b. 100~1 000 家

c. 100 0 家以上

图 2-12

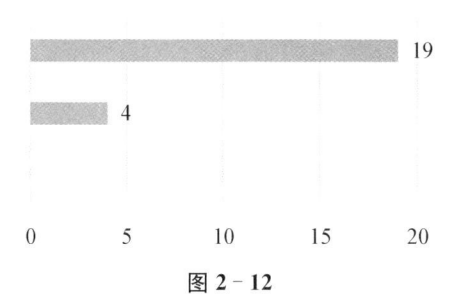

2. 员工数(见图 2-13)：

a. 少于 100 人　　　　　　　　b. 100～300 人

c. 300 人以上

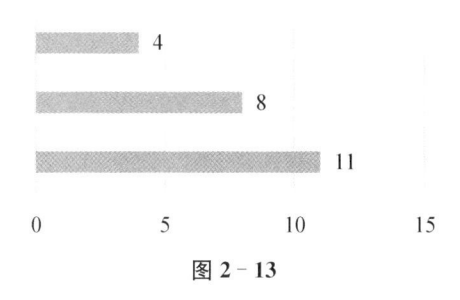

图 2-13

[分析] 参与本次调查的公司多为中小型保险公司(其分支机构多在 100 家以内,员工数在 100 人及以上)。可以认为,该调查一定程度上代表了保险业的中小型公司的意愿。

(二) 保险公司参与衍生品市场的现状

1. 公司使用衍生品状况(见图 2-14)：

a. 各类业务中灵活运用衍生品,在对冲或规避风险的同时尝试获利

b. 偶尔使用衍生品对冲风险或套期保值

c. 完全没有运用衍生品

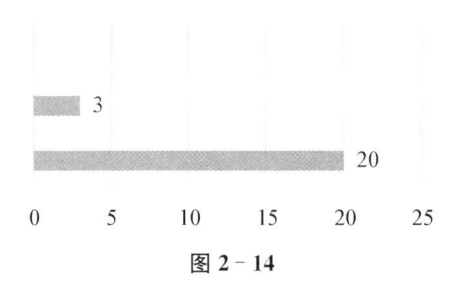

图 2-14

[分析] 参与调查的公司中多数并未使用衍生产品,推测原因可能是公司规模较小,尚未取得监管要求的衍生品交易的资质;或者未能配备有足够衍生品交易和管理

资质与经验的员工。而中小公司衍生品运用普遍不足可能是一个真实的现状。

2. 公司对金融衍生品的认知(见图2-15)：

a. 金融衍生产品是公司管理风险的主要工具

b. 金融衍生产品有助于公司控制风险

c. 金融衍生产品有助于公司在控制风险的基础上取得收益

d. 金融衍生产品对风险的控制没有帮助

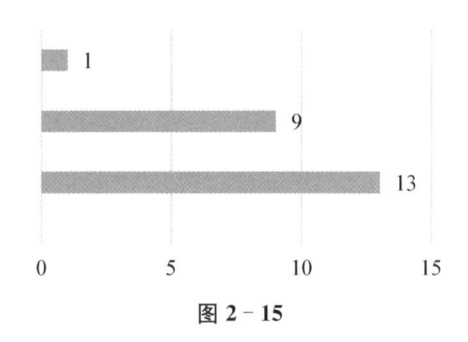

图2-15

[分析]参与调查的公司员工普遍接受金融衍生品可以帮助管理风险的观点,其中极少数公司认为金融衍生品是公司管理风险的主要工具,绝大多数公司认为衍生品在风险管理中起到的是辅助作用,这之中有约一半的公司认为衍生品在帮助控制风险的同时有助于实现额外的收益。

3. 保险公司控制和对冲相关风险所迫切,需要的衍生品是(见图2-16)：

a. 远期：外汇远期,利率远期等

b. 期货：股指期货等

c. 期权：场内期权,场外期权等

d. 互换：货币互换,利率互换等

e. 其他(请补充)_____

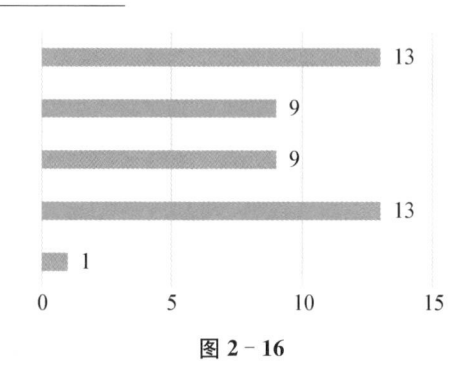

图2-16

[分析] 保险公司控制风险对金融衍生品的需求比较分散和多元。可以看到,远期和互换需求相对较大,这可能来自对汇率风险管理以及利率风险管理的需求。而股指期货与期权的需求也得到约 40% 的认同。最后,有一答题者特别提出了对国债期货的需求,这侧面反映了保险行业对利率类衍生产品的迫切需求。

4. 金融衍生品对公司的哪些业务功能和管理活动的进行有帮助(见图 2-17):

a. 管理特定业务和特定资产组合承担的波动、利率、信用等风险敞口和损失

b. 改善资产负债的错配,提升资产久期等

c. 提高资金运用效率,提升投资组合的分散化和灵活调整能力

d. 通过衍生品获得额外的收益增加

e. 其他(请补充)_____

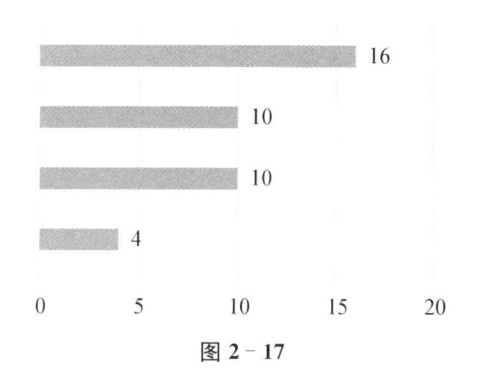

图 2-17

[分析] 首先,从对金融衍生品的功能判断看,保险公司认为金融衍生品可以发挥的功能是全面的,包括管理风险、提升匹配、改善配置、增强收益。而功能排序的角度,最多认同的功能还是管理业务风险(包括利率、信用、资产波动等);其次,对于改善资产负债匹配和改善资产配置与调节功能,保险公司也都比较认同;最后,保险公司对获得额外收益的认同程度比较低,但仍有人认为可以有这方面的功能。由此,保险行业最看重衍生品的风险控制能力,其他功能中对收益增强的需求并不迫切。

5. 权益类风险是否有对冲要求,怎样对冲(见图 2-18):

a. 有权益类风险对冲需求,应采用股指期货来进行对冲,管理市价下降的风险,便利仓位变动操作

b. 有权益类风险对冲需求,应采用股指期货进行动态管理,同时配合相关品种的期权管理市场波动和尾部风险

c. 权益类风险更多情况下应以扩大长期股权投资方式解决,不必进行对冲

d. 其他(请补充)_____

```
                                    12
                            9
    0         5        10        15
```
图 2-18

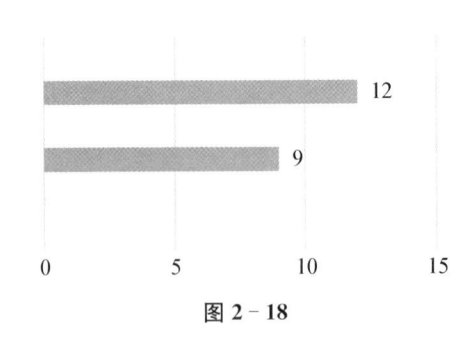

[分析] 所有被调查公司都认为权益类风险是有对冲需求的,不能依靠扩大长期股权投资的方式进行解决(即安邦采取的方式),且赞同"采用股指期货进行动态管理,同时配合相关品种的期权管理市场波动和尾部风险"的比例和赞同"采用股指期货进行对冲,管理市场下降的风险,便利仓位变动操作"的比例相当,表明调查者将期货与期权放在比较对等的重要位置上。

(三)保险公司对未来参与衍生品市场交易机会的看法

1. 若未来监管部门有可能放开金融衍生品交易,以下品种中贵司认为最迫切想要参与买卖、最有利于公司业务管理的品种有哪些(见图 2-19)?

a. 国债期货　　　　　　b. 股指期货
c. 货币互换　　　　　　d. 利率互换
e. 股指期权、个股期权
f. 其他(请补充)_____

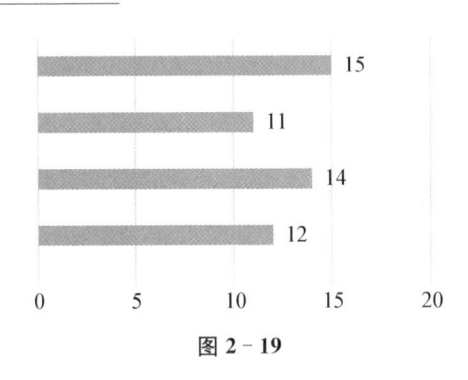

```
                                       15
                               11
                                      14
                                12
    0        5       10       15      20
```
图 2-19

[分析] 若未来监管部门有可能放开保险公司参与金融衍生品交易,保险公司期望参与各类交易的比例大致类同。"股指期权、个股期权"的选项没有被选中,可能是因为目前我国尚未推出场内的股指期权(当前的上证 50ETF 期权属于 ETF 期权)和场内个股期权产品,该品种距离保险机构较远,公司缺乏对相关市场的了解。此外,公司对固定收益类衍生品和货币类衍生品的需求略强于权益类衍生品。

2. 上一题所选衍生品是最有利于公司相关业务进行的金融衍生品的原因（多选）（见图2-20）？

    a. 相关的市场较为完备　　　　b. 合约标准化程度高，违约风险较低
    c. 购买成本较低　　　　　　　d. 更有可能带来额外收益
    e. 购买步骤相对简单，便于管理
    f. 其他（请补充）_____

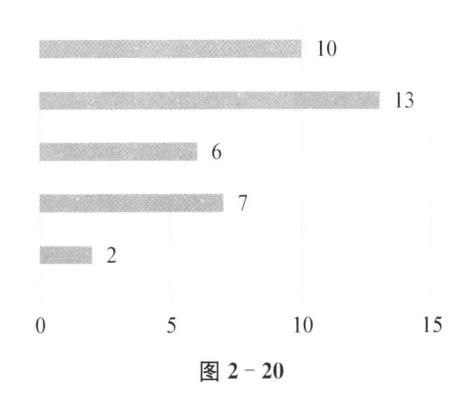

图2-20

[分析] 公司此题的选择表明，保险公司最看重衍生品市场的信用风险，其次是市场管理的完备性，再次是有可能带来的额外收益，再次是购买成本与管理的便利性。这说明保险公司对业务带来的额外风险是非常重视的，之后才去关注业务可能带来的收益。而对于业务上的操作细节，关注度不是特别高。

3. 针对我国金融市场目前的状况，贵司认为保险行业最渴望参加的衍生品交易是（选做）？

[结果] 有3家寿险公司的3人认为保险行业最渴望参加的衍生品交易是国债期货，其中2人还分别提及了利率期货和股指期货。

[分析] 表明了寿险公司对利率对冲工具更为迫切的需求以及希望参与股指期货的愿望。

通过本次调查，发现中小型保险公司有参与衍生品交易的积极意愿与比较普遍的市场认知。同时，这次调查发现保险机构对于固定收益类的衍生品的需求最为强烈，而其次才是货币对冲和权益对冲的需求。这可能与保险机构固定收益资产的占比较大有关。在权益类资产对冲方面，保险机构普遍认同股指期货和期权，并意外地对期权表现出明显的兴趣。最后，机构参与衍生品市场，也十分关注该业务品种的市场成熟度、是否有违约风险和交易对手风险等市场体制性问题。课题组认为该调查反映的

情况基本代表了行业的一种正常的状况与需求,期望读者关注。

二、个别保险机构对金融衍生品的访谈与整理

为更好理解保险机构对金融衍生品的需求与意见,课题组访谈了两家大中型保险机构的人员,对保险机构参与金融衍生品的方方面面进行了开诚布公的交流。现隐去公司名称,将访谈内容整理如下:

(一)某资产管理公司

商品期货:国家号召保险业要支持实体经济,能否支持保险公司开放大宗商品期货的投资运用,使保险业务与实体经济的结合更紧密一些,使一些农产品保险可以更好利用衍生品市场的套保功能。同时,黄金具有对冲市场尾部风险的功能,可否至少放开黄金 ETF 投资。

衍生品需求:已经开始利用利率互换等衍生品策略,但规模还比较小;境外投资有比较现实的汇率对冲需求;股指期货需求很明确,如果时间紧迫,可以进行提前配置和建仓,暂时用被动投资代替主动,然后再慢慢将选股做起来,还可以利用股指期货的负基差进行部分替代。

制约因素:渠道太少、品种单一。总体感觉保险机构受到的约束较强,真正可以落地的只有利率互换和股指期货;场外衍生品、港股通、挂钩产品等都很难走得通。

期权工具:期权工具的手段更加丰富,交易双方地位不对等,有些情况下使用期权对冲可能成本更低,而且没有放大风险之虞。比如,不少债券放在 HTM,如果可以对冲利率风险,就可以更多放在 AFS,以公允价值计量。国内品种也比较有限,债券价格的期权也不常见。

运用场景与策略:绝对收益策略很好利用了股指期货对冲和选股收益,提供更多确定性。保险公司的经营非常依赖利差,承保端竞争压力不断向资产端传导,大量保险公司热衷于追逐收益率更高的非标产品或另类投资。经济下行周期下信用风险不容忽视,相比之下公开市场上的绝对收益产品很有优势。依据波动率的动态套保策略,即波动率高时,加大套保比例;而当波动率偏低时,减少套保比例,这种方法似乎效果也不错。

(二)某保险集团

利率衍生品:作为保险公司,更加关注利率工具的应用。如,利率掉期或者利率互换,大约是利率的固浮互换,可以更好匹配现金流匹配,解决资产负债久期匹配不足问题;国债期货可以给保险公司的固定收益仓位提供套保,可以用于市值计价的账户,

给账户的市值波动提供有益的套保。

衍生品杠杆效应：给保险公司提供特殊的用途，使保险公司可以满足特殊情况下的资产负债匹配需求。如，海外对于 underfunded pension fund，进行久期匹配和现金流匹配之后，就已经资金不足了。为了完成剩余权益资产的配置，可以采用衍生品的配置完成，使资产配置的总体目标得以达成。对于保险公司的资产负债匹配而言，先进行保底收益的第一层配置就可能已经耗费掉很多现金流和资产，如 80%；而进行第二层的收益增强时，若可以使用股指期货等衍生工具，就可以提高参与能力和资产配置的分散化程度。

会计准则：IFRS9 会计准则给金融企业提出了重要挑战。衍生工具与现货的结合，可以形成更加稳定的策略和产品形态，使保险公司更加有效地管理权益风险，值得研究和期待。如，使用 MinVol 策略，提高策略的风险收益率；采用股指期货或者其他工具形成的 TVS 产品，更可以给保险机构提供良好的规避风险和提高单位承担风险回报的手段。

风险管理：(1) 期权可以保护投资组合的尾部风险，是抗御市场巨幅波动风险的良好对冲工具；(2) 信用风险可以用 CDS 产品予以保护，提高保险公司抵御经济周期波动下的信用风险；(3) 个股期权可以对单一个股的市场风险进行管理；(4) 汇率风险管理中，目前 102% 的上限限制，反而使保险公司承担不必要的风险。因为项目的还本付息，还有一部分外汇收入无法覆盖。是否允许保险公司的对冲比例在 80%～120%，可以解决对冲不足问题，也可以避免保险公司被动违规。

第三章 衍生品市场认识及应用

第一节 衍生品市场基本特征分析

衍生品应用的基础是对衍生品市场基本特征的观察和梳理，研究衍生品市场基本特征对深入认识市场规律和构建投资策略有重要意义。这里重点针对权益衍生品市场，研究了股指期货市场和权益期权市场的基本特征。

一、股指期货市场

基差是指数现货行情与股指期货价格之间的差异,是股指期货最重要的特征之一。现货与期货之间的价格差异理论上是由确定性的期货平价定理决定的。但实际交易中,期货合约基差会显著偏离理论结果,因此必须考虑其他会影响基差的因素(见图3-1)。

股指期货基差 ＝ 无风险收益 ＋ 长期因素 ＋ 调整项 ＋ 短期因素

资料来源:泰康资产管理有限责任公司。

图3-1 影响基差的因素

其中,无风险收益由期货平价定理决定;长期因素包括由于监管政策、交易规则等带来影响,以及期权市场的存在对期货市场的影响;调整项是由于指数的编制规则限制,使得基差在名义上发生变化,例如成分股分红和停牌都会产生调整项等,这些影响会扭曲基差,在观察基差时需要将其矫正;剩余的部分是短期因素,主要是由投资者情绪主导。

(一)股指期货监管政策和交易规则的影响

股指期货监管政策和交易规则会影响投资者的交易成本和市场的供需关系,从而间接地影响基差。例如,2015年股指期货交易受限后,市场流动性大幅萎缩,大量投机交易者离场,使得期货市场的参与者主要是空头套保的交易者,导致空头套保交易者的多头对手盘严重不足,期货基差深度贴水。之后,中金所在2017年2月17日、2017年9月18日、2018年12月3日、2019年3月25日和2019年4月22日,五次调整股指期货的交易规则,市场的流动性逐步恢复,各合约基差贴水幅度也显著收敛(见图3-2、图3-3)。

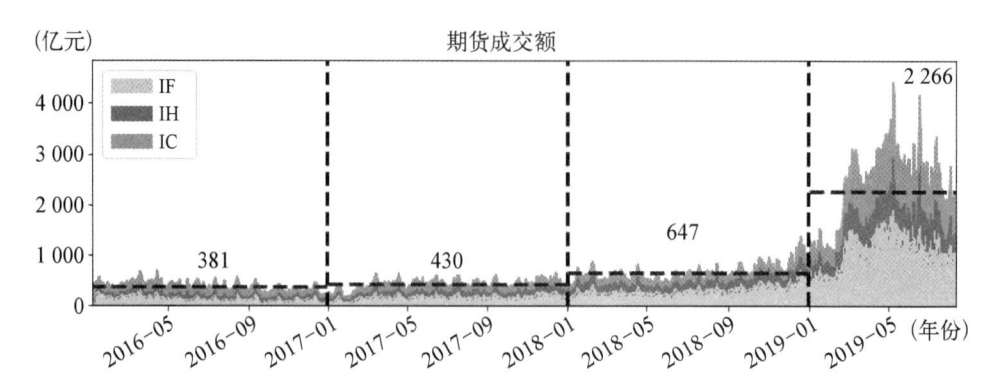

资料来源:Wind资讯,泰康资产管理有限责任公司。

图3-2 股指期货日均成交金额

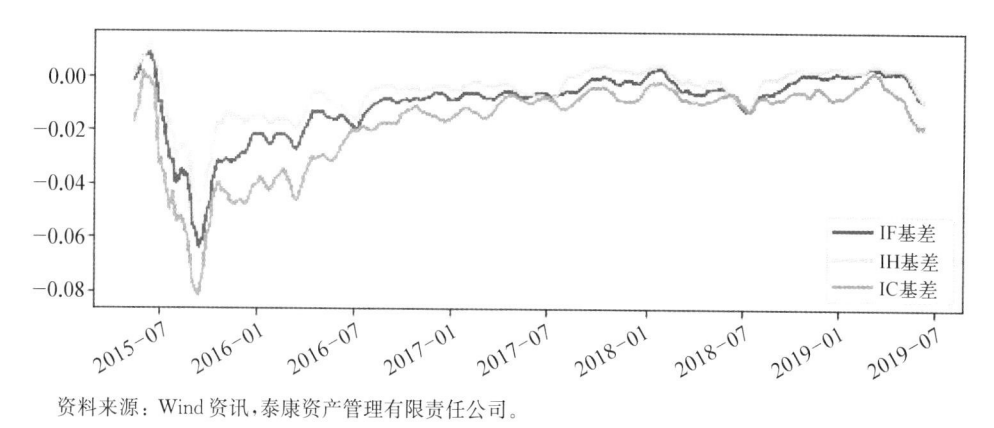

图 3‑3　股指期货基差

资料来源：Wind 资讯，泰康资产管理有限责任公司。

（二）期权市场联动对基差的影响

期货和期权市场是两个相互关联的市场，当期货市场受到冲击时，期权市场能够通过投资者的交易活动分担期货市场受到的冲击。期权市场影响股指期货市场的两个主要途径包括：(1)由于可以使用期权合成现货，当期货市场受到冲击，价格发生较大偏离时，投资者可以在两个市场间做跨市场套利，一定程度修正期货市场价格偏离，实现期权市场对期货市场冲击的分担；(2)期权做市商通常持有现货底仓用于对冲风险，当期货出现大幅基差贴水时，做市商会在期货市场启用多头替代策略获取超额收益，给期货市场提供多头流动性，同时减小基差的贴水幅度。

例如，2015年市场大幅下行期间，由于监管政策变化，股指期货市场流动性大幅萎缩，基差出现大幅贴水。图3‑4是合成的剩余期限为30日的虚拟期货合约基差。在2015年9月2日，各品种基差贴水达到极低点，IF、IH、IC虚拟合约基差分别为：

资料来源：Wind 资讯，泰康资产管理有限责任公司。

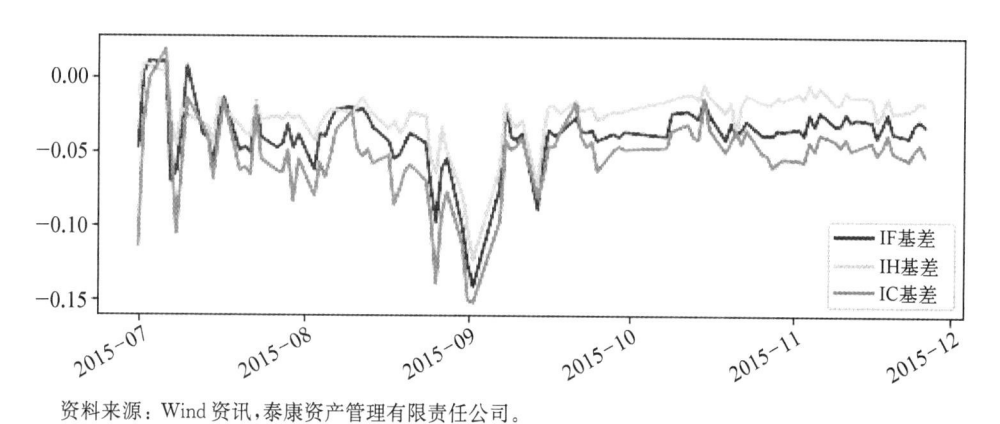

图 3‑4　股指期货基差

—14.1%、—12.3%、—15.2%；随后市场反弹，各品种基差贴水快速收敛，截至10月30日各合约基差分别为：—3.57%、—1.47%、—5.41%，各合约相对于9月2日最低点贴水幅度分别收敛了74.7%、88.0%、64.4%。其中，IH合约基差贴水收敛速度显著快于IF和IC合约，一个原因可能是50ETF期权市场分担了期货市场的流动性冲击。可以观察到这段时期50ETF期权的持仓量保持上行，CPVID呈现出与基差类似变化规律，期货和期权市场联动，共同分担了市场的冲击（见图3-5）。

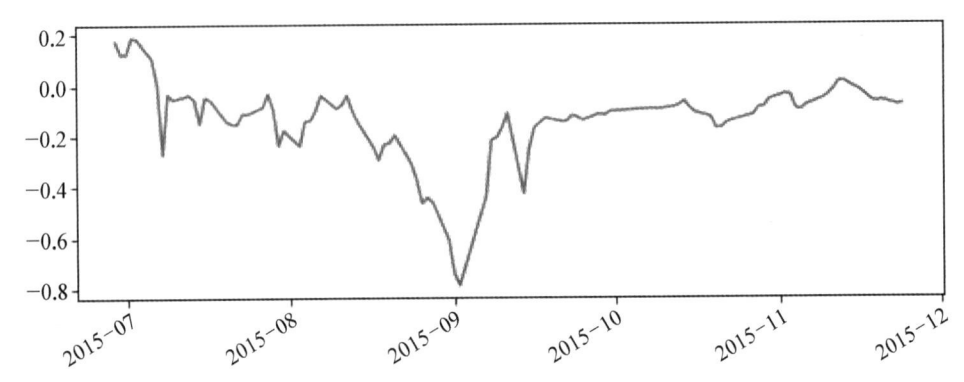

资料来源：Wind资讯，泰康资产管理有限责任公司。

图3-5 上证50ETF期权CPVID

（三）股票分红对基差的影响

根据指数的编制规则，指数成分股在分红时，指数不进行除息操作而让其自然回落。当期货合约剩余存续期内存在指数成分股分红时，会导致期货的名义基差与真实基差发生偏离。因此，需要对期货合约的名义基差做分红矫正得到合约的真实基差。基差分红矫正可以分为两步，第一步是估计剩余存续期内分红会影响的指数点数，第二步是用分红点数按一定规则去做矫正名义基差。

股票分红点数估计的公式如下：

$$个股分红点数 = 分红总额/总市值 \times 指数点数 \times 个股权重$$

其中，分红总额是需要估计的变量，分红总额在分红预案公告前可以使用年报或快报中的当年净利润和历史派息率估计；同时，还需要估计派息日，派息日可以结合前一年的派息日来估计。最后，将合约剩余存续期内的个股分红点数加总可以估计出合约剩余存续期内包含的总的分红点数。

通过对市场观察可以发现，分红点数被投资者定价到基差中的过程是渐进的，因此需要按一定规则合理计入分红点数来矫正基差。一种简单的规则是按固定比例（例如50%)的分红点数来矫正基差。

为了检验分红点数计入规则是否合理,一种检验方法是观察各合约期限结构。在通常情况下,各期限合约的基差与合约剩余到期天数成正比,各期限合约基差分布呈较好的线性关系。当受到分红影响时,基差分布的线性关系会被扭曲,使得线性回归的残差增加。合理设定分红点数计入规则,可以使得分红矫正后基差分布的线性程度更好,线性回归的残差下降。图3-6给出了分红点数计入50%和100%时,线性回归残差的标准差相比于不做分红矫正时残差的标准差的变化量,曲线为变化量的250日均线。可以看出,按50%计入分红点数时,残差的标准差下降幅度更大、也更稳定。图3-7给出了不同分红点数计入比例时,线性回归残差的标准差的历史均值,在固定比例计入规则下,分红点数计入比例为50%时结果最优。

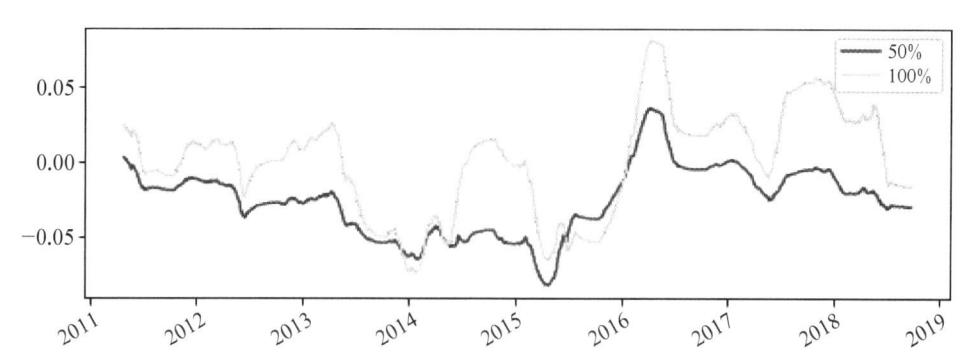

资料来源:Wind资讯,泰康资产管理有限责任公司。

图3-6 基差期限结构回归残差的标准差变化量

资料来源:Wind资讯,泰康资产管理有限责任公司。

图3-7 基差期限结构回归残差的标准差与分红点数计入比例

(四)股票停牌对基差的影响

根据指数的编制规则,在成分股停牌至复牌期间,成分股价格按其最后的成交价

格计算。因此,成分股停牌期间会对指数的涨跌造成扭曲:当市场上涨时,成分股停牌可能使得指数涨幅被低估,基差可能被高估;而当市场下跌时,基差可能被低估。当指数成分股停牌权重较大时,基差被扭曲的程度会较为显著,例如在2015年7月发生大面积股票停牌时期,沪深300成分股中停牌股票的流通市值权重超过10%,中证500成分股中停牌股票的流通市值权重甚至超过50%。

为了能够反映股指期货真实的升贴水,需要根据停牌成分股的情况修正指数。修正指数成分股停牌的方法:当日停牌的成分股的涨跌幅按其所在行业的涨跌幅代替,计算出修正的当日收盘价,再按成分股修正后的收盘价格合成指数,进而得到修正后的基差。

图3-8给出了2015年IC活跃合约基差修正的结果。在未发生大面积停牌时,成分股停牌造成的基差修正量很小,多数集中在$-0.5\%\sim0.5\%$内,修正前后的基差几乎重叠;但发生大面积停牌时,基差修正量的波动范围扩大到$-2.4\%\sim2.0\%$,修正前后的基差出现了较大差异。

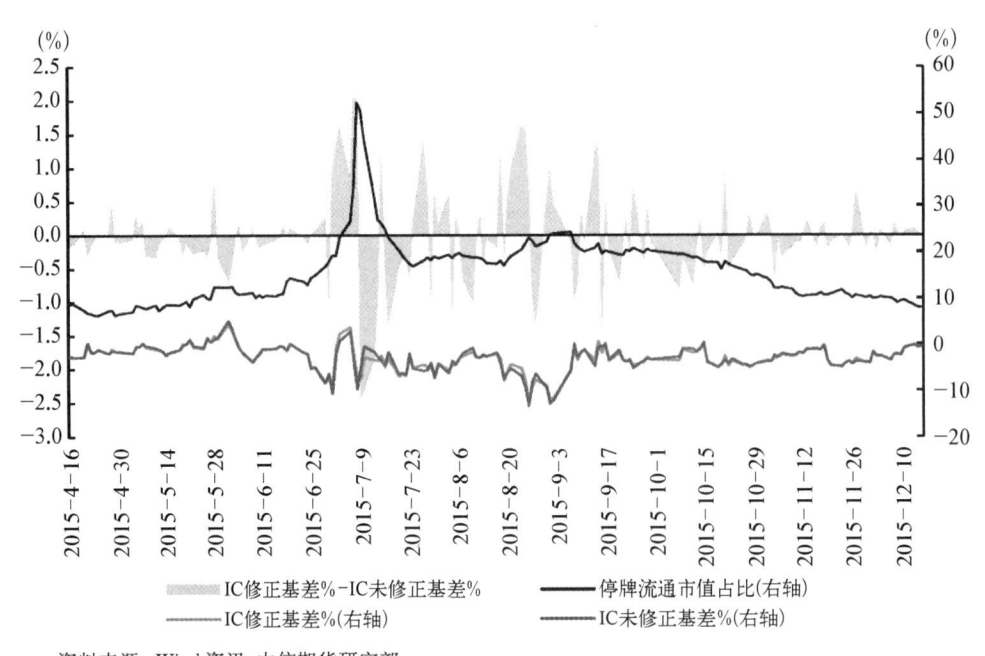

资料来源:Wind资讯,中信期货研究部。

图3-8 成分股停牌对基差的影响

但基于行业涨跌幅修正停牌成分股的方法也存在局限性,仅适用于少数成分股停牌的情形;当市场发生大面积停牌时,行业的涨跌幅可能无法有效反映成分股的涨跌,使得指数修正出现偏差。

二、权益期权市场

期权作为金融衍生品的一种,具有跨期性、与标的资产联动性、杠杆与资金使用高效性、策略设计灵活性等特点,其权利和义务清晰明了,具有非线性的风险收益特征,可以有效管理和对冲特定风险。

国内权益期权市场开始时间较晚、种类也仅有上证50ETF期权。上证50ETF期权于2015年上市,当前仍处于快速成长期,期权的成交量和持仓量都在持续快速上升(见图3-9)。

资料来源:Wind资讯,泰康资产管理有限责任公司。

图3-9 上证50ETF期权成交量与持仓量

期权定价的因子中影响较大的主要有三个:基础资产价格、波动率和无风险利率。其中,波动率对所有期限、不同执行价格的合约都有重要影响,是投资者重点观察的基本特征之一。波动率指数是一种观察市场期权报价中波动率的重要手段,它反映了全部合约整体的波动率特征,是一种稳健的波动率观测指标。

最早的波动率指数是芝加哥期权交易所(CBOE)在1993年推出的VIX指数。指数最开始是基于标普100指数设计,用于观测对标普100平值期权隐含的市场对未来30日的波动率预期。2003年,VIX指数的计算方法改为了方差互换,基础指数也更改为标普500指数。国内,上证50ETF期权可以计算类似的波动率指数,国内2015年也推出过基于上证50ETF期权的中国波指(iVX)。

研究表明,VIX指数的影响因素可以拆解为四部分:当前的波动率、未来30天波动率均值回归、期权卖方溢价、市场情绪影响。其中,当前的波动率及其均值回归是历史波动率中已经包含的未来波动率的期望值;市场情绪影响是投资者在基于当前获取额外信息,表达的对未来波动率的额外预期;期权卖方溢价,是期权卖方基于成本、风险等要求的溢价补偿,这部分是不包含在未来波动率预期中。因此,VIX指数剔除期权卖方溢价后可以得到VIX指数中真正包含的市场对于未来30日的波动率预期(见图3-10)。

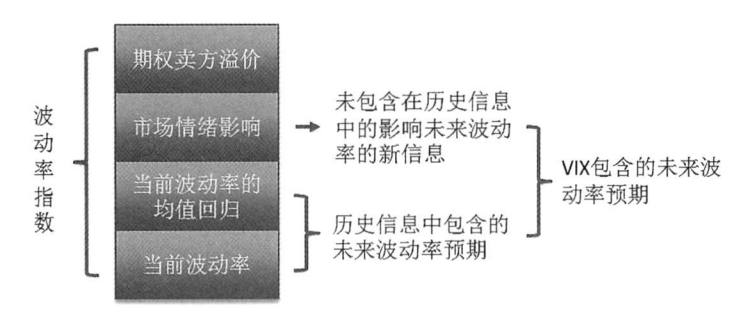

资料来源:泰康资产管理有限责任公司。

图3-10 波动率指数分解模型

(一)当前波动率及均值回归

由于波动率具有聚集性,这使得未来的波动率与当前的波动率具有很强的相关性;同时波动率还具有长期均值回复的性质。

从图3-11(a)可以看到标普500指数的下期波动率与当前波动率显著正相关。其中,当前波动率为标的指数过去30日的年化波动率;下期波动率为标的指数未来30日的年化波动率。将各样本点按当前波动率大小分为20组,分别计算每组样本的当前波动率和下期波动率的均值,如图3-11(b)所示。通过线性回归可以发现,下期波动率的期望与当前波动率呈非常好的线性关系($y=ax+b$,$R2$为0.994)。基于这个线性关系,我们可以使用当前波动率对下期波动率期望值做准确的估计。定义如下公式:

$$E(下期波动率)=当前波动率+S\times(M-当前波动率)$$

其中,$E(\cdot)$为数学期望,$S=1-a$为均值回复速度,$M=b/(1-a)$为波动率的长期均值,$(M-当前波动率)$反映了当前波动率偏离波动率长期均值的距离,将$E($下期波动率$)$记为MR。标普500指数(1990年~2019年)估计出的均值回归参数为:$M=15\%$和$S=27\%$。

上证50ETF的波动率也呈现出类似的均值回复特性,如图3-12所示。其中,均值回复的参数为,$M=24\%$和$S=31\%$。线性回归的$R2$为0.955,线性程度低于标普500指数。从图3-12(b)可以发现,上证50ETF在当前波动率很高时,均值回复的速度显著提高,使用线性的均值回归模型会高估下期波动率的期望值。

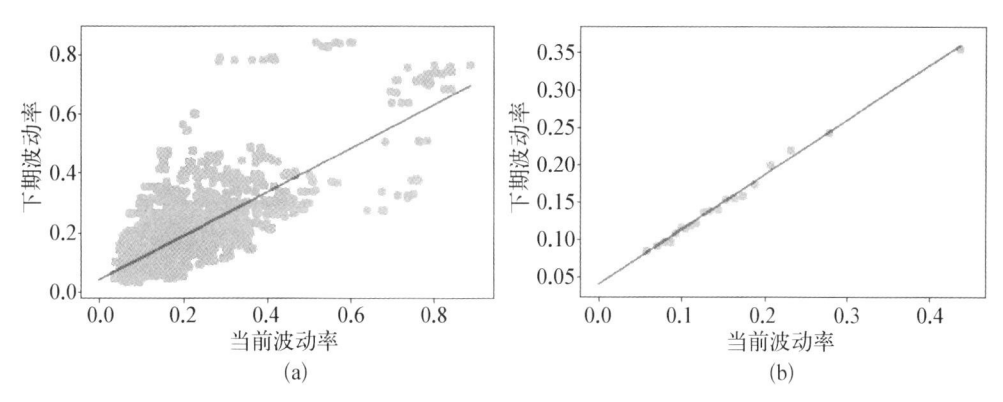

资料来源:Wind 资讯,泰康资产管理有限责任公司。

图 3-11 标普 500 指数波动率均值回归

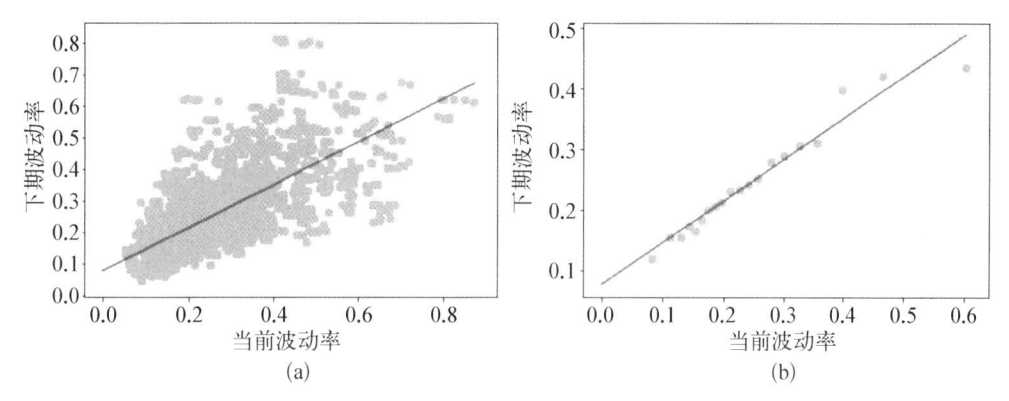

资料来源:Wind 资讯,泰康资产管理有限责任公司。

图 3-12 上证 50ETF 波动率均值回归

(二) 期权卖方溢价

相对于实现的波动率,期权的卖方通常会要求一定的溢价,如图 3-13 所示。我们使用一年的移动平均来显示 VIX 指数与标普 500 下期真实波动率的长期关系。可以发现,VIX 指数相对于下期真实波动率长期存在溢价,历史平均溢价幅度约 4.13%。上证 50ETF 波动率指数在多数时期也存在正的溢价,如图 3-14 所示,但历史平均溢价幅度仅 1.17%,显著低于 VIX 指数。

由 VIX 分解模型可以看到,VIX 指数偏离下期波动率期望值(MR)的部分包含市场情绪的影响和期权卖方溢价两部分。如果假设市场情绪影响的均值的期望为零,即正向和负向的信息对称分布的情况下,可以通过取平均的方法估计出期权卖方溢价。文献表明,VIX 与 MR 之差和下期波动率期望值正相关,但不满足线性关系,而 VIX 平方与 MR 平方之差和 MR 平方呈一定的线性关系。

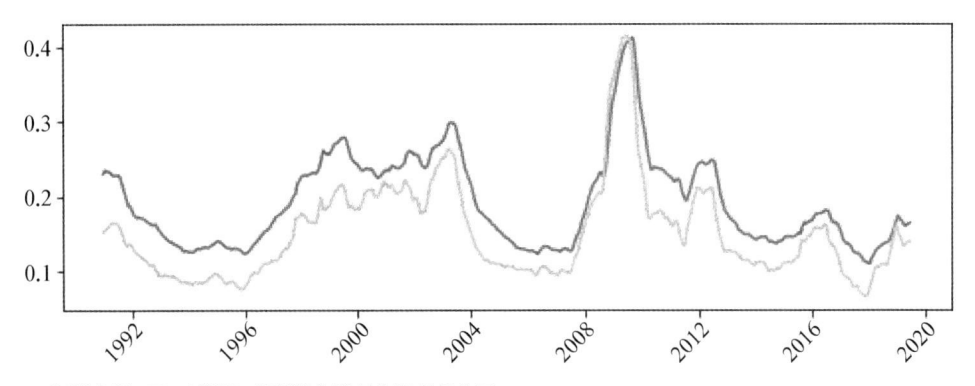

资料来源：Wind资讯，泰康资产管理有限责任公司。

图 3‐13 VIX 指数与标普 500 下期真实波动率

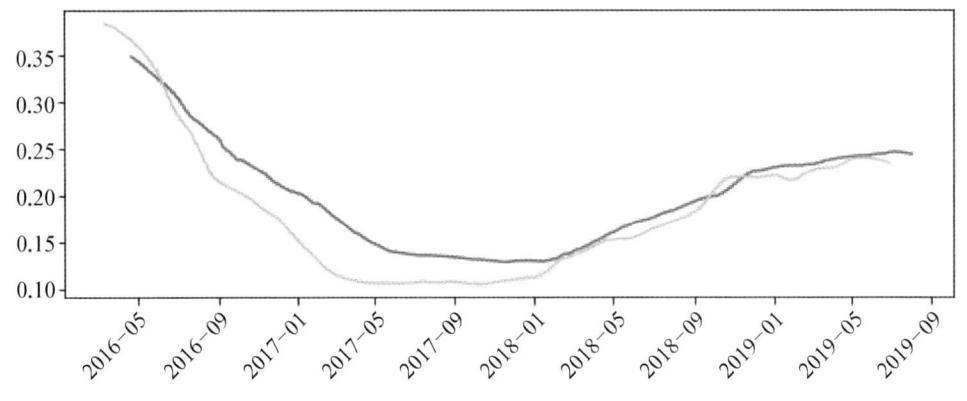

资料来源：Wind资讯，泰康资产管理有限责任公司。

图 3‐14 上证 50ETF 波动率指数与下期真实波动率

标普 500 与 VIX 的结果如图 3‐15(a)所示，将样本按 MR 的大小等分为 20 组，对每组计算（VIX 平方－MR 平方）的均值，以及 MR 平方的均值，得到估计的期权卖方溢价与下期波动率期望值。其中，各组的期权卖方溢价均大于零，且下期波动率期望值越大，期权卖方溢价也越高，但下期波动率期望值最大一组表现出非线性关系，是一个异常点。我们仅用前 19 组做线性回归，回归结果的 $R2$ 为 0.905。

上证 50ETF 期权结果类似，如图 3‐15(b)所示，但也存在显著不同。上证 50ETF 期权卖方溢价的幅度更低，并且在下期波动率期望值很小和很大时，期权卖方溢价为负；同时，结果的非线性部分的比例也显著更高，最右侧的 5 组表现出与左侧 15 组相反的负相关的关系。造成这种差异的原因可能有：（1）上证 50ETF 期权卖方可能在其他市场获取溢价，从而降低了在期权市场的溢价要求；（2）上证

50ETF期权上市时间较短,且包含了2015年市场剧烈波动时期,样本是有偏的,使得高波动的样本量偏多;(3)上证50ETF在当前波动率很高时,均值回复的速度显著提高,使用均值回归模型会高估下期波动率的期望值,使得期权卖方溢价被低估。

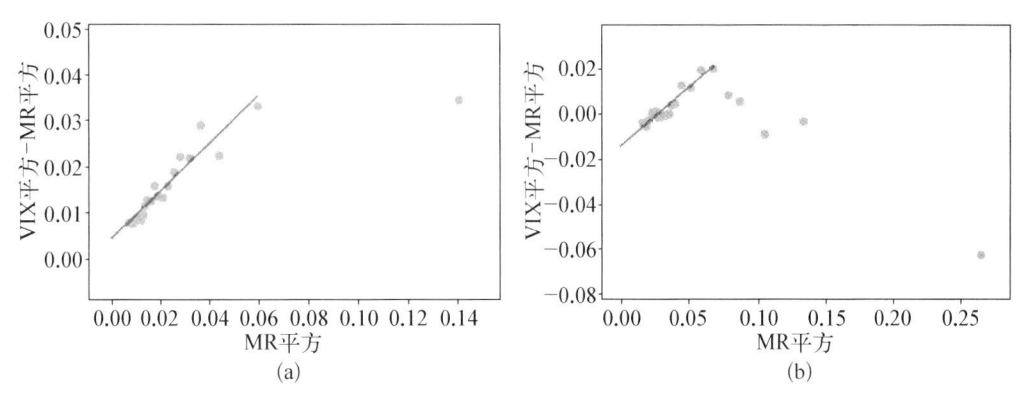

资料来源:Wind资讯,泰康资产管理有限责任公司。

图3-15 卖方期权溢价回归

基于回归方程可以计算当前的方差溢价 $VP = c \times MR^2 + d$,其中,c 和 d 为回归方程的系数和截距项。卖方期权溢价满足以下计算公式:

$$卖方期权溢价 = \sqrt{MR^2 + VP} - MR$$

(三)分解模型对下期波动率的预测结果

未来波动率变化预期包含两部分:波动率均值回归和市场情绪影响,可以通过以下公式计算:

$$未来波动率变化预期 = VIX - 卖方期权溢价 - 当前波动率$$

为了检验未来波动率变化预期对下期波动率变化的预测能力,我们将历史样本按当前波动率和未来波动率变化预期分组,表3-1统计了各组下期波动率的实际变化量的均值和预测胜率。从样本分布看,VIX指数包含的未来波动率变化预期多数分布在观点更极端的两侧区域($<-2\%$或$>2\%$),且低波动时正向预期的样本更多、高波动时负向预期的样本更多;在极端预期的样本中,下期波动率实际变化的均值的方向与预期方向一致,且胜率均显著高于50%,表明极端预期能够有效地预测下期波动率变化。

表3-1(a)　　VIX隐含未来波动率变化预期对下期波动率变化的预测样本数

当前波动率	未来波动率变化预期					
	<-2%	-2%~-1%	-1%~0	0~1%	1%~2%	>2%
0~9%	53	120	214	216	145	211
9%~10%	84	87	85	54	41	71
10%~12%	183	124	102	87	62	121
12%~14%	199	56	50	44	42	97
14%~17%	354	83	70	50	46	128
17%~20%	220	52	36	39	29	68
20%~25%	380	45	28	29	20	48
25%~30%	221	10	13	6	4	32
30%~	289	14	9	8	4	49
总和	1 983	591	607	533	393	825

表3-1(b)　　　　　　　　　下期波动率变化的均值

当前波动率	未来波动率变化预期					
	<-2%	-2%~-1%	-1%~0	0~1%	1%~2%	>2%
0~9%	-0.13%	1.33%	1.22%	2.20%	3.41%	5.60%
9%~10%	-0.02%	1.12%	2.13%	3.17%	4.34%	4.55%
10%~12%	-0.67%	1.09%	0.77%	0.86%	2.16%	4.78%
12%~14%	-2.65%	-0.53%	0.57%	2.31%	1.99%	4.62%
14%~17%	-3.30%	-0.38%	1.53%	2.05%	3.15%	4.88%
17%~20%	-4.72%	0.47%	1.11%	0.85%	1.61%	3.17%
20%~25%	-1.48%	-0.05%	1.47%	0.87%	0.63%	2.11%
25%~30%	-4.97%	1.61%	1.76%	2.64%	6.53%	4.99%
30%~	-10.08%	0.19%	-2.08%	-0.31%	0.67%	4.27%

表3-1(c)　　VIX隐含未来波动率变化预期对下期波动率变化的胜率

当前波动率	未来波动率变化预期					
	<-2%	-2%~-1%	-1%~0	0~1%	1%~2%	>2%
0~9%	60%	38%	40%	74%	87%	92%

续表

	未来波动率变化预期					
9%~10%	54%	38%	22%	89%	95%	87%
10%~12%	75%	52%	47%	51%	69%	85%
12%~14%	84%	68%	60%	59%	62%	74%
14%~17%	86%	58%	51%	54%	59%	70%
17%~20%	85%	50%	50%	54%	45%	68%
20%~25%	68%	62%	43%	48%	60%	56%
25%~30%	79%	60%	62%	67%	50%	72%
30%~	92%	64%	67%	25%	50%	80%

资料来源：Wind资讯，泰康资产管理有限责任公司。

另外，VIX与期权卖方溢价之差可以用于预测下期波动率。表3-2列出分解模型的预测结果与其他几种预测方法的预测精度对比，其他几种预测方法包括：当前波动率、均值回归模型预测的下期波动率期望值、VIX指数等。可以发现，仅使用当前波动率估计的结果相对较差；在考虑了波动率均值回归特性后，预测精度有一定的提升。VIX在历史信息的基础上加上了新的信息，但由于VIX指数包含的期权卖方的溢价，使得估计偏差较大，通过分解模型剔除期权卖方溢价后，估计精度显著提高。

表3-2　各种预测方法对下期波动率的预测结果偏差的比较（标普500）

	分解模型	当前波动率	MR	VIX
mean	3.99%	4.93%	4.58%	5.53%
25th	1.15%	1.46%	1.56%	2.73%
median	2.53%	3.36%	3.16%	4.70%
75th	4.97%	6.43%	5.92%	7.21%

资料来源：Wind资讯，泰康资产管理有限责任公司。

上证50ETF波动率指数隐含未来波动率变化预期也对下期波动率变化有类似预测效果，既极端变化预期能够有效地预测下期波动率变化，见表3-3。但由于上证50ETF期权上市时间较短，使得样本的分布不均，仅集中在少数分组中。

表 3-3(a)　　　　　上证 50ETF 波动率指数隐含未来波动率变化
预期对下期波动率变化的预测样本数

当前波动率	未来波动率变化预期					
	<-2%	-2%~-1%	-1%~0	0~1%	1%~2%	>2%
0%~12%	0	0	0	0	2	232
12%~15%	3	3	5	9	27	100
15%~20%	24	11	14	20	26	101
20%~25%	22	5	17	14	14	40
25%~	261	8	3	1	4	28

表 3-3(b)　　　　　上证 50ETF 下期波动率变化的均值

当前波动率	未来波动率变化预期					
	<-2%	-2%~-1%	-1%~0	0~1%	1%~2%	>2%
0%~12%	-2.05%	-0.33%	-2.11%	-4.46%	-2.01%	1.25%
12%~15%	-4.70%	-1.87%	2.14%	-1.22%	1.02%	3.36%
15%~20%	2.68%	-1.48%	-4.18%	-3.03%	-1.02%	3.72%
20%~25%	-6.14%	-1.80%	6.78%	6.19%	3.80%	8.78%
25%~	-2.05%	-0.33%	-2.11%	-4.46%	-2.01%	1.25%

资料来源：Wind 资讯，泰康资产管理有限责任公司。

使用上证 50ETF 波动率指数与期权卖方溢价之差对下期波动率预测的结果如表 3-4 所示，其预测的精度仍然好于使用当前波动率和均值回归模型预测的下期波动率期望值的预测结果，但相比于直接使用 VIX 指数预测的结果并没有改善。

表 3-4　　各种预测方法对下期波动率的预测结果偏差的比较（上证 50ETF）

	VCR+	当前波动率	MR	VIX
mean	6.66%	6.96%	7.23%	6.52%
25th	2.59%	1.81%	3.00%	2.40%
median	4.90%	4.92%	5.78%	4.81%
75th	8.06%	9.25%	9.66%	8.77%

资料来源：Wind 资讯，泰康资产管理有限责任公司。

（四）小结

对比标普 500 和上证 50ETF 及其波动率指数可以发现，根据均值回归模型，两者下期波动率的期望值都能够较为准确的预测，但国内市场波动率均值回归存在一定的非线性，在高波动状态时均值回归的速度显著加快。卖方期权溢价方面，上证 50ETF 期权的溢价显著更低，并表现出更强的非线性特征。对未来波动率预测方面，分解模型有较好的预测能力,尤其在预期变化幅度较大预测准确性很高,但上证50ETF期权波动率指数分解模型的预测能力没有好于波动率指数本身,可能的原因是上证50ETF期权上市时间较短,对参数估计不准确,同时国内市场还处于成长期,非线性特征更显著,使得通过线性模型估计的误差较大。随着时间推移和样本数量增加,分解模型在国内市场的预测能力可能会有改善。

第二节 衍生品在风险管理中的应用

一、股指期货套保:基于最小化组合波动率的套保模型

本节主要讨论针对一个已经构建好的股票组合,尤其是一个基本面投资经理构建的非量化投资组合,可以如何设计套保方案并有效构建套保策略。初始设计套保方案时,一般步骤为:首先,由投资经理提出希望套保的仓位以及期货品种。其次,由股指期货研究员构建模型进行测算,设计出符合投资经理需求且套保效率尽可能高的方案。再次,如果是完全套保,则将整个待套保投资组合视为被对冲组合,如果是部分套保,则根据方案找出一个待套保子组合作为被对冲组合,并测算套保有效性与组合优化。最后,将套保方案与投资经理进行充分沟通无误后下单交易。最后,事后评估套保有效性以及保证金风险监控效果等。

下面我们以一个基本面投资经理构建的套保组合为例进行说明。选取某公募基金半年报、年报的实际A股股票持仓组合,每年6月30日、12月31日根据持仓信息调整组合持仓,该组合由基本面基金经理依据主观判断构建,集中持股并且不做行业中性等约束,以此模拟组合(2015年4月30日—2019年7月31日)的单位净值。该组合前十大重仓股如表3-5所示。

表3-5 某组合前十大重仓股(20181231)

股票简称	所属行业	权重	股票简称	所属行业	权重
贵州茅台	食品饮料	11.0%	海康威视	电子元器件	7.9%
泸州老窖	食品饮料	10.7%	海尔智家	家电	6.2%
五粮液	食品饮料	10.5%	苏泊尔	家电	5.3%
上海机场	交通运输	9.8%	分众传媒	传媒	4.0%
华兰生物	医药	8.4%	爱尔眼科	医药	4.0%

资料来源:WIND资讯。

从风险收益特征可以看到,该组合收益大幅高于沪深 300 全收益指数,同时由于持仓高度集中,年化波动达到 27%,略高于沪深 300 指数(见表 3-6)。

表 3-6(a)　　　　　某组合特征统计(20150430—20190630)

年　　度	组合收益	年化波动率	最大回撤	夏普比例
2015	−7.65%	37.99%	31.77%	−0.20
2016	8.63%	23.40%	19.95%	0.34
2017	60.27%	16.91%	8.51%	2.70
2018	−14.62%	28.11%	28.28%	−0.53
2019 年 6 月 30 日	54.76%	29.95%	10.21%	2.58
累　　计	112.45%	27.16%	33.07%	0.68

表 3-6(b)　　　　沪深 300 全收益特征统计(20150430—20190630)

年　　度	组合收益	年化波动率	最大回撤	夏普比例
2015	−20.70%	42.69%	42.86%	−0.57
2016	−9.26%	21.77%	19.38%	−0.33
2017	24.25%	9.95%	6.07%	2.22
2018	−23.64%	21.01%	30.35%	−1.17
2019 年 6 月 30 日	28.47%	24.38%	13.07%	2.23
累　　计	−12.28%	24.74%	46.06%	0.00

资料来源:WIND 资讯。

(一)基于期货合约 Beta 值的单一期货合约套保

Beta 值是业界广泛采用的套保指标,在不考虑无风险收益的情况下,Beta 的计算来源于以下回归方程:

$$r_p = \alpha + \beta r_m + \varepsilon$$

易求得:

$$\beta = \rho \frac{\sigma_p}{\sigma_m}$$

Beta 值的含义表示期货价格每变动 1%,现货价格会变动 β%。因此,假如待套保的现货价值 1 亿元,Beta 值为 0.8,如果完全套保现货持仓风险的话,则需要套保的期货头寸应当为 8 000 万元。由上式可知,若现货组合和股指期货价格变动的相关性越高,则对冲后的残差波动率相对组合波动率越低,对应套保效果越好(见图 3-16)。

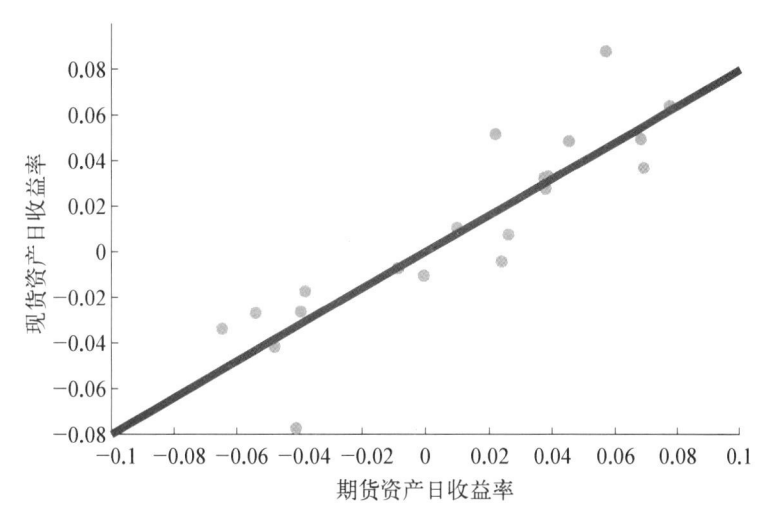

资料来源：泰康资产管理有限责任公司。

图 3-16 现货资产与期货日收益率散点示例

从滚动三个月的贝塔值来看，该组合贝塔值的波动较大，其中 IF 与 IH 的 Beta 值更接近1，IC 的 Beta 值则相对较低，考虑 IC 的高波动性，可以推断该组合与 IC 的相关性较低，更适合采用 IF 或者 IH 进行套保，若采用 IC 进行套保，预期套保效果较差。若仅考虑采用单一期货品种进行对冲，选用 IF 或者 IH 合约进行对冲较为合适。值得注意的是，在本组合中，无论 IF、IH 还是 IC，均发生过贝塔值突破1的情形，特别在2018年10月初至2019年1月末，该组合相对于 IF、IH 的贝塔值快速冲高，峰值一度达到1.41与1.51，这意味着如果需要完全贝塔中性对冲的话，将面临期货空头合约价值大于现货头寸的情况，若缩小对冲比例，则套保效率势必会受到影响，这给套保工作带来挑战（见图3-17）。

资料来源：WIND 资讯、泰康资产管理有限责任公司。

图 3-17 某组合与股指期货合约滚动 Beta 值

（二）多合约下的套保组合方案

在给定对冲比例的情形下，可以通过最小化套保组合波动方法确定各品种期货比例。具体模型设定如下：

$$\min_{w_s}(w_l+w_s)^T \sum (w_l+w_s)$$

$$s.t. \begin{cases} w_l = 1 \\ w_{s,i} \leqslant 0 \\ \sum_i w_{s,i} \geqslant -\delta \end{cases}$$

其中，$w_{s,i}$为待求解的期货品种权重问题，$\sum$为资产收益率的协方差矩阵，w包括w_l和w_s，w_l表示现存的现货投资组合，w_s表示期货品种的权重，δ为对冲比例，即期货市值与现货市值的比例。若采用完全对冲，则$\delta=1$。

下面我们测算了利用该模型构建套保组合的历史表现。其中，期货保证金比例按照25%缴纳，每月股指期货合约最后交易日的前一日按照结算价进行展期，同时按照模型给出的优化方案进行股指期货以及股票现货再平衡。为尽量贴合实际情形，假设初始资金为1亿元，对冲股指期货的合约手数四舍五入至1手。

测算得到的组合对冲后累计收益率56.66%，对冲后组合的年化波动率仅为12.74%，对冲前组合的年化波动率达到27.16%；对冲后最大回撤14.24%，而对冲前组合最大回撤达到了33.07%。夏普比例亦从对冲前的0.68提升至0.90。取得了不错的对冲效果（见表3-7、图3-18）。

表3-7　　　　　　对冲策略特征统计（20150430—20190630）

年　度	组合收益	年化波动率	最大回撤	夏普比例
2015	1.64%	16.24%	11.02%	0.23
2016	1.10%	10.93%	9.98%	0.15
2017	22.92%	11.02%	7.67%	1.91
2018	6.40%	12.84%	14.24%	0.55
2019年6月30日	16.57%	13.74%	4.81%	2.36
累　计	56.66%	12.74%	14.24%	0.90

资料来源：WIND资讯。

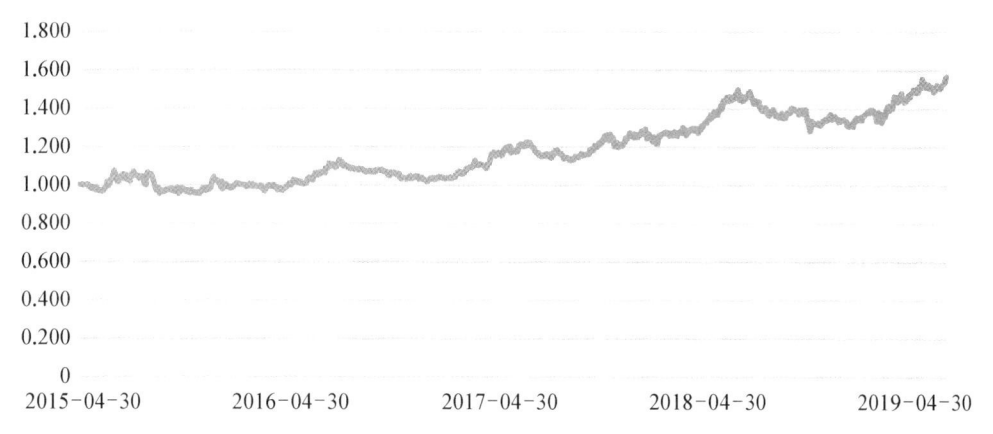

资料来源：WIND资讯、泰康资产管理有限责任公司。

图 3-18 策略对冲后净值曲线

该主动管理的投资组合在运用股指期货进行对冲时，对冲比例在60%至100%之内波动，对冲品种基本以IF为主，IH、IC对冲占比相对较少（见图3-19）。

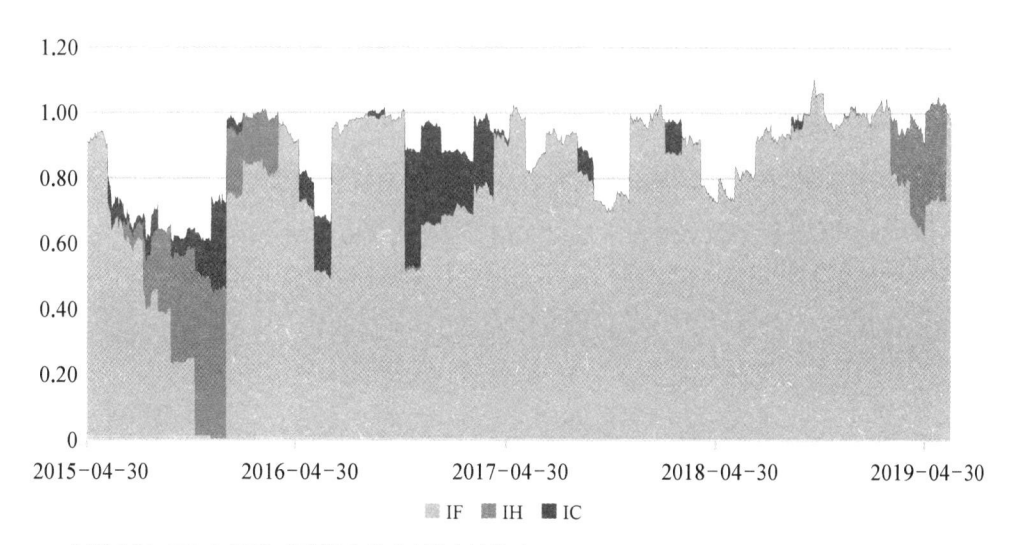

资料来源：WIND资讯、泰康资产管理有限责任公司。

图 3-19 三个股指期货合约套保比例

目前行业内通常采用套保效率来评价股指期货对冲策略的套保有效性，套保效率计算公式如下：

$$套保效率 = 1 - \frac{对冲后组合价值波动方差}{对冲前组合价值波动方差}$$

可以看到采用股指期货对冲后，由于该投资组合持仓高度集中，且该组合重仓股难以被沪深300、上证50以及中证500股指期货的价格变化所解释,该组合在测算期间平均套保效率为71.4%,2017年下半年,该组合套保效率大幅下滑至最低41.3%(见图3-20)。

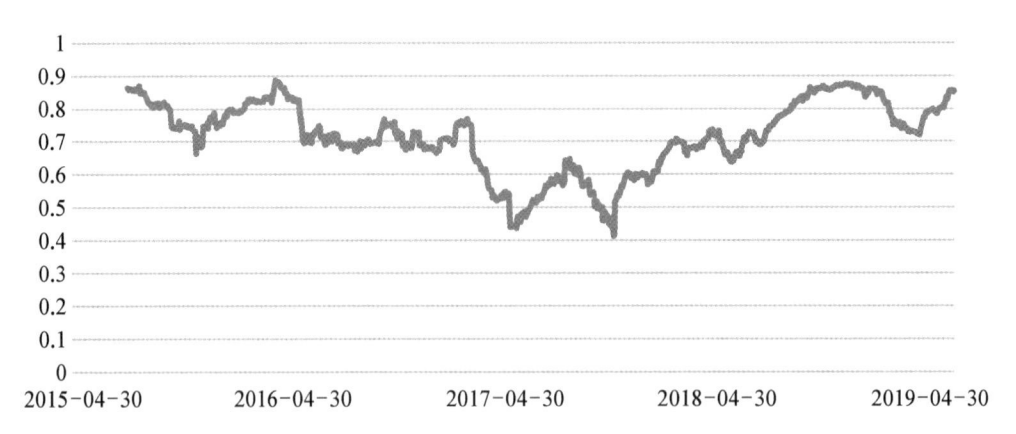

资料来源:WIND资讯、泰康资产管理有限责任公司。

图3-20 对冲组合滚动三个月套保效率

(三)部分对冲的情形

实务操作过程中,针对某给定的投资组合,股指期货投研人员还会经常面临针对组合中的部分股票套保的情形。沿用上文的方法,可以将该问题描述为求解以下规划问题:

$$\min_{w_f, w_s} (w_f + w_s)^T \sum (w_f + w_s)$$

$$s.t. \begin{cases} 0 \leqslant w_f \leqslant w_l \\ \sum_i w_{f,i} \geqslant \delta \\ w_{s,i} \leqslant 0 \\ \sum_j w_{s,j} \geqslant -\delta \end{cases}$$

其中,w_f表示现货股票组合中部分套保的比例。

仍以前面所举的某投资经理管理的投资组合为例,假定该投资经理希望对其2018年12月31日的全部持仓组合进行对冲,对冲比例为50%,利用上述模型可求得其现货投资组合需要对冲的头寸权重如表3-8所示:

表 3-8　　　　　　　　　　　　　部分对冲的情形示例

股票简称	需对冲	现货权重	期货名称	套保比例
贵州茅台	1.5%	11.0%	IF.CFE	−45.2%
泸州老窖	1.4%	10.7%	IH.CFE	−2.0%
五粮液	1.4%	10.5%	IC.CFE	−2.4%
上海机场	5.4%	9.8%	合　计	−49.6%
华兰生物	3.3%	8.4%		
海康威视	6.4%	7.9%		
海尔智家	4.9%	6.2%		
苏泊尔	4.7%	5.3%		
分众传媒	0.9%	4.0%		
爱尔眼科	3.6%	4.0%		
洋河股份	0.6%	3.8%		
美的集团	3.4%	3.7%		
索菲亚	3.1%	3.5%		
伊利股份	2.8%	3.4%		
天坛生物	2.3%	2.4%		
中国国贸	1.4%	1.4%		
大族激光	1.2%	1.4%		
水井坊	0.8%	1.2%		
中国石化	0.8%	0.8%		
海天味业	0.4%	0.5%		
中国平安	0.0%	0.0%		
恒瑞医药	0.0%	0.0%		
恒生电子	0.0%	0.0%		
顺丰控股	0.0%	0.0%		
华夏幸福	0.0%	0.0%		
福耀玻璃	0.0%	0.0%		
宇通客车	0.0%	0.0%		
白云机场	0.0%	0.0%		
深圳机场	0.0%	0.0%		

续表

股票简称	需对冲	现货权重	期货名称	套保比例
华测检测	0.0%	0.0%		
峨眉山 A	0.0%	0.0%		
合　计	50.1%	100.0%		

资料来源：泰康资产管理有限责任公司。

模型最终建议的现货股票持仓中套保的比例为 50.1%，期货做空头寸 49.6%，均满足要求。值得注意的是，利用该模型测算得到的对冲比例和现货持仓权重以及在指数中的占比并不完全成比例，比如本例中的投资组合前三大重仓股贵州茅台、泸州老窖以及五粮液合计仅套保了 4.3% 的权重，主要原因是这三只重仓股的个股特质风险较高，与三大股指期货的走势相关性较低（见图 3-21）。

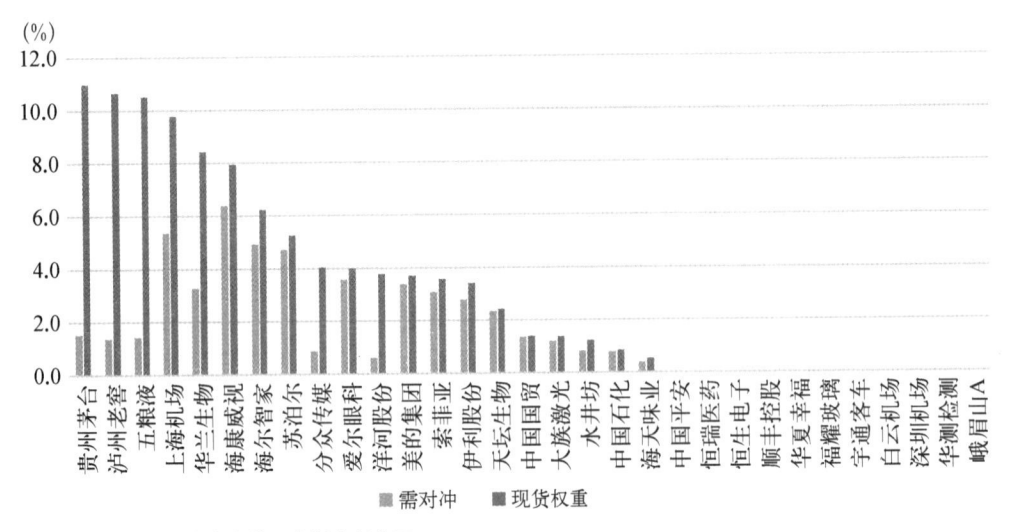

资料来源：泰康资产管理有限责任公司。

图 3-21　部分对冲的情形示例

二、股指期货套保在打新股底仓中的应用

参与新股网下配售策略可以获取较高的收益，破发风险相对较低，因而受到大家的广泛关注，打新收益的高低主要受到三个因素的影响：

第一，底仓收益。由于参与新股网下配售对持仓市值有一定要求，目前要求参与单一市场的底仓门票股过去 20 个交易日市值不低于 6 000 万元。如果持有的底仓在持有期间发生大幅下跌，打新产品就将蒙受损失。

第二,打新市场收益率。主要由打新的中签率和新股上市后的涨跌幅决定。

第三,产品规模。产品规模越大,打新收益率就会受到相应倍数的稀释。在打新方案的设计中,首先最重要的是做好打新底仓的构建。打新底仓的构建原则是在买入股票的前提下,尽可能做到不亏损。市场上一般有两种处理方式:第一种方案为尽可能选择大市值、高分红、低波动的股票,例如工商银行、中国石油等,这类股票波动小,所以遇到下跌时能相对较好的抵御下跌风险,但如果遇到极端行情(如股灾),底仓组合仍然无法避免亏损,以上证50全收益指数为例,该指数2004年至2018年的15年中有9年出现了下跌,年度亏损在10%以上的年份达到了6年。第二种方案是利用多因子模型构建一篮子股票组合并同时做空一定比例的股指期货进行对冲。这种方法的优势是底仓的净值可以做到几乎与大盘的涨跌无关,底仓盈亏取决于一篮子股票的收益是否战胜了相应的股指期货涨跌幅。综合而言,第二种方案是更为稳健且积极的底仓构建方案。

(一)底仓对冲方案

目前A股有上证50、沪深300和中证500三个品种的股指期货合约,鉴于参与打新的底仓规模和收益权衡的角度,建议选用上证50股指期货作为对冲标的,从过往期指的升贴水情况来看,上证50、沪深300、中证500的贴水幅度依次增加,贴水是对冲套利的天敌,会大幅蚕食对冲收益,中证500股指期货历史上曾有过年化40%以上的贴水,而同期上证50股指期货合约基差情况明显好于其余合约。

综合而言,选用上证50股指期货作为对冲标的是较为稳健的选择。下面我们测算了上证50股指期货对冲多因子模型选股构建的上证50增强组合后的历史表现。其中现货增强组合按照双周频进行调仓与再平衡,每次调仓时现货增强组合占账户净值比重80%,剩余20%用作保证金,选股范围为全部上交所股票,考虑到套保期现匹配要求,需保证中证800成分股权重占比90%以上。期货合约选用当月及下月合约进行滚动展期,对冲现货增强组合90%的敞口。上证50现货增强组合2010年1月1日至2019年6月30日实现年化收益率9.36%,同期上证50全收益指数年化收益率4.12%,年化超额收益率5.23%(见图3-22)。

上证50股指期货合约于2015年4月16日上市交易,下面我们模拟了加入期货对冲之后的策略表现,并将同期上证50全收益指数的表现作为对比,可以发现实际上无论从单位净值表现还是从回撤幅度,对冲策略表现均明显优于裸多头,提升整体账户净值(见图3-23、图3-24)。

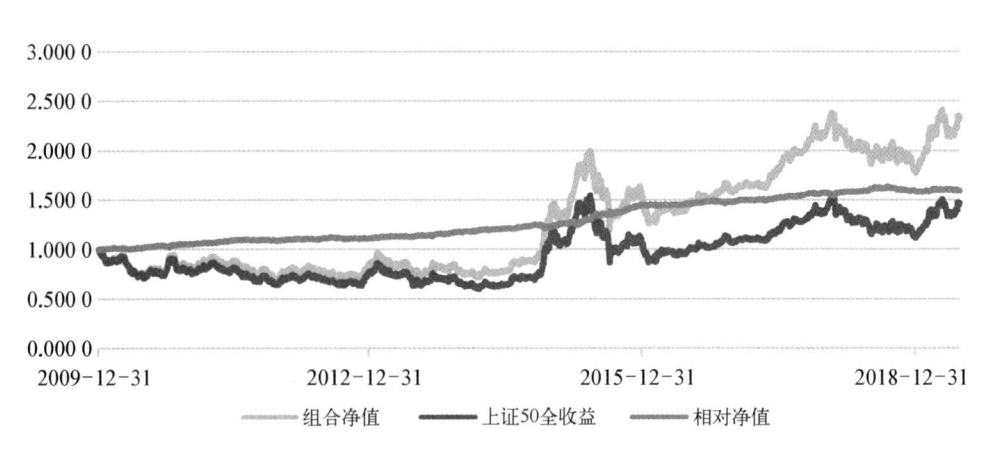

资料来源：Wind 资讯，泰康资产管理有限责任公司。

图 3-22　现货增强组合相对于上证 50 的增强效果（20100101—20190630）

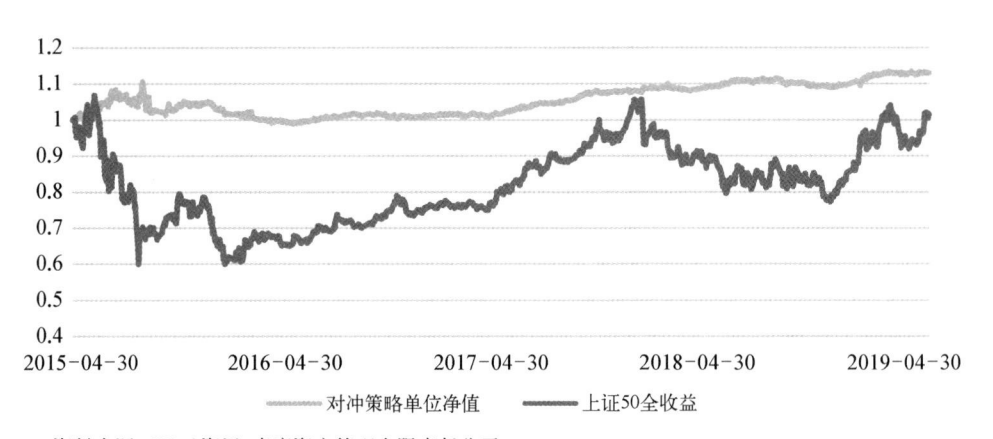

资料来源：Wind 资讯，泰康资产管理有限责任公司。

图 3-23　底仓对冲策略表现

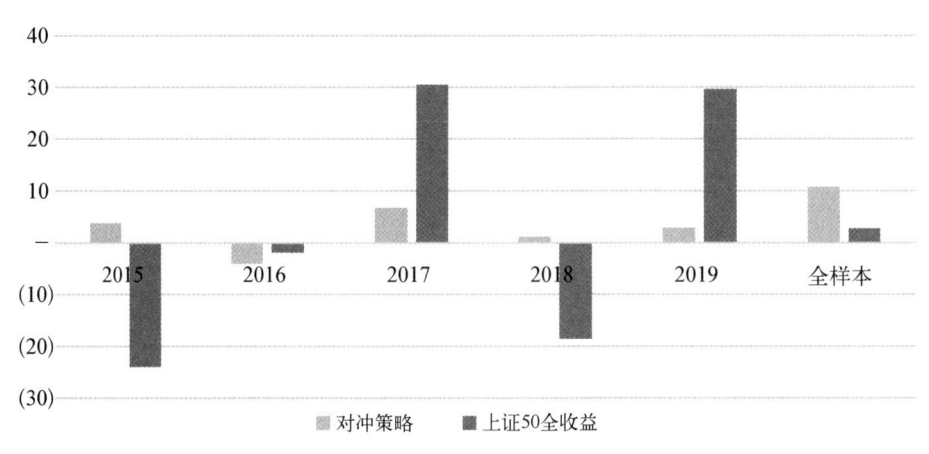

资料来源：Wind 资讯，泰康资产管理有限责任公司。

图 3-24　底仓对冲策略分年度收益

(二) 保证金及风险度管理

由于该量化对冲策略双周频再平衡一次,保证金比例按照账户初始设定重置为20%,可以看到双周频调仓的情形下保证金比例基本处于15%~25%,需要中途调整保证金的频率除15年股灾期间较为频繁外,其余时间段基本不超过2次。实盘账户管理过程中需实时监测保证金,当市场大幅上涨时,应当卖出部分现货,同时减少对应期货空头头寸,使得保证金比例维持在安全范围内。当市场快速下跌时,监测持仓上交所权益持仓市值是否低于6 000万元的门槛水平,应从保证金账户中适度出金并购入现货(见图3-25)。

资料来源：Wind资讯、泰康资产管理有限责任公司。

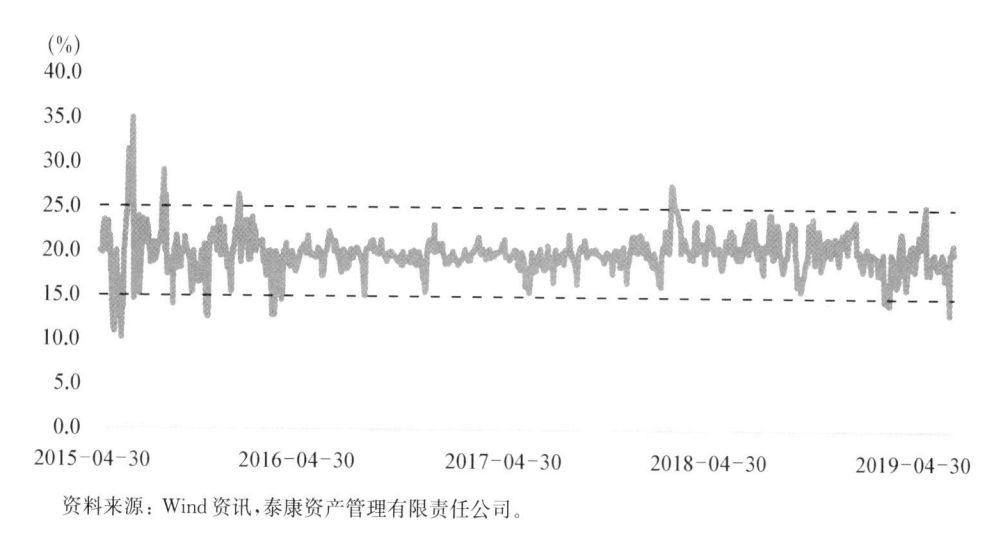

图3-25 保证金比例

历史回测期间未发生风险度超过100%的情形。历史上风险度最高达到88%,发生在2015年6月8日,当日上证50创下当年收盘新高,且单日涨幅高达4.68%。此后账户风险度基本控制在70%以下的较安全区间(见图3-26)。

我们考虑初始权益规模6 400万元,另外1 600万元作为账户初始保证金,初始规模8 000万元,回测中未发生20个交易日日均持仓市值低于6 000万元的情形,满足打新条件(见图3-27)。

三、尾部风险管理

多变的金融市场难免出现尾部风险——尾部风险这里主要指金融市场由于突发事件或重大变化的影响而出现大幅波动,其波动幅度达到了历史涨跌幅分布的尾端。大幅波动的行情,或称尾部风险的发生,将极大地影响投资者管理投资组合的能力。

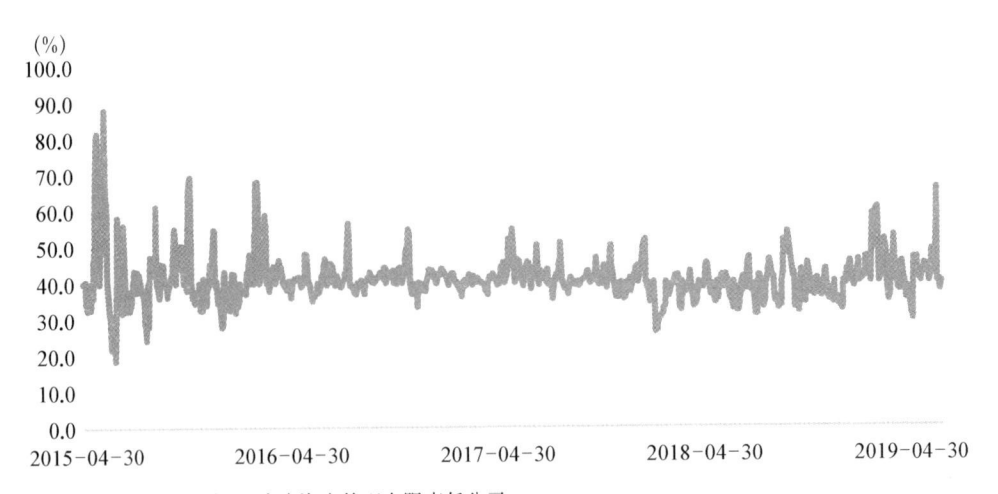

资料来源：Wind 资讯，泰康资产管理有限责任公司。

图 3-26 风险度压力测试

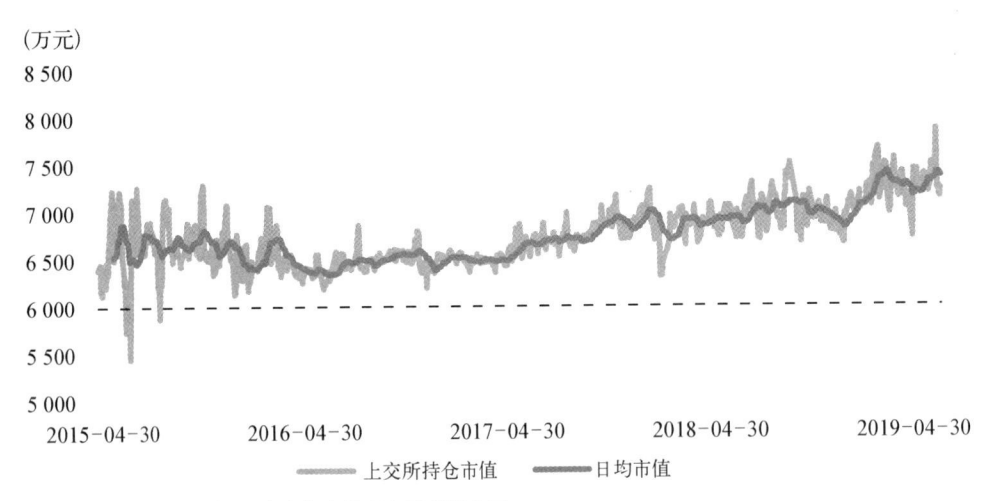

资料来源：Wind 资讯，泰康资产管理有限责任公司。

图 3-27 上交所权益持仓市值测试

在大幅度下跌和波动过程中，传统的风险管理手段往往失效，以加大持仓资产种类和个股数量、分散化风格暴露和行业暴露等方法都无法抵御市场系统性大幅下跌的影响。这将严重打断投资者财富增长的节奏，使投资组合的净值损失在很长时间难以恢复——例如2008年全球金融危机就是一次尾部风险的释放，很多长期投资组合在这一个过程中损失超过50%。

在这种大幅波动的行情中，资产管理行业非常容易受到冲击。又如在2015年6月到9月这段时间，由于A股前期大幅上涨积累了巨大的资产泡沫，6月开始股票市场大幅下跌，多次出现千股跌停的局面。这个时候如果希望大幅减仓，避免市场继续下跌的风险,对于机构投资者的交易体量来说,是非常困难的事情(见图3-28)。

资料来源:Wind资讯。

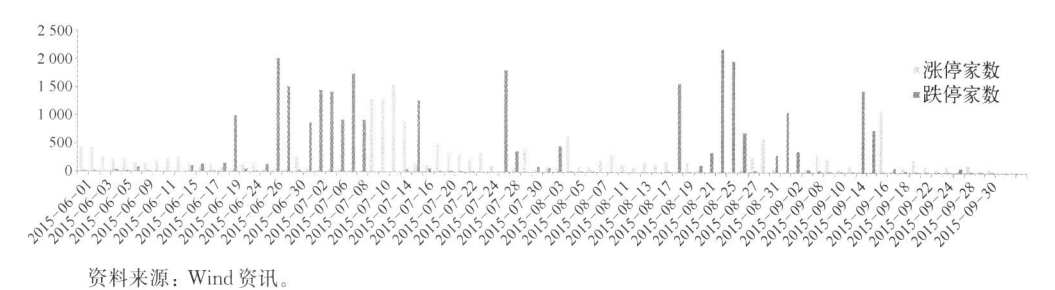

图3-28 A股两市涨停家数与跌停家数

例如,在2015年6月19日,上证综指当日跌幅达到6.42%,尾部风险出现,同时A股走出了较为明确的下跌趋势。这一天很多机构投资者希望快速减仓,但由于当日991只股票封死在跌停板上,占两市股票数量的36%,因此投资者并不能通过卖出股票有效降低仓位(见图3-29)。

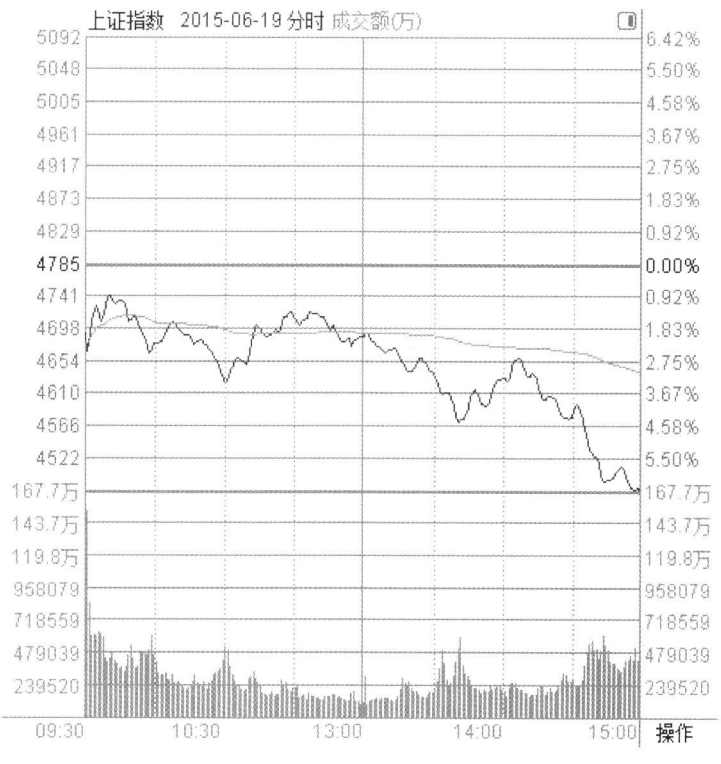

资料来源:通达信。

图3-29 2015年6月19日上证综指大幅下跌

但与此同时,股指期货并未跌停,此时如果能够运用股指期货进行套期保值交易,一方面能够对冲股票市场的下跌风险,实际上分流了股票市场的抛售压力和风险;另一方面由于当时股指期货市场流动性更好,套期保值比直接卖掉大量股票现货所带来的冲击成本更低。

不到一个月,2015年7月9日,A股超跌反弹,上证综指单日上涨5.76%,当天涨停股票1 286只,很多机构投资者希望加仓但买不进去;次日周五,大面积涨停再次出现,上证综指上涨4.54%,涨停1 324只,仓位还是加不上;周末过后,周一虽然上证综指涨幅有所回落,单日上涨2.39%,但涨停股票数量反而上升至1 552只,连续三日A股大涨,机构投资者却很难进行有效的加仓操作,使专业投资者被迫成为"壁上观"的看客。期间投资者若通过认购场外开放式基金的方式加仓,实际上相当于将难题转移到公募基金管理人手里,若基金管理人加仓不及时,也会跑输市场,起不到加仓的作用(见图3-30)。

资料来源:通达信。

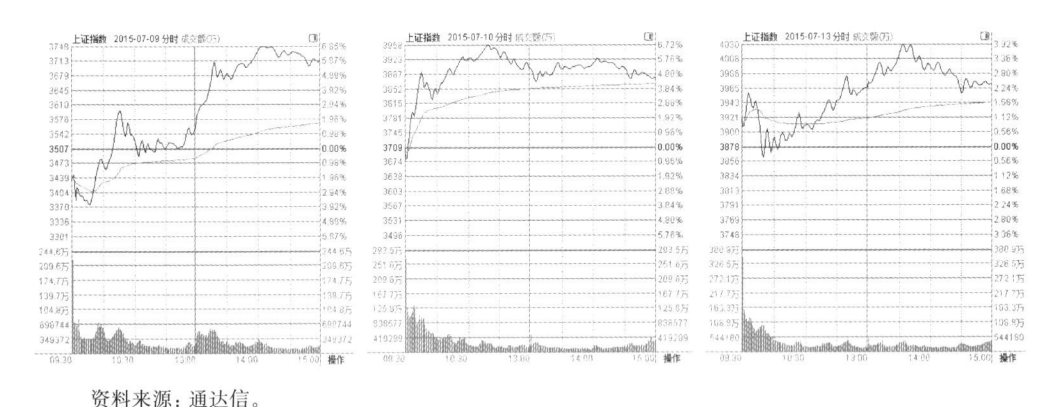

图3-30 2015年7月9日开始上证综指连续大涨三天

股指期货合约的恰当运用,同样可以对冲建仓困难或不及时造成的风险。按照银保监会规定,保险机构可以确定与加仓目标股票组合相关性最强的股指期货,并且计算出对冲Beta与期货头寸数量,通过做多股指期货实现加仓,同时最大限度地降低大规模交易所带来的冲击成本。日后待市场企稳,再将现货个股买入组合,同时平仓股指期货多头合约。个股的建仓推迟相当于由股指期货合约进行了成本锁定。

由此来看,股指期货不但是常规的风险管理工具,同时在极端市场行情中,也可以实现对资产组合的快速有效风险管理。

另外,由于目前国内50ETF场内期权已经上市,也可以通过买入保护性看跌期权对现货头寸进行风险管理。具体来说,如果预期市场下跌幅度较大,并且投资者不希望因为判断失误丧失组合上涨的收益,可以采取买入看跌期权进行对冲。一般来说,考虑对冲成本因素,期限较远的平价期权以及轻度价内的看跌期权是比较好的对冲标的(见图3-31)。

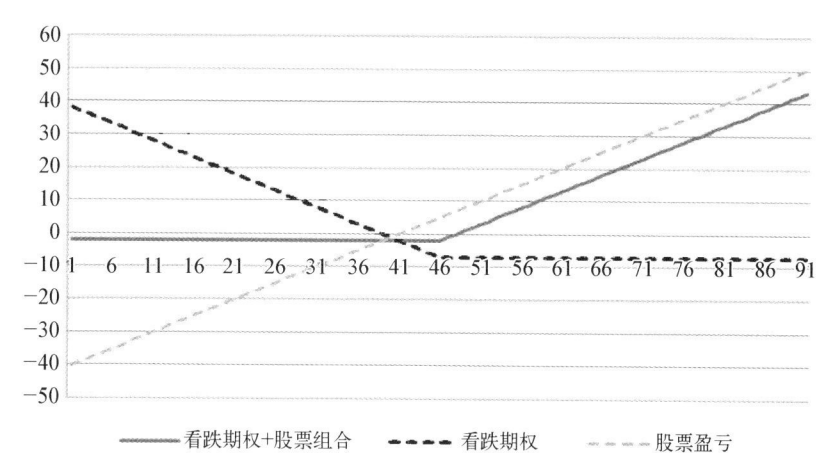

资料来源:广发证券发展研究中心。

图 3-31　看跌期权多头与股票组合对冲盈亏示意图

这里我们模拟一种简单的情景假设,例如持有现货为上证50ETF,投资者希望通过买入最远月份的平价看跌期权对可能的下跌形成保护。我们按照5%的固定仓位买入看跌期权,则在2015年6月至9月A股大幅下跌过程中,上证50ETF净值下跌30%,而叠加了看跌期权多头的组合仅下跌6%,下行风险得到有效控制(见图3-32)。

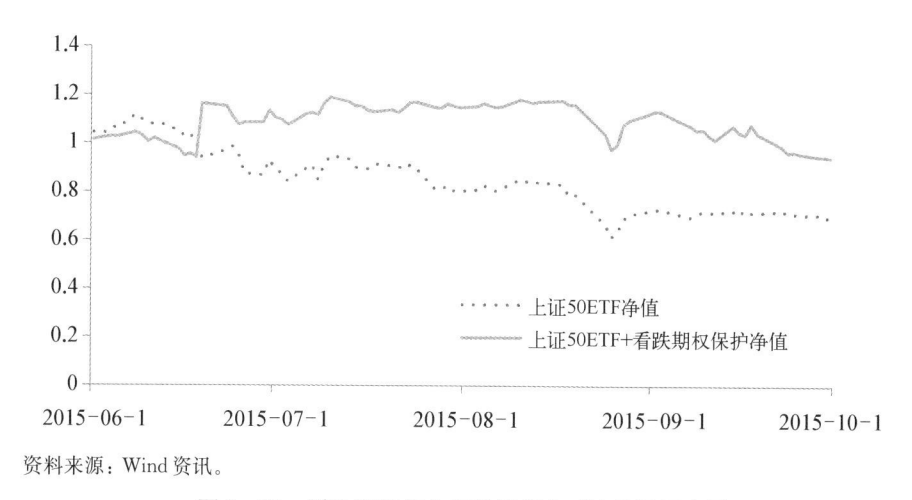

资料来源:Wind资讯。

图 3-32　看跌期权多头与股票组合对冲盈亏示意图

上述案例采用了与场内期权对应的上证50ETF作为现货持仓,但在大多数情况下,股票现货组合与上证50指数相关性可能不高,此时需要借助券商等机构,签订特定的场外衍生品协议,形成对冲保护,这一过程相对场内交易时效性要差一些。

而上述案例,如果采用上证50股指期货(IH)主力合约进行套期保值,其净值曲线大致如下。可以看到,采用股指期货进行套期保值,组合净值波动更小,风险的可控性更强,但由于期货相对于期权来说是线性衍生工具,如果在套期保值操作后股票指数继续上涨,那么期权对冲组合将获得一定额外收益,而期货对冲组合净值则保持相对平稳(见图3-33)。

资料来源:Wind资讯。

图3-33 股指期货套期保值组合案例

四、波动率管理

资产价格的波动在金融市场中被看作是一种风险。因此在保险公司对投资组合进行管理时,特别是在长期配置时,可能会从目标收益、目标风险、目标日期等角度出发。

如果投资者对组合波动风险非常重视,那么有可能会从目标风险出发对资产配置组合进行管理。目标风险在确定投资目标时会以投资风险作为优化对象,例如可以通过一定的方法控制投资组合的波动率、回撤率等。

这里控制风险的方法主要有几类:一是通过定量资产配置的优化方法实现,例如在优化目标中加入波动率约束或下行风险约束。二是直接进行仓位调节,当市场波动上升时降低仓位,当市场波动下降时提高仓位,但是这种方法对于保险公司存在大量流动性差的非标资产来说,很难适用。因此还存在第三种方案,就是通过在投资组合中加入衍生工具,通过衍生品调节组合风险,实现控制目标。

最简单的一个例子是,假设投资者按指数权重配置了大量沪深300指数成分股,其中有一部分限售不能卖出。此时如果需要将组合波动率控制在20%左右,那么可以通过在组合中加入沪深300股指期货实现目标波动率。当市场波动率较高时,适当配置期货空头,对冲掉一部分现货头寸,降低组合整体波动;当市场波动率较低时,适当配置期货多头,提高组合波动率。我们采用沪深300股指期货主力合约进行了测算,假设每30天进行一次期货头寸数量调整,结果如图3-34所示。

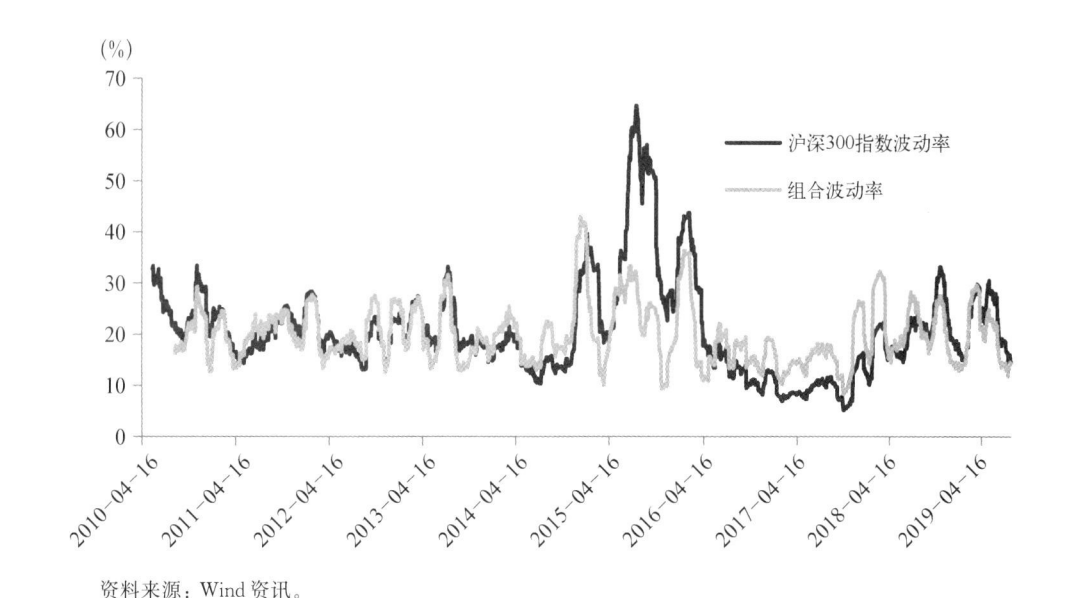

资料来源:Wind资讯。

图3-34 加入沪深300股指期货调节组合目标波动率——波动情况对比

可以看出,通过在组合中加入沪深300股指期货并进行定期调仓,有效降低了组合波动率,提高了组合收益率。如果希望组合波动率能够进一步稳定在目标波动率附近,可以通过更加精细化和高频化的调仓方式来实现。

对于其他更为复杂的股票组合或者债券组合,也可以通过前述计算组合Beta的方法,确定调仓过程中期货头寸的数量,这里不再赘述。总而言之,通过衍生品对投资组合进行管理,可以有效降低组合波动,或将波动控制在一定目标范围(见图3-35、表3-9)。

资料来源：Wind 资讯。

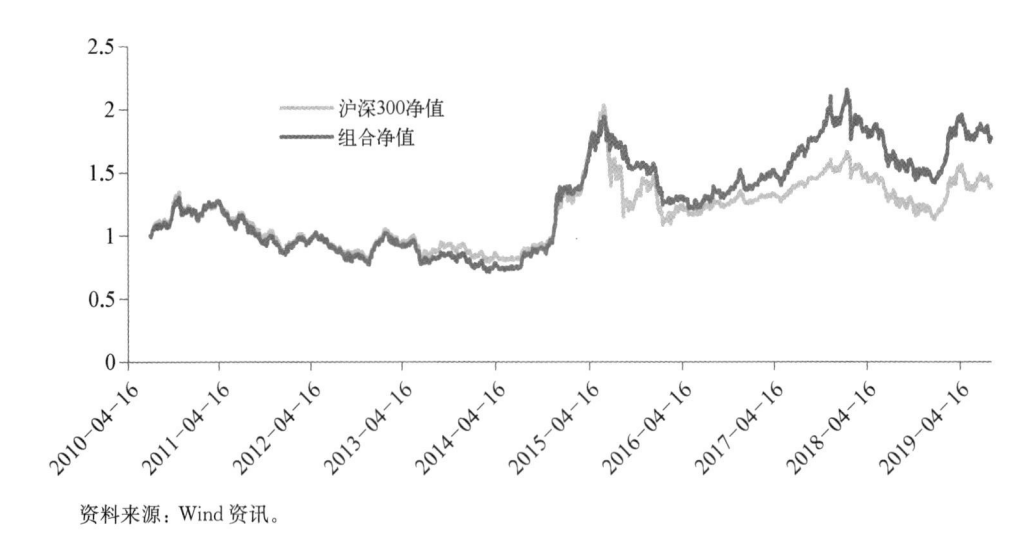

图 3-35　加入沪深 300 股指期货调节组合目标波动率——收益情况对比

表 3-9　加入沪深 300 股指期货调节组合目标波动率——组合风险收益情况

测 算 区 间	2010年7月13日至 2019年8月14日	测 算 区 间	2010年7月13日至 2019年8月14日
基准收益	39.8%	年化超额收益	3.5%
组合收益	77.3%	超额收益年化波动率	9.5%
基准最大回撤	−46.7%	信息比率(收益风险比)	0.37
组合最大回撤	−45.3%		

资料来源：泰康资产管理有限责任公司。

五、OBPI 策略

基于期权的组合保险（OBPI）策略是衍生品在投资组合中的一类重要应用，该策略采用价值底线＋期权的模式，即一定比例资金投资于无风险资产实施保本，剩余资金购买匹配的期权资产并产生潜在收益。该策略在海内外被保本基金广泛使用。在保险公司中，OBPI 也广泛应用于投资连接险以及变额年金的对冲管理（见图 3-36）。

这里举一个简单的 OBPI 实例：在 2017 年 10 月 9 日，投资者有一笔需要保本的资金采用 OBPI 策略，将 99.7% 的资金投资于一笔上交所的 28 天逆回购（GC028），将在 11 月 15 日到期获得年化 4% 的投资收益；同时由于看好 A 股市场，将其余 0.3% 资金用于购买上证 50ETF 看涨期权。2017 年 10 月 9 日，上证 50ETF（510050.SH）收盘价 2.750 元，假设按收盘价买入 11 月 22 日到期的、执行价为 2.650 元的 50ETF 看涨

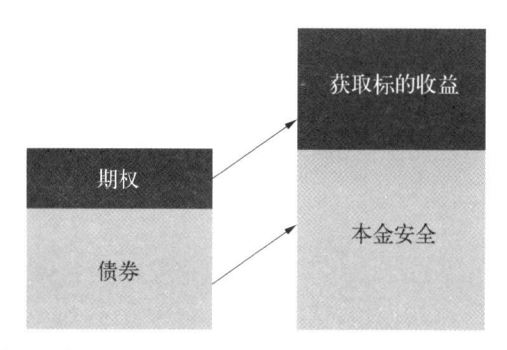

资料来源：广发证券发展研究中心。

图 3-36 一个典型的 OBPI 策略型产品结构示例

期权，其组合净值曲线如下。由于买入看涨期权，组合除了通过逆回购实现保本，还额外获得了期间由于期权标的物上涨所带来的一些收益（见图 3-37）。

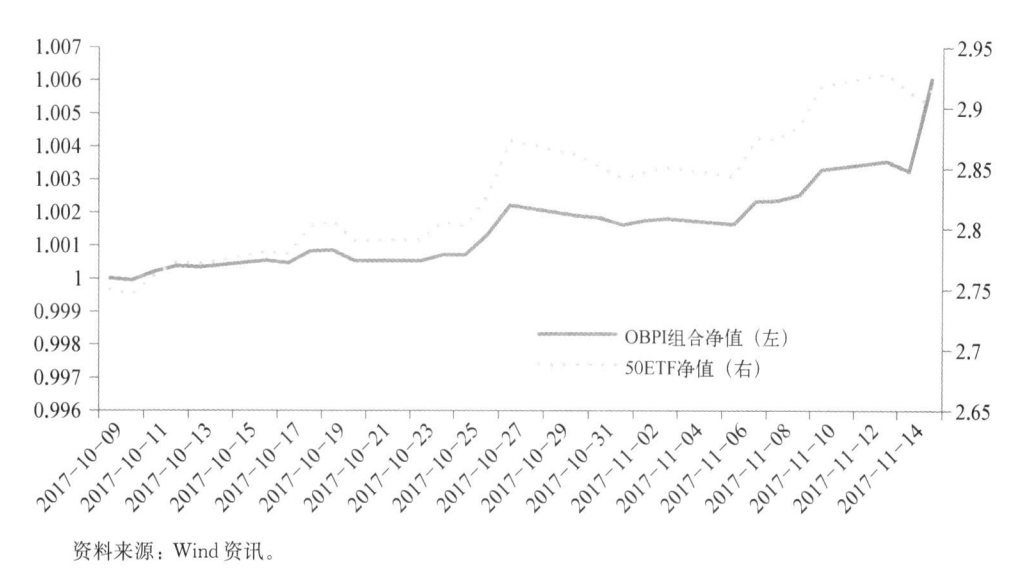

资料来源：Wind 资讯。

图 3-37 一个简单的 OBPI 策略净值曲线

第三节 衍生品在资产配置中的应用

由于保险公司本身的投资业务涵盖了投资管理和财富管理两个部分，长期资金占有相当大的比重，特别是随着企业年金管理等业务的不断开展，资产配置对于保险公司来说越来越重要。另外，除了传统的股票、债券、基金等资产外，一些保险资产管理公司还投资于基础设施、不动产、境内外私募股权基金、指数化资管产品等，丰富的产品投向也决定了资产配置环节的重要性。

989

衍生品作为挂钩金融资产的一类产品,在资产配置过程中,可以对现货形成替代,提高险资的使用效率,同时有可能在投资收益方面形成增强,并且更容易实现多元化投资解决方案。下面我们分别从国内资产配置和海外资产配置两个层面阐述衍生品在保险公司投资中的重要作用。

一、国内资产配置

保险公司管理资金来源涵盖保险资金、业外机构资金、企业年金、基本养老金、个人资金等,主要来自国内市场,同时投向也主要集中在国内资产,如A股及国内发行的债券、非标资产等,因此配置这些国内资产对于保险公司具有重要意义。衍生品对于资产配置存在以下几个方面的优化作用。

(一)提升资金使用效率

由于金融衍生品往往具备杠杆性质,可以用少量资金配置更多数量的金融资产,因此可以提升投资资金的使用效率。

例如,对于股指期货,中金所目前上市的品种包括上证50期货、沪深300期货和中证500期货。根据中金所最新调整,自2018年12月3日结算时起,将沪深300、上证50股指期货交易保证金标准统一调整为10%。自2019年4月22日结算时起,将中证500股指期货交易保证金标准调整为12%。也就是说,只要10%至12%的资金,就可以基本实现对传统股票指数现货100%的配置。剩余资金则可以进行流动性配置,获得一部分额外的稳定收益。

债券也是类似,如果未来保险公司可以投资国债期货,那么按照目前国债期货的保证金要求,2年期国债期货、5年期国债期货、10年期国债期货的保证金比例分别为合约价值的0.5%、1%、2%,如果采用国债期货替代传统国债的配置,将大幅提升资金的使用效率(见表3-10)。

表3-10 国内金融期货保证金比例要求(截至2019年8月14日)

股指期货	IF(沪深300股指期货)	10%
	IH(上证50股指期货)	10%
	IC(中证500股指期货)	12%
国债期货	TS(2年期国债期货)	0.5%
	TF(5年期国债期货)	1%
	T(10年期国债期货)	2%

资料来源:中金所。

另外,通过买入看涨期权,变相实现对金融资产的非线性配置,也是一类衍生品在资产配置中的应用。这部分由于杠杆率计算方式相对复杂,并且杠杆率会随合约行权价、到期时间、挂钩资产价格、波动率等因素变化,这里我们就不进行赘述。

总之,通过衍生品替代现货进行资产配置,有利于提升资金使用效率,进而提升保险资金的流动性,利于保险公司更好地应对风险事件的发生,同时增强配置组合的收益,可谓一举两得。但与此同时,监管部门和保险公司的风险控制相关部门也应该制定和强化相关政策,加强对衍生品交易的管理,尽可能减小和避免由于杠杆交易可能带来的风险。

(二)获得超额收益

如上所述,利用金融衍生品的杠杆性质,可以通过对流动资金进行逆回购、协议存款、购买货币基金等方式进行现金管理,获得额外部分的收益。除此之外,由于衍生品和挂钩资产价格间存在基差波动,也会对资产配置的收益产生影响。也就是说,通过衍生品进行资产配置,存在以下超额收益的分解:

$$组合超额收益=基差收益+现金收益$$

其中现金收益项一定为正,而基差收益则存在不确定性。

以2019年以来对中证500指数进行配置为例,由于IC(中证500股指期货)持续贴水,如果通过IC当季合约进行配置,并且不断在交割日按收盘价进行展期,则可以获得一部分指数增强收益。现金收益增强部分,我们假设期货账户中始终留存20%的保证金,其余80%资金投资于年化3%的协议存款。在此案例中,2019年基差收益要高于现金收益(见图3-38、表3-11)。

资料来源:Wind资讯。

图3-38 中证500期货当季合约对2019年中证500配置的增强案例(截至2019年8月14日)

表 3-11　　中证 500 期货当季合约对 2019 年中证 500 配置的
　　　　　　增强案例(截至 2019 年 8 月 14 日)

	净　　值	年化超额收益率
中证 500 指数	1.134	—
基差增强	1.183	0.078
基差增强+现金增强	1.199	0.103

资料来源：Wind 资讯。

当然，对于基差波动来说，也可能带来收益的减弱，例如在股指期货大幅升水时用期货实现对现货的配置，在展期或平仓时可能会损失掉这部分升水；或者在短期配置时，即使期货贴水，如果在交割前对期货平仓，也存在贴水继续扩大带来额外亏损的可能。因此，在通过衍生品进行资产配置时，应当结合基差水平和配置期限，充分考虑其科学性及可行性，尽量减小和避免基差波动带来的收益减弱。

另外，由于目前场内股指期货仅有上证 50 指数、沪深 300 指数和中证 500 指数三个挂钩标的，场内期权仅有上证 50 指数一个挂钩标的，因此如果需要通过衍生品对其他指数或股票组合进行配置，有两个可以参考的方案：一是通过券商等机构签订相应的场外衍生品协议；二是可以类似课题第二部分计算组合的 Beta，通过一定的比例配置与目标组合相关性最强的股指期货，不过这里就会存在 Beta 不稳定所带来的收益波动。

通过国债期货对债券或债券组合进行配置的原理与股票类似，这里不再赘述。

(三)减小流动性风险

衍生品对现货具有部分替代功能，因此对于某个挂钩标的资产，相当于增加了额外的交易市场，有利于提升该标的资产的流动性。

以国内最早上市的股指期货——沪深 300 股指期货(IF)为例，图 3-39 为该衍生品与对应现货——沪深 300 指数历年来的成交金额对比。从图中可以看出，2016 年以前，股指期货的成交金额远远大于现货市场；2015 年 9 月股指期货交易新政实施后，期货市场流动性大幅减弱。但在之后的几年中，股指期货市场成交金额相对于现货市场仍不可忽略不计。因此，金融衍生品的推出，提升了挂钩标的资产的市场流动性。

在这种多市场共同运行的环境下，流动性风险有所降低。例如由于 A 股存在涨跌停板交易制度，在极端市场行情中，有可能出现大面积股票涨停或跌停的情况，而股指期货涨跌停的情况则相对很少发生。对于配置资金来说，往往体量都相当巨大，在

资料来源：Wind 资讯。

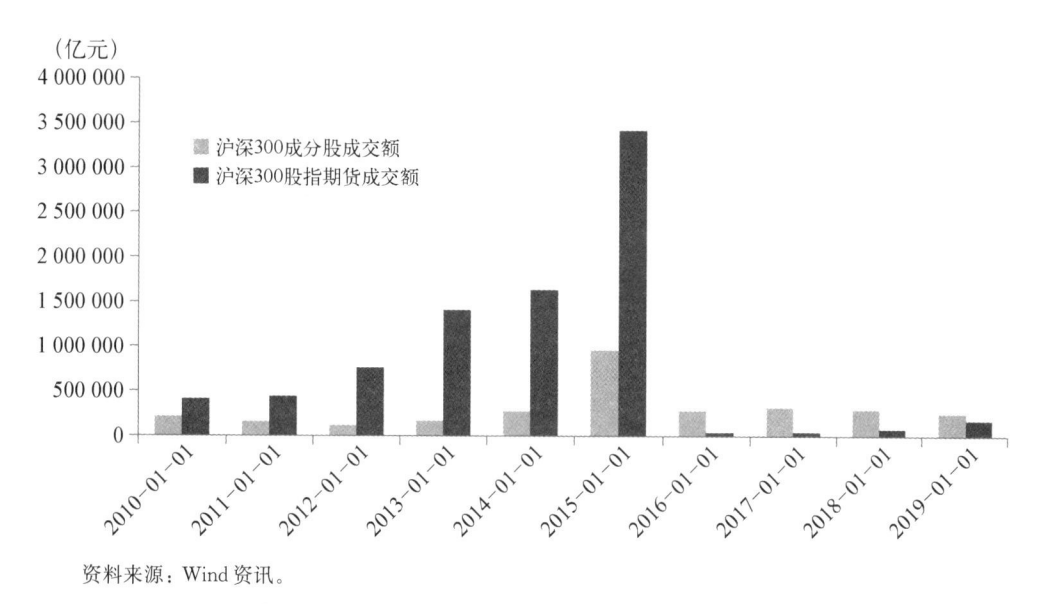

图 3-39　沪深 300 股指期货与现货历年成交金额（截至 2019 年 8 月 14 日）

无法快速甚至不能对股票组合进行加仓或减仓的极端行情中，通过交易股指期货或其他股指衍生品，可以另辟蹊径地解决问题。这部分的具体分析可以参照课题第二部分第三节。

（四）提供另类的收益来源

在资产配置中，股票的风格因子或 Alpha 因子带来的超额收益与宏观因子收益的相关性很低，通过配置这些因子能够在资产配置中获得额外的分散化效果。在国内股票市场，由于受到卖空的限制，难以像发达市场投资者一样通过多空组合的方式来获得风格因子或 Alpha 因子的暴露。但另一方面，国内股票市场中主动类选股策略或 Smart Beta 类策略获取超额收益的机会较发达市场更好，这些策略相对规模指数都能够获得长期稳健的超额收益。因此，将这些策略通过股指期货中性对冲，可以获得有长期溢价、且与宏观因子相关性较低的收益来源，提高国内资产配置的分散化效果。

二、海外资产配置

2004 年，保监会和中国人民银行联合颁布了《保险外汇资金境外运用管理暂行办法》，允许保险外汇资金进行境外运用。

2007 年 7 月，保监会、中国人民银行和国家外汇管理局共同颁布了《保险资金境外投资管理暂行办法》，允许保险机构委托保险资产管理公司或者其他专业投资管理机构负责保险资金的境外投资运作，将保险资金境外的投资范围从固定收益产品扩大

到股票、股权等权益类产品,将投资市场扩大到全球发展成熟的资本市场,并将保险资金境外投资总额提高至不超过上年末总资产的15%。

2012年10月,保监会印发《保险资金境外投资管理暂行办法实施细则》,明确保险资管行业的国际化方向,规范保险资金境外投资运作行为,防范投资管理风险,实现保险资产保值增值。将可投资范围扩展到45个国家或地区,其中包括25个发达市场和20个新兴市场,并将投资范围明确为货币市场类、固定收益类、权益类、不动产类及境外基金,明确境外投资约不超过上年末总资产的15%,投资新兴市场余额不超过上年末总资产的10%。

2015年3月,保监会发布《中国保监会关于调整保险资金境外投资有关政策的通知》,将保险机构受托委托投资范围由香港市场扩大至45个国家或地区金融市场,同时扩大境外债券投资范围,由BBB级以上的评级调整为获得BBB－级以上的评级,并且开放了保险资金投资香港创业板股票。

目前多家保险公司具备境外投资能力,也有越来越多的保险机构正在争取或准备境外投资业务相关资格或前期工作。中国保险资产管理业协会执行副会长兼秘书长曹德云透露,截至2017年末,从投资规模看,保险资金境外投资余额近700亿美元。海外金融衍生品对于海外资产的有效配置,除了上一节中提到的几方面优势,还有另外两个重要作用:

(一)扩大投资范围

资产配置的目标在于找到大量相关性低、具备投资价值的资产,通过组合管理的方式实现资金的长期投资。由于国内资产种类相对有限,因此海外资产配置为实现上述目的提供了良好契机。

但是海外市场覆盖范围广,各个国家和地区的金融资产交易具有不同的准入条件、门槛,不同的交易市场具有不同的交易制度。如果再细分到具体的上市公司和资产标的,研究起来难度和复杂度将进一步提升。一个有效的解决方案就是配置通过这些金融资产编制的指数,构建海外大类资产配置组合。

配置指数的方法除了购买一篮子金融产品,另外还有两个更为便捷的途径:一是购买指数基金产品,二是通过金融衍生品进行配置。购买指数基金的好处在于方便长期持有和管理,但需要额外付出管理费,以及申赎费或交易费用。而通过衍生品进行配置,费用方面存在优势,并且如上一节所提到,在良好的风险控制前提下,还有可能为投资带来超额收益;并且在流动性管理方面通过衍生品替代现货进行配置也具备相对优势。

因此,通过交易各个国家的场内衍生品,或者与海外投资银行签订场外衍生品协议,将有助于扩大海外配置的投资范围,提高组合的分散化程度,降低配置组合整体的波动性。

例如,我们希望采用全天候策略对海外资产进行配置。该策略通过经济增长和通货膨胀两个维度,自上而下地将市场划分为四种经济状态,并且给予每种市场状态相同的风险权重(见图3-40)。

	经济增长	通货膨胀
市场预期 上	25%风险权重 股票 商品 企业信用 新兴市场信用	25%风险权重 通胀挂钩债券 商品 新兴市场信用
市场预期 下	25%风险权重 名义债券 通胀挂钩债券	25%风险权重 股票 名义债券

资料来源:Bridgewater:The All Weather Story。

图3-40 全天候策略在不同经济周期的资产配置

从测算情况来看,全天候配置策略可以有效穿越经济周期,获得持续良好的投资表现。1970年以来,该策略可以获得年化12%的收益,相对于传统的60/40配置,具有更高的收益和更高的收益风险比(见图3-41)。

历史表现	全球60/40	全天候配置策略
总收益	9%	12%
超额收益	4%	7%
波动性	9%	9%
比率	0.4	0.7

资料来源:Bridgewater:Our Thoughts about Risk Parity and All Weather。

图3-41 全天候配置策略历史表现

我们认为,全天候策略之所以可以形成如此策略效果,得益于策略的全球配置,提供了更有分散化效果的标的,为策略波动性的降低和回撤的控制提供了条件;同时,大部分投资品种由衍生品投资完成,使策略获得三方面的优势:一是资产类别暴露的有效应——策略可以灵活调整仓位,又不会被管理费、申赎费蚕食;二是资产杠杆的利用——桥水基金全天候策略具备两倍左右杠杆,而衍生品可以提供一种天然的无成本杠杆;三是由于不少品种以衍生品配置,降低了交易对手风险,资金、现金流管理的安全性明显提升。

(二)构建复合型产品

在保险公司的投资产品设计方面,每个投资者的风险偏好、投资目标、资金约束均有差异。在不断变化的市场中,了解客户需求,提供多元化产品,量身定制投资解决方案,成为非常重要的一个环节。在保险资产管理行业的快速发展过程中,产品创新也逐渐成为各家保险公司的业务利器。

使用衍生品,可以将资产管理机构 Alpha 策略的超额收益萃取出来,通过各种灵活的组合,生成风险收益特征更加优化的策略和产品,有利于推动资产管理机构的产品创新和策略创新,提升竞争力,为投资者提供更好的财富管理工具和策略管理工具。

第四节 期权交易策略

风险管理是期权最基本也是最重要的功能。风险的非对称性及发生概率的分布使投资组合的风险控制与管理充满变数与动态调整要求。而期权的非线性特征正可以完美匹配一段时间内投资组合或个券下跌的风险对冲需求,从而降低或者消除投资组合的系统性风险。保险资金通常持有大量的股票或者权益性标的多头头寸,可以通过买入看跌期权规避未来因标的下跌带来的风险;甚至可以通过买入看涨期权,提前锁定建仓成本的上限,为现金流存在时间差异的投资组合带来比较确定性的配置管理工具,防范市场未来大幅上涨而错失的行情机会。相比于股指期货工具,期权的成本要更低,并且在对冲市场下行或者上行的风险同时,保留了另一方向获利的能力。

常见的期权套期保值策略有备兑开仓、保护性看跌和衣领期权策略。

一、备兑开仓期权策略

备兑开仓期权策略是最常用的一类期权策略:投资者持有标的证券,同时卖出相应数量该证券的看涨期权,通过获取权利金来增强投资组合收益及降低组合波动率和下行风险。备兑开仓策略使用持有的现货做担保,不需要额外占用保证金,尤其适合于保险资产管理机构这类长期持有权益现货的机构投资者。备兑开仓策略在资产小幅上涨时,策略在获得资产上涨的收益的同时,获得额外的权利金收益;在市场大幅上涨时,策略会少获得一部分资产大幅上涨的收益,但会降低组合波动率;在市场下跌时,权利金收益能够减小资产下跌带来的损失,降低组合的波动率和最大回撤(见图3-42)。

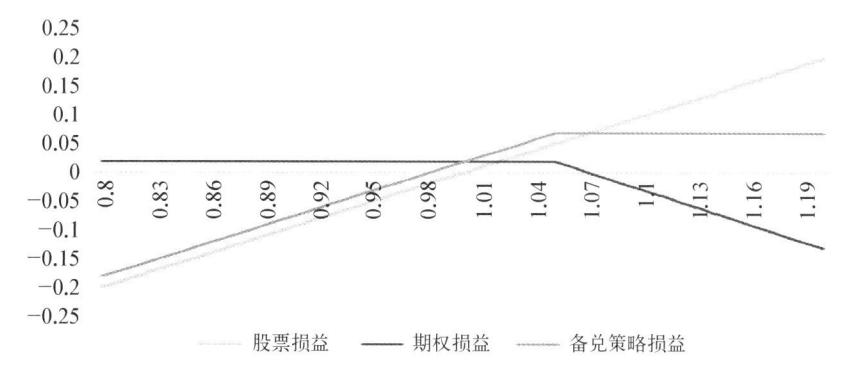

资料来源:泰康资产管理有限责任公司。

图3-42 备兑开仓期权策略损益

图3-43、表3-12展示了中信期权备兑策略指数的表现。从结果上看,卖出当月虚值二档看涨合约的策略表现最优,策略收益与ETF基本相当,但组合的波动率和最大回撤显著降低。

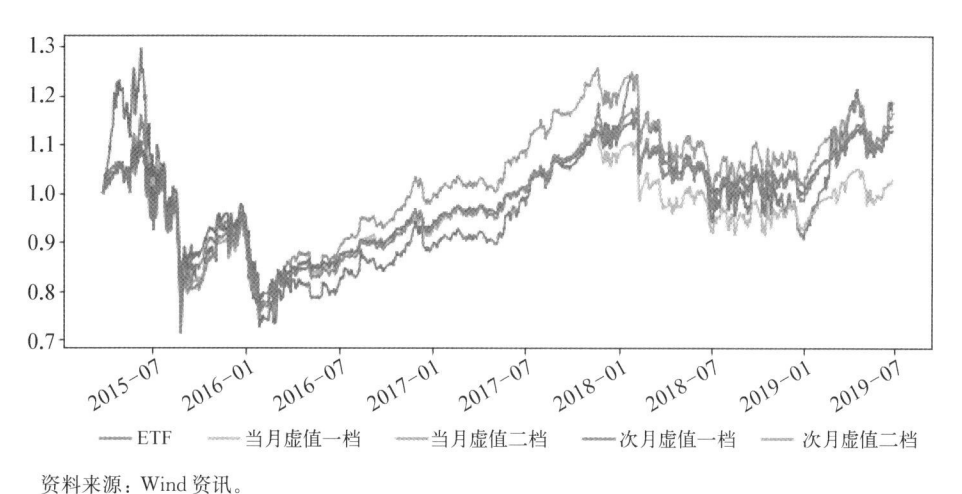

资料来源:Wind资讯。

图3-43 备兑开仓期权策略净值

表 3-12　　　　　　　　　　备兑开仓期权策略表现

	年化收益	年化波动	夏普比率	最大回撤
上证50ETF	4.19%	25.26%	0.07	−44.96%
当月虚值一档	0.63%	19.52%	−0.10	−36.71%
当月虚值二档	3.74%	21.05%	0.06	−38.61%
次月虚值一档	2.93%	17.76%	0.02	−31.75%
次月虚值二档	3.19%	18.89%	0.04	−33.36%

资料来源：Wind 资讯。

二、保护性看跌策略

保护性看跌策略是一种风险对冲策略：投资者持有标的证券，同时买入看跌期权，可以在标的资产大幅下跌时将损失锁定在某一水平上，可以看作是为降低价格下跌风险而加入的一种保险，尤其适合在牛市中后期、市场风险升高的时期。保护性看跌策略在资产上涨时，策略仅需付出有限的保险费用，仍能获得资产上涨的大部分收益；在市场大幅下跌时，策略能够获得看跌期权收益，将组合损失锁定在预期范围内（见图 3-44）。

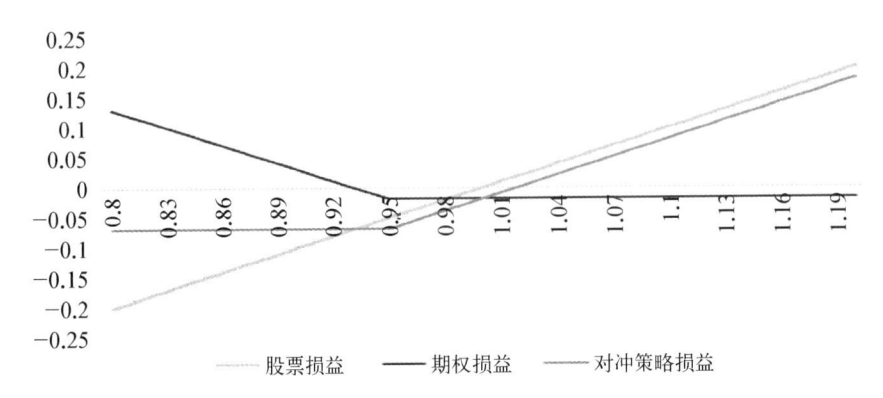

资料来源：泰康资产管理有限责任公司。

图 3-44　保护性看跌策略损益

图 3-45、表 3-13 展示了中信保护性看跌期权策略指数的表现。从结果上看，买入当月虚值二档看涨合约的策略表现最优，策略收益显著优于ETF，并且组合的波动率和最大回撤都大幅降低。

资料来源：Wind资讯。

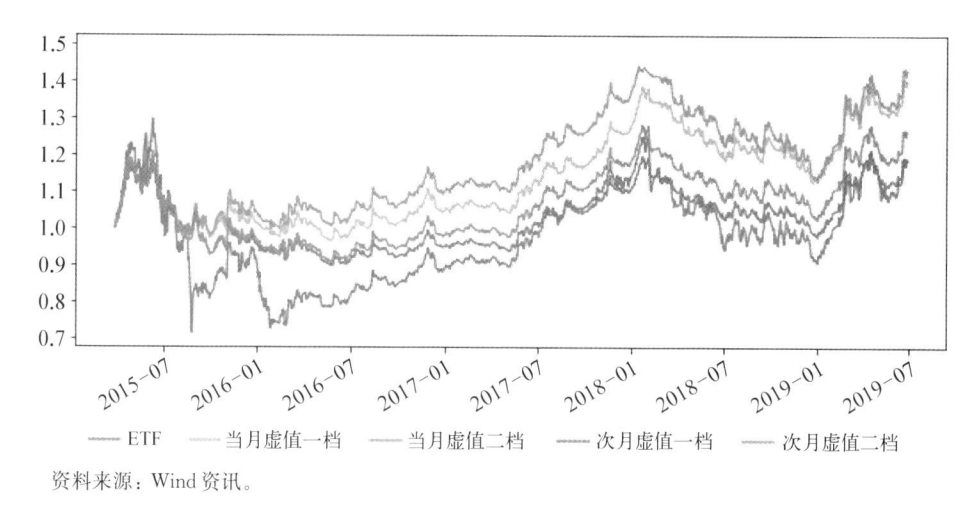

图3-45 保护性看跌策略净值

表3-13 保护性看跌策略表现

	年化收益	年化波动	夏普比率	最大回撤
上证50ETF	4.19%	25.26%	0.07	−44.96%
当月虚值一档	8.46%	13.74%	0.43	−18.81%
当月虚值二档	8.98%	15.07%	0.43	−24.20%
次月虚值一档	4.29%	13.75%	0.13	−24.51%
次月虚值二档	5.83%	14.64%	0.23	−24.02%

资料来源：Wind资讯。

三、衣领期权策略

该策略结合了保护性看跌和备兑开仓的优点，在保护性看跌策略基础上，卖出看涨期权获得权利金，减低买入看跌期权的成本。该策略比保护性看跌策略成本低，但可能牺牲部分标的资产上涨的利润。该策略在资产小幅涨跌时能够获得与资产接近的收益；而在资产大幅波动时，能够将组合的收益与损失限制在一个期望的区间之内，从而去除持有的权益投资组合在极端情况下的风险，获得一个低波动、低回撤的稳健组合（见图3-46）。

图3-47、表3-14展示了中信衣领期权策略指数的表现。从结果上看，买入当月虚值二档看涨合约、卖出当月虚值二档看跌合约的策略表现最优，策略收益显著优于ETF，并且组合的波动率和最大回撤在备兑开仓策略和保护性看跌期权策略的基础上进一步降低。

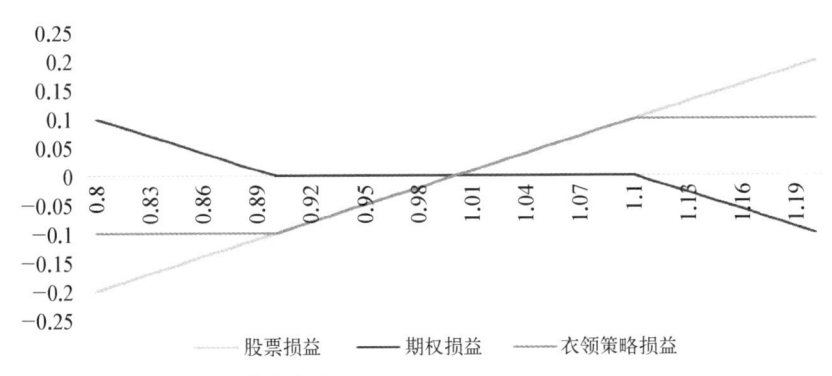

资料来源：泰康资产管理有限责任公司。

图3-46 衣领期权策略损益

资料来源：Wind资讯。

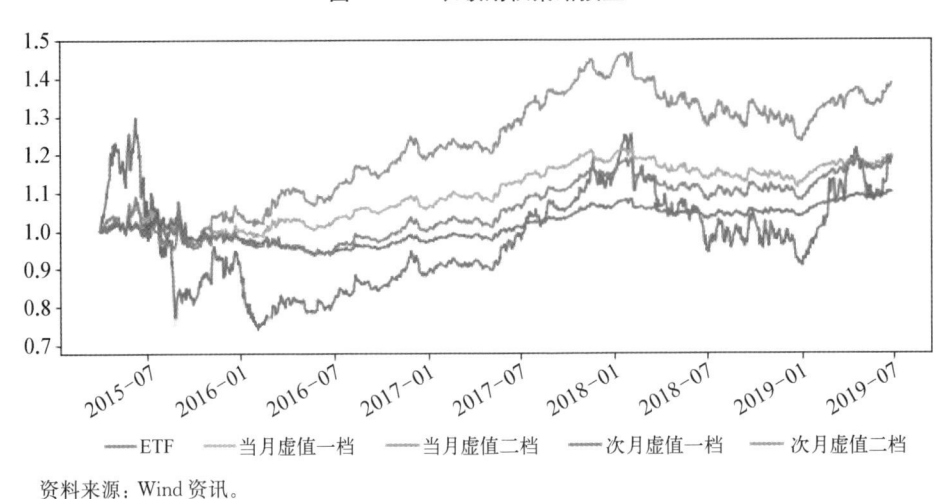

图3-47 衣领期权策略净值

表3-14 衣领期权策略表现

	年化收益	年化波动	夏普比率	最大回撤
上证50ETF	4.19%	25.26%	0.07	−44.96%
当月虚值一档	4.40%	7.62%	0.25	−9.89%
当月虚值二档	8.14%	10.54%	0.53	−15.87%
次月虚值一档	2.31%	6.81%	−0.03	−13.09%
次月虚值二档	4.30%	8.53%	0.21	−11.12%

资料来源：Wind资讯。

四、小结

长期来看，期权套期保值策略能够获得现货资产相近或更优的收益，同时能够大幅降低组合的波动率和最大回撤。从各策略表现看，使用当月虚值二档合约都能够获得比较理想的结果。对于保险资产管理机构这类需要长期持有权益现货资产的机构投资者，引入期权套期保值策略能够显著改善投资组合的风险收益特征，降低长期资产管理风险。

第四章　课题总结与建议

第一节　进一步扩大保险机构衍生品交易的范围，促进衍生品套保作用的有效发挥

保险行业是一个以给投保人提供风险管理和安全防护为附加值的金融服务业。财产险公司可以给客户提供基于其财产、生产经营活动以至于气候、灾害等风险防护的产品和服务，而寿险公司更是提供人们人身保障、长期储蓄以及资产管理型的长期稳健增值的产品。所以，保险行业如欲给客户提供长期稳健的风险管理与资产管理服务，必须做到自身的稳健经营与良好的风险管理。除了监管和法律环境给保险业经营提供了稳健的长期条件，给保险经营者提出了较高的资本金和经营管理的门槛要求之外，保险公司自身的资产负债管理以及风险管理能力更是应有之义。

中国资本市场跟踪中国经济的发展不断成长和深化，已经初步具备成体系的债券市场、股票市场、大宗商品期货市场以及处于快速发展中的金融衍生品市场。不可避免地，中国资本市场也具有发展中市场所共同的高波动、不成熟的特点，局部阶段可能还会出现市场整体性的大涨大跌和流动性耗竭的情形。如果资本市场的风险得不到良好管理，很可能出现事与愿违的情况。

境外保险机构的衍生品持仓的梳理和分析表明，保险公司对衍生品对冲风险功能的使用比较积极。实际上，运用衍生工具对冲保险公司自身经营不愿承担和不能承担的风险，已经成为境外保险机构资产管理中的重要原则。具备专业分析能力，可以评估风险的来源、属性、影响及回报的情况下，才可以决定是否承担风险获取回报，而对于无法判断、无法控制、无法度量甚至难以识别的风险，保险公司通过风险转移工具予以对冲、分散、转移可能是更好的决策。而衍生品的风险管理工具上的优势与作用已

经得到越来越多的认可与实战运用,成为境外保险机构成熟管理能力的一个必要组成部分。

中国保险机构的调研与访谈表明,中国保险企业也逐步认识到衍生工具对冲资产负债表以及投资账户风险的重要性。国内保险公司作为市场长期投资主体,需要在长期持仓与短期风险之间进行权衡,而衍生工具应对市场波动风险,使保险公司的长期投资得以稳定化和持续化,从而获得长期投资可能带来的价值增值与超额收益。同时,面对日益开放的资本市场,对冲外汇波动风险的需求也与日俱增。利率产品作为保险公司的核心持仓,国债期货、利率互换等在对冲持仓风险,规避市场发行与供应上的季节性,取得更加灵活的建仓机会等方面意义重大。黄金作为一种特殊资本品,在对冲金融市场风险事件上的作用也是不可替代的。

经过本课题的研究与梳理,衍生工具对保险公司经营管理以及投资风险管理的作用也愈加明晰了。保险行业参与衍生工具交易和投资,可以给保险公司带来重要的对冲工具与资产配置的稳定器,为保险业的稳健发展可以提供重要的工具性作用。

2012年保监会发布《保险资金参与金融衍生产品交易暂行办法》,为保险业参与衍生品交易按下了启动键,具有划时代意义。经过稳健的资格认定与准备,中国的保险机构和资产管理机构于2013年陆续获得衍生品资格,开始试水股指期货交易。之后,2015年年中,由于股灾,股指期货市场受到很大的限制,影响了规模较大的机构投资者套保交易的可达成性,但行业内仍有不少机构坚持以市场可承受的规模进行试点和交易,积累了在多种市况下对冲优化的宝贵经验和衍生品操作管理的制度基础与人力积累。截至目前,保险业参与衍生品交易整体运行平稳,没有发生重大风险事件,说明之前保险业参与衍生品交易的监管放开时机、制度要求以及相关准备工作比较到位,经受了市场和环境波动的考验。目前,保险业深入参与国内衍生品市场交易的时机更加成熟了。在此基础上,监管若积极扩大保险业的衍生品参与的品种范围与参与力度,将是顺应市场和行业发展要求的有力之举。

第二节 保险业衍生品交易的开放方向与范围

保险机构参与衍生品交易,已经有了一个很好的开端。而《保险资金参与金融衍生产品交易暂行办法》从起点上就搭建了一个可扩展、可深化的监管框架,给未来保险机构参与更多衍生品业务预留了潜在的业务空间。

经过过去六七年的快速发展,保险业增长方式转变不断推进,注重公司价值和客户服务的稳健策略使保险业摆脱历史上单纯追求规模的浮躁,转为质量型、效益型发展,满足人民群众对消费升级、稳定安宁生活的需要和向往。保险资金运用在日益成熟、多样化的投资工具面前,需要更加理性地分析与周密、完善的布局、配置,以求在快速增长的中国经济和不断优化提升的产业结构转型中占据有利地位,服务实体经济,取得良好的投资回报与社会效益。在日益专业化的资本市场品种和庞杂的风险因素面前,保险资金运用更加需要把握好风险与底线,确保投资回报的大方向不会偏离保险业的发展和客户需求的要求。

通过更加深入地参与衍生工具市场,可以给保险公司以更好地管理风险的工具与方法。鉴于衍生工具对于保险公司对冲风险等的巨大潜力,保险机构亟须在有效的监管框架下积累经验、提升能力,用好衍生工具,给业务提供助力,给投资组合提供风险管理与风险转移的新手段。仔细梳理保险机构的经营风险、管理风险和投资风险的种类与特点,可以发现逐步成熟的中国场内场外衍生品市场正在提供很多有效的衍生品工具帮助保险机构应对各种挑战。如,保险业常常面对资产负债不匹配的风险,主要是保险产品常常是长期和超长期的,而资本市场的固定收益品种又以中短期为主,两者的不匹配使保险公司庞大的资产负债表的匹配日益艰困。又如,权益投资一直是保险公司参与中国经济增长、获取超额收益的重要来源,而资本市场的高度波动对其资产负债表的冲击与影响亦不容小视。以下我们结合课题研究中对各个衍生品市场的梳理与研究,提出各个衍生品市场的作用与影响。

同时,海外衍生品市场在过去几十年中经历了爆炸式增长,目前除了主流的利率、货币、大宗商品、股票和信贷工具之外,衍生品市场还在不断拓宽对冲标的的边界,如污染、气候和通货膨胀风险等。国内衍生品在不断追赶发展过程中,也有新的品种不断推出。例如,国内权益领域衍生品过去只有股指期货,后来推出了 ETF 期权,交易所正在研发股指期权和个股期权。货币兑换掉期(CCS)方面,之前海外人民币市场还只能做到两年,近两年海外人民币市场发展迅速,现在已经有 5 年—10 年的 CCS。丰富的工具使得保险公司开展衍生品交易可以根据风险类型的类型和工具的特点来选择和设计方案,使久期错配风险、信用风险、权益资产波动风险以及汇率波动风险都有了对应的风险对冲工具和管理、缓解手段。

一、固定收益类衍生工具——国债期货和利率掉期

保险公司资产和负债的两端通常都存在利率风险的暴露,直接影响到公司的偿付能力和盈利能力。从负债端性质看,保险公司负债多由保险产品的准备金构成,而长

期保险产品通常为期缴,方便客户的资金安排,因此保险公司的负债方特点是现金流的持续流入和赔付支出的长期拖后。这一方面给保险公司带来良好的资金沉积,可以使保险公司通过长期运用为客户提供长期的增值收益;另一方面也给保险资金运用带来压力和难以掌控的风险。保险公司的建仓时机可能影响到未来若干年的客户收益状况,而中国利率周期可能有着较长的时间周期,低利率状态下非常不利于保险公司的长期配置,而高利率时期保险公司又难以利用未来的现金流进行有利于保险公司和保险客户的长期配置。利率衍生品就可以提供一些工具,帮助保险公司缓解这方面的矛盾与困难。

从场内衍生品的角度看,国债期货已经成为一种成熟的利率风险管理工具。全球范围内,国债期货的使用都是十分广泛的;国债期货的套保套利和价格发现功能也早已被国际金融市场实践和认可。2013年9月6日我国国债期货在中国金融期货交易所挂牌上市,上市以来,国债期货市场运行平稳,成交规模不断扩大。国债期货价格和现券保持非常高度的相关性,具有货运用灵活、流动性高、信用风险和交易成本低等特点,非常适合保险机构用于对国债、金融债进行套保,同时也可以对信用债的利率风险进行一定程度的套保。国债期货既可以作为保险机构建仓时锁定价格的工具,又可以对冲保险公司持仓中利率债、政策性金融债甚至高等级信用债的波动风险,给保险机构更加稳健的管理固定收益投资组合的能力。

从场外衍生品的角度,利率掉期(互换)也是国际上非常标准化的利率衍生工具。在利率掉期中,一方可以以浮动利率换为固定利率,或者与此相反,所以保险机构可以通过掉期,将自己的浮动利率产品转为固定利率,同时也提升了持仓品种的久期。同时,场外衍生品市场也存在一种掉期期权(Swaption),使拥有期权者可以在特定时间内以约定的条件达成利率互换。这种衍生工具可以对冲保险机构对未来现金流可能存在退保与脱落风险的情形,即一旦未来现金流不理想,保险公司可以放弃行权,规避不匹配的风险。

从课题对中国衍生品市场的梳理看,中国国债期货市场在中国金融期货交易所交易,是具有标准化合约的场内衍生品。其结算清算均是集中清算模式,不存在交易对手风险。其交易价格也更加透明高效。所以,从循序渐进的角度看,以场内的国债期货为开放利率衍生品之始,可能是一种稳健的良好选择。

二、期权

期权作为金融衍生品的一种,具有跨期性、与标的资产联动性、杠杆与资金使用高效性、策略设计灵活性等特点,其权利和义务清晰明了,具有非线性的风险收益特征,可以有效管理和对冲特定风险。理论上,利用股指期货或其他衍生工具的复杂策略,可以复制出单个期权的部分风险收益特征,但这种套保系统往往对市场波动性和流动性有很强的依赖,在特定的情况下可能完全失效,不利于长期投资在实操中管理其组合的特定风险;而多种期权合约组合而成的对冲策略更加难以复制,因此期权品种对风险管理非常必要。

期权具有以下特征,非常适合保险机构对冲利率和权益市场风险:

(1)期权具有跨期、与标的资产联动等特征,通过应用期权工具可以进行不同期限的套期保值,有效对冲和降低系统风险,有助于降低投资组合的波动,提高收益的长期稳定性。

(2)期权具有非线性的风险收益结构,还具有独特的时间价值,与原生金融资产配合形成十分丰富多样的策略,可以实现定向调节不同维度的风险,有效改变投资组合的风险收益特征。

(3)期权市场产品种类和期限结构非常丰富,管理手段多样,通过不同的期权组合,针对不同的执行价、隐含波动率预期,保险资金可以拓展投资策略,为资产配置提供更多选择,也有利于资产负债匹配管理。

目前国内期权品种主要是场内的50ETF期权,场外期权品种比较多样,但有赖于场外期权报价商的生成能力和价格要求。近期,中金所正在努力推出基于宽基指数的期权,而各交易所据传也有类似的计划,因此下阶段场内基于权益宽基指数的期权品种可能很快丰富起来。按照50ETF期权的经验,指数期权一旦推出,三年内就可能成为一支具备资金容量和机构参与深度的品种,所以我们认为,权益类期权品种可以成为下一阶段衍生品放开品种的重要备选。保险机构参与期权交易可以更加有效地管理保险资产投资组合、规避风险、改善风险收益特征,更好地保障资金的安全性和流动性。

三、大宗商品类衍生品

经过20多年的发展,中国期货市场共上市了46个商品期货品种,基本覆盖了农产品、金属、能源、化工等主要产业领域。同时,市场法规制度体系日益健全,监管有效性不断提升,近十多年来成功抵御了国际金融危机等冲击,没有出现大的风险事件。同时中国期货市场的国际影响力日益显著,上海、郑州、大连三家商品期货交易所交易量均名列全球前列,国内商品期货的全球影响力也在不断加强。

一方面,在全球经济的一体化和金融市场的整合发展大背景下,通货膨胀高企的

经济情形下,股票可能因为利率的提升而下跌,债券更是受到高通货膨胀的影响而价格下行,而商品有可能提供给保险公司一种宝贵的通货膨胀风险对冲手段。商品与其他资产相关性低,因此在大类资产配置中加入商品期货,可以优化大类资产配置的组合。不同商品间相关性也不高,配置不同的商品可以有效分散投资风险。鉴于商品类衍生品的功能和特点,保险机构和其部分客户对商品类衍生品(期货、期权等)对冲通货膨胀风险和进行资产配置的需求日益突出。

另一方面,商品期货的应用有利于保险公司开发新产品拓展业务模式,更好地服务于实体经济。例如中央的"一号文件"号召要以"保险+期货"为工具服务"三农",推进精准扶贫。"保险+期货"模式将保险公司产品研发经验和商品期货的风险对冲功能相互结合,通过保险产品的设计帮助农户或企业锁定商品价格规避潜在风险,同时保险公司通过商品期货和期权等衍生品工具转移和化解市场风险,实现在保障农户收入的同时也稳定保险公司收入的共赢局面。

在风险可控的前提下,可以逐步推动保险机构有序进入商品期货市场,可以给保险机构提供更加丰富的资产配置选择,不仅有利于提高保险机构风险管理水平,有利于保险机构对实体经济的支持,也有利于完善期商品货市场投资者结构,更好地发挥市场功能。

第三节 衍生品运用策略与操作管理的扩展与调整

机构投资者运用衍生品交易,主要是为了对冲和管理风险,配合资金运用和投资组合管理,提升资产组合的管理有效性和稳健性。与此同时,衍生品是一种非常灵活高效的工具,与投资资产的现货相搭配,可以产生很多有利的功能与策略。如果在衍生品运用上,过度拘泥于一对一(一种现货资产配对一种衍生工具),就失去了衍生品工具许多有效的应用与投资者主动管理的优化空间。

本课题认为,衍生品市场上的投机者,大多属于一些勇于承担风险的散户或私募机构,其特点是不顾衍生品的多维度的风险特征和与现货资产的配合,押注衍生品基础资产价格走势的某个方向,利用衍生品的高杠杆放大风险,博取市场短暂的高收益机会。这种投机者若无非常严格的风险管理能力,多半是会走向亏损与离场的。当然,从市场结构的稳定性角度,衍生品市场需要投机者的参与,才能够更有效地发现价格、活跃交易、提供流动性。

因此，只要能够把握投机交易者的实质特征，即高风险、高杠杆、高收益预期，就可以在衍生品交易中设置管理红线，从而使更多灵活运用衍生品交易的策略与纯粹的高风险投机区别出来，给衍生品交易带来更多的活力与管理增益。

一、衍生品对冲原则与期限的探讨

按照目前监管要求，保险资金参与衍生品交易，"仅限于（一）对冲或规避现有资产、负债或公司整体风险；（二）对冲未来一个月内拟买入资产风险，或锁定其未来交易价格。"

正如本课题研究对境外衍生品应用的梳理，美国衍生品交易在对冲风险（Hedging）为主的前提下，允许保险机构从事"资产复制""收入增强"和"其他"目的的交易。

中国市场也存在着很多交易类型的空间。例如，2016—2017年大部分股指期货合约均存在负基差，有些负基差还很大，折算年率达到5%~15%。这段时间若保险机构可以以股指期货合约替代现货进行配置，则这部分资产在跟随现货指数（沪深300、中证500等）波动和获取指数收益的同时，还有很确定的超额收益的机会。这要求投资者将股指期货作为配置替代或者配置工具来操作。另外，期权品种的"备兑开仓"策略也是一种海内外公认的收益增强手段，甚至已经成为一种指数化的产品和策略。这些衍生品策略和应用，如果硬套风险对冲，可能存在一些技术上的难点，然而它们又不可能归入投机类。因此，为了避免在衍生品管理上的非黑即白，建议不再要求"仅限于"，而是给定一个原则性的方向（即主要以对冲和规避风险为目的，不得用于投机），使更多有效的策略可以为保险机构所用，提升衍生品策略的效率。

在买入套保的期限上，可以有两种处理方式。一是打开买入套保策略应用上的空间，这使有一些衍生品策略不再生硬套用买入套保的模式；二是适当放宽买入套保策略的期限要求，延长买入套保头寸的平仓时间的限制性要求。

以国债期货品种为例，保险公司从持有国债期货品种，到转为持有固定收益债券，可能需要较长的建仓时间（如，特定期限与保险公司负债相匹配的品种可能不会连续发行，而二级市场交易量可能又难以满足要求）。若不能延长锁定未来的时间，则固定收益类交易很难运用期货进行提前交易锁定，或者交易锁定后需要不断滚动换仓，徒增交易成本和持仓风险。因此，可以考虑不限制或者延长买入对冲期限（至少六个月以上），使得保险公司可以对冲和管理资产负债等长期限风险。

二、对保险机构衍生品交易操作的技术性探讨

根据当前保险业对衍生品交易的试点和实际操作中反映出的一些情况,我们梳理了实务中比较突出的问题,对这些分别探讨,并提出一些可能的变更方式,以期使衍生品的管理能够贴合市场操作上的需要,但又不会造成大的风险问题。

一是外币套保领域,存在套保目标与限制性要求难以匹配的问题。保险公司进行外币资产套保以规避汇率波动风险时,希望能够按照项目的最可能预期现金流进行设计。比如,一个投资规模5亿美元,未来五年每年预期产生单利10%回报的境外项目,项目回收时的总现金流可以达到7.5亿美元。保险公司对7.5亿美元进行足额套保,才能保证项目预期的10%的回报率的安全可得。但按换汇时的出资额进行套保,则保险公司可能会承担更多额外的风险。因此,按套保项目的预期现金流进行套保,可能更加贴合业务操作的实际,达成真正的套保目标。这种情况下,可能存在外汇套保比例超出102%的现有限制的情形,但如果套保机构保留好项目决策的依据与套保决策的依据,应当可以在技术上为超出的额度提供支持。

二是套保策略中的保证金管理。当前对保险公司套保操作的保证金要求是,账户内须保有交易保证金一倍以上的现金或现金类资产。这一管理方式的目的是,通过强制性要求,使保险机构的对冲管理更加安全,降低穿仓风险,但这种管理模式可能存在一些问题。在封闭式管理的保险账户里,加大交易保证金使保险账户的竞争力受到影响,因为市场主体之间的竞争,在同等情况下使得保险账户就会有多一倍的未配置资金(或者只能配置为现金的资金),尤其是套保头寸比较大的情况下,大大降低了套保策略的操作效率。所以,对于套保策略的保证金管理,原本是投资经理应当承担的管理责任,过度保守除了降低竞争力和效率之外,还可能使投资经理反而处于麻痹的状态,对操作风险的影响很难评价。因此,保证金管理上,可以考虑回归到投资人履行自身责任的本原上来。

三是保险机构受托管理的第三方资产账户的套保管理问题。保险机构若受托管理第三方资产为非保险资金,应当按照契约的约定,进行符合受托人最大利益的管理方式。这种情形下,受托人自身的性质,才是资金的最终性质,而合同双方的契约约定,更是这一活动须遵守的核心原则。境外资金管理的核心约定,仍是以资产拥有者(Asset Owner)的考虑为准,而不以资产管理人(asset manager)的意志为转移。所以,考虑到保险公司在大资管行业中的实际竞争情况和资产管理行业的惯例,可以不再限制保险资产管理公司在第三方受托管理中操作方式。

三、抓住衍生品操作的实质风险，强化对投机操作的管理

值得指出的是，由于衍生品具有高杠杆、风险收益非线性等特点，衍生品的策略使用需要严格的监管和谨慎的内部管理，严格禁止管控不严、内部人控制等造成的投机交易造成巨大亏损的可能性。

国内外不少金融机构因为衍生品发生重大风险的例子，例如海外的巴林银行（Barings Bank）和长期资本管理公司（Long-Term Capital Management），以及国内的中信富泰和中航油等公司也出现过衍生品交易的巨额亏损事件，均是金融机构实质上进行投机交易，以及在内部风控和管理不到位造成的严重问题。总结衍生品投机造成巨大损失的案例，发现衍生品管理不当，大体具有如下特征：一是大额头寸的单方向暴露，即赌单边，这可以从持有衍生品的名义本金的规模、方向、风险暴露、占管理资产的比例等指标看出端倪，要防止大额头寸（或者多个合约合并计算的）的单边暴露，将风险额度的管理落到实处。二是高杠杆操作，特别是长期资本管理公司的案例，即使公司持有的头寸都是对的，过度高杠杆特别是高杠杆加规模巨大，也是脆弱和易遭受市场攻击的。当然，按照美国保险行业目前报表的比例来看，30%～50%的名义本金占比尚属基本正常，但在中国市场可能仍要具体分析。三是高预期回报。衍生品交易的最佳状态是以经过套保之后的差异项为目标，获取风险对冲之后的二阶波动收益。而高预期回报往往意味着风险敞口的高额暴露或者高杠杆导致的小额收益被放大，因此对于高预期回报的策略项目，投资管理人应当切实提高审查与判断的警惕性，识别收益背后可能隐藏的高风险。

保险资金应当根据自身资金特点，参与衍生品交易仍应以套期保值、风险管理、资产配置等稳健策略为主，适当参与套利和收益增强策略，而不应当偏离自身的业务目标进行如高频、纯投机及做市类的交易策略，并在交易中加强风险管理和合规审查，规模衍生品交易带来的风险。

第四节 保险机构参与期权交易的策略与制度建议

一、保险机构参与期权交易的总体原则

银保监会已经颁布的《保险资金运用管理暂行办法》和《保险资金参与金融衍生产品交易暂行办法》要对保险机构参与衍生品交易做出了明确的要求和规定，这在大框

架上明确了保险资金参与期权的基本原则。在此基础上,我们建议保险机构参与期权交易应遵循以下原则。

保险机构参与期权交易,应当根据衍生品办法的规定,以对冲或规避风险为主要目的,不得用于投机目的。

保险机构参与期权交易,应当根据资产配置和风险管理的需求,以及账户风险承受能力,制定合理的交易策略和风险对冲方案,明确策略中的目标和意图,策略使用的期权品种、开仓方向、对冲目标、持有期限等内容,并履行内部决策程序。

保险机构参与期权交易的资格和人员要求,可与现行衍生品制度基本相同。

二、参与期权交易的策略建议

保险机构参与期权交易,应当以对冲或规避风险为主要目的,不得用于投机目的,建议包括以下策略类型。

风险对冲和套期保值策略:风险对冲和套期保值是期权最基本也是最重要的功能。风险的非对称性及发生概率的分布使投资组合的风险控制与管理充满变数与动态调整要求。而期权的非线性特征正可以完美匹配一段时间内投资组合或个券下跌的风险对冲需求,从而降低或者消除投资组合的系统性风险。相比于股指期货,期权的成本要更低,并且在对冲市场下行或者上行的风险同时,保留了另一方向获利的能力。常见的期权套期保值策略有保护性看跌和备兑开仓策略,以及领子期权策略。

主动风险管理:期权为保险机构提供了更丰富的做空和对冲的工具,并且是非线性的对冲工具,可以丰富投资者的投资策略和风险管理水平。

保险机构在投资中面临多种多样的市场风险,如相对标的资产变化的风险(Delta/Gamma),相对市场波动的风险(Vega),相对无风险利率的风险(Rho),相对于时间变化的风险(Theta)等等。期权拥有不同的行权价格和到期日,以及不同的风险度指标,使得可以通过构造不同的期权组合,对不同类别的风险进行独立的对冲和管理,保留预期的风险敞口,而对冲掉其他所有的风险。例如,Dleta/Gamma中性的对冲策略可以用来对冲资产向不利方向变动的风险,例如跨式策略对冲市场波动率放大的风险,蝶式策略可以对冲市场波动率不达预期的情况等。

资产配置策略:期权的行权价格可以提前锁定买入或者卖出的价格,实现对于资产在特定价格的配置,而股票/ETF期权采用实物交割的行权方式,更便于相关标的资产投资者操作。保险机构可以利用卖出特定价位的期权策略,可以配合低位补仓与高位抛售的顺势操作,同时还获得了一定幅度的权利金增厚收益。常见的使用期权实现资产配置的策略有卖出认购期权策略和卖出认沽期权策略。卖出期权的行权价可以提前锁定计划买入或者卖出资产的价格,并且权利金收入可以降低购买或者持有标的资产的成本。

无风险套利:无风险或低风险套利利用市场有效性不足,在期权合约和相关资产定价不合理时,进行反向建仓,当定价回归正常时获得收益的策略,也是国际上机构投资者获得收益增强的重要手段。保险机构通过适当参与期权套利交易(套利交易是通过不同种类期权头寸之间的固有关系而实现,在主要风险维度上保持中性化,不承担系统性风险或风险较小)。如买入现货平价套利策略,就是利用了看涨和看跌期权价格之间的风险因子的共同性,组合后对冲了组合的 Delta、Vega 等主要风险,从而提供稳定收益的过程。常见的期权策略包括平价套利和箱体套利。

监管制度建议:保险机构参与期权交易,应当根据资产配置和风险管理的需求,以及账户风险承受能力,制定合理的交易策略和风险对冲方案,明确策略的目标和意图,策略使用的期权品种、开仓方向、对冲目标、持有期限等内容,并履行内部决策程序。

三、风险控制的制度建议

(一)保证金管理

保险机构参与期权业务,应对保证金进行管理。买入期权只需要支付权利金,而卖出期权在收入权利金的同时,需要支付一定比例的保证金,保证金的收取取决于交易所对不同品种的要求,根据到期日不同,期权虚值程度不同,期权保证金比例也会有所差异。期权交易的保证金风险一般用风险度进行评估,风险度=交易所要求的实时价格保证金/账户保证金总额(扣除损益和行权待交收的冻结资金等)。风控部门应对账户的保证金建立盘中和盘后的风险度预警线(如80%)和即时处置线(如100%),提醒业务部门及时进行追加保证金或自行平仓操作,防止因保证金不足而被强制平仓的风险。在除权除息日,由于上交所会对合约单位的可用保证金进行调整,保险机构应加强对保证金的盯市管理。

对于备兑开仓账户,要确保备兑证券充足,避免行权风险。风控部门在盘中和盘后监控账户内的标的证券,在备兑证券数量不足时提醒业务部门补足标的证券或自行平仓。

保证金风险的控制逻辑在于交易人员的风险试算与经验。对于保证金在市场突发压力事件时拥有判断和辅助系统的试算功能,可以帮助交易员提前了解风险水平,

做好未来可能风险的管理。另外，可以通过在到期前提前平仓或在稳定价位平仓，防范期权到期前市场大幅波动带来的风险。

监管制度建议：保险机构参与期权的备兑开仓交易，资产组合在任何交易日应保持备兑证券充足，其他卖出期权的资产组合，在扣除期权合约需缴纳的交易保证金外，应当保持不低于交易保证金一倍的现金、中央银行票据、货币市场基金或到期日在一年以内的政府债券及政策性银行债券，有效防范强制平仓风险。

保险机构参与期权交易，保证金管理应严格控制审批权限，在保证金头寸和追保上有严格的审批管理机制，使期权保证金与头寸暴露有效控制。

（二）风险限额及指标管理

保险机构进行期权交易可能面临市场风险、流动性风险、操作风险、信用风险和法律法规风险。期权交易风险整体是可控的，在实际操作中，保险机构应当通过对投资组合和账户的多方面监控和管理，以实现风险可控的目标。

1. 持仓限额、亏损限额管理和风险评估

参与期权交易的保险机构应制定期权持仓限额及相应管理流程，统筹管理期权的持仓和交易额度，包括每一期权品种的权利仓限额、义务仓限额和单日开仓限额。各交易账户持仓和日交易量不得超过公司规定的额度。

保险机构参与期权交易，应根据各账户的风险承担能力，制定期权交易面临的最大损失额度。当期权交易损失超过了相应的额度上限时，应对组合及时进行平仓止损，防范损失进一步扩大。

保险机构参与期权交易，应对投资组合进行风险评估，包括定期和不定期地计算在险价值（VaR）和进行压力测试。在险价值是指某资产或投资组合在给定的置信度和确定的持有期内可能的最大损失。由于期权的非线性损益特征，通常采用历史模拟法或蒙特卡洛模拟法计算。压力测试主要是度量极端市场环境下的资产或投资组合的风险，重点是识别和管理那些可能导致巨大损失的情景，是对VaR的完善和补充。通过在险价值和压力测试对组合的风险进行评估，了解组合可能的最大风险。如果其风险超出了组合的风险承受能力，应调整组合，以降低其潜在风险。

2. 希腊字母的监控和管理

期权价格受到标的资产的市场价格、波动率、到期日和无风险利率等参数的变动而变动的敏感程度称为希腊值，主要是Delta、Gamma、Vega、Theta、Rho五个常用的希腊字母。每一个希腊值刻画某个特定的风险，如果期权对某一参数的敏感性为零，该参数变化时给期权带来的价格风险就为零。

保险机构采用不同的期权、期货与标的资产构建组合，进行风险对冲或者增强收益时，需要对影响期权价格的希腊字母进行实时监控和管理，从而更加有效地控制资产组合的风险，尤其是Delta的风险。根据参与期权交易的组合的交易目的和特点，风险控制部门盘中监控组合的各希腊字母，可以对主要的希腊字母设置预警线，当投资组合在希腊字母上的暴露超过预警线时，及时提醒业务部门调整组合的风险结构。风险控制部门应在盘后对公司整体的期权业务进行敏感性分析，评估期权业务的市场风险暴露情况。

监管制度建议：保险机构参与期权交易，应根据公司风险承受能力，制定期权合约的持仓限额，定期对持有组合进行风险评估。

（1）保守持仓限额：卖出看涨或买入看跌期权合约价值合计不得超过账户权益持仓（股票、股票型基金及股指期货）市值；买入看涨或卖出看跌期权合约价值，与账户权益持仓市值合计不得超过账户权益持仓上限。

（2）偏积极持仓限额：组合Delta（股票、股票型基金及股指期货合计）应不小于账户权益规模的下限，也不应超过账户权益规模的上限。

保险机构参与期权交易，应当根据资产组合的实际情况，对希腊字母进行监控，对主要希腊字母的异常值进行事前、事中、事后的监控层次体系。

保险机构应该针对风险较大的Delta、Vega和Gamma风险指定比较严格的限额，而对风险相对较小的Rho和Theta等设定不同层级的风险管理限额，采用管控主要风险，不放过各种风险的逻辑进行管理。

（三）风险控制流程

保险机构参与期权交易，应当建立事前、事中、事后的风险控制流程，做到保险机构的期权业务整体风险可控。

事前：业务部门根据交易目的制定交易计划，明确策略类型、限定额度，准备金限额、套保或策略生效条件、对冲平仓条件等要素，并对交易带来的风险限额变化进行试算，预先把握。

事中：风险控制系统盘中对持仓限额、亏损限额、保证金和希腊字母等要素进行监控，当组合风险达到预警线时，风控部门及时发出提醒；交易时，系统对单笔委托合约数、单笔委托金额、市价单等要素进行限制，防止误操作；系统对合约到期日、除权除息前日等重要期权合约信息的前一日和当日进行提醒。

事后：风险控制部门监控期权账户的持仓限额、保证金情况，逐日盯市，评估组合风险，使用VaR评估组合下跌风险；定期或不定期对单账户和整体期权业务进行压力

测试;对单账户和整体期权业务的希腊字母逐日评估,对异常值进行预警。

监管制度建议:保险资机构参与期权交易,应当建立系统的风险控制指标,制定期权交易的风险管理制度与业务操作流程,建立事前、事中、事后监测评估和处置风险的制度与机制,完善应急机制和管理预案,并加强期权业务人员的风险意识和考核。

四、参与期权交易的资格、人员和系统要求

(一)资格要求

根据保监会《保险资金参与金融衍生产品交易暂行办法》的相关要求,保险机构参与衍生品交易,应当符合以下要求:一是董事会知晓相关风险,并承担参与衍生品交易的最终责任;二是建立符合本办法规定的衍生品交易业务操作、内部控制和风险管理制度;三是建立投资交易、会计核算和风险管理等信息系统;四是配备衍生品交易专业管理人员,包括但不限于分析研究、交易操作、财务处理、风险控制和审计稽核等;此外,保险机构参与衍生品交易,选择的交易结算等专业机构,应当符合中国保监会有关衍生品交易的规定。

以上这些原则,已经对保险机构参与期权交易提出了比较恰当的资格要求,即保险机构应当具有风险承担的最终意愿与最高决策;保险机构应当建立完整、完善的内部决策流程、业务操作及风险控制制度。

监管制度建议:保险机构参与期权交易的资格要求,可与衍生品制度基本相同。并要求保险机构参与期权业务之前,需要具备中国保监会审批的股指期货业务资格,并在股指期货业务的开展上累积了一定的经验和能力。从事股指期货业务未出现重大失误和问题导致公司业务重大损失或交易所、监管机构的监管措施。

(二)人员要求

根据保监会制定的《保险资金参与股指期货交易规定》,保监会对于保险机构参与衍生品交易的人员配备方面,有如下要求:保险机构参与衍生品交易,其专业管理人员应当符合下列条件:资产配置和投资交易专业人员不少于5名;风险控制专业人员不少于3名;清算和核算专业人员不少于2名。投资交易、风险控制和清算岗位人员不得相互兼任。上述专业人员均应通过相关从业人员资格考试,负责人员应当具有5年以上衍生品或证券业务经验;业务经理应当具有3年以上衍生品或证券业务经验。

保险机构参与期权交易,应当针对期权交易的各个环节和特点,配备期权交易专业管理人员,包括研究分析、交易操作、财务结算、风险控制和审计稽核等部门,针对衍生品交易制订严格的授权管理制度和投资决策流程,明确相关岗位职责,确保各环节

独立运作。

从实际业务过程看,目前监管对股指期货以及衍生品的人员要求是比较高的;实际业务过程中,真正从事日常操作的人员在监管要求的范围之内;有些人员长期任务备岗人员,一般不参与到实际操作中去。同时,现代金融市场比较需要的是复合型人才,可以同时监控现货、期货以及期权市场的动态,更有利于发现市场的互动效应,较好的完成各种业务操作。

监管制度建议:保险机构参与期权业务,在人员数量及岗位要求上,可以保持现有水平不再增加。建议增加如下要求:

(1) 公司在衍生品投资领域的职能设置与人员配备,不低于股指期货现有要求的人员设置。

(2) 期权交易的决策、分析、交易人员可以与期货互相兼任;风控人员需与期货独立;运营人员责任与期货类似,可设置1—2人;稽核人员不必另行要求,可以按照监管及公司内部规定进行对照审核即可。

(3) 从事期权投资业务的相关人员,应当具备期权业务的知识背景与从业经验。特别是从事期权交易的人员,应当具备一定时间的期货投资交易或风控业务经验(如三个月)。

(三) 系统要求

对于场内期权,交易系统与服务商的对接方式和期货相同,可以采用恒生系统接入行情进行交易,但需要单独采购期权交易模块,相当于在恒生系统中增加了一个交易品种,开通编码即可交易。对于场外期权,目前一般采用电话或者短信询价和报价,报价一般以表格的形式(例如,对应不同标的价格,不同执行价、到期月份期权),一日内有效;确认报价后,账户内划转进行交易。

期权交易系统主要功能,应至少包括:

(1) 期权交易功能;

(2) 期权定价功能,实时计算隐含波动率等指标;

(3) 盘中实时监控组合的希腊字母,并试算交易后组合的希腊字母;

(4) 对临近到期日的期权合约、近期要进行合约调整的期权合约以及保证金参数水平等信息进行提醒。

期权定价功能解决方案:期货服务商通常不提供期权定价模型和系统,由投资机构自行采购相关系统或者自建系统进行计算。期权定价的模型通常采用 Black-Scholes 或二叉树模型,定价系统有 ORC、钱龙等提供商业解决方案。

交易前端的风险控制：为防止由人为失误、交易模型缺陷等引发的操作风险，建议期权业务部门的交易系统对所有期权交易行为进行统一的前端检查和控制。

（1）资金及合约足额检查，防止无足额资金买入、无足额合约卖出；

（2）持仓额度控制，根据银保监会或保险机构授权的持仓额度，对可能造成持仓超限的订单进行限制；

（3）单笔申报最大期权合约张数控制；

（4）单笔申报最大金额控制，最大金额的计算可基于当日期权的涨跌停价格或其他阈值；

（5）市价单检查，建议期权业务部门对市价订单的价格区间进行合理的设置并对资金进行有效、合理的前端检查及控制。

制度建议：保险机构参与期权交易，信息系统应符合下列要求。

（1）期权交易管理系统稳定高效，并对交易指令进行前端检查和风险控制；

（2）风险管理系统能够实现对期权交易及组合的希腊字母及时监控，各项风险指标固化在系统中，并能够及时预警。

参考文献

[1] Jean-Baptiste Carelus. U.S. Insurer Derivative Exposure Increased in 2017[EB/OL]. https：//www.naic.org/capital_markets_archive/special_report_181102.pdf，2018.

[2] MetLife. 2018 Annual Report [EB/OL]. https：//investor.metlife.com/financials/annual-reports/default.aspx，2018.

[3] Will Acworth. A record year for derivatives [EB/OL]. https：//marketvoice.fia.org/articles/record-year-derivatives，2019.

[4] 中国保险年鉴编委会.中国保险年鉴[J].北京：中国保险年鉴社，2018.

[5] 中华人民共和国国家统计局.中国统计年鉴[M].北京：中国统计出版社，2018.

[6] Tim Edwards，Hamish Preston. Reading VIX：Does VIX Predict Future Volatility？[EB/OL]. https：//us.spindices.com/documents/research/research-reading-vix-does-vix-predict-future-volatility.pdf，2017.

[7] 中证指数有限公司.上证50ETF波动率指数编制方案[EB/OL]. http：//www.sse.com.cn/market/sseindex/diclosure/c/c_20161104_4198915.shtml，2016.

[8] 李巧巧.一文读懂中国外汇交易中心（CFETS）[EB/OL]. http：//www.sohu.com/a/203438153_667855，2017.

"区块链"发展背景下保险机构支持中小微企业融资模式创新研究

北京联合天成价值网络科技有限公司

吕 雯　石午光　丰沛林　唐才旭

摘要

2019年10月24日,中共中央政治局关于区块链技术发展现状和趋势组织了集体学习。中共中央总书记习近平在主持学习时强调,区块链技术的集成应用在新的技术革新和产业变革中起着重要作用。我们要把区块链作为核心技术自主创新的重要突破口,明确主攻方向,加大投入力度,着力攻克一批关键核心技术,加快推动区块链技术和产业创新发展。并指出,要推动区块链和实体经济深度融合,解决中小企业贷款融资难、银行风控难、部门监管难等问题。

当前我国经济处于发展的新常态,中小微企业融资难、融资贵的问题愈加凸显。如何破解我国中小微企业的融资困境,成为我国经济社会的可持续发展的重中之重。尽管我国现有的保险业务能够在一定程度上帮助银行解决我国中小微企业的融资困境,但仍存在较大问题。例如:造假风险、企业信息孤岛、核心企业信用不能跨级传递、履约风险高等。面对市场机制的失灵和政府之手在助力中小微企业融资上的局限,寻求创新性的技术是解决中小微企业融资难、融资贵的可行路径,也是解决中小微企业关键问题的突破口。由于区块链技术所具有的分布式、去信任、信息不可篡改等特性,本课题提出"区块链+保险"的中小微企业融资新模式。运用新兴技术助力保险业更深层次融入中小微企业融资业务中,在解决中小微企业融资问题的基础上实现保险业、银行、实体经济的多方共赢。

关键词

区块链　中小微企业　贷款融资　保险

第一章　绪　　论

第一节　研　究　背　景

一、融资难是制约我国中小企业发展的重要因素

改革开放四十多年来,随着实体经济的飞速发展,我国现已成为世界第二大经济体,经济的高速增长离不开中小企业所做的巨大贡献,中小企业是我国经济体系建设中的重要力量。中小企业注册数量逐年增加,当前中小企业约占我国企业总数量的90%以上,设计了我国70%以上的发明专利,为我国失业、待业居民提供了80%以上的就业岗位,创造了50%以上的税收,为我国经济贡献了60%以上的国内生产总值。

然而微观方面我国中小企业管理水平差、经营场所不稳定、财务信息不透明、可抵押可担保的资产少以及宏观方面金融市场不完善、融资体系还未健全、国家企业征信体系还不完善等原因,导致中小企业长期以来面临融资难、融资贵的问题。

国家在中小企业发展、中小企业融资、中小企业补助等方面相继出台了一系列扶持政策。早在2011年10月12日,国务院常务会议提出"积极发展小型微型企业贷款保证保险";2013年7月1日,国务院办公厅颁布《关于金融支持经济结构调整和转型升级的指导意见》(国办发〔2013〕67号),正式提出"试点推广小额信贷保证保险";随后在2013年8月8日,国务院办公厅颁布《关于金融支持小微企业发展的实施意见》(国办发〔2013〕87号),强调要"着力强化对小微企业的增信服务……大力发展贷款保证保险业务"。多年来国务院一直关注中小企业的发展,积极探讨保险对中小企业发展的影响,逐步加大相应保险产品的推行和发展,针对中小企业发展中出现的问题进行了多次的尝试探索。

国家政策对促进中小企业发展至关重要,但阻碍中小企业发展的关键问题一直没有得到根本的解决。在中小企业发展期,融资难、融资贵等资金问题始终制约着中小企业的茁壮成长，这些问题也进一步阻碍了我国经济社会的可持续发展。在我国经济发展进入新常态的背景下，着力解决中小企业的融资问题就显得尤为重要。

二、区块链技术的发展和日益成熟

区块链是继大数据、云计算之后又一新兴科技的代表。早在2015年开始，由于区块链技术具有的分布式、透明性、真实性等特性，人们逐渐认识到其在很多领域都有广阔的前景，比如政府政务、民生、金融、保险、物流供应链、工业、知识产权以及社会诚信体系建设等领域。人们的关注对象也从最开始的比特币等数字货币，转移到了区块链技术以及区块链应用场景的落地实践。

我国政府逐步重视和强化区块链战略性布局。2016年国务院印发的《"十三五"国家信息化规划》中将区块链首次定为战略性前沿技术；2017年10月国务院办公厅发布《国务院办公厅关于积极推进供应链创新与应用的指导意见》，提到研究利用区块链等新兴技术，建立基于供应链的信用评价机制；2018年5月28日，习近平总书记在中国科学院第十九次院士大会中国工程院第十四次院士大会上首次提到区块链，并指出："以人工智能、量子信息、移动通信、物联网、区块链为代表的新一代信息技术加速突破应用……世界正在进入以信息产业为主导的经济发展时期。"2019年1月10日国家互联网信息办公室发布的《区块链信息服务管理规定》，在加大区块链领域监管的同时，也肯定了区块链作为一项新兴技术的积极作用；2019年10月24日，中共中央政治局关于区块链技术发展现状和趋势组织了集体学习。习近平总书记在主持学习时也强调，区块链技术作为核心技术自主创新的重要突破口，在新的技术革新和产业变革中起着重要作用，要积极推动区块链和实体经济深度融合，利用区块链可有、可用、可控、可审、可视、可溯等特性有效解决中小企业贷款融资难、银行风控难、部门监管难等制约其发展的关键问题。

区块链以其所具有的优良特性，将会给国家发展带来机遇、给社会生活带来便利。

第二节 研 究 意 义

一、有利于缓解中小企业融资困境

中小企业传统的融资手段主要是通过银行等金融机构获取，往往贷款程序复杂、审批环节多、利率费用高以及需要足额的担保抵押品，从而构成中小企业融资难、融资贵等问题。本课题创新性地提出"区块链＋保险"的中小企业融资模式，该模式利用区块链技术保证中小企业信息、贸易背景、资金状况的真实性，有效提升中小企业自身的企业信用等级，增强信息透明度，降低了银行、保险等金融机构的审核成本和融投资风险，进而放宽了中小企业融资的边界，扩大银行等金融机构的服务范围和质量，有效缓解中小企业资金链条的制约问题，促进其成长和运营。

二、有助于保险机构服务中小企业融资业务

保险机构随着社会数字化水平的发展，其商业模式、产品形态、服务、和基础设施均发生着演变，以应对互联互通的信息化新时代，包括采用颠覆性技术，如人工智能、大数据分析、云计算和区块链技术。

保险业务增长的最初驱动力与降低成本和提高流程效率有关。如今，这些原则已被包括客户数据隐私保护、保证服务质量、扩大服务主体及业务范围、重构市场偏好等原则所取代。尤其是在金融领域，保险机构需要在逐渐去除中介模式的时代背景下，抓住商业化变革的先机，利用区块链等新兴技术构建新的商业模式，编制适应新时代的行业标准覆盖整个生态价值链，包括安全支付模式、客户数据保护、资产登记、欺诈检测和减少重复风险或风险暴露管理等，以帮助其自身更好地服务用户、分担用户风险。

对于保险市场来说，区块链将带来四个机会基石。

（一）欺诈检测和风险防范

利用区块链技术分布式账本的特性提供分布式记账、分布式存储、分布式传播的功能，实现客户注册、申请、验证审核和事后索赔的准确性（具有完整的基础交易历史），基于区块链分布式账本和数据加密、数据不可篡改的特点，有效消除重复记账、重复对账等因信息不对等发生的错误、疏忽和欺诈行为，替换受信任的第三方角色，在消除重复日常工作流程的基础上，提供所有数据的可验、可溯的公共记录。

（二）创新产品和服务

区块链可以从三个方面促进保险公司的创新产品和服务：提高客户参与度，保护客户隐私，以及为新兴市场提供高成本效益的产品。对于区块链在这些领域提供的潜力来说，最根本的是提高客户参与度，保护个人数据、点对点传输保护个人隐私以及基于智能合约的电子合同。

（三）降低运营成本

一方面，区块链可通过自动验证投保人身份和合同有效性、可审核的索赔登记和第三方数据，例如保险机构向工商部门申请授权验证投保方的相关信息，向关联企业申请授权验证投保方贸易的真实情况，审查核对后基于支付基础设施或智能合约进行支付索赔,进一步降低保险机构管理和操作成本。另一方面,保险机构将允许再保险人受控地访问在区块链上登记的索赔和索赔历史记录,以一种自动化且同时可审计的方式提高了再保险人的透明度。

(四)分担银行风险,扩大服务主体范围

数据统计,中小企业贷款不良率问题比较突出,是其他企业贷款不良率的一倍,此数据非常惊人,可见银行等金融机构对中小企业的信贷风险较高。保险机构推出信用保证保险,将其引入银行等金融机构以后,形成了一定的风险分摊机制,有保险机构的参与可以有效降低银行承担的风险,改善银行贷款不良率,扩大银行原有服务范围。可以从以下两方面进行分析:

首先,银行、保险机构将对企业进行至少两个主体多环节筛选审查,筛选内容更具有针对性,在企业准入环节可以有效地排除一定的风险,企业也选择更加适合的保险产品,实现三方共赢。在传统的业务模式下,对中小企业贷款的准入工作由银行独自完成。银行批准中小企业的贷款往往需要投入大量的人力、专业调查等成本。而信用保证保险则不同,银行在对中小企业进行基础资料的核查及信用评估时,保险机构也对中小企业进行资质的审核,在一定程度上弥补了企业真实性信息的核查,这种双主体多环节筛选审查的机制对中小企业的筛选和后续支持更加精准,还提高了银行风险管理能力。

其次,传统模式下,中小企业因自身经营不规范、管理能力受限等诸多问题,易发生资金链断裂、破产、违约等风险事故,银行为此会发生受偿困难,一笔坏账业务的发生就会造成银行很大的经济损失,并且后期追偿艰难。若企业发生破产情况,银行也没有优先的偿债权力,往往会导致银行面临较大数额的亏损,风险失控。而在信用保证保险业务中,信用保证保险是一种风险分摊机制,若中小企业发生贷款违约、破产、资金链断裂等事故,业务风险不再由贷款银行单独承担,保险机构也会参与其中,与银行共担中小企业的信用、资金等问题风险,形成风险分摊机制。在这种模式下,信用保证保险不仅可以有效解决中小企业发展过程中信贷业务的问题,还能进一步促进银行拓展中小企业业务,扩大信贷市场的边界,提高市场活跃度。

第三节 相关理论研究

一、信息不对称理论

信息不对称理论是通过阿克洛夫(G.Akerlof)等学者对市场经济的研究诞生的。

阿克洛夫以二手车这个次品市场，说明了商品交易中的信息不对称问题。掌握信息多或是关键信息的一方，会在交易中居于主导地位，形成"信息为王"。在另一方或多方难以得到信息或信息不足的情况下，就产生了市场失灵。在信息垄断之下，必然会带来道德危机。交易双方信息不对称问题既有客观的原因，也存在心理行为"屏蔽性"问题。对此，对于交易双方来说，必然会出现心理层面的竞争。这样信息不对称理论又与博弈论产生了很大的联系。

信息不对称是市场经济普遍存在的弊病，仅仅凭交易双方很难解决信息不对称的问题。也就是，销售者会尽可能地垄断信息或将产品信息有限度地对购买者进行开放，从而确立自己在交易中的有利地位，不过对于消费者来说，若要收集大量的信息，必然要投入较多的成本。若要规避信息失衡对经济造成的不利影响，政府需要在市场体系中发挥作用。例如，针对商业银行和贷款者而言，交易双方的信息不对称问题广泛存在。在信贷配给方面，仅靠银行一方的力量难以获得贷款人的全部信息。政府通过在全社会建立征信体系，就可以给银行以很大的帮助。

二、银行贷款风险管控理论

金融风险从发生的范围来看，包括两大类，即系统风险和非系统风险。前者是针对整个金融行业的风险；后者是指小范围的局部风险。从银行角度看，最大的风险是信贷风险。

对于商业银行来说，在进行放款时，其面对的风险有两个，即市场风险和借贷者信誉风险。不确定性越大，信用风险发生的概率越大。贷款风险是银行在确定是否放款以及放款价格时重点考虑的一个重要因素。风险越大，银行的利息要求就会越高。其中，供应链金融以动产抵押为基本特征，不确定性更大，比传统金融业务的风险更显著，更需要进行风险管控。

信息不对称是银行贷款风险发生的重要原因。银行借贷者之间的信息失衡必然会导致商业银行在运营期间出现债权损害问题，必然会诱发一些不良资产的形成。假若这一类资产的占额超过最大值，就有可能产生金融危机。在金融投资活动中，追求均衡信息是投资者的目标之一，但信息非均衡是普遍的，银行查询成本、监管成本相对较高，无法对公司的运营情况进行完全掌握，所以在信息失衡的情况下，大部分银行都会发生技术性不良贷款等问题。

三、创新驱动发展理论

创新理论由熊彼特在 1911 年提出。对于创新理论来说，其核心要点是"技术创新"。技术创新往往可以推动商业模式创新。商业模式创新是指企业创造、转变及获得价值的手段出现实质性地调整。商业模式的创新有多种表现,如顾客关系创新、盈利方法创新等。对于战略性新兴产业来说,商业模式创新是通过新技术商品转化力进行衡量与说明的。商业模式创新的客观力量有三个,其分别是：外部的技术引导、竞争威胁、需求促进。技术推动方面,比如区块链技术会带来多方面的商业模式变革。在内在原因方面,协同效应、组织搜索能力会保障商业模式创新的推行。如果以上因素的力量足够强大,就会带来企业商业模式创新。

四、信贷配给理论

现代最早的信贷配给理论研究源于20世纪50年代,1951年鲁萨(Roosa)正式提出"信贷可获性学说",后来经美国联邦储备系统的其他学者进一步研究,不断补充理论的内容。该理论的初期主要围绕在供求双方面临的利率管控、准入调教、市场竞争偏好、资产结构、制度管理等方面展开。大斯蒂格利茨和韦斯(Stiglits and Weiss,1981)曾在《美国经济评论》上发表《不完全信息市场中的信贷配给》文章,用鲜明的典型案例证明了信贷配给理论导致银行等金融机构在不完全信息下逆向选择,导致长期均衡现象的存在,生动地对信贷配给理论从信息结构角度做出了相关阐述。

可以从宏观和微观两个维度对信贷配给理论的内容进行分析。从宏观层面分析,信贷配给是指在一定范围条件下,银行拥有确定的利率,信贷市场上的贷款需求大于资金供给,产生供不应求的局面。在微观层面分析,信贷配给理论又包括两个维度：将全部的贷款人划为一个集合,在集合中只有非空集的真子集即部分贷款申请人可以成功申请贷款,而剩余的真子集即使愿意支付更高的银行利率也申请不到银行的贷款；在贷款的集合中,能申请到贷款的人只会是非空集的真子集,永远不会是与贷款集合相同的子集,即递交银行的贷款申请永远不会全部通过审批。

第四节　国内外研究现状

一、保险在中小企业融资中的作用

Binswanger(1986)指出在一定程度上保险与抵押物同效,既能降低贷款人的风险预期,又能提高贷款人的收益预期,从而提高贷款申请的通过率,有助于扩大贷款规模。Dermine 和 Lajeri(2001)分析了信用保险保费和银行贷款风险之间的关系。庄

庆(2003)在文章中指出运用保险机制可以帮助中小企业在银行进行融资,并在制度设立的可行性和意义两个方面进行了深入探讨,总结出保险机构设立贷款保证保险无论从制度上还是意义上都应该积极推进。明明(2013)分析了信用保证保险运行机制,以及对解决中小企业融资难问题的作用。唐金成(2013)分析了发展信用保证保险对中小企业融资问题的影响,认为其缓解了中小企业融资难的困境。巴曙松和游春(2015)认为中小企业发展的突出问题是企业资金短缺造成的不良循环发展,而小微型企业保险的出现,为中小企业融资方式提供了新的思路。以上的文章考虑了信用保险对于融资的激励作用,表明了信用保险在解决企业融资问题时,是存在积极的作用。

二、区块链技术在金融领域中的相关研究

区块链技术不仅在金融的支付领域备受关注,同时也在供应链金融领域发挥其优势。庄晔(2016)在区块链技术对金融业的主要潜在影响中,认为区块链技术逐渐成为互联网之后被人们接受的新概念。除了在金融领域表现出了绝对的优势,也在支付、结算、保险、证券、审计、征信等方面显现出来了巨大潜能。区块链技术在金融业备受关注的同时,也在政府政务服务、民生、产业领域中受到欢迎,区块链技术结合其他技术可以为数字社会的发展带来新的生机。王琳等(2016)在《增强型票据新形态:区块链数字票据—以京东金融数字票据作为研究为例》中提到,区块链在供应链金融领域可以有效提高金融工具的使用方式和效率,同时在金融工具使用过程中衍生出来的信用、防欺诈等问题也可以通过区块链与大数据的方式解决,这会成为区块链金融中一个信任解决方案,也会为中小企业提供更有竞争力的资金环境。周立群和李智华(2016)在《中小企业发展的探索》中,探讨借助区块链技术可以为中小企业提供资金支持服务,供应链金融业务在中国已经存在十余年,但是并未得到蓬勃的发展,在洞察其原因之后可以发现,供应链金融在我国传统金融体制下信息不能完全披露,这导致银行机构在发放贷款时存在困扰,征信机构无法正确评估贷款人资质,在供应链金融中即使引入了核心企业作为授信参考,也依然存在信息漏洞。也讲述了区块链技术如何在供应链金融领域解决上述问题,从而提高中小企业活力。李启雷(2016)提到,区块链技术与大数据如何结合可以更好地优化现行交易系统的结构。区块链根据数学的算法,加密机制在全网范围内创建可信的平台,打造相互信任的数据。大数据和区块链这两项技术目前都在稳固的发展,更多的技术人员也在通过这两项技术寻找更多与其匹配的场景,让数据的生态圈具有强信任基础。

第五节 研究创新点

本节将区块链技术与已有的商业模式进行融合,提出促进中小企业发展的"区块链+保险"新模式。该模式相对于已有的商业模式在以下方面进行了创新:

中小企业可以实现利用国际上比较成熟的标准化信用保证保险产品和基于区块链网络的科技赋能手段,实现快速融资,降低融资和保险费用成本,提高中小企业资金周转率;利用区块链技术本身自有的特点,保证每一笔交易的公开透明、难以篡改,以时间为链条,便于交易的验证及追溯;构建基于区块链的信用评估体系,不仅可以有效保护数据的隐私,还可以还原交易数据发生时的真实情况,从而形成多维度精准的信用评估体系;构建基于区块链的征信数据共享交易平台,在保证各方交易风险的基础上,有效降低运用成本,保证成本可控。

银行可以利用信用保证保险产品,与保险机构合作,有效控制和分担业务风险,模式统一,易复制,易于批量获客;保险机构可以拓展新的业务品类,增加存量客户。

第二章 区块链基本介绍及在金融保险领域的应用分析

2008年,中本聪发表《比特币:一种点对点电子现金系统》,提出了比特币的概念。从2009年起,比特币逐步获得政府和机构的关注。区块链作为比特币的底层技术,其分布式、不可篡改、公开透明、非对称加密、点对点传输等特性也逐渐被人们关注,在涉及多主体交易、存证、审计、溯源、安全等领域都有重要的应用。下面对这一技术进行详细的介绍。

第一节 区块链的基本概念

区块链是一种基于对等网络的分布式账本系统解决方案。它的数据采用分布式存储的方式,其在逻辑上是兼具"时间顺序、前溯验证"特性的信息块组成链式结构,每个信息块由一段时间内的交易集合加盖时间戳形成。区块链又可以看作是一项复式

技术概念的集合体,其中涉及有共享账本、点对点交易、私密交易、可审计交易、智能交易,从而可以实现跨主体之间可信信息交换。下面将详细介绍在这其中涉及的几个专业术语概念。

一、共享账本

区块链本质是分布式记账,对于发生的每笔交易的确认和区块的生成,系统中相关节点都参与了验证、协调和同步,从而保证了各节点账本的准确性和一致性。多个节点都保存完整的区块账本,交易前的风险识别和定价可以基于共享账本实现嵌入信用管理,交易撮合可以由各参与方基于共享账本自行完成,交易后实现快速结算,并省去对账和审查环节。

二、点对点交易

区块链实际上是用数学方法解决了点对点交易的信任问题。通过数字签名解决所有权信任问题,通过非对称加密解决信息真实性和完整性问题,通过未花费的交易输出(UTXO)结构设计解决价值转移过程信任溯源问题,通过智能合约解决信任自动化执行问题,并基于共识的数学方法在机器之间建立信任并完成信用创造,任何中介无法过滤或者延迟交易,最终保障点对点交易后共享账本中记录信息的真实性、客观性和不可篡改性。

三、私密交易

密码学中的哈希算法能够在不需要看到明文信息的情况下,验证某组信息是否被篡改过,这就实现了非交易节点在不知晓具体交易内容的情况下,参与点对点交易验证的问题。并且,由于价值交换大部分属于商业往来,有交易路径、交易内容隐私保护的需要,区块链技术密码学设计实现了更精细颗粒度的隐私保护,为交易主体和业务内容的保护提供了更有针对性的保障,为真正实现价值交换提供了便利性、安全性和可操作性。

四、可审计交易

区块链的分布式特点,使多个节点都保留完整账本,单个节点试图对交易数据进行修改的操作都不能改变网络中其他节点的账本内容。并且区块链后续验证的链式结构设计使后来写入的区块依次不断强化了前面区块内容,进一步增强了不可篡改性,自动实现了实时审计,这就从技术上保障了价值交换过程的可追溯性。

五、智能交易

基于区块链技术的智能合约,不依赖第三方自动执行双方协议承诺的条款,具有预先设定后的不变性和加密安全性,它具有透明可信、自动执行和强制履约的特点。智能合约可以使网络中各对等节点进行自动交互并实现高效协作,无须向中介支付达成信任的成本,越来越多的商业逻辑通过智能合约的形式得以体现和表达,有利于实现更大范围、更低成本的新协同机制。

第二节 区块链的类型

区块链可分为三种类型,即私有链、联盟链、公有链,其区别如表2-1所示:

表2-1　　　　　　　　　　　区块链的类型及区别

区块链类型	私有链	联盟链	公有链
参与者	单个机构或者个人	联盟特定参与者	所有人
信任机制	机构或者个人信用背书	联盟组织信用背书	POW/POS/DPOS
加入机制	—	需授权加入	全网公开
激励机制	无须	可选	需要
中心化程度	中心化	多中心化	泛中心化
特性	完全私有	有限访问效率高	去中心化开放、中立

资料来源:《区块链将如何重新定义世界》。

私有链的参与者主要是单个机构或个人,依然采用中心化系统,只对特定主体开放,信任机制采用机构或个人信用背书,其区块链的共识机制、验证、读取等行为均被限定在一个严格的范围内;公有链的参与者面向所有人,属于完全去中心化的系统,为全部互联网用户提供分布式账本,有一定的信任机制和激励机制,任何个体或者团体都允许在链上发起交易,参与共识记账过程。未来区块链的发展既不会是完全集中化的,也不会是完全没有权限公开的,而联盟链的参与者是针对联盟特定的参与者,属于一种混合折中的模式,信用机制是由联盟组织信用背书,想要加入联盟链需要授权才能参与,联盟链中假定联盟内所有的参与共识记账的节点都是可信的,属于多中心化结构。联盟内部不参与共识的参与者可以以用户的形式参与,可以在链上发起交易,

通过授权进行交易的查询和追溯,其适度灵活的对外开放权限既保证了公众和社会监督统计,又保障了用户信息的安全和隐私,目前更符合大部分行业应用的实际需要。

第三节 区块链的特征

区块链作为近年来发展极其迅速的技术,凭借其采用的基本框架与各类技术原理,区块链技术具有了分布式、信息不可篡改、自信任、公开透明、集体维护以及隐私保护等功能特征。

一、分布式

区块链的本质是一个分布式的账本,任意节点之间的权利和义务是均等的,利用分布式的结构对信息进行存储管理,任一节点的损坏或失效均不会影响整个区块链网络的正常运行。分布式一般来说是指分布式记账、分布式传播和分布式存储三个部分。区块链中各个节点均参与到数据信息的记录保存,不需要经过中心机构的集中处理,同时也能够保障信息的真实准确性,使区块链不需要中心机构的参与,实现数据信息的分布式储存。

二、信息不可篡改

区块链中的信息在传递过程中利用哈希函数运算并经过非对称加密原理进行加密,一旦某一部分的信息被篡改,后续链上的数据均会受到影响,因此篡改行为会被链内节点检测到。而且链内信息在验证过程中是向全网广播的,一经链内节点的确认就无法被更改,并且存储于全网的所有节点中。如果想要更改已被验证的信息,只有在同一时间内控制全网51%的区块才有可能,否则单个节点对账本的篡改是无效的,也不会影响其他节点的数据内容,从技术上保证了区块链信息的安全可靠性。

三、自信任

区块链采用了一套公开透明的加密数学算法,整个系统中的全部节点都能够在自信任的环境下自动进行数据交换,并保证数据的隐私性和安全性,整个系统的运作都不需要任何人为的干预。

四、公开透明可追溯

区块链中的信息存储于网络中的各个节点中,其中包括所有已发生的数据及操作,因此链内信息对于节点用户是透明的,用户可以通过链内节点实施查看数据信息,而且区块链中各类密码机制的应用也保证了信息的公开性。其中,区块链采用的链式结构等方法也较好的确保了信息较方便的追踪查阅。

五、集体维护

区块链由多个节点组成,系统中的数据块也是由系统中所具有维护功能的节点共同维护的,并且这些具有维护功能的节点都是开放的,任何人都可以参与。

六、隐私保护

区块链是一个去中心化的系统架构,各个节点之间无须互相信任,也无须相互公开身份即可进行信息传递。而且在区块链中,各个用户的交易地址均经过非对称加密算法进行加密,因此交易者的身份信息可以得到很好的保护。

第四节 区块链在金融领域的应用

随着中本聪著名论文《比特币:点对点的电子现金系统》的发表,数字货币正式进入公众视野。支持数字货币运行的底层区块链技术因为有助于创造全新的信用机制,在2015年开始为各方所关注,全球范围内相关国际组织、政府、大型跨国公司均就区块链的落地应用进行了初步的探索和研究。

从参与主体上看,国际组织、政府、金融机构、大型跨国公司、产业联盟对区块链技术比较关注;从应用领域上看,数字金融、数字企业、数字政务是区块链应用探索的重点。在我国的区块链应用项目中,金融类项目占比接近50%,金融领域内的应用主要包括金融监管、支付清算、供应链金融、资产证券化、证券、保险、征信等方面。

目前,技术驱动金融服务产业的转型升级成为发展趋势,如何将前沿技术应用于各类金融服务场景,实现技术在实际场景中的落地应用,成为全球金融产业的关注重点之一。区块链技术具有分布式、不可篡改的特性,在提高金融交易透明度、简化系统操作、实现业务流程自动化方面具有广阔的应用前景。以区块链、云计算、大数据、AI人工智能等金融科技以及支付结算能力为底层基础设施,构建金融服务平台,在合规的基础上创新金融产品,改造和重构业务流程,切实体现金融机构在服务实体经济、支持城市基础设施建设、增加金融资产流动性、提供多元化投融资渠道等方面的功能,为政府、企业提供多元化投融资渠道,助力中小企业发展,降低营运和筹集资金的成本。

运用区块链技术发行一种可流转、可融资、可拆分、可到期兑付的标准化电子确权凭证,构建创新性供应链信用体系,以可追溯、可再次流转为创新点,在保证信息真实、可靠的基础上低成本地为中小企业发展创造了新的机会,在风险管理方面还可以保证风险可控。

在传统的金融交易中,金融市场内金融工具和资金的流动,均离不开实体的资产权益。以金融资产权益为基础,金融业务一般都会包括三个环节:资产权益的评估、资产权益证明的发放以及资产权益证明的流通。首先,金融中介需要对实体资产进行专业评估,给资产权益做出较为准确的价值评估;其次,金融中介在评估后会开具金融资产权益证明,并向金融参与者发放;最后一个环节,持有资产权益证明的金融参与者可以进行金融资产交易。从上述的资产权益的评估、资产权益证明的发放以及资产权益证明的流通三个环节来看,区块链技术能够应用于资产权益证明的发放、管理和流通等方面。对记录在区块链上的数据进行有效的管理与追溯,实现权益证明的分布式存储、点对点传输,其信息的不可篡改保证了资产权益证明的真实性,有效提升资产的流动性。一方面,充分发挥区块链在不同主体间链接方面的低成本优势,对于降低金融业务复杂度、提升业务效率具有重要的意义。另一方面,区块链实现了资产权益证明的数字化,将金融交易过程中的多方进行了有效的关联,不仅提升了金融市场的整体运作效率,还扩大银行金融服务范围。在区块链的技术框架下,也会给金融中介的职能带来一定的转变,未来金融中介的职能可能会更倾向于银行与中小企业之间的交易撮合、数据分析等功能。

区块链在金融领域的落地应用可以分成三个层面:第一是监管层面或者是合规层面;第二是金融机构自身的业务组织和运营层面;第三是场景金融层面。在监管领域,利用区块链技术实现金融可视化监管,数据可查可验可追溯,实现全方位穿透式监管和多部门协同监管;在合规方面,欧洲的一些银行尝试把监管条款写入智能合约,让业务运行自动符合相关条件,自动检查、自动更正,通过区块链降低监管合规成本。在金融机构的业务组织和运营方面,典型代表分别是交易后的清结算和KYC认证。澳大利亚交易所采用基于区块链技术的系统取代现有清结算系统CHESS,这是全球第一个主流金融机构采用区块链技术来替代核心系统的实践。在场景金融方面,在资产生成过程中将金融嵌入进去,依靠区块链技术的一些共享机制和私密交易机制,及时进行相关信息的透明化和隐私化,切实支撑供应链金融业务的开展。现阶段,巴克莱银行、区块链联盟组织R3、国内大中小银行等金融机构都在进行供应链金融的业务尝试。

整体而言,区块链技术凭借其分布式结构、公开透明的操作流程以及信息不可篡改的高度安全性在各个领域均有尝试性的应用。金融行业受政府监管及风控的要求,交易一般涉及较多的参与主体,多主体之间交易信息的不对称极易产生"信息孤岛",从而发生重复记账、重复对账等问题,通常对于信息的准确性以及交易往来的安全性要求较高,区块链凭借其特有的优势成为金融行业降本增效的途径之一。

第五节 区块链在保险领域的应用

一、保险领域区块链的应用现状

区块链技术一经问世便成了全球研究者们的焦点,在各个领域掀起了一阵区块链研究热潮。同时,区块链技术已经渗入到各个行业,与现有的传统商业模式相结合,新型技术支持下的新商业模式也运作了起来。以英国、美国为代表的实力大国都开始在加强研究区块链的同时,积极推进监管治理政策齐头并进,由此可见区块链的应用已经引起社会领导人的重视。

2016年10月,欧洲和美国联合发起成立了区块链保险联盟B3i,联盟成员包括美国再保险集团、瑞士再保险集团、慕尼黑保险集团等世界知名的大型保险公司,将全球各大保险公司都连接在一起。利用区块链、智能合约等新兴技术,提高资金管理的有效运作能力,并扩大承保范围和加速理赔效率。2017年8月,新闻报道了B3i联盟研究出了区块链的另一核心技术:Codex1。这一技术是属于智能合约的核心组件,可以用来提高巨灾保险公司的运作效率。Codex1是可以实现自动化承保和理赔的一项核心技术,适用于巨灾保险公司和巨灾再保险公司。灾难发生后,免去了消息的层层传播,极大降低了信息传递的延后性,可以让保险公司在第一时间得知消息,这样就有充分的时间来制定应对策略。而对于巨灾再保险公司来说,通过区块链的这一技术不仅可以在第一时间得到消息,还保证了事件发生的客观性,只需要自动承保或理赔就可,不用去与原承保公司谈具体的事件内容,也不需要实际去考察耗费人力物力。Codex1的出现,可以代替再保险经纪人的很多工作。保险标的和投保人的基本信息都在智能合约中储存,再结合以后可能发生的损失建模,就可以很方便快捷地算出理赔率和保险费率。

SafeShare是英国一家提供解决保险方案的咨询公司,英国巨头劳合社应用此公司提供的区块链保险解决方案,并开通了24小时不间断赔付热线,应用区块链技术不仅可以提供实时、便利的保险方案,还能降低保险公司的成本。SafeShare 公司使用的区块链是由时间戳服务创建的,所以在实时提供保险产品服务的同时还能保存保险交易信息。SafeShare 公司正在与 Vrumi 公司进行技术交流与合作,若能添加区块链保险服务,则可以为客户带来实时便捷的保险服务。

安联保险集团(Alli-anz)规模庞大,不仅是德国最大的保险公司,也是欧洲保险机构中的老大。安联集团也积极研究区块链这项新兴科技,并在区块链的一大典型应用——智能合约中有所突破。2016 年,安联保险集团已经成功使用智能合约来处理巨灾债券和巨灾再保险交易。实践结果表明,使用智能合约处理此类型业务可以以惊人的速度缩短结算时间,原来需要几个月的业务量仅需要短短的几个小时便可完成。

在 2016 年 4 月之前,约翰·汉考克(John Hancock)就提出可以使用区块链技术将世界保险行业联系在一起,他们建立了一个研究区块链技术的实验室[①],并于 2015 年开始用区块链技术做保险场景的模拟实验。

2018 年 8 月,美国保险服务协会(简称 AAIS)宣布与 IBM 联合构建区块链平台,以支持新的自动化保险报告工具。保险公司通过该区块链平台存储数据,便于监管机构按需求随时查看相关内容,将事后报告改为实时检测,提高 AAIS 的工作效率。

2019 年 5 月,加拿大全球保险经纪公司 Marsh 宣布将向美国商业客户推出其保险证明(STI)区块链平台,提供更可靠的保险覆盖范围,并加快业务流程。客户将通过区块链数字应用程序获得保险凭证,该平台最初将供一组 Marsh 客户使用,允许客户搜索、查看、发布和重新颁发其证书。

2019 年 8 月,IBM 推出了一个名为"信任你的供应商"(简称 TYS)的区块链新项目,TYS 专注于"供应商名单",这是一个涵盖范围广泛、种类繁多的供应商信息的总称,包括 ISO 认证、银行账户数据、税务认证、保险凭证、采购订单以及发票等供应商数据。据报道,知名公司安海斯-布希英博(Anheuser-Busch InBev)、葛兰素史克(Glaxo Smith Kline)、联想(Lenovo)、诺基亚(Nokia)、施耐德电气(Schneider Electric)和沃达丰(Vodafone)均已加入该项目。

二、对我国理论和实践的启示

区块链保险的应用有很大的启发意义,主要表现在理论和实践两个方面。理论上的启发大致分为以下 4 点。

---

① 链接:https://www.coindesk.com/insurance-company-john-hancock-begins-multiple-blockchain-proof-concepts/.

（一）区块链＋保险可以重构信用机制，降低风险

前文也已经介绍过，区块链的一大特点便是安全透明。通过区块与区块相连接形成了分布式账簿，且一旦写入很难更改，这将为我们解决信任难题。用户在应用区块链保险的时候，能清楚地知道系统是如何运作的，这将加大生活中交易的透明度和信任度。区块链＋保险可以为降低系统信任风险提供一个新的解决方案。

（二）区块链技术能推动新型保险的发展

拥有去中心化这一特点的区块链能够为以往固有的、依赖中心化的保险体系带来新的变革。传统的保险体系中，保险机构是保险系统的中心，当客户有需要降低或减少自身风险的时候会去找到保险机构或保险中介来满足需求，但在新型的区块链保险中，每一个发售保险产品的机构和业务员也可能会成为中心，未来可能会在区块链的推动下实现新的保险模式。

（三）优化保险机构的业务流程

我们可以在区块链上实现交易和交易确认，利用区块链免除复杂的重复记账和对账，一笔交易的完成，资金的清算和结算的过程也就完成，使用区块链技术，可以大量节省保险机构的财力和人力，优化了保险机构的业务流程，这对现存的保险机构来说有着重大的意义。

（四）区块链的构架较为灵活，能够实现不同的需求

区块链可以分为私有链、联盟链和公有链这三类，不同的保险机构有着不同的需要，可以根据自身的实际情况有针对性地使用不同种类的区块链。

区块链保险的应用也带给我们很多实践中的启发。2019年7月，银保监会发布《中国银保监会办公厅关于推动供应链金融服务实体经济的指导意见》，明确指出要大力发展供应链金融业务，创新模式、完善管理体系、加强风险管控能力。并提出将区块链等新技术嵌入到保险业务。我国保险业内学者也将区块链推动保险业的发展作为重要的研究方向，国内一些保险机构联合区块链公司联合发起成立的区块链保险实验室，加大了区块链推动保险业创新的道路，为早期的互联网保险带来了革新，不仅拓宽了顾客选择保险产品和保险公司的范围，还增多了选择的产品类型和途径。现今，在区块链与保险业的结合发展下，保险产品和保险销售渠道都呈现多样化的发展态势，这将改善人们的生活带来极大的便利。

三、区块链技术应用于保险领域的优势与挑战

现今，保险业发展的大方向是发展互联网保险，互联网保险因为有着成本低、方

便、直接而且效率高等优点而被业内人士所追捧。但是目前发展的互联网保险中,还多以传统的保险产品为主,网上交易的都还是很大众的保险产品,曾经线下交易的保险产品只不过拿到了线上来卖而已,缺乏创新的产品与机制。究其原因,互联网保险创新最大的瓶颈就是不信任和机制不安全。而区块链的共识机制和加密技术正好弥补了传统互联网的缺陷,区块链能够建立起完整却不可篡改的分布式账簿,确保了信息和资金的安全,而且区块链的去中心化特点保证了信息能够高效流通。

于是,在信赖的环境下,保险产品数字化就能够进一步发展。运用好区块链的固有特点,就有可能突破传统保险业的局限性。表2-2为区块链的不同特点可能对传统保险业的突破分析:

表2-2 区块链对传统行业突破可能性分析

区块链特征	说明	对传统保险发展瓶颈的突破
去中心化	分布式核算与存储,任意节点的权利和义务都是相等的	降低保险中介费用,点对点的联系可以突破时空界限,突破传统互助保险的局限性,是同质风险个体可以在更大范围内实现互助
开放性	采用公钥和私钥的设置,除了交易主体的私有信息被加密以外,所有人都可以通过公开的接口查询区块链数据和开发相关运用	减少信息不对称,进而结局保险供给和需求双方存在的道德风险和逆向选择问题,借助开放性可以提升大数据和云计算的运用,保障保险产品的开发和定价更加准确
透明性	区块链网络将所有的交易账本实时广播,及时将交易记录分发到每个客户端中,所有人都能获悉交易内容	提升保险消费者的信任度,解决制约保险需求的信任问题;构建保险情景,进行精准营销;减少保险公司交易信息丢失风险
自治性	采用基于协商一致的智能合约,使整个系统中的所有节点能够在信任的环境自由安全地交换数据	降低人工成本,提高保险智能程度,可以开发更多触发型赔付的保险产品,投保人在满足特定条件下自动执行合同驱动赔付
数据不可篡改性	一旦信息经过验证并添加至区块链,就会永久储存,除非能够同时控制住系统中超过51%的节点,否则单个节点上对数据的修改是无效的,因此区块链的数据稳定性和可靠性极高	提高保险公司的内部风控能力,由于不可篡改性可以确保账本系统、资金和信息的安全;维护区块链总账系统,提高财务安全

资料来源:《区块链将如何重新定义世界》、网络资料汇总。

由此表可以看出,区块链的特征正是传统保险业所亟须的,未来,区块链将为传统保险业带来极大的改变。为进一步说明区块链的特性对保险业的影响,以区块链的安全性这一特性为例进行说明,安全性是现有网络维持正常运行非常重要的一点特性。

从统计数据可以看出我国互联网安全事件的发生比例很高,于是,区块链的安全性这一特征将为互联网带来革命性的改变。区块链技术具有不可篡改的特性,一旦被写入,便很难更改,在互联网保险中,盗取数据无非是重新改写了数据源,因此应用区块链技术便可以很大程度地避免信息泄露。

新技术的出现提供了新的解决方案,但保险业同样也面临着需要考虑的新挑战:

第一,区块链作为新兴的技术仍处于起步阶段,而且还在迅速创新,各个领域都处于积极探索应用场景、试点落地阶段,如何利用区块链技术,区块链+保险模式的切入点怎么选择,新型的场景在什么场景试点实施以及潜在客户的采用曲线,做出战略性改革的详细方案等问题都需要保险机构深入了解区块链的属性和优势。

第二,保险行业中透明度的重要性和对数据隐私的需求是市场供求关系调节的动力,这对企业的风险管理产生了显著的影响。数据收集和消费者咨询、主动参与合规和需求框架对于适应新模式至关重要。

第三,保险机构及其生态系统提供商需要设计和建立他们的组织来应对颠覆性创新。这需要不断满足未来客户的需求,并在治理和网络风险等领域进行扩张。目前,保险领域的市场需要继续建设适当控制和刺激创新曲线的区块链基础设施,利用区块链技术给保险领域带来的机遇,从而推动保险行业的创新。

第三章 保险支持银行中小企业融资的现状

保险机构信用保险支持中小企业得到了国家政策的支持。2014年8月国务院办公厅颁布《关于多措并举着力缓解企业融资成本高问题的指导意见》,该文件明确指出要充分发挥保险的功能和作用,推出适应我国实际情况的保险产品,助力中小企业融资发展。2015年1月,中国保监会、工业和信息化部、商务部、人民银行、银监会部委印发《关于推动信用保证保险支持小微企业发展的指导意见》,指出要充分发挥贷款保证保险的作用,有效解决中小企业融资难、融资贵问题。

一、信用保险有利于银行对中小企业融资支持

目前,我国中小企业的融资渠道主要有两类,一类是民间借贷公司,另一类便是银行,中小企业从民间借贷公司拿到的利润一般高于银行利率,但中小企业向银行申请

贷款时，银行又比较谨慎，往往要求较高的资信或提供抵押物。从银行本身来分析，银行对中小企业融资的业务也处于矛盾阶段，一方面需要响应国家的政策，需要达到国家规定的中小企业融资金额和数量；另一方面，银行独自承担的风险及管理成本比较大，不利于银行本身业务发展。保险机构信用保险的出现，一方面，分担了银行的风险，并且经过银行、保险双机构审核，银行对中小企业的企业画像有更深入的了解，增加了银行管理风险能力；另一方面，在一定程度弥补了信息的不对称，提高了中小企业信用水平，降低银行对中小企业融资时抵押物的要求，扩大了银行业务的边界。从中小企业而言，也可以提高融资贷款的可获得性和额度。

二、现有保险方式在解决中小企业融资中仍存在不足

经过大量的文献数据及实践应用中的经验总结，中小企业本身或多或少都会存在经营管理不规范，财务数据不健全，信息透明度不高等问题，直接导致银行无法准确了解中小企业相关信息，现有的保险方式在解决中小企业融资方面仍有不足，问题的关键在于多主体信息的不对称，容易形成"信息孤岛"，阻碍了银行、保险等金融机构进行有效的风险管理。

若中小企业引入信用保证保险，在一定程度上增加了信息的对称性，也有助于解决中小企业在贷款时可抵押、可担保的资产少的问题，融资企业可以相对容易获得来自银行的融资支持。但在具体实践时，信用保险不能完全代替抵押物，而且保险机构为了降低自身承担风险，往往也会设置很多规避风险的条约，一旦一方违约保险机构只承担部分或不承担赔款，所以银行拒贷的情况时有发生。综合分析，此模式还是存在风险过高，规模难以控制，交易背景虚假，操作复杂等风险问题。致使保险机构推出的信用保险在支持我国中小企业融资的具体应用中难以真正落地实践。此外，如表3-1所示，信用保证保险在我国财产保险收入中所占的比例一直很小，也可看出。[1]

表3-1　　2009—2018年我国财产保险保费收入及信用保险和保证保险收入　　单位：亿元

年　　份	财产保险保费收入总额	信用保险保费收入总额	保证保险保费收入总额
2018	107 700 000.00	242.50	645.00
2017	98 345 723.40	214.40	379.20

---

[1] 2009年的新保险法第九十五第二款明确地将信用保证保险列在了财产保险项下，规定"财产保险业务，包括财产损失保险、责任保险、信用保险、保证保险等保险业务"。

续表

年　份	财产保险保费收入总额	信用保险保费收入总额	保证保险保费收入总额
2016	87 241 662.90	200.92	184.12
2015	79 949 700.00	192.50	208.10
2014	72 033 800.00	200.67	199.88
2013	62 122 600.00	155.17	120.37
2012	53 309 273.47	160.57	93.46
2011	46 178 200.00	115.46	56.51
2010	38 956 400.00	96.00	22.90
2009	28 758 335.46	70.20	8.00

资料来源：国家统计局网站。

第四章　区块链＋保险助力中小企业融资分析

第一节　针对供应链金融场景的区块链＋保险的模式设计

一、供应链金融场景介绍

针对中小企业发展中的瓶颈，供应链金融业务模式逐渐出现，但开展业务的规模较小，仅是抵质押物方面的创新和范围的拓展，并没有真正从供应链的角度思考业务开展。其业务同银行普通信贷一样，尽管现有供应链金融模式在降低银企之间信息不对称方面有所创新，但是其运作效率和风险管控等方面仍存在诸多不足，供应链金融依然存在逆向选择和道德风险，有进一步优化的空间。2019年7月9日银保监会向各大银行、保险公司公布《中国银保监会办公厅关于推动供应链金融服务实体经济的指导意见》报告，要求规范供应链金融业务。

（一）市场上的供应链融资产品成本仍较高

现今市场上的供应链金融产品融资利率大约要比中国人民银行的基准利率高20%至30%（宋华等，2017）。整体价格偏高，主要原因：一是由于融资主体资质低，规模小，银行基于风险收益相匹配的原则，需要提高价格，弥补成本；二是由于银行往往需要引入第三方担保机构，在担保机构与银行的合作中，银行要求担保机构对中小企业的贷款承担连带责任，担保机构往往成为银行风险的转嫁方，因此，担保机构通常会提高中小企业的融资担保成本作为其风险补偿，这一部分的成本也要体现在融资成本中；三是由于外部担保公司对供应链上中小微企业主营业务不熟，对抵押物范围以及抵押物估值过于保守，中小企业获批的授信额度较小。

（二）目前供应链融资规模较小且产品单一

市场上现有的供应链金融产品，主要是银行面向比较稳定、成熟、发展走向明确的产业和企业提供的。相对来看，那些刚起步、不成熟、仍处于发展探索阶段的中小企业，往往得不到银行的融资支持，而这些中小企业的融资需求意愿要远大于成熟的行业。其次，融资品种过于固化，目前仅有不动产抵质押、仓单质押、存货质押等为数不多的产品在开展，业务范围也受到一定的限制。再者，尽管我国的主要商业银行都已开办供应链融资业务，但开展业务的规模较小，难以满足中小企业各式各样的融资需求。

（三）供应链融资业务产品风险难以把控

这里的风险，既有来自中小企业自身的风险和银行内部的风险，同时还有来自供应链金融模式的风险。中小企业的风险依旧主要来自自身资质、组织结构、公司制度、财务制度的不完善，贸易背景较为单一，本身的抗风险能力有限，易出现资金链断裂，信用评估参考价值有限。银行内部的风险主要是由于我国供应链金融开展历史短，还处于初步的发展期，因此在各个银行的实际业务开展和实践中，往往会遇到一些准备之外的问题，在操作和运作上也会出现这样或那样的疏忽和失误引起损失，银行管理的缺失可能会引起对资金流向、资金使用监管的疏漏，从而加重了业务的风险，进一步降低了银行对业务持续的创新。通常情况下，由于中小企业资质差，多由单一主体单方提供资料，贸易信息容易篡改造假，银行等金融机构多信息流比对审核贸易背景真实性成本高，所以银行业一般以大型企业为主，不容易覆盖中小企业，大量的优质企业和资产被排斥在银行的服务体系之外。此外，尽管供应链金融基于核心企业，与对单个企业进行贷款而言，银行的风险大大降低，但也面临着新的风险，如供应链进行集团化造假骗贷（More et al，2013）。

综合以上三点，总结出供应链金融主要处在的问题如表 4-1 所示。

表4-1　　　　　　　　　　供应链金融模式存在的问题

问　　题	问 题 描 述	问 题 影 响
造假风险	出现仓单、票据造假等情况	业务风险； 金融风险
企业信息孤岛	企业间信息不互通、贸易信息主要依据纸质单据传递	企业信息孤岛，四流难合一； 增加银行对企业获取信息成本，让风控难度提升，进而让企业融资难度增加
核心企业信用不能跨级传递	核心企业企业信用只能传递至一级企业，其他企业无法利用核心企业信用进行供应链融资	二级及以上企业无法通过核心企业授信实现供应链金融融资； 银行获客局限
履约风险高	单凭合同约束，融资企业的资金使用及还款情况不可控	融资企业贷款资金被挪为他用，而非正常贸易资金周转； 达到约定还款期融资企业故意拖欠、恶意违约等情况

资料来源：根据相关文献整理所得。

(四)"供应链金融+信用保险"的模式仍具有局限性

一方面，虽然"供应链金融+信用保险"的模式在一定程度上有助于缓解银行与中小企业之间的信息不对称问题，但由于该模式在实际操作中涉及多个主体，需要各主体间协同工作，互相配合。中心化的系统无法支持多主体同时工作，即使有一个核心企业或强势主体建立一个集中式的平台，其他中小企业使用的意愿也会很低，各主体都不想将自身的核心数据放到其他企业构建的平台中，找一个各主体均信任的第三方机构难度很大，并且集中式的系统极易出现客户信息泄露问题，也不能完全保证数据的真实性。

另一方面，银行对于企业资金的流向及实际用途缺乏控制能力，若监管不严，很可能会出现资金用于高风险投资，甚至会出现套现、洗钱等非法操作，给银行等金融机构造成严重的风险管控问题。引入信用保证保险之后，虽然经过银行、保险机构双主体多环节审核后，保险机构在一定程度上帮助银行分担一部分违约风险，降低了银行放贷风险，但保险的参与并没有从根本上解决中小企业信贷问题。就国内前期试点的发展情况看，主要表现为：

1. 银行认为保险公司托底担保

银行在此类业务开展中往往存在着保险公司承担托底担保责任的错误认识，认为保险公司会对贷款提供履约保险，即使借款人不能按时还款，银行还可以寻求保险公司进行理赔，因而放松客户的准入要求及管理。

2. 保险机构一味抢夺市场

保险公司为了恶意抢夺市场,或因保险公司内部管理不完善,保险公司内部员工为争取个人绩效,人为放宽客户准入条件,但在理赔条款上做文章,出险之后不能很好地履行赔付责任。同时,也存在银行与保险公司在合作中因地位不对等,强势的一方推脱理应承担的责任等问题。

综上排除恶意搞乱市场分析,"供应链金融+信用保险"的模式仍然具有局限性。中小企业在向保险机构购买信用保证保险时,保险机构需要先对中小企业进行信用评估,依据评估结果出具信用保证保险的费用明细及合同条款,合同条款设立得非常细致,稍有违约情况,保险机构给予银行的赔付款可能是一部分,也可能免责不进行赔付。银行逐渐不接受信用保证保险的业务,保险机构也因为前期审核成本高、中小企业保险业务风险大等因素,逐渐停止了此项业务。

所以,"供应链金融+信用保险"的业务模式、业务模型、理论研究已相对成熟,但在真正实践中,落地解决的问题还相对薄弱。银行在供应链金融中引入信用保险后,虽然能够很大程度上解决中小企业在融资时可抵押、可担保的资产少的问题,但仍没有解决中小企业在供应链融资中面临的绝大多数问题。若想要大范围地推广,还要考虑其中资金环境、市场偏好等综合因素的影响,业务很难具有一般推广性。

二、场景模式设计整体方案

区块链技术被认为是战略前沿技术的代表,受到越来越多国家的广泛关注(Swan,2015)。目前,全世界绝大多数国家都已经启动区块链技术的研究与开发。目前,我国也在积极开展区块链技术的基础研发与场景应用,2016年国务院把区块链技术纳入了《十三五国家信息化规划》中,"区块链+"上升至国家战略,受到各行各业的高度关注。2019年10月24日,习近平总书记在主持区块链技术发展现状和趋势集体学习中也强调,要积极推动区块链和实体经济深度融合,利用区块链可有、可用、可控、可审、可视、可溯等特性有效解决中小企业贷款融资难、银行风控难、部门监管难等制约其发展的关键问题。

鉴于供应链中存在跨主体之间信息交易的真实性、及时性、智能性、隐私性、可扩展性等典型问题,保险机构又处于其中至关重要的一环,若可以改变保险机构的可信机制,也就可以实现"区块链+保险"的完美落地。利用区块链技术分布式存储、不可篡改等特性,改变传统的数据维护方式,数据上链即数据固化,各主体均不能按个人意愿操控数据,改变了各主体间的信任关系,由道德的约束改为技术的支持。信息的每次交互、交易均记录在区块链中,可以进行可靠的审计跟踪。区块链本身还具有可编程、可定制化开发的特点,满足新时代各类机构的个性化需求。具体的"区块链+保险"模式图如图4-1所示。

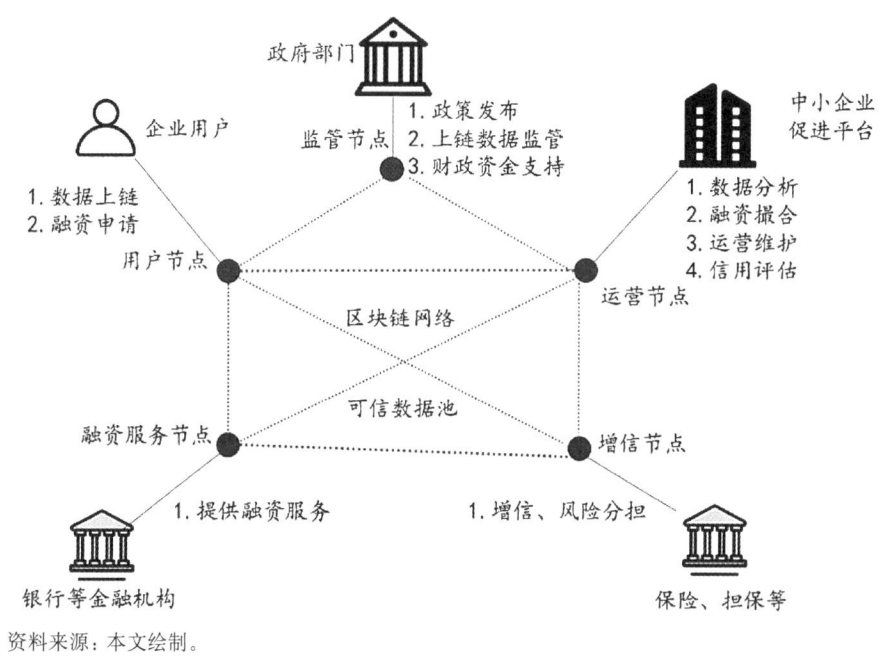

资料来源:本文绘制。

图 4-1 "区块链+保险"模式图

为确保"区块链+保险"场景模式的高效有序和可持续发展,运营符合市场需求,防止后续建设内生力不足,系统建设应该以实际业务场景出发,充分利用区块链、人工智能等技术实现政府、银保等金融机构和企业之间可信数字化互联互通,增强政府补助的精准性,提高中小企业的数字化水平和获得银保等金融服务的便捷性,打造特色"区块链+保险"业务模式,有效解决中小企业融资问题。整体方案以供应链金融为背景,主要从以下五方面切入落实:

1. 加强总体风险管控能力

利用区块链技术助力保险、银行等金融机构降低审计风险,从而建立面向供应链金融全流程的风险控制体系,提高事前、事中、事后各个环节的风险管理的针对性和有效性,确保资金流向实体经济的真实性,从而保证中小企业贸易信息的真实性。

2. 加强核心企业风险管控能力

将中小企业贸易全流程记录在区块链中,对核心企业的经营状况、核心企业与上下游供应链企业的交易情况进行有效监控,综合分析供应链历史交易记录,对物流、信

息流、资金流和第三方数据等信息进行跟踪比对,形成更加有价值的参考信息,从而提高风险管控能力。以核心企业传递信用,创新信用传递模式,从而增强中小企业的信用评级,形成良性循环。

3. 形成真实、不可篡改的贸易背景

往往在开展供应链融资业务时,要对交易真实性和合理性进行尽职审核与专业判断。将区块链等新兴技术嵌入贸易全流程,运用与物联网、人工智能等技术的结合,对物流及抵质押物实施远程监测,提升智能风控水平。在增加中小企业贸易背景真实性的基础上,又保障了中小企业抵质押物权的有效可控。

4. 建立合规管理和金融监管

银行、保险等金融机构按照回归本源、专注主营业务的开展,加强供应链金融业务的合规管理、合规审慎开展业务创新,利用区块链进行真实的数据整理、分析,经过专业的数据分析,做出相关预警数据,有效防止不法分子借金融创新之名违法违规开展或变相开办未经许可的业务。

5. 构建数字化信息科技系统

在规范创新供应链金融业务模式的基础上,逐步完善供应链金融业务管理体系和优化供应链金融发展的外部环境,为中小企业融资打造可信的数据保障基础。

三、方案特点

运用区块链等金融科技技术,有效链接监管机构、银保等金融机构和中小微企业,提高金融服务场景化能力、风控智能化水平,实现资产可穿透、可追踪,提高金融监管数字化水平。在金融机构、企业用户间构建以物流、合同、发票等信息作为供应链融资的可信环境,帮助金融机构加强供应链融资贸易背景真实性审查,有效防范应收账款及票证重复融资风险,解决中小企业供应链融资难的问题。将物流过程中大量数据和物流、资金流监控优势转变成对风险管控和业务模式创新优势,开展仓单质押服务、订单融资服务、融资租赁服务、应收账款质押服务、综合保险服务、信用评估服务等。图4-2为金融服务分布式生态图。

（一）利用区块链技术构建中小企业可信数据池

可信数据池是指基于区块链技术的数据存储,包括平台上各公司所填报的数据,以及在供应链交易中产生的订单、合同、物流单、仓单、提货单、发票等信息。区块链是一种应用于多个对等主体参与的"交易型"技术解决方案,天然擅长为多个平等主体的交易提供服务。其特性保证了"可信数据池"中贸易信息的难以篡改,同时对于数据池

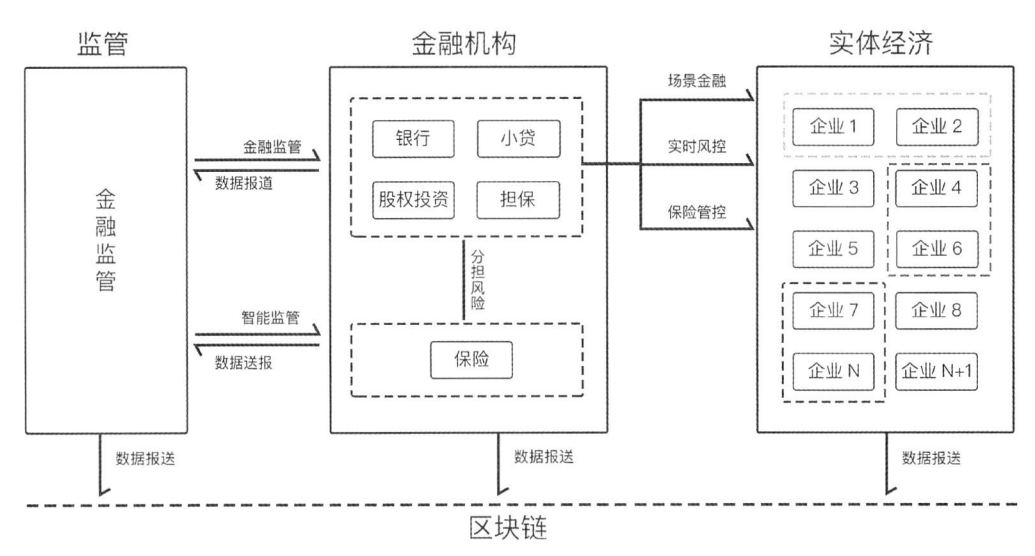

图 4-2 金融服务分布式生态图

的任何读写操作均会记录于对应的审计账本,使得存储于"可信数据池"的相关信息以及针对"可信数据池"的相关操作,都是可追溯备查的。从而保证了供应链金融场景中所涉及多方主体数据的真实性、准确性、透明性。区块链数据的一致性,不可篡改等特性,是数字化供应链金融风控的核心,可以使得各参与方之间构建基于数据的信任关系。图 4-3 是可信数据池构建图。

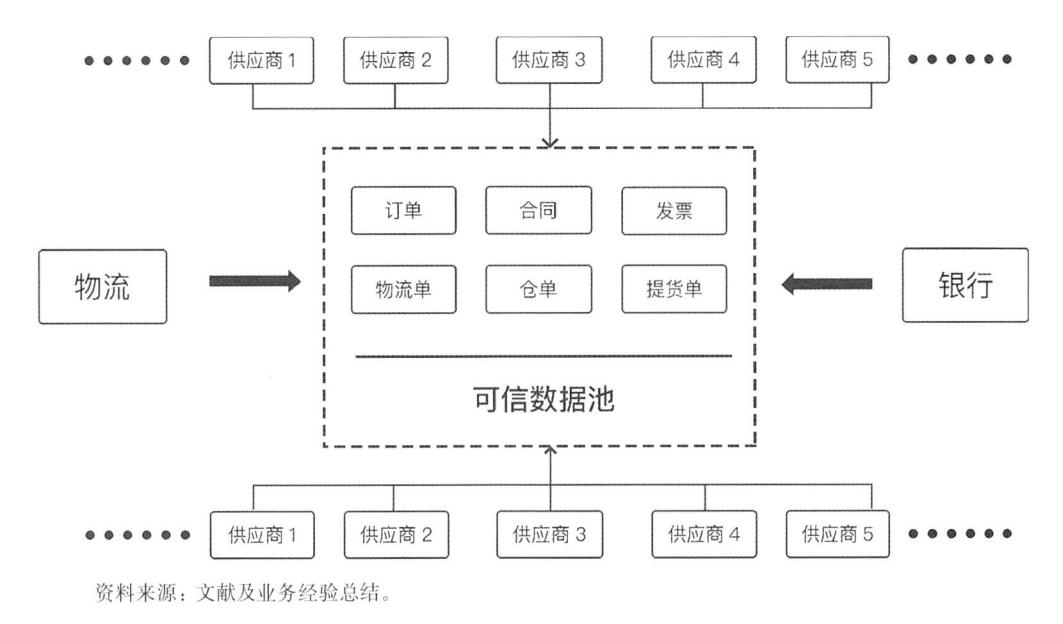

图 4-3 可信数据池构建图

1043

在此基础上,弱化信用评估中对中小企业财务报表的依赖,增加行为数据维度。由于中小企业财务数据往往存在不完整或失真等情况,难以及时准确地反映中小企业的现实状况。因此,在设计指标体系时尽量减少使用财务数据,选用中小企业与政府、上下游供应商、产业园区、办公楼宇等多维化机构的相关数据,中小企业与核心企业间真实贸易信息等从侧面反映企业的经营状况。同时,建立黑名单制度,将在融资服务中恶意违约的企业纳入进行展示。"区块链+保险"模式可基于区块链跨链互通的技术和隐私保护的功能特点,在保障数据所有权及隐私安全的前提下,通过与其他区块链网络间的互联互通,获取更多不同数据源和维度的数据,从而进一步丰富供应链金融业务中数据,通过数据间的交叉验证,提高数据可信度,确认贸易真实性,增强平台及金融机构的风控和增信能力,更好的帮助中小企业解决融资贵、融资难的痛点。

(二) 创新使用电子支付凭证

将电子支付凭证嵌入"区块链+保险"业务模式中,电子支付凭证作为一种可流转、可融资、可拆分、可到期兑付的标准化电子确权凭证,是凭证开立方在本平台上开立的《付款承诺函》项下的债权,该债权划分为等额份数:

$$电子支付凭证=银票(银行贷款支持)+商票(贸易背景支持)\\+现金(随意拆分)+易追踪$$

1. 易操作

中小企业在平台一次注册,不需要重复提交身份核验,全流程记录、收支流转甚至融资等完全线上操作,替换传统的复杂操作。

2. 易拆分

各供应商可以通过授信取得电子支付凭证,在各上下游供应商中进行流转,并支持自主任意拆分,进行再次流转和融资,具有高度的灵活性。

3. 易融资

任意一级供应商企业收到电子支付凭证,仅需在线提供与上一买家的合同和发票,证明贸易的真实性,即可实现当天贴现变现,享受足不出户、资金到户的良好客户体验。

电子支付凭证以透明可感的方式在区块链追溯平台传递和交叉验证,利于核心企业逐步构建可信、可溯的管控平台,保证数据隐私安全、构建权责清晰的透明网络(见图4-4)。

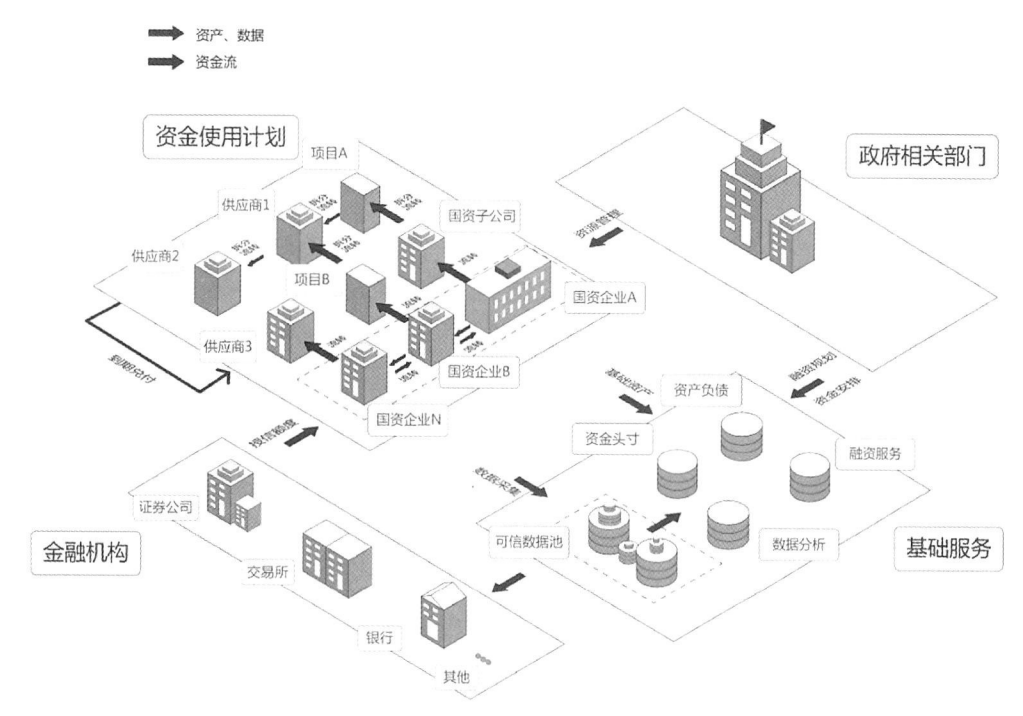

资料来源：文献及业务经验总结。

图4-4 电子支付凭证应用场景图

第二节 场景模式的主要分析

一、中小企业融资模式的创新

由于区块链具有分布式数据存储、信息数据实时共享、公开透明、防篡改与保护隐私、智能合约等功能和特性，若其参与到"供应链金融＋信用保证保险"中，将在很大程度上解决"供应链金融＋信用保证保险"所面临的瓶颈(李菁苗等,2012)。

(一)真正实现"四流合一"可视化管理

供应链金融业务中包含货物的流通、商业资源的流通、资金的流通与各种信息的流通。在没有区块链技术参与的情况下，供应链金融业务中这关键的四部分很难真正做到"四流合一"，只能分别建立信息平台，平台信息交互、数据授权、信息同步等步骤或多或少均会出现不同的问题。而通过区块链技术，可以整合供应链金融业务中物流、商流、资金流与信息流数据进入区块链数据库，实现"四流合一"。同时，借助可追溯性技术对交易流程中资金、物流等信息实现全流程的可视化管理。建立全方位动态

1045

监管安全机制,实现综合性的风险防范。

(二)保险产品标签化,实现定向、精准推送

将保险产品、金融机构产品进行标签化处理,解决好中小微企业经营分散、信息化水平不高带来的产业聚合能力弱的问题,实现数字化背景下的需求端与供给端的精准匹配,增强中小企业融资业务协同能力。

中小企业信息碎片化严重,银行、保险等金融机构可以利用区块链技术将保险产品、金融产品等金融市场要素进行标签化处理,根据中小企业基于区块链生成的企业画像进行精准匹配推送,重点为企业提供切实可行、操作性强的融资新产品,实现数字化背景下的需求端与供给端的完美协同配合。实施改善银行和中小企业间信息不对称问题,努力构建三方互惠互利、合作共赢的新型政银企关系。

(三)运用大数据分析精确了解企业资金需求情况,形成良性互动数字服务包

为了中小企业的精准投融资服务、便捷申请、动态跟踪、效果评估,实现中小企业投融资的数字化、智能化管理和大数据分析。建设大数据中心、可视化展示中小企业投融资服务情况、资金使用情况,支持资金使用过程中可审计、可追溯,有效降低银行、保险机构系统风险,准确掌握中小企业使用资金的效果。如图4-5所示。

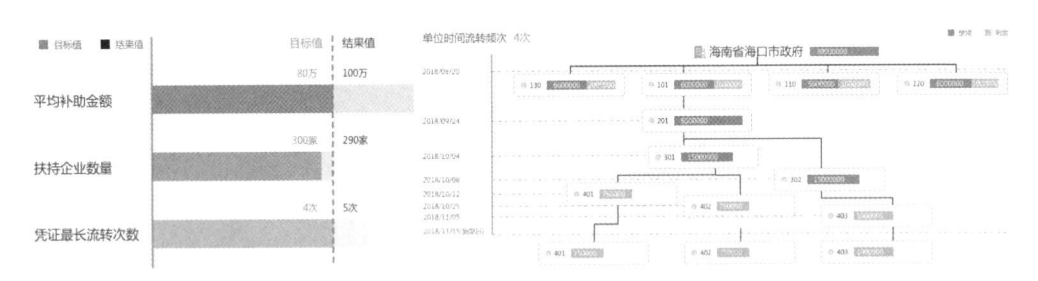

资料来源:文献及业务经验总结。

图4-5 资金审计与跟踪

此外,建设中小企业数字化画像,如图4-6所示。银行、保险等金融机构可以进行更有针对性的产品和服务推送,中小企业可以更加便捷地申请所需保险产品和金融服务。所有在平台上活动留下的数据又可以成为更新企业成长报告和数字化画像的依据,从而形成良性互动。

(四)通过全方位的工具和金融服务,增强平台活跃度

初期阶段,先将银行、保险、担保等主体融合在平台上,各方的创新产品、金融服务均可以通过平台有效对接,让需求主体更便捷地获得信息和服务支持。此后,各种基金、风投、股权投资、众筹、保险等主体均可参与进来,形成生态圈,实现金融行业对中

资料来源：文献及业务经验总结。

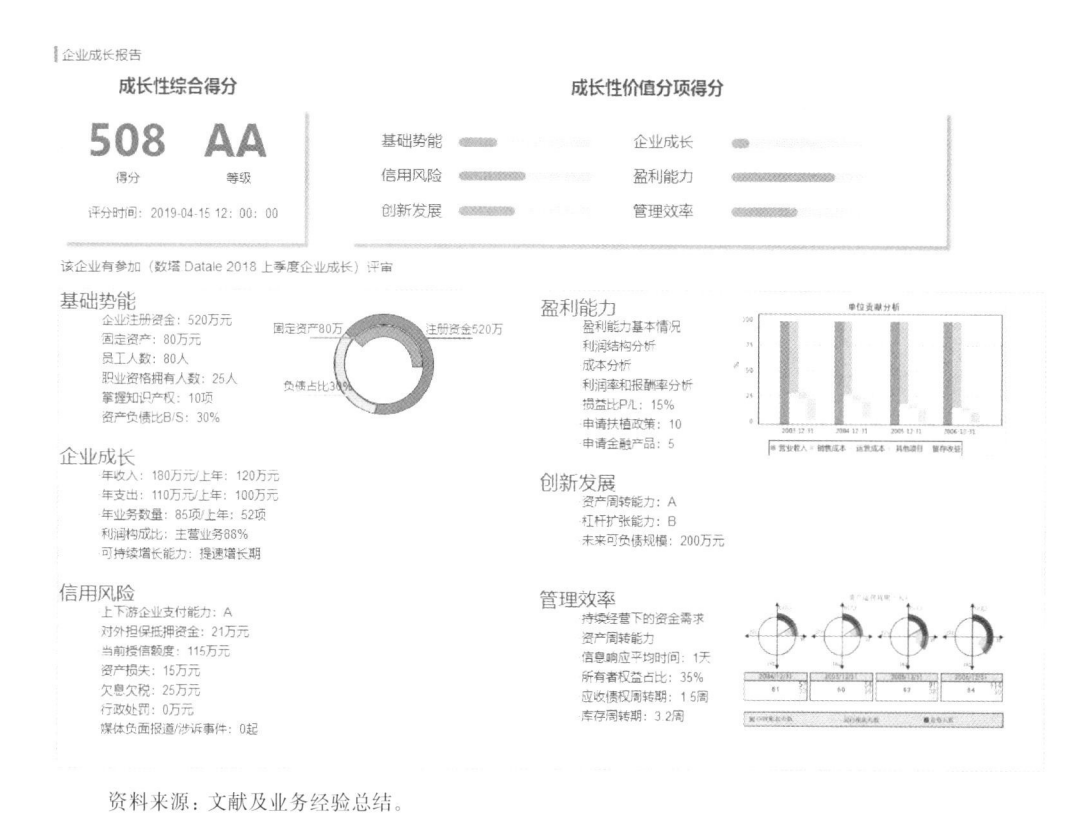

图 4-6　企业数字画像

小企业不同发展的有力支撑。

数字工具包是指根据企业日常经营业务的需要，提供企业电子合同签署、单证管理、数据存证保全等基础数字工具，便利中小企业供应链的组织和管理，同时为数字政策包和金融服务包的有效真实运行提供基础。比如电子合同采用数字签名在线签署、存证，贸易单证使用 OCR 技术智能识别、数字化存储，便利企业基于电子合同申请融资服务，并提供金融法庭、申请金融产品、数据交换等便利化服务（见图 4-7）。

二、中小企业融资运行机制的创新

"区块链+保险"是指将区块链作为底层技术应用于中小企业融资信用保证保险领域，构建集银行、保险机构、核心企业、物流商、供应商以及分销商等所有参与者在内的共建、共享的分布式数字平台。对于核心企业和中小企业而言，从原料采购、产品设计与研发、生产制造、物流服务再到分销零售等一切环节产生的信息通过共识机制记录入区块链平台，形成可证可溯的具有价值属性的数字化平台。

资料来源：文献及业务经验总结。

图4-7 数字企业工具示意图

数字化平台通过以下四种机制降低了中小企业在融资过程中由于信息不对称所带来的道德风险和逆向选择，改变了中小企业在融资决策中的成本与收益结构，从而覆了传统的融资模式。

（一）存证固化机制

存证固化机制在"供应链金融＋信用保证保险"的应用是指将企业从原材料采购、产品生产到客户销售等生产全过程的数据和信息记录入区块链。区块链技术的分布式、去信任、信息不可篡改等特点能够实现在无须中心数据库以及第三方信任机构的情况下，使生产过程全程可监控，且由于生产全程信息不可篡改、不可抵赖，有利于建立互信、明晰责任、打破信息孤岛，将碎片化的信息系统化，从而提高经济效率。

（二）数字签名机制

数字签名机制是指参与方提前达成一套以数字形式定义的承诺并安装到区块中，对信息、资产的所有权和责任人进行确认。一方面，可以进行信息的多方确认确权工作；另一方面，可以明晰责任，保证数据交换的真实性，为下一步信息交互、数据共享奠定基础。

（三）P2P机制

P2P机制是指交易能够点对点直接完成信息传递。区块链技术的分布式、开放性和智能性等特点保证了供应链金融各主体能够实现各参与方点对点直接交易，极大地提高了信息安全保密登记，减少了对中介机构的全面依赖，有利于一定程度降低交易成本和费用。

三、区块链＋保险模式的可行性分析

（一）制度的可行性

为了破解我国中小企业融资难、融资贵的问题,国家相继密集下发了一系列相关文件来进行宏观调控。例如:2014年8月,国务院印发了《关于加快发展现代保险服务业的若干意见》,该文件强调在企业方面,特别是小微企业,要加快发展小微企业贷款保证保险业务,同时积极发展信用保险,增强小微企业的融资能力;发展信用保险专业机构,构建多层次的保险市场,完善保险市场体系。

2016年国务院印发《推进普惠金融发展规划(2016—2020年)》,明确指出普惠金融应立足于商业可持续原则,以可负担的成本为有金融服务需求的群体提供适当、有效的金融服务。普惠金融重点服务对象为小微企业、农民、城镇低收入人群等,通过增加小微企业、中低收入人群等长尾群体的金融可得性,有助于减小收入差距、降低贫困人口比例、促进经济增长。

2017年10月,国务院办公厅出台《关于积极推进供应链创新与应用的指导意见》。这是我国有关部门第一部针对供应链创新和发展的情况给出的具有指导性和目的性的文件。文件当中第一次提到,到2020年,要培育100家全球供应链领先公司,达到世界级别的标准。其最重要的目标就是使产业的供应链能够进入世界前列,与世界一流的国家进行竞争,在世界市场中占据一席之地。

2019年4月7日,中共中央办公厅与国务院办公厅正式出台了《关于促进中小企业健康发展的指导意见》(简称《指导意见》),其中围绕中小微企业长期存在的融资难、融资贵问题提出了五大举措。《指导意见》中,除落实普惠金融定向降准政策以及发展债券产品外,还特别鼓励企业依托应收账款、供应链金融、特许经营权等渠道进行融资。

此外,如表4-2所示,我国也先后出台了一系列对区块链技术及相关产业的相关文件,这些文件均表明国家对区块链技术持积极的支持态度。

（二）经济的可行性

在区块链系统下,可以实现中小企业与融资方"Peer-to-Peer"的业务往来,交易的每个节点都平等透明,且所有网络节点上的用户共同查阅与维护。另一方面,区块链分布式账本的特性给供应链中各企业提供了平等的机会,每个企业都可以成为核心企业,所有参与方都可以实现数据共享,完善了中小企业财务体系,提高了企业间财务效率,融资成本大大降低(李兰,2012)。

表4-2 国家出台关于区块链技术及相关产业的相关文件

时间	部门	相关文件	具体内容
2016年10月	工信部	《中国区块链技术和应用发展白皮书(2016)》	总结了国内外区块链发展现状和典型应用场景,介绍了国内外区块链技术发展路线图以及未来区块链技术标准化方向和进程
2016年12月	国务院	《国务院关于印发"十三五"国家信息化规划的通知》	"区块链"首次被作为战略性前沿技术写入
2017年1月	工信部	《软件和信息技术服务业发展规划(2016—2020年)》	提出区块链等领域创新达到国际先进水平等要求
2017年8月	国务院	《关于进一步扩大和升级信息消费持续释放内需潜力的指导意见》	提出开展基于区块链、人工智能等新技术的试点应用
2017年10月	国务院	《关于积极推进供应链创新与应用的指导意见》	提出要研究利用区块链、人工智能等新兴技术,建立基于供应链的信用评价机制
2018年3月	工信部	《2018年信息化和软件服务业标准化工作要点》	提出推动组建全国信息化和工业化融合管理标准化技术委员会、全国区块链和分布式记账技术标准化委员会
2019年9月	广州市地方金融监督管理局	《广州市关于促进供应链金融发展的实施意见》	推动供应链金融领域应用金融科技。鼓励金融机构、服务中心等在提供供应链金融相关服务的过程中,运用大数据、人工智能、区块链、物联网等技术,在信息挖掘、信用评估、开展交易、风险监测预警等环节实现自动化、智能化,提高供应链金融服务的科技含量、便利化水平和安全性,提升为中小微企业提供供应链金融服务的能力
2019年10月24日下午	中共中央政治局	习近平:把区块链作为核心技术自主创新重要突破口	中共中央总书记习近平在主持学习时强调,区块链技术的集成应用在新的技术革新和产业变革中起着重要作用。我们要把区块链作为核心技术自主创新的重要突破口,明确主攻方向,加大投入力度,着力攻克一批关键核心技术,加快推动区块链技术和产业创新发展

资料来源:文献及业务经验总结。

在传统的产业供应链中,供应链上的中小企业向金融机构申请贷款,一般需要1—3个月的时间,其主要原因是要多方面核实企业的信息,对于急需资金的贷款企业来说,依然是一个很大的问题。引入区块链以后,由于储存数据不可篡改,金融机构可以很容易地从区块链上调取贷款企业的各种真实信息,从而加速贷款的发放。线下纸质票据变为线上电子凭证,贸易、融资周期极大缩短,融资(贴现)理论上为0—12小时。

(三)社会的可行性

1. 国家实施宏观调控的需要

2019年3月,银保监会发布《关于2019年进一步提升小微企业金融服务质效的通知》(简称《通知》),《通知》围绕切实增加银行信贷在中小企业融资总量中的比重、带动中小企业融资成本整体下降的指导思想,在信贷投放、成本管理、风险管控方面均提出了一系列目标。为完成以上《通知》中的相关政策目标,需要"区块链+保险"新模式的创新性实施。

2. 数据共享与隐私保护平衡的需要

随着"供应链金融+信用保证保险"平台上数据积累的增加,传统的中心化数据存储模式在数据开放共享的同时,也面临着数据安全与隐私保护的挑战。区块链技术特点决定其正是大数据资源流通、隐私保护的重要支撑。区块链可以保障数据的安全可信。区块链和大数据必将呈现共生的关系,区块链可以将原有"面对面信任"关系用"背靠背信任"取代,降低了交易和交换的成本。如图4-8所示,"区块链+保险"是大数据开放共享与区块链技术下企业数据隐私保护的有效融合,真正破解供应链金融中的应用痛点,助力大数据在中小企业融资过程中发挥真正价值。

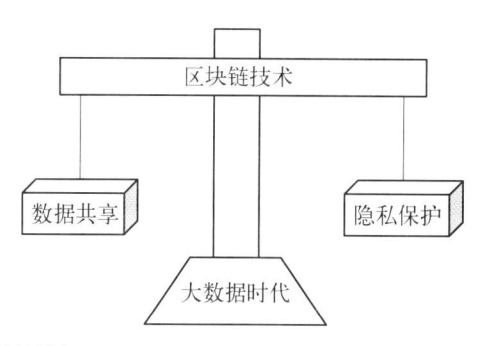

资料来源:根据相关资料绘制。

图4-8 数据共享与隐私保护关系

(四)技术的可行性

1. 技术架构

技术架构包含以下几方面(见图4-9)。

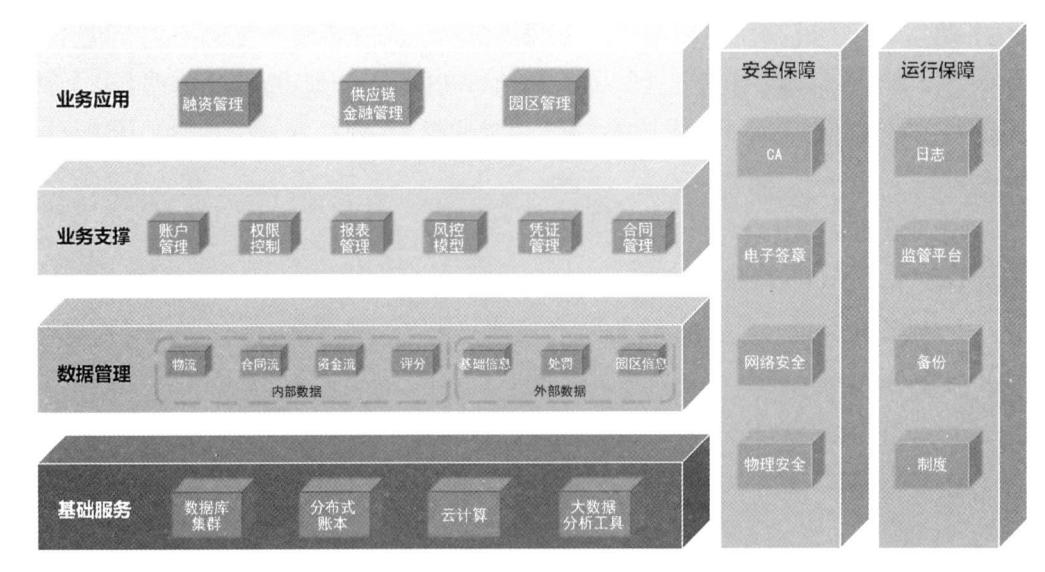

资料来源：根据相关资料绘制。

图 4-9　技术架构

2. 三大底层技术

整个供应链服务平台以三大底层科技（区块链、云计算和人工智能）为强大的技术支撑。

（1）区块链技术。

区块链是用分布式数据存储、传播和记载信息的智能化对等网络，也称为价值互联网。

区块链技术基于去中心化的对等网络，将密码学原理、时序数据和共识机制相结合，来保障分布式数据网络中各节点的连贯和持续，使得信息能即时验证、可追溯、难以篡改，从而创造了一套隐私、高效、安全的共享价值体系。

在以区块链为支撑的供应链金融平台之上，将核心企业、物流企业和金融机构结合起来，做到信息流、资金流和物流的"三流合一"。区块链技术可以对信息进行交叉验证，使得信息的真实性大大提高。由于信息的不可篡改性，如有风险发生，可以对数据进行追溯，从而定位到风险点的来源。

区块链还提供对信息的隐私保护，每个参与方的数据都会进行加密上链，并提供数据的认证功能，保证数据是由参与方主体亲自发出。

① 区块链底层核心。

底层网络具备完备的指令集合、完善的运行环境、不同的共识算法、智能合约的运行环境。

核心底层会将前置服务系统上送的数据进行计算并生成区块,再将生成的区块广播到各个对等计算节点。对等计算节点收到区块之后会先验证,在验证成功之后进行投票将新生成的区块加入区块链。

② 区块链网络管理。

图 4-10 是整个区块链网络的节点视图。外系统,主要是企业和机构客户的应用程序,通过接口调用的方式,使用区块链服务。

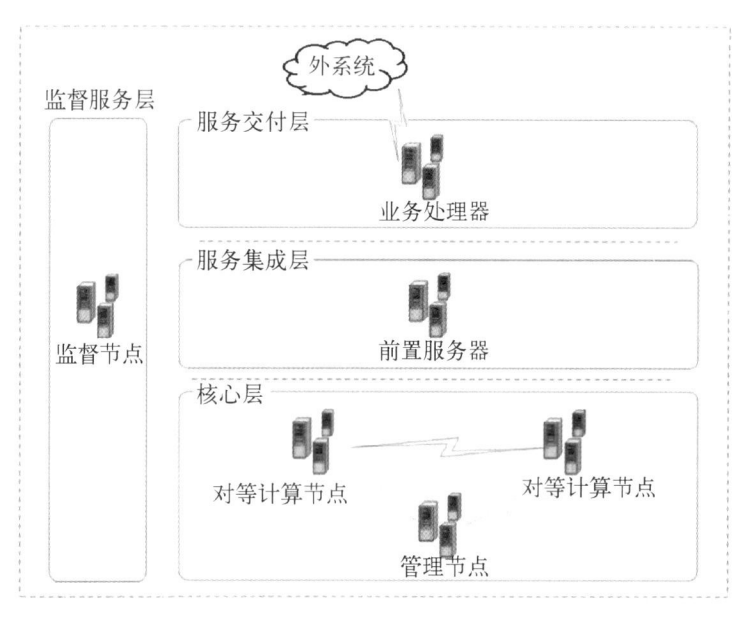

资料来源:根据相关资料绘制。

图 4-10 网络管理图

服务交互层,是外部系统访问区块链的唯一入口。交互层是以 web 服务的方式对外提供服务,各接口具备幂等调用支持、调用鉴权、防重放、防重复提交等通用功能,能够保证每次调用接口安全有效。

服务集成层,是为给定的区块链地址提供区块链服务。主要提供的服务为地址管理、密钥管理、数据上链、查询、加解密、鉴真、追溯等特色服务。根据具体参与机构的实际需要,该模块支持每个机构单独部署或者多个机构合并集中部署。

管理服务,主要是对各个对等计算节点进行的管理。包括对等计算节点的注册、启动、停止、拒绝注册等;负责创建区块链地址;负责分布式网络中服务路由的管理;负责分布式网络中节点共识的协调。

监督服务，主要负责服务交付节点、前置服务节点、对等计算节点、管理节点的运行监控，负责各节点运行信息的采集；负责整个网络运行情况的分析。

③ 区块链网络安全体系。

a. 物理安全

物理安全是整个平台建设的基础要求，主要指机房选址、机房管理、机房环境、机房设施、设备与介质管理等。

b. 网络安全

边界安全防护对进出平台边界的数据流进行有效的检测和控制，且能够与其他层面的安全措施协同运作，对域内信息系统提供综合防护。进行边界安全防护的首要任务是明确安全边界，平台网络边界归为第三方网络边界、纵向网络边界和横向网络边界。

c. 主机安全

业务主机服务器包括应用服务器、数据库服务器等。为保证主机在数据存储处理时的保密性、完整性和可用性，在硬件、固件、系统软件方面建立了一系列附加的安全技术和安全管理措施，建立起一个完整的主机安全保护环境。

d. 应用安全

平台通过实现可靠的身份认证、完整的资源管理、严密的访问控制、安全的单点登录、便捷的用户信息共享等基本服务，建立平台内部的身份认证和授权管理体系，保证应用系统安全。

在系统建设层面，数据与通信安全采取了如下方式：上链数据统一采取哈希算法进行摘要；服务交付层以下各层间采用专用的通信协议通讯，并进行网络隔离；所有的用户有权操作均使用签名验签的方式进行鉴权；业务处理中心对外服务采取加密方式进行。

业务处理中心在接口设计时为每个接口调用方分配公私钥，通过签名验签的方式，防止参数在传输过程中被篡改，以及客户端身份鉴权。此外，为防止接口被截取攻击，使用时间戳与业务数据一起进行签名。

（2）人工智能技术。

人工智能是计算机科学的一个分支，该领域的研究包括机器人、语言识别、图像识别、自然语言处理和专家系统等。

人工智能为供应链金融提供了强有力的技术支撑。基于人工智能算法，结合更多数据、以更多维度建立智能化评价模型，进一步优化风控标准及提高不良预测能力。

在供应链金融领域,人工智能可辅助实现贷款前身份认证、贷款中评价模型、贷款后风险预测。

人工智能与区块链技术的结合,能够实现产业金融的融合创新,不是单一一种技术能够独立达成的。将其两者结合,能够攻克供应链金融产业内最难的"确权"问题,帮助资金方确保资产价值,降低金融风险。

(3) 云计算技术。

云计算是分布式的一种,现阶段所说的云服务已经不单单是一种分布式计算,而是分布式计算、效用计算、负载均衡、并行计算、网络存储、热备份冗余和虚拟化等计算机技术混合演进并跃升的结果。

云计算能够实现精准生成企业画像,用于银行、保险等金融机构的信用评估;帮助金融机构规避 IT 资源扩展性、可用性和可靠性的风险损失,从而降低风险损失;提高运营效率,云计算极大地简化金融机构的 IT 运营管理,云计算服务提供商将信息资源打包,直接为金融机构提供现成可用的解决方案,相较于金融机构通过自身的技术团队提出的解决方案,对信息资源进行开发管理的时间大大缩短;云计算的应用还能够极大降低金融机构的运营成本,利用云计算的优势,将原有的信息孤岛打通,使得银行、金融、监管在云平台上实现数据联通和共享。

第三节 区块链+保险模式设计的效果

一、有利于银行机构降低不良贷款率

区块链技术出现以后,由于其分布式记账和不可更改性,有利于把供应链生态中的信息流、商流、物流和资金流打通,解决各个参与方之间的信息相互割裂,信息碎片化,贸易造假等问题,降低银行等金融机构对各业务主体之间所发生交易的真实性审核验证成本,有效降低金融机构资金端风控成本,便于金融机构跟踪资金流向,分析扩大金融机构服务范围和服务质量。

二、优化中小企业信用评价体系

"区块链+保险"对中小企业的信用评价就不再是静态的考核,不止只关注企业自身的指标,更注重对整个供应链和整个行业的考核,考核更加标准化、制度化、高效化和动态化,如图 4-11 所示。

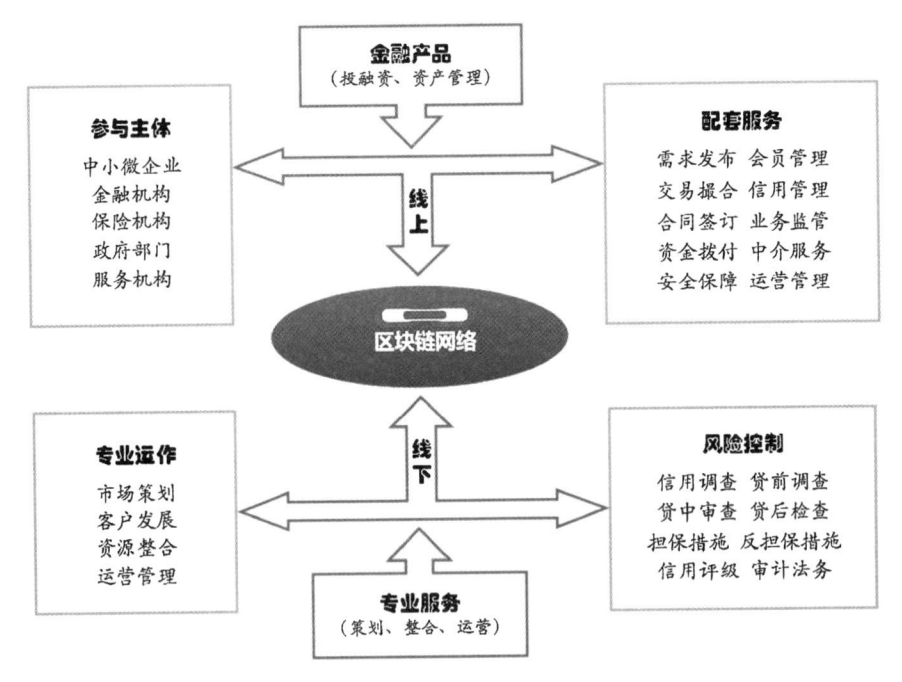

资料来源：根据相关资料绘制。

图 4-11　区块链网络中小企业信用动态化评级示意图

在区块链网络中，通过云计算、大数据、OCR识别等技术的运用，银行、保险机构、物流企业、核心企业等主体共同参与到基于区块链的供应链金融服务平台中，重新构建基于真实贸易背景的中小企业信用评价体系。首先，不再局限于中小企业本身，一定程度弱化了融资企业的信用限制。其次，评价的范围更加广泛，不仅考虑中小企业自身的信用水平，同时考虑核心企业、上下游企业的综合情况、供应链整体的运营情况和资金流转情况以及融资项目情况。

三、实现了企业数据隐私保护

基于区块链网络平台，可以建立规范化、标准化的信息数据库，管理整个供应链的资金流动和交易信息，不仅降低了信用评估的成本也提高了效率和准确性。在此基础上，区块链网络实现了中小企业数据确权，为数据共享与隐私保护建立了良好的平衡机制，有效削减客户信息泄露的情况，提高企业安全性，减少风控成本。

四、有利于保险机构拓展业务领域

随着社会数字化趋势的发展，保险机构也发生着很多商业模式被迫演变或中断。

保险产品、服务、基础设施和内部管理机制均发生着演变,现阶段,我国财产保险的主要业务仍在机动车辆保险、企业财产保险和货物运输保险三大传统业务上。传统保险业务的降低成本和提高流程效率等驱动力已经不能满足快速发展的产业经济需求,人们逐渐注意到区块链技术带来的社会效益,可以改变现有的信用保证保险的发展瓶颈,作为保险业创新发展的一部分。据了解,目前信用保证保险所占比例非常小(中国人民银行征信中心与金融研究所联合课题组,2014)。然而,我国中小企业数量巨多,对贷款的需求量极大,而贷款难等资金问题几乎是每个中小企业面临的难题。在"区块链+保险"的模式下,基于区块链的可信平台,将有助于保险公司开展针对中小企业贷款的信用保证保险。从而使保险公司拓展信用保证保险领域,促进保险业务的数字化转型和创新模式多样化发展。此外,在我国供给侧结构性改革的大背景下,也将有利于促进保险行业的供给侧结构性改革。

第五章　区块链+保险模式面临的挑战及保障措施

第一节　面临的挑战

理论上讲,区块链以其独特的技术特征,在"中小企业融资业务+信用保证保险"商业模式中有较广阔的应用前景。但是,一方面由于区块链技术本身仍处于大规模应用的初始阶段,在技术方面需要迭代和完善的地方很多,另一方面当区块链技术应用于实际场景时,原生的比特币区块链设计思想需要改进以满足实名制、交易隐私及监管等要求,因此区块链技术应用于"供应链金融+信用保证保险"商业模式的过程仍面临诸多挑战,主要集中在认知层面、技术层面、应用层面以及法律监管层面。

一、认知层面的挑战

由于区块链技术变革潜力的本源性,各个领域的人士对于区块链概念及应用范围的认知和理解并不全面,甚至存在一些较极端的观点。一部分人认为区块链的应用范围极度广泛,可以在很多领域内发挥重要作用;但也有人认为区块链作用被严重过度

夸大,其实际运用效果在大多数领域将面临非同寻常的压力。这种片面的观点对于区块链技术的应用造成了较大的阻碍,尤其供应链金融中的资金方、资产方等均对于市场各类风险更加敏感,这些不客观的理解将不利于在"供应链金融＋信用保证保险"商业模式中探索区块链技术的具体应用。

二、技术层面的挑战

首先,区块链技术本身现在还处于待完善的发展阶段,还需进行更深层次的研究才能达到技术成熟阶段。如今区块链技术呈现算力集中化的趋势,一旦同一机构组织掌握了大量的算力,将会对链内的数据安全造成威胁。而且,区块链需要实现分布式与共识机制效率的兼顾,分布式程度越高,共识机制效率也相对越低,区块链的性能也会相应减弱。

其次,区块链技术与传统系统之间的关系也面临着潜在的矛盾。现行的操作系统大多数都是中心化的,而区块链的分布式账本在概念上与集中式的系统是不一样的设计理念。集中化的系统擅长进行机构内部信息的处理,而区块链在跨主体机构信息交互方面有广泛的应用前景。因此,如何协调区块链与传统集中式系统的关系,充分发挥各自的优势,这对于推进区块链的具体应用是十分重要的。

最后,区块链在"供应链金融＋信用保证保险"商业模式的应用过程对于人才的要求较高,一方面需要准确把握中小企业、保险公司和银行的痛点,提出解决方案;另一方面也需要从技术层面考虑方案的可行性,确定能否通过技术手段低成本地解决问题。因此,在研究区块链应用于"供应链金融＋信用保证保险"商业模式时,需要具有经济、金融、保险和计算机技术背景的复合型人才。

三、应用层面的挑战

在"区块链＋保险"的具体应用中,区块链技术也面临着各种各样的挑战。"区块链＋保险"模式的在线操作,全部流程都通过计算机在线完成,贷款的审批与贷后的追踪管理等都通过工作人员的在线操作,这对操作人员的职业能力提出了更严格的要求,互联网下的一个小小的风险都会由于信息的互通而无限放大。操作风险主要是由人为因素和管理漏洞导致的,操作人员的道德风险和职业能力都会导致操作风险的产生。由于"区块链＋保险"还处于发展的摸索阶段,由于平台的不健全,机制的不完善使得在实际操作中存在的诸多漏洞,都会造成参与银行、保险机构和企业的账户信息、交易内容等信息的泄露。此外,操作风险分布在整个供应链融资的各个环节上,操作人员一旦利用这些缺陷，由此带来的损失是无法估量的。

四、法律及监管层面的挑战

"区块链+保险"融资业务在我国还是一个创新型的模式，发展的时间还比较短，业务不成熟，法律的制定也跟不上其发展。法律在这一领域的空缺使得合同和条款没有标准化，各行各业，各种机构都按照自身的特点和习惯在开展供应链融资业务，很难做到"有法可依"。

"区块链+保险"融资业务没有赋予法律的权利和约束会由此带来混乱和风险，业务开展存在不确定性或者金融机构利用法律空白打擦边球，对融资企业来说也是一种潜在的风险。银行等金融机构在设计金融产品后在具体的操作中也可能会出现相应的政策变动，不能保证商业银行的利益。

第二节 保障措施

区块链作为近年来发展迅速的新兴技术，为我国破解中小企业融资难、融资贵提供了先进的思路方法。虽然区块链技术的具体落实面临一些障碍，但整体而言，区块链技术所具备的优势的吸引力远大于可能面临的困难，"供应链金融+信用保证保险"中区块链的应用正在逐步深入和扩展。在这种趋势下，我国"供应链金融+信用保证保险"中的各主体应当积极探索和参与，在借鉴国外成功经验的同时，结合我国自身市场特点，采取积极、审慎的态度，让区块链技术更好地融入、支撑、赋能"供应链金融+信用保证保险"的建设。

一、注重解决方案中的思路创新

区块链作为一种新兴的技术，底层技术和应用场景相互作用和迭代，是一个逐步演进和优化的过程。区块链技术从比特币底层迁移至多层次资本市场各类应用场景，需要对原技术底层进行相应的调整和完善，以更好地适用、便利应用场景的开发与延伸，同时不同应用场景的落地也对底层技术提出了新的技术要求，这一过程是动态调试和不断优化的，需要不断进行创新和探索。

二、正确处理区块链和其他技术的关系

区块链和现有集中式系统不是完全替代，而是相互补位的关系，现有的"供应链金

融＋信用保证保险"系统擅长机构内部信息处理,区块链提供了跨主体之间可信的信息交互机制,需要注意二者协同作用的发挥。此外,需要考虑区块链与身份识别、人工智能、大数据等新技术的结合。新的技术已经在信息搜集、辅助决策、风险管理等领域展现了巨大的应用前景,区块链技术在助力实现新的信息交互机制的同时,要考虑如何与其他新技术融合以更好地解决身份确认、信用管理等问题。

三、大力培育复合型知识结构和背景的人才

在区块链时代,随着信息交互活动依托物理主体、底层技术环境的变化,交易主体知识结构的失衡等因素都影响到信息交互机制的设计和实现。由于"供应链金融＋区块链＋信用保证保险"是一种新的商业模式,涉及中小企业、保险公司和银行三个领域,所以这一业务的人才必须是对中小企业、保险和银行的相关业务都有全面了解的复合型人才。

四、逐步建立完善的法律和监管体系

首先要明确区块链技术应用数据的法律效力及其证明力,对以区块链技术为基础的智能合约进行法律方面的规范,尤其是针对智能合约的可撤销性做出具体的说明,区分场内与场外市场,实行不同的合同可撤销条款。同时,还可以借鉴英国的"监管沙盒"制度[①],对参与"监管沙盒"的金融创新企业和消费者进行筛选,经过筛选后符合要求的企业能够向被筛选出的客户推出创新业务产品进行测试,测试期内需定期汇报测试情况,最终得到监管机构的反馈书面意见。这一方面有利于促进技术应用优化,另一方面也有利于监管部门对政策制度进行更加符合实际情况的完善。

参考文献

[1] 巴曙松,游春.我国小微型企业贷款保证保险相关问题研究[J].经济问题,2015(1).
[2] 鲍静海,周稳海,李浩然.我国中小企业信贷保证保险制度的构建[J].保险研究,2007(4):33—35.
[3] 巩长青.区块链技术下供应链金融发展研究[D].山东大学,2018.

---

① 英国金融行为监管局(FinancialServiceAuthority,FCA)为保护消费者的利益,寻求去除对创新不必要的监管壁垒,促进金融服务的有效竞争,建设性地与创新企业合作,首创了沙盒监管制度。一个监管的沙盒是一个安全空间,在其中企业能够企业能够测试创新产品、服务、商业模式及交付机制而不会立即招致从事有关活动而致的所有正常监管后果。

[4] 李菁苗,吴吉义,章剑林,等.电子商务环境下中小企业信用评价[J].系统工程理论与实践,2012,32(3):555—560.

[5] 李兰.制度环境与审计意见对商业信用融资成本的影响研究[D].湖南大学,2014.

[6] 李启雷.区块链+大数据:极具颠覆性的解决方案[J].金卡工程,2016,7.

[7] 林木西."区块链+生产"推动企业绿色生产——对政府之手的新思考[J].经济学动态.2019.

[8] 娄飞鹏.贷款保证保险:发展情况,现存问题及建议[J].金融发展研究,2013,000(010):78—81.

[9] 吕雯.区块链技术重塑价值交换[J].清华金融评论,2017,7.

[10] 吕雯.区块链将如何重新定义世界[M].机械工业出版社,2016,6.

[11] 吕雯.区块链如何与实体经济撞出火花[J].小康•智财,2018,7.

[12] 明明.中小企业融资中信用保证保险研究[D].广西大学,2013,5.

[13] 宋华,卢强,喻开.供应链金融与银行借贷影响中小企业融资绩效的对比研究[J].管理学报,2017,014(006):897—907.

[14] 唐金成.信用保证保险与中小企业融资难问题研究[J].南方金融,2013(1):73—76.

[15] 王菲菲.供应链金融在中小企业融资中的应用研究[D].安徽大学,2018,4.

[16] 王琳、陈龙强、高歌.增强型票据新形态:区块链数字票据—以京东金融数字票据研究为例[J].当代金融家,2016,12.

[17] 王珊.基于信用保险的中小企业供应链金融融资研究[D].北京交通大学,2017.

[18] 谢平、石午光.数字货币新论[M].人民大学出版社,2019,4.

[19] 中国人民银行征信中心与金融研究所联合课题组,纪志宏、王晓明、曹凝蓉、金中夏、伍旭川、黄余送、张晓艳.互联网信贷、信用风险管理与征信[J].金融研究,2014(10):133—147.

[20] 周立群,李智华.区块链在供应链金融的应用[J].信息系统工程,2016,000(007):49—51.

[21] 庄庆.关于建立中小企业贷款保险制度的思考[J].金融纵横,2003(11):51—52.

[22] 庄晔.区块链技术对金融业的主要潜在影响[J].环球市场信息导报,2016(18):24—25.

[23] Binswanger H P. Risk aversion, Collateral Requirements and The Markets for Credit and Insurance in Rural Areas[J]. 1982.

[24] Dermine J, Lajeri F. Credit risk and The Deposit insurance premium: a note[J]. Journal of Economics & Business, 2001, 53(5): 497—508.

[25] Dileep, More, Preetam, et al. Challenges of Supply Chain Finance: A detailed study and a Hierarchical model based on The Experiences of an Indian Firm[J]. Business Process Management Journal: Developing Re-engineering towards Integrated Process Management, 2013, 19(4): 624—647.

[26] JOSEPH E STIGLITZ,ANDREW WEISS. Credit Rationing in Markets with Imperfect Information[J]. American Economics Review, Jun 1981, Vol.71 Issue 3.

[27] Roosa, R. V. 1951, "Interest rates and the Central bank" In money, Trade, and Economic Growth: Essays in Honor of John H. Williams, New York: Macmillan.

[28] Swan M. Blockchain: Blueprint for a New Economy[M]. O'Reilly Media, Inc., 2015.

后 记

中国保险资产管理业协会(以下简称"协会")于2015年推出了"IAMAC年度课题"(以下简称"课题")活动,就保险资产管理行业发展、公司战略、风险管理、业务创新等多个领域开展了深入研究,取得了一大批优质研究成果,受到了监管部门和业内外机构的高度评价,为行业持续稳健发展提供了坚实的研究基础和创新动力。

2019年课题研究活动申报机构数量创下历届之最,最终,经过层层评审,共有55项课题顺利结题,并有来自9家单位的10项课题荣获"优秀课题",课题承担单位分别为(按单位名称拼音排序):华安财保资产管理有限责任公司、联合资信评估有限公司、上海华证指数信息服务有限公司、生命保险资产管理有限公司、太平资产管理有限公司、远东资信评估有限公司、中国人保资产管理有限公司、中国人民保险集团股份有限公司、中证鹏元资信评估股份有限公司。

此外,为进一步做好课题评审工作,协会邀请业界专家和高校知名学者共28人组成评审委员会,分别从观点创新性、方法科学性、学术规范性、政策适用性等角度对课题进行严格评审。评审专家分别为(按姓氏拼音排序):曹德云、陈迪红、陈国力、陈有棠、段国圣、葛旋、贺竹君、郭晔、李全、李少非、李素梅、刘传葵、刘澜飚、刘莉亚、刘挺军、宋子洲、万放、徐晓华、严振华、杨平、易诚、应展宇、于春玲、俞洁芳、俞平康、于业明、张坤、张倩,在此一并表示最衷心的感谢!

同时,2019年度课题研究活动还得到了中国银保监会资金部的关注和支持,并在课题选题确定、研究推进、成果交流等环节给予了指导。

由于编印时间紧迫,《2019—2020 IAMAC年度系列研究课题集》的编撰工作难免有疏漏之处,敬请业内同仁、广大读者提出宝贵意见和建议。

中国保险资产管理业协会
2021年2月